ISBN 978-0-364-63422-6
PIBN 11043910

Theologische
Studien und Kritiken.

Eine Zeitschrift

für

das gesamte Gebiet der Theologie,

begründet von

D. C. Ullmann und D. F. W. C. Umbreit

und in Verbindung mit

D. J. Müller, D. W. Beyschlag, D. Gust. Baur

herausgegeben

von

D. E. Riehm und D. J. Köstlin.

1 8 7 3.
Sechsundvierzigster Jahrgang.
Erster Band.

Gotha,
Friedrich Andreas Perthes.
1873.

Theologische
Studien und Kritiken.

Eine Zeitschrift

für

das gesamte Gebiet der Theologie,

begründet von

D. C. Ullmann und D. F. W. C. Umbreit

und in Verbindung mit

D. J. Müller, D. W. Beyschlag, D. Gust. Baur

herausgegeben

von

D. E. Riehm und D. J. Köstlin.

Jahrgang 1873, erstes Heft.

C'

Gotha,
Friedrich Andreas Perthes.
1873.

Ward Fund.

Dec. 5, 1872 – Oct. 18, 1873.

Theologische
Studien und Kritiken.

Eine Zeitschrift

für

das gesamte Gebiet der Theologie,

begründet von

D. C. Ullmann und D. F. W. C. Umbreit

und in Verbindung mit

D. J. Müller, D. W. Beyschlag, D. Gust. Baur

herausgegeben

von

D. E. Riehm und D. J. Köstlin.

Vorwort.

Aus dem Titelblatte dieses Heftes ersehen die geehrten Mitarbeiter und Leser unserer Zeitschrift, wie sich die durch den Heimgang des Herrn Geheimen Kirchenraths D. B. Hundeshagen nöthig gewordene Neugestaltung der Redaction vollzogen hat. Gemäß einem früheren eventuellen Vorschlag des Verewigten und auf den Wunsch sowol des überlebenden, an der Herausgabe dieser Zeitschrift seit 8 Jahren mitwirkenden Redacteurs, als des Herrn Verlegers hat sich der mitunterzeichnete D. J. Köstlin entschlossen, in die Redaction der „Theologischen Studien und Kritiken" einzutreten, nicht ohne das lebhafte Bewußtsein, eine ernste und verantwortungsvolle Aufgabe zu übernehmen, aber auch in dem Vertrauen, daß diese Zeitschrift auf ihrem weiteren Gange, wie bisher, von Gottes Segen begleitet und von allgemeiner Theilnahme der evangelischen Theologen und Geistlichen getragen sein wird. — Zu unserer Freude hat ferner der unserem Leserkreise durch größere Werke wie durch Abhandlungen aus verschiedenen Fächern der theologischen Wissenschaft, von denen mehrere in den Studien veröffentlicht sind, wohlbekannte Herr Consistorialrath und Professor D. G. Baur in Leipzig unsere Bitte erfüllt, sich denjenigen geehrten Herren Mitarbeitern anzureihen, welche schon bisher mit der Redaction näher verbunden waren.

So können nun die „Theologischen Studien und Kritiken" abermals einen neuen Lauf beginnen. Wir enthalten uns denselben mit allerlei Verheißungen zu eröffnen. An dem bisherigen Programm der Studien unverändert festhaltend, geben wir nur der Ueberzeugung Ausdruck, daß dieselben nach 45jährigem Bestehen noch immer eine Aufgabe zu erfüllen haben, wichtig genug um ein hinreichendes Maß gemeinsamen Zusammenwirkens aller gleichgesinnten und gleiche Ziele verfolgenden Theologen und die erforderliche allgemeinere Theilnahme der evangelischen Geistlichkeit beanspruchen zu dürfen. Schon der Umstand, daß unsrer Zeitschrift noch fort und fort ein reiches Maß von Beiträgen zufließt, so daß die Fülle derselben, auch bei sorgfältiger und gewissenhafter Auswahl, die Redaction nicht selten in Verlegenheit setzt und das Erscheinen einzelner Arbeiten fast über Gebür verzögert, kann uns zu jener Ueberzeugung führen. Noch mehr aber der Blick auf den gegenwärtigen Stand der theologischen Wissenschaft und die allgemeine Lage der kirchlichen Verhältnisse.

In Bezug auf die letztere heben wir nur ein Doppeltes hervor. Der Gegensatz von Union und Confession, in welchem die Studien und Kritiken ihre Stellung längst genommen haben, ist seit den Ereignissen des Jahres 1866 in verschärfter Weise hervorgetreten, und die Hoffnung, daß die durch Gottes Gnade herbeigeführte nationale Einigung und Wiederherstellung des Deutschen Reiches auch dazu helfen werde, diesem Gegensatz seine trennende Kraft zu benehmen, ist bisher in nur geringem Maße in Erfüllung gegangen. Es wird darum auch ferner für die Studien und Kritiken, die der gesamten evangelischen Kirche dienen wollen, eine durch ihre Traditionen klar und bestimmt vorgezeichnete Aufgabe bleiben, zwar die wohlbegründeten Rechte der Confessionskirchen aufrichtig anzuerkennen und sich auch solchen Mittheilungen, welche die gesunde Pflege ihrer Eigentümlichkeit, die Verwerthung ihrer besonderen Gaben und die Erfüllung ihres besonderen Berufes im Reiche Gottes im Auge haben, nicht zu verschließen, dabei aber auf das, was die verschiedenen Glieder der evangelischen Gesamtkirche einigt und durch Einigkeit stark macht, stets das Hauptgewicht zu legen, und für eine Union, welche auf die von den lutherischen und reformirten Bekenntnissen gemeinsam bezeugte Heilswahrheit sich gründet, jederzeit freudig einzutreten. — In dem durch die schärfere Sonderung der Gebiete von Staat und Kirche überall im Vollzug begriffenen kirchlichen Neugestaltungsproceß, der auch für die theologische Wissenschaft eine Fülle von Fragen und Aufgaben mit sich bringt, werden die Studien und Kritiken nach ihren Traditionen so mitzuarbeiten haben, daß ohne Widerstreben dem Staate gegeben wird, was des Staates ist, aber auch die Selbständigkeit und freie Bewegung der Kirche gewahrt und nur solchen Neugestaltungen das Wort geredet wird, welche aus dem inneren Wesen und Lebensmittelpunkt der evangelischen Kirche herauswachsen und den organischen Zusammenhang ihrer geschichtlichen Entwickelung festhalten.

So sehr wir aber gediegene Beiträge, welche die kirchlichen Aufgaben und Lebensinteressen der Gegenwart behandeln, stets willkommen heißen werden, so ist die Aufgabe der Studien doch zunächst eine wissenschaftliche. Sie wollen vorzugsweise mittelbar der Kirche dienen durch gesunde Pflege der theologischen Wissenschaft; und zwar soll dabei, wie bisher, allen Gebieten der Theologie eine möglichst gleichmäßige Berücksichtigung zutheil werden. Nun haben die theologischen Gegensätze, in deren Mitte die „Studien und Kritiken" einst das Panier einer Theologie erhoben haben, welche den Glauben der Apostel und Reformatoren treu bewahren, aber in einer dem Bewußtsein der Zeitgenossen entsprechenden Form wissenschaftlich neu gestalten und frei reproduciren will, ganz andere Erscheinungsformen angenommen; in ihrem Wesen aber sind sie noch immer dieselben, stehen sich schroffer und ausschließender als je gegenüber, und gehen tiefer und weiter als alle confessionellen und landeskirchlichen Gegensätze, welche von ihnen überall durchkreuzt werden. Auf der Linken steht ein Kriticismus, der bewußt oder unbewußt den ursprünglich von dem Standpunkt der „Immanenz" ausgegangenen Impulsen folgt, ohne tieferes Interesse für den Glauben und die gesunde Entwickelung der Kirche mit den Dogmen mehr und mehr alle historischen Ueberlieferungen, auch die über die fundamentalen Heilsthatsachen in Frage stellt, und bei all seinem hohen wissenschaftlichen Selbstbewußtsein vielfach unter das Gericht des bekannten Wortes von D a v i d S t r a u ß fällt: „Die Theologie ist nur noch insofern productiv, als sie destructiv ist." Auf der Rechten eine starke Neigung zu einer „fertigen" Theologie, die den Glauben und das Bekenntnis der Kirche in den überlieferten und theilweise überlebten Formen autoritätsmäßig geltend machen will und mehr und mehr einem der freien wissenschaftlichen Bewegung und ernsten gründlichen Forschung abholden Practicismus zur Herrschaft verhilft. Daneben mancherlei ungesunde und unkräftige Vermittelungsversuche, ohne den Muth den Dingen auf den Grund zu gehen, und darum auch mit halben Zugeständnissen sich behelfend, wo wissenschaftliche Neugestaltung noth thut. Bei diesem Stand der Theologie ist unserer Zeitschrift gemäß ihren Traditionen die Aufgabe gestellt, sich an dem im Vollzug begriffenen kritischen Revisionsproceß der bisherigen wissenschaftlichen Darstellung und historischen und dogmatischen Begründung des evangelischen Glaubens so zu betheiligen, daß einerseits in dem Streben nach neuen Erkenntnisformen die ewigen Grundlagen eines gesunden Glaubenslebens der evangelischen Kirche nicht verlassen und verkannt, und daß andererseits in dem Muthe des Glaubens an den Geist der Wahrheit, den der Herr seiner Gemeinde verheißen hat, der Freiheit wissenschaftlicher Rede und Gegenrede voller Raum gelassen wird, so lange sie von aufrichtiger Wahrheitsliebe und dem Bewußtsein, daß es sich in der Theologie und Kirche um Heiliges handelt, beseelt ist, und die Grundlagen des Heilsglaubens und der Gemeinde Christi nicht antastet.

Allen, die in solchem Sinne an den zahlreichen Aufgaben mitarbeiten, deren Lösung der theologischen Wissenschaft obliegt, bieten sich die Studien und Kritiken als Organ zur Veröffentlichung ihrer Abhandlungen, Bemerkungen oder Recensionen an.

Möge denn unsere Zeitschrift durch Gottes Hülfe die ihr durch die Verhältnisse der Gegenwart gestellten alten und neuen Aufgaben erfüllen, und möge die fernere Mitwirkung auch des weiteren Kreises geehrter Mitarbeiter und die geneigte Theilnahme wohlwollender Leser uns dazu helfen.

Halle, Anfangs Octobers 1872.

D. E. Riehm. D. J. Köstlin.

Abhandlungen.

Die sichtbare und die unsichtbare Kirche*).

Worauf beruht diese Unterscheidung und was lehrt die heilige Schrift darüber?

Von

Gymnasiallehrer Joh. Gottschick, Cand. theol.

Die Beantwortung des ersten Gliedes dieser Frage zerfällt von selbst in zwei Theile, insofern als es nothwendig sein wird, zunächst die historische Genesis dieser Unterscheidung darzulegen und so zu bestimmen, was überhaupt mit ihr gemeint ist, sodann aber die im Begriff der Kirche als des Gemeinwesens Christi enthaltenen Momente zu analysiren und zu entwickeln, um mit den Resultaten jene Unterscheidung zu vergleichen, ihr Recht oder Unrecht, oder auch eine etwa sich als erforderlich ergebende Modificirung derselben zu erkennen. Nun könnte es scheinen, als verlange es das innere Verhältnis der Sache, zuerst die Aussagen der Schrift über die Kirche zu betrachten, als welche auf die sich allmählich entwickelnde Anschauung von der Kirche eingewirkt und dieselbe wesentlich mitbestimmt haben. Immerhin aber würde, auch wenn in den ersten

---

[1]) Die hier entwickelten Gedanken sind vielfach angeregt durch die Abhandlung Julius Müller's über die unsichtbare Kirche (Deutsche Zeitschrift für christliche Wissenschaft u. s. w., Bd. I, wieder abgedruckt in seinen „Dogmatischen Abhandlungen").

Jahrhunderten im Kampf gegen die Häretiker das schneidige Schwert der Schrift, und nicht Panzer und Schild der Tradition die Waffe der Verteidiger der Kirche gewesen wäre, auch wenn Tertullians Wort nicht so allgemeinen Anklang gefunden hätte: ad scripturas non est provocandum, immerhin würde es für unseren ersten Zweck ziemlich nutzlos sein, den Sinn der biblischen Aussagen exegetisch zu ermitteln, und es würde genügen, der in der Schrift bezeugten Verheißung Christi sich zu erinnern, auf den Felsen Petrus werde er seine Kirche gründen, die auch die Pforten der Hölle nicht überwinden sollen, oder jener Aussprüche Pauli zu gedenken, daß die Kirche einem Leibe zu vergleichen sei, dessen regierendes und durch seinen Geist ihn beseelendes Haupt Christus, oder einem Hause, darin Gott selber wohne, daß sie die Säule und Grundveste der Wahrheit, die heilige, makellose Braut Christi sei. Denn diese Bilder sind es vorzüglich, und fast noch mehr alttestamentliche, wie das der Arche des Noah und des Hauses der Rahel, deren Insassen allein dem Verderben entgingen, diese Bilder sind die Formen, welche die allmählich erwachsende Anschauung sich aneignete und mit deren Hülfe sie sich dann selbst weiter ausgestaltete. Ein Begriff, wie der der Kirche, welcher wie kein anderes Dogma mit dem praktischen, kirchlichen Leben in der unmittelbarsten Verbindung nach vorwärts und rückwärts stand, in seinen Stürmen zur Lösung der in ihm sich aufdrängenden Fragen gebildet, und unabläßig zur Entscheidung neuer gebraucht, angewendet, umgewandelt wurde, bis er, in sich selbst erstarkt, in seiner Consequenz die alles bestimmende Macht geworden war, ein solcher Begriff ruht nicht auf sorgfältiger Erforschung des genuinen Sinnes irgend welcher Worte der Schrift, sondern der Schriftgrund, den er hat, liegt, soweit er ihm Kraft und Leben darreicht, in der, ob auch vielleicht misverstehenden oder einseitigen Auffassung einzelner Momente des ganzen Geistes der Schrift, an welchem das christliche Bewußtsein sich nährt und den es, zu einer eigentümlichen Färbung umgewandelt, sich aneignet, um von da aus die einzelnen Schriftaussagen den Formen zu accommodiren, zu denen es sich in seinem Selbstobjectivirungsprocesse unter den Bedingungen und positiven wie negativen Reizungen der geschichtlichen Atmosphäre gestaltet hat. — Fragen wir nun, welche

Grundanschauung der Schrift, welches unveräußerliche Wahrheitsmoment es ist, das, schief aufgefaßt, einseitig festgehalten und verkehrt angewendet die katholische Auffassung von der Kirche hervorgebracht hat, so springt in die Augen der Gedanke, welcher die durch die manigfachsten Häresen sich durchringende Kirche beseelte, daß das Christentum eine objective, historische Lebensmacht sei, in ihrer absoluten Vollendung in der Person Jesu Christi in die Welt eingetreten, von diesem Anfangspunkt aus in den Formen geschichtlicher Entwickelung fortwirkend und dem Sauerteige gleich den ungesäuerten Stoff der Welt durchdringend, darum aber auch eine objective Lebensmacht, welche von Seiten des Subjectes volle, für alle gleiche Hingabe erheische und keine nach subjectivem Belieben selbstgewählte, willkürliche Auffassung oder Modificirung dulde, eine Lebensmacht, die deshalb nur da kräftig sein könne, wo die historische Continuität mit ihr festgehalten werde. Da aber die Hingabe bei vielen nur eine halbe war, indem diese, von der christlichen Wahrheit angezogen, sie doch nicht als allbestimmendes Princip ihres geistigen Lebens, sondern nur als ein, wenn auch vielleicht als das quantitativ höchste Ferment desselben wollten gelten lassen, entstanden die vielgestaltigen Formen des Gnosticismus, eine Reihe von Versuchen, das Christentum mit der Gedankenwelt des Heidentums zu vermitteln, entstanden jene unreinen Zwittergestalten jüdischen Christentums und christlichen Judentums, wie sie die Geburt des Christentums aus dem Mutterschooße Israels und die anfänglich fortdauernde Verbindung der christlichen Gemeinde mit dem Cultus der israelitischen Theokratie vielfach hervorrief. Immer klarer und bewußter und energischer sich aus der Vermischung mit diesen nur christlich gefärbten Elementen loslösend und sie möglichst von sich ausscheidend concentrirt sich die Gemeinde Christi in sich selbst und tritt in immer festerer und in immer schärfer begrenzter Erscheinung uns entgegen als die eine und allgemeine, auf dem Grunde der Apostel sich erbauende, kurz als die katholische Kirche im Gegensatz zu den vielen, von eigenwilligem Particularismus hervorgetriebenen „αἱρέσεις“. Ein absoluter, göttlicher Heilsbesitz ist in Christo der Menschheit zu Theil geworden, alle schlechthin sind seiner bedürftig, für alle schlechthin, die ihn gefunden, ist er das höchste Besitztum. Darin liegt die Forderung einer alle dies Heil besitzende Individuen umfassenden Gemeinschaft für die Förderung der aus dem Gemeinbesitz folgenden Zwecke. Die Realisirung der Gemeinschaft aller die christliche Bestimmtheit gemeinsam habenden Individuen ist als Einheit einer Vielheit nothwendig die organisirte Einheit dieser Gemeinschaft. Als die eine, allgemeine oder allumfassende Gemeinschaft der Christen muß sie auch als die ausschließliche gedacht werden, außer der keine Theilhaber an der christlichen Lebensbestimmtheit existiren, außerhalb deren es also kein Heil giebt — extra ecclesiam nulla salus. Diese Gemeinschaft ist von Christo beseelt durch seinen Geist, der als Heiliger heiligend wirkt, diese Gemeinschaft ist also dem Princip nach eine heilige. Es ist ferner der geschichtliche Christus, den sie zu ihrem Haupte, des geschichtlichen Christus Geist, den sie zum Lebensprincip hat, sie muß also mit ihrem historischen, schöpferischen Anfangspunkt in historischer Continuität stehen, d. h. sie ist die apostolische. Die von Christo gestiftete Erlösung ist wirksam und eine reale Potenz in der katholischen (einen, allgemeinen, alleinseligmachenden) heiligen, apostolischen Kirche, dieser völlig wahre und schriftgemäße Gedanke wurde in der Christenheit mit ihrem Wachstum lebendiger und nach seinen einzelnen Momenten klarer. Aber bei der allmählichen Sonderung der Kirche und der Häresen mußte die Kirche sich darüber Rechenschaft geben, warum sie die wahre sei, und inwiefern diese Momente in ihr realisirt seien. Zuerst fragte es sich für sie, wo und warum in ihr allein im Gegensatz zu den gnostischen Häresen die wahrhaft apostolische, in ununterbrochenem Zusammenhang mit dem ungetrübten Princip der Erlösung, wie es im Punkt seines Eintritts in die Welt sich offenbart, verharrende Kirche sei? Die Antwort, welche bei Tertullian und Irenäus, Clemens und Origenes deutlich vorliegt, ist: dort und dort allein, wo die in der regula fidei zusammengefaßten Elemente der christlichen Lehre in Geltung stehen, wie sie als ein gemeinsames von den Aposteln überkommenes Erbgut in den sedes apostolicae bewahrt werden. — Damit erhob sich aber sofort die zweite Frage, wodurch die Reinheit dieser Tradition gesichert werde, und die auf sie gegebene Antwort ist eine für die Entwickelung des Begriffs und der Gestaltuug der Kirche selbst verhängnisvolle, sie lautet: durch die stetige Succession der von den Aposteln zu ihren Nachfolgern eingesetzten Bischöfe. Natürlich ist diese Antwort nicht eine zufällig aufgestoßene, sondern bedingt und nothwendig geworden durch die Stellung, welche die Bischöfe allmählich bekommen hatten in den Einzelgemeinden und im Verhältnis der Gemeinden unter einander. Von höchster Wichtigkeit ist hierbei auch der gesetzliche, alttestamentliche Charakter, den die Kirche dem gnostischen Spiritualismus und Antinomismus gegenüber angenommen, und der sie das Christentum als eine nova lex betrachten ließ, ferner die Vertauschung der dem Christentum schlechthin wesentlichen Idee des allgemeinen Priestertums, der persönlichen unmittelbaren Gemeinschaft jedes Gläubigen mit Christo mit der Idee eines besonderen zwischen Christo und der Fülle seiner Gnaden auf der einen und den einzelnen Gläubigen auf der anderen Seite vermittelnden priesterlichen Standes. Alle diese Momente wirkten zusammen zur Ausbildung der schon bei Irenäus deutlichen Anschauung: die wahre Kirche Christi ist die durch die Institution des in seiner stetigen Succession den Apostolat fortsetzenden Episkopates, welcher der Träger der Einheit in Lehre und Verfassung ist, in Einheit gehaltene katholische Kirche. Die Episkopatkirche ist die alleinige Mutter aller Gläubigen, nur in ihr wirkt der heilige Geist Christi, sie ist die alleinige Bewahrerin und Verwalterin aller göttlichen Gnadenschätze und Gnadenkräfte, von deren Segen die Häretiker sich losgerissen haben; sie allein ist die eine, allgemeine, heilige apostolische Kirche, außer welcher kein Heil ist.

Bisher hatten die von ihr ausgeschlossenen Häresen wirklich das Wesentliche des Christentums alterirt, und die Momente des Begriffs der Kirche, Einheit, Allgemeinheit, Heiligkeit waren relativ vollkommen in ihr zur Erscheinung gekommen, da in der Hitze der Verfolgungen die Zahl der dem Christentum innerlich fremden Glieder doch eine Minderheit war. Der ihr in der ersten Hälfte des dritten Jahrhunderts eine Zeit lang gewährte Friede lockte eine Menge fremdartiger, unchristlicher Elemente in sie hinein, wie in der erschreckenden Menge der Abfälle in der decianischen Verfolgung zu Tage trat. — An diesen Thatsachen mußte die Incongruenz ihrer empirischen Existenz mit ihrem Begriff, als des heiligen, von Christi Geist beseelten Leibes Christi zum Bewußtsein kommen. Und nun lösten sich in den über dieser Frage entspringenden Differenzen Theile von ihrem Körper ab, in denen sie die Selbigkeit des Glaubens, der Lehre, der Verfassung anerkennen mußte, deren Unterschied von der katholischen Kirche nur in der Festhaltung der dieser selbst früher eigenen disciplinarischen Grundsätze bestand, deren Trennung von ihr nur Trennung von einem einzelnen Bischof, dem römischen, war. Ihnen gegenüber rechtfertigt Cyprian die Ausschließlichkeit und Wahrheit und damit die Einheit und Allgemeinheit der auf das Episkopat gegründeten Kirche. Im Kampf mit den Donatisten ferner, in denen in erneuter Kraft noch einmal alle die schon von den Montanisten und Novatianern verfolgten Bestrebungen, durch strenge Kirchenzucht die Heiligkeit der Kirche empirisch zur sichtbaren Verwirklichung zu bringen, auflebten, findet Augustin die für die Folgezeit acceptirte Lösung. Die Schismatiker hoben das extra ecclesiam nulla salus durch ihre Lehre auf, wenn auch die Kirche die nach der Taufe einmal Gefallenen nicht in sich dulden dürfe, Gott könne ihnen vielleicht Vergebung gewähren. Cyprian aber (De unitate ecclesiae [1])) spricht mit kühner Consequenz es aus, daß nur in der Zugehörigkeit zu der sichtbaren, empirischen katholischen Kirche Theilnahme am christlichen Heil möglich sei. Eine unitas ecclesiae hat Christus gestiftet, von ihr kann kein Guter sich trennen, die Trennung von der katholischen Kirche als solcher macht aller Theilnahme am Heil verlustig. „Habere non potest Deum patrem, qui Ecclesiam non habet matrem. Hanc unitatem, qui non tenet, Dei legem non tenet, non tenet Patris et Filii fidem, vitam non tenet et salutem.“ Auf den einen Petrus hat Christus die Einheit der Kirche gegründet, obwohl er allen Aposteln dieselbe Macht zugetheilt, damit der Ursprung der Einheit von einem ausgehe. Der Apostel existirt noch jetzt im

---

1) Ausführliche Belegstellen finden sich ausgezogen bei Rothe, Die Anfänge der christlichen Kirche u. s. w., S. 637 f.

Episkopat, welcher Princip und Sitz der kirchlichen Einheit ist, weil seine einzelnen Träger ein solidarisch verbundenes Amt verwalten, und weil seine Einheit in einem äußerlichen Einheitspunkt sich darstellt und wirkt, in der cathedra Petri, dem römischen Episkopat. Außer der im Episkopat verfaßten katholischen Kirche kann es aber kein wahres Christentum und kein Heil geben, weil nur sie die Schlüsselgewalt hat, und weil der heilige Geist den Einzelnen nur in der Theilnahme an ihr gegeben ist. Von den Aposteln aus pflanzt derselbe durch die successio continua der Bischöfe in ihnen sich fort, wohnt nur ihnen principiell ein und strömt allein durch sie als seine Organe in den heiligen Handlungen wie Taufe und Confirmation auf die übrigen Glieder der Kirche aus. Diesen Gedanken von der Einheit und Ausschließlichkeit der katholischen Kirche nimmt Augustin auf, wenn er ihn auch verinnerlicht durch warme Hervorhebung ihrer Mütterlichkeit und des in ihr allein waltenden Geistes der Liebe, welcher Liebe jeder sich Abtrennende untheilhaft werde. Er ist es auch, welcher der donatistischen Sectenbeschränktheit gegenüber die Allgemeinheit in ihre thatsächliche Beschaffenheit setzt, daß sie eine über den ganzen Erdkreis verbreitete ist. Es galt nun noch, nachdem seit Constantin das Heidentum massenhaft in die äußere Gemeinschaft der Kirche geströmt war, die jetzt mehr als je schreiende Incongruenz zwischen der begrifflich ihr zukommenden Heiligkeit und der in ihr offenbaren Unheiligkeit der Massen zu lösen. Optatus von Mileve hatte schon geholfen durch seine vom späteren Katholicismus allgemein angenommene Bestimmung, sie sei heilig, weil in ihr allein in den Sacramenten sc. der Ordination die Bedingungen für die Heiligung der Menschheit vorhanden seien [1]), also eine dringliche Heiligkeit an Stelle der persönlichen. Augustin fügte noch ein neues Moment hinzu: die Heiligkeit der Kirche sei nicht eine thatsächliche Beschaffenheit ihrer sämtlichen Glieder, sondern sie sei in einem Heiligungsprocesse begriffen und werde schließlich zur vollkommenen Heiligkeit gelangen; nur denkt er sich diesen Proceß

---

1) „Ecclesia una est, cujus sanctitas de sacramentis colligitur, non de superbia personarum ponderatur“, vgl. Rothe a. a. O., S. 691.

nicht als einen in steter Durchdringung von innen heraus fortschreitenden, sondern als einen an ihr vorgehenden, meint damit die am Ende der Tage erfolgende Ausscheidung aller Unheiligen von ihr [1]). Auf diesem Punkte weicht aber Augustin vom katholischen Kirchenbegriff ab und scheint sich der protestantischen Vorstellung von der unsichtbaren Kirche zu nähern, wenn er im Anklang an das corpus bipartitum Domini des Donatisten Tychonius von einem corpus Christi verum einerseits und corpus Christi simulatum et permixtum andererseits spricht und erklärt, die Bösen scheinen nur in der Kirche zu sein, gehören aber nicht zu dem compages domus, seien durchaus getrennt von der Kirche, welche sine macula et ruga ist [2]). Aber die Verwandtschaft mit der protestantischen Anschauung beschränkt sich doch bei ihm, wie bei des Origenes „κυρίως ἐκκλησία“ darauf, daß auch ihnen die empirisch erscheinende Kirche noch nicht die eigentliche Kirche Christi ist, beide unterscheiden sich von jener auf's wesentlichste darin, daß sie die katholische Kirche durchaus als den weiteren Kreis, in dem jedes Glied des corpus verum eingeschlossen ist, und daß sie die Theilnahme an allen Bedingungen des katholischen Kirchentums als conditio sine qua non der Mitgliedschaft am wahren Leibe Christi ansehen. In dieser im Abendlande besonders immer allgemeiner werdenden Anschauung, vorzüglich, wenn man Augustin's Theorie vom Verhältnis der weltlichen und kirchlichen Macht hinzunimmt, ist bereits alles gegeben, was mit nothwendiger Consequenz auf die Idee der römisch-katholischen Kirche hintrieb, die einen so großartigen Einfluß auf die ganze Geschichte des Mittelalters geübt hat, und die wir nicht weiter zu verfolgen brauchen in ihrer Ausgestaltung bis zu der Höhe der Anmaßung, daß im Papst, dem Stellvertreter Christi auf Erden virtualiter die ganze Kirche sei,

---

1) Vgl. Rothe a. a. O., S. 692 f.: „Non sic accipiendum est, quasi jam sit, sed quae praeparatur, ut sit, quando apparebit etiam gloriosa.“

2) „Non pertinent ad Sanctam Ecclesiam Dei, quamvis intus esse videantur. Multi tales (Lasterhafte) sunt in Sacramentorum communione cum Ecclesia et tamen jam non sunt in Ecclesia.“

mit der schon Leo's X. magister sacri palatii, Sylvester Prierias, Luther entgegentrat. Wesentliche Momente in ihr wurden die späteren Lehren vom Meßopfer, welches der Priester durch seine Consecration vollzieht und von der Wirksamkeit der Sacramente ex opere operato. — Nach römisch-katholischer Auffassung ist also die Kirche Christi zuerst und wesentlich das ganze anstaltliche sichtbare Gebäude der Hierarchie, welche von der Einheit im Papst zu Rom aus in einer solidarisch verbundenen Vielheit sich gliedert, durch die continua successio der Bischöfe die Stellvertreterin Christi und seiner Apostel ist, darum auch Christi Thätigkeiten fortsetzt, mit seiner Machtfülle und Autorität bekleidet; sie ist einzige, unfehlbare Bewahrerin und Auslegerin der göttlichen Offenbarung und stellt fest, was Gesetz des Glaubens und Lebens ist, sie bringt täglich das Sühnopfer Christi dar und verwaltet den Schatz der Verdienste Christi und der Heiligen, spendet die göttlichen Gnadenschätze und den heiligen Geist in der Vollziehung der ex opere operato wirksamen Sacramente, sie ist die alleinige Mittlerin des Heiles, Gesetzgeberin und Richterin für die ecclesia obediens, die dieser Hierarchie nicht durch die Ordination eingegliederten Laien. „Nach römischer Anschauung", sagt Schleiermacher richtig, „ist das Verhältnis zur Kirche Bedingung für das Verhältnis zu Christo." Vollziehung der Anordnungen und Theilnahme an den Sacramenten dieser äußeren Kirchenanstalt geschieht natürlich durch sichtbare, äußerlich constatirbare Acte. Consequenterweise nimmt sich darum die Confutatio der cf. Augustana des Rechtes der mali und peccatores im Begriff der Kirche an, und erklärt der römische Katechismus, „bonos et malos ad Ecclesiam pertinere catholica fides vere et constanter affirmat". Mit unglaublich dreister Stimme gibt Bellarmin seine Erklärung ab [1]: „Atque hoc interest inter sententiam nostram et alias omnes, quod omnes aliae requirunt internas virtutes ad constituendum aliquem in Ecclesia, nos autem non putamus requiri ullam internam virtutem, sed tantum externam professionem fidei et Sacramentorum communionem, quae sensu ipso percipitur. Eccle-

[1]) Lib. III de eccl. militante, toto orbe terrarum diffusa, cap. II.

sia enim est coetus ita visibilis et palpabilis, ut est coetus populi Romani, vel Regnum Galliae aut Respublica Venetorum.“ Die eine und wahre Kirche ist nämlich coetus hominum ejusdem Christianae fidei professione. et eorundem Sacramentorum communione colligatum, sub regimine legitimorum pastorum ac praecipue unius Christi in terris Vicarii Romani Pontificis. Und scheint hier bei Bellarmin die Kirche mehr als Gesamtheit der Individuen aufzutreten, es ist, nur von einem anderen Augpunkte aus betrachtet, dasselbe objective, sachliche, anstaltliche, unpersönliche, über den Individuen und ihrer Subjectivität mächtige Gebäude, das man den „Organismus“ der Kirche zu nennen liebt, und auf das heutzutage so mancher sehnsüchtige Blick aus protestantischen Augen sich richtet. Dies spricht auch Bellarmin deutlich aus, wenn er als dasjenige, wovon die Hoheitsprädicate der Kirche, des Leibes Christi gelten, die partes formales hinstellt, quae sunt Apostoli, Prophetae, Pastores, Doctores im Unterschied von den partes materiales, quae sunt homines singulares; oder, wenn er erklärt, die, welche hinsichtlich der fides und caritas membra mortua seien, seien dennoch vivissima membra in ratione instrumenti; denn instrumenta operativa constituuntur per potestatem sive ordinis sive jurisdictionis. Auch zeigt es sich bei Bellarmin, daß das innerlich treibende Motiv der römischen Anschauung kein anderes ist als die Verkehrung der berechtigten Forderung, im stetigen Zusammenhang mit dem historischen Eintritt des christlichen Princips zu bleiben, und der wahren Ueberzeugung, daß das Christentum nur, wenn es in seiner Objectivität, in der Wahrheit seines festen, historischen Inhalts ungetrübt und unverflüchtigt erhalten werde, seine erlösende Wirksamkeit üben könne. So geht dem Katholiken der Begriff der Kirche darin auf, Erziehungsanstalt für das Heil, „sammelnde Anstalt für den Glauben“ zu sein, ein Begriff, der ihm desto voller realisirt erscheint, durch je festere, äußere, gesetzliche Verbände die gegenwärtigen Institutionen der Kirche als die echte Fortsetzung der ursprünglichen sich darstellen. Immer wieder hebt Bellarmin es hervor, wenn die katholische Kirche nicht die wahre sei, so könne der Mensch nie wissen, was er für christlich zu halten, was er als Christ zu thun habe, so sei die ungetrübte Fortpflanzung des in Christo Gegebenen verhindert [1]). Dasselbe Interesse ist auch der Grund des Möhler'schen Lieblingsbegriffes von der Kirche als dem menschgewordenen Sohn Gottes, und seiner Definition [2]): „Unter der Kirche auf Erden verstehen die Katholiken die von Christo gestiftete sichtbare Gemeinschaft aller Gläubigen, in welcher die von ihm während seines irdischen Lebens zur Entsündigung und Heiligung der Menschheit entwickelten Thätigkeiten unter der Leitung seines Geistes bis an's Weltende vermittelst eines von ihm angeordneten, ununterbrochen währenden Apostolates fortgesetzt und alle Völker im Verlauf der Zeit zu Gott zurückgeführt werden."

War nnn aber wirklich dieser ganze großartige, imponirende Bau der Kirche und priesterlichen Hierarchie, mit der unfehlbaren Gewißheit des heilsnothwendigen Glaubens, die er darbot, mit der Sündenvergebung und Gnadenfülle, die er in der Vollziehung der ex opere operato ohne Rücksicht auf innerliche, subjective Bedingungen wirkenden Sacramente spendete, mit der Summe äußerer kirchlicher und gesetzlicher Werke und Satisfactionen, die er forderte, das rechte Mittel gewesen, um die genuine, historische Continuität des Christentums zu wahren, um die Lehre Christi und der Apostel unverfälscht zu erhalten, die Menschheit, die Völker und insbesondere die Einzelnen zum Vollbesitz der Erlösung und Versöhnung in Christo zu führen, und eine Erneuerung derselben von innen heraus zu Stande zu bringen, — oder aber, hatte er, und nicht bloß in der schreienden Mißgestalt, die er gegen Ende des Mittel-

---

1) De eccl. mil. III, 7. 10.: „Necesse est ut nobis certitudine infallibili constet, qui coetus hominum sit vera Christi Ecclesia, nam cum Scripturae traditiones et omnia plane dogmata ex testimonio ecclesiae pendeant, nisi certissimi sumus, quae sit vera Ecclesia, incerta erunt prorsus omnia. At non potest certitudine infallibili nobis constare, quae sit vera Ecclesia, si fides interna requiritur in quolibet membro Ecclesiae; non igitur fides aut aliquid invisibile et occultum requiritur, ut quis aliquo modo pertineat ad Ecclesiam."

2) Möhler, Symbolik, 6. Aufl., S. 331.

alters annahm, sondern hatte er nicht schon in seinen wesentlichsten Grundformen an Stelle der in Christo erschienenen, von allen unmittelbar zu erlebenden Gnade und Wahrheit eine nova lex und ein novum sacerdotium gestellt, welches durch seine nothwendige Vermittelung den Gläubigen von Christo trennte, war nicht die ganze Menge seiner Dogmen, anstatt einer rechten Erklärung, eine Verdunkelung und Verkehrung der apostolischen Lehre, eine Verschüttung des lauteren Brunnens des Evangeliums, trat nicht die ganze Masse seiner Gesetz- und Satisfactionsforderungen wie eine hemmende Schranke zwischen den Menschen und Christus, dem um sein Seelenheil Bekümmerten verwehrend, in der unmittelbaren, persönlichen Gemeinschaft seines Heilandes zum Frieden zu gelangen, den natürlichen Menschen in seiner inneren Gleichgültigkeit bestärkend und durch den Wahn des Genügens äußerer Leistungen in eine todbringende Sicherheit einwiegend? — Aus einer durch diese Lage der Dinge bedingten Nothwendigkeit, die ja überhaupt der treibende Grund für die ganze Reformation war, und nicht aus irgend welchen äußeren Anlässen entsprang für die Reformatoren die Nöthigung, für die Construirung des Begriffs der Kirche nicht sowol auf Origenes und Augustin, als auf Vigilantius und Jovinian, auf Wiklef und Joh. Huß zurückgehend, das Wesen der Kirche Christi nicht in eine sichtbare Erscheinung, sondern in die Gesamtheit der von Gott allein gewußten wahrhaft Gläubigen zu setzen, die wahre Kirche also als unsichtbare zu bezeichnen. Schon ehe Eck Luther zu der Erklärung getrieben, auch Concilien könnten irren, spricht dieser in dem demütigen Brief an den Papst nach den Miltiz'schen Verhandlungen es aus, daß Christus seine Kirche nicht auf die äußere, scheinbare Gewalt und Oberkeit oder einige zeitliche Ding, sondern in die inwendige Liebe, Demut und Einigkeit gesetzt und gegründet hat, und in seiner Schrift „Vom Papstthum zu Rom“ (1520, noch ehe die Kirche ihn ausgestoßen) nennt er die leibliche Christenheit mit ihrem geistlichen Stande und äußerem Gottesdienst die gemachte Christenheit, von der nicht ein Buchstab in der Schrift steht. Ihr setzt er die natürliche, gründliche, wesentliche und wahrhaftige Christenheit der Kirche entgegen, die eine geistliche und innerliche Versammlung der Seelen in einem

Glauben sei und von niemand auf Erden, weder Bischof noch Papst, sondern allein von Christo im Himmel regiert werde. So rede die heilige Schrift von der heiligen Kirche und Christenheit und habe keine andere Weise zu reden. Stellt Rothe [1]) die Ausbildung der protestantischen Lehre von der Kirche als einen Nothbehelf dar, zu dem die Reformatoren ihre Zuflucht genommen, indem sie, wirklich losgetrennt von der einen und allgemeinen Kirche, wie sie waren, sich durch eine Theorie zu helfen suchten, welche die äußere Verwirklichung der Gemeinschaft der Heiligen, so wenig diese auch Kirche war, doch so benannte, so ist der Katholik Möhler [2]) nicht nur gerechter, indem er die Bildung jenes Begriffes als eine aus den positiven Principien der Reformation nothwendig folgende anerkennt, sondern auch scharfblickender, indem er ganz den richtigen Punkt bezeichnet, wo die negativen und positiven Momente des Begriffs hervorgetrieben werden, wenn er dann gleich die Sache caricirt. Es ist die Fundamentalanschauung Luthers, daß jeder Gläubige ein Priester und Lehrer sei, nur von Gott belehrt durch die innere Salbung des heiligen Geistes, darum zur Vergebung der Sünde und zur Spendung der Sacramente berechtigt und verpflichtet, als deren unabweisbare Folge Möhler es ansieht, daß eine sichtbare mit Autorität ausgerüstete Gemeinschaft, aus der ihm Gottes Stimme entgegentöne, keinen Zweck mehr habe, und daß die Kirche darum nichts Anderes sein könne als eine unsichtbare Gemeinschaft. Hatte die Verkehrung des berechtigten Verlangens, in ungetrübter geschichtlicher Continuität mit dem historisch in die Welt eingetretenen Princip der Erlösung zu bleiben, katholischerseits dahin geführt, daß man vor lauter Vermittelungen nicht zum Ziel kam, hatte die ganze, große, äußere Gesetzanstalt der Vermittelung nicht nur zur Folge gehabt, daß alle die sacramentalen und nomistischen Vermittelungen die bekümmerten Seelen von Christo hemmend fernhielten, sondern mit klarem Bewußtsein durch ihre Lehre, daß niemand seines persönlichen Heiles gewiß sein könne, das Ihre gethan, um diese Folge herbeizuführen, so war das ganze

---

[1]) a. a. O., S. 103 f.
[2]) a. a. O., S. 401 u. a.

Bestreben Luthers und der Reformatoren allerdings in erster Linie dahin gerichtet, das höchste Gut dem Menschen sicher zu stellen, die persönliche Gewißheit, daß er selbst in Christo einen versöhnten Gott, Vergebung der Sünden und Frieden des Herzens habe. Zu diesem Ziele hinzuführen, das konnte der einzige Zweck der ganzen kirchlichen Vermittelungsanstalt sein; traten aber die sacramentalen Vermittelungen, die sie vollzog, und die nomistischen, welche sie auferlegte, immer auf's neue zwischen die verzagte Seele und den Heiland, so mußten eben alle diese endlichen Vermittelungen übersprungen werden, bis sie Ruhe fand in dem verdienstlosen Glauben an die freie Gnade Gottes in Christo. Daß dies in jedem einzelnen Gläubigen selbständige, unmittelbare, persönliche Kindesverhältnis zu Gott in Christo den Reformatoren das ist, was den Christen zum Christen macht, was die Zugehörigkeit zu Christo bedingt und bewirkt, daß diese persönliche Priesterwürde jedes Gläubigen, die Befähigung ohne alle endliche Vermittelung Gott zu nahen, ihnen als sein unveräußerlichstes Besitztum galt, darin hat Möhler ganz recht gesehen. Aber völlig irrig ist es, wenn er meint, Luther habe darum von der Bedeutung der Menschwerdung des Logos keine Ahnung gehabt, d. h. davon, daß das in Christo übernatürlich in die Menschheit Eingetretene nunmehr eine geschichtlicherweise fortwirkende Potenz geworden sei. Denn, ob auch Möhler nicht an eine solche perspicuitas der Schrift glaubt, daß sie ohne sanctionirte kirchliche Auslegung der heilsbegierigen Seele den Weg zum Frieden in Christo zeigen könne, darum wohnt der Schrift dennoch diese Kraft inne. Und es ist nicht ein Herausfallen aus der historischen Continuität und ein Nichtverstehen der Bedeutung der Menschwerdung des Logos, wenn die Reformation auf die Vermittelung der Schrift in erster Stelle zurückgeht und durch sie allein alle anderen menschlichen und endlichen Vermittelungen christlicher und kirchlicher Sitte, Predigt, Lebens absolut normirt werden läßt, sondern es ist nur das wahrhaft richtige Verlangen, diese Vermittelungen nicht zum Selbstzweck zu machen, wie die katholische Kirche thut, sie vielmehr nur so als Mittel zu brauchen, so wie sie sicher zum Zweck führen. Diese Sicherheit wird aber nur dadurch gewährleistet, daß sie genährt sowol als normirt werden durch die heilige Schrift, welche als urbildliches Denkmal der Offenbarung Gottes in Christo wol lebendig immer neu erfaßt und angeeignet werden muß, aber durch ihre Beschaffenheit in jeder Zeit und Lage der Kirche bei treuer Hingabe an sie tauglich ist, zur untrüglichen Wegweiserin zu Christo zu dienen, und also den historischen Zusammenhang mit der historischen Person Christi auch wirklich und ungetrübt herzustellen. — Daher hat nun die Kirche als Heilsvermittelungsanstalt allen Werth für Luther verloren, ja sie erscheint ihm als des Teufels Werk [1]). Weil man unter dem blinden, undeutlichen Wort „Kirche“ immer an sie denkt, soll man die rechte Uebersetzung nehmen „Gemeine der Heiligen“, ein heilig, christlich Volk, das da glaubet an Christum, darum es ein christlich Volk heißt, und hat den heiligen Geist, der sie täglich heiliget, nicht allein durch die Vergebung der Sünden, so Christus ihnen erworben hat, sondern auch durch Abthun, Ausfegen, Tödten der Sünde, davon sie heißen ein heilig Volk, die ganze heilige Christenheit, Sancta et catholica ecclesia. Dazu gehören freilich nicht die Ungläubigen, sondern nur die Gläubigen, aber auch alle, die in Christo der Vergebung der Sünden sich getrösten, nicht eitel Heilige (vor einer solchen Kirche soll Gott ihn behüten), vielmehr die in geistlicher Armut herzlich seufzen; es ist also nicht eine leibliche, äußere Christenheit, sondern eine geistliche, innerliche. So ist die Kirche gemäß ihrem innersten Wesen und dem, was Bedingung der Zugehörigkeit zu ihr ist, ein Glaubensartikel, was auch das apostolische Symbolum lehrt: ich glaube eine heilige, christliche Kirche, d. h. sie ist äußerlich nicht erkennbar. Dennoch gibt es Zeichen, woran man merken kann, wo solch heilig, christlich Volk sei, wo das Evangelium lauter und rein gepredigt wird, und wo die Sacramente in ihrem rechten Brauch gehen, und darnach gethan wird, ein jeder sein befohlen Werk und Amt ausrichtet, wo Gebets- und Bekenntnisgemeinschaft und das Heiltum des Kreuzes ist, da kann man zwar die Personen nicht zählen, aber doch gewiß sein, daß es rechte Christen

---

[1]) Nachweis der Belege bei Thomasius, Christi Person u. Werk, Bd. III, 2, S. 387 f.

gibt; denn Gottes Wort geht nicht ledig ab und kann nicht ohne Gottes Volk sein; und wiederum Gottes Volk kann nicht ohne Gottes Wort sein. Außer dieser Kirche gibt es keinen Zugang zum Heil, sie ist unvergänglich, ob auch vielfach unterdrückt. Obgleich viele Ungläubige sich als das Unkraut unter die wahren Glieder der Kirche mengen und zu „der Kirche insgemein" sich halten, einerlei Lehre mit ihnen bekennen und einerlei Sacramente brauchen, so heißt doch nur das Häuflein der rechten Gläubigen die Kirche, welche heilig ist. Und diese hat Bestand zu allen Zeiten seit Christo, ob auch die Gottlosen die Oberhand gehabt. Ja, unter dem Papsttum ist die christliche Kirche blieben, sogar der rechte Ausbund der Heiligen, weil Schrift, Taufe, Sacrament, Predigtstul und mit ihnen Glaube, Christus, heiliger Geist und christliche Kirche. — So ist also die wahre Kirche Christi für Luther die Gesamtheit aller an Christum Glaubenden, in diesem Glauben Geheiligten und in der Heiligung Fortschreitenden, welche in den sichtbaren Kirchengemeinschaften zerstreut, durch den einen heiligen Geist, durch den einen Glauben, Sinn und Verstand und durch die Eintracht der Liebe eins sind, ihr Dasein aber, zwar im einzelnen unerkennbar, bekunden, sowol durch lautere Predigt des Evangeliums und rechten Gebrauch der Sacramente (welche letztere sowol Zeichen als Lebensgrund der wahren Kirche sind), als durch rechtes, christliches Leben, Gebets- und Bekenntnisgemeinschaft, Erleiden von Verfolgung um Christi willen. Das ist ihm die una sancta catholica apostolica ecclesia, außer welcher kein Heil ist und welcher die Verheißungen Christi gelten. Diese Kirche ist auch der Conf. Augustana, art. VII. VIII proprie congregatio sanctorum, in qua Evangelium recte docetur et recte administrantur Sacramenta; ihr sind in hac vita multi hyprocritae et mali admixti. Und so erläutert auch die Apologie [1]: Was sich äußerlich als Kirche darstellt, ist societas externarum rerum ac rituum, sicut aliae politiae [2]). Aber in ihr gibt es eine infinita multitudo impiorum, qui Ecclesiam

---

1) Apol. IV.
2) Ibid. 5.

opprimunt [1]). Die aber, in quibus nihil agit Christus, non sunt membra Christi [2]). Wenn die Kirche definirt wird, muß die definirt werden, welche vivum corpus Christi ist und nomine et re Ecclesia; darum ist die Ecclesia proprie dicta [3]) principaliter societas fidei et spiritus sancti in cordibus, quae tamen habet externas notas, ut agnosci possit, videlicet puram Evangelii doctrinam et administrationem sacramentorum consentaneam Evangelio Christi: et haec Ecclesia (diese nach ihren beiden Momenten, die nach ihrem inneren Wesen zuerst unsichtbare, aber in der Erscheinung sich bethätigende) sola dicitur corpus Christi, quod Christus spiritu suo renovat, sanctificat, gubernat [4]). Diese Kirche ist nicht ein unfruchtbares, bloßes Gedankenbild, eine müßige Idee, wie noch heut ein Döllinger und Möhler ihr nachsagen, eine platonische Idee in vulgärer Auffassung im Gegensatz zur Realität, es ist auch nicht die ideale Kirche, wie Hase [5]) sie faßt, im guten Verstande einer platonischen Idee, welche unterschieden von der wirklich existirenden doch deren Lebenskraft sei, sondern sie ist dasjenige, was von der Idee der Kirche wirklich real zur Existenz gekommen ist, das worin ihr Begriff jedesmal seine Wirklichkeit hat. Apol. IV, p. 20: „Neque vero somniamus nos Platonicam civitatem, ut quidam impie cavillantur, sed dicimus existere hanc Ecclesiam videlicet vere credentes ac justos sparsos per totum orbem. Et addimus notas: puram Evangelii doctrinam et Sacramenta.“ So ist also der Begriff der Kirche ihrem Wesen nach zu bestimmen, gemäß dem, daß der Glaube allein Bedingung der Zugehörigkeit zu Christo ist, und so muß man an ihm halten gerade zu einer Zeit, wo die äußere Erscheinung der Kirche eine externa politia voller impiorum ist. Gerade bei dem schreienden Widerspruch zwischen Idee und empirischer Wirklichkeit muß dem apostolischen

---

1) Apol. IV, 9.
2) Ibid. 6.
3) Ibid. 29.
4) Ibid. 5.
5) Polemik, S. 26 f.

Symbolum zu Folge die Existenz der einen, heiligen, allgemeinen, apostolischen Kirche ein Glaubensartikel werden. Sie, der wahre Leib Christi, muß existiren, es muß ein Subject zu ihren Hoheitsprädicaten und Verheißungen geben, und darum muß man aus der widersprechenden Aeußerlichkeit auf eine nothwendig vorhandene Innerlichkeit einer Gemeinde wahrer Christen gläubig zurückgehen [1]).

Diese symbolische Lehre blieb Grundlage der lutherischen Dogmatik. Man unterschied zwischen der Ecclesia proprie dicta, der Gemeinde der Heiligen, und der Ecclesia late dicta, der äußeren Bekenntnis- und Sacramentsgemeinschaft, dem coetus credentium und dem coetus vocatorum, in welch letzterem die ersteren wie in einem größeren Kreise eingeschlossen seien. Für beide concentrische Kreise werden dann aus der reformirten Theologie die Namen Ecclesia invisibilis und visibilis entlehnt, die in der Conf. Augustana und ihrer Apologia zwar noch nicht vorkommen, aber ganz passend sind zur Bezeichnung der wahren Kirche und der verschiedenen externae politiae, in welchen sie mit Bösen und Heuchlern vermischt existirt. Die calvinische Definition: die Kirche sei congregatio electorum oder praedestinatorum ließ man allmählich fallen; sie ist auch nicht sachgemäß, zu weit, weil es viele praedestinati gibt, die doch noch nicht im Glauben stehen, also noch nicht Glieder des Leibes Christi sind, zu eng, weil, da Calvin ein leviter tingi a spiritu Sancto auch Nichtprädestinirten zugesteht, manche in einem inneren Verhältnis zu Christo stehen können, die wieder abfallen, also nicht prädestinirt waren. Die späteren lutherischen Dogmatiker sehen das Wesen der Kirche durchgängig als unsichtbar an und sehen ganz ab von seiner nothwendigen Bethä-

---

1) Apol. IV, 9: „Et hic articulus necessaria de causa propositus est. Infinita pericula videmus, quae minantur Ecclesiae interitum. Infinita multitudo est impiorum in ipsa Ecclesia, qui opprimunt eam. Itaque, ne desperemus, sed sciamus, Ecclesiam tamen mansuram esse; item, ut sciamus, quamvis magna sit multitudo impiorum, tamen Ecclesiam existere, et Christum praestare illa, quae promisit Ecclesiae, remittere peccata, exaudire, dare spiritum sanctum. Has consolationes proponit nobis articulus ille in Symbolo.“

tigung und Sichtbarwerdung, fassen nur das eine zuständliche Moment in's Auge, daß die Kirche Sammlung der Gläubigen ist. — Sie ist ihnen[1]) congregatio vere credentium, qui Christo capiti per fidem insiti velut membra viva unum cum ipso corpus mysticum constituunt. Von ihr gelten die Prädicate des Niceno-Constantinopolitanum: sie ist una, weil sie an einem Haupt durch eine Taufe einen Leib bildet, von einem Geist beseelt, einen Glauben bekennt. Diese Einheit ruht ganz in dem Verhältnis ihrer sämtlichen Glieder zu Christo, wird aber aus dieser Ruhe auch nicht herausgetrieben, bleibt eine rein innerliche. Sie ist sancta, weil ihr Haupt u. s. w. heilig ist und der heilige Geist ihre Glieder heiligt; catholica, sowol ratione qualitatis, indem sie den Glauben hat und bekennt, den immer die Gesamtheit der Gläubigen bekannt hat, als auch ratione quantitatis ob diffusionem per universum orbem terrarum; apostolica, weil von den Aposteln gepflanzt und an der Apostel Lehre sich haltend. Außer ihr ist kein Heil, weil außer dem Glauben kein Heil, sie wird ewiglich bleiben, kann nicht dem Irrtum verfallen, weil sie im Worte Gottes die ewige Wahrheit besitzt. Die Dogmatiker bahnen sich nun nicht von hier aus durch eine innere Nothwendigkeit einen Weg zu der sichtbaren Kirche, sondern stellen diese äußerlich daneben; sie ist aber die Ecclesia late dicta, von der jene Prädicate nur synekdochisch gelten. Eine einzelne sichtbare Kirchengemeinschaft aber ist eine relativ wahre oder falsche, nicht etwa je nachdem in ihrer Mitte der Begriff der wahren Kirche mehr oder weniger zur Existenz gekommen ist, nicht etwa je nachdem sie mehr oder weniger Glieder der unsichtbaren Kirche in sich zählt, sondern je nachdem die Bedingungen und Mittel, zu dieser zu gelangen, mehr oder weniger völlig in ihr vorhanden sind — lautere Lehre des Evangeliums und schriftgemäße Verwaltung der Sacramente. Diese objectiven Functionen der Kirche sind also die notae gleichmäßig sowol der relativ wahren, sichtbaren Kirchengemeinschaft als der unsichtbaren Kirche, und dennoch soll die erstere nicht durch die

---

1) Vgl. Schmidt, Die Dogmatik der evangelisch-lutherischen Kirche, 5. Aufl., S. 489 f.

letztere in ihrer relativen Wahrheit bedingt sein. So mußte man schon nach dieser Fassung des Verhältnisses der Begriffe auf die Lösung der Aufgabe verzichten, das ganze Leben und alle Functionen der sichtbaren Kirche zur möglichst adäquaten Erscheinungsform der unsichtbaren Kirche zu machen. Das, worin diese sich nach außen bethätigen und erscheinen sollte und woran sie erkannt, freilich auch wieder nicht erkannt werden sollte, blieben reine Lehre und rechte Sacramentsverwaltung. Jene fließenderen Merkmale Luthers hatte man längst vergessen, soweit sie die Gemeinschaft angiengen. Daher jene Reducirung der unsichtbaren Kirche auf die Summe, nicht Gemeinde der einzelnen Frommen und die Gleichgiltigkeit gegen alles im kirchlichen Leben, was nicht gerade jenen beiden objectiven notae zuwider lief, wie sie die Zeiten des Territorial- und Collegialsystems charakterisirt, denen die ganze Organisirung des kirchlichen Lebens als *ἀδιάφορον* galt. Daher jene völlige Auseinanderreißung der unsichtbaren und sichtbaren Kirche im Collegialsystem Pfaffs, dem in der ersteren das regimen christocraticum spirituale herrscht, während die letztere eine freie Gesellschaft ist, die unter keiner Macht steht, als der Willkür und Verabredung ihrer einzelnen durch freien Zusammentritt verbundenen und jederzeit ihre Verträge zu ändern berechtigten Mitglieder. Im Gegensatz zu diesen vermeintlichen Consequenzen ist denn allmählich dieser der Reformation so überaus wichtige Begriff der Kirche als einer unsichtbaren in übles Ansehen gekommen, und gerade diejenigen, welche heute vorzugsweise den Namen „Lutheraner“ sich beilegen und der ursprünglichen lutherischen Kirche treu bleiben wollen, ein Delitzsch, Löhe, Kliefoth, sie haben eine imposante Phalanx von „15 Büchern von der Kirche“ in's Feld gestellt, begleitet von den Hülfstruppen Stahls, Münchmeyers zc., um jenen Begriff zu zerstören und als die echt lutherische Lehre zu entdecken, daß die wahre Kirche ein sichtbarer, anstaltlicher Organismus sei, — freilich nicht, ohne von Seiten eines genuineren Luthertums den ernstesten Widerstand zu erfahren [1]).

---

[1]) Leider ist mir erst lange nach der Ausarbeitung dieses Aufsatzes die Abhandlung von Ritschl „Ueber die Begriffe: sichtbare und unsichtbare Kirche“

Wir kommen nun zu unserer zweiten Aufgabe, durch die Entwickelung des Begriffs der Kirche für dies historische Material einen Maßstab der Vergleichung und Beurtheilung zu finden und darüber klar zu werden, ob jene Unterscheidung gegen die manigfachen Einwürfe noch aufrecht erhalten werden kann oder nicht. — Die Kirche ist das Gemeinwesen Christi, des Erlösers, das Gemeinwesen also der Erlösung und für die Erlösung. D. h. sie ist erstlich das Gemeinwesen, in welchem alle die sind, an denen die erlösende Thätigkeit Christi das Ziel ihrer Wirksamkeit dem Princip nach erreicht hat, Gemeinwesen der Erlösung und der Erlösten, und zweitens das Gemeinwesen, dessen Bethätigungen einmal den Zweck haben, den principiellen Besitz der Erlösung in unabläßiger, dem Normalen nachringender Lebensäußerung zu bewahren und auszugestalten und das diesem Ziele darin Widersprechende wegzuschaffen. Nun wirkt aber die Erlösung in Christo als geschichtliche Thatsache fort, d. h. sie zieht von den in Besitz genommenen Punkten aus und durch ihre in diesen sich offenbarende Kraft ihre Kreise weiter und weiter, vermehrt nicht, durch einzelne zusammenhangslose, abstract übernatürliche Machtacte Gottes neue, einzelne Individuen ergreifend und sich ihnen mittheilend, die Zahl der Erlösten durch eine lediglich äußerliche Addition. Die Kirche ist darum das Gemeinwesen, dessen Bethätigungen zweitens den Zweck haben, die von der Erlösung noch nicht Ergriffenen von ihrer Kraft zu überzeugen und zu der Unterstellung unter dieselbe zu bewegen. Sie

---

zugänglich geworden (Stud. u. Krit. 1856). Da dieselbe von vielfach anderen Gesichtspunkten aus den Gegenstand behandelt, so würde eine genügende Auseinandersetzung mit ihr hier zu weit führen. Ihr Grundgedanke, daß die Bestimmung beider Begriffe als concentrischer, eines inneren Zusammenhanges entrathender Weise, wie sie in der lutherischen Dogmatik gebräuchlich ist, im Widerspruch steht mit der ursprünglichen reformatorischen Anschauung, welche beide Begriffe in die innigste Beziehung setzt und das Moment der Sichtbarkeit als unveräußerliches bereits in den Begriff der ecclesiae proprie dicta aufnimmt, liegt auch dem Obigen zu Grunde. Daß die spätere Behandlung dieses Begriffes nicht sowol aus Zwingli's Theologie stammt, als im Resultat mit ihr zusammentrifft, ist oben gemäß dem begrenzten Zweck der historischen Erörterung übergangen worden.

ist also nach diesen beiden Seiten hin Gemeinwesen für die Erlösung. Die Kirche überhaupt ist Sammlung der Gläubigen und sammelnde Anstalt oder Erziehungsanstalt für den Glauben. Daß diese beiden Momente im Begriff der Kirche unveräußerlich enthalten sind, wird niemand leugnen; aber die ganze Reihe der um den Begriff der Kirche sich drängenden Differenzen tritt erst hervor und läßt sich erst entscheiden, wenn man nun die weitere, nothwendige Frage erhebt, in welchem inneren Verhältnis jene beiden Begriffe zu einander stehen, welches von ihnen das prius, das ursprünglichere und das andere bedingende und aus sich erzeugende sei. Hier scheint nun sofort ein schlimmes, unlösbares Dilemma sich zu ergeben. Offenbar nämlich kann eine Sammlung der Gläubigen gar nicht ohne eine sammelnde Thätigkeit für den Glauben zu Stande kommen, eine sammelnde Thätigkeit für den Glauben aber läßt sich wiederum nicht denken, ohne daß vorher Gläubige da sind, die ihr Glaube hierzu treibt. Da scheint sich die leichte Auskunft zu bieten, gemäß den Regeln der Logik zwei sich gegenseitig unabläßig bedingende Correlatbegriffe unter die Kategorie der Wechselwirkung zu subsumiren. Aber einmal handelt es sich hier nicht um einen Allgemeinbegriff, sondern um die richtige Anschauung einer einzelnen, historischen Größe, auf die jenes logische Verhältnis keine Anwendung erleidet. Entweder müssen jene beiden Momente in einem höheren, sie wirklich und thatsächlich, nicht bloß durch eine Nameneinheit Zusammenfassenden ihre Einheit finden, oder es muß eben das eine die erzeugende Ursache des anderen sein. Dafür legt auch Stahl Zeugnis ab, der das Dilemma durch die Kategorie der absoluten Wechselwirkung beider Momente lösen will. Er sagt [1]) zwar: „Da ist kein Vorher und Nachher; da ist nicht Eins das Erzeugende, das Andere das Erzeugte. Sie sind beide zumal und sind in Wechselerzeugung. Die Kirche steht daher auch unter beiderlei Bedingungen, unter Gesetz und Art einer Institution und unter Gesetz und Art eines geistlichen Reiches; und daß beides in einander spielt und sich durchdringt, das eben ist die specifische Natur der

---

[1]) Die lutherische Kirche und die Union, S. 280. 281.

Kirche." Aber nach einer Begründung und näheren Erklärung sehen wir uns vergebens um, und Stahl widerlegt sich selbst und zeigt, welchem Moment er die Priorität zuerkennt, wenn er [1]) die anstaltliche Seite der Kirche als die Institution über den verbundenen Menschen bezeichnet, und wenn er schreibt [2]). „Christus selbst gründete den gegliederten Bau der Kirche und hinterließ die Kirche als einen gegliederten Bau, er bildete ihren Leib, als er noch auf Erden war, und hauchte ihm nach seiner Auffahrt die Seele ein" (sc. durch die Ausgießung des heiligen Geistes). Christi Thun ist doch nur die Sendung des Geistes und die Formung der Summe der gläubigen Individuen durch sein Einheitsband zu einem geistlichen Reich. Die Gesamtheit der Gläubigen hat hier gar keine irgendwie bedingende Stellung zu dem durch Christi Geist beseelten Leibe der gegliederten kirchlichen Institution. Setzt man also das Wesen der Kirche in die absolute Wechselwirkung beider Momente, so gibt man nur einen Namen, ein Wort, durch das sich nicht zu einer klaren Anschauung gelangen läßt; ein beziehungsloses Nebeneinanderstellen beider ergibt keinen einheitlichen, also gar keinen Begriff; eine höhere Einheit beider kann nur helfen, wenn sie wirklich das reale und logische Prius für beide ist und beide aus sich heraussetzt — nach einer solchen erzeugenden Einheit suchen wir vergebens. Eine scheinbare höhere Einheit könnte in der Wirksamkeit des heiligen Geistes gefunden werden, wie z. B. Kliefoth [3]) verschiedene Arten seines Wirkens coordinirt, aber in der Anstalt und in der Gemeinde der Gläubigen wirkt er doch jedenfalls wesentlich als Heiliger, also wieder in einer Art, auch nach Kliefoth. Die Frage kehrt also nur in anderem Gewande wieder, ob sein Wirken in der Anstalt, oder sein Beseelen und Treiben der Gläubigen das primäre und das das andere bedingende ist. Es bleibt daher nichts übrig, als auf die Frage zurückzukommen, welches der beiden Momente zu dem anderen im Verhältnis der erzeugenden Priorität stehe. So viel ist nun sofort klar nach dem

---

[1]) Kirchenverfassung 2c: (1840), S. 48.

[2]) Die lutherische Kirche u. s. w., S. 280.

[3]) Acht Bücher von der Kirche, S. 100 f.

oben Entwickelten, daß der Katholicismus das Moment der Kirche, wonach sie sammelnde Anstalt für den Glauben ist, zum ersten und schlechthin wesentlichen macht, während der Protestantismus aus der gesammelten Gemeinde der Gläubigen jenes andere Moment erst hervorgehen läßt. Wir haben auch gesehen, welche Motive dieser Verschiedenheit zu Grunde liegen — die entgegengesetzte Auffassung beider von dem, was auf Seiten des Menschen heilsnothwendig ist. Die Katholiken fassen als schlechthin erforderliche Bedingung außer fides und caritas noch externa professio des von der Kirche festgestellten Glaubens, communio sacramentarum, durch die auf übernatürliche Weise dingliche Heilsgüter mitgetheilt werden, die subjectio sub legitimum pastorem, also eine Reihe von Erfüllungen äußerer Gesetze, die Protestanten fassen als schlechthin einzige Bedingung des Heiles den persönlichen Glauben an Christum, welchem die persönliche Gewißheit der Vergebung zu Theil wird. Die protestantische Auffassung gilt uns natürlich als die allein schriftgemäße, und von dieser Voraussetzung ausgehend dürfen wir hoffen, auch den richtigen Begriff der Kirche zu finden. In dem Verlauf dieser Entwickelung wird sich dann Gelegenheit bieten, die Einwürfe, in denen Möhler und unsere Neulutheraner gegen den Begriff der unsichtbaren Kirche übereinstimmen, und ihre gemeinsame Erhebung des anstaltlichen „objectiven" Baus der Kirche nach ihrem Rechte an sich und auf evangelischen Boden zu prüfen. — Den Weg auf dem evangelischen Boden mag uns Luthers Erinnerung weisen, daß statt des blinden Worts „Kirche" ἐκκλησία richtig durch Gemeinde und zwar Gemeinde der κλητοί im paulinischen Sprachgebrauch, Gemeinde der Gläubigen zu übersetzen sei, die uns daran denken läßt, daß die Kirche aus lebendigen, persönlichen Menschen besteht, und nicht aus Aemtern und Sacramenten und Ordnungen, nicht aus Sachen und Dingen. —

Wäre das erste wesentliche Moment im Begriff der Kirche dies, daß sie eine von Christo gestiftete Institution ist, um die in Christo vorhandene Erlösung der Menschheit mehr und mehr anzueignen und die Menschheit zu ihr zu sammeln, so müßte doch dieselbe in ihrem Bestehen und in der Vollziehung ihrer Thätigleiten als solchen überall den Erfolg haben, die Sammlung der Gläubigen zu Wege zu bringen, oder das zweite Moment nothwendig aus sich hervorgehen zu lassen; und sie selbst hat ihr Ziel doch immer nur da erreicht, wo durch sie Glaube, wirkliche Theilhaberschaft an Christo geweckt ist. Die Form existirt doch nicht ohne den Stoff, und das geformte Ganze, die Kirche Christi als Heilsanstalt, ist doch nur immer so weit zur Existenz gekommen, als der Stoff eben wirklich in die Form aufgenommen ist. Die Kirche Christi würde also auch im katholischen Sinne nur da existiren, wo die Gemeinde der Gläubigen und die Gesamtheit der Functionen des kirchlichen Organismus sich decken. Es würde mithin aus der katholischen Anschauung von der Kirche doch wieder das folgen, was sie um jeden Preis vermeiden möchte, eine relative Unsichtbarkeit und Unerkennbarkeit der wahren Kirche, des wahren Leibes Christi — jene κυρίως ἐκκλησία des Origenes und Augustin; das empirische Kirchenthum fiele nicht mehr mit dem Begriffe der Kirche zusammen, sondern ragte über dessen jeweiliges Realisirtsein hinaus. Weiter, folgt denn aus der Vollziehung der Functionen der kirchlichen Heilsanstalt als solchen, und darum überall, wo sie vollzogen werden, wo sie das leistet, was sie leisten kann und muß, auch die Wirkung, die sie haben soll, um deretwillen sie da ist? — eine Sammlung von wahrhaft Gläubigen? Die katholische Kirche selbst schmeichelt sich nicht einmal mit einem solchen Erfolge und setzt selbst vielmehr voraus, daß die Heilszueignung nur durch die freie Hingabe der Subjecte schließlich erreicht wird. Das zweite Moment im Begriff der Kirche ist daher ein, ob auch nicht ohne die Bedingung des ersten, doch nicht durch dessen Ursächlichkeit zu Stande kommendes, tritt also in relativer Selbständigkeit neben das erste, wird nicht mehr als sein Erzeugnis anzusehen sein. Dem kann der Katholicismus auch nicht dadurch ausweichen, daß er auf die unpersönlichen und dinglichen Gnadengüter, die durch die Vollziehung der ex opere operato wirkenden Sacramente überall mitgetheilt werden und auf das also überall vorhandene Sichdecken der kirchlichen Function und des Erfolges sich zurückzieht; denn der eigentlich beabsichtigte Erfolg, der Zweck der ganzen Heilsvermittelungsanstalt ist ihm doch auch fides und caritas, wahrhaftes, inneres Christentum. Für einen dritten Punkt hat Möhler in schönen, trefflichen Worten für uns den Beweis geführt, den wir uns also ersparen können. Möhler macht uns selbst eine Concession, die wir als eine sachlich völlig begründete anerkennen müssen: er macht die Fähigkeit der Functionen der kirchlichen Heilsanstalt, ihren Zweck zu erfüllen, davon abhängig, daß innerhalb ihrer Formen schon wahrhaft Gläubige existiren, durch deren Lebendigkeit die Lebens- und Wirkungsfähigkeit der kirchlichen Institutionen getragen und bedingt werde, räumt also ein, daß jenes erste Moment im Begriff der Kirche keineswegs das das zweite erzeugende ist, vielmehr selbst seine Kraft erst von jenem bekommt. Er sagt [1]): „Auch ist nicht zu zweifeln, daß Christus seine Kirche mittelst derjenigen in siegreicher Kraft erhält, die in seinem Glauben leben, ihm mit Geist und Sinn angehören und seiner Wiederkunft sich erfreuen, es ist nicht zu zweifeln, daß diese die Träger seiner Wahrheit sind, und daß ohne sie dieselbe zuverläßig vergessen, in lauter Irrtum übergehen oder in ein hohles, leeres Formelwesen sich verwandeln würde. Ja gewiß diese, die in das Bild Christi Uebergegangenen und Vergöttlichten sind die Träger der sichtbaren Kirche; die Bösen in der Kirche, die Ungläubigen, die Scheinheiligen, todte Glieder am Leibe Christi, würden keinen Tag die Kirche selbst in ihrer Aeußerlichkeit zu bewahren vermögen. Was an ihnen liegt, thun sie ja gerade alles, die Kirche zu zerreißen, niedrigen Leidenschaften zu opfern, zu beflecken und dem Hohn und Spott ihrer Feinde preiszugeben.“ So macht sich die statuirte Priorität des Momentes, wonach die Kirche zuerst und wesentlich Heilsanstalt ist, selbst zu Schanden, indem weder überall Heilsanstalt und Kirche sich deckt, noch die Heilsanstalt durch sich die Gemeinde der Gläubigen zu erzeugen vermag, sie vielmehr selbst ihre Lebens- und Wirkungskraft erst durch diese empfängt. Diese drei Punkte werden auch gegen jene protestantischen Theologen gelten, die der sichtbaren anstaltlichen Seite im Kirchenbegriff die erste Stelle einräumen, wie Kliefoth, Flörcke, Münchmeyer u. s. w. Die von diesem „streng

---

[1]) a. a. O., S. 425.

lutherischen" Theologen ausgegangenen Bestrebungen den genuinen und urprotestantischen Begriff von der wahren Kirche als einer wesentlich unsichtbaren Gemeinde der Gläubigen in den, sei es einer sichtbaren, äußerlich constatirbaren Summe von Menschen (so Delitzsch [1]) und Münchmeyer [2]), sei es einer Institution, eines realen und sichtbaren Organismus (so Kliefoth und Stahl) umzubilden oder umzudeuten, beruhen nach der eben angegebenen Zweiheit auf zwei verschiedenen Interessen, von denen das erstere mit dem Grundprincip der Reformation im entschiedensten Widerspruch steht, das zweite in einer schlimmen Miskennung der demselben immanenten Triebkraft seinen Grund hat. Nach Delitzsch und Münchmeyer ist die eine wahre Kirche die Gesamtheit der Getauften [3]), die, ihre Gesinnung und Stellung zu Christo und seinem Worte sei, welche sie wolle, durch die in der Taufe wirksame Gottesthat bis zum Endgericht unausbrechlich dem Leibe Christi eingegliedert sind [4]), von dieser einen Kirche gelten alle Hoheitsprädicate der Kirche, jeder Getaufte ist ihr sichtbares wie unsichtbares Glied, sichtbar durch den äußerlich constatirbaren Empfang der Taufe, unsichtbar, weil in jedem der durch die Taufe ihm mitgetheilte unsichtbare Lebensgrund der Kirche, der heilige Geist, irgend welche Wirkung hat. Müchmeyer bezeichnet seine Anschauung offen als die nothwendige Consequenz der lutherischen Lehre von der Taufe, Delitzsch erklärt die Sacramentslehre für die Herzkammern lutherischen Wesens [5]). Lutherisch oder nicht, so viel ist sicher, daß hier die schriftwidrige römische Lehre von der Wirksamkeit der Sacramente ex opere operato auf eine Spitze getrieben ist, von der sich selbst die katholische Kirche ferne gehalten hat; so viel ist weiter gewiß, daß mit einer solchen Lehre die Rechtfertigung allein aus Glauben in keiner Weise bestehen kann. Eine von beiden Lehren kann nur der constitutive Factor für den Kirchenbegriff sein, und so lange die Betonung der Lebendigkeit des Glaubens nicht mit Flörcke als ein

---

[1]) Vier Bücher von der Kirche.

[2]) Das Dogma von der sichtbaren und unsichtbaren Kirche, 1854.

[3]) Delitzsch, Vier Bücher von der Kirche (1847), Bd. I, S. 17—22.

[4]) Münchmeyer a. a. O., S. 119. 123. 175 u. a.

[5]) Delitzsch, Die bayerische Abendmahlsgemeinschaftsfrage, S. 13.

aus dem reformirten Spiritualismus und seinem absoluten Decret Entlehntes angesehen wird, kann und darf die Wahl nicht zweifelhaft sein, um so mehr, da die Heiligkeit der Kirche hier wieder von der persönlichen zu einer dinglichen, sacramentalen degradirt wird. Es ist aber nicht einmal das objectiv anstaltliche Moment, welches hier vorwiegt, sondern es ist die ganze schlechte Wirklichkeit der Kirche als eines Haufens von Menschen, die das Empfangenhaben des äußeren Actes der Taufe gemein haben, welcher die ganze Erhabenheit des Begriffs der Kirche vindicirt wird, daß sie sei die eine, heilige, allgemeine Kirche, der Leib des Herrn. Die Individuen sollen hier wol Glieder am Leibe Christi sein, und zwar die Bösen todte Glieder, aber doch Glieder. Ein trefflicher Organismus warlich, dessen einzelne Glieder sich zwar nicht unterstützen und fördern, aber doch möglichst hemmen und schädigen, ein Organismus, der freilich nicht die Verheißung Christi hat, daß auch die Pforten der Hölle ihn nicht überwinden werden, sondern die des Paulus, Gal. 5, 15: *εἰ δὲ ἀλλήλους δάκνετε καὶ κατεσθίετε, βλέπετε μὴ ὑπ' ἀλλήλων ἀναλωθῆτε.* Man würde einem Kliefoth und Stahl schweres Unrecht thun, wollte man ihre Theorieen identificiren mit diesem in mystisch-theosophisches Gewand gehüllten Magismus, der auf so wohlfeile Weise es fertig bringt, den Begriff der Kirche als in der empirischen Wirklichkeit greifbar realisirt aufzuweisen. Jene haben eine tiefe Abneigung gegen das Subjective und Demokratische, welches zu folgen scheint, wenn die Gesamtheit der gläubigen Subjecte als das Primäre und Constitutive im Begriff der Kirche angesehen wird, sie sprechen mit Begeisterung von der Kirche als einer göttlichen Institution über dem atomistischen Haufen der Individuen, einem großartigen, reichgegliederten Organismus von Bekenntnis- und Cultusordnungen, Sacramenten, Aemtern und Ständen, durch den Gott sich in die Welt gebäre, um aus ihr sich die Gläubigen herauszugebären. Nicht eine spiritualistische oder durch willkürlichen Vertrag sich constituirende Gemeinde der Gläubigen, sondern vor allem die objective historische Lebensmacht dieses gottgegründeten kirchlichen Organismus, das ist ihnen die wahre Kirche Christi. —

Ein lebensvoller Organismus, in dem ein Glied das andere

trägt und fördert, das soll die Kirche Christi ohne Zweifel sein; aber, in jenem gegliederten anstaltlichen Bau als selbständigem, primärem Moment der Kirche einen Organismus zu finden und noch dazu einen lebensvollen, das will uns nicht gelingen. Ein Organismus ist doch sonst wol eine Lebenseinheit, welche in ihrer Form und Gestaltung eine Manigfaltigkeit zusammenhält, so, daß sie allmählich herauswächst aus dem Keim, in dessen formloser Einheit ihre Formen nicht actuell vorhanden und in ihrer Ausprägung erkennbar waren, sondern noch gebunden schlummerten, bis sie in selbsteigenem Drange sich entfalteten, von den eigensten Kräften des Keimlebens mit der Entwickelung desselben in innerer Nothwendigkeit hervorgetrieben. Hier pulsirt wirklich das innere beseelende Leben in allen einzelnen Gliedern, durchdringt alle Formen bis in's Aeußerste, hier stehen alle Glieder wirklich im Dienst des Ganzen und jedes Einzelne im Dienst aller anderen. Eine manigfache gegliederte Formeneinheit aber, welche vor dem Stoff präexistirt, deren Grenze und Umrisse dann mit dem Stoff erst erfüllt werden, die an sich selbständig zur Bemeisterung und Gestaltung des Stoffes verwandt wird, diese ist zwar objectiv, aber kein lebendiger Organismus, sondern ein todter Mechanismus, der nach außer ihm liegenden, willkürlich ersonnenen Regeln seiner Zusammensetzung handelt, wol von Geist und Leben zeugt, aber von fremdem, aber selbst todt, der geistigen, freien Nothwendigkeit entbehrt, der in der Vollziehung seiner Functionen nicht dem Drang der inneren Nothwendigkeit des eigenen Lebens, sondern dem Gebot eines fremden, draußen stehenden Willens gehorcht. Nicht die Objectivität eines von innen heraus getriebenen Organismus, sondern eines von außen her bewegten Mechanismus — das ist die Institution der Kirche außer und über den Subjecten, ein Etwas, ein objectiv Sachliches von freilich zweifelhaftem Werth. Welche unprotestantische Nichtachtung der gläubigen, in Christo von allem äußeren Gesetz und aller Unterwerfung unter Dinge, *στοιχεῖα τοῦ κόσμου*, befreiten Persönlichkeit spricht sich überall bei Kliefoth und Stahl aus, die böse Nachwirkung einer Philosophie, die den Weltzweck nicht in der Realisirung der vollen Gemeinschaft zwischen dem persönlichen Gott und der persönlichen

Menschheit, sondern in der Realisirung der Idee in objectiven Lebensgestaltungen sieht, welche Verkennung dessen, daß die Persönlichkeiten der Menschen vor allem ein reales Haus werden sollen, in dem Gott durch die persönliche Vermittelung seines Sohnes wohnen will, im Gegensatz zum alten Bunde, während dessen er in Sachen und Instituten wohnte, welche Verkennung der persönlichen Art und Natur der Wirkungen des heiligen Geistes Gottes, der eben heiligend d. i. sittlich, also nur in Personen und durch Personen wirkt! — während z. B. Kliefoth [1]) seinem Wirken in der Gemeinde der Gläubigen als das ungleich Höhere gegenüberstellt sein Wirken in einer gottgegebenen Gnadenordnung von Dingen, in denen Gott mit und an den Menschen handelt, sein Zurichten einer geheiligten Naturordnung von unpersönlichen Existenzen, in welche Dinge und Existenzen eingegliedert jene Gemeinde erst zur Kirche wird. Das ist ja eben der Grundfehler Möhlers, in den freilich Lutheraner nicht verfallen sollten, daß er die objective, über dem individuellen Belieben stehende Wahrheit und Lebensmacht des Christentums nur in der äußeren Autorität einer Gesetzesanstalt gewahrt sieht, der einzelne Gläubige aber ihm lediglich als ein nach der individuellsten Willkür handelndes Atom erscheint. Das ist allerdings deutlich, daß eine Summe solcher Atome weder eine Kirche sind, noch eine solche aus sich bilden. Aber ist denn die negative Voraussetzung richtig, die zu jener Fassung der Kirche führt, ist denn die Gemeinde der Heiligen wirklich nur ein Chaos, eine ungeordnete Masse, etwas rein Spiritualistisches, eine hauptlose Summe von Gliedern [2]), der die Realität und Objectivität organischer Einheit erst von außen aufgeprägt werden mußte (eigentlich wird sie in deren fertiges Gefäß hineinversetzt; das bleibt hier sich gleich)? Oder wohnt doch vielleicht jener Gemeinde ein organisirender Trieb unveräußerlich inne, sich zu einem „realen Hause Gottes“ auszugestalten? Versuchen wir dem nachzugehen, was aus dem persönlichen Glauben an Christus überall seiner Natur nach hervorwachsen muß, vergegenwärtigen

---

[1]) Acht Bücher von der Kirche, S. 102.
[2]) So Kliefoth a. a. O., S. 129.

wir uns die Bethätigungen, zu denen das Bedürfnis seines eignen Wesens ihn treiben muß. Wir wollen hierbei gar kein besonderes Gewicht darauf legen, daß schon jedes wesentliche Moment der menschlichen Natur gemeinschaftsbildend ist seiner Natur nach, indem der Mensch durch seinen Besitz nicht weniger getrieben wird, dasselbe, wie es in ihm ist, zu offenbaren und darzustellen, als das Bedürfnis sich geltend macht, seine eigne Einseitigkeit und Einzelheit durch Anschauen desselben, wie es in Anderen ist, zu ergänzen, daß darum, schon ganz abgesehen von dem eigentümlichen Inhalt des christlichen Heilsbesitzes aus der Form, in der die Menschen ihn haben, dies mit innerer Nothwendigkeit Sichheraussetzen eines wechselseitigen Gebens und Nehmens folgt, welches sich selbst in die jedesmal besten Formen hineingießen, und diese, wenn sie unbrauchbar geworden sind, entsprechend umbilden wird, also das Heraussetzen einer wahrhaft organischen Gemeinschaft, deren wesentliche Formen als treibende Keime in dem gemeinsamen Besitz präformirt waren, dessen Besitzer in ihrer Gesamtheit schon darum nicht ein ungeordnetes Chaos sind. Noch viel offenbarer wird diese letztere Behauptung ausgeschlossen durch die eigentümliche Natur, den Inhalt des christlichen Heilsbesitzes, wie er durch den Glauben an Christum den Erlöser einem jeden zu Theil wird. Der Glaube, welchem dieser Besitz zu Theil wird, kommt doch nicht anders zu Stande, als daß der Mensch vorher sein einzelnes Selbst mit seinen selbstsüchtigen Bestrebungen und seinem eigenen Besitz, seinem Werth oder Unwerth aufgegeben hat, um sich ganz an die große Objectivität des Heiles in Christo hinzugeben. Diese Objectivität ist ihm durch den Glauben zu eigen und so immanent geworden, daß die in ihr enthaltene Norm seines Thuns und Lebens nicht mehr als von außen forderndes Gesetz ihm gegenübersteht, sondern als von innen treibende Nothwendigkeit sein Handeln bestimmt und beseelt. Wer heißt denn Kliefoth die Gesamtheit der Gläubigen als eine hauptlose Summe von Gliedern betrachten. Das ist keineswegs die Folge, wenn man von der subjectiven Seite ausgeht. Die Subjecte sollen ja Christen sein, d. h. sie sind eben nur an und in dem Haupte Christo, sie in Christo und er in ihnen, er sie beseelend und regierend durch den Geist seines heiligen verklärten Lebens, den Geist der Kindschaft und Liebe, in dem die spröde Selbstsucht des Einzellebens untergegangen ist durch den großen alle Verschiedenheiten in sich auslöschenden gemeinsamen Besitz, durch das um alle gleichermaßen sich schlingende Band des gemeinsamen Lebenstriebes, der im Glauben mitgeschaffnen Liebe. Aus dieser Einheit des von dem einen Haupt, an welchem ein jeder hängt, ausgehenden Geistes und inneren Gesetzes wird und muß sich eine ganz andere äußere Gemeinschaft und Einheit, ein ganz anderer realer Organismus erbauen, als durch die Einfügung in eine vorher fertige äußere Anstalt, als durch die Umschlingung mit einem äußeren sichtbaren Bande — als durch eine neue Knechtschaft des Gesetzes. Diese durch den ihnen gemeinsamen Geist Christi und durch die Gemeinschaft mit dem Erlöser zu einer Einheit verbundenen Gläubigen sind allerdings keine Gesellschaft von Menschen, die sich vereinigten, durch Beliebung gewisse gemeinsame Thätigkeiten beschlössen u. s. w., und so alles, was Ordnung, Einrichtung, Beruf, Stand heißt, erst nach ihrer Willkür aus sich hervorbrächten, sondern diese Einheit und Gemeinschaft am Haupt wird durch den sie zuerst innerlich zu einer Gemeinde machenden Geist Christi, den Geist der christlichen Liebe, zu einer Gemeinschaft und Einheit unter einander, in der die Einzelnen sich wechselseitig fördern und Förderung bei einander suchen, — zu einer Gemeinschaft der wechselseitigen Förderung in der tieferen Aneignung und der vollkommneren Bethätigung des Erlösungsbesitzes, — zu einer Gemeinschaft gemeinsamen Wirkens zur weiteren Ausbreitung der in Christo vorhandenen Erlösung in der ihrer überall gleicherweise bedürftigen und zu ihrem Besitz bestimmten Menschheit. Diese Gemeinschaft des Aufeinander- und Miteinanderwirkens muß sich mit innerer Nothwendigkeit bilden als Bethätigung des Glaubens und Wirkung des heiligen Geistes. Beide machen den, der sie hat, nothwendig davon zeugen, verhindern, daß er seinen Schatz im Innern der Seele vergrübe, sondern zwingen ihn, denselben darzubieten und zu vermehren, beide zwingen ihn zur Erfüllung der eignen Mängel in Erkenntnis und That alle sich darbietenden Mittel zu benutzen und zu suchen, lassen ihn nicht hochmüthig sich selbst genügen, beide treiben ihn, seinen Christenberuf, zu Christo zu führen, auch unter den Nichtchristen zu erfüllen und die Welt durch Wort und That zu überwinden und eben alle irgend möglichen Mittel der gemeinsamen Arbeit dabei zu suchen. So folgt aus dem Glauben das Streben nach gemeinsamer Arbeit an der Ausrichtung der mit ihm zugleich gesetzten Zwecke der immer extensiv und intensiv fortschreitenden Aneignung, Darstellung und Ausbreitung der Erlösung. Die Gesamtheit der zunächst unsichtbar durch den unsichtbaren Glauben und unsichtbaren Geist an dem unsichtbaren Haupte Christo Geeinigten versichtbart sich in einer sichtbaren Gemeinschaft, deren immanenter Zweck es ist, Gemeinschaft für die Erlösung zu sein, die also in diesem Sinne Heils- oder Heilsvermittelungsanstalt ist. Diese sichtbare Gemeinschaft entsteht nicht durch willkürliche Verabredung und beliebigen Zusammentritt, sondern aus dem wechselseitigen Suchen und Finden, Erkennen und Verbinden der in die Sichtbarkeit heraustretenden christlichen Lebensäußerungen. Wo immer Zeugnis von und Bekenntnis zu Christo in That und Wort u. s. w. hervortritt, da schießen die gegebenen verwandten Elemente auch sofort durch inneren Zug und Trieb zu einzelnen Krystallisationen und diese wieder mehr und mehr zu einer Gesamtkrystallisation zusammen. Oder, um ein dem wirklichen, anfänglichen Hergang der Sache entsprechenderes Bild zu gebrauchen, wie ein Keim, sobald er die deckende Erdhülle durchbrochen hat, allmählich immer klarer und bestimmter die ursprünglich in ihm angelegten Formen entfaltet, aus der ganzen Umgebung die ihm homogenen Stoffe an sich zu ziehen weiß, und sie sich assimilirend mit ihrer Hülfe seinen ganzen Formenreichtum immer voller ausbreitet und bis zum Maß seiner Größe heranwächst, in seinen Grundzügen in allen Exemplaren immer dieselbe Pflanze und doch innerhalb dieser gemeinsamen Grundzüge jede Pflanze von der anderen verschieden nach Maßgabe der eigentümlichen Bedingungen ihrer Existenz, so auch die Kirche Christi: — nachdem unter der deckenden Hülle der persönlichen Gegenwart Christi ihr Keim in der entsprechenden Mischung der Elemente bereitet und gebildet war, tritt sie am Pfingstfest in's Licht heraus, durch Vollziehung ihrer nothwendigen Lebensäußerungsfunctionen die empfänglichen Gemüther heranziehend, diese mit ihrem Geist durchdringend und in ihr Gemeinleben aufnehmend, sowie durch die in ihnen ihr zugeführten Kräfte und Gaben sich forterbauend, in immer gleichen Grundzügen: — Predigt von dem Heil in Christo, wechselseitige Förderung und Handreichung im geistlichen und leiblichen Leben, Vermahnung und Zucht, Gemeinschaft in Lehre und Cultus, Gebrauch der ihr von Christo gegebenen Sacramente — ihren Glauben bethätigend und dennoch diese immer gleichen Grundzüge in stets neuen Formen verwirklichend, je nachdem die wechselnden Bedingungen der Zeit, des Orts, der ganzen Umgebung überhaupt es erfordern, jetzt und hier ein freies, zwangloses Spiel ihrer Thätigkeiten erlauben oder verlangen, dann und dort wieder eine scharf abgegrenzte, gegliederte und geregelte Organisation ihrer gemeindlichen Functionen und Gemeinschaftsformen erheischen. Nicht wird sie dadurch ein realer Organismus, daß sie in eine von Christo festgesetzte Ordnung ihres Gemeinlebens sich hineinzwängte, sondern Bethätigung ihres Glaubens ist es, daß sie die Predigt des Evangeliums treibt und Taufe wie heiliges Abendmahl gebraucht. Christus hat diese drei nicht als Institute und Dinge eingesetzt oder gestiftet vor ihr und über ihr, sondern sein Gebot: *πορευθέντες μαθητεύσατε πάντα τὰ ἔθνη* ist nur ein Ausdruck der inneren Nothwendigkeit, ein zum Bewußtsein Bringen des im Glauben als unabweisliche Forderung, als selbsteigner Drang und Trieb Enthaltenen; — in seiner Ausrichtung thut sie nichts, als bethätigt ihren Glauben, d. i. ihr innerstes Wesen; und wiederum, keine bloße Vollziehung gestifteter Ordnungen, nichts Anderes als eine Bethätigung ihres Glaubens an Jesum Christum und seine Verheißungen ist es, wenn sie im Gebrauch der von ihm ihr geschenkten Sacramente Versiegelung ihres gegenwärtigen und Unterpfand ihres zukünftigen Heils- und Herrlichkeitsbesitzes sich gewähren läßt. Weit entfernt, daß durch die Verwaltung der Sacramente für die Erbauung ihres äußeren Organismus etwas hinzukäme oder hinzukommen sollte, haben beide vielmehr unmittelbar den Zweck, die Kirche nach ihrer inneren Seite, soweit sie unsichtbare Gemeinde der Gläubigen ist, zu kräftigen und zielen erst durch diese Vermittelung auf die Kräftigung ihrer Versichtbarung. „Die Gemeindlichkeit des Christentums", sagt v. Hofmann treffend [1]), „ist überhaupt nicht gesetzlicher, sondern verheißungsmäßiger Art. Damit, daß der Herr seinen Gläubigen den heiligen Geist gegeben hat, seine Gemeinde auf Erden aus ihnen zu machen, durch diese Heilsthat also, nicht durch ein sonderliches Gebot hat er die Gemeindlichkeit des Christentums gesetzt. Sein Geschenk, nicht sein Gebot ist es, daß sie eine einheitliche Gemeinde bilden und nicht bloß eine Summe von Einzelnen sind; und an seiner Heilsordnung, welche Sache der Verheißung und ihrer Erfüllung ist, nicht an einer zu ihr hinzukommenden Kirchenordnung versündigt sich deshalb, wer sich von seiner einheitlichen Gemeinde vereinzelt." —

So geht also aus der unsichtbaren Kirche fort und fort die sichtbare hervor, — es hat sich uns dasselbe ergeben, was Möhler als die eigentümlich protestantische Ansicht bezeichnet [2]), und von der er das Gegentheil als die katholische und als die Wahrheit bezeichnet: aus der sichtbaren Kirche geht die unsichtbare hervor. Aber seine Begründung ist keineswegs eine zureichende. Er sagt: das Reich Gottes war zuerst nur in Christo, von ihm kam es zu den Aposteln, von diesen weiter in andere Länder, wo das Reich Gottes nicht war, — hier überall wird von außen her in das Innere das Reich Gottes gepflanzt. Aber Christus ist doch nicht (gleich) Kirche, und damit, daß er den Keim des Glaubens im Einzelnen weckte und nährte, nahm er sie noch in keine Kirche auf. Wo sehen wir denn auch die Apostel in kirchlicher Thätigkeit, um andere zu Christo zu führen u. s. w.? Spontaneität tritt in ihnen gar nicht hervor; sie sind nur (freilich oft gar geringe) Empfänglichkeit gegen den Herrn; es muß erst im Verborgenen heranreifen, was nachher sich offenbaren soll; sie werden noch zum Glauben erzogen, den sie nachher ausbreiten sollen. Bis der Herr gen Himmel fuhr, kann überall noch von keiner Kirche, nicht einmal von einer Gemeinde der Gläubigen die Rede sein; nur einen mächtigen, aber über sich selbst nicht klaren, noch zweifelhaften Zug zu Christo gab es in Einzelnen, noch mit der größten Miskennung seines

[1]) Zeitschrift für Protestantismus und Kirche, Bd. XXXI, S. 218.

[2]) Symbolik. S. 426. 427 u. a.

Werkes und seiner Person verbunden, so lange der Herr auf Erden wandelte. Als er nun von ihnen genommen war, als sie im Gebet harrten und in der stillen Sammlung ihres Innern alle seine Worte und Thaten ihnen sich lebendig zu einem Ganzen gestalteten, da überströmte die Summe der versammelten Anhänger Jesu Christi, der heilige Geist Christi, machte sie im Innersten der Kindschaft, Gnade, Erlösung in ihm gewiß, erwies sich ihnen als die Kraft aus der Höhe, in der der Vater und Christus in ihnen Wohnung machte. und schuf so in ihnen eine über alle Verschiedenheiten übergreifende Geisteseinheit, eine volle, allen gemeinsame Gemeinschaft mit Jesu Christo, die aber sofort zur Aeußerung drängte, zum zeugenden Bekenntnis und zur lockenden Predigt in seinem Namen, zur Taufe, zur innigsten, brüderlichen Gemeinschaft in Liebe und Zucht und Gebet und heiligem Abendmahl. Eine ἐκκλησία Christi gibt es seit dem Pfingstfest, seit die Einzelnen die unsichtbare, innere, aber objective Lebensmacht des heiligen Geistes überkam, zu einer inneren Gemeinschaft der Gläubigen einigte und sofort zur thätigsten Aeußerung und Versichtbarung ihres inneren Besitzes und ihrer inneren Einheit trieb. Daß von da an nur unter der Bedingung des Vorhandenseins der sichtbaren Kirche die unsichtbare zu Stande kommt, ist noch lange nicht dasselbe, wie: aus der sichtbaren Kirche geht die unsichtbare hervor, und der ersteren kommt in Bezug auf die zweite erzeugende Priorität zu: denn einmal ist es nicht die sichtbare Kirche als solche, sondern die in ihr sich versichtbarende unsichtbare, welche Glauben zu wecken vermag; weiter ist auch sie eben nur Bedingung, nicht causa sufficiens; es kommt zuletzt immer noch auf der Menschen Empfänglichkeit an, und auf ihre Willigkeit zum Glauben. Hier ist ein Punkt, wo alle Vermittelungen ein Ende nehmen und der unmittelbare Contact der einzelnen Seele mit dem Erlöser und damit Eingliederung in die unsichtbare Kirche eintritt oder nicht eintritt. Daß nun gar das Wesen einer äußeren, historischen Offenbarung ein äußeres, bestimmtes Lehramt fordere, an das man sich zu halten habe, um sie kennen zu lernen, beruht auf dem Irrtum, als gäbe es keine innere Selbstbezeugung der Wahrheit und auf einer Verwechselung theoretischen oder historischen Erkennens mit religiösem.

Welches Verhältnis haben aber zu der so begriffenen Kirche die Hoheitsprädicate der Einheit, Allgemeinheit (Ausschließlichkeit), Heiligkeit [1]), welche Beschaffenheit bezeichnen sie sowol an der rein innerlichen Gemeinde der Gläubigen als an der sichtbaren Gemeinschaft, welche diese aus sich herauszugestalten die nicht etwa von außen gebotene, sondern durch die Natur ihres eigenen Wesens gegebene Aufgabe, und darum auch den Trieb hat, der nur über sich selbst zum Bewußtsein zu bringen und in seiner Intensität zu kräftigen ist. Denn das dürfen wir uns ja keineswegs verbergen, daß die Erlösung der Glieder der Kirche nur eine im Princip vollendete ist, die Bethätigung und Entfaltung dieses Princips im Leben der Einzelnen wie des aus den Einzelnen bestehenden Ganzen durch die Nachwirkungen des früheren sündigen Lebens unter den Einwirkungen der sündigen Welt noch von den größten Mängeln und Schwachheiten gedrückt wird. Rein innerlich angesehen ist die Anwendung dieser Prädicate auf die Gesamtheit der Gläubigen einfach [2]). Ihre innere Allgemeinheit besteht freilich nicht darin, daß alle Gläubigen ihr angehören, das wäre eine leere Tautologie; ebenso wenig darin, daß sie den zu allen Zeiten und überall von den Gläubigen bekannten katholischen Glauben „bekennt" — das Bekennen gehört ja schon zur Bethätigung des innerlichen Princips; das Haben des Glaubens führt uns auf die bloße Worterklärung zurück. Ihre Allgemeinheit liegt in der Natur ihres gemeinsamen Glaubens und Heilsbesitzes, daß derselbe schlechthin für alle seiner gleichermaßen bedürftige Menschen bestimmt ist, daß er die Fähigkeit hat, allen Verschiedenheiten und Eigentümlichkeiten der Menschen volles Genüge zu thun, und daß er überall, wo er ist, das Bewußtsein von dieser seiner Bestimmung und Fähigkeit und damit den Trieb weckt, für die Realisirung seiner Bestimmung zu wirken. Der Gesamtheit der mit Christo als dem Haupt durch den Glauben Geeinigten kommt das Prädicat der Allgemeinheit zu wegen

[1]) Die Apostolicität ist ausgelassen, weil es sich hier überall um den Glauben an den historischen, von den Aposteln gepredigten Christus handelt.

[2]) Dem folgenden Abschnitt liegen vielfach die trefflichen Erörterungen von Hundeshagen, Beiträge zur Kirchenverfassungsgeschichte und Kirchenpolitik des Protestantismus, Bd. I, S. 366—388 zu Grunde.

der in keiner Weise particulären, sondern durchaus allgemeinen Expansivkraft und des Expansivdranges ihres gemeinsamen Glaubens. Ihre Einheit kann natürlich in nichts Anderem bestehen, als in dem, was sie gemeinsam haben, was sie darum zu einer alle natürlichen Unterschiede in sich aufhebenden Einheit zusammenschließt, — der gemeinsame in jedem Einzelnen vorhandene persönliche Glaube an den Erlöser und die dem Glauben sich bezeugende wirksame Kraft des einen heiligen Geistes. Aus beiden Prädicaten folgt die Ausschließlichkeit oder das extra ecclesiam nulla salus; — der in diese Gesamtheit führende Glaube ist, weil schlechthin allgemeiner Natur und weil der einzige Weg, zu Christo zu gelangen, das einzige Mittel des Heiles und der Seligkeit. Denn daß die Kirche der Forderung Weisse's [1]), ihren Heilsbegriff zu erweitern vom Glauben an Christum auf den „selbstbewußten Besitz eines übervernünftigen, obwol durch Vernunft bedingten Gutes“, nur nachkommen kann, wenn sie auf ihre Christlichkeit überhaupt verzichten will, versteht sich von selbst. Dabei soll gar nicht aus-, sondern sehr eingeschlossen sein, daß die Kirche noch überall da anzuerkennen ist, wo irgend welcher persönliche Glaube da ist, irgend welche Hingabe des Gemüthes an Christum, sei sie auch noch so schwach und zaghaft, und vor Allem, sei sie auch mit dem größten Mangel objectiver christlicher Erkenntnis verbunden. Die der so gefaßten Kirche eignende Heiligkeit ist wiederum ein sofort mit dem Glauben Gesetztes, — die durch die sittliche Natur des Glaubens, des Empfanges der Vergebung der Sünden (als Eintritts in die Gemeinschaft des heiligen Gottes) und des heiligen Geistes im innersten Lebenscentrum aller Einzelnen geschaffene principielle Umwandlung in die Qualität der Heiligkeit. Der Glaube des Christen ist eine Bewegung des innersten Lebenscentrums, und der Empfang des Heils ist ein im innersten Lebenscentrum geschehender und in dessen Tiefen niedergelegter. In seiner Natur liegt es aber, daß er das bestimmende Princip für das ganze Leben werden will, daß er alle Functionen desselben mit seinem Gehalt erfülle, sie zu seinen Symbolen und Organen mache.

---

[1]) Reden über die Zukunft der evangelischen Kirche &c.

Dieser Objectivirungsproceß kann jedoch nur mit den Mitteln des Menschen vollzogen werden, welche vorher der Sünde gedient haben und ihren Nachwirkungen noch vielfach unterworfen sind, ob auch die Sünde im Princip für den Menschen gebrochen ist. Daher die unvermeidliche Inadäquatheit der Verobjectivirung des dem Glauben eignenden Heilsbesitzes, wenn derselbe in Erkenntnis fixirt wird oder in Handeln sich ergießt, eine Inadäquatheit, deren stetige quantitative Verminderung freilich erfordert wird. Ebenso wie im Leben der Einzelnen wird es auch im Leben des aus den Einzelnen bestehenden Ganzen sein. Aber es ist auch gar nicht das Wesen der Kirche, auf allen Punkten vollendet zu sein; in ihrem Begriff als des Gemeinwesens der Erlösung und für die Erlösung ist es vielmehr ausgesprochen, daß die Vollendung erst im Princip erreicht ist, die Realisirung und Bethätigung des Principes eine noch stetig ihrem Ziele zustrebende ist. Sobald überall extensiv und intensiv die Erlösung in die schlechthin absolute Wirksamkeit getreten ist, hat die Kirche ihr Ziel erreicht und hört damit auf zu sein. Es gilt auch von ihr, was Luther vom Christen sagt, daß er nicht im Wordensein, sondern im Werden sei. Die drei im innerlichen Leben der Gemeinde der Gläubigen thatsächlich realisirten Prädicate der Allgemeinheit, Einheit, Heiligkeit, haben auch in der sichtbaren Kirche, welche die Versichtbarung und Objectivirung der Gemeinde der wirklich Gläubigen ist, keineswegs unmittelbar und thatsächlich volle Realität, es ist vielmehr die mit dem Glauben überall gesetzte Aufgabe des inneren Ganzen, für seine äußere Verobjectivirung jene Prädicate zu unveräußerlichen, allbestimmenden Lebensgesetzen zu machen. Es frägt sich, wie? Zuerst die Allgemeinheit, worin muß sie sich hier offenbaren? Durften wir sie vorher nicht aus der Zahl der dem Ganzen angehörenden Einzelnen herleiten, so jetzt ebenso wenig, wie die Katholiken, denen die Katholicität in der großen, über den ganzen Erdboden verbreiteten Zahl ihrer Glieder besteht; es würde dann die Allgemeinheit erst in demselben Augenblick realisirt werden, wo die Kirche an ihrem Ende angelangt ist, wenn alle Menschen durch den Glauben Glieder Christi geworden sind. Der sichtbaren Kirche kommt das Prädicat der Allgemeinheit zu, sofern der absolute Expansionsdrang des

Glaubens in ihrer unabläßig regen Missionsthätigkeit sich offenbart und sofern als sie in der Erfüllung dieser Aufgabe das Mittel nicht verkürzt, nämlich die absolute Expansionskraft des Glaubens nicht durch ihre Auffassung desselben in Lehre und Bekenntnis schmälert. Es ist der heilige Geist stets in ihr in der ganzen Fülle seiner Gnadengaben wirksam; und wenn sie die von ihm gebotenen Mittel treu benutzt und ihren Heilsbesitz in der ganzen reichen Fülle seines Inhalts darlegt und die Breite ihres Fundamentes in Lehre und Bekenntnis nicht willkürlich oder durch Misverständnisse, die immer auf einem Mangel in der Wirksamkeit des christlichen Princips beruhen, in eine seinem ursprünglichen Wesen fremde Enge hineinzwängt, so ist sie im Stande, allen verschiedenen Eigentümlichkeiten, Begabungen, Geistesrichtungen Befriedigung zu gewähren, während im entgegengesetzten Falle, wie z. B. bei den Secten durch das Ueberwiegen irgend eines Elementes, welches nur einer Seite der Menschennatur harmonisch ist, die Grundlage des Gemeinglaubens so verengt wird, daß nur die von Natur oder durch ihre Entwickelung so gearteten Menschen darin Genüge finden können. Die Missionsthätigkeit ist das Bestreben, die Allgemeinheit zu realisiren in Hinsicht auf alle Menschen als Menschen, diese Universalität in der Darlegung ihres Heils- und Wahrheitsbesitzes, das Bestreben, die Allgemeinheit zu realisiren in Hinsicht auf alle Menschen, diese oder jene, so oder anders geartete Menschen. Dies zweite Moment hat aber seine nothwendige Schranke in der Aufgabe, auch die Einheit immer mehr zu einem Lebensgesetz der sichtbaren Kirche zu machen. Vor allem muß sich natürlich die Einheit des Glaubens und Geistes in der rechten Erweisung brüderlicher, inniger Gemeinschaft in Erbauung und Gebrauch der Sacramente und in allseitiger, gegenseitiger Handreichung, in fleißigem Zusammenwirken bei den gemeinsamen Aufgaben und in der angemessenen Organisation desselben bethätigen, aber doch noch in etwas Weiterem. Ist es Aufgabe der Kirche, die ganze gottgeordnete Manigfaltigkeit menschlicher Begabungen und Geistesrichtungen zu einer wirklichen Einheit, zu einem in sich harmonischen, zur kräftigen Wirksamkeit für den Zweck der Kirche befähigten Organismus zu vereinigen, so muß nicht allein die Allgemeinheit der Kirche gewahrt und die Sectenbildung vermieden werden, das Einheitsband, in welchem alle jene Besonderheiten befaßt werden sollen, muß auch die genügende Stärke und Festigkeit haben, um dieselben sich wirklich und beharrlich d. h. innerlich unterzuordnen. Das einzige hierzu fähige Band ist natürlich innerlich der persönliche Heilsglaube mit dem ihm eignenden Heils- und Wahrheitsbesitz, in der Kirche als Versichtbarung der Glaubensgemeinde muß es also die erkenntnismäßige Objectivirung desselben in einem Symbol sein, welches in der Darlegung seiner Momente nichts von seiner substantiellen Bestimmtheit vermissen läßt, sondern die reine Lehre des Evangeliums ganz und klar enthält.

Aber freilich des Evangeliums — nicht pura doctrina im gewöhnlichen Sinne der lutherischen Kirche, nicht ein fixirtes System der stetig nach besserer, irrtumsfreierer Erfassung ringenden theologischen Schule in seiner begrifflichen Bestimmtheit und Consequenz kann ein wahrhaftes, allumfassendes, die Bedingungen der persönlichen, nicht bloß verstandes-, sondern herzensmäßigen Aneignung für alle erfüllendes Einheitsband der Kirche sein. Die einigende Macht liegt in dem Inhalt der christlichen Heilswahrheit, nicht in der Form, in der wir ihn zu erfassen streben, des Begriffes Wirksamkeit ist vielmehr eine spaltende. Die für die Kirche unerläßliche Reinheit der Lehre ist hergestellt, wenn als Grundlage aller ihrer Lehre und Predigt, ihrer erbauenden und sammelnden Thätigkeit eine einfache Darlegung aller der grundwesentlichen Heilswahrheiten, welche zu praktischer Aneignung an die Herzen gebracht werden können und müssen, und in denen darum das Wesen des Evangeliums, eine Kraft Gottes zu sein zur Seligkeit, zum Ausdruck kommt, in ihrer Integrität in wirklicher Geltung steht. Lehren, welche nur verknüpfenden und verstandesmäßigen Werth haben, sind nothwendig nur in der Wissenschaft. Die Ausschließlichkeit der Kirche wird aus der Realisirung der Einheit und Allgemeinheit sich ergeben, kann aber, da beide auch in der trefflichsten Gestalt des sichtbaren Kirchentums nie absolut realisirt wird, nie mit unfehlbarer Gewißheit, sondern nur nach Maßgabe des Vorhandenseins von Einheit und Allgemeinheit von einer sichtbaren Kirche prädicirt werden. Setzten wir das Wesen der Kirche darein, die Gemeinde der Gläubigen zu sein, so können wir natürlich nicht daran denken, die Heiligkeit der sichtbaren Kirche von den in ihr vorhandenen Bedingungen der Heiligkeit (Christus, heiliger Geist, Sacramente) zu verstehen, was immer eine dingliche Heiligkeit anstatt der personellen wäre, also gar keine Heiligkeit. Aber darum haben die Donatisten und Wiedertäufer nicht sofort Recht, daß jeder, der eine offenbare Sünde begangen, aus ihre Mitte auszuschließen, und so durch Strenge der Kirchenzucht die Kirche als Gemeinde der Heiligen unmittelbar zur empirischen Erscheinung zu bringen sei. Wie die Heiligkeit eines Christen hier auf Erden nicht in seiner absoluten sittlichen Vollkommenheit besteht, sondern qualitativ in der Bekundung eines feinen Gewissens in der Beurtheilung dessen, was Pflicht und was Schuld besonders für ihn selbst ist, quantitativ in dem ernsten, darum auch mehr und mehr von Erfolg gekrönten Ringen, in allen seinen Lebensäußerungen die positiv und negativ heiligenden Kräfte der Erlösung zum bestimmenden Princip zu machen, so kann der Kirche das Prädicat der Heiligkeit auch nur in dem Maße zukommen, als sie, und hierzu wird sie von der Treue gegen ihr inneres Wesen getrieben, in ihren gemeindlichen und gemeinsamen Lebensäußerungen überall ein lebendiges Gesamtbewußtsein bekundet von ihrer unveräußerlichen Aufgabe, die Wirksamkeit der Erlösung in aller Weise zu fördern und ihr Wirksamgewordensein zu beweisen, sowie ein waches Gewissen zeigt für das, was ihre Pflicht ist, überall rechte heilige, weder in Strenge noch in Weichlichkeit getrübte Liebe zu üben, und für die Schuld, die sie etwa durch Versäumnis ihrer Pflicht auf sich geladen. Noch mehr als beim einzelnen Menschen wird der quantitative Umfang des thatsächlichen Fortschritts und der thatsächlichen Liebesübung erst das Zweite sein, sowol weil der thatsächliche Erfolg ihrer Bestrebungen von so viel mehr Vermittelungen abhängt, die ihre ursprüngliche Kraft nicht so offenbar werden lassen, weil sie selbst von dem christlichen Princip nicht so unmittelbar bestimmt werden, als auch weil die Kirche nicht mit derselben Summe von Kräften an ihrer Vervollkommnung arbeiten kann, sondern die gereiften und durchheiligten Kräfte stetig verliert, an ihrer Stelle nur ungeübte bekommt. Die treue Benutzung der Geschichte ihrer Erfahrungen wird ihr allerdings auch auf diesem relativ äußeren Gebiet der Thatsachen den Fortschritt ermöglichen und erleichtern. — Wie aber Schwachheiten und Fehltritte eines einzelnen Christen seine Heiligkeit in jenem relativen Sinne als Beschaffenheit nicht aufheben, so auch nicht Mängel und Gebrechen in den Lebensäußerungen der Kirche, so lange nur jenes Bewußtsein in seiner Bekundung noch die qualitative Heiligkeit der Kirche darthut. Offenbar ist, so gefaßt, die Heiligkeit das wesentlichste Prädicat der Kirche, aus deren Besitz ihr erst die Kraft zuwächst, auch Einheit und Allgemeinheit zu ihren Lebensgesetzen zu machen und die Ausschließlichkeit, das extra ecclesiam nulla salus, nicht als hartes Verdammungsurtheil, sondern als herrlichstes Erbtheil zu gewinnen, deren, sc. der Heiligkeit, Vorhandensein selbst wieder durch die aus lebendigem Glauben strömende Heiligung der einzelnen, ihr angehörigen Individuen bedingt, aber auch hervorgebracht wird. So erweist sich der lebendige Glaube zuletzt wieder als der einzige Quellpunkt alles dessen, was die Kirche ist und thut, und unsere subjective Ausgangsweise als gerechtfertigt; — aber, um es noch einmal zu wiederholen, nicht ein Glauben und Meinen subjectiver Willkür, sondern der von Gottes heiligem Geist gewirkte und erfüllte Glaube, subjectiv wol, aber zu seiner wahren Subjectivität hergestellt durch die ihm immanenten göttlichen Objectivitäten.

Es liegt nun auf der Hand, daß wir bis jetzt, obgleich wir die Begriffe sichtbare und unsichtbare Kirche gebraucht haben, noch keineswegs zu dem gelangt sind, was die Reformatoren mit ihrer Unterscheidung meinten; denn diese hat gar kein so wesentliches Interesse, wenn nicht eine tiefe Disharmonie zwischen der Idee und der empirischen Wirklichkeit vorhanden ist; während in dem bisher gezeichneten Bilde normale Verhältnisse vorausgesetzt wurden. Denn überall wurden unsichtbares Wesen und sichtbare Darstellung, innerlich treibendes Princip und äußere Auswirkung desselben, abgesehen von der jedem Aeußerlichwerden eines Inneren und der äußeren Bethätigung des innerlich Erlöstseins doppelt anhaftenden

Incongruenz, als sich deckend gedacht. Wir beschrieben und entwickelten so, als ob zu der äußeren Gestalt der sichtbaren Kirche gar keine anderen Einflüsse beitrugen als die Lebensäußerungen der dem Princip nach Erlösten und Geheiligten, in denen der aufrichtige, ernste Wille lebt, alles, was aus dem christlichen Princip als Aufgabe folgt, auch zu realisiren. Wir sagten: die Kirche ist die Gemeinde der wahrhaft Gläubigen; sie ist principiell unsichtbar, d. h. sie ist die Gemeinde der Gläubigen, welche durch den Glauben mit Christo geeint und aus seinem Geist wiedergeboren sind, principaliter societas fidei et spiritus sancti in cordibus. Durch die nothwendige Bethätigung ihres Princips wird sie zu einer sichtbaren, d. h. sie ist die Gemeinde der Gläubigen, welche ihren Glauben und ihre Wiedergeburt in einer Gemeinschaft unter einander versichtbaren, welche in steter, gemeinsamer Vollziehung und Anwendung der gottgeordneten Gnadenmittel und in stetigem, gemeinsamen Wirken an den durch die Natur ihres gemeinsamen Glaubens gesetzten gemeinsamen Aufgaben immer nach der Erreichung ihres Zieles, der völligen Realisirung ihrer selbst als der einen heiligen, allgemeinen Kirche Christi ringt. Vergleichen wir dies Bild mit dem Antlitz dessen, was heute den Namen „christliche Kirche“ führt, so blicken wir uns vergebens nach den wesentlichsten Zügen von jenem um und können keine Aehnlichkeit entdecken. Denn auf die noch vorhandenen und noch gehandelt werdenden Dinge „die Institutionen, Sacramente, Ordnungen, Aemter und Stände“ dürfen wir uns jetzt nicht zurückziehen, da wir vorher die Kirche Christi in ihnen nicht sehen konnten. Und es ist nicht etwa ein zeitweiliger Nothstand, unter dem nur jetzt die äußere Erscheinung der Kirche seufzte: seit dem 4. Jahrhundert, in dem sie zur Staatskirche wurde, ist in großen Schaaren das Heidentum in ihren Umkreis gedrungen und bis heute darin verblieben in der ganzen Ungebrochenheit des natürlichen Menschen, hat Unverstand der Massen, tyrannische Willkür weltlicher und dem Namen nach geistlicher Machthaber, haben alle möglichen weltlichen und unkirchlichen Beweggründe und Einflüsse zur Gestaltung des sichtbaren Kirchentums mitgewirkt. Wo ist nun die e i n e Kirche Christi? in vier bis fünf große Kirchenkörper und eine Unzahl kleiner Secten zerrissen stellt sich uns dar, was auf diesen Namen Anspruch macht, die sich wechselseitig die Gemeinschaft versagen, von denen wol gar die eine über die andere den Fluch ausspricht, die Verwechselung von der Wichtigkeit der reinen Lehre für Schule und für Kirche nicht bloß, sondern die tiefsten Differenzen in den wesentlichsten Heilslehren von einander trennen. Welche von ihnen ist die allgemeine Kirche? Welcher dürfen wir das extra ecclesiam nulla salus auch nur relativ zu schreiben? Wo ist eine entsprechende lebendige Missionsthätigkeit und im rechten Geist, daß nur Christus gepredigt werde? Wo die rechte Breite des Fundaments? Welcher Kirche Bestand endlich entspricht dem Prädicat der Heiligkeit? Es ist mehr als tiefe Schwachheit, was sie alle drückt und entstellt, in den weitesten Strecken ihrer Gebiete ist von einem Kräftigsein des heiligen Geistes nicht die leiseste Spur; vielmehr der Geist der ungöttlichen Welt, der Sünde, Selbstsucht, Lust ist offenbar genug das Allbeherrschende, verbunden mit Gleichgiltigkeit oder bald größerer bald geringerer Feindschaft gegen die wahre Kirche Christi. Scheint es hiermit besser bestellt zu sein in den Absonderungen kleinerer Secten, so führt uns das gänzliche Fehlen der das Prädicat der Allgemeinheit constituirenden Momente sofort auch hier auf tiefe Ohnmacht der Heiligkeit zurück. Wo ist nun der Leib des Herrn, wo die eine, allgemeine, heilige Kirche, der der Herr die Verheißung gegeben: *πύλαι Ἅιδου οὐ κατισχύσουσιν αὐτῆς*? Sie wäre ein verwesender, aber kein lebenskräftiger Leib, sollten alle durch die Taufe einem äußeren Kirchentum Einverleibten Glieder des Leibes Christi sein: wir würden Fleisch an die Stelle des Geistes setzen, wollten wir sie in irgend etwas Aeußerem sehen — nein! wir weisen getrost mit der Apologie auf die homines sparsos per totum orbem qui de Evangelio consentiunt et habent eundem Christum et eundem Spiritum Sanctum, sive habeant easdem traditiones humanas sive dissimiles. Und in einer Zeit, wo wir infinita pericula videmus, quae minantur Ecclesiae interitum, wo infinita multitudo est impiorum in ipsa Ecclesia, qui opprimunt eam, wollen wir uns diesen Trost nicht entreißen lassen, sondern um nicht an der Existenz der Kirche Christi verzweifeln zu müssen und gewiß sein zu dürfen, daß sie dennoch da ist und da sein wird, in der die Verheißungen Christi sich erfüllen, wollen wir mit dem Symbolum apostolicum an eine, heilige, allgemeine, apostolische Kirche, die Gemeinde der Heiligen glauben, ob wir sie gleich nicht sehen, und sagen, sie, die unsichtbare Kirche, ist die wahre Kirche Christi.

Die Kirche Christi besteht nicht in den todten Stoffmassen, in denen Christus nichts wirkt, ob sie gleich irgend welchem sichtbaren Kirchentum angehören, sich an seinen Zwecken betheiligen, das Wort Gottes in ihr predigen hören, die Sacramente gebrauchen, sondern allein in den mit Christo durch die Lebensgemeinschaft des Glaubens Geeinten. Die sichtbare Kirche ist nur der weitere Kreis, in dessen Umfang sie beschlossen sind. So weit sind unsere alten Dogmatiker ganz im Recht; aber sie bestimmen den Begriff der sichtbaren Kirche doch zu eng, als daß wirklich nothwendig alle wahrhaft Gläubigen darein befaßt sein mußten, wenn sie ihn definiren = coetus eorum qui externa professione se aggregant ad auditum verbi et usum sacramentorum [1]). Danach gehörte ja zur sichtbaren Kirche nur der, welcher sich auch ernstlich und thatsächlich zu ihr bekannte, in der unsichtbaren Kirche aber fände z. B. keiner der sacramentslosen Quäker einen Platz. Das Gebiet der sichtbaren Kirche ist zu unserem Behuf vielmehr überall dahin auszudehnen, wo es Kunde von Christo und Bekenntnis zu ihm als Gegenstand des Glaubens gibt, sei jene Kunde auch dürftig und das Bekenntnis unbestimmt, gehöre der, bei dem sich dies findet, einem sichtbaren Kirchenverbande an oder nicht. — Haben wir vorher aus dem Wesen des Glaubens gefolgert, daß die unsichtbare Glaubensgemeinde sich versichtbaren müsse und zu einer äußeren Gemeinschaft des Wirkens erwachsen, so gilt dasselbe auch noch hier; und es ist nicht im mindesten mit der Bezeichnung „unsichtbare Kirche" so gemeint, als ob die societas fidei et Spiritus sancti eben in cordibus, in ihrer Innerlichkeit, verharren solle oder auch nur dürfe. Im Gegentheil bleibt alles das, was wir vorher als mit dem Glauben unmittelbar gesetzte

---

1) Vgl. Schmid a. a. O., S. 497.

Aufgabe entwickelten, völlig bestehen und muß darum auch seine Realisirung als eine bereits kräftig angebahnte sich vorfinden, so lange es jene unsichtbare Glaubensgemeinde gibt. Aber weil um diese sichtbaren Bethätigungen des christlichen Princips, besonders, wo sie kirchlichen, gemeindlichen Charakter tragen, überall nach der gegenwärtigen Natur der Sache sich viele nur dem äußeren Schein nach verwandte, innerlich fremde Elemente herumschaaren, und weil die eigenen, den Lebensäußerungen der wahrhaft Gläubigen noch anhaftenden sündlichen Schwachheiten die sichtbare Grenze zwischen der ungöttlichen Menschheit und der aus Gottes Geist wiedergeborenen verwischen, so gewinnt die Versichtbarung der unsichtbaren Gemeinde einen flüßigen, für menschliche Augen nicht mit Gewißheit abgrenzbaren Charakter. Es ist darum der Name „unsichtbare Kirche" für jene Gemeinde nach ihren beiden Seiten wolgeeignet, nur daß er für die zweite Seite immer einen Nothstand und nichts weniger als ein Hoheitsprädicat bezeichnet, wie für die erste, und daß die Aufgabe für die unsichtbare Gemeinde in ihrer vollen Integrität bestehen bleibt, jene relative Unsichtbarkeit zu einer immer relativeren zu machen. Daß die Gesamtheit der Gläubigen etwas sehr Reales, wirklich Existirendes ist, werden Wenige leugnen; auch werden die Meisten zugeben, daß diese nicht bloß ein Aggregat von Individuen ist, sondern in Christo innerlich geeint und von dem Bewußtsein dieser Einheit, der Hoheit des gemeinsamen Heilsbesitzes verknüpft, ob sie sich auch nicht kennen; man wird auch zugeben, daß aus ihrem Glauben eine Anzahl von sichtbaren Wirkungen folgen muß. Aber das wird bestritten, daß diese Wirkungen, daß das, was als Bethätigung ihres Glaubens in die Wirklichkeit tritt, hinreicht, um den Namen „Kirche" in Anspruch nehmen zu können. Es soll eben das fehlen, welches die Gesamtheit der mit dem christlichen Lebensinhalt erfüllten Personen erst zur Kirche macht, die Gemeinschaft des Auf- und Miteinanderwirkens. Gegen die Möglichkeit, das Realisirtsein derselben aufzuzeigen, macht schon Bellarmin geltend [1]): „Ecclesia est societas quaedam, non angelorum

[1]) l. c. III, 12.

neque animarum, sed hominum. Non autem dici potest societas hominum, nisi in externis et visibilibus signis consistat: nam non est societes, nisi se agnoscant ii, qui dicuntur socii; non autem se possunt homines agnoscere, nisi societatis vincula sint externa et visibilia.“ Nach R. Rothe [1]) muß der Begriff der unsichtbaren Kirche aufgegeben werden als eine contradictio in adjecto sc. der beiden Momente der Nichtwahrnehmbarkeit und Aeußerlichkeit. Nach ihm ist mit diesem Begriff ein verhängnisvolles Dilemma verbunden: entweder ist zur Bezeichnung des für ihn gefundenen Inhalts der Ausdruck ganz unpassend, oder er ist in sich selbst kein realer. Im höchsten Sinne real ist die geistige Lebensgemeinschaft und Lebenseinheit, in welcher alle Gläubigen durch ihr individuelles Verhältnis zu Christo zu einander stehen — die Gemeinschaft der Heiligen; aber zu ihrer Bezeichnung ist der Terminus höchst ungeschickt; sie ist rein unsichtbar, eben darum keine Kirche d. i. keine Gemeinschaft, der es wesentlich ist, eine zugleich äußere zu sein. Eine äußere Verwirklichung jener rein innerlichen Gemeinschaft, in welcher diese als solche als Gemeinschaft und Einheit äußerlich gegeben und zur Erscheinung gebracht wäre, läßt sich empirisch nicht nachweisen; sie wird darum als nur auf unsichtbare Weise gegeben behauptet: hierfür ist der Begriff ganz passend; aber sein Inhalt existirt nicht; der Begriff ist eine Fiction, weil eine contradictio in adjecto. —

Ueber die Nothwendigkeit der Versichtbarung der unsichtbaren Glaubensgemeinde völlig klar, hat schon Melanchthon von jener societas fidei et spiritus sancti in cordibus gesagt, sie habe externas notas, ut agnosci possit, videlicet puram evangelii doctrinam et administrationem sacramentorum consentaneam evangelio Christi; und Bellarmin trifft ganz den Sinn, in dem Reformatoren und Dogmatiker von sichtbaren Kennzeichen der ihrem inneren Wesen nach unsichtbaren, jetzt aber auch in relativer Unsichtbarkeit der Versichtbarung existirenden Kirche sprechen, wenn er sagt [2]): „Non declarant, quae sit vera Ecclesia secundum

[1]) Die Anfänge der christlichen Kirche und ihrer Verfassung, S. 100 f.
[2]) l. c. IV, 2.

haereticos nisi probabiliter; non enim hinc scire possumus, qui sint electi vel justi, et potius discimus, ubi lateat Ecclesia, quam quae sit.“ Es soll an den notae der Ort erkannt werden, wo sich Glieder der wahren, unsichtbaren Kirche finden müssen, gemäß jenem Worte Luthers: „Gottes Wort kann nicht ohne Gottes Volk und Gottes Volk nicht ohne Gottes Wort sein.“ Aber sind reine Lehre und einsetzungsmäßige Sacramente wirklich überall notae der unsichtbaren Kirche? Da hat nun pura doctrina. als lebendige Verkündigung der ungetrübten Heilswahrheit, wie sie Bezeugung von der Gotteskraft des Evangeliums zur Seligkeit ist, allerdings die Verheißung, daß sie nicht leer zurückkommen, sondern ihren Zweck irgendwie erreichen wird; — und wiederum, die Gläubigen werden sich zur Predigt des lauteren Evangeliums halten, wenn sie dieselbe haben können, sonst werden sie an Stelle der amtlichen Predigt, die ihnen dies nicht bietet, oder neben ihr eigene, gemeinsame Erbauung im Worte Gottes und in seiner Verkündigung suchen oder sich bilden. Aber diese pura doctrina ist nicht reine Lehre im Sinne der bloßen theoretischen Uebereinstimmung mit der Schrift; dadurch gewinnt sie und ihre Handhabung einen gesetzlichen, äußeren Charakter und hat mit diesem behaftet auch nicht die mindeste Verheißung, und zeigt in keiner Weise auf Glauben als Grund ihrer Ausübung hin, ist also gar nicht nota verae ecclesiae. Auch ist solche pura doctrina etwas in Bezug auf den persönlichen Heilsglauben Indifferentes. Wäre sie es nicht, so hätte freilich auf ihrem Standpunkt jede sichtbare Kirchengemeinschaft das Recht, die unsichtbare Kirche auf ihre Mauern zu beschränken — ein ebenso hochmüthiger Wahn, wie der, sich überhaupt die pura doctrina zuzuschreiben, als ob die volle Erkenntnis ohne volle Heiligkeit da sein könnte. Wie verträgt sich hiermit, daß die Glieder der unsichtbaren Kirche sparsi per totum orbem sind, also allen den Kirchengemeinschaften angehören, in denen wir die reine Lehre von den schwersten Irrtümern verdunkelt sehen? Die Erkenntnis ist überhaupt ein Gebiet, welches von der Glaubenserfahrung gar nicht so unmittelbar durchdrungen wird, und dessen Mittheilung nicht persönliche Aneignung und Durchgang durch den persönlichen Glauben erfordert; ihre Darlegung als pura doctrina ist daher nur sehr relativ geeignet, zur nota ecclesiae invisibilis zu dienen; keinesfalls darf sie auf die amtliche Predigt und die theoretische Richtigkeit beschränkt werden, sondern sie will frei und lebendig geübt und betreffs ihrer Wahrheit geistlich gerichtet sein. — Der einsetzungsmäßige Gebrauch der Sacramente kann nur eine nota von sehr secundärem Werth sein; wir erinnern wieder an die Quäker, sowie an die Kirchengemeinschaften, deren Sacramentsverwaltung nicht schriftmäßig ist. Ueberhaupt hat er, so gefaßt, einen so gesetzlichen, „objectiven" Charakter, daß er eben darum nicht als nota gelten kann, da die Sacramente weder Glauben erzeugende Kraft haben, noch ihr gewohnheitsmäßiger Gebrauch Zeichen vorhandenen Glaubens ist. Für ein geistliches Auge wird freilich lebendige Verwaltung und andächtiger Gebrauch derselben nicht unerkennbar sein und so das latere der unsichtbaren Kirche verrathen. — Die wahren notae der unsichtbaren Kirche ergeben sich, wenn wir auf die Medien sehen, durch welche die Realisirung der Gemeinschaft des Auf- und Miteinanderwirkens der Glieder der unsichtbaren Kirche sich vollzieht. Das ist ja Bellarmin unbedingt zuzugestehen, daß eine Gemeinschaft sinnlicher Menschen sich nur durch sichtbare, sinnliche Medien vollziehen läßt, und daß gemeinsames Wirken immer ein gegenseitiges Sehen und Kennen voraussetzt. Aber diese Sichtbarkeit ist darum keineswegs eine für den roh natürlichen Sinn handgreifliche, palpabilis ut respublica Venetorum, vielmehr ist gerade hier das Erkennen ein nur dem geistlichen Auge mögliches. Je mehr jeder einzelne Gläubige darnach ringt, die Aufgabe der äußeren Bethätigung seines Glaubens zu erfüllen gemäß seiner individuellen Begabung, in That und Wort, geschriebenem und gesprochenem, um so mehr treten jene vereinzelten Lebensäußerungen, von der inneren Verwandtschaft angezogen, den Elementen einer sich bildenden Krystallisation gleich, zusammen. Kennen doch auch die einzelnen Glieder eines Organismus nicht einander, sondern richten, von dem Gesamtleben beseelt, ein jedes einzelne seinen Dienst aus, Wirkungen, die nicht vergeblich geschehen, sondern von der Gesamtlebenskraft zusammengefaßt und für das Wohl des ganzen Organismus in allen seinen Gliedern verwendet werden. Die einzelnen Gläubigen, ob auch sich nicht kennend und räumlich vielleicht weit von einander geschieden, erkennen durch die sichtbaren und getrübten Aeußerungen hindurch das innere und unsichtbare Wesen, die Einheit des Geistes, suchen und finden sich, realisiren hier und dort, wo immer Gelegenheit sich darbietet, die brüderliche Gemeinschaft in Berührung und Austausch, Unterstützung und Handreichung, Ermahnung und Tröstung, oder in festerem Zusammenschluß für die gemeinsamen Zwecke, ob auch von fließendem, beweglichem, nicht genau abgrenzbarem Charakter, so doch Gemeinschaft, echte christliche Gemeinschaft, darum Kirche, die aber ihre Reinheit nur in dieser fließenden Unbestimmtheit stets wechselnder, neu sich erzeugender Organisation bewahrt, in eine bestimmte feste Organisation fixirt, wie es das gemeinsame Bedürfnis wol oft erheischt, der Gefahr der Trübung durch fremde Elemente ausgesetzt ist, darum unsichtbare Kirche. Mit untrüglicher Gewißheit — die Personen, welche an solcher Gemeinschaft sich wirksam betheiligen und deren Wirkungen den Stempel des Wesens der unsichtbaren Kirche an sich tragen, als Glieder derselben zu bezeichnen, ist ein Mensch freilich nie im Stande; das Vorhandensein jener sichtbaren Verwirklichung und die Erkenntniß der Medien der Gemeinschaft als echter gibt doch immer nur den Ort an, ubi Ecclesia latet. Ist es nun auf einzelnen Gebieten, besonders dem der Lehre, möglich und denkbar, daß Wirkungen und Aeußerungen die Signatur der unsichtbaren Kirche auch für das geistliche Auge an sich tragen, die doch von Nichtpersönlichgläubigen ausgegangen sind, so sind diese Wirkungen nicht ihr eigenes Erzeugnis, sondern nachbildende Reproducirung des in der Wirklichkeit Angeschauten, die auch kaum anders gelingen wird, als wenn in der Seele des betreffenden Subjects schon Sehnsucht und Verlangen nach den Heilsgütern sich regt, also ein inneres Verhältnis dazu bereits begonnen hat. Auch die Realisirung der drei Hoheitsprädicate wird in dieser freien Gemeinschaft angebahnt sein, als das Bestreben, sie zu Lebensgesetzen des gemeinschaftlichen Wirkens im eigenen Kreise und drüber hinaus zu machen. Es gilt hier der oben gegebenen Nachweis, nur daß natürlich Fixirung in einem besonderen Bekenntnis für diese ecclesiola in ecclesia visibili wegfällt. Wo der wahre Glaube als wirklich durchdringendes Lebensprincip ist, da wird und muß auch, bei dem gegenwärtigen Verhältnis von sichtbarer und unsichtbarer Kirche die Allgemeinheit und Einheit als kräftiges Bewußtsein um die in allen individuellen Verschiedenheiten vorhandene Einheit des Glaubens und Geistes in thätigem Triebe sich erweisen; die Gemeinschaft des Auf- und Miteinanderwirkens nicht engherzig oder hochmüthig durch solche individuelle Verschiedenheiten sogar nicht einmal in der Auffassung des seligmachenden Glaubens und der individuellen Vorliebe für dies oder jenes sichtbare Kirchentum sich hemmen oder trüben lassen. Es dienen aber nicht nur diese freien, immer neu selbstgeschaffenen Thätigkeiten und Formen jener Gemeinschaft zu Medien, sie benutzt, jedoch ohne sich an sie zu binden, auch die objectiven, beharrenden Institutionen und Thätigkeiten des geordneten kirchlichen Lebens und haucht diesen dadurch erst die lebendige Seele und die Befähigung zu segensreicher Wirksamkeit ein. Wir kommen hier auf jene beiden notae der unsichtbaren Kirche zurück. Gottesdienst und Predigt, Gebrauch der Sacramente; wenn die spontan und receptiv sich dabei Verhaltenden beide dies im rechten Glauben thun, so pflanzt gerade hier sich das Wehen und Weben einer unvergleichlich herrlichen Geisteseinheit und Gemeinschaft von Bewußtsein zu Bewußtsein besonders belebend und weckend, stärkend und erhebend fort. Von diesem Unterschied lebendiger oder todter Vollziehung der kirchlichen Ordnungen kann man sich durch sonntägliche Erfahrung überzeugen. Die der Kirche wesentliche Versichtbarung in einer äußeren Gemeinschaft ist gar nicht durch eine feste, gegliederte, von äußerer Autorität aufrecht erhaltene Organisation oder Anstalt bedingt. Auch die sichtbare Seite der Kirche ist keine externa politia, und sowie sie diesen Charakter annimmt, wird es nicht geschehen ohne die größte Gefahr, ihren evangelischen Charakter mit einem gesetzlichen zu vertauschen. Wenigstens so lange ihr Gemeingeist in ihrem Gebiete nicht die dominirende Macht geworden ist, wird die Regelung ihrer Lebensäußerungen in feste, gegliederte Formen nicht ohne trübe Vermischung fremdartiger, nur äußerlich ähnelnder Wirkungen mit den aus dem Innern stammenden, im Aeußern sich bekundenden möglich sein.

Das ist das πρῶτον ψεῦδος in Rothe's Polemik gegen unseren Begriff, daß er auf Einheit und Allgemeinheit der Kirche abgesehen von der Heiligkeit viel zu großes Gewicht legt und die Kirche durch sie allein schon wesentlich constituirt werden läßt. Kann der sichtbaren Verwirklichung der unsichtbaren Glaubensgemeinde nur dann das Prädicat der Kirche zukommen, wenn sie in die Form einer äußeren allumfassenden, fest gegliederten und organisirten, durch äußere Autorität gesicherten Anstalt sich hineingegossen hat, so ist allerdings der Begriff der unsichtbaren Kirche eine contradictio in adjecto.

Aber Einheit und Allgemeinheit sind Prädicate auch jener flüßigen Gemeinschaft, wenn in ihr das mit einem feinen Gewissen verbundene Bewußtsein um die Pflicht ihrer Realisirung in dem eben bezeichneten Sinn und der daraus folgende Trieb sich offenbaret, die thatsächliche Gemeinschaft immer weiter auszudehnen; denn damit sind negativ die Hindernisse für ihre Realisirung, soweit sie in den dazu Verpflichteten liegen, hinweggeräumt, und positiv ist damit die Bürgschaft geleistet, daß jedesmal im gegebenen Falle die Realisirung der Gemeinschaft als allgemeine und eine zu Stande kommen werde.

So hat sich uns die protestantische Unterscheidung der sichtbaren und unsichtbaren Kirche mit einer geringen Modification hinsichtlich der notae der unsichtbaren Kirche als sachlich und begrifflich völlig gerechtfertigt erwiesen. Jene Unterscheidung beruht historisch wie sachlich einmal auf der schlechthin geistigen und inneren, weil persönlichen Natur des Glaubens, welcher allein die Bedingung der Zugehörigkeit zu Christo ist, und weiter darauf, daß bei der ungeheuren Umlagerung und Trennung der sichtbaren Auswirkungen des christlichen Princips durch äußerlich mehr oder weniger ähnelnde, innerlich fremdartige Wirkungen, die Scheidung beider von einem menschlichen Auge nicht mit Sicherheit zu vollziehen ist, oft sogar die ersteren von den zweiten fast verschlungen werden. Aus dieser Sachlage erwächst das nothwendige Bedürfnis, als Subject für die wahre Kirche mit ihren Hoheitsprädicaten und Verheißungen statt des als sichtbare Kirche sich Darstellenden eine unsichtbare Kirche zu substituiren, welche, real vorhanden als eine im Princip vollendete, dem Ziel ihrer völligen Verobjectivirung stetig zustrebend ihre Existenz innerhalb sämmtlicher getrennter, sichtbarer Kirchenkörper hat.

Es erübrigt noch zu untersuchen, was die heilige Schrift über die Unterscheidung von sichtbarer und unsichtbarer Kirche lehrt. Sie lehrt, streng genommen, nichts darüber, da sie weder den Namen gebraucht, noch eine Definition der Kirche gibt, aus der ihre Meinung unmittelbar folgte. Aber auf Grund unserer Entwickelung des Wesens der Kirche aus dem schriftmäßigen Begriff vom rechtfertigenden Glauben als alleinigem und gewissen Mittel der Zugehörigkeit zu Christo und des Empfanges des heiligen Geistes werden wir sagen dürfen: wir haben die Schriftmäßigkeit jener Unterscheidung bewiesen, wenn wir gefunden haben, daß die Schrift von dem Wesen der Kirche so spricht, daß dasselbe nur darein gesetzt werden kann, Gemeinde der Gläubigen, natürlich in jenem einheitlichen Sinn als mit Christo dem Haupt Geeinter und durch seinen Geist Beseelter zu sein, und wenn die Schrift Andeutungen darüber gibt, daß die empirische Erscheinung dieser Kirche nicht bloß durch die ihren Gliedern noch anhaftende Schwachheit getrübt wird, sondern auch dadurch, daß ihrem Wesen innerlich Fremde den äußerlichen Zeichen nach sich ihr zugesellen, und daß diese Trübung eine unvermeidliche ist, die erst durch die göttliche Scheidung am Endgericht beseitigt werden wird.

Der Herr hat Jünger um sich gesammelt, welche zeugen sollten von dem, was sie gesehen und gehört, bis an's Ende der Erde und alle Völker zu seinen Jüngern machen, wenn er sie durch die Ueberströmung mit seinem Geist dazu würde befähigt haben (Apg. 1. 8. Matth. 28, 19). Diese Jünger und alle, welche durch ihr Wort an ihn glauben werden, sollen eins sein, wie Christus und der Vater (Joh. 17, 21). Seine Schafe, die seinen Namen kennen (γινώσκειν nicht von äußerlicher Verstandeserkenntnis, sondern von innerlicher Herzenserfahrung und -Aneignung), will er zu einer Heerde versammeln, unter ihm als dem einen Hirten (Joh. 10, 14—16, vgl. Joh. 21, 15—17). Als Zweck seines Todes wird Joh. 11, 51. 52 bezeichnet, daß er alle Kinder Gottes, nicht nur die jüdischen, sondern auch die im Heidentum sich zerstreut finden, in einen Verein zusammenführe (εἰς ἓν συναγαγεῖν) (Kinder Gottes, wozu die Menschen, welche an seinen Namen glauben, aus Gott geboren werden [Joh. 1, 12. 13], proleptisch die, welche an ihn glauben werden). Der Herr will, daß nach seinem Hingange Gebetsgemeinschaft und Gemeinschaft überhaupt in seinem Namen stattfinde, und verheißt ihr seine Erhörung und Gegenwart (Matth. 18, 19. 20). Der Herr hat also gewollt, daß nach seinem Hingang zum Vater die Seinen in einer religiösen Gemeinschaft zusammenleben und dieselbe durch die Aufnahme aller an ihn durch ihre Predigt Gläubigwerdenden ausbreiten sollten, eine Gemeinschaft mit dem stetigen Beruf, alle Völker zu seinen Jüngern zu machen. Er hat selbst die Grundzüge dieser Gemeinschaft seiner Gläubigen angeordnet, Verkündigung des Evangeliums (Mark. 16, 15), Aufnahme in ihre Gemeinschaft durch die Taufe (Matth. 28, 19), gemeinsame Aneignung des Segens seines Todes im Abendmahl (Matth. 26, 26—28), Unterweisung in seinen Geboten (Matth. 28, 20). Er hat auch den Sinn bezeichnet, der in dieser Gemeinschaft herrschen soll und in dem alle Thätigkeit in ihr ausgerichtet werden soll, Treue gegen Christum (Luk. 12, 41—46), demütige, sich wechselseitig fördernde, weise und geduldige, tragende und mahnende Liebe (Matth. 20, 25—28; 23, 8—12. Joh. 13, 14. 15. Matth. 18, 1—20). Denn es verhält sich ganz und gar nicht so, als ob eine Machtvollkommenheit zur Kirchenzucht seiner Gemeinde, sei es der gesamten, sei es ihrer einzelnen Verwirklichung (Math. 18, 15—17) übertragen würde. Jeder einzelne Jünger wird ermahnt, an dem gegen ihn sich versündigenden Bruder Geduld zu üben; den Sünder soll er nicht eher aufgeben, bis auch der letzte Versuch, ob er sich nicht von der Gemeinde zurecht bringen lasse, umsonst gemacht ist. Diese Gemeinde des Herrn hat den Beruf und die Verpflichtung, ihr inneres Wesen zu offenbaren, z. B. Matth. 5, 14: ὑμεῖς ἐστὲ τὸ φῶς τοῦ κόσμου. οὐ δύναται πόλις κρυβῆναι ἐπάνω ὄρους κειμένη. Als Bethätigung des Glaubens und nicht als Bedingung des Heiles erscheint die Taufe Mark. 16, 16. Auch Joh. 3, 5 macht der Herr die Taufe keineswegs zu einer Bedingung des Fähigseins zum Eintritt in's Reich Gottes, wenn er sagt: ἐὰν μή τις γεννηθῇ ἐξ ὕδατος καὶ πνεύματος, οὐ δύναται εἰςελθεῖν εἰς τὴν βασιλείαν τοῦ θεοῦ. Hätte er den Zweck gehabt, dem Nikodemus das Verständnis unmöglich zu machen, er hätte ihn nicht besser erreichen können, als wenn er zur Erklärung des von jenem nicht verstandenen ἄνωθεν γεννᾶσθαι das ἐξ ὕδατος hinzugefügt hätte, auf seine später einzusetzende Taufe damit deutend. Die geschichtlichen Umstände führen auf das ὕδωρ der Taufe des Johannes. Wer dazumal an das von Johannes geredete Wort Gottes glaubte, ließ von ihm sich taufen, in Hoffnung des nahen Messias und der Geistestaufe, welche er brachte, um dadurch zu einem neuen Lebensanfang umzugebären und zum Eintritt in's Reich Gottes zu befähigen. Wer die Taufe Johannis, die von Gott war, nicht wollte, war innerlich auch nicht bereit für den Messias und seine Geistestaufe. Das Ganze dieser Gemeinschaft, welche seine Gläubigen, die wiedergebornen Kinder Gottes, einst bilden sollen, nennt Christus selbst seine Kirche (μου τὴν ἐκκλησίαν, Matth. 16, 18). Das Wort ist bei den LXX Uebersetzung von קָהָל, der alttestamentlichen Gemeinde Gottes. Die Kirche ist also die neutestamentliche Gemeinde, welche Gemeinde Christi, d. i. Gemeinde, deren Wesen durch die in Christo vorhandene Erlösung bestimmt ist, deren Beruf aus ihrer Zugehörigkeit zu Christo sich ergibt, und in der die Bewahrung und Fortpflanzung der Erlösung gesichert ist (πύλαι Ἅιδου οὐ κατισχύσουσιν αὐτήν). Sie will unterschieden sein von der βασιλεία τοῦ θεοῦ, dem Gemeinwesen, in welchem sich Gottes [Gnaden-]Wille verwirklicht, oder in welchem er zur vollen Verwirklichung gekommen ist. Als letzteres ist es noch ein zukünftiges, auch nachdem Christus gekommen ist, ein in seiner steten Verwirklichung begriffenes, der Vollendung noch entgegenstehendes. Als ersteres war es schon vor Christo. (Christus nennt die Juden, welche von seinem Heile ausgeschlossen werden sollen, υἱοὶ τῆς βασιλείας.) Mit ihm, in welchem die Verheißungen sich erfüllen, ist seine wahrhafte, nicht bloß vorbildliche Verwirklichung begonnen, mit ihm ist es da. ἤγγικεν Matth. 4, 17; ἔφθασεν ἐφ' ὑμᾶς Matth. 12, 28; es wird von Johannes an gepredigt (Luk. 16, 16; 17, 21). Seine volle Verwirklichung steht noch aus bis zur Wiederkunft Christi in Herrlichkeit und bis zum Endgericht; es wird dann in seiner Vollendung hinausdauern in die Ewigkeit (Matth. 6, 18. Luk. 23, 42. Matth. 25, 34. Apg. 1, 6. 7). Dagegen die Gründung der Kirche bezeichnet Christus als eine zukünftige (Matth. 16, 18. 19), erst nach seinem Weggange von der Erde geschehende (Petrus soll ja der Fels sein, auf dem er sie erbauen will), und wiederum ist ihm ihre Dauer auf die Zeit ihres Kampfes mit dem Reich der Finsternis beschränkt, für welche sie die Verheißung des Nichtunterliegens hat (πύλαι ᾅδου κτλ.); sie ist das Mittel der Verwirklichung des Reiches Gottes in der Zwischenzeit zwischen der Auffahrt und Wiederkunft Christi (δώσω σοι τὰς κλεῖδας τῆς βασιλείας τοῦ θεοῦ). In ihr existirt das Reich Gottes während dieser Zeit, und ihr gehören persönlich auch alle Glieder des Reiches Gottes an; ihre Wirkungen, welche der Verwirklichung des Reiches Gottes zu gute kommen, erstrecken sich aber über ihre eigenen Grenzen hinaus, auf Lebenskreise, welche einer christlichen Durchdringung bedürftig und fähig sind, wie Staat, Wissenschaft, Kunst rc., aber doch außerhalb des Gemeinwesens der Erlösung und für die Erlösung liegen, so daß rücksichtlich der zeitlichen Dauer wie der räumlichen Ausdehnung Reich Gottes der weitere Begriff ist. Diese mehr auf das natürliche und kosmische Leben bezügliche Seite des Reiches Gottes berücksichtigt der Herr nicht, so daß wir von der Kirche verstehen dürfen, was er von dem Reiche Gottes für jene Zeit zwischen seiner Auffahrt und Wiederkunft sagt.

Bisher haben wir dies Gemeinwesen Christi nur als ein solches kennen gelernt, dessen gemeinschaftbildendes und einigendes Band der Glaube an den Heiland ist, und dessen Gemeinschaftserweisung in einem Thun geschieht, welches im einzelnen den mit dem Glauben gegebenen Sinn der Liebe bekundet und Ausrichtung von Handlungen ist, deren von Christo geschehene Anordnung wir theils als Ausdruck innerer Nothwendigkeit, theils als Verheißung des Herrn ansehen mußten. Führt uns nun Matth. 16, 18. 19 auf die Einsetzung der gesetzlichen Prärogative eines Amtes vor der Gemeinde? Das ist freilich unzweifelhaft, daß es nicht angeht, die πέτρα von dem gläubigen Bekenntnis Petri zu verstehen; es wäre auch nichts damit geholfen, da V. 19 ihm doch immer persönlich gälte; aber Petrus ist weder der Fels unter allen Umständen, nicht seinem natürlichen Wesen nach, sondern insofern er jenes Bekenntnis abgelegt hat und daran festhalten wird, noch war es sein ausschließliches Bekenntnis, sondern wie der Herr die Jünger alle fragt, so antwortet Petrus in ihrer aller Namen, wie denn ihnen allen Matth. 18, 18 diese Machtvollkommenheit zu Theil wird, welche hier V. 19 dem Petrus (vgl. Joh. 20, 22). Der Herr sendet alle seine Jünger in die Welt zur Ausrichtung seines Dienstes und rüstet alle mit der Kraft seines heiligen Geistes aus; unter ihnen aber besondert er namentlich und persönlich die Zwölf, seine nächsten Zeugen und Sendboten zu sein, und gibt ihnen sonderlich die Macht, die er den Seinen allen gibt, ohne daß sie darum allein dies wären und diese Macht hätten, und unter ihnen wieder besondert er den Petrus und gibt ihm den Auftrag und die Macht, welche allen eignen, sonderlich, ohne sie ihm allein zu geben (vgl. Joh. 21, 15—17). In welchem Sinn es aber Machtstellung und Uebung in seinem Reiche geben soll, haben wir gesehen (vgl. besonders Matth. 18, 1—6; 10—20). Alles *μείζονα εἶναι* im Himmelreich beruht auf dem *ταπεινοῦν ἑαυτὸν* wie ein Kind, und darauf, daß man nicht herrschen will, sondern demütig dienen, besonders den Kleinen und am Glauben Schwachen in Liebe dienen. Wenn sie solchen Dienst in rechter Liebe üben werden, wie sie thun werden, wenn sie sich des Herrn Antwort auf ihre Frage zu Herzen genommen haben, so gilt ihnen die daraufhin erfolgte trostreiche Zusicherung Matth. 18, 18 bis 20, welche die Größe der Macht jener in dienender Liebe bestehenden Größe im Himmelreich ausspricht: *ὅσα ἂν δήσητε ἐπὶ τῆς γῆς, ἔσται δεδεμένα ἐν οὐρανῷ, καὶ ὅσα ἐὰν λύσητε ἐπὶ τῆς γῆς, ἔσται λελυμένα ἐν οὐρανῷ.* Wir finden hierin keine Bevollmächtigung mehr zur Ausführung des V. 17 Gesagten. Das *δεῖν* und *λύειν* von Personen, und deren Einschluß in's oder Ausschluß vom Himmelreich zu verstehen verbietet das neutrale Object *ὅσα*; die Allgemeinheit des *ὅσα* sowol, als die Nichtnachweisbarkeit der Verbindung *δεῖν ἁμαρτίας* verwehrt die Beschränkung auf das Behalten und Vergeben der Sünde (vgl. Joh. 20, 22). *δεῖν* und *λύειν* entspricht אָסַר und הִתִּיר „für verboten und für erlaubt erklären"; es ist also nicht eine richterliche, sondern eine gesetzgeberische Befugnis, die den Zwölfen hier zu Theil wird: wenn sie durch jene Liebe groß sind, so wird ihr Erklären, was man dürfe und was man nicht dürfe im Himmelreich, nicht bloß menschliche Anerkennung, sondern göttliche Geltung und Ratification haben; und mehr, wenn zwei oder drei von ihnen im Glauben an seinen Namen sich zusammenthun im Gebet, so werden sie durch solches Gebet über Gott selbst Macht haben und seine Erhörung erlangen. Nur haben sie diese zweifache Machtvollkommenheit nicht durch eine ihnen übertragene Amtsvollmacht, sondern durch die dienende Liebe und den Glauben, und solche Verheißung gilt darum auch allen denen, welche von solcher Liebe erfüllt sind und in solchem Glauben beten. Ebenso wenig wird Joh. 20, 22 den Aposteln eine Macht übertragen, Sünde zu vergeben und zu behalten, welche ihnen als natürlichen Personen, abgesehen von ihrer Glaubenserkenntnis, zukäme, sondern durch die Anhauchung seines Odems, begleitet von dem λάβετε τὸ πνεῦμα ἅγιον, macht er sie gewiß, daß seit seiner Auferstehung seine Menschheit verklärt ist und Gottes heiligen Geist zu ihrem Lebensgrunde hat, weil auch seine Leiblichkeit nicht mehr durch den Zusammenhang mit der Sünde der Menschheit, sondern durch die mit der Auferstehung vollbrachte Weltversöhnung bestimmt ist. Auf Grund dessen überträgt er den Zwölfen nicht eine Amtsbefugnis, sondern versichert sie, daß nun ihr Sündenvergeben und -Behalten eine Wahrheit ist; solches Thun vollziehen sie aber, wenn sie ihrer Sendung gemäß Christum predigen, welcher, selbst die persönliche Sündenvergebung, denen, die ihn aufnahmen, Vergebung der Sünden gewährt, denen, die ihn verwerfen und denen darum ihre Sünden behalten werden, zum Gerichte wird. Kehren wir jetzt zu Matth. 16, 18. 19 zurück, so werden wir das ἐπὶ ταύτῃ τῇ πέτρᾳ οἰκοδομήσω μου τὴν ἐκκλησίαν von Petrus im Unterschiede von der auf ihn zu erbauenden ἐκκλησία, aber nicht mit Aus- sondern mit Einschluß der an seinem Bekenntnis mitbetheiligten anderen Apostel verstehen. Der Bau besteht aus Personen, darum muß sein Grund auch ein persönlicher sein, die Zwölf sind der durch die ihnen im persönlichen Umgang mit dem Herrn erwachsene Glaubenserkenntnis zu einer centralen und die Folgezeit normirenden Wirksamkeit befähigte Kern, um den sich alle, die an Christum gläubig werden, krystallisiren, der feste, tragende Grund, auf dem die übrigen Steine des Hauses erbaut werden; und weil Petrus an ihrer Spitze steht, so ist er es, auf welchem der Herr seine Gemeinde erbauen wird. Weil es aber der gläubig bekennende Petrus ist, von dem die Rede, so ist der Herr selbst als der alleinige Grund dieses Baues 1 Kor. 3, 11 bereits mitverstanden. V. 19 sagt der Herr weiter, auf welche Weise er das Erbauen auf Petro vollziehen wird. — Er verheißt ihm die Machtvollkommenheit eines Hausverwalters im Reiche Gottes (denn Insignien der Macht und nicht des Pförtneramts sind die Schlüssel des Hauses, vgl. Jes. 22, 15 f.) Darunter ist auch ὃ ἂν δήσῃς κ. τ. λ. befaßt. Daß diese Machtvollkommenheit eine dem Glauben und der Liebe verheißene und mit diesen verknüpft ist, die um ihrer persönlichen und sonderlichen Stellung willen den Zwölfen, und dem Petrus speciell, auch sonderlich eignet, haben wir Matth. 18 gesehen. — So haben wir nirgends von der Stiftung eines die Kirche Christi primär zur Anstalt machenden Amtes mit ihm objectiv zukommender, gesetzlicher Machtbefugnis etwas gefunden und sagen: die Kirche, welche Christus nicht gestiftet hat, sondern als eine nach seinem Weggang zu erbauende und bis zu seiner Wiederkunft dauernde verheißen, ist ihm die Gemeinschaft der an ihn Gläubigen, welche durch den Anschluß an die ihren Grund und Kern bildenden Apostel in geschichtlicher Continuität mit ihm selbst steht, welche durch seinen heiligen Geist beseelt und zur Ausrichtung ihres Berufes befähigt wird, extensiv jene Gemeinschaft als die alle thatsächlich und proleptisch Seinen immer mehr zur Einheit zusammenfassende zu realisiren, intensiv jene Einheit im Sinne heiliger Liebe zu bethätigen, und deren von ihm angeordnete Functionen, Predigt des Evangeliums, Taufe, Abendmahl kein primärer, anstaltlicher Organismus gehandelt werdender Dinge sind, sondern Bethätigung des Glaubens an ihn und seine Verheißung. So ergibt sich uns aus des Herrn Worten der Beweis für die Richtigkeit unseres Begriffes von der einen, heiligen, allgemeinen apostolischen Kirche. Daß aber ihre empirische Erscheinung in der Zeit ihres Bestehens bis zur Vollendung unvermeidlich eine auch von außen getrübte sein werde, hat der Herr deutlich vorhergesagt. — Matth. 7, 21—23 spricht der Herr von solchen, welche auf Erden sich als die Seinen ausgegeben und mit allem Gepränge sich zu seinem Namen bekannt haben, die er aber als ihm stets Fremde ansieht, denen er dann sagt: ich habe euch noch nie erkannt als die Meinen. Auch am Gleichnis von den zehn Jungfrauen Matth. 25, 1—19 werden wir die Lampen ohne Oelvorrath am richtigsten als das äußere Bekenntnis ohne innere Glaubenskraft verstehen, welches der Herr denn auch als ein ihm ganz fremdes, in seinem Hause unberechtigtes offenbart: „Ich kenne euch nicht.“ Weiter ist doch der Sinn des Gleichnisses vom Hochzeitsmahl, zu welchem unter den Hochzeitgästen auch ein Mensch ohne hochzeitliches Kleid sich eingedrängt hat, aber beim Beginn des Mahles vom Herrn erkannt und hinausgestoßen wird (Matth. 22, 1—14), sowie jenes anderen von dem Netz, welches Fische von allerlei Art zusammenbringt (συνάγει), aus dem aber nach vollendetem Fischfang die mitgefangenen schlechten Fische, deren Miteinfang während des Fanges unvermeidlich war, als unbrauchbar ausgesondert werden, kein anderer, als daß bei der sammelnden Thätigkeit, welche die Kirche Christi üben soll, viele sich in ihre äußere Gemeinschaft drängen, welche ihr nur äußerlich angehören, und welche, ob auch nicht zu scheiden, so lange sie ihren Beruf ausrichtet, d. h., so lange sie eben Kirche ist, beim Eintritt der Vollendung und der ewigen Herrlichkeit von ihr ausgeschieden werden. Noch deutlicher liegt dies vor in dem Gleichnis vom Unkraut unter dem Weizen, Matth. 13, 24—30. Von jeher ist der Anwendung desselben auf den fraglichen Punkt die authentische Auslegung des Herrn Matth. 13, 36—43 entgegengestellt, wonach der Acker, auf dem ζιζάνια und καλὸν σπέρμα gemischt bleiben sollen bis an's Ende, die Welt ist. Ganz recht, aber die beiden Arten erwachsen a u f dem Acker, sie selbst zusammen in ihrer Mischung bilden die Saat auf dem Acker, welche aus gutem Samen und aus Unkraut, die aber der äußeren Erscheinung nach vielfach gleichartig sind, gemischt ist. Diese Saat ist die Kirche in ihrer sichtbaren Erscheinung, in welcher eigentlich nur Gläubige sein sollen, in die sich aber durch gleichartiges, äußeres Bekenntnis auch Ungläubige eingedrängt haben. Es ist deutlich an der Gesamtheit ihrer Wirkungen und an der Gestalt der Lebensäußerungen des Ganzen dieser abnorme Zustand zu erkennen; aber der Herr verbietet seinen Knechten, während der Zeit des Wachstums, also während der Zeit des irdischen Bestandes seiner Gemeinde, das ist: während der Zeit der Kirche, den Versuch, beide Elemente zu sondern, weil die Sonderung nicht mit untrüglicher Gewißheit zu vollziehen und darum Gefahr ist, daß auch solche mit ausgerottet werden möchten, die doch in einem inneren Verhältnis zum Herrn stehen. [Dies ein deutlicher Beweis, daß Glaube an den Herrn überall da anzuerkennen ist, wo Hingabe an ihn vorhanden, sei ihr Ausdruck und besonders ihr erkenntnismäßiger Ausdruck auch noch so dürftig.] Grade die Kleinen, die, in welchen der schwache Glaube erst keimt und für die der Herr allezeit Sorge trägt, sind bei solcher donatistischen Sonderung am meisten der Gefahr ausgesetzt, während mancher, der in des Herrn Namen große Thaten gethan und ihm doch fremd ist, in der Kirche bleiben würde. Deshalb: „Lasset beides mit einander wachsen bis zur Ernte.“ Die für Menschenaugen, welche die Verschiedenheiten der beiden Elemente in der äußeren Erscheinung wol im Großen und Ganzen sehen, im einzelnen unvollziehbare Scheidung werden untrügliche Augen und Hände am Tage der Ernte ausführen. — Wir dürfen uns also für unsere Unterscheidung von sichtbarer und unsichtbarer Kirche getrost auf die Worte des Herrn berufen.

Wenden wir uns jetzt zu den Aussprüchen Pauli, der einzig unter den Aposteln eine ausgebildete Anschauung von der Kirche darbietet. Zuerst die Abgrenzung der Ausdehnung der ἐκκλησία. Man hat oft bei ihm den Gedanken finden wollen, daß auch die unsichtbare Geisterwelt zur Kirche gehöre und diese überhaupt in die Ewigkeit hinausreiche. In Stellen aber wie Kol. 1, 20 ist gar nicht von der Kirche die Rede; der einzige scheinbare Anhalt, Eph. 1, 22. 23, beweist genau angesehen das Gegentheil. Nachdem der Apostel V. 20. 21 gesagt hat, Gott habe Christum nach der Auferweckung aus dem Tode zu seiner Rechten über alle und jedwede Gewalt und Herrschaft, Kraft und Herrlichkeit gesetzt und alles unter seine Füße gethan, stellt er V. 22 die Aussage, daß er ihn zum alles überragenden Haupt für die Kirche gemacht habe, nicht einfach parallel daneben, sondern, wie oft vom Allgemeinen zum Besonderen fortgehend, sagt er: *καὶ αὐτόν* (nachdrücklich vorangestellt) und ihn, den zu solcher Machtherrlichkeit auch über die Geisterwelt Erhöhten hat er gesetzt zum alles überragenden Haupt (das *ὑπὲρ πάντα* auf seine vorher dargelegte Hoheit bezüglich) für die Kirche, so daß demgemäß sein Hauptsein für die Kirche ein anderes Verhältnis zur Kirche als das zur übrigen und auch zur Geisterwelt und eine andere Art der Herrschaft über die Kirche als über jene bezeichnet. Da dem Paulus aber die Kirche überall Kirche Christi ist und nicht ohne ihre *κεφαλή* existirt, so datirt ihre Existenz erst von seiner Erhöhung zur Rechten Gottes, d. i. von seiner Himmelfahrt. Das Ziel ihrer Zeitdauer ergibt sich aus Eph. 4, 11. 12, wonach Christus die Gnadengaben in der Kirche gegeben hat bis zur Vollendung ihrer Glieder. Die Vollendung tritt ihm ein mit der Wiederkunft des Herrn. Die a parte post begrenzte Dauer der Kirche ist vielleicht noch deutlicher zu erkennen Eph. 3, 21, wo die Nebeneinanderstellung *αὐτῷ ἡ δόξα ἐν τῇ ἐκκλησίᾳ καὶ ἐν Χριστῷ Ἰησοῦ* nur dann verständlich wird, wenn das *εἰς πάσας τὰς γενεὰς τοῦ αἰῶνος τῶν αἰώνων* einseitig zu *ἐν Χριστῷ* gehört: in Christo wird Gott Lob dargebracht in alle Ewigkeit hinaus, in der Kirche nur in der irdischen Gegenwart. Die *ἐκκλησία τῶν πρωτοτόκων ἀπογεγραμμένων ἐν οὐρανοῖς* endlich ist so wenig eine himmlische Gemeinde, daß sie gerade, weil sie im Fleische lebt, im Himmel angeschrieben heißt, d. h. vor Gottes allwissendem Auge als seine Bürgerschaft offenbar. Nach Luk. 10, 20 ist auf Erden, weß Name im Himmel angeschrieben ist, *πρωτότοκοι* heißen sie, weil sie durch den Glauben alle Vollberechtigte sind — Erstgeborne, was von der jüdischen עֵדָה und קָהָל *πανήγυρις* und *ἐκκλησία*, der die neutestamentliche als die unendlich höhere gegenübergestellt wird, nicht gilt. Resultat: dem Apostel ist die *ἐκκλησία* das aus Menschen bestehende Gemeinwesen Christi des Erlösers in der Zeit zwischen seiner Auffahrt und Wiederkunft. Zur Construction ihres Begriffes verwendet er wiederholt zwei Bilder, das eine ihm eigentümlich, von der Kirche als dem *σῶμα* Christi, das andere aus dem Alten

Testament herübergenommen und darum auch von Petrus und dem Hebräerbrief gebraucht, von ihr als dem *οἶκος*, auch *ναὸς θεοῦ*. Seinen Ausgangspunkt in Bezug auf das erste Gleichnis nimmt Paulus von dem Verhältnis der Lebensgemeinschaft zwischen Christo und jedem Einzelnen der an ihn Gläubigen. Durch den Glauben ist der Mensch dazu gekommen, *ἐν Χριστῷ* beschlossen zu sein. Dies, so zu sagen, objective Verhältnis hat sofort zur subjectiven Folge eine innere Umwandlung des ganzen gläubigen Subjects; es lebt nicht mehr in seiner Selbstheit, sondern ist mit Christo gekreuzigt, und Christus lebt in ihm Gal. 2, 20. Das Alte ist vergangen, siehe, es ist alles neu geworden 2 Kor. 5, 17. Diese Lebensgemeinschaft mit Christo im heiligen Geist ist also eine solche, daß der Einzelne nunmehr von innen heraus von Christo und seinem Willen und Leben ganz und gar beseelt und bestimmt ist, daß er Christi Organ ist, Christus ist seine ihn von innen bestimmende *κεφαλή*, vgl. 1 Kor. 11, 3. In der dem Glauben zutheil werdenden, umwandelnden Lebensgemeinschaft mit dem Erlöser ist für die Subjecte eine ihnen allen gleicherweise immanente Objectivität von solcher Größe und Stärke gesetzt, daß vor und in ihr alle Unterschiede des natürlichen Lebens in ihrer trennenden Geltung völlig ausgelöscht sind und in dieser allen gemeinsamen Lebensgemeinschaft mit Christo eine einzigartige, absolute Einheit hergestellt ist, sowie das Bewußtsein von ihr. Es ist eine Vereinigung der vorher durch die Volksunterschiede gespaltenen Menschheit in eine neue Menschheit Eph. 2, 14—16: *ἵνα τοὺς δύο κτίσῃ* (sc. Israel und Völkerwelt) *ἐν αὐτῷ εἰς ἕνα καινὸν ἄνθρωπον*. Alle sind in Christo zu einer moralischen Persönlichkeit geeinigt Gal. 3, 28; vgl. V. 6: *ἅπαντες γὰρ ὑμεῖς εἷς ἐστὲ ἐν Χριστῷ Ἰησοῦ*. Diese Einheit ist aber nicht bloß eine zuständliche der rein innerlichen Gesinnung; jene Gemeinschaft war eine Lebensgemeinschaft, der der Erlöser nicht als ruhender Besitz eignet, sondern in der er als bestimmendes, wirksames Princip die Gläubigen mit seinem Geist erfüllt und zu seinen lebendigen, freien Organen macht, dieses innerste und höchste Princip ihrer Thätigkeit ist in allen das gleiche und eine, die Gesamtheit der Gläubigen als der Organe

Christi ist also ein einheitlicher Organismus, dessen bestimmendes Princip Christus ist, der ihm zur Ausrichtung seiner Zwecke, soweit solche nur durch die freie Thätigkeit sich ihm zu Organen begebender Menschen ausgerichtet werden können, d. h. seiner Erlösungszwecke dient. Die individuellen Unterschiede stören diese Einheit nicht, sie sind ja in der übermächtigen Einheit des alle gleichmäßig beseelenden Princips, soweit sie störend wirken könnten, vernichtet, sonst aufgehoben und in seinen Dienst genommen; ihm untergeordnet werden sie zu Gliederungs- und Verknüpfungsmitteln des Organismus. Der ihn beseelende, naturverklärende Geist entfaltet eine reiche Manigfaltigkeit von Charismen, Kräften, Berufen in seinen Gliedern, alle Verschiedenheiten doch immer wieder in die Einheit aufhebend. Das ist der Sinn, in welchem die Kirche „Christi σῶμα“ und die einzelnen Gläubigen seine, sowie des σῶμα Glieder μέλη heißen, Röm. 12, 4. 5. Eph. 4, 12. 15. 16; 5, 20. 23. Kol. 1, 18; 2, 19 ꝛc. Ihn, den zur Machtherrlichkeit über die gesamte Welt Erhöhten, hat Gott zum alles überragenden Haupt für die Kirche gesetzt, ἥτις ἐστιν τὸ σῶμα αὐτοῦ, τὸ πλήρωμα τοῦ τὰ πάντα ἐν πᾶσιν πληρουμένου. Daß in dieser Anwendung des Bildes das Verhältnis von κεφαλή und σῶμα anders gebraucht ist, als 1 Kor. 12, 21, wo das Haupt eines unter den übrigen Gliedern ist, ergibt sich sowol aus dem Zusammenhang als aus Eph. 5, 24, wo aus jenem Verhältnis sofort der Satz abgeleitet wird: ἀλλὰ ἡ ἐκκλησία ὑποτάσσεται τῷ Χριστῷ. Eph. 1, 22. 23 lehrt uns wieder der oben erörterte Zusammenhang, daß die Abhängigkeit des σῶμα von dem beherrschenden Haupte anders gedacht sein will, als die Abhängigkeit der Welt überhaupt von dem zur Herrlichkeit Erhöhten, nämlich so, daß das schlechthin abhängige σῶμα mit seiner κεφαλή doch einheitlich und einzigartig zusammengehört, und da das Haupt hier als der Sitz des beherrschenden Geistes erscheint, Christi specifischer Ort seiner Gegenwart in der Welt und specifisches Organ seiner Wirksamkeit in ihr ist, oder, wie es appositionell weiter heißt, die Kirche ist πλήρωμα τοῦ τὰ πάντα ἐν πᾶσιν πληρουμένου. πλήρωμα hat active Bedeutung, „das, was voll macht“, das, mit dessen Vorhandensein der Vollbestand oder die Fülle von etwas gegeben ist. Sie ist πλήρωμα für ihn, der darin begriffen ist, alles, was irgend ist und in irgend wem ist, zu seinem Vollbestande zu bringen, und zwar dadurch, daß er (denn eine solche Beziehung auf das handelnde Subject deutet das Medium an) es zur Stätte seiner persönlichen Gegenwart macht und ihm dadurch Wesen und Bestand verleiht, d. h. indem er seine Erlösung in ihm wirksam werden läßt, was eben nicht durch einen Machtact, sondern auf ethischem Wege geschieht. Des so Bestimmten πλήρωμα ist die Kirche; und es wird sich dasselbe Verhältnis beider ergeben, ob man τοῦ πληρουμένου als Gen. subj. faßt, was nicht sprachwidrig, aber nicht nachweisbar ist, so daß die Kirche Christi des alles zu erfüllen im Begriff Stehenden Mittel wäre, wodurch er dies sein Thun zu Stande bringt, oder als Gen. obj., wonach die Kirche für den alles zum Vollbestande zu bringen Begriffenen dasjenige wäre, ohne das er dies nicht wäre, was er ist, ohne das er als solcher selbst nicht seinen Vollbestand hätte. Es ist beide Male dieselbe Herrlichkeit der Kirche: sie ist in ganz specifischem Sinne Ort der Präsenz und Mittel der Wirksamkeit Christi in der Welt, wie dies schon σῶμα bezeichnet. Sie ist aber beides nur in so weit, als sie sich wirklich völlig von Christo bestimmen läßt. Diese innige Einheit Christi und seiner Kirche kommt besonders noch Eph. 5 zur Sprache, wo sie als Urbild und Vorbild für die Ehe, und zwar sowol die Unterordnung der Kirche unter Christum als Vorbild für die Weiber, wie besonders für die Männer die Liebe Christi gegen seine Kirche, seinen Leib, hingestellt wird, dessen Verhalten gegen sie Liebe von jeher war, und zwar unbeschränkte, bis zur Hingabe in den Tod gehende Liebe, wodurch er sich eben dies σῶμα gewonnen hat — σωτὴρ τοῦ σώματος, vgl. Eph. 5, 23. 24. 25, und auch jetzt noch liebevolle Pflege ist (ἐκτρέφει καὶ θάλπει αὐτὴν sc. τὴν ἑαυτοῦ σάρκα, καθὼς καὶ ὁ Χριστὸς τὴν ἐκκλησίαν, Eph. 5, 29); weil wir, die einzelnen der Kirche Angehörigen Glieder seines Leibes, ja von seinem Fleisch und Gebeine sind, Eph. 5, 30: ἐκ τῆς σαρκὸς αὐτοῦ καὶ ἐκ τῶν ὀστέων αὐτοῦ. An Stelle des Verhältnisses von Haupt und Leib tritt hier mehr das von Ich und Leib. Die Kirche ist Christo, was dem Menschen sein eigen Fleisch und Bein, dasjenige, wodurch er, Dasein, Erscheinung und Wirksamkeit in der Welt hat. — Was die Vielheit der einzelnen Glieder, welche einzelne Menschen sind, zu einem σῶμα zusammenschließt, ist εἷς κύριος, μία πίστις, ἓν βάπτισμα, εἷς θεὸς καὶ πατὴρ πάντων, Eph. 4, 5. 6; wir dürfen aus Eph. 4, 4 auch ἓν πνεῦμα hinzunehmen, obwol dies dort als ein zu verwirklichendes erscheint: denn gemäß dem καθὼς ἐκλήθητε ἐν μιᾷ ἐλπίδι τῆς κλήσεως ὑμῶν, da κλῆσις bei Paulus die (innere) Annahme des Rufs involvirt, ist dies die noch zu realisirende Verwirklichung, Bethätigung und Auswirkung eines bereits vorhandenen Princips, vgl. 1 Kor. 12, 13: καὶ γὰρ ἐν ἑνὶ πνεύματι ἡμεῖς πάντες εἰς ἓν σῶμα ἐβαπτίσθημεν. Allen Christen ist es gemeinsam, ἅγιοι zu sein, vgl. Eph. 4, 12, oder ἡγιασμένοι 1 Kor. 1, 2. 2 Kor. 1, 1 oder κλητοὶ Χριστοῦ, Röm. 1, 6, eine durch die ihnen eignende κλῆσις im Princip zu Theil gewordene Heiligkeit. Diese Einzelnen stehen nun nicht nur durch diese Einheit mit Christo in Verbindung, sondern durch sie auch mit einander; weil sie Christi μέλη sind, sind sie auch Röm. 12, 5 τὸ δὲ καθ' εἷς ἀλλήλων μέλη — ganz eins in der durch jene gemeinsamen Besitztümer und Lebensbestimmtheiten hergestellten Einheit des σῶμα, unterschieden darin, daß der sie beseelende Geist oder Christus durch ihn eine Manigfaltigkeit von Charismen, Kräften, Thätigkeiten, Berufen in ihr hervorbringt, die sich gegenseitig ergänzen, und daß er so das σῶμα zu einem in sich gegliederten Organismus macht. Röm. 12, 4—6: ἔχοντες χαρίσματα κατὰ τὴν χάριν τὴν δοθεῖσαν ἡμῖν διάφορα. 1 Kor. 12 besonders z. B. 27. 28: καὶ οὓς μὲν ἔθετο ὁ θεὸς ἐν τῇ ἐκκλησίᾳ πρῶτον ἀποστόλους, δεύτερον προφήτας, τρίτον διδασκάλους κ. τ. λ. Eph. 4, 7. 11. ἔδωκεν . . . . τοὺς δὲ εὐαγγελιστὰς τοὺς δὲ ποιμένας. So viel ist wol klar, daß Paulus den Leib Christi nicht mit Kliefoth als einen gegliederten Organismus dadurch hergestellt denkt, daß er aus einer in objectiven gestifteten Aemtern und Ständen und Instituten gegliederten Anstalt besteht, sondern, daß sich alles bei ihm recht subjectivistisch, wir wollen lieber sagen, persönlich anläßt. Dieser organische, höchst reale Leib Christi ist ihm die in Christo durch seinen Geist einheitliche Gemeinde der an Christum Gläubigen und in diesem Glauben Geheiligten, welche nicht als vorher atomistische Vielheit in einen bestehenden, objectiven, gesetzlichen Anstaltsorganismus hineingezwängt wird, sondern innerhalb deren Einheit in den einzelnen Gliedern ihr beseelender Geist eine Manigfaltigkeit von Gaben besondert, welche auffallende Aehnlichkeit mit jenen als objective Institutionen ausgegebenen Aemtern haben. Aber gibt es nicht noch einen anderen und zwar objectiven Factor, welcher zum Gliede am Leibe Christi macht, außer dem subjectiven Glauben — die Taufe? *ἓν βάπτισμα* steht Eph. 4, 5 unter den die Einheit der Kirche constituirenden Factoren: nach Gal. 3, 27 vollzieht sich durch das *βαπτίζεσθαι* ein *ἐνδύσασθαι Χριστόν*; wird nicht die Reinigung, welche Christus mit der Taufe vorgenommen hat, ihre objective Heiligkeit als eine gerade durch die Taufe vermittelte dargestellt? (Eph. 5, 26.) Sind darum nicht alle Getauften auch ohne den Glauben Glieder am Leibe Christi, wenn auch todte Glieder, durch die in der Taufe objectiv geschehende Gnadenmittheilung? Zeigen nicht die Korintherbriefe, daß es in Korinth gar viele nicht im Glauben Geheiligte gab, und doch redet Paulus sie insgesamt mit *ἅγιοι* oder *ἡγιασμένοι* an, führt dies nicht auf die Voraussetzung der objectiven, durch die Taufe vermittelten Heiligung? So z. B. Münchmeyer. Dagegen, daß der Leib Christi todte Glieder habe, möchte sich schon das Bedenken erheben, daß ein von todten Gliedern gedrückter Leib kein lebendiger, in allen seinen Gliedern von dem organischen Leben durchdrungener Organismus ist, in dem allein eine solche Sympathie stattfinden kann, wie sie 1 Kor. 12, 26 schildert: *εἴ τι πάσχει ἓν μέλος, συμπάσχει πάντα τὰ μέλη* etc., *εἴ τε δοξάζεται μέλος, συγχαίρει πάντα τὰ μέλη*, sondern ein durch und durch kranker, zerspaltener. Sodann setzen alle die Ermahnungen, die Einheit des Leibes zu bethätigen u. s. w., den Glauben der einzelnen Glieder an das Haupt und den persönlichen Lebenszusammenhang mit demselben voraus, der doch nicht durch die Taufe, sondern durch den Glauben entsteht. Der Apostel mahnt überall zur Bethätigung des mit dem Heilsbesitz Gesetzten; er erkennt wol einmal an, daß seine Leser noch *νήπιοι* sind; aber als unter dieser Linie stehend betrachtet er sie niemals. Röm. 12, 1 f. ermahnt er durch die Barmherzigkeit Gottes, vgl. auch 1 Kor. 12, 13, wo vom βαπτισθῆναι ἐν ἑνὶ πνεύματι die Rede ist, von der Ueberströmung mit dem Geist. Eph. 1, 1 setzt er voraus, daß die ἅγιοι auch πιστοί sind. Eph. 4, 3. 4 ermahnt er, die in ihnen vorhandene ἑνότης τοῦ σώματος zu bewahren, als ἓν σῶμα und ἓν πνεῦμα sich zu bethätigen, καθὼς ἐκλήθητε ἐν μιᾷ ἐλπίδι τῆς κλήσεως ὑμῶν. Eph. 4, 16 setzt er voraus, daß jeder Einzelne auch seine ἐνέργεια wirklich in sich habe, nach deren Maße er mit wirksam wird an dem Wachstum des Leibes Christi. Wenn er Eph. 4, 15 mahnt: αὐξήσωμεν, so kann er doch dies nur solchen zumuthen, welche schon die Kraft dazu haben. Daß solche ἐνέργεια zu dem an beiden Stellen Verlangten nur aus der πίστις kommt, ist bei Paulus unnöthig zu beweisen; ebenso wenig, daß nur die πίστις das κρατεῖν τὴν κεφαλὴν ermöglicht. — Was nun jene Stellen über die Taufe anbelangt, so muß man doch immer daran denken, daß zur Apostelzeit die Getauften Erwachsene waren, bei deren Taufe der Glaube vorausgesetzt wurde; darum ist der Apostel berechtigt, das objective und subjective Moment nicht streng zu scheiden, die Taufe als Besiegelung des Glaubens mit diesem selbst, wo es sich um den Eintritt in die christliche Gemeinschaft und um ihr Einheitsband handelt, zu identificiren. Der Apostel redet immer von Gemeinden, die er als gläubig voraussetzt, und was er an den Korinthern vermißt, ist nicht sowol Glaube als maßvolle, weise, ordnende Liebe. Gal. 3, 27 ist nun nicht im mindesten beweisend, auch abgesehen von dem medialen ἐνεδύσασθε, welches die Bethätigung der capacitas activa des Subjects ausdrückt. (Vgl. Hofmann: „Der Apostel spricht zu einer Gemeinde, die im Begriff ist, zum Gesetz abzufallen, die er aber dennoch als im Glauben stehend voraussetzt. Er erinnert sie daran, daß sie die Gotteskindschaft nicht aus dem Gesetz, sondern aus dem Glauben habe, Gal. 3, 26: ‚Ihr seid alle Gotteskinder durch den Glauben', und nun gibt er als das feste Siegel ihres Glaubens für sie alle die Taufe an, indem er fortfährt, denn so viele ihr getauft seid, die habt ihr Christum angezogen.") Das Christum Anziehen geht hier also nicht weiter als der in der Taufe versiegelte Glaube. In den Aussagen des Apostels haben wir Einheit und Heiligkeit als unveräußerliche, innere und äußerliche Prädicate der Kirche gefunden, es fehlt noch die Allgemeinheit; sie liegt darin, daß alle natürlichen Unterschiede schlechthin von keiner Bedeutung sind in Christo, also jede trennende Particularität aufgehoben ist, und doch der ganze Reichtum gottgeschenkter Naturgaben durch den heiligen Geist in den Charismen, verklärt und so bestätigt in den Dienst genommen wird. Die Einheit des *σῶμα* Christi ist aber keine bloß zuständliche der inneren Gesinnung und des sympathetischen Verständnisses, 1 Kor. 12, 26. Es ist ihr ein Ziel gesteckt, welches sie in lebendiger Entwickelung erreichen soll. Christus hat mit ihrer Gewinnung durch seinen Tod und mit ihrer Aussonderung (*ἁγίασῃ*) durch die in der Taufe objectiv geschehene Reinigung das Ziel im Auge gehabt, *ἵνα παραστήσῃ αὐτὸς ἑαυτῷ ἔνδοξον τὴν ἐκκλησίαν μὴ ἔχουσαν σπίλον ἢ ῥυτίδα ἤ τι τῶν τοιούτων, ἀλλ' ἵνα ᾖ ἁγία καὶ ἄμωμος*, Eph. 5, 27; er schenkt in ihr Charismen, gibt Apostel, Propheten, Evangelisten, Lehrer und Hirten zum Zweck der *οἰκοδομὴ τοῦ σώματος τοῦ Χριστοῦ*. Diese *οἰκοδομὴ* besteht aber nicht etwa im Ausbau eines sachlichen, festen Organismus, der in seiner Unpersönlichkeit irgend welchen Werth hätte, sondern im *καταρτισμὸς τῶν ἁγίων, μέχρι καταντήσωμεν οἱ πάντες εἰς τὴν ἑνότητα τῆς πίστεως καὶ τῆς ἐπιγνώσεως τοῦ υἱοῦ τοῦ θεοῦ*, Eph. 4, 12. 13, d. i. zu aller gleichem Glaubens- und Erkenntnisstand. Alle Aemter, Berufe, Institutionen haben darum in sich selbst keinen Werth und kein Recht, sondern ihr ganzer Bestand und ihre Form bemißt sich darnach, wie sie jedesmal unter den obwaltenden Umständen geeignet sind, mit der fortschreitenden persönlichen Vollendung der einzelnen Gläubigen auch das aus diesen bestehende *σῶμα* zu erbauen zu jenem Ziele hin. — Der Organismus des lebendigen Erlösers ist also auch eine Gemeinschaft der Thätigkeiten, und darum ein sichtbarer. Von Christo geht eine Befähigung aus, durch die Lebensgemeinschaft mit den Gläubigen, welche diese, die einzelnen Glieder seines *σῶμα*, seine Organe, zur Wirksamkeit und zwar zu kräftiger, gegenseitiger Förderung befähigt, in welcher die Gemeinschaft realisirt wird durch die Berührung der einzelnen Glieder, vermittelst deren sie sich Förderung darreichen, und so der ganze Körper wirklich und actuell zu einem sich zusammenfügt und zusammenschickt, Eph. 4, 16 (ἐξ οὗ πᾶν τὸ σῶμα συναρμολογούμενον καὶ συμβιβαζόμενον διὰ πάσης ἁφῆς τῆς ἐπιχορηγίας), in welcher ein jeder Einzelne nach der Maßgabe seiner ἐνέργεια mitwirkt an der ihre Erbauung und ihr Wachstum selbst vollziehenden Einheit des Leibes Christi. Als eine Offenbarung und Kräftigung der gemeindlichen Einheit betrachtet der Apostel das heilige Abendmahl 1Kor. 10, 17, weil es ein Brot ist, dessen Genuß κοινωνία des Leibes Christi ist 2c., so sind wir, die vielen, ein Leib, ἓν σῶμα οἱ πολλοὶ ἐσμέν. Daß diese gegenseitige Gemeinschaft nur durch himmlische, also sichtbare Vermittelung sich vollziehen könne, aber auch die Ungebundenheit dieser Berührung drückt das πάσης ἁφῆς recht deutlich aus, vgl. Kol. 3, 19: διὰ τῶν ἁφῶν καὶ συνδέσμων. Weiter ist aber auch mit dem Heilsbesitz für alle Glieder der Kirche die Aufgabe gesetzt, ihre Gliedschaft an dem Leibe Christi in stetigem Fortschritt zu bethätigen. Der Apostel mahnt Eph. 4, 3. 4, die Einheit des Geistes zu bewahren, das ἓν σῶμα und das ἓν πνεῦμα zu verwirklichen; er wird nicht müde, die gegenseitige in Demut und Liebe sich vollziehende Anerkennung der in allen einzelnen Gliedern vorhandenen, in ihrer Verschiedenheit berechtigten Charismen und treuen Ausübung des einem Jeden gewordenen gemeindlichen Berufs zu fordern, Röm. 12, 4 f. 1Kor. 12, 8 f. — Eph. 4, 13—15 ermahnt er die Einzelnen, zu wachsen, sich Christo entgegenstreckend, bis ein Jeder ein vollkommener Mann werde und das Maß der Vollreife erlange, welches das Ziel ist für ein jedes Glied des πλήρωμα Christi, und besteht vor allem in dem ἀληθεύειν ἐν ἀγάπῃ. Einheit, Allgemeinheit, Heiligkeit sind auch hier wieder Lebensgesetze der kirchlichen Gemeinschaft d. i. der Versichtbarung der unsichtbar geeinten Gemeinde der Gläubigen.

Trat im Bilde des Leibes die innige Einheit der Kirche als realisirt und zu realisiren mehr hervor, so ist dies Moment minder hervorgehoben in dem anderen Bilde, die Kirche sei das Haus Gottes, οἶκος τοῦ θεοῦ. 1Petr. 1, 5; 4, 17. Hebr. 3, 2 bis 6; 10, 21. 1Tim. 3, 15. Eph. 2, 19—22. Daß hier nicht an einen anstaltlichen Bau gedacht sein will, zeigt Hebr. 3, 6: *οὗ οἶκός ἐσμεν ἡμεῖς, ἐάνπερ τὴν παῤῥησίαν καὶ τὸ καύχημα τῆς ἐλπίδος κατασχῶμεν*, wo das Bestehen dieses Hauses gerade aus den Gläubigen unzweifelhaft ist. Ihre Gesamtheit hat darum diesen Namen, weil in ihren Herzen im Gegensatz zu dem mit Händen gemachten alttestamentlichen Tempel Gott seine wahre Gnadengegenwart in der Welt hat und durch sie seine Gnadenwirksamkeit ausübt. Das *οἶκος* oder *ναὸς θεοῦ* sein der Gläubigen ist darum einmal ein zuständliches, und weiterhin ein immer mehr in Heiligkeit zu bewahrendes, bethätigendes, verwirklichendes, vgl. 1 Kor. 3, 16. 17. Die Kirche ist so die sichere Stätte für die Bewahrung und Kundmachung des in Christo erfüllten Gnadenrathschlusses Gottes, seiner Weisheit und Wahrheit, also geschichtliches Mittel für die Ausbreitung der Wirksamkeit der Erlösung. Eph. 3, 10: *ἵνα γνωρισθῇ διὰ τῆς ἐκκλησίας ἡ ποίκιλος σοφία τοῦ θεοῦ*. 1 Tim. 3, 15: *ἐν οἴκῳ θεοῦ, ἥτις ἐστὶν ἐκκλησία θεοῦ ζῶντος, στῦλος καὶ ἑδραίωμα τῆς ἀληθείας*, tragende Säule und fester Sitz der Wahrheit. In Verbindung mit diesem Bilde werden die beiden Momente, in deren Auffassung wir Katholicismus und Protestantismus im Gegensatz begriffen sahen, gleichermaßen hervorgehoben, die geschichtliche Continuität mit den Personen der Apostel, und die Unmittelbarkeit des Verhältnisses der Einzelnen zu Christo und zu Gott. 1 Petr. 2, 4. 6. 9. 10 betont gerade, daß die Gläubigen zu Christo, dem lebendigen Eckstein, hinzugehend sich auf ihm erbauen als *λίθοι ζῶντες*, ein *οἶκος πνευματικός* bildend, zu einem heiligen Priestertum, Gott unmittelbar als Priester zu dienen und wohlgefällige Opfer durch Christum darzubringen, im Gegensatz zum alttestamentlichen Priestertum hier ein mit dem Verhältnis zu Christo unmittelbar gegebenes, persönliches. Und ebenso sagt auch Paulus: Jesus Christus allein und nichts Anderes kann zum Grunde (*θεμέλιος*) der Kirche dienen, 1 Kor. 3, 11; zugleich aber betont er auch Eph. 3, 20. 21, daß alle, wenn sie durch Christum Zugang zum Vater bekommen haben, auch seine Hausgenossen und Mitbürger des Gemeinwesens der Heiligen geworden sind, daß sie, weil sie auf dem Eckstein Jesus Christus stehen, auch auf dem tragenden Grundbau der Kirche, welcher aus den Aposteln und (epexegetisch) Propheten besteht, als Bausteine auferbaut sind. Nicht die Lehre der Apostel kann hier der θεμέλιος sein; dann wäre ja Christus, nur das eine Mal persönlich, das andere Mal als Gegenstand ihrer Predigt Eckstein und Grundbau zugleich. Ist der Eckstein und die Bausteine persönlicher Art, so muß es auch der Grundbau sein; und die Apostel sind darum nicht bloß mit ihrer Predigt, sondern mit ihren Personen und mit ihrem Christentum der dem Richtung gebenden und zusammenhaltenden Eckstein nächste, anfangende und insofern tragende Grundbau der Kirche. Aber nicht nur dies geschichtliche Verhältnis hat Christus zu dem Hause, welches seine Kirche ist, sondern auch ein stetiges, persönliches zu jeglichem Wachstum und zu jeglicher Erbauung desselben. Dann πᾶσα οἰκοδομή, was irgend hier Baubestandtheil wird, das wird in Christo zusammengefügt, und je nachdem es in Christo wächst, wächst das so Zusammengefügte heran zu einem im Herrn heiligen Tempel d. i. einem wahrhaftigen Heiligtum des Dienstes Gottes von nicht dinglicher, sondern persönlicher, weil in Christo vermittelter, Heiligkeit; und wer nur immer in ihm den Zugang zum Vater findet, wird in ihm mit allen zusammen erbaut zu einer geistlichen Wohnstätte Gottes. — Wir haben also unseren Begriff von der Kirche bei Paulus bestätigt gefunden: sie ist ihm principaliter societas fidei et spiritus sancti in cordibus, also unsichtbar, und dies ihr Wesen versichtbarend, in steter Lebensäußerung ihr Princip zur Auswirkung bringend. Der Apostel erkennt aber auch eine Trübung ihrer sichtbaren Erscheinung, nicht bloß durch die Schwachheit der eigenen Glieder, sondern durch Eindrängung fremdartiger und doch nicht untrüglich unterscheidbarer Elemente in ihren äußeren Umkreis als unter den Bedingungungen der geschichtlichen Entwickelung unvermeidlich an. Zwar scheint es, als wolle er die Heiligkeit der Kirche auch empirisch durch strenge Kirchenzucht herbeiführen; aber der Fall 1 Kor. 5 ist doch nur ein Beispiel grellen Lasterlebens, welches er nicht in der Kirche geduldet haben will; und mit den ἀτάκτως περιπατοῦντες 2 Thess. 3, 6 f. soll zwar die Gemeinschaft aufgehoben, aber sie sollen doch nicht für Feinde gehalten, sondern als Brüder ermahnt werden. — Der Apostel wußte wol, daß, für menschliche Augen nicht sicher zu unterscheiden, manche dem äußeren Schein nach Christen waren, die dem Herrn innerlich fern standen, oder deren Glaube ein falscher war. Darum spricht er 1 Kor. 3, 12, nachdem er die Christengemeinde Gottes οἰκοδομή genannt hat, erbaut auf den einen von Gott gelegten Grund Christus, von verschiedenwerthigem Baumaterial, welches der eine oder der andere Prediger Christi auf den Grund baut. Silber, Gold, kostbare Steine, Holz, Heu, Stoppeln, und dessen innerer Werth erst offenbar wird, nämlich für Menschenaugen, wenn es die Feuerprobe der Trübsal vor der Wiederkunft des Herrn besteht oder nicht besteht. Nach dem Zusammenhang kann dies Baumaterial nicht Lehre sein, sondern nur aus Personen bestehen, welche zu dem äußeren Gemeinwesen Christi durch das Bekenntnis zu ihm in Folge der Predigt seiner Boten hinzugethan werden, unter denen auch innerlich ungläubig Gebliebene sind, für Menschenaugen nicht unterscheidbar, bis der Herr selbst durch seine Gericht die Scheidung vollzieht. Noch deutlicher sagt er 2 Tim. 2, 20 f.: Die wahre Kirche Christi habe Bestand: ὁ στερεὸς θεμέλιος τοῦ θεοῦ ἕστηκεν; zum Siegel aber, zur Vergewisserung wider den Zweifel an ihrem Bestande habe er einmal innerlich dies: „der Herr kennt die Seinen“ (γινώσκειν nicht vom bloß theoretischen Wissen, sondern von liebevoller Aneignung); und als äußeres Zeichen: „es trete ab von der Ungerechtigkeit, wer den Namen Christi nennt“. Im Gegensatz hierzu meint er dann offenbar die gemischte, äußere Erscheinung der Kirche unter dem großen Hause, in dem es mancherlei Gefäße gebe, zur Zierde und zur Unzierde; nur die, welche vom Verderben sich rein erhalten, sind Gott wohlgefällige, zur Zierde gereichende Gefäße.

Daß wir nicht mehr apostolische Aussagen über die aus dem schriftmäßigen Begriff von der Kirche sich ergebende relative Unsichtbarkeit und die Trübung der sichtbaren Erscheinung und Verwirklichung ihres Wesens finden, darf uns gemäß den damaligen Zeitverhältnissen nicht befremden, wenn wir daran denken, daß die beiden Umstände oder Nothstände, welche uns jetzt vorzüglich von der sichtbaren Erscheinung der Kirche auf ihr unsichtbares Wesen zurückzugehen zwingen, damals keineswegs vorhanden waren, die

Spaltung der Kirche in Particularkirchen, und der eigentümliche mit der Kindertaufe gegebene Charakter derselben als Volkskirche.

Wir werden trotzdem mit Recht durch die entwickelte Anschauung der Schrift die Unterscheidung von sichtbarer und unsichtbarer Kirche als bewiesen erachten dürfen.

2.

Die Jesusmythen des Judentums.

Von

Gustav Rösch,

Pfarrer in Langenbrand im württembergischen Schwarzwald.

Die jüdischen Traditionen über das Leben Jesu haben Wagenseil, Lightfoot, Eisenmenger und Schöttgen in bekannten und jedermann zugänglichen Werken gesammelt. Sie haben diese „feurigen Pfeile des Bösewichts" lediglich dem bösen Willen in dessen jüdischer Schule schuldgegeben. Damit haben sie die geschichtliche Entstehung dieser Traditionen nicht sowol aufgehellt, als vielmehr in der Gestalt eines ungelösten Problems der Kritik der Nachkommen hinterlassen. Die Lösung anzubahnen ist der Zweck der nachfolgenden Skizze.

Beginnt man die Untersuchung der jüdischen Traditionen mit ihrer Kindheitsgeschichte Jesu, so reicht der Vorwurf der ehebrecherischen Geburt zurück bis auf — Josephus?

Nach Lambeck (Commentt. de Augusta Bibliotheca Caesarea Vindobenensi VIII, 10 sqq.), Eichstädt (Quaest. VI Flaviani de Jesu Christo testimonii *αὐϑεντία* etc., p. 19), v. Ammon (Die Geschichte des Lebens Jesu, Bd. I, S. 123) und Paret (Josephus, S. 28—29 in Bd. VIII der Realencyklopädie Herzogs) soll nämlich die Erzählung von der Verführung der Römerin Paulina durch den Ritter Decius Mundus unter der Maske des Anubis in Antt. XVIII, 3, 3 die eigene Ansicht des Josephus über die Geburt Jesu wiedergeben und den christlichen

Glauben an deren Uebernatürlichkeit als einen dem verworrensten Heidentum ebenbürtigen Wahn brandmarken. Für diese Meinung spricht zunächst die scheinbare Zusammenhangslosigkeit der Skandalgeschichte mit ihrer Umgebung, der ihr vorhergehenden Erzählung von Pilatus' blutiger Unterdrückung des wegen seiner Wasserleitung nach Jerusalem gegen ihn entstandenen Aufruhrs und der ihr nachfolgenden von der Austreibung der Juden aus Rom durch Tiberius wegen der vier Betrüger der Proselytin Fulvia: die Schändung der Paulina scheint, wie *Paret* a. a. O. behauptet, mit den Juden entfernt nichts zu schaffen zu haben. Da nun aber eben einmal Josephus dieselbe unter die die Juden beunruhigenden und schädigenden Ereignisse jener Zeit eingereiht hat, so wird man ihren Zusammenhang mit diesen in der in Rom so gewöhnlichen Vermengung der orientalischen Religionen zu suchen haben, wodurch immerhin auch die Juden unter dem Aergernis im Isistempel zu leiden haben konnten. Diese Auskunft *Ewalds* (Geschichte Christus', S. 54) empfiehlt sich namentlich durch den Umstand, daß die römische Confusion speciell des ägyptischen und israelitischen Cultus wenigstens durch die Sagen *über die geschichtliche und gottesdienstliche Beziehung des typhonischen Esels zu den Juden* bei Josephus, Tacitus und Plutarch bewiesen wird. Wird so der Anstoß der Zusammenhangslosigkeit der Erzählung gehoben, so steigt hiedurch die Wahrscheinlichkeit ihres historischen Charakters, welcher überdies durch die präcise Namenangabe der in ihr auftretenden Personen verbürgt wird, und der Verdacht einer mit ihr versuchten Caricatur der übernatürlichen Geburt Jesu fällt hin, ohne daß man noch mit *Keim* (Geschichte Jesu von Nazara, Bd. I, S. 14, Anm. 1) zu fragen braucht: „Kannte Josephus die Jungfraugeburt?“ Jedenfalls kannte er die Sage von der *ehebrecherischen* oder auch nur *unehelichen* Geburt noch nicht, da deren Entstehungszeit wegen Matth. 13, 55. Mark. 6, 3. Luk. 4, 22 und Joh. 6, 42 offenbar hinter die vier Evangelien zurückfällt [1]). Mag man nun über deren

[1]) Neuestens hat freilich L. *Noack* (Aus der Jordanwiege nach Golgatha, Buch III, S. 153) die Entdeckung gemacht, daß die von ihm mit *Hilgenfeld* für *echt* erklärte Erzählung von der Ehebrecherin in Joh. 8 *eine unverkennbare Bezugnabme auf die uneheliche Herkunft* Jesu enthalte;

Abfassungszeit urtheilen, wie man will, die des Evangeliums Johannis wird jedenfalls die schriftstellerische Periode des Josephus nahe berühren.

Durchbrochen wird die in den Evangelien zu Tage tretende jüdische Volksansicht von der ehelichen, aber durchaus natürlichen, Geburt Jesu erstmals in den „Verhandlungen vor Pilatus", *τὰ ἐπὶ Ποντίου Πιλάτου γενόμενα ἄκτα* bei Justin dem Märtyrer, Apol. 1, 35, lateinisch Acta Pilati, welche vielleicht dem zweiten Jahrhundert angehören. Hier erheben die Aeltesten der Juden die Beschuldigung der unehelichen, beziehungsweise vorehelichen Geburt von Maria und Joseph gegen Jesus, werden aber von etlichen Umstehenden mit dem Zeugnis widerlegt, sie wissen, daß Joseph sich mit Maria verlobt habe und daß er nicht unehelich geboren sei, s. Thilo's Codex apocryphus Novi Testamenti, T. I, p. 526 sqq.: *ἀποκριθέντες δὲ οἱ πρεσβύτεροι τοῦ λαοῦ τῶν Ἰουδαίων λέγουσι τῷ Ἰησοῦ· τί ἡμεῖς ὀψόμεθα; πρῶτον ὅτι ἐκ πορνείας γεγέννησαι. — Λέγουσί τινες τῶν ἑστηκότων εὐλαβεῖν τῶν Ἰουδαίων· ἡμεῖς οὐ λέγομεν αὐτὸν εἶναι ἐκ πορνείας, ἀλλὰ οἴδαμεν, ὅτι ἐμνηστεύσατο Ἰωσὴφ τὴν Μαρίαν καὶ οὐ γεγέννηται ἐκ πορνείας.* Das ist die Brücke hinüber zu der späteren Sage von der ehebrecherischen Geburt, wenn nämlich Tischendorf und nicht Lipsius Recht hat im Streit über das Alter der Akten.

Ihre älteste und doch schon scharf ausgeprägte Gestalt zeigt dieselbe im *ἀληθὴς λόγος* des Epikuräers Celsus 176—200 n. Chr., welcher nach Origenes, vgl. Cels. I, 28 u. 32, einem Juden die Erzählung in den Mund legt, die Mutter Jesu sei von ihrem Ehemann, einem Zimmermann, als des Ehebruchs und der Schwangerschaft von einem gewissen Soldaten Panthera überführt, verstoßen worden und habe als ehrlose Landläuferin Jesus heimlich geboren, s. a. a. O., S. 22 der Ausgabe Höschels: *φησὶ δὲ αὐτὴν καὶ ὑπὸ τοῦ γήμαντος, τέκτονος τὴν τέχνην ὄντος, ἐξεῶσθαι ἐλεγχθεῖσαν ὡς μεμοιχευμένην· εἶτα*

---

harmlos läßt übrigens der Verfasser daneben Kap. 6, 42 in der Urform des vierten Evangeliums passiren, welche das Werk des Apostels Judas Thaddäus oder Lebbäus um das Jahr 60 sein soll. „Paule, du rasest; die große Kunst macht dich rasend."

λέγει, ὡς ἐκβληθεῖσα ὑπὸ τοῦ ἀνδρὸς καὶ πλανωμένη ἀτίμως σκότιον ἐγέννησε τὸν Ἰησοῦν, und S. 25: ἀλλὰ γὰρ ἐπανέλθωμεν εἰς τὴν τοῦ Ἰουδαίου προσωποποιίαν, ἐν ᾗ ἀναγέγραπται ἡ τοῦ Ἰησοῦ μήτηρ κύουσα ὡς ἐξωσθεῖσα ὑπὸ τοῦ μνηστευσαμένου αὐτὴν τέκτονος ἐλεγχθεῖσα ἐπὶ μοιχείᾳ καὶ τίκτουσα ἀπό τινος στρατιώτου Πανθήρα τοὔνομα.

In ähnlicher, aber in den personellen und chronologischen Zuthaten schwankender und verworrener Fassung tritt uns der Vorwurf der ehebrecherischen Geburt in der Gemara des Thalmud entgegen, während die Mischnah über Jesus durchaus und überall schweigt.

Ohne Nennung des unehelichen Vaters findet sich die Buhlschaft Maria's nach Wagenseil, Tela ignea Satanae (Altdorf 1681) in seiner Confutatio libri Toldos Jeschu, p. 15; Eisenmenger, Entdecktes Judentum (Königsberg 1711), Thl. I, S. 109, und Schöttgen, Horae Hebraicae (Dresden und Leipzig 1742), T. II, p. 696 in der Massecheth Calla, wo der Maria das Bekenntnis vor dem großen Rabbi Akiba in den Mund gelegt wird, an ihrer Hochzeit habe sich ihrer monatlichen Reinigung wegen ihr Gemahl ihrer enthalten, aber der Brautführer sei zu ihr gekommen, und daher habe sie das Schanden- und Unreinigkeitskind. Eine Variation dieser Sage in dem „Jüdischen Deckmantel" des Convertiten Dietrich Schwabe aus dem Maase Tholui bei Eisenmenger, S. 120 f. ändert das Bekenntnis Maria's dahin ab, es sei einmal während der Abwesenheit ihres Mannes von Hause ein Schmied zu ihr gekommen und habe seinen Muthwillen mit ihr getrieben.

Ergänzt ist der Name des Buhlen in folgender crux interpretum der babylonischen Gemara Sanhedrin und Schabbath Kap. 7 u. 12:

בֶּן סְטָדָא בֶּן פַּנְדִּירָא הוּא: אָמַר רַב חִסְדָּא בַּעַל סְטָדָא בּוֹעֵל פַּנְדִּירָא (בַּעַל) פַּפּוֹס בֶּן יְהוּדָה הוּא: אֶלָּא אֵימָא אִמּוֹ סְטָדָא אִמּוֹ מִרְיָם מְגַדְּלָא נְשַׁי הֲוָא כִּדְאָמְרֵי בְּפוּמְבְּדִיתָא סְטַת דָּא מִבַּעֲלָהּ:

Wie hat man die Stelle zu übersetzen? Der Tübinger Orientalist W. Schickard, geboren 1592 und gestorben 1653, übersetzt sie bei Wagenseil (Confut., p. 23): filius Satdae filius Pandeirae fuit. Dixit Raf Chasda: maritus Satda, amasius Pandeirae, maritus Paphos filius Jehudae fuit. At, quomodo" etc. Eine unmögliche Interpretation, da Celsus seinen Panthera unbedingt als Mann charakterisirt und die Einschiebung eines Weibes dieses Namens in die Sage ganz sinnlos wäre. Buxtorf übersetzt in seinem Lexicon Chaldaicum, Talmudicum et Rabbinicum (Basileae 1639), p. 1459 mit Elision des בעל vor פפוס aus dem Text folgendermaßen: „hic filius Stadae autem fuit filius Pandirae. Dixit quidem Raf Chasda, maritus (sc. fuit matris ejus) Stada, Pandira, Paphus filius Jehudae est (h. e. ut in glossa habetur, vocatur hic Ben Stada sic a patre, non a matre, quamvis spurius fuerit). Sed tamen dico" etc. Diese Interpretation läßt Stada als einen Mann und zwar als den Gemahl der Maria und Pandera als ihren Buhlen in der Tradition des Raf Chasda erscheinen, eine Auffassung, deren ältester Gewährsmann der große Talmudcommentator Raschi, der Urheber der Buxtorf'schen Glosse, ist; s. Eisenmenger, Th. I, S. 109, und Schöttgen, Th. II, S. 695, macht aber dabei das Verhältnis dieser beiden Männer zu dem dritten Papus Juda's Sohn, völlig unverständlich. Als das der absoluten Identität faßt dieses Verhältnis Lightfoot Horae Hebraicae (Lipsiae 1684) auf, der T. I, p. 498 sprach- und sinnwidrig übersetzt: „hic autem filius Satdae, fuit filius Pandirae. Dixit quidem Rabb Chasda, maritus (matris ejus) fuit Satda, maritus Pandira, maritus Papus filius Judae: sed tamen dico" etc. Ihm folgt blindlings Richard v. d. Alm — Die Urtheile heidnischer und jüdischer Schriftsteller der vier ersten christlichen Jahrhunderte (Leipzig 1864) —, welcher Lightfoots Latein, S. 122, so überträgt: „Dieser Sohn des Stada war der Sohn des Pandira. Rabbi Chasda sagte, der Mann seiner Mutter war Stada, ihr Mann war Pandira, ihr Mann war Papus der Sohn Juda's." Es zeige sich hier, meint er, daß die Rabbinen über den Namen des Mannes der Maria nicht einig gewesen seien, er werde Stada, Pandira und Papus genannt. Das ist eine traurige Verwischung des punctum saliens der Unterscheidung zwischen dem Gemahl und Buhlen der Maria! Als das einer theilweisen

Identität fassen es Eisenmenger und Schöttgen. Der erstere übersetzt S. 247: „Der Stada Sohn ist des Pandirä Sohn. Der Raf Chasda hat gesagt, daß der Mann Stada, der sie aber beschlafen hat, Pandira geheißen habe, der Mann aber Papus der Sohn Jehuda gewesen sei." Er identificirt also den Stada mit Papus, indem er das von Buxtorf ausgestoßene בעל vor Papus wieder aufnimmt. Der letztere übersetzt T. II, p. 695: „Ille, quem filium Satdae dicimus (revera), filius Panderae est. R. Chasda dixit: Maritus (Mariae) fuit Satda, sed בּוֹעֵל, qui cum ea concubuit, fuit Pandera, qui est Pappus filius Jehudae." Er identificirt also unter Ausstoßung des בעל vor Papus den Pandera mit diesem. Als das der absoluten Verschiedenheit faßt dagegen Wagenseil das Verhältnis der drei Männer zu einander auf, wenn er Confut., p. 15 das Citat der Tradition Rab Chasda's auf den Gemahl Stada und den Buhlen Pandera einschränkend und die Notiz vom Gemahl Papus für das eigene Urtheil des den Rab Chasda berichtigenden Gemaristen nehmend übersetzt: „ain tu, (Jesum) Stadae filium fuisse? utique Panderae filius fuit. (At, heus tu, non haec invicem pugnant, nam ut) ait Raf Chasda, marito (legitimo) Stada nomen erat, sed stupratori nomen erat Pandera. (Siccine vero afferis marito Stada nomen fuisse?) Maritus utique Papus Jehudae filius vocabatur. Quin igitur dicendum" etc. Muß man aber das Stada des Rab Chasda mit Raschi und jüngst noch mit Hitzig, Ben Pandera und Ben Stada, in Hilgenfelds Zeitschrift für wissenschaftliche Theologie 1865, S. 346, nothwendig für einen männlichen Namen nehmen und so das Haupt der nordbabylonischen Schule zu Sura im Anfang des vierten Jahrhunderts mit der Tradition der südbabylonischen Schule zu Pumbeditha in Widerspruch bringen? Sura und Pumbeditha versöhnend übersetzt Levy (Chaldäisches Wörterbuch über die Targumim, Bd. II, S. 272) grammatisch unanfechtbar: „Was den Gatten der Sateda betrifft, so war ihr Buhle Pandera, ihr Mann hingegen war Papos ben Jehuda." Wenn nur die pumbedithanische Etymologie, welche vielleicht schon in der Estha durchblickt, welche Julius Africanus zu der Gattin Matthans in der Genealogie Jesu macht, jedenfalls aber in der von

Lightfoot a. a. O. citirten Variante סוֹטְדָא (offenbar = סוֹטְהַדָא), welche ihn und Schickard Satda zu schreiben veranlaßt, grammatisch möglich wäre und nicht eben durch ihre Unmöglichkeit den Ursprung der pumbedithanischen Tradition aus der Verlegenheit beweisen würde, neben Pandera und Papus noch einen dritten Mann unterzubringen! Um deswillen dürfte auf die hergebrachte Auffassung des Stada bei Rab Chasda als Name der kritische Grundsatz anzuwenden sein: lectio durior est praeferenda.

Von dieser Gemarastelle an haben wir keinen Bericht mehr über die Panderasage bis auf die berüchtigte Schmähschrift תּוֹלְדוֹת יֵשׁוּ, worin dieselbe ihre letzte Vollendung erhalten hat. Der Fanatismus der Christentumshasser, der die Schrift noch heute auf den Büchermarkt des Volkes bringt, möchte sie für uralt ausgeben, so daß selbst Voltaire in seiner Lettre sur les Juifs vor den Exoterikern der Wissenschaft mit der Tirade coquettirt: „Le toledos Jeschu est le plus ancien écrit juif, qui nous ait été transmis contre notre religion. C'est une vie de Jesus Christ toute contraire à nos Saints évangiles, elle parait être du premier siècle et même écrite avant les évangiles.“ Will man sich von dem Urtheil dieser gefallenen und vergessenen Größe nicht imponiren lassen, so muß man dem Nachweis v. Ammons (Biblische Theologie, 2. Ausgabe, Bd. II, S. 263) zustimmen, wornach das Büchlein nicht vor dem dreizehnten Jahrhundert verfaßt worden sein kann. Es ist in zwei Recensionen vorhanden; die eine, welche zuerst der spanische Dominikanermönch Raymund Martini in seinem Pugio fidei in verkürzter Fassung lateinisch veröffentlicht hat, hat Wagenseil in dem angeführten Sammelwerk im hebräischen Texte herausgegeben, die andere Johann Jakob Huldreich von Zürich, unter dem Titel: „סֵפֶר תּוֹלְדוֹת יֵשׁוּעַ הַנָּצְרִי, Historia Jeschuae Nazareni, a Judaeis blaspheme corrupta, ex Manuscripto hactenus inedito nunc demum edita, ac Versione et Notis illustrata. A. Joh. Jac. Huldrico, Tigurino. Lugd. Bat. 1705.“ Nach der Recension Wagenseils hat nun im Jahr der Welt 3671 (aber nicht 4671, wie Eisenmenger, S. 106 die Jahrszahl: בִּשְׁנַת תרעא לְאֶלֶף הָרְבִיעִי falsch übersetzt, was Richard v. d. Alm S. 150 ohne eigenes

Urtheil nachschreibt) zur Zeit des Königs Alexander Jannäus ein Hurenjäger „aus einem Stumpf der Verwandtschaft des Stammes Juda“ (der Sprößling einer ausgestoßenen Familie des Stammes Juda?), groß von Gestalt, tapfer im Krieg und schön von Ansehen, dabei ein Schwelger und Räuber, Namens Joseph Pandera (פַּנְדֵּרָא), in Bethlehem seine Begierden auf die Tochter einer in seiner Nachbarschaft wohnenden Witwe, Mirjam, die im Talmud erwähnte Haarflechterin, geworfen nnd sie an einem Sabbatabend und in der darauf folgenden Nacht beschlafen, während sie ihn für ihren Verlobten, den frommen Jochanan, hielt. Mirjam wurde von diesen Besuchen schwanger und gebar einen Sohn, welchen sie nach einem Bruder ihrer Mutter Jehoschua nannte; ihr Verlobter aber floh aus Furcht vor der Nachrede der Leute, daß er an der Schwangerschaft seiner Braut schuldig sei, nach Babel. Nach der Recension Huldreichs dagegen lebte zur Zeit des Königs Herodes ein Mann Namens Papus der Sohn Juda's. Dieser hatte Mirjam, die Tochter des Kalphus und Schwester des Rabbi Simeon ha-Kalphus, aus dem Stamm Benjamin, eine frühere Haarflechterin, zur Frau. Aus Furcht vor Verführern hielt er die schöne Frau stets eingeschlossen, wenn er von Hause abwesend sein mußte. Dieselbe wurde nun einmal am Versöhnungsfest von Joseph Pandera dem Nazarener am Fenster erblickt, und als er bemerkte, daß kein Mann im Hause sei, angerufen: „Mirjam, Mirjam, wie lange willst du eingeschlossen bleiben?“ Sie antwortete ihm: „Joseph, Joseph, befreie mich.“ Dieser holte flugs eine Leiter, Mirjam stieg aus dem Fenster, und beide flohen noch an dem gleichen Tage von Jerusalem nach Bethlehem, wo sie lange Zeit unentdeckt lebten. An demselben Versöhnungsfest beschlief Joseph die Mirjam; sie wurde schwanger und gebar ihm binnen Jahresfrist Jeschua den Nazarener. Später wurde sie wieder schwanger und gebar Söhne und Töchter.

Constant scheint übrigens der Name Pandera in der jüdischen Sage nicht gewesen zu sein, denn in Masudi's „Goldwiesen“, Th. I, S. 121 der Ausgabe der Société Asiatique (Paris 1861), findet sich gelegentlich der Erwähnung der Eltern des Täufers Johannes folgende bemerkenswerthe Variation: „Zacharia war ein Zimmermann; und die Juden streuten aus, daß er mit Maria Schande getrieben habe; und sie wollten ihn tödten" u. s. w.

Wann ist nun die Sage von der ehebrecherischen Geburt entstanden? Daß die Evangelien sie noch nicht kennen, sondern unabsichtliche und darum unverdächtige Zeugnisse über die makellose Geburt Jesu aus jüdischem Munde (s. oben) darbieten, beweist unumstößlich ihren Ursprung nicht aus der Wirklichkeit, sondern aus der Reflexion eines späteren mit der Thatsächlichkeit nicht mehr bekannten Geschlechtes. Das war jedenfalls vor dem Schluß des ersten Jahrhunderts unmöglich, denn noch Domitian (81—96 n. Chr.) fand nach Hegesippus bei Eusebius, Hist. Eccl. III, 20 durch seine Nachforschungen nach Nachkommen Davids Verwandte Jesu auf, und der Apostel Johannes ist nach der einstimmigen patristischen Tradition auch erst in den Zeiten Trajans gestorben. Diesem terminus a quo tritt als terminus ad quem für die Entstehung der Sage die Mitte des zweiten Jahrhunderts zur Seite, da Celsus in dessen letztem Viertel sie schon als eine feststehende vorfand. Diesen Rahmen viel enger zusammenzurücken, erlauben uns einerseits die Beispiele eines freundlichen, den Werth Jesu anerkennenden Verkehrs zwischen Rabbinen und Judenchristen bis auf die Zeiten Hadrians, welcher wegen Deut. 23, 3 unmöglich gewesen wäre, wenn damals schon etwas von der ehebrecherischen Geburt verlautet hätte, und andererseits die Verflechtung von Personen und Maßregeln des hadrianisch-jüdischen Kriegs in die Sage. In Betreff des ersten Punktes hat nämlich noch der zwischen den Jahren 116 bis 118 verstorbene strenge Rabbi Elieser der Sohn Hyrkans, der Schwager Gamaliels von Jabneh, mit Judenchristen verkehrt und eine sonderbare halachische Entscheidung, welche ihm Jakob aus Kephar-Samia oder Sechanja, ein Jünger Jesu, als von Jesu herrührend erzählt haben soll, gebilligt. Weiter war der Rabbi Eleasar der Sohn Dama's, ein Schwestersohn Rabbi Ismaels, eines Märtyrers der hadrianischen Verfolgung, willens, von demselben Jakob sich von einem Schlangenbiß heilen zu lassen, und begehrte, als es ihm sein Oheim Ismael verbot, eine Heilung von Jakob aus der Schrift zu rechtfertigen, woran ihn jedoch der Tod hinderte. Vgl. Grätz, Geschichte der Juden, Bd. IV (Berlin 1853), S. 53 u. 94 und die Gemarastellen bei Schöttgen, S. 704 u. 705. In Betreff des zweiten Punktes aber ist nach der oben erwähnten Stelle der Massecheth Calla der Schildknappe Bar Kochba's, Rabbi Akiba, der Entdecker der unehelichen Geburt gewesen, und der bei derselben betheiligte Papus der Sohn Juda's hat sein historisches Correlat vermuthlich entweder in Papus dem Sohn Juda's, dem Genossen Julians von Alexandrien im Aufstand gegen Lucius Quietus und später, oder in dem politisch unbedeutenden Papus dem Sohn Juda's, dem Mitgefangenen Akiba's im hadrianischen Krieg, s. über diese letzteren Persönlichkeiten Grätz a. a. O., S. 148. 192 u. 516, Anm. 1. Weiter setzt die Forderung Bar Kochba's an die Judenchristen, Jesus zu verleugnen und zu lästern, der Justin der Märtyrer Apol. I, 31 erwähnt: *Βαρχοχεβὰς ὁ τῆς Ἰουδαίων ἀποστάσεως ἀρχεγήτης Χριστιανοὺς μόνους εἰς τιμωρίας δεινὰς, εἰ μὴ ἀρνοῖντο Ἰησοῦν τὸν Χριστὸν καὶ βλασφημοῖεν, ἐκέλευεν ἀπάγεσθαι*, ihre Motivirung durch über ihn vorgespiegelte Schändlichkeiten voraus. Wird man also fehlgreifen, wenn man die Bildung der Sage von der ehebrecherischen Geburt der hadrianischen Zeit zuweist, wie das Grätz, Bd. III, 2. Ausgabe (Leipzig 1863), S. 243 Anm. von der Panderasage, leider ohne alle und jede Beweisführung, vermuthet?

Wie ist aber die Sage entstanden? Durch verleumderische Lüge, lautet die Antwort der älteren Apologeten. Daß sie eine Ausgeburt des Hasses der Juden ist, wird schwerlich zu bestreiten sein; aber es ist nicht wahrscheinlich, daß dieser Haß wider besseres Wissen und Gewissen gelogen habe. Das bessere Wissen von Jesu mußte den Juden abhanden kommen, sobald sie ihre christlichen Volksgenossen als Abtrünnige vom väterlichen Gesetz anzusehen sich gewöhnten, denn die nächste psychologisch nothwendige Folge hievon war das Mißtrauen gegen jede aus christlichen Kreisen herrührende Kunde von deren Meister, dessen Bild für die Juden selbst nicht mehr im Bereiche der zuverläßigen Erinnerung von Augen- und Ohrenzeugen stand: an die Stelle des objectiven Wissens mußte also die subjective Reflexion über ihn treten. Wenn aber diese ihre Inspiration vom Haß empfieng, so kann das nicht als Gewissensverletzung verurtheilt werden, denn für den Gründer einer Apostatengemeinschaft kann vom jüdischen Standpunkt aus nach Matth. 5, 43 keine Liebe erwartet werden. Dürfen wir es nun dem jüdischen Gefühle verargen, wenn es, geleitet von der Auctorität des Alten Testaments, welches die Apostasie als Hurerei, ja sogar je nach der Auffassung des Verhältnisses Gottes zu Israel in den einschlägigen Stellen als Ehebruch brandmarkt, die Mutter des neuen Religionsstifters eine Hure, ja eine Ehebrecherin und ihn selbst ein Kind der Schande schalt? Daß aber der Trieb zur Mythenbildung in der Volksphantasie diese Vorwürfe aus dem Gebiet der religiösen Idee in das der gemeinen Wirklichkeit übertrug, und den ersteren zu der unehelichen oder vorehelichen Geburt in den Acta Pilati, letzteren zu dem Ehebruch mit Pandera ausgestaltete, ist eine sich von selbst ergebende Consequenz.

So ist zwar jetzt das allgemeine Substrat der Panderasage nachgewiesen, noch nicht aber der Ursprung ihrer einzelnen Züge. Eine Untersuchung, welche ihre Erledigung in der Hauptsache von der Erörterung des Standes und Namens der Hauptperson zu erwarten hat.

Seinem Stande nach ist nun Pandera bei Celsus ein στρατιώτης, im Talmud unbekannt, in den Tholedoth nach der Recension Wagenseils ein גִּבּוֹר מִלְחָמָה. Ein στρατιώτης aber konnte trotz der Herkunft Pandera's aus dem Stamm Juda in den Tholedoth, welche sich einfach aus seiner Verwechslung mit dem Nährvater Christi erklärt, während der Unterwerfung Judäa's unter das römische Reich nur ein römischer Heeresangehöriger sein. Einen solchen zum Vater Jesu zu machen, war wol die Volksphantasie dadurch versucht, daß sich ihr alle Opposition gegen jüdisches Wesen im Römertum verkörperte, mehr aber vielleicht noch dadurch, daß unter Bar Kochba die Christen den Kriegsdienst gegen die Römer verweigerten, Eus. chron.: οὗτος

(Χοχεβὰς) *Χριστιανοὺς ποικίλως ἐτιμωρήσατο μὴ βουλομένους κατὰ Ῥωμαίων συμμαχεῖν*; Hier. chron.: Cochebas dux Judaicae factionis nolentes sibi Christianos adversum romanum militem ferre subsidium omnimodis cruciatibus necat; Oros. Hist. VII, 12: (Hadrianus) ultusque est Christianos, quos illi, Cocheba duce, quod sibi adversus Romanos non adsentarentur, excruciabant. Diese Römerfreundlichkeit warf ihren Schatten folgerichtig bis auf den Urheber des christlichen Namens zurück. Durch den Soldatenstand des Pandera ist nun auch zugleich die dem Julius Africanus noch unbekannte von Epiphanius (Pan. 78: *οὗτος μὲν γὰρ ὁ Ἰωσὴφ ἀδελφὸς παραγίνεται τοῦ Κλωπᾶ· ἦν δὲ υἱὸς τοῦ Ἰακώβ, ἐπίκλην δὲ Πανθὴρ καλουμένου· ἀμφότεροι οὗτοι ἀπὸ τοῦ Πανθῆρος ἐπίκλην γεννῶνται*) und von Johannes von Damascus (de fide orthodox., l. IV, c. 15: *ἐκ τῆς σειρᾶς τοῦ Ναθὰν, τοῦ υἱοῦ Δαβίδ, Λευῒ ἐγέννησε τὸν Μελχὶ καὶ τὸν Πάνθηρα· ὁ Πάνθηρ ἐγέννησε τὸν Βαρπάνθηρα, οὕτως ἐπικληθέντα· οὗτος ὁ Βαρπάνθηρ ἐγέννησε τον Ἰωακεὶμ, ὁ Ἰωακεὶμ ἐγέννησε τὴν ἁγίαν Θεοτόκον*) versuchte Einschiebung desselben in die jüdische Genealogie Jesu von selbst abgewiesen, welche nach Wagenseil (S. 24), Joh. Gerh. Voß und Hugo Grotius gutzuheißen geneigt sind.

Gehen wir von dem Stande zu dem Namen des Buhlen über, so möchte ihn Wagenseil (S. 32) rein symbolisch finden und den Stellen Hos. 5, 14 und 13, 7 entnommen sein lassen, wo die LXX übersetzen: *διότι ἐγώ εἰμι ὡς πανθὴρ τῷ Ἐφραΐμ, καὶ ὡς λέων τῷ οἴκῳ Ἰούδα* und: *καὶ ἔσομαι αὐτοῖς ὡς πανθὴρ, καὶ ὡς πάρδαλις*. Symbolisch ist übrigens der Name Panthera nicht durch seine Bedeutung, sondern durch seine Eigenschaft als griechischer Mannsname, der nach Pape's Wörterbuch der griechischen Eigennamen in den Formen *Πάνθηρ, Πανθήρας* und *Πάνθηρος*, jedoch nie mit *δ*, vorkommt. Huldreich möchte ihn S. 8 aus einer rabbinischen Vergleichung Maria's mit der mythologischen Urheberin alles Uebels, Pandora, oder auch auf Grund der von ihm in einem jüdischen

Manuscript aufgefundenen Notiz: notum, leopardum gigni ex commixtione seminis (des Panthers mit der Löwin), ita similiter Jeschua ex ejusmodi *σπερματοσυγχυσίᾳ* ortus est, von dem unnatürlichen, gleichsam ehebrecherischen Zuhalten des Panthers mit der Löwin. Mit mehr Wahrscheinlichkeit hätte Huldreich, wenn er einmal die Combination mit Pandora festhalten wollte, sich auf die Vergleichung Christi mit Pandora von den der Mythusbildung gleichzeitigen Valentinianern bei Irenäus c. haer. l. II, 14, 5 berufen können: „quod autem salvatorem ex omnibus factum esse Aeonibus dicunt, omnibus in eum deponentibus velut florem suum, non extra Hesiodi Pandoram novum aliquid afferunt. Quae enim ille ait de illa, haec hi de salvatore insinuant, Pandoron introducentes eum, quasi unusquisque Aeonum, quod haberet optimum, donaverit ei.“ Nitzsch nimmt Pandera in seinen Bemerkungen: „Ueber eine Reihe talmudischer und patristischer Täuschungen, welche sich an den mißverstandenen Spottnamen בֶּן־פַּנְדֵּירָא geknüpft [hat]“, in den Theologischen Studien und Kritiken, 1840, S. 115 ff. für eine Umwandlung des figürlichen Metronyms *πανθήρα* im Sinn des lateinischen lupa = Buhlerin in ein eigentliches Patronym, wobei er die Wahl gerade des Wortes *πανθήρα* mit der Bleek'schen Conjectur einer Inversion von *παρθένος* rechtfertigt. Richard v. d. Alm behauptet a. a. O., S. 128, im Tone der Unfehlbarkeit, פַּנְדֵּירָא sei ein jüdischer Eigenname, der Geißel bedeute und schon im zweiten Thargum Esther 7 vorkomme, weil er in seinem Buxtorf s. v. פַּנְדּוּרָה, flagellum, vel simile quid, quo aguntur pecudes, fand, dabei aber den Schluß des Artikels ganz übersah: forte est a Pandura et intelligitur instrumentum aliquod musicum pastorale. Letztere Vermuthung Buxtorfs hat viel Berechtigung, denn bei Pollux, Onom. findet sich IV, 60: *τρίχορδον δὲ, ὅπερ Ἀσσύριοι πανδοῦραν ὠνόμαζον· ἐκείνων δὲ ἦν καὶ τὸ εὕρημα*, vgl. auch den Artikel *Πανδοῦρα* in Stephanus' Thes. gr. l. Pandera ist übrigens kein jüdischer Eigenname, wenn auch Buxtorf s. v. sagt: „nomen proprium viri, Esth. 7, 10 in sec. Targ.“, denn nach Levy, Bd. II, S. 31 findet sich Esth. II, 7, 10 bloß die

Notiz, daß Haman, der Sohn Hamdatha's, nach Alexandrien des Sohnes des Pandera reisen wollte. Dieser Sohn des Pandera kann aber kein anderer als Jesus sein, da die Verbindung des Namens mit Alexandrien nur aus der Sage verständlich wird, daß Jesus der Sohn Pandera's die Zauberkunst aus Aegypten mitgebracht habe. Hitzig endlich erwähnt a. a. O., S. 344—45 einer Ableitung des ´ב von πενθερὸς aus einer von Dav. Fr. Strauß in der nunmehr eingegangenen Zeitschrift: „Athenäum für Wissenschaft, Kunst und Leben" (Nürnberg bei Bauer und Raspe, 1839), veröffentlichten Abhandlung, weil, wenn eines der beiden Geschlechtsregister Jesu bei den Synoptikern, etwa das bei Lucas, für die Genealogie der Maria gehalten worden sei, Eli als ihr Vater und dergestalt als πενθερὸς, Schwiegervater Josephs, habe gelten müssen, welcher umgekehrt, da das Wort auch Schwiegersohn bedeute, πενθερός des Eli gewesen sei. Diese Conjectur ließe sich für die Combination Joseph-Pandera in den Tholedoth hören, nicht aber für die Opposition von Joseph und Pandera bei Celsus. Sprachlich läßt sich nichts dagegen einwenden, da für πενθερὸς in Inschriften auch πανθερὸς vorkommt und der Wechsel des Theta mit Daleth gleichfalls anderweitig bemerkbar ist, z. B. Ξανδικὸς, Γολιὰδ, Δερκητώ. Weitere Erklärungen sind dem Verfasser nicht bekannt geworden. Von allen macht die Wagenseils den befriedigendsten Eindruck durch ihre Zwanglosigkeit. Ist aber wol der die Maria verderbende Panther eine rein symbolische Gestalt der dichtenden Volkssage ohne allen historischen Hintergrund?

Schwerlich, wenn wir in das Auge fassen, daß die jüdische Sage die Maria trotz ihrer Verwechslung mit Maria Magdalena und ihrer hieraus entsprungenen misverständlichen Verwandlung in eine Haarflechterin nicht sowol zum Opfer ihrer Leichtfertigkeit, als ihres Verhängnisses macht, das sie nach Celsus aus unbekannten Motiven, nach dem Talmud und den Tholedoth theils aus Irrtum, theils aus Gereiztheit über ihre ungeeignete Behandlung von Seiten ihres Mannes sündigen ließ. Es erinnert nun die Verderbung der an sich ehrbaren Jungfrau oder Ehefrau durch den römischen Soldaten unwillkürlich an das jus primae noctis, das nach Grätz, Bd. IV, S. 526, Note 26 eine römische Verordnung aus der hadrianischen Zeit von den jüdischen Bräuten für den römischen Statthalter forderte (תִּבָּעֵל לְטַפְסֵר תְּחִילָּה). Namentlich werfen folgende Worte aus der jerusalemischen Gemara Ketuboth I, 5: וְאוֹנְסִין אֶת־בְּנוֹתֵיהֶן וְגָזְרוּ שֶׁיְּהוּ אִסְטְרַטְיוֹטוֹס בּוֹעֵל תְּחִילָּה, „sie schändeten ihre Töchter und verordneten, daß der Istratiotos der Buhle zum Anfang sein solle", ein Schlaglicht auf den *στρατιώτης* des Celsus und den בּוֹעֵל des Talmud [1]). Der Panther ist der römische Statthalter, welchen man an der Verlobten das Entehrungsrecht ausüben ließ, um den Vorwurf der ideellen Geburtsschande gegen Mutter und Sohn auf den Boden der Wirklichkeit zu übertragen.

Daß der Panther, mit dem aramäischen Artikel am Schlusse des Wortes Panthera, der römische Statthalter sei, wird weiter durch den Namen Stada wahrscheinlich, welcher gewiß nicht mit dem von Hitzig a. a. O., S. 346, phantastisch erfundenen Anruf der römischen Wachen: Sta, da, sondern vielmehr mit dem griechischen *ἐπιστάτης* identisch ist, das bei den LXX der constante Titel der pharaonischen Amtleute während der israelitischen Knechtschaft in Aegypten ist. Der Irrtum Rab Chasda's besteht also nur darin, daß er den Stada als Gemahl von Pandera, dem Ehebrecher, trennt: beide repräsentiren eine und dieselbe Person nach ihrem Amt und Treiben.

Sehen wir uns nach der einzelnen Persönlichkeit um, welche der dichtenden Phantasie zum Bilde Pandera's gesessen haben wird, so ist es die Bestie, welche Hadrian nach der endlichen Niederwerfung des Aufstandes durch Julius Severus auf das zerfleischte Judäa hetzte: Titus Annius Rufus. So ist nämlich nach

---

[1]) In Ugolini's lateinischer Uebersetzung im Thesaurus antiquitatum sacrarum, T. XXX, p. 784 lautet die ganze Stelle so: „Et illi venientes redegerunt eos in servitutem, et compresserunt eorum filias, et curaverunt, ut miles in principio posset concumbere; et statuerunt, ut cum ea concumbere posset, cum adhuc esset in domo patris sui, ut agnoscat, quod timor mariti adhuc sit super eam."

Hieronymus' Comment. in Zach., c. 8 der Name zu schreiben, und nicht wie Münter (Der jüdische Krieg unter den römischen Kaisern Trajan und Hadrian), Grätz (im angeführten Werke) und Gregorovius (Geschichte des römischen Kaisers Hadrian und seiner Zeit) nach Eusebius' Chron. schreiben: Tinnius Rufus. Er wird von Eusebius ἐπάρχων τῆς Ἰουδαίας genannt und war legatus pro praetore der Provinz Judäa. In der jüdischen Erinnerung hat er sich einen Rang mit Antiochus Epiphanes und den Fluchnamen טורנוס רופוס הרשע erworben.

Um nun auch noch auf die Nebenpersonen der Panderasage einen kurzen Blick zu werfen, so ist der Gemahl Maria's, Papus der Sohn Juda's bereits besprochen worden und hier nur noch der Strauß'schen Vermuthung bei Hitzig a. a. O. zu gedenken, der Name rühre von πάππος, Großvater, her, zu dem Eli oder Jakob Joseph gegenüber habe werden müssen, sobald man in der einen der beiden synoptischen Genealogieen auch den mütterlichen Stammbaum Josephs habe finden wollen; mit πάππος sei es dann gegangen, wie mit πενθερός: der Großvater sei im Enkel erschienen. Leider hat πάππος nicht die doppelte verwandtschaftliche Bedeutung, wie πενθερὸς, und so muß es denn vor der Hand sein Bewenden dabei haben, daß der Name durch seinen Zusammenhang mit Rabbi Akiba in die Sage hineingekommen zu sein scheint. Wenn nun Papus Maria durch Einschließung zu bewahren sucht, aber eben dadurch zum Ehebruch reizt, ein Zug in den Huldreich'schen Tholedoth, welcher nach Schöttgen, S. 694 u. 95 u. a. schon in der Gemara Gittin vorkommt, so ist das vielleicht ein Reflex von Hos. 1, 5—6: „Ihre Mutter — spricht: ich will meinen Buhlen nachlaufen. — Darum siehe, ich will deinen Weg mit Dornen vermachen und eine Wand davor ziehen, daß sie ihren Steg nicht finden soll." Was es mit Kalphus, dem Vater Maria's, auf sich habe, entzieht sich der Vermuthung. Dagegen dürfte in dem Verlobten Maria's in den Tholedoth Wagenseils, Jochanan, der aus Scham nach Babel flieht, die Sage von Chananja, einem Neffen Rabbi Josua's, des Zeitgenossen Akiba's, wiederklingen, welcher nach Grätz, Bd. IV, S. 94 der Christengemeinde in Kapernaum sich anschloß, von seinem Oheim jedoch mit Gewalt diesem Umgang entzogen und nach Babylonien fern von christlichem Einfluß geschickt wurde. Um endlich noch auf den König Alexander Jannäus zu reden zu kommen, unter welchem Jesus nach den Tholedoth Wagenseils im Jahr der Welt 3671 geboren sein soll, so ist dieser frühe schon, und zwar schon in der Grundschrift des alten Geschichtskalenders Megillath Thaanith, mit Herodes dem Großen verwechselt worden (vgl. Grätz, Bd. III, S. 426—27; Caspari, Chronologisch geographische Einleitung in das Leben Jesu Christi, S. 29—30); das Geburtsjahr aber ist entweder eine Verderbnis des Jahrs der Kalenderrechnung Hillels ha-Nassi um die Mitte des vierten Jahrhunderts 3761 (vgl. Gustav Rösch: „Zeitrechnung, biblische", in Herzogs Realencyklopädie, Bd. XVIII, S. 422), oder das Jahr der allgemeinen Flucht der Pharisäer nach der Blutthat des Alexander Jannäus an den gefangenen Aufständischen von Bethome oder Bemeselis und ihren Weibern und Kindern, s. Jos. Antiqq. XIII, 142. B. J. I, 4, 6. Denn das Jahr der jüdischen Weltära 3671 ist das Jahr 90 v. Chr., und in diese Zeit fällt die Jannäische Schauergeschichte, vgl. Grätz, Bd. III, S. 113. Woher stammt im letzteren Falle dieser seltsame Anachronismus? Von einer Verwechslung der Flucht des neugeborenen Jesuskindes vor dem bethlehemitischen Kindermord nach Aegypten mit jener Pharisäerflucht, ein Misgriff, der, wie sich bald zeigen wird, schon dem Talmud eigen ist und der wol auch der vorhin angeführten Verwechslung des Alexander Jannäus mit Herodes überhaupt zu Grunde liegt.

Den bethlehemitischen Kindermord selbst erwähnt die Gemara nirgends, nur die Tholedoth, und auch diese nur in der Huldreich'schen Recension, gedenken seiner S. 10—12, wobei sie ihn aber als die Folge der durch die Flucht nach Aegypten herbeigeführten Unausführbarkeit der gegen das ehebrecherische Paar und seine Kinder von Herodes auf Klage des Ehemanns Papus von Rechts wegen verfügten Steinigung hinstellen. Diese Verzerrung des evangelischen Berichts ist nur die in sich nothwendige Consequenz der Ehebruchssage.

Daß übrigens die Gemara den Kindermord trotz ihres Stillschweigens doch kannte, beziehungsweise in der Geschichte vorfand, beweist die von ihr im Sanh. bei Wagenseil (Conf., p. 15), Eisenmenger (Th. I, S. 116) und Schöttgen (Th. II, S. 697), der Flucht nach Aegypten unterlegte Veranlassung: die oben erwähnte mörderische Verfolgung des Alexander Jannäus gegen die Pharisäer. Ein Zeitgenosse des letzteren kann Jesus unmöglich gewesen sein, wenn er nun gleichwol von der jüdischen Sage dazu gemacht wird, so kann dies nur in der Verwechslung einer für das Leben des Lehrers von Nazareth zwar zu einem Wendepunkt aber im ganzen doch wenig bekannt gewordenen Maßregel Herodes' des Großen mit einer ähnlichen, auf das Loos der Lehrer überhaupt influirenden und viel bekannt gewordenen Handlung des Alexander Jannäus seinen Grund haben. Mithin hat die Gemara den bethlehemitischen Kindermord wohl gekannt, nur hat sie ihn chronologisch falsch locirt.

Aus dem Knabenalter Jesu weiß die Gemara und zwar in der oben angeführten Stelle aus Mass. Call. nur eine Sage zu erzählen. Jesus soll nämlich die Unehrerbietigkeit soweit getrieben haben, mit unbedecktem Haupte an den Aeltesten unter dem Thore vorüberzugehen, was die ihn beobachtenden Rabbinen Elieser und Josua auf den Verdacht seiner unehrlichen Geburt gebracht und den Rabbi Akiba veranlaßt habe, seiner Mutter Maria das oben erwähnte Bekenntnis ihrer Schande abzulocken. Nacherzählt ist diese Anekdote in der Wagenseil'schen Recension der Tholedoth, S. 5, mit der Abweichung, daß der über das Motiv der Unehrerbietigkeit Aufschluß gebende Lehrer nicht mehr Akiba, sondern Simeon der Sohn Schetachs, der bekannte Führer der Pharisäerpartei unter Alexander Jannäus, ist, was mit dessen Verwechslung mit Herodes dem Großen ganz im chronologischen Einklang steht. Umgestaltet ist sie in der Huldreich'schen Recension, S. 19, in der Weise, daß der Jesusknabe in der Nähe der Halle Gasith (dem Sitzungsort des großen Synedriums) bei dem Ballspiel mit den Priesterkindern aus Aerger über den Fall seines Balls in das „Thal des Teichs" sich die Kopfbedeckung abgerissen und den diese Unschicklichkeit an diesem Ort tadelnden Spielgenossen erwidert haben soll: Moses hat das nicht befohlen, und was die Worte der Weisen betrifft, so ist an ihnen nichts Wesentliches. Diese von den Rabbinen Elieser, Josua dem Sohn Levi's und Akiba gehörten Worte hätten dann zu der Verdächtigung und Entdeckung seiner Geburt Anlaß gegeben. Schon Huldreich hat die Erzählung für eine Fratze der Unterredung des zwölfjährigen Jesus im Tempel angesehen [1]).

Gehen wir von der Kindheitsgeschichte nunmehr über zu der Mannesgeschichte Jesu, so macht ihn die Sage im contradictorischen Widerspruch mit der Entdeckung seiner unehrlichen Geburt durch seine Unehrerbietigkeit gegen die Lehrer in seinem Mannesalter zum Jünger des Thanna Josua des Sohnes Perachjahs, denn als uneheliches Kind war er nach den talmudischen Belegstellen Eisenmengers (Thl. I, S. 114) der Ehre, ein Rabbinenschüler zu werden, verlustig, und als Gegner der Lehrer von Anfang an konnte er nach dieser Ehre nicht geizen. Diese Jüngersage findet sich übrigens bei Celsus noch nicht; erst Sota und Sanh. sagen bei Wagenseil (Conf., p. 15), Lightfoot (Hor. hebr., p. 207), Eisenmenger (S. 116) und Schöttgen (Th. II, p. 697), daß nach der Erwürgung der Lehrer durch den König Jannai Josua der Sohn Perachjahs und Jesus mit einander nach Alexandrien in Aegypten geflohen seien, und die Huldreich'sche Recension der Tholedoth erzählt p. 14, der Bastard sei nach Jerusalem gegangen und habe im Lehrhause Josua's gelernt und habe sogar das Werk des Wagens (מַעֲשֵׂה מֶרְכָּבָה), Ez. 1, und das Geheimnis des nomen ineffabile erlernt, wogegen die Wagenseil'sche Recension in richtigem Gefühle die Jüngerschaft ignorirt [2]).

---

[1]) Eine häßliche Ausspinnung der Entdeckungssage begegnet uns in den Huldreich'schen Tholedoth, S. 32 u. 33. Die Entdeckung soll nämlich Jesus mit einer solchen Wuth erfüllt haben, daß er seiner Mutter durch eine schamlose Peinigung das Geständnis ihrer Schande abgezwungen und seinen Vater Joseph Pandera erschlagen habe. Ersteres ist entweder ein Hohn auf Luk. 11, 17, oder auf die mittelalterlichen Frivolitäten des Mariencults, wie Huldreich meint; letzteres auf Matth. 10, 21.

[2]) Die richtige Auslegung dieses Unterrichts Jesu in geheimer Wissenschaft gibt die Behauptung des Rabbi Naphthali bei Wagenseil, Thl. I, S. 150, Jesus habe die Zauberei bei seinem Lehrer Josua, dem Sohn Perachjahs, erlernt, der ein Mitglied des Hohen Raths gewesen sei, welche Behörde in der von dem Erzvater Abraham her überlieferten Zauberkunst

Historisch, wie Richard v. d. Alm S. 125 u. 133 sie nimmt, kann natürlich die Sage nicht sein, denn der fragliche Thanna ist ein Zeitgenosse des Alexander Jannäus gewesen; entstanden aber ist sie wahrscheinlich aus den zwei Momenten der schon besprochenen frühen Verwechslung dieses Königs mit Herodes und der ehrenden Erwähnung eines Zacharias, des Sohns Barachia's von Jesu in Matth. 23, 35.

Das Jüngerverhältnis soll von dem Meister wegen einer Lascivität des Schülers unterwegs auf der Rückreise von Aegypten gelöst worden sein. Nach den eben angeführten Talmudstellen lobte nämlich der Meister die Schönheit einer von ihnen unterwegs besuchten Herberge (אַכְסַנְיָא); der Jünger aber misverstand den Meister und suchte in dessen Worten das Lob der Schönheit der Herbergsmutter, welches er mit der Bemerkung einschränkte, sie habe schielende Augen. Hierauf verstieß ihn der Meister und that ihn unter dem Schall von vierhundert Posaunen in den großen Bann. Allmählich ließ er sich jedoch durch die flehentliche Bitte Jesu besänftigen und winkte ihm über dem Lesen von Deut. 6, 4 wieder herbei. Jesus hielt aber die Geberde für eine abweisende, richtete einen Backstein auf und betete ihn an. Der bisherige Lehrer verwies ihm dieses Beginnen, allein der frühere Schüler erklärte diese Warnung für zu spät kommend. Der Mar aber sagte, daß Jesus gezaubert habe, abgewichen sei und Israel verführt habe. Die Geschichtlichkeit dieser Sage wird die Kritik auf die Tradition zu reduciren haben, daß Mar Josua der Sohn Chananja's in der trajanisch-hadrianischen Zeit Jesus für einen in Aegypten eingeschulten Zauberer und Götzendiener ausgegeben habe. Was die

---

wohl erfahren gewesen sei. Letztere Angabe beruht auf der schon bei Celsus vorkommenden Verleumdung der Juden, sie verehren die Engel und widmen sich der Zauberei, deren Lehrer für sie Moses gewesen sei, I, 26, p. 20 der Höschel'schen Ausgabe: — *λέγων, αὐτοὺς σέβειν ἀγγέλους καὶ γοητείᾳ προσκεῖσθαι, ἧς ὁ Μωϋσῆς αὐτοῖς γέγονεν ἐξηγητής*, und auf der nach Wagenseil a. a. O., S. 151 von der Gemara Sanh. fol. 17 ausgestreuten Prahlerei, es dürfe niemand im Hohen Rathe sitzen, der nicht unter andern Vorzügen auch den des Zaubereiverständnisses für sich habe.

einzelnen Züge anbelangt, so ist der Vorfall in der Herberge wol nur der finstere Schatten einer gehässigen Motivirung der Milde Jesu gegen die Ehebrecherin in Joh. 8, 11 und die Aufrichtung des Backsteins zum Götzendienst ist vielleicht eine Mythisirung der Warnung in Hab. 3, 18. 19. Den Stein selbst erklärt der Rabbi Abraham Perizol bei Wagenseil a. a. O., S. 153 für einen Stein des Markolis oder Merkur.

Daß die jüdische Sage die Zauberei zum Gegenstand der Beschäftigung Jesu in Aegypten macht, hat bei dessen Charakterisirung als Stammsitz der Magie im Alten Testament, der die Wirklichkeit noch in den Zeiten Hadrians völlig entsprach (man denke nur an den Antinousunfug), lediglich nichts Befremdliches. Schon Celsus läßt I, 28. p. 22 der Ausgabe Höschels Jesus als einen aus Armut in Aegypten dienenden Taglöhner ägyptische Zauberkünste sich aneignen: — *διὰ πενίαν εἰς Αἴγυπτον μισθαρνήσας κἀκεῖ δυνάμεών τινων πειρασθεὶς, ἐφ᾽ αἷς Αἰγύπτιοι σεμνύνονται*, und Wagenseil führt Conf., p. 17 aus Schabb, fol. 104 b, an: „Stadae filius secum extulit ex Aegypto artes magicas in incisura, quam in carne sua fecerat.“ Raschi erklärt bei Wagenseil a. a. O. und Schöttgen, Thl. II, S. 699 das Einschneiden in das Fleisch für eine Vorsichtsmaßregel Jesu, um unter der aufgeschnittenen Haut das Zauberbuch vor der Eifersucht der ägyptischen Zauberer zu verbergen. In Wirklichkeit ist das Einschneiden in das Fleisch ein Reflex von Lev. 19, 28; 21, 5 und Deut. 14, 1. Verwischt ist dagegen der ägyptische Ursprung der Zauberkunst Jesu in den Tholedoth Wagenseils, welche S. 6 u. 7 Jesus nach seiner Ausstoßung aus dem Kreis der Rabbinenschüler aus Galiläa heimlich nach Jerusalem zurückkehren und ihn das nomen ineffabile auf dem von David bei der Fundamentirung des Tempels gefundenen und später im Allerheiligsten aufbewahrten Steindeckel des Abgrunds entwenden lassen. Die Jesu hiebei zugeschriebene Verfahrungsweise ist der Reflex des Hauteinschnitts in Aegypten, er habe nämlich den Gottesnamen auf einen Zettel abgeschrieben und in einem Hauteinschnitt an seinem Leibe verborgen, von wo er ihn nach dem Gelingen seiner Entweichung wieder hervorgeholt habe. Auffallenderweise setzt nun aber der Autor seiner Erzählung hinzu, daß das Eindringen Jesu in den Tempel bei der Wachsamkeit der Priester nur aus seinem Besitz von Zauberkünsten erklärbar sei, so daß also Jesus nach dem Sinne des Autors die Zauberei doch auch schon vor der Entwendung des Nomen ineffabile verstanden haben müßte. Ist das eine unwillkürliche unklare Reminiscenz an deren Erlernung in Aegypten, oder ist es der verschwommene Reflex des Unterrichts bei einem zauberkundigen Rabbi?

Nach der Rückkehr aus Aegypten sammelte sich Jesus Jünger. Ihre Zahl gibt Celsus auf zehen oder eilf, der Talmud auf fünf, die Tholedoth Wagenseils auf zwölf, die Huldreichs aber, wie der Talmud, auf fünf an, vgl. Sanh. 43, a bei Wagenseil Conf., p. 17 und Schöttgen, S. 703, sowie die Tholedoth der beiden Herausgeber S. 19. 20 u. 35. Nach der Huldreich'schen Recension hat sich den fünf noch ein Hauptbösewicht Jochanan angeschlossen, den Jesus Johannus genannt hat. Dieser muß Johannes der Täufer sein, da er Jesu den Rath gab, durch Waschung des Kopfes mit dem Wasser Boleth (von בְּלִי = בָּלָה) alle seine Anhänger zu kennzeichnen. Eine Erinnerung an die Nasiräer und ein Hohn auf die Tonsur, vgl. Keim (Geschichte Jesu von Nazara, Bd. I, S. 529 Anm.). Die Zahl des Celsus beruht, wie Origenes I, 62 und p. 48 richtig bemerkt: *μηδὲ τὸν ἀριθμὸν τῶν ἀποστόλων ἐπιστάμενος δέκα εἶπεν ἢ ἕνδεκά τινας κτλ.*, einfach auf Unkenntnis. Auf demselben Mangel, jedoch schwerlich allein auf ihm, beruht auch die Fünfzahl des Talmud, da sie durch den Jünger Jakob von Kephar-Samia oder Sechanjah, welcher schon früher erwähnt worden ist, um einen vermehrt wird. Der weitere Grund der Fünfzahl wird wol ein der jüdischen Zahlensymbolik angehöriger sein, wornach die Fünf die unfertige und unmächtige Weltlichkeit repräsentirt, vgl. Leyrer: „Zahlen bei den Hebräern", in Herzogs Realencyklopädie, S. 382. Die durch die Zuzählung Jakobs, beziehungsweise Jochanans, entstehende, nirgends aber ausdrücklich genannte Sechszahl der Jünger wäre die Symbolzahl der dem Göttlichen entgegengesetzten Weltlichkeit, vgl. Gustav Rösch: „Die Zahl 666", in den

Studien der evangelischen Geistlichkeit Würtembergs 1847, S. 46. Die Namen der Jünger nennt Celsus nicht, der Talmud aber gibt sie in der vorhin citirten Gemarastelle bei den genannten Gewährsmännern so an: מתאי, נקאי, נצר, בוני, תודה. Wie sind sie zu erklären? Die Gemara spielt a. a. O. mit folgender ebenso gotteslästerlicher als lächerlicher Etymologie, die fünf Jünger hätten vor dem Blutgericht auf die vermeintliche Bedeutung ihrer Namen hin ihre Freilassung gefordert, seien aber auf die wahre Bedeutung derselben hin alle verurtheilt worden; Mathai habe sich auf Ps. 42, 3: wann (מָתַי) werde ich dahin kommen, daß ich Gottes Angesicht schaue? berufen, sei aber mit Ps. 41, 6: wann wird er sterben und sein Name vergehen? zurückgewiesen worden; Nakai habe sich auf Ex. 23, 7: den Unschuldigen (נָקִי) und Gerechten sollst du nicht erwürgen, berufen, sei aber mit Ps. 10, 8: er erwürget die Unschuldigen heimlich, zurückgewiesen worden; Nezer habe sich auf Jes. 11, 1: es wird ein Zweig (נֵצֶר) aus seiner Wurzel Frucht bringen, berufen, sei aber mit Jes. 14, 19: du aber bist verworfen von deinem Grabe wie ein verachteter Zweig, zurückgewiesen worden; Bonai habe sich auf Ex. 4, 22: Israel ist mein erstgeborener Sohn (בְּנִי), berufen, sei aber mit V. 23: ich will deinen erstgeborenen Sohn erwürgen, zurückgewiesen worden; Thodah habe sich auf die Ueberschrift von Ps. 100: ein Dankpsalm (לְתוֹדָה), berufen, sei aber mit Ps. 50, 23: wer Dank opfert, der preiset Gott, zurückgewiesen worden. Wagenseil bemerkt hiezu Conf., p. 18: „Apparet, ista huc tendere, quasi in viros illos, quorum nomina exprimuntur, ultimis poenis fuerit animadversum, etsi magis est, ut credamus, ab otioso aliquo, et scripturae dicta, in lusum et jocum sic detorquente, delirantis ingenioli ostentandi causa, ineptias has esse confictas.“ Die neuere Kritik, welche übrigens hier allein von Grätz, Bd. III, S. 243 Anm., und Renan repräsentirt wird, erklärt von diesen Namen nur zwei für historisch: Matthäus und Thaddäus, in Nakai vermuthet sie eine Abkürzung von Nikolaiten, in Nezer den Sectennamen der Nazarener, Bonai identificirt sie mit dem Nakdimon (נַקְדִּימוֹן) des Talmud, da in Thaan., fol. 20 a Bonai für das nom. propr. des letzteren erklärt wird, und mit dem Nikodemus des

Johannesevangeliums, was frühere Gelehrte schon theils aufgestellt, theils verworfen haben, s. Thilo, Codex Apocryphus Novi Testamenti (Leipzig 1832), S. 550 Anm., oder mit dem Einsiedler Banus, dem Lehrer des Josephus. Ob aber in Nakai und Bonai nicht am Ende eine Erinnerung an Nicäa und an *Βοανεργὲς* = בְּנֵי רֶגֶשׁ schlummert? Jedenfalls gehört diese Tradition zu den spätesten. Die Tholedoth Wagenseils nennen die Namen nicht, die Huldreichs nennen sie S. 35: מתיא, שמען, תודה, מרדכי, אליקום. Diese Namen habe Jesus verändert, den Simeon habe er פיטרום genannt nach פֶּטֶר, die Erstgeburt, weil er der Erste gewesen sei; den Matthia מטעה, weil auch dieser sich ihm ergeben habe und abgeirrt sei: כִּינָם הוּא נָטָה אַחֲרָיו וְשָׁעָה; den Elikus לקום, weil er ihn habe unter die Heiden bringen müssen: לָקוּם אוֹתוֹ בַּגּוֹיִם; den Mardochai מרקום, weil er ihn aus der Nichtigkeit herausgehoben habe: מֵרִיקִים נְשָׂאוֹ; den Thodah הועל, weil er gehandelt und gezeugt habe über ihn nach seinem Wohlgefallen: הוֹעַל וְהֵעִיד עָלָיו כִּרְצוֹנוֹ. Hier hat theils der Primat Petri, theils der Irrtum über Lukas und Paulus, theils einfach der Unsinn des Hasses die Feder geführt.

Den Charakter der Jünger erklärt schon Celsus in Verruf: sie waren berüchtigte Menschen, Zöllner und Schiffer der schlimmsten Art: l. c. — *ἐπιρρήτους ἀνθρώπους τελώνας καὶ ναύτας τοὺς πονηροτάτους*, und II, 46, p. 89: *πῶς δ' οὐ ψεύδεται ὁ λέγων παρὰ τῷ Κέλσῳ Ἰουδαῖος, ὅτι παρὼν δέκα ναύτας καὶ τελώνας τοὺς ἐξωλεστάτους μόνους εἶλε.* Er hat diese Charakteristik wahrscheinlich dem Barnabasbrief entnommen, wie Origenes I, 63 selbst meint, und wo die Apostel Männer von einer alles übersteigenden Gesetzlosigkeit — *ὄντας ὑπὲρ πᾶσαν ἀνομίαν ἀνομωτέρους* — genannt werden. Mag nun auch diese Charakteristik nur der mythische Niederschlag des Sündenbekenntnisses des Apostels Paulus sein, wie, wenn ich nicht irre, Baur in seiner dem Verfasser augenblicklich nicht zur Hand seienden Abhandlung über die Pastoralbriefe annimmt, so ist sie doch der judischen Anschauung von den Aposteln mit logischer Nothwendigkeit adäquat, nachdem einmal Judentum und Christentum in zwei contradictorische Gegensätze auseindergegangen waren. Der Talmud selbst bietet uns freilich gar keine Notizen über den

Charakter der Jünger, nur die Tholedoth Huldreichs insamiren sie S. 35 als Nichtswürdige.

Das Lehren und Wirken Jesu bespricht der von Celsus eingeführte Jude nirgends im Detail, er wirft ihm I, 28 eben hinsichtlich der Lehre im allgemeinen vor, er habe aus Stolz auf die in Aegypten sich angeeigneten Zauberkräfte sich öffentlich für einen Gott erklärt: — *ἐν ταῖς δυνάμεσι μέγα φρονῶν καὶ δι' αὐτὰς θεὸν αὐτὸν ἀνηγόρευσε.* Der Talmud beschränkt sich in einer schon erwähnten Stelle auf die Beschuldigung der Volksverführung: es ist das Alte: *τοῦτον εὕρομεν διαστρέφοντα τὸ ἔθνος.* An einer andern Stelle bringt er die Beschuldigung falscher Lehre in sprüchwörtlicher Form vor. Man liest nämlich in Sanh. und Sota bei Eisenmenger, Th. I, S. 152 und Schöttgen, S. 699: „mögest du nie einen Sohn oder Schüler haben, welcher seine Speise öffentlich verderbt, wie Jesus der Nazarener gethan hat“. Lightfoot gibt in seinen Hor. Hebr. zu Luk. 23, 2 hiezu die Erklärung: „Corrumpere edulium publice, magistris est corrumpere veram doctrinam haeresi et verum dei cultum idololatria.“ Ist diese sprüchwörtliche Redensart vielleicht eine Reminiscenz an Joh. 4, 34? Ein Hohn auf die Begnadigung der großen Sünderin von dem göttlichen Hohepriester scheint der einzige Ueberrest von der jüdischen Tradition über die Einzelnheiten der Lehre Jesu zu sein, die von Rabbi Eliefer dem Sohn Hyrkans (s. oben) gebilligte halachische Entscheidung Jesu über die Frage, ob wegen Deut. 23, 18 die Kosten des Abtritts für den Hohenpriester während seines siebentägigen Aufenthalts im Gemach פרהדרין (*προέδριον*) vor dem großen Versöhnungstag aus dem Hurenlohn bestritten werden dürfe, es sei dies nach Mich. 1, 7 zuläßig, s. Schöttgen, S. 704. Die beiden Tholedoth fassen die Lehre Jesu in dessen Behauptung zusammen, er sei der Sohn Gottes und sei von seiner Mutter als Jungfrau geboren worden. Sie variiren hiebei kaum im Ausdruck, indem die Recension Wagenseils, S. 7, über den Vorgang der Empfängnis Jesus sagen läßt, er sei durch den Scheitel in seine

Mutter eingegangen, und die Recension Huldreichs, S. 43, ihm die Erklärung in den Mund legt, er sei empfangen vom heiligen Geist und aus der Stirne der jungfräulichen Mutter geboren, er sei der wahre Goël, und das Gesetz sei abzuschaffen. Das Wirken Jesu schmäht Celsus als Zauberei während eines herumschweifenden, elenden Lebens, I, 62. p. 48: *μετὰ τούτων* (den Jüngern) *τῇ δὲ κἀκεῖσε αὐτὸν ἀποδεδρακέναι αἰσχρῶς καὶ γλίσχρως τροφὰς συνάγοντα.* Das eigentliche Dictum probans hiefür findet sich II, 49, wo er aus Matth. 24, 23 ff. beweisen will, daß die Wunder des Herrn lediglich nur Zaubereien und Gaukeleien gewesen sein können, da ja nach der Weißagung böse Buben eben solche verrichten würden, p. 91: *ὁ δὲ Κέλσος κοινοποιῆσαι βουλόμενος τὰ τεράστια τοῦ Ἰησοῦ πρὸς τὴν ἐν ἀνθρώποις γοητείαν φησὶν αὐταῖς λέξεσιν· ὦ φῶς καὶ ἀλήθεια· τῇ αὐτοῦ φωνῇ διαῤῥήδην ἐξαγορεύει, καθὰ καὶ ὑμεῖς συγγεγράφετε· διότι παρέσονται ὑμῖν καὶ ἕτεροι δυνάμεσιν ὁμοίαις χρώμενοι, κακοὶ καὶ γόητες· καὶ σατανᾶν τοιαῦτά τινα παραμηχανόμενον ὀνομάζει, ὥστε οὐδὲ αὐτὸς ἔξαρνός ἐστιν, ὡς ταῦτά γε οὐδὲν θεῖον, ἀλλὰ πονηρῶν ἐστιν ἔργα, βιαζόμενος δὲ ὑπὸ τῆς ἀληθείας ὁμοῦ καὶ τὰ τῶν ἄλλων ἀπεκάλυψε καὶ τὰ καθ' αὐτὸν ἤλεγξε.* Die einzelnen Wunder, welche Celsus Jesu zugesteht, sind „angebliche Heilungen von Blinden und Lahmen und Todtenerweckungen“ II, 48. p. 90: *καὶ νῦν δέ φησιν οἱονεὶ ἡμᾶς ἀποκρίνασθαι, ὅτι τοῦτ' ἐνομίσαμεν αὐτὸν εἶναι υἱὸν θεοῦ, ἐπεὶ χωλοὺς καὶ τυφλοὺς ἐθεράπευσε· προστίθησι δὲ καὶ τὸ, ὡς ὑμεῖς φατὲ, ἀνίστη νεκρούς.* Ebenso wie Celsus weiß auch der Talmud nur von Zaubereien Jesu, s. die obigen Stellen aus Sanh. und Sot. Einzelne Züge hat er uns keine aufbewahrt, aber aus den dem mehrfach erwähnten Jünger Jakob zugeschriebenen Krankenheilungen im Namen Jesu des Sohns des Pandera geht hervor, daß die Sage die Zaubereien auf Heilungswunder bezog. Ausführlicher sind dagegen die Tholedoth. Nach der Recension Wagenseils wählte Jesus seinen Geburtsort Bethlehem zum Schauplatz seiner Thaten. Auf das Verlangen der dortigen Einwohner nach einem Zeichen fügte er die ausgegrabenen Gebeine eines Todten wieder zusammen, umgab sie mit Fleisch, Muskeln und Haut und machte so einen Leichnam wieder zu einem lebendigen Menschen. Das ist wol eine Uebertreibung des Auferweckungswunders an Lazarus Joh. 11, 39 nach Ez. 37, 6. Ferner heilte er einen Aussätzigen durch das nomen ineffabile, worauf die Leute vor ihm niederfielen und ihn anbeteten: „Du bist wahrhaftig der Sohn Gottes." Am fünften Tage kam die Nachricht von seinen Thaten nach Jerusalem und erregte bei den Boshaftigen große Freude, aber bei den Alten, Frommen und Weisen und bei dem großen und kleinen Synedrium große Betrübnis. Sie hielten einen Rath und beschlossen, um Jesum in ihre Gewalt zu bekommen, ihn durch Abgesandte nach Jerusalem einzuladen. Jesus nahm die Einladung unter der Bedingung an, daß sämtliche Mitglieder des großen und kleinen Hohen Raths und insbesondere die Schelter seiner Geburt ihm entgegengehen und ihn wie Knechte ihren Herrn begrüßen sollten. Die Herren in Jerusalem nahmen die Bedingung an, und Jesus machte sich nun mit den Abgeordneten auf den Weg. In Nob fragte er nach einem Esel zum Reiten, der sogleich herbeigeschafft wurde. Wie kam aber Jesus von dem südlich von Jerusalem gelegenen Bethlehem her nach dem auf der nördlichen Anhöhe vor Jerusalem gelegenen Nob (s. Arnolds Artikel: „Städte und Ortschaften in Palästina", in Herzogs Realencyklopädie, S. 758)? Ganz einfach, weil der im Abendland lebende Verfasser der Tholedoth, der Geographie gänzlich unkundig, bloß aus Jes. 10, 32 wußte, daß Nob eine letzte Station vor Jerusalem mit Aussicht auf die Stadt war. „Stans in oppidulo Nob et procul urbem conspiciens Jerusalem", sagt Hieronymus zu Jes. 10. Auf dem Esel hielt Jesus seinen Einzug in Jerusalem, die Sacharjahstelle auf sich anwendend. Der Einzug wurde für ihn zu einem Huldigungsfest, was die Frommen in keine kleine Bestürzung versetzte und sie zu einer Anklage Jesu wegen Volksverführung bei der Königin Helena oder Oleina veranlaßte, welche nach dem Tode ihres Gemahls Jannai regierte. Es ist dies weiter nichts als eine naive Verwechslung Alexandra's, der Wittwe des Alexander Jannäus, mit Helena, der Mutter Constantins und Erbauerin der ersten Heiligengrabkirche. Die Ankläger erklärten Jesus des Todes schuldig und baten die Königin, ihn ihrer Rache zu überlassen. Diese aber nahm das Verfahren selbst in die Hand, weil sie ihn als ihren Blutsverwandten zu retten gedachte. Den Rettungsplan erleichterte ihr der Angeklagte dadurch, daß er vorgerufen einen Aussätzigen heilte und einen Todten auferweckte, worauf sie seine Werke für des Sohnes Gottes würdige erklärte und zum Aerger der Ankläger frei ließ. Die Blutsverwandtschaft mit Helena beruht auf der Angabe in Sanh. 43, a: „Jesus sei dem Königtum nahe gestanden" קָרוֹב לַמַּלְכוּת הָיָה, s. Eisenmenger, Th. I, S. 183, die Gemaranotiz selber ist der Niederschlag der davidischen Abkunft Josephs und Maria's in den Evangelien. Nach den Tholedoth Huldreichs wählte Jesus anfänglich Galiläa zu seinem Aufenthalt, bis Herodes die Läufer, הָרָצִים, nach ihm aussandte, um ihn nach Jerusalem zu bringen. Von den Bösewichtern gewarnt, entfloh er jedoch mit seinen Anhängern in die Wüste von Ai. Die Läufer fanden niemand mehr als Johannes, welchen sie nach Jerusalem schleppten, wo ihn der König mit dem Schwert hinrichten und sein Haupt an einem Thor aufhängen ließ. Unterdessen versammelte Jesus die Bewohner von Ai und that vor ihnen Wunder mittelst des nomen ineffabile, er fuhr auf einem Mühlstein im Meer herum. Auch an erheiternden Scenen ließ er es nicht fehlen, so wünschte er ein regsames Mädchen einem trägen Hirten zur Frau, ließ sich von dem diebischen Juda, der in einer Herberge während des Schlafes seines Meisters das einzige vorhandene Gänschen verzehrt hatte, mit einem Traume zum Besten halten, verhieß einer ihm mit einem Wasserkrug begegnenden Frau nie versiegendes Wasser für ihr Land, wofür er die Antwort bekam: „Thor, wenn du Wunder thun kannst, warum verschaffst du dir nicht selbst reichliches Wasser?" tanzte endlich vor den ihm entgegengehenden Bewohnern von Kiriathaim um ein Brod und einen Esel. Was ist Ai? Kapernaum, sagen Huldreich S. 44 und R. v. d. Alm, S. 143, Anm. 2. Wahrscheinlich ist diese Vermuthung, aber nicht etwa wegen der besonderen Verruchtheit der Bürger von Ai in Jos. 7 u. 8 oder wegen des Anklingens von

כְּפַר נעום, wie nach Huldreichs Traum Kapernaum statt כְּפַר נחום hebräisch auch geheißen haben könne, sondern wegen der typischen Aehnlichkeit des Schicksals des Königs von Ai mit dem Tode Jesu nach der jüdischen Sage in Jos. 8, 29.

Mit der Frage nach der Dauer des Lehrens und Wirkens Jesu beschäftigt sich die jüdische Tradition nicht. Nur so viel ist ersichtlich, daß sie ihm eine jahrelange Dauer nicht beigemessen haben kann, da sie sein Auftreten von Anfang an von den Gegnern beobachtet und angegriffen werden läßt. Hiedurch nähert sich die jüdische der patristischen, welche Jesu theilweise nur ein Lehrjahr zugesteht, vgl. Rösch: „Zum Geburtsjahr Jesu", in den Jahrbüchern für Deutsche Theologie 1866, S. 1 ff.; Keim, Jesus von Nazara, Bd. I, S. 145 Anm.

Die Endgeschichte Jesu zeigt bei Celsus in der Hauptsache wenig abweichende Züge von den Evangelien, die der Haß gezeichnet hat. Er hat sich nach seiner Ueberführung und Verurtheilung als Uebelthäter schimpflich zu verbergen gesucht (Joh. 11, 54?) und ist von einem Ort zum andern geflohen, allein endlich doch ergriffen worden, II, 9. p. 64: *καὶ ἐπειδὴ ἡμεῖς ἐλέγξαντες αὐτὸν καὶ καταγνόντες ἠξιοῦμεν κολάζεσθαι, κρυπτόμενος μὲν καὶ διαδιδράσκων ἐπονειδιστότατα ἑάλω.* Er ist sogar von seinen eigenen Jüngern verrathen worden, ibid.: *ὑπ' αὐτῶν δὲ ὧν ὠνόμαζε μαθητῶν προὐδόθη,* deren Liebe zu erwerben er nicht verstanden hatte, II, 12. p. 68: *αὐτὸς δὲ προδοθεὶς ὑπὸ τῶν ὑπ' αὐτῷ οὔτε ὡς στρατηγὸς ἦρξεν ἀγαθὸς, οὔτ' ἀπατήσας, κἂν τὴν ὡς πρὸς λήσταρχον (ἵν' οὕτως ὀνομάσω) εὔνοιαν ἐνεποίησε τοῖς ἀπατηθεῦσι.* Er ist von seinen Jüngern verleugnet worden, II, 45. p. 88: *ἀλλὰ καὶ ἠρνήσαντο εἶναι μαθηταί.* Seine Hinrichtung hat unzählige Augenzeugen gehabt, II, 70. p. 107: *κολαζόμενος μὲν ἄρα πᾶσιν ἑωρᾶτο.* Dieselbe geschah am Kreuz, II, 68. p. 105: — *ἀπὸ τοῦ σκόλοπος* —.

Eine wesentlich andere Fassung hat die Talmudtradition. Sie findet sich im jerusalemischen Schabbath und babylonischen Sanhedrin bei Buxtorf (Lex. Chald. et Talm., p. 1458),

Wagenseil (Conf. 19), Lightfoot (S. 458, 490 u. 498), Eisenmenger (S. 185), Schöttgen (S. 699—700). Die jerusalemische Gemara bietet uns nur eine Stelle in Sanh. c. 7 sq. (bei Ugolini, T. XXV, p. 190), deren Anführung in der lateinischen Uebersetzung Lightfoots (S. 458) genügt, da der Grundtext lediglich keine Schwierigkeiten hat: „Statuunt ei in insidiis duos testes in domo interiori, illumque in exteriori collocant, accensa juxta eum lucerna, ut eum videant audiantque. Sic actum est cum Ben Satda (Stada) in Lydda. Collocarunt ei insidiis duos discipulos sapientum, eumque adduxerunt ad Synhedrium et lapidarunt.“ Die babylonische Gemara bietet dagegen in Schabb. und Sanh. zwei Stellen, deren eine Sanh., c. 7 sq., nach Buxtorf so lautet: „Nulli ex omnibus, qui rei sunt ex lege, insidiae collocantur, nisi isti (qui scilicet alios a vera religione abducere cupit). Quomodo faciunt id ei? Accendunt ipsi candelam in conclavi interiori, et testes collocant in cubiculo exteriori, ut hi ipsum videre et vocem ejus audire possint: sed ipse non videt illos. Tum ille, quem antea conatus erat seducere, dicit ei: repete, quaeso, id quod antehac dixisti hic privatim. Tum, si id dicat, hic regerit ei: quomodo relinqueremus deum nostrum in coelis et serviremus idolis? Ad hoc si convertatur et resipiscat, bene: si vero dicat, hoc est officium nostrum, atque ita omnino decet nos facere, testes exterius ipsum audientes eum ad domum judicii abducunt et lapidant. Sic fecerunt filio Satdae (Stadae) in Lud (Lyddae) et suspenderunt eum in vespera paschatis.“ Die andere in Sanh., c. 6, 2 lautet nach Lightfoot (S. 490) so: „Traditio est, vespera paschatis suspensum fuisse Jesum, praeisseque praeconem per quadraginta dies sic dicentem: ‚prodit iste lapidandus, eo quod praestigiis egit et persuasit et seduxit Israelem; quicunque novit pro eo defensionem, prodeat et proferat‘: at non invenerunt pro eo defensionem, suspenderunt ergo eum vespera paschatis.“ Die Angaben in Schabb. sind identisch. Diese Todestradition der beiden Gemara macht im ganzen wie im einzelnen den Eindruck der Ungeschichtlichkeit. Die zwei nächtlichen Zeugen zur Beobachtung des Verdächtigen erregen den Argwohn, mythische Abbilder der zwei falschen Zeugen in der Synedrialsitzung im hohepriesterlichen Palast zu sein, und wenn sie dies nicht sind, so sind sie doch wol mythische Wucherungen aus Num. 35, 30 und Deut. 17, 6. Sodann kommt die Steinigung und sofortige Aufhängung Jesu nach dem jüdischen Strafgesetz gegen Verführer zum Religionsabfall durch den Bericht des Tacitus, den schon Eisenmenger (S. 185) hier geltend macht: „Auctor nominis ejus Christus, qui Tiberio imperante per procuratorem Pontium Pilatum supplicio affectus erat", historisch in Wegfall, und nur die Hinrichtung am Vorabend des Passa bleibt als geschichtlich bestehen. Die Frage nach dem Wann und Warum der Entstehung dieser Version der Todesumstände Jesu aber erhellt in etwas die Verlegung der Execution nach Lydda, insofern dieselbe auf eine Zeit hindeutet, in welcher dieser Ort entweder dem Synedrium zu seinen Versammlungen diente, was in der hadrianischen Trübsalszeit der Fall war, s. Grätz (Bd. IV, S. 185), oder durch schreckliche Erinnerungen als Blutstätte berüchtigt war, was ebenfalls in der hadrianischen Zeit geschah, wie die zehn lyddensischen Märtyrer beweisen, so daß es die jüdische Phantasie unwillkürlich zu einer Richtstätte wählte, wie die christliche das mit Golgatha thut. Nicht mehr Glaubwürdigkeit hat die Notiz der babylonischen Gemara von dem vierzig Tage hinter einander wiederholten öffentlichen Aufruf von Entlastungszeugen durch einen Herold unter Umherführung des Verurtheilten, da das Gesetz überhaupt nur eine öffentliche Verkündigung des Urtheils und Aufforderung von Entlastungszeugen, aber ohne vierzigmalige Wiederholung, vorschrieb. Zwar hat Caspari, Chronologisch-geographische Einleitung in das Leben Jesu Christi (Hamburg 1869), S. 156—159 mit ihr seine auf Joh. 11, 47—54 gebaute Hypothese einer Verurtheilung Jesu in contumaciam durch den Hohen Rath unmittelbar nach der Auferweckung des Lazarus historisch zu rechtfertigen versucht, allein seine Combination scheitert einfach an dem Umstand, daß Jesus während dieser vierzig Tage nach der

Gemara in der Gewalt seiner Richter, aber nach Joh. 11, 54 u. 57 in Freiheit sich befand. Völlig unglücklich ist die Polemik Caspari's gegen Renans Folgerung, Jesus sei nach der jüdischen Tradition gesteinigt worden, denn der Text besagt nicht bloß, wie er behauptet, Jesus sei wol zur Steinigung verurtheilt worden, aber die Execution habe nicht in der Steinigung, sondern in der Aufhängung, d. i. Kreuzigung bestanden, sondern der Text bezeugt vielmehr augenscheinlich das Recht Renans.

Gehen wir von dem Talmud zu den Tholedoth über, so malen diese den Untergang Jesu mit redseliger Weitläufigkeit aus. Nach der Recension Wagenseils (S. 11—18) trafen die Weisen nach dem Mislingen ihrer ersten Anklage bei der Königin Helena, mit einander die Verabredung, daß einer von ihnen das Nomen ineffabile sich aneignen und damit Wunder thun solle, wie Jesus, vielleicht würden sie ihn auf diesem Wege in ihre Gewalt bekommen. Zu der Ausführung des Plans erbot sich alsbald ein gewisser Juda. Er entwendete, wie Jesus, den großen Namen aus dem Allerheiligsten und schrie nun auf den Gassen, ob noch jemand behaupte, daß jenes Sündenkind der Sohn Gottes sei, da er, der doch nur Fleisch und Blut sei, alle Wunder zu verrichten vermöge, welche Jesus gethan habe. Das Auftreten Juda's kam der Königin und den Obersten zu Ohren, und Juda wurde, begleitet von den Aeltesten und Weisen, vor sie geführt. Auch Jesus wurde herbeigerufen und zur Verrichtung von Wundern angehalten. Juda aber wandte sich an die Königin und das ganze Volk mit dem Versprechen, wenn sich Jesus unter die Sterne betten würde, so wollte er ihn herunterstürzen. Es entspann sich nun ein Wortgefecht zwischen beiden, welches von Jesus mit der Erklärung beschlossen wurde, er werde sich jetzt zu seinem himmlischen Vater aufschwingen und sich zu seiner Rechten setzen, dorthin werde Juda nicht durchdringen. Jesus sprach hierauf den großen Namen aus, und es kam ein Wind, welcher ihn zwischen Himmel und Erde versetzte. Ohne Zögern sprach auch Juda den großen Namen aus, auch ihn hob der Wind zwischen Himmel und Erde hinauf, und sie schwebten zum Erstaunen der Zuschauer beide in der Luft. Juda sprach nun den Namen noch einmal aus und griff Jesus an, um ihn hinunterzustürzen. Aber auch Jesus gebrauchte den Namen in derselben Absicht, so daß sie beide mit gleichen Kräften kämpften. Da begann Juda an seinem Siege zu verzweifeln und verunreinigte Jesus mit seinem Urin. Die Folge hievon war für beide der Fall auf die Erde und Verlust des nomen ineffabile bis zu ihrer Reinigung. Ueber Jesus aber fällte man das Todesurtheil und bedeutete ihm, daß, wenn er ungefährdet von dannen kommen wolle, er die früheren Wunder wieder verrichten müsse. Jesus versuchte es, aber vergeblich, und brach jetzt in die Klage aus: „Von mir hat mein Ahnherr David geweißagt: um deinetwillen werden wir den ganzen Tag getödtet.“ Bei diesem Anblick griffen die Jünger und Anhänger Jesu die Aeltesten und Weisen mit Todesverachtung an und verhalfen ihrem Meister zur Flucht aus der Stadt. Dieser eilte an den Jordan, wusch und reinigte sich, sprach den großen Namen wieder aus und verrichtete wieder die vorigen Wunder. Unter anderem ließ er zwei Mühlsteine schwimmen, auf die er sich setzte und dem Volke Fische fieng. Als die Kunde hievon wieder nach Jerusalem kam, ergriff die Frommen und Weisen von neuem große Betrübnis, und sie fragten, ob denn niemand dem Sündenkinde den großen Namen entwenden wolle. Juda erbot sich hiezu, er machte sich unter den Segenswünschen der Weisen auf den Weg und mischte sich in fremder Gestalt und darum unerkannt unter die Jünger. Um Mitternacht fiel Jesus in einen tiefen Schlaf, da Juda den Engel des Schlafes beschworen hatte. Während dessen schnitt er Jesu das Fleisch auf und nahm den Pergamentstreifen mit dem nomen ineffabile heraus. Jesus erwachte und wurde von einem Geiste schwer geängstigt. Er theilte seinen Jüngern mit, daß sein himmlischer Vater sich entschlossen habe, ihn zu sich zu nehmen, da er keine Ehre bei den Menschen finde. Ihre Besorgnis für ihre Zukunft zerstreute er mit der Verheißung, sie werden zur Rechten seines himmlischen Vaters sitzen, wenn sie seiner Lehre treu blieben. Auf die Versicherung ihres unbedingten Gehorsams hin bat er sie nun, ihn nach Jerusalem zu begleiten, damit er wieder heimlich in den Tempel eindringen und den großen Namen sich noch einmal verschaffen könnte. Alle legten hierauf den Eid des Gehorsams in seine Hände ab, und Juda wußte sich insbesondere durch den Vorschlag ganz gleicher Kleidung, um die Entdeckung des Meisters zu verhüten, angenehm zu machen. Der Vorschlag wurde angenommen, und man machte sich nach Jerusalem auf den Weg, um daselbst das Passafest zu feiern. Nach der Ankunft in Jerusalem suchte Juda heimlich die Weisen auf und versprach ihnen, Jesus, wenn er am folgenden Tage in den Tempel gehen würde, um das Passa-Opfer darzubringen, in die Hände zu liefern. Um ihn unter den gleichgekleideten Jüngern kenntlich zu machen, werde er sich vor ihm niederwerfen, sie aber sollten sich bereit halten, ihn zu greifen, er habe zweitausend Männer bei sich. Simon der Sohn Schetachs war hierüber hoch erfreut und versprach genaue Befolgung des Raths Juda's. Am folgenden Tage erschien Jesus mit seinem Gefolge, Juda gieng ihm entgegen und warf sich vor ihm nieder; die Bürger von Jerusalem aber, welche alle bewaffnet und geharnischt sich eingefunden hatten, nahmen ihn gefangen. Von seinen erschrockenen und rathlosen Anhängern wurden viele erschlagen, andere flüchteten in die Berge. Den Gefangenen führten die Aeltesten in die Stadt, banden ihn an einer marmornen Säule fest und geiselten ihn unter der höhnischen Frage: wo sind nun alle deine Wunder? Sie flochten ihm darauf eine Dornenkrone und setzten sie ihm auf das Haupt. Das Sündenkind rief dürstend nach einem Trunk Wassers: man gab ihm Essig. Nachdem er den Essig genommen hatte, rief er mit großem Geschrei: „Sie geben mir Galle zu essen und Essig zu trinken in meinem großen Durst.“ Sie erwiderten ihm: „Warum hast du denn es nicht, ehe du trankst, angesagt, daß es Essig sei, wenn du Gott bist?“ Sie fuhren darauf fort: „Jetzt stehst du rettungslos am Rande deines Grabes.“ Jesus weinte und rief laut: „Mein Gott, mein Gott, warum hast du mich verlassen?“ Sie antworteten: „Wenn du Gottes Sohn bist, warum errettet er dich denn nicht aus unsern Händen?“ Jesus sprach: „Mein Blut ist ein Sühnopfer für die Welt, wie Jesaja geweißagt hat: durch seine Wunden sind wir geheilet.“ Sie führten nun Jesus vor das große und kleine Synedrium und fällten das Todesurtheil über ihn, daß er gesteinigt und aufgehängt werden solle. Es geschah dies am Vorabend des Passa, welcher zugleich der Vorabend des Sabbats war. Hierauf wurde er auf die Steinigungsstätte hinausgeführt und mit Steinwürfen getödtet. Er sollte nach der Weisung des Synedriums aufgehängt werden, allein kein Holz wollte ihn tragen, die Hölzer zerbrachen alle, weil sie Jesus verzaubert hatte. Da half Juda mit einem ungeheueren Kohlstengel aus seinem Garten aus, an ihm wurde der Todte aufgehängt, bis er am Abend auf dem Richtplatz begraben wurde. Um Mitternacht aber kamen die Jünger Jesu, setzten sich auf das Grab und hielten die Todtenklage. Als Juda dieses bemerkte, nahm er den Leichnam weg und begrub ihn in seinem Garten in dem Bett eines abgeleiteten Baches, welchen er nach dem Begräbnis sofort wieder zurückleitete. In diesem Passionsgemälde lassen sich Züge aus Celsus, dem Talmud und den Evangelien leicht wieder erkennen. So ist der Tradition des Celsus die Flucht Jesu nach seiner Verurtheilung entnommen, dem Talmud gehört die Steinigung und Aufhängung an, den Evangelien der Name des Verräthers, die Geiselung, der Durst, der Trank und der Klageruf der Gottverlassenheit. Dagegen ist die Verwebung der Simonssage in die Schilderung Jesu und Juda's neu und eigentümlich. Das Wortgefecht zwischen beiden erinnert unwillkürlich an die Redekämpfe zwischen Petrus und Simon; das Ringen beider in der Luft an den Herabsturz des in die Lüfte geflogenen Zauberers auf das Gebet des Apostels bei Arnobius (adv. gent. II, 23) und Cyrillus von Jerusalem (cat. VI, 15 u. a.), ein Spuk, der aus der vorgeblichen Zauberkunst Simons, in die Luft zu fliegen, Hom. II, 34: — εἰς ἀέρα πτῆναι —, Recogn. II: — in aerem volando invehar —, aufgestiegen ist; das Eindringen Juda's in den Jüngerkreis in fremder Gestalt (נִתְנַכֵּר, dissimulata persona übersetzt Wagenseil) an das μεταμορφωθῆναι der Homilien und das vultum meum commuto, ut non agnoscar der Recognitionen a. a. O.; die Aengstigung Jesu durch einen Geist an die nächtliche Geiselung Simons durch die Engel Gottes wegen seiner Feindschaft gegen die Wahrheit in Hom. XX, 19. Die Uebertragung simonischer Züge nicht bloß auf Juda, sondern auch auf Jesum selbst erklärt sich leicht aus

Simons antimessianische Typus in der christlichen Mythologie. — Nicht ansprechender ist das Passionsbild der Recension Huldreichs (S. 48 u. 56—88). Juda der Sohn Sacharjahs, der Hauptmann der Wagenkämpfer bei dem König Herodes, mischte sich als Bürger von Ai verkleidet unter die Jünger, um Jesus zu beobachten. Er begleitete ihn einige Zeit auf seinen Hin- und Herzügen, auf welchen die oben erwähnten Scurrilitäten vorkamen, bis er sich unter dem Vorgeben, die Anschläge der Weisen in Jerusalem auskundschaften zu wollen, sich dorthin aufmachte und dem König und den Weisen die Reden und gottlosen Thaten Jesu erzählte, welche letztere er durch das nomen ineffabile vollbringe. Der König und die Weisen baten Juda um seinen Rath, auf welchem Wege sie Jesus und seine Anhänger in ihre Gewalt bringen könnten. Dieser schlug vor, der König solle dem Gastwirth Jegar (nicht Jager, wie Huldreich schreibt, wegen Gen. 31, 47, mit dem es der Autor selbst in Beziehung setzt), dem Sohn Purahs, auch kurzweg Purah genannt, befehlen, den Wein mit dem Wasser der Vergessenheit zu mischen, derselbe sei zwar ein Bruder des Karkamus von Gerad, er werde aber Jesu einreden, daß er ein Bruder seines Schwiegervaters Karkamus von Ai sei, weswegen bei ihm die Einkehr ganz sicher wäre; sie wollen dann auf das Laubhüttenfest nach Jerusalem kommen, und dann werde man wol Jesus greifen können. Wie gesagt, so geschehen. Jesus kam auf den günstigen Bericht Juda's über die Lage und Stimmung in Jerusalem am großen Versöhnungstage dorthin und kehrte bei Purah ein, sprach von der Abschaffung der Feste, von dem Antheil des an ihn Glaubenden an der zukünftigen Welt, von der Einführung eines neuen Gesetzes in Jerusalem, von seinem Versöhnungstod und seiner Auferstehung auf Grund von 1 Sam. 2, 6. Indessen zeigte Juda dem König heimlich die Ankunft und Einkehr Jesu und seiner Jünger an. Der König schickte Jünglinge der Priester in das Haus Purahs, welche sich für Gläubige ausgaben und um Wunder baten. Jesus that solche vor ihnen durch den großen Namen. Dabei brachen er und seine Jünger das Fasten, sie aßen und tranken sogar am Versöhnungstag, sie tranken auch den Wein mit dem Wasser der Vergessenheit und giengen darauf schlafen. Um Mitternacht öffnete Purah den Läufern des Königs die Thüre, und diese banden Jesum und seine Jünger und führten sie in das Gefängnis. Jesus besann sich zwar auf den großen Namen, um sich zu helfen, allein er hatte ihn des Lethetrankes wegen vergessen. Die Jünger ließ der König am Laubhüttenfest steinigen, Jesus selbst ließ er auf das nächste Passafest aufbewahren. Die Leute von Ai sollten sich nämlich mit eigenen Augen überzeugen, daß die Worte des Lügenpropheten eitel seien. Auch schickte der König Briefe außer Lands an das kleine Synedrium und berief dasselbe zur Aburtheilung Jesu auf das Passa nach Jerusalem. Die Wormser Juden aber und das kleine Synedrium in den benachbarten Städten widerriethen die Hinrichtung und baten um Schonung für ihn. Der König und die Weisen aber kehrten sich nicht daran. Als nun das Passafest kam, wurden im ganzen jüdischen Lande die etwaigen Entlastungszeugen aufgerufen, das ganze Volk aber antwortete, man solle Jesus tödten. Auf dies hin führten sie am Vorabend des Passa Jesus aus dem Gefängnis und hängten ihn außerhalb der Stadt Jerusalem am Holze auf. Am Abend aber nahm Juda den Leichnam herab und begrub ihn in seinem Garten im Abort. Es springt in die Augen, daß die Huldreich'sche Version nur ein von der älteren jüdischen Tradition völlig losgelöster Roman ist, der vielleicht noch die Nebenabsicht verfolgt, die Schlemmerei und Buhlerei der mittelalterlichen Geistlichkeit zu verhöhnen. Ueber die einzelnen Züge ist zu bemerken, daß Jegar der Sohn Purahs ein rein symbolischer Handwerksname von גור, hebr. einkehren und talm. buhlen, und פּוּרָה, Kelter, ist, möglicher Weise mit hämischer Rücksicht auf die christologische Exegese von Jes. 63, 3, wie schon Huldreich (S. 64) anmerkt. Die Zeichen fordernden Jünglinge der Priester sind vielleicht die im Sanh. zur Ueberführung des Glaubensverführers vorgeschriebenen heimlichen Zeugen, von denen oben die Rede war. Das bloße Aufhängen am Holze ohne vorausgegangene Steinigung ist eine Concession an die Kreuzigung. Das Begräbnis des Leichnams im Abort soll endlich nach des Verfassers ausdrücklicher Versicherung die unflätige Höllenstrafe Jesu im Tractat Gittin fol. 57. 1 vorbilden, ist aber lediglich ein Spott auf die messianische Deutung von Ps. 69, 15, wie das Begräbnis im Bach in der Recension Wagenseils.

Der Eckstein des christlichen Glaubens, die Auferstehung, ist selbstverständlich dem Judentum ein Stein des Aergernisses. So gibt sich denn auch schon der Jude bei Celsus II, 55. p. 97 alle Mühe, ihre Wahrheit zu bestreiten. Sein Hauptargument ist, daß der Auferstandene nur von einem wahnsinnigen Weibe (Maria Magdalena) und noch von einem Unbekannten aus der Zauberer- und Gauklerbande (Petrus), der Schwärmer und Betrüger zugleich gewesen sei, gesehen worden sein solle. Der Talmud ignorirt die Auferstehung. Die Tholedoth aber krönen ihre Passionshistorie in der Recension Wagenseils (S. 19 ff.) mit folgendem Märchen. Als am Tage nach der Entwendung des Leichnams durch Juda die Jünger wieder auf die Steinignngsstätte kamen und sich auf das Grab daselbst setzten, um zu weinen, sagte dieser zu ihnen: „Was weinet ihr? suchet den Begrabenen.“ Sie suchten ihn, aber fanden ihn nicht, und nun rief die ganze Bande: „Er ist nicht im Grabe, sondern aufgefahren gen Himmel, denn er hat über sich selbst geweißagt: er wird mich aufnehmen.“ Diesen Vorgang erfuhr auch die Königin Helena uud verlangte deswegen von den Weisen, sie sollten den Leichnam Jesu zur Stelle schaffen. Diese suchten ebenfalls in dem Grabe nach dem Todten, aber ebenfalls vergeblich. Als sie der Königin hievon berichteten, empfiengen sie die niederschlagende Antwort: er ist der Sohn Gottes und ist zu seinem Vater in den Himmel aufgefahren. Die Weisen entgegneten zwar, die Königin möchte doch keine solche Gedanken in ihr Herz kommen lassen, der Todte sei ein Zauberer und Sündenkind gewesen; allein diese bedeutete ihnen strenge, sie hätten entweder in drei Tagen den Leichnam zur Stelle zu schaffen, oder sie würden sämtlich mit dem Tode bestraft werden. Die Weisen ordneten ein Fasten an, aber die Frist verstrich, ohne daß der Todte gefunden wurde. Viele ergriffen jetzt die Flucht, unter ihnen der alte Rabbi Thanchuma. Rathlos auf dem Felde umherirrend, gewahrte er den Juda in seinem Garten, wie er eben aß. „Warum issest du“, schalt er ihn, „während ganz Israel fastet und geängstet ist?" Erschrocken fragte Juda nach dem Grund des Fastens, aber als er ihn erfahren, half er den Weisen fröhlich aus der Noth. Sie holten den Todten aus seinem Versteck und schleppten ihn am Schweif eines Pferdes vor die Königin. Die Recension Huldreichs erzählt (S. 96—97) anders. Etliche Anhänger Jesu giengen nach der Hinrichtung Jesu nach Ai und erzählten den Leuten, am dritten Tage nachher sei Feuer vom Himmel gefallen und habe den Todten umwallt, er sei nun wieder lebendig geworden und darnach gen Himmel gefahren. Die Leute von Ai glaubten den Lügnern und schwuren Rache. Um sie zu besänftigen und aufzuklären, lud sie Juda schriftlich ein, nach Jerusalem zu kommen und den Leichnam Jesu zu besichtigen. Die Gottlosen giengen allerdings hierauf nach Jerusalem und besahen den Leichnam, aber nach ihrer Rückkehr nach Ai erklärten sich gleichwol die Angaben Juda's für Lügen. Der Rabbi Abraham Perizol hat sich an diesen Gespinnsten des Aberwitzes, mit denen die Wissenschaft nichts zu thun hat, geschämt, er hat sich einfach auf die gemeine Rede unter den Juden zurückgezogen, die Jünger hätten den Leichnam in der ersten Nacht des Passafestes gestohlen, während die Juden mit dem Passamahl zu thun gehabt hätten, s. Eisenmenger, Th. I, S. 194.

Gedanken und Bemerkungen.

Ueber einige sinnverwandte Aussprüche des Neuen Testaments.

(Apg. 17, 31; 10, 35. Röm. 15, 16; 1, 18—32; 2, 14—16.)

Exegetische Studie

von

Pred. Al. Michelsen in Lübeck.

Der Faden, welcher die hier zu besprechenden fünf, meistentheils paulinischen Aussprüche unter sich verbindet, ist die gemeinsame Beziehung auf die Heiden, ihr Verhältnis zum Reiche Gottes und zum Evangelium. Es sind vielgebrauchte Stellen, zum Theil sogenannte dicta probantia, über deren Sinn man längst einig geworden ist, so daß eine von der recipirten abweichende Auffassung der Worte kaum für möglich gehalten wird. Dennoch dürfte auch bei ihnen eine Revision der exegetischen Tradition nicht überflüßig und, wie ich anzunehmen wage, auch nicht ganz unfruchtbar sein. In möglichster Kürze gedenke ich hier meine Auslegungen zu entwickeln, werde mich aber freuen, wenn ich Andere zur eingehenderen Erörterung derselben veranlassen, und vielleicht auch selbst zu weiterer Begründung meines Dissensus Gelegenheit erhalten sollte.

Apg. 17, 31.

Dieser Vers bildet den Schluß der Rede des Apostels auf dem Areopag von Athen. Nun sind alle Ausleger darin einig, daß Paulus, wenn irgendwo, so gewiß hier den Griechen ein Grieche geworden sei; und auch diejenigen, welche keine wirklich vom Apostel gehaltene Rede, sondern nur ein literarisches Product irgend eines späteren Autors in ihr erkennen wollen, leugnen nicht, daß die gute Gräcität, welche dem Buche überhaupt eigen ist, dieser uns in die gebildetste Umgebung versetzenden Rede vorzugsweise aufgeprägt sei. Kann auch nicht von attischer Rhetorik bei dem Boten des Gekreuzigten die Rede sein: jedenfalls werden wir ihm zutrauen (und dürfen es auch in Betracht seiner schon zu Tarsus gewonnenen hellenischen Bildung), daß er eine dem griechischen Ohre wohllautende, wenigstens verständliche Sprache geführt habe. Dieses wäre aber nicht der Fall, wenn er mit den Worten von V. 31 wirklich das sagen wollte, was man der bisherigen Auffassung nach ihn sagen läßt. *Μέλλει κρίνειν τὴν οἰκουμένην ἐν δικαιοσύνῃ, ἐν ἀνδρὶ ᾧ ὥρισε, πίστιν παρασχὼν πᾶσιν, ἀναστήσας αὐτὸν ἐκ νεκρῶν.* Diese Worte werden allgemein, und zwar mit Luthers Uebersetzung wesentlich übereinstimmend, folgendermaßen verstanden: [auf welchen Tag] „Gott richten will den Kreis des Erdbodens mit Gerechtigkeit durch einen Mann, in welchem er's beschlossen hat“ — oder: „welchen er bestimmt hat — und jedermann vorhält (darbietet) den Glauben, nachdem er ihn hat von den Todten auferwecket.“ — Ich behaupte zunächst, daß weder Hellenen, noch Hellenisten die Worte *ἐν ἀνδρί* in dem Sinne „durch einen Mann“ zu fassen vermochten. Wollte der Apostel (oder immerhin „Pseudo-Lukas“) dieses ausdrücken, so lag es ihm nicht nur am nächsten (wie Paulus a. d. Römer 2, 16: *κρινεῖ ὁ θεός — διὰ Ἰησοῦ*), die Präp. *διά* zu gebrauchen, sondern er konnte füglich gar nicht anders reden. Meyer trägt daher auch Bedenken, in seinem Commentare die fraglichen zwei Wörtchen geradezu nach Luther wiederzugeben, sondern erklärt: „d. h. in der Person eines Mannes, welcher Gottes Repräsentant sein wird“. Daß die anwesenden Athener, selbst die Philosophen in ihrer Mitte, nimmermehr diese tief dogmatische Vorstellung aus der Präposition ἐν schöpfen konnten, wird jener unbefangene Exeget selbst zugeben. Und wie vermöchte er wol die hohe „Weisheit und Behutsamkeit" des Apostels auch noch in einer solchen Wendung der Rede nachzuweisen? Hätten wirklich die Zuhörer das ἐν ἀνδρί mit dem ziemlich von ihm getrennten κρίνειν verbunden, so wären sie durch den Wortlaut auf keine andere als diese horrende Vorstellung hingeführt worden: an dem bevorstehenden Gerichtstage werde Gott die Gesamtschuld in der Person des einen ungenannten Mannes, also an ihm richten! Nur mit dem Objecte, nicht aber dem Subjecte, des Verbums ließe sich die Partikel in Beziehung setzen. Jedoch legt Meyer bei jener Umschreibung im wesentlichen der Präp. ἐν keine andere Bedeutung bei, als die herkömmliche: durch. In späteren Ausgaben hat er sie wenigstens durch ein Beispiel aus dem Neuen Testamente zu begründen gesucht, nicht die causale Bedeutung des ἐν, sondern die einer Vermittelung und zwar durch Personen. Das einzige von Meyer angeführte Beispiel ist aus Matth. 9, 34: Ἐν τῷ ἄρχοντι τῶν δαιμονίων ἐκβάλλει τὰ δαιμόνια. Es ist aber unleugbar, daß dieses Beispiel schlechterdings nicht beweist, was es beweisen soll. Die Präposition ἐν bedeutet in der angeführten Stelle, wie in vielen anderen, das Beruhen einer Thätigkeit auf (in) ihrem ursächlichen, oder principiellen Grunde; und ihr dortiger Gebrauch, wenn auch nicht mit dem Sprachgebrauche der classischen Zeit übereinstimmend, hat wenigstens nichts dem hellenischen Sprachgeiste Widersprechendes [1]). Von jener Stelle läßt sich vielmehr mit Recht sagen, daß das ἐν daselbst eine der hier angenommenen geradezu entgegengesetzte Bedeutung hat. Denn nur alsdann, wenn die Pharisäer dort sprächen: Ὁ ἄρχων τῶν δαιμονίων ἐκβάλλει τὰ δαιμόνια ἐν αὐτῷ würde der Ausdruck dem angeblich hier von dem Apostel angewandten analog sein.

---

[1]) Man vergleiche die lange Reihe von Beispielen des ethischen Gebrauches von ἐν, welche in Bernhardy's Wissensch. Syntax der griech. Sprache (S. 210 ff.) und in Passows großem Wörterbuch der griech. Sprache angeführt werden, um sich zu überzeugen, wie keines sich eigne, den an unsrer Stelle gewöhnlich angenommenen Gebrauch der Präposition zu belegen. Das ἐν ὑμῖν 1 Kor. 6, 2 fassen auch die griechischen Kirchenväter anders.

Sprachgebrauch, Wortstellung und Gedankenzusammenhang vereinigen sich, eine andere Verbindung der einzelnen Bestandtheile des fraglichen Redeschlusses, als die bisherige, uns zu empfehlen. Der mit καθότι (διότι) anhebende Satz schließt sich durchaus mit dem Attribute ἐν δικαιοσύνῃ auf genügende Weise ab, so daß das Verbum keines anderen mehr bedarf: „Gott will (ist im Begriffe, hat vor) an dem festgesetzten Tage die ganze Welt richten in Gerechtigkeit." Wie schleppend wäre danach die Anhängung eines dritten ἐν innerhalb desselben kurzen Satzes! Für die Zuhörer, an welche soeben das „Gebot der Buße" ergangen war, genügte doch zuvörderst der Hinweis auf das bevorstehende gerechte Gericht. Ein participialer Zusatz aber, welchen der Apostel nunmehr macht, soll das kurze ἐν δικαιοσύνῃ illustriren. Ein gerechtes Gericht wird das bevorstehende nämlich darum sein, weil Gott es zuvor an seiner erziehenden Hülfe nicht hat fehlen lassen, sondern denen, welche er auffordert, zu μετανοεῖν, d. h. anderen Sinnes zu werden und sich von den nichtigen Göttern zu dem Einen wahren Gotte zu bekehren, sich als den Lebendigen auf's klarste beglaubigt hat, damit sie keine Entschuldigung haben. Dieses der Inhalt des, demnach die δικαιοσύνη des zukünftigen Gerichts begründenden Attributivsatzes.

Das ἐν ἀνδρί, ᾧ ὥρισε gehört also nicht zum Vorhergehenden, sondern zum Folgenden. Und zwar ist das Zwischensätzchen des Nachdrucks wegen vorangestellt, durch die Attraction (ᾧ) eng zusammengeschlossen und nur einen Begriff ausdrückend, ungefähr = ἀνδρὶ ὡρισμένῳ (ὡρισθέντι), „einem gottgeordneten Manne". Den Namen desselben hatte er schon zuvor (vgl. V. 18) genannt, auf dessen Nennung es aber in diesem Contexte nicht ankam. Jene Worte hängen also von πίστιν παρασχὼν πᾶσι ab. Dieser Ausdruck, gleichwie ἡμέρα, κρίνειν, ὁρίζειν, sowie auch δικαιοσύνη und selbst παραγγέλλειν, sind alle dem Orte besonders angemessen, an welchem der Apostel redet: lauter Worte gerichtlichen und amtlichen Charakters. Namentlich kommt παρέχειν und παρέχεσθαι (in der Bedeutung „aufstellen, stellen") bei den griechischen Rednern häufig vor mit den Objecten μάρτυρας, τεκμήρια, πίστιν (s. Passow s. v.). Das Wort πίστις heißt in dieser Verbindung **Bürgschaft** für eine Behauptung oder eine Zusage, wie es denn gerichtlich auf feierliche Aussagen angewandt wird, z. B. auf einen dem Gegner zugeschobenen Eid. In dem hier vorliegenden Zusammenhange ist jedenfalls von dem specifisch evangelischen (für diese Zuhörer noch unfaßlichen) Sinne der *πίστις* abzusehen, dagegen die Grundbedeutung der **Beglaubigung** festzuhalten. Die Frage aber: **was** oder **wer** hier zu beglaubigen sei? findet ihre Beantwortung in der Tendenz der ganzen Rede. Der Kern der Rede ist unverkennbar das **Zeugnis von dem Einen, wahren, persönlichen Gotte**, im Gegensatze gegen den Polytheismus des hellenischen Volksglaubens, wie gegen den Pantheismus der Schule. Die Verkennung des Wahrhaftigen war die große Hauptschuld (das *πρῶτον ψεῦδος*) des Heidentums. Was nun zunächst aller Welt proclamirt und **geboten** wird (*παραγγέλλεται*), was der Apostel auch diesen gebildetsten der Hellenen bezeugt hat (*διαμαρτυρόμενος*, Apg. 20, 21), ist eben *ἡ εἰς τὸν θεὸν μετάνοια* (ebendas.). Das feierliche *παράγγελμα* ist jedoch mit einer **thatsächlichen Bezeugung** verbunden. Und **diese** wird in den Worten *ἐν ἀνδρί κ. τ. λ.*, als den nachdrücklichen, alles abschließenden Schlußworten, hervorgehoben.

Die Präposition *ἐν* steht hier, wie an unzähligen Stellen, zur Bezeichnung dessen, worin oder woran sich eine Thätigkeit zeigt. Sie wird namentlich oft ebenso, wie hier, mit Zeitwörtern des Erweisens und Erprobens angewandt, z. B. *δηλοῦν, ἐπιδείκνυσθαι, πεῖραν λαβεῖν*. So entsteht also der Sinn: „fide ejus causae, de qua agitur, omnibus facta in viro, quem ad hoc constituit, d. h. in (an) der Person des Mannes, welchen er zum Zeugen verordnet hat.“ Die Nebeneinanderstellung von *ὥρισε* und *πίστιν* ist bedeutsam, sofern das unbestimmte Verbum in dem dazugesetzten Substantiv seine nähere Bestimmung erhält. (Zu dem *ἐν ἀνδρί* ohne Artikel vgl. insbesondere **Wyttenbach**, Zu Platons Phädon, S. 257 f.) —

Aber **auf welche Weise** hat denn Gott an dem, von ihm selber verordneten und göttlich versiegelten [1]) Manne für alle sich

---

[1]) Das *ὥρισε* hat also hier dieselbe Beziehung wie in Röm. 1, 4; und für die Beziehung auf eine bestimmte Thatsache scheint auch der Aorist zu sprechen.

beglaubigt? — Antwort: ἀναστήσας αὐτὸν ἐκ νεκρῶν. Die Gottesthat der Auferweckung Jesu, auf welche hingewiesen wird, tritt hier nur als die größte und herrlichste Selbstbezeugung Gottes auf. Dem Apostel, welcher jetzt auf dem denkwürdigen Schauplatze einer von Lüge und abgöttischer Eitelkeit beherrschten, dem Gerichte verfallenen, Weltherrlichkeit steht, liegt alles daran, dasjenige Ereignis mit lautester Stimme hervorzuheben, in welchem Gottes eingreifendes Walten (vgl. V. 26. 27), seine Verherrlichung inmitten der Menschengeschichte sich am stärksten geoffenbart hat, und welches zugleich der Anfang einer neuen, lebendig sich fortsetzenden Gottesthätigkeit geworden ist. Die soteriologische Bedeutung desselben konnte und wollte er hier nur andeuten (V. 30). Auch in solchem Maßhalten, welches die Einheit der Rede bewahrt, beweist diese sich des Apostels würdig, wie zugleich des ihn umgebenden Areopags und seiner σεμνότης (dessen geheiligte Ordnung es sogar eigens verpönte, ἔξω τοῦ πράγματός τι λέγειν). — Die in manchen Ausgaben des Neuen Testaments am Ende des Verses notirten Zeichen der Unterbrechung sollten endlich verschwinden.

Demnach scheint mir die richtige Uebersetzung von V. 31 folgende zu sein: „Darum, daß er einen Tag gesetzt hat, auf welchen er richten will den Kreis des Erdbodens mit Gerechtigkeit, sintemal er an einem Manne, welchen er [dazu] verordnet hat, allen den Glauben (den Thatbeweis Seiner Existenz) dargeboten, dadurch, daß er ihn hat auferstehen lassen von den Todten."

Hiernach möge ein anderer, ebenfalls in der Apostelgeschichte enthaltener, dem Apostel Petrus angehöriger Ausspruch, nämlich aus seiner Rede im Hause des Cornelius, besprochen werden.

Apg. 10, 35.

Ein Ausspruch, zwar in sprachlicher Hinsicht ohne Schwierigkeiten, dessen herkömmliche Sinnbeziehung aber, wie ich glaube, zu beanstanden ist. Allgemein wird er nämlich von frommen und rechtschaffenen, aber außerhalb des Alten und neuen Bundes stehenden Menschen, also von Heiden, verstanden. Nach Zusammenhang und Veranlassung der ganzen Rede (und auf die eben vorliegenden Umstände weisen schon die nachdrucksvollen Anfangsworte in V. 34 zurück) müßte er alsdann jedenfalls nur auf eine besondere Classe der Heiden, zu welcher eben Cornelius gehörte (V. 2), bezogen werden, nämlich auf die Proselyten des Thores; und das so feierlich ausgesprochene Urtheil würde seine allgemeine Bedeutung für alle Zeiten und Nationen dennoch einbüßen, während das ἐν παντὶ ἔθνει ihm eine solche zu geben scheint. Bekanntlich hat man in der Blütezeit des Rationalismus das Wort häufig gebraucht, um den Apostel mit dem Kranze der Aufklärung und weitherzigsten Toleranz, welcher seinem Haupte sonderbar steht, zu schmücken und ihm die Ansicht zuzuschreiben, daß es der Buße und des Glaubens an Christum nicht nothwendig bedürfe, daß es überall gottesfürchtige und gerechte Leute gebe, welche auch ohne jenen Glauben „Gott wohlgefallen". Freilich dürfte man dagegen mit Recht fragen: „Wozu bemüht sich dann der Apostel, den römischen Hauptmann und sein gottesfürchtiges Haus noch zum Glauben an Christus zu bekehren?" Es ist aber doch einleuchtend, daß, wie dem Cornelius etwas Wesentliches zum Heile fehlte und er dessen begehrte (V. 31—33), so Petrus sich bewußt war, durch das Evangelium ihm den Inbegriff aller Heilsgüter, nämlich die εἰρήνη (V. 36), namentlich die auch ihm vor allem nöthige ἄφεσις ἁμαρτιῶν (V. 43) und das πνεῦμα τὸ ἅγιον (V. 44), erst jetzt zu bringen. — Allein die Worte 10, 35, wie sie lauten, namentlich das δεκτὸς αὐτῷ ἐστι, als dem Cornelius schon im voraus zugesprochen, scheinen hierzu nicht stimmen zu wollen. Man hat daher die Aushülfe getroffen, den zuletzt angeführten Ausdruck, δεκτὸς αὐτῷ, nicht absolut vom Wohlgefallen Gottes, sondern unter einer erheblichen Einschränkung auszulegen. Meyer erklärt daher: „ihm angenehm, nämlich zur Aufnahme in die christliche Theokratie", und vergleicht (?) 15, 14. „Damit meint er die zur Aufnahme in das Christentum erforderliche religiös-sittliche Vorverfassung. Δεκτὸς αὐτῷ ἐστι bezeichnet ja die Fähigkeit, Christ zu werden, nicht aber die Fähigkeit, ohne Christum selig zu werden." — So unbestritten nun auch die vorstehende Negative ist, so willkürlich erscheint bei unbefangenem Blicke die angeführte Deutung selbst. Aus dogmatischem Motive, um gewissen Folgerungen vorzubeugen, wird hier — eingelegt, nicht ausgelegt, dazu in einem Sinne, welcher der einfach praktischen Weise eines Petrus möglichst ferne liegt. Auch läßt sich jene Bedeutung von δεκτὸς durch keine Stelle aus den Classikern, den LXX und Apokryphen, dem Neuen Testamente belegen; vielmehr ist die Bedeutung dieses Wortes der späteren Gräcität (wie auch des nachdrucksvolleren Wortes εὐπρόςδεκτος), ganz dem lateinischen acceptus entsprechend, lediglich die von „angenehm“ oder „theilhaft des Wohlgefallens“, so daß es mit εὐάρεστος ungefähr gleichbedeutend ist, auch neben ihm steht, oder mit ihm abwechselt. In Sir. 2, 5 steht es sogar ohne θεῷ als Bezeichnung des Gerechten. Und ebenso kann es auch hier in Petrus' Munde schlechterdings nichts Anderes heißen, als: [Gotte] wohlgefällig, der Mensch in Gnaden, wesentlich derselbe, welchen Paulus den Gerechten, den Geliebten, oder das Kind Gottes nennt. Und dem entspricht auch die hier gegebene Beschreibung der Gesinnung, des ganzen habitus derer, welchen das volle Wohlgefallen Gottes von Petrus ausdrücklich zugesprochen wird. Denn dem israelitischen Bewußtsein und Sprachgebrauche gemäß ist ὁ φοβούμενος τὸν θεὸν καὶ ἐργαζόμενος δικαιοσύνην (beides durch den Einen Artikel zu Einem einzigen Begriffe — dem des Gehorsams gegen die Gebote beider Tafeln — verbunden) der Fromme, wie er sein soll vor dem Angesichte Gottes, oder als Mitglied der Theokratie (Bürger des Reiches Gottes). Wenn also selbst die Proselyten des Thors, wie z. B. Cornelius (10, 2), οἱ φοβούμενοι τὸν θεὸν heißen, so dient diese Bezeichnung gewiß nicht dazu, ihnen einen geringeren Grad der Frömmigkeit zuzusprechen. Werden doch auch die gläubigen Christen im Neuen Testamente häufig ebenso bezeichnet, wenn auch allerdings auf dem Boden des Christentums die Gottesfurcht eine tiefere Begründung und einen reicheren Gehalt, als auf dem des Alten Bundes gewonnen hat, was ja mit δίκαιος, εὐσεβής, πιστός und allen anderen religiös-ethischen Begriffen, welche dem Alten und Neuen Bunde gemeinsam sind, auch der Fall ist.

In unserer Stelle liegt nun zur Erfindung und Verwendung jenes extra-ordinären Wortsinnes nicht der geringste Grund vor. Des Apostels Ausruf beschränkt sich keineswegs auf die Versicherung, daß Gott Leute aus allerlei Volk annehmen wolle, damit sie geheiligt und erlöset werden. Jedenfalls würde dieses keine

Wahrheit sein, welche er erst heute zu lernen brauchte. Die Frage war nur diese, ob solche Leute nicht zuvor erst Glieder des Einen **auserwählten Volkes** durch die Beschneidung u. s. w. geworden sein müßten, um Gott darnach angenehm zu sein. Darüber aber gehen dem Apostel nunmehr die Augen auf, daß Leute auch jedes anderen Volkes, und während sie dieses bleiben, fortan Gott völlig wohlgefällig sein sollen, nämlich in Christo, dem Geliebten (Eph. 1, 6), Glieder des wahren Volkes Gottes, ohne zugleich Glieder Israels nach dem Fleische zu sein. Nicht davon redet er hier, unter welchen **Bedingungen** Gott auch Fremdländer annehme (*δέχεται*), um sie darnach ihm **angenehm** (*δεκτούς*) zu machen. Gewiß, in diesem Falle hätte er nimmermehr, im grellen Widerspruche mit sich selbst (2, 38; 3, 19) und mit dem ganzen Worte der Offenbarung, namentlich dem trostreichen Evangelium: *ὅτι οὗτος ἁμαρτωλοὺς προςδέχεται* (Luk. 15, 2), die Bedingung aufgestellt: einer müsse schon **zuvor** „ein Gottesfürchtiger und Gerechter" geworden sein; **darnach** erst könne an ihn das Evangelium der Gnade und des Heils (V. 36 f.) gelangen. Nein, er hätte jedenfalls Buße und Glauben, als Bedingungen der Annahme, d. h. der Begnadigung, geltend gemacht.

Aber davon redet Paulus gar nicht in diesen Anfangsworten. Ueberhaupt enthalten sie weder ein *ἐγκώμιον*, noch eine *παραίνησις*, sind auch zunächst und direct nicht an Cornelius und die übrigen Zuhörer gerichtet. Vielmehr tragen sie deutlich den Charakter des emphatischen, staunensvollen Ausrufes; gleichsam eines Monologes. Dazu paßt durchaus das *Ἐπ' ἀληθείας*, womit sie anheben. Dieses hat aber nicht sowol die Bedeutung profecto, als die davon sehr verschiedene revera, welches dem bloßen Scheine, der bloßen Vorstellung entgegengesetzt ist und auf die thatsächliche Wirklichkeit hinweist. So bezeichnet es auch die geschichtliche **Erfüllung** des zuvor Geweißagten, wie Apg. 4, 27, oder des in der Vision, im himmlischen Zeichen Vorgebildeten, wie an unserer Stelle. In jener dreimaligen Ekstase (10, 11—16) hatte er dasjenige im Bilde gesehen, was er jetzt und ferner in der That und Wahrheit erleben sollte. Freilich in **Worten** (10, 15) war jenes räthselhafte Gesicht von dem Tuche mit den gesetzlich unreinen

Thieren ihm schon gedeutet worden; die rechte, ganz faßliche (*κατα-λαμβάνομαι*) Deutung aber ward ihm in dieser Stunde revera zu Theil, durch die gottgewirkte Reinigung eines, vom Standpunkte des Gesetzes für unrein geachteten, heidnischen Hauses. In der Erleuchtung des Geistes versteht er den Zweck und die Bedeutung der vor drei Tagen ihm widerfahrenen göttlichen Offenbarung, und schauet schon im Geiste, beim Anblicke der um ihn versammelten heilsbegierigen (V. 33) Schaar, mit zweifelloser Gewißheit das anbetungswürdige Werk des Herrn, als stünde es vollendet da. An dem Beispiele dieser Familie erkennt er nunmehr wahrhaft, d. h. in leibhafter Gegenwart, daß Gott in dem Reiche seiner Gnade nicht die Person, d. h. die äußere Erscheinung (Abstammung, Nationalität) ansieht und „annimmt“ (*λαμβάνει* = *δέχεται*), sondern sein Wohlgefallen ausschließlich dem wahren, inneren Werthe, der die göttliche Reichsgenossenschaft constituirenden Gesinnung und Lebensbeschaffenheit eines Menschen zuwendet, möge dieser Hellene heißen oder Israelite, Scythe oder Barbare. Demnach erscheint seinem Geistesblicke hier das erst allmählich zu völliger Klarheit bei ihm hindurchdringende, oft wieder verdunkelte, Bild des *ἀληθινὸς Ἰσραὴλ τοῦ θεοῦ*. Dieses ward aber die treibende Idee in dem Leben des großen Heidenapostels Paulus. Während Petrus und Paulus sich hier nahe berühren, sind doch die von ersterem gebrauchten Ausdrücke nicht die paulinischen, sondern die dem jerusalemischen Apostel angemessenen. Unser Ausspruch bezeichnet also die wahrhaftigen Bürger des Reiches Christi, ohne dabei die Mittel und Wege, durch welche sie es werden, weiter zur Sprache zu bringen, als es in V. 36, der Apposition zum vorigen, geschieht.

Brief a. d. Röm. 15, 16.

Dieser Vers enthält den erhabensten, in Gedanke und Form großartigsten aller Aussprüche, in welchen der Apostel Paulus sich über die Bestimmung und Bedeutung seines Amtes ausgesprochen hat. Gerade in diesem Briefe, welcher ihn in den Mittelpunkt der damaligen *οἰκουμένη*, in Rom, einführen sollte, war es ihm ein besonderes Bedürfnis, sein von oben ihm übertragenes Apostolat für alle Völker auf's nachdrücklichste geltend zu machen. Dies hat er am Anfange, Kap. 1, 5. 14, mit einfachem, directem Ausdrucke gethan: ἐλάβομεν χάριν καὶ ἀποστολὴν εἰς ὑπακοὴν πίστεως, ἐν πᾶσι τοῖς ἔθνεσι, Worten, deren Größe und Erhabenheit in der Sache selbst beruht. Gegen das Ende des Briefes wiederholt er es, und zwar mit unverkennbarer Zurückbeziehung auf jenen Anfang, Kap. 15, 15. 16: διὰ τὴν χάριν τὴν δοθεῖσάν μοι κ. τ. λ., so daß auch hierin die öfter bezweifelte Zusammengehörigkeit der ersten und zweiten Hälfte des Briefes erkennbar wird, sowie auch in jener vom Apostel selbst am Schlusse hinzugefügten Doxologie (16, 25—27), und zwar in den Worten εἰς ὑπακοὴν πίστεως εἰς πάντα τὰ ἔθνη γνωρισθέντος, derselbe Gedanke wieder anklingt. In der Mitte des 15. Kapitels tritt dieser nun in durchaus eigentümlicher Einkleidung, in besonderer Schönheit uud Majestät hervor. Sein τολμηρότερον γράφειν (V. 15) rechtfertigt hier Paulus eben durch die Hoheit der ihm durch Gottes Gnade ertheilten Amtsvollmacht. Die von ihm gewählten ungewöhnlichen Ausdrücke, mit welchen er, wenn nicht „den Dienst am Worte" überhaupt (Philippi), jedenfalls aber seinen außerordentlichen Beruf schildert, rufen offenbar die Vorstellung des Tempeldienstes, der gottesdienstlichen Feier, des heiligen Opferactes hervor. Wenn deßungeachtet v. Hofmann zu unserer Stelle von folgenden drei, nahe mit einander verbundenen, sehr eigentümlichen Worten desselben Satzes: λειτουργός, ἱερουργῶν und προσφορά, zwar nicht umhin kann, dem letztgenannten seine sacrificielle Beziehung zu lassen, aber sich desto angelegentlicher bemüht, es zu isoliren, indem er die beiden anderen, dazu gehörigen, derselben Beziehung zu entkleiden sucht, so dürften hierin nur Wenige ihm beistimmen.

Unzweifelhaft ist λειτουργός, gleichwie das von dem Worte abgeleitete Verbum, auch das Substantiv auf —ία, im classischen und hellenistischen Sprachgebrauche, eine vox solemnis, welche keineswegs jeden Diener, sondern nur den Träger eines Amtes, vorzugsweise eines Ehrenamtes im öffentlichen Dienste bezeichnet, sowol für den Staat als für den Cultus [1]). Unsere Sub-

[1]) Auch auf den Kriegsdienst und militärische Verrichtungen, sogar der Zimmerleute und Schanzgräber im Lager, wurden die oben angeführten Worte nur angewandt, um jene Arbeiter eben vor den gewöhnlichen aus-

stantivform gewinnt noch dadurch an Nachdruck, daß sie eine seltner gebrauchte war, „ursprünglich vielleicht ebenso wenig im Gebrauche, als bei uns Gottesdiener von Gottesdienst“ (Passow). Mit besonderer Prägnanz und einer gewissen Feierlichkeit gebrauchte Paulus dasselbe Wort schon 13, 6 von der Obrigkeit oder den *ἄρχοντες*, welche er kurz vorher zweimal *θεοῦ διάκονοι* genannt hatte, um einen Dienst, ein Amt höherer und edlerer Art zu bezeichnen. Auch hier (15, 16) mag der Apostel das Wort *λειτουργός* zunächst als Bezeichnung überhaupt einer höheren, eingreifenderen, von dem Bewußtsein persönlicher Verantwortlichkeit besonders gehobenen Berufsstellung und Amtsobliegenheit gewählt und seinem Tertius dictirt haben, ohne von vornherein die dem Worte auch inwohnende sacrificielle Bedeutung besonders hervorheben zu wollen. Was den Genitiv *Ἰησοῦ Χριστοῦ* betrifft, so kann er ebenso, wie *θεοῦ*, 13, 6, nur die Abhängigkeit des Dieners ausdrücken, sofern der Apostel sich bewußt ist, als von Jesu Christo selbst eingesetzt, sein Werk zu treiben, seinen Namen zu verherrlichen, ihm geweiht und verantwortlich zu sein, ebenso, wie 1, 1 bei *δοῦλος*, welcher hier zum *λειτουργός* gesteigert und verklärt wird. Möglich, daß der Apostel erst, nachdem er letzteres Wort ausgesprochen hatte, sich aufgefordert fühlte, die sehr geläufige Beziehung desselben auf das priesterliche Amt hier besonders zur Geltung zu bringen und zur Ausmalung dieses heiligen Bildes zu benutzen. Der Zusatz aber *εἰς τὰ ἔθνη* nennt das Ziel und den Gegenstand jener Gottgeordneten Thätigkeit, nämlich das weite Gebiet der Völkerwelt, ohne daß man ein *ἀποσταλείς* zu suppliren braucht. Alsdann fährt der Apostel fort, sich, als priesterlichem *λειτουργός Ἰησοῦ Χριστοῦ*, eine dem Hause Gottes (1 Tim. 3, 5) angehörige Thätigkeit zuzuschreiben. *Ἱερουργεῖν* heißt „gottesdienstliche Verrichtungen üben“ und wird vorzugsweise von den Opfernden gebraucht. Mitunter wird es bei den späteren Autoren mit dem Accusativ eines Gegenstandes, welcher im Gottesdienste als etwas

---

zuzeichnen und als zum öffentlichen Dienste gehörig zu bezeichnen. Bei dem lateinischen Worte minister scheint dagegen die unedlere Beziehung die ursprüngliche gewesen zu sein.

Heiliges bedient und besorgt wird, verbunden, z. B. ἱερουργίας ἀποῤῥήτους (Mysterien), βωμούς, in dem apokryphischen vierten Buch der Makkabäer 7, 8: τὸν νόμον ἰδίῳ αἵματι, und darnach denn auch an unserer Stelle τὸ εὐαγγέλιον τοῦ θεοῦ. Diese allgemeine Gottesbotschaft des Heiles und der Erlösung bezeichnet Paulus nicht etwa, wie Luther übersetzt, als ein darzubringendes Opfer, wohl aber als Etwas, das priesterlich verwaltet wird zur Ehre Gottes (ὡς ἐκ θεοῦ κατενώπιον τοῦ θεοῦ 2 Kor. 2, 17). Und zwar ist der ausgesprochene Zweck dieser gottesdienstlichen Function, für welche die Gnade den Heidenapostel ausersehen hat, dieser: daß ein Opfer (προσφορά) gefertigt und dargebracht werde. Also erscheint das Evangelium, die Predigt des Namens Christi unter den Völkern, als das Mittel, welches dafür gehandhabt wird, doch schwerlich als „Opferwerkzeug oder Opfergefäß" (Philippi), wie Theophylakt es sogar nach Eph. 6, 17 von der μάχαιρα, und zwar als Opfermesser, verstanden hat, während schon eher, wenn solche künstliche Deutungen überhaupt hier zuläßig wären, nach 2 Kor. 2, 14: τῷ θεῷ — τὴν ὀσμὴν τῆς γνώσεως αὐτοῦ φανεροῦντι δι' ἡμῶν ἐν παντὶ τόπῳ, V. 15, Χριστοῦ εὐωδία, V. 16, ὀσμὴ εἰς θάνατον καὶ εἰς ζωήν, das Evangelium als die Weihrauchschaale gefaßt werden könnte. Am natürlichsten versteht man gewiß mit Philippi „den in der Evangeliumsverkündigung bestehenden priesterlichen Dienst, dieses priesterliche Walten im allgemeinen". Es ist also das segenspendende, die Völker bekehrende und belebende Wort Christi.

Jetzt aber folgt in den Schlußworten des Verses die Angabe des eigentlichen Zweckes, auf welchen die apostolische Arbeit hinausgeht. Worin besteht dieser Zweck? Die ganze exegetische Tradition bis auf die vereinzelte, jedoch gewichtige Stimme Eines Kirchenvaters erklärt so, wie Luther übersetzt: „Auf daß die Heiden ein Opfer werden", und zwar in dem Sinne: damit sie bekehret werden. Hiergegen sprechen aber mehrere Gründe: 1) Für diesen einfachen Gedanken wäre der Ausdruck jedenfalls sehr gezwungen, statt: ἵνα τὰ ἔθνη προςφορὰ γένωνται, oder da auch diese Bezeichnung jenes Gedankens etwas sehr Ungewöhnliches und Befremdliches hätte, vielmehr ἵνα τὰ ἔθνη προςενεχθῶσι (τῷ θεῷ), θυσία εὐπρόσδεκτος κ. τ. λ. 2) Die Vorstellung selbst, welche dem Apostel beigemessen wird, ist eine höchst auffällige, durch die Analogie der heiligen Schrift nicht unterstützte. Im Neuen Testamente sucht man vergeblich etwas Entsprechendes. Im Alten Testamente will man Jes. 66, 20 den Beleg finden, wo jedoch über die gewöhnliche Zurückbeziehung von מִנְחָה (als Apposition) gestritten werden kann, jedenfalls in dem angeblichen Objecte nicht die Heiden, sondern die Kinder Israel genannt werden. (Jes. 60, 7 ist ganz anderer Art; vgl. V. 6 u. 13.) Doch gesetzt auch, daß in jener vereinzelten Stelle eines Propheten ein derartiges Bild gebraucht wäre, so würde doch schwerlich der Apostel darum auch bei den römischen Christen voraussetzen, daß Stelle und Bild ihnen gegenwärtig sei. Würde er die erstere nicht seiner Gewohnheit nach citirt haben? Eine Anschauung, wie diese: die Völkerwelt, oder die Menschheit, Gotte geopfert! gehört doch gewiß nicht zu den geläufigen und selbstverständlichen. — 3) Es fragt sich indessen: ob προςφορά im activen oder passiven Sinne genommen werden soll? Das Substantiv an und für sich selber läßt das Eine zu, wie das Andere. Ist aber das Erstere nicht das Näherliegende, das, worauf der Leser, welchem das Wort mit dem abhängigen Genitive (τῶν ἐθνῶν) vor Augen tritt, zunächst verfallen, also, gemäß der herkömmlichen Vorstellung, die durch den Apostel geschehende Opferung „der völkerweltlichen Gemeinde" verstehen wird? Dazu scheinen aber die Attribute: εὐπρόςδεκτος κ. τ. λ. nicht zu passen. Nach dem ganzen tenor des Kapitels redet Paulus hier weniger von der Gottgefälligkeit und Heiligkeit seines persönlichen Thuns, als von den Früchten seines Thuns unter den Völkern. Daher wird ἡ προςφορὰ sensu passivo und der Genitiv als Apposition gefaßt: „damit die Heiden das Gott wohlgefällige Opfer werden" (Meier u. A.). Um aber die Worte so verbinden zu dürfen, müßte vor εὐπρόςδεκτος der Artikel wiederholt werden.

Demnach ziehe ich vor, also zu erklären und zu übersetzen: „auf daß anhebe (verrichtet werde) der Opferdienst der Völker (Heiden), als ein [Gott] wohlgefälliger, sofern er geheiligt ist in dem heiligen Geiste." — Ich freue mich, zu sehen, daß diese meines Dafürhaltens einfachste Erklärung durch die Autorität eines Theodoret gestützt wird: „Τὴν δὲ γνησίαν πίστιν (ἐκάλεσε) εὐπρόςδεκτον προςφοράν“, was mit der vorstehenden Erklärung völlig harmonirt, wenn unter der γνησία πίστις das ganze Glaubensleben (der christliche Wandel) verstanden wird.— Nur bei jener Auffassung erhält zunächst der Artikel vor προςφορά seine genügende Rechtfertigung. Er verlangt durchaus eine bestimmte Beziehung auf Vorangehendes oder Bekanntes. Und eine solche Beziehung findet hier allerdings statt, theils auf das alttestamentliche Wort der Weißagung in seinem ganzen Zusammenhange, theils auf vorangegangene Aeußerungen unseres Apostels selbst. Eine öfter wiederkehrende Weißagung der Propheten, ja der Gipfel aller Prophetie, war die Verkündigung, daß der Herr auch die fremden Kinder, also die Heiden, zu seinem heiligen Berge bringen werde. „Und ihre Brandopfer und Schlachtopfer sollen mir angenehm sein (αἱ θυσίαι αὐτῶν ἔσονται δεκταί LXX) auf meinem Altar; denn mein Haus heißt ein Bethaus allen Völkern“, spricht der Herr, Jes. 56, 7. — Auch Jes. 60, 7 heißt es: „Die Stämme und Fürsten der Heidenwelt werden zum Wohlgefallen Gottes, als Anbetende, priesterlich zu seinem Altar steigen, ihre Brandopfer darbringen und zugleich geistlich sich selbst dem Herrn opfern“ (Schmieder). — „Und ich will auch aus denselbigen nehmen zu Priestern und Leviten“, Jes. 66, 21 (welchem gemäß V. 20 auszulegen sein wird). Ebenso Mal. 1, 11: „An allen Orten soll meinem Namen geräuchert und reines Speisopfer geopfert werden — unter den Heiden“ u. a. Die Erfüllung aller dieser Verheißungen spricht der Erlöser u. a. Joh. 4, 21—24. Matth. 8, 11 aus. — Aber auch auf eine in unserem Briefe selbst enthaltene Erklärung blickt der Ausdruck ἡ προςφορὰ τῶν ἐθνῶν zurück. Im Anfange der eigentlichen Paränese (12, 1) wird das ganze christliche Leben, dessen einzelne Aeußerungen bis in's 15. Kapitel hinein geschildert werden, in das Licht einer λογικὴ λατρεία (das eigentliche Wort für „Gottesdienst“ schon bei Plato) gestellt, wie sie hinfort von allen durch „die Barmherzigkeit Gottes“ gerecht gewordenen, also auch den bekehrten Heiden, geschehen soll, so daß sie sich selber, mit Seele und Leib,

Gotte darstellen (hingeben) „als ein lebendiges, heiliges, Gott wohlgefälliges Opfer“, welches sich in einem gottgefälligen Wandel fortgehend offenbare, weshalb die einzelnen Früchte (Werke) des Geistes sich als ebenso viele stets erneute Opfer ansehen lassen, ein Gedanke, welcher schon 6, 13 ff. in einer anderen Form ausgedrückt wurde. Daß aber den Aposteln und so der ganzen apostolischen Kirche, diese Vorstellung eine geläufige gewesen ist, ergibt sich aus Stellen, wie Phil. 2, 17 (ἡ θυσία καὶ λειτουργία τῆς πίστεως ὑμῶν), 4, 18 (θυσίαν δεκτήν, εὐάρεστον τῷ θεῷ), 2 Tim. 4, 6 (ἤδη σπένδομαι), 1 Petr. 2, 5. 9 (ὑμεῖς δὲ γένος ἐκλεκτόν, βασίλειον ἱεράτευμα), Hebr. 13, 15. 16. Offenb. 1, 6; auch den Aussprüchen über den geöffneten Zugang zu Gott liegt derselbe Gedanke der allen Gläubigen ertheilten priesterlichen Würde zu Grunde, wie Paulus ihn an unserer Stelle ausspricht. — Daß προςφορά aber nicht bloß im passiven Sinne gebraucht werde, vielmehr die ursprüngliche Bedeutung des Wortes die active sei („die Darbringung“, actus offerendi), weisen die Lexika nach (vgl. Hebr. 10, 10). An unserer Stelle ist τῶν ἐθνῶν als genit. subj. zu nehmen, und bezeichnet die [geistlich] Opfernden. — Die Voranstellung des γένηται nöthigt, dieses im prägnanten Sinne zu fassen, weshalb v. Hofmann übersetzt: „zu Wege komme“, wovon die eben gegebene Uebersetzung: „anhebe“ sich nicht wesentlich unterscheidet. Häufig steht γίγνεσθαι, sowie hier, mit besonderer Betonung voran, z. B. in dem Satze: γίγνονται δὲ ἕκαστοι τοιοῦτοι (Platons Phädon). Der hier angewandte Aorist aber kann sowol das einmalige „zu Wege kommen“, wie die fortan immer wiederkehrende Vollziehung der geistlichen Opfer bezeichnen. Εὐπρόςδεκτος aber kann nur zum Prädicate gehören, und wird näher begründet durch das Particip („weil dieses Opfer geheiligt ist“ u. s. w.) Daß diese Attribute einen Gegensatz andeuten gegen die Gott misfälligen Opfer der Heiden und die bloß äußerliche Gottesdienstlichkeit Israels, leuchtet ein. Daß endlich τῶν ἐθνῶν, wie öfter, z. B. Apg. 11, 18, nicht absolut, sondern mit Beschränkung auf den Theil der Völkerwelt, welcher dem Rufe des Evangeliums Gehör gibt, auch hier verstanden werde, bedarf kaum der Bemerkung.

Wie aber die hier ausgesprochene Anschauung den Grundgedanken des Römerbriefes, ja der ganzen paulinischen Theologie, entspreche, wird die noch übrige Beleuchtung von Röm. 1, 18 ff. und 2, 14 ff. darlegen.

(Schluß folgt.)

2.

Die geschichtlichen Zeugnisse über Luthers Geburtsjahr.

Von

D. J. Köstlin.

Die Frage über Luthers Geburtsjahr, welche ich, ohne ihr sonderliche Wichtigkeit beizulegen, im Jahrgang 1871 dieser Zeitschrift (Heft 1, S. 8 ff.) vorgelegt und in welcher ich mit Bezug auf ein angebliches neues Document im Jahrgang 1872, S. 163 ff. wieder das Wort genommen habe, ist seither mit sichtlichem Eifer von Knaake in der Zeitschrift für lutherische Theologie und Kirche 1872, S. 96 ff. und S. 462 f. und von Holtzmann in der Zeitschrift für wissenschaftliche Theologie 1872, S. 426 ff. weiter verhandelt worden. So sehr jener gegen jeden Zweifel am Jahr 1483 sich sträubt, so sehr ist's diesem darum zu thun, für's Jahr 1484 wenigstens die größte Wahrscheinlichkeit in Anspruch zu nehmen. Ferner hat Franz Schnorr v. Carolsfeld in unserer Zeitschrift 1872, S. 381 eine wichtige neue Urkunde beigebracht, für welche jedoch die nachträgliche Berichtigung, S. 588, nicht übersehen werden darf.

Ich bin immer noch nicht so glücklich, mit der Bestimmtheit, mit welcher jene beiden Gelehrten, freilich im Widerspruch gegen einander, es thun, für das eine oder andere Jahr mich entscheiden zu können. Ich kann es nicht trotz oder vielmehr eben wegen des Materials, das für diese Frage seit meiner ersten Anregung derselben weiter an den Tag gekommen ist. Was neu hier vorgebracht worden ist, begründet meines Erachtens noch mehr das Recht, bei der traditionell gewordenen Zahl sich nicht zu beruhigen, nicht aber das Recht, die andere an ihre Stelle zu setzen, vielmehr die Pflicht, die Entscheidung zu suspendiren; es scheint mir übrigens keineswegs schon gründlich und unbefangen genug erörtert zu sein. Daneben dürfen die Zeugnisse, an die man früher sich zu halten pflegte, nicht voreilig zurückgesetzt werden.

Es wird für alle, die unsere Frage interessirt, mehr Werth haben, einmal die sämtlichen Zeugnisse, welche bis jetzt ermittelt sind, zu überschauen, als mittelst der einen oder anderen hastig zu einem Resultat hingetrieben zu werden.

Zuerst führe ich die Aeußerungen, welche wir darüber von Luther selbst noch haben, ihrer Zeitfolge nach auf.

1) Am 14. Januar 1520 schrieb Luther (Briefe, herausgegeben von de Wette u. s. w., Bd. I, S. 390) über sein Leben, ehe er nach Erfurt kam: „Isenacum — — parentelam meam habet, et illic — — sum notus, cum quadriennio illic literis operam dederim; — — Magdeburgi etiam uno anno, quarto decimo scilicit aetatis, fui.“ Nach Erfurt kam er 1501. Ich wiederhole nun (Stud. u. Krit. 1871, S. 12 f.; 1872, S. 167): die leichteste Berechnung hiefür ergibt sich vom Geburtsjahr 1483 aus; denn dann war Luther 1497 (was er auch nach Eric. Sylv. 174 als Jahr seines Magdeburger Aufenthalts bezeichnete) während seines 14. Lebensjahrs auf der Magdeburger Schule; allein es wäre doch nicht unmöglich, daß er, wenn er nach seiner Annahme erst 1484 geboren und demnach erst am 10. November 1497 in's 14. Lebensjahr eingetreten wäre, dennoch ungenauer Weise jenen Ausdruck „quarto decimo aetatis“ gebraucht hätte.

2) Am 21. November 1521 (Br. VI, 26) schreibt derselbe an seinen Vater: „Annus ferme agitur decimus sextus monachatus mei, quem te invito — — subivi; metuebas — — imbecillitati meae, cum essem jam adolescens secundum et vicesimum annum ingressus, hoc est, fervente — adolescentia indutus.“ Dazu erinnere ich, daß Luther sicher am 16. Juli 1505 in's Erfurter Kloster gegangen ist (vgl. Stud. und Krit. 1871, S. 41 ff.) zugleich aber auch, daß er nach dem

Curriculum bei Ericeus a. a. O., dem in der Erlanger Ausgabe der Werke, Bd. LXV, S. 257, sowie einem gleichlautenden in einer Dresdener Handschrift, und dem in der Karlsruher Handschrift, Stud. u. Krit. 1872, S. 164 (vgl. weiter unter Nr. 6) doch erst „in fine anni“ Mönch geworden sein und nach Mathesius erst am Ende des Jahres zum Mönchsleben sich entschlossen haben soll. Hier finden nun zweierlei Berechnungen folgendermaßen statt. Nach meiner Auffassung (Stud. u. Krit. 1872, S. 166 f.) ist [mit den Curricula] auszugehen vom Geburtsjahr 1484; die Angabe der Curricula über den Zeitpunkt des Mönchwerdens ist mit der Thatsache, daß Luther schon im Juli in's Kloster gieng, dahin zu vereinigen und die Angabe des Mathesius daraus zu erklären, daß Luther nach kurzem Noviziat im Kloster das Mönchsgelübde am Ende des Jahres ablegte; und eben diesen Termin seines Gelübdes hatte Luther auch bei jenem Schreiben im Auge, mit welchem er sein Buch über die Mönchsgelübde seinem Vater dedicirte; war er 1484 geboren, so hat er dann wirklich sein Gelübde „nach Antritt seines 22. Lebensjahres“ abgelegt, und das Jahr 1521 war das 16te seines Mönchtums. Dagegen rechnet Knaake (Zeitschr. f. luth. Theol. a. a. O., S. 426 f.) auch hier vom Jahr 1483 aus und versteht die Aeußerung des Briefes und der Curricula von Luthers Eintritt in's Kloster im Sommer 1505, wo Luther dann schon volle acht Monate lang im 22. Lebensjahr gestanden hätte; er beruft sich für diese Auffassung des „ingressus“ auf eine Stelle bei Vellejus Paterculus (Röm. Gesch., Bd. II, Kap. 61), wo der bereits am 23. September 45 v. Chr. in's 19. Lebensjahr getretene Octavian doch frühestens im Spätsommer 44 noch als „undevicesimum annum ingressus“ bezeichnet werde und meint, das „in fine anni“ der Curricula könne im Gegensatz zu dem dort vorangehenden „in principio anni“ (wo Luther Magister geworden) sehr wohl schon den Juli einbegreifen. Ich muß das Urtheil darüber, welche der beiden Erklärungen namentlich mit Bezug auf das „Ende des Jahres“ die natürliche ist, den Lesern anheimgeben. Knaake findet es ferner mislich, um solcher unsicheren Quelle willen (nämlich der Curricula, zu denen der von Knaake nicht erwähnte Mathesius tritt) eine sonst nicht bezeugte Verkürzung für Luthers Noviziat anzunehmen und andere gesicherte Aussagen verdächtig erscheinen zu lassen. Allein eine gesicherte Aussage, welche hiedurch verdächtig würde, kenne ich nicht. Denn daß Luther immer und speciell im Jahr 1521 das Jahr 1483 für sein Geburtsjahr angenommen hätte, ist eben keineswegs sicher, worüber ich weiter auf's Folgende verweise. Und die Aussage Melanchthons, daß Jakob Luther das Jahr 1483 als das in der Familie für Martins Geburtsjahr geltende Jahr bezeichnet habe, oder die Aussage Jakobs selbst, daß dem so sei (s. unten, Nr. 11) wird durch die Annahme, daß Martin Luther dennoch damals im Jahr 1484 geboren zu sein glaubte, nicht verdächtigt; auch hierüber unten Weiteres!

3) Am 9. November 1538 äußerte Luther nach dem von Knaake und Holtzmann nicht beachteten Bericht im Tagebuch Lauterbachs (herausg. von Seidemann 1872), S. 160: „Multi stupebant meum doctoratum anno aetatis meae 28“ (in den Colloquia ed. Bindseil 1, 409 offenbar durch Versehen eines Abschreibers: „doctoratum 20. aetatis meae anno“). Luther wurde Doctor am 18. October 1512: er stand also da noch in seinem 28. Jahre, wenn er 1484 geboren war.

4) In einer Predigt vom 30. November 1539 (Erl. Ausg. XLV, 140. 142), auf welche Holtzmann hingewiesen hat, sagt Luther: „Ich glaube, daß Papst Julius in dem Jahre gestorben sei, da ich geboren bin“, — worauf er eine Anekdote von dem Papst erzählt. Die Predigt ist ohne Zweifel aus der Nachschrift eines Zuhörers abgedruckt. Von Julius kann Luther, der unter dessen Pontificat ja selber in Rom war, dies nicht gesagt haben. Erfunden kann aber seine Aeußerung auch nicht sein. Er kann aber dann in ihr nur Sixtus IV. gemeint haben, der 1484 gestorben ist.

5) Schnorr v. Carolsfeld hat am oben genannten Ort berichtet, daß in der von Luthers Hand geschriebenen im Jahre 1540 von ihm verfaßten, auf der Dresdener Königlichen Bibliothek aufbewahrten Weltchronik, d. h. in der „Supputatio annorum mundi“ Luthers (Luth. Opp. ed. Jen. 1558, T. IV,

F. 689b sqq.) eingetragen sei: „Nascor 16 Jahre vor der Geburt Carls V. (1500) — — — d. i. anno salutis 1484.“ Er hat dann nachgetragen: von Luthers Hand rühre dort nur das Wort Nascor her. Jetzt hat er mich durch ein gütigst mitgetheiltes Facsimile in den Stand gesetzt, Näheres über das, was Luther dort geschrieben, anzugeben. Luther hat in seiner Chronik für jedes Jahr einen Strich oder vielmehr ein kleines Fach gesetzt, ohne jedoch bei jedem Datum die Zahl des Jahres ausdrücklich zu nennen. Da steht nun innerhalb der letzten beiden Jahrzehnte des 15. Jahrhunderts bei einem Strich, von seiner Hand geschrieben, „Nascor“; beim 10. darauf folgenden Strich steht: „Maximilianus solus 29“ (die beim Regierungsantritt eines Fürsten beigesetzten Jahre bedeuten die Dauer seiner Regierung); beim 16. Strich, der auf jenen ersten folgt, steht:

„Natus Carolus. 5. pa- 1500
tre suo Philippo 22 annorum“.

Luther setzte also sein Geburtsjahr 16 Jahre vor dem Karls V. oder vor 1500 an, somit setzt er seine Geburt in's Jahr 1484. Schwierigkeit macht dabei freilich der Umstand, daß er dann Maximilian 1494 statt 1493 Kaiser werden ließ; allein im Betreff des letzteren kann ihm sehr wol ein Versehen begegnet sein: so ja jedenfalls auch in der beigesetzten Zahl 29, da Maximilian nur 26 Jahre regiert hat. Auch derjenige alte Leser der Handschrift, welcher jene weiteren Worte beisetzte, hat den Strich für Luthers Geburtsjahr in dieser Weise gezählt. Ebenso hat in einer gleichfalls in Dresden befindlichen Abschrift jener Supputatio etc., welche nach Götze (Merkwürdigkeiten der Königl. Bibl. zu Dresden, 1. Sammlung, S. 258) von der Hand Math. Wankels, eines Schülers Luthers, stammt, dieser an die entsprechende Stelle die Worte gesetzt: „D. M. Lutherus nascitur hoc anno, nempe — — 1484“ (Schnorr a. a. O.).

6) Auf schriftliche, beziehungsweis mündliche Angaben Luthers aus demselben Jahre 1540 führen uns ferner, wie ich schon in den Stud. u. Krit. 1872, S. 165 bemerkte, die Curricula in der Erlanger Ausgabe, Bd. LXV und bei Ericeus zurück, nach welchen Luther erklärte, 1484 geboren zu sein. Ihnen

reiht sich jene Karlsruher Handschrift (Stud. u. Krit. a. a. O., S. 164) an. Knaake (Zeitschr. u. s. w., S. 462) meint, ihre Urquelle seien die Sätze aus Luthers Danziger Psalter, welche ich unter Nr. 9 wiedergeben werde. Aber das Curriculum der Erlanger Ausgabe enthält von diesen Sätzen kein Wort. Wir kommen darauf bei Nr. 9 zurück. Ganz den gleichen Text wie die Erlanger Ausgabe Bd. LXV, S. 257 hat ferner ein Zeddel auf der Dresdener Bibliothek, über welchen Götze a. a. O. und Schnorr v. Carolsfeld a. a. O. berichten; nur enthält er die Worte „Wormatiam profectus“ etc. nicht, die ja aber offenbar auch zu dem Curriculum der Erlanger Ausgabe nicht ursprünglich gehört haben. Auch er ist allem nach von jenem Wankel geschrieben, zu dessen vorhin erwähntem Manuscript er (nach Götze als letztes Blatt desselben) gehörte. Nach Schnorr war ursprünglich beigeschrieben: „Ex αὐτογράφῳ“, also wie über dem anderen Curriculum bei Ericeus.

7) Knaake hat a. a. O., S. 107 f. Folgendes vorgetragen: In den Enarrationes in Genesin bemerke Luther zu Gen. 30, 29 f.: „Ipse jam sexagenarius plurima exempla vidi etc.“ (Luth. exeg. Opp., Erl. 7, 334). Kurz vorher (ebend. 333) rede Luther vom Streit der sächsischen Fürsten über Wurzen um Ostern 1542 (vgl. auch Luth. Briefe V, 456) und bezeichne diesen als einen kürzlich („nuper“) vorangegangenen. Nun habe Luther im Januar 1544 (Briefe V, 714) noch am 45. Kapitel gearbeitet, müßte also, wenn er 1484 geboren und so erst im November 1544 sechzig Jahre alt geworden wäre, den vierten Theil jener Enarrationes, die ihn zehn Jahre lang beschäftigten, in zwei Monaten absolvirt haben. Daher sei es unumgänglich nöthig, anzunehmen, daß er 1483 für sein Geburtsjahr angesehen. Holtzmann will diese Folgerung damit abweisen, daß Luther in seinem 60. Jahr, wenn er 1484 geboren war, doch schon seit November 1543 stand. — Wir müssen nun nach der einen Seite hin noch weiter als Knaake gehen. Luther hat jene Worte über sich als sexagenarius sogar schon 1542 und zwar schon geraume Zeit vor Weihnachten dieses Jahres ausgesprochen. Denn als Weihnachten kam, stand er, der doch äußerst langsam in seiner

rbeit fortschritt, schon in der Geschichte Josephs, die mit Gen. 37 ginnt: vgl. seine Enarratio Cap. Noni Esaiae Erl. XXIII, 299 sq. 03 sq. Er unterbrach damals seine Vorträge über die Genesis über nen Monat lang, um diese Weißagung Jesaia's auszulegen. Bei en. 39, 13 ff. (Opp. IX, 270) gedachte er sodann des „nuper“ folgten Todes Ecks, der im Februar 1543 gestorben ist. Allein ir finden andererseits, daß Luther es mit der runden Zahl „sechzjährig“ keinenfalls genau nahm. Man erwäge hiefür die folnden Data derselben Enarrationes. Nachdem Luther am 7. October 1539 mit Kapitel 22 (Opp. V, 181, cf. Opp. I, V) begonnen, im Juni 1540 (Opp. VI, 62, während Melanchons Krankheit) bei Kap. 24, 15 gestanden und am 24. November 1540 (Briefe V, 318) mit schwierigen Fragen über Jakob nd Esau, also mit dem Gen. 25, 22 beginnenden Abschnitt Opp. VI, 159 sqq.) sich beschäftigt hatte, sagt er bei Gen. 26, 4 f., also bald nach dem zuletzt genannten Datum, bereits: „Sic go vixi annos sexaginta, vixi etiam in utero maris“ (a. a. O., S. 330). Wollten wir hier seine Worte genau ehmen, so müßte er schon 1481 geboren oder wenigstens gezeugt worden sein. — Die beiden hier vorgelegten Aeußerungen über ein Alter erklären sich natürlich leichter, wenn er damals das Jahr 1483 als sein Geburtsjahr betrachtete, und sind daher hiefür von Gewicht; zu einem Beweis reichen sie jedoch nicht aus; sie rhalten aber noch größere Bedeutung durch die in Nr. 8 und Nr. 9.

8) Nach den Tischreden, herausgegeben von Förstemann, Bd. I, S. 197, sagte Luther zu Eisleben, d. h. kurz vor seinem Tod 1546: „Wenn ich, Dr. Martinus Luther, als ein Dreiundsechziger sterbe, so glaube ich nicht, daß ihrer sechzig oder hundert mit mir sterben; — es kommen jetzt nicht viel Menschen zu meinem Alter, daß sie Dreiundsechziger würden.“ Knaake hat zuerst an dieses Zeugnis erinnert, und wir dürfen es nicht mit Holtzmann gering schätzen. Gerade jene letzten Reden des Reformators wurden gewiß früh und sorgfältig aufgezeichnet. Man darf auch nicht argwöhnen, daß die Zahl 63 erst von einem Späteren geändert worden sei, um sie dem Geburtsjahr 1483 anzupassen,

während Luther selbst vielmehr als ein im Jahr 1484 Geborner geredet habe. Denn für's erste hätte, auch wenn Luther sich einen Zweiundsechziger genannt hätte, ein Anhänger des Datums 1483 daran nichts ändern müssen: er hatte ja dann damals erst das 82. Jahr hinter sich. Für's zweite werden wir noch weiter sehen, daß wir auch sonst Grund genug haben, bei Luther selbst kein Feststehen auf dem Geburtsjahr 1484 anzunehmen.

9) Unter den Angaben Luthers stelle ich die im sogenannten Danziger Psalter an den Schluß, weil leider die Zeit, aus welcher sie stammt, sich nicht bestimmen läßt. Man pflegte die Worte, die Luther hier eingetragen habe, „anno 1483 natus ego" zum Hauptzeugnis für Luthers Geburtsjahr zu machen. Der Psalter ist jedoch (Stud. u. Krit. 1840, S. 9) nicht mehr aufzufinden. Die sichersten und eingehendsten Mittheilungen über das, was er enthielt, gibt uns der Danziger Professor und Bibliothekar Gabriel Grodbeck in den „Nova Literaria maris Balthici 1704", p. 77 sqq. Knaake hat noch einige weitere Data Luthers über sein Leben, die eben dort gestanden haben, wiedergegeben, nämlich die Sätze „anno 1518 absolvit me D. Staupitius" u. s. w. (s. unten). Knaake kennt indessen diese nur aus einer Stelle in Fabricius' „Centifolium Lutheranum", wo sie aus den Nova Literaria citirt sind, und Holtzmann, der gleichfalls von ihnen redet, nur aus dem Citat des Fabricius bei Knaake. Die Nova Literaria sind wol nicht leicht mehr zu bekommen. Ich setze daher den hergehörigen Abschnitt aus ihnen hier vollständig bei. Grodbeck berichtet dort in einem Sendschreiben an Dr. G. H. Götz in Lübeck Folgendes: „Inter Manuscriptos Codices (quibus aequiparare soleo libros Doctorum Virorum manu notatos), quos Bibliotheca Gedanensis publica possidet, asservatur Psalterium Hebraicum typis Frobenianis minori forma excusum, quo B. Lutherus olim tamquam manuali usus est. *Ad illum enim librum istum pertinusse tum ex variis annotatis, eius calamum prae se ferentibus, tum ex aliis adscriptis notis, quae eius vitam concernunt, manifesto colligi potest. Utut vero in anteriori involucri parte Philippi Melanchtonis nomen et qui-

dem ipsius manu (ut ex collatione aliorum scriptorum eius observo) adscriptum sit, ad cuius calamum etiam illa verba refero, quae ibidem leguntur: posteriora mea videbis, faciem meam non videbis, reliqua tamen omnia ab alio calamo, nempe Lutheri, profecta sunt. Et in posteriore quidem istius involucri parte haec verba leguntur: Anno 1518 absolvit me D. Staupitius ab obedientia ordinis et reliquit Deo soli Augustae. Anno 1519 excommunicavit me Papa Leo ab Ecclesia sua. Et sic secundo ab ordine absolutus sum. Anno 1521 excommunicavit me Caesar Carolus ex imperio suo. Et sic tertio sum absolutus. Reliqua a vermibus corrosa sunt. Praeterea in ipsius impressi psalterii primo folio, quo inscriptio sive titulus libri cernitur, superne scriptum est: Anno 1483 natus ego. A latere vero haec verba se aspectui offerunt: Arundinem quassatam non confringet, et linum fumigans non extinguet. Esai. XLII, 66." Weiterhin, S. 79—82, theilt Grobbeck die Anmerkungen mit, welche Luther in seinem Psalter zu einer Reihe von Stellen, größtentheils in lateinischer, theilweis auch in deutscher Sprache gemacht hatte. — In Betreff von Luthers Handpsalter überhaupt ist zu vergleichen die Anmerkung Seidemanns zu Lauterbachs Tagebuch, S. 62. Grobbeck war ein Sachverständiger, der die alten Handschriften verglich und von Berufswegen zu prüfen hatte. Wir können nicht daran zweifeln, daß jene Anmerkungen wirklich von Luther geschrieben waren und demnach jener Handpsalter ein Handexemplar Luthers. Daraus, daß die von Seidemann a. a. O. aus dem Kummer'schen Tagebuch mitgetheilten Sätze nach diesem aus Luthers Handpsalter stammen sollten, von Grobbeck aber nicht angeführt werden, ist um so weniger zu schließen, da dieselben nach den andern alten Angaben (ebend.) vielmehr aus einer Zuschrift Luthers an Jonas stammen. — Der Satz über Luthers Geburtsjahr und die Sätze über die Jahre 1518 ff. hiengen, wie wir sehen, dort keineswegs unter sich zusammen, was Knaake und Holtzmann voraussetzten. Was ihr Verhältnis zu den unter Nr. 6 aufgeführten Curricula betrifft, so ist also das in der Erlanger Ausgabe, Bd. LXV, und in der Dresdener Handschrift ihnen gegenüber ganz selbständig. Die Sätze über die Jahre 1518, 1519, 1521 finden sich fast gleichlautend auch in dem Curriculum bei Ericeus (vgl. ferner die Karlsruher Handschrift und Colloq. ed. Binds. 3, 190). Zum Jahr 1518 heißt es bei Ericeus: „relinquens me solum" statt „reliquit Deo soli", und zum Jahr 1519 fehlen die Worte „ab ordine": der Text im Psalter ist offenbar der ursprüngliche, auch stimmt hier mit ihm die Karlsruher Handschrift überein. Die Worte zum Jahr 1521 haben bei Ericeus (und in den Colloq. l. c.) den offenbar ursprünglichen Beisatz: „Dominus autem assumsit me"; dieser dürfte aber im Psalter von den Würmern, wie Grodded sagt, weggefressen sein. Das Curriculum des Ericeus und das der Karlsruher Handschrift möchte so theils auf die Sätze des Psalters, theils (für seine Data aus den Jahren 1484, 1497, 1510 u. s. w.) auf diejenige schriftliche oder mündliche Aeußerung Luthers, auf welcher das ganze Curriculum der Erlanger Ausgabe und der Dresdener Handschrift ruht, zurückzuführen sein. — Wie verhält sich's endlich mit den Worten des Psalters über Luthers Geburtsjahr? Sie sind, ganz für sich stehend, nicht etwa, wie Holtzmann meint, eine spätere Variante der im Umlauf befindlichen Curricula. Holtzmann sagt ferner, es seien damals manchen Schreibern die Schriftzüge Luthers in frappanter Weise geläufig gewesen, — was vorher Knaake gegen die von Holtzmann behauptete Abfassung der Karlsruher Handschrift durch Luther eingewandt hatte. Aber der Schreiber der Karlsruher Handschrift hat, wie ich früher bemerkt habe, durchaus nicht Luthers Schriftzüge nachgeahmt, und mir ist überhaupt nichts von Fälschungen seiner Handschrift, die für unsere Frage in Betracht kommen könnten, bekannt. Jene Karlsruher Handschrift konnte man Luther nur beilegen, wenn man sie mit Luthers sehr charakteristischen Schriftzügen gar nicht verglich. Dagegen hat Grodded, wie gesagt, die Handschriften verglichen: er selbst redet von seiner collatio. Wir dürfen ihm ohne dringende Gründe einen Irrtum darin nicht schuld geben. Wie hätte auch einem Späteren (nach Melanchthons Tod, der seinen Namen in das Buch einschrieb, also nach Luthers Tod es besaß) es beikommen sollen, eine Fälschung der Handschrift Luthers zu Gunsten des Datums 1483 zu unternehmen, und dazu nicht etwa neben jenen anderen Sätzen, in welchen Luther Data aus seinem Leben gegeben hatte, sondern an jener vereinzelten Stelle? Wir wissen nichts von einem Streite, der damals noch über Luthers Geburtsjahr geführt worden wäre; vielmehr war, wie wir aus den einfachen Angaben des Mathesius und Ratzeberger (Nr. 13. 14) sehen, die Annahme des Jahres 1483 herrschend geworden. — Wir könnten die Echtheit dieser Handschrift Luthers nur bezweifeln, wenn anderwärts fest stünde, daß er 1484 immer entschieden für sein Geburtsjahr gehalten habe; dies aber ist eben nicht der Fall: auch das Folgende wird dagegen sprechen.

In der Aufzählung der verschiedenen Zeugnisse fahren wir fort mit zwei Aussagen Melanchthons, auf deren erste Seidemann (bei Knaake, S. 463) aufmerksam gemacht zu haben das Verdienst hat.

10) Melanchthon schreibt am 30. Januar 1539 an Osiander (Corp. Ref. IV, 1053): „De Lutheri genesi dubitamus. Dies est certus, hora etiam pene certa, mediae noctis, ut ipsam matrem affirmantem audivi. Anno puto esse 1484. Sed plura themata posuimus. Gnauricus (zu lesen ist: Gauricus, vgl. über diesen Astrologen in Luthers Briefen Bd. VI, S. 490, Anm. 6; Coll. ed. Binds. I, 206. 306) probabat anni 1484 thema." In Nürnberg, der Stadt Osianders, erschien eine astrologische Genealogie Luthers (Colloq. II, 151 sq. Tischr. IV, 577; Kummersche Handschrift nach Seidemann, bei Knaake a. a. O.): Melanchthon hatte so besonderen Anlaß zu jener Notiz an Osiander. Knaake behauptet nun: „Melanchthon ist hier nicht etwa zweifelhaft über Luthers Geburtsjahr an sich, sondern die Astrologie will dazu nicht stimmen; daher hat er mehrere Jahre versucht, und es hat ihm schließlich dasjenige, welches Gauricus schon angenommen, astrologisch am passendsten geschienen." Aber was soll hiemit gesagt sein? Soll Melanchthon, während er aus geschichtlichen Gründen am Geburtsjahr 1483 nicht zweifelte, lediglich deshalb, weil ihm das für seine von Luther selbst (a. a. O.) ver-

lachten astrologischen Berechnungen besser paßte, „geglaubt“ haben, dieser sei dennoch ein Jahr später geboren? Melanchthon konnte wahrlich nur dann solchen Berechnungen einen Einfluß auf seine Feststellung des Geburtsjahres geben, wenn er eben noch keine entscheidenden geschichtlichen Gründe für's eine oder andere Jahr hatte; und er hatte eine solche Entscheidung längst bei Luthers 1531 verstorbener Mutter gesucht, jedoch nicht gefunden.

11) 1546 berichtet Melanchthon in seiner Vita Lutheri: „Haec (Luthers Mutter) mihi aliquoties interroganti de tempore, quo filius natus est, respondit, diem et horam se certo meminisse, sed de anno dubitare; — sed frater Jacobus, vir honestus et integer, opininonem familiae de aetate fratris hanc fuisse dicebat, natum esse anno 1483.“ Des Jahrs 1484 thut er hier keine Erwähnung mehr.

Indem wir durch Melanchthon an die astrologische Erörterung von Luthers Geburtsstunde erinnert werden, setze ich hier noch etwas bei über ein angeblich von Luthers eigener Hand geschriebenes Horoskop (vgl. Seidemann bei Knaake a. a. O.). Der nachmalige Wurzener Superintendent C. D. Schreiber berichtet in einer Disputation, die er als Wittenberger Student 1651 gehalten hat (nach Keil, M. Luthers merkwürd. Lebensumstände, S. 7; Keil, Leben Hans Luthers, S. 49 f.): „Lutherus propria manu figuram coelestem descriptam reliquit ad diem 10. Nov. horam XII, noctis anni 1483, cujus picturae αὐτόγραφον Dom. Christianus Gueinzius, olim Gymnasii Wallensis rector, in sua bibliotheca sancte asservabat, qui mihi — — — non tantum copiam videndi sed et describendi concedebat.“ Ich wage jedoch dies nicht unter die Reihe der Zeugnisse zu stellen, weil wir zu wenig Gewähr dafür haben, daß jenes Schriftstück von Luthers Hand herrührte; nicht einmal das erscheint ganz sicher, ob es Sätze enthielt, in welchen Luther von sich in der ersten Person redete.

Außer Luther und Melanchthon verdienen endlich noch gehört zu werden:

12) Der fleißige Sammler Valentin Baier in dem schon Stud. u. Krit 1871, S. 13 f., von mir angeführten

Manuscript. Er hat, wie ich dort zeigte, anfänglich, d. h. wohl bis in's Jahr 1548, das Jahr 1484 angenommen, nachher 1483.

13) Mathesius, der 1529 in Wittenberg studirte und 1540 in intimem Verkehr mit Luther noch einmal dort sich aufhielt, in seinen 1565 herausgegebenen Predigten über Luthers Leben, und

14) Luthers Freund Ratzeberger († 1559) in seiner Schrift „Lutheri Eltern und Abkunft" (Ratzeberger, Handschriftl. Geschichte über Luther, herausg. v. Neudecker, S. 41). Beide wissen nur vom Jahr 1483 zu sagen.

15) Der unbekannte Urheber der Sätze in den Colloq. ed. Binds. III, 190: „Anno 1483 natus est Lutherus; 21 avia sua decessit ex hac vita etc." Der zweite dieser Sätze zeigt, daß ihm alte Notizen zu Gebot standen.

Der Vollständigkeit wegen wiederhole ich (vgl. Stud. u. Krit. 1872, S. 167):

16) die Antwort Brücks auf dem Wormser Reichstage 1521: „Agere (Lutherum) fortassis annum XXXVIII", ferner

17) die Angabe in Keßlers Sabbata (in den Stud. u. Krit. a. a. O. ist falsch gedruckt: Sabbater), wonach Luther 1522 schon 41 Jahre alt gewesen wäre, — und füge zur letzteren

18) nach Knaake a. a. O., S. 464 die Chr. Scheurls, der zu Anfang der Reformation sich auf's wärmste für Luther interessirt hat: „Bruder Martinus zu Eisleben am Harz am Tag St. Martini Anno 1482 geboren" (Scheurl, Geschichtbuch der Christenheit, in Jahrb. des deutschen Reichs u. d. deutschen Kirche im Zeitalter d. Reform., Bd. I, S. 111).

So viel ist's, was ich bis jetzt zusammenzubringen vermag. Möge es von denen, die mit unserer Frage noch weiter sich beschäftigen wollen, vollständig benützt und noch möglichst vermehrt werden.

Ueber meine eigene Meinung nur noch Weniges!

Nach dem zusammenstimmenden Inhalt von Nr. 3. 4. 5. 6 kann nicht mehr geleugnet werden, daß Luther in den Jahren 1538 bis 1540 das Jahr 1484 für sein Geburtsjahr gelten ließ. Undenkbar ist auch, daß Luther dem Melanchthon, der sicher mit Fragen in ihn drang und mit welchem er z. B. im Jahre 1538 seinen Geburtstag gefeiert hat (Tischr. IV, 54; Colloq. II, 334), seine Meinung nicht sollte gesagt und jenem in Nr. 10 ausgesprochenen Glauben Melanchthons sollte widersprochen haben. Um so wahrscheinlicher wird dann auch, daß er nach Nr. 2 schon im Jahre 1521 vom genannten Geburtsjahr aus rechnete.

Auf der anderen Seite steht seine Aeußerung Nr. 8 aus dem Jahre 1546 und insbesondere die in Nr. 9. Auch die beiden Aeußerungen über seine sechzig Lebensjahre in Nr. 7 stimmen besser zum Geburtsjahr 1483, wonach dann Luther zwischen 1540 und 1541 seine Meinung wieder geändert hätte. Desgleichen war Melanchthon nach Nr. 11 im Jahre 1546 so ganz von seiner Hinneigung zum Datum 1484 abgekommen, daß er dieses jetzt nicht mehr erwähnte.

Das sicherste Ergebnis aber scheint mir überhaupt gerade dies, daß Luther selbst, wie auch Melanchthon, in seiner Meinung geschwankt hat. Es stützt sich nicht bloß und nicht zunächst auf die Differenz zwischen diesen seinen beiderseitigen Aeußerungen. Vielmehr zeugt dafür gerade auch Nr. 4: denn warum sagt er hier, er „glaube“ in jenem Jahr (1484) geboren zu sein, und nicht einfach, er sei da geboren? Unverständlich ist mir Holtzmanns Deduction zu dieser Stelle, daß Luther in Betreff des Jahres jedenfalls so gut wie Melanchthon sich an seine eigene Mutter gehalten habe und daß er von ihr werde gehört haben, er sei geboren, als die Nachricht vom Tode des Papstes nach Thüringen gekommen sei; denn gerade von dieser Mutter hat ja Melanchthon und desgleichen also auch Luther nichts über das Jahr erfahren können. Wie glücklich wäre Melanchthon gewesen, wenn sie ihm eine so brauchbare Angabe zu machen gewußt hätte! Für eine Unsicherheit Luthers und zwar gerade auch im Jahre 1539 zeugt ferner wieder Nr. 10. Luther, sage ich, ist doch ohne Zweifel auch selbst von Melanchthon befragt worden; auf die astrologischen Berechnungen hat er (Tischr. u. Coll. a. a. O.) nichts gehalten, hat aber über die ihm gestellten Horoskope Gespräche geführt; gerade Nr. 4 zeigt, wie er in jenem Jahr auch selbst über sein Geburtsjahr reflectirte. Hätte er nun gegen Melanchthon nicht bloß die Meinung, sondern die sichere Ueberzeugung ausgesprochen, daß er 1484 geboren sei, so hätte auch Melanchthon, dem eben dieses Jahr gut paßte, nicht bloß gesagt: „Dubitamus; — — anno puto esse 1484." Luther kann sogar im Jahre 1540 einmal, wie nach dem Curriculum des Ericeus, zum Datum 1484 gesagt haben, „certum est", und dennoch bald nachher — etwa durch die Einreden seiner Geschwister (Nr. 11) — schwankend geworden und umgestimmt worden sein. Ueberhaupt: warum weiß Melanchthon nie, auch nicht in Nr. 11, von einer irgend entscheidenden Aeußerung Luthers selbst etwas zu sagen? Zu Knaake's Abhandlung in der Zeitschrift für lutherische Theologie a. a. O., S. 108 hat die Redaction erinnert: es sei für Melanchthon das Einfachste gewesen, sich nicht an Luther, sondern an seine Mutter zu wenden, weil niemand über seine eigene Geburt authentischen Aufschluß zu geben vermöge. Das ist ja gewiß wahr, fördert uns aber nicht, denn das fällt freilich nicht auf, daß er sich an die Mutter wandte, wohl aber das, daß er, als er von der Mutter nichts erfuhr, statt Luthers dessen jüngern Bruder um eine entscheidende Mittheilung angieng.

So haben wir denn jetzt bei Luther eine, wohl schon im Jahre 1521 gehegte und bei den Besprechungen der Jahre 1538—1540 bestimmt von ihm ausgesprochene, aber doch schon da nicht feststehende und nachher wieder wankend gewordene, ja aufgegebene Annahme, daß er nicht 1483, sondern 1484 geboren sei, — und dem gegenüber die nach Nr. 11 in seiner „Familie" geltende, d. h. jedenfalls unter seinen Geschwistern herrschende und auch von seinen Eltern wenigstens nicht bekämpfte Annahme, er sei 1483 geboren. Die letztere ist bald nach seinem Tod allgemein durchgedrungen: wohl nicht bloß weil man Jakob Luthers Zeugnis bei Melanchthon, sondern auch weil man Aeußerungen Luthers selbst aus seinen letzten Lebensjahren für sie hatte, obgleich die andere besonders durch jene Curricula und wol auch durch astrologische Schriften verbreitet worden war. Ueberdies dürfen wir aus Nr. 16. 17. 18 wenigstens so viel schließen, daß man auch schon während der ersten

Jahre der Reformation in weiteren Kreisen Luther für früher als im Jahre 1484 geboren ansah.

Ist nun 1484 das wirkliche Geburtsjahr Luthers gewesen und auch von ihm als solches festgehalten worden, bis etwa seine Geschwister oder irgend welche andere Umstände ihn und ebenso den Melanchthon mit Unrecht daran irre machten? Oder haben seine Geschwister, indem sie ihr eigenes Alter und die Differenz zwischen seinem und ihrem von Kindheit an im Gedächtnis behielten, mit dem Jahr 1483 Recht gehabt, er selbst aber, indem er in seinem von Kindheit an so viel bewegten Leben die Zahl seiner Jahre nicht im Sinne behielt, diese während längerer Zeit um eines zu niedrig angesetzt und erst später, wol mit Hilfe seiner Geschwister, die richtige Zahl wieder gefunden, die dann auch Melanchthon ohne weitere Rücksicht auf seine astrologischen Liebhabereien annahm?

Ich habe meine erste Erörterung unseres Problems in den Stud. u. Krit. 1871, S. 14 mit den Worten geschlossen, daß bei der Meinung der Familie Luthers schließlich auch wir uns werden zu beruhigen haben, wenngleich absolute historische Gewißheit mit ihr nicht hergestellt sei. Jetzt, nachdem nicht bloß Luthers divergirende Aeußerungen, sondern besonders auch die schon damals für Melanchthon vorliegenden Schwierigkeiten, ein sicheres Resultat zu gewinnen, vollends so stark an den Tag getreten sind, muß ich sagen: wir werden uns zu beruhigen haben, auch wenn wir über die bei Melanchthon vorhandene Ungewißheit nicht mehr hinauskommen, — wenn wir zwischen 1484 und 1483 nicht einmal mit einer „großen Wahrscheinlichkeit“ entscheiden können, — ja wenn wir sogar das Jubiläum der Geburt Luthers, an das längst Holtzmann erinnerte, ohne eine solche Entscheidung werden feiern müssen. Relativ wahrscheinlicher ist für mich immer noch die zweite jener beiden Annahmen, möglich aber auch die andere.

Solchen übrigens, denen diese Ungewißheit befremdlich dünkt, und solchen, welche drauf aus sind, derartige Probleme zu lösen, bemerke ich, daß sie gleiche Probleme bei den reformatorischen Männern Bugenhagen und Osiander finden: vgl. in

Bugenhagens Leben von Vogt S. 1 u. S. 440, in Osianders Leben von Möller S. 1 f. u. S. 524; genügend erörtert sind meines Erachtens auch diese bis jetzt noch nicht.

3.

Ueber Huttens Schrift: De schismate extinguendo.

Von

Dr. Theodor Lindner,

Docent der Geschichte in Breslau.

Als Hutten im Mai des Jahres 1520 den Rhein befuhr — so erzählt er selbst —, legte sein Schiff an der Zollstätte zu Boppard an. Dort wartete des Zolls ein wackerer Beamter, Christophorus Eschenfelder, ein Anhänger der humanistischen Wissenschaft und begeisterter Bewunderer ihrer Heroen. Vor zwei Jahren hatte er bereits das Glück gehabt, den großen Erasmus in seinem Hause zu sehen [1]); als jetzt Hutten kam, mußte auch dieser der Gast des Zöllners sein, dessen Hausrat und Bücher betrachten. Unter ihnen fand er eine alte Handschrift, er blätterte in ihr, und je weiter er las, desto höher stieg sein Interesse. Eschenfelder war glücklich, dem großen Manne ein Gastgeschenk verehren zu können; damit Hutten die lange Weile der Schifffahrt sich kürze, gab er ihm das Büchlein mit. Den Inhalt bildeten sechs Briefe, deren fünf von den Universitäten zu Oxford, Prag und Paris, der sechste vom Kaiser Wenzel erlassen waren und alle die Zeit des großen Schisma betrafen, den Schluß eine exhortatio ad Germanos, ut resipiscant. Der darin wehende Geist entsprach so den Ansichten Huttens, daß er beschloß, sie zu veröffentlichen und zum Gemeingut zu machen, wie er es früher mit der Schrift des Laurentius Valla über die Schenkung Constantins und dem Buche des Walram von Naumburg über die Erhaltung der

[1]) Vgl. Ulrich von Hutten von D. F. Strauß (1. Aufl.) II, 54.

Kircheneinheit gethan. Noch auf der Reise schickte er die Schrift an den Drucker, mit einem einleitenden Briefe, in welchem er die Gründe der Publication erörtert [1]). „Von dem Tage an, an welchem ich beschloß, die gefesselte und fast erwürgte Freiheit der deutschen Nation zu lösen und wiederherzustellen, bin ich nicht müde geworden, zu suchen und nachzuforschen, was von verborgenen Werken der Vergangenheit unserem Zwecke dienen könne." Wenn auch die Form jener Briefe nicht schön sei, würde doch der Inhalt von Nutzen sein: „Denn unsere Akademieen werden daran lernen, was und wie sie richten sollen, sie werden darin ein Beispiel unserer Vorfahren zur Nachahmung haben; die Welt wird erkennen, daß die deutsche Nation nicht erst vor kurzem begonnen habe, den unerträglichen Geiz der Priester und das ihr von den Römlingen auferlegte Joch zu bekämpfen." Mit einer vernichtenden Kritik der gegenwärtigen Haltung der deutschen Theologen und einer begeisterten Prophezeiung der kommenden Freiheit schließt Hutten seine Vorrede: „Inter equitandum, VI. Calen. Junii. Anno MDXX. Viue libertas, iacta est alea."

Es waren offenbar zwei Punkte in der Schrift, welche Hutten fesselten: die bitteren Vorwürfe, welche gegen die Erpressungen, die Sittenlosigkeit und den Nepotismus des Papstes und der Cardinäle geschleudert werden und die energische Haltung der exhortatio. Aber wie jene Vorwürfe zunächst mehr den Persönlichkeiten Gregors XI. und seiner Cardinäle gelten, als dem Papsttum überhaupt, so verfolgen die Briefe einen ganz anderen Zweck, der freilich Hutten ferner lag; sie wollten nachweisen, daß der Kaiser der Ober-

---

[1]) „De schismate extinguendo et vera ecclesiastica libertate adserenda epistolae aliquot mirum in modum liberae, et veritatis studio strenuae. Vide lector et adficieris. Huttenus in lucem edit." Vgl. Boecking, Opp. Hutt. I, fol. 54^{b}. Ich citire nach dem dort zuerst angeführten, wol auch häufigeren Druck von 42 Blättern. Bd. I, S. 348 ff. theilt Boecking die Einleitung Huttens und die Exhortatio ad Germ. mit. Doch irrt er, wenn er meint, der bei Goldast. Monarchia I, p. 229—232 gedruckte Brief der Oxforder, Prager, Pariser und römischen Universitäten sei etwas ganz Verschiedenes; es ist vielmehr der fünfte Brief bei Hutten; daher hatte Münch mit seiner Angabe Recht, da auch der sechste Brief mehrfach gedruckt ist; vgl. unten.

herr der Päpste sei und folglich über die Giltigkeit ihrer Wahl zu entscheiden habe; gestützt auf diese Machtvollkommenheit solle Wenzel das Schisma beenden, sein entscheidendes Wort sprechen. Wir haben in ihnen eine scharf und bestimmt ausgeprägte Schrift über das Verhältnis des Kaisertums zum Papsttum, der weltlichen Macht zur kirchlichen, wie sie das 14. Jahrhundert so vielfach entstehen sah. Aber wenn Marsilius von Padua, Leopold von Bebenburg, und wie sie alle heißen, eine wesentlich defensive Tendenz hatten, wenn es ihnen vor allem darauf ankam, das Kaisertum vor den Uebergriffen des Papsttums zu retten, den Kaiser vor völliger Unterdrückung zu wahren, finden wir hier energische Offensive, einen kühnen und entschlossenen Angriff: nicht das Kaisertum soll geschützt, sondern das Papsttum niedergeworfen werden. Die Beseitigung des Schisma ist nicht die Hauptsache, sie bildet nur die Form, in welche die Ideen gegossen werden, die eigentliche Tendenz ist eine viel allgemeinere und tiefere.

Aber sind denn diese Briefe echt und authentisch? d. h. rühren sie wirklich von den genannten Universitäten und von Wenzel her? Bis jetzt ist kein Zweifel daran gehegt worden, wohl hauptsächlich deshalb, weil sie, so oft sie auch citirt wurden, nie näher untersucht worden sind [1]). Wir wollen die Frage von vornherein beantworten: jene Briefe verdanken ihren Ursprung nicht verschiedenen Personen oder Corporationen, sie sind vielmehr ein durchaus einheitliches Werk, eine Streitschrift gegen das Papsttum, verfaßt in

[1]) Tomeck (Geschichte der Prager Universität, S. 40) sagt: „In den Angelegenheiten des päpstlichen Schisma trat die Prager Universität neben denen von Paris und Oxford als eine der ersten kirchlichen Autoritäten auf. 1378 riethen die drei Universitäten zur Zusammenrufung eines allgemeinen Concils, —— durch den Widerstand beider Päpste wurde dieser Plan bald vereitelt.“ Er gibt keine Quelle an, bezieht sich also offenbar auf diese Briefe. Aehnlich Bulaeus, Hist. univers. Paris. IV, 584; Baluze Vitae Pap. Avenion. I, 1160. Weizsäcker (Deutsche Reichstagsacten I, 227) deutet nur Zweifel an über die Echtheit des Erlasses von Wenzel, weil dieser als imperator bezeichnet wird. Lünig (Reichsarchiv XV, 197) setzt letzteren in's Jahr 1396, Pelzel (Leben des röm. u. böhm. Königs Wenceslaus I, 79) in 1379, Palacky (Gesch. von Böhmen III, 1. S. 9) noch früher.

England im Jahre 1381. Wie ihre Aufgabe ist, die wicliffitischen Lehren über das Papsttum und dessen Gewalt zu begründen, so wird man mit Sicherheit den Verfasser in jenem Kreise von Gesinnungsgenossen zu suchen haben, welcher in Oxford den englischen Reformator umgab.

Es ist zunächst erforderlich und nicht ohne Interesse, den Ideengang zu verfolgen. Der erste Brief, Oxford an Prag, beginnt mit einer in den lebhaftesten Farben gehaltenen Schilderung des Verderbnisses, welches Gregor XI. über die Kirche gebracht. „Unsere Fürsten der Priester leben nur, um zu essen; auf ihren Bechern und goldenen Gefäßen steht geschrieben: ich trinke, du trinkst, und die Vergangenheit dieses Zeitwortes wiederholen sie häufig beim Mahle. Nach demselben fühlen sie sich in den dritten Himmel erhoben, sprechen lateinisch und hebräisch, und wenn Schlund und Magen mit Wein überfüllt sind, dann glauben sie auf Windesflügeln zu sitzen; dann ist ihnen das römische Reich unterworfen, dann bringen ihnen die Könige der Erde Geschenke, dann dienen ihnen alle Nationen der Völker." (Fol. 7b.) Dahin habe Gregor XI. die Kirche gebracht: „Er hat sie zu einem Hurenhause, zu einer Räuberhöhle gemacht, so daß die beschwerten Armen, statt für ihn zu beten, sagten: warum belästigt dieser die Erde, wann wird er sterben und sein Name vergehen?" (Fol. 8.) Dieser habe Cardinäle creirt, ähnlich wie Bacchis, welcher gottlose Männer erwählte und sie zu Herren des Landes machte; unter ihnen befinde sich vor allen der listige Fuchs, der Cardinal von Amiens. Als Gregor starb, seufzte wiederum das Volk, denn zwar wurde Bartholomäus rechtmäßig als Papst gewählt [1]), aber als er die Kirche reformiren wollte, da gab jener doppelte Fuchs, der Cardinal von Amiens, mit den anderen Füchsen in Fundi der Kirche einen zweiten Gemahl. (Fol. 9.) „Als dies zu den Ohren Karls, des occupator regni Francorum [2]), kam, freute er sich unermeßlich, denn er wußte, daß in Folge jener zweiten Wahl er selbst Papst

---

[1]) Ueber die Wahl Urbans VI. (1378, 8. April) s. meinen Aufsatz in Sybels Histor. Zeitschr. 1872, Bd. XXVIII, S. 101 ff.

[2]) Karl V., der Weise, † 16. Sept. 1380.

sei, daß die Verleihung aller Würden und Beneficien in seiner Hand stünde und er der Herr aller kirchlichen Einkünfte zu seinem Nutzen sei." Deshalb schrieb er an alle Fürsten, um sie für Clemens zu gewinnen; aber in der Todesstunde gereute es ihn, und er erklärte, sich der Entscheidung der Kirche unterwerfen zu wollen. Indessen durchzogen die Cardinäle und Legaten vom Clemens alle Länder und suchten gegen Urbans Anerkennung zu wirken. Daher bittet die Prager Universität ihre Schwester, ihr über drei Punkte Auskunft zu geben, mittelst deren man die Ungiltigkeit der Wahl Urbans nachzuweisen suche [1]). Endlich kommt nun die Rede auf die Pariser Universität: als sie sich bemühte, das Schisma vermittelst der Berufung eines allgemeinen Concils beizulegen, da habe jener schmutzige Pariser Tyrann [2]) ihr Stillschweigen auferlegt und sie gemißhandelt. Was solle man ihr gegenüber thun?

Im zweiten Briefe antwortet Prag an Oxford. Das Leben und die Thaten Gregors XI. seien in der That schändlich, seine Gelderpressungen unerträglich gewesen, das schändlichste aber sei das Verhalten der Cardinäle, die Wahl des Clemens! Jene drei Fragen werden in einem Sinne beantwortet, welcher durchaus Urban günstig ist; mit bitterem Spott wird die dritte behandelt, welche ja an eine Hauptlehre Wicleffs, daß der Papst nicht impeccabilis sei, streift. Jene edle Quaternität, die Cardinäle von Amiens, von Montmajeur, von Arles und Ebredun seien allerdings wegen ihrer Heiligkeit in der ganzen Welt so berühmt, daß

1) „Prima est: inter Electores et electum contrahitur spiritale matrimonium, sed matrimonium per metum contractum nullum est carnale, multo minus nec spiritale. Secunda: In electione summi pontificis voluntas electorum debet esse pura, libera et gratuite et debet plena securitate gaudere." Fragen, von denen namentlich die erste damals in Bezug auf die Doppelwahl, die man als Doppelehe der Kirche auffaßte, viel erörtert wurde. „Tertia: Testificantur et iurant cardinales et non est praesumendum, quod tot et tanti et tales vellent se et mundum damnare; ergo hoc est verum, quod nullius momenti est illa prima electio, sed secunda bona." (Fol. 11.)

2) Wortspiel (fol. 11 b): „tyrannus ille Luten. lutosus in corpore, lutosus in anima". — Die Pariser Universität verlangte noch am 20. Mai 1381 ein allgemeines Concil, wurde aber vom Herzoge Ludwig von Anjou gemaßregelt und ihr Stillschweigen auferlegt.

man ihnen nicht nur in dieser Sache, auch in noch wichtigeren glauben müsse. (Fol. 17.) [1]) Der gesamte Kirchenvorstand sei vielmehr dem Irrtum ausgesetzt. Dann wird auf den Hauptpunkt der ganzen Schrift übergelenkt: die Erhebung und Absetzung der Päpste sei den Cardinälen nicht von Gott übertragen, sondern nur durch ein Privileg, welches ihnen vom römischen Klerus, Volk und Kaiser verliehen sei und jeden Augenblick widerrufen werden könne. Wie die Geschichtsbücher lehrten, stamme das Institut der Cardinäle erst von Papst Gregor her; damals aber wären sie noch nicht von unendlichem Pomp umgeben gewesen, damals hätten sie noch nicht 2000 Gulden auf eine Mahlzeit verwandt und hätte sie der böse Feind noch nicht mit Ehrgeiz vergiftet. Erst durch die Schenkung Constantins sei der Ehrgeiz in die Kirche gekommen; daher hörte man damals eine Stimme: Heute ist Gift in die Kirche gegossen worden, nämlich das des Ehrgeizes [2]). Was nun die Knechtung der Pariser Universität beträfe, so sei es Zeit, daß die Herrschaft der französischen Könige auf andere übertragen würde [3]). Der Universität aber müsse man durch Gebet zu Hilfe kommen.

Im dritten Briefe wenden sich nun die beiden Universitäten vereint an die Pariser. Nach dargebrachtem Glückwunsch über den Sturz des Propstes Hugo Ambriotus [4]) bitten sie dieselbe, trotz Verfolgungen auszuhalten. Diese rührten von ihren Bastardsöhnen her, welche behaupteten, die schwebende Sache dürfe weder sie noch andere Universitäten beurtheilen. Aber das ist falsch; denn wie aus der Bibel und Kirchenvätern dargelegt wird, sei es eines jeden Pflicht, nicht zu schweigen, sondern die Wahrheit zu vertreten; ersteres sei, wenn die Kirche Schaden litte, geradezu sündhaft. Daher möge sie sich erheben u. s. w.

---

[1]) Am 29. Nov. 1378 excommunicirte Urban die drei erst genannten und den Card. Petrus [de] Luci Eustachii als Haupturheber des Schisma; wahrscheinlich ist hier Petrus Amelii card. Ebredunensis, erst von Clemens ernannt, mit letzterem verwechselt. Reynald. Ann. eccl. 1378, p. CIII sqq.

[2]) Vgl. Döllinger, Die Papstfabeln des Mittelalters, S. 100.

[3]) „quare concludas, dei iusto iudicio suam dinastiam (nisi resipuerint) ad alios transferendam" (fol. 18[b]).

[4]) Richtiger Aubriotus; vgl. Bulaeus IV, 584.

Es wird nun angenommen, daß diese Vorstellungen gewirkt haben, denn im vierten Briefe wenden sich die Universitäten von Paris, Oxford und Prag an alle Römer. Fortan wird auf den Hauptpunkt geraden Wegs losgegangen mit streng historischer Beweisführung. Die Stellen sind meistens geschöpft aus dem liber pontificalis, der nach der mittelalterlichen Ansicht dem Papste Damasus zugeschrieben wird, der Chronik des Bernhardus Guidonis und den Registern der älteren Päpste; daß die falschen Bullen von Hadrian, Leo VIII. u. s. w. als echt angesehen werden, kann bei dem damaligen Stande historischer Kritik nicht befremden. Ursprünglich habe clerus, exercitus et populus Romanus den Papst gewählt. Aber da viele leicht uneinig würden, hätten sie die Papstwahl wenigen übertragen, keineswegs aber das Recht völlig aufgegeben. „Denn wer möchte glauben, daß ihr so wahnsinnig gewesen seid, das Recht, den Papst zu wählen, den Aquitaniern allein zu übertragen. Wäre es euch wol von Frommen, daß ihr des eigenen Bischofes entbehrt, daß der, welcher sich Bischof von Rom nennt, in Avignon residirt und euch nur Cardinäle schickt, um euch auszuplündern?" (Fol. 28.) Aber wenn nun die Gegner meinen, Urban sei kein rechter Papst, quod male intravit, so werden eine Reihe von Päpsten nachgewiesen, bei denen dasselbe der Fall war und die doch allgemein anerkannt wurden. Es geschehe eben vieles, was nicht recht sei und doch nicht angefochten werden dürfe, weil nach dem Gebote der Bibel und der Kirchenväter man kleine Uebel dulden müsse, wenn größere dadurch vermieden werden könnten. Es möge die generalitas Romana ihr altes Recht wieder an sich nehmen und die Dinge ordnen; wenn sie es aber nicht könne, so möge sie mit ihnen gemeinsam sich an den Kaiser wenden, den Herrn des ganzen Erdkreises.

Dem entsprechend schreiben im fünften Briefe die drei Universitäten und die Romana generalitas an Papst Urban und Kaiser Wenzel. Es sei nicht schwer, das rechte Urtheil zu fällen, denn die Geschichte der vielfachen Schismen früherer Zeiten, welche einzeln aufgezählt werden, lehre, daß der Kaiser die Befugnis habe, über die Giltigkeit der Wahl eines Papstes zu entscheiden, oder nach freier Machtvollkommenheit einen einzusetzen. Als das Reich von den

Griechen auf die Franken übertragen wurde, blieb den Kaisern aus diesem Volke das Recht, bis es ihnen Adrian IV. (richtiger III.) 884 nahm. Aber Leo VIII. gab es Otto I. wieder zurück; seitdem übten es die Kaiser vielfach. Außerdem sei der Kaiser der patronus ecclesiae; wie aber jeder Kirchenpatron seine Geistlichen wählen könne, so dürfe es auch der Kaiser; da er die Last der Verteidigung zu tragen habe, müsse er auch bessernd und richtend einschreiten können. Daher möge Wenzel entweder sein Urtheil fällen oder ein allgemeines Concil berufen, was ebenfalls seines Rechtes sei (fol. 36b). An Urban aber wird die Bitte gerichtet, sich demselben nicht zu entziehen (fol. 38).

Der rhetorische Bau findet seine Krönung im letzten Briefe, dem Erlasse Wenzels. Die Cardinäle hätten so schwer gesündigt, daß, wenn die Menschen schwiegen, die Steine schreien würden, so daß sie weder bei Gott, noch bei den Menschen Entschuldigung verdienten. Als verus et indubitatus patronus stehe ihm zu, die Einheit der Kirche zu wahren und über Vergehen zu richten. Zu jedem Processe aber sei eine Anklage erforderlich; so lägen jetzt die fünf Briefe der Universitäten vor, welche er als Klageschrift angenommen und „welche wir zusammen mit unserem Gegenwärtigen den Tetragonus Aristotelis zu nennen befehlen“ [1]). Gestützt auf dieses Libell werde er in kurzem vorgehen, wozu Gott seinen Segen geben möge. —

Man sieht, die Schrift ist streng systematisch aufgebaut, die Entwickelung der Gedanken geschieht nach der Schulfigur. Schon daraus folgt, daß die Briefe nicht wirklich von verschiedenen Personen oder Universitäten herrühren, sie sind einheitlich entworfen und concipirt von Einem Verfasser, welcher die gewisse Form als Capiteleintheilung wählte. Alle Umstände bestätigen dieses Urtheil.

---

[1]) „Quas una cum ista nostra praesente tetragonum Aristotelis vocari jubemus et sine quorumque vituperio. Tetragonus enim sex laterum, primum habens desuper scilicet deum. secundum subtus, scilicet infernum ad cavendum, tertium ante, scil. futurum judicium, quartum retro scil. bonum et malum praevisum, quintum dextrum prospera scil. ventura, sextum sinistrum. scil. adversa vitanda.“ (Fol. 40).

Die Pariser Universität nach ihrer Demütigung im Mai 1381 hielt zu Clemens, so lange Urban lebte; sie am allerwenigsten hätte des deutschen Kaisers Gewalt so befürworten mögen, wie es in der Schrift geschieht. Und abgesehen davon, daß Wenzel überhaupt nie Kaiser war, ist der weitere Titel, der ihm beigelegt wird: pius, felix inclytus ac triumphator, ein für den damaligen Kanzleigebrauch ganz ungeheuerlicher, und ebenso wenig würde aus des Königs Kanzlei jemals ein so scholastisches und dabei völlig inhaltsloses Actenstück hervorgegangen sein. Die ganze Schrift ist nichts Anderes als eine doctrinäre Schulschrift, welche den politischen Verhältnissen keine Rechenschaft trägt und auch kaum tragen will.

Ich sagte oben, die Schrift sei in England verfaßt worden. Das geht unzweideutig aus der ganzen Haltung hervor. Die bitteren Angriffe gegen Gregor XI. fallen sehr auf; gerade über ihn lauten sonst alle Urtheile günstig; man war ihm dankbar für seine Rückkehr nach Rom, man wußte an seinem Lebenswandel nichts auszusetzen. Aber Gregor XI. war der Papst, welcher zuerst energisch gegen Wicleff und seine Lehren auftrat; daher der Haß gegen ihn in einer Schrift, welche dessen Gedanken verfocht. Voll englischen Patriotismus sind alle Aeußerungen gegen Frankreich. Wenn Karl V., wie wir sahen, als occupator regni Francorum bezeichnet wird, wenn die Hoffnung lebhaft geäußert wird: daß die französische Dynastie einer anderen Platz machen werde, wenn das Schisma als Strafe für die Sündhaftigkeit in Frankreich erscheint [1]), so erkennen wir leicht darin das Echo jener großen Nationalkriege des vierzehnten Jahrhunderts. Schon Baluze bemerkte richtig [2]), daß der Haß gegen den Cardinal von Amiens, der so scharf hervortritt, sich daraus erkläre, weil dieser der intime Rathgeber Karls V. von Frankreich war; auch Walsingham urtheilt über ihn gleich bitter [3]).

---

[1]) „Fol. 22: Vult enim fortassis deus vindictam sumere de Sodomiis et aliis vitiis in dicta vigentibus patria; comedit enim princeps uvam acerbam, et dentes populi obstupescunt.“

[2]) Vitae pap. Avenion. I, 1160.

[3]) Historia brevis Angliae (London 1574), p. 219.

Die Zeit der Abfassung läßt sich ziemlich genau nachweisen; allgemeine Grenzen sind zunächst der Tod Karls V. am 16. September 1380 und der Urbans VI. im Jahre 1389. Aber die Erwähnung des Pariser Propstes Hugo Aubriotus ermöglicht, eine schärfere Bestimmung zu geben. Dieser wurde nämlich wegen verschiedener Verbrechen im December 1380 in's Gefängnis geworfen, aus welchem er durch den Pariser Aufstand des Malleaten im Jahre 1382 wieder befreit wurde [1]). Im Mai 1381 erfolgte die erwähnte Maßregelung der Pariser Universität. Die Briefe müssen demnach 1381 abgefaßt sein. Damit stimmt sehr gut überein, wenn (fol. 19) die Prager Universität zur Oxforder sagt: „soror mea, per regni cohaereditatem realiter sponsa". Denn gerade damals wurden die Verhandlungen über die Ehe zwischen König Richard von England und Anna, der Schwester Wenzels gepflogen; die Braut landete endlich am 18. December 1381, nachdem schon im Mai die nöthigen Verträge waren abgeschlossen worden [2]). Späterhin urtheilte man in England über Anna und namentlich über ihre böhmischen Begleiter, die nach Möglichkeit ihre Taschen mit englischem Golde füllten, wenig günstig. —

Daß die Briefe nach Deutschland gelangten, hat wenig Auffallendes; ist es doch bekannt genug, wie lebhaft zum Theil in Folge jener Ehe der Verkehr zwischen England und Böhmen wurde, wie alle wicliffitischen Schriften nach Prag gelangten und dort mächtige Wirkungen hervorriefen. In Deutschland nun wurde etwa fünfzig Jahre später, zur Zeit des Baseler Concils, in der Handschrift die exhortatio ad Germanos, ut resipiscant, eingetragen. Sie ist ein Meisterstück von feuriger Beredtsamkeit, ungleich fließender und freier geschrieben, als die Briefe [3]). „Siehe, schon zum zweiten Male ist, o Deutschland, auf deinem Boden das

1) Bulaeus IV, 584. — Paulus Aemilius de rebus gestis Francorum libri X (Paris 1555), fol. 379.

2) Höfler: „Anna von Luxemburg", in Denkschriften der Wiener Akademie, philos.-histor. Classe XX (1871), S. 129 f.

3) Die Ansicht von Meiners, daß Hutten der Verfasser der Exhortatio sei, ist völlig haltlos, wie schon aus der Zeit, in der sie geschrieben wurde, hervorgeht; Hutten bezeichnet sie selbst als „ex vetusto codice descripta"; vgl. Böcking I, S. 352.

Concil versammelt, damit Du hörst, merkst und einsiehst, wie Du getäuscht wirst. Oft nur, allzuoft stellt es vor Deine Augen die Schmach, die Knechtschaft, die Abgaben und alles, was Du unrecht erduldest, damit Du Dich nicht übermüthig, sondern weise und verständig mit Hilfe des allgemeinen Concils losreißest. Wunderbar, wie wenig Du an Deine Unterdrückung denkst." Kein Deutscher nehme in Rom eine hohe Stelle an, sondern gerade die niedrigsten und verächtlichsten Dienste seien ihnen überlassen. Für diese Lasten aber habe man keinen Vortheil; trotzdem sie wider Recht auferlegt seien, glaube das blinde Deutschland, sie des Gehorsams wegen tragen zu müssen. Aber es möge sich erheben und gestützt auf die Decrete der früheren allgemeinen Concile, denen auch der Papst gehorchen müsse, an das versammelte Concil seine Forderungen richten: Die Curie darf keine Verleihung von Gnaden, Reservationen oder Beneficien an sich ziehen, sie darf ferner von den Stellen und Würden, welche durch Wahl besetzt werden, keine Annaten und Jahrgelder erheben, dagegen wolle man sich Visitationen, Reformationen und allem, was zum Seelenheile diene, willig unterwerfen. Bei allgemeiner Nothdurft der Kirche sollen deutsche Legaten den Cardinälen zur Seite stehen, mit ihnen berathen und erst, wenn diese es genehmigen, . Subsidien gezahlt werden. „Wenn wir so handeln, dann hoffen wir vor Gott, daß wir zu nichts Anderem der römischen Curie verpflichtet werden, daß alles, was man uns gegen das Vorhergesagte befehlen sollte, nicht aus der Vorschrift Christi stammt und nicht angenommen werden darf, da er selbst uns geheißen hat, die Gebote der Väter zu bewahren."

Recensionen.

Das Deuteronomium und der Deuteronomiker. Untersuchungen zur alttestamentlichen Rechts- und Literaturgeschichte von **Paul Kleinert,** Dr. phil., Prof. d. Theol. in Berlin. Bielefeld u. Leipzig. Verlag von Velhagen und Klasing 1872. VIII u. 267 S. 8.

Die historisch-kritische Untersuchung über das Deuteronomium hat, wie allgemein anerkannt ist, grundlegende Bedeutung für die Erledigung aller Fragen der Pentateuchkritik. In vorstehendem Werke ist dieselbe in selbständiger und gründlicher Weise neu aufgenommen und hat zu einem eigentümlichen und überraschenden Ergebnisse geführt. Der Verfasser gehört der historisch-kritischen Schule an. Unbeirrt durch traditionelle und theologische Voraussetzungen will er seine Untersuchung nach „rein historischer" Methode führen. Unumwunden verzichtet er auf die Ausgleichungskünste, mittelst deren die Apologeten der Tradition die innerhalb der pentateuchischen Gesetzgebung nachgewiesenen Differenzen zu beseitigen sich abmühen, um den ganzen Pentateuch Mosi zuschreiben zu können. Muß auch die im Pentateuch enthaltene Gesetzgebung mittelbar auf die geistige Urheberschaft Mosis zurückgeführt werden, so ist doch nach des Verfassers Ueberzeugung diese Gesetzgebung nicht in starrer Unwandelbarkeit bei ihren grundlegenden Anfängen stehen geblieben; vielmehr gaben die Urkunden der sinaitischen Gesetzgebung zugleich das Repositorium ab, in welches die im Verlauf der Volksgeschichte aus den mosaischen Grundgedanken erzeugten und anders gewordenen Verhältnissen Rechnung tragenden Gesetzesnovellen niedergelegt worden sind (S. 46). Auf dieser Anschauung ruht die mit sicherer Hand angelegte, Schritt für Schritt fortschreitende und die jedesmaligen Ergebnisse geschickt verwerthende Untersuchung. Ihr Resultat ist, daß das Deuteronomium eine den Ausgängen der Richterperiode angehörige (wahrscheinlich von Samuel herrührende) prophetische Reproduction des in seinen Grundbestimmungen von Moses vor seinem Abscheiden niedergeschriebenen Sinaigesetzes ist. Sehen wir zu, wie der Verfasser zu diesem Ergebnis gelangt!

Wir übergehen den Vorbericht, der eine gute, der Gerechtigkeit nach allen Seiten hin sich befleißigende Uebersicht des Entwickelungsgangs der kritischen Forschungen über das Deuteronomium enthält. In der ersten Untersuchung will der Verfasser zunächst ausmitteln, „was das Hauptstück im Deuteronomium sei“. Als solches erkennt er den gesetzlichen Kern des Buches Kap. 5 (4, 44 ff.) — 26; auf ihn wird durch den Ausdruck „dieses Gesetz“ hingewiesen, und ihn will der Deuteronomiker als die von Moses im Lande Moab verkündete und codificirte (Deut. 31, 9. 24) Gesetzgebung angesehen wissen. Dagegen ist was vorangeht und folgt ein historischer Rahmen freier Berichterstattung, dessen Abfassung durch Moses so wenig behauptet wird, daß der Deuteronomiker vielmehr seine eigene Schrift als eine werdende von der des Moses, die ihm als gegebene vorliegt, unterscheidet. — Dieses Ergebnis und seine Begründung ist im wesentlichen eine Fortbildung meiner Ausführungen über denselben Gegenstand [1]). Dabei hat der Verfasser meine frühere Annahme, daß der Deuteronomiker Mosen schon mit dem geschriebenen deuteronomischen Gesetzescodex vor dem Volke auftreten und denselben vorlesen lasse, mit Recht stillschweigend abgelehnt,

---

1) Vgl. Riehm, Die Gesetzgeb. Mosis im Lande Moab (Gotha 1854, S. 110 ff.). Mit gutem Grund hat sich der Verfasser durch die Einwendungen Keils (in Hävernick, Einleitung in das Alte Testament I, 2. Aufl., 2. Abthl., S. 33 f.) auch an meiner Bemerkung nicht irre machen lassen, daß der Deuteronomiker durch den verschiedenen Sinn, in welchem er die Formel בְּעֵבֶר הַיַּרְדֵּן gebraucht, seinen eigenen Standpunkt und den des redenden Moses auseinanderhält, also nicht sein ganzes Buch Mosi zuschreiben will.

da dieselbe keinen Anhalt im Text hat. Die in den Reden Mosis vorkommenden Hinweisungen auf ein das Gesetz enthaltendes Buch (Deut. 28, 58. 61; 29, 19. 20. 26; 30, 10; vgl. 17, 18), in welchen die Ausdrücke הַסֵּפֶר הַזֶּה (28, 58; 29, 19. 26) und סֵפֶר הַתּוֹרָה הַזֶּה (29, 20; 30, 10; vgl. 31, 26. Jos. 1, 8; nur 28, 61 ס׳ הַתּוֹרָה הַזֹּאת) zweifellos auf das Deuteronomium hinweisen, sind dann allerdings nur daraus zu erklären, daß der Deuteronomiker nicht als Chronist den authentischen Wortlaut der Reden Mosis referiren, sondern als prophetischer Schriftsteller ihren wesentlichen Inhalt in freier Weise reproduciren will, und darum nicht beflissen ist, den Unterschied zwischen der Rede Mosis und dem von Moses geschriebenen Buch, wie auch den zwischen letzterem und seiner eigenen Schrift überall deutlich hervortreten zu lassen [1]). — Zweifelhafter ist, ob der Umstand, daß nach einigen jener Stellen auch Beschwörungen und Flüche in dem Buche, auf welches Moses hinweist, verzeichnet gewesen sein sollen (Deut. 28, 61; 29, 19. 20. 26), mit dem Verfasser in gleicher Weise zu erklären ist; und nur in diesem Falle wird man mit ihm den Schluß des Schriftstücks, von welchem mosaische Abkunft prädicirt wird, schon am Ende von Deut. 26 (nach S. 182 Deut. 26, 15) ansetzen dürfen. An sich wäre nun jene Erklärung allerdings möglich; die ausdrücklichen Angaben über die schriftstellerische Thätigkeit Mosis (Deut. 31, 9. 24) wie das Zeugnis in Jos. 8, 32 beziehen sich in der That nur auf die deuteronomische Gesetzgebung; und den Inhalt des Mosi zugeschriebenen Buches bilden nach Deut. 28, 58; 30, 10. Jos. 1, 8 „alle Worte dieses Gesetzes“ [2]).

Dennoch glaube ich meine früher ausgesprochene Ansicht, daß die Mosi zugeschriebene Aufzeichnung bis zum Schluß des 28. Kapitels reicht [3]), aufrecht erhalten zu müssen. Man beachte, daß die nach Deut. 29, 20 in „diesem Gesetzbuch enthaltenen אָלוֹת

---

[1]) Vgl. Bleek, Stud. u. Krit. 1831, S. 519.

[2]) Darauf, daß in Deut. 29, 19. 26 von den Beschwörungen und Flüchen nur gesagt ist, sie seien „in diesem Buch“, d. i. im Deuteronomium geschrieben, kann man sich dagegen nicht berufen, da auch in Deut. 28, 58 in Bezug auf die Gesetze derselbe Ausdruck gebraucht ist.

[3]) „Die Gesetzgebung Mosis“ u. s. w. S. 112.

הַבְּרִית die in Deut. 27, 15—26 verzeichneten Beschwörungen (vgl. Deut. 29, 11. 13. 18) und die nach Deut. 29, 26 vgl. 28, 61 darin enthaltene קְלָלָה die in Deut. 28, 15 ff. verzeichneten Verfluchungen sind. Damit halte man zusammen, daß nach Jos. 8, 31 auch die Anordnung Deut. 27, 5 ff. in dem Buch des Gesetzes Mosis, d. i. nach V. 32 in dem des von Moses geschriebenen Gesetzes stand; daß Josua nach Jos. 8, 35 aus dem Gesetzbuch nicht nur „alle Worte des Gesetzes", sondern auch den Segen und den Fluch, also das ganze Kapitel Deut. 28 vorlas; endlich daß die Rede Deut. 28 schon in dem allgemeinen Theil der Gesetzpromulgationsrede (vgl. 7, 12 ff.; 11, 26 ff.) vorausklingt, und die Vorschrift Deut. 27, 11 ff. insbesondere nur näher bestimmt, was schon Deut. 11, 29 ff. angeordnet ist. Darauf, daß das zur Zeit Josia's gefundene Gesetzbuch auch die Drohrede Deut. 28 enthielt (vgl. 2 Kön. 22, 11 ff.) [1]), und daß, wenn der Deuteronomiker von Josua meldet, er habe die Bundesverpflichtung des Volkes in das „Buch des Gesetzes Gottes" eingetragen (Jos. 24, 26), wahrscheinlich wird, daß er auch die Mosi zugeschriebene Aufzeichnung nicht auf das Gesetz im engeren Sinn beschränkt habe, will ich kein besonderes Gewicht legen. Aber wenn man zu Obigem hinzunimmt, daß der Ueberschrift Deut. 4, 44—49 nicht am Ende von Deut. 26, wol aber am Ende von Deut. 28 eine Unterschrift (vgl. Lev. 26, 46; 27, 34. Num. 36, 13) correspondirt, so wird man den Schluß der Mosi zugeschriebenen Aufzeichnung nicht mit Kleinert schon in Deut. 26, sondern erst am Ende von Deut. 28 suchen können. — Auf die Hauptsache gesehen, kommt übrigens wenig auf diese verschiedene Abgrenzung an.

Von entscheidender Bedeutung ist dagegen die zweite Untersuchung über das Verhältnis der deuteronomischen Gesetzgebung zu der der mittleren Bücher des Pentateuchs. Das Ergebnis derselben ist, daß die deuteronomische Gesetzgebung chronologisch eine Mittel-

1) Die von mir längst aufgegebene Meinung, 2 Kön. 23, 21 beweise, daß in jenem Gesetzbuch auch das Buch Exodus enthalten gewesen sei („Die Gesetzgeb. Mosis" u. s. w., S. 98), sei hier ausdrücklich zurückgenommen. Vgl. Kleinert, S. 81.

stellung einnimmt zwischen den ältesten Gesetzescodificationen und einer Reihe von Gesetzen in den Büchern Leviticus und Numeri, die einer späteren Stufe der Gesetzesentwickelung angehören. Als vordeuteronomisch werden ausdrücklich bezeichnet: Ex. 20—23; 34, 11—26; 19, 5 f.; 13, 1—13. Lev. 17, 8 f.; Num. 33, 50 ff.; 3, 12 ff., die hauptsächlichsten Bestimmungen in Lev. 18 bis 20 und der Inhalt von Ex. 12, 1—14. 21—23. 43 bis 50. Lev. 13 u. 14; als nachdeuteronomisch Lev. 11; 15, 16 ff.; 17, 15 ff.; 22, 17 ff.; 23; 25, 39 ff.; 27, 26 f. 30 ff. Num. 15, 37 ff.; 18, 15 ff. 21 ff.; 28; 29. Eine umfassendere Durchführung dieser Sonderung vor- und nachdeuteronomischer Bestandtheile des Protonomiums lag außerhalb der Aufgabe, welche sich der Verfasser für diesmal gestellt hatte. Man erkennt auf diesem Punkte leicht den Einfluß, welchen die Untersuchungen Grafs auf seine Anschauungen geübt haben. Wenn ich nun auch die Möglichkeit, daß einzelne nachdeuteronomische Geschichtsnovellen in die Bücher Leviticus und Numeri eingeschaltet worden sind, nicht schlechtweg in Abrede stellen will, so bin ich doch darüber nicht im Zweifel, daß der deuteronomischen Gesetzgebung im ganzen die Stellung, welche ihr der Verfasser in der Entwickelung der pentateuchischen Gesetzgebung vindiciren möchte, nicht zukommt.

Daß der Deuteronomiker vorzugsweise Bestimmungen der ältesten Gesetzesaufzeichnungen, namentlich des mosaischen Bundesbuches (Ex. 20—23) wiederaufnimmt, und daß seine Bestimmungen über die Freilassung der hebräischen Leibeigenen und theilweise auch die über die Feste und über die Erstgeburten sich näher an jene ältesten Gesetze anschließen, als die abweichenden in den Büchern Leviticus und Numeri, ist längst anerkannt [1]). Der Schluß auf eine chronologische Mittelstellung des Deuteronomiums zwischen den älteren und den jüngeren Bestandtheilen des Protonomiums ist aber voreilig. Kleinert hat es versäumt, die Frage näher zu erwägen und zu erörtern, ob man nicht Recht hatte, jenes

1) Vgl. „Die Gesetzgeb. Mosis" u. s. w., S. 46, Anm. 2; S. 54, Anm. 3; S. 72. 74 f. 114.

Verhältnis daraus zu erklären, daß der prophetische Erneuerer des Gesetzes über die ihm wohlbekannte umfangreiche priesterliche Gesetzescodification hinweg auf die ältesten Gesetze zurückgeht. Diese Frage lag doch nahe genug! Denn wenn dem Deuteronomiker jene älteste compendiarische Gesetzsammlung Ex. 20—23 als das von Moses geschriebene Bundesbuch und Ex. 34, 11 ff. als eine von Moses herrührende Aufzeichnung überliefert war, ist es denn zu verwundern, wenn ihm diese Schriftstücke als zuverlässigste Urkunden der mosaischen Gesetzgebung gelten, und er sich überall näher an sie anschließt, wo die priesterliche Gesetzescodification abweichende Bestimmungen darbot? Ohnehin war sie ja auch nach Inhalt und Form seiner prophetischen Geistesrichtung entsprechender als die das Gepräge priesterlich-levitischen Geistes tragenden Gesetzesreihen. Ob das fragliche Verhältnis in der einen oder in der anderen Weise zu beurtheilen ist, will näher untersucht sein. — Ferner hätte Kleinert mehr beachten sollen, daß aus der auch von ihm anerkannten Verschiedenheit des Charakters und Zweckes zwischen der deuteronomischen Gesetzgebung und der der mittleren Bücher des Pentateuchs (S. 41 ff.) unmittelbar folgt, daß, wenn in letzterer in Bezug auf Gottesdienstliches und Cärimonielles manches genauer bestimmt ist, als im Deuteronomium, darin noch keineswegs ein Beweis für nachdeuteronomische Weiterbildung des Gesetzes liegt. Wenn in Deut. 24, 8 die detaillirten Gesetzesbestimmungen Lev. 13 u. 14 vorausgesetzt sind (S. 47), sollte nicht das Deuteronomium auch sonst da und dort die genaueren Angaben des Protonomiums voraussetzen? — Endlich hätte Kleinert auch bedenken sollen, daß Gesetzesbestimmungen des Deuteronomiums, welche gar kein deuteronomisches Gepräge tragen, sondern zu dem „aufgehäuften Geröll“ (S. 50, Anm. 5) gehören, das der Deuteronomiker aus älteren Vorlagen herübergenommen hat, nicht zum Beweis für seine Ansicht über die Mittelstellung der deuteronomischen Gesetzgebung taugen.

Gehen wir nun auf das Einzelne näher ein, so gilt letztere Bemerkung gleich von dem ersten Beleg, welchen Kleinert für seine Ansicht geltend macht. Die Vorschrift Deut. 22, 12 erscheint allerdings ursprünglicher als Num. 15, 37 ff. Aber diese ist keine Weiterbildung von jener; denn sie nimmt keinen charakteristischen Ausdruck derselben auf, weder גְּדִלִים (das nur noch 1 Kön. 7, 17 in anderer Anwendung vorkommt), noch כְּסוּת. Letzteres Wort findet sich dagegen (außer Gen. 20, 16) auch im Bundesbuch Ex. 21, 10; 22, 26, und man wird diese Vorschrift als von dem Deuteronomiker mit so manchen anderen aus den ältesten Gesetzesaufzeichnungen herübergenommen ansehen müssen. — Dagegen scheint es mir nicht zweifelhaft, daß die von Kleinert als zweiter Beleg angeführte Vorschrift Deut. 17, 1 mit ihrer echt deuteronomischen Formel כי תועבת יהוה אלהיך הוא (vgl. Deut. 7, 26; 18, 12; 22, 5; 23, 19; 25, 16; vgl. 12, 31; 27, 15), ebenso wie die entsprechende Vorschrift, Deut. 15, 21, die genaueren Bestimmungen Lev. 22, 17—24 voraussetzt. Den in letzterer Stelle (wie auch in Lev. 21, 16 ff.) ohne Zusatz gebrauchten, aber durch die folgende Aufzählung der einzelnen Gebrechen näher bestimmten Ausdruck מום erläutert der Deuteronomiker das einemal durch כֹּל דָּבָר רָע (vgl. Deut. 23, 10), das anderemal durch פִּסֵּחַ אוֹ עִוֵּר כֹּל מוּם רָע, — Erläuterungen, deren Unbestimmtheit nur aus der Voraussetzung begreiflich ist, daß man anderswoher genauer wisse, was für ein מום zu halten sei; überdies ist die Aussage des älteren Gesetzes, daß die Darbringung fehlerhafter Thiere Gott nicht wohlgefällig sei, in der deuteronomischen Motivirung bis zur Uebertreibung gesteigert. — Wenn Kleinert als dritten Beleg das Speisegesetz Deut. 14, vgl. mit Lev. 11, anführt, so kann ich nur bedauern, daß er meinen Nachweis dafür, daß der Deuteronomiker das Gesetz Lev. 11 reproducirt[1]), nicht berücksichtigt hat; ich denke, er ist mit Gründen geführt, gegen welche Kleinert die Heuschrecken in Lev. 11 nicht abermals in's Feld führen wird. — Die Behauptung, Deut. 23, 10 f. sei ursprünglicher als Lev. 15, 16 ff., verkennt ganz, daß letztere Stelle eine allgemeine Reinigkeitssatzung enthält, wogegen der Deuteronomiker nur die eine solche voraussetzende specielle Vorschrift gibt, wie im Fall eines Krieges das Lager rein zu halten sei, wobei er übrigens über das ältere Gesetz, das nur bei Ver-

[1]) Vgl. Jahrg. 1868, S. 359 f.

unreinigungen höheren Grades das Verlassen des Lagers fordert (Num. 5, 1 ff.), hinausgeht [1]).

Wir kommen zu den fünf Hauptstützen der Ansicht Kleinerts. In Betreff der drei verschiedenen Gesetze über die hebräischen Leibeigenen hat er nur bewiesen, was längst anerkannt ist, daß in Ex. 21, 2 ff. das älteste Gesetz vorliegt, welches in Deut. 15, 12 ff. mit einigen zeitgemäßen und dem Geist des Deuteronomiums entsprechenden Modificationen reproducirt ist. Dagegen konnte er nicht beweisen, daß sich in dem Gesetz Lev. 25, 39 ff. irgend welche Bekanntschaft mit dem deuteronomischen Gesetz verräth; und seiner Behauptung, dieses Gesetz erweise sich durch Aufstellung des über beide andern Gesetze hinausgehenden Grundsatzes, der israelitische Bruder solle überhaupt nicht Sklave sein, als das jüngste, ist — gemäß seiner eigenen Bemerkung (S. 61) — entgegenzuhalten, daß auch in der Geschichte der alttestamentlichen Gesetzgebung der höhere Gedanke und die consequentere Durchführung einer religiösen Idee nicht selten mit dem höheren Zeitalter zusammentrifft. Gerade in Lev. 25 sind die theokratischen Ideen mit einer bis zur Rücksichtslosigkeit auf die bestehenden Verhältnisse und auf die praktische Ausführbarkeit gehenden Consequenz durchgeführt. Und dies macht es um so begreiflicher, daß der auf die praktische Ausführbarkeit stets bedachte Deuteronomiker über ein mit kaum ausführbaren Bestimmungen zusammenhängendes und dazu unter Umständen für die hebräischen Leibeigenen viel ungünstigeres Gesetz hinweg auf das älteste Sklavengesetz zurückgreift. Hier kann es indessen zweifelhaft bleiben, ob dem Deuteronomiker das Gesetz Lev. 25 wirklich schon vorlag. Einen Beweis dafür könnte man in seinem כִּי יִמָּכֵר לְךָ אָחִיךָ (Deut. 15, 12) finden, sofern diese Formulirung nicht mit Ex. 21, wo die Bezeichnung des hebräischen Leibeigenen als Bruder nicht vorkommt, sondern mit Lev. 25, 39. 46 zusammentrifft; und auch die echt deuteronomische Motivirung Deut. 15, 15 könnte durch Lev. 25, 42 veranlaßt sein. Da aber אָחִיךָ als Bezeichnung des Volksgenossen nicht nur für Lev. 25, wo es fünfmal vorkommt (sonst im

---

[1]) Vgl. Sommer, Biblische Abhandlungen, S. 245.

Protonomium nur Lev. 19, 17), sondern noch mehr für das Deuteronomium, in dem es fünfzehnmal vorkommt, charakteristisch ist, so ist auf jenes Zusammentreffen für sich allein nichts zu bauen. Das ist dagegen sicher, daß der Bericht über die Ausführung des deuteronomischen Gesetzes durch König Zedekia in Jer. 34, 8 ff. Bekanntschaft mit beiden Gesetzen voraussetzt, indem aus Lev. 25 nicht nur der Terminus דְּרוֹר (Jer. 34, 8. 15. 17; vgl. Lev. 25, 10), sondern auch der Grundsatz aufgenommen ist, daß der israelitische Bruder überhaupt nicht Sklave sein soll, was dazu führte, daß damals, über die ausdrücklich angeführte (Jer. 34, 14) deuteronomische Bestimmung hinaus, alle hebräischen Leibeigenen ohne Rücksicht auf die Dauer ihrer Dienstzeit auf einmal freigegeben wurden [1]). —

Was die Gesetze über den Genuß des Gefallenen angeht, so schließt sich die an das Speisegesetz angehängte deuteronomische Satzung Deut. 14, 21 allerdings insofern an die älteste in Ex. 22, 30 an, als in letzterer ausdrücklich nur den Israeliten der Genuß der טְרֵפָה verboten ist. Daraus aber, daß in Lev. 17, 15 f. (wie auch Lev. 22, 8) die termini technici jener beiden Gesetze נְבֵלָה und טְרֵפָה mit einander verbunden sind, darf man nicht mit Kleinert folgern, daß diese Satzung, als die jüngste, die beiden andern voraussetzt; denn נְבֵלָה ist ein ganz gangbarer Ausdruck der levitischen Gesetzgebung (vgl. Lev. 5, 2; 7, 24 neben טְרֵפָה und zwölfmal in Lev. 11), brauchte also nicht aus dem Deuteronomium entnommen zu werden. Daß aber das Gesetz Lev. 17 Einheimischen und Fremdlingen in ganz gleicher Weise einen Lustrationsritus auferlegt, während der Deuteronomiker ausdrücklich dem Fremdling die Freiheit läßt von der נְבֵלָה zu essen, und sie augenscheinlich nicht durch eine Lustrationspflicht beschränkt, das ist der Annahme, die levitische Satzung sei jünger als die deuteronomische, jedenfalls nicht günstig. Denn indem die levitische Gesetzgebung hier, wie in anderem, den Grundsatz, daß auch der Fremdling dem theokratischen Gesetz unterstellt sei, strenger durchführt, bleibt sie in der Bahn der ältesten Ge-

---

[1]) Vgl. Kleinert, S. 91.

setzgebung, die diesen Grundsatz schon nicht bloß für das Pasach (Ex. 12, 49), sondern auch für die Sabbatsfeier (Ex. 20, 10; 23, 12) geltend macht und in der Vorschrift, die טְרֵפָה den Hunden zu geben (Ex. 22, 30) die Ueberlassung derselben an den Fremdling jedenfalls nicht in Aussicht nimmt. Daß man dagegen in einer späteren Zeit, als die Zahl und die Bedeutung der Fremdlinge in Folge des regeren internationalen Verkehrs gewachsen war, von der strengeren Durchführung jenes Grundsatzes wieder Abstand nahm, ist sehr begreiflich. —

Der deuteronomische Festcodex (Deut. 16, 1—17) trifft in der bestimmten Hervorhebung der Dreizahl der Jahresfeste, in der Anordnung einer Festversammlung nur auf den 7. Tag des Mazzotfestes, in dem Schweigen von der an das Laubhüttenfest sich anschließenden Schlußfeier und vielfach auch in der Formulirung der Gebote mit den ältesten Festgesetzen zusammen. Unzweifelhaft ist auch, daß in Lev. 23 und Num. 28. 29 eine Weiterbildung der ältesten Festgesetze vorliegt. Streitig aber ist es, ob diese Weiterbildung chronologisch vor oder nach der Abfassung des deuteronomischen Festcodex anzusetzen ist. Einen entscheidenden Beweis für erstere Annahme hatte ich bisher darin gefunden, daß, während in Lev. 23 und Num. 28 noch ebenso, wie sonst im Protonomium, vom Pasach und vom Mazzotfest gesondert gehandelt wird, der Deuteronomiker beiderlei Feierlichkeiten zu einem Fest zusammenschmilzt, das er sowol Pasach als Mazzotfest nennt [1]). Denn eine einheitliche Zusammenfassung dessen, worüber anfangs gesonderte Bestimmungen vorlagen, was aber irgendwie zusammengehört, hat man der Analogie gemäß in der späteren Bearbeitung des vorhandenen Gesetzesmaterials zu erwarten. Nach Kleinert ist dies ein Irrtum: das Ursprüngliche ist vielmehr die Zusammenfassung von Pasach und Mazzotfest, und nur um die heilige Siebenzahl im Festcyklus herauszubekommen ist nachmals das erste Fest zertheilt, und das Pasach zu einer Art selbständiger Vorfeier des Mazzotfestes gemacht worden. Freilich kann er die Thatsache nicht in Abrede stellen, daß im Protonomium eine Reihe

---

[1]) Vgl. „Die Gesetzgeb. Mosis" u.s.w., S. 50; Stud. u. Krit. 1868, S. 362 f.

von Gesetzen vorkommt, in welchen entweder vom Pasach oder vom Mazzotfest für sich gehandelt wird. Er erklärt sie meist für vereinzelte Zusatzbestimmungen. Dagegen soll jene ursprüngliche Zusammenfassung durch Ex. 23, 14 ff. und Ex. 34, 18 ff. bezeugt sein. In seiner ganzen Auseinandersetzung hat er aber einen entscheidenden Umstand zwar berührt (S. 68, Anm. 1), aber nicht gehörig beachtet. Das Pasach ist ursprünglich eine in allen einzelnen Häusern und im Bereich der Familie gehaltene Bundeserneuerungsfeier; das Mazzotfest dagegen hat zwar auch eine auf das häusliche Leben im ganzen Land sich beziehende Seite, sofern überall nichts Gesäuertes gegessen werden, ja (was keineswegs mit Kleinert, S. 64. 69 als deuteronomische Verschärfung bezeichnet werden kann; vgl. Ex. 13, 7) nicht einmal zu sehen sein soll; aber bei ihm fällt das Hauptgewicht auf die gemeinsame Feier im Festgottesdienst der Gemeinde, weshalb ihm auch der Name חג nach seinem eigentlichen Sinn (man denke an die Etymologie) zukommt. Trotz des näheren Zusammenhangs der beiden Feierlichkeiten in Bezug auf ihre Zeit und ihre Idee war also doch jede von beiden, schon vermöge der Ortsverschiedenheit der eigentlichen Feier, etwas Besonderes für sich, und konnte daher auch im Gesetz gesondert behandelt werden. Eine Combination beider von der Art, daß sowol der Name Pasach als die Bezeichnung Mazzotfest von dieser Gesamtfeier gebraucht werden konnte, war nur möglich, wenn auch die Pasachfeier aus den einzelnen Häusern an den Ort des gemeinsamen Festgottesdienstes verlegt wurde. Diese Verlegung aber ist gesetzlich erst im Deuteronomium angeordnet, und das erste geschichtliche Zeugnis für dieselbe ist, wenn der Bericht 2 Chron. 30 als glaubwürdig gilt, die von Hiskia, wenn man sich aber an die ältere Nachricht 2 Kön. 23, 21—23 hält, die durch die Auffindung des deuteronomischen Gesetzbuchs veranlaßte, von Josia veranstaltete Pasachfeier. Damit dürfte es außer Zweifel gestellt sein, daß die Sonderung von Pasach und Mazzotfest das Ursprüngliche und die mit der Verlegung des Pasach an die von Jehova erwählte Opferstätte zusammenhängende deuteronomische Combination beider das Spätere ist. Kleinerts Behauptung, die letztere sei schon in

Ex. 23 bezeugt, stützt sich nur darauf, daß er die Satzungen Ex. 23, 18 f. mit **Knobel** speciell auf das Pasach bezieht, was ihr Wortlaut (דַם־זִבְחִי und חֵלֶב־חַגִּי) mir nicht zu erlauben scheint. Die spätere Umarbeitung des ältesten Festcodex in Ex. 34 gibt allerdings mindestens der einen jener Satzungen eine speciell auf das Pasach bezügliche Fassung (Ex. 34, 25) und gebraucht dabei den sonst unerhörten Ausdruck חַג הַפָּסַח. Aber schon die dadurch nöthig gewordene völlige Aenderung des Ausdruckes (זֶבַח חַג הַפָּסַח) sollte davon abhalten, hierin eine authentische Erklärung von Ex. 23, 18 zu finden. Zweifelhaft bleibt aber, ob jener sonst unerhörte Ausdruck nur die nächtliche Pasachfeier bezeichnen soll (was möglich, da in Ex. 34 zwar von einem bloß dreimaligen jährlichen Erscheinen aller Männer vor Jehova, nicht aber, wie in Ex. 23, 14, von nur drei Jahresfesten die Rede ist), oder ob er gleichbedeutend mit חַג הַמַּצּוֹת sein soll. In ersterem Falle wäre auch hier die ursprüngliche Sonderung von Pasach und Mazzotfest noch keineswegs aufgehoben; in letzterem aber hätten wir hier nur einen Beweis dafür, daß die in Ex. 34 vorliegende Ueberarbeitung des ältesten Festcodex mit der deuteronomischen Gesetzgebung zusammenzustellen ist [1]). — Ist schon nach dem Bisherigen der deuteronomische Festcodex für jünger zu halten als der in Lev. 23, so kann überdies auch die Bekanntschaft des Deuteronomikers mit dem letzteren ziemlich sicher erwiesen werden. Daß er das dritte Hauptfest nicht mit Ex. 23 u. 34 חַג הָאָסִיף, sondern חַג הַסֻּכֹּת nennt (Deut. 16, 13. 16; 31, 10) erläutert sich sachlich nur aus dem Lev. 23, 40 ff. beschriebenen Festgebrauch und kann, da sich die deuteronomische Formulirung sonst meist an Ex. 23 u. 34 anschließt und ein anderer Grund zur Aenderung des Festnamens nicht zu ersehen ist, wol nur als Entlehnung aus Lev. 23, 34 angesehen werden; und so wird man auch das theilweise Zusammentreffen der Formulirung in

---

[1]) **Kleinert**, S. 65 weist mit einem „wogegen alles spricht" eine solche Annahme ab. Eine genauere Vergleichung der zahlreichen Berührungen von Ex. 34 mit dem Deuteronomium dürfte aber zu einem andern Urtheil führen.

Deut. 16, 14 f. mit Lev. 23, 39 ff. und die diesen Gesetzen im Gegensatze zu Ex. 23 u. 34 gemeinsame ausdrückliche Hervorhebung der siebentägigen Dauer der Festfeier aus der Bekanntschaft des Deuteronomikers mit Lev. 23 zu erklären haben. Auch die Bezeichnung der gottesdienstlichen Versammlung am siebenten Tag des Mazzotfestes durch עֲצֶרֶת (Deut. 16, 8) ist doch wol aus Lev. 23, 36. Num. 29, 35 herübergenommen; wenigstens kann die Nichterwähnung der in diesen Stellen angeordneten Schlußfeier des Laubhüttenfestes im Deuteronomium nicht dagegen geltend gemacht werden; denn die deuteronomische Reproduction des Festcodex beschränkt sich auf das, was ihr Zweck, die Geltendmachung des von Jehova erwählten Ortes als der einzigen Nationalcultusstätte erfordert.

Die deuteronomischen Bestimmungen über die Erstgeburten schließen sich an die ältesten Gesetze darin an, daß dieselben nicht wie in Leviticus und Numeri als eine den Priestern zukommende Abgabe behandelt werden. Dagegen entfernen sie sich — was Kleinert übersehen hat — darin mehr, als die in Leviticus und Numeri von jenen, daß sie den Grundsatz, alle Erstgeburt gehöre Jehova an, nicht mehr mit voller Strenge geltend machen. Es ist nicht richtig, wenn Kleinert (S. 73) behauptet, es bleibe in der ältesten Gesetzgebung (Ex. 22, 28 f.; 13, 1 f. 11 ff.; 34, 19 f.) dahingestellt, in welcher Weise die Heiligung der Jehova gehörigen Erstgeburt auszuführen sei. Läßt sie auch die Möglichkeit offen, daß die opferbaren Erstgeburten nicht alle sofort, sondern nach und nach, wie es der gottesdienstliche Bedarf erforderte, geopfert werden konnten, darüber läßt sie keinen Zweifel, daß dieselben lediglich zum Opfer bestimmt seien. Auch abgesehen von dem ausdrücklichen Zeugnis Ex. 13, 15, erhellt dies ja schon daraus, daß die Erstgeburt des unreinen Hausthieres mit einem opferbaren Thier losgekauft werden soll. Das ausschließliche Eigentumsrecht Gottes an alle männliche Erstgeburt aber wird so streng geltend gemacht, daß, wenn solche Loskaufung nicht erfolgt, die Erstgeburt des unreinen Hausthiers getödtet werden muß. — Die mittlere Gesetzgebung (Num. 18, 15 ff. Lev. 27, 26 f.) mit ihren näheren Bestimmungen über die Erstgeburtsopfer und über Lösung oder Verkauf der Erstgeburt unreiner Thiere hält dies Eigentumsrecht Gottes nicht minder fest; indem sie aber dabei die Priester nicht mehr bloß als Vollzieher der Opferhingabe betrachtet, sondern sie als die Diener Jehova's grundsätzlich in den vollen Genuß jenes göttlichen Eigentumrechts einsetzt, wird die älteste Gesetzgebung wenigstens in einem Punkt abgeändert: bei der Erstgeburt unreiner Thiere tritt an die Stelle der Lösung durch ein Opferthier oder der Tödtung die Lösung durch Geld oder der Verkauf [1]); von Gottes Eigentumsrecht an die Erstgeburt wird damit nichts aufgegeben; aber im Interesse der Priester wird es nicht mehr in jener altertümlichen Rigorosität geltend gemacht. — Im Deuteronomium dagegen wird nicht nur der Grundsatz der mittleren Gesetzgebung, daß der Genuß des Eigentumsrechts Gottes an die Erstgeburten den Priestern zukommt, aufgegeben, sondern es wird auch jenes Eigentumsrecht selbst ausdrücklich *nur für die zu Opfern verwendbaren* Erstgeburten geltend gemacht, und auch dies nur in einer den Darbringer am wenigsten belastenden Weise, indem nämlich eine *offenbar* schon *factisch bestehende* Verwendung solcher Erstgeburten zu Opfermahlzeiten acceptirt und dem Darbringer nur die Verpflichtung auferlegt wird, diese Opfermahlzeiten an dem von Jehova erwählten Orte zu halten. Daß es sich hier um eine *grundsätzliche* Modificirung der weitergehenden Anforderungen sowol der ältesten als der mittleren Gesetzgebung handelt, sieht man daraus, daß an die sonst opferbaren, aber mit einem Fehler behafteten Erstgeburten Gottes Eigentumsrecht in keiner Weise geltend gemacht, vielmehr das

---

1) Ob auch in der Zuweisung des Fleisches der Erstgeburtsopfer an die Priester eine Abweichung von der ältesten Gesetzgebung liegt, bleibt zweifelhaft. Möglich, daß damit nur die gewöhnliche ältere Praxis gesetzlich fixirt wurde. Doch kann die älteste Gesetzgebung auch eine Verwendung der Erstgeburten zu Brandopfern in Aussicht nehmen, schwerlich aber eine Verwendung ihres Fleisches zu Opfermahlzeiten der Darbringer. — Uebrigens ist *Kleinerts* Annahme, Num. 18, 16 sei von der Lösung der Erstgeburt unreiner Hausthiere die Rede, sicher unrichtig. V. 16 u. 17 geben nach einander die näheren Bestimmungen zu den beiden Sätzen im 2. Glied von V. 15.

Schlachten und Verzehren derselben völlig freigegeben wird (Deut. 15, 21 ff.). Da kann denn der Deuteronomiker Gottes Eigentumsrecht auf die von ihm gar nicht erwähnten Erstgeburten der unreinen Thiere sicher nicht mehr ausgedehnt haben. — Was nun Kleinert für die Priorität der deuteronomischen Gestaltung des Erstgeburtsgesetzes vor jener mittleren geltend macht, ist lediglich die Unwahrscheinlichkeit, daß die Priester ein geheiligtes Recht freiwillig aufgegeben haben, oder daß ihnen von irgend einem Könige oder Propheten ein gesetzlich sanctionirtes Eigentumsrecht einfach abdecretirt worden sei, wogegen eine spätere reichlichere Ausstattung derselben, wie sie die Gesetze in Leviticus und Numeri bezwecken, recht wohl denkbar sei. Aber ist es denn wirklich so undenkbar, daß ein prophetischer Gesetzgeber ein solches Recht der Priesterschaft dem höheren Interesse des Gottesreiches zum Opfer gebracht hat? Zweifellos sollen ja die deuteronomischen Bestimmungen über die Verwendung der Erstgeburten und der Zehnten dazu dienen, die Theilnahme an den gemeinsamen Festfeiern der Nation und damit auch die Concentration alles Opfercultus auf den einen von Jehova erwählten Ort zu erleichtern und so mittelbar dazu helfen, das Gottesreich gegen die Gefahr eindringender Abgötterei zu sichern [1]). Durfte da ein Privilegium der Priesterschaft, das in den ältesten und zuverläßigsten Urkunden der mosaischen Gesetzgebung noch nicht enthalten und auch nach der vom Priesterstand ausgegangenen mittleren Gesetzescodification großentheils nur als todter Buchstabe existirte, als nicht zu beseitigendes Hindernis gelten? Mußte der Deuteronomiker nicht vielmehr hier von der Bestimmung dieser priesterlichen Gesetzgebung, welche er zwar im allgemeinen anerkennt, zu der er aber im einzelnen noch eine freiere Stellung einnimmt, und deren Verbindlichkeit keineswegs allgemein anerkannt war, Umgang nehmen und sich unter Festhaltung des ursprünglichen Grundgedankens des Erstgeburtsinstituts an die dem höheren Interesse des Gottesreiches mehr entsprechende Praxis halten? Und konnte er das nicht um so unbedenklicher, da in den Zeiten der Königsherrschaft ein guter Theil

[1]) Vgl. „Die Gesetzgebung Mosis" u. s. w., S. 118 ff.

des für den öffentlichen Gottesdienst zu machenden Aufwands von den Königen übernommen, also nicht mehr aus den Abgaben des Volks an die Priester zu bestreiten war? Ueberdies mußte die Concentration alles Opfercultus auf das Centralheiligtum die Lage der Priester so sehr verbessern, daß ihnen der Verzicht auf jenes in Wirklichkeit schon großentheils verlorene oder nie in Kraft getretene Privilegium mehr als ersetzt wurde. Und endlich gibt ihnen ja das deuteronomische Gesetz auch noch einen besondern Ersatz durch die neue Abgabe der Erstlinge der Schafschur (Deut. 18, 4). Nach dem allem kann ich Kleinerts Grund für die Priorität der deuteronomischen Erstgeburtsgesetze gegenüber denen in Leviticus und Numeri durchaus nicht haltbar finden. Uebrigens verräth auch die zuletzt erwähnte neue Abgabe die deuteronomische Gesetzgebung als die jüngste, indem in derselben dem Begriff der Erstlinge, der sonst überall auf die Frucht des Landes beschränkt ist, während ihm in Betreff des Viehs der der Erstgeburt correspondirt, eine diese Sonderung verwischende Ausdehnung gegeben ist.

Was endlich den Zehnten betrifft, so enthält allerdings die älteste Gesetzgebung nichts über denselben, sondern setzt seine Ablieferung als eine durch das Vorbild der Patriarchen geheiligte Volkssitte voraus (Kleinert, S. 77). Ein „constituirendes Gesetz" über den Zehnten findet sich aber nicht bloß im Deuteronomium, sondern auch Lev. 27, 30. 32. Die Priorität des deuteronomischen Zehntgesetzes gegenüber den Bestimmungen in Leviticus und Numeri kann daraus, daß hier einfach vorausgesetzt, dort aber ausdrücklich bestimmt wird, der Zehnte sei jährlich für Jehova abzuheben, nicht erwiesen werden, weil es eigentlich schon im Begriff des Zehntens liegt, daß er eine jährliche Abgabe ist, weshalb dies im Deuteronomium wol nur wegen der beabsichtigten verschiedenen Bestimmungen über den Zehnten der zwei ersten und des dritten Jahres eines Trienniums ausdrücklich bemerkt ist. Von dem Hauptgrund Kleinerts für jene Priorität, es sei undenkbar, daß der Deuteronomiker den Leviten ein gesetzlich fixirtes, ständiges Einkommen genommen habe, dagegen sei es das Gewöhnliche, daß, was anfangs freie Gabe war, mit der Zeit zur ständigen Abgabe werde, gelten im wesentlichen die obigen Bemerkungen über die entsprechende deuteronomische Umgestaltung des Erstgeburtsinstituts. Während es sich sehr leicht erklärt, wie der Deuteronomiker auch hier seinem höheren Zweck zu lieb die zur gewöhnlichen Praxis gewordene Verwendungsweise des Zehntens gelten läßt, obschon sie mit dem in der mittleren Gesetzgebung fixirten Recht der Leviten und der Priester im Widerspruch stand [1]), kann das in Leviticus und Numeri beschriebene Zehntinstitut als Umgestaltung des deuteronomischen nicht begriffen werden.

Denn einmal steht doch wol fest, daß ursprünglich die Heiligung des Zehntens in einer und derselben Weise vollzogen wurde; und diese einfachere Gestalt des Zehntinstituts ist in Leviticus und Numeri festgehalten und zwar indem die Heiligkeit des Zehntens, wenigstens des Viehzehntens (Lev. 27, 33) mit altertümlicher Strenge geltend gemacht wird. Hatte aber die Gesetzgebung erst einmal die deuteronomische zweifache Verwendungsweise des Zehntens (Zehntmahlzeiten und dreijähriger Zehnte) festgestellt, so hätte in einer etwa noch folgenden gesetzgeberischen Umbildung des Instituts der in zwei Aeste auseinandergegangene Stamm schwerlich wieder so zusammenwachsen können, daß keine Spur von jener Theilung mehr zu sehen ist. Sodann träte die Zehntgesetzgebung der Bücher Leviticus und Numeri, wenn sie nachdeuteronomisch wäre, durch die den Leviten gegebene Erlaubnis, den Zehnten nach Ablieferung des Priesterzehntens an jedem beliebigen Ort zu verzehren, dem Zug der Entwickelung der gottesdienstlichen Verhältnisse entgegen; denn diesem entsprach die im Deuteronomium angeordnete und selbst für den dreijährigen Zehnten noch einigermaßen geltend gemachte (Deut. 26, 12 ff.) Verbringung des Zehntens nach Jerusalem (vgl. 2 Chr. 31, 4 ff.). Darum finden wir auch, daß die Gesetzespraxis in der Zeit des zweiten Tempels wenigstens diese Verbringung des Zehntens nach Jerusalem aus dem Deuteronomium aufnahm (Neh. 13, 12 f.; vgl. V. 5. Mal. 3, 10). — Wir haben aber auch einen entscheidenden Beweis für die Bekanntschaft des Deuteronomikers mit dem die Bestimmungen über den Zehnten in sich schließenden Gesetz Num. 18

---

[1]) Vgl. „Die Gesetzgebung Mosis" u. s. w., S. 120 ff.

an seiner Motivirung der Zuziehung der Leviten zu den Zehntmahlzeiten כִּי אֵין לוֹ חֵלֶק וְנַחֲלָה עִמָּךְ (Deut. 14, 27. 29; 12, 12; vgl. 18, 1 f.); denn in Deut. 10, 9; 18, 2 wird diesem mit seiner positiven Ergänzung „Jehova ist sein Erbtheil" verbundenen Satz noch angefügt: „wie Jehova dein Gott zu ihm geredet hat"; und das Gotteswort, auf welches hier zurückgewiesen wird, kann nur das in Num. 18, 20. 23 f. sein.

So stellt sich heraus, daß Kleinerts Argumente seine Ansicht nicht als gegründet erweisen, vielmehr, näher besehen, in Gegenargumente umschlagen. Die deuteronomische Gesetzgebung setzt das Protonomium in beträchtlich weiterem Umfange voraus, als Kleinert zugibt[1]): und selbst die deuteronomischen Bestimmungen, welche sich näher an die ältesten Gesetze anschließen, verrathen theilweise durch ihre Fassung Bekanntschaft mit den angeblich nachdeuteronomischen Weiterbildungen. Die Unhaltbarkeit der Ansicht Kleinerts erhellt aber noch mehr, wenn man noch die späteren Zeitverhältnisse in's Auge faßt, welche in der deuteronomischen Gesetzgebung berücksichtigt und vorausgesetzt sind, wogegen sich im Protonomium noch nirgends eine Hindeutung auf dieselben findet. Doch soll hierauf hier nicht näher eingegangen werden, weil das Wichtigste davon bei der Prüfung der folgenden Untersuchungen zur Sprache gebracht werden muß.

Die dritte Untersuchung Kleinerts beantwortet die Frage: „ob die deuteronomische Gesetzgebung zur Zeit Josia's entstanden sein könne" verneinend; und zwei Anhänge lehnen die Annahmen einer Abfassung zur Zeit Manasse's und Hiskia's ab. Andererseits weist die vierte Untersuchung nach, daß das deuteronomische Gesetz in seiner vorliegenden Gestalt auch nicht schon von Moses herrühren könne, sondern eine späteren Verhältnissen angepaßte Ueberarbeitung alter Satzungen sei. Und die fünfte Untersuchung sucht positiv nachzuweisen, daß diese Ueberarbeitung sich geschichtlich nur aus den Verhältnissen erkläre, wie sie in den Ausgängen der Richterzeit vorhanden waren. Wenn ich nun auch vieles in den Ausführungen des Verfassers als wohlbe-

---

[1]) Vgl. noch Stud. u. Krit., Jahrg. 1868, S. 358—365.

gründet und zu richtiger Würdigung des Deuteronomiums dienend anerkennen kann, so scheint er mir doch nicht selten die strenge Anwendung seiner kritischen und historischen Grundsätze vergessen, und sich zu rasch für herkömmliche Auskunftsmittel zur Beseitigung der eine spätere Abfassungszeit indicirenden Thatsachen entschieden zu haben. Besonders gilt dies von dem für die Datirung der deuteronomischen Gesetzgebung so wichtigen Punkt, der Concentration alles Opfercultus auf den Ort, welchen Jehova euer Gott aus allen euren Stämmen erwählen wird um seinen Namen daselbst wohnen zu lassen." Es ist unmethodisch, daß dieser Punkt erst gegen Ende der fünften Untersuchung, nachdem sogar das Ergebnis schon gezogen ist, zur Erörterung kommt. Denn hier handelt es sich ja um das, was auch nach Kleinert eine Haupttendenz der deuteronomischen Gesetzgebung und ein Grundzug ihres charakteristischen Gepräges gegenüber dem Protonomium ist. Dieser Punkt war darum in den grundlegenden Erörterungen und nicht als eine nach gewonnenem Ergebnis noch schließlich zu beseitigende Instanz zu behandeln. Und wie wird die Instanz beseitigt? Durch das herkömmliche Auskunftsmittel, es sei der eine Ort, auf welchen das Deuteronomium den Opfercult concentriren will, kein fest und unwandelbar bestimmter, sondern wie in Ex. 20, 22 der Ort, an welchem gerade die Bundeslade sich befand, oder der gerade durch irgend welche besondere göttliche Offenbarung zur Cultusstätte bestimmt wurde. Das entscheidende כָּל in Ex. 20, 22 sollen wir als vom Sinn erfordert in die deuteronomische Formel hineinergänzen! Daß diese Auffassung durch die Stellen Deut. 23, 17. Num. 16, 5. 7 und Deut. 17, 15 nicht erwiesen werden kann, scheint mir eines besonderen Nachweises nicht zu bedürfen [1]). Die früher gegen sie geltend gemachten Gründe [2]) aber hat Kleinert nicht aus dem Weg geräumt. Schon die Tendenz des Deuteronomiums

---

[1]) Auch Deut. 23, 17, welche Stelle Kleinert für besonders entscheidend hält, ist ja nicht eine Mehrheit von Orten gemeint, von denen bald der eine, bald der andere gewählt wird, sondern der eine Ort, welchen der Flüchtling zu seinem dauernden Wohnsitz erwählt.

[2]) „Die Gesetzgebung Mosis" u. s. w., S. 27 f.

fordert, daß man nicht an einen wechselnden Ort denke; denn in diesem Fall wäre die Concentration des Opfercultus von vornherein nicht erreichbar gewesen. Es kann aber auch, wenn man alle betreffenden Stellen zusammennimmt, zunächst darüber kein Zweifel sein, daß der „aus allen euren Stämmen“ oder „in einem deiner Stämme“ erwählte Ort, der nicht nur beliebigen Opferstätten (Deut. 12, 13), sondern auch den übrigen Städten des Landes („in deinen Thoren“, „in allen deinen Thoren“) gegenübersteht, und von dem Wohnsitz mancher Israeliten weit entfernt war (Deut. 12, 21; 14, 24), der Mittelort der Theokratie ist, die Hauptstadt, in welcher die Oberbehörden ihren Sitz haben (Deut. 17, 8 ff.). Sodann erhellt aus dem der gewöhnlichen Formel öfter beigefügten Zusatz לְשַׁכֵּן אֶת־שְׁמוֹ שָׁם ebenso unzweifelhaft, daß von einem Ort die Rede ist, an welchem Gott dauernd inmitten seines Volks Wohnung genommen hat. Was könnte also für ein anderer Ort gemeint sein, als Jerusalem? Nur von zwei Orten wird die eben angeführte Redensart und die damit wechselnde לָשׂוּם אֶת־שְׁמוֹ שָׁם gebraucht, einmal von Silo (Jer. 7, 12) und öfter von Jerusalem (Neh. 1, 9. — 1 Kön. 9, 3; 11, 36; 14, 21. 2 Chron. 6, 20; 12, 13). Ist aber zwischen diesen beiden Orten zu wählen, so kann die Entscheidung nicht zweifelhaft sein. Der Berufung auf den Gebrauch des Verbums עָלָה in Deut. 17, 8 [1]) kann man allerdings Stellen, wie 1 Sam. 1, 3. 7. 21. Hos. 4, 15 u. a. entgegenhalten; und daß jene Wohnstätte Jehova's erwählt werden sollte, wenn Gott seinem Volke Ruhe verschafft habe vor allen seinen Feinden ringsum (Deut. 12, 10), würde zu der Annahme stimmen, daß der Deuteronomiker zunächst Silo im Sinne hat (vgl. besonders Jos. 23, 1). Wenn wir aber in 1 Kön. 8, 16 die ausdrückliche Erklärung Jehova's lesen, er habe von der Zeit des Auszugs aus Aegypten an keine Stadt aus allen Stämmen Israels erwählt, daß man ihm daselbst ein Haus baue, daß sein Name daselbst sei, so können wir die deuteronomische Formel nur von Jerusalem verstehen. Man kann dagegen nicht einwenden, daß sich diese Er-

[1]) „Die Gesetzgebung Mosis“ u. s. w., S. 27. 28.

klärung nur auf den Bau eines Tempels beziehe. Die Fassung des Gotteswortes in 2 Sam. 7, 6, auf welches zurückgewiesen wird, ließe allenfalls diesen Einwand zu. In unserer Stelle aber ist offenbar die Erwählung einer bestimmten Stadt zur Wohnstätte des Namens Jehova's und der Bau eines Tempels als etwas unauflöslich Miteinanderverbundenes behandelt. Hatte Gott bis zur Zeit Davids und Salomo's das letztere nicht gefordert, so hatte er auch noch keine Stadt aus allen Stämmen Israels erwählt. Als Bestätigung kommt hinzu, daß im ganzen Alten Testament der Begriff der Erwählung auf keine andere Stadt angewendet wird, als auf Jerusalem. Endlich wäre, wenn Kleinert Recht hätte, zu erwarten, daß die deuteronomische Gesetzgebung die Stiftshütte erwähnte, was bekanntlich nirgends der Fall ist. Denn die Stelle Deut. 31, 14 ff. gehört nicht der Gesetzgebung selbst an und ist anerkanntermaßen ein Bestandtheil des vordeuteronomischen Pentateuchschlusses. Somit wird es dabei bleiben, daß der Deuteronomiker den Opfercultus auf Jerusalem concentriren will, und damit wird die Abfassung der deuteronomischen Gesetzgebung jedenfalls in die Zeit nach dem Tempelbau heruntergerückt; und man wird noch ziemlich tiefer herabgehen müssen. Denn wie will es Kleinert erklären, daß das Opfern auf den Höhen noch bis gegen die Zeit Hiskia's hin auch den durch theokratische Gesinnung ausgezeichnetsten Königen nicht als ein abzustellender Misbrauch gilt, daß selbst der Hohepriester Jojada als Leiter und Berather des noch unmündigen Königs Joas keinen Versuch macht, dagegen einzuschreiten (2 Kön. 12, 3 f.), daß noch nicht der Bearbeiter des Buchs Samuel, welcher in voller Unbefangenheit von verschiedenen Opferstätten redet (vgl. z. B. 1 Sam. 14, 35), sondern erst der im Exil lebende Bearbeiter des Königsbuchs die Könige nach der Norm der deuteronomischen Forderung bemißt? In der Geschichte, das ist unleugbar, tritt uns jenes für die deuteronomische Gesetzgebung charakteristische Streben, Jerusalem zur alleinigen Opferstätte zu machen, bestimmt erst bei Hiskia vor Augen (2 Kön. 18, 4. Jes. 36, 7. 2 Chr. 31, 1).

Ein anderes Bedenken, welches manchem Leser zuerst in den Sinn kommen wird, erregt das deuteronomische Königsgesetz

(Deut. 17, 14 ff.). Kleinert (S. 142 ff.) erkennt an, daß dasselbe die Aufrichtung des Königtums voraussetzt. Die Instanz, gegen seine Ansicht, die dann darin liegt, sucht er durch die Annahme zu beseitigen, es sei „ein später hinzugekommener Einschub“. Doch kann er nicht umhin, diesen Einschub derselben Hand zuzuschreiben, von welcher die deuteronomische Gesetzescodification herrührt. Vermöge der Identification dieses Königsgesetzes mit dem nach 1 Sam. 10, 25 von Samuel geschriebenen und, wie das deuteronomische Gesetzbuch (vgl. Deut. 31, 26. 2 Kön. 22, 8), vor Jehova niedergelegten מִשְׁפַּט הַמְּלֻכָה weiß er aber hieraus ein Argument für seine Ansicht und einen Anhaltspunkt für die Bestimmung der Person des Deuteronomikers zu machen (S. 243). Indessen kann aller Scharfsinn, der hier aufgeboten ist, die Unwahrscheinlichkeit dieser Combination nicht heben. Paßt doch schon der Ausdruck משפט המלכה, auch wenn wir von den Stellen 1 Sam. 8, 9. 11 absehen, ganz und gar nicht zu dem Inhalt des deuteronomischen Königsgesetzes! Und durch das Zugeständnis, daß dieselbe Hand das deuteronomische Gesetzbuch, dies Königsgesetz und (abgesehen von einigen späteren Zusätzen) auch die das Gesetz umrahmenden Reden geschrieben habe, verliert der einzige beachtenswerthe Grund für die Annahme, das Königsgesetz sei ein späterer Einschub, daß nämlich hier allein innerhalb des Gesetzes selbst, ebenso wie in jenen Reden, das Vorhandensein des geschriebenen Gesetzbuchs vorausgesetzt ist, alles kritische Gewicht. Denn es ist nicht abzusehen, warum man diese Erscheinung in Deut. 17 anders erklären müßte, als in jenen Reden. — Was aber Kleinert aus dem Inhalt des Königsgesetzes gegen seine Entstehung in einer späteren Zeit der Königsherrschaft geltend macht, die Armut desselben an concreten Bestimmungen und besonders die nur auf ein Wahlkönigtum, und nicht auf das Erbrecht des davidischen Königtums hinweisende Forderung in Deut. 17, 15, erledigt sich theils dadurch, daß der Deuteronomiker Mosen über das notorisch um Jahrhunderte spätere Institut nur die Bestimmungen treffen lassen will, welche die Theokratie gegen die im menschlichen Königtum liegenden Gefahren schützen sollten, theils durch seine Rücksichtnahme auf das Königtum im Zehnstämmereich. Inwiefern der

Inhalt des Königgesetzes die schlimmen Erfahrungen der nachsalomonischen Zeit über das Königtum schon voraussetzt, will ich hier nicht wiederholen [1]). Ich bemerke nur noch, daß Kleinert auch mit der Erwähnung des Königs in Deut. 28, 36 sich dadurch abfinden will, daß er dort einen späteren deuteronomistischen Zusatz annimmt.

Eine nicht zu beseitigende Instanz gegen Kleinerts Ergebnis bildet auch die deuteronomische Gerichtsverfassung, obschon er in ihr eine Hauptstütze für seine Ansicht gefunden zu haben meint. Vorweg müssen wir die Bemerkung, die Stadtältesten kämen nur in der Richterzeit vor, während sich sonst bis zum Exil hin keine Spur von ihnen finde, als unrichtig bezeichnen (vgl. bes. 1 Kön. 21, 8. 11); ohnehin steht sie mit dem naturgemäßen geschichtlichen Entwickelungsgang des israelitischen Verfassungslebens in grellem Widerspruch. Was aber den Punkt betrifft, in welchem Kleinert „das entscheidendste Moment“ findet, so ist mir in der That schwer begreiflich, wie er die Behauptung Hävernicks und Keils wieder aufnehmen mag, in Deut. 17, 9. 12 und gar auch in Deut. 25, 2 sei „die höchste obrigkeitliche Person“ הַשֹּׁפֵט genannt. Wenn in einem speciell vom Obergericht handelnden Gesetz „der Richter“ als oberste Instanz genannt wird, welches Recht hat man, diesen zur „höchsten obrigkeitlichen Person“ schlechtweg zu machen? Von der höchsten obrigkeitlichen Würde handelt erst das darauf folgende, eben besprochene Königsgesetz. Und wie will Kleinert beweisen, daß irgend einer der Richter an dem von Jehova erwählten Mittelort der Theokratie in Gemeinschaft mit einem Obergerichtscollegium von der im Deuteronomium vorausgesetzten Zusammensetzung Recht gesprochen habe? Daß man vielmehr in dem deuteronomischen Obergericht nur das nach 2 Chron. 19, 8 ff. von Josaphat in Jerusalem eingesetzte erkennen kann, scheint mir zweifellos, und ich vermag den Einwendungen Kleinerts (S. 141 f.; vgl. S. 130 f.) in der That keinerlei Gewicht beizumessen. Das „oder“ in Deut. 17, 12 erklärt sich doch wahrlich zur Genüge daraus, daß nach der ausdrücklichen Angabe des Chronisten in jenem Obergericht

---

1) Besondere Beachtung verdient, daß noch 1 Kön. 10, 23, vgl. 3, 13 als Gnadengabe Jehova's erscheint, was Deut. 17, 17 dem König verboten ist.

das Präsidium je nach dem Charakter der verhandelten Rechtssache bald dem Hohenpriester, bald dem Fürsten des Hauses Juda zustand, wobei gelegentlich auch auf die Uebereinstimmung in der beobachteten Rangordnung der beiden Vorsteher und die theilweise in der Formulirung der Competenz des Obergerichts aufmerksam gemacht sei. Ganz irrelevant ist, daß der Richter des Deuteronomiums in der historischen Notiz des Chronisten bestimmter als Fürst des Hauses Juda bezeichnet ist. Die angebliche Verschiedenheit in der Zusammensetzung des Obergerichts ist in der That nicht vorhanden; denn daß der Deuteronomiker die Leviten und Priester in dem Ausdruck הַכֹּהֲנִים הַלְוִיִּם zusammenfaßt, entspricht seinem sonstigen Verfahren; und wenn er auch in Deut. 17 außer dem Oberrichter keine Laien als Mitglieder des Collegiums erwähnt, so verräth er doch in Deut. 19, 17 das Vorhandensein derselben. Die Bemerkung endlich, das Deuteronomium wisse überall nichts von Richtern in den einzelnen Städten, scheint die Frucht einer die Stelle Deut. 16, 18 ff. vergessenden Uebereilung zu sein. — So muß ich dabei bleiben, in der deuteronomischen Gerichtsverfassung einen sicheren Beweis dafür zu erkennen, daß das Deuteronomium nicht vor Josaphats Ordnung der Gerichtsverhältnisse geschrieben sein kann.

Endlich ist auch das in der Erwähnung des Gestirndienstes (Deut. 4, 19; 17, 3) liegende Anzeichen späterer Abfassungszeit von Kleinert (S. 105 ff.) nicht nach historisch-kritischen Grundsätzen, sondern mit den Mitteln herkömmlicher Apologetik beseitigt [1]). War auch Baal Sonnengott und Astarte Mondgöttin, so sind nach dem Zeugnis der Geschichte doch Baals- und Astartendienst und Verehrung von Sonne, Mond und Sternen ganz verschiedene Formen der in Israel eingedrungenen Abgötterei und zwar letztere der älteren Zeit fremd und keine canaanitische, sondern vom fernen Osten her importirt, weshalb auch Deut. 13, 8 vor Verehrung

[1]) Ich meine besonders die Zerlegung der Instanz in eine Anzahl einzelner Momente (1. Sonnen- und Monddienst, 2. Gestirnanbetung, 3. der Ausdruck „Himmelsheer"), mit denen dann in ihrer Vereinzelung nach dem Grundsatz divide et impera leichter fertig zu werden ist.

der Götter fern wohnender Völker gewarnt ist. Eine unbefangene und besonnene Kritik wird darum in dieser Erwähnung des Gestirndienstes immer einen gewichtigen Beweis für die Entstehung der deuteronomischen Gesetzgebung, wenn auch nicht erst in der Zeit Manasse's (2 Kön. 21, 3ff.) oder auch nur nach Ahas (2 Kön. 23, 11 f.), so doch mindestens nach dem Eindringen des Gestirndienstes im Zehnstämmereich (2 Kön. 17, 16. Am. 5, 26) erkennen.

Wenden wir uns nun aber auch zu einer Prüfung der wichtigsten Argumente Kleinerts für die verhältnismäßig so frühzeitige Abfassung der deuteronomischen Gesetzgebung. Nicht geringes Gewicht legt er auf die im Deuteronomium vorausgesetzten Beziehungen zu fremden Völkern. Besonders soll der Vertilgungskrieg gegen die Kanaaniter noch eine brennende Aufgabe für das Volk gewesen sein (S. 83f. 117. 132f. 136f.). Allein diese Behauptung hat nur an Deut. 20, 16ff. eine scheinbare Stütze; sonst findet sich im ganzen Deuteronomium keine Stelle, die sie rechtfertigte; alle anderen Aussagen über die Kanaaniter sind vielmehr ganz der Art, wie man sie von einem späteren Schriftsteller erwarten muß, der erstlich über von Moses gehaltene Reden referirt und darum den Standpunkt der Zeit Mosis einhält (vgl. bes. Deut. 6, 19; 7, 16ff.; 9, 1ff.; 11, 23ff.), nicht ohne zu verrathen, daß er auf die Art, wie geschichtlich die Unterwerfung und Ausrottung der Kanaaniter erfolgt ist, schon zurückblickt [1]); und der sodann das dankbare Bewußtsein in dem Volke lebendig erhalten will, daß es den Besitz des Landes der Kanaaniter, ohne alles eigene Verdienst, allein der Gnade und Macht seines Gottes verdanke, und die Gebote über Ausrottung der Kanaaniter und über Zerstörung ihrer Cultusstätten und Götzenbilder insbesondere im Anschluß an Ex. 34, 11ff. (vgl. bes. Deut. 7, 1ff.) seinen Zeitgenossen in der Absicht wieder vorhält, die Verehrung Jehova's an jenen Cultusstätten und

[1]) So namentlich Deut. 7, 22, wo Kleinert (S. 83) ganz unrichtig ein Gebot findet, die Ausrottung der Kanaaniter nicht eilends vorzunehmen; es ist vielmehr dem Wortlaut nach eine Voraussagung, und in Wirklichkeit die Beleuchtung eines geschichtlichen Thatbestandes. Auch Kleinert macht übrigens S. 132 ein hierauf hinauslaufendes Zugeständnis.

in der Weise der Kanaaniter zu bekämpfen. Tritt doch letztere Tendenz wiederholt ganz augenfällig hervor (am meisten Deut. 12, 4. 29ff.)! Ihr dient auch, daß Deut. 7 u. 12 das Hauptgewicht auf die Zerstörung der kanaanitischen Cultusstätten gelegt und als Zweck der Ausrottung der Kanaaniter die Verhütung der Verführung zu ihrem Götzendienst und ihrer Art des Cultus hervorgehoben wird, wobei sogar ausdrücklich die Zeit nach vollzogener Vertilgung der Kanaaniter in's Auge gefaßt ist (Deut. 12, 29. 30). Aber auch obige Stelle des Kriegsgesetzes ist nur eine scheinbare Stütze der Behauptung Kleinerts; denn wenn in einer Rede Mosis eine Anweisung über das Verfahren gegen feindliche Städte, wie die Deut. 20, 10—14, gegeben wurde, so mußte nothwendig auch ein Schriftsteller, zu dessen Zeit es schon lange keine kanaanitischen Städte mehr zu erobern gab, die Einschränkung beifügen, jene mildere Anweisung habe für solche keine Geltung. Die Schlußsätze des Kriegsgesetzes (Deut. 20, 19f.) endlich bezieht Kleinert (S. 83) willkürlich speciell auf die Belagerung kanaanitischer Städte.

Das Gebot, die Amalekiter völlig zu vertilgen (Deut. 25, 17ff.) dürfte Kleinert allerdings mit Grund gegen eine Abfassung des Deuteronomiums in der Zeit Josia's geltend machen. Aber bis zu dem 1 Chron. 4, 43 berichteten, in die Zeit Hiskia's fallenden Ereignisse hatte es noch praktische Bedeutung. — Die Behauptung, daß die „feindliche Haltung“ des deuteronomischen Gesetzes gegenüber den Moabitern in der Richterzeit, aber nicht mehr in der nachsalomonischen Zeit begreiflich sei (S. 122), wird wol schwerlich Glauben finden. Waren doch die Kriege der Moabiter gegen das Zehnstämmereich auch gegen das Volk Jehova's geführt. Und ist doch gerade jetzt durch die Inschrift Mesa's ein helles Licht darüber verbreitet worden, wie stark der Religionsgegensatz in dieselben hineinspielte! Auch nimmt kein Prophet eine andere Haltung gegen Moab ein. Gibt einer auch einmal dem natürlich-menschlichen Mitgefühl über rettungsloses Unglück Moabs Ausdruck (Jes. 15, 16), so bleiben die Moabiter doch jederzeit Gegenstand der Bedrohung und Verwünschung. Weit weniger gilt dies von den Edomitern, gegen welche der Eifer der Propheten sich in der älteren Zeit nur in Folge der von Joel und Amos erwähnten Niedermetzelung von Judäern, und nachhaltig und auf's höchste gesteigert erst seit sie mit den Chaldäern gemeinsame Sache gegen Juda machten, gekehrt hat, wogegen z. B. Jesaja wol Wiederunterwerfung der Edomiter ankündigt (Jes. 11, 14), und ihnen keinen günstigen Bescheid geben zu können erklärt (Jes. 21, 11 f.), sie aber nicht besonders bedroht. Wenn das deuteronomische Gesetz ihren Abkömmlingen die Aufnahme in die Gemeinde Jehova's zugesteht (Deut. 23, 8), so ist dabei neben dem in der Motivirung geltend gemachten Bruderverhältnis, das nie ganz verleugnet worden ist, und dem z. B. selbst Amos (1, 11; 2, 1) Rechnung trägt, daran zu erinnern, daß die Edomiter den Israeliten auch in religiöser Beziehung näher standen [1]), und daß sie in der nachsalomonischen Zeit bis zum Ende des 10. Jahrhunderts und wieder vom Ausgang des 9ten bis zur Mitte des 8ten Untergebene und unter Umständen auch Kriegsgenossen (2 Kön. 3) Judas gewesen sind. — Am auffallendsten ist, daß auch Abkömmlingen der Aegypter in gleicher Weise die Aufnahme in die Gemeinde zugestanden wird. Man wird aber jedenfalls nicht sagen können, daß diese Begünstigung der Aegypter in den Ausgängen der Richterzeit begreiflicher sei, als in der nachsalomonischen Zeit, die bis zum Ausgang des 7. Jahrhunderts nur *einen* ernstlichen Conflict mit Aegypten (Sisak, 1 Kön. 14, 25 ff.), aber mancherlei freundschaftliche Beziehungen aufweist. Die Polemik der Propheten gegen *Sicherung des Reiches durch ein ägyptisches Bündnis* (vgl. *Kleinert*, S. 123) hat mit jener Vergünstigung gar nichts zu thun [2]), und kann um so weniger in Betracht kommen, da das Verbot in Deut. 17, 16 wesentlich dieselbe Tendenz hat.

Von den *Kriegsgesetzen* (Deut. 20 u. 21, 10—14; 23,

---

[1]) Vgl. *Schlottmann* in dieser Zeitschrift, Jahrg. 1871, S. 611.

[2]) Wie sie ja auch mit der Ankündigung, daß die Aegypter zum Volk Jehova's werden sollen, wohl vereinbar ist; vgl. Jes. 19, 18 ff. Es ist beachtenswerth, daß die Bekehrung *keines andern* Volkes so ausführlich und in Ausdrücken, welche die Erhebung der Bekehrten zur Würde des Gottesvolkes so stark betonen, angekündigt wird, wie die der Aegypter in jener Weißagung Jesaja's.

10—14) darf allerdings behauptet werden, daß sie in einer Zeit entstanden sein müssen, in welcher Israel noch in der Lage war, Eroberungskriege zu führen, was von Josia's Zeiten nicht mehr gilt (Kleinert, S. 84f.); nicht aber, daß sie in die Zeit der Königsherrschaft nicht paßten (S. 153). Denn eine Berücksichtigung der kleinen ausländischen Truppe, welche ausnahmsweise (später lesen wir nur von israelitischen Miethstruppen, 2 Chron. 25, 6) David in Sold nahm, kann doch nimmermehr erwartet werden; und die Bemerkung, daß die Anweisungen Deut. 20, 10ff. direct an die Person des Kriegsherrn gerichtet sein müßten, berücksichtigt weder, daß das Gesetz einen Bestandtheil der Rede Mosis bildet, noch daß die herrschende Form der Gesetze das dem Volke Gottes gegebene Gebot ist, noch auch daß es sich jedenfalls um Kriege handelt, die von dem Volke Gottes und für das Volk Gottes, nicht etwa in dynastischem Interesse, geführt werden. — Dagegen kommt es mir sehr unwahrscheinlich vor, daß am Ende der Richterperiode, in einer Zeit, in welcher Israel froh sein mußte, wenn es sich der Herrschaft der kleinen Nachbarvölker erwehren konnte, Kriegsgesetze entstanden sein sollen, die siegreiche Kriege gegen ferner wohnende Völker und Eroberung sehr entfernter Städte (Deut. 20, 15) in Aussicht nehmen. Das setzt vielmehr die Erstarkung der politischen und militärischen Macht Israels in Folge der Begründung des Königtums voraus.

Richtig ist, daß der energische Kampf des Deuteronomikers gegen die Darbringung von Opfern Jehova's an anderen Orten, als dem von Jehova erwählten, einer Zeit angehören muß, in welcher Hiskia's Reformation (2 Kön. 18, 22) noch nicht vollständig durchgeführt war (Kleinert, S. 85f.). Richtig auch, daß in dem Verbot (Deut. 16, 21f.) noch das Bestehen von Altären Jehova's an verschiedenen Orten vorausgesetzt und sogar wie etwas Zulässiges besprochen ist. Man wird aber diesen vereinzelten Widerspruch mit der Tendenz der deuteronomischen Gesetzgebung daraus zu erklären haben, daß der Gesetzgeber hier so sehr nur die Hauptsache, das Verbot die Cultusstätte Jehova's der Baals und Astarte's zu verähnlichen, im Auge hat, daß er über jene Incongruenz hinwegsah, sei es im Hinblick auf die factisch noch bestehenden gottesdienstlichen Verhältnisse, sei es — was mir wahrscheinlicher ist — weil er dies Verbot aus einer älteren Vorlage herübernahm. — In Betreff der Stelle Deut. 12, 8, in welcher Kleinert (S. 89 f.) eine so eigentümliche Geschichtsnachricht über den Wüstenzug findet, wie sie nur in verhältnismäßig sehr früher Zeit noch gegeben werden konnte, kann ich auf frühere Bemerkungen verweisen [1]).

Weiter sucht Kleinert (S. 92 ff.) nachzuweisen, daß Hosea, Amos, Micha mit dem Deuteronomium bekannt sind, und folgert aus den Beziehungen erstgenannter im Zehnstämmereich wirksamer Propheten auf die deuteronomische Gesetzgebung, daß diese schon vor der Reichsspaltung vorhanden gewesen sein müsse. Ich will auf die Beweisstellen (zu denen man Am. 4, 9; vgl. Deut. 28, 22 hinzufügen mag) nicht weiter eingehen; mir erscheinen sie auch bei erneuter Prüfung nicht beweiskräftig; ich kann z. B. nicht einsehen, warum Hosea (5, 10) nicht, auch ohne eine bestimmte Gesetzesstelle (Deut. 19, 14; 27, 17) vor Augen zu haben, das Verrücken der Grenzen in den dafür üblichen Ausdrücken (vgl. Spr. 22, 28; 23, 10. Hiob 24, 2) als von der öffentlichen Meinung besonders gebrandmarktes Exempel habsüchtiger Ungerechtigkeit verwendet haben sollte; oder warum, wenn man in Am. 8, 5 eine Beziehung auf eine Gesetzesstelle glaubt annehmen zu müssen, Deut. 25, 14 ff. und nicht Lev. 19, 36 herbeigezogen werden soll, oder wie die Anspielung auf einen alle drei Jahre in Bethel und Gilgal dargebrachten Zehnten (Am. 4, 4) das Vorhandensein eines Gesetzes beweisen soll, nach welchem der Zehnte im je dritten Jahr nicht beim Heiligtum dargebracht, sondern in den einzelnen Städten den Leviten und Armen überlassen werden soll (Deut. 14, 28 f.). — Aber gesetzt auch, es ließe sich überzeugend nachweisen, daß schon Amos und Hosea das Deuteronomium gekannt haben, so könnte doch eine besonnene und vorsichtige Kritik nimmer die obige Folgerung daraus ziehen. Schon das eine, daß die deuteronomische Gesetzgebung Ueberarbeitung einer älteren, als mosaisch geltenden Gesetzsammlung ist, entkräftet alles, was Kleinert dafür geltend macht. Im übrigen bedarf die Unzulässig-

1) Vgl. „Die Gesetzgebung Mosis“ u. s. w., S. 29 f.

keit einer solchen Folgerung schon nach dem Bisherigen keines besonderen Nachweises mehr. Für eine vorsichtige Kritik wäre mit jenem Nachweis nicht mehr gewonnen, als daß das Deuteronomium schon am Anfang des 8. Jahrhunderts vorhanden war.

Die allgemeineren Erörterungen Kleinerts, welche beweisen sollen, daß die deuteronomische Gesetzgebung in einer von Moses nicht allzufernen Zeit concipirt sein müsse (S. 99 f.), lasse ich absichtlich bei Seite [1]). Ebenso den Versuch nachzuweisen, daß, was das Deuteronomium über die Verhältnisse der Priester und Leviten sagt, nur zur Richterzeit passe (S. 145 ff.), weil die Kritik desselben ausführlichere Erörterungen nöthig machen würde, für die mir hier der Raum fehlt.

Ich bemerke schließlich nur noch, daß ich die Gründe, die ich früher für eine Abfassung des Deuteronomiums in der zweiten Hälfte der Regierung Manasse's geltend gemacht habe, namentlich die aus Deut. 17, 16 u. 28, 68 entnommenen [2]), längst als nicht stichhaltig und jene Annahme selbst als unhaltbar erkannt habe; über die Zeit des Propheten Hosea aber kann auch nach meiner jetzigen Ueberzeugung nicht zurückgegangen werden; und am meisten scheint mir für die Entstehung der deuteronomischen Gesetzgebung in der Zeit Hiskia's zu sprechen. Doch will ich diese Annahme hier nicht weiter begründen.

Kleinerts sechste Untersuchung hat die dem Gesetz vorausgehenden und nachfolgenden Stücke des Deuteronomiums zum Gegenstand; und da es sich herausstellt, daß sie großentheils derselben Hand zuzuschreiben sind, welche die deuteronomische Gesetzgebung concipirt hat, so war besonders die Frage zu beantworten, ob sie in eine andere Abfassungszeit führen. — Die wichtigsten Ergebnisse der mit viel Sorgfalt und Scharfsinn geführten Untersuchung sind folgende:

Zum protonomischen Pentateuchschluß gehört Deut. 31, 14 bis 23. 30; 32, 1—44. 48—52; 34, 1—3. 7—9. Die Stücke Deut. 31, 24—29; 34, 4—6. 10—12 sind dagegen Ein-

---

1) Vgl. was er selbst S. 120 treffend bemerkt.

2) „Die Gesetzgebung Mosis" u. s. w., S. 99 ff.; vgl. Kleinerts Gegenbemerkungen, S. 196 ff.

schiebsel eines späteren deuteronomistischen Bearbeiters. Von der Hand des Deuteronomikers aber rühren zweierlei schriftstellerische Arbeiten her: die erste war eine Sammlung von monumentis mosaicis, deren Grundstock die Gesetzsammlung Deut. 4, 44 bis 26, 15 mit den Epilogen 31, 1—13; 32, 45—47 war, und die in ihrer erweiterten Gestalt aus vier Stücken bestand: der Rede (1, 1 bis 4, 43), dem Gesetz (4, 44 ff.) mit jenen Epilogen, den Bundesworten (Deut. 28 mit den Anhängen 29 u. 30) und dem Segen Mosis (Deut. 33); die andere besteht aus einer Reihe geschichtlicher Aufzeichnungen, die mit Deut. 27 beginnen und sich in die Bücher Josua, Richter und Samuel, jedoch nur bis 1 Sam. 15 hineinerstrecken.

Der Segen Mosis (Deut. 33) ist eine deuteronomische Ueberarbeitung von Einzelsprüchen aus der Richterzeit [1]). — Die Eingangsrede (Deut. 1—4) enthält nichts, was über die Ausgänge der Richterzeit herabzugehen nöthigte [2]); insbesondere setzt sie zwar Bekanntschaft mit den Geschichtserzählungen der mittleren Bücher des Pentateuchs voraus, nicht aber das Vorhandensein der uns vorliegenden Zusammenarbeitung verschiedener Quellenberichte; und sie gibt daneben auch viele selbständige und eigentümliche geschichtliche Notizen. — Die Bundesrede (Deut. 28) hatte ursprünglich den Vers Deut. 28, 69 zur Ueberschrift; den Anfang bildete Deut. 27, 9. 10; dann folgte Deut. 26, 16—19; dann erst 28, 1 ff. 29. 30 [3]). Sehr gründlich und überzeugend wird nachgewiesen, daß der Sprachcharakter dieser Rede bei aller Verwandtschaft mit

---

[1]) In vielem dieser Ausführung zustimmend, zweifle ich jedoch, ob über die Zeit des noch auf den Stamm Juda beschränkten Königtums Davids zurückzugehen ist.

[2]) Vgl. dagegen was oben über die Erwähnung des Gestirndienstes (Deut. 4, 19) bemerkt ist.

[3]) Es läßt sich nicht in Abrede stellen, daß das Ergebnis dieser kritischen Operationen eine sehr ansprechende Gestalt der Rede ist; immer aber sind sie etwas gewagt, und die Beweisführung ist nicht so schlagend, daß man über den Zweifel an ihrer Berechtigung hinauskommt. Am wenigsten kann ich damit einverstanden sein, daß die Unterschrift Deut. 28, 69 zur Ueberschrift gemacht wird, aus Gründen, die sich aus den kritischen Bemerkungen zur ersten Untersuchung ergeben.

der Diction Jeremia's doch auch wieder so viel charakteristisch Unterscheidendes aufweist, daß an Einheit des Verfassers nicht gedacht werden kann; und ebenso werden sehr beachtenswerthe Gründe dafür geltend gemacht, daß sich der deuteronomische Sprachcharakter im Vergleich zu dem Jeremia's, Ezechiels und anderer Schriftsteller dieser späteren Zeit als älter kennzeichnet. Die angenommene Abfassungszeit der deuteronomischen Gesetzgebung wird aber für diese Bundesrede nur festgehalten, indem Deut. 28, 28—37. 49—57; 29, 21—27 u. 30, 1—10 als spätere deuteronomistische Einschübe ausgeschieden werden. — Die dem Deuteronomiker angehörigen geschichtlichen Aufzeichnungen (s. oben) endlich enthalten nichts, was ihre Abfassung über die Zeit Samuels herunterzurücken nöthigte; und die Annahme, daß der Deuteronomiker mit dem letzten Bearbeiter des Königsbuchs identisch sei, ist — wie mit guten Gründen nachgewiesen wird — als ungegründet abzuweisen. — Nicht vom Deuteronomiker, sondern von der Hand des späteren deuteronomistischen Schriftstellers, dessen Einschübe in Deut. 31 u. 34 vorliegen, sind die deuteronomischen Schriftstücke in den Pentateuch und das Buch Josua eingefügt worden, und zwar spätestens in der Zeit Hiskia's.

Es ist nicht möglich, hier alle diese Ergebnisse einer eingehenden kritischen Prüfung zu unterziehen; ich beschränke mich auf einige Bemerkungen. Die sich ergebende Vorstellung von der literarischen Thätigkeit des Deuteronomikers und der Einfügung ihrer Producte in den Pentateuch und die folgenden historischen Bücher kann man sich zwar in der Hauptsache aneignen, auch wenn man die deuteronomische Gesetzgebung als später entstanden erkannt hat; ich muß aber bekennen, daß sie mir viel zu complicirt vorkommt, und daß mir namentlich die geschichtlichen Aufzeichnungen des Deuteronomikers in der Luft zu schweben scheinen. Ich kann solche allerdings nur bis zum Ende des Buches Josua finden, während ich, was in den Büchern Richter und Samuel von Kleinert dazu gerechnet ist, großentheils dem deuteronomistischen letzten Bearbeiter des Buchs der Könige zuschreiben zu müssen glaube. Aber auch bei dieser Beschränkung wird man urtheilen müssen, was ohne dieselbe noch viel mehr Geltung hätte: diese Aufzeichnungen können nie selbständig und für sich existirt haben. Will man also nicht annehmen, daß sie Bruchstücke sind, welche die Pentateuchredaction aus einem größeren deuteronomischen Geschichtswerk allein der Aufnahme und Einschaltung würdig befunden hat — was ich äußerst unwahrscheinlich finde —, so muß sie doch schon der Deuteronomiker selbst in eine ihm vorliegende ausführliche und zusammenhängende Geschichtserzählung eingeschaltet haben. Dann aber fragt es sich, ob hinreichender Grund vorhanden ist, von der einfacheren Vorstellung abzugehen, daß er zunächst allerdings das mit der Vorhaltung von Segen und Fluch abschließende Gesetzbuch Deut. 4, 44 bis 28, 69 als ein selbständiges Ganze, das auch für sich existirte und mit dem zu Josia's Zeit aufgefundenen Gesetzbuch identisch ist, geschrieben, dann aber auch selbst dies Buch an der Stelle, wo es jetzt steht, unter Zufügung der Eingangs- und Schlußreden in den das Buch Josua mit umfassenden Pentateuch eingefügt und den Schluß dieses größeren Werkes überarbeitet hat. — Jedenfalls wäre mit dieser Vorstellung immer noch die Annahme vereinbar, daß in Deut. 28—30 die oben bezeichneten deuteronomistischen Einschübe später eingefügt worden sind, wie denn auch Kleinert (S. 247. 251. 253) sie erst nach Vollendung des Hexateuchs entstanden sein und das deuteronomische Bundesbuch in dieser vermehrten Gestalt erst durch Esra dem heutigen Pentateuch einverleibt werden läßt. Ob jene Annahme hinreichend begründet ist, will ich hier nicht näher untersuchen; in Betreff der Stellen 30, 1—10 u. 29, 21—27 macht Kleinert allerdings beachtenswerthe Gründe geltend, die übrigens großentheils auch für die Stelle Deut. 4, 25—31 Geltung haben. — Ebenso wäre mit unserer Vorstellung die Annahme vereinbar, daß Deut. 27 erst bei der Einfügung des deuteronomischen Buches in den Pentateuch eingeschaltet worden ist; denn im weiteren Verlauf seiner Ueberarbeitung konnte der Deuteronomiker dann doch (Jos. 8, 31 f.) darauf, als im Gesetzbuch Mosis enthalten, zurückweisen [1]). Die Verschiebung der Abschnitte Deut. 26, 16—19 u. 27, 9. 10,

[1]) Doch spricht gegen die obige Annahme der Umstand, daß wenigstens Deut. 27, 11 ff. schon in Deut. 11, 29 ff. vorbereitet ist (s. oben).

welche Kleinert annimmt, ist mir zu zweifelhaft, als daß ich sie als Instanz gelten lassen könnte. — Nur dann würde jene Vorstellung aufzugeben sein, wenn wirklich eine Nöthigung vorläge, die Stücke Deut. 31, 24—29 u. 34, 4—6. 10—12 nicht dem Deuteronomiker, sondern mit Kleinert einem späteren deuteronomistischen Bearbeiter zuzuschreiben. Eine solche Nöthigung kann ich aber durchaus nicht anerkennen. Was Kleinert von sprachlichen Eigentümlichkeiten dieser Abschnitte anführt, reicht nicht von ferne aus, um gegenüber der sonstigen auch von ihm anerkannten deuteronomischen Färbung der Diction [1]) ein unterscheidendes Sprachcolorit zu begründen [2]). Daß in Deut. 31, 25 nicht, wie in V. 9, „die Priester, die Söhne Levi's", sondern schlechtweg „die Leviten" genannt sind, ist weder undeuteronomisch (vgl. Deut. 10, 8; auch 18, 7), noch ist damit die protonomische Sonderung der Priester und der anderen Leviten angedeutet. Und warum nicht ein und derselbe Schriftsteller als Voraussetzung für die sofort folgende Anordnung über die Vorlesung des Gesetzbuchs am Laubhüttenfest des Erlaßjahrs die vorläufige Notiz Deut. 31, 9 und dann die Nachricht Deut. 31, 24 ff. geschrieben haben könnte, vermag ich nicht abzusehen. — Hat man aber kein Recht, das Stück Deut. 31, 24—29 oder richtiger 23—30 [3]) dem Deuteronomiker abzusprechen,

---

[1]) Unter den Belegen war auch die Bezeichnung der Bundeslade durch ארון ברית יהוה anzuführen.

[2]) Mitunterlaufene Ungenauigkeiten sind: die Angabe, כְּכַלּוֹת (Deut. 31, 24) finde sich sonst nicht im Deuteronomium; denn die Bemerkung: Deut. 20, 9 stehe כְּכַלּוֹת, gründet sich auf Fürsts Concordanz, nicht aber auf correcte Ausgaben des Alten Testaments. — In Betreff des Ausdrucks „der harte Nacken" sind die Stellen Deut. 9, 6. 13 übersehen. — Das Nomen מרי kann bei dem häufigen Gebrauch des Verbums מרה im Deut. gewiß nicht als undeuteronomisch angesehen werden. Ebenso wenig die Stammesältesten (Deut. 31, 28); vgl. Deut. 1, 15; 5, 20; 29, 9 u. s. f.

[3]) Vgl. V. 23 חזק ואמץ und zum ganzen Vers Deut. 31, 6. 7. Jos. 1, 6. 9; V. 30 עד תמם wie 31, 24; 2, 15 und דבר באזני wie 5, 1; 31, 28; 32, 44 (ein Vers der von den deuteronomischen folgenden Versen nicht abgelöst werden kann). Wie Kleinert in בְּנֵי יִשְׂרָאֵל V. 23 (vgl. bes. Deut. 3, 18) und in קְהַל יִשְׂרָאֵל V. 30 (vgl. Deut. 5, 19 u. bes. Jos. 8, 35) etwas Undeuteronomisches finden mag, begreife ich nicht.

so ist gerade die Art, wie er in den älteren Quellentext zwischen die Ankündigung des Liedes (Deut. 31, 22) und das Lied selbst einige ihm wichtige Notizen (von denen V. 23 zur Ergänzung des abgebrochenen älteren Quellenberichts Deut. 31, 14. 15 dient) einschaltet und dann in seiner Weise wieder zu dem Liede überleitet, ein starker Beweis dafür, daß seine eigne Hand das von ihm herrührende Buch in den Pentateuch eingefügt und die Ueberarbeitung des Pentateuchschlusses und des Buches Josua vorgenommen hat. Ohnehin klingt ja auch der Anfang des Liedes Deut. 32 schon Deut. 4, 26 (vgl. jedoch oben) und 30, 19 ebenso voraus, wie in Deut. 31, 28, und diese Stellen bezeugen schon die auch aus Deut. 32, 44—47 ersichtliche enge Beziehung, in welche der Deuteronomiker das Lied zu der deuteronomischen Gesetzgebung gesetzt hat.

Eine sehr werthvolle Zugabe zu der sechsten Untersuchung sind die „Bemerkungen zum Wendungs- und Wortschatz des Deuteronomikers“ (S. 214—235); je weniger der Verfasser geneigt ist, auf die sprachliche Seite der literarisch-kritischen Untersuchungen ein allzugroßes Gewicht zu legen, um so mehr muß man ihm für diese sorgfältige und mühsame Zusammenstellung dankbar sein [1]. — Zum Schluß ordnet der Verfasser die gewonnenen Ergebnisse in seine Gesamtanschauung von dem Entwickelungsgang der alttestamentlichen Literatur und Religion ein und verwerthet sie zur Detailausführung derselben, wobei gelegentlich auch die Gründe geltend gemacht werden, welche die Identität des Deuteronomikers mit dem schon im Alten Testament neben Moses gestellten (Jer. 15, 1; Ps. 99, 6) Samuel wahrscheinlich machen; Gründe, die freilich nur für den Gewicht haben können, der von der Entstehung des

[1] Einige kleine Ergänzungen mögen hier angefügt werden: bei der Lieblingswendung unter בָּחַר ist noch Deut. 18, 6 beizufügen; bei גֹּדֶל Deut. 11, 2; bei דָּבַק Deut. 4, 4; מִשְׁלַח יָד war als Lieblingsausdruck zu bezeichnen und Deut. 12, 18 beizufügen. Ferner kann noch angeführt werden כַּצְּבִי וְכָאַיָּל Deut. 12, 15. 22; 15, 22; die eigentümliche Redensart Deut. 1, 46; 9, 25; 29, 15; אֵיכָה statt אֵיךְ und einiges Andere. Viele andere Ergänzungen bieten die S. 217 verzeichneten Stellen in den Untersuchungen Kleinerts selbst.

Deuteronomiums in den Ausgängen der Richterzeit überzeugt worden ist. — Beigefügt ist schließlich noch ein Register der erläuterten und citirten Stellen des Alten Testaments.

Konnte Referent auch nur einem kleinen Theil der Ergebnisse dieser Untersuchungen zustimmen, so freut er sich doch nicht nur der neuen Anregung, welche dadurch der kritischen Erforschung des Pentateuchs gegeben ist, sondern auch mancher darin dargebotener lehrreicher Beiträge zur vollständigeren Charakteristik und zur richtigen Würdigung des Deuteronomiums.

E. Riehm.

2.

Beiträge zur christlichen Erkenntnis für die gebildete Gemeine. Aus Aufzeichnungen und Briefen eines Freundes ausgewählt und herausgegeben von Dr. **W. A. Hollenberg**, Gymnasialdirector in Saarbrücken. Oberhausen und Leipzig, bei Ad. Sparmann, 1872.

Wie wir im Vorwort des Herausgebers erfahren, ist das Buch aus handschriftlichen Aufzeichnungen von J. Hülsmann, früher Lehrer am Gymnasium zu Duisburg, jetzt emeritirter Gymnasialprofessor zu Bonn, entstanden. Dieser Name hat schon in weiten Kreisen einen guten Klang, theils in Folge von Veröffentlichungen, theils und vor allem durch die persönlichen Einwirkungen, die von ihm segensreich auf viele ausgegangen sind. — Ich erinnere an das, was uns der Herausgeber dieser Hülsmann'schen Schrift vor wenigen Jahren in einem Aufsatz dieser Zeitschrift „Ueber das Christentum und die moderne Cultur“ mitgetheilt hat. Er erzählt dort von einem Mann, der, schon lange der freiesten Gestaltung des Christentums zugewandt, vier Winter hindurch, bis es sein kranker Körper nicht mehr vermochte, private Bibelstunden gehalten hat. Wir erfahren aus einem Brief Hülsmanns, welche Grundsätze ihn dabei geleitet haben. Die Hauptsache war ihm einmal: die Gestalt, die Seele Christi lebendig anschauen, verstehen, lieben und verehren lehren; dann die Leute entwöhnen, das Religiöse immer nur wieder für unmittelbar religiöses oder für kirchliches Thun verwerthen zu wollen, sie aber gewöhnen, das Heilige in dem Alltäglichen zu sehen und zu erstreben, so daß ihnen das Stubenkehren ebenso wichtig werde, wie das Predigen, der Beruf der Hausfrau, der Magd, des Knechts ebenso heilig, wie der der geweihten Diakonissin und des Missionärs; endlich christliche Lebensweisheit geben mit Bitte und innerem Gebet. — Dieser Mann ist der Verfasser des vorliegenden Buches. Und wir bedürften gar keines weiteren Zeugnisses als den Inhalt dieses Buches, um zu spüren, nicht nur wie vielseitig und belehrend, sondern vor allem wie lebendig hingebend und innerlich der Verkehr des Verfassers sein muß. Auch wenn wir nicht aus dem Vorwort erführen, daß fast jede Abtheilung des Buches durch irgend einen Moment in dem umfassenden Briefwechsel des Verfassers angeregt worden sei; auch wenn nicht viele Abschnitte des Buches die Merkmale dieser Entstehungsart in directen Anreden und dergleichen noch an der Stirn trügen, so würde uns doch der beseelte Ton, die energische Innerlichkeit, welche die Sprache des Buches durchgängig von einem Studirstubenproduct unterscheidet, bald davon überzeugen, daß sein Inhalt aus dem immer frischen Brunnen eines tiefen, regsamen inneren Lebens entspringt. Je mehr man liest, desto deutlicher wächst aus den todten Schriftzeilen heraus vor dem Seelenauge das Bild des Verfassers zu klarer Gestalt, und wie der Zuspruch eines erfahrenen Freundes tönt uns warm und herzlich entgegen, was wir lesen.

Und diese Eigenschaft des Buches ist für den Zweck, dem es dienen will, von hoher Wichtigkeit. Es will Beiträge zur christlichen Erkenntnis für die gebildete Gemeine liefern. Es will an seinem Theil mitarbeiten an der Versöhnung des Zwiespaltes zwischen Glauben und Wissen, der unser heutiges religiöses und kirchliches Leben zerreißt. Wie lebhaft, wie bange empfand schon Schleiermacher diese Kluft! Er vermochte das Ziel der Reformation, falls sie den Bedürfnissen unserer Zeit Genüge leisten sollte, nicht anders zu fassen, als daß sie einen ewigen Vertrag zu stiften habe zwischen dem lebendigen christlichen Glauben und der nach allen Seiten freigelassenen, unabhängig für sich arbeitenden, wissenschaftlichen Forschung, so daß jener nicht diese hindert und diese nicht jenen ausschließt. In seinen größten Leistungen, voran in den Reden über die Religion und in der Glaubenslehre hat er der Mahnung zu genügen gesucht, welche seine Zeit in dieser Beziehung an ihn richtete. Die Trennung von Religion und Theologie war das Losungswort, welches Schleiermacher zur Lösung dieser Aufgabe der nachfolgenden Zeit übergeben hat. Und wie hat sich diese Zeit zu der Aufgabe gestellt? Auf der einen Seite hat die orthodoxe Richtung der Theologie das Christentum so eng verknüpft mit den confessionellen Dogmen, daß die Kluft zwischen Glauben und Wissen eher größer wurde als kleiner. Auf der andern Seite hat sich neuerdings der Protestantenverein die Versöhnung des Streites zwischen Cultur und Christentum zu seiner eigentlichen Aufgabe gemacht. Er erklärt nun zwar dem Orthodoxismus ausdrücklich den Krieg, doch bei der praktischen Ausübung seiner Principien geht es ihm, wie vielen Anderen: er bekämpft seinen Gegner auf Grund derselben Principien, in denen das beim Gegner zu bekämpfende Uebel wurzelt. Er spricht zwar überall als einen seiner obersten Grundsätze aus, daß Dogmen nicht zum Christentum gehören, und dennoch kehrt er nicht an Stelle derselben die eigentlich aufbauende Macht des Christentums in Gemüth und Gewissen hervor, vielmehr läuft seine rührige Wirksamkeit fast überall darauf hinaus, daß er liberale Dogmen an Stelle der orthodoxen setzt und auf diesem Umweg doch wieder das Christentum mit der Dogmatik identificirt, d. h. es zur Schule macht. Die Sphäre eines falschen Intellectualismus hat der Protestantenverein mit seinem Gegner gemein, und diese Sphäre muß gesprengt werden, wenn man dem von ihm erstrebten Ziele nahe kommen will. Warlich unsere Zeit fühlt das Bedürfnis jener Versöhnung oder Auseinandersetzung in nicht geringerem Grade als Schleiermacher; Zeugnis dafür giebt die Unzahl apologetischer Schriften, die den Büchermarkt bevölkern. Doch ob nun auch die Art und Weise, wie dasselbe Ziel größtentheils von der Apologetik erstrebt wird, die rechte ist, das steht auf einem anderen Blatt. So lange man in den apologetischen Vorträgen und Schriften versucht, den Glauben zu beweisen, gibt man das Wesen des Glaubens auf und überliefert die Festung dem Feinde. Denn wenn sich ergibt, daß der Glaube bewiesen werden kann, so kann er auch mit dem Verstand erlernt werden; und wenn sich ergibt, daß er nicht bewiesen werden kann, so hat man den Glauben überhaupt preisgegeben. Wenn man den äußeren Verlauf der Schöpfungsgeschichte der Genesis nicht als den wahren erweisen kann gegenüber der Naturwissenschaft, und doch ihn so behandelt, als wenn der Glaube an diese Form der Schöpfungsgeschichte ein wesentliches Stück des Christenstandes wäre, so stört man damit leicht den Glauben an Gott als den Schöpfer überhaupt. — Auf Grund dieser und ähnlicher Ueberlegungen ist es eine Freude, die Apologetik so geübt zu sehen, wie es in diesem Buche geschieht. Der Verfasser ist keineswegs ein Verächter des wissenschaftlichen und speciell des theologischen Denkens, aber indem er die christliche Erkenntnis fördern will und die Zweifel lösen, die aus dem scheinbaren Widerstreit der christlichen Religion und der Resultate moderner Wissenschaften entspringen, faßt er die Sache gerade an dem entgegengesetzten Ende an, als an dem sie die Mehrzahl der Apologeten anfaßt. Er geht nicht von einem Lehrsatz der christlichen Theologie aus, dem er als Antithese einen Satz der modernen Wissenschaft gegenüberstellte, um dann beide theoretisch auszugleichen, sondern indem er voraussetzt, daß das Christentum trotz der modernen Wissenschaft und trotz veralteter Dogmen noch seinen Platz in der Tiefe des menschlichen Herzens bewahrt, knüpft er an diesen Keim an, ruft die schlummernde Regung wach und ermuthigt sie durch wahrheitsfreudigen Zuspruch. Und findet er Wiederhall, so faßt er jeden, der nicht mit stolzer Verachtung allem, was christlich und sittlich heißt, den Rücken kehrt, bei der Hand und unternimmt mit ihm Wanderungen durch unsere Welt und zeigt ihm, was für ein Kleinod er besitzt und wie ihm das erst rechtes Licht verschafft und Festigkeit verleiht in den dunklen Irrwegen und Schwankungen menschlichen Lebens und Wissens. So wie er selbst geführt worden ist, so will er andere führen, und wie er geführt worden ist, das erfahren wir aus dem Buch selbst, wo er ein Stück seines religiösen Entwickelungsganges mittheilt, den wir uns auf Grund seiner Erzählung vergegenwärtigen wollen, und zwar wird uns die Persönlichkeit am nächsten treten, wenn wir uns so viel als möglich des Verfassers eigener Worte bedienen. Er erzählt:

„Ich habe mich seit den letzten Decennien allmählich immer mehr und bestimmter in Bezug auf meine religiösen Vorstellungen und Auffassungen zu fragen gesucht: ‚Was hilft dir am meisten und besten, besser zu werden, die Pflicht deutlicher zu erkennen und treuer zu erfüllen; dich Gott, dem Gott der Gerechtigkeit, der Wahrheit und der Liebe, näher zu vereinigen, dein Vertrauen zu seiner Führung zu befestigen, dir seine Wege verständlicher zu machen und dich mit Geduld und Liebe auszurüsten.‘

Und was für mich sich so herausstellte, das habe ich gesucht, andern mitzutheilen. In der Schule, im Verkehr, in den Bibelstunden. Dies und nur dies. Durch die geltenden dogmatischen Fixirungen, durch die geltende Schriftauslegung habe ich mich dabei nicht bestimmen lassen. —

Ich habe nur zu bauen gesucht. Nur das, was zum göttlichen Leben und Wandel dient, zu lehren gesucht. So wird der Irrtum todtgeschwiegen und nicht zu Widerspruch und Gegenwehr gereizt, als wodurch er nur am Leben erhalten wird. Ohne Leidenschaft, ohne Parteiung zu erregen, kommt man so weiter und führt so weiter.

Dabei will ich bemerken, daß ich nicht aus dem allgemeinen Kreis der Bildung in den bestimmten christlichen und den theologischen getreten bin, wie wenn etwa ein Philologe oder Jurist oder Historiker zu einem mehr kirchlich bestimmten oder christlich religiösem Interesse kommt. Sondern ich bin von dem theologischen Interesse hergekommen, zwar immer ziemlich unbeirrt von Furcht vor Heterodoxie, aber besonders in den ersten Decennien nach der Universität doch immer mehr geneigt, das kirchlich und christlich Geltende zu verteidigen, als es von irgend einer oppositionellen Seite angreifen, geringschätzig behandeln zu lassen. Wesentlich in Nitzsch' Richtung und, glaube ich, in Nitzsch' Sinn, dessen Persönlichkeit mich auf der Universität mehr bestimmt hat, als eine durch ihn gewonnene, überall ihn verstehen könnende Einsicht (die mir fehlte). Er ist der einzige meiner mündlichen Lehrer, der mich tiefer — nicht bloß fast formell — gezogen hat.

Allmählich bin ich freier geworden.

Ich habe mich in erregten schweren Zeiten früherer Entwickelung mit den Anforderungen, welche die gewöhnliche kirchlich-ernstgläubige Theologie und Lehre an das Gefühl der Vergebung und des Friedens, an die unmittelbare Beziehung des Bewußtseins zu Christus zu stellen pflegt, ich habe mich wol darüber geängstigt, daß sich jene beiden Anforderungen bei mir nicht recht vorfinden wollten.

Allmählich hat sich auch dies geklärt.

Ich habe später die ganze kirchliche Stufenleiter der sogenannten Heilsordnung zurückgestellt und — ich glaube, christlicher, evangelischer und schriftgemäßer — mich lieber an eine einfachere gehalten, die einfachste, die es gibt und die weiter und tiefer führt und den Weg bahnt nicht zu Straflosigkeitsempfindung und dann nur zu geduldigem Arbeiten, sondern die den Boden legt zu wirklicher Theilnahme an den inneren Gütern des Evangeliums und die den ganzen Umkreis menschlich-häuslich-bürgerlicher Aufgaben in den Bereich göttlicher Zwecke zieht, mit Einsicht darin und mit Vertrauen und hingebender Liebe und Freudigkeit dafür erfüllt. Es ist die, welche Joh. 7, 17 steht. — Strebe gerade mit den Kräften und Einsichten, welche du jetzt hast, aber dann auch mit Anspannung derselben, mit den Kräften der Bestimmung, der Gewissenhaftigkeit, der aufopfernden Pflicht- und Liebestreue in deinem Beruf und in deinem Aufgabenkreise weiter und suche, soviel es dir gegeben ist, Gottes, des Gottes der Heiligkeit und der suchenden Liebe, Hülfe dabei. — Du stehst mitten im evangelischen Christentume, Grund hast du unter den Füßen, christliche Atmosphäre um dich her, Anregungen können dir nicht fehlen, Gott wird dir zuführen, was du bedarfst und zu der Zeit, wo du es *gebrauchen* kannst oder *nöthig* hast. So wird die Kraft und der Trieb und der Wille und die Einsicht des Guten wachsen, du wirst nie auf hohlem Boden bauen, nicht bloße *Meinungen* und bloße *Stimmungen* für *Ueberzeugungen* und *Errungenschaften* halten, aber fähig werden, Ueberzeugungen und Erfahrungen zu bekommen, organisch dir einverleibte, mit deinem Ich zusammengewachsene, also bleibende, die wenigstens mit ihrem Stamme festhalten, wenn sie auch noch so sehr der Correctur und der Weiterentwickelung bedürftig sein sollten. Und so wird sich auch von einer innern Lebensmitte aus ein Verständnis ausbreiten, soweit deine Kenntnisse und deine Fähigkeiten dich überhaupt tragen, ein Verständnis über Welt und Leben, über Natur und Geschichte und auch über dasjenige Stück von Geschichte und von Lehre, das uns in den Offenbarungen der Schrift gegeben ist.

So hat sich mein Sinn auf das Wesentliche zurückgezogen. Mein Glaubensbekenntnis — ich hoffe nie nöthig zu haben, es feierlich auszusprechen, ich würde mich vor dem Versuche entsetzen — mein Glaubensbekenntnis würde sehr kurz sein. Ich hoffe, es würde nur ein kurzes Gebet sein können. Glaube an Gott: an den Gott, der der Vater unseres Herrn Jesu Christi ist. Das ist alles. ‚Ich glaube Herr, hilf meinem Unglauben!‘ Vertrauen zu seiner Führung im eigenen Leben, im Leben der Meinigen, im Leben der Völker und der Menschheit, zu der immer wieder siegenden Allmacht der Liebe, möglich und wirklich erkennbar, seitdem diese Liebe in der Menschheit die christliche Gemeinschaftsstätte gefunden hat. Möglichkeit und Freudigkeit eines Lebens im Gebet, in erhörbarem Gebet. — Beängstigend können nur Zweifel und Schwäche sein, welche sich gegen diese Ueberzeugungen richten. Und mit diesen Schwächen werden wir zeitweise — sowie gegen sittliche Verirrungen und Verschuldungen und gegen religiöse Versäumnis — wohl immer zu kämpfen haben.

An den reichsten Förderungen hat es mir in meinem Leben nicht gefehlt. An Freunden und Helfern, an Anregungen und Förderungen habe ich die Fülle gehabt. — Sollte ich diejenigen unmittelbar persönlichen Helfer nennen, denen ich das Meiste vor andern zuschreiben müßte an Einfluß auf meine geistige Entwickelung, so nenne ich doch wieder am liebsten Nitzsch. — Durch Belehrung und Anregung aus ihren Schriften sind mir früher Nitzsch, später wol am meisten Schleiermacher in seinen Predigten und Weiße in seinen Arbeiten wichtig geworden. — Aber fast erscheint es mir, wie ein Unrecht, sie hervorzuheben. So vielen bin ich Dank schuldig, und wer kann sagen, welchem Menschen er am meisten, selbst für die Bildung seiner Einsicht und seiner Ueberzeugung schuldig sei. Am entscheidendsten mögen oft die unscheinbarsten gewirkt haben, auch für mich. Sittliche und religiöse Förderungen sind immer zugleich auch intellectuelle. Mittelbar müssen sie es werden. —

Was nun die eigene Wirksamkeit anlangt, so hängt sie bei jedem davon ab, ob er sie mit Aufbietung aller Kraft und Sammlung übt, wie viel er von seinem wirklich-Eigenen, also von seinem Besinnen und von seinem Empfinden mit Wahrheit darin geben kann. Es ist mir nicht leicht geworden. Ich gehöre nicht zu denen, die in starker Körper- und Geistesconstruction wie festgeballte Eichen ohne inneres Erzittern immer geistesmächtig sind: ich werde schon durch jedes auch leichtere Gespräch innerlich durchbebt. Wie viel mehr da, wo ich mein Bestes geben möchte. Wie viel mehr in den täglichen Stunden und vor ganzen Classen." —

Aus dieser schlichten Wahrhaftigkeit, aus dieser beweglichen Innerlichkeit und sittlichen Hoheit heraus ist das ganze Buch geschrieben. Gewiß ein merkwürdiger Fall: je älter desto freier in der Theologie und desto inniger in der Frömmigkeit. Und weil diese Persönlichkeit alles trägt, was das Buch enthält und mit wohlthuender Helligkeit und Wärme durch alles hindurchwirkt, darum habe ich versucht, dieselbe einigermaßen zu zeichnen und sich selbst zeichnen zu lassen. — Bei dem geschilderten Charakter des Buches müßte der Versuch einer übersichtlichen Inhaltsangabe mislingen, denn nirgends ist es in erster Linie auf methodische Gedankenentwicklung angelegt. Eine theoretische Betrachtung wird öfters dem Verfasser Veranlassung, eine Fülle tiefer und inhaltsreicher Bemerkungen anzuknüpfen, die niemand unter dem theoretischen Titel ahnt. Noch weniger aber würde man dem Buch gerecht, wenn man eine Auseinandersetzung mit seinen theologischen Ansichten vornehmen oder eine Kritik an denselben üben wollte. Der Verfasser vermeidet die Polemik gegen Irrtümer der Lehre und geht von dem Grundsatz aus, daß man die Seele nährt, indem man das Richtige, das Belebende, Wahre sagt, ohne zerstreuende

Seitenblicke auf etwaige andere Auffassungen derselben Sache zu werfen. Indem man das sagt, was sich bewähren kann im Leben und wozu die aufrichtig sich besinnende Seele Ja sagen kann, wird der Irrtum ausgehungert. Ich würde also der tiefsten und eigentlichen Intention des Buches zuwiderhandeln, wenn ich oder ein Leser anfangen wollte, die Ansichten des Buches als Parteidogmen zu behandeln und demgemäß zu kritisiren; und ich gestehe auch offen, daß mich bei der Lectüre des Buches nie die Lust angewandelt hat, dasselbe zu einer theologischen Arena zu machen. —

Wenn ich mir nun die gebildete Gemeine vorstelle, für die das Buch geschrieben ist, so wünschte ich vor allem, das Buch möchte in Studentenkreisen eine willige Aufnahme finden; nicht nur bei Studenten der Theologie, sondern bei allen denen, die in den Wehen ihres inneren Lebens Hülfe suchen und neben ihrem Studium noch Zeit übrig haben für die innere Sammlung, die da einen festen Ankergrund sucht für die Schwankungen des Lebens und Wissens, die nach Klarheit strebt in den tiefsten Räthseln unsereres Daseins.

Besser.

3.

Andeutungen über die apologetische Fundamentirung der christlichen Glaubenswissenschaft von Dr. Friedr. Ludw. Sieffert, Consistorialrath, Hofprediger und Senior der theol. Facultät in Königsberg. Gütersloh, Bertelsmann, 1871. 72 S.

Das vorliegende Schriftchen war nach der einleitenden Bemerkung des Herrn Verfassers ursprünglich zu einem Journalartikel bestimmt und wurde nun wegen der Ausdehnung, die es gewann und die eine ungetheilte Veröffentlichung in einer Zeitschrift verbot, in seiner jetzigen Gestalt veröffentlicht. Auf die Grundgedanken, die in demselben ausgeführt sind, das Publicum dieser Zeitschrift aufmerksam zu machen — ist daher um so mehr angezeigt — als demselben das Ganze ursprünglich bestimmt war.

Suchen wir diese Grundgedanken auf einen kurzen Ausdruck zu bringen, so werden wir sagen dürfen: der Herr Verfasser will in den Ergebnissen der geschichtlichen Untersuchung über das Leben und die Person des Herrn den unmittelbaren Ausgangspunkt ja das eigentliche Object dessen, was wir dogmatische Theologie nennen, sehen, und indem er die gewöhnlich in der Apologetik verwertheten Begriffe gewissermaßen in den Zusammenhang der geschichtlichen Betrachtung hereinzieht — die Grundlage der Dogmatik zugleich zur Apologetik machen. Zu diesem Ende geht er zunächst auf den Begriff der dogmatischen Wissenschaft ein, indem er den Nachweis versucht — daß schon der Gebrauch des Namens Dogmatik für die mit demselben geschmückte Wissenschaft irreführend sei — daß eine richtigere Bezeichnung der von ihm gewählte Name Glaubenswissenschaft sei — indem es sich in dieser Wissenschaft eben darum handle, den christlichen Glauben zur wissenschaftlichen Einsicht und Exposition zu bringen. In dieser Begriffsbestimmung findet sich unsere Schrift so ziemlich in Harmonie mit der Anschauung der neueren Theologie überhaupt, die ja auch sonst vielfach den Titel Dogmatik aufgegeben hat. Dagegen fragt sich denn nun freilich wieder, wie der Glaube selbst bestimmt wird — wo näher dieses Object zu suchen ist, das die Glaubenswissenschaft zu behandeln hat. Ist dieser Glaube — das was dem Subject der Gegenwart — in religiösen Dingen auf Grund der ganzen geschichtlichen Entwickelung gewiß ist — oder das was als Gemeinglaube einer Kirche schon zu einem bestimmten bekenntnismäßigen Ausdruck gekommen ist, oder etwa das den christlichen Bekenntnissen Gemeinsame, das denselben zu Grunde liegende Allgemeine? Unsere Schrift sucht über diese Auffassungen hinaus noch einen Schritt weiter rückwärts zu gehen — nämlich auf den Glauben Christi zurück — freilich wieder nicht in dem Sinne, in dem der ältere Rationalismus von einer Religion Jesu sprach — sondern der Glaube, auf den die Glaubenswissenschaft zurückgehen soll — ist der Glaube, von welchem das Bewußtsein seiner Jünger nach Christi eigener Anschauung und eigenem Willen erfüllt sein muß. Es dürfte sich hier denn freilich fragen, ob auf diese Weise der Begriff des Glaubens zur Bezeichnung des Objects der dogmatischen Wissenschaft nicht eigentlich wieder überflüßig wird. Soll doch am Ende nicht eigentlich das zur wissenschaftlichen Einsicht und Exposition kommen, was der Christ thatsächlich glaubt, sondern was er glauben soll — so ließe sich vielleicht eben so gut als Object dieser Wissenschaft das Evangelium Jesu Christi oder die Person Christi selbst bezeichnen — wie denn der Herr ja in der That für beides — für sich und für sein Evangelium Glauben gefordert hat, und es erscheint beinahe als ein Umweg, dieses doch auf dem Wege historischer Untersuchung zu ermittelnde Object gewissermaßen zuvor noch in die Subjectivität einzutauchen, außer wenn etwa dadurch zum voraus der Meinung soll gesteuert werden, als sei eine wissenschaftlich genügende Exposition dieses Evangeliums möglich ohne die Vermittelung des Glaubens — also auch von einer Seite her, auf der man eine innerlich dem Evangelium zugeneigte Stellung nicht gefunden habe. Sofern indes die Wahl des Ausdrucks hier von einem Gewichte sein möchte, wird sich mit einem Worte darauf zurückzukommen weiter unten Gelegenheit bieten. Zunächst erhebt sich natürlich die Frage — wie dieses Object der Glaubenslehre überhaupt zu finden ist, da nun einmal erhebliche Zweifel aufgetaucht sind über die Authentie der evangelischen Berichte sowol in Absicht auf die Person als auf die Lehre des Herrn. Wenn die Glaubenslehre nach der Idee des Herrn Verfassers zunächst an die Auffassung unserer altlutherischen Dogmatik erinnert, die, wie wenig sie auch ihren eigenen Gedanken entsprechen mochte — doch der Voraussetzung nach nur die wissenschaftliche Ausprägung der biblischen Lehre sein wollte — so weicht die vorgeschlagene Grundlegung der Glaubenswissenschaft doch dadurch wieder sehr erheblich von diesen früheren Auffassungen ab, daß sie die kritische Behandlung der Schrift nicht ignorirt — innerhalb derselben zwischen den verschiedenen Schichten des evangelischen Grundgesteins, daß ich so sage, scheidet. Diese kritische Betrachtung der Schrift scheint denn freilich die ganze Grundlage der Glaubenswissenschaft wieder unsicher zu machen und soll nicht die ganze Einleitungswissenschaft in die Prolegomena der Dogmatik aufgenommen werden, so müssen wenigstens Lehnsätze aus ihr vorangestellt werden. Der Herr Verfasser ist nun auch der guten Zuversicht, daß sich unter nicht allzustarkem Widerspruch die Annahme rechtfertigen lasse, es seien unsere kanonischen Evangelien als brauchbare Geschichtsquellen anzusehen. Dieses Resultat zugegeben, bliebe denn freilich der Glaubenslehre immer noch eine ziemlich weitgreifende kritische Aufgabe übrig, zu deren Abwicklung sie doch vielleicht in etwas zu starkem Maße sich auf das Gebiet der biblischen Theologie begeben müßte, ihren eigentümlichen Gang unterbrechend. Der Herr Verfasser hat wol eine ähnliche Erinnerung im Auge gehabt, wenn er darauf aufmerksam macht, daß es sich ja in der Glaubenswissenschaft nicht um bloße historische Verständigung handle, sondern daß der biblisch-theologische Lehrstoff eine Erörterung finden müsse, bei der das Fundamentirende als solches nachgewiesen werde. Das ist gewiß richtig — indes dürfte sich doch fragen ob die Gefahr einer Ueberladung mit kritischem und biblisch-theologischem Stoff damit ganz abgewehrt wäre. Denn ehe das Fundamentirende in den Anschauungen Christi nachgewiesen werden könnte, müßten doch immerhin diese Anschauungen Christi selbst historisch festgestellt werden, sollte die Glaubenswissenschaft sich nicht überall doch wieder von geschichtlichen Zweifeln hinsichtlich ihres Fundaments beunruhigt finden. Und hier schon muß sich fragen, ob denn der Gegenstand dieser Wissenschaft sich in so reinlicher Objectivität aussondern läßt — ob nicht die Glaubenswissenschaft, um das Recht verschiedener Einwendungen von Seiten der Einleitungswissenschaft und biblischen Theologie abzuwehren, genöthigt ist, ihren Boden doch mit der subjectiven Macht des Glaubens abzugrenzen. Daß bei solcher Abgrenzung die christliche Glaubenswissenschaft von der ursprünglichen Bezeugung des Glaubens in der heiligen Schrift und von der ihr sich anschließenden kirchlichen Lehrgestaltung Hülfsleistungen zu empfangen habe, gibt der Herr Verfasser selbst zu.

Indem nun aber derselbe sich vorgesetzt hat, nicht nur den allgemeinsten Begriff der Glaubenswissenschaft zu entwickeln, sondern auch ihre positive Fundamentirung selbst aufzuzeigen, gibt er uns zugleich eine Probe dafür, wie er diese Verarbeitung des biblisch-theologischen Stoffes sich denkt. Es wird zunächst gezeigt, worauf Christus die Gewißheit des Gottesglaubens der Seinen gegründet habe. Der Begriff der Offenbarung im Sinne des Herrn wird abgehandelt und gezeigt, daß die Unterlage des christlichen Glaubens nach der Intention Christi die Thatsachen sind, in denen sich die Sammlung einer Heilsgenossenschaft inmitten der des Heiles bedürftigen Menschheit vollzieht. In den folgenden Abschnitten wendet sich die Betrachtung dann der Person Christi — der Frage zu, worauf er selbst seinen Anspruch, Offenbarungsmedium zu sein, gestützt habe, und es wird nacheinander erörtert. Die Sündlosigkeit des Herrn — dann seine Wunder oder die heilsamen Machtwirkungen durch Christum und an Christo — die Weißagung oder die Stellung Christi inmitten der Gesamtheit geschichtlicher Heilswirkungen — woran sich dann eine Erörterung über das, was wir Glauben im subjectiven Sinn nennen, schließt oder, wie der Herr Verfasser sagt, eine Zusammenfassung dieser objectiven Zeugnisse mit Rücksicht auf die subjective Bedingtheit ihrer Anerkennung — woran sich als die beiden letzten Abschnitte Erörterungen über die Schrift als regulative Grundlegung der Glaubenswissenschaft und über die apologetische Bedeutung dieser Fundamentirung schließen. Wir ersehen schon hieraus, daß sämtliche wichtige apologetische Begriffe zur Sprache gebracht werden — nur in der eigentümlichen Beleuchtung, daß sie zugleich als Ausdruck der Intention Christi selbst dargestellt werden. Gleich bei dem ersten dieser apologetischen Abschnitte zeigt sich aber, daß ohne Voraussetzung religionsphilosophischer Sätze sich auch der Gedanke der Offenbarung im Sinne des Herrn nicht klar machen läßt. Wie tief aber die Frage nach der Anschauung des Herrn selbst in Bezug auf die Offenbarung hineinführen würde in biblische Theologie, zeigen die kurzen Andeutungen des Herrn Verfassers, und wenn derselbe den johanneischen Aussagen eine hervorragende Stellung anweist, so fühlen wir uns auch in die Controversen der Einleitungswissenschaft hineingestellt, da doch auch die conservative Theologie sich dem Bekenntnis nicht wird verschließen können, daß das objective Geschichtsmaterial bei Johannes —, wenn ich so sagen darf, überall in die Subjectivität des Darstellers eingetaucht ist. Wenn dann, wie wir gehört haben, der Gedanke der Offenbarung sogleich fortgeführt werden soll bis zu dem des Reiches Gottes, so muß sich vollends fragen — ob dies möglich ist ohne die weitgreifendsten Erörterungen über diesen weitschichtigen, die allgemeine Sündhaftigkeit voraussetzenden biblisch-theologischen Begriff. Wie weit sodann die Sündlosigkeit des Herrn — der erste Erweis seiner Offenbarungsdignität — einigermaßen befriedigend klar gemacht werden kann ohne die erst in der Glaubenswissenschaft selbst näher zu behandelnde Lehre von der Sünde dürfte ebenso fraglich sein. So sehr die Andeutungen des Herrn Verfassers geeignet sind, auf die wesentlich dabei in Betracht kommenden Punkte hinzuweisen, so möchte doch zu einer abschließenden Ueberzeugung von der Sündlosigkeit des Herrn immerhin eine eingehendere Erörterung der Frage, inwieweit überhaupt bei menschlicher Beschränktheit Sündlosigkeit möglich sei, nöthig sein. Leichter werden sich die Wunder aus dem Kreise der eigentlich — um in der Sprache des Herrn Verfassers zu bleiben — glaubenswissenschaftlichen Materien aussondern lassen — wenigstens sind wir gewohnt, die Wunder in dieser abgesonderten Weise behandelt zu sehen. Aber wenn wir es gerade als ein Verdienst des Herrn Verfassers ansehen müssen, daß er die Wunder in den innigsten Zusammenhang mit der Person des Herrn setzen — die allgemeine Frage nach der Möglichkeit der Wunder aus der concreten Bedeutung derselben für die Erlösung durch Christum beantworten will, so ist zu fürchten, daß auch dieser Abschnitt unter den Fundamenten der christlichen Glaubenswissenschaft seine volle Erledigung nicht zu finden vermag. Muß nicht nach den Andeutungen unserer Schrift bei Behandlung der Wunderfrage nothwendig das Verhältnis von Schöpfer und Geschöpf — muß nicht wieder der Begriff des Reichs Gottes und seiner Entwicklung zur Sprache kommen und führt das Alles nicht doch in die Glaubenswissenschaft selbst hinein? Umgekehrt dürfte die Ausführung der Idee der Weißagung, wie sie von dem Herrn Verfasser in geistvoller Weise geltend gemacht wird, wieder in das Gebiet der biblischen Theologie etwas allzutief hineinführen — ja vielleicht sogar in das Gebiet der allgemeinen Geschichte — namentlich wenn neben die vorbereitenden Führungen Gottes, welche das Heil in

Christo anbahnten, auch die von ihm ausgehenden Wirkungen gestellt werden sollen.

So gewiß nun alle diese hervorgehobenen Punkte in ihrem Zusammenhang dazu dienen müssen und können, den christlichen Glauben zu begründen, so dürfte sich doch fragen, ob nicht die Ausführung derselben die billigen Grenzen einer Fundamentirungsarbeit überschreiten, ob nicht zu viel Material — um in dem Bilde zu bleiben — in den Boden gesteckt werden müßte, so daß für den eigentümlichen Bau dasselbe entbehrt würde. Vielleicht ließe sich sagen, daß die Glaubenswissenschaft allerdings wie der Herr Verfasser selbst andeutet — auf allen Punkten an andere Disciplinen anzuknüpfen, auf ihre Resultate zu verweisen hat — daß sie Religionsphilosophie und Religionsgeschichte, alt- und neutestamentliche Theologie und Einleitungswissenschaft, überall vorauszusetzen hat — daß ihr aber doch nicht zugemuthet werden kann, die Bausteine, deren sie aus diesen Disciplinen bedarf, in dem Umfange, wie es die Andeutungen unserer Schrift zu fordern scheinen, selbst zu behauen hat.

Eine Apologetik im vollsten Sinne — so wie sie eigentlich unsere Schrift postulirt, wäre doch nur die Totalität der theologischen Wissenschaften — alle in Einem Geiste durchgeführt. Die Glaubenswissenschaft selbst hätte darin immerhin eine hervorragende apologetische Bedeutung. Denn eben indem dieselbe den „Glauben" zur wissenschaftlichen Exposition bringt, indem sie versucht, denselben in seinem inneren Zusammenhang wie in seiner Anknüpfung an die allgemeinen Gesetze menschlichen Geisteslebens zur Klarheit zu bringen, leistet sie ja ganz Wesentliches auch zur Verteidigung dieses Glaubens — auch wenn sie sich von der Aufgabe dispensirt, ihr Object selbst beizubringen, zu sammeln und zu sichten. Es geschieht doch etwas Aehnliches auch im Gebiet anderer Wissenschaften. Der Naturphilosoph setzt die Naturgeschichte voraus und wird sich kaum darauf einlassen können, die Beobachtungen der natürlichen Vorgänge selbst zu machen oder zum voraus kritisch zu sichten, sondern er wird eben durch die Art seiner Darstellung auch zur kritischen Sichtung seines Objects beitragen und befruchtend auf die Beobachtung einwirken. Freilich wer befaßt sich in unserer Zeit mit Naturphilosophie oder Geschichtsphilosophie? Die Zahl derer, die sich mit diesen Fragen abgeben, ist immerhin noch geringer als die der Dogmatiker in unserer Zeit. Die Eigentümlichkeit dieses unseres Zeitalters der Empirie ist ja die, daß man sich begnügt, nur an die Darstellung des Gegebenen die Bemerkungen, welche zur wissenschaftlichen Exposition dienen sollen, rhapsodisch anzuhängen — Bemerkungen, die häufig, weil sie aus keiner allseitig geschlossenen Systematik hervorwachsen, kaum viel mehr als dilettantische Machtsprüche sind. Die Theologie ist zum Theil schon durch ihren Gegenstand selbst eher bewahrt vor solchen voreiligen Schlüssen vom einzelnen empirisch festgestellten Gegenstand auf allgemeine Grundsätze — aber die Gefahr liegt doch auch für sie nahe genug — wo es sich um systematischen Bau handelt, sich zu sehr in's Stoffliche zu verlieren. Gewiß muß auch die Theologie sich dem Zeitgeist und Zeitbedürfnis anbequemen. Wie die großen systematischen Werke in unserer Zeit auch auf theologischem Gebiet selten genug sind — und die wenigsten Theologen die freudige Begeisterung zu solchem Bau finden, so fordert sie auch die Zeit nicht. Eine nach der Idee unserer Schrift sorgfältig ausgeführte — die Resultate der geschichtlichen Disciplinen sorgfältig verarbeitende Fundamentirung der Glaubenswissenschaft würde gewiß einem Bedürfnis der Zeit entgegenkommen — aber es wäre doch wol mit Grund zu fürchten, daß mit dem Bau diese Substructionen das Interesse des Verfassers nicht nur, sondern auch das des Publicums einigermaßen erschöpft wäre — daß selbst das letztere am Ende auf eine Christologie innerhalb der Glaubenswissenschaft Verzicht thun würde, wenn die specifische Dignität Christi einmal historisch und religionsphilosophisch nachgewiesen wäre. Die Idee der Glaubenswissenschaft an sich würde unseres Erachtens diese Art von Substruction nicht fordern, sondern diese Wissenschaft könnte bei normalem Verhältnis der theologischen Disciplinen zu einander darauf verzichten, in einer längeren Untersuchung zum voraus die Offenbarungsdignität und die Autorität des Herrn festzustellen — um sofort für ihre Aussagen gedeckt zu sein — vielmehr könnte sie versuchen, durch die ganze Art ihrer Darstellung — indem sie namentlich die Person des Herrn zum Gegenstand ihrer Darstellung macht — schließlich den Eindruck hervorzubringen oder zu demselben wesentlich beizutragen, daß der von ihm entwickelte Glaube göttliche Autorität in Anspruch nehmen dürfe. Ihrer Idee nach dürfte doch die Glaubenswissenschaft immerhin bei der Aufgabe stehen bleiben — den christlichen Glauben so wie er ist — nicht zunächst so wie ihn Christus gewollt hat, darzustellen und zur wissenschaftlichen Exposition zu bringen. Dieser Aufgabe kann sich aber die Glaubenswissenschaft als Wissenschaft nicht unterziehen, ohne daß sie diesen Glauben nicht nur in seinem inneren Zusammenhang und mit seinen subjectiven Motiven — sondern in seiner absoluten Giltigkeit in seinem Verhältnis zu den übrigen Gebieten der Wissenschaft, in seiner objectiven Nothwendigkeit für das menschliche Geistesleben zu erweisen sucht — und eben durch diese Richtung auf den objectiven Wahrheitserweis des von ihr dargestellten — wird sich die Glaubenswissenschaft von der Symbolik unterscheiden, welche nur die Aufgabe hat, den in einer Kirche geltenden Glauben in seinem inneren Zusammenhang ohne Rücksicht auf die objective Wahrheit — aber in seinem Unterschied von dem Glauben anderer Kirchen darzustellen. — Durch diese Richtung auf den Erweis objectiver Wahrheit ist es auch von selbst gegeben, daß die Glaubenswissenschaft bei Darstellung ihres Objects kritisch verfahren muß und jedes Element des vorhandenen Glaubens darauf ansieht, wie weit dasselbe ein nothwendiges und richtig gebildetes Glied an dem Organismus der von Christo ausgehenden Wahrheit ist. Die Glaubenswissenschaft hätte darnach nur kritisch regressiv auf die Intention Christi sich zu beziehen, nicht progressiv entwickelnd von dieser Intention auszugehen.

In ein ähnliches Verhältnis würde sie denn auch zu den kirchlichen Bekenntnissen treten. Die Glaubenswissenschaft hätte sich unseres Erachtens auch der genaueren kirchlichen Bezeichnung nicht zu schämen: eine evangelische oder meinetwegen auch evangelisch-lutherische Glaubenswissenschaft dürfte man sich vielleicht so gut gefallen lassen als eine christliche. Wie in dem letzteren Ausdruck der Anspruch eingeschlossen liegt, daß der christliche Glaube objective Wahrheit habe, so würde in der Bezeichnung evangelische Glaubenswissenschaft zum Voraus erklärt, daß der evangelische

Glaube Anspruch darauf mache, objective Wahrheit zu sein, nicht ausgeschlossen aber wäre dadurch die kritische Behandlung der Symbole. So wenig als die christliche Glaubenswissenschaft zum voraus die Schrift oder auch nur die etwa kritisch sicher zu stellende Lehre Christi als unfehlbare Wahrheitsquelle anerkennt — so wenig und noch weniger dürfte eine evangelische Glaubenswissenschaft die Symbole als Beweisinstanzen geltend machen — ihre Aufgabe bliebe vielmehr, den in den Bekenntnissen niedergelegten Glaubensgehalt auf seinen wissenschaftlich genügenden Ausdruck zu bringen und eben bei diesem Thun und in dem Versuch, diesen Glaubensgehalt als Wahrheit zu erreichen, müßte die Glaubenswissenschaft — mit Schleiermacher zu reden — nothwendig bis zu einem gewissen Grade heterodox werden. Das will uns der tiefste Unterschied zwischen scholastisch-römischer und evangelisch-wissenschaftlicher Behandlung der Glaubenslehre erscheinen, daß die erstere zunächst formell die Lehre von den Glaubensquellen abzuschließen sucht — ohne Rücksicht auf den Inhalt, der dann daraus geschafft wird — daß sonach die Wahrheit, wenn nur einmal die sie verbürgende Autorität festgestellt ist, dem menschlichen Geiste als ein Fremdes aufgelegt wird, während dagegen die evangelische Glaubenswissenschaft den Glauben auch materiell und inhaltlich dem menschlichen Geistesleben nahe zu bringen sucht. Eine Behandlung der Glaubenswissenschaft nun, wie sie die vorliegende Schrift vorschlägt, scheint durch die zu ausgedehnte Behandlung der Frage nach der formellen Autorität Christi einigermaßen der Gefahr eines scholastischen Ausruhens auf der Autorität ausgesetzt zu sein. — Allerdings wird die Glaubenswissenschaft nicht so sehr in mediam rem gehen können, daß sie nach einer Begriffsbestimmung ihrer selbst sofort zur Darlegung ihres Objects gehen könnte. Sie wird nicht nur über ihre Methode und ihre Gliederung sich vorgängig zu erklären haben, sondern allerdings auch darüber sich ausweisen, woher sie überhaupt ihr Object nimmt, beziehungsweise, welchem Gebiete dasselbe angehöret. Sie wird also vor allem das, was in unserer vorliegenden Schrift unter Nr. 9 ausgeführt ist oder die subjectiven Bedingungen religiöser Erkenntnis näher besprechen — das Gebiet, das wir unter dem Begriff des Glaubens zusammenfassen können, durch Lehrsätze aus der Religionsphilosophie näher beleuchten müssen — sie wird dabei nicht umhin können, auch den Begriff der Offenbarung vorläufig zu entwickeln und die Gedanken, die in vorliegender Schrift unter Nr. 10 über die regulative Grundlage der Glaubenswissenschaft — die Schrift, angedeutet sind, näher auszuführen. Aber eine abschließende Behandlung auch dieser beiden letzten Fragen könnte doch erst im Zusammenhang der Wissenschaft selbst erfolgen. Erst die Lehre von Gott müßte den vorläufigen Begriff der Offenbarung wieder seinen Halt geben — erst in der Lehre von der Schöpfung könnte das Wunder seine feste Stelle erhalten — erst in dem locus de persona Christi der Begriff der Offenbarung seinen Abschluß — erst die Lehre von der Kirche würde auch der Lehre von der Schrift den sicheren Ort darbieten. Ueber die weitere Eintheilung des Stoffes der Dogmatik sich weiter auszusprechen ist für den Unterzeichneten durch die vorliegende Schrift keine Veranlassung gegeben. Er hätte auch nicht den Versuch gemacht, die eigene Anschauung von dem Begriff der Glaubenswissenschaft verhältnismäßig so ausführlich zu skizziren, wenn er es nicht für seine Pflicht erachtet hätte, so gut es ihm in der Kürze möglich war, zu motiviren, warum er sich den methodologischen Grundgedanken des Herrrn Verfassers nicht ganz anzuschließen vermag. Je größeres Gewicht von demselben gerade auf die methodologische Seite seiner Arbeit gelegt wird, desto mehr bedauert der Unterzeichnete, sich mit einer fast bedingungslosen Zustimmung zu den Andeutungen in inhaltlicher Beziehung begnügen zu müssen und dieselben als sehr bedeutsame Fingerzeige für einen umfassenden apologetischen Bau zu erklären, der eben ohne directe Beziehung auf ein darüber noch zu errichtendes dogmatisches Gebäude die von dem Herrn Verfasser in's Auge gefaßten Punkte in einem Umfang behandeln müßte, wie er auch für ein großartig angelegtes dogmatisches System als bloßes Fundament zu unförmlich wäre. Der Herr Verfasser verwirft freilich den Begriff einer besonderen Apologetik und wir mit ihm — wie aus unseren obigen Andeutungen hervorgehen mag. Wir weichen nur darin ab, daß wir die Apologetik nicht nur für eine Seite der Glaubenswissenschaft, sondern für eine Seite sämtlicher theologischer Disciplinen halten. Aber eben darum scheint auch das Bedürfnis der christlichen Kirche etwas Anderes zu fordern, als der aus der Encyklopädie der theologischen Disciplinen resultirende Begriff. Das Bedürfnis der Kirche erfordert eine Zusammenstellung der jeweils nach den augenblicklichen Constellationen für die Vertheidigung wichtigsten Materien aus sämtlichen theologischen Disciplinen. Obgleich im wesentlichen diese Begriffe immer gegen dieselben Punkte sich richten werden — wird doch, weil die Apologetik nur eine dem Bedürfnis entspringende Wissenschaft ist — ihr Stoff nicht einfür allemal sich abgrenzen lassen aus der Idee der Wissenschaft heraus. — So lange in unseren Tagen wol viel Sehnen nach neuer dogmatischer Arbeit aber so wenig Freudigkeit zu neuer dogmatischen Leistung vorhanden ist — so lange unserer Zeit auch, wo sie auf dem dogmatischen Felde sich bewegt, der Stempel der historischen Untersuchung — der räsonnirenden Kritik über andere Leistungen aufgeprägt ist, dürften wir mit zusammenfassenden apologetischen Werken zufrieden sein, und auch der sehr verehrte Herr Verfasser der hier besprochenen Schrift würde sich wol zufrieden geben, wenn statt der ersehnten Glaubenswissenschaft aus seinen Andeutungen nur wenigstens die Furcht einer dieselben ausführenden Apologetik erwachsen sollte.

Schmidt.

Perthes' Buchdruckerei in Gotha.

Spörer, J., Kosmos der Poesie, oder Natur- und Menschenwelt in der Dichtung.

Tholuck, Aug., Die Psalmen. 2. Aufl.

Zahn, Th., Ignatius von Antiochien.

Inhalt der theologischen Studien und Kritiken.

Jahrgang 1872. Viertes Heft.

Abhandlungen.

1. Schürer, Die ἀρχιερεῖς im Neuen Testamente.
2. Grimm, Das Problem des ersten Petrusbriefes.

Gedanken und Bemerkungen.

1. Bender, Kritische Bemerkungen zur Wunderfrage.
2. Zyro, Noch einmal Matth. 6, 11: τον ἀρτον ἡμων τον ἐπιουσιον δος ἡμιν σημερον.
3. Zyro, Ist es mit Jak. 4, 5 nun im Reinen?
4. Sayce, Der Belagerer Samaria's.
5. Schrader, Bemerkungen zu vorstehendem Artikel.

Recensionen.

1. Der Pentateuch in dem neuen anglicanischen Bibelwerke; rec. von Kamphausen.
2. Spiess, Logos Spermaticos; rec. von Engelhardt.

Inhalt der Zeitschrift für die historische Theologie.

Jahrgang 1872. Viertes Heft.

XI. Blaise Pascal. Nach seinem Leben und seinen Schriften übersichtlich geschildert. Vortrag gehalten zu Erlangen am 24. Januar 1872 von D. Herzog.

XII. M. Sebastian Fröschel. Ein Beitrag zur Reformationsgeschichte. Von Karl Friedrich Köhler, Pfarrer zu Städtfeld bei Eisenach.

XIII. Zwei bisher nicht bekannte Briefe Melanthons. Als Zugabe zum Corpus Reformatorum herausgegeben von Friedrich Koldewey, Oberlehrer am Herzoglichen Gymnasium zu Wolfenbüttel.

XIV. Mittheilungen aus der bremischen Kirchengeschichte zur Zeit der Reformation. Von Dr. phil. A. Walte, Pastor am Armenhause in Bremen. Dritter Artikel (Fortsetzung).

Inhalt der Deutschen Blätter.

Jahrgang 1872. August.

Der Nationalcharakter der Franzosen und der Ultramontanismus. Ein Beitrag zur Völkerpsychologie von Dr. theol. August Schröder in Brandenburg a. H.

Die Entstaatlichung der evangelischen Kirche. Ein Beitrag zur Klärung des Verhältnisses der evangelischen Kirche zum Staate in Preußen. II. Von Consistorialrath Bernhard Lohmann in Wiesbaden.

Der poetische Sagenschatz von Elsaß-Lothringen. II. Von Oberlehrer Pfarrer W. Meurer in Rinteln.
Papstthum und Königthum in Italien. Von Dr. Rudolf Kleinpaul in Rom.
Octoberversammlung und Kirchenbund. Von Pastor H. Krummacher in Brandenburg a. H.
Kirchenpolitische Correspondenz aus Berlin. Von P. P. in Berlin.

September.

Die Arbeiterfrage. I. Von Lic. Krummel in Kirnbach.
Der Nationalcharakter der Franzosen und der Ultramontanismus. II. Ein Beitrag zur Völkerpsychologie von Dr. theol. August Schröder in Brandenburg a. H.
Kirche, Schule und Deutsches Reich. Von Lic. theol. R. Reinhard in Rojewo-Kaczkowo.
Die Revision der schweizerischen Bundesverfassung. Von Archivar Chr. Kind in Chur.
Kirchenpolitische Correspondenz aus Berlin. Von P. P. in Berlin.

October.

Ueber den Freundschaftsbund des Großherzogs Carl August und Wolfgang Goethe's. Von Dr. G. Lothholz.
Das kirchliche Amt und das Volksleben. Von Pastor Vorberg in Berlin.
Die Arbeiterfrage. II. Von Lic. Krummel in Kirnbach.
Kirchenpolitische Correspondenz aus Berlin. Von P. P. in Berlin.

Perthes' Buchdruckerei in Gotha.

Zur gefälligen Beachtung!

Die für die Theol. Studien und Kritiken bestimmten Einsendungen sind an Professor D. Riehm oder Consistorialrath D. Köstlin in Halle a/S. zu richten; dagegen sind die übrigen auf dem Titel genannten, aber bei dem Redactionsgeschäft nicht betheiligten Herren mit Zusendungen, Anfragen u. dgl. nicht zu bemühen. Die Redaction bittet ergebenst alle an sie zu sendenden Briefe und Packete zu frankiren. Innerhalb des Postbezirks des Deutschen Reiches, sowie aus Oesterreich und der Schweiz werden Manuscripte, falls sie nicht allzu umfangreich sind, d. h. das Gewicht von 250 Gramm nicht übersteigen, am besten als Doppelbrief versendet.

* * *

Die Jahrgänge 1834, 1836 und 1837 dieser Zeitschrift, wie auch einzelne Hefte aus denselben, bin ich gern erbötig zu einem angemessenen Preis zurückzukaufen.

Friedrich Andreas Perthes.

Inhalt.

Seite

Abhandlungen.

Gedanken und Bemerkungen.

Recensionen.

Mar. 27

Theologische Studien und Kritiken.

Eine Zeitschrift

für

das gesamte Gebiet der Theologie,

begründet von

D. C. Ullmann und D. F. W. C. Umbreit

und in Verbindung mit

D. J. Müller, D. W. Beyschlag, D. Gust. Baur

herausgegeben

von

D. E. Riehm und D. J. Köstlin.

Jahrgang 1873, zweites Heft.

Gotha,
Friedrich Andreas Perthes.
1873.

Theologische
Studien und Kritiken.

Eine Zeitschrift

für

das gesamte Gebiet der Theologie,

begründet von

D. C. Ullmann und D. F. W. C. Umbreit

und in Verbindung mit

D. J. Müller, D. W. Beyschlag, D. Gust. Baur

herausgegeben

von

D. E. Riehm und D. J. Köstlin.

Jahrgang 1873, zweites Heft.

Gotha,
Friedrich Andreas Perthes.
1873.

Abhandlungen.

10.

Ueber den Dichter Arator.

Von

C. L. Leimbach,

Pfarrer und Reallehrer in Schmalkalden.

---

1. Einleitung.

Arator, der christliche Dichter des 6. Jahrhunderts, ist ein Vergessener! In unserem Jahrhundert, in welchem auch in der evangelischen Kirche die patristischen Studien mit großem Eifer gepflegt worden sind und noch werden, in welchem eine reiche Ausbeute der in Handschriften und Foliobänden, den Denkmälern väterlichen Fleißes, vergrabenen Schätze der Kirche zu Tage gefördert ist, in unserer Zeit, wo Theologen und Philologen, Philosophen und Literarhistoriker in der Durchforschung der „Väter“ wetteifern, wer kennt und nennt den Dichter Arator? Von theologischer Seite ist meines Wissens diesem Manne in der Neuzeit gar keine Aufmerksamkeit zugewendet worden, wenigstens keine, deren Resultate veröffentlicht worden wären, und in Herzogs Realencyklopädie steht nicht einmal sein Name. Und doch ist er keineswegs ein so völlig unbedeutender Dichter, daß er den Fluch der Vergessenheit verdiente. Männer, welchen die Wissenschaft es dankt, daß sie so manche Lücke in der Durchforschung der Vergangenheit ausgefüllt, in so manches Dunkel Licht gebracht haben, dürften wol aus den nachfolgenden, dem Dichter Arator und seinen Werken gewidmeten Zeilen einen

Anlaß nehmen, dem fast völlig vernachläßigten Dichter einige Beachtung zuzuwenden; und wenn es dem Schreiber dieser Bemerkungen gelingt, nach irgend einer Seite hin dazu Anregung zu geben, so glaubt er genug erreicht zu haben, da er sich weitere Ziele nicht gesteckt hat.

2. Die Lebensumstände Arators.

Die Quellen, welche über des Dichters Leben uns Aufschluß geben können, fließen nur äußerst spärlich. Das Hauptwerk des Dichters, die Darstellung der Thaten der Apostel (de actibus apostolorum libri duo) bieten gar keinen genaueren Anhalt; aus den Ueber- und Unterschriften der alten codices erfahren wir nur einiges Wenige über den Stand und die Zeit des Autors. Ein klein wenig mehr bieten die drei noch erhaltenen Briefe, und einiges ist aus Briefen von Zeitgenossen ersichtlich. Der letzte Herausgeber der Gedichte Arators, H. Joh. Arntzen [1]), dem ich in dieser Zusammenstellung der wenigen Notizen über Arators Leben und Wirken folgen werde, hat zunächst mit großer Emsigkeit und Mühe ein Verzeichnis seiner Namensbrüder aufgestellt, soweit dieselben auf alten Inschriften oder sonst sich haben nachweisen lassen. Ueber den Vater des Dichters — denn die oben angedeutete Mühe Arntzens, auf Aufspüren von Aratoren verwendet, halte ich für so wenig ersprießlich, daß ich mir nicht die Mühe geben mag, seine Resultate zu wiederholen, mich vielmehr mit dem Hinweis begnüge — haben wir eine von Cassiodor herrührende und erhaltene [2]) Notiz in einem Briefe des Athalarich [3]): „Genitoris quin etiam tui

[1]) Arntzen, Aratoris subdiaconi de actibus apostolorum libri duo et epistolae tres ad Florianum, Vigilium et Parthenium. Zütphen 1769.

[2]) Variarum epistolarum VIII, 12.

[3]) Bekannt ist die sittliche Verkommenheit des Athalarich, welcher schon im 18. Jahre seines Lebens an Ausschweifungen aller Art zu Grunde gieng, und schwer stimmen hierzu die ernsten Briefe an Arator, welche unter jenes Namen noch vorhanden sind. — Arntzen glaubt die Schwierigkeit zu heben, indem er die Amalasuntha als Verfasserin annimmt, welche für ihren minorennen Sohn die Regierungsgeschäfte besorgt und in seinem Namen auch diese Correspondenz geführt habe. Sonderbar bliebe dabei immerhin diese Namensunterschrift. — Die Sache verhält sich aber

facundia et moribus adjuvaris, cujus te eloquium instruere potuit, etiamsi libris veterum non vacasses. Erat enim, ut scimus, egregie litteris eruditus.“ Athalarich bezeugt auch, daß der Geburtsort des Arator, des Sohnes, in Ligurien zu suchen sei, indem er an den Dichter schreibt: „Romanum denique eloquium non suis regionibus invenisti, et ibi te Tulliana lectio disertum reddidit, ubi quondam Gallica lingua resonavit. — Mittit et Liguria Tullios suos.“ — Ueber Arators Jugendzeit hat der Dichter Ennodius, des Arator etwas älterer Zeitgenosse und vertrauter Freund, vier Epigramme geschrieben, eins auf Arators Geburtstag, drei de flagello infantis Aratoris [1]).

Arators Vater starb schon sehr früh, und der verwaiste Knabe fand an dem Erzbischof Laurentius zu Mailand einen Vormund und zweiten Vater, welcher die Entwickelung der geistigen Fähigkeiten des Knaben förderte. Arator, welcher rednerisches Talent zeigte, wurde für die juristische, beziehungsweise diplomatische Laufbahn bestimmt, führte, wahrscheinlich im Jahre 526, eine Gesandtschaft an Theodorich, zu Gunsten der Dalmatier, und trat dann dem Athalarich oder der Amalasuntha, der Tochter Theodorichs, näher. Höchst wahrscheinlich hat ihn Cassiodor selbst an den Hof gezogen.

Um das Jahr 534 scheint Arator zum Haushofmeister im Hause Athalarichs ernannt worden zu sein. Da aber in demselben Jahre schon Athalarich starb, und da Arator in der Ueberschrift eines Rheimser Codex auch gewesener Geheimer Rath, wie wir die Worte Excomes Privatarum im Gegensatz zu dem Excomes

anders. Cassiodor ist der Verfasser dieser den Namen Athalarichs tragenden Briefe, und diese variae epistolae, welche Cassiodor in 12 Büchern gesammelt und veröffentlicht hat, sind sämtlich von ihm in seiner Eigenschaft als Comes privatarum, d. i. als Geheimsecretär und Minister der ostgothischen Könige, concipirte officielle Urkunden und Rescripte, welche des betreffenden Königs Namen tragen, welcher sie unterschrieb und erließ. — Leider fehlt auch in Herzogs Encyklopädie eine genauere Würdigung Cassiodors und seiner zahlreichen Schriften. Der kurze Artikel Hagenbachs befriedigt doch zu wenig.

[1]) Lib. II, Carm. epigr. 105; 114—116.

Domesticorum wiedergeben möchten, genannt wird [1]), so mag diese Stellung auch nach Athalarichs Tode fortgedauert haben, ja es wird wohl Arator zu dem letzteren, höchsten Hofamte nach dem Tode des jungen Wüstlings erst emporgestiegen sein.

Doch des Hofes wurde Arator auch müde, wie vorher der advocatorischen Praxis. Zu verwundern ist dies nicht, wenn man die traurigen Zustände in dem zusammenbrechenden Gothenreiche betrachtet. Hat doch auch Cassiodor, welcher freilich größere Geduld und höfische Gewandtheit besessen haben mag, zuletzt dem Hofe den Rücken gewendet und, wenn auch später, das klösterliche Stillleben vorgezogen! Arator wandte sich dem geistlichen Stande zu, empfieng die Tonsur, und wurde, wol um das Jahr 541, während der Herrschaft des Totilas, Subdiakonus in Rom. In dieser Stellung widmete er dem Papste Vigilius [2]) sein größeres Werk, die Actus apostolorum, diese Widmung in einem noch erhaltenen, besonderen Schreiben aussprechend.

Das Todesjahr Arators ist unbekannt, wie auch das Geburtsjahr. Letzteres hat man in das Jahr 490 zurückverlegt, da Arators Pflegevater, der Erzbischof Laurentius, schon 504 gestorben sein soll, und das Ende des vielbewegten Lebens in das Jahr 555 oder 560 gesetzt. Beide Data sind jedoch nur aus Conjecturen entstanden und entbehren jeder sicheren Grundlage.

3. Die Gedichte Arators.

Es ist wahrscheinlich, daß alle Gedichte Arators uns erhalten sind. Wir besitzen zunächst das Hauptwerk, De actibus apostolorum libros duos, vollständig. Freilich bietet der bisweilen verderbte und hin und wieder durch Einschiebsel späterer Hände

---

[1]) In einem zu Rheims im Kloster des heiligen Remigius vorhanden gewesenen Codex der Schriften Arators heißt's im Anfang (nach dem Zeugnis Jakob Sirmonds und Aub. Miräus'): „Beato Domino Petro adjuvante, oblatus hic Codex ab Aratore illustri, Excomite Domesticorum, Excomite Privatarum, Viro religioso etc.“ Vgl. Arntzen l. c., Praef., p. 17.

[2]) Dieser Papst ist als Creatur der Kaiserin Theodora aus dem Dreicapitelstreite zur Genüge bekannt.

corrumpirte Text nicht unerhebliche Schwierigkeiten. Parthenius, damals zu Ravenna, führte, wie der noch erhaltene Brief des Arator an Parthenius es dankend anerkennt, den Arator in das Studium der römischen Classiker ein, und machte ihn namentlich mit Cäsars geschichtlichen Werken, sowie mit der Poesie eines Horaz, Ovid, Vergil bekannt; und so finden sich in Arators Schriften zahlreiche Reminiscenzen und Anklänge an classische Stellen, ja es hat Arator diese Dichter in formeller, wie eine Anzahl christlicher Dichter in sachlicher Beziehung oft vor Augen gehabt und bisweilen nachgeahmt [1]).

Parthenius ermunterte den Arator, dessen poetische Begabung er bemerkt hatte, zur Bearbeitung christlicher Stoffe, und der Schüler beabsichtigte erst die Psalmen Davids, dann die Genesis poetisch zu bearbeiten. Beide Plane kamen jedoch nicht zur Ausführung, dagegen dichtete Arator seine Actus apostolorum und überreichte das vollendete Werk zunächst dem Abte Florianus, später dem Papste Vigilius, zuletzt seinem Lehrer Parthenius, einem Schwestersohne des Ennodius. Ersterer hat wol das Werk nur prüfen sollen; denn dem Papste scheint es in eigentlicher Weise gewidmet zu sein, der hochangesehene Parthenius aber sollte das Werk in seinen Kreisen empfehlen.

Der Erfolg dieses Werkes war günstig. Am 6. April 544 ward es dem Papste in einer feierlichen Sitzung überreicht, wie eine Urkunde, über den Vorgang aufgenommen, uns bezeugt [2]), von Vigilius im Beisein mehrerer Bischöfe, Presbyter und Diakonen und eines großen Theils des niederen Clerus entgegengenommen und der päpstlichen Bibliothek einverleibt, darauf die öffentliche Vorlesung der „Apostelgeschichte" in der Kirche des heiligen Petrus „ad Vincula" befohlen und an vier verschiedenen Tagen von dem Verfasser selbst ausgeführt und zwar am 13. und 17. April, am

---

[1]) Arntzen hat mit außerordentlichem Fleiße viele dieser Anklänge an classische Dichter, wie an die christlichen Vorbilder in seinen Anmerkungen zusammengestellt.

[2]) Abgedruckt bei Arntzen (Praef.): „In nomine Patris" etc., aus den Vossischen und Vaticanischen Handschriften, in welchen dieselbe sich als Anfang zu Arators Gedichten findet.

8. und 30. Mai. Oft unterbrach Beifall der zahlreich versammelten Zuhörer den Dichter, besonders schöne Partieen des Gedichtes mußte er mehrmals lesen.

Sein Zeitgenosse Venantius Fortunatus hat für den Arator im Anfang seiner Vita Martini folgendes Lob:

„Sortis Apostolicae quae gesta vocantur et actus
Facundo eloquio Vates sulcavit Arator."

Die Nachwelt hat über Arator verschiedene, ja diametral entgegengesetzte Urtheile gefällt; doch sollen diese Urtheile nicht hier schon, sondern erst an einer späteren Stelle in einem Nachtrag zu der Abhandlung mitgetheilt werden.

Die drei Briefe, eigentlich Begleitschreiben der Actus, an den Abt Florian, an den Papst Vigilius und an den Parthenius, welche bereits erwähnt wurden, sind uns auch noch erhalten. Sämtliche Briefe sind in Distichen, nicht in Hexametern verfaßt.

4. Inhaltsangabe der Actus apostolorum.

Das erste Buch der Acten besteht aus 1076, das zweite faßt 1250 heroische Hexameter. Im allgemeinen ist die Apostelgeschichte St. Lucä die Quelle und Grundlage dieses Werkes, und nur die Einleitung und der Schluß greifen dem Inhalte nach über das in den Acten des Lukas Gebotene hinaus. Das erste Buch schließt treffend mit Apg. 12 ab, das zweite fügt dem 28. Kapitel der Apostelgeschichte noch einige Worte über das Martyrium des Petrus und Paulus an.

Wäre nun das Werk des Arator nur eine „poetische Metaphrase" der Acta, wie Joh. Albert (Ad glossar. N. T., p. 78) es nennt, so würde es der Mühe wohl kaum werth sein, dasselbe auf seinen Inhalt näher anzusehen; höchstens würden wir in sprachlicher oder in ästhetischer Beziehung das Gedicht einer Prüfung zu unterwerfen für nöthig halten, und dann wahrscheinlich über den Dichter des 6. Jahrhunderts, den Schriftsteller des eisernen Zeitalters erbarmungslos den Stab brechen; die Bilder würden als Schwulst, die classischen Phrasen als hohle Nachahmung, das Gute als nicht neu, das Neue als mislungen bezeichnet, Geist und Originalität geleugnet werden, und die Recension wäre fertig und der arme, einst gefeierte Dichter und Mensch vor dem Forum der Kritik unseres Jahrhunderts vernichtet; in diesem Falle wäre es besser, der vergessene Dichter bliebe vergessen.

Allein eine bloße Umschreibung der Apostelgeschichte ist das Gedicht nicht, wie auch ein flüchtiger Einblick in dasselbe uns belehren würde; vielmehr möchte ich dasselbe einen „praktischen Commentar der Apostelgeschichte in poetischem Gewande“ hier im voraus nennen. Ich weiß, der Ausdruck trifft nicht vollständig; allein derselbe verspricht doch mehr, als der vorige, wonach wir es nur mit einer versificirten Apostelgeschichte zu thun haben würden, und berechtigt mich, zu einer genaueren Durchforschung des Gedichtes den Leser dieser Zeilen einzuladen. Denn entweder ist der Erfolg ein mehr oder minder günstiger, und wir empfangen aus dem Studium des Gedichtes viele oder einige neue Winke, Aufschlüsse, tiefere exegetische Gedanken, — oder das Resultat ist ein rein negatives: nun dann haben wir wenigstens einen Beitrag zur Würdigung des Standes der Exegese in dem 6. Jahrhundert; in beiden Fällen aber dürfte die Untersuchung keine vergebliche sein. Vielleicht wird auch das Urtheil über den Dichter nach dieser oder jener Beziehung für uns von Interesse sein; ja ich hoffe, wir erfahren aus dem Gedichte mehr, als mancher und ich selbst erwartete. Und es finden sich wol andere, tüchtigere Männer, welche eine allseitige Würdigung dieses Dichters sich zur Aufgabe machen, welche namentlich auch an die Besserung der mancherlei Textschäden ihre geschickte und glückliche Hand legen und die vielen schwierigen, dunkelen Stellen zu erklären unternehmen werden.

Irre ich nicht, so ist seit der Ausgabe von Arntzen (1769) über Arator nichts Ausführliches gedruckt worden. Seitdem sind 103 Jahre verstrichen (und zwischen Arntzens Ausgabe und der vorletzten lagen sogar beinahe 200 Jahre); über zu große Aufmerksamkeit, dem Arator erwiesen, dürfte somit niemand zu klagen ein Recht haben. —

Doch nun zur Sache.

Die ersten 20 Verse des ersten Buches bilden den Eingang des ganzen Werkes. Der Dichter knüpft an den Kreuzestod Christi an.

Das Judenvolk hat sich mit dem Blute des Weltenschöpfers befleckt, und dieser hat seine menschliche Natur, welche er an sich genommen hatte, dem Wohle des Menschengeschlechtes zum Opfer gebracht, und ist gestorben. — Die den Tod Christi begleitende Finsternis erklärt der Dichter so:

„Dignatus ut ima
Tangeret inferni, non linguens ardua coeli,
Solvit ab aeterna damnatas nocte tenebras,
Ad Manes ingressa, dies: fugitiva relinquunt
Astra polum, comitata Deum: cruce territa Christi
Vult pariter natura pati“, etc.

Die Sonne (dies) wird gewürdigt, die sonst nie beschienenen Orte der Finsternis, das Schattenreich, zu bestralen; die Sterne begleiten den Herrn in die Unterwelt, offenbar, um die Todten das Licht der Welt erkennen zu lassen, und um der Erde das Trauergewand anzulegen.

Hieran schließt sich der schon von Athanasius [1]) in Bezug auf den Teufel ausgesprochene Gedanke, von Arator auf den Tod angewendet: Die Gewalt des Todes geht so unter, indem sie siegt, und, während sie eingetaucht scheint in den größten Triumph, verliert sie alles Recht auf ihren Raub, indem sie zu viel raubt (nämlich Christum). An der Auferstehung der Heiligen zeigt sich, daß die Gräber geöffnet sind, daß nach dem Tode es einen neuen Geburtstag gibt. Den Auferstehenden (Matth. 27, 53) voran kehrt die göttliche Majestät mit dem nunmehr verklärten Leibe aus dem Grabe zurück, jenen und uns den lange verschlossenen Weg zum Vaterlande bahnend, und während der Same des Giftes stirbt, hat Christus seinen Samen (die Seinen) dem blumigen Garten (dem Paradiese) wiedergeschenkt.

So weit die Einleitung.

Hierauf knüpft der Dichter (vgl. Apg. 1) die Himmelfahrt Christi an. Die 40 Tage des Wandels des Auferstandenen auf

---

[1]) De passione Christi: *καὶ νομίσας κρατεῖν τὸν Χριστὸν ἐν τῷ θανάτῳ, αὐτὸς μᾶλλον ἐδείχθη νεκρός.*

Erden und seine Offenbarungen den Jüngern gegenüber, sowie der Missionsbefehl und die Verheißung, daß die Predigt des Evangelii die Welt überwinden werde, werden nur berührt. Die Wunder Gottes können nicht verheimlicht werden. Daß Jesus vor den Jüngeraugen gegessen hat, ist ein schlagender Beweis für das Leben des menschlichen Leibes [1]).

Von dem Oelberg aus fährt Christus gen Himmel. Der Oelberg ist ein Ort, welcher das Licht und den Frieden versinnbildlicht. Das Oel dient zum Leuchten, der Oelzweig ist Friedenszeichen. Der Herr will von dem Orte heimkehren, von welchem die Menschen das Oel empfangen, welches an der Stirne in Kreuzform glänzt, nachdem die äußerlich Gesalbten zuvor die innere Salbung mit dem Namen Christi abgewaschen hat. (V. 27 bis 32.)

Arator spielt auf die Salbung mit Oel an, welche in der alten Kirche der Taufe folgte.

Der Heiland nimmt mit sich, was er an sich genommen hatte (die Menschheit). Nova pompa triumphi! Der Gott eilt zu der Herrschaft, der Mensch zu den Gestirnen. Welcher Jubel mag den Herrn empfangen haben, als er so heimkehrte, sein Fleisch als Siegestrophäe mit sich führend. Seine Mission ist erreicht, die irdischen Glieder sind dem Tode und Grabe entrissen und werden nun im Himmel aufgestellt (! Lucis in arce locat terrenosque erigit artus).

Die Engel bringen den Jüngern die bekannte Botschaft von dem gen Himmel gefahrenen Weibessamen. Die Jünger eilen zurück in die Stadt zur Mutter Jesu, „der Thüre Gottes, Maria, der unberührten Mutter des Schöpfers, gebildet von ihrem Sohne; die übelen Folgen der Sünde Eva's verscheucht die zweite reine Jungfrau (nulla est injuria sexus). Sie hat wiederhergestellt, was die erste versäumte.“ Eva hat empfangen und einen Mörder geboren, jetzt ist schwanger geworden die, welche Gott gebären sollte, Sterbliches erzeugte (die Menschheit) und die Gottheit trug, die, durch deren Vermittlung der Mittler auf der

---

[1]) Vgl. Apg. 10, 41.

Erde erschienen ist und das wahre Fleisch zum Himmel emporgetragen hat. (V. 68.)

Der Erste in der Schaar der Apostel (primus apostolico agmine) war Petrus, von dem kleinen Schiffe berufen, von welchem aus die schuppige Schaar gefangen zu werden pflegte, als er noch Fischer war; plötzlich am Gestade besucht, während er das Netz emporzieht, verdient er selbst emporgezogen zu werden; der Fischzug Christi fängt den Schüler und würdigt ihn, die Netze auszubreiten, damit sie das Menschengeschlecht fangen. Die Hand, welche die Angel geführt hatte, wird an den Schlüssel versetzt, und der, welcher begierig war, von dem Meeresufer die feuchte Beute empor und an's Ufer zu ziehen und das Schiff mit dem Fange zu füllen, zieht jetzt aus besseren Wellen [1]) an anderem Orte Fische empor, ohne seinem Handwerke untreu zu werden, indem er im Wasser seinen Gewinn verfolgt; ihm hat das Lamm die Schafe übergeben, welche jenes durch sein Leiden erlöste, und es mehrt die Heerde unter diesem als dem Hirten auf dem ganzen Erdboden. Dieser Verehrungswürdige, seinen göttlichen Auftrag bekannt machend, spricht öffentlich also, — und nun folgt die Rede über den Verräther Judas.

Absichtlich habe ich die Verse 69—83 fast wörtlich übersetzt. Wer erwartete diese doppelte Abschweifung hier? Die Erklärung gibt die Adresse dessen, dem das ganze Werk gewidmet ist, des Papsts Vigilius, und der ganze Inhalt des Werkes wird den Nachweis liefern, daß es dem Dichter, wenn auch nicht ausschließlich, doch zunächst auf eine Feier des Stules Petri ankam. Petrus, Christi Stellvertreter auf Erden, Petrus, das Haupt der Christenheit! Diese Gedanken finden sich in obiger Stelle zwar noch nicht expressis verbis ausgesprochen, wol aber implicite enthalten; — hier genügt diese Andeutung, wir werden bald volle Bestätigung finden.

Die von Judas handelnde Rede Petri (V. 83—102) können wir übergehen. „Der Wolf hat das Lamm bekriegt, die Kriegserklärung ist der Friedenskuß!"

---

1) Anspielung auf die Taufe.

Interessant ist die Apostelwahl. Die Apostel stellen zwei Candidaten auf, den Joseph mit dem Beinamen Justus, und den Matthias, welcher Name, wie man sagt, im Hebräischen „der Geringe Gottes“ bedeutet und den so Gerufenen als Demütigen bestätigt. O, wie groß ist der Unterschied zwischen dem Urtheile der Menschen und dem Gottes! Durch das Verdienst eines Geringen wird jener übertroffen, welcher durch Menschenlob ein Gerechter war.

Der gute Subdiakon scheint von der hebräischen Sprache gar nichts verstanden zu haben, und seine Quellen, auf welche er sich mit „ut ajunt“ beruft, sehr wenig. Denn es ist bekannt, daß Matthias Gottesgeschenk (Theodor), aber nicht Gottes Geringer heißt. Es ist nicht das einzige Mal, daß Arator hebräische Namen aus dem Stamme zu erklären sucht, aber nie hat er mehr Glück. Ob seine Gewährsmänner hier Matthias vielleicht von מעט (gering sein) und יָה abgeleitet haben? Sonderbar wäre es, aber nicht unmöglich. Sonderbar ist freilich auch, daß Arator erpicht ist, Namen zu erklären, die er selbst nicht zu deuten im Stande ist, sowie, daß seine Gewährsleute nur so viel von der hebräischen Sprache profitirt haben, um immer Irrwege zu gehen, wenn sie neutestamentliche Namen aus den hebräischen Stämmen ableiten wollen.

Die Zwölfzahl glaubt Arator noch erklären zu müssen. Aber greift er auf die zwölf Stämme Israels zurück? Nein. Oder gibt er den Gehalt der Stelle des Sedulius (I, 345) wieder, welche er offenbar vor Augen hatte?

„Sic et Apostolici semper duodenus honoris
Fulget apex, numero menses imitatus et horas,
Omnibus ut rebus totus tibi militet annus.“

Auch nicht. Arator verschmäht es, in Anderer Fußtapfen zu treten. Er schreibt (V. 110):

„Duodena refulgent
Signa chori, terrisque jubar jaculatur Olympi.
Haec quoque lux [1] operis quid praeferat, edere pergam.

---

[1]) In lux liegt ein Wortspiel, da das Wort zugleich den Glanz der Gestirne (jubar signorum duodecim), und auch imago, figura bedeuten

Quatuor est laterum discretus partibus orbis;
Trina fides vocat hunc, quo nomine fonte lavatur.
Quatuor ergo simul repetens ter, computat omnem,
Quam duodenarius circumtulit ordo figuram.
Discipulisque piis, quibus hoc baptisma jubetur,
Mystica causa dedit numerum remeare priorem."

Die Zahl der vier Weltgegenden, mit der der Dreieinigkeit multiplicirt, gibt die Zahl derer, welchen die causa mystica (die Dreieinigkeit) den Taufbefehl gegeben hat, um taufend die erste Zahl (die Welt) zu durchwandern! Es ist schade um den Scharfsinn, welcher aufgewendet werden mußte, diese Entdeckung zu machen. — Dies ist nicht erst die erste Probe von Arators allegorischer Schriftauslegung; in der Folge werden wir aber diese Stärke (oder dürfen wir nicht schon jetzt sagen Schwäche?) Arators noch öfters kennen zu lernen Gelegenheit finden.

Unmittelbar hieran schließt sich (vgl. Apg. 2) die Darstellung der Ausgießung des heiligen Geistes.

Ueber das Sprachenwunder sagt Arator schön:

„Non littera gessit
Officium, non ingenii stillavit ab ore
Vena, nec egregias signavit cera loquelas;
Sola fuit doctrina fides, opulentaque verbi
Materies, coeleste datum, nova vocis origo,
Quae numerosa venit, totoque ex orbe disertis
Sufficit una loqui."

Ebenso treffend ist der Rückblick auf die babylonische Sprachverwirrung, die Strafe freveler Einheit; — dieser gegenüber steht die eine Kirche für alle Völker aller Zungen; und die Kirche der Zukunft wird zur vollen Eintracht und zum völligen Frieden die Völker führen.

Aber einen anderen Punkt hält Arator für sehr wichtig, daß nämlich der heilige Geist hier in der Flamme, nach der Taufe im Jordan als Taube erscheint. Daraus sei 1) ersichtlich, daß der Glaube Lauterkeit (ohne Falsch, ohne Galle) sein müsse, und, damit er nicht laulich und träge werde, ein Feuer; 2) daß die

---

soll. „Ich will weiter zeigen, welchen Inhalt dieses klare Bild aufzeige" (prae se ferat ac ostendat).

Lehrer dort im Wasser des Jordan einmüthig und hier eifrigen Mundes werden müßten. Die Herzen durchdringt die Liebe, die Reden durchglühet Eifer. —

Ein, wenn man typische Auffassung anwendet, wahrer Irrtum sagt ferner, daß die Apostel von süßem Weine berauscht seien, da sie die himmlische Weisheit erfüllt hat, mit neuer, berauschender Quelle; neue Gefäße haben den neuen Trank aufgenommen u. s. w., — Gedanken, deren Tiefe und Richtigkeit niemand bestreiten dürfte.

Wenn aber Apg. 2, 15 die dritte Stunde am Tage wieder mit der heiligen Dreieinigkeit in Verbindung gebracht wird, so ist das kaum mehr als Spielerei, zumal bekanntermaßen die dritte Stunde, welche allerdings auch die erste Gebetszeit ist, hier den Vorwurf der Trunkenheit abwehren soll.

Von Vers 160—201 wird uns nun Petri Pfingstrede berichtet. Hier fällt nur das auf, daß das Citat aus Joel ganz und gar keine Berücksichtigung findet, sondern Petri Rede anhebt mit der Menschwerdung Gottes in Christo (vgl. Apg. 2, 22 ff.). Auch in der Folge läßt Arator alle alttestamentlichen Citate, zum Beweise der Auferstehung, Himmelfahrt, Geistesmittheilung von Petro herangezogen, weg. Ueber die Kreuzigung Christi sagt er:

„Se quoque permittens, fusus genitricis ab alvo
Carnis jura pati, vitam ne perderet orbis,
Maluit ipse mori: sed quod de virgine foeta
Nascitur, illud obit: ligno suspenditur insons,
Et ligni vacuatur onus: sic vulnus iniqui
Fit medicina Dei: —“

Schon kurz vorher sagte Arator:

„Humana sub lege, Deus, qui temporis expers
Principium de Matre tulit, nec vile putavit.“

Diese dreimalige Erwähnung der Mutter Jesu in wenigen Versen, wozu in den Acten gar kein Anlaß gegeben war, zeigt zur Genüge, wie sehr die genitrix Dei nach und nach in den Vordergrund getreten ist, obgleich Spuren unbiblischer Erweiterung der Vorrechte der Maria noch nicht hier zu Tage treten. Der Schluß der petrinischen Rede wird inhaltlich ziemlich genau wiedergegeben. Zuletzt heißt es:

„Si solvere cura est
Foecundi crementa mali, felicibus undis
Extinctum reparate genus; spes una remitti
Debita supplicii, post crimina velle renasci.“

Es kann nicht mehr auffallen, wenn die 3000, welche Petri geistlicher Fischzug am Pfingsttage gewinnt, wieder mit der heiligen Dreieinigkeit in Verbindung gebracht werden. Die Zahl 1000 ist die Zahl der Vollkommenheit, und Arator fährt fort:

„Res perfecta semel ter jungitur, et facit agmen
Mystica vis numeri. Gregis est pia forma novelli.“

Man vgl. hiermit V. 138:

„Mystica causa dedit numerum remeare priorem.“

Die mystica causa ist nichts anderes als die trina potestas (V. 205), welche diese Schaar gesammelt hat, die Zahl in gleichen Theilen theilend (numerum partita per aequum, V. 206). Die Zahl der Vollkommenheit aber bildet den endlichen vollständigen Sieg der Taufe und des Evangeliums auf der ganzen Erde vor.

Die Gemeinde, in der ersten Liebe stehend, schildert darauf Arator (V. 210 — 219); aber an die lebendige Schilderung schließt sich mit einer leider oft ganz ähnlich wiederkehrenden, fast formelhaften Form (hinc canere incipiam) [1]), welche wol episch sein soll, aber höchst prosaisch ist, die Reflexion, aus welcher Quelle diese Liebe fließe. Das Ergebnis ist: Der heilige Geist ist zwiefach den Jüngern mitgetheilt, durch Anblasen Christi und durch Sendung vom Himmel. Arator bittet den heiligen Geist um Aufklärung über den Grund dieser zweifachen Geistesmittheilung und spricht dann seine Vermuthung dahin aus, daß damit die Kraft, die beiden Tafeln des Gesetzes zu erfüllen gegeben werde. Die Liebe zu Gott und die Liebe zum Nächsten seien die beiden Gebote Gottes. Der von Christo auf Erden gegebene heilige Geist theile die Kraft zur Nächstenliebe mit, der aus dem Himmel gesandte die Gottesliebe. Diese sei freilich die erste, jene die zweite; allein die zeitliche Folge sei deshalb umgekehrt, weil, wer den Bruder nicht liebe, den er sehe, Gott nicht zu lieben verstehe, den er nicht sehe.

1) Vgl. V. 141: „Quod tunc rite canam.“

Arator geht zur Erzählung der Heilung des Lahmen über:

247. „Respice, Petrus ait: votum spes lusit avarum,
Cumque negat, meliora parat [1]).“

Dieser 40jährige Lahme ist eigentlich nur ein Bild des Volks Israel, welches von dem an der Hüfte hinkenden Gottesstreiter abstammt und benannt ist, 40 Jahre in der Wüste hinkt zwischen Gott und den Götzen, zwischen Canaan und Aegypten. Den Lahmen trug man an die schöne Thür; weiter konnte er nicht kommen, die Thürschwellen konnte er nicht erreichen [2]). Das lahme Volk Israel wurde bis an die Thüre des Tempels getragen von den Propheten, welche auf Christum hinwiesen, welcher sich selbst die Thüre, die einzige, nennt, und einen Dieb jeden, welcher nicht durch ihn eingehen wolle. Die Propheten können nicht in das Heiligtum führen, wol aber bis an die Thüre. Diese Thüre ist Petrus anvertraut:

„Haec janua Petro
282. Credita, qui Christum confessus, cognita monstrat,
Non ventura sonat. Vetus ô sine fine jacebis,
Ni Petrum jam, claude, roges!“

Petrus schließt die Thüre zum Himmel allein auf!

Die Halle Salomonis, in welcher wir den früher Lahmen treffen, erinnert an Christum, den wahren Friedensstifter:

„Post limina templi
Porticus hunc Salomonis habet, qui jure vocatur
290. Pacificus; regnante fide quis semper in orbe
Pacificus, nisi Christus, erit? hic protegit omnem,
Qui, Petro ductore, placet, quo praesule surgit.“

Daß diese Worte zur Verherrlichung des römischen Stules geschrieben sind und den Papismus in optima (pessima) forma bereits aufzeigen, bedarf keines Nachweises mehr.

Die lange Rede Petri (Apg. 3, 12—25) übergeht übrigens

---

1) Das Subject für negat und parat ist Petrus.

2) „Culpa negavit iter“, setzt hier (V. 272) Arator zu, eine jedenfalls misverständliche Redeweise. Vgl. Joh. 9, 3: „Neque hic peccavit, neque parentes ejus; sed ut manifestentur opera Dei in illo.“

Arator, und auch von dem in Kap. 4 der Acten Erzählten hat er nur weniges in seine Darstellung eingewoben. Daß Johannes mit Petro gefangen gelegt ist, verschweigt Arator; ihm gilt es nur, des Petrus Lob zu singen („linquere Christum Petri nescit amor“, V. 295). Die nun dem Petrus in den Mund gelegten Worte sind nur im allgemeinen den in Apg. 4, 8—12 stehenden ähnlich. Daran knüpft aber Arator eine eigne, an das ungehorsame Judenvolk gerichtete, auf seine vergangenen Sünden und Schulden zurückschauende Rede, die übrigens nichts der Bemerkung besonders Werthes enthält, die Stoffe meistens Heilandsworten entlehnend.

Das Gebet, welches Apg. 4, 24 ff. uns aufbewahrt ist, wird in lebendiger, anziehender Darstellung reproducirt, bzw. erweitert. Die Bewegung der Stätte, an welcher sich die Beter befanden, erinnert den Dichter an den Zusammenhang des Menschen mit der Erde einerseits, wie andrerseits an die prophetische Stelle: „Wie lieblich sind auf den Bergen die Füße der Boten, welche Frieden verkündigen“ u. s. w. Die Erde freut sich solcher Kinder; — daher die Bewegung.

Es folgt in den Acten die Stelle Apg. 4, 32: *τοῦ δὲ πλήθους τῶν πιστευσάντων ἦν ἡ καρδία καὶ ἡ ψυχὴ μία.* Diese Worte benutzt Arator zu einem Schlusse, welchen ich nicht correct finden kann. Wenn Tausende von Christen in der Gesinnung wie ein Mensch seien, wer könne da das Glaubensgeheimnis bezweifeln, daß drei Personen ein Gott seien?

Den christlichen Communismus preisen nun V. 388—416 in ausführlicher Weise. — Der Untergang des Ananias und seines Weibes Sapphira (Apg. 5) schließt sich hier an. Nachdem der Dichter über den Geiz und die Gelübde sich ausgesprochen, benutzt er diese Erzählung zu einer gewiß treffenden exegetischen Erörterung, deren Ziel ist, die Persönlichkeit des heiligen Geistes aus den Worten Petri zu erweisen:

„Respice, vera fides, ac dogmate clara beato
Verba require Petri: Quisnam te fallere suasit,
Concluditque probans? homines haud, talia fando,
Deludis, mentire Deo. Quae damnat iniquos,
Aedificat doctrina pios“ etc.

Nachdem Arator auf die hohe Bedeutung dieser Stelle für die heilige Dreieinigkeit aufmerksam gemacht, weist er auf Arius [1]) hin, den auctor criminis et erroris, erinnert an das Ende desselben, dem eines Judas und Ananias vergleichbar:

„Quos par culpa ligat, qui majestatis honori
Vulnus ab ore parant: hic prodidit, ille diremit,
Sacrilega de voce rei. —“

Sehr große Wichtigkeit legt Arator den Heilungen bei, welche durch des Petrus Schatten bewirkt wurden, und er bedauert, daß die dichterischen Schwingen ihn nicht höher tragen, um würdig diese Thaten des Petrus zu preisen [2]):

„O mihi si cursus facundior ora moveret,
Centenosque daret vox ferrea, lingua diserta
Hac in laude sonos, quantum speciosior esset
Ambitus eloquii! Variis aperire figuris
Singula, nec modicis includere grandia verbis,
Quae fuerit rerum facies, cum tempore parvo
Morborum cecidere greges“, etc.

Und welches typische Geheimnis weiß der Dichter in diesen Heilungen zu entdecken? Er spannt uns fast auf die Folter, denn das Folgende bringt nur eine weitere Ausführung der bereits angedeuteten Gedanken. So heißt es:

„Komm und entleere die Herzen der Menschen von lastenden Sorgen,
Nur die Schritte verdoppelnd, o Petrus. Es wandelt Gesundheit
Mit dir; verlängre das Leben, erwecke die fröhliche Hoffnung,
Daß in den Füßen kein Säumen und lebenbringend dein Pfad sei;
Eilst du, so seufzt kein einziger mehr, es gesunden die Körper,

---

[1]) Von Arator vielleicht nur des Metrums wegen stets Arrius geschrieben.

[2]) Das ist durchaus nicht auffallend für jene Zeit, in welcher der Cult der Reliquien bereits eine große Ausdehnung gefunden hatte. Stützte man sich doch schon früher auf diese Stelle, um die Schriftmäßigkeit dieser Reliquienverehrung zu erweisen.

Wo Dein Schatten sich regt, und schweigend empfänget die Menge,
Ohne zu bitten, was einst ein einziger bettelnd [1]) erlangt hat."

Das ist kein Preis der göttlichen Kraft mehr, die in Petro wirkte, das ist ein überschwenglicher Panegyricus auf Petri Person.

Arator forscht den tieferen Gründen nach, weshalb dieser Ruhm **allein dem Petrus** zutheil wurde. Er will dieselben aussprechen, und kommt sich dabei wie ein trockener Bach vor, welcher große Wasserwogen auf einmal aufnehmen soll! Wir sind gespannt auf das Kommende! Petri Leib bildet die sichtbare, sein Schatten die unsichtbare Kirche ab. Beide regiert Petrus; das geht aus unserer Stelle, wie aus Matth. 16, 19 hervor. [2])

Die Apg. 5, 17 ff. erzählte Gefangennahme der Apostel und ihre wunderbare Errettung durch den Engel, welcher die Gefängnisthür öffnet und schließt, daß sie unversehrt bleibt, veranlaßt Arator auf die wunderbare Empfängnis und Geburt Jesu in Maria Schoße zurückzublicken, wie auch auf die Oeffnung der Grabespforte am Ostermorgen durch Engelsmacht. Diese Nacht mußte in Thomas die Erinnerung an seinen Unglauben wachrufen und allen Zweifel auslöschen.

Die Apostel, das Licht der Welt, von **dem** Lichte berufen, mußten auf den Leuchter gestellt, konnten von der Macht des Gefängnisses nicht zurückgehalten werden. Wie konnte jener Ort so **viele Sonnen** in seinen finsteren Räumen bannen?

Kürzer faßt sich unser Dichter in der Darstellung des 6. und 7. Kapitels der Acten, welche die Geschichte des Stephanus berichten. Zwar weiß er auch hier Geheimnisse aufzufinden, allein sehr verständiger Weise übergeht er dieselben und läßt uns suchen, was er verheimlicht.

„Huic numero delatus honor sublimia secum
Sacramenta gerit, per quae nunc longius ire
Non patitur mensura viae, ne **plura locutus**
Inveniar dixisse minus."

---

[1]) Gemeint ist der Lahme vor der Tempelthür, Apg. 3.

[2]) Für Arator und die römische Kirche nicht bloß seiner Zeit existirt Matth. 18, 18 gar nicht.

Stephanus' Name und Martyrium werden zwar erwähnt, aber nur sehr kurz.

„Märtyrer, säe die Kämpfe,
Glücklich bist du im Tod, für dich ist Ruhm nur die Strafe;
Sinkend erstehest du neu, den offenen Wunden erschließet
Sich der Himmel und reicht dir die Gaben des ewigen Lebens."

So begrüßt Arator den Märtyrer, dessen Gefangennahme und Schutzrede völlig bei Seite lassend, und schildert dann in schönen Versen dessen Tod.

Bei dieser Gelegenheit tritt Saul zuerst auf. Der Name Sauls wird mit infernum erklärt, also nicht von שָׁאַל erbitten abgeleitet, sondern mit שְׁאוֹל Unterwelt identificirt, wie auch aus den nachfolgenden Worten („carnificis inferna petunt" V. 620 und V. 623 „tartara") sich ergibt [1]).

Kap. 8 der Acten findet dagegen ausführlichere Behandlung. Petrus gesellt sich öfters den Johannes zu [2]) und geht mit diesem nach dem benachbarten Samarien, wo er die durch die Wellen der Taufe abgewaschenen Schafe mit dem Kreuzeszeichen versieht „signat") [3]). Auch der Magier Simon war dort in die Kirche aufgenommen, dem Petrus den Himmel verschließt, weil sein Herz voll bitterer Galle ist. „Von hier aus fällt ein helles Licht auf ein heiliges Vorbild." In der Arche Noahs, dem Vorbild der Kirche, welche allerlei Gattungen aus dem Wasser (wie die Kirche durch

---

[1]) Arntzen schreibt: „Quid haec (infernum quod Hebraeus ait) sibi velint, perspiciant me eruditiores. Ipse sane his me difficultatibus nihil extricare potui."

[2]) Arator schreibt V. 623:

„Saepe sibi socium Petrus facit esse Joannem,
Ecclesiae quia virgo placet, quo denique juncto", etc.

Hieronymus nannte schon den Johannes virgo discipulus. Diese Stelle scheint Arator vor Augen gehabt zu haben. Zugleich aber hat diese Stelle die Bedeutung, die damals schon sehr häufige und hochgehaltene Virginität zu preisen.

[3]) Cf. Tert. de resurr. c., c. 7: „Caro signatur, ut et anima muniatur." Arator sucht ohne Zweifel hier das Vorbild der Firmung, der Prärogative der Bischöfe..

die Taufe) rettete, befand sich unter den Geretteten eine Taube und ein Rabe, und doch wie verschieden waren beide; dieser auf Raub und Aas erpicht, jene zurückkehrend mit den Beweisen ihrer Dankbarkeit und Frömmigkeit 2c. Es reicht die abwaschende Taufe nicht aus, wenn nicht der in den Wassern Neugeborene eine Taube ohne Galle wird. Simon war ein Rabe geblieben, auch nach der Taufe, der seinen Vortheil suchte, und solche sind dem Herrn zuwider, der aus dem Tempel die Käufer und Verkäufer austrieb.

Die Taufe des Kämmerers aus Mohrenland durch Philippus wird erzählt, des letzteren frühere Wirksamkeit aber ignorirt. Der Grund, weshalb gerade jene Episode bei Arator eine ziemlich ausführliche Berücksichtigung findet, ist wol nicht schwer zu errathen; derselbe liegt in der Sucht Arators Allegorieen nachzuweisen. Hier hat er deren zwei entdeckt. Eine, freilich sehr mislungene, basirt auf der Deutung des Wortes Philippus, welches — nach Arator — nicht aus dem Griechischen stammt, sondern echt hebräischen Ursprungs ist. Es bedeutet os lampadis (oder nach einer Variante os cordis [1])). Arator leitet also aus פֶּה der Mund und לַפִּיד Fackel Philippus ab (die Variante aus פֶּה und לֵב Herz). Die Variante ist zu verwerfen. Arator hat, wie aus V. 692 „foedere taedarum" hervorgeht, in Philippus den Verkündiger der Hochzeit (Mund der Hochzeitsfackel) erblickt. Doch ich will die absonderlichen Verse lieber hersetzen:

„Non parva figurae
Causa sub obscurae regionis imagine lucet.
Comprobat omnipotens taedarum foedere, Mosem
Aethiopam sociasse sibi, quem dogmata produnt
Postea cum Domino vicinius ore locutum.
Quid mirum, si Legis amor tunc crescere coepit,
Ecclesiae cum juncta fuit? Quod sponsa perennis
Hac veniat de gente magis, nec Cantica celant,
Quae fuscam pulcramque vocant; haec pergit ab Austro,
Aethiopum qui torret humum, Salomonis in ore
Pacificum laudare suum, quo nomine dudum
Signatum est, quod Christus habet: jam debita mundo

[1]) Isidor. Orig. VII, 9: „Philippus os lampadarum vel os manuum" (?!)

Custodem praemittit opum, quo pignore gazas
Incipiet proferre suas; thesaurus in illa
Quis potior, quam fontis honor? quod ditius aurum,
705. Quam locuples sub corde fides? quam denique recte
Praevius huic spado est? quo procedente libido
Pellitur, et capiunt caelestia regna pudici."

Moses mußte in Aethiopien heiraten, zum Zeichen, daß Gott sich mit Aethiopien verlobt habe. Dort empfieng Moses Gottesoffenbarung und Gottesgesetz im vertrauten Verkehr. Seitdem wuchs die Liebe zu dem Gesetze bei den Aethiopiern. Ein Zeichen dafür ist die ebenfalls vorbildliche Verlobung Salomo's mit der Aethiopierin Sulamith. Salomo ist Christi Vorbild. Nunmehr sendet jene dem Reinen anverlobte Braut ihren Schatzmeister voraus, welcher Taufe und Glauben heimbringt als Geschenke für die Braut des Reinen, durch dessen Vordringen die Begierde getilgt wird, wie sie bereits im Vorläufer, dem Eunuchen, fehlt.

Da dies alles Philippus dem Eunuchen eröffnen soll, zu dessen großer Freude, so ist Philippus der Hochzeitsherold. — Das 53. Kapitel des Jesaias kommt zwar nicht zur Auslegung, aber doch Arators Hirngespinnste. Warlich, „sie suchen viele Künste und kommen weiter nur vom Ziel".

Es folgt Sauls Bekehrung (V. 708). Die Auslegung dieser Stelle (Apg. 9, 1 ff.) ist anfangs durchaus treffend und auch schön sogar poetisch, freilich unrichtig wieder die Deutung des Namens A n a n i a s durch ovis [1]), welche Arator zu dem Wortspiele verhilft:

716. „Anania[s] furorem
Excutit, ô nova palma! l u p u m domat ille rapacem,
Hebraeus quem dixit o v e m."

Saulus schnaubt mit Morden, wie ein reißender Wolf, dem er auch als Benjaminite ähnlich ist (vgl. Gen. 49), ihn überwindet

[1]) Diesmal bin ich völlig außer Stande, Arators etymologische Studien auf ihren Irrgängen zu verfolgen; es müßte denn (vgl. חנן) als Inbegriff des Mitleiderweckenden, Bedauernswerthen das Schaf von Arator angesehen worden sein. [Vielmehr beruht die Namensdeutung wol auf einer übel angebrachten Reminiscenz an das aramäische עָנָא (syr. ܥܶܢܳܐ = צאן. E. R i e h m.]

ein Schaf. Das Wichtigste ist für Arator die allegorische Auslegung, dieser strebt alles zu, — und seine Gedanken scheint er für lauteres Gold, ja Edelsteine zu halten, so zuversichtlich ist seine Sprache:

„Nunc plena figuris
725. Interius documenta sequar, tectumque latebris
Adgrediar proferre jubar."

Er geht jedoch sehr oft in die Tiefe, um Bergkrystall hervorzubringen, den nur Urtheilslose für einen Diamanten halten können. — Ich übergehe die anderen Figuren und erwähne nur, daß der aus Binsen und Palmen geflochtene Korb, in welchem Paulus über die Stadtmauer zu Damaskus gelassen wurde, ein Bild der Kirche ist; denn die Binse wächst in den Wassern, und die Palme wird zu Kränzen verwandt. Durch Wasser- und Bluttaufe aber wächst die Kirche. 7 Körbe füllten sich nach der wunderbaren Speisung in der Wüste mit Brocken; 7 Kirchen zählt die Schrift (wahrscheinlich nach Offenb. 2. 3)! Das nennt doch wohl keiner mehr geschmackvoll! Auch das vas electum, wie Gott den Paulus nennt, gibt Arator Anlaß, den im Korbe sitzenden Saulus ein vas in vase manens zu nennen! Vom Erhabenen zum Lächerlichen ist oft nur ein Schritt.

Petri That an dem lahmen Aeneas zu Lydda wird hierauf berichtet, und bemerkenswerth sind nur der Titel des Petrus (Pervigil excubiis commissi Petrus ovilis V. 754) und die an die Erzählung der Heilung angeschlossenen Worte:

771. „Eloquar hinc sacrae quae sint arcana figurae,
Si mihi corda movet, cujus vox corpora reddit."

Das Subject in V. 772 kann nur Petrus sein. Für Arator war also die Anrufung der Heiligen, besonders des Petrus, Bedürfnis und die Einwirkung der Heiligen auf den Menschen selbstverständlich.

Die acht Jahre der Krankheit des Aeneas erinnern an die Last des Gesetzes, unter welches der Jude am 8. Tage durch die Beschneidung gebracht werde. Die Wunde der Beschneidung heile und von der Last des Gesetzes erlöse nur das Werk Christi, welches am 8. Tage durch dessen Auferstehung vollendet sei. Deshalb sei der 8. Tag als Tauftag festzuhalten:

„Stat temporis usus
Sed voto meliore redux: hinc vulnera serpunt,
Hinc ablata ruunt: ibi subdit regula poenis,
785. Hinc purgat medicina vadis, spatioque priore
Dudum laxa neci stringuntur membra saluti."

Die Heilung erinnert aber den Dichter lebhaft an die Heilung des Paralytischen am Teiche Siloah. Die 5 Hallen bilden die 5 Bücher Mosis ab, 2c.

Die Erweckung der Tabitha (Apg. 9, 36 ff.) folgt nun. Petrus, herbeigerufen, betet über dem Leichnam:

„Oratio fusa Tonanti
825. Mox super astra volat, propriisque a clavibus intrat. (!)
Dic ubi sunt, mundana, tuae, sapientia, leges?
Qua virtute negas in se corrupta reverti,
Quae vitam de morte vides?"

Im Hause des Cornelius erscheint der Engel in der 9. Stunde. 3 × 1 ist eine heilige Figur, aber nicht minder 3 × 3. Beide Zahlen erinnern an die heilige Dreieinigkeit, jene Zahl (3 × 1 = singula ter faciunt) bildet das Geheimnis ab, diese bestätigt dasselbe (3 × 3 = ter triplicata fatentur).

Die 3 Boten des Cornelius an Petrus erinnern an das dreifache Glaubensbekenntnis bei der Taufe und ihre Zahl entspricht zugleich der Zahl der 3 Welttheile Europa, Asien, Lybien, welche durch diesen Glauben beherrscht werden sollen.

Petrus betet am andern Tage zur Mittagszeit. Ich übergehe die Betrachtungen über die 6. Stunde. — Allein erwähnenswerth halte ich den Bericht über die Vision, welchen Arator mit den Worten:

896. „Qui solvere nosti,
Excute, Petre, meae retinacula tarda loquelae,
Deque tuis epulis exhaustae porrige linguae."

einleitet, um dann fortzufahren:

„Claviger aethereus caelum conspexit apertum,
900. Usus honore suo; demittitur inde figura
Vasis, ut in terris sit visio, corpore Petri

Omnia posse capi, qui, quidquid sumit edendum,
Ecclesiae facit esse cibum."

Das ist deutlich gesprochen! Petrus und die Kirche sind eins. Die Kirche ist Petri Leib.

„Patet ergo, quod auctor
Jussit in Ecclesiae transfundi viscera gentes,
Macta et manduca, dum praecipit; abstrahe, quod sunt,
Et tibi fac similes; qui vertitur alter habetur,
Denique Saulus obit, quia Paulus vivere coepit."

So mischt Arator, so mischt das heutige Rom Wahrheit mit Irrtum! Die dreimalige Stimme vom Himmel ist die des dreieinigen Gottes, und Arator benutzt diese Gelegenheit, Arius und Sabellius zu bekämpfen:

„huic fidei pugnax cadit Arrius, unum
Personas tres esse negans; Sabellius unum,
Sed Patrem confessus, ait, qui deinde vicissim
Filius et sanctus dicatur Spiritus idem,
Sed totus sit ut ipse Pater, quodque ordine trino
Continet unus apex, hic dividit, ille relinquit.
Victus uterque jacet."

Petrus versteht das Gesicht, wie sein Name besagt; denn Petrus heißt auf Hebräisch: der Erkennende. Petrus kann also, während sonst die richtige griechische Ableitung bei Arator vorkommt, auch von פָּתַר (öffnen, ausbreiten, auslegen) abgeleitet werden!

Der Vorgang im Hause des Cornelius wird schön erzählt und dieses einzigartige Ereignis treffend erklärt. —

Der Streit der Judenchristen, welcher sich über der Taufe des Cornelius in Jerusalem erhebt (Apg. 11), wird von Petrus („doctor" V. 968) geschlichtet (!) und von Arator benutzt, um das Vorrecht des Petrus der Synagoge gegenüber in das helle Licht zu stellen. Hierzu dient dem Dichter das Bild der beiden Schiffe, welche am See Genezareth standen, von denen das eine des Simon war. Die Synagoge blieb zurück auf dem Trockenen („sicca humi remansit" V. 980), wie das Judenvolk, weil es nur nach Irdischem strebte. Das Schiff Petri aber fuhr auf die Höhe und erfuhr Segen wegen des Bekenntnisses des Petrus

(„crevit divina loquens“ V. 987). Mit Petri Schiff fuhr die Kirche auf das Meer, aus demselben die Fische fangend und rettend. Die beiden Schiffe sind die Abbilder der beiden Völker, aus welchem die Kirche sich sammelt. Während der Finsternis konnte nichts gefangen werden; dies geschieht erst, nachdem Jesus, das Licht, erschienen ist.

In der weiteren Ausführung wird dieses Bild weit brauchbarer, als am Anfange. Zuletzt aber vervollständigt Arator das Bild noch durch die Deutung des Geburtsortes Petri Bethsaida (als domus venatorum).

Treffend ist im ganzen die nun folgende Schilderung der Errettung des Petrus aus dem Gefängnisse; allein auffallen muß auf den ersten Blick, daß der Hinrichtung des älteren Jakobus gar keine Erwähnung geschieht. Und mindestens überflüßig muß die Abschweifung genannt werden, welche Arator anknüpft, nachdem er erzählt, wie der Engel den schlafenden Petrus an die Seite geschlagen hat. Da denkt er an die Seite des noachitischen Schiffes, welche Gott schloß und öffnete; an Adams, des schlafenden, Seite, aus welcher Eva gebildet wurde; an Christi durchbohrte Seite rc. Daß die Thüren vor Petrus sich aufthun, versteht sich leicht:

„dic, gloria rerum,
Ferrea quid mirum si cedunt ostia Petro?
Quem Deus aethereae custodem deputat aulae,
Ecclesiaeque suae faciens retinere cacumen
Infernum superare jubet.“

Mit dem Lob der Ketten Petri macht Arator den Beschluß seines ersten Buches. Ob aber die folgenden Verse als eine wahre Weißagung anzusehen seien, das möchten wir, nicht bloß auf Grund der jüngsten Ereignisse, bezweifeln dürfen.

„His solidata fides, his est tibi, Roma, catenis
Perpetuata salus; harum circumdata nexu
Libera semper eris; quid enim non vincula praestent,
Quae tetigit, qui cuncta potest absolvere? cujus
Haec invicta manu, vel religiosa triumpho
Moenia non ullo penitus quatientur ab hoste.
Claudit iter bellis, qui portam pandit in astris.“

Mit einer sehr eigentümlichen Verdrehung des Sachverhaltes beginnt Arator sein zweites Buch der Actus apostolorum. Der heilige Geist, welcher nicht will, daß das einmal durch das Gotteswort angezündete Licht unter dem Scheffel leuchte und verlösche, fordert die Aussonderung des Paulus zum Missionsberufe. Zu diesem Berufe weiht den Apostel Paulus niemand anderes als Petrus selbst. So steht wörtlich zu lesen:

„Secernite Saulum
Dixit, in oris opus; quem mox sacravit euntem
Inposita Petrus ille manu, cui sermo Magistri
Omnia posse dedit.“

Von dem Begleiter Markus erzählt Arator nichts; doch das ist noch nicht so sonderbar als das vollständige Silentium von dem Missionscollegen des Saulus, Barnabas, welcher bisher in Antiochien eine bedeutende Wirksamkeit entfaltet hatte und in der Apostelgeschichte bereits mehre Male rühmend erwähnt worden war; daß Arator denselben in seinem Werke mit keiner Silbe erwähnt, muß uns allerdings auffallen.

Mindestens ungenau muß der Ausdruck genannt werden:

„Cyprum, Salaminaque linquens
Pergit adire Paphum,“ etc.

Da Barnabas und Saulus in Salamis predigten und von da durch die ganze Insel wanderten, war ein anderes Wort als das nackte linquens zu erwarten. Ueberdies bleibt die Satzconstruction Cyprum, Salaminaque linquens pergit nicht ohne Schwierigkeit, wenn man nicht einen geographischen error des Arator annehmen will.

An dem Orte, welcher bisher den Sündendiensten der Venus geweiht war, beginnt Paulus mit seinen keuschen Anfängen, welche Gott trotzdem segnet, daß der Same auf lasciven Boden fällt.

Des ungenannten, übrigens bekannten Zauberers Elymas Bar Jehu Widerstand und Strafe erzählt Arator wieder in lebendiger, correcter Darstellung, ebenso die Bekehrung des Proconsul Paulus. Zu einer poetisch ausgeschmückten, aber im Sinne der Worte Pauli erweiterten Darstellung benutzt Arator die in dem pisidischen Antiochien gehaltene, an die Juden gerichtete Predigt

Pauli, flicht in diesen Zusammenhang überdies den Anfang des 10. Kapitels im ersten Korintherbriefe ein.

Die Verwerfung der Juden und Bevorzugung der Heiden bezüglich des Evangeliums sieht Arator bereits in der Rebecka beiden Söhnen vorgebildet, nur ist — wunderlich genug — der siegreiche Jacob — das Volk der Heiden. — Die Heilung des Lahmen zu Lystra in Lykaonien wird ähnlich wie die des Lahmen an der schönen Tempelthür durch Petrum (Apg. 3) erzählt. Der bekannte Erfolg ist, daß die Einwohner den Wunderthäter für einen Gott halten. Da aber des Barnabas überhaupt keine Erwähnung geschieht, so fällt auch der Name eines Jupiter und Merkur weg. Die Predigt Pauli lehnt an die Apostelgeschichte sich an, geht über den kurzen Bericht derselben (Apg. 14, 14—16) hinaus und endet mit einem Zeugnis von dem Heilande Jesu.

Die beiden Lahmen des Petrus und Paulus aber versinnbildlichen die beiden Völker, Juden und Heiden. Nur ist des Petri That ad portam geschehen, und senkt sich somit die Wagschaale des Petrus gegen die des Paulus.

„Sic claudus uterque
215. Cum properat, genus omne levat, gentisque salutem
Personae signavit iter, quae gloria rerum
Contulit, ut Petro Paulum gerat ordo secundum,
Qui fundamentis manet architectus in illis.“

Für diese beiden Völker der Juden und Heiden zieht Arator ein weiteres Bild heran, nämlich die beiden Blinden, welche der Herr auf seinem Zuge durch Jericho heilt. Die Augen sind der oberste Theil des Körpers, zumal sie mit dem Gehirne in Verbindung stehen, die Füße der unterste. Jene heilt Christus selbst, qui caput et splendor rerum est, diese die beiden Apostel,

„quoniam speciosa vocantur,
237. Quae pacem cunctis portant vestigia terris.“

Die Steinigung Pauli in Lystra läßt Arator aus, ebenso die Rückreise der beiden Apostel und die Heimkehr in Antiochien. Aus welchem Grunde, ist für jetzt noch nicht ersichtlich.

Schon V. 242 führt uns die Veranlassung des Apg. 15 erzählten Apostelconvents vor. Die Judenchristen wollen theilweise an der Beschneidung festhalten, das harte Volk ruft immer noch zu Stein und Eisen (Beschneidungswerkzeuge), welche nur Vorbild, nicht Urbild waren und nun hinfällig wurden, nachdem Christus, das ewige Leben, für alle die Taufe anbefohlen und nicht nur einzelne Glieder, sondern den ganzen Menschen zu reinigen befohlen hat. Die Streitfrage trägt Paulus in Jerusalem vor, und Petrus, dessen größte Sorge es ist, die anvertrauten Herden zu mehren, erledigt dieselbe. Der Name Jakobi des Gerechten, welcher im Apostelconvente das entscheidende Schlußwort spricht, gewissermaßen das Resumé eines Vorsitzenden gibt, wird von Arator verschwiegen. Jakobi Worte finden sich als Petri Worte bezeichnet, und ist der Verdacht allerdings naheliegend genug, daß Arator absichtlich den Thatbestand anders erzählt, als er sich zutrug, weil seine Verherrlichung eben des Petrus mit hinreichender Deutlichkeit aus anderen Stellen erhellt. Am allermildesten aber wäre an diesem Orte unser Urtheil, wenn wir (vgl. Apg. 15, 14) die Meinung dem Arator unterlegten, daß sämtliche Worte des Jakobus nur eine Wiederholung der petrinischen Rede gewesen seien. Dann sänke Jakobus in die Rolle eines Protokollführers herab, und V. 14 ff. wäre ein Protokoll über die Versammlungsverhandlung, resp. die Rede Petri mitgetheilt, welches freilich insofern unvollkommen genug wäre, als dasselbe mit referirender Form begonnen und diese Form schon V. 15 unterbrochen worden und in Mittheilung directer Rede übergegangen wäre. Daß Arator noch jetzt für diese Textauslegung Zustimmung unbefangener Bibelleser finden werde, ist sehr zu bezweifeln.

In dem Schreiben der Gemeinde zu Jerusalem an die zu Antiochien ist nur das bemerkenswerth, daß Arator, die Enthaltung vom Erstickten und vom Blut zu einem Verbote verschmelzend, die 4 „noachitischen Gebote“ zu dreien zusammenschrumpfen läßt.

278. „ne, suffocata cruore
Quae maculantur, edant.“

Die folgenden Verse (V. 281—306) sind bestimmt, nachzuweisen, wie die Beschneidung der Männer des Alten Bundes auf die Zeugung Christi in der Jungfrau Maria ohne Manneszuthun hinweise, und wie darum jetzt gar, wo der heilige Geist das Herz in der Taufe beschneide, das Alte vergangen sei.

Das 15. Kapitel der Apostelgeschichte erzählt am Schlusse die Vorbereitungen zur zweiten paulinischen Missionsreise, den Streit Pauli mit Barnabas, die Auswahl des Silas seitens Pauli statt des Johannes Markus. Von alledem hat Arator keine Spur. Consequenterweise läßt unser Dichter die in Lystra neugeworbene Kraft des Timotheus außer Betracht, als fürchte er den Ruhm der beiden Helden des Epos, Petrus und Paulus, durch diese Nebenfiguren zu schmälern. Vielleicht ward es Arator auch hier sauer, sich in die Handlungsweise des Paulus zu finden, welche sich mit dem in Apg. 15 Erzählten in für Arator nicht löslichem Widerstreit befand. Köstlich aber ist der Vergleich des Paulus mit einem weitvordringenden Landmann, welcher in die unbesuchten Länderstrecken sich wagt, mit der Hacke des Evangeliums anreutend, dann das Land bebauend und die Ernte der Reife entgegenführend, während zugleich seine Predigt das Eis des Irrtums zerschmilzt und verjagt.

Freilich in Kleinasien findet er Widerstand des heiligen Geistes, und das an Aeckern so gesegnete Mysien konnte damals die Samenkörner dieses Evangeliums noch nicht vertragen, da es trotz fruchtbaren Bodens unfruchtbar war. Den Paulus weist die Vision des macedonischen Mannes nach dem europäischen Continent.

Für Arator ist diese Geschichte Veranlassung, dem Geheimnis nachzudenken, weshalb Gott da Thüren schließe, dort andere öffne. Zunächst geschehe es, wenn ein Volk für das Evangelium noch nicht reif sei, damit letzteres nicht den Hunden vorgeworfenes Heiligtum werde, nicht von den Säuen zertretenen Perlen gleiche. Aber es hat auch seine Bedeutung für die Boten des Evangeliums selbst:

337. „Altera res etiam superest in carmine dura,
Sed, quibus ex veteri patuerunt omnia fonte,
Ore datas tenui facile est advertere guttas.“

Die Meinung Arators ist eben, daß kein Buchstabe des Alten Testaments ohne typische Bedeutung für das Neue sei („sine figura nulla vetus subsistit littera“ V. 362), und so kommen denn die sonderbarsten Dinge, wahre Absurditäten, heraus. Ich erwähne von der Beziehung, welche der festanliegende Priesterrock im Alten Testament auf das Neue Testament haben soll, nur so viel, daß, wie um der Mehrung der besonders für den Priesterstamm Levi wichtigen Zeugungskraft willen periodische Enthaltsamkeit im geschlechtlichen Umgange, aber auch enganschließende Kleidung (renibus obstrictis) gesetzlich geboten gewesen wäre, so jetzt im Neuen Testament es ebensowol mit der Erzeugung von Nachkommen durch den Samen des Evangeliums sich verhalte:

„Juvat ergo parumper
Eloquium genitale premi, studiumque docentem
Dispensare suum, laxans pro tempore vires
Ingenii, strictasque ferens, ne fusa profani
Conculcata terant, mundatis sancta reservans."

Wenn in dem von V. 340—374 ausgeführten Vergleiche ein Körnchen, ein Funke, oder — um mit Arator zu reden — ein Tropfen Wahrheit enthalten ist, was nicht geleugnet werden soll, keusch ist dieses Bild nicht, streift vielmehr an das Lüsterne, die Nieren Reizende, und ist somit zur Erbauung nicht nur nicht geeignet, sondern vielmehr dieselbe zerstörend.

Viel treffender erledigt Arator die Frage, ob das obenerwähnte Zu- und Aufschließen der Gnadenthüre mit der Gerechtigkeit Gottes nicht collidire. Da sagt er das wahre Wort:

„Miseratio semper
Conditione caret; praestans indebita, Christus
His pius adcelerat, justusque his munera tardat."

Die Austreibung des Wahrsagergeistes ist für Arator wichtiger, als die Bekehrung des Hauses der lydischen Purpurkrämerin. Letztere übergeht der Dichter, erstere erklärt er. Ein wahres Bekenntnis tönt aus dem Lügenmunde, und der Lügner von Anfang spricht ein wahres Wort, aber das dient nicht zur Ehre, was Furcht zu reden zwingt, und die liebeleere Furcht kommt nicht von Herzen. Paulus spricht, da es ihm leid thut, daß von einem schwarzen Dämon Herzen gepeinigt werden, und da er nicht will, daß es einem Unreinen erlaubt sei, die göttlichen Wege zu eröffnen: „Fahre aus und hüte dich, jenes Herz auf's neue zu versuchen."

In dem Verstummen des Weibes liegt das höchste Lob des Mannes und der sicherste Beweis, daß die Reden des Wahrsagergeistes wahr gewesen sind.

Diese That Pauli ist ja die Veranlassung, daß Paulus vor das Gericht geschleppt, angeklagt, ungehört gestäupt und mit Silas, welchen hier Arator zuerst erwähnt, aber auch erwähnen mußte, um die Vorgänge im Gefängnis richtig zu schildern, in Bande und Stock geworfen wird. —

O welch ein glücklicher Ort ist dieses Gefängnis geworden für die Christen, welche Menge Reliquien darin!

„Conveniunt, ubi carcer erat, quem sedibus imis
Includunt, comitante Sila, vestigia quorum
Ligno merso cavo, vinclis tenuere beatis.
O felix de clade locus! cui clara refulgent
Lumina pro tenebris, in quo dedit esse perennem
Nox antiqua diem, niveam translatus in aulam
Ecclesiae, cunctisque ferens modo dona salutis,
Quam bene carcer erat! tota concurritur urbe,
Qui primus nova tecta petat, quive oscula figat
Postibus, et tacta sacretur parte cylindri.“

Diese Worte bedürfen keines Commentars mehr!

Nun folgt eine lebendige Schilderung des Erdbebens, der Befreiung der Gefangenen, der Bekehrung des Kerkermeisters.

Paulus und die dämonische Magd werden Adam und Eva gegenübergestellt. Letztere verführte, vom Teufel getrieben, den Adam; erstere schadete zwar vielen, die Zukunft enthüllend, aber Paulus, der bessere Adam, ließ sich nicht verführen.

„Nam fallit, quod ab hoste venit, metuamus ut omnes
Hoc audere nefas, nec corrumpamur amari
Melle doli, si vera canat, qui falsa ministrat.“

Auch die vom bösen Feinde kommende Wahrheit trügt, täuscht, schadet. Der Aufenthalt Pauli in Philippi, seine Restituirung, sein Wirken in Thessalonich, in Beroe ist übergangen. Mit dem Einzug Pauli in Athen beginnt V. 443.

Die Rede Pauli an die Athener (Apg. 17, 22 ff.) ist ziemlich genau an die Apostelgeschichte angelehnt. Eigentümlich ist die prägnante Wortverbindung: „ubi (in gymnasiis) praesidet altus sacrilegae novitatis amor“ (V. 457).

Sonst ist die Ausführung über die Nichtigkeit heidnischer Götzen der Analogie der Schrift nicht widerstreitend. Der Satz, welcher später oft aufgestellt und ebenso oft angefochten wurde: „finitum non est capax infiniti“, findet sich hier in einer in dem Zusammenhange übrigens harmlosen Form: „Quod capitur, minus est spatio capientis“ (V. 471).

Der Erfolg der Predigt ist ein großer.

„Haec multos (?) ad dona vocant. Dionysius ipse
Primus (?) in arce loci nova praemia jungit honori,
484. Complexusque fidem sic incipit esse Sophista.“

Der reißende Wolf Paulus raubt doch alles mit seinem Munde. Er besiegt die sinnenlustigen Epikuräer und die seelenstarken Stoiker, beiden den rechten Weg zur Seligkeit, welchen jene nicht kennen, zeigend. —

Paulus kommt nach Korinth, schließt sich an den Zelttuchweber Aquila an und hat großen Erfolg und von Gott gestärkte Glaubenskraft. Der Name Aquila darf aber nicht unbenutzt bleiben. Schon so manche Geheimnisse hat Arator den Namen entlockt, das muß auch diesmal geschehen. Da erzählt er uns nun die fabelhafte Verjüngung des Adlers durch Feuer und Wasser, offenbar auf einer Stelle bei Hieronymus (ep. ad. Praesidium) fußend:

„nam debilis aevo
Et declinatis senio jam visibus ales
Flammivomo sub sole jacet, pennasque gravatas
Ejus in igne fovet, nocturnaque lumina pandit,
Atque oculos radiis ardentibus ingerit aegros,
Ad veterem reditura diem; sic dona caloris
Languida sumit avis, cujus de fomite vires
Accipit, et prisci reparat dispendia secli.
Cui ne sola forent, quae fervidus incutit aestus,
Per laticum mundanda vadum, ter mergitur undis,
Et senium deponit aquis, juvenemque decoris
Effigiem de fonte levat: quis apertior actus
Religionis erit?“

Offenbar ein trefflicher Vergleich, der in allen Punkten auf die Neugeburt der Christen Anwendung findet; nur bleibt zu bedauern, daß uns bezüglich der Grundlage der Glaube fehlen wird. Die Schilderung ist ja gar schön, aber totum simile ist nur eine Fabel, und der ganze Vergleich für uns verlorene Mühe, wenn nicht mehr! — Die ganze Sage hat sich übrigens aus Ps. 103, 5 entwickelt und berührt sich in der Hauptsache mit der viel häufiger vorkommenden, von vielen Kirchenvätern für unzweifelhaftes Factum gehaltenen Phönixsage.

Auch die Zelttücher haben ihre Bedeutung für die Kirche; — Paulus bereitet mit der Hand Zelte, mit dem Worte die himmlischen Wohnungen! (V. 551 — 568.)

In weiterer Verfolgung des Werkes Arators fällt zunächst auf, daß Pauli Anklage vor Gallion, seine Reise über Ephesus, Jerusalem, durch Galatien und Phrygien völlig übergangen wird und Apollos' Auftreten und Wirksamkeit zu Ephesus und Korinth unerwähnt bleibt. Wir finden Paulus (vgl. V. 570) in Ephesus, wo er mit der Johannistaufe Getaufte über den heiligen Geist belehrt und auf Jesu Christi Namen tauft. Im Anschluß hieran kommt eine längere Auseinandersetzung über den Unterschied der Taufe Johannis und Christi nach Ursprung und Zweck und eine Vertheidigung Pauli gegen den eventuellen Vorwurf der iteratio baptismi (V. 622). Die Wirkung der Predigt Pauli in Ephesus, seine Wunder, besonders die wunderbaren Heilungen durch die Schweißtüchlein Pauli finden wir in ausführlicher Darstellung, ebenso die Erzählung von den jüdischen, hohenpriesterlichen Beschwörern.

Andere verbrennen die Zauberbücher

669. „Daß sie die Taufe verdienten, dem Feuer entrönnen durch Feuer."

Die 50000 Groschen, der taxirte Werth der Bücher, erinnern den Arator an das 50. Jahr (Jubeljahr) und an die 50 Ellen breite Arche, und werden in ähnlicher Weise gedeutet, wie wir das schon übergenug gesehen haben.

Demetrius, der Goldschmied, führt die Verfolgung über Paulum herbei. Die Schädigung des Gewerbes mit silbernen Tempelchen ist der Anlaß zu derselben. — Arator beschreibt die Verfolgung, um daran die typische Bedeutung des Goldes und Silbers, aus der heiligen Schrift entwickelt, anzuschließen. Das Gold repräsentirt den Glauben, das Silber das Bekenntnis. Diese beiden waren im alten Tempel der Juden verbunden, und sollen es bei uns in geistlicher Weise sein. Demetrius' Verblendung besteht darin, daß er nur Silber nimmt zu seinen Tempelchen! Das Innere, das Gold, resp. die Vernunft und der Glaube, fehlt, und so gibt's denn bloße vernunftlose Dinge und unsinnige Rede. Es werden darum nur eitele Götter verehrt, und das Silber ohne Gold erzeugt das leere, unsinnige Geschrei!

Dieser Abschnitt (V. 723 — 752) wurde mit den viel versprechenden Worten eingeleitet:

„Nunc ordo figurae
Explorandus erit, latebrisque videndus apertis."

Ob wir für die Erschließung dieser Geheimnisse durch Arator Organ und Dankbarkeit haben werden? Ich glaube kaum, zumal nun die sämtlichen Vorgänge zu Ephesus, Pauli Reise nach Macedonien und Griechenland wieder verschwiegen werden. Denn V. 753 führt uns (vgl. Apg. 20, 5) nach Troja. Was jetzt hier geschah, ist bedeutungsvoller, als alles, was Homers Gesänge preisen. Die an Eutychus' Geschick geknüpften Allegorieen (dritte Söller vgl. drei Stockwerke der Arche, drei = Dreieinigkeit ꝛc.) will ich übergehen.

Ohne Nennung des Ortes (Milet) wird V. 826 ff. die lange Abschiedsrede Pauli an die ephesinischen Aeltesten (welche übrigens auch nicht erwähnt werden) reproducirt und ausgeschmückt.

Dann wird der Abschied Pauli von den Aeltesten und von der Gemeinde zu Milet lebendig geschildert (bis V. 887).

Pauli Wort, daß er drei Jahre das Evangelium zu Ephesus gepredigt habe, wird nun noch von Arator für eine Allegorie verwendet:

„Sed quod ait: tribus haec annis praecepta saluti,
Nocte dieque, dedi: patet hac ratione figura;
Qui canit Ecclesiae tria dogmata, saepius edit
Historicum, morale sonans typicumque volumen."

Die dreifache Art der Auslegung der heiligen Schrift soll während des dreijährigen Aufenthaltes Pauli zu Ephesus zu ihrem Rechte gekommen sein. Andere Stellen aus der heiligen Schrift werden angeführt, um den Zusammenhang der heiligen Dreieinigkeit mit dem dreifachen Schriftsinn nachzuweisen.

Die vorletzte Stelle, in dieser Art verwendet, ist Matth. 5, 41: „Wenn dich jemand eine Meile nöthigt, so gehe zugleich zwei weitere mit ihm.“ Will dieser Befehl nicht sagen: Wenn dich ein irregehender und wegesunkundiger Mann bittet: ihm doch ja zu sagen, was Gott sei, so verkünde ihm den Vater und knüpfe gern daran, was der Sohn und was der heilige Geist ist, an Zahl drei, und doch nur einer.

Zuletzt: Deshalb geht das Judenvolk unter, der drei Jahre unfruchtbare Baum, weil es die Schrift nicht im dreifachen Sinne zu behandeln versteht und so auch nicht zum Glauben an Christum und den Dreieinigen kommt.

Die Erlebnisse Pauli in Tyrus und Cäsarien sind übergangen, gleicherweise die erste Begrüßung Pauli seitens der Gemeinde zu Jerusalem. Nur des Tempelbesuchs (behufs der Gelübdeerfüllung vgl. Apg. 21, 24—27) wird kurz gedacht und dann gleich die Gefangennahme Pauli durch das gereizte Judenvolk berichtet (V. 913 ff.). Die Verantwortung Pauli und der neue Wuthausbruch der Juden schließt sich an die Gefangennahme. Arator verweilt nur länger bei dem Kleiderabwerfen (Apg. 22, 23), weist auf Christi und Stephani Tod, und auf Adams Schuld und dessen Schamkleid zurück, und sucht dann den in Apg. 9, 7 und Apg. 22, 9 scheinbar liegenden Widerspruch zu lösen.

Die Mishandlungen, welche nunmehr Paulus erlitt, übergeht Arator. Er will sich kurz fassen:

996. Daß nicht lesend vielleicht mit Thränen die Wangen benetze
Mancher, und sich die Blätter nicht feuchten mit reichlichen Tropfen.

Die Verschwörung der 40 Juden, Paulum zu tödten (Apg. 23, 12 ff.) schließt Arator unmittelbar an, läßt also das Verhör des Unterhauptmanns und die Scene im hohen Rathe völlig aus, erwähnt auch nichts von der Berufung Pauli auf sein römisches Bürgerrecht (solches war auch von Arator bei der Erzählung der Ereignisse in Philippi nicht geschehen). Lysias rettet den Paulus und sendet ihn nach Cäsarea zu Felix, ohne daß diese That des

Lysias zu Lob Anlaß böte. Felix verhört ihn, und die Rede des Paulus beraubt den Glücklichen des Glückes, Paulus selbst aber bleibt im Gefängnis, aufgespart für die Ankunft des Festus (V. 1050). Doch Arator eilt zum Ende.

Paulus appellirt an den Kaiser, nicht aus Angst um das Leben, sondern, weil der Herr ihm vorausgesagt, daß er nach Rom kommen solle. Somit findet sich der Inhalt von Apg. 24 u. 25 nur berührt, von Apg. 26 nicht einmal eine Andeutung.

Die Schiffahrt nach Rom beginnt. Aber nur der Schiffbruch wird von der ganzen Reise bis Malta geschildert. Das vierzehntägige Fasten wird mit dem 14. Nisan, dem Tage des Passahmahles, in Verbindung gebracht.

Der Schlangenbiß endlich ist die Grundlage einer eingehenden Allegorie. Paulus hat Reisig zusammengetragen, und eine Viper biß, als die Flammen sich erhoben, den Paulus in die Hand. So bereitet die alte Schlange, den Tod liebend, dessen Mutter sie selbst ist, neue Kämpfe den Erlösten. „Als Räuber kommst du, als Beute liegst du da (Praedo venis, sed praeda jaces), und den Tod bereitend, wirst du durch die Zweige eines andern Baumes, du Verruchte, aufgerieben, und für dich ist nach dem Kreuze Christi der Tod der Antheil am Holze" (V. 1166) — Paulus schleudert die Schlange in's Feuer, Christus den Teufel in die Hölle &c.

Die drei Monate des Winterquartiers zu Melite vergehen unter vielfachen Beweisen der Macht Pauli. Paulus zieht nach Rom (V. 1218). —

Petrus und Paulus, die beiden Lichter der Welt, sind vereint an Einem Orte. Petrus, der Erste in der Kirche, Paulus, der Lehrer der Heiden, besiegen die Macht des Cäsar zu Rom. Aus Aegypten wurde das Volk Israel durch zwei Führer ausgeführt und durch das Bad Gottes auf den Weg des Lebens und zur Himmelsspeise geleitet. Auch diese Beiden (Petrus und Paulus) verbindet geschwisterliche Liebe, nicht von Natur, sondern in Folge ihrer Führung. Beide hat zu den Sternen [1]) erhoben nicht

[1]) Offenbar eine Anspielung auf die beiden Dioskuren.

der gleiche Tag, wol aber derselbe Tag, denn nach Jahresfrist ist durch Märtyrerleiden derselbe Tag geheiligt, und beider Ruhm hält jetzt die ewige Palme (V. 1250).

5. Zur Würdigung des Werkes Arators de actibus apostolorum.

Ich habe den Leser zunächst um Entschuldigung zu bitten, daß ich dem vorausgegangenen Abschnitte eine so ausführliche, vielleicht hin und wieder zu weitschichtig scheinende Gestalt gegeben habe, allein die Unbekanntschaft Arators, welche ich bei vielen Lesern glaube voraussetzen zu müssen, legte mir die Verpflichtung auf, ein ziemlich genaues und möglichst getreues Bild des Arator und seiner Leistungen zu entwerfen, um ihnen ein selbständiges Urtheil über den Werth der letzteren zu ermöglichen. Auch hoffe ich Gelegenheit zu finden, das im Vorigen Gebotene als Beweismaterial für die nunmehr aufzustellenden Behauptungen verwerthen zu können, und dann wird oft der bloße Hinweis auf die vorgestellte Inhaltsübersicht genügen, und es wird mir leicht werden, mich in diesem Abschnitte um so kürzer zu fassen. Ja, ich meine sogar, daß es nach dem Mitgetheilten wol kaum noch einer ausführlichen Beurtheilung Arators bedürfe, vielmehr es genügen könne, die Resultate in gedrängter, fast aphoristischer Form zusammenzustellen, da dieselben schwerlich noch eine eingehende Begründung erfordern dürften.

Ich will zunächst von dem Plane der Acten, dann von ihrem Werthe reden. Im Anfang des vorigen Abschnittes wies ich den Ausdruck Metaphrase als inadäquat zurück und bezeichnete vorläufig das Werk als einen praktischen Commentar der Apostelgeschichte. Will man das Werk unter eine der drei hermeneutischen Kategorieen rubriciren, so dürfte kaum ein Zweifel darüber aufkommen, daß wir es mit einer auslegenden Arbeit hier zu thun haben, und zwar, rücksichtlich des Standpunkts der Leser, mit einer erbaulichen, auf den nichtgelehrten Kreis der christlichen Gemeinde berechneten. Die Auslegung ist eine dem Standpunkte orthodoxen, occidentalen Kirchenthumes entwachsene, gegen Arius und Sabellius gleich frontmachende, namentlich die Trinitätslehre mit großem Eifer verteidigende, endlich vorwiegend allegorische. An sich ist letzteres bei den Occidentalen ja nicht auffallend, da auch die größten Männer des Abendlandes die allegorische Auslegung liebten. Arator geht jedoch fast in den eigentlichen Fußtapfen eines Origenes, indem auch er den triplex sensus verteidigt und an allen Orten außer dem historisch-grammatischen und dem moralischen einen allegorischen Schriftsinn nachzuweisen bestrebt ist, ja diesem „pneumatischen" den unzweifelhaft höchsten Werth zuerkennt (vgl. lib. II, v. 890 sqq.). Die Einleitungen, welche die meisten Allegorieen im voraus ankündigen, bezeugen es, welche Bedeutung Arator gerade diesem Theile seines Werkes beimißt.

Wenn wir aber oben das Werk einen Commentar der Apostelgeschichte nannten, so haben wir insofern hierzu ein Recht, als die einzige stoffliche Grundlage für Arators Werk die Apostelgeschichte St. Lucä ist. Denn die wenigen, aus anderen Quellen geschöpften Verse der Einleitung und des Schlusses kommen im Verhältnis zum Ganzen doch nicht in Betracht.

Und doch ist es gewiß nicht der einzige Zweck des Dichters gewesen, ein exegetisches Werk zu liefern, wenngleich solcher ein Hauptzweck ohne Zweifel war. Vielmehr wäre es durchaus unbegreiflich, daß Arator sehr wichtige Abschnitte der Apostelgeschichte völlig unberücksichtigt gelassen hat. So müßte es auffallen, daß so viele Personen, wie Stephanus, Philippus, Silas nur sehr kurz, andere, wie Barnabas, Jakobus der Aeltere, Jakobus der Gerechte, Timotheus, Herodes, Agabus u. s. w. gar nicht erwähnt werden.

Die Inhaltsübersicht dürfte vielmehr schon den Nachweis geliefert haben, daß das Werk Arators eine Verherrlichung der beiden Apostelfürsten, des Petrus und des Paulus, beabsichtigt. Der Titel des Buches ist sonach nicht im Sinne des Lukas allgemein, sondern als duorum apostolorum [sc. Petri et Pauli] actus zu fassen. Wir haben demnach eine Art von didaktischem Epos vor uns, dessen Hauptfiguren Petrus und Paulus sind.

Soweit das Gedicht die Thaten der beiden Apostel erzählt, ist es epischen Charakters, soweit in demselben aber das biblische Buch des Lukas in dogmatischer, ethischer und besonders allegorischer Beziehung zur Auslegung kommt, soweit ist das Buch erbaulich, didaktisch, soweit ist es sogar ein Commentar zu nennen.

Die Idee des Werkes ist somit eine doppelte, und zwar ist dieser Doppelcharakter keineswegs dem Werke günstig. Vielmehr stört und durchbricht eine Tendenz die andere. Ursprünglich hat nämlich der Dichter zweifelsohne den Plan gehabt, die ganze Apostelgeschichte poetisch zu verarbeiten und praktisch auszulegen. Denn der Anfang des Buches ist namentlich bis zum 6. Kapitel der Apostelgeschichte fast ganz genau an die Apostelgeschichte Lucä angeschlossen. Erst nach und nach hat sich dann Petrus als der zu Feiernde herausgehoben, und alle anderen Personen und Vorgänge, welche mit Petrus nicht in nahe oder nähere Verbindung zu bringen waren, fielen in Arators Bearbeitung aus, — oder fanden nur, wie Stephanus, eine leichte Berührung. — Im zweiten Buche trat dann Paulus auf als Held der Erzählung, und vor dieser Sonne mußten alle anderen Lichter erbleichen.

Nur ein einziges Mal noch bricht der ursprüngliche Plan durch, und zwar in der Erzählung des Kämmerers der Königin Kandaze. Allein hier scheint Arator durch die Wichtigkeit der an dieser Geschichte haftenden Allegorie hingerissen zu sein und für seinen Excurs noch besondere Rechtfertigung in dem Danke gesucht zu haben, welchen er von den Lesern dieser so tiefer Gnosis vollen Stelle erwarten mochte. Sonst dreht sich die ganze Darstellung um die beiden Namen Petrus und Paulus. —

Petrus ist dem Gefängnis zu Jerusalem entronnen, damit schließt das erste Buch, Petrus und Paulus zusammen in Rom, zusammen lehrend, leidend, an einem Tage sterbend, der eine nur ein Jahr später, das erzählt der Schluß des zweiten Buches — beide, die wahren Dioskuren!

Und doch ist etwas noch zu beachten. Die letzte Tendenz des Werkes ist, bei aller Anerkennung des Paulus die Superiorität des Petrus zu erweisen.

Das ist der Gedanke, welcher das ganze Buch beherrscht, und dieser wird nun in verschiedener Weise ersichtlich. Die Wunderthaten des Paulus werden zwar erzählt, allein in einer Weise mit denen des Petrus verglichen, daß zu Gunsten des letzteren die Entscheidung fällt. Petrus' That an dem Lahmen zu Jerusalem ist größer, als die Pauli zu Lystra, die vielen Thaten und Erlebnisse Pauli, welche mit solchen aus der Wirksamkeit und dem Leben Petri Aehnlichkeit haben [1]), werden als schwächer, geringfügiger hingestellt, als die petrinischen, andere ganz weggelassen, wie die Steinigung Pauli zu Lystra und Anderes, wenn die Aehnlichkeit mit Petri Thaten und Erlebnissen nicht nachweisbar ist oder es den Anschein haben könnte, Paulus habe mehr gelitten und gearbeitet als Petrus. Ja, weil Pauli Wirksamkeit eine offenbar größere, großartigere ist, als die des Petrus, so wird jene in ihrer Bedeutung durch Auslassungen und Verkürzungen von sehr wichtigen Thatsachen und Abschnitten verdunkelt, und damit auch der letzte Zweifel darüber falle, ob Paulus unter Petrus stehe, wird er — wider die Erzählung des Lukas — von Petrus feierlich durch Handauflegung zum Missionsberufe geweiht, und Petrus (nicht Jacobus) ist es, welcher — ebenfalls der Apostelgeschichte widerstreitend — auf dem Apostelconvent das entscheidende Wort spricht. Ferner wird reichlich dafür gesorgt, daß Petrus als Menschenfischer, Hirte der Heerden, Herr der Kirche, Schlüsselträger, Thürhüter des Himmels u. s. w. bezeichnet und gepriesen werde.

So wächst das Licht, welches Petrus verbreitet, und der Glanz des Paulus mindert sich.

Petrus wird in dem Buche angerufen um Beistand und Erleuchtung, Petro adjuvante ist das Buch entstanden, wie auch die S. 247 erwähnte Urkunde besagt, mit Petri Erledigung aus den ersten Banden wird der erste Theil der Actus geschlossen, und in der Kapelle ad vincula Petri wird das Buch verlesen. — Das alles und noch manches Andere beweist zur Genüge, daß es Arator in höchster Instanz um eine Feier des Stules Petri

---

[1]) Schneckenburger (Bern 1841) hat neuerdings diese Aehnlichkeiten in ganz anderer Weise erklären und die ganze Apostelgeschichte für ein doppelseitiges, im Interesse des Paulus, zur Versöhnung von Petrinismus und Paulinismus erfundenes Tendenzwerk ausgeben wollen.

zu thun war, wie es denn auch vor denselben ehrfurchtsvoll niedergelegt ist, und daß wir hier einen Preis des römischen Papats vorfinden [1]), welcher von Vigilius nur „bestens dankend" acceptirt werden mußte und auch wirklich wurde. — Deshalb bezieht Arator die Petra des Heilands auf den Petrus, deshalb die Schlüsselgewalt auf ihn ausschließlich; aus diesem Grunde wird wol des großen Fischzugs Petri, aber nicht seines Bekenntnisses: „Ich bin ein sündiger Mensch", wol der Einsetzung in die Weide der Heerde Christi (Joh. 21), die doch nur eine Wiedereinsetzung des reuigen Petrus in den durch seinen Fall verwirkten Apostolat, aber nicht des Falles selbst, der Buße und des „Hast Du mich lieb?" gedacht; deswegen wird Petrus nach Rom geführt, um mit Paulus' Hülfe den Cäsar zu besiegen und siegend zu fallen; deshalb ordinirt Petrus den Paulus, wovon die Schrift nichts weiß, was aber für Arator sich von selbst verstand; darum erscheint Petrus (vgl. Apg. 11) nicht als Verklagter, sondern nur als doctor Ecclesiae zu Jerusalem, darum wird Petrus Präses im Convent zu Jerusalem (Act. 15) und Jakobus verschwindet. [1])

In erster Linie Petrus, dann Petrus und Paulus, zuletzt die Apostelgeschichte, soweit sie zur Verherrlichung des einen, oder beider dienen konnte — das ist die eine Seite des Werkes Arators, — und daneben die andere charakteristische, zuerst die allegorische Interpretation, die höchste, dann die dogmatisch-moralische,

---

[1]) In den Briefen ad Vigilium, ad Parthenium wird der Papst mehre Male papa genannt, auch in der Ueberschrift unseres Werkes, welche der Hauptsache nach echt ist. Irre ich mich nicht, so wird Venantius Fortunatus als der genannt, welcher zuerst den Papst papa genannt habe (Herzogs Realencykl., Art. „Fortunatus"). Dieser Ausdruck war also schon vor Fortunatus, 40 Jahre eher, in Gebrauch.

[1]) Fast für ein Versehen möchte ich Arators Worte halten, welche (vgl. Apg. 1) an die Auswahl des Justus (Joseph Barsabas) sich schließen. Denn an dem mit Gottes Urtheil so widerstreitenden, irrigen Urtheil der Apostel participirt ja auch ein Petrus! Das war im Anfang des aratorischen Gedichtes, wo der Dichter noch treuer, unabhängiger berichtete. — Warum erzählt Arator nicht die Sage von dem schwachen Felsenmanne im römischen Gefängnis? War dieselbe ihm noch nicht bekannt? Jedenfalls war dieselbe nicht recht passend für Arators Zwecke! —

endlich die grammatisch-historische! Das Werk soll gleicherweise die Vortrefflichkeit typischer Auffassung der heiligen Schrift, als die Hoheit des apostolischen Stules zu Rom darthun und preisen. Aber um deswillen halte ich das Werk auch für nach beiden Beziehungen verfehlt; denn die allegorische Auslegung ist zu verwerfen, neben welcher die historisch-grammatische und die moralische nicht zu ihrem Rechte kommt, und daß der Preis eines Petrus schriftwidrig sei, über welchem selbst Pauli Bedeutung die eines Schatten der Figur des Petrus gegenüber zu werden bestimmt ist, das brauche ich wol nicht zu erweisen. Wie die Dioskuren durch Geburt so verschieden waren und durch Bruderliebe die Kluft ausgefüllt wurde, so scheint Petrus den Paulus in brüderlicher Liebe sich gleich gemacht zu haben. —

Und hiermit wären wir bereits zu dem letzten Urtheile über den Werth des Gedichtes Arators gekommen. Es kann dieses Urtheil allerdings in der Hauptsache kein günstiges sein.

Es ruht das Werk gewissermaßen auf zwei Principien, und darum auf keinem. Es hat ein episch-didaktisches Gedicht werden sollen, aber die Sucht, Allegorieen nachzuweisen, anzuknüpfen, zerreißt den Faden der epischen Erzählung, zerstört die Einheit des Gedichtes, und die höchst prosaischen Uebergänge zwischen historischer und moralisch auslegender Erzählung und der Allegorie stören außerordentlich den sonst poetischen Fluß des Gedichtes.

Zu einer wahrhaft poetischen Darstellung zweier großartiger Lebensbilder gehören aber auch Nebenfiguren, und diese von Arator geflissentlich weggelassenen, um der Treue der Bilder aber oft nicht nur wünschenswerthen, nein nothwendigen Figuren vermissen wir sehr.

An dem Gedichte fällt aber besonders noch auf die Schwäche Arators in der Erklärung hebräischer Namen und die Absurdidät der Ableitung griechischer Namen aus dem Hebräischen. In jener Zeit, wo die Kenntnis der hebräischen Sprache fast erloschen war, dünkte er sich vielleicht viel, wenn er den Leser seine Gelehrsamkeit ahnen ließ; aber uns wird er nicht imponiren. Die fabelhafte Erzählung von der Verjüngung der Adler wollen wir ihm nicht besonders hoch anrechnen; seine Zeitgenossen haben ähnliche Thorheiten geglaubt und als Beweismittel verwandt (ich erinnere an die Phönixsage). Schlimmer ist gewiß unser Urtheil über die typische Auslegung Arators. Allegorie in ihren Grenzen in hohen Ehren, — aber Arator hat sie nicht zu Ehren gebracht; er mag manchmal treffende Allegorieen haben, viele sind deren nicht; matte, gesuchte, gekünstelte sind häufiger, und die größere Mehrzahl ist entweder falsch, oder geschmacklos, oder sonst verwerflich. Und doch, wieviel hält er von diesen [1]), und wie haben dieselben zweifelsohne den Papst und das Volk bestechen können! —

Von einzelnen Unrichtigkeiten anderer Art darf ich wol absehen, dem Leser dieser Zeilen sind dieselben schon früher vorgeführt worden, und diese sind im Vergleich zu dem bisher Gerügten von untergeordneter Bedeutung.

Aber damit ist die Frage nach dem Werthe dieses Werkes noch keineswegs erledigt. Mußten wir auch viel, sehr viel Tadelnswerthes finden, des Guten ist doch auch manches zu sagen. Das Werk hat immerhin einen positiven Werth.

Zunächst verdient Arator um seines eigentümlichen Lebensganges, um der in die Geschichte des ostgothischen Reiches eingreifenden früheren Thätigkeit willen unser Interesse. Die hohe Bedeutung Cassiodors für das ostgothische Reich und für die Kirche ist ja unbestritten, wenn auch vielleicht noch nicht nach Gebür gewürdigt; hier in Arator lernen wir einen Zeitgenossen, Freund,

---

[1]) Zum Beweise für die häufige Anwendung auf Allegorie bezüglicher Ausdrücke führe ich die Arator geläufigsten mit den Belegstellen an: figura: I, 142. 264. 338. 462. 497. 510. 643. 690. 724. 742. 771. 883. 858. 1027; II, 33. 74. 199. 230. 247. 281. 303. 327. 361. 521. 674. 723. 802. 1131. 1152. 1194. — imago: I, 135. 345. 475. 671. 691; II, 204. 231. 282. 438. 1004. 1244. — forma: I, 210. 340. 442. 563. 905. 1028; II, 150. — causa: I, 243. 494. 588; II, 60. 93. 674. 802. 1194. — miracula: I, 276. 307. 494; II, 35. 60. 95. — documenta: I, 491. 532. 725. 798. 1027; II, 33. 74. 281. 523. 804. — signa: I, 142; II, 98. 438. — mysteria: I, 385. — typicum: I, 489; II, 74. — typica ratio: I, 148. — sacramenta: I, 558. — mysticus ordo: I, 562. — mystica dona: II, 89. — exemplum: I, 621. 884; II, 326. — arcana: I, 771. — secretus: II, 287 u. a. m.

Collegen am Hofe, einen Mann von einer immerhin anerkennenswerthen Gelehrsamkeit, einen Redner von Beruf, eine diplomatische Kraft kennen, und wir müssen dem Ernste und der Demut dieses Mannes, welcher seinen Lebensabend dem Dienst der Kirche in einer verhältnismäßig untergeordneten Berufssphäre opfert, unsere aufrichtige Hochachtung zollen. Ueberdies ist seine Frömmigkeit und seine Treue gegen die Kirche mit ihren Schwächen und den Kirchenglauben, den er mit seinen Irrtümern unerschütterlich festhält und theilt, überall ersichtlich. Auch ist demselben poetische Begabung keineswegs abzusprechen, vielmehr zeigt seine Sprache, wenn sie auch den Zeitcharakter nicht verleugnen kann, daß der Dichter in der classischen Literatur sehr belesen war, und auch selbst Phantasie, Kraft, Geistesreichtum, wenn auch nur in geringerem Grade Geistestiefe, immerhin also eine nicht zu unterschätzende poetische Gabe besaß, freilich nicht in dem Grade, um ein solches Werk in reinem, epischen Stile durchzuführen. Seine Verse sind vollständig ebenso gut, wenn nicht besser, als die seiner christlichen Vorbilder und gleichzeitiger Dichter, so gut, als man sie eben im sechsten Jahrhunderte erwarten kann.

Man sieht in der Regel dieses sechste Jahrhundert als die Zeit an, in welcher alle Originalität erloschen sei, und nur — mit alleiniger Ausnahme des Gregor I. und des Venantius Fortunatus etwa — compilatorischer, catenenschmiedender Fleiß sichtbar werde. Arators exegetische Arbeit ist gewiß eine, in welcher Selbständigkeit und Productivität noch nicht als untergegangen bezeichnet werden können.

Auch sonst hat das Werk und sein Verfasser Interesse für uns. Cassiodor, Ennodius, Fortunatus sind bei uns bekannte, ja gefeierte Namen; sie alle stehen mit Arator in einer mehr oder weniger genauen Verbindung, theilweise beruflicher, theilweise verwandtschaftlicher oder freundschaftlicher Art. Wird nicht die Bekanntschaft von Arators Leben und Wirken hie und da ein Licht auf die Zeitgenossen werfen können; verdient nicht, nennt man die andern Namen, auch der seine genannt zu werden?

Auch für die Theologie und Archäologie sind die Schriften Arators nicht ohne Bedeutung. Die Kirchengeschichte erfährt, daß damals die Annahme, als hätten Petrus und Paulus nicht gleichzeitig, sondern durch Jahresfrist geschieden, an einem Tage gelitten (eine Annahme, welche auch Prudentius und sogar Augustin getheilt haben muß), von dem Papste Vigilius nicht beanstandet, also wol gebilligt oder doch harmlos gefunden wurde, während der Papst Gelasius in seinem Decret über die apokryphischen Bücher sagt: „Qui Paulus, non diverso, sicut haeretici garriunt, sed uno tempore eodemque die, gloriosa morte cum Petro in Urbe Roma cum Caesare Nerone agonizans coronatus est.“ — Von einem Bisthum Petri in Rom, von 25 Jahren, weiß Arator nichts &c. — Dagegen sind seine Ansichten über den römischen Papat vollständig den gleichzeitigen Bestrebungen und Ansprüchen römischer Bischöfe und anderen Zeugnissen von Zeitgenossen conform, zugleich aber theilweise dem klaren Wortlaute der heiligen Schrift widersprechend.

Auch für die Marienverehrung, den Reliquiencult, die Anrufung der Heiligen finden sich in dem Werke Arators für die Dogmengeschichte nicht uninteressante Belegstellen. Der dogmatische Standpunkt des Dichters ist in den Hauptfragen, wie sich in der Vertheidigung der Lehren von der Trinität, Erbsünde, Menschwerdung Christi zeigt, der rechtgläubige, augustinische, und nur in Bezug auf das Verhältnis der beiden Naturen in Christo ist der Standpunkt nicht der des ephesinisch-chalcedonensischen Symbols, noch des zweiten Theils des Symbolum quicunque; auch in Bezug auf die Mitwirkung des Menschen neben der göttlichen Gnade könnte man hin und wieder semipelagianische Spuren nachweisen. In Bezug auf die Gnadenwahl, Erbsünde und allegorische Schriftauslegung ist Arator geradezu antipelagianisch.

Hauptsächlich aber wird der exegetische Gehalt der Schrift für uns insoweit von Interesse sein, als wir hier ein Urtheil über einen der letzten selbständigen exegetischen Ausläufer der alten Kirche, um die misdeutbare Bezeichnung Nachblüte zu vermeiden, über den Standpunkt der selbständigen Exegese im Stadium des Verfalles, des Erlöschens gewinnen können.

Die römische Kirche hat den Arator in alten und neueren Zeiten gefeiert, besonders im sechzehnten Jahrhundert in vielen

Ausgaben bekannt gemacht, wie denn auch nicht wenige Handschriften dieses Dichters erhalten sind. Sie wußte wol, weshalb sie es that; und wir glauben den Grund errathen zu haben. — Neuerdings schweigt auch die römische Kirche über diesen wunderlichen Mann. Ob sie ihn vor das Forum der Kritik der Gegenwart nicht gezogen zu sehen wünscht? Im bejahenden Falle werde ich mir dort keinen Dank verdient haben. Ob sie ihn auch vergessen hat? Dann verdient sie mehr Tadel, als die Wissenschaft. Denn die römische Kirche war ihm größeren Dank schuldig.

Von Eberhardus Bethuniensis führt Fabricius (Bibl. med. et inf. Lat., tom. II, p. 225) das Distichon an:

„Non aret serie metri, sed floret Arator
Doctus, Apostolica facta decenter arat."

Alexander a Turre, Casp. Barth, Funck und Arators Herausgeber loben ihn, der Eine so, der Andere anders. — Auch der Tadel, welcher sich nicht bloß auf Sprache und Metrik bezog, soll nicht verschwiegen bleiben. Franz Floridus Sabinus schreibt [1]: „Sic antecedit Prudentium Sincerus, ut sine dubio pluris sit faciendum unicum hujus ad Summum Pontificem epigramma, quam innumerae Prudentiorum, Aratorum ac Juvencorum, ne dicam boum myriades." Dieses Wortspiel mag bissig sein, aber es ist nicht treffend. Ueberdies trägt Arator an dem Tadel, den er in Gesellschaft empfangen und zu tragen hat, leichter. Und dann sind alles Geschmacksachen, unbestritten sehr streitige Dinge.

Ich wünschte dem ernsten Pflüger das Schicksal nicht, daß seine Saat für uns völlig verloren, dem Dichter den Fluch nicht daß man seinen Namen ferner vergesse, oder daß man bedaure, mit demselben bekannt gemacht worden zu sein; ich wünsche dem Dichter Arator Gerechtigkeit widerfahren zu sehen und so viel Theilnahme erwiesen, als er verdient, und dann wird sein Name nicht dem Fluche völliger Vergessenheit anheimfallen. Erfüllen sich aber diese Wünsche, so darf ich zufrieden sein; es wird dann zugleich das Ziel erreicht sein, welches ich bei Abfassung dieser kleinen Arbeit mir gesetzt hatte.

[1]) Lection. Subcis., lib. III, cap. 6, T. I. Fac. Gruter., p. 1204.

2.

Ueber den Begriff der himmlischen Leiblichkeit.

Von

Lic. O. Vogt, evangel. Pfarrer zu Züssow.

(Mit Bezug auf Jul. Hamberger, Physica sacra, oder der Begriff der himmlischen Leiblichkeit, Stuttg. 1869.)

Wol der mächtigste Feind, mit welchem die Kirche heutzutage zu kämpfen hat, ist die materialistische Denkweise, welche, gestützt auf die staunenswerthen Erfolge, mit welchen unsere Zeit der Erforschung und Ausbeutung der materiellen Natur sich zugewandt hat, theoretisch wie praktisch oft bis auf die äußersten Consequenzen sich geltend macht. Und gewiß erwächst dieser Denkart gegenüber, welche ihr geradezu den Boden unter den Füßen hinwegziehn will, der Kirche, und der Theologie insbesondere, zunächst eine apologetische Aufgabe. Wie aber der einzelne Christ auch bei der schwersten persönlichen Anfechtung sich nicht auf die Hoffnung beschränken soll, daß er irgendwie nothdürftig gerettet daraus hervorgehn möge, sondern der Glaube gebietet ihm zu hoffen, daß die Anfechtung, recht bestanden, ihm einen positiven Gewinn, eine wichtige Förderung seines Glaubenslebens bringen werde, als die Frucht, auf welche es eigentlich die erziehende Weisheit bei Verhängung der Prüfung abgesehn: so wäre es für die Kirche im ganzen ein dürftiger Standpunkt, wenn wir jenen Angriffen gegenüber nichts Größeres hoffen wollten, als daß es gelingen möge, die überkommenen Erkenntnisgüter nach wie vor zu behaupten, nach wie vor ihre Berechtigung auf dem Gebiete menschlicher Erkenntnis nachzuweisen: es wird auch hier gerade aus der schwereren Anfechtung ein um so reicherer Gewinn zu hoffen sein, und zwar nicht nur der, daß die Sicherheit der Festung, welche auch den schwersten Sturm bestanden, nachher um so respectvoller anerkannt werde: es wird auch hier ein positiver Zuwachs, insbesondere auch für die Glaubenserkenntnis, zu erwarten sein. Und ein Blick in Werke wie Rothe's Ethik und Lange's Dogmatik mag uns überzeugen, daß von solchem Zuwachs wirklich schon jetzt geredet werden dürfe. Es hat da wirklich die genauere Erkenntnis der einzelnen Schöpfungswerke zu einer richtigeren Auffassung der Schöpfung, zu tieferer Erkenntnis des Schöpfers geführt; und da der Schöpfer kein Anderer ist, wie der Erlöser, wird von da auch neues Licht fallen auf die Erlösung, auf die Neuschöpfung in der Wiedergeburt, auf die schwierige Frage von der Freiheit des Menschen u. a. m.

Aber auch hinsichtlich des Gegenstandes, welchen unsere Ueberschrift bezeichnet, meinen wir, daß schon jetzt von solchem Gewinn sich etwas spüren lasse. Während die rationalistische und idealistische Philosophie bei ihrer Neigung, von dem auf sich gestellten Verstande aus alles zu construiren, und das erfahrungsmäßig von Gott Gegebene minder zu beachten, an der Weise, wie die Bedeutung der Leiblichkeit in der christlichen Glaubenslehre hie und da auftritt, eher Anstoß nahmen, und hinsichtlich des Lebens nach dem Tode theilweis nach Weise der altclassischen Philosophen mehr auf eine Fortdauer bloß der Seele gerieth, theilweise dasselbe zu einer Auflösung in den „absoluten Geist" verflüchtigte: ist man neuerdings mit Eifer bestrebt, die Bedeutung der Leiblichkeit zur Geltung zu bringen; und zwar geschieht dies auch in der bewußten Absicht [1]), „materialistischen Einwänden die relative Berechtigung, welche sie gegenüber einer einseitig spiritualistischen Richtung gehabt, zu nehmen". Mit Vorliebe wird vielfach angeführt das Wort Oetingers: „Leiblichkeit ist das Ende der Wege Gottes"; wie denn überhaupt Viele gern mit den Theosophen, welche am kühnsten auf dieser Bahn vorangegangen, sich beschäftigen. Mit Nachdruck betont man es [2]) gerade als ein Verdienst der christlichen Unsterblichkeitslehre,

---

[1]) Schöberlein in den deutschen Jahrbüchern, S. 3 f.

[2]) Siehe z. B. Plitt, Christl. Glaubensl., Bd. II, S. 339 f. und unter den Philosophen nach Schellings und Steffens' Vorgang J. H. Fichte, z. B. Seelenfortdauer und Weltstellung des Menschen, § 168, vgl. § 66.

daß sie, wie sich das schon in der „Auferstehung des Fleisches" im Apostolicum ausspreche, die Leiblichkeit zu ihrem vollen Rechte kommen lasse. Wie schon Athanagoras zur Verteidigung des christlichen Glaubens von der „Auferstehung des Leibes gegen die antike Vorstellung von der bloßen Seelenfortdauer bemerkt (s. Ritter, Geschichte der Phil., Bd. V, S. 318): „Wenn die Seele ewig ihrer Natur gemäß leben soll, so muß sie auch ewig im Leibe leben, indem ihre Natur dazu gemacht ist, den Trieben des Leibes vorzustehen und, was ihr von außen aufstößt, nach den gebürenden Kennzeichen und Maßen zu beurtheilen und zu messen", — so erklärt neuerdings vielleicht am schärfsten Schleiermacher (Gl.-L., Bd. II, § 161, 1; 2. Aufl. S. 531): „Wir sind uns so allgemein des Zusammenhangs aller, auch der innerlichsten und tiefsten Geistesthätigkeiten mit den leiblichen bewußt, daß wir die Vorstellung eines endlichen geistigen Einzellebens ohne die eines organischen Leibes gar nicht wirklich vollziehn können; ja wir denken den Geist nur als Seele, wenn im Leibe, so daß von einer Unsterblichkeit der Seele im eigentümlichen Sinn gar nicht die Rede sein kann ohne leibliches Leben. Wie also die Wirksamkeit des Geistes als bestimmte Seele im Tode aufhört zugleich mit dem leiblichen Leben, so kann sie auch nur wieder beginnen mit dem leiblichen Leben."

Andererseits aber: während, mit Ausnahme des Origenes und etwa noch der ihm folgenden vier großen griechischen Kirchenväter, die meisten Lehrer der altchristlichen Kirche, wie die mittelalterliche und später die lutherische Orthodoxie den Auferstehungsleib mit dem irdischen in allem Wesentlichen identisch dachten [1]), so daß die Auferstehung ausdrücklich als ein „Sammeln derselben, hier und dort zerstreuten, stofflichen Bestandtheile" (so Quenstedt) bezeichnet wird, herrscht neuerdings eine weitverbreitete Einstimmigkeit darüber, „daß in der Kirche schon sehr früh eine allzu materielle Auffassung des Auferstehungsleibes gewöhnlich wurde" (so Plitt, Chr. Gl.-L.,

---

[1]) Man s. Hagenbach, Dogmengeschichte, § 76. 140; Kahnis, Lutherische Dogmatik, Bd. III, S. 567 f.; Hamberger, Physica sacra, p. 38 sq.

Bd. II, S. 344). Man weist darauf hin, daß die wesentliche substantielle Verschiedenheit des Auferstehungsleibes vom irdischen von Jesus selbst Matth. 22, 30 unverkennbar vorausgesetzt, von Paulus 1 Kor. 15 nachdrücklichst gelehrt sei. So sagt denn auch Kahnis (Luth. Dogm., Bd. III, S. 569): „Auch die Verwandlung, welche die Leiber der bei der Wiederkunft noch Lebenden erfahren sollen, fordert einen viel größeren Unterschied des neuen vom alten Leibe, als die alte Dogmatik aussagt, die so zu sagen, nur eine verbesserte Gestalt des alten Leibes lehrt.“ Und Schmieder (Der Geist der unirten evangelischen Kirche, 1. Heft: Das apostolische Symbolum, S. 35 f.) macht bemerklich: „Hätten alle Gläubigen sich so vorsichtig ausgedrückt, wie der Apostel Paulus 1 Kor. 15; hätte man nicht das kühne Glaubenswort Hiob 19, 26 ungenau übersetzt und dann in kindlicher, aber unverständiger Glaubenszuversicht noch überboten, hätte man nicht dem Volke zu singen gegeben: ‚dann wird eben diese Haut mich umgeben, wie ich glaube‘, wodurch den rohesten, materiellsten Vorstellungen und dann wieder den dünkelhaftesten Angriffen die Thür geöffnet wurde: so würde jetzt mancher Christ die Lehre von der Auferstehung des Fleisches leichter verstehen.“ Ebenso wie Kahnis behauptet auch er: „Der Stoff, welchen wir begraben, wird nicht auferstehen.“

Von beiden Seiten nun — von der Gewißheit einer leiblichen Auferstehung aus einerseits, andrerseits von der Ueberzeugung aus, daß der Auferstehungsleib nothwendig vom gegenwärtigen verschieden gedacht werden müsse — ist man nun neuerdings mehrfach bemüht gewesen, einen besonderen Begriff der „himmlischen Leiblichkeit“ positiv auszubilden und zu begründen, und namentlich Jul. Hamberger in dem obengenannten Buche hat sich (im Anschluß an Jak. Böhme, Franz Baader und ältere Theosophen) im Stande geglaubt, denselben bis in's Detail hinein zu bestimmen. Er hat in jenem Buche mehrere Aufsätze, die erst in den „Jahrbüchern für deutsche Theologie“ erschienen, zusammengestellt und mit Zusätzen erweitert. Die Ueberschriften derselben bezeichnen zugleich den Gang des Buchs: 1) Geschichte des Begriffs der himmlischen Leiblichkeit (Jahrb. 1862, S. 107 f.); 2) die Rationalität des Begriffs der himmlischen Leiblichkeit (Jahrb. 1863, S. 433 f.); 3) die Wichtigkeit des Begriffs für die Theologie (Jahrb. 1867, S. 420 ff. 617 ff.). In ähnlichem Sinne, aber zurückhaltender, gründlicher und besonnener behandelt denselben Gegenstand Schöberlein in denselben Jahrbb. 1861, S. 1 ff. — Es seien auch uns hier einige Bemerkungen über diesen Gegenstand gestattet, dessen Wichtigkeit ja, namentlich auch in Hinsicht auf die lutherische Abendmahlslehre evident ist. Wir werden dabei freilich uns stets der Schranken bewußt bleiben müssen, welche durch die eigentümliche Natur des Gegenstandes unserer Erkenntnis gesetzt sind. Mit Recht weist Schleiermacher in der ganzen Behandlung des Lehrstücks von der Vollendung der Kirche auf die Antinomieen hin, mit welcher unsere Versuche, die jenseitigen Dinge zu erfassen, leicht behaftet bleiben werden müssen, indem wir z. B. betreffs der Leiblichkeit einerseits an die Analogie der gegenwärtigen gebunden sind, alle unsere Begriffe einer Leiblichkeit überhaupt nur von der gegenwärtigen entnehmen können; andrerseits doch über diese Analogie hinausgehn wollen.

Was wir also darüber von den soeben angedeuteten Grundlagen aus, in Anlehnung an die sparsamen Andeutungen der Schrift aufzustellen versuchen mögen, wird größtentheils nur den Werth von Vermuthungen oder von bildlichen Anschauungen haben, bei welchen wir Bild und Sache nicht rein von einander zu scheiden vermögen. Es wird sich nicht auf eine Stufe stellen können mit den eigentlichen Lehrsätzen der Glaubenslehre, welche — wie alles Wissen — auf Wahrnehmungen, innern und äußeren Erfahrungen, und mit Denknothwendigkeit aus ihnen sich ergebenden Folgerungen beruht. Denn so gewiß auch eine aufmerksame Beobachtung des natürlichen, wie des durch Christum erneuten Menschenwesens auf das ὅτι der Auferstehung uns führt, so wenig können wir doch überhaupt jetzt genaueren Aufschluß erhalten über das πῶς gerade nach der leiblichen Seite, wie sie die 1 Kor. 15, 35 aufgeworfene Frage in's Auge faßt. Und wenngleich wir uns keineswegs aller Betrachtungen über das πῶς werden entschlagen können — wie das gleichfalls Schleiermachers Beispiel zeigt —, so wird es sich hier doch hauptsächlich nur um einen Nachweis von Möglichkeiten handeln, was ja gegenüber den ungläubigerseits behaupteten Unmöglichkeiten und Widersprüchen genugsam seinen Werth hat.

Bedenklich aber muß es schon hienach erscheinen, wenn ein irgendwie construirter Begriff himmlischer Leiblichkeit mit dem Anspruch auftritt, von grundlegender Bedeutung, sei es für die Theologie überhaupt, sei es für einzelne Lehrsätze derselben, zu sein. Ersteres ist ausgesprochenermaßen bei Hamberger der Fall; letzteres, wie uns scheint, bei den eifrigeren Verteidigern der lutherischen Abendmahls- und Ubiquitätslehre. Jedenfalls scheint es uns nicht unzeitgemäß, einige der neuerdings über die himmlische Leiblichkeit aufgestellten Behauptungen einer näheren Beleuchtung zu unterziehn.

Es ist wol verhängnisvoll gewesen, vielleicht auch charakteristisch, wenn man, oft mit großer Zuversicht, einen Begriff himmlischer Leiblichkeit construirt hat, ohne zuvor sich die Frage aufgeworfen zu haben: Was ist überhaupt ein Leib und wozu dient er? — Wir sehn uns hinsichtlich ersterer Frage ganz auf uns selbst angewiesen und definiren deßhalb: Leib ist ein Aggregat von Stoffen, welche durch organische Lebenskraft zusammengehalten werden — und zwar, weil in wesentlich bestimmter Gestalt, auch in räumlicher Umgrenzung und Continuität.

Es wird Aufgabe der nachfolgenden Erörterungen sein, die Haltbarkeit und Zulänglichkeit dieser Definition zu prüfen, durch welche freilich manche der aufgestellten Behauptungen von vornherein ausgeschlossen wird. Glücklicher sind wir hinsichtlich der Frage nach dem Zweck des Leibes (welche sich von der nach seinem Wesen gar nicht trennen läßt). Denn wir können uns in ihrer Beantwortung ganz an die gründlichen und scharfsinnigen Erörterungen von Schöberlein a. a. O. anschließen. Dieser sagt (Jahrb. 1861, S. 79): „Es ist eine ursprüngliche Ordnung der (sc. geschaffenen) Dinge, die da ewiglich bleibet, daß die einzelnen Wesen ihren Bestand neben einander" (also indem ein jedes seine Umgrenzung hat) „haben, und nur auf Grund wirklicher Besonderung und Selbständigkeit ein wahres Leben in Gemeinschaft bestehn kann." Ferner S. 40: „Weil die Seele persönlich und individuell gedacht ist, spricht sich diese innere Umgrenzung und Selbständigkeit auch in der Leiblichkeit aus." Specieller liegt (S. 35) die Bedeutung des Leibes 1) darin, „daß er als ein Mittel zum Weltverkehr dient, theils um die Güter, welche die Welt dem

Menschen bietet, diesem zuzueignen, theils damit der Mensch selbstthätig auf die Welt zu wirken vermöge." Ebenso aber, als „Organ für den receptiven und spontanen Verkehr mit der Welt ist er zugleich 2) ein Mittel für die eigene Entwickelung der Seele. „Schon das Erwachen des persönlichen Lebens ist durch die Leiblichkeit bedingt, denn wenn die Selbstgegenständlichkeit, die im Selbstbewußtsein stattfindet, durch das Sichunterscheiden von andern vermittelt wird, so ist es eben der Leib als Organ der Seele, wodurch wir den Verkehr mit der Außenwelt pflegen" (S. 39). Mehr aber noch als dies, der Leib ist nicht nur Wohnung und Werkzeug, er ist (S. 41) 3) auch „Spiegelbild" der Seele (oder, wie J. H. Fichte es nennt, ihre „Vollgeberde"). „Erst wenn die Seele alles, was sie in sich trägt und lebt, unmittelbar nach außen darstellen und darleben kann, befindet sie sich in der vollkommenen Wahrheit und im unbeschränkten Genusse ihres Selbstgefühls." „Zum vollen Selbstgefühl und Selbstbesitz, wozu der Mensch vor anderen Creaturen als Gottes Bild bestimmt ist, wird erfordert, daß die eingeborne Fülle von Lebenskräften, welche der Persönlichkeit für ihr Wesen als Grundlage dient, und welcher sie den Sinn und Geist ihres Wirkens einprägt, auch zur äußeren Darstellung gebracht werde" (S. 41). Schon in der äußeren Gestalt prägen sich die geistigen Charakterzüge aus (S. 36 — 38); dadurch aber (S. 39), „daß der Mensch in dem äußern Bild der Seele seine eigene äußere Selbstgegenständlichkeit besitzt, erhebt sich um so leichter auch die Seele zur innern Selbstgegenständlichkeit". Endlich ist so 4) der Leib insbesondere noch Organ für Verkehr und persönliche Gemeinschaft mit andern geschaffenen Geisteswesen, was (S. 36 f.) „eine Grundbestimmung der Persönlichkeit im göttlichen Reiche ist". —

Wir gehn nun näher auf die Fragen ein: 1) inwiefern erkennen wir es dem Wesen der menschlichen Seele für angemessen, im Leibe fortzuleben; 2) inwiefern zeigt die gegenwärtige Leiblichkeit Unvollkommenheiten, welche bei der verklärten hinwegzudenken sind?

I.

Wir haben die räumliche Umgrenzung in die Definition des Leibes selbst mit aufgenommen. Hiemit tritt es in directen Widerspruch, auch Gott, dem unendlichen, absoluten Geist, eine Leiblichkeit beizulegen, wie Hamberger ausdrücklich thut (Phys. s., p. 172 sqq.; Jahrb. 1867, S. 421; 1862, S. 118 f.). Zwar sage Joh. 4, 24, daß Gott Geist sei — aber darum könne er doch einen Leib haben. Die anthropomorphischen Redeweisen des Alten Testaments von Gliedern und Erscheinungen Gottes versteht er eigentlich, unter Berufung auf Delitzsch's Vorstellung von der göttlichen Doxa. Bekanntlich hat er hierin hauptsächlich nur Tertullian zum Vorgänger, den er auch mit Anerkennung nennt (Phys. s., p. 41); dagegen will er die scheinbar gleiche Vorstellung der Clementinen (Phys. s., p. 33) mit der seinigen nicht vermengt wissen, indem diese zwar versucht hätten, indem sie Gott einen Leib beilegten, sich zum wahren Begriff des himmlischen Leibes zu erheben, aber in Wirklichkeit nur eine „sublimirte" d. h. verfeinerte, höher potenzirte Leiblichkeit irdischer Art gedacht hätten, und so dem Einwand nicht hätten begegnen können, daß sie den Unendlichen in räumliche Umgrenzung bannten.

Dagegen meint er Quenstedt als testem veritatis nennen zu können, sofern dieser es nicht gelten lassen wolle, daß Gott an sich unsichtbar sei, und das Wort vom Schauen Gottes 1 Joh. 3, 2 sinnlich deutet.

Die Ursache, warum Hamberger dieser Sondermeinung beitritt, ist nicht etwa die, daß er eine Existenz ohne Leiblichkeit überhaupt nicht anerkennte; wenigstens tadelt er ziemlich eifrig diejenigen, welche auch den Engeln einen Leib beilegten (S. 209 f.). Er meint aber, es lasse sich kein Grund absehn, warum überhaupt Gott eine materielle Welt geschaffen habe, wenn nicht in seinem Wesen selbst der Anlaß dazu gelegen — und schließt nun sofort weiter, dieser Anlaß könne kein anderer sein, als daß Gott selbst Leiblichkeit habe. Von einer Thätigkeit (S. 175), von einem wirklichen Denken und Wollen (S. 179 f.), von einer Ideenfülle (wie wir sie im Gegensatz zu der älteren Vorstellung von der Einfachheit Gottes allerdings wohl als Ursache der Manigfaltigkeit Gottes annehmen müssen) könne gar nicht die Rede sein, der Allvollkommene würde an einer innern Dürftigkeit und Leere leiden, wenn er nur sein eigenes, gegenstandloses, auf sich selber bezügliches Wollen zum Gegenstand seiner Erkenntnisthätigkeit mache u. s. f.

Wir können hier nicht auf die Frage näher eingehn, wie es sich mit der göttlichen Freiheit oder Nothwendigkeit bei der Schöpfung verhalte. Jedenfalls müssen wir schon um des richtigen Schöpfungsbegriffs willen den Satz: „Gott schafft kraft dessen, daß er Geist ist" (Schöberlein, S. 4) festhalten: er ist wahrhaft Herr über die Creatur nur als ihr Schöpfer, d. h. wenn sie frei aus seinem Willen, der freilich aus seinem Wesen hervorgegangen, nicht wenn sie Ausfluß eines in ihm selbst liegenden niederen Naturgrundes ist, wie Hamberger will (S. 209).

Sofern Gott zur Ausgestaltung der in ihm wohnenden Ideenfülle einer Leiblichkeit bedarf, erschafft er eben hiezu die sichtbare Welt, die ihm freilich nicht schlechthin von außen gegenübersteht, sondern in der er lebt, webt und ist. Der Einwand aber, daß der Unendliche so verendlicht und beschränkt werde, trifft in der That eine jede Vorstellung, welche eine Leiblichkeit zu Gottes Wesen selbst rechnet, denn es hört eben alle Vorstellung überhaupt auf, wenn wir so wesentliche Prädicate wie die räumliche Umgrenzung und die materielle Substanz aus dem Begriff des Leibes hinwegstreichen wollen. Wie will man z. B. von „höchster Formenbestimmtheit reden — wohlgemerkt in leiblicher Hinsicht" (das geistige Gebiet ist eben ein wesentlich anderes), wenn doch keine räumliche Umgrenzung stattfinden soll? daß durch solches Reden von einem „immateriellen" Leib, wie er Gott selber zukommen soll, in der That der Begriff des Leibes selbst vollkommen aufgelöst und vernichtet wird, erhellt auch zur Genüge, wenn der verehrte Verfasser (S. 123, Anm. 8) ausdrücklich den Kanon aufstellt: „Was von dem Geiste als solchem gilt, muß ebenso auch von der verklärten oder vergeistlichten Leiblichkeit gelten." Wozu dann noch auf den „Spiritualismus" eines Origenes schelten? — Wozu dann überhaupt noch einen Leib, wenn er mit dem Geiste alle Prädicate gemeinsam haben soll? [1]) Wie sehr aber das göttliche Wesen in

[1]) Allerdings wird auch wol von Leib in übertragenem Sinne gesprochen,

jeder Hinsicht durch solche Vorstellungen herabgedrückt wird, erhellt hinlänglich, wenn sich Hamberger z. B. bis zu der Behauptung versteig, „daß die höchste Milde, vermöge deren er Mitleid haben könne mit unserer Schwachheit, in Gott nur dann zu denken sei, wenn er nicht bloßer Geist sei, sondern auch einen Leib habe“ (Phys. s., p. 189). Als käme es auf ein sinnliches συμπαθεῖν an, und stände die rein herablassende Liebe, wie die göttliche ist, nicht gerade darin, daß ich an einer Leidensempfindung, von welcher ich selbst von Natur (auch rücksichtlich bloß passiver συμπαθεια im ersten Sinne des Worts) *frei bin*, aus freiem Antrieb des Herzens *Antheil nehme*, wie das Gott im höchsten Maße vermag, welcher nicht außerhalb seiner Geschöpfe gebannt bleiben muß, sodern sie zu durchdringen, sich in sie zu versenken vermag [1].

Nur so vielmehr vermögen wir uns auch von Zweck und Bedeutung des Leibes irgendwelche klare Vorstellung zu bilden, wenn wir, die räumliche Beschränkung zu seinem Begriff rechnend, den unendlichen absoluten Geist Gottes und den geschaffenen, darum endlichen Geist des Menschen mit einander in Gegensatz bringen und sagen: wir verstehn, daß es dem letzteren, im Unterschied vom ersteren, angemessen sei, in einem Leibe zu wohnen, in welchem die individuelle Selbständigkeit von der individuellen Begrenzung = Geschiedenheit von andern unzertrennlich ist. Denn sehr mit Recht bemerkt schon Thomas von Aquino (*Ritter*, Geschichte der Phil., Bd. VIII, S. 323), daß „der [menschliche] Verstand einerseits wol am Wesen des Unendlichen theilhat, indem er das Allgemeine, ja das Unendliche denken kann und von keiner Größe des Gegenstandes überwältigt wird, indem er wenigstens das Vermögen hat, über Alles sich auszubreiten“, andrerseits aber doch „in Wirklichkeit immer nur etwas Bestimmtes zu fassen im Stande ist“. An ein

---

z. B. in der philippi'schen Fassung von σῶμα τῆς ἁμαρτίας Röm. 6, 6 = Organismus einheitlich zusammenwirkender, durch Wesenseinheit zusammengehöriger *geistiger* Kräfte, — aber da ist es eben *übertragen* gebraucht, und bezeichnet immer Begrenztes, nichts Unendliches.

[1]) Etwas Anderes ist es mit dem Leiden des Gottessohnes, welches uns u. a. die sichtbare Bürgschaft geben soll, daß jenes Mitleid wirklich stattfindet.

Voreinander und Nacheinander von Vorstellungen gebunden, ist er in Wirklichkeit nie allumfassend, vermag er immer nur einen bestimmten, wenn auch noch so großen, und den Keim von weiteren Erkenntnissen in sich tragenden, Kreis von Vorstellungen gleichzeitig zu umfassen oder in Activität zu halten. Eben deßhalb dürfte es, auch auf der höchsten Stufe der Entwickelung, nie seinem Wesen entsprechen, wirklich absolut frei zu sein von den Schranken des Raumes und der Zeit, wie sich Hamberger die himmlische Leiblichkeit denken will (abgesehn davon, daß eine Leiblichkeit der Art zu denken nicht möglich ist); eben deshalb erscheint es seinem Wesen bleibend angemessen in der bestimmten Umgrenzung einer leiblichen Substanz (oder Lebensgrundlage) und Gestalt sich zusammenzufassen, vermittelst bestimmter, ihm eigentümlicher Leiblichkeit von den gleichfalls der sichtbaren Natur angehörigen Mitgeschöpfen einerseits sich abzugrenzen, andrerseits mit ihnen in Wechselwirkung zu treten.

Wesentlich derselben Meinung sind auch wol die meisten Neueren, z. B. Splittgerber, wenn er sagt (Schlaf, Tod und Fortleben nach dem Tode, S. 48): „Nur der absolute Geist ist, wie mit Recht seit der alexandrinischen Schule in der Theologie festgehalten wird, körperlos, daher allgegenwärtig; dagegen kann der endliche Menschengeist ohne irgend welche Körperlichkeit gar nicht gedacht werden, sonst würde er in das All zerfließen.“ Hier dürften freilich die letzten Worte zu weit gehn; könnte wirklich der Menschengeist „ohne Körperlichkeit gar nicht gedacht werden“, so würde dies der Auferstehungshoffnung selbst gefährlich werden, welche eben darauf ruht, daß der Geist in sich selber so feste Bürgschaften seines Fortlebens trägt, daß auch der allem Anschein nach völlige Zerfall des Leibes daran nicht irre machen kann. Wollte man nun auch — wie Splittgerber thut, und neuerdings überhaupt beliebt geworden ist [1]) — einen feinen, nicht wahrnehmbaren „Zwischenleib“ unmittelbar nach dem Tode mit der Seele fortlebend denken: so ist dies doch reine Hypothese, welche selbst erst auf der Auferstehungshoffnung ruht, und außer-

---

[1]) Siehe unten Abschn. III.

halb dieser durch nichts sich begründen läßt. Die Apodosis kann nicht gewisser sein wie die Protheſis; deshalb hieße es die Auferstehungshoffnung ernstlich gefährden, wollte man sie von jener Hypothese abhängig machen, und nicht daneben wenigstens die Möglichkeit einer körperlosen Existenz offen lassen. Uebrigens weist ja auch die neuere Psychologie nach, daß die Seele schon bei der ersten Sinnenwahrnehmung sich productiv verhält (nicht umgekehrt durch letztere erst producirt wird) und eben deshalb es keine Absurdität ist, sie auch ohne die Sinne und demzufolge ohne Leib existirend, resp. fortlebend zu denken. Vorsichtiger sagen wir mit Schöberlein (S. 41—43. 75), „Leiblosigkeit würde für die Persönlichkeit einen Zustand der Unvollendetheit und des Ungenügens bilden"; ihr gienge da ab „die volle Wahrheit und der unbeschränkte Genuß ihres Selbstlebens", so daß wir wol „Raum behalten für einen (vorübergehenden) Zwischenzustand der Körperlosigkeit", welcher aber immer nur ein unvollkommener, wir möchten fast sagen begriffswidriger sein wird.

Es wird jedoch der Sachverhalt noch einleuchtender werden, wenn wir näher auf die oben angegebenen einzelnen Functionen und Dienste des Leibes eingehen. Daß es, wie dort bemerkt, thatsächlich Zweck des Leibes ist, dem Menschen einerseits durch die Sinnenwahrnehmungen Objecte und Antriebe für seine Erkenntnis- und Willensthätigkeit zuzuführen, wie er andererseits ihm ein Werkzeug ist, auf die äußere Natur, nach seinen Zwecken sie bildend, einzuwirken, liegt erfahrungsmäßig vor. In Uebereinstimmung aber mit Schriftstellen wie Gen. 1. Ps. 8, insbesondere aber Röm. 8 (nach welcher Stelle die Creatur ihr Ziel nur dadurch erreicht, daß der Mensch seinen Zweck erfüllt), betonen Theologen wie Martensen (Dogm., § 72 f.) und Philosophen wie J. H. Fichte, daß diese Bestimmung des Menschen, „Einheitspunkt zwischen Natur und Geisteswelt zu sein", für eine bleibende zu halten sei. Eben darin haben wir seinen bleibenden Schöpfungszweck zu denken, daß er einerseits im Bilde des Schöpfers, der schaffend seine Ideen, die Abstralungen seiner Herrlichkeit, in der Schöpfung niederlegt und wiederspiegelt, auf dieselben gestaltend einwirke, andrerseits erkennend, forschend den Spuren des Schöpfers in ihr nachgehe; zu solcher centralen Stellung in der körperhaften Natur aber bedarf er selbst eines Körpers, denn sonst würde das Band zwischen beiden gar lose werden: er würde vielleicht eine Macht über die Natur, sie aber kein Recht auf ihn geltend machen können. Namentlich Fichte sucht a. a. O. durch eingehendere Betrachtung der verschiedenen Schöpfungsstufen zu zeigen, wie dieselben, für sich betrachtet, unentwirrbare Räthsel seien und erst im Menschen, dem sie das Substrat für sein Leben geben, ihren Zweck und Erklärung finden.

Ebenso ist (s. o. 2) einleuchtend, daß die Eindrücke der Sinnenwelt von Anfang an helfen, den Menschen zum Bewußtsein seiner selbst zu bringen, Subject und Object unterscheiden lehren, und daß nicht nur zuerst die Seele durch Sinneneindrücke aus dem Schlummer geweckt, in Actualität versetzt wird, sondern ebenso fort und fort „zwar nicht das Selbstbewußtsein an sich, wol aber die volle Klarheit desselben“ (Schöberlein, S. 67) von der Leiblichkeit mit abhängig ist, welche ihm zunächst das Weltbewußtsein vermittelt; an und mit diesem wächst aber auch das Selbstbewußtsein. Und Gleiches gilt auch vom Gottesbewußtsein. Auch dieses steigert und entwickelt sich in fortdauernder Wechselwirkung, nicht nur mit dem Selbstbewußtsein, sondern auch mit dem, am unmittelbarsten durch den Leib bedingten, Weltbewußtsein. Denn haben wir gleich das Gottesbewußtsein als etwas ursprünglich dem Menschen Eingepflanztes, nicht erst nachträglich, etwa durch Schlußfolgerung oder als Abkürzung für die unbekannte Summe von Welturfachen Entstandenes zu denken: so kommt es zur actuellen Wirksamkeit doch erst im Zusammenhang mit jenen anderen beiden Factoren des menschlichen Bewußtseins. Wird nämlich auf der einen Seite der Mensch der Selbstbezeugung Gottes in seinem Innern (sei es im Gewissen, sei es in der dunkel eingepflanzten Ahnung eines Weltherrschers und Welturhebers) gewahr als einer Thatsache in seinem Ich, die er als solche von diesem seinem Ich selbst unterscheidet: so bliebe dies, zunächst im Zusammenhang mit dem Selbstbewußtsein entstandene Gottesbewußtsein doch ein gar einseitiges und unvollkommenes. Der thatsächliche Inhalt seiner eigenen geistigen [und leiblichen] Natur blieben ein gar ungenügendes Substrat auch für die Entwickelung des Gottesbewußtseins; es muß eben das Weltbewußtsein d. h. das Wissen von andern Creaturen hinzutreten. Beruht nämlich alle Möglichkeit, Gottes inne zu werden, für das Geschöpf darauf, daß er im Geschöpf, namentlich in dem zu Seinem Bilde, zu persönlichem Bewußtsein geschaffenen Menschen gleichsam einen Ausdruck und Abstralung Seines eigenen Wesens niedergelegt und wiedergegeben hat, ihnen gleichsam Züge aus der Fülle Seines Wesens aufgeprägt hat: so erscheint es nach dieser Richtung hin unmöglich, daß er ein einzelnes Geschöpf für sich allein existiren lasse. Nur in einer unendlichen Manigfaltigkeit von Geschöpfen, welche in unermeßlichem Uebereinander und Nebeneinander sich ergänzend gleichsam Stralen Seiner Herrlichkeit reflectiren, kann der Reichtum Seiner Herrlichkeit sich genügen; wie dies mit Recht schon Albertus M. hervorhebt (Ritter, Gesch. der Phil., Bd. VIII, S. 207, Anm. 5): „Gottes Weisheit hat viele Dinge hervorgebracht, weil seine Macht und Güte in einem Geschöpfe nicht vollständig offenbar geworden sein würde" [1]). Und diese vielen Mitgeschöpfe, deren jedes auf andere Weise an seinem Theil die Herrlichkeit des Schöpfers wiederspiegelt, müssen ergänzend hinzutreten zu dem Substrat, welches die einzelne Seele in ihrer individuellen Natur und Erlebnissen für ihre Gotteserkenntnis findet, damit letztere eine fruchtbare werde. Das Verständnis der andern Creatur aber ist ihm wesentlich mit durch den eigenen Leib vermittelt. Speciell muß dann noch — wie Schöberlein S. 40 bemerkt — die Ausprägung der innern Abhängigkeit in dem, den Menschen in vielfache äußere Abhängigkeit versetzenden Leibe wesentlich dazu dienen, in ihm das Bewußtsein seiner absoluten Abhängigkeit [von Gott] stets lebendig zu erhalten.

Insonderheit dient ihm der Leib noch zum Wechselverkehr mit andern persönlichen Wesen (s. o. 4), welcher der Seele zur vollen Entwicklung ihrer eigenen Kräfte und Anlagen unentbehrlich

---

[1]) Ueberhaupt dürften seine oft großartigen Auschauungen gerade in unserer Zeit Beachtung verdienen, z. B. der Versuch, den Begriff der stufenmäßigen organischen Entwickelung in das supranaturale System aufzunehmen.

ist. Zwar ist hier zu bemerken, daß viele neuere Verteidiger des Unsterblichkeitsglaubens ganz besonders darauf Gewicht legen, die Möglichkeit eines Rapports zweier Seelen auch ohne leibliche Vermittelung durch beglaubigte Thatsachen einer Fernwirkung räumlich Geschiedener aufeinander, ja Lebender auf Todte, als wirklich zu erweisen. Dies Bestreben bildet einen wesentlichen Theil der Deductionen in Splittgerbers Buch „Schlaf und Tod", welcher sich hierin wiederum an Perty, Schubert u. A. anlehnt. Fast noch zuversichtlicher spricht sich Fechner darüber aus (im „Büchlein vom Leben nach dem Tode", Leipzig 1866), und auch Ruete (Ueber die Existenz der Seele, Leipzig 1863, S. 95) erzählt wenigstens einen Fall aus seiner eigenen ärztlichen Praxis, welchem zufolge man die Möglichkeit eines über den Wirkungskreis der leiblichen Sinnesorgane hinausgehenden Rapports zweier Seelen annehmen müßte, und meint überhaupt, daß durch die Grundsätze der Naturwissenschaften auch die ausschweifendsten Vorstellungen über einen dynamischen Zusammenhang der Dinge, der nicht mit räumlicher Berührung identisch zu sein brauchte, nie kurzweg zurückgewiesen werden dürfte; wenn er auch gleichzeitig bemerkt: daß vieles sich logisch und physisch nicht widerlegen und abstracterweise als möglich hinstellen lasse, wobei wir doch Ursache hätten, mit dem Glauben an die Wirklichkeit zurückzuhalten. Jedenfalls seien es seltene und ungewöhnliche Begebenheiten, nicht ein System von Umständen, worauf man vorzugsweise seine Beweise bauen dürfe; mit Recht sieht er vielmehr in den „moralischen Beweisen" den eigentlichen Grund der Unsterblichkeitshoffnung. Aehnlich sagt auch Fechner (S. 65): „Obgleich man den Glauben an das Jenseits durch den Glauben seines Hineinleuchtens in das Diesseits stützen kann, soll man ihn nicht darauf bauen wollen", und bezeichnet jene Erscheinungen, deren Thatsächlichkeit ihm zweifellos ist, nichtsdestoweniger als ungesunde. — Immerhin werden wir also nach der einen Seite alle Ursache haben, jenen Thatsachen einer, vom Leiblichen emancipirten Wirksamkeit der Seele alle Beachtung zu schenken, andrerseits und unbedenklich Schöberlein zustimmen, wenn er (S. 36—41) ausführt, daß aller Verkehr unvollkommen bleiben müsse, wenn nicht das

Innere auch äußerlich dargestellt erscheine und zur äußern Aufnahme dargereicht werde, „daß die Liebe verlange, den Geliebten in der vollen Erscheinung und Würde auch äußerlich anzuschauen“, daß überhaupt „zum vollen Selbstgefühl und Selbstbesitz, wozu der Mensch vor anderen Creaturen als Bild Gottes bestimmt ist, erfordert werde, daß die eingeborne Fülle von Lebenskräften, welche der Persönlichkeit für ihr Wesen als Grundlage dient, auch äußerlich darstellt“ u. s. f. Ueberhaupt wenn Nitzsch (System, § 121 Anm.) treffend bemerkt: „Der Leib ist die Vermittelung des sich entwickelnden Lebens der geistigen Seele“: so ist diese Entwickelung und damit auch die dazu erforderliche Vermittelung eben fortdauernd zu denken, so lange die Seele wahrhaft, ihrem Wesen angemessen, lebt.

II.

Nach allen diesen Beziehungen nun, in welchen der Leib der sich entwickelnden Seele dienen soll — so fährt nun Schöberlein (S. 90 ff.) wie Hamberger (Phys. s., p. 112 sqq.) fort —, erfüllt dieser irdische Leib seine Functionen nur sehr unvollkommen. Die Sinneswahrnehmungen sind nur sehr unvollkommen, die Sorge um den Leib hindert oft den Aufschwung des Geistes, die äußere Erscheinung trägt (um Nitzschs Ausdruck Syst., § 217, Anm. 2 hier einzuschalten) viel „Ironisches“ an sich; nur unvollkommen vermögen wir oft das Beste, was wir in uns tragen, denen, die wir lieben, mitzutheilen; dazu die Hemmung des persönlichen Verkehrs durch die räumliche Entfernung u. s. f. Aber nicht nur unvollkommen bedient, auch direct gehemmt und gefährdet wird die Seele durch den irdischen Leib „in der Ueberfülle seiner Kräfte“; „mit dem heimlichen Feuer, das in ihm glimmt“ wird er ihr eine stete Quelle zu Versuchungen, deren sie oft nur mit harter Mühe sich erwehrt, und mit seinen starren Schranken, mit seinen Schwächen und Gebrechen wird er ihr ein Quell von Hemmnissen und Leiden, darunter sie wie unter einer schweren Last seufzt, und sich sehnt nach Erlösung. Die Ursache dieser Mangelhaftigkeit ist die Sünde, mit welcher ein Princip der „Verselbstigung“. auch in die Leiblichkeit, ja in die ganze irdische Natur eingetreten ist (Schöberlein, S. 79 ff.; Hamberger, S. 123 ff.).

So sehr wir nun auch im allgemeinen zustimmen, wenn man in den Unzuträglichkeiten und Leiden des gegenwärtigen Zustandes Fingerzeige dafür findet, daß in ihr sich nicht die endgültige Bestimmung des Menschen erfüllen könne, die manigfachen Widersprüche desselben vielmehr Anwartschaft auf einen dereinstigen Zustand höherer Vollendung geben; so sehr es ferner auch der Schrift entspricht, die Mängel der gegenwärtigen Leiblichkeit mit der Sünde in Zusammenhang zu bringen: so nothwendig scheint es uns doch, übertriebenen Anschauungen zu entsagen.

Es unterliegt keinem Zweifel, daß die Sünde in manigfachster Weise die Herrschaft der Seele über den Leib schwächt und damit den Mächten des Todes über denselben Eingang gibt. Man kann auch wol von einem „Princip der Verselbstigung" reden, welches in Folge der Sünde die Organe des Leibes ergreife, insofern nämlich einmal, wo der Mensch einer fleischlichen Lust oder Leidenschaft sich hingibt, es wol geschieht, daß der entsprechende Trieb resp. Theil des Leibes durch den krankhaft gesteigerten Reiz, mit welchem er die Thätigkeit des Organismus auf sich zieht, aus der Reihe des harmonischen Zusammenwirkens sich hervordrängt und loslöst, sodann auch sonst die Desorganisation des Körpers, welche in Folge der Sünde sich manigfach einstellt, jenes Zusammenwirken stört und die einzelnen Theile krankhaft isolirt; auch ist gewiß die Herrscherstellung des Menschen zur äußeren Natur in Folge der Sünde in einer Weise alterirt, die wir gar nicht zu übersehen vermögen; wohin soll es aber führen, und wie will man es begründen, wenn man mit Schöberlein jene Folgen der Sünde so weit ausdehnt (S. 79 ff.), daß auch in der anorganischen Natur das Princip der Selbstheit, welches er dort sinnvoll durch die Schwerkraft vertreten findet, „das Uebergewicht erhalten habe über das Princip des Lichts, welches in ihr das bildende, gestaltende göttliche Princip der Gemeinschaft vertritt, so daß das an sich nothwendige Nebeneinander, bei welchem ein gegenseitiges Durchdringen nicht ausgeschlossen wäre (wie die Erscheinungen der Wärme, der Elektricität, des Lichts noch annähernd erkennen lassen) zu einem starren Außereinander und feindseligem Widereinander geworden sein sollen (S. 80) und statt der bildenden Macht des Lichts die zerstörende Macht des Feuers eingetreten sei (S. 84 f.), so daß „die Stoffe selbst erst wieder in unsichtbare Kräfte zurückgeführt werden müssen und aus ihr in neuer Gestalt hervorgehen, damit die himmlische Welt aus ihnen hervorgehe“ (S. 78)!? — So ansprechend es auch auf den ersten Blick scheinen mag, in solcher Weise das Niederste und Höchste innerhalb der Creatur, die Vorgänge in der Geisteswelt und die materiellen zu parallelisiren oder in Verbindung zu setzen, so müssen wir uns doch hüten, von dem Ansprechenden, was eine solche Verbindung hat, uns ohne sonstige ausreichende Begründung bestechen zu lassen.

Noch weiter wie Schöberlein geht hierin Hamberger. Während jener es noch unerledigt lassen will, „ob nicht vorher bereits durch einen Abfall in der Einzelwelt eine Störung jener Einheit der Gegensätze (von nothwendiger, berechtigter Selbstheit und — Gemeinschaft) in der Naturwelt eingetreten gewesen, so daß sich des Menschen Aufgabe näher dahin bestimmte, durch geistige Selbstbewährung im Kampfe wider die Mächte der Finsternis die Natur aus diesem Chaos wiederum zu erlösen und hiermit zugleich das Wesen des Paradieses — zur vollen Wirklichkeit und Herrschaft geistlichen Wesens fortzubilden“, — so bejaht Hamberger diese Frage auf das bestimmteste. Die ganze gegenwärtige Natur trägt ihm (S. 112 ff. 230 ff.) den Charakter der „Irrationalität“ an sich. Krankheit, Elend und Wahnsinn unter den Menschen, die zerstörende Gewalt der Elemente, die Gefräßigkeit und Grausamkeit, mit welcher die Thiere untereinander zerstören, so daß „nur der allerkleinste Theil den natürlichen Alterstod stirbt, und keins zu dem ungetrübten Wohlsein gelangt, worin wir doch (? s. u.) ihre Bestimmung suchen müssen“, die schauerlichen Wüsten und Einöden, Eisgletscher u. s. w., „für die man eine Bedeutung und Zweck doch nicht würde aufzufinden vermögen“ — ja selbst die Oede und Kahlheit mancher Planeten, die lange Zeit, welche Theile derselben des Lichtes entbehren müssen, ja selbst die Stürme, die den Jupiter umtosen, — dies Alles zeigt ihm Zustände, von denen wir (S. 123) unmöglich annehmen können, „daß sie in Gott selbst, oder in der Natur der Dinge, die doch wiederum nur von Gott herrühren könnte, ihren Grund haben", sondern nur „aus dem Willen intelligenter Geschöpfe, nur aus dem verkehrten Verhältnis erklären können, in welche diese zur Quelle alles Lichtes und Lebens sich gesetzt haben".

Daß diese Anschauung sich nicht — wie freilich viele Theologen gewollt haben — aus irgendwelcher Interpretation von Gen. 1, 1 herleiten lasse (wo doch von einer moralischen Ursache des „wüste und leer" nicht die mindeste Andeutung vorhanden), fühlt Hamberger und erklärt deshalb, jene Annahme stehe fest, unabhängig von der Auslegung dieser Schriftstellen. Wir unserentheils halten es für gar vorschnell, wenn unsere Weisheit in irgend welche Erscheinung der gegenwärtigen Schöpfung sich nicht schicken kann, gleich zu sagen: „das kann unmöglich Gott so gewollt haben" — statt daß wir froh sein sollten, wo wir etwas davon begreifen, und für das Uebrige gern seiner überlegenen Weisheit uns beugen. — Wie sollte es überhaupt zugehen, daß die anorganischen Stoffe der Natur, welche in sich selbst doch nicht die mindeste Fähigkeit haben, sich zu bewegen oder zu verändern, sondern sich blindlings nach den ihnen innewohnenden und von außen an sie herantretenden Kräften bewegen müssen, je nachdem gleichartige oder höhere (organische) Kräfte auf sie wirken, und sie zu verschiedenen Verbindungen zusammenziehen — wie sollte es zugehen, daß diese eine solche Umwandlung erfahren, daß die Schwerkraft, „der Zug nach unten", oder wie man es sonst nennen will, ein abnormes Uebergewicht erhielte? — Von ihnen gilt es doch: sint ut sunt, aut non sunt, — das wird man der Naturwissenschaft, welche ihre ganzen Resultate zum Beweis für die Richtigkeit jener Hypothese (von der Unveränderlichkeit der Grundstoffe) in's Feld führt, doch so lange zugestehen müssen, bis sich dringliche Beweise für das Gegentheil finden. Man würde für jene Veränderung des „feinen, himmlischen" in „groben irdischen" Stoff auf einen schöpferischen Act Gottes recurriren müssen, welcher seine ganze bisherige Schöpfung hätte vernichten müssen, um eine neue, in diesem Fall schlechtere, an ihre Stelle zu setzen. Einen solchen aber anzunehmen, finden wir weder in der Schrift, noch in vernünftigem Nachdenken irgend genügenden Anhalt. Will man überhaupt allen Schmerz, alle Zerstörung, alle Oede und Leere in der sichtbaren Natur aus der menschlichen Sünde herleiten, so muß man freilich auf einen vormenschlichen Sündenfall zurückgreifen. Denn der Ring des Saturn und die Stürme um den Jupiter haben doch schwerlich mit der menschlichen Sünde etwas zu thun; und auf der Erde selbst tragen bekanntlich die vormenschlichen geologischen Perioden noch weit mehr den Charakter grauser Zerstörung an sich, wie die gegenwärtige. Wo findet sich aber die Berechtigung zu der Annahme solchen Zusammenhangs? Daß es außer dem Menschen gefallene Geister gebe, lehrt wohl die Schrift, nicht aber, daß sie irgend welchen Einfluß auf die sichtbare Natur ausgeübt hätten. Vielmehr ist Gen. 1, Hiob und Psalmen voll der Anschauung, daß die ganze Schöpfung in ihrer gegenwärtigen Gestalt die Weisheit, Güte und Herrlichkeit des Schöpfers verkündige; — wie könnte sie das, wie könnte sie „sehr gut" sein, wenn sie bis in ihre materiellen Grundsubstanzen hinein von bösen Engeln verpfuscht wäre? oder doch nur eine nothdürftige, vielmehr eine sehr zweideutige Schutzwehr gegen sie darböte, da sie mit noch weit größerer Willigkeit jenen bösen Mächten als Waffe sich darbieten soll? —

Wohl lehrt ferner die Schrift, daß in Folge der Sünde nicht nur der Leib des Menschen Schmerzen zu tragen hat und dem Tode anheimfällt, sondern auch der Acker ihm „Dornen und Disteln" trägt. Aber es wäre doch ein gar falscher Begriff von Frömmigkeit oder göttlicher Weisheit, wenn man sich darin gefallen wollte, die Tragweite dieses Worts willkürlich ins Ungemessene auszudehnen.

Es liegt zu Tage, daß die sündigen Menschen in manigfaltigster Weise durch Unmäßigkeit, Trägheit und allerlei Leidenschaft den eigenen Leib zerstören, die Herrschaft der Seele über ihn und über die Natur einbüßen; daß sie durch Zwiespalt untereinander theils unmittelbar schädigen, theils auch die ihnen bestimmte Herrschaft über die Natur, welche nur durch harmonisches Zusammenwirken aller Menschen unter dem Gesetze Gottes möglich ist, nicht erreicht wird, und so in der That der „Acker" vielfach „Dornen" trägt, wo er bessere Früchte bringen könnte; zum Theil sucht auch wol die sündhaft gesteigerte Begehrlichkeit, die durch Folgen der Sünde gesteigerte Bedürftigkeit „Feigen" da, wo das Menschenkind eben mit „Disteln" zufrieden sein sollte. Und wenn denn endlich ein unmittelbares, veränderndes Einwirken des Rächers der menschlichen Sünde auf die unvernünftige Natur aus der Absicht zu „züchtigen um der Sünde willen" keineswegs auszuschließen ist: so genügt zu diesem Zwecke doch vollkommen eine stärkere Verbreitung der dem Menschen unzuträglichen Geschöpfe und Witterungseinflüsse u. dgl., als bei wesentlich derselben Beschaffenheit der irdischen Creatur an und für sich nöthig wäre. (Man vergl. hiefür die Bemerkungen Frommanns in den Jahrbüchern für deutsche Theologie 1863, S. 31 f.) Wenn auch prophetische Schriftstellen wie Jes. 65, 25; 11, 6 verheißen, daß im Lande des vollendeten Gottesvolkes auch die Schädlichkeit der Thierwelt für die Menschen aufhören solle, so sagt das noch nicht, daß auch ihre Existenz in der gegenwärtigen nur auf einer Störung des göttlichen Schöpfungsplanes beruhe. Mit Recht bemerkt Frommann a. a. O., „für eine Verklärung oder Verherrlichung der Natur bliebe immer noch Raum, auch wenn man von einem Fall der Natur mit und durch den Sündenfall absieht". Uebrigens bedarf es keiner Erörterung, zu welchen Consequenzen es führen würde, alle solche prophetischen Aussprüche buchstäblich erfüllt zu erwarten, wenn man auch zugeben mag, daß die Reformatoren in ihrer Scheu vor Chiliasmus etwas zu weit gegangen. — Hauptsächlich aber beruft man sich auf die Stelle Röm. 8, wo Paulus von einem Seufzen der Creatur und ihrer Unterwerfung unter die ματαιότης und φθορά redete. Wir wollen hier nicht geltend machen, daß die Beschränkung der κτίσις auf die Menschenwelt noch immer namhafte Vertreter findet, wie eben Frommann a. a. O.; wol aber scheint uns den tiefen Gedanken jener Stelle vollkommen Genüge zu geschehen, wenn wir sie folgendermaßen ausbeuten: δουλεύειν heißt „zu einem seiner unwürdigen Zwecke wider Willen verwendet werden"; welcher Zweck hier ein vergänglicher, der φθορά (im vollen biblischen Sinne des Todes) angehöriger, zur φθορά (im eigentlichen, engeren Sinne) führender ist. *Ματαιότης* ist aber nicht schlechtweg = Vergänglichkeit; *ματαῖος* ist alles, was seines Zweckes verfehlt, vergeblich ist. Das wird aber die Creatur, weil sie nur im Menscheu, nicht in sich selbst ihren Zweck und ihre Bedeutung findet (wie das z. B. auch J. H. Fichte in dem oben angeführten Buche als Grundbedingung alles Verständnisses derselben nachzuweisen sucht), — so verfehlt sie ihres Zweckes immer dann, sowie nur der Mensch seines (Heils-)Zweckes verlustig geht. Sie hat darum auch Ursache zum *στενάζειν* und *ὀδύρειν*, zu einer *ἀποκαραδοκία*, weil mit dem Sündenfall der Mensch sein wesentliches Ziel, die Freiheit der Kinder Gottes, vorläufig nicht erreicht hat, und damit auch ihr Ziel, welches sie in rechter Benutzung, Durchdringung und Gestaltung durch den, zum Gotteskinde gewordenen Menschen erreicht hätte, weiter hinausgeschoben ist, als wie es hätte sein sollen. Darum redet der Apostel auch gar nicht noch erst von einer besonderen Umwandlung, welche die Creatur für sich am Ende des Erlösungswerkes erfahren sollte, sondern die „Freiheit der Kinder Gottes" ist so sehr die Hauptsache, daß mit ihrem Zustandekommen die Erfüllung der „Sehnsucht der Creatur" schon wie selbstverständlich gegeben ist. — Dagegen begibt sich Hamberger in klaren Widerspruch mit dem 1 Kor. 15, 47 ausdrücklich aufgestellten Unterschiede zwischen dem irdischen Leibe des ersten Adam und dem himmlischen des zweiten, wenn er S. 245 ff. die Behauptung aufstellt, daß Adam vor dem Fall einen himmlischen, d. h. in seinem Sinn einen, auch seinen materiellen Grundbestandtheilen nach vom gegenwärtigen toto genere verschiedenen, ja „immateriellen" Leib gehabt habe! Uebrigens begreift man nicht, wie in dieser Welt, welche doch schon vor Erschaffung der Menschen durch den Fall der Engel corrumpirt sein soll, mit einem Male doch wieder ein Paradies und Adamsleib von „himmlischem Gebilde" ihren Platz finden sollen!

Halten wir es solchen theosophischen Theorieen gegenüber nur um so mehr fest, daß die gesamte Natur in ihrem gegenwärtigen Bestande dem göttlichen Schöpferwillen wesentlich entsprechend sei, so brauchen wir uns darum nicht anzumaßen, jede einzelne Erscheinung derselben nach Ursache und Absicht vollkommen zu erklären. Mit Recht betont Fichte, daß bei dem noch unvollendeten Stande unserer eigenen Entwickelung dies von vornherein gar nicht zu erwarten sei. Wenn aber z. B. Hamberger sogar an den Eisgletschern und Wüsteneien so großen Anstoß nimmt, so erinnert dies doch zu sehr an jene utilistische Weltanschauung, welche es womöglich für einen Fehler in der Schöpfung erklärt, daß nicht überall Weizen oder Rüben wachsen können! Einigermaßen meinen wir doch ihre Bedeutung zu verstehen, wenn wir etwa sagen, daß ohne den Gegensatz solcher Einöden die dankfordernde Güte des Schöpfers kaum recht dem Menschen einleuchtend und fühlbar werden könnte, wie er sie in Gewährung fruchtbarer Saatgefilde und üppiger Tropengegenden anderwärts erzeigt. Durch den angestrengten Kampf, welchen Jeder, der sie betritt, um sein Leben führen muß, wollen sie den Unternehmungsgeist, den Forschungstrieb, die Thatkraft des Menschen wachrufen und stählen, welche sich ja vielfach in den gesegnetsten Himmelsstrichen am wenigsten angeregt zeigen. Sie haben und erreichen erfahrungsmäßig die Absicht, mit dem Gefühl der Erhabenheit des Schöpfers den Beschauer zu erfüllen; denn das ist der Eindruck, welchen gerade auch schauerlich-wilde Gebirgspartieen auf das religiös gestimmte Gemüth machen, und mit welchem Entzücken schildern uns die Reisenden etwa die zauberhafte Pracht des Farbenspiels auf von der Sonne beschienenen Eisgletschern! Sie sollen an ihrem Theil dazu mitwirken, in uns das Gefühl der Furcht und ehrerbietigen Scheu vor dem Schöpfer rege zu erhalten, welches, so sehr es sich auch mit kindlichem Vertrauen verschmelzen soll, doch die unverrückbare Grundlage für das rechte Verhältnis des Geschöpfes zum Schöpfer bleiben muß. Und das ist doch überhaupt wol ein wesentlicher und der für uns erreichbarste Zweck der Schöpfung: die dem Heilszweck entsprechenden Gemüthsregungen von allen Seiten, auch von außen her, in uns zu wecken und zu unterstützen! Für den gefallenen Menschen mag dann, was öde und schauerlich ist in der Natur, noch andere Sprache reden, es mag ihm die Ahnungen von der Vereinsamung des vom Gottesreiche Ausgeschlossenen, von den Schrecken der Verdammnis verstärken: immer ist es doch ein weiter Unterschied, ob wir uns denken, daß der Allwissende bei

Einrichtung der Weltschöpfung die Möglichkeit und Wirklichkeit des Sündenfalls mit in Betracht ziehe (ja, wir möchten sagen: bei Allem, was Er thut, hat Er Alles im Auge) — oder ob wir die ganze Welt für durch den Sündenfall verpfuscht ansehen.

Was dann weiter etwa noch den so massenhaften Untergang des Thier- und Pflanzenlebens anlangt, so mögen wir hier nur kurz bemerken, daß doch die Erscheinung fortwährenden Untergehens, fortwährender, auch gewaltsamer Auflösung einer bestehenden Lebensform zum Besten einer andern eine zu allgemeine ist in der sichtbaren Welt, als daß wir sie für eine bloße Abnormität, und nicht vielmehr für die ursprünglich von Gott gewollte Regel halten dürften. Vielmehr ist nach 2 Kor. 4, 18 alles Sichtbare, d. h. jede Leiblichkeit nach Seite ihrer äußeren Form und Erscheinung, veränderlich, vorübergehend, vergänglich, nicht bloß abnormer Weise, sondern ihrem ganzen Wesen und ihrer Bestimmung nach. Von den untermenschlichen Daseinsformen ist eben keine einzige zur Unvergänglichkeit bestimmt. „Sie sind eben nicht Individuen, Personen, sondern Exemplare, Durchgangspunkte zum Gattungsleben, und darum ihrem Begriff nach endlich, vergänglich, von vornherein darauf angelegt, daß ihr Dasein dem der Gesamtheit aufgeopfert werde" (Frommann a. a. O., S. 33). Darum hat auch der Mensch keine Gewissensscrupel, sie da, wo es seine Vernunftzwecke fordern, schonungslos zu vernichten, und verdient noch bemerkt zu werden, daß gerade von den gefräßigsten Thieren (bei welchen nach Hambergers Anschauung am meisten die Hand des Bösen im Spiel sein müßte) manche eben durch ihre Mordlust dem Menschen ganz besonders nützlich sind. Sicher dürfen wir das Schriftwort: „die Erde ist dem Menschen gegeben" (Ps. 115, 16; vgl. den ganzen Ps. 8) in sehr umfassendem Sinne annehmen. Wir mögen hier auch den schon oben ausgesprochenen Gedanken mit heranziehen: daß, wenn Gott in der Schöpfung gewissermaßen seine Herrlichkeit wiederspiegele, seine innergöttlichen Ideen zu einer äußeren Darstellung bringen will (so spricht sich z. B. auch Schöberlein aus, S. 13), daß dann diesem Zweck nicht in einer begrenzten Zahl von Geschöpfen, sondern nur in einer unendlichen Manigfaltigkeit und Fülle derselben Genüge geschehen könne, für die sich dann nicht in einem bloßen Nebeneinander, sondern nur, indem sie auch hintereinander sich ablösen, Raum genug findet.

Wenn aber manche Erscheinungen in der Thierwelt geradezu widerwärtigen Eindruck, z. B. schauerlicher Mordgier und Grausamkeit, machen, so mag es wol auch ein Zweck der Thierwelt, gerade als der dem Menschen zunächst stehenden, bloß irdischen Stufe von Geschöpfen sein, ihm eine, durch schreckende, Abscheu erregende Abbilder ertheilte, Warnung zu geben vor den niederen, thierischen Trieben, zu welchen ihn die eine, fleischliche Seite seines Wesens, so er ihr die Herrschaft einräumte, hinabziehen will. Und was endlich die Mangelhaftigkeit des eigenen menschlichen Leibes anlangt, so soll eine weitgreifende Desorganisation desselben durch die Sünde hier nicht geleugnet werden; doch müssen wir auch hier vor Uebertreibungen uns hüten. Z. B. ist doch nicht nur die Bewegungsfähigkeit des Leibes, die Auffassungsfähigkeit der Sinne hienieden etwas Unvollkommenes; sondern auch die Seele, deren Bedürfnissen er dienen soll, ist keineswegs von vornherein fertig und vollkommen, der Art, daß nur ein viel herrlicherer Leib, wie dieser irdische, ihrem Wesen und Bedürfnis eigentlich entspräche. Sie selbst ist noch gar sehr im Werden, in der Entwickelung begriffen, so daß sie in der That von einem solchen, nach selbst gemachten Vollkommenheitsbegriffen construirten Leib gar keinen Gebrauch würde machen können. Und dies resultirt nicht erst daraus, daß sie von sündigen Menschenseelen abstammt, oder in ein sündenbehaftetes Menschengeschlecht hineingeboren ist, sondern einfach daraus, daß sie ein in der Zeitlichkeit geschaffenes Wesen ist. So nothwendig es uns nämlich für den positiven Glaubensstandpunkt scheint, irgendwie am Creatianismus festzuhalten, gerade in Rücksicht auf die Unsterblichkeitsfrage, so erscheint es doch durch den richtigen Schöpfungsbegriff nicht ausgeschlossen, sondern in ihm begründet, daß der Schöpfungsact nicht auf den Augenblick des Hervorleuchtens isolirt, sondern ebensowol mit den successiven Momenten, durch welche er sich vollzieht, zusammengefaßt werde. Jedenfalls liegt die Thatsache vor, daß die geschaffene Seele nicht sofort im Besitz aller Vollkommenheiten sich befindet, zu welchen sie vielmehr erst sich emporarbeiten soll, und zwar wesentlich mit Hülfe des Leibes.

Und es scheint offenkundig, daß am Beginn des Lebens vielmehr der Leib in seiner Entwickelung der Seele voraus sei. Die Sinnesorgane scheinen viel eher entwickelt, ehe die Seele so weit erstarkt ist, um von ihnen in der Tragweite, zu welcher sie an und für sich durch ihre Construction befähigt sind, Gebrauch zu machen. Eben der Leib soll augenscheinlich die Incitamente geben, durch welche der Geist aus der Potentialität des Nachtbewußtseins in die Actualität des Tagesbewußtseins gelangt. Erst später kehrt sich das Verhältnis um bei den Seelen, welche wirklich kräftig in Macht des Geistes sich entwickeln; da ist nur der Leib für den Flug des Geistes unzureichend, und eben damit das Bedürfnis angezeigt, daß der letztere einen neuen Leib empfange.

Vollends müssen wir es abweisen, wenn in der substantiellen Zusammensetzung der Welt selbst, darin, daß sie überhaupt eine „materielle" sei, die Ursache einer abnormen Unvollkommenheit gefunden werden soll. Wir deuteten schon oben die principiellen Gegengründe an; hier noch einiges Concretere. Es wird gesagt, die Materie involvire eine starre Ausschließlichkeit, eine Tendenz zur Trennung. Es ist dies zum mindesten eine einseitige Behauptung. An und für sich ist sie — das darf nicht aus dem Auge verloren werden — in geistig-sittlicher Hinsicht völlig indifferent [1]); sie hat ihren Zweck auch nicht in sich selbst, sondern in den persönlichen Geisteswesen. Für diese dient aber die Materie nach offenkundiger Erfahrung mehr noch zur Verbindung, wie zur Trennung. Eben sie führt durch die Sinnenwerkzeuge dem Geiste Aufschlüsse zu über die andern geschaffenen Geisteswesen, wie über das Walten des schöpferischen Geistes (Gottes); sie setzt ihn, durch die Sprachwerkzeuge und Geberden, in Rapport mit denselben. Daß sie nicht bloß trenne, sondern mehr noch verbinde, dafür gibt jeder Kuß und Händedruck ein Zeugnis, sowie der, gleichsam zwingende, sympathische Eindruck, welchen z. B. ein klägliches Hülfsgeschrei oft auch auf den macht, welcher ohne diese sinnliche Beihülfe kalt und ungerührt geblieben wäre. Schöberlein selbst

[1]) Mit Recht betont dies wiederum Albertus Magnus, in Anschluß an Aristoteles (s. Ritter, Geschichte der Phil., Bd. VIII, S. 207).

stellt diese Bedeutung des Leibes fast an die erste Stelle, und woher ist sie genommen, wie von der gegenwärtigen Leiblichkeit. (Und, wiederholen wir nochmals: ein Leib ohne Materie ist keiner.) Wie sehr jene Erkenntnis des verbindenden Dienstes der Körperwelt auf einem natürlichen, allgemeinen Gefühl beruht, ergibt sich z. B. auch daraus, daß Theologen wie Martensen den — relativ leiblosen — Zustand der abgeschiedenen Seelen vor der Auferstehung eben darum als einen Zustand „klösterlicher Abgeschiedenheit" bezeichnen. Soweit aber die Leiblichkeit allerdings auch andererseits eine gewisse Absonderung und Trennung bedingt, muß doch auch noch gefragt werden, ob diese denn bloß ein lästiges Hemmnis, und nicht vielmehr auch eine wohlthätige, natürliche Nothwendigkeit sei. Für den gegenwärtigen Zustand erkennt dies Schöberlein nun auch sehr wohl an (S. 91). „Es liegt in der Bestimmung der Fleischesgestalt des Leibes", sagt er, „daß sie das Innere zum Theil selbst verhülle, statt offenbare. Denn die völlige Bloßlegung des Innern würde, so lange sich der Mensch noch im Stande der Entwickelung und im Ringen mit der Sünde befindet, die Tiefe der Gesinnung und die Wahrheit des Charakters erschweren" u. s. f. Sollte aber dieses Bedürfnis des Geistes — der ja als geschaffener, individuell persönlicher im „Stande der Entwickelung" zu denken ist, so lange er lebt — und sollte nicht dieser Zweck des Leibes als bleibender gedacht werden müssen? Sollte die Seele zu ihrer nothwendigen Selbständigkeit nicht immer einer solchen von anderen Wesen abscheidenden Umhüllung bedürfen, an welcher die innere Selbstunterscheidung von ihnen sich fixirt? — Die Natur zeigt uns das Gesetz, daß sie ein in der Bildung begriffenes individuelles Wesen, je höherer Art es ist, um so sorgfältiger im Schutze der Verborgenheit entstehen läßt; daß aber der individuelle Menschengeist fortwährend „in der Bildung begriffen" bleibt, erkennt gelegentlich auch Hamberger an. Der menschliche Geist würde für unsere Denkfähigkeit überhaupt aufhören zu existiren, würde in's Allgemeine verschwimmen, wenn er wirklich allumfassend werden, schrankenlos in's Unendliche sich ausbreiten und „die Millionen umschlingen, seinen Kuß der ganzen Welt aufdrücken" wollte. Die Klagen über die trennende Kraft des Leibes und Raumes bedürfen deshalb gar sehr einer Ermäßigung. Es soll z. B. (Schöberlein, S. 97) „das Herz danach verlangen, alles, was man besitzt, mit denen, die man liebt, zu theilen". Sollte aber wirklich allen alles mitgetheilt werden, so würden die Individualitäten überhaupt aufhören. Die Liebe will nicht allein dem Andern geben, sondern ebensowol ihn in seiner Individualität erfassen, und danach ihm geben, was ihm gerade erfreulich und ersprießlich ist. Das ist bei dem Einen dieses, bei dem Andern jenes, immer aber Bestimmtes, und nicht schlechthin alles. — Geradezu Unklarheit im Denken dürfte es aber sein, wenn Hamberger (Phys. s., p. 120) den Satz: „die Materie begründet überall eine Trennung" auch auf das Verhältnis des Menschen zu Gott angewendet wissen will. Es wäre dies doch nur zu denken, wenn Gott nicht nur einen Leib im Sinne Hambergers, sondern geradezu einen materiellen Leib besäße, von welchem die Materie uns dann räumlich trennen könnte. Denn ein himmlischer Leib, wie ihn Hamberger sich denkt, würde ja ebensowenig — wie unserer Auffassung nach — Gott als Geist, durch das Dasein oder Nichtdasein der Materie irgend gehindert oder gefördert werden können, da er ja, über die Schranken des Raums erhaben, Alles soll durchdringen können. Mein materieller Leib andererseits würde freilich den „himmlischen Leib", als einer ganz andern Daseinssphäre angehörig, nicht wahrnehmen, zu ihm sich erheben, für seine Einwirkungen nicht empfänglich sein können. Aber daß ich selbst von Gott getrennt bliebe, würde doch nicht in der Materie liegen, sondern daran, daß ich, allerdings vielleicht der Materie zulieb und von ihr verführt, das geistliche Ich und damit die zur Wahrnehmung Gottes u. s. w. geeigneten Organe in mir nicht ausgebildet hätte. Die Materie, d. h. die materielle Welt, kann allerdings, unserer Auffassung nach, dazu dienen, Gott uns nahe zu bringen, insofern sich in ihr göttliche Schöpfungsgedanken verwirklichen und zur Darstellung bringen, aber sie (und ohne sie existirt überhaupt nach unserer Auffassung keine Leiblichkeit) kann ihn uns nie unmittelbar offenbaren oder verhüllen, da Er selbst ja immateriell ist, sondern sie kann nur dem Geiste etwas bedeuten, sofern in ihr auch Gottes Geist waltet, wirkt, seine Fülle zur Darstellung bringt. Es ist aber immer eine unrichtige Vermischung, eine dualistische Anschauung, wenn man in der Materie die Ursache irgend einer Trennung von Gott, oder der Sünde sucht; die Ursache derselben kann immer nur in der Seele selbst liegen; wie dies auch Schöberlein ausspricht. —

Mit Recht hat man in den Bestimmungen, welche Paulus 1 Kor. 15 über die himmlische Leiblichkeit gibt, die rechten Grundlagen gesucht, von denen aus man versuchen kann, sich Vorstellungen über die Beschaffenheit des himmlischen Leibes zu bilden. Derselbe soll danach nicht verweslich sein, sondern unverweslich; nicht schwach, gebrechlich, sondern in voller, ungehemmter Kräftigkeit, nicht irgend häßlich und Gegenstand der Scham, wie theilweis der jetzige, sondern „herrlich"; nicht „natürlich" (= theilweis von Naturkräften abhängig), sondern „geistlich". Und das letztere wird ziemlich übereinstimmend dahin erklärt, daß er „dem geistlichen Leben schlechthin angemessen und dienstbar" sein wird (Nitzsch, System, 6. Aufl., § 217, Anm. 2), also einerseits in seiner Gestalt vollkommen „durchgeistigt" „ein wahres Spiegebild der Seele", so daß er „das äußere Bild der vollendeten Seele selbst darstellt, auch die feinsten Züge und die tiefsten Bewegungen des Seelenlebens abspiegelt, welches selbst wiederum ganz vom Geiste Gottes durchleuchtet wird" (Schöberlein, S. 90 f.). Andrerseits, wenn der Leib dem Geiste „schlechthin dienstbar" sein soll, so heißt das: „er ist alles zu vollziehen im Stande, was der Geist als seine Aufgabe erkennen wird" (Phys. s., p. 32): „für das Wo des Seins wird nicht mehr eine äußere Nothwendigkeit, sondern der Zug (oder sagen wir lieber: die geistige Wahl) der Liebe entscheidend sein" (Schöberlein, S. 98). Und wesentlich auf jener unbedingten Herrschaft des Geistes über ihn, und seiner Geeignetheit für dieselbe wird dann auch seine „Kraft" und „Unverweslichkeit" beruhen, sofern nämlich der Tod da eintritt, wo der Seele die Herrschaft über den Leib, diesem der Dienst für die Seele nicht mehr möglich ist.

Es sei aber hierzu noch Folgendes bemerkt. Wenn wir in der gegenwärtigen Welt eine höhere Vorzüglichkeit des Geistes gegen den Leib mit Nothwendigkeit darin erblicken, daß derselbe, im Nu

Zeit und Raum überspringend, anderswohin sich zu versetzen vermag, und seinem Verlangen und Vermögen die Dinge erkennend und gestaltend zu durchdringen, die Beihülfe der sinnlichen Organe gar oft zu langsam und träge sich erweist, so ergab sich daraus die Folgerung, den „himmlischen Leibern“, welche den Thätigkeiten und Bedürfnissen des Geistes ohne Verkürzung dienstbar sein sollten, müsse die größte Leichtigkeit der Bewegung, die größte Tragweite der Wahrnehmung und Mittheilungsfähigkeit eigen sein. So sagt z. B. Luther (Köstlin, Luthers Theologie, Bd. II, S. 573): „dort werden wir mit dem Leibe, gleichwie jetzt mit den Gedanken, behende da und dort sein, nach dem Vorbild des auferstandenen Christus, der in einem Augenblick durch die verschlossene Thür geht, und jetzt an diesem, jetzt an einem anderen Orte ist“, und ferner „der Leib wird scharfe Augen haben, die durch einen Berg sehen, und leise Ohren, die von einem Ende der Welt bis zum andern hören können; wir werden mit ihm daherfahren, wie ein Fünklein, ja wie die Sonne am Himmel, daß wir in einem Augenblick hienieden auf Erden oder droben im Himmel sein werden.“

Und weil ferner der Leib die Seele vollkommen abbilden soll, und dies insbesondere seinen Zweck hat für die vollkommene gegenseitige Mittheilung und Erkennbarkeit der himmlischen Wesen für einander, so redet man, wie nach jener Seite von einer großen Leichtigkeit und ätherischen Feinheit, vermöge deren sie allenthalben hin sich bewegen und eindringen könne, so nach dieser Seite gern von einer vollkommenen Durchsichtigkeit und Durchdringlichkeit der himmlischen Leiber, vergleicht sie darum gern mit Lichtleibern (so auch Schöberlein) und spricht von einem „Ausscheiden der gröberen, materiellen Elemente“, welches vor sich gehen müsse, damit der Auferstehungstrieb zu Stande komme (so auch Splittgerber und selbst Wangemann, Christl. Glaubensl., S. 415 f.). Am weitesten geht auch hier wieder Hamberger. Er behauptet bestimmt (Phys. s., p. 112 sq.), daß denselben wol Palpabilität, Dichtigkeit, Schwere beiwohnen wird, damit sie überhaupt gefühlt werden können, aber auch volle Durchdringlichkeit, so daß keins von dem andern entfernt sein wird, sondern sie liebevoll ineinander sich schmiegen und einander durchdringen, wie dafür (S. 153) die Gase und die ohne Störung durcheinander gehenden Klangfiguren unvollkommene Abbilder aus der gegenwärtigen Welt bieten. Es soll ihnen wol bestimmte Gestalt und Manigfaltigkeit der Farben nicht abgesprochen werden, weil sonst eine individuelle wahrnehmbare Schönheit in der Gestalt sich nicht ausprägen könnte, aber doch sollen sie zugleich vollkommen durchsichtig sein, wofür Glas und Wasser jetzt nur ein unvollkommenes Vorbild gibt. So ist das Licht ein Vorbild, vermöge seiner Leichtigkeit, Lauterkeit und Durchsichtigkeit, nicht aber, sofern ihm Fülle, Gediegenheit und Gewichtigkeit fehlt (S. 16). Auch Ausdehnung soll ihnen nicht abgesprochen werden, aber (S. 130) sie geht nicht in die Breite, sondern in die Tiefe, nicht nach außen, sondern nach innen; die niederen werden von den höheren in ihren Wirkungskreis eingeschlossen. Sie sind eben übermateriell, den Schranken des Raumes und der Zeit nicht mehr unterworfen (S. 30), unermeßlich über alle irdischen Raum- und Zeitverhältnisse hinausliegend.

Wir finden hier neben sinnigen und treffenden Bemerkungen solche, mit denen wir überhaupt irgend welche Vorstellung zu verbinden uns unfähig bekennen müssen. Dies gilt namentlich von dem über die Ausdehnung Gesagten. Daß ein Leib gedacht werden solle, ohne räumliche Umgrenzung und Beschränkung, und doch wieder von bestimmter Gestalt, scheint uns eine contradictio in adjecto. Wir möchten hier aber darauf auch hinweisen, daß zu dem geforderten Zweck eine solche Annahme eines Allenthalben-Seins und Durcheinander-Seins keineswegs unbedingt erforderlich ist. Und dieser Zweck ist doch der hauptsächlichste Anhaltspunkt, um Vorstellungen über die Beschaffenheit der himmlischen Leiblichkeit versuchsweise uns zu machen. (Von apodiktischer Gewißheit wird nach dem oben Bemerkten auf diesem Gebiet überhaupt nur wenig die Rede sein können.) Ist es Bedürfnis des Geistes, und, je vollkommener er ist, um so mehr, allenthalben hin wahrnehmend und wirkend sich zu erstrecken, wenn auch nicht schlechthin universell, so doch in einen weiten, potentiell unbegrenzten Kreis: so ist doch keineswegs erforderlich, daß der Leib allenthalben da, wohin er Wirkungen der Person ausströmen, oder von wo er derselben

Wahrnehmungen zuführen soll, wirklich selbst gegenwärtig sei. Thatsächlich zeigen in der Anziehungskraft, in den Licht-, Schall- und Elektricitätsbewegungen nicht nur die höhern Organismen, sondern ausnahmslos auch die geringsten Theilchen der gegenwärtigen Materie (soweit nicht etwa von dem voraussetzungsweise zwischen den Weltkörpern angenommenen Aether anderes gilt) die Fähigkeit, über die Grenzen des Orts hinaus, an welchem sie sich befinden, weithin zu wirken und sich bemerklich zu machen (ja, streng genommen müßte man wol sagen: in's Unendliche hin, oder bis dahin, wo ihre Wirkung durch anderweitige Gegenwirkung paralysirt wird), ohne daß sie selbst ihren Ort verließen oder von ihrer Kraft und Wesenheit einzubüßen brauchten. Und es hat in der That nichts Widersinniges, anzunehmen, daß diese und ähnliche, vielleicht auch noch unbekannte und jetzt uns nicht wahrnehmbare Bewegungserscheinungen in der Materie (auch die Elektricität z. B. war vor nicht gar langer Zeit so gut wie völlig unbekannt) noch ganz anders wie jetzt in den Dienst des Geistes vermittelst des Auferstehungsleibes treten werden. Auch Luther dachte sich neben der größten Leichtigkeit der Bewegung (und das exemti locis et temporibus das er an einigen Stellen aussagt, temperirt er anderwärts auf eine absolute Schnelligkeit der Bewegung) andrerseits die ausgedehnteste Wahrnehmungsfähigkeit; und dürften wir einen Vergleich, welchen er einmal (im Bekenntnis vom Abendmahl; s. Köstlin, Bd. II, S. 175) gebraucht, streng nehmen, so würden wir in seinem Sinne auch hinsichtlich der Leiblichkeit des verklärten Christus nicht bis zu einer wirklichen (lokalen) Ubiquität vorzugehen brauchen, sondern bei einer dynamischen stehen bleiben können, d. h. bei dem Vermögen, allenthalben hin zu wirken. Wenn er nämlich a. a. O.[1]) vom Leibe Christi sagt, daß derselbe „keinen Raum mehr nimmt noch gibt, sondern durch alle Creaturen fährt, in der Art etwa, wie mein Gesicht durch Luft, Licht oder Wasser fährt, oder wie der Klang durch Luft und Wasser oder Bret und Wand fährt, und hier weder Raum gibt noch nimmt", so weiß er, vermöge der damals noch so mangelhaften Naturerkenntnisse,

[1]) und ähnlich an einer von Hamberger S. 63 angeführten Stelle.

nur eben nicht klar zu unterscheiden, daß die Licht- und Schallwellen, welche die Verbindung zwischen mir und dem gehörten resp. gesehenen Gegenstand herstellen, nicht selbst Körper, sondern nur Erschütterungen der dazwischenliegenden Körper sind: — sonst würde er vielleicht versucht haben, die Bedeutung, welche er der Leiblichkeit Christi beizulegen wünschte, noch in anderer Weise zu vermitteln, wie er es nun in der Ubiquitätslehre gethan hat.

Wir dürfen uns weiter auch nicht verbergen, daß nicht nur solche Behauptungen, wie die von der „Erhabenheit der himmlischen Körper über den Raum", sondern auch die noch verbreiteteren von der großen Feinheit, Durchsichtigkeit, lichtartigen Beschaffenheit der himmlischen Leiber, von dem „Ausscheiden der gröberen Elemente", für den gegenwärtigen Erkenntnisstandpunkt kaum den Werth von hinlänglich begründeten Vermuthungen, oder auch nur immer von überhaupt klar vollziehbaren Vorstellungen haben. Allerdings nämlich erscheint uns der Aether, welchen die althergebrachte Vorstellung, wie auch meistentheils wol die neuere Physik zwischen den Weltkörpern annimmt, und ihm zunächst etwa die Luft, leicht als das feinere, edlere, himmlischere gegenüber den gediegeneren Körpern, welche leicht den Eindruck der Trägheit und Unbeholfenheit machen, während jene leichter, beweglicher erscheinen, und insbesondere den erhabensten, am freiesten von räumlicher Beschränkung den Weltraum durchmessenden Erscheinungen — denen des Lichts — am willigsten zum Träger sich hergeben. Aber während doch (wie auch Hamberger forderte) den himmlischen Leibern die höchste Formenbestimmtheit eigen sein soll, wenn anders gerade in der Vollkommenheit, mit welcher sie auch die feinsten Bewegungen und Charakterzüge des Seelenlebens wiederspiegeln, ihre höhere Vorzüglichkeit bestehen soll: so zeigen sich jene luftförmigen, und die an Durchsichtigkeit, Durchdringlichkeit und Beweglichkeit ihnen zunächst stehenden tropfbar flüßigen Substanzen eben wegen dieser Eigenschaften für sich selbst durchaus unfähig, bestimmte Körper, geformte Organismen zu bilden, und die äußerlich etwa ihnen zunächst stehenden gallertartigen Thierchen gehören zu den niedrigsten Organismen, welche die Thierwelt kennt. Jene ätherischen und dem Aether zunächst stehenden Substanzen erscheinen durchaus nicht bestimmt, selbst Organismen zu bilden, sondern haben nur den Zweck, den sich bewegenden Körpern, und insbesondere den lebendigen Organismen, zu Trägern der von ihnen ausgehenden und auf sie einströmenden Bewegungen zu dienen, und erfüllen diesen Zweck um so vollkommener, je passiver d. h. also lebloser sie selbst sind. Die Aufgabe des höheren Organismus aber, und besonders die centrale Herrscherstellung des Menschen in der gegenwärtigen Schöpfung, scheint es umgekehrt mit sich zu bringen, daß er von allen Daseinsformen der Materie, von der flüßigen und gasförmigen, bis zu den festesten (im Eisen des Blutes und im Kalk der Knochen) Theile in seinem Leibe zu einem lebendigen Organismus vereinige. (Sinnvoll vergleicht G. H. v. Schubert in seiner „Geschichte der Seele" das Beingerüst mit den Gebirgen als dem Knochenbau der Erde, und findet in ihm die Consistenz und Beharrlichkeit der Seele symbolisch ausgeprägt.) So ist es in der gegenwärtigen Schöpfungswelt, — wie wollen wir entscheiden, daß es einst anders sein werde? —

Was weiter noch die „Durchsichtigkeit" anlangt, welche zur vollkommenen Erkennbarkeit nöthig sein-soll, so darf nicht übersehen werden, daß die Lichtwelle nur eine Art, ja nur eine Stufe der Bewegungen ist, durch welche Erscheinung und Eigenschaft des einen Körpers dem andern sich mittheilt und bemerklich macht, und daß es außer den uns bekannten deren noch andere geben möge. Ist die Physik doch schon jetzt daran, uns zu beweisen (man sehe z. B. Ruete, Die Existenz der Seele, S. 11 Anm.), daß die Erzitterung der Luft, welche wir mit den Hautnerven empfinden, dann der Schall, welchen wir hören, dann die Wärme, welche wieder in anderer Weise die Hautnerven empfinden, endlich das Licht in der bekannten Stufenfolge der Farben bis zum Weiß gar nicht so wesentlich verschiedene Vorgänge seien, wie sie uns erscheinen, eben weil wir sie mit den verschiedenen Sinnesorganen vermöge deren besonderer Construction verschieden wahrnehmen, sondern daß sie in der That nur graduell verschieden seien als Schwingungen von steigender Schnelligkeit in der angeführten Reihenfolge, und daß schließlich alle physikalischen Vorgänge auf das eine Princip wärmeerzeugender Bewegung zurückzuführen seien (so K.

v. Helmolt). Was wissen wir also, ob jene Vorgänge sich uns nicht in ganz anderer Weise einst werden bemerklich machen? Und von hier aus können wir gerade das nicht so leicht als allzu überschwenglich und undenkbar abweisen, was Origenes (s. Ritter, Geschichte der Phil., Bd. V, S. 552) freilich aus einem irrigen Grunde bestimmt behauptet, „die Verschiedenheit der Glieder werde im Auferstehungsleibe aufhören, indem er ganz höre, ganz sehe, ganz handele“, woran auch der von Hamberger (Phys. s., p. 89) angeführte Ausspruch von St. Martin, freilich in etwas phantastischer Ausdrucksweise, anstreift, wenn er sagt: „Das Licht tönte, die Melodie erzeugte Licht, die Farben hatten Bewegung“ u. s. f. Man mag hierin nämlich die richtige Ahnung zu Grunde liegend finden, daß die verschiedenen Arten der gegenwärtigen Sinneswahrnehmungen wesentlich auf der besonderen Construction der verschiedenen Sinneswerkzeuge beruhen, an und für sich aber auch ganz andere Weisen, die Hergänge der leiblichen Welt aufzufassen, möglich und denkbar seien. Deshalb können wir aber auch nicht eine „Durchsichtigkeit“ der Körper der himmlischen Welt in dem Sinne behaupten, daß sie deshalb den jetzt unserem Auge durchsichtigen Körpern irgend gleichgeartet sein müßten. —

Doch müssen wir hier noch einen besonderen Grund berücksichtigen, welchen Hamberger dafür geltend macht, daß er eine Erhabenheit der himmlischen Körper über den Raum behauptet, wie sie für uns den Begriff des Leibes überhaupt aufhebt. Er sagt S. 122: „Das in die Räumlichkeit Gebannte unterliegt auch dem Gesetze der Zeit. Es besitzt nie die volle Kraft des Daseins und kann sich in dieser auch auf keinen Fall behaupten. Wie es allmählich zu seiner Entwickelung gelangt, so geht es auch wieder seinem Untergange entgegen.“ Enthielte dieser Satz einen unbedingt gültigen Kanon, so wäre es in der That um unsere Ewigkeitshoffnungen überhaupt schlimm bestellt. Denn daß nicht nur des Menschen Leib, sondern auch sein Geist „nur allmählich zur Entwicklung gelangt“, lehrt uns jede Beobachtung eines kleinen Kindes, jeder klare Rückblick auf unsren eigenen Lebensgang. Daß er aber durch sich selbst „sich auf jeden Fall zu behaupten wisse“, ist vom Leibe überhaupt nicht zu fordern. Jede Polemik gegen den Materialismus wurzelt doch wol in der Wahrheit, daß der irdische Leib nicht sowol in sich selbst, wie in der, vom Geist belebten Seele die Kraft hat, die ihn eigentlich trägt, durch die er überhaupt nur als „Leib“ existirt, da er ohne sie nur ein auseinanderfallendes Conglomerat lebloser Stoffe wäre. Wieviel mehr wird dies vom zukünftigen Leibe gelten, der als ein „geistlicher“ noch viel mehr bloß im Geiste die Lebenskraft hat, die ihn trägt und bewegt. Nicht also darin allein, daß er so oder so stofflich zusammengesetzt ist, wird er seine „Kraft“ und „Unverweslichkeit“ haben, sondern darin hauptsächlich, daß, entsprechend der Vollkraft des Geistes in ihr, die Seele schlechthin kräftig ist, daß sie die — freilich die dazu geeigneten — Elemente, ohne zu ermatten, zusammenhält. So mögen denn auch die Bestandtheile des Leibes — was Hamberger a. a. O. nicht gelten lassen will — ohne Schaden nur neben-, nicht ineinander bestehn, und für sich allein „leicht einer äußeren Getrenntheit anheimfallen“. Denn ein organischer Leib entsteht ja überhaupt nicht dadurch, daß sich Stoffe vermöge der ihnen selbst innewohnenden Kraft zu einem Ganzen vereinigen, sondern gerade dadurch, daß die letztere zum guten Theil still gelegt wird durch die höhere Macht der organischen Lebenskraft (vis vegetativa), die nicht anders als mit der Seele völlig verbunden gedacht werden kann. Diese hält die Stoffe zusammen, bis sie dieselben etwa entläßt, um neue aufzunehmen. Uebrigens ergibt sich hieraus, daß „übermateriell“ — wie Hamberger den himmlischen Leib genannt haben will, allerdings gewissermaßen jeder Leib genannt werden kann und, um so zu heißen, nicht „immateriell“ zu sein, d. h. aus einem anderen Stoffe höherer Art als wie die gegenwärtige Materie zu bestehn braucht. Insofern nämlich, als immer nicht bloß materielle Kräfte in ihm walten, sondern er zum Leibe erst damit wird, daß die höhere, „übermaterielle“ Lebenskraft der Seele ihn mit siegender Macht den Banden entzieht, an welchen die übrige Materie seine Bestandtheile hierhin und dorthin auseinanderziehn will. Der himmlische Leib kann allerdings ein „übermaterieller“ in vollerem Sinn genannt werden, weil bei ihm jene Kraft eine ungebrochene, beim irdischen Leib nur eine bedingte, letztlich durch den Tod paralysirte ist. — Was endlich die allmähliche Entstehung und Entwickelung anlangt, so will doch auch Hamberger nicht den himmlischen Leib in starrer Unveränderlichkeit verharren lassen, vielmehr schreibt er ihm S. 135 ausdrücklich „wachstümliches Leben, beständige Wiedergestaltung, fortwährende Erneuerung“ zu. Ebenso sagt Schöberlein S. 90: „Die äußere Natur bleibt für den Leib immer das mütterliche Element, aus welchem ihm die Stoffe und Kräfte für seine Existenz zufließen.“ Und es entspricht wenigstens ganz der Analogie, welche die gegenwärtige Natur uns aufzeigt, wenn Schmieder (Das apost. Symb., S. 37) geradezu behauptet: Das Fleisch der verklärten Leiblichkeit wird noch viel mehr als das der irdischen in stetem Austausch mit seiner Außenwelt bestehn, weil es lebendiger, zarter, beweglicher sein wird als das irdische.“ — Aber die ganze äußere Natur soll, eben nach der jenen Theologen mit Vielen gemeinsamen Annahme, in der Auferstehung eine andere, aller „grobmateriellen Bestandtheile“ entledigte sein. Wir haben oben, wenn auch nur andeutungsweise, zu zeigen versucht, daß sich kein genügender Grund absehn lasse, warum „die gegenwärtige Materie für Leiber von der Herrlichkeit, wie wir sie nach der Auferstehung erwarten dürften, solle unbrauchbar sein. Andrerseits sprechen doch starke Bedenken nicht sowol dagegen, daß die gegenwärtigen Weltkörper einmal sollten aufgelöst werden (das scheint die Schrift zu lehren, und hinsichtlich dieser Erde wenigstens hat auch die Naturforschung mehrfach die Erwartung ausgesprochen, daß sie einst für Leiber wie die jetzigen schlechterdings unwohnlich sein werde); — wol aber hat das starke Bedenken gegen sich, daß die materiellen Grundsubstanzen, welche für die gegenwärtige Forschung den Charakter der Unveränderlichkeit an sich tragen, ganz und gar sollten vernichtet werden. Uns will es fast als ein Armutszeugnis für den Allmächtigen erscheinen, wenn Er mit der Materie, die Er einmal geschaffen und welche doch selbst eine Ursache zur Vernichtung Ihm nicht geben kann, bloß weil die Sünde zwischeneingetreten, gar nichts Besseres sollte zu machen wissen, als sie wiederum zu vernichten. Man mache hiegegen nicht geltend, daß nach diesem Grundsatze doch alle Geschöpfe ewig sein müßten. Denn die einzelnen organischen und mechanischen Verbindungen — wie z. B. die Weltkörper —

sind nicht schlechthin nur durch Gottes Schöpferwort entstanden, sondern so, daß er sich der Mitwirkung schon früher erschaffener natürlicher Kräfte dazu bediente; wie das auch die mosaische Schöpfungsgeschichte, wenigstens durch das „die Erde lasse hervorgehn", andeutet. Die Grundstoffe aber mit ihren inhärirenden Kräften können wir uns doch wol nur unmittelbar und allein durch Gottes Schöpferwort geschaffen denken, wenn wir nicht in Materialismus oder Dualismus verfallen wollen; sie sind „geschaffen" im vollen Sinne des Worts, wie das aus anderen, aber analogen, Ursachen auch von der einzelnen Menschenseele anzunehmen sein wird. Und es scheint uns in diesem Betracht der von J. H. Fichte aufgestellte Satz: „Was geschaffen ist — nämlich in jenem vollsten, absoluten Sinne des Worts — ist auf ewig" — allerdings eine gewisse Wahrheit zu enthalten. — Jedenfalls würde die „Verwandelung", welche Paulus den bei Christi Wiederkunft noch nicht Gestorbenen in Aussicht stellt, nicht ihre Stelle finden, vielmehr die Leiber, statt verwandelt zu werden, ganz beseitigt werden müssen, wenn die materiellen Substanzen der Welt selbst durch andere ersetzt werden sollten. — Und wir finden kein Hindernis, vielmehr Schmieder beizustimmen, welcher a. a. O., S. 39 im Gegentheil behauptet: „Es wird im Auferstehungsleibe Stoffliches aus derselben großen Werkstätte der Natur sein, aus welcher jetzt unser Fleisch gebildet wird."

III.

Sollen wir nun aus der bisherigen Darlegung noch einige Folgerungen hinsichtlich der anderweitig ausgesprochenen Vorstellungen über den verklärten Leib ziehn, so dürften dies folgende sein:

1. Wir werden jedenfalls denen nicht beistimmen können, welche — wol nur damit die altchristliche und reformatorische Orthodoxie auch hierin Recht behalte — auch jetzt noch eine, auch stoffliche Identität des Auferstehungsleibes mit dem jetzigen behaupten wollen. Eine qualitative Gleichheit beider anzunehmen, ist natürlich von vornherein ausgeschlossen — mit Recht sagt hiegegen schon Gregor von Nazianz: „Danach sehnen wir uns ja, von der Un-

vollkommenheit des Gegenwärtigen erlöst zu werden", und die Schriftstellen Matth. 22, 30. 1 Kor. 15, 34 f. 2 Kor. 5 weisen in der That auf eine sehr weit greifende Verschiedenheit hin. Eben deshalb ist es aber auch völlig unzuläßig, wenn auch neuerdings noch Schöberlein und Wangemann (Chr. Gl.-L., S. 417 f.) zwar die qualitative Verschiedenheit zugeben, von einem „Ausscheiden der gröberen Elemente" u. s. f. reden, dennoch aber sich darauf steifen, eine Identität beider auch der stofflichen Seite nach, also ein Wiedersammeln der variae particulae hinc inde dissipatae, mit Quenstedt zu reden, zu behaupten. Eine theilweise würde es ja doch nur sein können, ist anders die qualitative Verschiedenheit, die andere organisch-chemische Zusammensetzung zu behaupten. Dieselbe verliert aber in der That auch allen Sinn und Zweck für den, welcher bedenkt, in wie universellem Umfange schon jetzt der Leib seine sämtlichen Bestandtheile fortwährend wechselt (vgl. darüber z. B. Splittgerber a. a. O., S. 46 f.; Naville, La vie éternelle, p. 35 sq.; Plitt u. a. m.). Die Alten konnten sich die Identität der Person mit allen ihren seelischen Kräften an die Selbigkeit der Stoffe irgendwie gebunden denken, weil sie von diesem steten Wechsel der stofflichen Bestandtheile unseres Leibes keine Kenntnis hatten. Für uns sind aber alle derartigen Vorstellungen eben dadurch ausgeschlossen, daß wir wissen: schon in diesem Leibe haben wir nach wenigen Jahren gar nicht mehr dieselbe Haut, dasselbe Fleisch u. s. f. Treffend bemerkt daher Schmieder S. 37: „In diesem Sinne, daß das Stoffliche, das einst diesem Leibe angehörte, gerade dieses und kein anderes, wieder vereinigt werden sollte, kann dieses Fleisch nicht auferstehn, schon deshalb nicht, weil das Stoffliche an sich selbst gar nicht dieses oder jenes auf beharrliche Weise ist, sondern immer ein Anderes wird"; denn „durch unendliche Verwandlungen geht es, zertheilt sich unendlich, und kann nie als das, was es war, zurückkehren, sondern immer nur als Nahrung in ganz anderer Mischung."

Was noch die Schriftlehre anlangt, so nehmen zwar die meisten Neueren an, daß Hiob 19, 26 eine Auferstehungshoffnung ausgesprochen werde; eine göttliche Offenbarung aber über die Auferstehung bis in die einzelnen Bestimmungen hinein, welche auch über diese ein von menschlicher Unvollkommenheit ungetrübtes Licht verbreite, haben wir dort offenbar nicht zu suchen. Danach hätte schon der ganze Gang des Buches von jener Stelle ab ein anderer werden müssen. Mit Recht bemerkt vielmehr Delitzsch (Genesis, S. 138; s. auch Splittgerber, S. 91, und Oertel, Hades, S. 16), „daß die alttestamentlich vorexilische Zeit kein directes, den Trost des Fortlebens aussprechendes Wort Gottes habe. Die Hoffnung auf Fortdauer ringt sich als ein Postulat des Glaubens mühsam durch; aber kaum erscheint die edle Perle über den Wogen der Anfechtung, so ist sie schon wieder verschlungen". — Bedenklich aber und übrigens auch unzulänglich ist es, wenn Wangemann das Gleichnis vom Weizenkorn 1 Kor. 15 für die Behauptung irgend welcher stofflichen Identität verwerthen will. Das Weizenkorn nämlich wird zwar in seine Bestandtheile aufgelöst bis auf das verschwindend kleine Keimauge; aber dieselben bleiben örtlich zusammen und werden nur so Nahrung des Keims und damit Bestandtheile der neuen Pflanze. Würden aber die Bestandtheile des Weizenkorns ebenso in alle vier Winde zerstreut wie die stofflichen Bestandtheile des Leichnams werden, so würde überhaupt keine neue Pflanze entstehn. Will man also überhaupt das Gleichnis so genau ausdeuten, so kann man nicht die stofflichen Bestandtheile des Leibes mit dem in Parallele setzen, was aus dem Weizenkorn in die neue Pflanze übergeht, sondern den Inhalt mehr geistiger Art von Erkenntnissen, Kräften u. s. f., welchen die Seele als Ergebnis dieses Lebens gewonnen hat mit Hülfe des Leibes, welcher selbst abgebraucht zerfällt, wie die Hülse des sich zersetzenden Weizenkorns. — Die übrigen Schriftstellen aber handeln nur von der Auferstehung der Personen und enthalten wenigstens keine ausdrückliche Belehrung vom Leibe.

2. Weil nun eine stoffliche Identität sich nicht halten ließ, ist man andererseits zu der Behauptung gekommen: nicht die Elemente, aus denen unser Leib besteht, sind ihm wesentlich" (Kahnis, Dogm., Bd. III, S. 569); „bei der Auferstehung des Leibes oder Fleisches denken wir nicht an diese sinnlichen Stoffe, die schon in diesem Leben in einer steten Verwandlung und im Verschwinden begriffen sind, sondern an die ewige Grundgestalt nicht τὸ

ὑλικόν, sondern τὸ εἶδος, wie Origenes sagt, [und damit] an die wesentliche Identität des neuen und des in der Zeitlichkeit getragenen Leibes, und bekennen so, daß es keine andere, sondern dieselbe Individualität ist, welche zu ihrem Ideale verklärt auferstehn soll" (Martensen, Dogm., § 275). Eine „Vorausdarstellung der Verklärung der Leiblichkeit zu ihrem Ideal" sieht Martensen in den bildenden Künsten, welche „ohne Bedeutung sein würden, wenn das Dogma von der Auferstehung des Leibes keine Gültigkeit hätte und wenn sie nicht als eine Prophetie der höheren Wirklichkeit betrachtet werden könnten, die sie selber nur im Bilde, nur im Scheine darstellen" (vgl. hiezu Winckelmanns Aeußerung bei Hamberger, S. 82). Noch bestimmter meint Splittgerber (Schlaf, Tod und Fortleben, S. 38 ff.): „Das eigentliche unvergängliche Wesen unseres Leibes besteht nicht in den Stoffen desselben, in unserem Fleisch und Blut, sondern in seiner charakteristischen Grundform"; „die Gestalt ist es, welche bei aller Wandelung der Stoffe wesentlich dieselbe bleibt", die „ein genauer Spiegel ist des individuellen Geisteslebens", wofür er S. 41 f. noch Aussprüche Anderer anführt.

Wir müssen hiezu freilich zunächst bemerken, was wir schon oben aus Nitzsch und Schöberlein anführten, daß doch nicht nur die Substanz des gegenwärtigen Leibes, sondern ebenso auch seine Gestalt ihren Zweck — Spiegel der Seele zu sein — nur unvollkommen erfüllt. Wir können auch überhaupt schwerlich Stoff und Form ganz und gar von einander trennen. Eine Gestalt existirt zunächst doch nur an einem Stoff, dessen Gestalt sie eben ist, dessen Umrisse und Gliederung sie bestimmt; demnächst allerdings auch in der Vorstellung, welche die Form proleptisch oder (a posteriori) von ihrem Stoffe abstrahirt hat. Aber auch in letzterem Falle hat sie doch immer Beziehung zu bestimmtem, nicht beliebigem, sondern ihr angemessenem Stoffe. Darum ändert sich auch thatsächlich unsere leibliche Gestalt kaum wesentlich schneller oder langsamer, als der Stoff, sofern wir bei letzterem nicht an die Identität der stofflichen Partikeln denken (welche freilich stets wechseln), sondern an die Selbigkeit der Qualität, der Stoff-Arten und Verbindungen. Diese ändern sich kaum wesentlich schneller, wie die Gestalt; jede Veränderung der ersteren ruft auch eine Veränderung in der Gestalt hervor. Es wäre darum einseitig, Gestalt und Ausdruck des Menschen lediglich als ein Product des geistigen und seelischen Princips zu fassen; sie sind auch bedingt durch die Stoffe. Nun meinen freilich jene Männer mit der Gestalt des Leibes, welche die Identität des gegenwärtigen und des verklärten ausmachen soll, nicht die empirisch-äußerliche Gestalt, sondern die „ideale Grundform". Aber wirklich in's Dasein getreten ist vorerst doch nur die erstere; die letztere wird es doch erst an einem ihr angemessenen Stoffe — und wir können doch Allem nach nicht wissen, ob nicht der Unterschied beider ein sehr großer sein wird. Es scheint uns deshalb wiederum gerathener, mit Schmieder a. a. O., S. 39 geradezu zu sagen: „Die Identität des Fleisches beruht nicht auf dem Stofflichen ...., auch nicht auf der Gleichheit der Gestaltung, da die himmlischen Leiber herrlicher sein werden, wie die irdischen .....; sie beruht auf der Identität der Person und ihrer vis vegetativa, die mit der geistlichen Vollendung der Person erhöht und verklärt, aber nicht mit einer andern vertauscht werden wird .... Wenn wir von einer Auferweckung dieses Fleisches sprechen, so ist dies eine Metapher, indem wir darunter nur die Auferweckung dieser vis vegetativa verstehn, die dieser unserer Person, unserem Ich inhärirt und nach der Ohnmacht des Todes das Stoffliche der Natur ebenso, ja noch mächtiger sich aneignen und zu unserem Fleisch machen wird, als sie dies jetzt vollbringt. Die Beschaffenheit des Fleisches hängt von der Beschaffenheit der vis vegetativa und diese wiederum von der eigentümlichen Beschaffenheit der ganzen Person ab." (Wir setzen hinzu: die Beschaffenheit des „Fleisches" sowol der Gestalt wie dem Stoff nach; denn aller Einfluß des geistig-seelischen Princips auf die erstere ist doch kein unmittelbarer, sondern durch die organische, leibbildende Lebenskraft und seinen Einfluß durch diese und den stofflichen Bestand des Körpers vermittelter.) —

3. Alles, was für die Selbigkeit dieses Leibes und des Zukünftigen gesagt wird, kommt schließlich darauf hinaus, daß die Person und ihr Bewußtsein, daß das Ich doch dasselbe sein solle. Wie weit hierzu aber auch eine Selbigkeit des Leibes gehöre, ist

eben die schwierige und, wir meinen, hienieden gar nicht zu lösende Frage. Den Grund, welchen die alten Apologeten anführten (z. B. Athenagoras, s. Ritter, Bd. V, S. 320), wird heutzutage wol niemand mehr geltend machen: die Gerechtigkeit fordere, daß nicht nur die Seele belohnt resp. gestraft werde, sondern auch der Leib, da nicht nur jene, sondern dieser mit ihr gesündigt und Gutes gethan habe. Es wird Jeder anerkennen, daß der Leib doch nichts Zurechnungsfähiges thun oder unterlassen könne, sondern nur Seele, Geist, Wille des Menschen, allerdings mit Hülfe und oft auf Anreiz des Leibes, an welchem der letztere selbst aber völlig unschuldig ist, indem er, soweit nicht die Seele auf ihn von Einfluß gewesen, auf physischer Nothwendigkeit beruht. So kann auch nur die Seele gestraft werden, höchstens am Leibe, d. h. an ihrem Leibe, an dem, welchen sie zur Zeit gerade hat, und der, wie Schmieder richtig sagte, insofern immer derselbe ist, als er der Leib eben dieses Menschen ist, aber weder dem Stoff nach, noch der Gestalt nach je völlig derselbe bleibt. Das ist aber eben, wie auch Plitt (Glaubenslehre, Bd. II, S. 345) bemerklich macht, die eigentliche schwierige Frage: ob die Continuität, also das Fortleben der Person, wirklich nicht gebunden sei an irgend welche Continuität des Leibes? — Die altchristlichen Theologen, auch der am wenigsten spiritualistische Tertullian, beruhigten sich dabei, daß der Leib sterbe, die Seele aber ohne Leib fortlebe in einem mehr oder weniger schlummerhaften Zustande, bis sie einen neuen oder vielmehr wiederum den alten Leib empfange, wofür denn einfach auf die Allmacht Gottes recurrirt wurde — denn die angeführten Naturanalogieen reichten doch insofern nicht aus, als beim Weizenkorn, Schmetterling u. s. f. doch immer eine stoffliche Continuität stattfindet, welche beim menschlichen Leibe, wenn er verwest, allem Anschein nach fehlt. — Neuerdings scheint man vielfach dazu zu neigen, im Anschluß an Jakob Böhme (s. Splittgerber, S. 62), sich unter diesem sichtbaren Leibe, der im Tode zerfalle, einen unsichtbaren himmlischen, einen „Nerven-Leib", ein pneumatisches Fruchtkorn verborgen zu denken, gleichsam ein Product der seelischen Thätigkeit im Leibe und Extract aus dem letzteren, welcher den Tod überdauere (so auch Plitt a. a. O., S. 346, und Delitzsch,

Biblische Psychologie, S. 402), so daß in diesem Sinne Splittgerber S. 45 geradezu behauptet, „daß auch der Leib des Menschen eigentlich im Tode gar nicht zerstört wird". Dieser Leib bleibt dann als „Zwischenleib" ohne Wechselverkehr mit der Außenwelt bei der Seele, bis er in der Auferstehung aus den Stoffen der verklärten Welt seine volle Ausgestaltung empfängt. So auch Martensen, § 276 [1]); Nitzsch, System, § 217, Anm. 2 u. a. m. — Denn freilich, wenn die Grundgestalt oder auch nur die vis vegetativa fortbestehn soll, so scheint es schwierig, sich dies anders zu denken, als mit einem stofflichen Substrat. Wir wollen auch nicht leugnen, daß in dieser Annahme (welche ihre hauptsächliche Stütze freilich wol noch in der lutherischen Abendmahlslehre gehabt hat) für Manchen eine Erleichterung liegen möge, sich das große Geheimnis vom Fortleben nach dem Tode näher zu rücken und faßbarer zu machen. Auch läßt sie sich in empirischer Weise weder widerlegen, noch beweisen. Denn da jener verborgene „Nervenleib" als ein himmlischer schlechthin außerhalb der gegenwärtigen Wahrnehmung fallen, oder höchstens unter ganz besonderen subjectiven Bedingungen wahrnehmbar sein soll: so läßt sich von hier aus apodiktisch weder widerlegen, noch auch beweisen. Letzteres nicht, da auch die Wirklichkeit von Todtenerscheinungen, auf die man sich etwa berufen möchte, vorausgesetzt, doch bei den besonderen subjectiven Bedingungen, welche zur Wahrnehmung jedenfalls erforderlich sind, die Annahme nahe genug liegt (welche auch Justinus Kerner ausdrücklich theilt): die eigentliche Wahrnehmung sei nur eine geistige gewesen, die vermeintliche sinnliche aber erst ein Product der ersteren mit Hülfe der Erinnerung und Phantasie. — Der Auferstehungsleib des Heilandes läßt sich aber deshalb nicht hierherziehn, weil hier jedenfalls kein, nach Zerfall des irdischen Fleisches und Blutes gebliebener „Zwischenleib" vorliegt, sondern unmittelbarer, wenn auch vielleicht allmählicher Uebergang des irdischen in den himmlischen;

---

1) Nicht mit Recht führt wol Martensen die Stelle 2 Kor. 5, 2—4 als Beweis hiefür an. Wenigstens sprechen gegen die von ihm befolgte Lesart ἐκδυσάμενοι die besten Codd. wie Sin. Vat. und demzufolge auch die meisten neueren Ausleger, s. bei Hofmann, Das Neue Testament z. d. St.,

jedenfalls aber müssen wir uns hüten, den apologetischen Werth jener Hypothese nicht zu überschätzen. Unser Glaube an ewiges Leben und Auferstehung kann nicht darauf gestützt werden, daß uns jene vorausgesetzte, verborgene Leiblichkeit plausibel gemacht werde. Er kann sich nur darauf gründen, daß wir der Herrschermacht des Geistes, der geistigen Seele, ihrer Fähigkeit, sich unabhängig von ihm zu bewegen, selbständig zu existiren, fester bewußt werden. Ob sie nun hierbei irgend welcher, uns nicht wahrnehmbarer leiblicher Kräfte sich bediene, läßt sich aus angeführten Gründen nicht mit apodiktischer Gewißheit von vornherein verneinen, aber wir können diese leiblichen Agentien und Kräfte doch erst annehmen, nachdem uns die geistig-seelische Fortdauer feststeht, nicht umgekehrt. Ob aber diese Hülfshypothese von dem Zwischenleibe wirklich höheren Werth habe, wie die alte, auch von Schöberlein noch festgehaltene Annahme einer zunächst leiblosen Fortdauer, muß uns fraglich werden, wenn wir bedenken, ein wie großes Wagnis es doch ist, außer den beiden uns bekannten Gebieten, dem geistlichen und dem materiell-leiblichen, noch ein drittes, uns völlig unbekanntes und unerweisliches einer sublimirten Leiblichkeit anzunehmen, und wenn wir aus dem Abschnitt II den Eindruck bekommen haben, wie wenig ausreichende Gründe für die Annahme einer besonderen übermateriellen und doch leiblichen Daseinssphäre vorliegen. Dieselbe hätte auch schwerlich soviel Freunde gewonnen, wenn nicht vorher der Begriff des Leibes überhaupt durch die lutherische Ubiquitätslehre eine völlige und, wie uns scheint, ungerechtfertigte Auflösung erfahren hätte. Das Wort „werdet doch recht nüchtern" ist freilich 1 Kor. 15 zunächst den Gegnern des Auferstehungsglaubens zugerufen werden; es dürfte aber auch bisweilen den Verteidigern desselben zuzurufen sein. Würde die rechte Nüchternheit in Prüfung der einzelnen Vorstellungen, ihrer Haltbarkeit, in Unterscheidung des Grades von Wahrscheinlichkeit und Gewißheit, welcher ihnen beiwohnt, versäumt, so wäre dies kein Gewinn, sondern Verlust für die Festigkeit, den ethischen Werth und die ethische Kraft der christlichen Hoffnung. Darum trösten wir uns auch, wenn die Ergebnisse unserer Untersuchung im ganzen mehr kritische und negative, wie positive geworden sind. „Wir schauen durch einen Spiegel, als in einem dunkeln Wort", „als Kind können wir uns das ganze Wesen, Denken und Leben des Mannes noch gar nicht vorstellig machen", 1 Kor. 13, 12. 11: — diese Wahrnehmung wird sich uns bei eschatologischen Gegenständen ja immer auf's neue bestätigen. Positive Ergebnisse für größere Klarheit und Sicherheit unserer Auferstehungshoffnungen werden wir der Natur der Sache nach weniger von einer solchen, der leiblichen Seite zugewandten Betrachtung, wie die vorliegende ist, zu erwarten haben, wie von einer Erörterung über das seelische, geistige, sittlich-religiöse Wesen des Menschen, wofür ja auch aus der neueren Philosophie die erfreulichsten Beispiele vorliegen. Dennoch hat uns bedünken wollen, als ob hie und da bei schärferem Zusehn auch der Stoff des Leibes etwas von der Sprödigkeit verloren habe, welche auf den ersten Blick die Materie den Postulaten des Glaubens gegenüber manches Mal zu behaupten scheint; und wir sind der guten Zuversicht, daß gerade bei unbefangenem Eingehen auf wirklich solide Ergebnisse der Naturwissenschaft dies nur immer mehr der Fall sein werde.

Gedanken und Bemerkungen.

Ueber einige sinnverwandte Aussprüche des Neuen Testaments[1]).

(Apg. 17, 31; 10, 34. 35. Röm. 15, 16; 1, 17 bis 2, 16.)

Exegetische Studie

von

Pred. Al. Michelsen in Lübeck.

(Schluß [2]).)

Die beiden ersten Kapitel des Briefes an die Römer bereiten der Exegese bis auf den heutigen Tag nicht geringe Schwierigkeiten, welche an sich weniger in den einzelnen Worten und Sätzen als in dem Zusammenhange derselben, in der ganzen Fortbewegung der apostolischen Rede gefunden werden. Eine Folge der hierauf bezüglichen Unsicherheit und großen Discrepanz der Auslegung ist u. a., daß namentlich die dem Texte reichlich eingefügten, die logische Verbindung anzeigenden Partikeln, z. B. *γάρ*, *διό*, *διότι*, zum Theil sehr auffällige, von dem sonstigen Gebrauch weit abweichende

[1]) In der ersten Hälfte dieser „Studie" bitte ich zu berichtigen: S. 122, Z. 11 v. u. *ὁρισθέντι* lies *ὡρισθέντι*; S. 127, Z. 16 v. u. Petrus, lies Paulus; endlich S. 132, Z. 7 v. o. nach den Worten: „gestritten werden kann", folgende Worte hinzuzusetzen: „und אֶת füglich ebenso verstanden werden, wie kurz vorher in V. 18, nämlich in der Bedeutung: cum." **Al. M.**

[2]) Vgl. Theol. Stud. u. Krit. 1873, Hft. 1, S. 119 ff.

Deutungen erfahren müssen, oder daß zu dem Auskunftsmittel der, beliebig zu erweiternden und zu verengenden, Parenthese gegriffen wird. Von dergleichen Nothbehelfen hält sich freilich der neueste Bearbeiter unseres Briefes, v. Hofmann („Die heilige Schrift neuen Testaments zusammenhängend untersucht", dritter Theil, Nördlingen 1868), durchaus ferne; mit höchst verdienstlicher Akribie und eminentem Scharfsinne entwickelt er auf seine Weise auch in dem erwähnten Abschnitte die Zusammenhänge, und stellt unleugbar manche der in Frage kommenden Punkte in die richtige Beleuchtung. Und dennoch meine ich, daß auch nach v. Hofmann noch immer etwas zu thun übrig sei, um den Hauptgesichtspunkt, aus welchem jene Eingangsbetrachtung des Apostels aufgefaßt sein will, somit ihren ganzen tenor, klarzustellen. Namentlich müßte mit der im allgemeinen freilich von Allen anerkannten Wahrheit, daß wir es nicht mit einer Lehrschrift, einer dogmatischen Abhandlung, sondern mit einem wirklichen Briefe zu thun haben, unseres Dafürhaltens ganzer Ernst gemacht werden. In diesem Falle dürfte aber die gewöhnlich dieser Apostelschrift zu Grunde gelegte Disposition (im wesentlichen auch von v. Hofmann z. B S. 81 ff. beibehalten) sich schwerlich noch immer behaupten. Zwar scheint es sich von vornherein vortrefflich zu empfehlen, daß als Grundlage der „paulinischen Heilslehre" in den zwei ersten Kapiteln die Erlösungsbedürftigkeit der Menschen, nämlich in Kap. 1 die der Heiden, in Kap. 2 die der Juden dargestellt werde. Jedoch muß es dabei einigermaßen auffallen, daß diese angebliche Lehrdarstellung nicht, wie etwa in einem Ἀπολογητικός, Ungläubigen gewidmet ist, sondern Christen, welche von dem Gefühl des bloßen Bedürfnisses längst zur Befriedigung, vom Suchen zum Finden gelangt waren, „deren Glaubensleben in der ganzen Welt gepriesen wurde" (1, 8), und welchen der Apostel selbst nicht bloß „eine Fülle guter Gesinnung", sondern auch „allseitige Erkenntnis" (15, 14) zuzuschreiben berechtigt ist. Der herkömmlichen Annahme, daß er eine vollständige christliche Lehre zu geben beabsichtigt habe, widerspricht er, von dem Inhalte des Schreibens selbst abgesehen, so ausdrücklich wie möglich durch sein: ἔγραψα ὑμῖν ἀπὸ μέρους

d. h. „stückweise“. Wenn er ebendaselbst als einen Grund, weshalb sein Schreiben an die Römer unnöthig erscheinen könnte, sie bezeichnet als *δυναμένους καὶ ἀλλήλους* (d. h. schon allein sich gegenseitig) *νουθετεῖν*, so gibt er durch letzteres Wort deutlich genug zu verstehen, was der Hauptzweck des Briefes sei, nämlich nicht sowol eine Belehrung und bloße Verständigung, als vielmehr ein „zu Gemüthe Führen, an's Herz Legen, Vorstellen“ gewisser Wahrheiten, kurz Ermahnung. Nun erforderte allerdings die specifische Tendenz der Ermahnung, auf welche unser Apostel es abgesehen hat, daß nicht allein Gemüth und Wille der christlichen Leser angeregt, sondern ganz besonders auch gewisse fundamentale Wahrheiten, wenn sie ihnen auch nicht unbekannt waren, jetzt klarer beleuchtet und tiefer begründet würden, als es bisher in jenem Kreise geschehen war, und zwar durch das persönliche und sehr eigentümliche *χάρισμα πνευματικόν* (1, 11), welches Paulus vor den andern Aposteln voraus hatte. Dieses *χάρισμα* bezog sich aber wesentlich auf das ihm insbesondere geoffenbarte *μυστήριον*, dessen Inhalt ist: *εἶναι τὰ ἔθνη συγκληρονόμα καὶ σύσσωμα καὶ συμμέτοχα τῆς ἐπαγγελίας τοῦ θεοῦ ἐν τῷ Χριστῷ διὰ τοῦ εὐαγγελίου* (Eph. 3, 3—12). Diesen göttlichen Rathschluß nicht allein zu verkündigen, sondern mit Beweisung des Geistes und der Kraft geltend zu machen, namentlich auch gegen die judenchristliche *ἐρίθεια* (d. i. Selbstüberhebung, 2, 8 und Phil. 2, 3) [1]) zu behaupten und zum Siege zu bringen, darin erzeigte sich des Apostels unterscheidende Gnadengabe (*χάρις* Eph. 3, 2 und Röm. 15, 5). Letzterer begnügte sich aber nie und nirgend damit, nur Verstandesvorurtheile zu bekämpfen und Begriffe aufzuklären, sondern arbeitete an dem ganzen Menschen, um diesen nach Gesinnung, Willen und Erkenntnis auf einen höheren und freieren Standpunkt zu erheben. So verhält es sich auch mit der *νουθεσία* unseres Briefes. Sie verfolgt vorwiegend nicht einen dogmatischen, sondern praktischen Zweck, aber einen hochbe-

---

[1]) Diese Bedeutung des schwierigen Wortes hat van Hengel in seinem Commentare zum Briefe an die Philipper nachgewiesen und auch zu Röm. 2, 8 wiederum geltend gemacht.

deutsamen, welcher mit der Grundüberzeugung und eigentlichen Lebensaufgabe des Apostels zusammenfällt, einen Zweck, zu dessen Realisirung er aus der Tiefe „seines Evangeliums" schöpfen und die Cardinalwahrheit desselben nach allen Seiten hin entfalten muß.

Im Grunde war es also ein ethischer Mangel, welcher dem Blicke des Apostels in den durch manigfache Mittheilungen ihm bekannt gewordenen römischen Gemeindezuständen sich darstellte, und um so dringender ihn zur Abhülfe aufforderte, je wichtiger und einflußreicher dem Apostel der Völkerwelt diese in ihrem Centrum längst bestehende Christengemeinde erscheinen mußte. Jener Mangel bestand aber in der bedenklichen Disharmonie der beiden, die dortige Gemeinde constituirenden Elemente, des judenchristlichen und des heidenchristlichen Elementes. Letzteres war ohne Zweifel damals (um's Jahr 58) das durch die Anzahl der betreffenden Bekenner überwiegende geworden, während die innere Bedeutung des anderen theils dadurch eine hervorragende blieb, daß die Väter und ersten Glieder dieser Gemeinde, somit ihre Wurzeln, den judenchristlichen Charakter trugen, theils und besonders dadurch, daß diese Wurzeln auf's innigste mit der heilsgeschichtlichen Stammwurzel alles höheren Lebens in der Menschheit (11, 16 ἡ ῥίζα ἁγία) zusammenhiengen und in dem Boden des auserwählten Volkes ruhten. Seit jene Juden und Heiden Christen geworden waren, vereinte sie alle zwar das Band eines und desselben Glaubens an Christum, den gemeinsamen Erlöser; aber es fehlte viel daran, daß jene beiden, ihrer Herkunft nach so disparaten Elemente, schon zu einer wirklichen und völligen Lebensgemeinschaft zusammengewachsen wären. Vielmehr standen sie innerhalb der Gemeinde zu Rom noch vielfältig gegen einander. Es war ein ethisches Misverhältnis, welches aber mit einseitigen Anschauungen und Vorstellungen, mit mangelhaftem Verständnisse des Evangeliums zusammenhieng. So war es denn dazu gekommen, daß die Einen, in ihrer nationalen und gesetzförmigen Selbstüberhebung, die Anderen richteten, diese wiederum, als die Freiergesinnten, jene mehr gebundenen und im Glauben „schwachen" Brüder gering achteten (2, 1 vgl. mit 14, 3: μὴ ἐξουθενείτω, μὴ κρινέτω). Diese Misstände zu heilen und die

Gläubigen beider Theile dahin zu bringen, daß sie sich gegenseitig anerkannten (προςλαμβάνεϑε ἀλλήλους 15, 7), die einmal verschieden gearteten und gerichteten Seelen dennoch wenigstens, bei brüderlichem Gewährenlassen der beiderseitigen Eigentümlichkeiten, willig zu stimmen für jenes im tiefsten Grunde τὸ αὐτὸ φρονεῖν ἐν ἀλλήλοις κατὰ Χριστὸν Ἰησοῦν (15, 5) — darauf hat es der Apostel keineswegs erst von Kap. 12 an, in dem eigentlichen λόγος παρακλητικός, abgesehen, sondern schon vom ersten Anfange des Briefes. Die Sache selbst aber brachte es mit sich, daß, ehe der Brief den eigentlichen Ton der παράκλησις anstimmte, ehe diese sich über alle die einzelnen, äußeren Verhältnisse, welche hiebei in Betracht kamen, verbreiten konnte, daß also zuvor jene wichtigen Gegensätze, an denen sich der ethische Widerstreit der Gesinnungen immer auf's Neue entzündete, in's richtige Licht gestellt und zur Anbahnung echten Friedens ausgeglichen würden: die Vorzüge Israels und die Gleichheit Aller, Gottes Gerechtigkeit und die der Menschen, Evangelium und Gesetz, Israel und die Heiden. Nun drohte innerhalb der römischen Gemeinde die Hauptgefahr der Friedensstörung nicht von der heidenchristlichen Seite, sondern von der judenchristlichen und ihren Prätensionen, zumal letztere Richtung auch ihrer religiösen Bedeutsamkeit wegen in den Vordergrund trat. Daher ergab sich denn von selbst die Nothwendigkeit, vorzugsweise diese, also die gesetzliche, selbstgerechte, eines durch Gottes Wort und Geschichte geheiligten Vorzuges sich bewußte Richtung zu berücksichtigen und zu bekämpfen. Jedoch diente diese Polemik dem Apostel durchweg dazu, außer der Negation auch die rechte evangelische Position aufzustellen, namentlich den heiden- wie judenchristlichen Lesern die gottgewollte Stellung zu den großen Hauptfragen des Heils zu verschaffen. Dadurch ist nun der Brief an die römischen Christen der große Wegweiser geworden für die ganze christliche Völkerwelt aller Zeiten, die ewig gültige Grundlage der, die manigfachsten Elemente einenden und versöhnenden, Kirche des Evangeliums. Occasionell und zugleich universell, ethisch und zugleich dogmatisch ist, wie alle von Gott eingegebene Schrift, auch dieses Hauptschreiben des Ἀπόστολος εἰς τὰ ἔϑνη. Durchweg den speciellen Bedürfnissen jener Gemeinde angemessen, enthält es dennoch für die ganze christliche Kirche den τύπος διδαχῆς (6, 17).

Diese allgemeinen Vorbemerkungen werden wir bestätigt und illustrirt finden schon in den zwei ersten Kapiteln, deren Hauptpunkte wir nunmehr nach Bedeutung und Zusammenhang erläutern wollen. Wir übergehen indes hier den ganzen so beziehungsreichen (z. B. 1, 5. 14) Eingang. Schon in V. 16 des ersten Kapitels aber tritt der alles beherrschende Hauptgesichtspunkt unseres Briefes klar hervor. Das Evangelium (dessen objectiver Inhalt schon in V. 2—5 kurz dargelegt war) wird hier gepriesen nach seiner allgenügenden, gotteskräftigen Bedeutung für Alle ohne Unterschied, und zugleich auch dies geltend gemacht, daß, wie dem Heiden, so dem Juden nur Eine und dieselbe Bedingung gelte für die Aneignung des Heils jener ihnen allen verkündigten und dargebotenen σωτηρία, nämlich der Glaube; ja, dem Juden werde es unter dieser und keiner anderen Bedingung, oder Exception, gerade „zuerst" (πρῶτον) dargeboten. Und in der That erweise sich auch das Evangelium als die wirksame, nämlich erlösende (σώζουσα) Kraft Gottes selbst, und das ebenso an dem Einen wie an dem Andern. Inwiefern aber inhärirt denn diesem merum evangelicum (d. h. ohne die Zuthat heiliger Abstammung oder des Gesetzes oder particulärer Verheißungen) die göttliche Lebensmacht, welche Allen und Jedem zum ewigen Heile hilft? Insofern, als unter dieser in alle Welt ausgehenden Heilsverkündigung jetzt die δικαιοσύνη θεοῦ, die persönliche Gerechtigkeit Gottes, aus ihrer bisherigen Verborgenheit an's Licht kommt und in ihrer vollen Wirksamkeit unter den Menschen eintritt (ἀποκαλύπτεται V. 17). Mit großem Nachdrucke wird das Wort, welches den Grundgedanken des ganzen Briefes, wie überhaupt der paulinischen Lehre ausspricht, vorangestellt.

Unsere von der exegetischen Tradition abweichende Auffassung dieses paulinischen Cardinalbegriffs ist hiemit schon angedeutet. Uns mit der langen Reihe der bisherigen Auffassungen auseinanderzusetzen, möchte zu weit führen. Wir erwähnen nur, daß, während die δικαιοσύνη θεοῦ bisher meistens als „die vor Gott geltende

Gerechtigkeit" verstanden wurde, v. Hofmann[1]), mit Tholuck (?), Meyer u. A. ziemlich übereinstimmend, „die von Gott geschaffte Gerechtigkeit [des Menschen]" versteht. Der Beweis für diese und ähnliche Erklärungen soll deutlich in dem unmittelbar angeschlossenen Citate aus Hosea liegen, welches doch unter dem δίκαιος nicht Gott, sondern den Gläubigen verstehe. Hiergegen ist zu erinnern, 1) daß das Citat nicht zum Belege der δικαιοσύνη θεοῦ dienen soll, sondern des [ἀποκαλύπτεται] ἐκ πίστεως εἰς πίστιν, 2) daß der Mensch hier eben als der die Gerechtigkeit Gottes im Glauben aufnehmende und allein dadurch selbst gerechtgewordene erscheint. Ferner: das θεοῦ muß hier bei δικαιοσύνη nothwendig ebenso ein Subjectsgenitiv sein, wie kurz vorher bei δύναμις und gleich nachher bei ὀργή. Sonst wird man (auch v. Hofmann infolge der von ihm einmal adoptirten Erklärung) genöthigt, im dritten Kapitel die δικαιοσύνη θεοῦ wenige Verse nacheinander (nämlich V. 21. 22 und V. 25. 26) in ganz verschiedenem Sinne zu verstehen. Man bleibe also bei der sprachlich nächstliegenden Fassung jener Worte von der justitia als virtus dei ipsius, wie ja diese Fassung in den Worten 3, 26: εἰς τὸ εἶναι αὐτὸν (μόνον) δίκαιον καὶ δικαιοῦντα τὸν ἐκ πίστεως Ἰησοῦ ihre unabweisbare Bestätigung findet, und nicht weniger auch in Kap. 10, 3, wo τῇ δικαιοσύνῃ τοῦ θεοῦ οὐχ ὑπετάγησαν nur so zu verstehen ist, daß diese δικαιοσύνη nicht als des Menschen Glaubensgerechtigkeit — welcher er selbst doch niemals sich unterwerfen und gehorsam sein könnte —, sondern als die objective Gerechtigkeit Gottes, die lebendige Quelle der ersteren, gefaßt wird. — Der Apostel selbst wird den von ihm gewählten Ausdruck schon vor uns zu rechtfertigen wissen, wenn wir uns nur an gewisse hergebrachte Vorstellungen nicht zu fest anklammern.

---

[1]) Uebrigens hatte v. Hofmann im Schriftbeweis (Bd. I, S. 547; Bd. II, 1. S. 229) erklärt: „Gott eignend, in seinem heilsgeschichtlichen Verhalten, und den Menschen zugeeignet in dem Rechtfertigungsurtheil des Einzelnen." Unsere Erklärung sucht das Richtige in Andr. Osianders Erklärung von „der Gott wesentlichen Gerechtigkeit" aufzunehmen.

Zunächst ist der Kap. 3, 21 gegebene Wink nicht zu übersehen. Dort, wo der Apostel die δικαιοσύνη θεοῦ eingehender zu besprechen anhebt, beruft er sich für diesen Begriff und Ausdruck auf „das Gesetz und die Propheten". Aus dem ersteren hat er schon kurz vorher mehrere Zeugnisse negativer Art angeführt (d. i. gegen des Menschen, speciell Israeliten [V. 19] vermeinte Gerechtigkeit); vorzugsweise aber mag er an das große Gesamtzeugnis des fortgehenden (Präsens μαρτυρουμένη) Sühn- und Opferdienstes denken. Für jenen Ausdruck selbst aber dienen als Grundstellen folgende Aussprüche der Propheten: „Im Herrn habe ich Gerechtigkeit und Stärke; im Herrn werden gerecht werden aller Same Israels, und sich sein rühmen" (Jes. 45, 24 f.). „Und dies wird sein Name sein, daß man ihn nennen wird: Herr, der unsere Gerechtigkeit ist" (Jerem. 23,6). Man kann auch Jes. 53, 11; 61, 11. Ps. 98, 2; 85, 12 u. a. m. vergleichen. — Wie kann denn aber von Gottes Gerechtigkeit die Rede sein, wo doch unleugbar die Gerechtmachung des Menschen das eigentliche Thema bildet? Antwort: Eben darum, weil es, laut dem Evangelium, gar keine eigene Gerechtigkeit des Menschen gibt, sondern nur Gottes Gerechtigkeit in Christo, welche der Mensch lediglich im Glauben sich aneignet, aber auch alsdann dieselbe niemals als die seine, sondern immer als die seines Gottes zu rühmen hat (μὴ ἔχων ἐμὴν δικαιοσύνην τὴν ἐκ νόμου, ἀλλὰ τὴν διὰ πίστεως Χριστοῦ, τὴν ἐκ θεοῦ δικαιοσύνην ἐπὶ τῇ πίστει Phil. 3, 9). Die Gerechtigkeit ist also Gottes, aber eben nicht als eine quiescirende Eigenschaft, sondern als eine göttlich wirksame δύναμις (virtus), die nicht nur mit sich selbst einige, das heilige Recht in sich tragende, sondern zugleich in der Schöpfung Recht und Gerechtigkeit schaffende und herstellende Vollkommenheit (mit der heiligen Liebe Eins), welche — als der Gegensatz aller menschlichen ἀδικία — überall, wo sie Raum findet, sich lebendig offenbart, sich mittheilt, und also die vorgefundene Sünde in Gerechtigkeit verwandelt. Es ist die Eine Gottesgerechtigkeit, welche ein- für allemal in Christo die für Alle geltende Sühne vollzogen hat (3, 25), und welche fort und fort die einzelne sich ihr hingebende Seele entsündigt, dieselbe Gerechtigkeit, welche den

Sünder in der Vergebung der Sünden gerecht spricht, und welche in fortgesetzter Heiligung ihn gerecht macht (erneuert). Christus ist es, welcher uns Menschen (zum Heile und zum Besitze) im eigentlichen Sinne *ἀπὸ θεοῦ ἐγενήθη δικαιοσύνη* (1 Kor. 1, 30), aber nur zu dem Zwecke, damit wir im ebenso eigentlichen Sinne *γινώμεθα δικαιοσύνη θεοῦ ἐν αὐτῷ* (d. i. in der Glaubens- und Lebensgemeinschaft mit ihm, 2 Kor. 5, 21), indem wir, als *καινὴ κτίσις*, des gerechten Gottes Bild in und an uns tragen. Die erlösende Wirksamkeit selbst ist freilich noch nicht in den Worten *δικαιοσ. θ.* an sich ausgesprochen, sondern findet hier in dem Prädicate *ἀποκαλύπτεται* bestimmten Ausdruck. Denn dieses Verbum bezeichnet im Neuen Testamente stets eine factische Selbstoffenbarung und Lebensäußerung Gottes (vgl. V. 18), und zwar für den erkennenden Geist, im Gegensatz gegen frühere Verborgenheit. Die weitere Bekanntmachung des Geoffenbarten aber zur Kunde und Lehre wird durch *φανεροῦσθαι* bezeichnet (*νυνὶ δὲ δικαιοσύνη θεοῦ πεφανέρωται*, im Gegensatze gegen die frühere Unkunde oder unvollkommene Bezeugung 3, 21). Hier steht das Verbum übrigens im Präsens, weil die sich gegenwärtig äußernde und stets wiederholende göttliche Heilswirkung durch das Evangelium gemeint ist, oder die jedem Gläubigen zu Theil werdende innerliche Offenbarung und Einwirkung der Gerechtigkeit Gottes.

Das *ἐν αὐτῷ* (V. 17) wird allgemein auf *τὸ εὐαγγέλιον* zurückbezogen, was zwar möglich ist; doch möchte alsdann das *ἀποκαλύπτεται*, welches einen göttlichen Aufschluß im Inneren zu bezeichnen pflegt (z. B. Gal. 3, 23. Eph. 3, 5), sowie die von dem Verbum abhängigen, auf das Innere gehenden Worte: *ἐκ πίστεως εἰς πίστιν*, es nothwendig machen, das *ἐν τῷ εὐαγγελίῳ* nicht „in der Lehre des Evangeliums", aber auch füglich nicht „durch das Evangelium", sondern etwa „unter der Verkündigung der Heilsbotschaft" zu übersetzen. Ist denn aber auch jene hergebrachte Beziehung des *ἐν αὐτῷ* auf das so entfernte *εὐαγγέλιον* das sich durch den Sprachgebrauch und Zusammenhang zumeist Empfehlende? Richtiger scheint die Annahme, daß jenes Pronomen auf das zunächst vorhergehende *παντὶ τῷ πιστεύοντι* zurückweise und denjenigen nenne, „in welchem" die Gerechtigkeit Gottes (die eben nur für den Glauben, *εἰς πίστιν* vorhandene) sich offenbart. Ebenso bezeichnet Paulus seine persönliche Erfahrung Gal. 1, 16: *ἀποκαλύψαι τὸν υἱὸν αὐτοῦ ἐν ἐμοί*; und schon zwei Verse nach dem unseren wird die Präposition in demselben Sinne gebraucht (*φανερόν ἐστιν ἐν αὐτοῖς*).

Die Verbindung von V. 16 u. 17, also die Bedeutung der Partikel *γάρ*, ist nämlich folgende. Der Satz, daß das Evangelium Gottes Kraft sei, und zwar zur Seligkeit (Erlösung) für jeden Gläubigen, soll als wahr und begründet nachgewiesen werden. Dieses geschieht durch den Hinweis auf die erfahrungsmäßige Thatsache, daß in ihm, nämlich jedem Gläubigen, eine bisher unbekannte Gerechtigkeit, die des höchsten Gottes selbst, sich offenbart, als eine göttliche Realität („das Reich Gottes, welches Gerechtigkeit ist, und Friede und Freude im heiligen Geiste“ 14, 17) innerlich ihm aufgeht und in seiner Seele sich gestaltet, und das lediglich aus dem Glauben, welcher das aufnehmende Organ ist, und zugleich, um geglaubt und im Glauben besessen und genossen zu werden fort und fort. Daß aber Seligkeit (oder Leben) gewißlich da vorhanden sei, wo Gerechtigkeit, und zwar dem Glauben von oben geschenkte, sich findet, das spricht schon ein altes Prophetenwort aus (Hos. 2, 1). So ist die göttlich beseligende Kraft des Evangeliums einfach als eine thatsächliche nachgewiesen, aber auch lediglich in der neuen Welt des Glaubens. „Denn“ — so fährt der Apostel fort, zu Juden und Heiden gewandt, welche er in den Lesern seines Briefes (um des noch immer fortwirkenden nationalen Verbandes willen) repräsentirt findet — „denn außerhalb dieser seligen Glaubenswelt offenbart sich uns Gott ebenfalls, aber auf eine völlig andere Art; dort erscheint nämlich *ὀργὴ θεοῦ*“. Die Offenbarung göttlichen Zornes kommt „*ἀπ᾽ οὐρανοῦ*“; der Himmel wird hier nicht allein als Ort der allwaltenden Macht Gottes genannt, sondern (wie z. B. auch Apg. 4, 12) zugleich der universellen Beziehung wegen auf alle Menschen aller Lande, Juden und Heiden, eine Beziehung, welche dem Schreibenden seines Hauptzweckes wegen unabläßig nahe liegt. Die Partikel *γάρ* V. 18 aber knüpft auf's engste an die im vorhergehenden Verse so prägnant wiederholte Betonung der *πίστις* an. Diese, die vertrauensvolle

Hinnahme göttlicher Hülfe und Gabe, schließt nämlich jeden menschlichen Anspruch und Vorzug, namentlich also den Ruhm eigener Gerechtigkeit, völlig aus. Demnach der Zusammenhang: „Dem Glauben allein wird Heil und Leben verheißen; denn von einem Verdienste menschlichen Thuns darf so wenig die Rede sein, daß vielmehr der Zorn Gottes über dasselbe ringsum ergeht.“

Das dem vorigen ἀποκαλύπτεται mit Nachdruck gegenübergestellte gleichlautende Verbum kann, wie v. Hofmann mit Recht gegen Philippi u. A. behauptet, nicht vom künftigen Gerichte, sondern auch dieses Mal nur von der Gegenwart, und zwar einer geschichtlichen Offenbarung verstanden werden. Auch darin ist ihm beizustimmen, daß die ὀργὴ θεοῦ nicht erst in dem so lange nachher (V. 24) folgenden παρέδωκεν αὐτοὺς ὁ θεός seine Erklärung finden kann. Vielmehr weist das Wort auf alle, äußere und innere, Noth des Menschenlebens hin; insbesondere mußten dem Blicke des christlichen Römers die Wirrsale des damaligen öffentlichen und socialen Lebens sich als ebenso viele Zeichen göttlichen Gerichts darstellen. Dem Apostel ist aber auch darum zu thun, diesen Zorn Gottes als einen wohlverdienten, die Menschen also als unentschuldbar (V. 20. 21) darzustellen. Daher begnügt er sich nicht, von Sünde und Schuld (πᾶσαν) im allgemeinen zu reden, sondern er schildert die Sünde nach ihren zwei Haupterscheinungen, als ἀσέβεια und ἀδικία, d. i. Gottvergessenheit und Rechtsschädigung (Ungerechtigkeit). Aber beide führt er auf Eine Grundsünde zurück, und zwar eine solche, welche das εἰς τὸ εἶναι αὐτοὺς ἀναπολογήτους begründet, als etwas von allen Menschen ohne Unterschied Geltendes. Ihnen allen ist nämlich „die Wahrheit“, wenn auch in verschiedener Klarheit und Fülle, von Gott selber dargeboten worden, den Heiden sowol als den Juden; die Einen aber wie die Anderen haben die ihnen kundgewordene Wahrheit, d. i. Erkenntnis Gottes nach seinem Wesen und Willen, „in Ungerechtigkeit, sündlichem Begehren und Thun, aufgehalten“, sie in ihrer Wirksamkeit gehemmt, unwirksam gemacht. Warum mag Paulus gerade diese, jedenfalls ungewöhnliche, Bezeichnung der Gesamtsünde des Geschlechts gewählt haben? Ohne Zweifel darum, weil er vorzugsweise seine judenchristlichen Leser in's Auge faßte,

Angehörige des Volkes Israel, welches geneigt war, der übrigen Welt gegenüber sich des Vollbesitzes der Wahrheit zu rühmen. Und allerdings hatte es von Alters her, und so auch wieder in den Tagen des Evangeliums, vieles vor den übrigen Völkern voraus (τὸ περισσὸν τοῦ Ἰουδαίου 3, 1 und Ἰουδαίῳ πρῶτον 1, 16), mußte aber dadurch nur desto strafbarer erscheinen. Waren doch die Kinder Abrahams ganz desselben Unrechts wie die übrigen Menschenkinder, nur in weit höherem Grade, schuldig, nämlich des Undanks und Ungehorsams gegen die ihnen geoffenbarte Wahrheit, eines Unrechts, welches jenes Volk damals im ganzen und großen auf's höchste steigerte, nämlich durch seine Feindschaft gegen das ihm zuerst gebrachte Evangelium Gottes (11, 23).

Es kann daher unseres Dafürhaltens gar nicht zweifelhaft sein, daß in dem Abschnitte 1, 18—32 nicht bloß, wie allgemein angenommen wird, die Sünden der abgöttischen Heidenwelt, sondern auch die der Juden, welche ebenfalls als Gegenstände der göttlichen ὀργή erscheinen, uns vor Augen gestellt werden sollen. Beide Theile der Menschheit werden von vornherein unter der allgemeinen Bezeichnung ἀνθρώπων (V. 18) — welche sofort 2, 1 in dem ἄνθρωπε πᾶς wieder aufgenommen wird (vgl. 2, 9. 16) — zusammengefaßt. Genügte doch auch die einmalige specielle Nennung kurz vorher (V. 16 vgl. 14). Und die Gleichheit Aller vor dem Einen Gotte, dem Richter „im Himmel", tritt um so klarer an den Tag, wenn sie wenigstens hier, mit Verschweigung der unterscheidenden Namen, nur als Glieder des sündigen Menschengeschlechts aufgeführt werden. Uebrigens zeichnet der Apostel jede der zwei Hälften der Menschheit nach ihrer sittlichen Unterschiedenheit durch gewisse markirte, charakteristische Züge deutlich genug, und stellt sie überdies in zwei augenscheinlich geschiedenen, in der Form ziemlich entsprechenden Satzperioden einander gegenüber [1]). Zwei adäquate Zornesäußerungen

---

[1]) Der Verfasser hat diese Ansicht schon vor geraumer Zeit entwickelt in seiner „Commentatio de Pauli ad Romanos epistolae duobus primis capitibus" (Lubecae 1835, 4°, 36 pag.). Später hat F. Mehring dieselbe vertreten in seiner kleinen Schrift: „Das Sündenregister im Römerbriefe" (Wriezen 1864), und in seinem Commentare (Bd. I, Stettin 1859).

Gottes nämlich, oder zweierlei Vergeltungen innerhalb der moralischen Weltordnung, werden, die eine von V. 21—27, die andere von V. 28—32, geschildert. In dem ersteren dieser beiden Bilder erscheinen die Menschen, wie sie, untreu geworden der ihnen offenliegenden Gotteskunde (*ὁ ϑεὸς γὰρ αὐτοῖς ἐφανέρωσε* V. 19, nämlich im Spiegel der Schöpfung), nunmehr die Creaturen vergöttern, wie aber der von ihnen verunehrte Gott zur Vergeltung auch sie dahingegeben habe, in unnatürlicher Sinnenlust sich selbst an ihren Leibern zu verunehren. In dem zweiten Bilde dagegen erscheinen die Menschen in einer anderen höheren (moralisch niederen) Potenz derselben Untreue gegen die ihnen anvertraute Wahrheit, wie sie nämlich das Gnadengeschenk einer näheren Erkenntnis, ja der Gemeinschaft Gottes „nicht werth gehalten (also gemein geachtet)“ haben wie aber Gott, zur Vergeltung dieses Undankes gegen seine herablassende Liebe (*τὸ χρηστὸν τοῦ ϑεοῦ* 2, 4), sie in gemeinen Sinn dahingegeben habe, namentlich in die Lieblosigkeit, in die Gewalt und unter den Fluch aller Leidenschaften der Selbstsucht und des zerstörenden Hasses. Dort die in Fleischeslust und Genußsucht untergehende Heidenwelt, hier das in unedler Entartung des Sinnes und im Parteienhader sich auflösende „heilige Gottesvolk“, damals nicht ohne seine Schuld zum odium generis humani geworden.

Daß V. 28, in neu anhebender Rede, die *ἐπίγνωσις* (*τοῦ ϑεοῦ*) im Rückblicke auf *τὸ γνωστὸν τ. ϑ.* V. 19 und *γνόντες τ. ϑ.* V. 21 absichtlich gewählt worden sei, um eine völligere, dazu erfahrungsmäßige und beifällig angeeignete Erkenntnis zu bezeichnen, zeigt der Augenschein, und wird durch den Sprachgebrauch der griechischen Classiker, der Septuaginta, der Apokryphen und des Neuen Testaments unwidersprechlich bestätigt. Jener Ausdruck ist durchaus angemessen für diejenigen, welche *ἐπιστεύϑησαν τὰ λόγια τοῦ ϑεοῦ* (3, 2) welchen Gott selber *ἐγνώρισε τὰς ὁδοὺς, τὰ ϑελήματα αὐτοῦ* (Ps. 103, 7 LXX). Noch significanter aber und besonders absichtlich gewählt ist der Ausdruck *τὸν ϑεὸν ἔχειν ἐν ἐπιγνώσει*, welcher auf eine wahrhafte Gottesgemeinschaft, auf das Wohnen Gottes unter seinem

Volke hinweist, ein Ausdruck, welchen der Apostel niemals von den Heiden τοῖς οὖσι μακρὰν (Eph. 2, 12 f.) gebraucht hätte. Doch zu den schon oben per paraphrasin angedeuteten charakteristischen Zügen tritt namentlich noch in V. 32 einer hinzu, welcher eine Beziehung auf die abgöttischen Heiden und ihr sittliches Bewußtsein durchaus nicht zuläßt, sondern einzig und allein, wenn von dem Volke der Offenbarung gebraucht, Wahrheit hat. Ein δικαίωμα τοῦ θεοῦ ist überall nur eine positive Gottesordnung, ein sanctionirtes Gottesgebot. In Betreff eines solchen statutum divinum wird hier ausgesagt, daß diejenigen, welche das Subject des Satzes bilden, dasselbe ἐπιγνόντες seien. Dieses kann nur von denen gelten, welchen die δικαιώματα τοῦ νόμου (2, 26) von Gott selber vor Augen gestellt worden waren. Und welches ist der Inhalt des hier hervorgehobenen δικαίωμα? „Daß die, welche dergleichen thun, (also nach dem Vorhergehenden: Unbarmherzige, Unversöhnliche, Störrige, den Eltern Ungehorsame, Hoffärtige u. s. w.) des Todes würdig sind." — Nun behauptet freilich v. Hofmann (S. 43): „Daß alle diejenigen, deren Thun mit dem friedlichen Fortbestande der menschlichen Gesellschaft unverträglich ist, aus ihr hinweggeschafft zu werden, also des Todes würdig seien, war eine Erkenntnis, der man sich nicht verschloß." Aber wie dürfte von den Heiden insgemein gelten, daß sie den Tod als den Sold jeder Sünde, auch jeder Verletzung der Liebe in den nächsten Verhältnissen, erkannt hätten? Wenn irgend eine Wahrheit außerhalb des Offenbarungsgebietes unbekannt ist, so ist es diese. Durch das ganze Alte Testament aber geht tausendfältig der Ruf Gottes hindurch: „Siehe, ich lege euch vor den Weg zum Leben und den Weg zum Tode". Vgl. Röm. 5. 7. 2 Kor. 3.

Demnach dürfte es unbestreitbar sein, daß Paulus in Kap. 1, 18—32 wirklich, wie er es selbst in den Anfangsworten ankündigte, „der Menschen gesamtes Sündenverderben" schildert, nicht aber bloß das eines Theiles derselben, daß er namentlich hier nicht den wichtigen Bruchtheil der Menschheit (Israel) übergehen darf, auf welchen die ganze Argumentation gerade vorzugsweise berechnet ist. Und wohin anders als auf diesen Abschnitt kann sein προῃτιασάμεθα 3, 9 zurückweisen sollen?

Daß aber unsere Auffassung die richtige sei, wird durch den Anfang von Kap. 2 besonders bestätigt. Nur ihr zufolge behauptet die den Uebergang bildende Partikel διό ihren Platz, ohne unnatürlichen Deutungen, wie z. B. „bei allem dem" oder „dennoch", zu verfallen. Sie kann aber schlechterdings nur heißen: „deshalb". Was wird denn aus der vorhergehenden Schilderung gefolgert? Doch unleugbar dies, daß „all und jeder Mensch (πᾶς ἄνθρωπος) ohne Entschuldigung sei". So muß denn auch all und jeder Mensch Subject der Schilderung gewesen, auf welche das διό zurückweist, also namentlich auch der Israelite mitinbegriffen sein. Dieses sollten gerade diejenigen Exegeten (jetzt die Mehrzahl, jedoch nicht v. Hofmann), welche in Kap. 2 eine Anrede an den sich zum Richter aufwerfenden Juden finden, am willigsten anerkennen. Freilich müßten dieselben zugleich davon abstehen, die Partikel διό lediglich auf die Schlußworte des 1. Kapitels so oder anders zurückzubeziehen (eine Beziehung, welche immer mit logischer Unklarheit behaftet erscheint). Wie v. Hofmann einerseits leugnen kann, daß in Kap. 1 alle gottlosen und ungerechten Menschen gemeint seien, alsdann aber doch 2, 1 πᾶς ἄνθρωπε ὁ κρίνων nicht auf die Juden beschränken, sondern auf alle Menschen überhaupt ausdehnen will, ist schwer verständlich. Es liegt doch gewiß am nächsten, in dem hier wiederkehrenden ἀναπολόγητος eine Anknüpfung an dasselbe, im Anfange der Sittenschilderung gebrauchte, Wort 1, 20 zu erkennen, so daß der Apostel den dort angetretenen Beweis der Unentschuldbarkeit Aller als nunmehr vollständig geführt bezeichnet: „demnach bist du in der That nicht zu entschuldigen"; oder: „daher" — wegen der im wesentlichen gleichen Schuld (1, 18) aller Menschen — „bist du, o Mensch, wer du auch sein, woher du auch stammen, wie du heißen magst, Heide oder auch Jude, durch keinen deiner natürlichen Vorzüge gerechtfertigt und gegen die ὀργὴ θεοῦ geschützt". Diese Apostrophe ergeht aber nicht rhetorisch und declamatorisch an die „ganze Menschheit". Haben wir doch immer einen Brief vor uns, dessen Anreden nicht so in's Allgemeine gehen dürfen, sondern an die Empfänger gerichtet sind, an diese bestimmten Leser, die „berufenen Heiligen zu Rom". Und zwar faßt hier Paulus vorzugweise den Christen aus dem Judentume an, in welchem er den κρίνοντα erblickt, ebenso wie 14, 4. 10: Σὺ τίς εἶ ὁ κρίνων ἀλλότριον οἰκέτην; und zwar, weil der Judenchrist als geborner Jude, nicht etwa wegen irgendwelcher neuerworbener, sondern wegen angestammter Vorzüge (τὸ πέρισσον τοῦ Ἰουδαίου 3, 1) den gläubigen Bruder aus dem Heidentume richtete, d. h. sich über ihn stellte. „Denn du wirst so wenig von der ὀργή freigesprochen“ — fährt der Apostel fort —, daß du vielmehr dich selbst verurtheilst, indem (ἐν ᾧ, nicht ἐν οἷς, vgl. Röm. 8, 3 u. a.) du den Anderen urtheilst.“

Dieses angemaßte menschliche Richten wird jetzt unter die Beleuchtung des allein entscheidenden göttlichen Gerichts, dadurch aber die völlige Nichtigkeit des ersteren an den Tag gebracht. Dieses ein κρίνειν κατὰ τὸ πρόςωπον 2, 11, oder κατὰ τὴν σάρκα Joh. 8, 15 — nach äußeren, unwesentlichen Indicien —, jenes aber das κρίνειν κατὰ ἀλήθειαν, nach dem Wesen der Sache selbst oder nach der Wahrheit V. 2. 3.

Nun aber zu der Auslegung des folgenden wichtigen Abschnitts. Diese muß aber irregehen, so lange sie — den Standpunkt des apostolischen Briefschreibers außer Acht setzend — durchaus dafür hält, sich auf das weite Gebiet der vor- und außerchristlichen Welt versetzen und demzufolge auch das, insbesondere von V. 6 bis 11 geschilderte, Gericht Gottes als ein abstract-allgemeines, d. h. von dem durch Christum dereinst zu haltenden verschiedenes betrachten zu müssen, d. h. als ein Gericht nur über die natürliche Menschheit, bei welchem daher von den besonderen Anforderungen des Evangeliums (ebenso wie, einer ähnlichen Fiction zufolge, angeblich in der Rede des Herrn, Matth. 25, 31 ff.) durchaus abgesehen werde. Ein solches abstractes Gottesgericht ist an und für sich nichts als eine Fiction, ohne jede Begründung in der heiligen Schrift. Und an diesem Orte ist sie außerdem besonders übel angebracht. Denn würde nicht der feierlichen Berufung auf das Tribunal der ewigen Gerechtigkeit gänzlich ihre Spitze abgebrochen werden, wenn gerade der Leser vor diese Instanz gar nicht gehörte? wozu alsdann die zweimalige pathetische Anrede: ὦ ἄνθρωπε? Jene unseres Dafürhaltens unrichtige Vorstellung ist aber die nothwendige Folge der anderen, mehr principiellen, nach welcher der Apostel sich noch innerhalb der introductio oder pars prima seiner Abhandlung bewegen soll, und daher mit seiner Exposition nicht über die — unerlöste Menschheit hinausgreifen darf. Wir werden im Folgenden sehen, daß diese Vorstellung jedenfalls nicht durch die vom Apostel gewählten Ausdrücke, am wenigsten aber durch den Zusammenhang unterstützt wird. Der letztere führt von V. 2 ab offenbar nur darauf, daß bei dem christlichen Leser sein Geburts- und Gerechtigkeitsstolz, sowie sein hierin wurzelnder Hang zum Richten erschüttert werden soll durch die anschauliche Vergegenwärtigung desjenigen Gerichtes, vor welchem auch er dereinst mit allen Menschen nach dem allein ewig gültigen Maßstabe der Wahrheit sein Urtheil und sein Los empfängt. Zuerst wird das allen Uebelthätern drohende Gericht Gottes als das unentfliehbare (vgl. Matth. 3, 7) bezeichnet, sodann dem von Gott besonders bevorzugten Israeliten (V. 3; vgl. 1, 28; 3, 2 u. a.) in V. 4 u. 5 zu Gemüthe geführt, daß solche von ihm genossene göttliche Huld und Geduld nur dazu diene, seine Verantwortlichkeit noch mehr zu steigern. Alsdann — V. 6—11 — wird die Unparteilichkeit des Richters nach beiden Seiten hin zur Geltung gebracht, und zwar so, daß die zuletzt entscheidende gute und böse Gesinnung und That, und der ihnen beiderseits genau entsprechende (*κατὰ τὰ ἔργα αὐτῶν*) Lohn charakterisirt wird. Hier ist wohl zu beachten, daß in V. 7 u. 10 einerseits die im Gerichte vor Gott bestehende Gerechtigkeit mit solchen Zügen erscheint, welche das Bild christlicher Vollkommenheit darstellen (*ὑπομονὴ ἔργου ἀγαθοῦ, ἐργάζεσθαι τὸ ἀγαθόν, ζητοῦντες ζωὴν αἰώνιον*), andererseits auch die zukünftige Seligkeit gerade so, wie das Evangelium sie den in Christo Vollendeten zuspricht (*δόξα, τιμή, εἰρήνη, ἀφθαρσία*). Ebenso sind *οἱ ἀπειθοῦντες τῇ ἀληθείᾳ, πειθόμενοι δὲ τῇ ἀδικίᾳ*, dieselben, welche 2 Thess. 1, 8 *οἱ μὴ ὑπακούοντες τῷ εὐαγγελίῳ τοῦ κυρίου ἡμῶν Ἰησοῦ Χριστοῦ* heißen (also die Verächter des dargebotenen Heils). Uebrigens gehört eine Andeutung darüber: wann, wo und wie diesen Allen, vor dem Tage des Gerichts, das Evangelium nahe gebracht worden, ebenso wenig hierher, wie vollends die Lehre von dem Glauben an Christum, oder dem eben erforderlichen πείθεσθαι, als der Wurzel jenes ἔργον ἀγαθόν. —

In sprachlicher Hinsicht werde kurz erinnert, daß in V. 7 und V. 8 die einfachste Construction diese ist, daß man τοῖς μέν und τοῖς δέ („den Einen — den Anderen") nach griechischem Sprachgebrauche für sich nimmt und einander gegenüberstellt, daß man aber καθ' ὑπομ. ἐργ. ἀγ. als Attribut zum Prädicate (ἀποδώσει) zieht; in V. 8 ist dieses so entfernt — in V. 6 — stehende Prädicat fallen gelassen, dafür aber zu ἐξ ἐριθείας — welches Wort mit van Hengel von eigenliebiger Selbstüberhebung zu verstehen ist — ein selbstverständliches γενήσεται hinzuzudenken, sofern der entsprechende Lohn eben hervorgehen wird aus der Sünde selbst, nach Gal. 6, 8. Anstatt fortzufahren καὶ ἐξ ἀπειθείας κ. τ. λ., was dem griechischen Sprachgeiste widerspräche, hat der Apostel das Verhalten der die höchste „Wahrheit in Ungerechtigkeit Hemmenden" (1, 18) durch zwei Participien dargestellt, wie denn „die Verbindung verschiedener Formen zur Bezeichnung desselben Verhältnisses, z. B. des causalen Dativ und des causalen Particips u. dgl., im Griechischen nicht ungewöhnlich ist. Wenn hier der Apostel übrigens zweimal (V. 9 u. 10) den [geborenen] Juden — und zwar mit einem wiederholten πρῶτον — und den [gebornen] Hellenen namhaft macht, so hebt er mit diesen Namen eben die für die damalige Christengemeinde so bedeutungs- und verhängnisvollen nationalen Gegensätze hervor (als Typen aller künftigen πρόσωπα). In seinen Augen sind sie gegenüber dem Einen, was schließlich noththut, im Grunde unwesentlich, was er in V. 12 u. 13 besonders hervorhebt, und zwar so, daß er jenen Benennungen zwei andere, sachlich entsprechende substituirt, nämlich ἀνόμως und ἐν νόμῳ, d. h. außerhalb der jüdisch-gesetzlichen Lebensordnung und innerhalb derselben. Durch das anknüpfende γάρ in V. 12 gibt er genugsam zu verstehen, daß er in den so bezeichneten Gegensätzen nichts weiter als eben nur verschiedene πρόσωπα (laut V. 11: προσωπολήπτης) sieht, d. i. Erscheinungsformen, welche an und für sich dem Menschen weder einen Werth noch Unwerth verleihen, in deren jeder daher auch ein Christ sich bewegen könne, ohne daß dadurch sein Christentum etwas gewinne oder verliere. Nennt er doch sich selbst, je nach seinem wechselnden Verhalten den Juden und Heiden gegenüber, jetzt ὡς ὑπὸ νόμον (= ὡς Ἰουδαῖος), jetzt ὡς ἄνομος (1 Kor. 9, 20 f.). Und im Verlaufe unseres Briefes (Kap. 14 u. 15) treten ja diese beiden πρόςωπα vielfach hervor, als solche, welche innerhalb des Christentums Raum finden und brüderliche Duldung beanspruchen. Nur „der Sünde“, sei es in der einen oder anderen Form, wird jedes Recht auf Duldung abgesprochen, und gefordert, daß die eine wie andere Verhaltungsweise aus dem Glauben hervorgehe (14, 23). Und insbesondere soll denen, welche das Gesetz Israels noch anerkennen und sich auf dasselbe berufen, eben dieses Gesetz ihr Richter (Norm des Gerichts) werden, keineswegs aber sein Besitz (oder, nach V. 13, das sabbatliche ἀκροᾶσθαι τὸν νόμον) irgendwie zur „Gerechtigkeit“ gereichen. „Denn — es bleibt dabei — nicht die bloßen Besitzer oder Hörer werden im zukünftigen Gerichte als Gerechte anerkannt werden (δικαιωθήσονται), sondern allein die Thäter des Gesetzes, sofern dieses den bleibenden Willen Gottes in sich schließt, ja, die Thäter, auch wenn sie gar nicht zugleich (im dermaligen Sinne des Wortes) Hörer des Gesetzes sein sollten.“

Dieser Satz bedarf freilich einer Begründung (γάρ). Denn nahe liegt doch, zumal dem an die bloß äußerliche Ueberlieferung alles Göttlichen gewöhnten judenchristlichen Leser, diese Frage: wie kann Jemand, der das göttliche Gesetz nicht hört (also nicht gleich uns kennet und hat), es dennoch erfüllen? Ist dies nicht ein Widerspruch? —

Dieser scheinbare Widerspruch ist gelöst worden, aber auf die allein wirksame und wahrhaft überzeugende Art und Weise, nämlich thatsächlich, und löst sich alle Tage wieder vor den Augen des „Apostels der Heiden“. Und in dieser geschichtlichen Lösung erweist sich eben das Evangelium, welches er predigt, als die Kraft Gottes, Jeden, der da wahrhaft glaubt, auch unter den Heiden, zu erlösen, oder, was hiemit zusammenfällt, gerecht zu machen (1, 16. 17). Dieser Thatbeweis wird nun in den Versen 14—16 dargelegt als die mächtige, welterneuernde Wirkung des Geistes Christi, also der Natur der Sache nach ein Beweis, welcher nur zum Theil äußerlich nachweisbar ist, da er ja überwiegend in der inneren Welt des Glaubens (1, 17 *ἐν αὐτῷ*, sc. *τῷ πιστεύοντι*) sich vollzieht. Der Apostel stellt nämlich die Heiden (innerhalb und außerhalb der römischen Gemeinde), welche durch das Evangelium Christi der, in der Neugeburt ihnen eingepflanzten, Gottesgerechtigkeit theilhaftig geworden, als lebendige Zeugen seiner paradoxen Behauptung (V. 13) auf, in völligster Uebereinstimmung mit dem Zeugnisse des Petrus auf dem Apostelconcile, Apg. 15, 8. 9: *Καὶ ὁ καρδιογνώστης θεὸς ἐμαρτύρησεν αὐτοῖς. δοὺς αὐτοῖς* (*τοῖς ἔθνεσι*) *τὸ πνεῦμα τὸ ἅγιον, καθὼς καὶ ἡμῖν* (den Judenchristen), *καὶ οὐδὲν διέκρινε μεταξὺ ἡμῶν τε καὶ αὐτῶν, τῇ πίστει καθαρίσας τὰς καρδίας αὐτῶν.* Unter diesem Gesichtspunkte (welchen schon Augustin und Theodoret bei der Erklärung dieser Stelle gewählt, wenn auch nicht näher begründet haben) wird nicht nur die Verbindung des V. 14 mit den vorhergehenden klar (ohne daß eine künstliche Deutung des *γάρ*, oder der Nothbehelf einer Parenthese nöthig wäre), sondern auch alles Einzelne in der ganzen Periode.

Vor allem wird der Partikel *ὅταν* ihr Recht. Wenn der Apostel hier nicht, wie V. 26, die Partikel *ἐάν*, sondern die Zeitpartikel *ὅταν* setzt, so will er eben mit Nachdruck den Zeitbegriff geltend machen. Die herrschende Erklärung, von der Voraussetzung ausgehend, daß nur von Heiden im natürlichen, unbekehrten Zustande die Rede sei, kann nicht umhin, die Conjunction mehr oder minder im Sinne der Hypothese („gesetzt daß etwa") zu verstehen. Wird aber zugleich mit der zeitlichen Bedeutung des *ὅταν* einiger Ernst gemacht, so legt man dem Satze einen Sinn unter, welcher, genauer betrachtet, sinnlos erscheinen muß. Man findet nämlich in dem *ἑαυτοῖς εἰσὶ νόμος* die Vorstellung von dem, auch in den Heiden vorhandenen, sittlichen Bewußtsein, oder Allen angeborenen Gewissen, und läßt den Apostel sagen, daß in solchen Fällen, wann Einzelne aus ihrer Mitte (die edleren Heiden) etwas Gutes thun, sie nur alsdann im Besitze, unter der Herrschaft jenes inneren Sittengesetzes seien; dagegen ist doch die Wahrheit, daß sie, wie überhaupt alle Menschen, allezeit und ununterbrochen sich in dieser Lage befinden, ja, daß gerade beim Nichtthun des Guten jenes innere Gesetz ihnen besonders zum Bewußtsein kommt, so daß ihre Gewissensreaction öfter auch Anderen alsdann bemerkbar wird. Ueberdies lautet der Nachsatz nicht: ἐνδείκνυνται, ὅτι ἑαυτ. εἰσὶ νόμος, sondern objectiv: ἑαυτοῖς εἰσὶ νόμος.

Das ὅταν soll eben die neue Zeit des Evangeliums bezeichnen, welche sich gegen die frühere der äußeren Gesetzesherrschaft scharf abgrenzt, wie wenn der Herr Joh. 4, 23 spricht: ἔρχεται ὥρα, καὶ νῦν ἐστί, oder ebendaselbst die Samariterin (V. 25): ὅταν ἔλθῃ ἐκεῖνος, ἀναγγελεῖ ἡμῖν πάντα (vgl. Matth. 25, 31. Joh. 8, 28; 9, 5. Röm. 11, 27, wo ebenso wenig, wie an vielen anderen Stellen, die Partikel ἐάν auch nur denkbar wäre, welche an unserer Stelle die Ausleger doch eigentlich im Sinne zu haben pflegen, während sie sich mit der vom Apostel gesetzten mühsam, oder nur allzu leicht abfinden).

In der Construction der Worte können wir nicht umhin, nach Bengels und Rückerts Vorgange φύσει mit dem zunächst vorhergehenden ἔχοντα, welchem es gliedlich anhängt, zu verbinden, es also von ποιῇ, zu welchem es sonst gezogen wird, abzulösen. Uns ist freilich jetzt das: „von Natur thun des Gesetzes Werk" durch Luther's Uebersetzung sehr geläufig geworden. Jedoch dürfte der Apostel, auch wenn er an Heiden, wie Sokrates, Aristides u. A., gedacht hätte, ihr aus ernstem sittlichem Streben und Ringen hervorgegangenes gutes und schönes Thun schwerlich einem bloßen Naturdrang, einer ἐπιθυμίᾳ oder ὁρμῇ φυσικῇ zugeschrieben haben, etwa wie Plato in der Apologie des Sokrates Kap. 7 von den οὐ σοφίᾳ, ἀλλὰ φύσει τινὶ (im unbewußten, unwiderstehlichen ἐνθουσιασμὸς) dichtenden Poeten reden mag. In der Verbindung mit ἔχοντα aber, einer Verbindung, welche einem an den griechischen Wortfall gewöhnten Ohre sich sofort empfiehlt, dient es gerade dazu, das Nichthaben des göttlichen Gesetzes zu beschränken, sofern diejenigen Heiden, welche Paulus meint, desselben nicht in jedem Sinne, wol aber insofern untheilhaftig sind, als sie nur nicht durch ihre natürliche Abstammung (φύσει), nicht durch ihre nationale Stellung von ihren Eltern her, es schon besitzen [1]).

Was aber ferner von den ἔθνεσι hier gerühmt wird, — wie hätte unser Apostel es wol den in ihrem natürlichen Zustande verharrenden Heiden zuschreiben können? Es wird ausgesagt, daß sie das (und zwar alles das, vgl. V. 13) ausüben, was das Gesetz Gottes fordert, eine Aussage, welche die Exegeten, auch v. Hofmann, zwar auf allerlei Weise einzuschränken und abzuschwächen suchen, welche aber voll und rund dasteht. Würde Paulus dadurch nicht zurücknehmen, was er kurz vorher von der tiefen Versunkenheit der Heiden gesagt hat? was er nachher von der allgemeinen Sündhaftigkeit und Ruhmlosigkeit sagt? Wie könnte er wol sich selber und der Lehre von der alleinigen Gerechtigkeit aus dem Glauben so entgegenarbeiten? Denn man übersehe doch nicht das δικαιωθήσονται V. 13, welches durch die eng anschließende Partikel γάρ auch auf die ἔθνη des 14. Verses ausgedehnt wird. Wozu bedürften sie alsdann noch eines Erlösers, durch welchen doch erst τὸ δικαίωμα τοῦ νόμου πληροῦται ἐν ἡμῖν Röm. 8, 4? — Nur von den Wiedergeborenen, den der θεία φύσις (2 Petr. 1, 4) theilhaft gewordenen Gläubigen wird die keusche Sprache eines Apostels — welchem gewiß alle Verherrlichung menschlicher Autonomie ferne lag — behaupten dürfen, daß „sie sich selbst Gesetz sind", daß ihr geheiligtes Innerstes nichts will, als was Gott will, daß sie, als die Kinder Gottes, πνεύματι θεοῦ ἄγονται (Röm. 8, 9—14). Ganz besonders schlagend ist aber die alsbald nachfolgende Erklärung des Apostels von dem „in ihre Herzen geschriebenen Gesetze". Dieses ist ein Ausdruck, welchen die Sprache der heiligen Schrift längst in einem ganz bestimmten Sinne ausgeprägt hatte, einem Sinne, welchen unser Apostel gewiß nicht willkürlich alteriren, verallgemeinern und verflüchtigen wollte. Er hat aber den Ausdruck dem Propheten Jeremia entlehnt, welcher 31, 33 das

1) Nur durch diese größere Fülle des Attributs im Anfange (τὰ — φύσει) wird die sogleich nachfolgende verkürzte nachdrucksvolle Wiederholung οὗτοι — μὴ ἔχοντες erklärlich. Ganz die nämlichen Worte würden nicht innerhalb desselben kurzen Satzes wiederkehren.

eigentliche Wesen des neuen Bundes, den Segen der messianischen Zeit darein setzt, daß Gott selber alsdann sein Gesetz in die Herzen seines Volkes geben und in ihren Sinn schreiben werde (ἐπιγράψω νόμους μου ἐπὶ τὰς καρδίας αὐτῶν LXX), ein Ausspruch, welchen der Brief an die Hebräer 8, 10 als eine jetzt sich erfüllende Verheißung anführt, und auf welchen der Apostel auch 2 Kor. 3, 3 anspielt. Die Bedeutung desselben ist aber nicht etwa nur diese, daß die Menschen im Reiche der Gnade ein Wissen oder Bewußtsein des göttlichen Willens empfangen werden, vielmehr, daß ihnen Lust und Stärke von oben zutheil wird zur Erfüllung dieses Willens, welcher alsdann mit dem ihrigen, sowie ihr Herzenswille mit dem objectiven Gotteswillen eins wird. „Und ich will euch ein neues Herz und einen neuen Geist in euch geben, und ich will meinen Geist in euch geben, und solche Leute aus euch machen, die in meinen Geboten wandeln“ (Ezech. 36, 26. 27). „Καὶ ἔσται τὰ ῥήματα ταῦτα ἐν τῇ καρδίᾳ σου“ (Deuter. 6, 8 LXX; vgl. Ps. 40, 9) bedeutet ebenfalls die herzliche Liebe zu den göttlichen Geboten. Es ist undenkbar, daß Paulus so Großes von „Heiden, welche ohne Gott in dieser Welt sind“, sagen sollte. Es kann nur von den Heiden gelten, welche in's Reich Gottes eingegangen sind, welche aber auch jetzt noch Heiden heißen, z. B. ὑμῖν λέγω τοῖς ἔθνεσι, 11, 13 u. a.

Besondere Aufmerksamkeit erfordert darnach V. 15, besonders seine Verbindung mit dem Vorhergehenden und Nachfolgenden. Bei der Anknüpfung durch οἵτινες, qui quidem „welche nämlich“, darf man nicht vergessen, daß der Hauptsatz „ὅταν — νόμος“ durch die causale Partikel γάρ an der Beziehung auf das vorangehende Futurum δικαιωθήσονται theilnimmt und ebenfalls unter den Gesichtspunkt des zukünftigen Gerichts fällt; d. h. er sagt von dem Subjecte (ἔθνη) eben dasjenige aus, was im dereinstigen Gerichte Gottes diesen ἔθνεσι zur Gerechterklärung ausschlagen wird. Dieselbe Beziehung erstreckt sich aber auf den durch οἵτινες angeschlossenen Attributivsatz. Daher liegt es bei diesem tenor der ganzen Betrachtung nahe, das Verbum ἐνδείκνυνται mit dem nachfolgenden ἐν ἡμέρᾳ ὅτε κτλ. zu verbinden; und es dürfte auch — dem griechischen Sprachgebrauch zufolge — kein

Bedenken dagegen sein, das Präsens ἐνδείκνυνται als lebendige Vergegenwärtigung der, einmal schon in's Auge gefaßten, Zukunft aufzufassen. „Den Futursinn (das Präsens) findet man in einer beschränkten Anwendung da, wo die Gewißheit und Ueberzeugung des Redenden ihn das Künftige der Gegenwart näher rücken läßt, also in Orakelsprüchen und festen Aeußerungen der Meinung — mit Zuversicht und rascher Schlußfolge (besonders im Thucydides, als die Form entschiedener Handlungsweise).“ So G. Bernhardy, Wissenschaftliche Syntax der griechischen Sprache S. 371 f. (mit manchen Beispielen). Darnach ist zu übersetzen: „Als welche (welche ja) das in ihre Herzen geschriebene Werk des Gesetzes aufweisen — an dem Tage, an dem Gott richten wird.“ [1]) Das Medium des Verbums bedeutet ein solches „Aufweisen“, in welchem die Menschen zugleich ihr Inneres darlegen. Uebrigens hat der Apostel entsprechend dem ganzen Zusammenhange, nach welchem vom Anfang des Kapitels der Begriff des „Thuns“ gegenüber der göttlichen Gerichtsforderung vorherrschte, hier nicht bloß gesagt τὸν νόμον γρ. ἐν τ. κ., sondern mit besonderer Betonung, τὸ ἔργον τ. ν., die freie, im Herzen, im willigen Geiste begründete Gesetzeserfüllung, und zwar als Ein einziges Werk des Lebens betrachtet, wie in V. 7. — Πλήρωμα οὖν νόμου ἡ ἀγάπη 13, 10.

Die absoluten Genitive συμμαρτυρούσης bis ἀπολογουμένων bestimmen und erläutern das unmittelbar Vorhergehende. Sie bezeichnen also näher, was am Tage des Gerichts vorgeht (vorgehen wird), indem die Participien im Präsens sprachgemäß die Gleichzeitigkeit mit dem ἐνδείκνυνται ausdrücken. Von Solchen, welche, ohne ἀκροαταὶ τοῦ νόμου zu sein, ohne unter der äußern Zucht und Haushaltung des Gesetzes zu stehen, wie Israel, dennoch als wahrhafte ποιηταὶ τ. ν. vor dem Richterstule Gottes er-

---

1) Dieser Gebrauch des Präsens für das Futurum ist allen, auch den modernen Sprachen eigen, besonders in gehobener Rede. Dagegen die dem Hauptverbum untergeordneten Participien der Gegenwart (συμμαρτυρούσης — ἀπολογουμένων) plötzlich in die Zukunft versetzen zu wollen, ist sprachwidrig.

scheinen, sollen diese Participien aussagen, daß sie alsdann nicht *διὰ νόμου κριθήσονται*, nicht nach einem geschriebenen Buchstaben, sondern nach dem ihnen selbst innewohnenden Gottesgesetze, daß die Stelle des äußeren Inquirenten, Anklägers und Anwalts, der Zeugen pro et contra, vielmehr lauter innere eintreten: das erleuchtete Gewissen, welches von innen denselben heiligen Gotteswillen, wie das Gesetz von außen, bezeugt und bejaht (*συμμαρτυρούσης*), sodann die *λογισμοί* des Innern. Unter diesen versteht man gemeiniglich die judicia conscientiae. Aber sowie die *συνείδησις* dem *νόμος*, so dürften doch die *λογισμοί* am richtigsten den äußeren *ἔργοις τοῦ νόμου* gegenüberzustellen sein, welche auf dem gesetzlichen Standpunkte als das Urtheil normirend und bestimmend gelten. Nun bedeuten *λογισμοί*, wie in den LXX und Apokryphen, so auch im Neuen Testamente, vorzugsweise [praktische] „consilia, Anschläge, Gesinnungen". Der Sinn ist also: „während [gute und arge] Gesinnungen sei es zur Anklage dienen, sei es zur Vertheidigung". Eine Erklärung, welche augenscheinlich bestätigt wird durch die *κρυπτὰ τῶν ἀνθρώπων*, über welche das Gericht Gottes schließlich ergehen wird. Das an sich auffällige *μεταξὺ ἀλλήλων* ist ohne Zweifel zu dem Zwecke eingeschoben, um auszudrücken, daß mit Ausschließung eines bloß äußerlichen Richtmaßes die *λογισμοί* für sich allein („unter sich") genügen werden als Kläger, Zeugen u. s. w. Uebrigens dienen die verschiedenen, aus dem Gerichtswesen geschöpften Ausdrücke mit zum Beweise dafür, daß V. 15 u. 16 enge zusammengehören.

Durch die Verbindung des *ἐν ἡμέρᾳ* mit *ἐνδείκνυνται* finden manche Experimente, welche besonders bei V. 16 gemacht worden sind (Klammern, Laurent'sche „Randbemerkungen", Textcorrecturen [1])), ihre Erledigung; die ganze lange Periode aber gewinnt

---

1) Wenn v. Hofmann *κρινεῖ* in *κρίνει* verwandelt, und uns durch die Erklärung dieses Präsens von der sittlich richtenden Wirkung der evangelischen Predigt überrascht, so zweifeln wir, daß diese kühnste seiner Deutungen sich den Exegeten empfehlen werde. Von Interesse ist es aber doch, daß auch dieser Erklärer nicht umhin kann, der christlichen

jedenfalls ihren guten Abschluß. Jedoch rundet sich alles erst völlig ab durch die letzten Worte: *κατὰ τὸ εὐαγγέλιόν μου διὰ Ἰησοῦ Χριστοῦ*. Hier wird es unwidersprechlich klar, daß die *ἔθνη* V. 14 ff. nicht außerhalb des Evangeliums, sondern innerhalb desselben gedacht werden. Denn *κατὰ τ. εὐαγγ.*, abhängig von *κρινεῖ*, darf füglich niemand (nach dem herrschenden Sprachgebrauche) anders verstehen, als von dem Maßstabe, der Richtschnur des Richtens. Daß dennoch fast Alle, auch wieder v. Hofmann, es noch immer „laut meinem Evangelium" deuten, rührt lediglich von der Befangenheit her, mit welcher man nun einmal keine anderen, als nichtchristliche Heiden hier finden will, für welche jene Richtschnur, namentlich Pauli Evangelium, als etwas ihnen Fernliegendes, sich nicht recht eignen will. Und doch ist nichts überflüßiger als diese ungewöhnliche Berufung auf das paulinische Evangelium im Begriff einer Lehre, welche nicht nur allen Aposteln gemeinsam, sondern schon Kohel. 12, 14 u. a. a. O. zu lesen war. *Τὸ εὐαγγέλιόν μου* heißt aber bekanntlich bei Paulus die vorzugsweise ihm anvertraute Botschaft an die Heiden, daß sie „Miterben sein sollen in Christo Jesu" (Eph. 3. Kol. 1. Röm. 16, 25. 2 Tim. 2, 8 u. a.), also die gerade hier so nachdrücklich eingeschärfte, dem jüdischen Dünkel gegenüber geltend gemachte große Wahrheit. Und daß endlich „Jesus Christus" genannt wird als der, durch welchen Gott richten werde, wird hier offenbar besonders zu dem Zwecke erwähnt, um diese *ἔθνη* als zu dem Erlöser schon zuvor in nähere Verbindung gesetzte Heiden zu bezeichnen. Ohne solche bestimmte Absicht wäre gewiß der Zusatz an diesem Orte ebensowol fortgeblieben, wie bei der vorangegangenen Ausmalung des zukünftigen Gerichts (V. 6—11), welche darum mehr allgemeine Züge trug, weil es sich dort überhaupt nur um den Gegensatz unwahren menschlichen und wahrhaften göttlichen Richtens handelte. Hier aber muß der am Schlusse stehende Name Jesu Christi es Jedem sagen, daß von Solchen

Zeit (ἡμέρα) in diesem Zusammenhange einigen Raum zu gewähren. Allein ἡ ἡμέρα kann hier ohne Zweifel nur der zukünftige Tag des Gerichts sein.

die Rede sei, welchen Er zuvor als Erlöser sich geoffenbart hat, um am jüngsten Tage auch sie vor seinen Richterstul rufen zu können (vgl. 2 Kor. 5, 10), und sie nicht nach einer ihnen fremden, sondern, nach einer wohlbekannten Richtschnur, dem ihnen verkündigten und in ihr *Glaubensleben* eingegangenen Evangelium gemäß, zu richten.

Wie klar und natürlich sich nun dem also aufgefaßten Sinne von V. 14—16 auch die folgenden Verse bis zum Schlusse des zweiten Kapitels anpassen, zeigt schon der erste Blick auf ihren Gedankengang, wie ihre ganze Darstellungsweise. Auf eine eingehendere Erörterung der einzelnen Ausdrücke wollen wir indes verzichten. Kurz gefaßt ist aber der Inhalt des weiteren Verlaufs der apostolischen Exposition dieser: „Den Heiden, die jetzt das göttliche Gesetz wahrhaft und aus dem Geiste erfüllen, wird von V. 17—18 der Jude mit seinen hohlen und lügnerischen Prätensionen anschaulich gegenübergestellt, und V. 26—29 aus allem Vorigen das Resultat gezogen: In dem Falle, daß der Heide das Wesen, der sogenannte Jude aber nur das todte Zeichen des Bundes hat, tritt ein solcher Heide an die Stelle des *Juden* d. i. des berufenen Gottesbekenners; dieser aber wird als *Heide*, d. i. Gottloser und Unreiner, gerechnet, nämlich von dem Herzenskündiger, welcher „nach der Wahrheit richtet" (2, 2).

Nun nehme man doch die Worte unseres Apostels nach ihrem vollen Gewichte und ganzen Ernste. Schon, daß er V. 13 das Schlagwort seiner ganzen Lehre, *δικαιοῦσθαι*, abschwächen und in einem Sinne nehmen sollte, der sich mit der *δικαιοσύνη θεοῦ ἐκ πίστεως* schlechterdings nicht verträgt, daß er V. 14 und V. 26 f. des *τελεῖν τὸν νόμον* den *Unerlösten* zuschreiben sollte, ist völlig undenkbar. Aber heißt es nicht vollends den großen Apostel des *Spieles* mit den eigentümlichsten Begriffen seiner Heilslehre beschuldigen, wenn man annimmt: *in den Versen 28 u. 29 denke er bei dem Gegensatze von γράμμα und σάρξ einerseits und πνεῦμα anderseits an irgend einen beliebigen Unterschied innerhalb des natürlichen, noch unerlösten Lebens, und nicht allein an den Gegensatz des in der Sünde gebundenen, bloß gesetz-*

lichen und des durch den Geist Christi wiedergebornen Lebens? — Wie es aber und wodurch allein zu einer *περιτομὴ καρδίας* V. 29 kommen könne, sagt auf's bestimmteste der Apostel Phil. 3, 3. Kol. 2, 11 und Röm. 6, 6, so daß man wegen seiner Stellung zu dieser Frage keinen Augenblick im Zweifel sein kann, aber auch nicht berechtigt ist, ihn eines offenbaren Selbstwiderspruchs zu beschuldigen.

Bei unbefangener Ansicht tritt uns dagegen in unserm Kapitel der große Gedanke entgegen, welcher das Leben des Apostels bewegte und insbesondere diesen ganzen Brief durchdringt: daß in den Tagen des Evangeliums, diesem *καιρῷ δεκτῷ* (2 Kor. 6, 2), aus den Heiden jetzt das wahre Israel Gottes geboren werde (Gal. 6, 16), durch den Glauben theilhaftig aller großen und herrlichen Vorzüge des alten Israels (9, 4), nämlich dem Geiste und der Wahrheit nach (vgl. Joh. 4, 21—24). Und sich selbst betrachtete der Apostel als den Priester Jesu Christi, die weite Erde durchziehend, um sie durch das Evangelium zu weihen zum Heiligtum eines geistlichen Gottesdienstes aller Völker (15, 16; 21, 1). Und indem er an die damalige Hauptstadt der Völkerwelt, an eine christliche Centralgemeinde, welche, ihrer ganzen Stellung und Lage nach, von außerordentlicher Bedeutung für die Entwickelung der abendländischen Kirche werden mußte, sein erstes Schreiben richtete, so erblickte er in ihrem immerhin noch nicht vollkommenen Bestande ein Pfand für die Verwirklichung seiner Lebensaufgabe und Hoffnung. In wachsender Klarheit sah er dort, wie auch an vielen anderen Orten das aufgehen, was einst der Apostel Petrus zu Cäsarien sah im Hause des römischen Hauptmanns, und durfte es viel gewisser, als jener damals, nunmehr als vielfach besiegelte Erfahrung bezeugen: *Ἐπ' ἀληθείας καταλαμβάνομαι, ὅτι οὐκ ἔστι προςωπολήπτης ὁ θεός· ἀλλ' ἐν παντὶ ἔθνει ὁ φοβούμενος αὐτὸν καὶ ἐργαζόμενος δικαιοσύνην δεκτὸς αὐτῷ ἐστί* (Apg. 10, 34 f.). Und wenn Paulus auf dem Areopage zu Athen den Heiden nicht nur den lebendigen, durch die Auferweckung Jesu geoffenbarten Gott Himmels und der Erden, sondern auch den zukünftigen Tag der Verantwortung verkündigt (Apg. 17, 22—31): so schaut er hier im Lichte jenes Tages die Scharen der zu Gottes Volke gesammelten und „bekehrten“ Heiden, welche nicht unter, aber in Gottes Gesetze leben; und er hört des Richters, ihres Erlösers, endgültiges Urtheil, welches sie gerecht spricht, zwar nicht nach dem Gesetze, wol aber nach der, im lebendigen Glauben angeeigneten, Heilsbotschaft Jesu Christi. Konnte es aber wol eine bessere Grundlage geben, als diese, für die *νουθεσία* des Apostels: auch die gläubigen Heidenchristen, ohne daß diese durch die Beschneidung, Beobachtung der Speisegebote u. s. w. in den gesetzlichen Verband des alten Volkes eingetreten wären, als gleichberechtigte Brüder anzuerkennen, sie also nicht zu richten? für die den ganzen Brief durchdringende, wohlbegründete Ermahnung an beide Bestandtheile der römischen Christengemeinde: *προσλαμβάνεσθε ἀλλήλους, καθὼς καὶ ὁ Χριστὸς προσελάβετο ὑμᾶς εἰς δόξαν θεοῦ* (15, 7)?

So gipfeln denn jene früher von uns an diesem Orte erwogenen, die Heiden und ihre Stellung zum Evangelium betreffenden Aussprüche in dem nunmehr erörterten aus Kap. 2 des Briefes an die Römer (besonders V. 14—16). Obgleich durchweg seinem brieflichen Charakter treu, daher in der ganzen Darstellung und Entwickelung auf jene ersten christlichen Empfänger und ihre eigentümlichen Bedürfnisse berechnet, beschließt er dennoch unter dieser Hülle einen universellen und ewigen Wahrheitsgehalt. Unter demselben Gesichtspunkte aber, wie der Eingang, ist dieses apostolische Schreiben seinem ganzen Umfange nach und in allen seinen, innig zusammenhangenden Abschnitten, welche, von Einer großen Idee getragen, eine lebendige Einheit bilden, zu betrachten. Doch eine solche Betrachtung liegt außerhalb der Grenzen der gegenwärtigen exegetischen Studie.

Recensionen.

Wider und mit Keim.

Von

Professor A. Krauß in Marburg.

Die großartig angelegte und mit entsprechendem Aufwand von Geist und Gelehrsamkeit ausgeführte Geschichte Jesu von Nazara liegt nun vollendet vor. Nicht bloß dem Umfange nach ist das Werk unter den jüngeren Biographieen Jesu die bedeutendste. Keim hat einen solchen Reichtum geschichtlicher Forschungen, archäologischer, topographischer, sprachlicher Notizen, biblisch-theologischer Erörterungen und kritischer Zeugenverhöre in sein Werk niedergelegt, daß dasselbe zweifelsohne zu den hervorragendsten Leistungen der neueren und neuesten Theologie zu rechnen ist.

Insbesondere ist es aber die dogmatische Absicht, um deren willen das Werk eine eigentümliche Bedeutung erhält, wie es auch davon selber eine ganz eigentümliche Farbe bekommen. Dem Verfasser ist die von Christo verkündigte und der Menschheit vorgelebte Religion das Höchste und Wahrste. Aber darum soll Jesus nichtsdestoweniger Mensch und nur Mensch gewesen sein. Die Biographen Jesu, welche vor Keim mit wesentlich denselben Ansichten über die bloße Menschheit Jesu schrieben, giengen von Voraussetzungen aus, welche die Centralstellung Jesu und die Absolutheit der christlichen Religion von vornherein aufhoben. Keim will uns Jesum näher bringen; Jesus soll unser Bruder nicht bloß heißen; wir sollen fühlen, daß er Fleisch von unserm Fleisch und Bein von unserm Bein ist, und dadurch soll er uns theurer, soll unsere Verehrung für ihn wahrer und bewußter werden. Diealte Kirche habe die Gottheit Christi verkündigt, weil sie jüdisch und heidnisch nur so ihrer Liebe zum Herrn gerecht zu werden vermochte. Unserer Zeit aber komme es zu, Jesum ganz und nur als Menschen zu fassen und dennoch, ja erst von da aus, mit Erfolg die ewigen Wahrheiten des Christentums zu verstehen.

Wem spräche in unserer Zeit ein solches Unternehmen nicht zu Herzen? Dorner (Entwickelungsgeschichte 2c., Bd. I, S. 890) findet es mit Athanasius untheologisch, in der Christologie die Menschheit als Ausgangspunkt zu nehmen, weil man so nicht zur Gottheit komme. Ist es aber dem Athanasianismus gelungen, von seinem Ausgangspunkt aus zur vollen Menschheit zu gelangen? Ich denke, die theologische und die psychologische Richtung werden sich in der Christologie niemals überwinden, werden keine die andere ganz unterdrücken können. Unsere Zeit nimmt das lebendigste Interesse an der von Keim ergriffenen Seite, Jesum, ohne von der Fülle seiner ewigen Wahrheiten zu verlieren, ganz als den unsrigen zu begreifen, seine irdische Geschichte, seine menschliche Entwicklung in klarem Bilde zu sehen, sein Thun als ein in den Formen unseres Lebens sich vollziehendes, sein Fühlen und Wollen und Denken im Einklang mit den unser Seelenleben beherrschenden Gesetzen wahrzunehmen; das erst heißt Wissenschaft von der Menschwerdung besitzen, und wir werden uns nicht verhehlen dürfen, daß seit der Christologie diese Aufgabe gestellt worden, sie sich derselben auch nicht mehr wird entschlagen mögen.

Keims Unternehmen begegnet deshalb sympathischen Gefühlen bei Allen, welche sich ganz auf den Boden des Wortes gestellt haben: Es ist Ein Gott und Ein Mittler zwischen Gott und den Menschen, nämlich der Mensch Christus Jesus. Die Frage ist nur, ob die Aufgabe gelöst, ob in dem von Keim gefundenen geschichtlichen Jesus von Nazara sowol die urkundlich getreue Darstellung des von den Quellen uns überlieferten Christusbildes als auch, was gewissermaßen als logische Probe des gegebenen geschichtlichen Gemäldes gelten kann, die zureichende Grundlage der geschichtlichen Wirkungen des Christenthums anzutreffen ist. Beides nun steht der Natur der Sache nach in Wechselwirkung. Ob wir ein Leben Jesu urkundlich getreu finden können, hängt zunächst von unserer Stellung zur kritischen Ansicht des Autors ab, und unsere und des Autors kritische Ansicht über die Quellen ist wiederum beeinflußt von seiner und unserer Gottes- und Weltanschauung. Wie die christologischen Arbeiten der älteren Zeiten, so sind die „Leben Jesu" unseres Jahrhunderts viel eher Ausführungen und Rechtfertigungen der theologisch-philosophischen Gesamtansicht ihrer Verfasser als Grundlegungen für ein dogmatisches System. Es soll damit nicht geleugnet werden, daß sich diese Gesamtansicht während und in Folge der geschichtlichen Forschung selbst modificiren könne. Das Leben Jesu von Nazara im Verhältnis zum geschichtlichen Christus liefert hiezu auffällige Beweise. Aber unsere Zeit liebt die Form geschichtlicher Forschungen statt philosophischer Systeme, ohne darum auf philosophischen Hintergrund und Ausblick zu verzichten, und trotz des reichhaltigen, die geschichtliche Darstellung vielfach mühvoll erschwerenden Forscherapparates ist gerade auch Keim's Jesus von Nazara ein überaus lehrreiches Beispiel von dem wesentlich dogmatischen Interesse, das als treibender Beweggrund und oberster Richter hinter und über den geschichtlichen theologischen Untersuchungen steht.

Die Quellenkritik ist von Keim freilich im ersten Bande vorausgesandt worden, und er wird sich darauf berufen, daß dort in genügender Ausführung die geschichtlichen Nöthigungen zu seiner Ansicht mitgetheilt seien. Auch daß Matthäus dem Markus und überhaupt allen andern Evangelien so entschieden vorgezogen werde, beruhe nicht auf dogmatischen, sondern auf rein historischen Gründen. Wenn wir aber, uns nur an den dritten Band haltend, die Methode uns vergegenwärtigen, nach welcher zwischen echten und unechten Sprüchen und geschichtlichen und ungeschichtlichen Berichten geschieden wird, so springt doch in die Augen, daß es in letzter Instanz dogmatische Erwägungen sind, welche den Ausschlag geben.

Als dogmatische Erwägungen sehe ich alle die Behauptungen und Folgerungen an, welche nicht aus anderen feststehenden und unzweifelhaften Thatsachen, sondern aus philosophischen Voraussetzungen oder aus der Uebereinstimmung resp. dem Widerspruch mit einer schon vorhergefaßten Vorstellung von der Natur und den Eigenschaften Christi folgen. Ich führe als Beispiel Keims Verwerfung der Echtheit von Matth. 26, 31—46 (Bd. III,

S. 216 ff.) an: „Diese Rede setzt stillschweigend, wenn nicht die Christianisirung der ganzen Menschheit, so doch die Verbreitung der Bekenner Jesu über alle Theile der Erde voraus, während Jesus ein offenes Wort über solche Verbreitung bis jetzt wenigstens gar nicht geredet hat.“ (Dazu als Anmerkung: „Stellen wie Matth. 21, 43; 24, 14 sind hingesunken [nota bene durch bloßen Machtspruch von Keim, s. Bd. III, S. 118. 196 f. 204 f.]; Matth. 5, 13. 14; 8, 11; 12, 41; 13, 38. 41 ff.; 24, 31 aber enthalten höchstens dunkle Andeutungen.“) „Sie setzt eine Zeit voraus, in welcher der Gesichtspunkt sich heranbildete, daß Christen, warum nicht auch Nichtchristen, dem abwesenden, unsichtbaren Haupte in seinen leidenden und verfolgten Gliedern dienen und durch solchen Dienst sogar einen Antheil am künftigen Reich erlangen können. Diese Auffassungen erscheinen durchweg als junge, als späte Production der apostolischen Zeit; ja man müßte sie besonders nach der Seite der liberalen Auffassung des Heidentums, dessen gute Geister Erwählte Gottes von Ewigkeit sind, geradezu dem zweiten Jahrhundert vindiciren, wenn man nicht annehmen könnte, der Schriftsteller habe die auffallend starken Segensrufe Jesu für die Heiden in der Meinung eingetragen, daß er ein Weltgericht über christianisirte Heiden beschreibe, nicht über natürliche Heiden, wie seine Quelle es ursprünglich verstanden hatte. Und wer noch zweifeln wollte, der möge sich diese Titel beschauen, welche Jesus sich beilegt: Herr aller Engel, Richter und Endrichter aller Völker, und dann gar wiederholt der König, der König wird sprechen. Das sind die Titel, welche er nicht zu führen, welche er Gott zu leihen pflegte; aber es sind die Titel der Ehrfurcht, welche die Gemeinde dem Verherrlichten mit Nachdruck zu Füßen legte. Endlich ist gleich so sehr zu beachten, daß diese Rede sonst nirgendserscheint, wie andererseits, daß die Elemente ihrer auf manchen Punkten zwiespältigen, offenbar selbst nur successiven Bildung aus den wirklichen Worten Jesu nebst Einsätzen des Alten Testaments leicht zu bezeichnen sind.“

Ich gebe diese Ausführung in extenso, weil sie für Keims dogmatische Art in der Kritik bezeichnend ist und keineswegs etwa vereinzelt steht, sondern durchweg als Typus gelten darf. Wenn aber Worte wie Matth. 11, 25 ff., die doch Keim für echt hält, wirklich aus Jesu Munde giengen, wenn sich Jesus für den Messias hielt und in seinem Geiste, was ja Keim nachdrücklich ausführt, nicht bloß die Satzung der Schriftgelehrten, sondern den Buchstaben Mosis selber überwunden hatte und das Recht seiner persönlichen Auffassung der Religion von seinem großen Vorgänger unabhängig wußte, so bedürfen wir kaum noch der Vorliebe Jesu für starke Ausdrücke, um es sehr begreiflich zu finden, daß er sich Herr der Engel, Endrichter aller Völker und Könige nannte. Er ist es; er wußte sich als solcher; er nannte sich so. Strauß hat davon gesprochen, daß keiner von den großen Männern der Geschichte ganz ohne Schwärmerei (Leben Jesu für das deutsche Volk, S. 237) und daß auch Jesus, sofern ihm die Reden über seine Wiederkunft eigen angehören, nicht ohne unerlaubte Selbstüberhebung gewesen sei (ebendas., S. 242). Solches Urtheil zu fällen, widersteht Keim offenbar. Wir rechnen ihm diese Scheu zur Ehre an. Aber es ist Halbheit, aus solchen Gefühlsgründen Kritik zu treiben und Reden für unecht zu halten, welche dem von den Evangelien bezeugten Jesus so durchaus zustehen. Der johanneische Christus stimmt nur dann mit dem synoptischen schlecht zusammen, wenn man den letzteren sich zuerst nach dem Bilde eines gewöhnlichen Menschen zurechtgemacht hat. Nimmt man Jesus, wie ihn die Synoptiker wirklich schildern, so wird es zwar sehr begreiflich, daß die Juden nur Jünger oder Todfeinde Jesu werden konnten, daß sich die Mehrzahl tief abgestoßen fühlen mußte von dem Manne, der Solches aus sich selber machte (Joh. 8, 53), aber auch daß das Johannesevangelium den Gläubigen so rasch als das wahrste Lebensbild Jesu erschien, und daß, wer ohne Abzug an den synoptischen Jesus glaubt, diesen im johanneischen Christus ohne Ausgleichsbemühungen wiederfindet.

Sowol den Synoptikern aber muß Gewalt angethan werden, als auch kann dem Johannes nicht Gerechtigkeit widerfahren, wenn man so viel Herz für die sittliche Nüchternheit und Reinheit Jesu und doch so wenig Zutrauen zu dem einzigartigen Verlauf dieses Lebens voller Wunder hat wie Keim. Nothwendig muß auf solchem Standpunkt die Kritik einen willkürlich subjectiven Charakter annehmen und sich mehr von Eindrücken als von Gründen leiten lassen. Man fragt sich, wie es komme, daß dieses Wort für echt und jenes für unecht, daß z. B. Bd. III, S. 212 ff. das Gleichnis von den klugen und thörichten Jungfrauen, wie auch die Erzählung von der Wittwe und dem ungerechten Richter als ein späteres Product, das Gleichnis von den anvertrauten Pfunden dagegen für ursprüngliches Herrenwort erklärt wird. Man sucht nach einem festen Maßstabe und findet keinen. Zwar allerdings plausibel weiß Keim seine Urtheile zu machen. Strauß und Baur haben die Mythenbildung nach alttestamentlichen Worten, die Tendenzdichtung für ebionitische und paulinische Interessen empfohlen. Jetzt ist es Mode, das Neue Testament darnach auszulegen, und wer die Mode nicht mitmacht, der ist eben altmodisch. Möglich, daß die Mode zur Tracht wird. Aber eine spätere Zeit wird über diese Auslegung des Neuen Testamentes durch das Alte und über dieses Suchen nach einem verborgenen Sinne urtheilen, wie wir über die allegorische Exegese der Kirchenväter; man wird staunen, daß so viele geistvolle Männer, zu denen Keim so sehr gehört, statt einfacher Auffassung solche Geschmacklosigkeiten vorziehen mochten. Wie viel mehr bon sens beweist doch die Exegese eines Calvin oder Bengel, und wie viel natürlicher wird unsere Auslegung der Reden Jesu, zugleich aber auch unsere dadurch geleitete Kritik, wenn wir die Schriftworte aus sich selber erklären und nicht aus unsern Hypothesen! Man sehe nur, um noch andere Beispiele anzuführen, Bd. III, S. 315 f. die Bestreitung der Meldung, daß der Apostel, welcher dem Malchus das Ohr abhieb, Petrus gewesen sei, oder ebendas., S. 318 f. die Kritik der Erzählung von dem in Gethsemane nackt entflohenen Jüngling. Es sind nicht Unmöglichkeiten in der Sache selbst oder Verdachtsgründe aus bessern Quellen, sondern Gefangennahme unter die Straußische Mythenbildung oder Antipathie gegen das vierte Evangelium, was die Kritik bestimmt.

Die Consequenz, mit der die gesamte Geschichtsauffassung des vierten Evangeliums als ungeschichtlich nachgewiesen und abgelehnt wird, verfehlt ihres Eindrucks nicht; aber Keim kommt dann doch immer wieder gegen seinen eigenen Willen durch seine Voreingenommenheit dem angefochtenen Evangelium zu Hülfe. Man vermißt die Unbefangenheit. Ist es nicht kleinlich, wenn z. B. Bd. III, S. 401 f. in den Worten Joh. 19, 17: *καὶ βαστάζων τὸν σταυρὸν αὐτοῦ ἐξῆλθεν εἰς τὸν λεγόμενον κρανίου τόπον* eine geflissentliche Leugnung der Kreuzesabnahme durch Simon von Kyrene gesucht wird. Mir ist es unfaßlich, wie man hier nur überhaupt eine Aufgabe für die Harmonistik finden kann. Johannes berichtet einfach, daß Jesus, als er zur Schädelstätte ausgezogen, sein Kreuz getragen habe. Alles, was man weiter darin suchen möchte, muß erst von der Einlegungskunst hineingetragen werden. Verlangt man, daß jedes Evangelium alles auch berichte, was die übrigen Evangelien mittheilen, dann allerdings steht es schlimm um diese Bücher. Sieht man sie jedoch nicht selber tendenziös an, so ist in einer Menge von Fällen Harmonistik ein leeres Wort, weil gar keine Widersprüche zu harmonisiren sind. Aber in Bezug auf das vierte Evangelium heißt es bei den kritischen Theologen immerfort: die Worte bedeuten etwas. Dagegen wo man gar kein *ἀλληγορούμενον*, sondern bedeutsame Fingerzeige im Johannes finden könnte und sollte, da versagt die hellsehende Kritik den Dienst. Im Eifer, immer und überall die Nichtauthenticität des Evangeliums zu beweisen, geht der Sinn für die Benutzung dessen verloren, was dem Johannes, ob er echt oder pseudonym sei, immer den ersten Rang unter den kanonischen Evangelien sichern wird: nämlich die großartigen geschichtlichen Gesichtspunkte. Ich führe als Beispiel die Motivirung der Katastrophe Jesu an. Nach Keim, der von Johannes hierin nichts wissen will, der gegen Renan und Schenkel auch weder mehrfachen noch auch nur einen mehrwöchentlichen Aufenthalt Jesu in Jerusalem zugibt, bricht das Verhängnis so plötzlich über Jesus herein, daß es eben auch nur Verhängnis bleibt. In einer einzigen Woche soll sich Jesu Schicksal in Jerusalem von unentschiedener, gleichgültiger Haltung der Sadducäer bis zur Katastrophe entwickelt haben. Wie aber die Darstellung bei Keim beschaffen ist, gewinnt man gar keinen Eindruck von der innern Nothwendigkeit des plötzlichen Eingreifens der sadducäischen Partei. Man steht einem furchtbaren, unerklärlichen Unglück gegenüber. Alles hingegen erklärt sich, wenn Jesus den Gewalthabern schon eine bekannte Person, wenn er mit ihnen schon vor seinem Todesostern zusammengestoßen ist. Bloß an der Hand der Synoptiker läßt sich kein Leben Jesu schreiben, welches auch nur das in ihnen bezeugte Selbstbewußtsein und die von ihnen berichteten Schicksale Jesu genügend motivirt. Welch großen Raum man auch dem Ungeschichtlich-Subjectiven im vierten Evangelium einräumen mag, dieses bietet doch Gesichtspunkte, welche das von den Synoptikern Mitgetheilte erst verständlich machen, und zwar nicht bloß in Bezug auf das Dogmatische resp. Psychologische, sondern auch auf die Lebensgeschicke Jesu.

Diese Voreingenommenheit gegen alles Johanneische bestimmt Keim auch zum Mistrauen selbst gegen das übereinstimmende Zeugnis mehrerer Evangelien, wenn das vierte die gemeinsame Ansicht am schärfsten vertritt. So sucht er in der viel verhandelten Frage nach den Motiven des Verräthers eine andere Anschauung zu gewinnen, als Matthäus „oder richtiger sein Ueberarbeiter“ und Johannes vertreten, welche beide den Judas „im voraus nach Geld trachten lassen“. Er selber führt als Motive Bd. III, S. 248 f. an: „Die Enttäuschung durch den Messias, welcher die riesigsten Aussichten geweckt und keine erfüllt hatte, welcher keine Wunder mehr that, welcher die Gegner nicht schlug, welcher sich zurückzog, und dann den wachsenden Respect vor den immer wieder Ehrfurcht gebietenden Männern des Stules Mose's, denen der Tempel gehörte mit seiner Marmorpracht, mit seinen Schätzen und Weihgeschenken, mit den Opfern, mit den Priestern und Leviten ohne Zahl, denen endlich die Nation gehorchte und huldigte in den Tausenden, in den Millionen, welche sich zur heiligen Stadt drängten und zu den Vorhöfen, während Jesus mit seinen Zwölfen klein und machtlos drin verschwand.“ Vom Standpunkt der evangelischen Moral aus angesehen sind diese von Keim angeführten Gründe nicht sowol Gründe als vielmehr nur Veranlassungen, daß der eigentliche Grund wirksam wurde, und Keim gibt keine andere Erklärung, als die Evangelien, sondern nur eine Veranschaulichung des Vorganges in der Seele des Judas, jedoch nur eine einseitige. Wo die Ehrfurcht vor dem Besitz des [Reichtums oder der Macht] und die Anbetung des Erfolges so groß ist, wie Keim in Judas voraussetzt, da ist das vorhanden, was nach dem Sprachgebrauch Jesu und der Apostel „Geiz“ heißt. Nur wer sein Herz so sehr an den Besitz und darum auch an den sichtbaren äußern Erfolg gehängt hat, geräth in Lagen, wie die des Judas war, in die Gefahr des Verraths am Idealen. Denn was uns das Wirkliche ist, das beherrscht uns am Ende, sei es das Ideale oder das Materielle. War Judas so gesinnt, wie ihn Keim schildert, dann ist aber auch an sich das Eine wie das Andere, sowol das Fordern von Geld für Verrath als auch das Nehmen von angebotenem Gelde, denkbar, und in Wirklichkeit wird sich wol Beides, wie das in solchen Fällen zu geschehen pflegt, auf halbem Wege begegnet sein.

Gleichwie mit der Beurtheilung der Motive zur Verrätherei des Jüngers, so können wir uns auch mit der Auffassung der Beweggründe Jesu zum letzten Zug nach Jerusalem nicht einverstanden finden. Keim ist vor allem bemüht, auch hier rein natürliche, bei anderen Menschen auch anzutreffende, nicht aus der Analogie mit unserem Fühlen und Denken herausgehende Vorgänge in Jesu Seele nachzuconstruiren. Wir können ihm hierin an sich gewiß nur zustimmen. Ist das Wort Fleisch geworden und Jesus wirklich, nicht bloß zum Schein ein Mensch und unser Bruder gewesen, so verlief sein Leben nach den auch für uns gültigen psychischen Gesetzen. Aber deshalb müssen wir doch nicht geringer von ihm denken als von den Besten unseres Geschlechtes, und was sich als Gesetz für die moralische Welt in Wahrheit geltend macht, das soll auch ohne Abzug in der Geschichte Jesu zur Geltung gebracht werden. Keim will nicht zugeben, daß Jesus mit „sicherem, vor allem Handeln fertigen Wissen der Vergeblichkeit, des Todes“ die Reise von Galiläa nach Jerusalem unternommen habe (Bd. III, S. 57). „Von einem sichern Voraussissen seiner Katastrophe, also von einem Rennen in den Tod, welches sich Schleiermacher so ernstlich verbat, war (trotz des vierten Evangeliums) so wenig die Rede, als von definitiven Todesbeschlüssen der Feinde, welche, einer um den anderen, noch vor dem Einzug gefaßt worden sein sollen“ (ebendas., S. 85). Halb hoffend, halb auf einen schlimmen Ausgang gefaßt, sei Jesus nach Jerusalem gezogen. Wenn diese

Ansicht richtig wäre, so ließe sich das „Eli Eli lama sabachthani" sehr natürlich erklären. Keim verzichtet darauf und hält es für unecht. Ihm stirbt Jesus als großartig schweigender Dulder. Es sind schöne und warme Worte, mit denen er Bd. III, S. 430 ff. den Helden am Kreuz, den Helden im Schweigen feiert. Das Gemisch von Hoffnung und Resignation aber, das er in Jesu vor der Katastrophe voraussetzt, stimmt weder zur Darstellung der Evangelien, noch auch ist es an sich wahrscheinlich. Ein Kriegsmann kann sehr wohl wissen, daß ihn seine Pflicht zum Tode führt, daß aber über seinen Leichnam die Nachfolgenden des Feindes Burg einnehmen werden. Das war Jesu Wissen, und darum war sein freiwilliges sich in den Tod Geben kein Rennen in den Tod. Wie ihn die Schrift als Hohenpriester und Opfer zugleich darstellt, so dürfen wir ihn auch Feldherrn und Kämpfer zugleich nennen. Er übersah nicht bloß seine Lage und wußte, daß sein Ausgang unfehlbar der Opfertod sein müsse; sondern er hatte auch die Einsicht in den Grund, die innere Nothwendigkeit eines solchen Ausgangs. Wenn die Christen nach seinem Weggange von der Erde darüber dogmatische Betrachtungen anstellten und Formeln dafür fanden, so dürfen wir ihm, ohne ihn deshalb zu einem Theoretiker zu machen und ohne darum die Menschlichkeit seines Bewußtseins zu doketisiren, doch eine intuitive Erkenntnis der objectiven Nothwendigkeit seines Versöhnungstodes zuschreiben. Keim spricht Bd. III, S. 266—273 vortrefflich über die geschichtlichen und exegetischen Fragen, das Abendmahl betreffend; aber in der daran gereihten Betrachtung des Todes Jesu als eines Opfers und Sühnmittels können wir ihm nicht folgen. Nicht bloß im Tode Jesu, sondern in allem sittlichen Geschehen, soweit es von der Sünde durchzogen ist, überhaupt, herrscht das Gesetz der Sühne, die Nothwendigkeit des Eintretens Schuldloser für die Schuldigen zum Behufe der Lösung der Letzteren von der Schuld und Strafe der Sünde. Dies ist nicht ein Lehrsatz der Dogmatik, sondern ein Erfahrungssatz des täglichen Lebens, des Leidens der Eltern für ihre Kinder, der Entsagungen im Dienste der Seelsorge und der Mission, des Opfermuthes aller sich selbst entäußernden Liebe. Es ist die in Gottes Weltordnung begründete Nothwendigkeit des Martyriums für alle

Erneuerung sittlichen Lebens. Sollte der, in dessen Leben und Sterben diese Nothwendigkeit so klar hervortrat, in sich selbst kein Bewußtsein oder nur eine dunkle Ahnung davon gehabt haben? Der Ausgleich zwischen der Lehre von der freien Gnade Gottes und der bittern Thatsache der stellvertretenden Sühne, die Deutung der Geschichte und die Beantwortung der durch das Leben aufgegebenen Räthsel ist Sache der Dogmatik. Aber die Lösung dieser Aufgabe wird nicht dadurch herbeigeführt, daß man von den beiden zu vermittelnden Wahrheiten nur einfach die eine negirt und mit Keim zwischen der galiläischen Predigt und dem jerusalemischen Opferwort einen unausgeglichenen Widerspruch wahrnimmt, daß man Jesu Opferwillen, diesen an den tiefsten Ideen des Alten Testaments und der Lehre Jesu selbst gemessen, als einen Rückschritt auffaßt (Bd. III, S. 278), weil die frei vergebende Gnade Gottes die höchste und bleibende Idee sei, und daß man es eben nur zur plebejen Schuld der Mehrzahl rechnet, wenn sie „nicht an Begriffe und geistige Wahrheiten zu glauben vermag, aber an die Thatsachen, in denen sie Bilder geworden sind" (S. 280). Was Keim trennt, um nach Wegwerfung des Einen nur im Anderen die Wahrheit zu finden, das ist gerade nur in der Verbindung der beiden Seiten die volle Wahrheit. Die Geschichtschreibung des Lebens Jesu hat nicht die der Dogmatik zufallende Aufgabe der Bearbeitung der Begriffe; aber sie hat ebenso wenig die Befugnis, einen Widerspruch darin zu finden, wenn Jesus, ohne sich um die dogmatische Vermittelung zu kümmern, die andere Seite derselben Wahrheit unter anderen äußeren Umständen so schroff herauskehrt, wie zuvor gewinnend und milde die eine. Sie hat den Stoff für die Dogmatik nicht zu verkürzen, sondern klar zu stellen.

Bei aller Anerkennung von Keims Verdiensten um geschichtliche Auffassung und Darstellung des Lebens Jesu und bei vieler Sympathie mit seiner Absicht, ein wirklich lebenswarmes Bild des Menschgewordenen zu schaffen, befinde ich mich deshalb in durchgreifendem Gegensatz zum Verfasser. Ihm mögen die Schwierigkeiten, von den Voraussetzungen altgläubiger Dogmatik aus den geschichtlichen Jesus zu begreifen, überwältigend erscheinen; mir ist es unzweifelhaft, daß er nach rechts oder links viel weiter gehen muß, als er jetzt noch gehen will, und daß ihn die Inconsequenz seines jetzigen Standpunktes zu einer Veränderung desselben treiben oder vereinsamen wird. Namentlich in der Auferstehungsfrage bezeugt sich diese seine Inconsequenz in sehr auffallender Weise. Gegen die Behauptung, der wir auch bei ihm begegnen, daß nach Joh. 20, 19 Jesus „durch verschlossene Thüren" eingetreten sei, genügt immer noch das kurze Wort des alten Wolleb in Christ. Theol. compend., p. 149: „esti miraculosa plane sit Christi resurrectio . . . tamen . . . τῶν θυρῶν κεκλεισμένων clausis januis, non per clausas januas". Keim wird hierin nichts die Hauptfrage Entscheidendes finden, und ich spreche auch nur davon, weil Keims Auslegung immer noch zur Verstärkung der Unmöglichkeiten in der evangelischen Darstellung des Auferstandenen verwerthet wird.

Ein tiefer die Kernfrage beschlagender Rückschritt Keims gegen seine früheren Auffassungen ist dagegen seine jetzige Stellung zum Bericht vom leeren Grabe. Im „Geschichtlichen Christus", 3. Aufl., S. 181 hält er noch das letztere der Visionstheorie entgegen und nennt die Constatirung des vollen oder leeren Grabes für Juden und Christen, selbst für Christen in Galiläa, eine lösbare Frage und eine Lebensfrage. In der Geschichte Jesu von Nazara, Bd. III, S. 546 ff. hält er „die Berichte von der Auferstehung, von der Entdeckung des leeren Grabes nur noch für sinnige, aber doch willkürliche Erklärungen und Malungen dessen, was vom jüdischen Standpunkt aus als nothwendige Voraussetzung und Unterlage der allein thatsächlichen Erscheinungen in Galiläa betrachtet wurde". Die Gründe, die er hiefür anführt, sind schwach. Der Hauptpunkt aber, auf den es ankommt, wird von ihm gänzlich ignorirt, die Thatsache nämlich, daß alle vier Evangelien die ersten Christophanien und Berichte von der geschehenen Auferstehung mit dem Gange der Magdalenerin zum Grabe in Verbindung setzen (vgl. meine Lehre von der Offenbarung, S. 295). Mit seiner Behauptung, daß die allein thatsächlichen Erscheinungen nur in Galiläa stattgefunden, hat Keim Matthäus, Markus und Johannes gegen sich, die alle die erste Christophanie der Magdalene und zwar auf Anlaß ihres Ganges zum Grabe geschehen lassen. Diese Thatsache ist so sicher wie der Glaube der Jünger an die Auferstehung

Jesu. Man wendet 1 Kor. 15, 5 ein; aber wenn auch zugegeben werden müßte, was ich nicht zugebe, daß Paulus dort die petrinische Christophanie ausdrücklich als die erste bezeichne, so könnte ich darin doch keinen Beweisgrund für die Unrichtigkeit der evangelischen Tradition anerkennen. Ich verbleibe dabei, daß hier Renan (Les Apôtres, p. 12) mehr geschichtlichen Sinn bezeugt als diejenigen, welche dem Petrus die Ehre der ersten Erscheinung vindiciren, und finde in der ganzen neutestamentlichen Berichterstattung über die Osterfreude keine Mittheilung, welche geschichtlich so fest stünde und so sehr den Ausgangspunkt für alle weitere geschichtliche Darstellung bildete, wie eben die Erzählung von der Magdalena als der Ersten, welche den Herrn geschaut.

Insbesondere aber ist es die Erklärung und die Deutung der Thatsachen, was in den Verhandlungen über die Auferstehungsgeschichte das allgemeine Interesse in Anspruch nimmt, und hier vorzüglich ist es, wo sich die Inconsequenz des Keim'schen Standpunktes offenbart. Nach dem gegenwärtigen Stande der Wissenschaft kann es sich nur um die Stellung zur Visionstheorie handeln. Von S. 594 an führt Keim den Gegenbeweis gegen die Erklärung aus dieser Theorie, nachdem er zuvor sehr ausführlich alles mitgetheilt, was zu ihren Gunsten spricht. Gewiß tragen seine Erörterungen dazu bei, die Visionserklärung geschichtlich unwahrscheinlich zu machen; aber um diese zu überwinden, dazu reichen sie für sich allein doch nicht aus. Keim hat ganz unnöthiger-, weil unbegründeterweise manches geopfert, was weder von ihm noch von Anderen widerlegt ist. Zwar entschlägt er sich nicht — wie Steinmeyer, der in seiner „Auferstehungsgeschichte des Herrn" nur mit dogmatischen Gründen ficht — der Hauptaufgabe, nämlich der Untersuchung, inwieweit die für die Visionstheorie nothwendigen Voraussetzungen geschichtlich gegeben seien, und ob die unzweifelhaften Aeußerungen des Jüngerglaubens ihre natürliche und befriedigende Erklärung durch diese Theorie finden; aber ich sehe doch auch nach seinen Untersuchungen meine eigenen einschlägigen Ausführungen (Lehre von der Offenbarung, S. 264 ff.) weder widerlegt noch überflüßig geworden. Mit lebhafter, wenn auch nicht uneingeschränkter Beistimmung las ich, was Keim Bd. III,

S. 601 ff. schreibt. Allein ich mußte mich fragen, ob denn ein Schriftsteller, welcher sich im zweiten Bande so rund und entschieden gegen das Wunder ausgesprochen hatte, im dritten Bande noch eine solche „Deutung des Glaubens für den Glauben" geben dürfe. Wenn irgend etwas wissenschaftlich unerläßlich ist, so ist es ein energischer Supranaturalismus als logische Voraussetzung für die von Keim gegebene Auskunft.

Nachdem Keim als das für die Wissenschaft zweifellos Festzustellende lediglich den festen Glauben der Jünger, daß Jesus auferstanden, und die ungeheure Wirkung dieses Glaubens, die Christianisirung der Menschheit zugegeben, sagt er S. 601: „Der christliche Glaube aber darf einen Schritt weiter gehen. Nicht deswegen, weil er auch das Unsichere sicher und gewiß machen kann durch Vorurtheile oder Ueberzeugungen, aber deswegen, weil er mit seiner Ahnung, welche von der Welt zu Gott, vom Natürlichen zum Uebernatürlichen aufsteigt, die Schranken sinnlicher Wahrnehmung und naturgesetzlicher Weltordnung, an welche die Wissenschaft, auch die Geschichte, sich bindet, zu überschreiten weiß. Er überschreitet sie nicht bloß mit der Gewißheit, daß Jesus, wie er nur immer von der Erde weggegangen, zur oberen Welt Gottes und der Geister seinen Lauf genommen, um das Jenseits zu beseligen und das Diesseits durch sein in der Kirche verkörpertes Werk dem Jenseits zuzubilden, sondern auch mit der Ueberzeugtheit, daß er und kein Anderer es gewesen, der als der Gestorbene und Wiederlebende, als der, wenn nicht Auferstandene, so doch vielmehr himmlisch Verherrlichte seinen Jüngern Gesichte gab, seiner Genossenschaft sich offenbarte." Und um dies denkbar zu machen, schreibt er S. 604: „Die Frage der Einwirkung der Wesen des Jenseits auf das Diesseits ist eine offene .... Die menschliche Ahnung weiß von einem Band, von welchem Wahrnehmung und Verstand eine klare Vorstellung nicht gewinnt. Was aber sonst in der Menschheit nur als dunkles Gefühl, als verworrene Vorstellung, als bloßer Druck des unmittelbaren Bewußtseins besteht, das gelüftet und entschleiert zu haben, war das Vorrecht, das menschliche Vorrecht Jesu, indem er in unwidersprechlicher Weise den Seinigen sich offenbarte. Sein Vorrecht aber gründete sich auf die Eminenz seines Geistwesens und auf die

Stärke seiner Willenskraft, auf den Liebesdrang zu den Seinigen und zu seiner großen Sache und auf die Empfänglichkeit seiner Jünger."

In der Frage, ob Wunder anzunehmen oder zu leugnen seien, begegnet man nur zu häufig einer solchen Definition des Wunders, nach welcher dasselbe in der Aufhebung des gesetzmäßigen Geschehens, in der Zufälligkeit und Willkürlichkeit des Ereignisses bestehen soll. So häufig dies als Hauptkennzeichen des Wunderbegriffes von der Unkenntnis oder vom Uebelwollen gegeben wird, so grundfalsch ist diese Angabe. Das Wunder ist vielmehr jedes solche Ereignis in der diesseitigen Welt, zu dessen Verursachung der Causalnexus der im Diesseits wirkenden und ihm immanenten Kräfte nicht ausreicht. Das Gedeihen der Feldfrüchte z. B. kann als ein Wunder, kann aber auch als ein natürliches Ereignis angesehen werden. In letzterem Falle wird es auf die Beschaffenheit des Samens, des Bodens, des Klima's, der Temperatur, der aufgewendeten Arbeit zurückgeführt und als deren unausweichliches, weil darin zureichend und ausschließlich begründetes Ereignis betrachtet. Die Irreligiosität bleibt bei diesen causae secundae stehen; die Religion steigt zur causa prima auf und findet in all' diesen einzelnen Kräften Aeußerungen einer höchsten und alles bedingenden Macht, die für die Wirksamkeit aller einzelnen Kräfte nicht bloß Daseinsquelle, sondern auch normirendes Gesetz ist. Wie sehr sich auch die Frömmigkeit an diesen natürlichen und gesetzmäßig wirkenden Kräften erfreuen und erbauen mag, von Wunderglauben darf doch nicht gesprochen werden, sobald die Wirksamkeit Gottes nur in dem Verhältnis der causa prima zu diesen causae secundae gedacht und somit das Gedeihen der Feldfrüchte auf das Zusammenwirken dieser letzteren zurückgeführt wird. Die rein natürliche Betrachtung kann also fromm und unfromm sein, je nachdem in den natürlichen Causalitäten gesetzmäßige Offenbarungen der göttlichen Macht erkannt werden oder nicht.

Ist hingegen Gottes Wesen in der Gesamtheit der endlichen Dinge nicht erschöpft, und kann Gott Wirkungen hervorbringen, welche nicht lediglich im natürlichen Causalnexus verursacht sind, wenn sie sich auch an diesen anschließen und in ihn eingehen, weil der natürliche Causalnexus nicht die vollständige Offenbarung des in sich selbst seienden Gottes ist, so läßt sich ein Eingreifen Gottes in diesen Nexus denken, wie auch nur unter dieser Voraussetzung der Ausdruck „göttliche Weltregierung“ einen vernünftigen Sinn und die geschöpfliche Freiheit eine Wahrheit hat. Denn Gott hat alsdann dem einzelnen Endlichen ein bestimmtes Maß von Kraft gegeben, die es innerhalb gewisser Ordnungen sowol gebrauchen als auch nicht gebrauchen kann, indem es diese Ordnungen theils als ein Soll theils als ein Muß empfindet und erfährt, und die Beziehung Gottes zu diesen Ordnungen und Einzelkräften ist dann allerdings die eines Regierenden, der sowol in als über dem Regierten steht und theils durch Eingreifen in den Gang der Dinge zum Zweck der Wiederherstellung gestörter Ordnung, theils durch Erhalten der Ordnungen das Ganze zu bestimmten Zielen leitet. Dies ist die biblisch-theistische Weltansicht, die alle göttliche Schöpfung an sich als sehr gut, keineswegs aber die Welt der selbstthätig sich bewegenden Einzelwesen als vollkommen, sondern diese vielmehr als der Erlösung und Vervollkommnung bedürftig ansieht. Unter diesen Voraussetzungen hat es Sinn, von einem übersinnlichen Jenseits und von einer Geisterwelt, von einem Zusammenhang des Jenseits mit dem Diesseits und von einem den gekreuzigten Jesus verklärenden Gott zu sprechen. Denn diese Voraussetzungen sind die logischen Postulate für einen solchen Glauben. Diese Voraussetzungen sind aber auch die Grundanschauungen des vor den Wundern sich nicht fürchtenden Supranaturalismus. Sie statuiren die Möglichkeit, daß der Gott, der nicht bloß immanent ist, sich auch auf andere als bloß immanente Weise bethätige.

Keim hat das Gefühl, er werde mit seiner Deutung des Glaubens für den Glauben rechts und links anstoßen. Es wird ihm dieser Anstoß nicht erspart bleiben. „Das Jenseits ist der letzte Feind, welchen die speculative Kritik zu bekämpfen und wo möglich zu überwinden hat.“ Dieser Schlußsatz der Straußischen Glaubenslehre steht unanfechtbar fest, sobald man sich einmal auf den Boden der Wunderleugnung aus philosophischen Gründen begeben hat. Denn eben die Existenz, die wirkliche Existenz eines

Jenseits ist der Mutterschooß des Wunders. Gibt es einen nicht bloß immanenten, sondern auch transcendenten Gott, so haben wir auch das Wunder. Darin stimmen nicht bloß die Supranaturalisten, sondern auch die wirklich folgerichtig denkenden Diesseitstheologen, ein Strauß, Zeller, Biedermann, überein. Darum gibt es aber allerdings in dieser Frage nur ein scharfes Entweder-Oder — entweder ein Jenseits und ein lebendiger Gott und Wunder, oder keine Wunder, dann aber auch der Glaube an ein Jenseits im Sinne von Keim und der Glaube an eine objective reale und göttliche Verherrlichung des Gekreuzigten, gar an reale und objective Bezeugung des Verherrlichten an seine Jünger nur eine Täuschung. Die Naturforscher behaupten, die Sinne könnten sich niemals irren; die Hallucinationen wären Täuschungen der fehlerhafte Schlüsse bildenden Vernunft. Möglich, daß bisweilen die fehlerhaften Schlüsse, nicht bloß die argen Gedanken aus dem Herzen kommen. Jedenfalls, wenn wir keinen Gott haben, welcher Wunder thun kann, so ist das ganze Wunder des apostolischen Auferstehungsglaubens noch am wahrscheinlichsten aus dem glühenden Herzen und der irrenden Vernunft der Maria von Magdala und zwar am Grabe Jesu bei Jerusalem zu erklären.

Auf der letzten Seite seines Werkes gibt Keim, nachdem er in längerem Schlußabschnitt den „Messiasthron in der Weltgeschichte“ betrachtet hat, als allein haltbaren Begriff zur Bezeichnung des specifischen Wesens Jesu die nova creatura und den novissimus Adam an, und meint, selbst ich wäre in meiner Lehre von der Offenbarung S. 324 „bei allem Anlauf zu keiner andern Formel gekommen“. Was die Formel anlangt, so gebe ich es zu, was den Inhalt und den Sinn betrifft, nicht. Wenn wir Jesum den zweiten Adam nennen, so drücken wir damit nicht bloß aus, daß Jesus voll und ganz Mensch gewesen, sondern auch, daß seine Entstehung ebenso durch neue göttliche Schöpferthätigkeit bedingt und ebenso wenig bloß aus der vorangehenden Schöpfung zu erklären sei wie die Entstehung des ersten Menschen. Wie aber der Apostel zweifelsohne verstanden sein will, so liegt in seinem Ausdrucke auch noch die scharfe Entgegensetzung des Sündlosen gegen den Anfänger der Sünde in der Menschheit, und hierin ist Keim bei allen epitheta ornantia, die er Jesu gibt, hinter den Forderungen des christlichen Bewußtseins zurückgeblieben. Keim sucht Jesum so rein darzustellen als möglich, um in ihm die Krone unseres Geschlechtes verehren zu können; aber er weiß Jesum nicht von Makeln frei zu zeichnen; er leugnet nur, daß gewisse Eigenschaften Sünden seien. „Wer dürfte es wagen", schreibt er Bd. III, S. 651, „um beim menschlichen Beispiel zu bleiben, selbst Luthers Derbheiten, Heftigkeiten und Durchbrüche Sünden zu schelten?" Nun, ich schelte sie nicht als Sünden: aber ich beklage sie als solche, und wenn ich sie nicht mehr als solche bezeichnen dürfte, dann wollte ich überhaupt nicht mehr im Jähzorn etwas Böses und in der Rechthaberei etwas Sündhaftes finden. War aber auch Jesus selber ein gegen das Ende seines Laufes „verbitterter" Mensch, dann suchen wir noch den wahren Gottes- und Menschensohn, dann schiebt sich allerdings, was Keim von seinem Jesus abwehren möchte, „ein drückender Zweifel zwischen das Ideal, welches der Glaube begehrt, und seine Person".

Es sind begeisterte und begeisternde Worte, mit denen Keim die Geschichte Jesu von Nazara schließt. Auch so, wie der bloß menschliche Menschensohn geschildert worden, fühlt sich das Herz ergriffen und in Liebe zu dem Propheten und Märtyrer der Ideale hingezogen. Und dennoch beschleicht uns ein Gefühl unendlicher Traurigkeit, indem wir das, was Keim das alte Bekenntnis nennt, so erbarmungslos zerbröckeln sehen. Vom Verfasser können wir nicht anders Abschied nehmen, als indem wir seinen Scharfsinn, seinen Fleiß, seine Gelehrsamkeit, noch mehr aber seine ungeheuchelte Wärme für die idealen Güter der Menschheit und seine durch keine Nebenrücksichten beeinflußte Aufrichtigkeit hoch ehren. Aber indem wir sein Buch aus der Hand legen, greifen wir zum Buch der Bücher, um uns am ursprünglichen Lebensbilde des Heilandes zu erquicken. Denn nur zu dem Jesus der Evangelien können auch wir sagen: „Du hast Worte des ewigen Lebens."

2.

Geschichte Jesu von Nazara in ihrer Verkettung mit dem Gesamtleben seines Volkes frei untersucht und ausführlich erzählt von **Dr. Theodor Keim.** I. Bd.: Der Rüsttag. Zürich. Orell, Füßli & Comp. 1867.

„Ein echtes menschliches Leben auf Gottesgrund, das möchte sich hier in Fleisch und Blut erheben.“ Mit diesen schönen Worten bestimmt Keim Bd. I, S. 6 das Ziel seiner Geschichtschreibung des Lebens Jesu, und Wissenschaft und Kirche dürfen beide gleich freudig zu ihnen Ja und Amen sagen. Freilich, die Kirche des alten Dogma's kann das nicht, weil sie nur den Gottmenschen des Nicänum auf ihrem Leuchter duldet und ihre christologischen Anschauungen dem Ordenskanon der professionellen Gegner des Protestantismus: „sint, ut sunt, aut non sint“, unterstellt. Die Arbeit Keims will nämlich die Vermittlung zwischen den parallelen Strömungen des Interesses sein, welches einerseits die Geschichtswissenschaft und andererseits die Kirche an der Person Jesu Christi nimmt. Sucht nun die erstere ihre Aufgabe in der Reduction seines Wesens auf die gewöhnliche Menschlichkeit, in welcher sich jede Individualität lediglich nur als der particularistische so oder anders modificirte Niederschlag des jeweiligen nationalen Geisteslebens darstellt, die letztere aber, wie es bisher auf Grund der Symbole usuell war, in der Festhaltung der göttlichen Hypostase, welche die Menschwerdung einfach zu einer Fleischwerdung herabsetzt, so können die Parallelen des beiderseitigen Interesses sich nie berühren, und die Vermittlung bleibt eine Unmöglichkeit. Sie wird aber zur Möglichkeit, sobald beide Interessenten an ihren Axiomen nachlassen und berichtigen. Den Anstoß zu einer solchen Correction empfieng die Wissenschaft von Hegel, insofern dieser den Kant'schen Gegensatz von Gott und Mensch in das Ineinander der Immanenz nach dem Vorgang Spinoza's umwandelte und die Maßgabe des Individuums für die Wendepunkte der geschichtlichen Entwicklung anerkannte. Noch stärker betonte die letztere Instanz unter Schelling'schem Einfluß Schleiermacher. Unter dem Druck dieser Prämissen giengen Hegel und D. Fr. Strauß bis zu der Verkündigung der absoluten Einzigkeit Jesu in der Religion. Der Schüler hat freilich dieselbe wieder zurückgenommen, weil die Idee ihre Fülle nur in der Totalität, nie aber im Individuum zum Ausdruck bringe. In der Kirche dagegen regten bei den mit der Wissenschaft rechnenden Theologen die biblischen und logischen Schwierigkeiten des alten Locus de persona Christi und bei den religiös angelegten Laien der allgemeine Umschwung des Bewußtseins und die naturwissenschaftlichen Fortschritte das Bedürfnis eines echt menschlichen Christus nach Abkunft und Entwicklung an und führten so zu der Umbildung der hergebrachten gottmenschlichen Substantialität in die moderne gottmenschliche Actualität. So haben die Gegner durch Triebkräfte innerhalb ihrer eigenen Sphäre sich unwillkürlich genähert; die Genäherten vollends zum Frieden zusammenzuführen, daran hat Keim einen seltenen Reichtum von Gelehrsamkeit und Herzenswärme gewendet.

Gehen wir von der Tendenz des Ganzen zu dem Detail des Werkes über, so stellt der Verfasser Bd. I. S. 7—172 den unerläßlichen Unterbau für die Construction des Lebens Jesu in der „Quellenschau“ her. Er eröffnet dieselbe mit einer kurzen Besprechung der jüdischen Quellen S. 8—17 und der heidnischen S. 17—24.

Bei den ersteren deutet Keim den Zusammenhang des Lebens Jesu mit der jüdischen Gesamtliteratur vom Alten Testament bis zum Thalmud hinaus an und hebt sodann den Werth des Philo und Josephus für die Aufhellung nicht der Person Jesu, aber desto mehr der religiösen Geschichte Israels in seiner Zeit hervor. Die bekannte Jesusstelle in Antt. XVIII, 3, 3 erklärt er für eine judenchristliche Einlage des Glaubens, nicht des Betrugs, deren Berechtigung er in der ursprunglichen und unverdorbenen Jakobusstelle XX, 9, 1 finden will. Bekanntlich kehren bedeutende Auctoritäten das gegenseitige Verhältnis der beiden Stellen um, aber leider nur mit der fatalen Einbuße, daß sie auf diesem Wege um der greifbaren Interpolation von Antt. XVIII willen auch die Echtheit von Antt. XX in Gefahr bringen und so das einzige Zeugnis des Josephus dem Zweifel preisgeben, das uns die ausgebreitete und hohe Geltung des Namens Jesu Christi um das Jahr 70 documentirt, so mager auch der Keim'sche Gewinn „Jesu, des sogenannten Christus“ erscheinen mag. Die Jesusmythen des Judentums in der Gemara des Thalmud und in dem mittelalterlichen Sepher Tholedot Jeschu ha-Nozri zeichnet der Verfasser in kurzem Umriß. Eine neue Zusammenstellung und Untersuchung derselben hat der Recensent für diese Zeitschrift geliefert.

Wahrheitsgetreuer und ausgiebiger als die jüdischen Berichte sind nach Keim die des römischen und griechischen Heidentums bis zu der Mitte des zweiten Jahrhunderts, beziehungsweise bis zu dem abschließenden Werke des Philosophen Celsus. Die ersten Notizen über das Leben Jesu und seine Stiftung bieten uns die Schriftsteller der Trajanszeit. Obenan steht hier Tacitus, dessen Todesschein Jesu in Ann. XV, 44: „auctor nominis ejus Christus Tiberio imperitante per procuratorem Pontium Pilatum supplicio affectus erat“, mindestens die Chronologie des Thalmud beschämt. Mit böser Ignoranz behandle dagegen sein Zeitgenosse Suetonius Christus als einen unter Claudius und in Rom selbst lebenden revolutionären Wühler. Ob aber diese Interpretation von Suet. Claud. 25: „Judaeos impulsore Chresto assidue tumultuantes Roma expulit“, richtig sei, ist eine noch offene Frage (s. Winer, Biblisches Realwörterbuch, Art. Claudius, und Wieseler in Herzogs Realencykl., Suppl.-Bd. II, Art. Römerbrief, S. 585—586 Anm.). Auf Suetonius folgt Plinius der Jüngere mit seinem bekannten Berichte an Trajan. Den Reigen der Griechen eröffnet der Spötter Lucian um die Mitte des zweiten Jahrhunderts, welcher noch ohne Benützung jüdischer oder christlicher Quellen den Stifter des Christentums in seinem „Tod des Peregrinus“ als „einen für die Einführung neuer Mysterien gekreuzigten Sophisten" verhöhnt. Seine Lebensumstände kennt er übrigens nicht, ja er nennt nicht einmal seinen Namen. Als ein Kenner der christlichen Literatur und jüdischen Sage über Jesus erweist sich dagegen Celsus um 177. Durch die Juden hat er sich über die wahre Geschichte „des Menschen von Nazareth" belehrt. Er ist der Sohn der ehebrecherischen Braut eines Zimmermanns und des Soldaten Panthera gewesen. Aus Armut mußte er sich nach Aegypten als Knecht verdingen. Dort erlernte er etliche Zauberkünste, im Vertrauen auf welche er in die Heimat zurückkehrte, wo er sich für Gott ausgab und die Leute in ihrem Glauben irre machte. Mit zehn bis elf Bösewichtern trieb er sich als Bettler im Lande umher, bis er von diesen seinen Jüngern verrathen, ergriffen und gekreuzigt wurde. Den Auferstandenen will nur Magdalena, ein wahnsinniges Weib, und noch ein Mann aus seiner Gaukelbande, der träumte, was er wünschte, gesehen haben. Die Evangelien enthalten Lug und Trug. — Die Angaben des Celsus haben natürlich nur als Auslassungen der heidnischen Leidenschaft gegen Jesus und Christentum einen Anspruch auf Beachtung.

Die auf die außerchristlichen folgenden christlichen Quellen theilt der Verfasser ein in „christliche Quellen außerhalb des Neuen Testamentes" (S. 24—35) und in „das Quellengebiet des Neuen Testamentes" (S. 35—172). Die erstere Rubrik füllt er mit den Ueberlieferungen der Väter und den apokryphischen Evangelien, die letztere mit dem Zeugnis des Paulus und den vier Evangelien aus.

Die Ueberlieferungen der Väter sind bekanntlich nur Zusätze von etlichen Geschichten und Sprüchen zu dem Leben Jesu ohne Einfluß auf dessen Gestaltung im Großen und Ganzen. Meist der selbständigen Ursprünglichkeit ermangelnd, sind sie nur Ableitungen und Erweiterungen aus den kanonischen Evangelien und lassen nur einen dünnen Rest des wirklich Neuen übrig, der zudem oft genug die Skepsis herausfordert.

Unter den apokryphischen Evangelien stellt Keim das Evangelium der Hebräer und das der Aegypter als die beiden ältesten obenan. Das erstere setzt er in seinen Anfängen auf 80 n. Chr. und identificirt es mit dem Evangelium des Petrus und dem der zwölf Apostel. Dabei läßt er es in die zwei Hauptzweige des Evangeliums der Nazarener und der Ebioniten auseinanderlaufen. Noch ist der Streit nicht geschlichtet, ob es das bessere Original oder die schlechtere Copie unseres Matthäusevangeliums sei; Keim erklärt sich unter Frontstellung gegen seinen letzten Apologeten Hilgenfeld wegen der dem Hebräerevangelium abgehenden, unserm Matthäus aber eigentümlichen Einfachheit und Ursprünglichkeit für das letztere. Gewiß mit Recht, denn die von Justin dem Märtyrer, Clemens von Alexandrien und Origenes dem Hebräerevangelium entnommenen Fündlein beweisen klar und sattsam, daß nie die vorurtheilslose Wissenschaft, wol aber die Parteistellung gegen das Christentum mit ihrem Interesse der Auflösung des geschichtlichen Christus in das Nebelbild des Mythus dasselbe als Urevangelium auf den Schild heben konnte. Noch ungünstiger beurtheilt der Verfasser das Evangelium der Aegypter um 150 n. Chr., das nach den ihm zugeschriebenen Christussprüchen mit ihrem mysteriösen und ascetischen Tone einen dem Herrn fremden Geist athme. Den späteren apokryphischen Evangelien widmet er nur ein flüchtiges Wort, das ist aber auch genug.

Ueber den patristischen und apokryphischen Sumpf hinüber gelangen wir im Quellengebiet des Neuen Testamentes zunächst auf einen Boden, welcher unter dem ehernen Fußtritt der Kritik nicht zittert und nicht weicht, nämlich zu dem Zeugnis des Apostels Paulus, dem Keim noch die anderweitigen Beiträge des Neuen Testaments zum Leben Jesu außerhalb der Evangelien anreiht. Paulus hat nach der mit Olshausen, Niedner, Ewald, Beyschlag und Diestelmann gegen Anger, Neander, Baur, Winer, Renan und Hilgenfeld gehenden Ansicht des Verfassers Jesus persönlich gekannt, was nicht bloß aus 2 Kor. 5, 16, sondern noch mehr aus seinem ganzen Lebensgang von Tarsus bis Damaskus zu schließen ist. Ist nun auch seine Bekehrung nicht durch diese Kenntnis Jesu „nach dem Fleisch", sondern durch den Glauben an eine Erscheinung des Verherrlichten vom Himmel her bewirkt worden, und mag auch noch so vielen sein Christentum mehr als ein kühner Aufbau aus genialen Begriffen, denn als eine bedächtige Folgerung aus geschichtlichen Thatsachen erscheinen, so hat er eben doch seine Fundamentallehren nur auf geschichtliche Beweise gebaut, vgl. 1 Kor. 11 u. 15. Das ist um so mehr werth, als Paulus ein selbständiger, prüfender Geist war. Wie viel wußte er nun vom Leben Jesu? Nach Keims Antwort das, daß Jesus als ein Mensch vom Weibe, „wie wir“, geboren aus Israel und zwar aus dem Geschlechte Davids, von Geburt an unter dem Gesetz, arm in der Welt, in Wahrheit der Christus, ja der Sohn Gottes gewesen sei der Menschheit zu gut. Stark im Geist, schwach im Fleisch, welches dem unsrigen ähnlich gewesen sei, habe er die Sünde nicht gekannt, nicht gethan, die Gerechtigkeitsforderung Gottes vollkommen erfüllt wie Keiner, Israel in Liebe gedient, Apostel für Israel erlesen und mit Instructionen und Kräften des Amtes, auch der Zeichen und Wunder, ausgerüstet, sittliche Regeln und ein sittliches Reich Gottes verkündigt. Die wichtigste Frage späterer Zeit, die Stellung Jesu zum Gesetz und zum Heidentum, berühre zwar Paulus des Näheren nicht, allein mit seinem Wissen von einem „Gesetz Christi“ und von Jesu Stiftung des neuen Bundes in seinem Tode bezeuge er eine über die nationale Schranke hinausreichende Universalität in Wesen, Worten und Handlungen des Stifters des Christentums trotz aller Beschränkung seiner Wirksamkeit auf Israel (Röm. 15, 8) und trotz aller seiner Gebundenheit an das Gesetz von der Geburt an bis zum Tode. Wenn Paulus in seinen Kämpfen für die Rechte des Heidentums und die Gesetzesfreiheit in Christo sich nie auf Auctoritätsworte Jesu berufe, so habe das nicht, wie manche Vertreter der Tübinger Schule meinen, in dem thatsächlichen Mangel an gesetzesfreien und heidenfreundlichen Aeußerungen desselben seinen Grund, sondern in der Einseitigkeit der beiden von dem Apostel vorgefundenen Ueberlieferungen der jüdischen mit nur judenfreundlichen und gesetzeseifrigen Herrnsprüchen, und der hellenistischen mit entgegengesetztem Inhalt, welcher Widerstreit den Apostel einerseits zum Schweigen über die Worte Jesu und andererseits zu der Ueberzeugung von dessen Erhabenheit über die engen Ordnungen des

Judentums bei aller dienenden Herablassung bis zum Gesetz bewogen habe. Das Leben Jesu hat seine Krone im Sterben und Auferstehen. Von dem ersteren kannte Paulus nach Keim die geschichtlichen Vorgänge des Verraths, der Kreuzigung und des Begräbnisses auf Ostern, er faßte sie aber als eine freiwillige Selbsthingabe zum reinen heiligen Passahopfer, ja zum Versöhnungsopfer für Israel und alle auf, weshalb Jesus auch in der Nacht seiner Auslieferung an die Feinde das Passahmahl Israels in der Art mit den Seinen gefeiert habe, daß er unter den Zeichen von Brod und Wein seinen ihnen bestimmten Leib und den auf seinem Blute stehenden neuen Bund ihnen dargeboten habe mit der Empfehlung der steten Wiederholung dieser Handlung zu seinem Gedächtnis. Das letztere, das Auferstehen, ist dem Apostel durch eine Reihe von Zeugen verbürgt und hat seinen Abschluß in der Erhöhung zu der Rechten Gottes gewonnen, von wannen er, ein Herr aller Menschen durch seine Auferstehung, bald wiederkommen werde als Richter und König der Lebendigen und der Todten. Weiter könne, setzt der Verfasser zu diesem paulinischen Lebensumriß Jesu hinzu, die auf den überlieferten Thatsachen aufgelagerte selbständige Begriffswelt des Apostels ihrerseits selbst wieder in neuer Weise von dem überwältigenden Eindruck der Person Jesu unmittelbar nach ihrem Rücktritt und sogar noch unter den frischen Blutspuren des Verbrechertodes erzählen. Die höchsten Begriffe der messianischen Dogmatik, der alexandrinischen Philosophie reichen ihm ja kaum hin zu dem Ausdruck der Fülle und Höhe dieses Wesens, des eingeborenen Sohnes Gottes, des vollkommenen Ebenbildes Gottes mit göttlich waltender Prä- und Postexistenz zur Erfüllung des Weltzweckes, wenn der Recensent die Worte des Verfassers so zusammenfassen darf.

In dieser Construction des paulinischen Jesus, deren materieller Inhalt gelegentlich der einzelnen historischen Details des Keim'schen Werkes später stückweise zur Beurtheilung kommen wird, vermißt man eine eingehende Besprechung der Orte, Personen und Quellen, denen Paulus seine Kenntnis des Lebens, Redens und Wirkens Jesu verdankte. Die Appellation an Jerusalem, Damaskus und Antiochia, an Ananja, Barnabas, Silas, Philippus, Mnason und Petrus (S. 37) und an die jüdischen und hellenistischen Traditionsparallelen S. 40 ersetzt diesen Mangel nicht und rechtfertigt auch nicht das Schweigen über die auf 1 Kor. 7, 10; 9, 14 u. 11, 23 ff. basirte Behauptung Neanders und Ewalds, daß Paulus schon eine Evangelienschrift benützt habe, als deren Verfasser Ewald in Apg. 21, 8 mit wol allzuscharfem Auge den Apostelgehülfen Philippus entdeckt hat.

Unter den anderweitigen Beiträgen des Neuen Testaments zum Leben Jesu außerhalb der Evangelien zählt Keim zuerst Hebr. 2, 17. 18 bis 4, 15 und besonders 5, 7 ff., sowie 1 Petr. 2, 21 auf. Diese nur beiläufigen Andeutungen in Schriften von noch dazu unsicherem Alter treten jedoch völlig in den Hintergrund vor der reichen Ausbeute in der Offenbarung Johannis, geschrieben zu Ende des Jahres 68 oder um Ostern 69, wie der Verfasser S. 164 u. 634 corrigirt (vgl. auch G. A. Rösch: „Die Zahl 666", in den Studien der evangelischen Geistlichkeit Würtembergs 1847, S. 100) und in der Apostelgeschichte, „der zweiten Hälfte des Werkes des Evangelisten Lukas" (gegen Ewald, Zeller, Overbeck und Grimm, welche die ursprüngliche Zusammengehörigkeit der beiden Werke des Lukas bestreiten), entstanden in den Anfängen Trajans. Die historische Christologie der Offenbarung stellt nun nach dem auf Kap. 5, 5; 22, 16; — 1, 5. 5, 6. 9. 12; — 1, 5. 18; 2, 8; 17, 14 u. s. w., sich berufenden Verfasser Jesus als Gottes- und Menschensohn dar, aus dem Stamm Juda, aus dem Hause Davids, Anfänger der Blutzeugen, Erstling aus den Todten, das geschlächtete Lamm, welches uns geliebt und mit seinem Blut Juden und Heiden gereinigt und erkauft habe, aber sofort auch der Sieger durch die Auferstehung nach drei Tagen jerusalemischer Schmach, der Gottgleiche zur Rechten Gottes sei, der in Bälde mit den Wolken des Himmels kommen und, ein Richter und Herrscher, das himmlische Jerusalem zur Erde bringen werde. Leider raubt der Verfasser der apokalyptischen Christologie zum Danke für ihre Rettung des Kerns und Sterns des Evangeliums mit der Anzweiflung des Ursprungs des Buches von einem Augenzeugen des Lebens Jesu oder gar von einem Apostel die Krone, denn ist der Apokalyptiker kein apostolischer Augenzeuge, so hat die Geschichtlichkeit seines Christusbildes nur die precäre Bürgschaft der Tradition für sich und den Argwohn phantastischer Uebertreibung gegen sich. Bekanntlich hat aber keine Schrift des Neuen Testaments eine bessere äußere Bezeugung ihrer Authentie, als die Apokalypse, so daß es den Gegnern von jeher schwer geworden ist, wider den Stachel zu löcken. Freilich sieht sich der Rationalismus durch die Anerkennung der Apokalypse vor einen geschichtlichen Christus apostolischer Autopsie gestellt, welchen keine Derogationen Zellers, Schweglers und Baurs zum „menschlichen Jesus“ heruntersetzen können. Noch zahlreicher sind die geschichtlichen Erwähnungen der Apostelgeschichte; sie haben nach dem Verfasser ihren Werth in ihrer quellenmäßigen Selbständigkeit gegenüber von dem Evangelium, insofern sie dessen Berichte nicht einfach wiederholen, sondern bestätigen, erweitern oder verändern. Hätte aber Keim mit seiner Darstellung ihrer Christologie, namentlich im Punkte des Verhältnisses der Person Jesu zu Gott, Recht, wornach dieser S. 43 wesentlich nur Jesus von Nazareth, der Knecht Gottes, gesalbt mit dem heiligen Geist, ist, so würde die Apostelgeschichte mit aller ihrer Fülle der Beziehungen auf die Einzelnheiten des Lebens Jesu hinter die Apokalypse zurücktreten. Warum ignorirt er aber neben dem „Mann von Gott“ und dem „Kind Gottes“ des Petrus die Gottessohnschaft und Gotteszeugung des Paulus in Kap. 9, 20 u. 13, 33? Gehören die beiden letzteren vielleicht zu den „inneren Widersprüchen auf wichtigsten Punkten“?

„Die seit einem Jahrhundert ebenso oft gelöste als für unlöslich erklärte Evangelienfrage“ behandelt der Verfasser S. 44—172. Die Synoptiker oder Johannes, und unter den ersteren welcher, insbesondere heutzutage, ob Matthäus oder Markus, und ob hinter dem Ersten nicht noch ein Urevangelist? — adhuc sub judice lis est! Und das erst noch mit der Aussicht auf Graecae Calendae für die Lösung! Den Urevangelisten auf genealogische, apokalyptische und memorabilische Literaturanfänge von der zweiten Hälfte der Apostelzeit an reducirend, interessirt sich Keim nur für die beiden ersten Fragen. Zu ihrer Erledigung nimmt er seinen Ausgang von den Synoptikern als den durch Alter und Anschauung dem Apostel Paulus und damit der Zeit Jesu näher stehenden, und zwar von Matthäus. Dessen Untersuchung zerlegt er in die drei Abschnitte: „das Evangelium im Ganzen“ (S. 47—55), „der häusliche Streit im Evangelium“ (S. 55—63) und „das Maß der Glaubwürdigkeit“ (S. 63—70).

Im ersten Abschnitt erörtert der Verfasser zunächst die chronologische Frage. Durch die Appellation an den von Vespasian im Jahre 71 dem Jupiter Capitolinus überwiesenen Zinsgroschen und die im Evangelium überhaupt, zumal aber in der eschatologischen Rede des Kap. 24 sich abspiegelnde Nähe der Zerstörung Jerusalems gewinnt er als Abfassungszeit zunächst das Jahr 66 n. Chr., nach Bd. III das Frühjahr 68. Es hat den Recensenten gefreut, Keim S. 50 in die von ihm in der „Zahl 666“ (a. a. O., S. 78 bis 80) ausgesprochene Unabhängigkeit der Rede von den letzten Dingen in Kap. 24 von der Apokalypse einstimmen zu sehen. Der Chronologie läßt er den Zweck und Plan des Buches folgen. Der erstere ist ihm die Erweisung Jesu als Messias trotz der Schlagschatten seiner Geschichte, seiner freien Stellung zum Gesetz und seines Bruchs mit dem Volk Israel. Den letzteren findet er einfach und einleuchtend, insofern er in der Eintheilung des Lebens Jesu in die zwei Hauptstufen vor und nach Cäsarea (16, 13), in das Reichs- und Todeswerk, bestehe. So auch Geß. Den Schluß des Abschnitts widmet Keim dem Eindruck der Geschichtlichkeit des Evangeliums im allgemeinen und bezeichnet ihn wegen der Zeitnähe, der Nüchternheit im jüdischen und christlichen Kreise und der Zähigkeit des orientalischen Gedächtnisses als sehr günstig. Im zweiten Abschnitt referirt er über die bisherigen Compositionstheorieen und zieht dann aus dem Zwiespalt der Citation des Alten Testaments, welche zu zwei Dritteln nach den Septuaginta und zu einem Drittel nach dem Hebräischen geschieht, das Resultat der Nothwendigkeit zwischen dem Verfasser als wahrem Eigentümer des in der Hauptsache einheitlichen Evangeliums und einem um mindestens ein Jahrzehnt späteren Ueberarbeiter nach der Zerstörung Jerusalems als Urheber kleiner heidenfreundlicher

Nachträge zu unterscheiden. Im dritten Abschnitt rechtfertigt er die Glaubwürdigkeit im Einzelnen 1) mit der Uebereinstimmung der Zeit- und Personengeschichte mit Josephus, 2) mit der Bestätigung der Geschichte Jesu durch Paulus und 3) mit der inneren Wahrscheinlichkeit nach Maßgabe der damaligen historischen Factoren. Darum soll aber doch nicht jeder Buchstabe ein Wort Jesu, noch jede Erzählung eine Geschichte Jesu sein; die Weissagungen und Wunder fordern zum Widerspruch heraus. Für die letzteren legt übrigens der Verfasser das gute Wort ein, daß einerseits das unabgrenzbare Ineinandergreifen von Leib und Seele, Natur und Geist, Schöpfung und Gott, und andererseits das Hinausragen Jesu über das Maß der Zeit und Zeiten, die Thatsachen und der Glaube der apostolischen, auch paulinischen, Zeit ihre unbedingte Ausstoßung aus der Geschichte verbiete. Trotz dieser starken Betonung der geschichtlichen Treue erklärt Keim nun aber doch die Zurückführung der Abfassung auf einen Apostel oder wenigstens auf einen Ohren- und Augenzeugen für unthunlich. Seine Gründe sind: die hellenistische Eigentümlichkeit, die griechische Sprache, der Gebrauch der Septuaginta, die wahrscheinliche Abhängigkeit von Vorarbeiten, die Verwischung der Einzelgeschichte in den Gruppenbildungen und die Offenheit für manche sagenhafte Ueberlieferungen. Insbesondere soll der Apostel Matthäus durch die Charakterisirung in Kap. 9, 9: „ein Mensch, der hieß Matthäus", und durch das Stillschweigen des lukanischen Proömiums über ein apostolisches oder matthäisches Evangelium ausgeschlossen sein. Die Unerklärbarkeit des Namens bei einem nicht-matthäischen Ursprung des Evangeliums glaubt Keim mit der Vermuthung beseitigen zu können, es sei dasselbe dem Matthäus nicht sowol wegen der vorausgesetzten Schreibfertigkeit des Zöllners, wie Bleek und Strauß meinen, als vielmehr wegen der Hervorhebung der Zöllner in ihm zugeschrieben worden. Unter solchen Umständen kann schließlich dem Evangelium nur die zwischen dem unmittelbaren Augenzeugen und dem entfernten Nacherzähler in der Mitte liegende Glaubwürdigkeit zukommen. Eine Stufe niederer stellt Keim die Nachträge des

Ueberarbeiters; namentlich gilt ihm die Vorgeschichte für lediglich sagenhaft.

Von Matthäus geht der Kritiker zu Lukas über, dessen „Zeit und Ort“ (S. 70—72), „Quellen“ (S. 72—77), „Zweck und Plan“ (S. 77—81) und „Glaubwürdigkeit“ (S. 77—83) er untersucht.

Die Zeit des lukanischen Evangeliums verlegt er einerseits wegen der Specialitäten des Untergangs der heiligen Stadt und ihrer Trümmerlage unter dem Tritte der Heiden in der Gegenwart des Verfassers (21, 24), sowie wegen des Hinausschiebens der Parusie hinter die Zerstörung Jerusalems und andererseits wegen des Glaubens an die ungehinderte Ausbreitung des Christentums vor die trajanischen Zeiten, Bd. III dagegen ohne Motivirung in deren Anfang. Den Ort der Abfassung sucht er wegen der geographischen Verstöße des Buchs weitab vom heiligen Lande, etwa in Rom. Als Quellen diagnosticirt er ein ebionitisches Evangelium (S. 634 das hebr. Ev.), beziehungsweise eine der mancherlei ebionitischen Bearbeitungen unseres Matthäus, welche von der Vorgeschichte bis zum jerusalemischen Ende reiche und durch die Gleichförmigkeit der Grundsätze, wie durch ihr archaistisches und judaistisches Gepräge sich mit unverkennbarer Deutlichkeit vom übrigen Ganzen abhebe. Neben dem ebionitischen Matthäus habe Lukas aber auch den echten ursprünglichen Matthäus ohne Vorgeschichte und Zusätze vor Augen gehabt, wie seine Abhängigkeit von dessen Grundeintheilung beweise. Außerdem geben sich paulinische Quellen und durch die mancherlei Samaritergeschichten auch eine samaritanische kund. Als Zweck erkennt Keim die Herstellung einer richtigen Zeitfolge, Pünktlichkeit und Vollständigkeit des Lebens Jesu im Sinne eines vermittelnden Paulinismus. Diese religiöse Richtung habe dem Plan der Schrift die Gestalt gegeben, im ersten Haupttheil ein Protest gegen die Alleinberechtigung des Judentums und im zweiten ein Schutzbrief des Heidentums zu sein. Die Glaubwürdigkeit schlägt der Kritiker nicht hoch an. Zwar hält er die Abfassung durch Lukas, den Gehülfen des Apostels Paulus seit dem Jahr 62, aufrecht und gesteht auch den lukanischen Bereicherungen der evangelischen Geschichte die Möglichkeit eines hohen Alters zu, aber er argwohnt zugleich das allzu starke Eindringen der Sagen und Tendenzen einer späteren Zeit in den gesteigerten Wundern, dem Armutsdrang der ebionitischen Quelle, der Samariterreise, der Aussendung der Siebenzig und in dem Vertrag der Parteien in der paulinischen Handschrift und beschuldigt nicht minder den Pragmatismus und Paullinismus des Lukas selbst evidenter Vergewaltigungen der Geschichte und Quellen.

„Es naht der kleinste der Synoptiker, dessen jugendlich munteres Aussehen die Neuesten freilich durch Ansetzung eines weißen Bartes von höchstem Altertum verunziert haben." Der Verfasser bespricht in fünf Abschnitten „die Zeit" (S. 83—85), „die Quellen" (S. 85—90), „den Geist, Zweck und Plan des Evangeliums" Marci (S. 90—96), „dessen geschichtlichen Werth" (S. 96—99) und „den heutigen Streit" (S. 99—103).

Die Zeit des Markus setzt er wegen der gänzlichen Unsicherheit der Zukunft Christi, wegen des mächtigen irdischen Wachstums des Reiches Gottes (vornehmlich in 10, 30) und wegen der Ersetzung Christi mit dem Evangelium, sowie der Zwölfe mit der Gemeinde hinter Matthäus und Lukas an den Schluß des ersten Jahrhunderts, Bd. III aber auf die Neige der Regierung Trajans. Als Quellen dieses Evangeliums für sein kleines Privateigentum an Geschichten und Reden supponirt Keim theils die mündliche Tradition, theils schriftliche, meist judenchristliche, Vorlagen. Die Mehrzahl dieser besonderen Einträge soll ein jüngeres Datum verrathen. So die Parabeln vom Samen, die Heilungswunder mit Manipulationen und künstlichen Namen. Den Zusammenhang des Markus mit Matthäus und Lukas erklärt der Verfasser mit Griesbach, Baur und Strauß aus der Abhängigkeit von beiden. Die Abhängigkeit von Matthäus möchte er mit der Identität und doch wieder Inferiorität der Grundeintheilung bei Markus, insofern dieser die Pointe von Cäsarea ungeschickt abschleife, begründen; die von Lukas mit der Nachahmung seines Darstellungsganges im ersten Theil bis zu der Speisung der 5000. Den „Geist" des Evangeliums erkennt Keim in der Hervorhebung der göttlichen Würde und Einzigkeit Jesu, worin er mit Köstlin zusammentrifft, ferner in der Betonung des Glaubens und in der Anbahnung des die Kirche des zweiten Jahrhunderts constituirenden Ausgleichs zwischen Judaismus und Paulinismus. Den „Zweck“ des Buches sucht er nicht in der „Abzielung auf einen Nachweis der höheren Wesenheit Jesu“ (kaum vorher aber hat er Köstlin Recht gegeben!), sondern im Gegensatz zu Holtzmanns Tendenzlosigkeit in der Vermittlung zwischen dem dem Evangelisten allzu jüdischen Matthäus und dem ihm allzu paulinischen Lukas in Geist und Stoff. Diesen Zweck soll Markus durch die höhere, auf ein abendländisches, zumal römisches Publikum berechnete, Kunstform seiner Arbeit unterstützt haben. Den „Plan“ läßt der Verfasser von dem Zweck des Evangeliums dictirt sein und in der Zugrundlegung des Lukas für seinen ersten Haupttheil behufs der Vermeidung der zahlreichen Judaismen des Matthäus und hinwiederum in der Zugrundlegung des Matthäus für seinen zweiten Haupttheil behufs der Vermeidung lukanischer Unzuträglichkeiten bestehen. Die bei einem solchen Plane auffallende Weglassung der lukanischen Kindheitsgeschichte erklärt Keim aus der Rücksicht des Markus auf deren Fehlen bei Matthäus und auf die Schilderung des „heroischen Mannes“ Jesus. Den „geschichtlichen Werth“ des Evangeliums schlägt er nieder an, eine Geringschätzung, welche er mit einer erbarmungslosen Aufzählung aller vermeintlichen Ungeschicklichkeiten in der Erfindung und Verschmelzung der beiden synoptischen Vorgänger motivirt. Solche Umstände widerrathen ihm die Annahme der Abfassung durch Johannes Markus. Im „heutigen Streit“ bespricht er den Rückzug der Markusverteidiger auf der ganzen Linie von Storr, Weiße und Wilke bis auf Volkmar, denen sich mit einigem Vorbehalt Bernhard Weiß neuestens angeschlossen hat. Keim findet übrigens die Markusfrage insolange für das Leben Jesu unerheblich, als man in keinem der Synoptiker ein treues oder gar fast wörtliches Durchscheinen des Urevangeliums behaupte.

„Das einige, rechte, zarte Hauptevangelium“ wird natürlich der eingehendsten Erörterung unterzogen. Sieben Abschnitte führen uns 1) „den Zweck des Buchs“ (S. 104 bis

108), 2) „den dogmatischen Charakter“ (S. 108—114), 3) „die Form“ (S. 113—117), 4) „die Quellen“ (S. 117 bis 121), 5) „die Geschichtlichkeit“ (S. 121—136), 6) „die Zeit“ (S. 136—155), 7) „den Verfasser“ (S. 156 bis 172) vor.

Den Beginn mit dem Zweck rechtfertigt Keim mit der Verwischung der Zeitspuren im Johannesevangelium. Er findet denselben mit Credner und Bleek (aber auch mit Reuß) in Kap. 20, 30—31 ausgesprochen: er ist ihm der der Auslese von Geschichten und Reden Jesu zu der Befestigung des Glaubens an seine Gottessohnschaft und seine lebenschaffende Macht, zusammengestellt für die aus Juden- und Heidenchristen einheitlich aufblühende Gemeinde der Vollkommenen. Dieses höchste Ziel hat bekanntlich dem Evangelium von Clemens von Alexandrien den Ehrennamen des pneumatischen eingetragen. Die Diatribe über den dogmatischen Charakter möchte der Berichterstatter dahin zusammenfassen, derselbe zeige die Umsetzung der abstracten Idealbilder Philo's in die concrete Lebensgestalt Christi und des Trösters. In der Form soll das vierte Evangelium die synoptische Grundeintheilung nach Leben und Leiden an sich tragen, nur sei die Leidensperiode tiefer, von Cäsarea nach Jerusalem, hinabgerückt. Die Untertheile seien Stufen der Steigerung der Herrlichkeit Jesu und der boshaften Macht der Finsternis hier im Leben und dort im Leiden. Jeder der beiden Hauptttheile habe drei Acte. Der erste Theil biete im ersten Act die Einführung des Sohnes Gottes durch Johannes den Täufer (Kap. 1—3), im zweiten Act die wachsende Wirksamkeit, aber auch den wachsenden Widerstand (Kap. 4—6), im dritten Act die Vollendung der Zeugnisse und Kämpfe in Judäa und Jerusalem (Kap. 7 bis 12). Der zweite Theil habe die drei Acte der Abschiedsreden (Kap. 13—17), der äußeren Katastrophe (Kap. 18—19), und der Auferstehungsherrlichkeit (Kap. 20). Diese Trichotomie glaubt der Verfasser bis in die feinste Gliederung hinaus nachweisen zu können und aus dem Grunde der göttlichen Dreiheit ableiten zu müssen. Die Sprache des Buchs erscheint ihm als ein merkwürdiges Gefüge echt griechischer Leichtigkeit und hebräischer Naivetät und Unbeholfenheit. In der Darstellung erkennt er ein eigentümliches Zusammenspielen überwältigender Geheimnisfülle und alltäglicher Natürlichkeit, dem zauberhaften, weil den Gang und das Bedürfnis des eigenen inneren Lebens des Lesers abspiegelnden, Gemüthstone das höchste Lob spendend. Hierbei spart er jedoch nicht den Tadel der auf dem Ganzen lastenden Monotonie eines zum Voraus fertigen Entwickelungsganges, der eigentlich keiner ist. Die Quellen sollen die Synoptiker sein, mit deren Material der Evangelist übrigens sehr frei verfahren sei. Außer ihnen vielleicht noch das Hebräerevangelium wegen der diesem nach Eusebius angehörigen Geschichte der Ehebrecherin. Mit der Aufwerfung der Frage nach dem Ursprung der Neuheiten und Besonderheiten des Evangeliums bahnt sich Keim den Weg zu der Geschichtlichkeit desselben. Er beurtheilt sie nach den drei Hauptrichtungen: „Das Evangelium für sich, sodann im Vergleich mit Paulus, endlich mit den Synoptikern. In der ersten Richtung greift er sie zunächst von der Thatsache der Auslese in der Stoffsammlung aus als nothwendig einseitig an. Mit der Ergänzungshypothese sei hingegen wegen der in sich abgeschlossenen und nirgends eine Fuge zu der Einschiebung fremder Aufstellungen offen lassenden Rundung des Buches nicht aufzukommen. Mit dem Vorwurf der Einseitigkeit verbindet er den der Willkür. Diese leuchte einerseits namentlich aus der Gleichheit des Stils der Reden Jesu mit der eigenen Ausdrucksweise des Evangelisten und andererseits aus dessen Ausgang von seiner eigenen, philonischen, Religionsphilosophie hervor, was natürlich den ernstesten Zweifel an der historischen Wahrheit der Reden und Thaten Jesu begründe. In der zweiten Richtung erklärt Keim das johanneische Christusbild bei aller Verwandtschaft der johanneischen Speculation mit der paulinischen doch durch die Mittheilungen des Paulus über Jesus für widerlegt, insofern er diesen als irdischen Menschen nirgends seine Vorweltlichkeit behaupten oder die Auflösung des Gesetzes proclamiren lasse, auch das Reich Gottes nur zweimal, 1 Kor. 4, 20 und Röm. 4, 17, in die Gegenwart, sonst immer in die Zukunft setze, während das vierte Evangelium es umgekehrt halte, weiter die in dem letzteren fehlende Abendmahlseinsetzung erzähle und das Abendmahl zum

Passamahl mache, was das Evangelium durch die Kreuzigung Jesu am Passatage selbst negire. Noch drohender stehen in der dritten Richtung die Synoptiker dem vierten Evangelisten gegenüber, denn auf allen Berührungspunkten mit ihnen schließe sich dieser ihrer jüngeren Formation an, in vielen Punkten aber habe er sie zu Gegnern. Vor allem soll die synoptische Christologie eine von der johanneischen diametral verschiedene sein. Die erstere zeige einen Fortschritt des Menschen Jesus in seinem Gottesbewußtsein, die letztere die bewegungslose Stabilität des Gottmenschen. Nicht weniger widerspreche die synoptische Pietät Jesu gegen das Gesetz, bei aller Erhabenheit über den Buchstaben, der johanneischen Entwerthung alles jüdischen Wesens und ebensowenig verzichte die synoptische Messiasvorstellung bei aller Vergeistigung auf ein irdisches Reich bei der Wiederkunft Christi. Endlich werde Zeit und Ort der Wirksamkeit Jesu von den Synoptikern anders als vom vierten Evangelisten bestimmt. Sie geben nur ein Lehrjahr, der vierte Evangelist aber drei; sie verlegen den Anfang und Schwerpunkt der Wirksamkeit Jesu nach Galiläa, dieser aber Anfang, Ende und Schwerpunkt nach Jerusalem; sie schildern den Untergang Jesu nach Motiv und Chronologie anders, als dieser. Das Gewicht der bisherigen Ergebnisse gegen die Auctorität des vierten Evangeliums verstärkt der Verfasser in der Untersuchung seiner Zeit. Er theilt dieselbe in die Besprechung der äußeren Zeugnisse über sein Alter und der inneren Merkzeichen. Die ersteren findet er von Justinus Martyr bis auf den Hirten des Hermas und den Barnabasbrief, welche letztere zwar nicht Geschichten und Worte des Evangeliums citiren, dafür aber doch seine Terminologie und Begriffswelt reflectiren, ja bis auf den Gnostiker Basilides unter Hadrian zurück, welcher den Prolog und die Hochzeit zu Kana benützt habe. Immerhin aber erweise sich die Berücksichtigung des vierten Evangeliums lange Zeit als eine viel schwächere und behutsamere, als die der Synoptiker, was nur aus seinem jüngeren Alter erklärbar sei, wie ihm die älteren Kirchenväter dieses ausdrücklich zuschreiben. Als innere Merkzeichen macht Keim die christlichen Zustände und Ideen des Buches geltend. Die ersteren sollen durch das Zurücktreten der parusiastischen Reden und Hoffnungen, durch den Ersatz der Apostel auf dem irdischen Schauplatz mit der Gemeinde, durch das Aufhören des Tempeldienstes und die einheitliche Erstehung der Gemeinde aus Juden und Heiden als die des zweiten Jahrhunderts charakterisirt werden. Die letzteren sollen mit den Anfängen der Gnosis, aber nicht mehr mit deren Bildungen bei Valentin und Marcion zusammenhängen, welch letzteres schon die Chronologie verbiete, welche die Blüte Valentins zwischen 140—160 und Marcions gegen 160 setze, wo das Evangelium schon auf dem Platze gewesen sei. Nicht weniger verbiete aber auch die Chronologie die Annahme einer Beeinflussung des Evangeliums durch den um 160 n. Chr. entstandenen Montanismus und kleinasiatischen Passastreit, welche Schwegler und Baur zum Programm ihrer Kritik gemacht haben. Aus diesen Prämissen zieht Keim den Schluß der Abfassung des Evangeliums unter der Regierung des Kaisers Trajan, welche Johannes nach Irenäus noch erlebt haben soll, was er aber Bd. III in die Zeiten Hadrians abändert. Selbstverständlich kann jedoch für Keim der Apostel Johannes nimmermehr der Verfasser des Buches sein, obgleich ihn nahezu das ganze kirchliche Altertum dazu macht. Allerdings gibt Keim zu, daß manches für einen Apostel und insbesondere für Johannes zu sprechen scheine, so die hebräische Sprachfarbe, das Verständnis des Alten Testaments im Urtext, die Kenntnis der jüdischen Sitten und Orte und auch der Einzelnheiten der Messiasidee, die Andeutung der Augenzeugenschaft, der Liebes- und Feuergeist des Donnerkindes, die Bevorwortung des Griechentums, die Abrogation des Gesetzes und endlich die Stellung gegen Kerinth, ob denn aber ein Apostel sich hätte von Lukas und Markus abhängig machen oder gar die richtige Ueberlieferung von Jesu alteriren können; ob die angebliche Augenzeugenschaft mehr sei, als die, welche jeder Christ übernehmen könne; ob ein Apostel im zweiten Jahrhundert noch habe am Leben sein können, wenn die Apokalypse um 70 n. Chr. und die späteren Lukas und Markus den Hingang der Apostel voraussetzen? Ferner sei der Apostel Johannes nach Paulus, nach der Apokalypse (hier haut leider Keim selbst durch die Leugnung ihrer Authentie die böseste Scharte in sein blankes Schwert), Lukas und Markus ein Judenchrist strengerer Grundsätze gewesen. Auch habe er nie Kleinasien gesehen, wo er sich seine spätere Bildung und Anschauung hätte holen können. Es schweigen nämlich von seinem kleinasiatischen Aufenthalt das Neue Testament, die Ignatiusbriefe und Polykarp, und ein redender Gegenzeuge sei Papias, das alte Lagerbuch, der nur den Presbyter Johannes gekannt habe, aber über die Lehre des Apostels Johannes andere Zeugen habe fragen müssen. Später habe freilich Irenäus den Apostel mit dem Presbyter verwechselt, und so sei die Sage von dem ephesinischen Aufenthalt des ersteren entstanden. Es ist das der Streit Scholten-Hilgenfeld. Wer ist nun aber der Verfasser des vierten Evangeliums? Vielleicht wenigstens ein Mann aus der Umgebung und Schule des Johannes, wie Ewald, Waizsäcker, Renan und Schenkel vermuthen möchten? Nein, denn gegen einen solchen Verfasser erheben sich dieselben Bedenkeu, wie gegen den Apostel selbst. Oder ist es am Ende der Presbyter Johannes, wie ein gewisser Nicolas meint? Nein, denn der ist ein zu grober Chiliast. Aber wer ist es denn? Irgend ein Unbekannter, der sein Werk unter die Aegide des Apostels gestellt habe, weil Johannes einer der Lieblingsjünger gewesen sei, denen die Kirche frühe genug eine höhere Erkenntnis des Meisters zugetraut habe.

Der Recensent hat sich der Keim'schen Evangelienkritik gegenüber auf die bloße Berichterstattung beschränkt, da deren Bestreitung mit seiner eigenen Meinung die griechischen Calenden des Friedensschlusses in der Evangelienfrage doch nicht in römische verwandeln würde; die eine Frage über das Johannesevangelium kann er nicht zurückhalten: wie ist schon zur Zeit Hadrians in den christlichen Kreisen ein Phantasiebild des Lebens Jesu möglich?

Auf diese Grundlage der „Quellenschau“ schüttet Keim als zweites Fundament den „heiligen Boden“ (S. 173 bis 306) auf. Er theilt ihn in die zwei Schichten des „politischen“ und „religiösen“ Bodens.

Die erste Schichte hat die jüdische Geschichte unter den Herodianern und den ersten römischen Landpflegern zu ihrer Füllung. Die Darstellung ist anschaulich, vollständig und kurz. Nur einen Punkt kann der Recensent nicht unbesprochen lassen, den chronologischen Cardinalpunkt des Sterbedatums Herodes' des Großen. Keim setzt dasselbe S. 189, Anm. 3 „ganz kurz vor Ostern“ des Jahres 4 v. Chr. und macht den Tag zu einem nachmaligen jüdischen Festtag, wofür er Jos. Bell. Jud. I, 33, 6 und Grätz, Geschichte der Juden, Bd. III, S. 426 (der 2. Auflage) citirt. Der Recensent hat sich längst, und zwar am ausführlichsten in seinem Referat über Caspari, Chronologisch-geographische Einleitung in das Leben Jesu Christi, in dieser Zeitschrift, gegen das nachgerade kanonisch gewordene Jahr 4 v. Chr. zu Gunsten des Jahres 1 v. Chr. ausgesprochen und hat bis jetzt keinen Grund gefunden, seine Meinung zu ändern. Wahr ist es freilich, daß die Regierungsjahre der Nachfolger auf das Jahr 4 zurückführen; aber nicht minder wahr ist es, daß die Jahreszahlen des Herodes selbst unter das Jahr 4 hinunterführen. Antiqq. XVII, 8, 1 und Bell. Jud. I, 23, 8 berechnet nämlich Josephus die Regierungszeit des Herodes vom Tode des Antigonus zu 34 und von seiner Ernennung durch die Römer an zu 37 Jahren. Ist nun Antigonus im Herbst 37 v. Chr. hingerichtet worden, wie allgemein angenommen wird, so müßte Herodes nach 34 Regierungsjahren im Jahr 3, genau genommen wegen seines Todes im Frühling erst im Jahr 2 gestorben sein; ist vollends Herodes nicht im Herbst 40, sondern 39, wie manche aus gewichtigen Gründen behaupten, von den Römern zum König ernannt worden, so müßte er gar erst im Jahr 1 v. Chr. gestorben sein. Zu seinem Todesjahr wird aber letzteres Jahr ausdrücklich durch sein ungefär siebzigjähriges Alter in Antiqq. XVII, 6, 1 und Bell. Jud. I, 33, 1, denn nach XIV, 9, 2 (vgl. mit XIV, 8, 5) war Herodes im 9. Regierungsjahre Hyrkans 15 Jahre alt. Zwar glaubt auch Keim (S. 175 Anm.) die 15 ohne weiteres in 25 corrigiren zu dürfen, allein das νέος παντάπασιν, welches Josephus von Herodes bei seinem Auftreten gebraucht, kann er mit Grätz, S. 151, Anm. 1 nicht wohl durch die Berufung auf die trotz ihrer vollen Mannesjahre von Josephus als Jünglinge bezeichneten Simon von Skythopolis und Eleasar Sohn des Ananias paralysiren, da der Jude in den zwei letzteren Fällen unwillkürlich das hebräische naar gedacht und dafür das griechische νεανίας geschrieben hat. Weiteres und entscheidendes Gewicht legen für das Jahr 1 v. Chr. die totale Mondfinsternis an dessen 10. Januar und der jüdische Gedenktag des Todes des Herodes, welchen ja auch Keim ausdrücklich als geschichtlich anerkennt, der 2. Schebat, in die Wagschaale. Ist nämlich Herodes an diesem Tage gestorben, so müßte, da der Schebat als der eilfte Monat des mit dem Nisan beginnenden jüdischen Jahres so ziemlich mit unserem Februar zusammentrifft, die Mondfinsternis in der Nacht nach der Verbrennung der zwei Anstifter der Zerstörung des heidnischen Adlers am Tempelthor vor und nicht nach dem Monat Februar des Jahres 4 v. Chr. stattgefunden haben, wodurch der landläufige astronomische Bestimmungsgrund des Todesdatums des Herodes, die partiale Mondfinsternis am 13. März 4 v. Chr., in Wegfall kommt. Zur rechten Zeit schiene sich hier nun freilich die totale Mondfinsternis am 15. September 5 v. Chr. für die Apologeten des Jahres 4 einzustellen, wenn nur nicht nach Antiqq. XVII, 6, 1 u. 7, 1 die Abreise der herodianischen Gesandten zu Augustus wegen Antipaters vor die Finsternis und die Ankunft ihrer Briefe unmittelbar vor dem Tod des Herodes nach ihr fiele, denn es ist völlig unwahrscheinlich, daß die Gesandten den König 4—5 Monate ohne Nachricht gelassen haben sollten.

Auf dem „religiösen Boden“ führt uns Keim im ersten Abschnitt nach einleitenden Bemerkungen über die heidnischen Einflüsse des Exils und der Diadochenperiode auf das jüdische Denken und Leben, „Philon den Alexandriner“ vor, wie er Moses, Plato und die Stoa in seinem Philosophentigel ineinanderschmilzt. Im zweiten Abschnitt beschreibt er „die Religion im heiligen Lande“ und zeigt einerseits das Einströmen alexandrinisch-griechischer Ideen auf die Gebildeten, einen Gamaliel, Onkelos, Jonathan und Josephus und andererseits die jüdische Abgeschlossenheit gegen das Fremde. Die griechische Uebersetzung des Alten Testaments galt in Jerusalem für ein Unglück, die späteren Rabbinen verfluchen die Erziehung in griechischer Weisheit und Josephus bezeugt den instinctmäßigen Widerwillen seines Volkes gegen alles Fremde. Damit gieng selbstverständlich die Hochschätzung des Gesetzes, des Priesterstandes, des Gottesdienstes, der religiösen Uebungen und Leistungen, leider unter der Verwechslung der Schale mit dem Kern, Hand in Hand. Es ist natürlich, daß der äußerliche Gehorsam gegen den Buchstaben dem Umsichgreifen eines sittlichen Verderbens nicht wehrte, das nach dem Urtheil eines Josephus der heiligen Stadt ohne das Henkeramt der Römer das Gottesgericht über Sodom und Gomorrha hätte in Aussicht stellen müssen. Im dritten Abschnitt projicirt der Verfasser „die messianische Hoffnung“, wie sie während der Trennung der zwei Reiche seit dem neunten Jahrhundert v. Chr. an das Haus David sich anheftete, bis um 430 der letzte Prophet Maleachi das Vertrauen auf Menschen preisgab, und in das Kommen des Herrn selber den Anker seines Messiasglaubens auswarf. Nach langer Pause hoben sich die Lebensgeister der Nation wieder im Befreiungskampfe gegen Syrien. Das Buch Daniel verkündigte um 167 das Kommen und Siegen des Gottesreiches vom Himmel her, jedoch ohne messianische Engelsgestalt, und ein Halbjahrhundert später zeigt das älteste Henochbuch in der Person des Hasmonäers Johannes Hyrkanus den gottbestellten Sieger und hinter ihm die größere Zukunft des weißen Farren mit den großen Hörnern, den Messias. Nach Hyrkans Tod leuchtet über der Misère der Gegenwart der Name Davids wieder auf als der helle Morgenstern. Das Buch Jesus Sirachs, das dritte Buch der Sibyllinen, der Psalter Salomo's hoffen das Heil von seinem Samen. Die Zeit Jesu selbst ist des unruhigen Wartens voll und der Messiasglaube überhaupt wie der Glaube an den Davidssohn keineswegs verblaßt, so daß selbst ein Philo bei aller Auflösung der geschichtlichen Messiasideale in die abstracte Idee von Engeln und Kräften der messianischen Zukunft sich nicht entschlagen kann. Im vierten Abschnitt treten aus dem religiösen Leben als Einzelgestalten „die religiösen Gemeinschaften im heiligen Land“ und zwar als solche die Pharisäer und Sadducäer heraus. Die ersteren erscheinen als die Wiederhersteller Israels zum Volke Gottes und Eiferer des allgemeinen Priestertums einerseits mit ihren Zumuthungen als die Treiber des Volks, andererseits mit ihrer Opposition gegen oben als seine Tribunen, und sind also die Demokraten von damals. Die letzteren sind dem Verfasser conservativ gegen Gesetz und Standespriestertum, aber radical gegen alle Neuerungen und Uebertreibungen in Dogma und Askese, wie sie die ersteren principmäßig liebten, und daher auch aller dem Grundsatz des allgemeineren Priestertums entfließenden Patronisirung des gemeinen Volkes abhold, also Aristokraten in Kirche und Staat. Diesen Gemeinschaften stellt Keim im fünften Abschnitt „die Separatisten im heiligen Land“, die Essäer, gegenüber, als Ordensleute von strenger Observanz, in ihrem äußern Leben ohne Ehe und Privateigentum, in größeren Gemeinschaften über das Land zerstreut und vom Landbau sich ausschließlich nährend; in ihrem inneren Leben Gesetzesfreunde und doch wieder Gesetzesbrecher als Gegner des Thieropfers und Liebhaber mystischer Symbole und Speculationen. Der Kampf um die Fragen über das jüdische Partei- und Sectenwesen kann in einer Geschichte des Lebens Jesu nicht ausgefochten werden, sondern ist als Nebensache der Specialkritik zu überweisen; also wolle hier ein näheres Eingehen auf die Keim'sche Darstellung nicht erwartet werden, die, wennschon von dem großen Meister Ewald angefochten, doch nach Zeichnungen der besten Auctoritäten mit Umsicht und Sorgfalt skizzirt ist.

Nach Vollendung dieses zweiten Fundamentes, welches Keim sonderbarerweise den „ersten Theil“ nennt, während es doch vom Leben Jesu lediglich noch nichts enthält, kann er endlich an den Aufbau gehen, welchen er im „zweiten (sollte heißen ersten) Theil“ mit der „heiligen Jugend“ (S. 307—468) beginnt.

In der „ersten Abtheilung“: „die Heimat“, beschreibt er uns in drei Abschnitten 1) „die Provinz“, 2) „die Landstadt“ und 3) „das Elternhaus“ (S. 307—336). Der Verfasser erweist sich in Nr. 1 u. 2 als ein Meister in der Genremalerei, ob er gleich, der eigenen Anschauung entbehrend, nur auf fremde Beobachtungen angewiesen ist. An „der Landstadt“ ist jedoch die Verwandlung des Namens Nazaret in Nazara in Anspruch zu nehmen, für welche der Verfasser S. 319—320 Anm. und Bd. II, S. 421—422 Anm. gegen Ewald in die Schranken tritt. Ein ausschließliches Recht wird wol weder der einen noch der andern Schreibung zukommen, denn jede scheint nur das Resultat der

Vermuthnug über die unbekannte aramäische Urgestalt des Namens zu sein. Schreibt man nach dem Herkommen Nazaret mit t oder th, so setzt das einen chaldäischen Stat. emph. S. Fem. Part. act. Peal als Urgestalt des Namens voraus; schreibt man aber mit etlichen Vätern und den ältesten neutestamentlichen Handschriften Nazara, so weist dieses entweder auf den Stat. abs. S. Fem. Part. act. Peal *nazra* = hebr. *nozrah*, die Hütende, wie Keim will, oder auf den Stat. abs. S. Fem. des Adj. verb. *nazor*, welches er wegen des Nom. gent. *Ναζωραῖος* im Register an Bd. III voraussetzt, oder aber auf den Stat. emph. S. Masc. *nazra* vom hebräischen *nezer* hin, einem von den eruditi Hebraeorem bis auf Hengstenberg beliebten Etymon. Nun liebt aber das Aramäische den Stat. abs. überhaupt nicht, und zumal dann nicht, wenn der Stat. emph. angezeigt ist; also werden wir der Schreibung Nazara trotz des Tischendorf'schen *τὴν Ναζαρὰ* in Matth. 4, 13 kein Femininum mit Keim, sondern nur ein Masculinum zu Grund legen dürfen. Eine Bestärkung dieser Annahme liegt vielleicht in dem Nom. gent. *Ναζωραῖος*, dessen Bildung die syrische Vocalisirung des Stat. emph. *nazro* mit Zekofo. zu fordern scheint. Einen chaldäischen Stat. emph. Plur. Masc. scheint Eusebius supponirt zu haben, wenn er H. E. I, 7 *ἀπὸ Ναζάρων* schreibt. Das „Elternhaus" versetzt der Verfasser nach Galiläa und Nazareth, wohin die Eltern Jesu nicht etwa erst nach seiner Geburt übergesiedelt seien, sondern wo sie von jeher gelebt hätten. Entgegen der heute gewöhnlichen Verneinung der davidischen Abstammung Jesu hält er an dem altköniglichen Ursprung des Hauses Joseph fest. Zwar die beiden Stammbäume gibt auch er als unhistorisch preis, wobei er nur flüchtig auf die Bedeutsamkeit der Zahlen ihrer beiderseitigen Glieder, 42 und 77 (oder auch 76) hinweist, ohne deren symbolischen Sinn auch nur mit Einem Worte zu erklären, den der Recensent um der symbolischen Bemessung des Menschlichen nach Sechs und des Göttlichen nach Sieben willen schon vor zehn Jahren in dieser Zeitschrift in einem arithmetischen Ausdruck der Gottmenschheit Jesu gesucht hat und noch sucht. Für diesen Verzicht hält sich aber der Verfasser schadlos durch die Appellation theils an die nachweisbaren Spuren davidischer Nachkommen zur Zeit Jesu und noch viel später, theils an das Schweigen der Pharisäer zu seiner die davidische Abstammung für sich in Anspruch nehmenden Messiasfrage und zu dem „Sohn-Davids-Ruf" des Volkes bei dem Einzug in Jerusalem, hauptsächlich aber an das Zeugnis des Apostels Paulus und des Apokalyptikers. Die elterlichen Existenzverhältnisse findet er spärlich, ihre geistige Individualität schildert er als die Trägerin bürgerlicher Ehrenhaftigkeit und israelitisch-strenger Religiosität, welche der Mutter und den Geschwistern den Glauben an das Prophetentum des Sohnes und Bruders schwer gemacht habe. Den Schluß macht Keim mit den Sagen der apokryphischen Evangelien.

In der zweiten Abtheilung: „Die Wiege", wird S. 337 bis 412 in drei Abschnitten — 1) „die menschliche Geburt überhaupt", 2) „die Kindheitssage" und 3) „Ort und Zeit der Geburt" — besprochen. Für die Geburt nimmt der Verfasser auf Grund von Matth. 13, 55. Mark. 6, 3. Luk. 4, 22. Joh. 1, 45; 6, 42 lediglich die menschlichen Factoren in Anspruch und macht den Apostel Paulus und die Judenchristen zu ihren Zeugen. Die natürliche Auffassung des Ursprungs Jesu habe aber frühe schon die Kirche im Großen nicht befriedigt und sie habe der gewöhnlichen Geburt mit einer einzigartigen Erfüllung Jesu mit dem heiligen Geist, am liebsten bei der Taufe, nachgeholfen. Diese unhaltbare Auskunft habe man bald mit einer von Anfang an höheren organisch entfaltbaren Grundanschauung zu ersetzen gesucht, welche sich auf dem judenchristlichen Boden zu der in den sehr jungen nachapostolischen Geburtserzählungen des ersten und dritten Evangeliums überlieferten Geburt von der Jungfrau, und auf dem hellenistischen Boden zu der Präexistenz ausgestaltet habe, wie sie sich übrigens unter Festhaltung der menschlichen Geburt in den paulinischen und johanneischen Briefen, im Hebräerbrief und im vierten Evangelium finde. Die Jungfraugeburt und die Präexistenz erklärt er beide für historisch und begrifflich gleich unhaltbar. Dabei ist ihm aber die Geburt Jesu doch keine wunderlose, denn es ist „in der Person Jesu eine höhere menschliche Organisation durch den der geschöpflichen Production unschaubar zur Seite laufenden Willen Gottes in's Dasein getreten". Keim hat aber an und für sich doch wieder kein Interesse, „das schöpferische Handeln Gottes, welches wir seinem Wesen nach selbst als Gesetz und als Ordnung begreifen, als ein in der Sendung Christi der Sache nach anderes zu denken gegenüber dem Wirken Gottes, durch welches er die großen Zugführer der Jahrhunderte in's Leben ruft". Wie er hiemit die Einzigartigkeit und unüberwindliche Mustergültigkeit Jesu vereinigen will — und er läßt sich das ein schönes Stück Rhetorik kosten —, ist dem Recensenten, der sich in der dünnen Höhenluft der Phrase den Athem des Geistes nicht zu bewahren vermag, ein unfaßliches Geheimnis. Rechten wir übrigens hierüber mit dem Verfasser nicht und prüfen wir nur seine Berufung auf den Apostel Paulus als auf einen Zeugen der rein menschlichen Geburt Jesu. In dem *ἐξαπέστειλεν ὁ θεὸς τὸν υἱὸν αὐτοῦ γενόμενον ἐκ γυναικὸς* Gal. 4, 4 soll die vaterlose Erzeugung nicht liegen, und doch anerkennt selbst Hilgenfeld ihre vortreffliche Uebereinstimmung mit dieser Stelle! Wird sie ferner nicht von der Parallele Jesu als zweitem himmlischem Adam mit dem ersten unmittelbar aus der Schöpferhand Gottes gekommenen vorausgesetzt und weder von dem *ἐκ σπέρματος Δαυὶδ κατὰ σάρκα* Röm. 1, 3, das nach O. Pfleiderer die natürliche Vaterschaft des Davididen Joseph beweisen soll und doch recht wohl bloß auf der Verheißung Ps. 89, 5 und 2 Sam. 7, 12—14 beruhen kann, noch von dem neuerdings so viel, bald so und bald anders, behandelten *ἐν ὁμοιώματι σαρκὸς ἁμαρτίας*, das wegen Ps. 51, 7 nur eine Aehnlichkeit, nie aber eine Gleichheit mit dem Sündenfleisch anzeigen kann, geleugnet? Wahrhaftig, es ist bei Paulus schwer, wider den Stachel der übernatürlichen Geburt zu löcken! — Die Kindheitssage erzählt Keim nach den kanonischen und apokryphischen Evangelien. Von allen ihren Einzelheiten vermag er nur die Geburt im frommen israelitischen Hause, die Beschneidung und das Reinigungsopfer, das aber auch von Galiläa aus und durch Beauftragte hätte besorgt werden können, als geschichtlich anzuerkennen; das Uebrige ist ihm nur phantastischer

Reflex messianischer Typen des Alten Testaments. In der Anmerkung zu der Pantherasage S. 368 hätte der Verfasser pandera = pandorah, flagellum R. v. d. Alm nicht nachschreiben sollen (s. „Die Jesusmythen des Judentums“ vom Recensenten in dieser Zeitschrift). In Absicht auf Ort und Zeit der Geburt soll Bethlehem lediglich nur durch dogmatische Reflexion zum Geburtsort geworden sein. Die Ungeschichtlichkeit der dortigen Geburt erweist sich dem Verfasser aus dem Widerspruch zwischen Matthäus und Lukas, deren Ersterer einen regelmäßigen dauernden Aufenthalt der heiligen Familie in Bethlehem voraussetze, während der Letztere nur von einem durch eine außerordentliche obrigkeitliche Anordnung motivirten vorübergehenden erzähle, sodann aus dem Zeugnis der nachfolgenden Geschichte, welche, zumal durch den Beinamen „der Nazaräer“, Nazareth als die Vaterstadt Jesu erscheinen lasse, und endlich aus der römischen Schatzungspraxis, nicht den Stammort, sondern den Wohn- und Bürgerort zu Grunde zu legen. Ist aber thatsächlich ein Widerspruch zwischen Matthäus und Lukas, stellt die nachfolgende Geschichte wirklich Nazareth als Geburtsort hin und gibt die römische Schatzungsform eine Instanz ab gegen die Wahrheit der Aufnahme nach jüdischer Sitte? Die Zeit der Geburt sucht Keim zwar auch in den letzten Jahren des Herodes von 8—4 v. Chr., allein er verleugnet mit Mommsen die Möglichkeit einer Schatzung vor der Absetzung der Archelaus trotz seines Zugeständnisses einer ersten syrischen Statthalterschaft des Quirinius vom Jahr 4 oder 3 v. Chr. an. Die Schatzung würde nach dem Urtheil des Verfassers den Aufstand Juda's des Galiläers vor statt nach Christi verlegt haben (auch eine nach jüdischer Form vorgenommene?) und diese Erfahrung würde die Römer sicher vor einer Wiederholung im Jahr 7 n. Chr. zurückgeschreckt haben. Weiter wäre ihre Verlegung in die Lebzeiten des Herodes wegen dessen Todes im Jahr 4 v. Chr. unmöglich. Als ob Herodes nothwendig um Ostern 4 v. Chr. gestorben sein müßte! Ebenso wenig glaubt Keim in dem 15. Regierungsjahr des Kaisers Tiberius (Luk. 3, 1 ff.) das Normaljahr für die Geburt Jesu um 3—2 v. Chr. finden zu können, da er den Auftritt Johannis des Täufers viel später ansetzen müsse. Zum Schluß gibt er eine kritische Uebersicht der patristischen Notizen über den Geburtstag Jesu.

Die dritte Abtheilung: „Die Lernjahre", belehrt uns im ersten Abschnitt S. 414—441 über „die Schule" und im zweiten S. 441—468 über „die Persönlichkeit" Jesu. Mit haushälterischer Treue beutet der Verfasser für die Schule die sparsamen Brosamen des dritten Evangeliums vom Wachstum und Starkwerden des Knaben im Geist und von seiner Osterreise aus. Er erklärt die letztere für geschichtlich unanfechtbar. Die Lücke vom zwölften Jahr an rückwärts füllt er mit einem Referat über die Knabenmärchen der apokryphischen Evangelien aus, deren Nichtigkeiten er mit positiven Folgerungen aus den dem Jesusknaben von außen zugekommenen Anregungen zu ersetzen sich bemüht. Solche empfieng Jesus zunächst im Kreis der Familie, was den Verfasser auf die Geschwisterfrage bringt, welche er im Sinn der Vollbürtigkeit löst. Die Erziehung des Knaben läßt er von beiden Eltern gemeinsam, seinen Unterricht eher von diesen, als von öffentlichen Lehrern in Nazareth geleitet werden. Seine Kenntnis des Griechischen glaubt Keim auf einige Redefertigkeit beschränken, seine Benützung der griechischen Uebersetzung des Alten Testaments statt des hebräischen Originals verneinen zu müssen. Eine Ergänzung des häuslichen Unterrichts findet er in der frühen und regelmäßigen Theilnahme des Knaben an den synagogalen Uebungen, woraus er Leben und Theorie der Schriftgelehrten und Pharisäer bis auf die feineren Züge hinaus kennen gelernt habe. Im zweiten Abschnitt construirt der Verfasser mit einem Ernst und einer Liebe, die dem alten Spruche: pectus est, quod theologum facit, seine volle Ehre geben, die Persönlichkeit Jesu als eine harmonische Sammlung voll und spröd gespannter Gegensätze, „hier des Gemüths wie der Intelligenz und des Willens, hier des Gottesdrangs wie der Weltlichkeit und der Ichheit", aber ohne schlechthinigen Besitz aller Vollkommenheiten der menschlichen Natur. Für die leibliche und berufliche Seite vermuthet er edle Männlichkeit und Nachfolge im Handwerk des Vaters.

Im „dritten (eigentlich zweiten) Theil“: „Selbsterkenntnis und Entschluß“ werden uns S. 469—633 in drei Abschnitten 1) „der neue Prophet in Israel“ (S. 469—523), 2) „der Prophet und der Täufling aus Nazara“ (S. 523—573) und 3) „der Prophet im Kerker, der Messias in Galiläa“ (S. 474—633) vorgeführt.

„Der neue Prophet in Israel“ ist natürlich Johannes der Täufer, der in der „Vorgeschichte“ seine Geburtswunder durch das Königswasser der Kritik bis auf das magere Residuum, daß er ein Judäer und der Sohn des Priesters Sacharja gewesen sei, einbüßt. Nicht einmal den Namen seiner Mutter Eliseba darf der Arme als rechtmäßiges Eigentum behalten, weil — die Frau des Hohepriesters Aaron vor ihr so geheißen hat! Seine Jugend soll er in der gesetzlichen Frömmigkeit seiner Zeit, genährt von pharisäischen Anschauungen und Grundsätzen, verlebt haben. Zerknirscht von dem Elend und durchglüht von der Sehnsucht seines Volkes nach dem Kommen des Reiches Gottes sei er vor der sittlichen und politischen Heillosigkeit der Gegenwart in die stille, freie Wüste geflohen, der essäischen Richtung sich zuwendend, aber ohne ihre Thatlosigkeit der Welt gegenüber zu theilen, vielmehr die große Aufgabe in sich bewegend, wie er durch ein Ringen des Betens, Büßens und Entsagens sich und sein Volk aus den drohenden Gerichten in die Gottesgnade und den Gottesfrieden zu retten vermöchte, welche Opfer und Festfeier nicht zu gewähren im Stande waren. Da habe er den Ruf Gottes in seiner Seele gefunden: „Gehe hin und predige dem Volke, Gericht und Gnade dem Reuigen“. Ist mit dieser Ausspinnung der kargen, evangelischen Notizen der Geschichtschreiber nicht zum Romanschreiber geworden? „Der Auftritt des Täufers in der Wüste“ bespricht seine Bußpredigt, Jordantaufe und Reichspredigt. Das Symbolum der Bußpredigt: „Aendert den Sinn, denn nahe gekommen ist das Reich der Himmel“, findet Keim nicht bloß durch das älteste Evangelium, sondern auch durch die Reden Jesu von Johannes, ja durch den dasselbe wiederholenden Auftrittsruf Jesu selbst in seiner Echtheit bestätigt. Den Begriff der täuferischen Buße sucht er in der Forderung eines neuen sittlichen Lebens, in die Form der Jordantaufe gefaßt, welche nach Josephus ein neues nationales Vereinigungs- und Bundesmittel zu dieser Verpflichtung habe sein sollen und mit der viel späteren Proselytentaufe sich nicht berühre, sie ruhe vielmehr auf der Heiligung Israels durch Waschungen vor den großen Offenbarungen des Sinai und auf den Prophetenbildern von den Waschungen und Wasserströmen im zukünftigen Heile. Der Reichspredigt des Johannes gibt der Verfasser den Inhalt der Erwartung eines persönlichen Reiches Gottes voll Gerechtigkeit gegen die Gottlosen, aber voll Vergebung und heiligen Geistes für die Bußfertigen unter einem irdischen Reichsherrn, seinem Nachfolger. Wenn Josephus von einer Reichs- oder gar Messiasverkündigung des Täufers nichts wisse, so erkläre sich das aus seiner vorsichtigen Zurückhaltung über die Zukunftshoffnungen seines Volkes überhaupt. Die Schilderung des mächtigen Eindrucks der täuferischen Predigt auf alles Volk füllt „die Weihversammlung in der Wüste“ aus.

Im zweiten Abschnitt: „Der Prophet und der Täufling aus Nazara“, entkleidet Keim in der „Taufe Jesu“ die Erzählung der Synoptiker des Wunders der Herabkunft des heiligen Geistes und der Himmelsstimme, hält aber als Kern und Stern fest, daß Johannes in dem ihn aufsuchenden Sohne Josephs von Nazara mit dem Prophetenblicke Samuels auf den Sohn Isai's den Auserwählten Gottes erkannt und getauft habe, obgleich man um der späteren Kerkerfrage willen die runde Anerkennung Jesu als Messias nicht verteidigen dürfe, während der Täufling selbst dabei die Stunde der Entscheidung über den Messiasberuf in sich gefeiert habe. „Der Rückzug in die Wüste“ geschah nach den Synoptikern sofort von der Taufstätte aus, nach dem vierten Evangelium jedenfalls nicht augenblicklich, insofern dieses auf die Begegnung mit dem Täufer die Ueberweisung von Jüngern durch Johannes an Jesus folgen läßt. Keim glaubt zwar ein solches Handeln des Täufers als ungeschichtlich refusiren zu müssen, allein der von ihm hier angewendete Kanon der Preisgebung des Ganzen um ungeschichtlich scheinender Einzelheiten willen bringt ihn mit sich selbst in Widerspruch, da er diesem Kanon gemäß ja auch die ganze synoptische Taufgeschichte verwerfen müßte. Zudem setzt die Anerkennung Jesu von Johannes, deren Rudiment wenigstens Keim verteidigt, dessen Zuweisung Dritter an den Nachfolger mit so viel psychologischer Nothwendigkeit voraus, daß nur Voreingenommenheit gegen das vierte Evangelium sie bestreiten kann. Die Versuchung reducirt der Verfasser unter Abweisung der euhemeristischen (Venturini), visionären (Origenes bis Ullmann), parabolischen (Schleiermacher), und mythischen (Strauß u. a.) Auffassung auf einen Seelenkampf über den Messiasentschluß.

Im dritten Abschnitt begegnet uns „der Prophet im Kerker, der Messias in Galiläa“. Zuerst sehen wir „Johannes auf Machärus“, wohin er schon vor dem Heraustritt Jesu aus der Wüste, also entgegen dem vierten Evangelium, das dem Vorläufer und Nachfolger noch eine Zeit lang neben einander wirken läßt, von dem durch den Herodiasvorhalt tödlich beleidigten Antipas, wol auch auf Betreiben der jerusalemischen Hierarchie und vielleicht sogar des Landpflegers Pilatus, geschleppt worden sein soll. Daß der Verfasser dem vierten Evangelium wieder Unrecht gibt, hat diesmal insofern einen besseren Schein, als die Abschiedsreden des Täufers in den höchsten Ausdrücken über die Person Jesu sich ergehen; allein auch hier kann der Schein trügen, und der Täufer recht wohl zu einer helleren Erkenntnis der Klarheit Gottes im Angesicht Jesu Christi hindurchgedrungen sein. Von diesem Gesichtspunkt aus würde sich dann die Kerkerfrage als eine Mahnung der Ungeduld darstellen. Die Lage und Localität des Haftorts ist meisterhaft geschildert. Machärus machte Jesus zum „Messias in Galiläa“, doch hieß ihn nicht die Klugheit allein den Hierarchen in Jerusalem und dem Tyrannen am unteren Jordan aus dem Wege gehen, sondern der Glaube an den Willen Gottes, daß sein Reich ohne fleischliches Zuthun und Beiwerk rein geistig aufgebaut werden solle, trieb ihn von den Größen und Massen Judäa's weg. War Galiläa der geeignete Ausgangspunkt des Messiastums? „Aus Galiläa stehet kein Prophet auf." Oder kannte Jesus vielleicht die thargumischen und thalmudischen Träume von einem Messias Ephraims, dem Sohn Josephs? Keim verneint diese Frage mit Recht, weil das ganze Neue Testament nur einen Messias kennt. Kann uns nun die Schmach Galiläa's etwa berechtigen, mit dem vierten Evangelium aus dem galiläischen Propheten einen judäischen zu machen und die Synoptiker einer künstlichen Verschiebung der Wirksamkeit Jesu zu beschuldigen? Mit Nichten, erwidert der Verfasser, da zur Zeit der Entstehung der Evangelien Jerusalem und nicht Galiläa der Mittelpunkt der christlichen Gemeinden Palästina's gewesen sei, und Galiläa weder unter den Juden noch unter den Christen für den Sitz des Reiches Gottes jetzt oder künftig habe gelten können. Indem nun Jesus in Galiläa auftrat, hatte er vor allem mit den beengenden Verhältnissen der Heimat und Familie zu brechen, daher „Jesus in Kapharnaum", dem heutigen Khan Minyeh, wie es Lukas darstellt, nach einem anfänglichen Miserfolg in Nazareth. Wieder weiß Keim die Landschaft so herrlich zu malen! Wann traten die Heroen der neuen Aera Israels auf? Damit beschäftigt sich „das weltgeschichtliche Jahr". Keim sucht es für den Täufer im Jahr 33 — 34, für Jesus im Jahr 34 — 35 n. Chr., worin Hitzig mit ihm übereinstimmt. Die Tragsäulen dieser Chronologie sind folgende: 1) Die Ursache der Händel zwischen Antipas und seinem Schwiegervater Aretas (Antt. XVIII, 5, 1), die Herodiasehe, kann nur kurz vor dem Kriegsausbruch zu Stande gekommen sein. 2) Die zu der Ehe führende Romfahrt des Antipas kann als Attentat auf das Erbe des kinderlos verstorbenen Philippus nicht vor 33—34 n. Chr. gemacht worden sein. 3) Die Anwesenheit der Tochter des Herodias, Salome, am stiefväterlichen Hof ist vor dem Tode ihres Gatten Philippus 33 — 34 nicht denkbar. 4) Die Rettung Agrippa's I. aus der römischen Schuldennoth und idumäischen Einsamkeit durch Herodias und Antipas (Antt. XXIII, 6, 1. 2) wird am Anfang der Ehe und kann nur kurz vor Agrippa's Rachereise nach Rom 36 n. Chr. vorgekommen sein. Der Recensent kann zu der Widerlegung dieser

Aufstellungen hier nur kurz wiederholen, was er in seiner Recension des Caspari'schen Buches gegen dieselben eingewendet hat: 1) Der arabische Handel muß nicht nothwendig eine rasche Entwickelung genommen haben, und während des Kriegs würde Antipas wol schwerlich einen so wichtigen Staatsgefangenen, wie Johannes, auf einer kaum erst durch das Kriegsglück ihm zugefallenen Grenzfestung verwahrt haben. 2) Die Romfahrt des Antipas kann den Zweck der Erbschleicherei nicht gehabt haben, denn Antipas heiratete die Herodias nicht aus Berechnung, sondern aus Sinnlichkeit; in den dreißiger Jahren n. Chr. aber war diese schon eine starke Vierzigerin, also muß die Reise und Heirat ziemlich lange vor dem Tod des Philippus geschehen sein. 3) Die Anwesenheit Salome's am stiefväterlichen Hof während ihrer Wittwenschaft ist durchaus unwahrscheinlich, denn sie konnte ihren Aufenthalt nicht wol bei einer Mutter, die dem Volke als Ehebrecherin verächtlich war, oder bei einem Stiefvater wohnen, der nach dem Erbe ihres Gatten trachtete; noch weniger konnte sie sich zur Tänzerin bei einem Trinkgelage erniedrigen; sie kann also die tanzende Tragödie nur vor ihrer Ehe mit Philippus aufgeführt haben, und daß diese jahrelang gedauert habe, geht aus Antt. XVIII, 5, 4 und XVIII, 4, 6 nicht nothwendig hervor, wie Keim meint. Die Misère Agrippa's bietet gar keinen Anhaltspunkt, denn Keim gibt selbst zu, die Erzählung mache den Eindruck, als ob der Schuldenmacher bald nach dem Tode des Drusus hätte Rom verlassen müssen, und Pomponius Flaccus war wol schon vor der Mitte der zwanziger Jahre Statthalter in Syrien. Endlich beweist Antt. XVIII, 5, 4, wo steht, daß Herodias nach der Geburt Salome's den Stiefbruder ihres Mannes geheiratet habe, das Zustandekommen der Antipasehe in der Kindheit Salome's. Diese Chronologie ist also nicht tristig genug, um den Ansatz des Auftretens des Täufers auf das Jahr 28 n. Chr. umzustoßen, und kann von dem Verfasser selbst Bd. II, S. 512 ff. nur um den Preis der Auslieferung der evangelischen Enthauptungsgeschichte an den Mythus aufrecht erhalten werden, und doch „sieht diese Geschichte wirklichem Leben und herodischer Wirthschaft so ähnlich, daß man sich ihr gefangen gibt, wie Antipas Salome"!

Ergänzende und verbessernde „Schlußbemerkungen", sowie eine „Evangelientabelle" machen den Schluß des ersten Bandes.

(Forts. folgt.)

Gustav Rösch.

Miscellen.

Programm

der

Haager Gesellschaft zur Vertheidigung der christlichen Religion

für das Jahr 1872.

Die Directoren haben in ihrer Herbstversammlung am 16. September und folgenden Tagen ihr Urtheil ausgesprochen über zwei deutsche Abhandlungen.

Die eine — mit dem Motto 2 Thess. 2, 4 — war eingekommen zur Beantwortung der Frage:

„In Rücksicht auf das letzte Concil in Rom verlangt die Gesellschaft:

Eine Geschichte des Begriffes der päpstlichen Unfehlbarkeit in seinem Ursprunge und seiner allmählichen Entwickelung, des dagegen geführten Streites und seiner Erhebung zum Dogma, nebst Nachweisung der muthmaßlichen Folgen davon, zumal für die römische Kirche selbst."

Es ergab sich aber gleich, daß der Verfasser sich selbst keine Rechenschaft gegeben hatte von dem, was zur Behandlung dieses Gegenstandes erfordert wird. Sein äußerst oberflächlicher und in der Eile hingeworfener Aufsatz konnte daher zur Bekrönung gar nicht in Betracht kommen.

Ganz anderer Art war die zweite Abhandlung mit dem vom Seneca hergenommenen Sinnspruch: „Homo sacra res homini“.

Sie betraf die Frage:

„Weil bei den heutigen Vorkämpfern der Humanität verschiedene, selbst einander widersprechende Begriffe über dieselbe angetroffen werden, so fragt die Gesellschaft:

Wie haben wir die Humanität in Bezug auf ihr Wesen zu betrachten? Welche verschiedenen Wirkungen sind in der Zukunft von ihr zu erwarten, je nachdem sie mit der Religion im allgemeinen und dem Christentum insbesondere verbunden ist oder nicht?“

Die Directoren hatten an dieser Abhandlung wol etwas auszustellen. Der Stil däuchte ihnen hie und da weniger populär, die Form nicht immer gefällig und angenehm. Sie meinten, daß der Verfasser, wo er die Anwendung der Humanitätsidee darlegte, zuweilen gar zu sehr auf einzelne Umstände eingegangen sei und fast ausschließlich Deutschland in's Auge gefaßt habe. Die Antwort auf den zweiten Theil der Frage befriedigte sie nicht ganz. Die Unentbehrlichkeit des Christentums zur Beförderung und Verwirklichung der wahren Humanität wurde mehr angedeutet als in's Licht gestellt und wider die Gegner verteidigt und aufrecht erhalten. Trotz dieser Mängel waren die Directoren einstimmig in der Anerkennung der ausgezeichneten Verdienste dieser Arbeit. Der Ansicht des Verfassers über das Wesen der Humanität pflichteten sie gern bei. Die Nachweisung der Bestrebungen zu ihrer Verwirklichung war ihm, ihrer Meinung nach, vollkommen gelungen und bewies seine ausgebreiteten und gründlichen Kenntnisse. Außerdem fühlten sie sich angezogen von der überall hervorleuchtenden warmen Liebe zum Christentume, welche gleichwol der Unparteilichkeit des Urtheils nirgends Abbruch gethan hatte. Sie trugen daher auch kein Bedenken, dem Verfasser den ausgesetzten Preis zuzuerkennen, um so weniger, weil sie glaubten, daß es ihm nicht schwer fallen würde, vor der Veröffentlichung seiner Abhandlung den obenerwähnten Mängeln Abhülfe zu leisten.

Bei Eröffnung des Billets ergab sich als Verfasser der Herr **Julius Hartmann**, Dr. ph. und Stadtpfarrer zu Widdern (Würtemberg).

Zwei schon früher ausgeschriebene Preisfragen stellt die Gesellschaft von neuem auf, nämlich:

I. In Rücksicht auf das letzte Concil in Rom verlangt die Gesellschaft:

„Eine Geschichte des Begriffes der päpstlichen Unfehlbarkeit in seinem Ursprunge und seiner allmählichen Entwickelung, des dagegen geführten Streites und seiner Erhebung zum Dogma, nebst Nachweisung der muthmaßlichen Folgen davon, zumal für die römische Kirche selbst."

II. Da in dem letzten halben Jahrhunderte die christliche Mission unter Heiden, Mohammedanern und Juden sich so sehr ausgebreitet hat, von Vielen aber gegen sie eingewandt wird, daß das Christentum sich nicht für alle Völker eigne, von Anderen, daß wenigstens eine beträchtliche Abänderung der bisherigen Methode nöthig sei, so fragt die Gesellschaft:

„Was lehrt die Geschichte der Mission in Betreff der Bestimmung und Fähigkeit des Christentums, die allgemeine Weltreligion zu werden? Und welchen Einfluß muß die bisher gemachte Erfahrung künftighin auf die Methode der Mission haben?"

Ferner werden als neue Preisfragen die drei folgenden gestellt:

Die Gesellschaft wünscht:

III. „Eine Kritik über den philosophischen Pessimismus der neuesten Zeit."

IV. „Eine populäre Abhandlung, worin die bedeutendsten der heutigen Systeme der Sittenlehre dargelegt werden, mit Nachweisung des relativen Werthes derselben, und des Verhältnisses, in welchem sie zum Christentume stehen."

V. „In welchem Verhältnis zur Religion und Sittlichkeit stehen die neueren Theorieen Darwins und Anderer in Betreff der Abstammung des Menschen?"

Die Antworten auf die vier ersten Fragen sind einzuliefern vor dem 15. December 1873, die auf die fünfte oder letzte Frage vor dem 15. Juni 1874. Alles was später einkommt, wird der Beurtheilung nicht unterzogen und bei Seite gelegt.

Vor dem 15. December dieses Jahres wird den Antworten entgegengesehen auf die Fragen über das Recht des Menschen auf Freiheit des Gewissens, den Jesuitismus, die socialen Bewegungen unserer Zeit, und den Confessionalismus in der holländischen reformirten Kirche; vor dem 15. Juni 1873 auf die Frage über den Einfluß philosophischer Systeme auf die christliche Theologie in Holland.

Für die genügende Beantwortung jeder Preisaufgabe wird die Summe von vierhundert Gulden ausgesetzt, welche die Verfasser ganz in baarem Geld empfangen, es sei denn, daß sie vorziehen, die goldene Medaille der Gesellschaft, von 250 Gulden an Werth, nebst 150 Gulden in baarem Geld, oder die silberne Medaille nebst 385 Gulden in baarem Gelde zu erhalten. Ferner werden die gekrönten Abhandlungen von der Gesellschaft in ihre Werke aufgenommen und herausgegeben. Eine Bekrönung, bei welcher nur ein Theil des ausgesetzten Preises zuerkannt wird, es sei die Aufnahme in die Werke der Gesellschaft damit verbunden oder nicht, findet nicht statt ohne die Einwilligung des Verfassers.

Die Abhandlungen, welche zur Mitbewerbung um den Preis in Betracht kommen sollen, müssen in holländischer, lateinischer, französischer oder deutscher Sprache abgefaßt, aber mit lateinischen Buchstaben deutlich lesbar geschrieben sein. Wenn sie mit deutschen Buchstaben oder nach dem Urtheil der Directoren, undeutlich geschrieben sind, werden sie der Beurtheilung nicht unterzogen. Gedrängtheit, wenn sie nur der Sache nicht schadet, gereicht zur Empfehlung.

Die Preisbewerber unterzeichnen die Abhandlungen nicht mit ihrem Namen, sondern mit einem Motto, und schicken dieselbe mit einem versiegelten, Namen und Wohnort enthaltenden Billet, worauf das nämliche Motto geschrieben steht, portofrei dem Mitdirector und Secretär der Gesellschaft **A. Kuenen**, Dr. th., Professor zu Leiden.

Die Verfasser verpflichten sich durch Einlieferung ihrer Arbeit, von einer in die Werke der Gesellschaft aufgenommenen Abhandlung weder eine neue oder verbesserte Ausgabe zu veranstalten noch eine Uebersetzung herauszugeben, ohne dazu die Bewilligung der Directoren erhalten zu haben.

Jede Abhandlung, welche nicht von der Gesellschaft herausgegeben wird, kann von dem Verfasser selbst veröffentlicht werden. Die eingereichte Handschrift bleibt jedoch das Eigentum der Gesellschaft, es sei denn daß sie dieselbe auf Wunsch und zum Gebrauche des Verfassers cedire.

2.

Programm

der

Teyler'schen Theologischen Gesellschaft zu Haarlem,

für das Jahr 1873.

Am 8. dieses Monats fand die jährliche Sitzung statt der Mitglieder der ersten Abtheilung der Teyler'schen Stiftung.

Da die Preisfrage des vorigen Jahres unbeantwortet geblieben war, so konnte man sofort zur Wahl einer neuen schreiten. Das Ergebnis der Besprechungen war, daß man beschloß die folgende Frage zu stellen:

„Was lehrt die Völkerkunde auf ihrem gegenwärtigen Standpunkt über die Anlage des Menschen zur Religion?"

Noch fand man sich veranlaßt für diesmal eine zweite Frage zur Preisbewerbung anzubieten; sie fordert:

„Eine Geschichte und Kritik der Maxime: die freie Kirche im freien Staat."

Zugleich wiederholt die Gesellschaft die schon für das Jahr 1871 ausgesetzte aber nicht beantwortete Frage, wobei gefordert wurde:

„Eine Abhandlung über das Verhältnis der Dogmen der protestantischen Kirchengemeinschaften zu dem paulinischen Lehrbegriff."

Der Preis besteht in einer goldenen Medaille von fl. 400 an innerem Werth.

Man kann sich bei der Beantwortung des Holländischen, Lateinischen, Französischen, Englischen oder Deutschen (nur mit lateinischer Schrift) bedienen. Auch müssen die Antworten mit einer andern Hand als der des Verfassers geschrieben, vollständig eingesandt werden, da keine unvollständige zur Preisbewerbung zugelassen werden. Die Frist der Einsendung ist auf 1. Januar 1874 anberaumt. Alle eingeschickten Antworten fallen der Gesellschaft als Eigentum anheim, welche die gekrönte, mit oder ohne Uebersetzung, in ihre Werke aufnimmt, so daß die Verfasser sie nicht ohne Erlaubnis der Stiftung herausgeben dürfen. Auch behält die Gesellschaft sich vor, von den nicht gekrönten Antworten nach Gutfinden Gebrauch zu machen, mit Verschweigung oder Meldung des Namens der Verfasser, doch im letzten Falle nicht ohne ihre Bewilligung. Auch können die Einsender nicht anders Abschriften ihrer Antworten bekommen als auf ihre Kosten. Die Antworten müssen nebst einem versiegelten Namenszettel, mit einem Denkspruch versehen, eingesandt werden an die Adresse: Fundatiehuis van wijlen den Heer P. TEYLER VAN DER HULST, te Haarlem.

Perthes' Buchdruckerei in Gotha.

		Thlr.	Sgr.
Geschichte der europäischen Staaten von Heeren und Ukert. 35. Liefg., 2. Abth., enthaltend: **Böttiger-Flathe,** Sachsen. 3. Band mit Register. Subscriptionspreis		4	—
Goltz, H. v. d., Ein Blick in die idealen Seiten des Katholicismus		—	8
— Ueber sittliche Werthschätzung politischer Charaktere .		—	5
Göttinger Professoren. Ein Beitrag zur deutschen Cultur- und Literaturgeschichte in 8 Vorträgen:		—	28
Inhalt. Ehrenfeuchter, Abt Dr.: Johann Lorenz Mosheim. — Henle, Ober-Medicinalrath Dr.: Albrecht von Haller. — Sauppe, Hofrath Dr.: Johann Matthias Gesner und Christian Gottlob Heyne. — Zachariae, Staatsrath Dr.: Johann Stephan Pütter und Karl Friedrich Eichhorn. — Grisebach, Hofrath Dr.: Blumenbach. — Goedecke, Dr.: Jacob Grimm. — Sartorius v. Waltershausen, Professor Dr.: Gauß. — Waitz, Professor Dr.: Göttinger Historiker von Köhler bis Dahlmann.			
Kähler, Martin, Die starken Wurzeln unserer Kraft. Betrachtungen über die Begründung des Deutschen Kaiserreichs und seine erste Krise		—	24
Lagerström, Angel. v., Biographisches Gedenkbuch. 2 Bde.		4	—
Linder, Sophie, Lob eines tugendsamen Weibes, Sprüche Salomonis XXXI, 1. 10—31. 20 Zeichnungen. Mit einleitendem Vorwort von Dr. J. J. Balmer-Rinck. 3. Auflage. **Holzschnittausgabe** . . .		3	—
— Dasselbe. Ausgabe in **Photographieen**		8	—
— De lof der deugdzame huisvrouw. Woorden van Lemuël den Koning: De wijsheid waarmêe zijne moder hem onderwees. XX teekeningen bij Spreuken XXXI door wijlen Sophie Linder. Met een Voorbericht van J. J. L. ten Kate		9	—
Lohmann, Bernh., Die Schwarzensteiner. Eine Erinnerung an den Anfang des neuen Reichs		—	28
Neander, Dr. Aug., Allgemeine Geschichte der christlichen Religion ꝛc. 9 Bde. Billige Ausgabe . . .		9	—
Im August 1873 tritt der alte Preis von 15 Thlr. wieder ein. **Siehe beiliegenden Prospect.**			

	rf	Sgr
Niebuhr's Griechische Heroengeschichten. Mit Anmerkungen zum Uebersetzen in's Französische von E. Burtin. Zweite Auflage	—	10
Parnassia, Taschenbuch für Poesie und Kunstgeschichte zur 100jährigen Feier der Stiftung des Hainbundes. Mit Beiträgen von W. Blumenfeld, Gottfr. Flammberg, Karl v. Gerock, G. Küchle, R. Reither, H. Stadelmann, Ad. Stöber, Ottilie Wildermuth, Victor v. Strauß u. A.	1	—
— Dasselbe in Calico-Einband	1	10
Perthes, Cl. Th., Friedrich Perthes' Leben nach dessen schriftlichen und mündlichen Mittheilungen. Sechste Auflage. 3 Bde.	1	18
— Dasselbe in Calico-Einband	2	—
Perthes' Theologische Bibliothek. Lieferung 51 u. 52. à	—	20
Schliemann jun., Dr., Cheirisophos des Spartiaten Reise durch Böotien. Bei Isarlik als griechisches Manuscript aufgefunden und in's Deutsche übersetzt. 3. Aufl.	—	16
Schmidt, Cl. G., Geschichte der Predigt in der evangelischen Kirche Deutschlands von Luther bis Spener in einer Reihe von Biographieen und Charakteristiken	1	10
Spörer, J., Kosmos der Poesie, oder Natur- und Menschenwelt in der Dichtung. I. Band: Dissonanzen und Accorde	2	—
Studien und Kritiken, Theolog. Jahrg. 1873. 1. u. 2. Heft pr. compl.	5	—
Ütterodt, Ludwig Graf, zu Scharffenberg: Franz, regierender Graf zu Erbach-Erbach. Eine Lebensskizze nach archivarischen Quellen entworfen. Feine Ausgabe	—	16
— Ordinäre Ausgabe	—	10
Volz, Berth., Beiträge zur Geschichte des Pietismus. Aus ungedruckten Materialien	—	8
Weber, Th., Herr Prof. Baumgarten und der Protestantenverein. Ein Nachwort zur Berliner Octoberversammlung	—	12

Zeitschrift für historische Theologie, in Verbindung mit der histor.-theolog. Gesellschaft in Leipzig nach Illgen und Niedner herausgegeben von Dr. K. A. Kahnis. Jahrg. 1873. 1. u. 2. Heft pr. compl. . . . . —

Unter der Presse befinden sich:

Brandes, F., Geschichte der evangelischen Union in Preußen. I, 2.
Braune, K., Die Reformation und die drei Reformatoren.
Funk, M., Johann Aegidius Ludwig Funk, weil. D. theol. und Pastor an St. Marien in Lübeck.
Hunnius, Fr., Das Leben Fénélon's.
Kreyher, O., Gotteswort und Dichterwort.
Neander, A., Geschichte der christlichen Religion und Kirche. Billige Ausgabe. 2 bis 9. Bd. à 1 Thlr.
Oehme, F., Göttinger Erinnerungen.
Opitz, Herm., System des Paulus, nach seinen Briefen dargestellt.
Spörer, J., Kosmos der Poesie. 2. Bd.
Zahn, Th., Ignatius von Antiochien.
Tholuck, Aug., Die Psalmen. 2. Aufl.

Inhalt der Theologischen Studien und Kritiken.

Jahrgang 1873. Erstes Heft.

Abhandlungen.

1. Gottschick, Die sichtbare und die unsichtbare Kirche.
2. Rösch, Die Jesusmythen des Judentums.

Gedanken und Bemerkungen.

1. Michelsen, Ueber einige sinnverwandte Aussprüche des Neuen Testaments.
2. Köstlin, Die geschichtlichen Zeugnisse über Luthers Geburtsjahr.
3. Lindner, Ueber Huttens Schrift: De schismate extinguendo.

Recensionen.

1. Kleinert, Das Deuteronomium und der Deuteronomiker; rec. von Riehm.
2. Hollenberg, Beiträge zur christlichen Erkenntnis für die gebildete Gemeine; rec. von Besser.
3. Sieffert, Andeutungen über die apologetische Fundamentirung der christlichen Glaubenswissenschaft; rec. von Schmidt.

Inhalt der Deutschen Blätter.

Jahrgang 1872. November.

December.

Jahrgang 1873. Januar.

Inhalt der Zeitschrift für die historische Theologie.

Jahrgang 1873. Erstes Heft.

I. Kritische Untersuchungen über den Aufstand und das Martyrium des westgothischen Königsohnes Hermenegild. Eine kirchenhistorische Abhandlung von Dr. Franz Görres in Düsseldorf.

II. Eine Quäkersecte im Ravensbergischen. Beitrag zur Geschichte der Cultusverwaltung in Preußen. Von D. Fr. Brandes, Pastor in Göttingen.

III. Erläuterungen zu den in dieser Zeitschrift (Jahrg. 1872, S. 323—410) mitgetheilten Briefen Luthers, Melanthons, Agricola's u. a. Von Lic. theol. J. K. Seidemann, P. emer. in Dresden.

Verlag von Rudolf Besser in Gotha.

Jahrbücher für deutsche Theologie.

1872. Band XVII, Heft 4.

Inhalt: **Krauß**, Das Mittleramt nach dem Schema des munus triplex. Ein Beitrag zur Geschichte der Dogmatik. — **Bender**, Schleiermacher's theologische Gotteslehre in ihrem Verhältniß zur philosophischen untersucht und nach ihrem wissenschaftlichen Werth beurtheilt. — **Anzeige von 14 neuen Schriften.**

Bei **Friedrich Andreas Perthes** in Gotha sind ferner erschienen:

Das Evangelium

nach

Sanct Johannes

ausgelegt

für die Gemeinde

von

C. Roffhack.

Zwei Bände. — Preis 3 Thlr.

Zur Dogmatik.

Von

Dr. Richard Rothe.

Zweite Auflage. — Preis 1 Thlr. 14 Sgr.

Perthes' Buchdruckerei in Gotha.

D. August Neander's

Allgemeine Geschichte
der
christlichen Religion und Kirche.

Mit einem Vorwort von C. Ullmann.

4. Auflage.

Wohlfeile Ausgabe.

9 Bände. 8⁰. 270 Bogen. Preis 9 Thlr.

Es werden zur Einführung dieser billigen Ausgabe nur wenige Worte genügen, da es jedem Theologen bekannt ist, welche epochemachende Bedeutung Neander auf dem Gebiete der christlichen Kirchengeschichtsschreibung hat.

Er hat sie schon dadurch, daß es ihm gegeben war, in einem längeren, ganz von der Welt abgezogenen, der treuesten und rastlosesten Forschung gewidmeten Leben ein Quellenmaterial zu Tage zu fördern, vermöge dessen das Werk, in welchem die gesichteten Ergebnisse dieser Forschung concentrirt sind, zu einer Fundgrube des kirchenhistorischen Studiums auf Generationen hinaus geworden ist, und auch von der weiter schreitenden Wissenschaft immer wieder wird benutzt werden müssen.

Noch mehr aber und auf eine noch eindringendere und nachhaltigere Weise hat er diese Bedeutung durch den Geist, aus dem seine sämmtlichen kirchenhistorischen Arbeiten hervorgegangen sind, der insbesondere sein großes zusammenfassendes Geschichtswerk in allen Theilen beseelend durchdringt. Denn Neander war es, der zuerst wieder mit der sicheren Entschiedenheit, aber auch mit der vollen Weitherzigkeit des lebendigen, auf Selbsterfahrung beruhenden christlichen Glaubens das Ganze der christlichen Geistes- und Lebensentwickelung in seinem inneren Zusammenhang zur Darstellung gebracht hat, der allem Christlichen in der ganzen reichen Mannigfaltigkeit seiner Gestaltungen mit tiefem Sinn für die Eigenthümlichkeit der Zeiten, Völker und Persönlichkeiten eine gerechte und sinnige Würdigung hat zu Theil werden lassen. Er zuerst hat auch wieder die Kirchengeschichte in vollerem Maße als Lehrmeisterin des Lebens, als christliche und kirchliche Lebenswissenschaft behandelt; und wenn sie dabei unter seiner Hand zugleich eine erbauende

Kraft gewonnen hat, so darf dieß nicht so gedeutet werden, als ob Neander das Erbauliche mit Absichtlichkeit gesucht oder gar auf Kosten des Thatsächlichen erzwungen hätte; vielmehr ergab es sich ihm jederzeit nur aus der einfachen, aber im Lichte des Glaubens durchgeführten Veranschaulichung der geschichtlichen Wahrheit, welche rein und keusch herzustellen sein unverrücktes Augenmerk blieb.

So ist das Neander'sche Werk ebensowohl eine Fundgrube für den forschenden Gelehrten, als eine Schatzkammer für den praktischen Geistlichen, ja für höher gebildete Christen überhaupt geworden. Es ist nicht aus dem Geiste eines Decenniums, sondern aus dem Geiste geboren, der über den Zeiten steht und die Bestimmung hat, alle Zeiten zu erneuern und zu verjüngen. Darum wird es auch selbst seinem Kern und Wesen nach nicht veralten, sondern sich frisch und lebenskräftig behaupten und fort und fort reichen Segen der Erkenntniß und des Lebens bringen.

Der **Inhalt** der Bände ist folgender:

I.	Band:	Geschichte der christlichen Religion und Kirche in den drei ersten Jahrhunderten. XII u. 430 S.
II.	„	Geschichte der christlichen Lehre in den drei ersten Jahrhunderten. XII u. 500 S.
III.	„	Von Constantin dem Großen bis auf Gregor den Großen. 1.—3. Abth. XVIII u. 476 S.
IV.	„	Von Constantin dem Großen bis auf Gregor den Großen. Schluß. XXX u. 510 S.
V.	„	Von Gregor dem Großen bis zum Tode Karls des Großen. XVI u. 348 S.
VI.	„	Von dem Tode Karls des Großen bis Gregor VII. XVI u. 440 S.
VII.	„	Von Gregor VII. bis Bonifacius VIII. XII u. 376 S.
VIII.	„	Von Gregor VII. bis Bonifacius VIII. XX u. 458 S.
IX.	„	Von Bonifacius VIII. bis zum Baseler Konzil. XX u. 590 S. — Angehängt: Vorrede zum Werke von Ullmann. XXXII S.

Der niedrige Preis von Thlr. 9 bleibt nur bis zum 31. Juli 1873 bestehen; von da ab kostet die Ausgabe wieder wie bisher Thlr. 15.

Jeden Monat von November 1872 bis Juli 1873 wird ein Band à Thlr. 1 ausgegeben.

Gotha, 1. November 1872.

Friedrich Andreas Perthes.

fortdauernde Theilnahme des gebildeten Publikums. Unter andern günstigen Beurtheilungen der Presse schreibt die Augsburger Allgem. Zeitung:

„Man sieht sich nach einem Werke um, welches, so viel als möglich abgelöst von dem Standpuncte irgend einer kirchlichen Partei, objectiv und mit wissenschaftlichem Geiste, zugleich aber auch mit dem warmen Gemüthe für die Sache, wodurch erst ein tieferes Eindringen in das Wesen derselben möglich wird, es unternimmt, den Entwicklungsgang der christlichen Kirche in einer ansprechenden Darstellung vorüberzuführen. In dieser Beziehung kann nun nicht leicht ein Buch mehr empfohlen werden, als die Kirchengeschichte von Hagenbach. Der Verfasser hat als Gelehrter einen Namen von bestem Klange; in der protestantischen Theologie vertritt er eine positiv gläubige Richtung, welche sich jedoch der Kritik und den Resultaten der Wissenschaft nicht verschließt. Aus seinem Buche weht eine wohlthuende religiöse Wärme, die großen Charaktere der Kirchengeschichte, in denen das Wesen der christlichen Religion persönliche Gestalt gewinnt, führt er lebendig vor und zeichnet sie mit Innigkeit. Sein Urtheil ist nirgends hart, im Gegentheil, der katholische Leser wird überrascht sein, wenn er die ärgsten Gegner des Protestantismus milder beurtheilt findet, als dies selbst in Werken von katholischen Autoren geschieht. Hagenbach sagt, daß sein Buch dazu bestimmt sei, den Sinn für kirchliches Leben und kirchliche Entwicklung, im Zusammenhange mit der menschlichen Culturgeschichte, auch bei solchen zu wecken, die weniger auf ein theoretisches Studium der Kirchengeschichte als auf praktische Verwerthung dessen angewiesen sind, was die kirchliche Vergangenheit, bei allem Unerquicklichen und Räthselhaften, das ihren Erscheinungen anhaftet, doch auch wieder Lehrreiches und Erbauliches bietet. Wir können nur wünschen, daß dem Werke die weiteste Verbreitung zu Theil werde.“

Die auch einzeln verkäuflichen Bände umfassen:

Band I: Kirchengeschichte der ersten sechs Jahrhunderte. Dritte, umgearbeitete Auflage. Preis: 2 Thlr.

Band II: Kirchengeschichte des Mittelalters. Zweite, umgearbeitete Auflage. Preis: 2 Thlr.

Band III: Geschichte der Reformation vorzüglich in Deutschland und der Schweiz. Vierte, umgearbeitete Auflage. Preis: 2 Thlr.

Band IV: Der evangelische Protestantismus in seinem Verhältniß zum Katholicismus im 16. und 17. Jahrhundert. Erster Theil: Die Zeiten vor dem 30jährigen Krieg. Dritte, umgearbeitete Auflage. Preis: 2 Thlr.

Band V: Der evangelische Protestantismus in seinem Verhältniß zum Katholicismus im 16. und 17. Jahrhundert. Zweiter Theil: Der 30jährige Krieg und die Folgezeit bis zu Ende des 17. Jahrhunderts. Dritte, umgearbeitete Auflage. Preis: 1 Thlr. 10 Ngr.

Band VI: Die Kirche des 18. und 19. Jahrhunderts in ihrer geschichtlichen Entwickelung. Erster Theil. Vierte, verbesserte und theilweise umgearbeitete Auflage. Preis: 1 Thlr. 10 Ngr.

Band VII: Die Kirche des 18. und 19. Jahrhunderts in ihrer geschichtlichen Entwickelung. Zweiter Theil. Vierte, verbesserte und theilweise umgearbeitete Auflage. Preis: 2 Thlr.

Dem letzten Bande ist ein ausführliches Sach- und Namen-Register über das ganze Werk beigegeben.

Bestellungen werden in allen Buchhandlungen des In- und Auslands angenommen.

Leipzig, October 1872.

S. Hirzel.

Inhalt des ersten Bandes.

Inhalt des zweiten Bandes.

Inhalt des dritten Bandes.

Inhalt des vierten Bandes.

Inhalt des fünften Bandes.

Herzen Deutschlands. Schlacht bei Lützen. Gustav Adolfs Tod. Sein Bild, von Chemnitz und Andern gezeichnet. Christina. Paul Flemings Siegesgesang.

4. Vorlesung. Der dreißigjährige Krieg nach Gustav Adolfs Tod. Wallensteins Ende. Schlacht bei Nördlingen. Bernhard von Weimar. Greuel des Krieges. Die Schweiz im dreißigjährigen Krieg. Ueber Ferdinand II. Der westfälische Friede unter Ferdinand III. Friedensfestlichkeiten. Der Münsterische Postillion.

5. Vorlesung. Der Protestantismus in Frankreich. Gnadenedict von Nismes. Richelieu und Pater Joseph. Politisches Verhalten der Protestanten. Neue Verfolgungen und Bedrückungen. Ludwigs XIV. Bekehrungsversuche. Die Dragonaden. Schicksale der Protestanten bis zur Aufhebung des Edicts von Nantes.

6. Vorlesung. Betrachtungen über die Verfolgungen unter Ludwig XIV. Die Aufhebung des Edicts von Nantes und seine Folgen. Die Dragonaden. Ambrosius Borély, der alte Sevenole. Aufnahme der Refugianten im Brandenburgischen und anderwärts. Stimmen in der katholischen Kirche über Ludwigs Verfahren.

7. Vorlesung. Zustand des Protestantismus im übrigen Europa. Der Norden. Christina's Uebertritt zur katholischen Kirche. England und Schottland. Uebertritt deutscher Fürsten zum Katholicismus. Straßburg und die Pfalz. Protestantismus in Ungarn. Schicksale desselben in der Schweiz. Der Veltliner Mord und die Bündner Unruhen. Die erste Vilmerger Schlacht.

8. Vorlesung. Innere Geschichte des Protestantismus. Plumpe Polemik und Intoleranz. Unionsversuche. Der Leipziger Convent. Das Thorner Gespräch. Georg Calixt. Synkretistischer Streit. Casseler Religionsgespräch. Maßnahmen des Kurfürsten von Brandenburg. Paul Gerhard und sein Schicksal; Vermächtniß und Tod.

9. Vorlesung. Paul Gerhard und die deutschen Liederdichter. Einige Bemerkungen über die Veränderungen in den Gesangbüchern. Die Erbauungsschriftsteller Heinrich Müller und Christian Scriver. Des Letztern Seelenschatz und Gottholds zufällige Andachten.

10. Vorlesung. Ende der synkretistischen Streitigkeiten. Philipp Jakob Spener. Seine Jugend. Aufenthalt in Straßburg und Frankfurt. Verdienste um den religiösen Jugendunterricht. Seine Gegner und Freunde. Gerüchte über ihn. Sein Ruf nach Dresden.

11. Vorlesung. Die pietistischen Händel. Leipziger Pietisten. Speners Ruf nach Berlin. Die Universität Halle. Streit über die Mitteldinge. Spener über Tanz und Schauspiel. Speners Tod. Sein Bild und Charakter. August Hermann Francke.

12. Vorlesung. Die Francke'schen Stiftungen. Ueber das Wesen des Pietismus. Geschichte der reformirten Theologie. Akademie von Saumur. Streit über die hebräischen Vocalzeichen. Formula consensus. Die holländische Kirche. Voëtius und Coccejus.

13. Vorlesung. Das tiefere Glaubensleben und die geistliche Poesie in der reformirten Kirche. Joachim Neander. Louise Henriette, Kurfürstin von Brandenburg. Die anglikanische Kirche von Karls I. Tod bis auf Wilhelm von Oranien. Cromwell.

14. Vorlesung. Die kirchlichen Zustände in England nach Cromwells Tod. John Milton. Richard Baxter. John Bunyan und die Reise nach der Ewigkeit.

15. Vorlesung. Georg Fox und die Quäker. Das Wesen des Quäkerthums. William Penn und die Niederlassung in Pennsylvanien. Robert Barclay und die Lehre der Quäker.

16. Vorlesung. Ueber Geist und Buchstaben. Einfluß der katholischen Mystik auf die reformirte. Johann Labadie und Anna Maria Schürmann. Grundsätze der Labadisten über die Kirche, die Sacramente und die heil. Schrift.

17. Vorlesung. Der Mysticismus und die Sectirerei in der deutsch-lutherischen Kirche. Die Engelsbrüderschaft. Johanna Leade und die Philadelphier in England. Johann Gottfried Arnold, der Advokat der Mystiker. Ueber Schwärmerei.

18. Vorlesung. Die katholische Kirche seit dem Tridentinum. Mariolatrie der Jesuiten. Die gallicanische Kirche. Jacques Bénigne Bossuet. Seine idealistische Erklärung des Katholicismus. Sein Verhältniß zu Leibnitz. Innocenz XI. und die Kirche Frankreichs. Cornelius Jansen und der Jansenismus.

19. Vorlesung. Luther und Pascal. Die Provinzialbriefe. Moral der Jesuiten. Fortsetzung des Jansenistenstreites. Port Royal. Vergleichung des Jansenismus mit dem Pietismus. Der Quietismus. Fénélon.

Inhalt des sechsten Bandes.

Inhalt des siebenten Bandes.

Druck von Breitkopf und Härtel in Leipzig.

Werthvolle Bücher

Beck, J. T., theol. Dr., **Die**
Liebeslehre. (Forts. des „Leit
Glaubenslehre.") Erste Abtheilung:
des christl. Lebens, sein Wesen u. sein
christl. Menschenliebe, das Wort un
Christi. 2. Aufl. 2 fl. od. 1 thlr.

Der Verfasser zeigt das Grundgesetz de
in der christlichen Liebe und darin die re
Lebens in der eigenen Person. Wer ernstlich
ent trachtet, findet hier einen Lehrer.
(Die Fortsetzung: die Sakramentslehr
lich nachfolgen.)

— — **Leitfaden der christl. G**
für Kirche, Schule und Haus. Zw
2. verb. Aufl. 3 fl. 18 kr. od. 2

— — **Umriss der biblischen**
Ein Versuch. Dritte vermehrte
Auflage. 1 fl. 12 kr. od. 22 sgr.

— — **Einleitung in das Syste**
lichen Lehre oder propädeutis
der christlichen Lehrwissenschaf
Zweite, verm. Aufl. 8. 2 fl. o

— — **Christl. Reden.** Erste Sa
2 fl. 24 kr. od. 1 1/2 thlr. — Zweit
od. 26 sgr. — Dritte Smlg. (43
od. 1 1/2 thlr. — Vierte Smlg. (52
od. 1 2/3 thlr. — Fünfte Smlg. (5
3 fl. od. 1 thlr. 25 sgr. — Sechste
2 fl. 24 kr. od. 1 1/2 thlr.

Biblische Einfachheit, tiefes und reich
ichen Wortes und andererseits des Gewiss
ten Werke zu einer erbauenden Kraft.

Christl. Kunstblatt | **Südd**
für Kirche, Schule | Zeit

digten.

edigten. 31. voll-
be m. großem Druck.

uch, herausg. v. Kapff.
r.
Episteln. 1 fl. 48 kr.

Predigten. (10 Gebote.)

1 fl. 18 kr. od. ¾ thlr.
31 Pred. üb. d. Evangel.
r. 6 sgr.
Aufl. 1 fl. 48 kr. oder

ß-Predigten. 5. Aufl.

tes. 15 Pred. 36 kr.

ände. Jeder Band 2 fl.

den luth. Katechismus.

rbauung.

ungs-Gedanken. A. d.
gr.
in Gott. Deutsch von

Sprüche u. Gebete aus
Jahre zusammengestellt.

Burk, M. Ph. D., Rechtfertigung und Versicherung. 1 fl. 18 kr. od. 24 sgr.

Kempis, Nachfolge Christi. Deutsch von J. Arnd. Miniatur-Ausgabe. geh. 12 kr. od. 4 sgr.

— — Velin. **Gebunden** m. Goldschn. 48 kr. od. 15 sgr.

— 8. **Grober Druck.** geh. 54 kr. od. 18 sgr.

— — **Gebunden** m. Goldschn. 1 fl. 36 kr. od. 28 sgr.

Paleario, Wohlthat Jesu Christi. 12 kr. od. 4 sgr.

Schatzkästlein, neues christl., auf alle Tage. Mit Vorr. v. Jung-Stilling. 4. Aufl. 42 kr. od. 12 sgr.

Sprüche christl. Weisheit, v. 3., 5. u. 17. Jahrh. Mit Goldschn. 36 kr. od. 12 sgr.

Terstegen, Gerh., Geistliches Blumengärtlein, nebst der Frommen Lotterie. 24 kr. od. 8 sgr.

— — — — Velin-Ausgabe. **Gebunden** in Leinwd. m. Goldschnitt 1 fl. 24 kr. od. 25 sgr.

— — **Gesammelte Schriften.** 8 Bde. Herabgesetzter Preis 3 fl. 30 kr. od. 2 thlr. (Einzelne Bände aus 2—8 à 27 kr. od. ¼ thlr.)

Zur täglichen Hausandacht.

Arnd, 6 Bücher v. wahren Christenthum, nebst Paradiesgärtl. Mit Lebensbeschreibg., Bildn. u. 57 Sinnbild. gr. 8. Neue Aufl. 1 fl. 36 kr. od. 1 thlr.

Hofacker, Ludw., Erbauungs- u. Gebetbuch für alle Tage, her. v. Klett. 2. Aufl. 48 kr. od. 14 sgr.

Roos, Christl. Hausbuch. Morgen- u. Abendandachten auf jeden Tag des Jahres. Mit Lebenslauf u. Bild. 2. Aufl. 2 fl. od. 1⅓ thlr.

Stark, Tägliches Handbuch. Grober Druck. 43. Aufl. 31 Bogen. 30 kr. od. 10 sgr.

ag, Alb., theol. Dr., Bilder au
iche Gottes. Drittes Bändche
kr. oder 15 sgr.
ses neue und letzte Bändchen enthält vornä
es, so die schönen Erinnerungen an Dr. Bar
d Bekehrungsgeschichte von Samuel Goba
t sich mit den beiden früheren Bändchen un
s „Die Wege der Bibel" unter die edelste
schriften.

— — Erstes u. zweites Bändch
kr. oder 15 sgr.

Die Wege der Bibel. kart. 48 kr. o

ari, K. H., Erzählungen für da
k. 3. Aufl. (Alte Geschichten aus den
ffagen. ‚Zu Straßburg auf der Sch
lmeister und sein Sohn.) 1 fl. 30 kr.

mberg, Gottfr., Der goldn
f Nürnberger Erzählungen. Drei B
3 fl. 40 kr. od. 2 thlr. 6 sgr.
welsche Suhle. Die Seufzerhochzeit. — II.
üller. — III. Das Jahr 48. Die Heilthum

Die Rose von Urach. Eine Erz
eit des 30jährigen Krieges. geh. 3
2 thlr. 6 sgr.

cker, L., Wilhelm Hofacker. Ei
aus der ersten Hälfte dieses Jahrh
n hinterlassenen Papieren zusammen-
ne. geh. 1 fl. 24 kr. od. 25 sgr.

36. Flammberg, G.,
Ein köstliches Büchlein.
alter Chronik leben wieder au
zösischen Zeit ab, und da steh
die treue Hand herüber über

37. Glökler, J. P., Jo
Das treue Lebensbild des
twiel, des großen Juristen un
spruch: „Unverzagt und ohne
ist, Stets sich lassen schauen."

Die früheren Bän

1. Bdchn. Deutsche Lieder zur de
2. K. Stöber, Geschichten des
3. K. Wild, Der Seidenweber.
4. K. H. Caspari, Alte Geschich
5. — — ‚Zu Straßburg auf der S
6. Edelsteine deutscher Gedichte un
7. A. W. Grube, Blicke in's See
8. K. Wild, Kriminalgeschichten.
9. K. Stöber, Geschichten von d
10. Seebilder.
11. A. W. Grube, Scharnhorst's
12. — — General Gneisenau.
13. Em. Frommel, Aus d. Famili
14. F. Märdter, Die blitzende Le
15. K. Wild, Lebensbilder aus der
16. — — Aesops und anderer weise
17. Th. Schott, Hugenottengeschich
18. A. W. Grube, Abraham Linc

Alle diese Bändchen sind

Barth, Dr. C. G., Chri
Verf. des ‚Armen Heinrich' u.
mit Bildern v. H. Groß.
I. (2. Aufl.) Der arme Heinrich.
nachtsmorgen. Eetma
II. Der alte Buchmann. Das
Liudger. Die Urväter.

m treuen Kunrat.

Die Gestalten aus Straßburgs sie schütteln den Moder der fran- sie in Jugendfrische und reichen n Rhein.

. Jak. Moser, der Patriot.

rühmten Gefangenen von Hohen- Landesvertreters mit dem Wahl- Grauen, Soll ein Christ Wo er

38. Guntisberg, Marie, Eine Deutsche

Eine Maienlust von deutscher Innigkeit und S mit indischer Farbenpracht in diesen Lebensbildern ve

39. Wießner, H., Wild gewachsen.

Die ergreifend schöne Geschichte eines Zuchthäus

40. Frommel, Em., „O Straßburg, du schöne Stadt." Erinnerungen eines lichen. (Noch unter der Presse.)

Jedes Bändchen mit Bild. Cart. à 24 kr. oder 7½ sgr.

chen sind:

schen Geschichte.
farrers Siebentisch.
Erhard Daubitz
en aus dem Spessart. 4. Aufl.
hanz.' Dorfsagen. 4. Aufl.
Lieder.
lenleben der Thiere.

r Altmühl.

leben und Wirken.

nchronik e. geistl. Herrn. Erzähl. 2. A.
gion. Erzählungen..
christl. Kirche. Drei Erzählungen.
Meister Fabelschatz.
ten. Anna du Bourg. Zwei Bibeln.
oln.

19. P. Pressel, Herzog Christoph von Württemberg.
20. Em. Frommel, Der Heinerle von Lindelbronn. 2. Aufl
21. A. W. Grube, Aus der Alpenwelt der Schweiz.
22. K. Stöber, Der Mühlarzt, nebst anderen Geschichten.
23. Roland Leicht. Eine Erzählung.
24. Fr. Beutelspacher, Erzählungen eines alten Jägers.
25. Em. Frommel, Aus vergangenen Tagen. Erzählungen.
26. Ad. Jauß, Juda. Erzählg. a. d. Zeit der Zerstörung J
27. K. Stöber, Möhren. Nebst anderen Erzählungen. 2.
28. G. H. v. Schubert, Zwei Erzählungen. 4. Aufl.
29. J. P. Glöckler, Johannes Kepler, der Astronom. Ein
30. Em. Frommel, In zwei Jahrhunderten Erzählungen.
31. G. Flammberg, Der Vogelsteller vom Eschlippthal.
32. A. W. Grube, Der welsche Nachbar. Lebensbilder a. d.
33. Th. Schott, Hieronymus Savonarola. Ein Lebensbild.
34. G. H. v. Schubert, Acht Erzählungen. 3. Aufl.
35. K. Stöber, Das Elmthäli, nebst weiteren Erzählungen.

Zur gefälligen Beachtung!

Die für die Theol. Studien und Kritiken bestimmten Einsendungen sind an Professor D. Riehm oder Consistorialrath D. Köstlin in Halle a/S. zu richten; dagegen sind die übrigen auf dem Titel genannten, aber bei dem Redactionsgeschäft nicht betheiligten Herren mit Zusendungen, Anfragen u. dgl. nicht zu bemühen. Die Redaction bittet ergebenst alle an sie zu sendenden Briefe und Packete zu frankiren. Innerhalb des Postbezirks des Deutschen Reiches, sowie aus Oesterreich und der Schweiz werden Manuscripte, falls sie nicht allzu umfangreich sind, d. h. das Gewicht von 250 Gramm nicht übersteigen, am besten als Doppelbrief versendet.

* * *

Die Jahrgänge 1834, 1836 und 1837 dieser Zeitschrift, wie auch einzelne Hefte aus denselben, bin ich gern erbötig zu einem angemessenen Preis zurückzukaufen.

Friedrich Andreas Perthes.

Inhalt.

Seite

Abhandlungen.

Gedanken und Bemerkungen.

Recensionen.

Miscellen.

June 23

Theologische
Studien und Kritiken.

Eine Zeitschrift

für

das gesamte Gebiet der Theologie,

begründet von

D. C. Ullmann und D. F. W. C. Umbreit

und in Verbindung mit

D. J. Müller, D. W. Beyschlag, D. Gust. Baur

herausgegeben

von

D. E. Riehm und D. J. Köstlin.

Jahrgang 1873, drittes Heft.

Gotha,
Friedrich Andreas Perthes.
1873.

Theologische
Studien und Kritiken.

Eine Zeitschrift

für

das gesamte Gebiet der Theologie,

begründet von

D. C. Ullmann und D. F. W. C. Umbreit

und in Verbindung mit

D. J. Müller, D. W. Beyschlag, D. Gust. Baur

herausgegeben
von

D. E. Riehm und D. J. Köstlin.

1873.
Sechsundvierzigster Jahrgang.
Zweiter Band.

Gotha,
Friedrich Andreas Perthes.
1873.

Theologische
Studien und Kritiken.

Eine Zeitschrift

für

das gesamte Gebiet der Theologie,

begründet von

D. C. Ullmann und D. F. W. C. Umbreit

und in Verbindung mit

D. J. Müller, D. W. Beyschlag, D. Gust. Baur

herausgegeben

von

D. E. Riehm und D. J. Köstlin.

Jahrgang 1873, drittes Heft.

Gotha,
Friedrich Andreas Perthes.
1873.

Abhandlungen.

Luthers Abendmahlslehre bis 1522

im Zusammenhang mit seiner reformatorischen Entwickelung und mit der Abendmahlslehre der Scholastik.

Von

Lic. A. Rücke,

Privatdocent an der Universität zu Berlin.

Man hat den Gegensatz, welcher zwischen der sächsischen und schweizerischen Reformation gerade in der Abendmahlslehre ausbrach, von jeher aus dem Grunde so befremdend und überraschend gefunden, weil Luther in dem Abendmahlsstreite dieselbe Lehre in seinen Gegnern bekämpft haben soll, welche er vordem in den ersten Jahren seines reformatorischen Auftretens selbst öffentlich bekannt und ausgebreitet haben soll. So urtheilten mehr oder minder die Reformirten bis herab auf Max Göbel, welcher, von Haus aus der reformirten Kirche angehörig, zum ersten Mal die Abendmahlslehre Luthers vor und in dem Streite mit Karlstadt in den Theologischen Studien und Kritiken 1843 einer eingehenden und gründlichen Darstellung unterzog, um jenes Vorurtheil für immer mit unbefangener Kritik zu vernichten. Auch den genuinen Theologen des orthodoxen Luthertums erschien jenes Terrain, welches die Luther'sche Abendmahlslehre vor 1523 bietet, so unliebsam und unwegsam, daß sie geflissentlich vermieden, sich auf dasselbe zu begeben, und es lieber stillschweigend auf sich beruhen ließen. Noch der alte und grundgelehrte Löscher [1]), welcher zum letzten Mal die unversöhnliche Polemik jenes untergehenden Luthertums gegen die Reformirten in der Abendmahlslehre ex professo führte, fühlte sich auf diesem Gebiete so wenig heimisch und sicher, daß er vorzog, sich desselben mit einem Gewaltstreich zu entledigen, und erklärte alle Aeußerungen, welche Luther vor jenem Zeitpunkte in der Abendmahlslehre gethan, für nichts beweisend, weil sie in statu luctationis geschehen seien. Er war offenbar der Ansicht, daß dieselben mehr wider als für die lutherische Lehre wären, und war darum froh, in ihre Erörterung nicht eintreten zu müssen. Denn an sich entband ihn auch jenes Zugeständnis noch nicht von der wissenschaftlichen Aufgabe, das Verhältnis, in welchem jene früheren Aeußerungen Luthers zu seiner späteren Lehre stehen, genau zu bestimmen, die Punkte des Zusammenhanges und des Widerspruches, welche in diesen beiden Hauptepochen der Luther'schen Abendmahlslehre zu Tage traten, anzugeben und nachzuweisen; und es bedarf in der That nur eines sorgfältigen Aufsuchens und Auffindens jener Momente der Berührung und des Unterschiedes, welche zwischen jener primitiven und der späteren Gestalt von Luthers Lehre liegen, um auch in jener ersten Phase des Werdens und Ringens, welche die Zeit von 1517 — 22 wesentlich für die Luther'sche Lehre ist, das einheitliche reformatorische Princip ihrer ursprünglichen Genesis und ihrer späteren Fortentwickelung im Gesamtfortschritt mit der reformatorischen Entwickelung Luthers überhaupt erkennen zu lassen.

Den richtigen Weg einer solchen Untersuchung hat allerdings schon Göbel eingeschlagen, und die Resultate seiner durchaus selbständigen und grundlegenden Forschung waren so triftig, daß nicht einmal Kahnis in seinem gelehrten Werke über Lehre und Geschichte des Abendmahles ihnen etwas wesentlich Neues hinzuzufügen vermochte. Die Schwächen und Einseitigkeiten der jedoch verdienstvollen und bahnbrechenden Abhandlung Göbels, welcher sowol den tiefen Zusammenhang der Luther'schen Lehre mit der scholastischen übersah, als auch das treibende Gesetz ihrer eigenen

---

[1]) Historia motuum etc., Th. I, Bd. 1, letzter Abschnitt.

Entwickelung nicht genetisch und pragmatisch genug darlegte, traten erst in's Licht, als Dieckhoff mit der überlegenen Gründlichkeit des gelehrten Theologen von Beruf an seine später liegen gebliebene Bearbeitung der evangelischen Abendmahlslehre im Zeitalter der Reformation gieng, — aber freilich auch mit der voraussetzungsvollen Befangenheit eines lutherischen Polemikers alten Schlages gieng. Denn es kam ihm von vornherein darauf an, die vollen Anfänge der ubiquitistischen Unterscheidungslehre des Luthertums schon in dieser frühesten Entwickelungsperiode der Luther'schen Abendmahlslehre nachzuweisen und daneben die Tragweite der strengen Consubstantiationslehre Luthers aus dieser Zeit, welche in die Transsubstantiation so sehr hinüberspielt, daß auch Löscher, der letzte berufene Standhalter der echten lutherischen Orthodoxie in der Abendmahlslehre, ihre Verantwortung nicht übernehmen wollte und von sich und seiner Kirche ablehnte, möglichst abzuschwächen. Diese neue Verdunkelung des Sachverhaltes und die auf dem heutigen Stande der Wissenschaft empfindliche Unzulänglichkeit der Göbel'schen Forschung, welche die primitive Lehre Luthers der reformirten Abendmahlslehre ungleich näher, als der römischen und scholastischen des Mittelalters erscheinen läßt, während in Wahrheit das umgekehrte Verhältnis stattfand, legt das Bedürfnis einer neuen Untersuchung der Luther'schen Abendmahlslehre bis 1522 nahe, welche denn die folgende Abhandlung im Zusammenhang mit der reformatorischen Entwickelung Luthers und mit der Abendmahlslehre der Scholastik unternimmt.

Das unmittelbare Zusammentreffen der reformatorischen Entwickelung Luthers mit seiner neuen Abendmahlslehre erklärt sich aus dem unmittelbaren Zusammenhang der katholischen Sacramentslehre mit der gesamten, von Grund aus verderbten und verkehrten Heilsvermittelungsordnung der römischen Kirche. Der faulste Fleck ihrer Praxis war der empörende Misbrauch, welchen sie im Ablaßwesen mit der Veräußerlichung der Sündenvergebung um Geld trieb; und da dieser schnöde Unfug eine nothwendige Folge der mittelalterlichen Werkäußerlichkeit war, so setzte Luthers reformatorisches Princip naturgemäß zunächst an diesem verdorbensten Punkte des kirchlichen Systems zur Heilung des Ganzen ein und entwickelte vor allem das wahre Wesen der Buße in seinen Thesen, dem Sermon vom Ablaß, der Auslegung der Bußpsalme und einem anderen Sermon von der Buße aus demselben Jahre 1517, ferner in seinen Asterisken gegen Ecks Obelisken, in den Resolutionen zu jenen Thesen und in seiner Protestation gegen Cajetan aus dem folgenden Jahre 1518. Der erquickende und beseligende Inhalt dieser neuen evangelischen Predigt war dieser, daß jedem Christen, welcher wahre Reue über seine Sünden empfinde, laut des Wortes Gottes die völlige Vergebung aller Pein und Schuld derselben zugehöre und ihm von dem Priester ohne die Auflage äußerer Satzungen und Werke, welche die Gewissen auf's neue beschwerten und ihnen den köstlichen Schatz des Evangeliums, die für alle Sünden ausreichende Kraft des Verdienstes und Versöhnungswerkes Christi vorenthielten, zugesprochen werden müßte. Das Fundament der falschen kirchlichen Heilslehre und Heilspraxis war gebrochen; nicht das äußere opus operatum der Kirche konnte die Aneignung des Heiles unmittelbar in dem Einzelnen wirken, sondern allein der lebendige Glaube. Das war das neue Princip der evangelischen Bewegung, welches Luther zunächst gegen den argen Unfug des Ablaßwesens aussprach und in den beiden Sermonen von der Buße schon mit reformatorischer Consequenz auch von dem Wesen des Sacraments zu behaupten genöthigt war. Denn die Buße war nach der herrschenden Kirchenlehre, von der Luther sich nicht mit einem Schlage losreißen konnte, sondern allmählich im Fortschritt seiner evangelischen Erkenntnis Schritt vor Schritt losringen mußte, ein Scarament; und was demnach für Luther von dem allgemeinen Wesen der Buße, der Grundthatsache seiner eigenen evangelischen Erfahrung galt, das mußte auch von dem Wesen des Sacramentes überhaupt gelten. Die drei Stücke, welche die Kirche in diesem Sacrament von dem Einzelnen forderte, waren das mündliche Bekenntnis der begangenen Sünden (confessio oris), die Zerknirschung des Herzens (contritio cordis), deren sicheres Anzeichen das äußere Hervorbrechen der Thränen (donum lacrymarum) sein sollte, und die hinzukommenden guten Werke (satisfactio operis), welche der Priester bestimmte und vorschrieb. Diese Forderungen, welche die kirchliche

Busspraxis stellte, konnten sehr wohl ohne die rechte Rührung, Bewegung und Stimmung des Herzens aus mechanischer Gewöhnung geschehen und waren dann nur ein neues und tieferes opus operatum, welches um so gefährlicher und täuschender war, je mehr es wegen seiner inneren Natur den äußeren Anschein eines solchen vermied. Der lebendige rechtfertigende Glaube bewahrte dies Sacrament allein vor einer mechanischen Veräußerlichung, und dieser Glaube war somit das einzige Mittel, das reine evangelische Wesen des Sacramentes überhaupt vor einem ähnlichen Misbrauch zu sichern. Gleich 1517 im ersten Sermon von der Buße macht darum Luther den Glauben zur positiven Bedingung für die rechte Wirksamkeit der Sacramente und definirt diese als Zeichen der Gnade, welche wirken, wenn man glaubt — und sonst nicht. Die herrschende Kirchenlehre kannte allerdings auch einen Riegel, welchen der Mensch dem Wirken der Sacramente vorschieben konnte; und dieser war eine gleichzeitige Thatsünde oder der bewußte böse Vorsatz, zu sündigen; die Seele sollte sich nur nicht positiv in That oder Gesinnung gegen die Wirksamkeit der Sacramente stemmen, so wirkten diese sicher und von selber opere operato. Dieser pelagianischen Verflachung des Wesens und Wirkens der Sacramente begegnete Luther durch jenes tiefere und positive evangelische Postulat des Glaubens, welches er von seinem reformatorischen Standpunkte jetzt erhob. Jeder Mensch, der ohne Glauben oder doch ohne den rechten Glauben die Sacramente gebraucht, hat ihrer Wirksamkeit schon einen Riegel vorgeschoben. Ohne denselben Glauben, welcher die Seele aller evangelischen Frömmigkeit ist, ist der äußere Brauch des Sacramentes ein todter, leerer, seiner rechten Kraft und Wirkung beraubt; der Glaube ist auch hier die Bedingung des rechten und rechtfertigenden Gebrauches, weil er die Handlung erst aus ihrer mechanischen, zufälligen oder sittlich indifferenten Bestimmtheit in das Bereich des Sittlichen und der wahren Freiheit erhebt. Luther führt für seine neue Lehre, welche einem Eck allerdings unerhört klingen mußte, auch hier die Autorität Augustins, welcher sein bester Lehrmeister unter den Kirchenvätern gegen den Pelagianismus des herrschenden kirchlichen Systems in Lehre und Praxis gewesen war, an — jenes Wort, daß das Sacrament die Sünde nicht darum, weil es geschehe, sondern darum, weil es geglaubt werde, abwasche. Auf augustinischen Voraussetzungen zeigt er dann 1518 in seinen Asterisken, daß dieser Glaube des Menschen an das Sacrament nicht im Widerspruch stehe mit dem Wesen der göttlichen Gnadenwirksamkeit, welche sich an das Sacrament bindet. Nach dem augustinischen Begriff des Glaubens, welchen die mittelalterliche Kirche freilich in seiner specifischen Tiefe verloren und zu einer äußeren menschlichen Leistung, zu der pelagianischen That einer freien Zustimmung verkümmert hatte, ist derselbe kein einfaches Werk, welches in dem freien Willen des Einzelnen an sich stünde, sondern vielmehr eine Wirkung der zuvorkommenden Gnade Gottes, also seiner innersten Natur nach ein göttliches Gnadengeschenk selbst, so daß auch beim rechten Gebrauch des Sacramentes die menschliche Freiheit und Leistungsfähigkeit keineswegs der göttlichen Gnadenwirkung, sondern diese dem menschlichen Gebrauche des Sacramentes vorangeht und das Moment der Rechtfertigung nicht in den menschlichen Willen, sondern in die göttliche Gnade, welche auch den Glauben wirkt und gewirkt hat, fällt. In den genannten Resolutionen bezeichnet Luther dann die Gnade, welche die Sacramente wirkten, genauer als dieselbe Sündenvergebungsgnade, welche die priesterliche Absolution dem Einzelnen zuspreche. Er findet dieselbe im Sacrament wegen des beigegebenen Zeichens nur auf eine wirksamere Weise angezeigt und mitgetheilt, und er wiederholt hier gleichfalls, daß der Glaube in den Erwachsenen schon vorhanden sein müsse, ehe sie die Sacramente gebrauchen sollen und recht gebrauchen können. Die Sacramente also kräftigen und verstärken durch ein hinzukommendes Zeichen, welches demnach die Bedeutung eines sichtbaren Unterpfandes hat, auf das höchste die Gewißheit der Sündenvergebung, welche dem Menschen ursprünglich unmittelbar aus der rechtfertigenden Kraft seines Glaubens an Christus zufloß, welche aber noch eine besondere und stärkere Vergewisserung, als jene bloß innerliche, wünschenswerth und selbst unentbehrlich macht. Hiernach ist der Glaube allerdings nicht bloß die Bedingung und Voraussetzung für die rechte Wirksamkeit der Sacramente, sondern schließt in seinem tiefsten Grunde die Sacramentsgnade, sofern diese die

Sündenvergebung ist, schon ein und bringt sich dieselbe im Sacrament nur immer wieder zu einem stärkeren und sicheren objectiven Bewußtsein, weil es hier auch von einem äußeren Gnadenzeichen unterstützt wird. Darum sagt Luther in seinem deutschen Sermon vom Sacrament der Buße 1518, daß an dem Glauben alles mit einander liege; derselbe mache allein, daß die Sacramente wirken, was sie bedeuten, daß alles wahr sei, was der Priester sage, und daß ohne diesen Glauben alle Absolution, alle Sacramente umsonst seien, ja mehr schadeten, als frommten; und er beschließt diesen Sermon mit den Worten: „Summa Summarum, wer glaubt, dem ist alles besserlich, nichts schädlich; wer nicht glaubt, dem ist alles schädlich, nichts besserlich."

Dieser Satz, welcher das Materialprincip der Reformation unbedingt auf alles im Christenthum anwandte und alles nach ihm prüfte, war in den Augen der römischen Kurie das größte Aergerniß, welches Luther gegeben hatte, neben jener reformatorischen These, daß der Schatz des Ablasses nicht die Verdienste Christi und der Heiligen wären, weil diese allezeit ohne Zuthun des Papstes Gnade dem innerlichen Menschen, Kreuz, Tod und Hölle dem äußerlichen wirkten. Luther sollte denn vor Cajetan zu Augsburg außer diesem letzten Punkt auch jenes Materialprincip seines ganzen reformatorischen Denkens und Lebens widerrufen, weil sonst das ganze opus operatum der kirchlichen und priesterlichen Heilsaneignung in und außer dem Sacramente fiel und fallen mußte. Aber der scharfe und scholastische Gegensatz des gelehrten Cajetan überzeugte Luther nur noch mehr von seinem guten evangelischen Rechte; und in seiner öffentlichen Protestation und Antwort an den päpstlichen Legaten vertheidigte er sein theuerstes Kleinod, die Rechtfertigungslehre, noch entschiedener nach allen Seiten hin, auch nach ihrer Beziehung zum Sacrament. Nicht eigenes Werk und eigene Vorbereitung machen den Menschen geschickt und würdig zum hochwürdigen Sacrament, sondern allein der Glaube, welcher sich an das Wort des Herrn hält, macht ihn gerecht, lebendig, wohlbereitet, so unwürdig sich auch der Mensch fühlen möge; und ohne diesen Glauben ist alles eigene Vornehmen desselben entweder ein Mittel zur Vermessenheit oder zur Verzweiflung. Als Object des Glaubens bestimmt hier Luther consequent das gnadeverheißende Wort des Herrn, hat aber hier nicht Gelegenheit, diesen neuen und wichtigen Gedanken, welchen er anschlägt, weiter zu verfolgen. Er sagt nur noch an einer anderen Stelle dieser Schrift im allgemeinen, daß wir im Sacrament, wie im Gebete, Gott um etwas bitten; denn Niemand gehe zum Sacrament, der nicht um Gnade und Vergebung der Sünden bitte; und darum müsse man hier Christum hören, der dem Glauben den gewissen Empfang jenes sacramentlichen Gnadengutes verheiße und verbürge. Der verheißene Inhalt des Sacramentes ist also die Sündenvergebungsgnade, welche im Worte desselben dem Menschen zur steten Uebung seines Glaubens, wie Luther den Zweck des Sacramentes mit Peter dem Lombarden bestimmt, angeboten wird. Das Verhältnis des Wortes zum Zeichen bleibt noch unberücksichtigt.

Ueberhaupt sind diese frühesten Auslassungen Luthers vom Sacrament, welche in die Jahre 1517 und 1518 fallen, nur gelegentliche; sie berühren nur im allgemeinen dies Gebiet, sofern es mit dem reformatorischen Materialprincip unmittelbar zusammenhängt und von diesem bestimmt wird. Aber 1519 leitete Luther die besondere Betrachtung des Abendmahlssacramentes in einer tröstlichen Predigt von der Vorbereitung auf dasselbe zunächst von der praktisch-erbaulichen Seite ein; wir haben hier diesen Sermon jedoch nur zu erwähnen, da er alles eigentlichen Lehrgehaltes ermangelt. Aber in einem anderen Sermon d. J. von dem hochwürdigen Sacrament des heiligen wahren Leichnams Christi und von den Brüderschaften nimmt er mit dem hohen Schwung seiner reformatorischen Begeisterung und Empfindung und mit einem unvergleichlichen Zuge mystischer Innerlichkeit und Sinnigkeit dieses Thema in der neuen evangelischen Bedeutung und Gestaltung, welche es jetzt für ihn gewann, auf. Aus der scholastischen Theorie, welche von dem äußeren signum und sacramentum, dem in das Brod und den Wein verwandelten Leib und Blut Christi, seine geistliche, das ganze Reich der Erlösung tragende und umschließende Bedeutung — die res significata gegenüber jener äußerlich sichtbaren res significans, in welcher wiederum die erscheinende Species des Brodes und Weines das eigentliche signum oder significans und das in diese sichtbare Form gehüllte Sacrament des Leibes und Blutes Christi die ursprüngliche res significata war — unterschied, stellt Luther jenen mystischen Gesichtspunkt als das bildungsfähigste, erbaulichste und reformatorisch ergiebigste Moment in den Vordergrund, während für die Scholastik und die kirchliche Praxis das sinnenfällige Wunder der Verwandlung und die Idee des Meßopfers die Hauptsache war. Die echt evangelische Idee der geistlichen Einheit und Liebe aller Gläubigen in Christus (der unitas und caritas) entwickelt er unmittelbar aus dem Namen und Begriff dieses Sacramentes, welches eine Gemeinschaft (communio, *σύναξις*) des ganzen Leibes Christi anzeige, und betrachtet sie als die eigentliche Seele, als den höchsten Sinn und Inhalt dieses Sacramentes, dessen rechtes Verständnis auch seinen rechten Segen und Nutzen bedinge. Dieser Gemeinschaft Christi und aller Heiligen, deren Begriff Luther stillschweigend auf den der vollendeten Gläubigen zurückführt, bedarf der Christ hienieden zu seiner Stärkung in dem Kampfe mit den äußeren und inneren Widerwärtigkeiten dieses Lebens, mit der Sünde und dem Tode, mit der Welt und dem Fleische, mit der Hölle und dem Teufel. Wenn den Gläubigen eins dieser Uebel besonders drückt oder anficht, soll er nur fröhlich Hülfe suchen in diesem Sacrament bei dem ganzen geistlichen Körper Christi, — gleichwie ein Bürger, der von den Feinden seines Gemeinwesens einen Schaden oder Unfall erlitten hat, seinen Rathsherren und Mitbürgern dies klagt und sie um Hülfe anruft. In diesem Sacrament ist uns geöffnet die unendliche Gnade und Barmherzigkeit Gottes, daß wir hier allen Jammer und alle Anfechtungen von uns auf die Gemeine und sonderlich auf Christus legen. Fröhlich darf sich hier der Mensch trösten und sprechen: bin ich ein Sünder und bin ich gefallen, trifft mich dies oder jenes Unglück, wohlan! so nehme ich dies Sacrament zu einem Zeichen von Gott, daß Christi Gerechtigkeit, sein Leben und Leiden für mich stehet mit allen heiligen Engeln, den Seligen im Himmel und allen Frommen auf Erden. Soll ich sterben, so bin ich nicht allein im Tode; leide ich, so leiden alle mit mir; es ist jeder Unfall von mir Christo und seinen Heiligen gemein; darum habe ich dies gewisse Zeichen ihrer Liebe zu mir!

Da aber alle Gemeinschaft eine gegenseitige ist, so auch diese höchste, welche zwischen dem Gläubigen und dem mystischen Leibe Christi besteht. Wer des Beistandes der ganzen himmlischen Gemeine Christi sich erfreuen und genießen will, der muß auch mit ihr jeden Unfall tragen, welcher sie betrifft, d. h. irgendwo und irgendwie der Wahrheit und dem Worte Gottes Nachtheil bringt: es trifft sie daher alles Leid mit, welches den Heiligen auf Erden geschieht. Da muß nun dein Herz, ermahnt Luther, sich in die Lieb' ergeben und lernen, wie dies Sacrament ein Sacrament der Liebe ist, und wie dir Liebe und Beistand geschehen, wiederum Lieb' und Beistand erzeigen Christo in seinen Dürftigen. Denn hier muß dir leid sein alle Unehre Christi in seinem heiligen Wort, alles Elend der Christenheit, alles Unrecht und Leiden der Unschuldigen, das alles zusammen überschwenglich viel ist, an allen Orten der Welt; hier mußt du wehren, thun, bitten und, so du nicht mehr kannst, herzliches Mitleiden haben. Wie auch die himmlischen Glieder des mystischen Leibes Christi alle Schwächen und Gebrechen des einzelnen Gläubigen auf Erden mittragen in seinem Leiden und Streiten wider die Sünde und die Welt, so soll er auch die Bürden und Schmerzen aller anderen Glieder Christi im Himmel und auf Erden theilen, auf daß alle Dinge, gute wie böse, ihm mit ihnen gemein seien. Darum ist das Haupt dieses mystischen Reiches allen den Seinen auch auf diesem Leidenswege vorangegangen, indem er für die Gläubigen auf Erden selbst in den Tod gieng; und das ist die andere überaus tröstliche Seite dieses gewissen Wahrzeichens, welches er uns in dem Sacrament des Altars gegeben hat, daß wir uns täglich üben, stärken und vermahnen in solcher Liebe, und Einer des Anderen Last und Leiden tragen. Daher wird uns Christi Vorbild in diesem Sacrament so lebhaft und eindringlich vorgehalten, daß wir seiner Liebe, welche sich für uns aufgeopfert, allezeit gedenken und ihr nachfolgen. Daran lassen es denn freilich so Viele fehlen, welche wol gerne sich die Hülfe und den Beistand Christi und aller Heiligen zusagen lassen, aber mit ihren Bürden nichts gemein haben wollen. Sie wollen nicht den Armen helfen, nicht die Sünder dulden, nicht für die Elenden sorgen, nicht mit den Leidenden leiden und nicht für Alle bitten. Sie stehen nicht der Wahrheit bei, suchen nicht der Kirche und aller Christen Bestes mit Leib, Gut und Ehre — aus Scheu und Furcht vor der Welt, daß sie nicht Ungunst, Schaden, Schmach und Tod ernten. Diese Eigennützigen sind der himmlischen Gemeinde Christi so wenig nütze, als einem irdischen Gemeinwesen ein Bürger, welcher wol von demselben beschützt sein, aber demselben seinerseits nicht dienen und nützen will. Wir müssen auch die Uebel aller anderen Glieder Christi unser sein lassen, wenn wir wollen, daß sie auch unsere Uebel und Leiden auf sich nehmen; sonst ist unsere Gemeinschaft mit ihnen nicht ganz rein und lauter, und es geschieht dem Sacrament nicht genug, wenn unsere Liebe nicht täglich wächst und den Brüdern dient; ja die Frucht und Bedeutung dieses Sacramentes ist dann eitel; es nützt dem Eigennützigen nichts.

Die Innigkeit, Unzertrennlichkeit und Gegenseitigkeit dieser seligen Liebesgemeinschaft des einzelnen Gläubigen mit dem ganzen mystischen Leibe Christi findet Luther auch in der äußeren Form dieses Sacramentes symbolisch angedeutet und angezeigt — ein Gedanke, welchen die Kirchenlehre schon lange vor ihm aufgenommen und namentlich die mittelalterliche Mystik mit Liebe gepflegt hatte. Wie das Brod aus unendlich vielen zusammengestoßenen Getreidekörnern entsteht, von denen jedes einzelne seine besondere Gestalt verliert und die des Ganzen annimmt, und wie der Wein aus unendlich vielen Tropfen besteht, welche gegenseitig ihre eigene Existenzform aufgegeben haben und in der des Ganzen aufgegangen sind, so sollen in diesem Sacrament die Gläubigen ihr besonderes natürliches und selbstsüchtiges Einzelsein an das gemeinsame Ganze des geistlichen Leibes Christi hingeben und aufopfern; dann nimmt Christus mit allen Heiligen in Liebe unsere Gestalt an, streitet mit uns wider die Sünde und alles Uebel, und dann nehmen auch wir, in Liebe zu ihm entzündet, seine Gestalt an, verlassen uns auf seine Gerechtigkeit, auf sein Leben und seine Seligkeit, und sind also durch die innigste wechselseitige Gemeinschaft mit dem gesamten mystischen Körper Christi ein Kuchen, ein Brod, ein

Leib, ein Trank geworden, und ist alles uns mit ihm gemein. Bei der Schilderung dieser seligen Gemeinschaft bricht Luther in die Worte aus: „O, das ist ein großes Sacrament, sagt St. Paulus, daß Christus und die Kirche ein Fleisch und ein Gebein sind! Wiederum sollen wir durch dieselbe Lieb' uns auch wandeln und unser lassen sein aller anderer Christen Gebrechen, und ihre Gestalt und Nothdurft an uns nehmen, und ihrer lassen sein alles, was wir Gutes vermögen, daß sie desselben genießen mögen. Das ist die rechte Gemeinschaft und wahre Bedeutung dieses Sacraments; also werden wir ineinander verwandelt und einander gemein durch die Liebe, ohne welche kein Wandel geschehen mag!" Und Luther gibt auch der kirchlichen Transsubstantiationslehre diese erbauliche Richtung und Beziehung, daß, wie Brod und Wein in den Leib und das Blut Christi verwandelt werden, also die Gläubigen in den geistlichen Leib Christi gezogen, in alle Tugenden und Gnaden Christi und aller Heiligen eingepflanzt werden. Endlich betont Luther mit der Scholastik den Begriff der Speisung, welche die Seele des Menschen in diesem Sacrament erfährt. Aber während die Scholastik auch hier der Gesichtspunkt des kirchlichen opus operatum, der unmittelbaren Heilswirksamkeit und Heilskraft des sacramentlichen Essens und Trinkens von Christi Leib und Blut beherrscht, schließt Luther aus dieser sacramentlichen Speisung analogieweise auf die innige, tiefe und unzertrennliche Art unserer Vereinigung mit dem geistlichen Körper Christi. Das äußere Wahrzeichen derselben ist die sacramentliche Speisung, weil keine andere Vereinigung z. B. durch Nägel, Leim und dergleichen, ein ganzes unzertheiltes Wesen aus den vereinigten Dingen macht, wie die Speise, welche sich ganz verwandelt in die Natur des Menschen und mit ihr ein Wesen wird.

Diese geistliche Bedeutung des Abendmahles, die mystische Gemeinschaft und Liebe aller Gläubigen und Heiligen in Christo, predigt Luther mit neuen Zungen seiner Zeit, um von der Veräußerlichung, welche die pelagianische Kirchenpraxis sich mit diesem Sacrament in der Messe erlaubt hatte, zurückzuführen. Er bemerkt, daß man fast nicht mehr wisse, wozu dies Sacrament diene, und wie man es gebrauchen solle, weil die Prediger nicht das

Evangelium und das Sacrament verkündigten, sondern ihre eigenen menschlichen Gedichte von mancherlei Werken und Weisen, wohl zu leben. Prediger und Laien hielten es für ein großes gottgefälliges und verdienstliches Werk, wenn die Messe äußerlich gehalten, der gegenwärtige Christus mit äußeren Gebärden der Andacht verehrt, geschweige denn genossen werde, und meinen dann, es sei alles, was Gott von ihnen in diesem Sacrament wolle, wohl ausgerichtet. „Wer möchte", fragt Luther, „alle grausamen Misbräuche aufzählen, welche in diesem Sacrament täglich sich mehren und zum Theil so geistlich und heilig erscheinen, daß sie auch einen Engel verführen möchten?" Und je edler dieses Sacrament ist, desto größerer Schaden erwächst auch aus seinem Misbrauche; darum wird die Welt mit Pestilenz, Kriegen und anderen greulichen Plagen heimgesucht, weil man mit dem vielen falschen, todten Messehalten nur Gottes Zorn und Ungnade weckt. Die Messe ist ein leeres, bedeutungsloses opus operatum geworden, welches die Menschen in falscher Sicherheit, im Vertrauen auf ihre eigene Kraft, Tugend, Werkgerechtigkeit erhält und bestärkt, also von dem wahren Grunde alles Heiles, dem rechtfertigenden Glauben an den Erlöser abzieht. Dies Sacrament muß wieder ein opus operantis werden durch den lebendigen persönlichen und heilsbegierigen Glauben an die besondere Gnade, welche ihm Gott hier gewährt. Der Mensch muß vor allem festiglich glauben, daß in diesem Sacrament Christus und alle Heiligen zu ihm treten mit allen ihren Tugenden, Leiden und Gnaden, um ganz sein zu werden und alles mit ihm gemein zu haben, um mit ihm zu leben und zu handeln, zu leiden und zu sterben. Dieser Glaube freilich ist den freien, sichern, satten Geistern fern, welche ihre eigene Sünde und böse Natur, die Welt und den Teufel nicht kennen. Er entsteht nur in den bekümmerten, heilsbegierigen Seelen und in blöden Herzen, welche ihre natürliche Ohnmacht und Schwachheit erfahren haben und sich nach einer höheren Stärkung und Gemeinschaft sehnen. Diesen verheißt und versichert es auch die höchste Hülfe aus der geistlichen Gemeinschaft Christi und seiner Heiligen wider alle Fährlichkeiten dieses Lebens, wider Sünde und Tod. Diese innige Liebesgemeinschaft mit dem ganzen mystischen Körper Christi aber ist eine verborgene, unsichtbare, geistliche — und ihr sacramentliches Zeichen gerade ein leibliches, sichtbares, äußerliches, um den Menschen zu üben und zu stärken, den unsichtbaren himmlischen und ewigen Gütern des Heiles zu vertrauen nnd ihrer, zu begehren; er würde sonst ganz an den zeitlichen, sichtbaren und greifbaren Gütern dieser Welt hangen und so nimmermehr zu Gott kommen, wenn er nicht bei Zeiten dieser irdischen Dinge entwöhnt wird und sich von ihnen losreißen lernt. Darum soll er in diesem Sacramente aller sichtbaren Liebe und Hülfe, alles irdischen Trostes entsagen und sich ganz der unsichtbaren Liebe Christi und seines geistlichen Körpers ergeben, weil er im Tode doch einmal alles irdische Wesen fahren lassen und aufgeben muß. Auch diesen tiefsinnigen und evangelischen Gedanken hatte die Scholastik, welche den Zweck der Sacramente im allgemeinen in die Uebung unseres Glaubens setzte, nur oberflächlich berührt und veräußerlicht, indem der Glaube sich nach ihr hauptsächlich an die wunderbare äußere Erscheinungsform des Leibes und Blutes Christi unter den Accidentien des Brodes und Weines halten nud an der völligen Identität dieser himmlischen Substanz mit den ihr von Haus aus fremden Correlaten nicht zweifeln sollte.

So ist dem Glauben dies Sacrament eine Brücke und Thüre, ein Schiff und eine Tragbahre, welche ihn aus dieser Welt in das ewige Leben führt. Wer aber nicht glaubt, den vergleicht Luther einem Menschen, welcher über das Wasser fahren soll, aber aus Verzagtheit das vor ihm liegende Schiff nicht besteigen will und so diesseits bleibt und nimmermehr selig wird; diese Verzagtheit, welche ihn daran verhindert, ist die Sinnlichkeit und der ungeübte Glaube, welchem die Fahrt über des Todes Jordan zu sauer wird. Vor dem Glauben vergehen die Wasser, welche unter uns sind, d. h. die sichtbaren Dinge, welche nun uns nichts mehr zu thun vermögen und von uns fliehen; und erheben sich auch die Wellen zu beiden Seiten hoch, um uns zu erschrecken und über uns zusammenzuschlagen in den Anfechtungen, Nöthen und Drangsalen dieser Welt, so sollen wir uns doch nicht daran kehren und im festen Glauben vorwärts gehen; so gelangen wir mit trockenen Füßen, ohne Schaden in das ewige Leben.

Das ganze reformatorische Interesse Luthers richtet sich also in diesem Sermon, in welchem er sich mit dem Abendmahl zum ersten Mal näher befaßt, darauf, das kirchliche opus operatum zunächst im Bewußtsein und Leben des einzelnen Gläubigen zu verdrängen, ihm zu einem tieferen geistlichen Verständnis und zum rechten Gebrauche dieses Sacramentes Anleitung zu geben. Das war das nächste praktische Bedürfnis der evangelischen Frömmigkeit, welche sich über die Bedeutung und den Zweck dieses Sacramentes Rechenschaft gab; und in der That mußten die übrigen Misbräuche und Uebelstände, welche in die kirchliche Lehre und Praxis eingedrungen waren, von selber fallen, wenn eine reinere und tiefere Erkenntnis seines evangelischen Wesens sich Bahn brach. Nur leise weist darum Luther auf jene anderen Misgriffe und Irrtümer hin, deren Abstellung und Vermeidung nicht sowol in der Hand des einzelnen Gläubigen, als in der Macht der Kirche lagen, deren Vorhandensein darum aber auch nicht dem einzelnen Gläubigen zur Last fallen und angerechnet werden konnte. Namentlich erklärt es Luther für gut, geziemend und fein, daß ein allgemeines Concil die Austheilung beider Gestalten an die Laien wiederherstellen möchte, wie er es auch füglicher findet, bei der Taufe den Täufling ganz unter das Wasser zu tauchen, gleichfalls um der Vollkommenheit dieses Zeichens willen. Bedeutet das Abendmahl eine ungetheilte Vereinigung und Gemeinschaft aller Heiligen, so sollte es am wenigsten stückweise oder theilweise, sondern ganz d. h. in beiderlei Gestalt gegeben werden; und Luther findet den Grund, welchen die kirchliche Theorie und Praxis für die Entziehung des Kelches geltend machte, die Gefahr einer Verschüttung desselben, darum nicht stichhaltig, weil Christus, der alle zukünftige Gefahr wohl gewußt, gleichwol beide Gestalten zum Gebrauche der Seinen eingesetzt habe. Als nothwendig aber fordert er die Austheilung des Kelches keineswegs, weil es genug sei, daß das Volk seiner täglich begehre. Diese Begierde des Glaubens genügt schon zu seinem Empfang; wer glaubt, der hat es schon ganz und vollkommen genossen. Diese substantielle Potenzirung des Glaubens, welcher die wahre Bedeutung und Frucht des Sacramentes unmittelbar in sich trägt, aus sich selbst zu schöpfen und zu genießen vermag und demnach für die junge begeisterungsvolle und theilweis überschwengliche reformatorische Theorie Luthers über dem Sacrament steht, hängt ab von der mystisch-spiritualistischen Auffassung des letzteren, dessen geistliche, dem Glauben allein zugängliche und verständliche Bedeutung, im Gegensatz zu dem äußerlichen opus operatum der kirchlichen Messe, zu seinem specifischen Wesen gemacht worden war. Der pelagianischen Meßpraxis kam es allein an auf die äußere Gegenwart und Opferung des natürlichen Leibes und Blutes Christi; und diese mechanische Behandlung des Sacramentes veranlaßt Luther zu dem Satz, daß man in demselben mehr auf den geistlichen, als auf den natürlichen Körper Christi achten müsse, daß jener dem Glauben nöthiger sei, als dieser, und der natürliche Leib Christi allein nichts helfe und nütze, wenn nicht gleichzeitig die Gemeinschaft und Liebe seines mystischen Körpers durch den Glauben in das Herz einziehe und es nach sich umwandele oder immer völliger gestalte.

Daneben darf nicht übersehen werden, was Luther den Straßburgern 1524 selbst schreibt, daß er vor fünf Jahren, also in dieser Zeit seiner frühesten reformatorischen Entwickelung, in der Auffassung dieses Sacramentes noch im vollen Ringen gestanden, harte Anfechtungen erlitten und bis zu der Grenze des Zweifels gekommen sei, so daß er sich gefragt habe, ob überhaupt mehr als Brod und Wein in der Messe sei; dieser Gedanke sei für ihn damals so verführerisch gewesen, weil er damit dem Papsttume den größten Stoß versetzt haben würde — nämlich, wie aus einer andern Stelle gegen König Heinrich von England vom Jahre 1523 erhellt, der Idee des Meßopfers, auf welchem nach Luther das ganze Papsttum mit seinen Klöstern, Bisthümern, Congregationen, Stiften, Altären, Priestern und Lehrern, also mit seinem ganzen Bauch oder Wanst, wie auf einem Felsen ruhte. Unwillkürlich klingen jene Zweifel, in denen damals Luther über den substantiellen Inhalt des äußeren Zeichens der Scholastik gestanden hatte, in der Art und Weise nach, wie er das Wesen dieses Sacramentes mystisch verinnerlicht, den natürlichen Körper Christi seinem geistlichen Leibe, der mystischen Idee der Gemeinschaft und Liebe Christi und aller Heiligen, unbedingt unterordnet und daher dem zu dieser

Idee sich erhebenden Glauben und gläubigen Begehren den vollen Genuß dieses Sacramentes schon zuspricht. Andererseits aber bezeugt dieser Sermon vom Abendmahl auch, daß Luther sich mit seinem tiefen kindlichen Schriftglauben schnell aus allen jenen Zweifeln herausarbeitete und in dem Begriff des sacramentlichen Zeichens die wesentliche Gegenwart des Leibes und Blutes Christi festhielt. Er sagt, daß Christus darum unterschiedlich unter dem Brod sein Fleisch und unter dem Wein sein Blut zur Darreichung an die Seinen eingesetzt habe, um anzuzeigen, daß nicht bloß sein Leben und alle Werke, welche er in demselben ausgerichtet, sondern auch sein Leiden und Sterben unser sei. Er warnt zugleich vor weiteren unnützen Fragen, durch welche der Teufel und die eigene Natur den Glauben anfechte und irre zu machen suche. Er warnt vor der vorwitzigen Kunst und Subtilität derer, welche durchaus wissen wollen, wo Brod und Wein bleiben, wenn sie in Christi Fleisch und Blut verwandelt werden, oder wie unter einem so kleinen Stück Brod und unter so wenig Wein der ganze Christus, sein Fleisch und Blut, verschlossen sein könne. Genug, daß hier ein göttliches Zeichen sei, in welchem Christi Fleisch und Blut wahrhaftig vorhanden ist; das Wie? und Wo? lasse man ihm befohlen sein. Mit diesen Worten nimmt sich Luther weder der kirchlichen Transsubstantiations- und Concomitanzlehre an, noch lehnt er beide auch geradezu ab; er erklärt sie vorläufig außer dem Spiele, weil es dem unmittelbaren religiösen Bedürfnisse des Glaubens nicht sowol auf die Ergründung des geheimnisvollen Verhältnisses, in welchem Brod und Wein zu dem Leib und Blut Christi treten, sondern allein auf die Wahrheit der wesentlichen Gegenwart des Leibes und Blutes Christi, des äußeren Wahrzeichens seines geistlichen Körpers und seiner mystischen Liebesgemeinschaft ankomme. Aus einer anderen Aeußerung Luthers, welche sich in seiner Schrift von dem babylonischen Gefängnis 1520 findet, erfahren wir aber, daß er schon früh zu einer Zeit, in welcher er noch an den Scholastikern hieng und dieselben in Erfurt eifrig studirte, bei den späteren rationellen Ausläufern der Scholastik, namentlich Pierre d'Ailly, Bedenken gegen die Transsubstantiationslehre angetroffen habe, welche der einfacheren Consubstantiation von Brod und Leib, Wein und Blut Christi den Vorzug gaben, aber im Gehorsam unter die Autorität der Kirche sich schließlich gern oder ungern beugten. Diese Bedenken hatten in Luthers Seele festgehaftet und rissen ihn von der Transsubstantiationslehre los, wie er selbst versichert, als die Autorität der mittelalterlichen Kirche für ihn eine bindende zu sein aufgehört hatte. In jenem ersten Sermon vom Abendmahl führt er beide Theorieen einfach neben einander auf, und legt er allein Gewicht auf das Hauptmoment, in welchem sie übereinstimmen, auf die wesentliche Gegenwart des Leibes und Blutes Christi im Abendmahl. Dieses Hauptmoment bildet aber noch nicht den Mittelpunkt seiner gegenwärtigen Abendmahlstheorie, sondern steht in einem untergeordneten Verhältnis zu der eigentümlichen Centralidee derselben, der mystischen Liebesgemeinschaft Christi und aller seiner Heiligen, welche sich dem Glauben auch ohne den Gebrauch des äußeren Zeichens, ohne den Genuß des wesentlichen Leibes und Blutes Christi erschließen kann.

Dieser Begriff des sacramentlichen Zeichens, welchen Luther aus der Scholastik festhält, ist demnach ein total anderer, als in dem reformirten System, welches auf diese Uebereinstimmung des äußeren Ausdruckes seine innere Uebereinstimmung mit der ursprünglichen Abendmahlslehre Luthers aus dieser Zeit gründete. Für diese letztere bilden Brod und Leib, Wein und Blut Christi zusammen das äußere Zeichen des Sacramentes oder das Sacrament schlechthin, ob man nun das Verhältnis des Brodes und Weines zum Leibe und Blute Christi im Sinne der Transsubstantiation oder der Consubstantiation bestimmen möge; und dieses sacramentliche Zeichen, in welchem also jedenfalls der wahre Leib und das wahre Blut Christi mitgesetzt ist, deutet sinnbildlich seinen mystischen Leib, die geistliche Gemeinschaft Christi und aller Heiligen, die eigentliche res sacramenti, den tieferen Sinn und Gehalt desselben an. In dem reformirten System aber ist das sacramentliche Zeichen allein das äußere Brod und der äußere Wein; der Leib und das Blut Christi ist nicht in den Begriff dieses Zeichens mit aufgenommen, sondern bildet das außer demselben liegende reale Object, auf welches jenes Zeichen sinnbildlich hinweist — nach

Zwingli, um den real abwesenden und allein im Himmel weilenden Leib Christi, nach Calvin, um den gleichzeitig neben jenem Zeichen für die Seele real gegenwärtigen Leib Christi anzuzeigen. Während in dieser Hauptdifferenz die ursprüngliche Abendmahlslehre Luthers mit dem substantiellen Realismus der Scholastik über das reformirte System hinausgeht, kommt sie indessen nach einer anderen Seite hin auf dieser ersten Stufe ihrer Entwickelung jener anders gearteten reformirten Theorie, der Calvin'schen sowol als der Zwingli'schen näher, indem sie einen unmittelbaren Genuß der eigentlichen res sacramenti ohne den Empfang des äußeren Zeichens und des mit diesem unzertrennlich verbundenen Leibes und Blutes Christi für den Glauben lehrt. Aber man würde der Luther'schen Lehre Unrecht thun, wenn man sie in ihrer primitiven unentwickelten Gestalt einseitig mit der systematisch entwickelten Lehre Zwingli's und Calvins zusammenstellen wollte; billig läßt sich diese letztere nur mit der zur vollen Entwickelung gekommenen und völlig ausgebildeten Lehre Luthers vergleichen. Endlich kennt das reformirte System den mystischen Mittelpunkt der gegenwärtigen Anschauung Luthers nicht, welcher die Gemeinschaft des geistlichen Leibes Christi, d. h. der sog. Heiligen oder der vollendeten Gläubigen des jenseitigen Gottesreiches, ist und mit dieser Gemeinschaft die Theilnahme am Heile überhaupt dergestalt identificirt, daß daneben das ursprüngliche Wesen des letzteren in seinem eigentümlichen Verhältnis zum Abendmahl nicht zu seinem Rechte kommt. Jenen aus der Scholastik abgeleiteten Gesichtspunkt aber machte Luther gegenwärtig, nach der treffenden Wahrnehmung Köstlins (Luthers Theol., Bd. I, S. 292) zum Hauptgesichtspunkt, um die wahre und allgemeine Verbrüderung aller Gläubigen in Christus den falschen, gleißnerischen und egoistischen Brüderschaften der römischen Kirche, sowie der ungerechten Ausstoßung aus der äußeren Kirchengemeinschaft, welche keineswegs die Beraubung jener inneren seligen Glaubensgemeinschaft zur Folge hat, entgegenzustellen.

Den neuen Grund, welchen Luther in diesem Sermon zu einer tieferen Auffassung und Begründung der Abendmahlslehre gelegt hatte, baute er darauf in dem Sermon von dem Neuen

Testamente aus dem Sommer desselben Jahres 1520 zu einer selbständigen und in sich geschlossenen Theorie aus. Das neu gefundene und echt evangelische Princip derselben ist das Wort und zwar das Wort von der Sündenvergebung, welches in den Einsetzungsworten enthalten ist. Die Einsetzungsworte bilden allerdings den Mittelpunkt dieser Theorie und das Hauptstück der Messe; aber sie werden unter demselben praktischen Gesichtspunkt betrachtet und behandelt, wie vorher die scholastische Lehre. Was dem unmittelbaren praktisch-religiösen Bedürfnis und Bewußtsein des Sünders das Höchste ist, die Erneuerung seiner Versöhnung mit Gott, deren negative Seite die Vergebung der Sünden, deren positive die Zusicherung des ewigen Lebens ist, wird die subjective Hauptsache im Abendmahl, der geistliche Gnadeninhalt des Sacramentes, die res sacramenti, welche aus ihrer früheren mystischen Allgemeinheit, Unbestimmtheit und Zerflossenheit auf den einfachen und klaren evangelischen Grundbegriff alles Heiles gebracht ist; und alle anderen Inhaltsmomente der Einsetzungsworte, auch die objective Substanz des sacramentlichen Zeichens, das Sacrament im Sacrament, der Leib und das Blut Christi, worauf die Einsetzungsworte zunächst und unmittelbar gehen, treten ganz zurück vor jenem Gnadengute der Sündenvergebung und des ewigen Lebens, welches dem heilsbedürftigen und heilsbegierigen Sünder das subjectiv nächste und wichtigste ist. Dieses Heilsgut ist der eine summarische Inhalt des Neuen und ewigen Testamentes, welches das Abendmahl seiner Einsetzung und Bestimmung nach sein soll. Aber consequent bestimmt Luther auch diesen Begriff des Neuen Testamentes nicht von der objectiven göttlichen Seite als den in Christi Tod verwirklichten Bund der Versöhnung Gottes mit dem Menschen, sondern von der anthropologischen Seite. Testament heißt ihm in diesem Sinne der unwiderrufliche Wille eines Sterbenden, welcher den Seinen feierlich die von ihm hinterlassenen Güter vermacht und austheilt. Es liegt demnach in dem Begriff eines Testamentes, daß der Testator sterben muß, weil dann erst sein letzter Wille in Kraft treten kann; aber dieser Tod ist keineswegs der positive Factor, welcher jene Hinterlassenschaft von Besitztümern erwirbt oder erzeugt, sondern er ist der lediglich negative Factor, welcher die schon vorhandenen Güter den Erben zuspricht. Demnach würde auch die Versöhnung des Menschengeschlechtes mit Gott, die Sündenvergebung und das ewige Leben, nicht in dem Tode Christi der Welt erworben und begründet worden sein. Dieser Tod des Gottmenschen, in welchem sein Versöhnungswerk gipfelt, würde jeder sühnenden und jeder soteriologischen Bedeutung überhaupt ermangeln und nur den äußerlichen Zeitmoment bezeichnen, mit welchem die bereits in Christo uns gegebene Versöhnung, die Sündenvergebung und das ewige Leben, für uns in Kraft trat, uns thatsächlich bekräftigt und zugesprochen ward. Aber Luther denkt auf seinem praktisch-religiösen und erbaulichen Standpunkte nicht daran, einen solchen strengen und consequenten Vergleich, welcher sofort auch das Hinkende dieser Theorie offenbaren würde, zu ziehen, sondern ist zufrieden, daß durch den Begriff eines Testamentes der Tod des Testators, hier also der Tod Christi, angezeigt wird; und mit derselben religiösen Unmittelbarkeit schließt er dann aus dem Begriffe des Todes, welcher zugleich mit dem des Testamentes Christi gesetzt ist, rückwärts auf seine Menschwerdung, weil sein Leben die nothwendige Voraussetzung seines Sterbens ist; ja er schließt aus dem Sterben des Gottmenschen auch vorwärts auf seine Auferstehung, da derselbe allerdings seinem Wesen nach nicht im Tode verbleiben kann; und so sieht er in dem kleinen Wörtlein Testament einen kurzen Inbegriff aller durch Christus erfüllten Wunder und Gnaden Gottes, eine kurze Summa des ganzen Evangeliums. Dieses Testament heißt das Neue Testament im Gegensatz zu dem Alten Testament, welches durch dasselbe aufgehoben und abgethan worden ist, dessen Inhalt eine zeitliche und vergängliche Verheißung, der Besitz des Landes Kanaan, war und nur andeutungsweise in dem Blute des Osterlammes und in den weißagenden Stimmen der Propheten auf jenes ewige und unvergängliche Testament der Sündenvergebung und des ewigen Lebens hinwies.

Dieser allerreichste Inhalt des Neuen Testamentes, dieser unaussprechliche Schatz der ewigen Güter des Heils ist uns also in dem Worte der Sündenvergebung, welches Christus in diesem Testamente ausspricht, gegeben. Das Wort Gottes ist überhaupt in der ganzen alt- und neutestamentlichen Oekonomie das Erste, der Grund und Fels, auf welchem sich alles Heil für den Menschen gründet. Da er nicht aus eigenen Kräften, nicht aus eigener Vernunft und eigenem Vermögen, d. h. mit der eigenen Gerechtigkeit seiner guten Werke gen Himmel zu steigen und Gott sich zu versöhnen vermag, da er also nicht mit eigenem Verdienste Gott zuvorzukommen und ihn zur Gnade zu bewegen vermag, muß Gott ihm aus reiner Gnade zuvorkommen, wenn er den Menschen überhaupt von der Sünde errettet, erlöst und versöhnt haben will, und das will er ja in seiner unergründlichen Liebe und Barmherzigkeit. Wie aber kommt Gott in seiner Gnade allem eigenen Ringen und Mühen, allen eigenen Werken und Gedanken des Menschen, sich selber das Heil zu schaffen, zuvor? Durch das Wort seiner Gnade, in welchem er dem Menschen ohne alles eigene Verdienst, Ersuchen und Begehren eine Verheißung, eine göttliche Zusage des Heiles gibt, welcher der Mensch nur dankbar und treu sich zu ergeben und zu glauben hat. Mehr verlangt Gott nicht von dem Menschen, als diesen einfältigen und zweifellosen Glauben, welcher der Anfang, die Mitte und das Ende aller eigenen Gerechtigkeit des Menschen vor Gott ist. Gott beladet die Seinen nicht mit vielen langen und schweren Gesetzen oder Werken, welche den Menschen doch nicht gerecht, fromm und selig zu machen vermögen, ja ihn nur in pelagianische Vermessenheit und Selbstgefälligkeit, in gleißnerische Selbstsucht und Heuchelei des Herzens stürzen, sondern lockt ihn mit väterlicher Liebe durch viele und selige Zusagen des Heiles zum Glauben. Christi Last ist eine leichte Bürde, welche alle selbstgerechte Mühe und Arbeit, alle eigene Erfüllung des Gesetzes und seiner Werke abschneidet und aus lauter Gnade dem Menschen das Heil umsonst darbietet. Alles steht hier im Glauben und Trauen, welches allein eine überschwengliche Frömmigkeit, ja eine Sündflut voller Frömmigkeit ohne Gesetz und Werke wirkt; denn der Glaube ist ein so vollkommenes Ding vor Gott, daß er unmittelbar alles, was der Mensch thut, gottgefällig macht, weil er es in Gott, nach Gottes Willen thut.

Aber Gott thut noch mehr. Er gibt dem Menschen nicht bloß das Wort seiner Gnade, dessen Inhalt eine Verheißung des Heiles ist; er fügt demselben auch ein äußeres Zeichen, ein augenfälliges Wahrzeichen bei, damit der Mensch desto leichter dem unsichtbaren Inhalte des Wortes und dem übersinnlichen Gnadengute, welches es verkündigt, Glauben schenke und durchaus keinen Grund habe, an der Wahrheit und Gewißheit jener Zusage der göttlichen Gnade zu zweifeln. Wir armen Menschen, die wir noch in den fünf Sinnen leben, bedürfen allerdings eines solchen äußeren, zum göttlichen Worte hinzukommenden Wahrzeichens, damit wir uns mit sinnlicher Gewißheit und Erfahrung an dieses thatsächliche, in unsere Sinne fallende Unterpfand halten und durch seine äußere empirische Realität die geistliche Schwachheit unseres Glaubens stützen. So empfiengen Abraham, Noah, Gideon zur Bestätigung der göttlichen Verheißungen, welche ihnen durch Worte Gottes zutheil geworden waren, solche äußere Wahrzeichen, als den Regenbogen, die Beschneidung und den Thau auf dem Felle des Lammes. So hat auch Christus seinem köstlichen Testamente, dem Worte von der Sündenvergebung, ein gewiß machendes Zeichen beigegeben, und zwar ein sacramentliches, d. h. ein solches, welches zwar etwas Aeußerliches ist, aber doch ein geistliches Ding in sich hat und bedeutet, damit wir durch das Aeußerliche in das Geistliche gezogen werden, jenes äußerlich mit den Augen des Leibes, dieses innerlich mit den Augen des Herzens begreifen. Luther unterscheidet also an dem sacramentlichen Zeichen, welches ihm das eigentliche Sacrament ist und bleibt, eine doppelte Seite, die äußere sichtbare Erscheinungsseite desselben und seinen tieferen unsichtbaren und verborgenen Inhalt. Ob man dann das Verhältnis dieser beiden Theile des eigentlichen sacramentum zu einander als Transsubstantiation oder als Consubstantiation bestimme, kümmert ihn noch immer nicht, obschon er sich innerlich bereits für die letztere entschieden hatte; er sagt nur kurz, daß das Sacrament Brod und Wein sei, darunter der wahre Leib und das wahre Blut Christi enthalten sei, da alles in diesem Testament leben müsse, also auch das sacramentliche Zeichen ein lebendiges, kein todtes sein müsse. Der Begriff des scholastischen Zeichens bleibt also im wesentlichen; aber nicht der Gesichtspunkt des significans und significatum, sondern des testans und testificatum bestimmt jetzt die Luther'sche.

Betrachtung und Auffassung desselben. Während der vorhergehende Sermon vom Abendmahl zur res sacramenti den mystischen Leib Christi mit der Scholastik erhoben und in dem sacramentlichen Zeichen, dem unter Brod und Wein vorhandenen oder erscheinenden substantiellen Leibe und Blute Christi, eine sichtbar-unsichtbare Darstellung jenes geistlichen Körpers — den wesentlichen Grund jenes rein idealen Seins, welches von diesem halb sinnlichen, halb übersinnlichen sacramentlichen Zeichen, dem signum significans und significatum angedeutet ward — erblickte, läßt jetzt Luther diesen müßigen dialektischen und mystischen Formalismus der Scholastik auf sich beruhen, da er als die neue evangelische res sacramenti das Wort von der Sündenvergebung, das Neue Testament Christi, gefunden hat; und nun tritt auch das sacramentliche Zeichen in eine neue selbständige Beziehung zu diesem Testament Christi. Der Begriff des äußerlich abbildenden oder darstellenden Zeichens oder Sinnbildes, welchen die Scholastik und auch Luther noch in seinem letzten Sermon vom Abendmahl festgehalten hatte, geht jetzt in den tieferen und volleren des mit göttlicher Autorität bestätigenden und bekräftigenden Wahrzeichens, Siegels und Unterpfandes über; und dieses Zeichen ist das kräftigste und alleredelste, welches es geben kann, das wahrhaftige Fleisch und Blut Christi unter dem Brod und Wein. Es ist an oder in die Worte dieses Neuen Testamentes, dessen Inhalt negativ die Sündenvergebung, positiv das ewige Leben ist, gehängt — ähnlich, wie ein menschlicher Testator seinem Testamente sein Siegel beidrückt oder auch wichtigeren Schriftstücken und Vermächtnissen ein öffentliches Insiegel in Wachs angehängt werde. So hat Christus seinem Testamente von der Sündenvergebung, auf welches er starb und sterben wollte, zur höchsten Bekräftigung und Sicherstellung seiner Wahrheit seinen eigenen Leib und sein eigenes Blut in dem sacramentlichen Zeichen beigegeben, um so dasselbe gleichsam zu verpetschiren; und er war so eifrig bedacht, diese ewigen Güter des Heiles den Menschen zu vermachen und auszuschütten, daß er zu den Jüngern sagte, er habe mit großem Verlangen begehrt, dieses Osterlamm mit ihnen zu essen, ehe denn er sterbe; er hatte keine andere Ursache, zu sterben, als diese, uns sein reiches, ewiges und gutes

Testament durch seinen Tod zuzuwenden. Leib und Blut Christi treten also in keine innere Beziehung zu dem Wort der Sündenvergebung, obschon dieses objectiv und geschichtlich uns durch den für uns gestorbenen Leib und das für uns vergossene Blut Christi erworben worden ist. Sie sind nicht die Träger dieser Sündenvergebung im Sacrament, sondern die von ihr losgelösten und ganz für sich betrachteten sacramentlichen Zeichen oder Beglaubigungsmittel derselben. Jenes Wort der Sündenvergebung ist das eigentliche heilsgeschichtliche Wesen dieses Sacramentes, der Inhalt und die Seele des Neuen Testamentes Christi; und das äußere sacramentliche Zeichen, unter dessen scholastischen Begriff, wie früher, der Leib und das Blut Christi mitfallen, steht in demselben Maße unter jenem Wort, als das Siegel eines Testamentes unter seinem Inhalte steht; es hat nur den secundären Zweck, die Wahrheit des letzteren zu bezeugen und zu verbürgen; es hat aber keinen höheren Zweck für sich selbst. An dem Testamente Christi liegt viel mehr, als an dem äußern Sacrament, an den Worten der Sündenvergebung mehr, als an den Zeichen des Abendmahles. Der Mensch kann wol ohne diese Zeichen, also ohne Sacrament selig werden, aber nicht ohne das Testament Christi oder ohne das Wort von der Sündenvergebung; und da dies der höchste Inhalt dieses Sacramentes ist, so kann der Mensch dieses Sacrament selbst täglich in der Messe ohne den Genuß des sacramentlichen Zeichens genießen, wenn er jenes Testament Christi, jenes Wort von der Sündenvergebung, im einfältigen Glauben ergreift und sich aneignet. Diese äußerste Zurückstellung und Unterordnung des sacramentlichen Zeichens, in welchem doch der wahre Leib und das wahre Blut Christi mitgesetzt sind, und ihres sacramentlichen Genusses erklärt sich theils aus der fortgehenden scholastischen Identificirung des Leibes und Blutes Christi mit dem äußeren Zeichen, welches als solches allerdings nur einen secundären Werth hat, theils aus der reformatorischen Bekämpfung der heillosen Kirchenpraxis, welche dem äußeren Gebrauche des Sacramentes, dem bloßen Genusse des verwandelten Brodes, auch wenn dieser Genuß ohne eine tiefere Betheiligung des persönlichen Glaubens- und Herzensstandes, ohne eine innere Erregung der Gesinnung und Frömmigkeit geschah, eine hochverdienstliche und rechtfertigende Kraft vor Gott zuschrieb. Darum heißt Luther die Messe oder das Sacrament für sich, ohne das Wort, todt und nichts; er vergleicht beides einem Leibe ohne Seele, einem Faß ohne Wein, einer Tasche ohne Geld, einer Figur ohne Wesen und Inhalt, einem Buchstaben ohne Geist, einer Scheide ohne Messer; und auch das äußere Besuchen, Sehen und Hören der Messe, wenn es als ein kirchlich vorgeschriebenes opus operatum mechanisch und pelagianisch geschieht, beurtheilt er nicht anders. Der Gläubige muß, um die Messe recht zu halten und zu verstehen, alles das, was die äußeren Sinne besticht, Kleid, Klang, Gesang, Zier und was in der äußeren feierlichen Handlung geschieht, fahren lassen und allein die Worte dieses Testamentes, welche man in Gold und eitel Edelsteinen einfassen sollte, vor Augen und im Herzen haben; denn ohne sie ist das äußere Beten, Beichten, Vorbereiten, das Gehen zur Messe und zum Sacrament lauter Narrenwerk und Selbstbetrug, falsche Sicherheit, Vermessenheit und Selbstgerechtigkeit. Daher tadelt Luther ernst, daß man jene Worte des Testamentes Christi, in welchen die ganze Messe stehe, den anwesenden Gläubigen auf das allerheimlichste verberge, nicht laut und öffentlich, geschweige denn in der Muttersprache, der Gemeinde zu hören gebe. Er wünscht, daß die ganze Messe, damit sie dem gedankenlosen, todten und mechanischen Anhören oder Verrichten entzogen würde, deutsch gelesen und jene Worte Christi, welche gegenwärtig auf das allerheimlichste behandelt würden, mit freudiger und laut erhobener Stimme des Lobes und Dankes auf das allerhöchste gesungen würden.

Luther geht dann die übrigen Misbräuche durch, welche in die kirchliche Meßtheorie und -Praxis eingerissen seien, und scheut sich schon nicht mehr, als den ärgsten derselben das Meßopfer, den glänzenden Mittelpunkt des ganzen römischen Kirchencultus, zu bezeichnen. Ist die Messe oder das Abendmahl eine Feier des Testamentes Christi, ein Begängnis des seligen Schatzes der Sündenvergebung, welchen er den Seinen hinterlassen hat, so ist der Inhalt dieses Testamentes, das sündenvergebende Wort Christi, allerdings das Hauptmoment in diesem Sacrament; und ist die Sündenvergebung und das ewige Leben in den Worten dieses

Testamentes uns gegeben, so sind wir durch dasselbe Gott unmittelbar versöhnt, so bedarf es keiner Wiederholung des Todes Christi, keiner neuen und täglichen Opferung des Leibes und Blutes Christi zu unserer Versöhnung mit Gott, da wir derselben durch dies Testament schon theilhaftig sind und immer wieder theilhaftig werden, wenn wir den Worten desselben einfältig glauben. So widerlegt der Begriff und Inhalt dieses Testamentes direct die Idee des Meßopfers; und darum stellt Luther einerseits das Sühnopfer des Todes Christi, andererseits die sacramentliche Kraft, Wirksamkeit und Bedeutung des im Abendmahl gegenwärtigen Leibes und Blutes Christi mit so auffallend zurück, um den Schwerpunkt der Sündenvergebung ja nicht aus dem Worte in das sacramentliche Zeichen zu verlegen und so der Meßopferidee von dieser Seite her Vorschub zu leisten. Es liegt also im Begriff des Testamentes oder Sacramentes, daß es kein Opfer ist, d. h. kein Werk oder Dienst, welcher zu unserer Versöhnung mit Gott oder zur Sühnung unserer Sünde Gott dargebracht wird. So sind auch die anderen Sacramente, die Buße, Firmelung, Oelung u. s. w. — welche Luther gegenwärtig unter diesem Begriffe noch zuläßt, aber bereits in seinem früheren Sermon vom Abendmahl sehr bestimmt von den beiden vornehmsten Sacramenten, der Taufe und dem Abendmahl, unterschieden hat — keine Opfer; wir verlören sonst das Evangelium, Christum, allen Trost und alle Gnade Gottes, wenn wir durch eigene Sühnwerke uns Gott versöhnen sollten und die Sündenvergebung nicht ganz und voll im Worte des Neuen Testamentes besäßen. Ein göttliches Testament und Sacrament ist kein beneficium acceptum, sed datum — keine Wohlthat, welche Gott von dem Menschen nimmt, sondern welche Gott dem Menschen gibt; der Mensch hält da der göttlichen Gnade stille und läßt sich von dieser wohlthun und helfen, läßt sich von ihr speisen, tränken, heilen. Und so gibt Luther consequent auch den Riten der Messe, welche in der kirchlichen Theorie und Praxis in der engsten Abhängigkeit von der Idee des Meßopfers standen, eine andere evangelische Deutung, namentlich den beiden Elevationen des Sacraments. Die erste Aufhebung der Hostie, welche vor der Consecration geschah und das offertorium hieß, erklärt er aus dem guten Brauch der alten Kirche, allerlei Gaben und Almosen auf dem Altar niederzulegen, welche neben dem Abendmahl den Dürftigen ausgetheilt wurden, nachdem diese um Gottes willen dargebrachten Opfer der christlichen Liebe durch diesen Ritus der Elevation unter Lob und Dank gegen Gott feierlich gesegnet worden wären. Den zweiten Ritus der Elevation, die Aufhebung der consecrirten Hostie, bezieht Luther allerdings unmittelbar auf das Sacrament, aber nur als eine Uebung des Glaubens für die versammelte Gemeinde, welche recht lebhaft an den reichen und ewigen Schatz dieses Testamentes Christi, an die in demselben enthaltene Fülle der göttlichen Gnade, der Sündenvergebung und des ewigen Lebens, erinnert und zur gläubigen Aneignung dieses seligen Gnadeninhaltes aufgefordert werden soll. Er betont ferner, daß der Priester weder bei dem eigenen Empfang des Sacramentes, noch bei der Darreichung desselben an die Gläubigen mit einem Worte des Opfers gedenke, und daß dies Opfer sonst so viele Male stattfinden müßte, als Personen dies Sacrament genössen. Wenn es also bei dem Genuß der übrigen Gläubigen kein Opfer ist, wie soll es denn, fragt Luther folgerichtig, in der Hand des Priesters ein Opfer sein, da doch in beiden Fällen einerlei Sacrament und Testament, einerlei Brauch und Nutzen vorhanden ist? Er läßt daher den Namen Opfer nur für die ursprüngliche und einfachere Art der apostolischen Abendmahlsfeier zu, bei welcher Geld, Speise und andere irdische Güter zum Besten der Armen zusammengetragen und unter Danksagung gegen Gott gesegnet wurden, ähnlich wie man noch am Heiligenfest einen Pfennig opfere oder Ostern Fleisch, Eier, Fladen und andere Lebensmittel zur Kirche trage und weihen lasse. Anstatt dieser ursprünglichen Liebesgaben (Collecten) habe man später Stifte, Kirchen, Klöster und Spitäler aufgerichtet, um in ihnen die Armen besser zu versorgen, während jetzt die Einkünfte dieser frommen Stiftungen nicht zur Ehre und Gebenedeiung Gottes den Armen zutheil würden, sondern schändlich und lästerlich zu weltlicher Pracht, zu Krieg und anderm Misbrauch verschleudert würden. Jenen äußeren leiblichen Opfern, welche jetzt bei der Feier des Abendmahles in der täglichen Messe abgekommen seien, substituirt nun Luther mit evangelischer Tiefe die geistlichen Opfer, welche die Gläubigen allezeit und vornehmlich in der Messe Gott darbringen sollen. Sie sollen sich täglich mit allem, was sie haben und sind, dem göttlichen Willen in Christo ergeben, daß er aus ihnen mache, was er wolle, nach seinem Wohlgefallen, dazu für alles ihm Lob und Dank opfern, insbesondere aber für die unaussprechliche, süße Gnade und Barmherzigkeit der Sündenvergebung und des ewigen Lebens, welche ihnen in diesem Sacrament zugesagt und gegeben ist; und wenn diese Opfer des Glaubens auch außerhalb der Messe geschehen sollen und müssen, also nicht wesentlich zu ihrem Begriffe gehören und nöthig sind, so ist es doch köstlicher, füglicher und angenehmer, dieselben in der Gemeinde der Gläubigen, von denen einer den anderen stärkt und entzündet, Gott darzubringen.

Dieser Glaube ist das rechte priesterliche Amt, welches Gott von allen fordert, welche die Sacramente verrichten, gebrauchen oder anhören, von Laien und Priestern; und ohne diesen Glauben ist das bloße äußere Werk nicht nütze zur Seligkeit, weder den Laien, noch den Priestern.

Dieser priesterliche Glaube, welcher sich allein an Christus, unsern himmlischen Hohenpriester und Pfarrherrn, hält, auf ihn mit zweifelloser Zuversicht alle unsere Sorgen und Nöthen schüttet und durch ihn Gebet, Lob, Dank und Bitte Gott darbringt, macht alle Gläubigen vor Gott zu geistlichen Priestern und erlangt durch Christus und um Christi willen alles, um was man bittet, alle Dinge im Himmel und auf Erden, in der Hölle und im Fegefeuer. Mögen sie bitten für die eigenen Seelen oder für andere in diesem rechten Glauben, so sind sie der Erhörung gewiß, bedürfen nicht der Still- und Seelenmessen, welche mit dem todten kirchlichen Meßwerk und -Ceremoniel die göttliche Gnade für sich und Andere verdienen wollen. Wie sollte auch jemand für einen Andern die Messe halten oder hören können, da er ihres Segens, der Sündenvergebung und ewigen Gnade, für sich so gut fort und fort bedürftig bleibt, wie jeder Andere?

Die Pfaffen aber, welche ganz äußerlich und pelagianisch ihr Amt betreiben und das Werk der Messe verrichten, sind in Luthers Augen rechte Oelgötzen, welche mit ihrem feierlichen opus operatum doch nichts von Gott erreichen, vielmehr seinen Zorn über diesen

Misbrauch des heiligen Sacramentes erregen. Sie tragen die Schuld an dem eingerissenen Jammer und Unwesen, daß so viele Messen nutzlos und misbräuchlich gehalten werden, daß die Messe in dem Urtheil des gemeinen Mannes ein magisches Zauberwerk geworden ist, durch welches man alles von Gott erlangen könne, Geld und Gut, Glück im Handel und Wandel, Sicherung wider alle Noth und Fährlichkeit. Aus Geiz und Gelddurst halten sie die Messe, Still- und Seelenmessen für alles, wofür man sie bezahlt, anstatt das Volk über den rechten Gebrauch und Zweck dieses Sacramentes zu unterrichten und ihm in der Kraft des Glaubens und des gläubigen Gebetes den rechten erhörungsgewissen Zugang in allen Anliegen zu öffnen. Aber ohne eigene Kenntnis des Evangeliums treten sie auf und predigen den armen Seelen Spreu statt Korn, ja den Tod anstatt des Lebens, und meinen darnach, mit der Messe alles vor Gott wohl auszurichten und gut zu machen. Was wäre das, fragt Luther, für ein Taufen, wenn der Täufer allein begösse das Kind und spräche kein Wort dazu? Ich besorge, daß es also zugehe, daß die heiligen Worte des Testaments darum so heimlich gelesen, gehalten und den Laien verborgen werden, daß Gott durch seinen Zorn damit bezeuge, wie denn das ganze Evangelium nicht mehr öffentlich dem Volk gepredigt wird, daß, gleichwie die Summa des Evangeliums verborgen ist, also auch seine öffentliche Erklärung verschwiegen sei. Darnach haben sie uns die eine Gestalt des Weines gar genommen, wiewol nicht viel daran gelegen ist; denn es mehr an den Worten, denn am Zeichen gelegen ist. Doch wollt' ich gern wissen, wer ihnen die Gewalt gegeben hat, solches zu thun; mit der Weise möchten sie uns auch die andere Gestalt nehmen und die leere Monstranz als Heiligtum zu küssen geben, ja zuletzt alles, was Christus eingesetzt hätte, aufheben.

Wenn also der Papst sich das Recht anmaßt, auch eine Einsetzung Christi ändern zu können, so sieht Luther in dieser Anmaßung einen neuen Beweis der Thatsache, welche für ihn bereits unumstößlich feststand, daß der Papst nicht bloß ein Tyrann der Gewissen, sondern auch der Antichrist sei. Aber er ist noch weit entfernt, den Misbrauch der Kelchentziehung eigenmächtig abschaffen zu wollen, weil ihm eben mehr an dem Worte, als an dem sacramentlichen Zeichen und dem sacramentlichen Genusse lag. Er vermag nur nicht Unrecht Recht zu heißen oder einen Backenstreich zu loben, welchen man Christo selbst gebe. Im Gewissen fühlt er sich gedrungen, die vielen Zusätze, Misbräuche und Entstellungen, welche dies Sacrament durch das Papsttum erfahren, vor aller Augen aufzudecken, damit Priester und Laien unterscheiden lernten, was in der Messe Hauptsache, und was in ihr Nebensache sei, was ihr evangelisches Wesen, und was diesem fremd sei. In der That war es mit diesem Sacrament in der kirchlichen Theorie und Praxis dahin gekommen, daß die Augen und Herzen der Geistlichen und Laien in einem falschen Wahn und Sinn befangen waren, daß sie das äußere Gleißen des selbsterdichteten Menschenwerkes für das Wesen der Sache nahmen und weder mehr wußten, was dies Sacrament sei, noch welche Frucht man von ihm empfange. Der Teufel hatte, wie Luther klagt, aus der Messe das Hauptstück, das Wort von der Sündenvergebung, meisterlich und heimlich gestohlen und nichts als die leeren Schalen, das äußere opus operatum übrig gelassen; darum ist Luther bemüht, diese äußeren Zusätze und Gebärden, welche die Väter zu diesem Sacrament gethan, als solche zum Bewußtsein zu bringen, und ermahnt einerseits die Gläubigen, alle jene äußeren Zuthaten gegen die Worte des Testamentes Christi, wie die Monstranz, das Korporale oder Altartuch gegen die Hostie oder das Sacrament zu achten, da beides so sehr, wie Himmel und Erde, von einander verschieden sei; und andererseits sucht er friedfertig und überzeugend die Kirche selbst zu einer Remedur, zur Abstellung der schreienden abgöttischen Misbräuche nnd zur Herstellung einer evangelischen Abendmahlsfeier oder Messe zu bewegen. Er verlangt die Abschaffung der Still- und Seelenmessen, die Ausscheidung der Opferidee aus der kirchlichen Messe und die gleichzeitige Verkündigung des Evangeliums bei der Feier dieses Sacramentes. Das Wort von der Sündenvergebung und dem ewigen Leben, welches der Inhalt des Testamentes Christi ist und uns in diesem Sacrament durch ein leibliches Zeichen befestigt und bestätigt wird, ist ja die kurze Summe des ganzen Evangeliums und setzt darum zu seinem rechten Verständnis und zu seiner rechten Aneignung die Erklärung dieses Evangeliums, die Predigt des Lebens, Leidens und Sterbens Christi voraus.

Der neue reformatorische Gedankengang dieses Sermons vom Neuen Testament schließt mit der praktischen und populären Frage nach der rechten Vorbereitung auf dieses Sacrament ab. Die beste Zubereitung ist eine heilsbedürftige und =begierige Seele, ein von der Sünde getriebenes und gemartertes Gewissen, welches sich vor Gottes Zorn und Gericht, vor Leiden und Uebel, vor Welt und Teufel, vor Tod und Hölle, fürchtet und um so heißer nach einem gnädigen Gott verlanget. Solche hungrige Seelen und unruhige Gewissen finden in diesem Sacrament Friede und Freude, Gnade und Seligkeit in dem Wort der Sündenvergebung, daß ihr Herz still wird gegen Gott und eine tröstliche Zuversicht gegen ihn gewinnt. Dieses Wort von der Sündenvergebung ist der Hauptborn, aus welchem alles Leben und aller Segen uns zuströmt; und in ihm sind die kleinen Tropffrüchtlein, welche die Kirche auf die einzelnen Stücke, Gebete, Vorschriften der Messe setzt, alle mit enthalten. Aber dieses sündenvergebende Wort des Neuen Testamentes kann allerdings nur durch den Glauben uns zu eigen werden. Nur für diesen ist also in diesem Sacrament eine Weide, ein Tisch, ein Mahl bereitet, um sich zu stärken und zu speisen; und je fester und gewisser dieser Glaube ist, desto größer ist auch der Segen, welchen der Gläubige aus diesem Sacrament zieht, desto seliger und gewisser ist er der erfahrenen Sündenvergebung und Gnade. Darum ist es ohne Zweifel, folgert Luther, wer ohne Glauben Messe hält, hilft, soviel an ihm ist, weder sich selbst, noch jemand anders; denn das Sacrament für sich selbst, ohne Glauben, wirkt nichts; ja Gott selber, der doch alle Dinge wirkt, wirkt und kann mit keinem Menschen Gutes wirken, er glaube denn ihm festiglich; wie viel weniger das Sacrament!

Diese reinen evangelischen Ideen, welche, wie das Evangelium selbst, in dem scholastischen Formelwerk der kirchlichen Theorie und in dem äußeren opus operatum der kirchlichen Praxis ganz verloren worden waren, gehen durch die reformatorischen Hauptschriften Luthers, welche diesem wichtigen Jahre 1520 angehören, durch seine Schrift an die kaiserliche Majestät und den christlichen Adel deutscher Nation, von der babylonischen Gefangenschaft der Kirche und den Sermon von der Freiheit eines Christenmenschen hindurch. Immer kühner und lauter, immer nachdrücklicher und eindringlicher wird sein Protest gegen die Hauptstützen des Papsttums in der Sacramentslehre, gegen die unevangelische Idee des Meßopfers und die verwirrende scholastische Doctrin der Transsubstantiation. Die Meßopferidee hatte Luther in dem Sermon vom Sacrament bereits scharf angegriffen und als Abgötterei bekämpft, hingegen die Brodverwandlungslehre bisher unangefochten gelassen und nur die Consubstantiationslehre als gleichberechtigt stillschweigend ihr zur Seite gestellt. Er hatte den Unterschied beider Theorieen nicht für so groß und so bedeutend geachtet, um ihn zu einem neuen Gegenstande des Streites zu machen, weil die Transsubstantiationslehre für das unmittelbare religiöse Bewußtsein und die praktische Frömmigkeit nicht die tiefgreifenden und gefährlichen Consequenzen gestattete, wie das Meßopfer, welches der feierliche und geheiligte theoretische und praktische Mittelpunkt des mittelalterlichen Pelagianismus geworden war und das reine Wesen des Christentums, die positive Wahrheit und Gewißheit einer thatsächlich vollzogenen und für immer ausreichenden, also vollkommenen Versöhnung Gottes mit dem Menschen und des Menschen mit Gott trübte und verdunkelte. Jetzt aber that Luther auf der betretenen Bahn, die Abendmahlslehre nicht bloß von jenem groben pelagianischen Irrtum zu säubern, sondern aus ihrem innersten evangelischen Wesen neu zu gestalten, einen beträchtlichen Schritt weiter, indem er sich in seiner lateinisch geschriebenen und von allen Freunden des Evangeliums mit Begeisterung begrüßten Schrift von dem babylonischen Gefängnis mit der scholastischen Transsubstantiationslehre zum ersten Mal persönlich auseinandersetzte und die materiellen, dialektischen und grammatischen Schwächen derselben gründlich aufdeckte. Er hatte nicht umsonst in seiner vorreformatorischen Periode die scholastische Dialektik und den Aristoteles, ihr logisches und metaphysisches Fundament, so lange und eingehend studirt; er widerlegte jetzt die Scholastik mit ihren eigenen Waffen, wies mit aristotelischer Kunst und Schlagfertigkeit scharfsinnig die Begriffswidrigkeit ihrer mirakulösen Transsubstantiationslehre nach.

Mit dialektischem Scharfsinn hatte die Scholastik diese Lehre, welche Paschasius in seiner berühmten Schrift de corpore et sanguine Christi zuerst mit dem vollen und klaren Bewußtsein ihrer eigentümlichen Idee, Tendenz und Consequenz ausgesprochen, aber exegetisch und dogmatisch unbegründet gelassen hatte, nach allen Regeln der Schule unmittelbar aus den Einsetzungsworten des Abendmahls zu deduciren versucht. Sie wandte auf die Proposition: das ist mein Leib — die vollkommen richtige Regel des Aristoteles an, daß in dem einfachen affirmativen Satze Subject und Prädicat in einem logischen Identitätsverhältnis zu einander stehen müsse, vergieng sich aber gegen diese Regel sofort in der Anwendung derselben, indem sie aus dem allerdings richtigen logischen Identitätsverhältnis ein substantielles machte, ohne daß ihr merkwürdiger Weise dieses handgreifliche Misverständnis, dieser arge Irrtum und Verstoß gegen Aristoteles, ihren logischen Lehrer und Gewährsmann, je klar und bewußt ward. Aber sie hatte an dem von vornherein gegebenen und für sie kraft der kirchlichen Autorität als Glaubenswahrheit feststehenden Object ihrer unselbständigen und gebundenen Speculation, der ohnehin verwirrenden und ganz in das Wunderbare gezogenen kirchlichen Theorie, so viele neue kleinliche Bestimmungen, formalistische Distinctionen und sophistische Zusätze anzubringen, daß sie schließlich den rettenden Ausweg aus dem Labyrinthe ihrer eigenen Spitzfindigkeiten, den gesunden Blick in das Wesentliche und Wahre ihrer eigenen Deductionen ganz verlor. Statt logisch oder begrifflich das Subject dem Object in jener Proposition gleichzusetzen, wozu sie grammatisch allein berechtigt war, identificirte sie, um die Transsubstantiation herauszubekommen, das Wesen des Subjectes mit dem Wesen des Objectes, und nun hatte sie gewonnenes Spiel. Denn wenn in einem Satze das Wesen des Subjectes dem Wesen des Objectes vollkommen gleich, oder was dasselbe ist, die Begriffssphäre des einen mit der Begriffssphäre des andern substantiell identisch ist, so liegt eben nur ein und dasselbe Wesen, eine und dieselbe Substanz für beide grammatisch unterschiedenen Begriffe oder Dinge vor. Sie differiren höchstens in ihrem äußeren erscheinenden Wesen und Sein. Der neutrale Artikel bezeichnet also genau dasselbe, was das Prädicat besagt; und da das Prädicat die eigentliche Aussage, das bestimmende logische Resultat des einfachen affirmativen Satzes ist, so ist das Prädicat die unmittelbare Prädication des vorhandenen substantiellen Identitätsverhältnisses, gibt also die demselben zu Grunde liegende, in Subject und Object auftretende und mit sich identische Substanz an. Dies Prädicat ist hier der Leib Christi und dieser somit die Substanz des Subjectbegriffes, des voranstehenden Demonstrativpronomens; und das Neutrum des letzteren bezieht sich genau auf den folgenden Prädicatsbegriff, welcher demnach zu dem Artikel, streng genommen, zu ergänzen ist, so daß jene Proposition stricter lautet: hoc sc. corpus est corpus meum. Der im Subject gesetzte Leib Christi ist dann unmittelbar das Brod, weil dieses nach dem ganzen sachlichen und geschichtlichen Sinn und Zusammenhang der Einsetzungsworte des Abendmahls in das hier vorliegende affirmative und substantielle Verhältnis zu dem Prädicate des Satzes, dem Leibe Christi, gesetzt werden soll. Ist aber das Brod unmittelbar oder substantiell mit dem Leibe Christi identisch, so muß das Wesen oder die Substanz beider eine und dieselbe und demnach nur die zufällige Form ihrer äußeren Existenz eine verschiedene sein. Im Abendmahl erscheint dann der Leib Christi nicht in seiner eigentlichen oder wesentlichen Existenzform — nach Paschasius, weil die Gläubigen vor seiner reinen Natürlichkeit, wie er nackt und blutend für uns am Kreuze geopfert ward, einen innern Schauer, ein unüberwindliches Grausen empfinden würden — sondern in einer anderen Gestalt, der angenommenen des Brodes. Die äußere sichtbare Gestalt des letzteren wird als eine rein accidentielle losgelöst von der ihr zu Grunde liegenden Substanz, welche ganz in die Substanz des Leibes Christi verwandelt wird — nach Paschasius durch eine stete Neuschöpfung des am Kreuze gestorbenen Leibes Christi, welcher dann auch im Himmel in den engen Grenzen der menschlichen Natur gedacht ward, nach der späteren Scholastik durch ein definitives Präsentwerden der durch den Tod hindurchgegangenen, auferstandenen und verklärten himmlischen Leiblichkeit Christi, welche dann unwillkürlich unter einen ubiquitistischen Gesichtspunkt fiel.

Fragte man aber in beiden Fällen: wie kann eine erscheinende Accidenz ohne ihr natürliches Substrat und eine vorhandene Substanz ohne ihre äußere Accidenz oder ihre accidentielle Erscheinungsform bestehen, so hörte alle weitere Deduction und Speculation auf; man recurrirte nun unmittelbar auf das absolute Wunder, welches in diesem Mysterium, dem höchsten aller Sacramente, vorlag. Dieses absolute Wunder, welches sich in der Messe vollzog und von keinem anderen der kirchlichen Praxis übertroffen ward, weil es aus mehreren Wunderacten, der eigentlichen Verwandlung des Brodes in den Leib Christi, dem Verbleiben der äußeren Accidentien ohne ihre natürlichen Substrate und dem Aufhören der erscheinenden Accidentien der vorhandenen Substanz des Leibes Christi zusammengesetzt wär, bildete das Endziel und den Gipfelpunkt der früheren wie späteren Theorie der Scholastik, die höchste Verherrlichung der göttlichen Allmacht, der Kirchenlehre, des Kirchencultus und des eigenen Scharfsinnes der Scholastik.

Aber dieser Umstand, daß die Transsubstantiationslehre und die Meßpraxis auf diese Weise mit Wunderacten und Wunderelementen überladen und überhäuft ward; wirkte auf die späteren rationellen Scholastiker schon ernüchternd und ermäßigend ein. Sie wagten allerdings nicht, sich geradezu von der alles beherrschenden und unangefochtenen Autorität der Kirche loszusagen und mit der Transsubstantiationslehre zu brechen. Sie ordneten sich in diesem Stück gehorsam der bereits gefällten Entscheidung ihrer Kirche unter, aber konnten doch nicht umhin, anzuerkennen und zuzugestehen, daß einmal jene Theorie nicht ausdrücklich in der Schrift enthalten sei; und dann, daß die letztere sich auch sachlich vor jenem Uebermaße von Wundern empfehle, wegen ihrer Einfachheit naturgemäßer und der Vernunft einleuchtender erscheine. Das erste biblische Moment betont Occam in seinem an neuen scholastischen Gesichtspunkten, Definitionen und Determinationen reichhaltigen tractatus de sacramento altaris. Er bezeichnet unverhohlen die Consubstantiation als die schriftgemäßere Lehre, — ein Gedanke, gegen welchen der ebenso gelehrte als scharfsinnige Gabriel Biel auch nicht das Neutrum des Demonstrativums geltend machen läßt. Die Consubstantiation, nach welcher die Substanzen des Brodes und Leibes

Christi unverwandelt fortbestehen, aber auf das wirksamste mit einander vereinigt sind, erfordert nach ihm das adverbiale hic keineswegs; denn dies sollte allein das Zusammensein zweier verschiedener Dinge oder Substanzen zulassen, hingegen das bestimmtere hoc sie identificiren nach der Meinung der Scholastik. Biel gibt in seiner Expositio sacram. canon. missae einen solchen tiefen principiellen Unterschied zwischen beiden Ausdrucksweisen nicht zu. Das adverbiale hic sagt an sich noch gar nichts aus über das Verhältnis, in welches Leib und Blut Christi im Sacrament zu dem ursprünglichen Brod und Wein treten, es drückt einfach die Thatsache dieser Gegenwart des Leibes und Blutes Christi aus, ohne etwas Weiteres über dieselbe zu bestimmen, läßt also ebenso eine Auslegung im Sinne der Transsubstantiation, wie der Consubstantiation offen. Und umgekehrt verträgt sich der andere Terminus hoc ebenso mit der Consubstantiationslehre wie mit der Transsubstantiationslehre. Biel bestreitet nicht, daß derselbe ein wirklich substantielles Identitätsverhältnis zwischen seinem Subjectsbegriffe und dem Prädicatsbegriffe bezeichne; diese exegetische Grundvoraussetzung der kirchlichen Theorie bleibt also von ihm unberührt und unerschüttert. Er bemerkt aber scharfsinnig und treffend, daß dieses substantielle Identitätsverhältnis so gut bei der Consubstantiation, wie bei der Transsubstantiation aufrecht erhalten bleibe. Im letzteren Falle geht das hoc doch auch nicht auf die erscheinenden äußeren Species, als solche, weil diese an sich nicht dem Leibe Christi, sondern dem Brode eignen und auch nach der Verwandlung der Substanz des Brodes in ihrer specifischen Bestimmtheit, Qualitäten des Brodes und nicht des Leibes Christi zu sein, zurückblieben. Es gehet nicht auf die äußeren Accidentien, sondern auf das unter ihnen vorhandene oder enthaltene Wesen des Leibes Christi. Ganz analog darf die Consubstantiationslehre behaupten, daß das hoc nicht auf die bleibende Substanz des Brodes sich bezieht, sondern auf das unter derselben oder mit derselben gesetzte Wesen des Leibes Christi. Doch findet Biel das bestimmtere hoc der Transsubstantiationslehre angemessener, als das unbestimmtere hic, wagt aber nicht auf diesen Umstand, welcher im Zusammenhange jener exegetischen Erörterungen für ihn jede zwingende Beweiskraft verloren hat, die kirchliche Theorie zu bauen, sondern stützt diese allein auf das Machtwort der kirchlichen Autorität, welche gegen die Consubstantiation und für die Transsubstantiation entschieden hatte. An sich wäre das hic so wahr und berechtigt, als das hoc, dabei bleibt er. So begründet förmlich Biel den kühnen Satz des Occam, daß die Transsubstantiation keineswegs in der Schrift klar enthalten sei, und erschüttert ihr bisheriges Fundament, indem er ihr in der Schrift nicht mehr Recht zugesteht, als der Consubstantiation. Diese Theorie ist schon eine Milderung der kirchlichen und hat insofern immerhin der neuen Schriftauslegung der Reformation in der Abendmahlslehre vorgearbeitet. Aber eine Vorläuferin der synekdochischen Auslegung der Abendmahlsworte, welche durch Luther so berühmt geworden ist, ist sie noch nicht. Sie beruht noch wesentlich auf dem exegetischen Standpunkte der mittelalterlichen Theorie, auf der substantiellen Identificirung des Subjectes und Prädicates der Einsetzungsworte, und ist weit entfernt von dem freieren evangelischen Standpunkte der Luther'schen Synekdoche, welche mit grammatischer Regelrechtigkeit den Theil für das Ganze und umgekehrt braucht. Den originalen Begriff der Luther'schen Synekdoche mußte man doch erst gefunden haben, ehe man ihn anwenden konnte; und Biel hat ihn noch nicht gefunden, wenn er auch mit seiner scharfsinnigen exegetischen Argumentation einem Luther mit den rechten Weg gezeigt und insofern die wesentlichsten Dienste geleistet hat. Soviel sei über diesen Punkt gegen Dieckhoff [1]) bemerkt, welcher das von Biel ignorirte Moment der Darreichung in den Abendmahlsworten betonend und jenen Erörterungen unterlegend, bei diesem letzten der eigentlichen Scholastiker der Sache nach die synekdochische Auffassung Luthers mit seiner einseitigen Vorliebe für rein scholastische Ursprünge und Anklänge der Luther'schen Abendmahlslehre offen ausgesprochen findet.

Während Gabriel Biel die durch die verständige Reflexion der späteren Scholastik beginnende Zerbröckelung der exegetischen Seite der kirchlichen Theorie anzeigt, tritt die kritische Selbst-

[1]) Vgl. die evangel. Abendmahlslehre im Zeitalter der Reformation, S. 148.

auflösung ihrer dogmatischen Seite bei keinem der späteren Scholastiker schärfer und schlagender hervor, als bei dem Cardinal von Camerich Pierre d'Ailly. Mit reflectirendem Scharfblicke vergleicht er die Consubstantiationslehre mit den übrigen Theorieen, welche das Mittelalter zur Lösung dieses Problems seit Paschasius aufgestellt hatte, und findet, daß dieselbe die wenigsten Schwierigkeiten oder Schwächen darbiete, weil sie nicht die ominösen Wunder der übrigen voraussetze, ohne der Vernunft oder der Bibel zu widersprechen. Aber das Machtwort der kirchlichen Lehrtradition bringt auch seine scharfsinnigen Bedenken schließlich zum Schweigen und hemmt so mit Gewalt den Zersetzungsproceß, in welchem die kirchliche Theorie dieser Zeit begriffen ist. Dieses letzte verzweifelte Mittel, ein unhaltbar gewordenes und in seiner wissenschaftlichen Schwäche erkanntes Alte künstlich am Leben zu erhalten, mußte jedoch wirkungslos und nichtig werden, sowie der Bann der kirchlichen Tradition von dem reformatorischen Schriftprincip durchbrochen ward und die Schrift ihre ursprüngliche Stellung über der Tradition wieder einnahm.

Die Theorie der Consubstantiation war neben der Transsubstantiationslehre und im genauen, aber freilich negativen Zusammenhange mit dieser durch das Mittelalter fortgepflanzt worden, wenn sie auch der sich abschließenden und auf dem Lateranconcil von 1215 sanctionirten Kirchenlehre gegenüber keinen hervorragenden und entschiedenen Vertreter mehr fand. Der Lombarde hatte in seinen Sentenzen, dem grundlegenden dogmatischen Lehrbuche des ganzen Mittelalters, welches in aller Händen war, in allen Schulen gebraucht und von allen Kirchenlehren commentirt wurde, mit scholastischer Schärfe und Erudition die Summe jener Theorie referirt und eine zwiefache Denkbarkeit und Lösbarkeit derselben angegeben. Einmal nämlich und am einfachsten ließ sich die Sache so denken, daß nach der Consecration der Leib Christi überall da, wo bisher die Substanz des Brodes gewesen war und auch jetzt noch erhalten blieb, also an allen Theilen und Momenten dieser Substanz des Brodes substantiell präsent zu werden anfieng und dadurch die Substanz des Brodes in die Substanz des Leibes Christi insofern übergieng, als sie sich nun an allen Punkten ihrer Peripherie mit dem Wesen des letzteren deckt. Zweitens nimmt der Lombarde mit dem klügelnden Witze der Scholastik die abstracte Denkmöglichkeit an, daß im Momente der Consecration die Substanz des Brodes sich von ihren Accidentien ablöse und unter Zurücklassung dieser letzteren sich an einen ganz anderen Ort unsichtbar zurückziehe, um dem Leibe Christi zu einer Existenz unter diesen von ihrem Subjecte, der sie tragenden Substanz des Brodes, abgesonderten Accidentien Platz zu machen und Raum zu lassen. Diese Wendung der Consubstantiationstheorie kam der Transsubstantiation am nächsten, lehrte eine alleinige substantielle Erscheinung des Leibes Christi unter dem äußeren accidentiellen Zeichen des Brodes, hielt also an dem strengen Verhältnis einer substantiellen Identität von Subject und Prädicat fest und vermied nur die in die Augen fallendste und darum anstößigste Spitze der kirchlichen Theorie, die Verwandlung der Substanz des Brodes in die Substanz des Leibes Christi. Diese stechende haarscharfe Spitze der Kirchenlehre wurde dadurch gemildert, daß das extreme Moment der Verwandlung bei Seite geschoben ward und als überflüßig erschien. Die Hauptschwierigkeit der Consubstantiationstheorie aber, die Frage, wie zwei Substanzen, die des Brodes und des Leibes Christi, an einem und demselben Ort des Raumes unter dem sacramentlichen Zeichen zusammen existiren können, ward umgangen, indem beide Substanzen gar nicht an demselben Orte unter dem sacramentlichen Zeichen, sondern nebeneinander gegenwärtig gedacht wurden; denn unter dem accidentiellen Zeichen des Brodes befand sich allein der Leib Christi; die Substanz des Brodes existirte neben demselben, also in einem besonderen Raume für sich, unsichtbar fort. Im übrigen berief sich diese Theorie unmittelbar auf die kirchliche, auf die Loslösung von Accidenz und Substanz, auf die Existenz der einen ohne die andere und der einen unter der andern, wie sie Paschasius lehrte. Aber diese widersinnigen Momente der Kirchenlehre, welche das Widersprechendste unter dem absoluten Gesichtspunkte einer göttlichen Wunderwirkung unmittelbar vereinigen zu können meinte, erschienen auf dem Standpunkte dieser Theorie noch viel begriffswidriger und verwirrender, als vordem. Wenn wirklich die Substanz des Brodes in die Substanz des Leibes Christi verwandelt oder wesentlich in der letzteren aufgehoben ist, so ist der Uebergang der alten Accidenz auf die neue Substanz jedenfalls nicht so mirakulös und unnatürlich, als jener Uebergang der äußeren Gestalt des Brodes auf eine fremde Substanz, in welche seine eigene Substanz nicht aufgegangen oder absorbirt worden ist. Bei jener eigentümlichen Fassung der Consubstantiationslehre besteht die Substanz des Brodes neben der Substanz des Leibes Christi unaufgehoben und unbeschädigt in ihrer selbständigen Existenz fort, aber ohne die ihr zukommende Accidenz; diese geht vielmehr auf die andere ihr nicht zukommende Substanz über, während die ihr zukommende Substanz nun durch ein Wunder für sich fortbesteht. Auch die andere Substanz des Leibes Christi entbehrt ihrer eigentlichen Accidenz, ihrer specifischen Gestalt und Erscheinungsform, und bleibt in dieser miraculösen Existenz scharf unterschieden von der erscheinenden Accidenz des Brodes, mit und unter welcher er im Sacrament vorhanden ist. Wie verwickeln sich alle Kategorien des Seins und Denkens in dieser rein abstracten und scholastischen Theorie in einander! Die Accidenz wird gedacht ohne ein eigentliches Subject oder substantielles Substrat; und doch ist dieses Subject oder substantielle Substrat vorhanden, besteht durch ein Wunder neben seiner Accidenz im Raume unsichtbar fort! An Stelle dieser von ihrer Accidenz räumlich abgesonderten Substanz aber erscheint eine andere accidenzlose Substanz unter jener subjectlosen Accidenz, ohne jedoch mit ihr zu einem Ganzen vereinigt zu werden; denn diese zurückgebliebene Accidenz des Brodes erhält nicht an der Substanz des Leibes Christi ein natürliches Subject, noch die Substanz des Leibes Christi an der Gestalt des Brodes eine natürliche Accidenz, obschon beide in demselben Raume mit einander existiren und existiren können, da ja nur eine Substanz und eine Accidenz vorhanden sind, die an sich allerdings in keiner Weise zusammengehören, aber hier durch eine absolute Wunderwirkung Gottes zusammengesetzt sind.

Diese Form der Consubstantiation beseitigt den Hauptpunkt, wie die zwei Substanzen des Brodes und Leibes Christi, wenn sie in ihrem Wesen unverändert bleiben, im Abendmahl zusammensein können, ganz äußerlich und mechanisch dadurch, daß sie dieselben unmittelbar nebeneinander, jede in einem besonderen Raume, ordnet, ihre beiderseitigen Accidenzien von ihnen abtrennt und dann die

Accidenz des Brodes der ihr fremden Substanz des Leibes Christi zurückläßt, die Accidenz der letzteren aber ganz verschwinden läßt. Eine solche Reihe contradictorischer Momente, willkürlicher Abstractionen und Möglichkeiten bedarf die Transsubstantiationslehre nicht, indem sie diesen Knoten verwirrender Annahmen, Vorstellungen und Voraussetzungen durch ein absolutes Wunder, durch die Verwandlung der Substanz des Brodes in die des Leibes Christi zerhaut, während die Accidenz des Brodes von diesem Verwandlungsprocesse unberührt und unverändert, für sich subsistirend gedacht wird. Dann wird die Consubstantiation von ihrem eigentlichen Begriffe abgezogen und unter einen Gesichtspunkt gestellt, welcher dem Probleme der Sacramentsfrage von Haus aus fern liegt. Diese letztere beschränkt sich naturgemäß auf den Ort des sacramentlichen Zeichens und fragt nun, wie ist ein solches Zusammensein zweier Substanzen an demselben sacramentlichen Orte möglich, während jene Fassung der Consubstantiation noch auf einen zweiten sacramentlichen Ort neben den von dem sacramentlichen Zeichen geforderten und in Anspruch genommenen reflectirt, und so der eigentliche Charakter des Problems verloren geht, indem weder ein Moment der sacramentlichen Handlung, noch des biblischen Abendmahlsberichtes auf einen doppelten sacramentlichen Ort hinweist.

Diese unnatürliche Form der Consubstantiationslehre, welche Pierre d'Ailly bei dem Lombarden angedeutet fand, welche jedoch nie über die müßigen Conjecturen der Schule hinaus ein geschichtliches Dasein gewann, läßt er denn auch auf sich beruhen, ohne ihre wissenschaftliche Schwäche und Begriffswidrigkeit zu mildern, und wendet sein persönliches Interesse umsomehr der zuerst erwähnten Gestalt dieser Theorie zu, nach welcher der Leib Christi in allen Theilen der vorhandenen und vorhanden bleibenden Substanz des Brodes präsent werden sollte. Er findet es sehr denkbar und logisch durchaus möglich, daß die Substanz des Brodes mit der Substanz des Leibes Christi zusammen existire — jedenfalls nicht unmöglicher und schwieriger als die simultane Coexistenz zweier Qualitäten oder Quantitäten und die gleiche Coexistenz einer Substanz und einer Quantität an demselben Orte des Raumes. Auch die Quantität der äußeren Accidenz, der bleibenden Gestalt des

Brodes, ist ein räumlicher Begriff; und wenn dieselbe mit der Substanz des Leibes Christi zugleich an demselben Raume existiren soll, so werden auch hier schließlich zwei räumliche Wesenheiten oder Existenzen an demselben Orte vorhanden gedacht. Die in die Sinnenwelt fallende und ihr angehörende Accidenz des Brodes ist eine so feste räumliche und materielle Realität, als eine körperliche Substanz. Daher ist die Vorstellung einer Coexistenz zweier körperlicher Substanzen nicht complicirter als jene Coexistenz einer realen Quantität oder Qualität mit einer Substanz. Ja jene Vorstellung der Consubstantiation ist darum die näher liegende und naturgemäßere, weil sie nicht die Existenz einer realen Accidenz ohne ihr substantielles Substrat, ohne das sie tragende Subject setzt, wie die Transsubstantiationslehre thut. Die Substanz des Brodes bleibt der natürliche Träger seiner erscheinenden Gestalt; das natürliche Subject seiner eigenen Accidenz wird nicht verwandelt oder vernichtet, nicht von ihrem bisherigen Seinsorte fortbewegt oder verändert. Die göttliche Wunderwirkung in diesem Sacrament geht dann auf das simultane und definitive Präsentwerden des Leibes Christi an allen Theilen der Substanz des Brodes. Dieses Wunder ist offenbar ein einfacheres als die Verwandlung der Substanz des Brodes ohne Mitverwandlung seiner äußeren Gestalt und als die Fortbewegung seiner Substanz an einen andern Ort ohne die Mitbewegung seiner äußeren Gestalt. Denn das Wunder, wie eine erscheinende, also materielle Gestalt ohne materielles Substrat sein kann — welches jene andere Form der Consubstantiationstheorie mit der mittelalterlichen Kirchenlehre gemein hat — wird vollständig erspart. Dieser realistische Einwand, welchen Pierre d'Ailly in seinen Quästionen über die Sentenzen des Lombarden erhebt, daß nämlich eine real vorhandene Accidenz, die wirkliche Gestalt oder Erscheinungsform eines Dinges, schon eine räumliche und materielle Bestimmtheit sei, war allerdings nur möglich auf dem Boden der späteren Scholastik, welche durch Okkam den idealistischen Realismus und realistischen Idealismus ihres Anfanges und ihrer Blütezeit überwunden und dem sogenannten Nominalismus, dem eigentlichen philosophischen Empirismus der Scholastik sich zugewandt hatte.

Die gewichtigen Gründe, welche der von seiner Zeit gefeierte Cardinal von Camerich Pierre d'Ailly für die Consubstantiationslehre anführt, aber im strengen Gehorsam gegen die kirchliche Autorität und aus Furcht vor ihren Bannsprüchen unbedingt und unerledigt wieder zurückzieht, hatten in Luthers Seele, wie er selbst bekennt, schon zu einer Zeit, da er noch ganz im Papsttum befangen war, gehaftet, sein frühes Nachdenken und selbständiges Urtheil über die Transsubstantiationslehre geweckt, deren letzter und mächtigster, in dem religiösen Bewußtsein der Zeit noch unerschütterter Hort auch in seinen Augen die kirchliche Autorität war und darum für ihn in dem Momente zusammenbrach, da er sich von der Autorität der kirchlichen Tradition zur alleinigen Autorität der heiligen Schrift hindurchgearbeitet hatte. Das war schon im zweiten Jahre der Reformation geschehen; und aus dieser frühen Erkenntnis des Besseren hatte Luther bereits in seinen ersten Schriften vom Abendmahl die Consubstantiations- und Transsubstantiationslehre stillschweigend neben einandergestellt. Einen tiefer greifenden und durchgängigen principiellen Unterschied aber wagte Luther zwischen beiden Theorieen gegenwärtig noch nicht zu fixiren, einmal weil derselbe wirklich bedeutungslos erschien im Vergleich mit dem abgöttischen Hauptirrtum der römischen Lehre und Praxis, dem Meßopfer, welches zunächst die ganze ungetheilte Aufmerksamkeit und das ganze polemische Interesse Luthers fesselte, und dann weil einem Laien, geschweige denn dem gemeinen Volke der haarscharfe Unterschied zwischen der kirchlichen Theorie und der strengen Form der Consubstantiation, an welcher Luther festhielt, doch kaum zugänglich, verständlich oder bedeutungsvoll sein konnte; und es war in der That die erste und vornehmste Pflicht evangelischer Weisheit und Gewissensrücksicht, mit zarter reformatorischer Hand die unhaltbar gewordenen alten Zustände, die zu Tage liegenden Irrtümer und Misbräuche der herrschenden Kirchenlehre und Kirchenpraxis zu berühren, um nicht das Wahre mit dem Falschen, den angesammelten Schutt mit den Grundmauern des Gebäudes oder das Kind mit der Wanne umzustürzen. Sollte aus der nothwendig gewordenen und von Gott geordneten Reformation nicht eine ungöttliche Revolution, ein radikaler Umsturz alles Bestehenden werden, so mußte dieser Schutt mit der größten Umsicht und Behutsamkeit nach und nach hinweggeräumt werden. Kein Stein oder Pfeiler des alten Gebäudes, welcher nicht wirklich hohl und brüchig geworden war, durfte im stürmischen Drange des Niederreißens zertrümmert werden. Nur die morschen Grundsteine, Theile und Stützen mußten fallen, um durch bessere ersetzt zu werden. Aber sie konnten und durften nicht alle auf einmal fallen, sondern mußten sachte und langsam mit der Kunst und Geschicklichkeit eines erfahrenen Baumeisters in Angriff genommen, abgethan und entfernt werden, wenn nicht gleichzeitig der ganze Bau zusammenstürzen und zerfallen sollte. An den baufälligsten und drohendsten Punkten des kirchlichen Systems mußte Schritt vor Schritt gearbeitet und gebessert werden, wo es am nächsten noththat; und so unter sorgfältiger Schonung und Erhaltung, Ergänzung und Erneuerung des noch brauchbaren und haltbaren Alten zu den minder augenfälligen und schadhaften Theilen fortgeschritten werden. Ohne eine gewaltsame Zerreißung des vorhandenen Zusammenhanges mußte das Alte langsam und allmählich aus sich selbst heraus in das Neue hinübergebildet werden oder das Neue aus dem Alten naturgemäß erwachsen. Nur diejenigen Momente des herrschenden Lehrbegriffes und der herrschenden Kirchenpraxis, deren falsches, unwahres, unevangelisches Wesen in Aller Augen sprang, klar und offen allen vorlag, konnten und durften gleich anfangs ohne Schaden und Nachtheil für das Ganze aufgegeben werden; an die Beseitigung der übrigen aber ließ sich ohne erhebliche Gefahr für das Ganze erst dann denken, wenn ihre theoretische oder praktische Unhaltbarkeit und Verderblichkeit allen zum reifen Bewußtsein gebracht worden war; und dies war gegenwärtig, da Luther mit viel gröberen handgreiflichen Misbräuchen und Irrtümern des Papsttums genug zu ringen und zu kämpfen hatte, mit dem feineren principiellen Unterschiede, welcher zwischen der Consubstantiations- und Transsubstantiationslehre liegt, allerdings noch nicht der Fall.

So setzt sich Luther in der genannten Schrift vom babylonischen Gefängnis zunächst nur subjectiv mit der Transsubstantiationslehre auseinander, ohne seiner theoretischen Argumentation und Polemik eine weitere praktische und reformatorische Folge zu geben.

Er verantwortet seinen persönlichen Standpunkt, welchen er nach Abwerfung des Joches der Tradition in der Abendmahlslehre gewonnen, und welcher die Consubstantiationslehre d'Aillys in einer neuen und selbständigen Form ausspricht, gegen die Verwandlungslehre, und er verantwortet ihn gleichmäßig von dem biblischen, dogmatischen und philosophischen Gesichtspunkte aus. Seinem reformatorischen Schriftprincipe gemäß fordert Luther eine genaue und getreue Auslegung der Einsetzungsworte und stellt als oberste Regel derselben den gesunden grammatischen und historischen Grundsatz auf, daß man bei dem natürlichen, einfältigen und eigentlichen Wortsinne der Schrift verbleiben müsse, so lange nicht ein einleuchtender und an sich evidenter Umstand von demselben abzugehen zwinge, weil es sonst Jedwedem, insbesondere den Gegnern leicht sein würde, mit der gesamten Schriftlehre nach Willkür zu spielen. Christus aber heißt das von ihm genommene, mit Dank gegen Gott gesegnete und den Jüngern dargereichte äußere Zeichen des Sacramentes ausdrücklich Brod; und ebenso reden die Apostel überall von dem äußeren Mittel der Abendmahlsfeier, ohne das Verschwinden oder Vernichtetwerden der Substanz des Brodes, ihre Verwandlung in eine ganz andere Substanz und zwar unter Nichtverwandlung der vorhandenen und somit bleibenden äußeren Gestalt im geringsten anzudeuten; und wie sollte ein solcher räthselhafter und wunderbarer Vorgang sich von selbst verstehen? Alle Umstände des Textes gehen dahin, daß im Abendmahl natürliches Brod und natürlicher Wein vorhanden sind und auch nach der Consecration bleiben; und kein einziger Umstand läßt ein solches Wunder der Verwandlung vermuthen, wie die von der reinen Wahrheit der Schrift abgefallene und aristotelisch gewordene, mittelalterliche Kirche es annimmt und voraussetzt. Also ermangelt die kirchliche Theorie von vornherein eines soliden und evidenten biblischen Grundes; und nicht besser besteht vor Luthers scharfer Kritik der praktische und dogmatische Hauptgrund, auf welchen das kirchliche und religiöse Bewußtsein des ganzen Mittelalters die Transsubstantiationslehre stützte, daß nämlich die von der kirchlichen Theorie und Praxis geforderte und in der Meßopfer-Idee begründeten Anbetung der Hostie eine Abgötterei sein würde, wenn die Substanz derselben die natürliche und creatürliche Substanz des Brodes unverändert bliebe. Aber schon die verständige Reflexion der späteren Scholastiker, z. B. eines Biel, hatte die Kraft dieses Einwurfes mit der richtigen Bemerkung gebrochen, daß der eigentliche Gegenstand dieser Adoration das sacramentliche Gnadengut, Christi Leib und Blut, sei und es darum einerlei sei, ob der anbetungswürdige Leichnam des Herrn bloß unter der Accidenz oder mitsamt der Substanz des Brodes zugegen sei. Luther eignet sich dieses Argument im wesentlichen an und verstärkt es theils durch die Verwerfung des Meßopfers, theils durch die Thatsache der Erfahrung, daß der spinöse metaphysische Unterschied zwischen Accidenz und Substanz mit seinen Consequenzen schließlich dem gemeinen Manne doch zu hoch und unverständlich sei. Die Adoration selbst läßt Luther ganz unangefochten. Einen der subtilen scholastischen Speculation gewachsenen, ja überlegenen Scharfsinn aber entfaltet Luther in seiner philosophischen oder logisch-dialektischen Beweisführung. Die logische und reale Möglichkeit, daß zwei Substanzen in einem und demselben Raume existiren können, hatte die Scholastik gar nicht beanstandet, vielmehr zur Begründung der Kirchenlehre selbst in Anspruch genommen. Sie dachte die äußere Gestalt, die bleibende Accidenz so real und selbständig, daß ihr Vorhandensein einer für sich subsistirenden und insofern substantiellen Existenz ganz gleichkam. Das, was dem Brode als Substanz eigen war, ward in die äußere Gestalt verlegt und existirte nun in dieser Bestimmtheit, unter veränderter Form, als Accidenz fort. Denn dieser Accidenz kam dieselbe Ausdehnung durch den Raum des Zeichens, welchen vorher die Substanz des Brodes natürlicher- und begreiflicherweise eingenommen hatte, zu, und in allen Punkten dieser quantitativen und räumlichen Accidenz ward der Leib Christi diffinitive, d. h. ganz und ungetheilt, wirklich gegenwärtig. Das Moment des localen oder örtlichen Seins haftete aber auch an der äußeren Gestalt des Zeichens; und wie konnte es an diesem haften, ohne ihm die Eigenschaft alles localen Seins, einen Raum nicht bloß äußerlich zu fordern und anzuzeigen, sondern auch thatsächlich auszufüllen, mitzutheilen, wie konnte der Accidenz also irgend eine substantielle Bestimmtheit, welche allem räumlichen Sein eigen ist und in seinem

Begriff unmittelbar liegt, abgesprochen werden? Okkam, welcher den Begriff des definitiven oder diffinitiven Seins des Leibes Christi im Sacrament ausführlich entwickelt und erörtert, stellt es genau in eine Kategorie mit der momentanen Existenz oder Präsenz desselben Leibes in utere clauso der jungfräulichen Gottesgebärerin, ferner in dem vor das Grab gewälzten Steine, durch welchen der vom Tode auferweckte Leib Christi fuhr, und in der verschlossenen Thüre, durch welche der Auferstandene später unter seine Jünger trat. In allen diesen Fällen existirt, wie Okkam in seinen Sentenzen lehrt, Substanz in Substanz, die Substanz des Leibes Christi in der Substanz des Leibes Mariä oder des Steines am Grabe oder der verschlossenen Thüre. Ist demnach diesen Beispielen die sacramentliche Existenz des Leibes Christi in der Hostie analog, so ist auch hier Substanz in Substanz und wird auch nach der Verwandlungslehre die Substanz des Brodes ganz in die Substanz des Leibes Christi absorbirt, so muß nothwendig an die Stelle dieser absorbirten Substanz eine andere treten, welche das erforderliche substantielle Substrat für die an einem solchen Substrate haftende definitive Gegenwart des Leibes Christi im Sacrament bildet; und dieses substantielle Substrat ist dann die real verbliebene Gestalt der Accidenz selbst, welche somit als der substantielle Träger oder die tragende Substanz des Leibes Christi gefaßt und bestimmt werden muß. Consequent hatten darum Andere geradezu ein neues ominöses Wunder behauptet, nämlich daß die accidentielle Gestalt des Brodes, welche durch die Consecration ihr natürliches Seinssubstrat verlor, gleichzeitig ein selbständiges und besonderes Seinssubstrat durch einen unmittelbaren Act der göttlichen Allmacht erhalte; und sie hatten dieses neue Mirakel mit dem demonstrativen Satz des Aristoteles: accidentis esse est inesse, begründet und in ihrer Art zu beweisen vermeint. Damit waren denn glücklich die philosophischen Begriffe der Accidenz und Substanz auf den Kopf gestellt worden; die Accidenz besaß eine von ihrer eigentlichen und natürlichen Substanz verschiedene und also an sich fremdartige Substanz, welche ihr eigentlich nicht zukam; und diese vorhandene Substanz war das hinzukommende oder accidentielle Substrat, mit anderen Worten die substantielle Accidenz einer ihrer Substanz beraubten Accidenz. Diese verwirrende Doctrin einer verkehrten und müßigen Speculation, in deren Fesseln die von der kirchlichen Autorität aufgestellte Transsubstantiationslehre die Scholastik geschlagen hatte, öffnete einer ähnlichen Verwirrung aller gesunden Logik und Metaphysik Thüre und Thor; und so erblickt Luther auch nach dieser Seite hin in dem ehrlichen Zugeständnis, daß im Abendmahl Brod und Wein unverwandelt bleiben, den einzigen sicheren Ausweg aus diesem unendlichen Labyrinthe monströser Annahmen und Vorstellungen, von denen eine immer die andere bedingte und erzeugte, eine die andere verdunkelte, verwirrte und wieder auflöste — allerdings das unverkennbare Symptom des sich vollziehenden Zerfalles oder Selbstzersetzungsprocesses einer in ihrem Principe unwahren und unhaltbaren Theorie.

Mit diesen scharfen logischen, dialektischen und philosophischen Waffen seiner Polemik dringt nun Luther auf den Schwerpunkt der kirchlichen Theorie ein; er setzt das Messer seiner einschneidenden und meisterhaften Polemik an die letzten positiven Wurzeln der Transsubstantiationslehre, an die substantielle Identificirung des Subject- und Prädicatbegriffes der Einsetzungsworte an. Mit einer bewunderungswürdigen Tactik, mit aristotelischer Folgerichtigkeit und Exactheit schlägt er die aristotelische Kirche des Mittelalters. Er führt ihre Theorie mit unerbittlicher Schärfe ad absurdum, indem er sie zwingt, ihr eigenes Princip mit logischer Klarheit bis zu seiner letzten Consequenz zu verfolgen und aufzudecken. Wenn in den Einsetzungsworten des Abendmahls eine strenge und wesentliche Identität von Subject und Prädicat ausgesprochen ist, so muß sich diese Identität nicht bloß auf die Substanz des Subject- und Prädicatbegriffes, sondern auch auf ihre Accidentien erstrecken. Es muß dann nicht bloß die Substanz des Brodes mit der Substanz des Leibes Christi durch die Consecration identisch werden; es müssen auch die Accidentien des Brodes genau in die Accidentien des Leibes Christi übergehen, oder es ist das von der kirchlichen Theorie geforderte und vorausgesetzte reine Identitätsverhältnis nicht vorhanden. Denn bleiben die Accidentien ohne ihre natürliche Substanz zurück, so kommt ihnen auch abgesondert von dieser, also an und für sich eine selbständige Subsistenz zu, deren Subject dann in ihnen selbst liegen muß, weil es in der verschwundenen, nicht mehr daseienden Substanz nicht liegen kann. Darum unterscheidet Aristoteles außer dem primären Subjecte eines Dinges, außer seiner Substanz, welche die verschiedenen Prädicationen desselben einheitlich trägt und zu einem organischen Ganzen zusammenhält, noch besondere oder secundäre Subjecte für diese einzelnen, von einander unterschiedenen Prädicationen desselben; und geschieht das auch bei Aristoteles in abstracto oder rein logisch und metaphysisch, so müssen doch diese begrifflich zu unterscheidenden Subjecte der an sich auseinander liegenden und auseinander fallenden Prädicationen, also auch der äußeren Accidentien sofort und folgerichtig eine concrete Gestalt gewinnen und Wirklichkeit werden, wenn ene accidentiellen Prädicationen, die äußeren Accidentien, wirklich für sich subsistiren sollen. Die Mitsubsistenz jener Subjecte, welche Aristoteles, der Vater der Logik, ihnen in der dialektischen Unterscheidung des Begriffes und seiner einzelnen Prädicationen zuerkennt, ist also die unumgängliche, weil logisch nothwendige Bedingung für die reale und selbständige Existenz dieser Accidentien. Soll demnach eine völlige Identität zwischen der Sphäre des Subjectbegriffes und der des Prädicatbegriffes erzielt und erreicht werden, daß beide ganz in einander fallen, an allen Punkten ihres Umfanges sich mit einander decken und substantiell eins sind, so müssen auch jene übrigen secundären und partiellen oder prädicativen Subjectsmomente in den Prädicatsbegriff aufgehen, also die prädicativen Accidentien des Brodes so gut, wie die Substanz desselben verwandelt werden, nämlich in die specifischen Prädicationen oder prädicativen Accidentien des Leibes Christi, in seine äußere Gestalt und Erscheinungsform, welche von der Scholastik consequent ebenso accidentiell, wie die äußere Gestalt und Erscheinungsform des Brodes gedacht wurde und gedacht werden mußte. Es mußte, wie Luther fordert, nicht bloß eine Transsubstantiation, sondern auch eine Transaccidentation, nicht bloß eine Verwandlung der Brodsubstanz in die Substanz des Leibes Christi, sondern auch ein gleichzeitiger Verwandlungsproceß für die erscheinenden Accidentien des Brodes stattfinden. Sie mußten, wie die Substanz des Brodes, selbst aufhören, wesentlich da zu sein, und an ihrer Stelle mußten die specifischen Accidentien des Leibes Christi erscheinen, damit die substantielle Identität des Brodes mit dem Leibe Christi auf allen Punkten des beiderseitigen Seins und seiner Prädicationen herauskam. Eine solche Transaccidentation aber fand nach Kirchenlehre und Erfahrung nicht statt, also konnte auch nicht von einem völligen substantiellen Identitätsverhältnis zwischen dem Brode und dem Leibe Christi im Sacrament die Rede sein. Der kirchlichen Theorie war somit ihr bisheriges Fundament, der biblische und dogmatische Grund und Boden, entzogen worden, auf welchem sie sich erbaut hatte, und schwebte nun als reine Hypothese, als ein künstliches Erzeugnis der kirchlichen Tradition in der Luft. So führte auch diese scharfsinnige dialektische und philosophische Gedankenreihe zu dem Resultate, daß, wenn einmal eine substantielle Identität des Subjectes und Prädicates der Einsetzungsworte laut der unumstößlichen Thatsache der Erfahrung und des halben Zugeständnisses der Kirchenlehre, nämlich ihres eigenen Gegensatzes gegen die nach allen Seiten geschlossene Identitätslehre der Transaccidentation unmöglich ist, es naturgemäßer und consequenter sei, die Verwandlungslehre überhaupt aufzugeben, weil eine Verwandlung der Substanz des Brodes ohne die Mitverwandlung ihrer Accidentien noch räthselhafter, verwirrender und begriffswidriger, als die reine Transaccidentationslehre erschien.

Aus diesen Gründen entscheidet sich Luther gegen die Transsubstantiationslehre und bezieht einfach und ungekünstelt das einleitende Demonstrativpronomen in den Einsetzungsworten des Abendmahles auf das vorhandene Brod, ohne sich auf eine neue positive Bestimmung des grammatischen Verhältnisses von Subject und Prädicat noch einzulassen. Sein gegenwärtiges reformatorisches Interesse geht nicht weiter als sein unmittelbares praktisches und religiöses Bedürfnis, welches durch die Verwerfung und Widerlegung der kirchlichen Theorie und ihrer exegetisch-dogmatischen Basis, der substantiellen Identificirung des Brodes mit dem Leibe Christi, zunächst befriedigt war. Aber auf der anderen Seite kann er seinen Gegnern auch nicht zugeben, daß mit dem Wegfall der Verwandlungsidee das Geringste von dem Wesen dieses Sacramentes und von dem vollen Gehalte der gegebenen sacramentlichen Proposition, welche von dem gesegneten Brod des Abendmahls die strenge Prädication, der Leib Christi zu sein, und von dem gesegneten Wein die strenge Prädication, das Blut Christi zu sein, wörtlich aussagt. Von jener Idee unabhängig, ist für Luther das reale Dasein des wahren Leibes und Blutes Christi in dem Brod und Wein des Abendmahles; und er versichert, dasselbe nicht anders und nicht minder in seiner ganzen Realität zu affirmiren, als seine Gegner unter den Accidentien des Brodes und Weines. Er denkt den Leib Christi nicht bloß im Brode und in jedem Theile des Brodes, sondern auch die Substanz des Brodes und die Substanz des Leibes Christi in dem innigsten Ineinander und Miteinander, in der engsten gegenseitigen und wesentlichen Verbindung, Berührung und Durchdringung aller ihrer Momente, so daß beide Substanzen an keinem Punkte ihrer beiderseitigen Existenzen außer und ohne einander sind; er denkt das Brod in der That als den Leib Christi, wie die strenge wörtliche Auffassung jener sacramentlichen Proposition es erfordert. Er bestimmt seine positive Lehre vom Abendmahl ausdrücklich dahin: corpus Christi sic salvo pane in sacramento esse, sicut est ignis in ferro salva ferri substantia et Deus in homine salva humanitate, utrobique sic mixtis substantiis, ut sua cuique operatio et natura propria maneat et tamen unum aliquod constituant. So definirt Luther die primitive Gestalt seiner gegenwärtigen reformatorischen Theorie in seiner lateinischen Verantwortungsschrift gegen den König Heinrich VIII. von England 1522, welcher in einer Assertio septem sacramentorum als Apologet der alten Kirche öffentlich gegen Luthers gefeierte Schrift vom babylonischen Gefängnis aufgetreten und dafür von dem Papste mit dem der Eitelkeit des Königs schmeichelnden Ehrennamen eines defensor fidei catholicae begrüßt worden war.

Luther kann seinen Gegnern nicht den Triumph lassen, daß er den eigentlichen Wortlaut der sacramentlichen Proposition abschwäche und den eigentlichen und vollen Inhalt des sacramentlichen Zeichens irgendwie verkürze oder verliere; und deshalb sucht er zu zeigen, wie auch nach seiner Lehrart, nach der strengen Consubstantiationslehre d'Ailly's die bleibende Substanz des Brodes mitder Substanz des Leibes Christi in ein so enges und gegenseitiges substantielles Ineinander treten könne, daß man von dem Brode unmittelbar den Leib Christi und umgekehrt prädiciren könne. Er braucht nur einige entsprechende Analogieen beizubringen, daß in einem und demselben Raume wirklich zwei Substanzen in einander existiren können, und er hat diesen Gegnern gegenüber erwiesen, was er zu erweisen braucht, die materielle Möglichkeit des räumlichen Ineinander zweier Substanzen. Er führt vor allen die Analogie an, an welcher schon die Väter die Gegenwart des Leibes Christi im Brode und das zwischen beiden bestehende sacramentliche Verhältnis zu erläutern pflegten, das Analogon der persönlichen Vereinigung zweier ganz verschiedener und doch miteinander unverletzt bleibender Naturen, einer göttlichen und menschlichen in Christus, dem Gottmenschen; und dieser Vergleich führt ihn weiter auf jene Analogie aus dem Naturreiche, welche gleichfalls schon die Väter zur Erläuterung jener gottmenschlichen Naturenvereinigung gebraucht hatten, das Ineinander von Eisen und Feuer im feurigen Eisen; und er darf dieses Analogon jedenfalls mit demselben Rechte sich für seine Sacramentstheorie zu nutze machen, mit welchem es die Väter für die Vereinigung zweier ganz verschiedener Wesenheiten, wie der göttlichen und menschlichen Natur Christi, glaubten anführen zu dürfen. Ferner erinnert er daran, daß auch ein Pierre d'Ailly an der sacramentlichen Consubstantiationslehre an sich keinen Anstoß nehme, also jene Möglichkeit des Ineinanderseins zweier Substanzen von vornherein zugebe. Endlich führt er für die Möglichkeit insbesondere, daß auch der Leib Christi mit und in einer anderen irdischen Substanz räumlich zugleich existiren könne, dieselben Analogieen an, welche namentlich Okkam für die scholastische Lehre der praesentia definitiva oder diffinitiva des Leibes Christi im Abendmahl geltend gemacht hatte, die rein scholastische Analogie, daß Christus ex utere clauso s. illaeso geboren sei, also in diesem Momente der Geburt sein Leib nicht bloß von dem der Maria umschlossen, sondern durchdrungen gewesen sei, und die aus der Bibel genommenen Analogieen, daß der Leib des auferweckten und auferstandenen Erlösers sich in dem Momente, da er durch den das Grab verschließenden Stein und später durch die verschlossene Thüre fuhr, mit der Materie des Steines und des Holzes räumlich an einem Orte befunden, dieselbe gleichzeitig durchdrungen habe und von derselben durchdrungen worden sei. Diesen Begriff des gegenseitigen Durchdringens zweier Materien in einem Raume hebt Luther auch in jenen Analogieen hervor; und dieser Umstand zeigt, wie realistisch er das Ineinander von Brod und Leib Christi im Abendmahl dachte. Aus diesem Grunde allein scheint er auch die beiden anderen Analogieen, welche Okkam noch benutzt, das Sein der Seele im Körper und das Sein eines Engels oder Geistes in einem materiellen Dinge der Sinnenwelt, auf sich beruhen zu lassen, weil in diesen Beispielen jener Begriff eines gegenseitigen Ineinander von Substantiellem und Substantiellem weniger scharf und realistisch hervortritt. Wenn aber Rettberg in seiner übrigens scharfsinnigen Untersuchung [1]) gerade aus diesen beiden Beispielen der anima intellectiva und der himmlischen Geister- oder Engelwelt schließt, daß bei dem Esse diffinitive Okkams der Begriff der Quantität gar nicht weiter in Betracht komme oder das Materielle aus demselben durchaus fortgeschafft sei, so übersieht er, daß auch das Sein der Seele und eines himmlischen Wesens, eines Engels oder Geistes, ein substantielles, wenn auch nicht grob materielles ist. Diesem untheilbaren geistigen oder vielmehr übermateriellen Sein liegt gleichfalls der Begriff einer festen Substanz zu Grunde; und diese höhere immaterielle Substanz ist jene reine Entelechie, wie sie die scholastische Metaphysik mit Aristoteles definirte, welche der groben Materialität, Erscheinungsform und Modalität der irdischen Welt entbehrte, aber nicht minder real und wesentlich nach einer höheren Gesetzmäßigkeit existirte, nämlich so, daß in jedem Theile das Ganze dynamisch mitgesetzt oder enthalten ist. Dies Sein ist gewissermaßen ein höheres ätherisches Fluidum, welches in jedem seiner Punkte die Qualität, Kraft und Wirkung des Ganzen trägt und offenbart; und in diesem Sinne ist auch die Gegenwart des Leibes Christi unter der Gestalt des Brodes eine diffinitive, daß auch hier die vorhandene Substanz des Leibes Christi die Eigenschaft hat, in jedem

1) Ueber Okkam und Luther in den Theol. Stud. u. Krit. 1839.

Theilchen der Hostie, ihrer äußeren irdischen Accidenz, ganz und ungetheilt, also mit der Qualität, Kraft und Wirkung des ganzen Leibes Christi, zugegen zu sein. Daß aber diese Substanz des Leibes Christi, welcher selbst in menschlicher Umschriebenheit im Himmel existirend von der ganzen Scholastik gedacht ward, in dieser dynamischen Eigentümlichkeit auf allen Altären der Christenheit täglich zugegen sei, hatte sich der noch selbständigere und kühnere Lombarde durch eine beschränkte Communication der göttlichen und menschlichen Natur Christi zu erklären gesucht, — eine Lehre, welche ursprünglich auf dem Boden der mystischen orientalischen Speculation entsprossen und in ihrem ganzen Umfange von dem Pseudodionys nur auf Erigena in der abendländischen Kirche übergegangen ist. Peter, der Lombarde, nimmt dieselbe vielmehr von Johann, dem Damascener, welcher auch in der lateinischen Kirche in gutem und orthodoxem Ansehen stand, in dem besonderen und beschränkten Interesse auf, jene diffinitive Gegenwart des Leibes Christi auf allen Altären der Christenheit denkbar zu machen. Er statuirt nämlich eine derartige Mittheilung der Allmacht der göttlichen Natur an die menschliche, daß diese, ohne ihre endliche Umschriebenheit aufzugeben, doch ihre in jedem Theile ganze und ungetheilte Substanz in schöpferischer Weise aus sich immerfort hervorbringen und leicht durch alle Intervalle des Raumes und der in ihm befindlichen irdischen Dinge auf die Altäre der Christenheit gelangen lassen könne, auf welchen sie dann unter der Gestalt des Brodes vorhanden zu sein anfange, während die Substanz des Brodes absorbirt werde oder da zu sein aufhöre. Diese Theorie hatte die spätere Scholastik, um nicht durch Ausbildung jener Communicationslehre in Widerspruch mit der Lehre von der Person Christi, wie sie von dem chalcedonensischen Concil feierlich festgestellt worden war, zu gerathen, dahin abgeändert, daß sie aus einer unmittelbaren göttlichen Allmachtswirkung ableitete, was der Lombarde aus seiner beschränkten Communicationslehre gefolgert hatte; und diese Verschiedenheit hat auch Dieckhoff [1]) richtig gegen Rettberg betont. Auf diese Seite der scholastischen Theorie läßt

---

[1]) a. a. O.

sich Luther nicht weiter ein; und es gehört die Befangenheit Dieckhoffs [1]), möglichst früh die eigene Lieblingstheorie, die Ubiquitätslehre, bei Luther nachweisen zu wollen, dazu, um in einer unschuldigen Aeußerung der Schrift von dem babylonischen Gefängnis „bereits das Neue der später in der Ubiquitätslehre sich vollziehenden Lehrgedanken Luthers“ angedeutet zu sehen. Auf Grund jenes Vergleiches des feurigen Eisens schließt nämlich Luther an jener Stelle a minori ad majus: cur non multo magis corpus gloriosum Christi sic in omni parte substantiae panis esse possit? Luther schlägt hier keineswegs einen neuen dogmatischen Grundgedanken an, welchen die Scholastik von ihrer Theorie absichtlich abgewehrt habe, wie Dieckhoff meint, sondern gibt einfach, um die Gradation seines Syllogismus zu verstärken und seine Folgerung desto schärfer in die Augen springen zu lassen, dem Leibe Christi das ihm gebürende Prädicat, welches ihn über irdische Dinge und Wesenheiten, wie das Eisen, hoch hinaushebt; er befindet sich mit dieser Prädication im völligen Einklang mit einem Okkam, welcher den im Abendmahl gegenwärtigen Leib Christi gleichfalls in die Kategorie der corpora gloriosa rechnet [2]), wenn er auch das Zusammensein desselben mit einem anderen Dinge oder Körper nicht von dieser Eigenschaft der verherrlichten Leiblichkeit abhängig macht, sondern kraft der göttlichen Allmacht die Möglichkeit eines räumlichen Zusammen- oder Ineinanderseins zweier Substanzen schlechthin behauptet, seien sie verklärte oder nicht verklärte; und eine solche nimmt auch Luther an bei jenem Beispiel des feurigen Eisens, indem er Eisen und Feuer als besondere, aber in einander gemischte oder gegenseitig von einander durchdrungene Substanzen denkt.

Für diese ursprüngliche Gestalt der besonderen Lehre von der Gegenwart des Leibes Christi im Abendmahl, welche Luther in dieser ersten Zeit seiner reformatorischen Entwickelung aufstellte, gesteht selbst Dieckhoff soviel zu, daß sie auf dem Standpunkte der

---

1) S. 252.

2) In diesem Punkte folgte Luther noch in seinem großen Bekenntnis vom Abendmahl 1528 genau unserem Okkam.

Consubstantiation, d. h. [1]) „einer wesentlichen Vereinigung der beiden Substanzen, des Brodes und des Leibes Christi, die aber ohne weitere Folge für das Verhältnis der Substanzen bleibt, im

---

[1]) a. a. O., S. 259. Wohl aber zu beachten ist, daß Luther die volle Schärfe der Consubstantiation, deren Anschauung zuerst das Studium Pierre d'Aillys in ihm angeregt hatte, nur gegen seine römischen Widersacher herauskehrt, um an diesem geheiligtsten Punkte der kirchlichen Theorie und Praxis, auf welchem das Meßopfer und der levitische Opferdienst der hierarchischen Priesterkirche ruhte, sich der gehässigsten Verketzerungen seiner Gegner zu erwehren. Indem er eine gegenseitige Mittheilung der wesentlichen Eigenschaften des Brodes und des Leibes Christi lehrt, kommt er der Transsubstantiation so nahe, daß die Substanz des Brodes nur als Accidenz an dem substantirenden Subject des Leibes Christi zu verbleiben scheint; und er folgert geschickt selbst aus der kirchlichen Lehrform, daß die erscheinenden Accidentien des Brodes und Weines, wenn sie anders wirklich vorhanden sein sollten, auch substantielle sein müßten, d. h. außer und ohne die Substanz beider nicht existiren könnten Mit diesem subtilen Disput will Luther aber nur seine scholastischen Gegner schlagen, nicht aber den einfachen Christenglauben behelligt wissen. Der Sermon vom hochw. Sacrament von 1519, welcher an den kirchlichen Sprachgebrauch am engsten anschließt, von der Verwandlung, der Form und Gestalt des Brodes redet, aber doch diese Gestalt mit dem in seiner Substanz verbleibenden Wasser der Taufe vergleicht, warnt schon vor den substantiellen und dem Glauben schädlichen Fragen über die Art und Weise des Mysteriums und läßt es Christus befohlen sein, wie und wo in den sichtbaren göttlichen Zeichen sein Fleisch und Blut wahrhaftig da sei. Die Schrift von der babylonischen Gefangenschaft 1520 rühmt, daß das Volk wenigstens bei dem einfachen Glauben an die wesentliche Gegenwart des Leibes Christi im Sacrament gläubig stehen bleibe, ohne sich in die spinösen Grübeleien der Scholastik zu verlieren, und Luthers eigenes Interesse geht nur dahin, daß man den Glauben an das substantielle Verbleiben des Brodes, welcher sich auf die Schrift stütze, nicht Ketzerei schelte und verdamme. Vgl. auch Köstlin zu dieser Schrift: „Uebrigens sieht man in der ganzen Ausführung Luthers, daß es ihr mehr um Abweisung der Gegner, als um positive Darlegung einer eigenen Theorie zu thun ist; die Grundtendenz ist eben die, an die Stelle des einfachen Schriftwortes keinerlei bloß menschliche Theorie treten zu lassen, an welche die Gewissen gebunden werden dürften. So will denn Luther auch iene scholastische Lehrmeinung Keinem wehren; nur als Glaubensartikel soll sie Niemandem aufgedrungen werden." (Köstlin a. a. O., Bd. I, S. 345.)

Punkte der substantiellen Vereinigung der Substanzen als solcher festgehalten wird", stehe. Aber dies wäre noch nicht die volle Consubstantiation, die Luther gegenwärtig von d'Ailly aufnahm. Er lehrte genau jene substantielle Vereinigung, welche nicht in dem Punkte der substantiellen Einigung als solcher stehen bleibt, sondern zur völligen dynamischen Einswerdung beider Substanzen, zu ihrer gegenseitigen Wesensdurchdringung fortschreitet. Es ist dies jene Theorie, welche Dieckhoff als Impanation bezeichnet und als eine substantielle Durchdringung definirt: „wobei das Eine mit seiner ihm eigentümlichen Eigenschaftlichkeit das accidentielle Sein des Andern wird, wie im feurigen Eisen das Eisen selbst von der Eigentümlichkeit des Feuers durchdrungen ist und selbst infolge dieser Durchdringung Feuer, und wie im Gottmenschen das Sein des Menschen infolge der hypostatischen Vereinigung der Naturen das Sein Gottes geworden ist." Pierre d'Ailly, eine der letzten Zierden der Scholastik, welchen Luther als Gewährsmann seiner neuen von der kirchlichen Transsubstantiationslehre abweichenden Abendmahlstheorie zur Abwendung vorschneller Verunglimpfungen und Verdächtigungen öffentlich anzuführen allen Grund hat, hatte diese strenge Form der Consubstantiationslehre, welche er an sich dem natürlichen Wortlaute der Schrift gemäßer, dem einfältigen Glauben probabler und der Vernunft einleuchtender hielt, sorgfältig auseinandergehalten von jener freieren Form der Consubstantion, welche die nachher verurtheilte mittelalterliche Opposition dem aus der magischen Meßopfer-Praxis der Zeit und ihrer abergläubischen Verehrung entstandenen und nach allgemeiner Anerkennung in der abendländischen Kirche ringenden Verwandlungsdogma, erst der Creationstheorie des Paschasius und dann der vollen Transsubstantiationslehre des Lanfranc und des Papstes Nicolaus II. entgegengestellt hatte. Berengar von Tours, der größte Gegner der Transsubstantiation, welcher seiner Opposition zum Opfer fiel, hatte die ältere Conversionstheorie dahin abgeschwächt, daß das Brod den Leib Christi durch die Consecration assumire, ohne daß es indessen von demselben wesentlich bestimmt oder in seinem Wesen modificirt würde. Im Gegensatz gegen diese freieste Form der Consubstantion, welche die Kirche verworfen, ihr eigener Urheber unter dem Drucke der Gewalt widerrufen und dann der Erzketzer Wycliffe wieder aufgenommen und seinem eigentümlichen Ideenkreise eingebildet hatte, faßte der gelehrte Cardinal von Cambray, um dem kirchlichen Bewußtsein genugzuthun und nicht selbst als Ketzer zu erscheinen, die Consubstantiationstheorie, welche er sich abgesehen von der kirchlichen Autorität lieber als die Transsubstantiationslehre gefallen lassen hätte, so streng als möglich war, um sie der letzteren ganz nahezurücken. Seine Anschauung von der Theorie, welcher er jenes günstige Zeugnis ausstellt, war diese, daß vielmehr der Leib Christi die Substanz des Brodes durch eine wesentliche Union assumire; und er dachte sich diese Assumtion des Brodes von Seiten des Leibes Christi nicht anders, als die Assumtion der menschlichen Natur des Gottmenschen von Seiten des Logos. Er zweifelt an der erwähnten Stelle seiner Quästionen zu den Sentenzen des Lombarden durchaus, ob der Leib Christi sich mit dem Brode so vereinigen könnte, daß beides, Brod und Leib Christi, unbestimmt und unbeeinflußt von einander, zusammen nebeneinander existiren können. Eine substantielle Verknüpfung oder Vereinigung des Leibes Christi mit dem Brode, welche bloß bis zu dem Punkte der substantiellen Coexistenz beider Substanzen geführt wird, genügt also seinem von der alten Anschauung beherrschten Bewußtsein keineswegs; er will auf jeden Fall die annehmbare Verbindung oder Union des Leibes und Brodes über jene substantielle Coexistenz beider Substanzen hinaus fortgeführt wissen bis zur völligen Assumtion. Der Leib Christi soll das Brod ähnlich assumiren, wie das ewige Wort die menschliche Natur zur persönlichen Einheit mit sich assumirte, und wie der Logos nun an allen Punkten persönlich durchdringt und nach sich bestimmt mit seinen göttlichen Lebenskräften. So soll also auch der Leib Christi mit seinen überirdischen Kräften das Brod durchdringen und durchwalten, daß es als Substanz in dasselbe Verhältnis der Accidenz zur Substanz gesetzt wird, in welchem nach Paschasius auch die Accidenz der Menschheit Christi zu seiner Gottheit steht. Das Brod ist dann von dem Leibe Christi so vollständig angeeignet und getragen, daß ein neues dynamische Ganze entsteht, dessen äußere Erscheinungsseite das Brod — dessen Substanz der Träger seiner Accidentien bleibt —

und dessen innere Wesensseite oder Seele der Leib Christi ist. Das Sein des Brodes ist demnach ein Sein des Leibes Christi, wie die Menschheit des Gottmenschen ein Sein Gottes ist und von dem äußeren Leib des Menschen das Sein der ihn durchwaltenden und belebenden Seele prädicirt werden darf. Genau diesen Vorstellungskreis verfolgt Luther in seiner Schrift von der babylonischen Gefangenschaft, wenn er die Substanz des Brodes in der Art auf den Leib Christi transcendirt, ut et illam velis non accipi per subjectum, ut non minus in substantia quam in accidente sit hoc corpus meum. Er will zunächst nur das Unding substanzloser und doch für sich subsistirender Accidentien beseitigen, indem er ihnen nach Schrift und Erfahrung ihren natürlichen Träger, ihr natürliches Subject, die Substanz des Brodes, läßt. Diese bleibende Substanz des Brodes, welche naturgemäß die äußeren Accidentien trägt, tritt einfach an die Stelle der substanzlosen und doch subsistirenden Accidentien, subsistirt, wie letztere nach der Transsubstantiationslehre es sollen, unmittelbar am Leibe Christi, hat an diesem ihr bestimmendes und beseelendes Subject, welches dieselbe dynamisch durchwaltet und bestimmt; und darum darf das Sein des Leibes unmittelbar von dem Sein des Brodes ausgesagt werden, was bei einer bloßen, wenn auch substantiellen Coexistenz von Brod und Leib Christi allerdings nicht angehen würde. Eine rein hypostatische Union ist diese Coexistenz freilich nicht; denn eine solche kann überhaupt nur zwischen persönlichen Wesen oder Naturen bestehen, z. B. der Gottheit und Menschheit im Gottmenschen, nicht aber zwischen dem von der gottmenschlichen Lebenseinheit beseelten Leib Christi und dem leblosen ganz heterogenen Brod. Aber eine rein hypostatische Union ist auch keineswegs nothwendig, um diese Consequenzen nach sich zu ziehen; diese sind in jener dynamischen Union, wie sie Luther dem feurigen Eisen analog dachte, vollkommen vorhanden. Dieses Analogon hatte auch der englische König so anstößig gefunden und seinem Gegner zum großen Vorwurf gemacht, daß er den gottmenschlichen Leib Christi mit dem Wesen einer todten creatürlichen Substanz sich vermischen lasse; und Luther hatte seinen Vergleich, welcher die alleinige Denkbarkeit und Möglichkeit der von der Transsubstantiation gelehrten Proposition: panis est corpus meum, mit aus dem Felde schlagen sollte, keineswegs zurückgezogen, sondern mit jenen noch schärferen und unzweideutigen Worten aufrecht erhalten: utrobique sic mixtis substantiis, ut sua cuique operatio et natura propria maneat et tamen unum aliquod constituant. Bestimmter läßt sich die dynamische Union zwischen Brod und Leib Christi, welche Luther behauptet, nicht definiren, als durch diese scharfe Hervorhebung der wesentlichen Folge, welche diese Art der Vereinigung bewirkt. Sie bewirkt eine ganz neue Wesensbildung, wie die Vereinigung der Gottheit und Menschheit in Christo nicht zwei lose verbundene oder coexistirende Hälften, sondern eine ganz neue Person, die gottmenschliche, bildet. So ist auch das Eisen in seiner Verbindung mit dem Feuer nicht einfaches Eisen mehr, sondern ein von der Eigenschaftlichkeit des Feuers durchdrungenes und umgestaltetes. So kommt auch durch jene Union des Leibes Christi und des Brodes im Sacrament ein ganz neues Wesen zu Stande, indem das Brod nicht mehr für sich, sondern in dem es dynamisch durchwaltenden und nach sich gestaltenden Subject des Leibes Christi subsistirt. Das Brod behält also nicht seine reine ursprüngliche Wesenheit, sondern verändert dieselbe, indem es von dem Leibe Christi assumirt wird, dergestalt, daß es sich diesem gleichsam assimilirt (mixtis substantiis), von dem Leibe Christi allenthalben innerlich getragen, umgestaltet, neu bestimmt ist. Diese strenge Consubstantiationstheorie kommt allerdings der Transsubstantiationslehre so nahe, daß der zwischen ihnen liegende principielle Unterschied nur einem geschärfteren Nachdenken zugänglich ist; und aus diesem Umstande erklärt und rechtfertigt sich das Verfahren, welches Luther in der Schrift von der babylonischen Gefangenschaft gegen beide Theorien beobachtet, indem er empfiehlt, dem Gläubigen in denselben freie Hand zu lassen, und wenn er vor allen den gemeinen Mann nicht mit diesen ihm doch unverständlichen Subtilitäten behelligen will.

So eng berührte sich die strenge Consubstantiationslehre, zu welcher sich Luther in diesen ersten Jahren seiner reformatorischen Entwickelung im heißen Kampfe mit der Macht der kirchlichen Autorität und mit den Gefahren des völligen Zweifels hindurchgerungen hatte, mit der realistischen Anschauung der Transsubstantiation, daß er einen Unterschied zwischen beiden Theorien in dem praktischen Leben und Bewußtsein des Christen nicht machen wollte; und je mehr er es in diesem Punkte mit der alten Kirche hielt, desto weniger konnte er sich natürlich mit der freieren Abendmahlslehre der von der Kirche losgerissenen Oppositions- und Reformparteien, wie der böhmischen Brüder, befreunden. Diese natürliche Abneigung ward noch verstärkt durch das böse Geschrei, welches seine katholischen Gegner alsbald über den allenthalben zündenden, weckenden und für die neuen reformatorischen Ideen begeisternden Sermon vom Sacrament Ende 1519 erhoben hatten. Die ungeheure Wirkung, welche derselbe gehabt hatte, suchten jetzt die Gegner der Reformation dadurch abzuschwächen, daß sie ihn der gehässigen und von der Kirche längst gerichteten Ketzerei der böhmischen Brüder in der Sacramentslehre anklagten. Sie streuten gar öffentlich aus, daß Luther ein Böhme sei, welcher zu Prag erzogen und an Wycliffe's Schriften gebildet sei; und das Domkapitel von Meißen, welches mit seinem Fürsten, dem Herzog Georg, in dem Haß gegen Luther und die Reformation wetteiferte, schämte sich nicht, zu solchen abenteuerlichen Behauptungen und Verdächtigungen seinen Namen öffentlich herzugeben. Dadurch sah sich Luther veranlaßt, sein Verhältnis zu den böhmischen Schismatikern klar darzulegen, und er that dies in einer Erklärung etlicher Artikel des Sermons von dem heiligen wahren Leichnam Christi im Anfang des Jahres 1520. Er unterscheidet da drei Parteien unter den böhmischen Reformgemeinden, die sogenannten Pickarten, die Grubenhainer und die böhmischen Brüder im engeren Sinne. Von den Erstgenannten, welche Luthern ein kurzes Bekenntnis ihres Glaubens vorgelegt hatten, sagt er sich sogleich gänzlich los, weil sie unter anderen ketzerischen Stücken vom Sacrament lehrten, daß Christi Leib und Blut nicht wahrhaftig im Abendmahl wäre. Er hält dieselben für richtige Ketzer und bittet Gott, sich ihrer zu erbarmen. Ueber die zweite Partei, welche den alten Spottnamen der strengeren Taboriten führt und sich wegen der erfahrenen Verfolgungen und Bedrückungen sehr verborgen hielt, wagt Luther, weil er nichts Näheres von ihnen und ihrer Lehre weiß, ein bestimmtes Urtheil, ob sie gute Christen oder Ketzer seien, nicht abzugeben. Hingegen läßt er sich die dritte Partei, welche nach dem Zeugnisse seiner Widersacher, der Papisten, sich nur durch den Gebrauch beiderlei Gestalten von der Wittenberger Sacramentslehre entfernen sollte, gern gefallen und nimmt sie gegen eine einseitige Verurtheilung in Schutz. Da Christus beide Gestalten eingesetzt hat, so ist es nicht gegen die Schrift, also auch keine Ketzerei, den Kelch zu empfangen; und Luther wiederholt auf's neue das Recht der Laien, den Kelch zu genießen, was seine Gegner dermaßen aufgebracht habe, daß sie nach seinem Blute zu dürsten schienen. Aber er fügt auch auf's neue einlenkend hinzu, daß nicht ein einzelner Bischof aus eigener Machtvollkommenheit, sondern nur ein allgemeines Concil das einmal Bestehende abändern und reformiren dürfe, weil sonst die Einheit der Kirche gefährdet würde; und darum tadelt Luther die Böhmen, daß sie nicht bei der allgemeinen Kirche geblieben, sondern Schismatiker geworden seien. Die Kelchentziehung ist wol ein Unrecht, sofern sie das ursprüngliche Anrecht des Christen auf beide Gestalten verkürzt hat; aber sie ist auch nicht Ketzerei, da Christus nicht einmal den Genuß des Abendmahles überhaupt, geschweige denn den Genuß des Kelches ausdrücklich für Jeden befohlen habe. Die Seligkeit des Gläubigen ist nicht einmal gebunden an den Genuß des ganzen Sacramentes, geschweige denn an den Nichtgenuß der einen Gestalt; denn die Altväter der Wüste haben keine von beiden empfangen können und sind durch ihren Glauben doch selig geworden. Dieser vor Gott rechtfertigende Glaube ist allein nothwendig zur Seligkeit: und darum bezieht Luther das wirkliche Gebot Christi (Joh. 6), auf welches die Böhmen sich gestützt hatten, daß man von dem Fleische des Menschensohnes essen und von seinem Blute trinken müsse, um selig zu werden, schon damals, freilich in einem anderen Interesse, als später gegen die Schweizer, allein auf den Glauben und nicht auf das Abendmahl. Von diesem vermittelnden Standpunkte, welcher noch mit der alten Kirche so wenig in der Praxis, als in der Theorie auf eigene Hand zu brechen wagt, wägt Luther beiden Theilen gleichviel Schuld zu, wenn sie das äußere und innere Band der Eintracht und der Einigkeit nicht unter sich erhalten, sondern ein Schisma hätten entstehen lassen. Beide, die Böhmen und die Römlinge, hätten nach dem Worte des Herrn eher den Mantel zu dem Rocke fahren lassen und ihre beiderseitigen Leiter und Hirten alles thun sollen, um die eingerissene Zwietracht zu beseitigen und sich miteinander freundlich zu vertragen. Die Böhmen durften nicht gegen das Gesetz der Liebe, der kirchlichen und brüderlichen Eintracht, auf einem einzelnen besonderen Rechte ihrer christlichen Freiheit bestehen, welche in diesem Falle lieblose Willkür und eigenes Gutdünken werde. Aber ebenso sehr, ja noch mehr hätten die Römlinge von ihrem harten Sinne lassen und nicht mit Gewalt die christliche Freiheit unterdrücken sollen. Denn Christus hat allerdings beide Gestalten des Abendmahles zum Genuß der Seinen eingesetzt; und darum hatte Luther die bloße Darreichung der einen Gestalt eine stückliche oder stückweise Darreichung des Sacramentes genannt. Diesen allerdings misverständlichen Ausdruck hatte das öffentliche Ausschreiben des Domcapitels von Meißen begierig aufgegriffen und nach Möglichkeit entstellt: es hatte denselben auf den Leib Christi bezogen und so glücklich herausgebracht, daß nach der neuen Wittenberger Lehre der hochwürdige Leib des Herrn im Sacrament zerstückt werde, was dem einfältigen Laien gewiß recht gotteslästerlich klang. Luther kann sich des Lächelns nicht erwehren über jene geistlichen Helden, welche wider ihre eigene Fastnachtsträume föchten und jenen tollen Unverstand in das Volk treiben wollten, und setzt den wahren Sinn seiner Aeußerung auseinander, welcher von jenem untergeschobenen oder verdrehten so verschieden sei, als der Aufgang vom Niedergang. In diesem Punkte ist er sich also keiner Abweichung von der herrschenden kirchlichen Anschauung, auf welcher die Concomitanzlehre beruhte, bewußt; nur vermag er nicht den aus ihr erwachsenen Misbrauch, die Verstümmelung der von Christus unter beiderlei Gestalt eingesetzten Abendmahlsfeier, die Kelchentziehung, zu entschuldigen. Nach jener von dem Lombarden sanctionirten Auffassung der reinen aristotelischen Substanz, die schon einige der griechischen Väter theilen, war in jedem Theile oder Momente der sacramentlichen Substanz, welche der Lombarde nach seiner beschränkten Communicationslehre unmittelbar aus dem himmlischen Leibe Christi auf die Altäre der Christenheit herniederströmend dachte, das ganze Wesen des Leibes Christi, mit allen Eigenschaften und Bestandtheilen, also mit Fleisch und Blut, mit Haut und Haar, *κατ' ἐντελέχειαν*, wie es in der aristotelischen Metaphysik hieß, aber doch, worauf es der Scholastik ankam, mit aller Realität einer solchen entelechischen Substanz vorhanden. Darum machte sie den Gebrauch der beiden Gestalten im Sacrament zunächst theoretisch überflüßig, weil ja unter der Gestalt des Brodes so gut, wie unter der Gestalt des Weines derselbe einige und vollständige Leib des Herrn mit Fleisch und Blut, mit Haut und Haar zugegen war; und bald machte sich die kirchliche Praxis zur neuen Verherrlichung des geistlichen Standes, der hierarchischen und priesterlichen Heilsvermittelung dies neue Theorem der Scholastik zu nutze, gab aber zur Rechtfertigung dieses kostbaren Vorrechtes, welches sie an sich riß, den Genuß des Kelches auf die Geistlichen und einzelne wenige, von Gott durch die Verleihung der obrigkeitlichen Gewalt besonders bevorzugte und begnadigte Laien beschränken zu müssen, mit heuchlerischer Scheinheiligkeit die Gefahr der Kelchverschüttung, wol auch den Mangel des Weines in vielen Ländern vor.

Aber je feindseliger sich die Curie gegen die gerechten Bitten, Mahnungen und Forderungen Luthers verschloß, je rücksichtsloser sie auf eine gewaltsame Unterdrückung der neuen Ketzerei und aller reformatorischen Bestrebungen hinarbeitete, und je weniger von ihrer Seite an die Einberufung eines allgemeinen Concils zur Gewährung der dringendsten Reformen zu denken war, desto mehr erstarkte und reifte auch der reformatorische Gegensatz in Luthers Seele, desto schneller vollzog sich in ihm ein Umschwung in der Auffassung und Behandlung der Dinge, welche in das Bereich der äußern Kirchengewalt und der äußern Anordnung des Gottesdienstes gehörten. Er lernte einsehen, daß man auch in der Praxis aus dem alten Geleise einmal herauskommen und eine selbständige Bahn der Entwickelung betreten müsse, wenn es anders zu einer Reformation, wie sie das neue Bewußtsein der Zeit immer sehnlicher wünschte und forderte, kommen sollte. Es mußte mit der evangelischen Praxis entschiedener Ernst gemacht werden, wenn eine solche überhaupt in das Leben gerufen werden sollte; und unter diesen durchschlagenden Gesichtspunkten modificirte er bereits im Anfang des Jahres 1521 in der Schrift von Grund und Ursach aller Artikel, so durch römische Bulla unrechtlich verdammt sind, seine bisherigen Grundsätze, welche er über den vorläufigen Fortbestand der kirchlichen Abendmahlsfeier unter einer Gestalt aufgestellt hatte, und welche er nun selbst zu milde und sanft findet. Er heißt, mit der Reformirung dieser unevangelischen Feier nicht mehr auf die Entscheidung eines allgemeinen Concils, welches ohnehin noch gar nicht abzusehen war, zu warten; und er gesteht folgerichtig im Geiste und Principe der zu Recht bestehenden hierarchischen Kirchenverfassung nach der römischen Curie oder dem Papste, welcher wider Christi Einsetzung nur das halbe Sacrament gewähre und darum schon in seinen Augen gewißlich vermaledeiet und verbannet ist, den nächsten Inhabern des äußeren Kirchenregimentes, den Bischöfen, das Recht und die Pflicht zu, den eingerissenen Misbrauch abzustellen und den Gläubigen das ganze, ihnen gebürende Sacrament zu geben. Consequent kann er darum jetzt die böhmischen Brüder der milderen Observanz, welche unter einem besonderen Brüderbischof zu Prag standen und sich von den Pickarten wegen des strengeren Rigorismus und der freieren Abendmahlslehre derselben bisher ferngehalten hatten, nicht mehr für Schismatiker achten und billigt vollkommen, daß sie ohne den Richterspruch eines Concils mit ihrem Bischof in der rechten Feier des Abendmahles unter beiderlei Gestalten der Christenheit vorangegangen seien.

Aber unter den ernsten Ereignissen dieses für die Reformation wichtigen Jahres 1521, insbesondere auf dem Reichstage zu Worms, konnte sich Luther gründlich davon überzeugen, daß die Bischöfe der alten Kirche, die stolzen Häupter und Herrscher der kirchlichen Hierarchie nicht daran dachten, dem ketzerischen und in ihren Augen armseligen Bischof der böhmischen und mährischen Brüder auf dem Wege eigener evangelischer Reformen nachzufolgen. In diesen hochstehenden Spitzen des alten Systems gipfelte naturgemäß auch der Geist, welcher es erzeugt hatte, beseelte und erhielt. Das bischöfliche Interesse und Regiment, seine äußeren weltlichen Vortheile, Vorrechte und Ehren, seine inneren Mängel und Fehler waren mit den leitenden Ideen und Zwecken der römischen Curie zu eng verflochten und verwachsen, als daß sich beide hätten scheiden können. Die göttliche Einsetzung und Autorität des Papstes, des Stellvertreters Gottes auf Erden, welcher durch die Bischöfe und die ihnen bei- oder untergeordneten Stufen des hierarchischen Systems die ganze sichtbare Kirche auf Erden regieren sollte, bildete den Vordersatz für die göttliche Würde und Machtvollkommenheit des Episkopates, für den göttlichen Ursprung und Charakter seiner kirchlichen Rechte und Befugnisse. Fiel jener Haupt- und Grundsatz des ganzen Systems, so fielen auch diese Consequenzen, welche die Bischöfe zu ihren Gunsten bisher aus demselben ziehen durften. Um ihrer selbst willen konnten und durften sie also das oberste monarchische Ansehen, welches der Curie in dem reichgegliederten Organismus der mittelalterlichen Hierarchie zukam, nicht untergraben lassen oder gar mit schwächen helfen; die eigene persönliche Unterordnung unter den Papst wurde ja unendlich aufgewogen durch die großen und gewaltigen Prärogativen, welche ihnen von demselben durch göttliche Autorität zuflossen. Und wenn man auch von solchen Rücksichten auf das eigene Interesse und von noch unlauteren Motiven absehen darf, so giengen doch die altkirchlichen Anschauungen, welche sich in dem Episkopat am schärfsten ausprägten und aussprachen, wenn irgendwo, so gewiß in den Bischöfen ganz in Fleisch und Blut über und bestimmten demgemäß, auch ohne bewußte Selbstsucht, ihre ganze Ueberzeugung gegen die neuen Reformationsideen, welche jetzt unabhängig von der altkirchlichen Autorität und Tradition und ohne die rechte hierarchische Sanction von unten aus sich Bahn brachen, in den Kreisen des Volkes und des niederen Clerus lauten Wiederhall ernteten, von den weltlichen Fürsten und Ständen unterstützt wurden und somit allen Begriffen jener Hierarchen von göttlicher und menschlicher Ordnung, auch allen ihren Begriffen von dem pelagianischen System der kirchlichen und scholastischen Wissenschaft schnurstracks entgegenliefen.

Von diesen Bischöfen war für die Reformation so wenig zu hoffen, wie von dem Papste. Das fühlte Luther immer lebhafter seit dem Wormser Reichstage, auf welchem er den deutschen Episkopat und seine dem Evangelium feindselige Stimmung in der

Nähe kennen gelernt hatte. Alles drängte zu einer entscheidenden Katastrophe hin. Die Feinde des Evangeliums hatten durch das Wormser Edict, welches Luthern ächtete, mit ihm zugleich sein Werk für immer niederzuschlagen gesucht und dadurch den Geist, welcher sie gegen die neuen reformatorischen Bestrebungen erfüllte, genugsam offenbart. Die Reformation war verloren, wenn sie sich noch auf die Billigkeit oder Gnade dieser offenen Gegner verlassen wollte. Sie mußte jetzt auf eigenen Füßen stehen, in Theorie und Praxis selbständig handeln und sich allein auf ihr eigenes Princip gründen. So lernte Luther die Lage der Dinge beurtheilen, als er sie auf seinem einsamen Pathmos, der Wartburg, im Geiste des Gebetes und des Glaubens überschaute und prüfte. In dieser Zeit der stillen inneren Läuterung und Sammlung, in welcher er sich für neue und größere reformatorische Arbeiten und Aufgaben vorbereitete, reifte in seiner Seele der kühne reformatorische Entschluß, ohne die Zustimmung eines allgemeinen Concils, des Papstes oder der Bischöfe die praktische Durchführung des Reformationswerkes, die Verbesserung der äußeren gottesdienstlichen Formen nun selbst in die Hand zu nehmen. Am 1. August 1521 schreibt Luther aus seinem Exil nach Wittenberg, daß er den Gedanken, die Einsetzung Christi im Sacrament wiederherzustellen, durchaus billige und daß er sich vorgenommen habe, vor allen Dingen dies auszurichten, wenn er nach Wittenberg zurückkomme. Er folgert jetzt aus seinem Grundsatz der christlichen Freiheit nicht mehr einseitig, daß man sich in den Genuß der einen Gestalt des Abendmahles ohne Sünde fügen könne und solle, weil die Schrift den Genuß beider Gestalten nicht ausdrücklich vorschreibe; er schließt jetzt aus der Erkenntniß, daß die Kelchentziehung eine tyrannische Willkür sei, daß man sich dieselbe nicht gefallen zu lassen brauche, sondern das Recht und die Freiheit, ihr zu widerstehen, habe. Damals dachte er ernstlich daran, die in den Cultus eingeschlichenen Misbräuche abzuthun, darunter die Elevation, von welcher er gegen die himmlischen Propheten 1525 schreibt, daß er sie bei seiner Rückkehr nach Wittenberg, ohne Karlstadts schwärmerisches und stürmisches Dazwischenfahren, vielleicht fallen gelassen hätte; und daß die Ausscheidung aller unevangelischen Bestandtheile aus der

Messe bei ihm jetzt eine beschlossene Thatsache war, beweist theils seine Billigung der Meßreformen, welche die Augustiner zu Wittenberg zunächst in ihrem Kloster um diese Zeit vornahmen, theils die Schrift vom Misbrauch der Messe, welche in den November dieses Jahres 1521 fällt und schärfer, als alle früheren Schriften Luthers gegen die verderbte römische Meßpraxis ausfällt.

Dieser weitere Fortschritt, welchen Luthers reformatorische Entwickelung und evangelische Erkenntnis auf dem Gebiete der kirchlichen Praxis in dieser Zeit der größten äußeren Verfolgung und der reifsten inneren Einkehr und Stille auf der Wartburg machte, wirkte wiederum wohlthätig, stärkend und reinigend auf seine reformatorische Theorie vom Abendmahl zurück. Zunächst tritt die Sühnopferbedeutung des Todes Christi, welche jedes andere Opfer für die Sünden der Gläubigen unnöthig und überflüßig macht, ja als eine Beeinträchtigung und Verleugnung jenes einmaligen und zur Versöhnung der Welt vollgültigen Opfers am Kreuze erscheinen läßt, in ihr volles geschichtliches Recht ein. In der eigentümlichen Theorie, welche Luthers Sermon vom Neuen Testament und die anderen Schriften des Jahres 1520 enthielten, war das richtige Verhältnis zwischen der Sündenvergebungszusage, dem Inhalte und Wesen des sacramentlichen Testamentes Christi, welches die Einsetzung des Abendmahles ist, und seinem Versöhnungstode nahezu verschoben oder vielmehr umgekehrt worden. Die wirkliche Vergebung der Sünde im Sacrament beruhte materiell allein auf der sacramentlichen Zusage Christi; und der Tod des Welterlösers bezeichnete nur den formellen und temporellen Moment, mit welchem dieses Testament des Neuen Bundes, wie jedes andere menschliche Testament, d. h. durch den Tod des Testators rechtmäßig in Gültigkeit trat. Jetzt wird der materielle Schwerpunkt der Theorie, durch welchen das theure Gut und Erbtheil dieses Neuen Testamentes, der gnadenreiche Schatz der Sündenvergebung, den Gläubigen überhaupt beschafft und erworben ist, normal in den Opfertod des Sohnes Gottes verlegt und demnach der sacramentlichen Zusage das formale Moment der feierlichen Zusprechung oder Zuerkennung, der testamentarischen Zueignung jenes Schatzes der Sündenvergebung, welche der Tod Christi der Welt erwarb, gegeben. Die schärfere Spannung seines reformatorischen Gegensatzes gegen das Meßopfer, gegen die tägliche Wiederholung des einmaligen geschichtlichen Opferactes Christi, veranlaßte diese Accentuirung der geschichtlichen und absoluten Erwerbung der Versöhnung und Sündenvergebung am Kreuze; und dieselbe Bestreitung jener unevangelischen Meßopfertheorie richtete Luthers Augenmerk und Interesse zunächst polemisch auf die Anfangsworte der Einsetzung: „Nehmet hin und esset, — und trinket Alle daraus!" Er folgert treffend aus diesen Worten, daß in diesem Sacrament nichts geopfert werde, weil das Geopferte Gott dargebracht werden müßte, nicht aber von den Gläubigen genossen, gegessen und getrunken werden dürfte; und er erklärt sich scharfsinnig die Entstehung der Meßopferidee, welche die evangelischen Centralideen des durch Christi Opfertod schlechthin versöhnten Gottes und des durch diesen Versöhnungsact uns erworbenen vollkommenen Heilsbesitzes förmlich lästere und Lügen strafe, im Zusammenhang mit seinen früheren Andeutungen über diesen Punkt aus dem späteren Misverstande des danksagenden Zweckes, welchen der Elevationsritus in der patristischen Abendmahlsfeier hatte. Aber Luther ist von seinem rein negativen, polemischen Interesse so sehr bestimmt und beherrscht, daß er von jenen Worten der Einsetzung, welche damals zuerst von ihm in Betracht gezogen wurden, keinen weiteren positiven und dogmatischen Gebrauch für seine eigene Theorie macht; und wie nahe lag doch im Zusammenhange mit dem Objecte der Darreichung, welches die unmittelbar anschließenden Worte der Einsetzung bestimmen, der Schluß auf die spätere Centralidee seiner nach allen Seiten entwickelten und ausgebildeten Abendmahlslehre, die Speisung des Gläubigen mit dem Leibe und Blute des verklärten Gottmenschen! Indem Luther diesen wichtigen positiven Schluß noch nicht zieht, verbleibt dies höchste Object der sacramentlichen Darreichung, der Leib und das Blut Christi, auch gegenwärtig unter dem untergeordneten Gesichtspunkte eines äußeren gewißmachenden Zeichens. Aber auch in der Bestimmung dieses Begriffes ist ein erfreulicher Fortschritt wahrnehmbar. Luther hatte wol bisher das äußere sacramentliche Zeichen, in welchem er bei seiner Abhängigkeit von der Scholastik das Brod und den Leib Christi zusammen dachte, als ein Unterpfand, welches das Erbe des Neuen Testamentes, die Sündenvergebung, dem Gläubigen verbürge, bestimmt, aber ohne einen tieferen inneren Zusammenhang mit jenem Wesen des Sacramentes. Er hatte keine Antwort auf die Frage, welche er sich freilich auch nicht aufwarf: „Warum ist gerade der Leib Christi ein Pfand der Sündenvergebung, welche in diesem Testamente nach Luthers ursprünglicher Theorie allein auf der gnädigen Zusage und Verheißung sich gründen und durch den leiblichen Tod Christi nur formell und temporell ratificirt oder in Kraft gesetzt werden sollte?" Hätte Luther diese Frage sich aufgeworfen, so würde er das Mangelhafte und Ungenügende seiner Theorie sofort gefühlt und berichtigt haben. Jetzt aber sollicitirte von einer andern Seite her die in ihrer geschichtlichen Wahrheit und Reinheit erfaßte schlechthinige Sühnopfer-Bedeutung des Todes Christi diesen wesentlichen Fortschritt. Damit wir dieser Zusagung Christi gewiß seien, bemerkt jetzt Luther, und uns eigentlich darauf verlassen mögen ohne alle Zweifel, so hat er uns das edelste, theuerste Siegel und Pfand, seinen wahren Leichnam und sein wahres Blut unter dem Brod und Wein gegeben, — eben dasselbe, womit er erworben hat, daß uns dieser theuere, gnadenreiche Schatz geschenkt und verheißen ist. Die frühere lose und äußerliche Beziehung zwischen dem Zeichen und dem Wesen dieses Sacramentes, zwischen dem Leibe und Blute Christi auf der einen und der Sündenvergebung auf der anderen Seite, ist jetzt durch die Anerkennung beseitigt, daß uns der leibliche Tod des Sohnes Gottes dieselbe in ihrem ganzen Umfange geschichtlich erworben hat; und darum ist gerade dieser Leib, welcher das materielle Mittel der Versöhnung ward, das rechte und beste, das theuerste und köstlichste Unterpfand der Sündenvergebung, welche uns in diesem Sacrament zutheil wird. Der Zusammenhang zwischen dem Wesen des Sacramentes, wie es auf dieser Stufe der Lehrentwickelung Luthers sich darstellt, und dem Siegel oder Pfande desselben ist dargethan und gerechtfertigt; aber derselbe ist immer noch ein formaler, noch kein materialer[1]). Die mate-

---

[1]) Das Pfand der Verheißung, welches die Anfangsworte der Ein-

riale Seite des Sacramentes ist noch ausschließlich die Sündenvergebung, der Inhalt des sacramentlichen Testamentes Christi; das sacramentliche Unterpfand fällt ausschließlich auf die formale Seite, hat für das Sacrament selbst nur die Bedeutung der feierlichsten und theuersten Bestätigung und Beglaubigung der in den Worten des Sacramentes angezeigten oder gelobten Gnade, der gnädigen Nachlassung der Sünde. O, ruft Luther im überwältigenden Gefühle seines innigen Dankes für solche Gnade aus, eine süße und kräftige Verheißung, welche kein Opfer leiden kann! Darum wird Leib und Blut gegeben, daß wir, so uns unsere Sünden vergeben sind, selig werden; das sind die theuern Gaben und Güter, welche dir in diesem Sacrament gereicht und gegeben werden; was könnte er doch Größeres verheißen haben, denn Vergebung der Sünde?

Verheißung und Unterpfand der Verheißung bilden also die materiale und formale Seite des gnadenreichen Testamentes Christi, welches die Einsetzung des Abendmahles ist. Die anthropologische Bedingung aber zur Erlangung jenes göttlichen Inhaltes des Sacramentes, der Sündenvergebung, ist der Glaube, welcher demnach mit der Verheißung derselben, wie das Subjective mit dem Objectiven, zusammengeknüpft ist. Wenn keine göttliche Zusage oder Verheißung gegeben ist, ist auch kein Glaube an dieselbe möglich; und wenn der Mensch keinen Glauben an die gegebene Zusage oder Verheißung Gottes hegt, vermag letztere auch an dem Menschen nichts. Dieser Glaube wird von Luther der einseitigen materialen Hervorhebung der Sündenvergebungszusage gemäß einseitig auf den Inhalt der Verheißung bezogen, wenn auch die Beziehung auf das sacramentliche Unterpfand derselben, auf den Leib und das Blut Christi, nicht gerade

setzung verbürgen, ist darum gerade der Leib und das Blut Christi, weil beides zur Erwerbung vollkommener Sündenvergebung am Kreuze geopfert ward und diese vollkommene Vergebung der Sünde durch das Verheißungswort immer wieder erneuert und durch die geschichtlichen Medien des gottmenschlichen Versöhnungsopfers dem Gläubigen auf das höchste versichert werden soll.

und bewußt abgewiesen wird; aber diese letztere wird stillschweigend als die untergeordnete und nebensächliche zurückgestellt oder vielmehr übergegangen. Die concrete Natur und Beschaffenheit dieses Glaubens schildert Luther lebendig und schön in seinem am Gründonnerstag 1521 gehaltenen Sermon von der würdigen Empfahung des heiligen wahren Leichnams Christi, nach Analogie des wahren vor Gott rechtfertigenden oder die Sündenvergebung von Gott erlangenden Glaubens überhaupt. Der Mensch soll hungern und dürsten nach dieser Speise des Sacramentes, unter welcher Luther allein das Wort der Sündenvergebung gegenwärtig versteht; und so erklärt es sich, wenn er auch in seinen Schriften aus dieser Zeit hier und da von einem Darreichen und Geben des sacramentlichen Gnadengutes der Sündenvergebung redet; er denkt diese dann als eine Speise der Seele, welche in dem Worte des Sacramentes dem Gläubigen wirklich dargereicht und gegeben wird. Je größer die Begierde nach dieser Speise ist, desto geschickter ist man zu ihrem Genuß; und diese Begierde entsteht aus dem lebendigen Bewußtsein der eigenen Unwürdigkeit und dem herzlichen Verlangen nach jener Gnade der göttlichen Sündenvergebung. Diese Stimmung der Seele ist die beste Andacht und die würdigste Vorbereitung, welche die Worte der Einsetzung — Luther meint wieder die nähere Bestimmung von Leib und Blut Christi oder die Zusatzworte: „Der für euch gegeben wird“ und: „Das für euch vergossen wird“, welche das Kleinod dieses Neuen Testamentes, die Sündenvergebung, enthalten, auf welche auch die Elevation der Hostie und das gleichzeitige Klingeln mit dem Altarglöckchen feierlich hindeuten sollen — von dem Nießenden fordern. In diesem Glauben soll sich das Herz an jene köstliche Verheißung der Sündenvergebung hängen, auf daß es fest und stark werde wider Sünde, Tod und Hölle. Für einen solchen Glauben ist dies Sacrament eine Arznei der Seele für Alle, welche der Hülfe begehren; es befreit von aller Last der Sünde, welche das Gewissen und die Seele drückt, und verhilft zu aller Huld und Gnade des Evangeliums. Aber äußere zeitliche und leibliche Dinge wirkt das Sacrament nicht, und solche Früchte von demselben erwarten ist Aberglaube. Wegen jener rein ethischen und soteriologischen Natur des

Sacramentes warnt endlich Luther, die Leute nicht zu dem Genusse desselben förmlich zu nöthigen, wie dies in der römischen Kirche zu Ostern Sitte war, sondern allein das innere Bedürfnis und Heilsverlangen der Einzelnen entscheiden zu lassen.

2.

Die Reden des Petrus in der Apostelgeschichte.

Sprachlich untersucht von

Lic. M. Kähler,
a. o. Prof. d. Theol. zu Halle a. S.

Durch den vergleichenden Blick der Kritik haben die Theologen mit einer fast verschwindenden Ausnahme verlernt, die Geschichtsbücher des Neuen Testamentes als den durchaus ungewandelten Abdruck der berichteten Thatsachen und Reden anzusehen. Wenden wir diese Erkenntnis auf die Reden an, welche in die Erzählung der Apostelgeschichte eingeflochten sind, so bleibt doch zwischen dieser Ansicht und der Behauptung der tübingischen Kritik nach eine reiche Stufenleiter von Möglichkeiten, wenn dieselbe in jenen Stücken die Erzeugnisse einer dramatisirenden und dabei mit Bewußtsein die Wirklichkeit entstellenden Dichtung finden will. Freilich hat die Meinung, welche Eichhorn zuerst aussprach, man habe in diesen Reden ein Seitenstück zu denen des Thukydides, manches für sich, wenn man sich einmal von dem unbefangenen Zutrauen zur protokollarischen Treue der Darstellung losgesagt hat, und nun das Buch im ganzen überschaut. Läßt der Verfasser die Handelnden gemäß der unbefangenen Veranschaulichung der im Altertum üblichen Geschichtsschilderung überall selbstredend auftreten, so wird man nicht zweifeln, diese Wechselreden vielfach nur als Darstellungsform zu werthen; und wie leicht scheinen dann die kurzen Worte auch zu jenen ausführlicheren Reden anzuschwellen. Da sie, schon um ihrer Kürze wegen, ganz wörtlich kaum können gehalten sein; da sich die Familienähnlichkeit der Reden des Petrus, ferner derer des Paulus, Kap. 14 u. 17, und der demselben Kap. 22 u. d. f. in den Mund gelegten je untereinander nicht verkennen läßt, so liegt es nahe, anzunehmen, der Verfasser habe hier, wie man sagt, specimina der apostolischen Thätigkeit geben und die Männer aus ihrem Charakter, wie er ihn erfaßt hat, und aus der Sachlage heraus sich selbst wollen schildern lassen. Auch läßt sich nicht leugnen, daß die Sache etwas anders liegt, als bei den Evangelien. Von der johanneischen Frage, die ihre eigenen Schwierigkeiten hat, sehen wir hier billig ab. Die synoptischen Reden Jesu, aber auch einzelne Aussprüche der Jünger, der jüdischen Leiter, des Pilatus tragen in ihrer Kürze und scharf ausgeprägten Eigenartigkeit den Stempel der Echtheit an sich; größere Zusammenstellungen, wie die Bergrede, die eschatologische Rede u. dgl. erwecken zumeist Mistrauen gegen ungewandelte Echtheit. Die Reden der Apostelgeschichte haben einen wesentlich anderen Zug. Doch sollte nicht übersehen werden, daß auch hier kürzere Worte theils selbständig eingereiht sind, theils in die längeren Reden verwoben, die sich den Gnomen Jesu nicht in deren Art, aber in eigenartiger Ausprägung vergleichen lassen und uns auch schier unerfindbar dünken. Dahin zählen wir Kap. 2, 40; 4, 11. 12; 5, 29; 8, 20. 21; 10, 26; 17, 28; 23, 1 (3); 26, 14; 2, 36. Sollte sich auch finden, daß selbst diese in der Sprachfärbung der Schreibart des Verfassers sich zum Theil sehr nähern, so dürfte das nicht an der ersten Empfindung von ihrer Ursprünglichkeit irre machen; ganz ähnlich verhält es sich mit den Aussprüchen Jesu, die durch die Abwandlung der drei Berichterstatter hindurch trotz der Vergeblichkeit des Bestrebens, mit Gewißheit den wirklich echtesten Ausdruck zu ermitteln, ihre kernhafte Eigentümlichkeit spürbar machen. Diese Beobachtung räth dazu, auch die größeren Reden nicht ohne weiteres dem Verdachte freier Erfindung zu überliefern.

Sie sind in der jüngsten Zeit gewissermaßen in ungünstiger Lage gewesen. Die Frage nach ihrem Werth und ihrer Echtheit ist immer in Verbindung mit der Frage nach den schriftlichen Quellen der Apostelgeschichte behandelt worden [1]). — Während Riehm [2]) in ihnen den Beweis dafür fand, daß der Verfasser Schriftstücke ungewandelt hinübergenommen habe, lassen von den Vertretern der einheitlichen Abfassung des Werkes die Einen, wie Lekebusch [3]) die Reden ununtersucht, die Anderen, wie Zeller, erklären sie für Erdichtungen. Da Zeller [4]) in diesem Punkte ziemlich flüchtig verfährt, und die dankenswerthen Beiträge von Tholuck [5]) und B. Weiß (a. a. O.) für eine entgegengesetzte Ansicht noch eine beträchtliche Nachlese übergelassen haben, die Ausleger gar nicht oder nur ungenügend hierauf eingehen, ist es an der Zeit, die Frage von neuem aufzunehmen und einmal unabhängig zu behandeln, um die so gewonnenen Ergebnisse als Hülfsmittel für die Entscheidung des Streites zwischen der „Zerstückelungshypothese" und der „einheitlichen Tendenzcomposition" zu benützen, die leichtlich gegen beide Parteien ausfallen möchte.

Die Untersuchung ist neuerdings besonders auf die Sprache gerichtet gewesen — mit Recht, da es daran lange gefehlt hat. Eine Ausnahme macht davon der neueste Commentar zu unserem Buche von Overbeck [6]). S. LXX f. findet sich derselbe unter Berufung auf Mayerhoff sehr kurz mit dieser Frage ab, indem er in der Anmerkung über die, wie oben bemerkt, allerdings nicht ausreichenden Angaben von B. Weiß sehr summarisch aburtheilt. Es dürfte darum doppelt an der Zeit sein, die sprachliche Seite der Untersuchung mit ganzem Gewicht hervorzukehren. Deshalb scheint es erlaubt, mit einem Bruchstück hervorzutreten. Unsere Absicht ist, die Reden des Petrus und Paulus nach ihrer sprachlichen Beschaffenheit genau zu untersuchen und dann die Vergleichung

---

1) Selbst von B. Weiß, Anzeige von Lekebusch, Composition der Apostelgeschichte. Krit. Beiblatt z. Deutsch. Ztsch. 1854, Nr. 10 ff.

2) De fontibus act. ap., Utr. 1821.

3) Composition und Entstehung der Apg., Gotha 1854.

4) Die Apostelgeschichte (Stuttg. 1854), S. 496 ff.

5) Die Reden des Apostels Paulus in der Apostelgeschichte mit seinen Briefen verglichen. Stud. u. Krit. 1835, S. 305 f.

6) de Wette, Handbuch I, 4. 4. A. 1870.

ihres Inhaltes mit der Lehre beider Apostel folgen zu lassen. Wenn hier in einer ersten Abhandlung die erste Aufgabe auch nur an den petrinischen Reden durchgeführt wird, und die Art der Behandlung Vertrauen erweckt, so ist damit schon eine wichtige Instanz in dem angeblich verlorenen Proceß dieser urchristlichen Geschichtsreste gewonnen. Man kann sich freilich nicht verhehlen, daß sie vor dem Forum der Forscher, welchen die Unglaubwürdigkeit unseres Buches aus einer Reihe andersartiger Gründe unzweifelhaft ist, wenig Geltung gewinnen wird. Aber für die, welche durch die Tendenzhypothesen sich nicht haben blenden lassen, dürfte doch eine solche sachliche Unterlage ihres guten Zutrauens zu den Berichten aus der Urzeit von großem Werth sein. Diese Erwägung ermuthigt dazu, was fertig zur Hand liegt, dem Gebrauch und der Beurtheilung der Mitarbeiter darzubieten, und die Fortsetzung bis dahin vorzubehalten, wann andere Arbeiten zu der zeitraubenden Bearbeitung des zur Hand liegenden Stoffes Muße bieten.

Bei der Besprechung des Sprachgebrauches geht es ohne peinliche Einzelschau nicht ab, die nur den beschäftigt und zumeist auch nur den überführt, der sich selbst genau darauf einläßt; sonst geht es vielfach so zu, daß man ungeprüft den von anderen erarbeiteten Beleg für die im voraus feststehende Ansicht mit Dank annimmt und auf ihn beruhigt zurückweist. Müssen wir dabei den Sprachgebrauch des Verfassers im ganzen voraussetzen, so dürfen wir auf Credner [1]), Zeller [2]), Lekebusch [3]) verweisen, deren an Umfang und Werth ungleiche Arbeiten allerdings, wie uns scheint, über allen Zweifel erheben, daß das dritte Evangelium und die Apostelgeschichte das zweitheilige Werk eines Verfassers (nach unserer Ueberzeugung: Lukas, des Reisegefährten Pauli) bilden, und zugleich eine dankenswerthe Vorarbeit für eine Feststellung des lukanischen Stiles liefern. Doch auch hierbei hat die Absicht, die Einheit beider Theile und jedes Theiles in sich zu erweisen, vielfach verleitet, über die Schranken des erweislich für den Verfasser be-

[1]) Einleitung i. d. N. T. (Halle 1836), S. 132 ff.
[2]) a. a. O., S. 387—398. 414—424.
[3]) a. a. O., S. 37 ff.

zeichnenden hinauszugreifen. Namentlich gilt dies von Lekebusch[1]); daher alle ferneren Aufstellungen dieser Zeilen auf genauer Prü-

---

1) Weiß hat in seiner Recension bereits die wesentlichsten Mängel der Arbeit von Lekebusch bezeichnet; fassen wir hier kurz zusammen, weshalb man sich auf das Verzeichnis S. 37—78 nicht durchaus verlassen kann. Die Aufzählung der Wendungen S. 74 ff. enthält nach Zeller und Credner kaum etwas Neues, nur daß einiges etwas genauer nach der Concordanz durchgeführt ist. Das vorangehende Lexikon erweckt 1) die Erwartung, daß hier eine erschöpfende Uebersicht aller bei Lukas, wenigstens aller in seinen beiden Theilen zugleich vorkommender Wörter gegeben sei; statt dessen enthält es eine Auswahl, deren Gesichtspunkt nicht zu entdecken ist und die darum den Gebrauchenden irreführen muß. Z. B. bei λίθος heißt es Evg. 13mal, Apg. 4, 11 (wo es eigentlich Citat ist). 17, 11; dann dazu λιθάζειν, was nur 2mal Apg. vorkommt, während λιθοβολεῖν, welches 1mal Evg., 3mal Apg. und sonst im N. T. seltener als λιθάζειν vorkommt, unerwähnt bleibt. Warum fehlt die Aufzählung der Stellen mit λόγος, wenn wir die von ἄρτος und αἷμα erhalten!? Aber es war 2) überhaupt nicht dem Zwecke entsprechend, so viele Wörter aufzuzählen; die, welche ebenso oft bei anderen vorkommen, können auch bei großer Häufigkeit in beiden Theilen eigentlich nichts beweisen; es hätten dann die eigentümlichen Wendungen (etwa κλᾶν ἄρτον u. dgl.) stetig hervorgehoben und das Verhältnis durchgehend angegeben werden müssen, in welchem das Vorkommen bei Lukas zum sonstigen steht. Dergleichen Bemerkungen liest man nur vereinzelt, und dann auch häufig irreleitend; z. B. wie schon Weiß bemerkt, soll nach Lekebusch μέχρι sonst geläufiger sein, als ἄχρι, während letztes im N. T. abgesehen von Lukas 30mal, μέχρι 15mal erscheint. Bei ἄρχεσθαι bemerkt Lekebusch: „Unser Schriftsteller gebraucht das Wort auffallend häufig", nämlich 41mal. Aber Markus hat es 26mal. Da Lukas (nach Tischendorfs academica von 1857) 247 Seiten einnimmt, Markus nur 77, so würde nach Proportion Lukas, um dem Markus gleichzukommen, es etwa 83mal haben müssen. Ueberhaupt übersieht man bei diesen Rechenexempeln, daß der Text der lukanischen Schriften über ein Viertheil des N. T.'s ausmacht, und selbst die paulinische Literatur an Umfang übertrifft (Röm. — Theff. incl. Philem. 203 S., Pastoralen 30 S.). 3) Ein weiterer Misstand ist die seltene Berücksichtigung der Lesarten, z. B. steht einfach βλάσφημος 6, 11. 13, da es doch an beiden Stellen unsicher ist. Ferner 4) werden die Ausdrücke aus den Citaten der LXX ohne weiteres mitgezählt, die gewiß nichts für den Gebrauch beweisen. Vgl. z. B.

fung dieser Vorarbeiten und eigener Untersuchung ruhen. Damit soll weder der den Vorgängern schuldige Dank noch die Erwägung

---

ἐκ δεξιῶν, was Apg. 2 nur im Citat, 7, 55. 56, ganz im Anschluß daran erscheint. Dabei kann es sogar vorkommen, daß zu ἀγαλλίασις bemerkt wird: sonst nur 2mal im N. T., wovon 1mal im Citat, dabei aber verschwiegen, daß das Verb v. d. 2mal in der Apg., ebenso 1mal im Citat steht. So wäre auch manche sonstige Entlehnung aus den LXX besonders zu stellen gewesen, z. B. βραχίων, Apg. 13, 17, vgl. Ex. 6, 6. Weiter 5) zählt Lekebusch im Ev. ganz ohne Rücksicht darauf, was dem den Synoptikern gemeinsamen Stoffe zufällt; so lesen wir βιάζομαι Evg. 16, 16; in der Familie mitaufgeführt, vgl. aber Matth. 11, 12. γρηγορεῖν nur Evg. 12, 39; Apg. 20, 31, vgl. aber Matth. 24, 43. So ist der Wortlaut in der Rede des Paulus eben durchaus nicht lukanisch. ἐπιγράφειν, Evg. 23, 38, Apg. 17, 23. ἐπιγραφή Evg. 2mal; es steht aber so, daß das Verbum kritisch unsicher im Ev., die Substantiva beidemal in synoptischen Stellen, wie bei den anderen, vom Zinsgroschen und in der Kreuzüberschrift vorkommt. Endlich 6) fehlt die Rücksicht auf die eigentümliche Bedeutung oder Form, in welcher ein Wort vorkommt und welche oft gerade entscheiden würde; z. B. ἄπιστος Evg. 2mal nämlich 9, 41 Par. und 12, 46 ganz wie sonst im N. T., dagegen Apg. 26, 8 eigentümlich im Sinne von „unglaubhaft". Bei ἄτοπος hätte nicht einfach 2 Thess. 3, 2 vgl., sondern bemerkt werden müssen, daß bei Lukas das neutr. adj. eigenartig ist. βῆμα nur Apg. 7, 5 eigentümlich, da aber den LXX entstammend, vgl. Deut. 2, 5. Bei diesen wichtigsten Punkten hat sich gelegentlich gezeigt, daß es nicht nur an einer zweckmäßigen Behandlung fehlt, sondern auch bedenkliche Flüchtigkeiten mit unterlaufen. Was sollen vollends Wörter, wie z. B. Ἀλεξανδρεύς, ἀνθύπατος, ἀπογραφή, Λευΐτης, θέατρον, ἑκατοντάρχης, βῆμα, στρατιά (und die verwandten), συνέδριον beweisen, die unvermeidlich waren; oder solche, die wegen der geschichtlichen Schilderung häufiger sein mußten, wie z. B. ἀγορά, die Comp. von βαίνειν, ἄγειν, ἔρχεσθαι, ἀποδέχεσθαι, ἀπολύειν, δέειν, ἐγγίζειν, ἀριθμός, βαπτίζειν, βάπτισμα, οὗ, ὁ μήν, χρόνος, πορεύομαι u. s. w. Von den im N. T. fast durchgehend gleichmäßig vorkommenden wollen wir unter Verweisung auf Weiß schweigen. — Jedenfalls Beweis genug, daß hier keine irgend genügende Darstellung des lukanischen Sprachgebrauchs vorliegt, der wir später zuversichtlich folgen dürfen. — Ganz frei von solchen Mängeln z. B. in Beziehung auf Citate ist auch die sorgfältige und im Ganzen zuverläßige Arbeit von Zeller nicht.

von der Hand gewiesen werden, daß auch unsere Bemerkungen genauer Sichtung von anderem schärferem Blicke bedürfen mögen.

Ehe wir in's einzelne gehen, ein allgemeines Ergebnis der Ueberschau: weitaus die meisten wirklichen lukanischen Eigenheiten gehören (erklärlicherweise) dem erzählenden Stile an und treten (daher?) auffallend selten in die größeren Redestücke ein. Wie sich das schwer abzählen läßt, so ist die Gewißheit vorwiegend Sache des Eindrucks, der eben bei der Ueberschau entsteht. Darum stellen wir diese Bemerkung voran, da später bei genauerer sprachlicher Untersuchung sich dieser Eindruck so leicht verwischt, weil die Aufmerksamkeit sich nur auf das Vorhandene richtet, — ein Uebelstand, dem der Darsteller schwer entgegenwirken kann [1]).

Als zuverläßigste Stütze für die Annahme, daß Lukas ihm überlieferte Urkunden treu hinübergenommen habe, gilt zumeist das Ausschreiben des sogenannten Apostelconciles Apg. 15, 23—29. Dessen Abfassung durch Jakobus scheint nun übel gestützt, wenn man auf das *χαίρειν* der Ueberschrift mit Vergleichung von Jak. 1, 1 hinweist [2]). Dieses wie die clausula *ἐρρωσθε*, vielleicht auch das ἅπαξ: *εὖ πράσσειν* gehört dem Briefstil an und entscheidet nicht einmal sicher für die Echtheit des Stückes überhaupt. Hier wird eine Vergleichung des Briefes dienlich sein, den wir Kap. 23, 26—30 finden. Ist das *ἔρρωσο* am Schluß auszuwerfen, so zeugt seine Einfügung für die Geläufigkeit der Formel. Dieses Schreiben hebt sich sprachlich durch nichts von dem lukanischen Stile ab. Nur das *μαθών* findet sich sonst nicht beim Verfasser. Dagegen sind ihm ausdrücklich eigen *συλλαβεῖν* (von ergreifen, gefangen nehmen) [3]), *ἀναιρεῖν* tödten, *ζήτημα*, *ἔγκλημα*, die

1) Eine vorläufige Probe kann man machen, wenn man das lexicon Lucanum von Lebusch daraufhin durchfliegt, wie viel resp. wie wenig gerade auf die Reden fällt.

2) Wenn Lechler — Der Apostel Geschichten (in Langes Bibelwerk), 2. A., S. 243 — augenscheinlich mit Rücksicht auf diese Bemerkung sagt: „über dies bietet der Br. Jak. mehr als eine Analogie mit dem vorliegenden Schreiben", so bedauern wir, daß er nichts weiter angedeutet hat. Im Ausdrucke und der einzelnen Gedankenwendung wissen wir nichts zu finden. Die Frage nach Stellung und Richtung beider ist eine andere.

3) Doch s. unten z. 1, 16.

Formel μηδὲν ἄξιον θανάτου ἢ δεσμῶν (Kap. 26, 31; 25, 25. Ev. 23, 15), ἐπιβουλή, μέλλειν ἔσεσθαι, ἐξαυτῆς, wozu noch die ihm geläufigen Wendungen kommen: ἐπιστάς bei ἐξειλάμην, παραγγέλλειν, ἐγκαλεῖν, κατήγορος; vgl. V. 28 mit Kap. 22, 30. Die Verwickelung der Construction V. 30 mit Meyer (z. St.) aus der Eile des schreibenden Lysias zu erklären, dürfte zu gewagt sein, da es an ähnlichen Beispielen bei dem Verfasser durchaus nicht fehlt, vgl. Winer, Grammatik, § 63, I, 1 (6. A., S. 500 f.). Man wird diesen Thatsachen gegenüber kaum umhin können, die Möglichkeit sehr schwach zu finden, daß Lysias so durchaus gleiche Schreibweise mit dem Verfasser sollte gehabt haben. Da nun der militärische Brauch nicht einen lateinischen Bericht fordert, in dem Orient vielmehr das Griechische Verwaltungssprache war, wird man zur Erklärung kaum eine Uebersetzung annehmen dürfen. Spuren eines lateinischen Originals sind keinenfalls vorhanden. Dagegen ist es beachtenswerth, was Meyer in Betreff des Verhältnisses anmerkt, in welchem des Lysias Aussage, V. 27 u. 28, zu den vorher berichteten Begebenheiten steht. Wirklich liegt hier dem Ausdrucke nach eine absichtliche Verdrehung des Sachverhaltes viel näher als eine bloße Nachläßigkeit des Verfassers; daß derselbe in diesem unwichtigen Nebenzuge jene von Zeller so oft mit Unglück gewitterte überfeine Mimik angewandt haben sollte, ist an sich unwahrscheinlich und hat überdem wider sich, daß die von Zeller angeführten Beispiele auch sonst nicht Stich halten. Ist das der Fall, dann deutet diese Wendung darauf, daß die Botschaft und ihr Inhalt dem Lukas wirklich kundgeworden ist; daß das Wichtigste des Stoffes nicht von ihm erfunden, dem Brauche ausmalender Vergegenwärtigung gemäß aber die ausgeführte Form von ihm zugefügt wurde [1]). — Kehren wir zu dem Sendschreiben der Gemeinde zurück. Das gute Griechisch wie jene üblichen Formeln werden freilich so lange nicht gegen die Abstammung des

[1]) Dies Verfahren steht, wie wir sehen werden, im Buche nicht allein; übrigens könnte man im Texte eine Andeutung davon finden, daß die Wiedergabe nur eine ungefähre. Vgl. Kuinoel ad l., wonach die gewöhnlich angenommene Bedeutung von τύπος „genauer Wortlaut" sich bezweifeln läßt.

Schreibens von Palästinensern zeugen (Zeller, S. 247), als die Echtheit des Jakobusbriefes nicht überzeugender beanstandet werden kann, denn bisher. In der Behandlung des sprachlichen ist Zeller hier (S. 519) nicht ganz genau gewesen. Zu *ἀνασκευάζειν*, *τὰ ἐπάναγκες* (*εὖ πράττειν*, *ἔρρωσθε*) als dem Lukas nicht eigenen Ausdrücken kommen noch *διαστέλλεσθαι*, *ἀγαπητός*, *βάρος*, die Wendung *διὰ λόγου ἀπαγγέλλειν*, vielleicht wäre auch *ἀδελφοὶ οἱ ἐξ ἐθνῶν* zu nennen. *διατηρεῖν* (was Zeller unter dem Nichtlukanischen aufführt) kommt zwar Luk. 2, 51 (und nur da) noch vor, aber in anderer Wendung. *ἀπέχειν* findet sich bei Luk. 6, 24 wie bei Matthäus in der Bedeutung: „dahin haben", sonst dreimal in der: „entferntsein", das medium dagegen nur hier und V. 20, wobei zu beachten, daß die Construction nicht dieselbe ist; Kap. 21, 25 in eigener Erzählung setzt Lukas dafür *φυλάσσεσθαί τι*. Auf *πνικτόν*, welches nur noch am angeführten Orte vorkommt, wollen wir kein Gewicht legen; doch fällt auf, daß V. 20 Kap. 21, 25 ohne Var. *πνικτοῦ* haben, dagegen *πνικτῶν* V. 29 doch wol nur durch Correctur danach geändert ist. Auf solche sprachliche Einzelnheiten zu achten, ist aber hier wohl angebracht, da der Brief seiner Bestimmung zu Folge ursprünglich griechisch abgefaßt sein muß; — und das unterliegt bekanntlich auch bei seiner Herstammung nach den geschichtlichen Verhältnissen keinem Bedenken. Das übrige ist dann freilich ganz im Gange der lukanischen Sprache; auch dieselbe Auszeichnendes findet sich wie *ὁμοθυμαδόν* und etwa das *πλέον*, vgl. Luk. 3, 13, außerdem ihm geläufige, wenn auch nicht eigentümliche Worte. Bei den Anklängen von V. 28 u. 29 an V. 10 u. 20, V. 23 u. 25 an V. 22 wird schwer zu entscheiden sein, ob der Brief auf den erzählenden Text zurückgewirkt habe oder umgekehrt. Abweichungen sind ja genug vorhanden. (Ob V. 25 *ἐκλεξαμένοις* Corr., kann gegenüber der Festigkeit des accus. V. 22 zweifelhaft werden.) — Besonders ist die Gleichartigkeit des Satzbaues V. 24—26 mit dem Prolog des Evangeliums aufgefallen und ist, wie üblich, von der Kritik in utramque partem ausgenutzt. Während Schwanbeck meinte, der Verfasser habe seinen Eingang diesem Briefe nachgebildet, finden Schwegler und Zeller eben in dem Briefe die Feder des Verfassers wieder [1]). Meyer zu V. 23 f. urtheilt, es sei „die Zerlegung in Vorder- und Nachsatz höchst natürlich und der Gebrauch von ἔδοξε fast nothwendig“. Diese Bemerkung leuchtet ein; die Form scheint wie selbstverständlich für einen solchen Erlaß, den Beschlüssen unserer Behörden mit vorausgeschickten Motiven vergleichbar; die Ueblichkeit solcher Wendung vorausgesetzt, wäre dann in der That denkbar, daß die Wendung in diesem Briefe zwar nicht unmittelbar das Muster für den Eingang — denn dessen bedurfte ein solcher Schriftsteller nicht — aber doch in gewissem Sinne vorbildlich wäre, in dem Lukas dort unwillkürlich der gangbaren Formel folgte. Während dies demnach nicht so gar schwer in's Gewicht fallen dürfte, wird doch Bleeks Betonung der Stellung *Βαρνάβας κ. Παῦλος* V. 25, vgl. V. 22 nicht so verächtlich zurückzuweisen sein, wie Zeller thut. In der That beweisen die Stellen Kap. 14, 14; 15, 12 nicht, daß dieser Wechsel „ganz zufällig“ sei; denn Baumgarten hat II, 1. S. 174 f. ganz recht, daß Kap. 14 nach V. 12 sich die Voranstellung des Barnabas-Zeus von selbst ergibt, und ebenso ist es durchaus wahrscheinlich, daß bei dem Bericht an die Jerusalemiten Kap. 15, 12 Barnabas wirklich hervortrat und das Wort vornehmlich führte. Dem Verfasser steht aber von Kap. 13, 13 ab Paulus unzweifelhaft im Vordergrunde; in dieser Anordnung der Namen spiegelt sich die Stellung beider zu Jerusalem und Antiochia in der Vergangenheit. Die von Neander und Meyer dem Schreiben nachgerühmte Einfalt vermißt Zeller um der Empfehlung V. 26 willen. In ihren Gemeinden hätten diese Männer keiner *ἐπιστολὴ συστατικὴ* bedurft und Paulus solche auch ausdrücklich 2 Kor. 3 verschmäht. Zunächst bieten die Worte nur eine einfache Anerkennung der Männer, keine Empfehlung; zu einer solchen aber war wol Anlaß, denn wenn auch bei der *στάσις κ. ζήτησις οὐκ ὀλίγη* V. 2 nicht ausdrücklich von Angriffen auf ihre Person zu lesen steht, so konnten dieselben bei solchem Streite gar nicht ausbleiben; man machte ja Paulus und Barnabas durch die Antithese, nach des Paulus

---

[1]) Zeller hätte S. 247, N. 3 aber der Genauigkeit halber nicht auch 15, 24 ἐπειδήπερ drucken sollen.

Ausdrucksweise, zu ψευδομάρτυρες. Der Verfasser selbst zeigt später Kap. 21, 20 f., daß er diese unausbleibliche Wendung des Streites wohl kannte, mithin auch hier wol voraussetzte. Endlich beweisen die Briefe des Apostels zur Genüge, daß gegenüber dem Fanatismus dieser ἀνασκευνάζοντες die Bekanntschaft mit diesen Männern auch in ihren Gemeinden eine Erinnerung an ihre Verdienste nicht überflüßig machte. Ist nicht 2 Kor. 10 ff. der Sache nach eine ἐπιστολή συστατική? Ja, genau genommen, selbst der Galaterbrief? Dem Wahrspruche Zellers (S. 519), daß der Geschichte nach solche Beschlüsse nicht gefaßt sein können, hat sich bisher eben nur seine Schule gebeugt und ist von den Gegnern, wie uns dünkt, genügend geantwortet. — — Wägen wir nun ab, was wir gefunden, so herrscht hier die lukanische Art offenbar nicht so unbeschränkt, wie in dem Briefe des Lysias. Es fehlt nicht an durchaus Eigentümlichem, und dessen, was man bezeichnend für Lukas ansehen darf. ist nicht so viel, daß hier nicht ein zufälliges Zusammentreffen denkbar bliebe. Der Gesamteindruck indes scheint darauf zu führen, daß die vorliegende Gestalt nicht ohne Einfluß des Verfassers entstanden, daß aber das Ursprüngliche noch deutlich durchschimmert. Wir würden daher nicht die Einrückung einer schriftlichen Quelle annehmen, sondern uns dafür entscheiden, daß der Verfasser, ob ihm eine solche vorgelegen habe oder nicht, nur den Inhalt mit den hervortretendsten Eigenheiten des Wortlautes überliefert hat. Auch die Fortdauer solcher in mündlicher Ueberlieferung hat nichts Befremdendes. Den Weg für solche Bewahrung deutet 16, 4 und 21, 25 an, wie auch, recht verstanden der 1. Korintherbrief einen Nachklang aufweist.

Wir haben diese Untersuchung ausführlich vorgelegt, weil sie uns einen Fingerzeig dafür gibt, wie man das Verfahren des Verfassers bei den Reden sich zu denken hat. Auch sie sollen nun zuerst unbefangen betrachtet werden. Bei der Behandlung der petrinischen Reden ist die erwähnte Arbeit von Weiß durchweg genau berücksichtigt.

1, 16—22, wozu noch V. 24. 25 gefügt werden darf; denn das Gebet wird der Wortführer gesprochen haben. Beginnen wir mit den Stücken der Rede, welche dem Lukas eigentümlich zu sein scheinen. Wir halten uns dabei lieber an Wendungen, als an einzelne Wörter, wenn auch sie mit besonnener Erwägung nicht auszuschließen sind. V. 16 die stehende Anrede ἄνδρες, das dem Lukas geläufige ἔδει und πληρωθῆναι τὴν γραφήν vgl. Ev. 24, 44. 4, 2 (22, 37). V. 17 etwa ἦν c. ptcp. V. 18 das anakoluthische μὲν οὖν, κτᾶσθαι (?) außer 8, 20 (Petr.) 22, 28 und 2mal Ev. (sonst nur 2mal im N. T.), χωρίον (?) vgl. V. 19, außerdem Apg. 4mal (Matth. 26, 36, Par. b. Mark., Joh. 4, 5). V. 19 γνωστὸν ἐγένετο [1]), πάντες οἱ κατοικοῦντες Ἰερουσαλήμ, da κατοικεῖν c. acc. außer bei Lukas nur Matth. 23, 21, Offb. 17, 2 sicher vorkommt, wird man darin eine ihm eigene Wendung sehen dürfen; τῇ ἰδίᾳ διαλέκτῳ. V. 20 ἐν βίβλῳ ψαλμῶν [2]). V. 21 δεῖ, συνέρχεσθαί τινι bei Lukas öfter und allein sicher, πᾶς χρόνος vgl. 20, 18 (?). V. 22 das bei Lukas beliebte σύν. V. 24 ἀναδεικνύναι. V. 25 nach wahrscheinlicher Lesart λαβεῖν τὸν τόπον τῆς vgl. 25, 16, πορευθῆναι εἰς τὸν τόπον τὸν ἴδιον vgl. 12, 17. Hievon mag man mit Weiß noch χωρίον und διάλεκτος in Anspruch nehmen, da der Gegenstand erklärt, warum sie Lukas allein hat. Dagegen scheint ἴδιος (gegen Weiß) dem Lukas in solcher Häufigkeit eigen, wenn wir es auch 1 Petr. 3, 1. 5 finden; zu V. 19 vgl. bes. 2, 6. 8. — 25, 19; 1, 7; 13, 36 [3]). Wenden wir uns nun zu solchem, was dem Lukas mit Unrecht zugeschrieben wird, wie zum Theil Weiß schon gezeigt hat. V. 16 eine Umschreibung mit στόμα; aber διὰ στ. liest man Apg. nur 5mal in Reden

---

[1]) Um sicher zu gehen, verzichten wir auf die Vermuthung von Weiß, daß der Verfasser γνωστόν in ähnlichen Wendungen von Petr. herübergenommen habe.

[2]) Nicht das Wort (wider Weiß), sondern die Art der Anführung vgl. Apg. 7, 42; Ev. 3, 4. 20, 42 (4, 17) sonst nicht.

[3]) Bei Lukas häufige Worte, die doch entweder der Sache oder dem thatsächlichen neutest. Sprachgebrauche nach nicht ihm eigen genannt werden können, sind: τ. πνεῦμα τ. ἅγ., διακονία, κτᾶσθαι, ἀνάστασις, ἐκλέγεσθαι, anderer von Lekebusch u. A. angeführter zu geschweigen; es ist auch gleichgültig, ob sie sich im Briefe des Petrus finden; über ἄρχεσθαι s. S. 496 Anm. und vgl. 1 Petr. 4, 17.

des Petrus und Ev. 1, 70, mithin in der Vorgeschichte, welche anerkannterweise eine alttest. unfreie Sprachfarbe hat. συλλαμβάνειν ist in dieser Wendung gewiß nur Nachklang der synoptischen Formel für Jesu Gefangennahme, und wird darum schwerlich als kennzeichnend für Lukas gelten dürfen. V. 17 λαγχάνειν in der Vorgeschichte Ev. 1, 19, überdem c. gen., außerdem nur Joh. 19, 24 und 2 Petr. 1, 1 wie hier c. acc. κλῆρος außer der unsicheren Lesart V. 25 (ganz wie hier) nur noch ähnlich 8, 21 im Munde des Petrus und 26, 18 in dem des Paulus [1]); bei Lukas nur vom wirklichen Losen. Mit unserer Stelle aber vergleiche 1 Petr. 5, 3 und dazu Weiß, Petr. Lehrbegr., S. 342 Anm. — V. 18 μισθὸς τῆς ἀδικίας; μισθός hat Lukas nur noch im Evangelium in synoptischen Parallelen; eine ähnliche Verbindung mit ἀδικία Apg. 8, 22 im Munde des Petrus, während Ev. 4mal; dagegen ganz dieselbe Verbindung 2 Petr. 2, 13. 15 [2]). ἐξεχύθη; die Formen des praeter. sind unvermeidlich, demnach schließt sich unsere Stelle, wie noch deutlicher 10, 45 an 2, 17. 33 an; ebenso Ev. 5, 37 an Matth. 9, 17. Ev. 11, 50; 22, 20 sind synoptische Parallelen, mithin können ἐκχέειν und ἐκχύνειν nicht zum lexicon Lucanum gezählt werden. Für ὥστε V. 19 vgl. 1. Petr. 1, 21, für die Attraction V. 21. 22 vgl. 1 Petr. 4, 11. V. 22 ἀναλαμβάνεσθαι von der Himmelfahrt nur Apg. 1, 2. 11, Marc. 16, 19, 1 Tim. 3, 16; wäre es stehend bei Lukas, so hätte er Ev. 24, 51 vgl. 9, 51 nicht ἀνεφέρετο geschrieben, was wir wegen dieser Beziehung und des Wechsels im Ausdrucke für echt halten. μάρτυς von dem Aposteldienst nach Ev. 24, 48, Apg. 1, 8 8mal in Reden, und zwar 6mal bei Petrus. V. 24 die Gebetsanrede κύριε ist gewiß unvermeidlich und man vermißt sie 1 Petr. nicht, weil sich keine Gelegenheit dafür bietet, wie auch sonst in den Briefen. V. 25 so geläufig auch erklärlicherweise dem Lukas πορεύεσθαι ist, so vergleicht sich doch dieser pleonastischen Anwendung 1 Petr.

---

1) Diese Wendung entspricht der des Paulus Kol. 1, 12, wie die Apg. 20, 32 der Eph. 1, 20, wozu noch der sonstige Gebrauch von κληρονομία, κληρονομεῖν bei Paulus und besonders die vorzüglichere Lesart ἐκληρώθημεν Eph. 1, 11 zu vergleichen ist.

2) Der Gebrauch der mit ἀδικία verwandten Worte zeichnet Lukas nicht aus.

3, 19. Weiß legt Gewicht auf das Vorherrschen der Form Ἱερουσαλήμ in dem ersten Theile des Buches und darauf, daß sie in den Reden des Petrus durchweg steht; es ist unsicher, hierauf etwas zu bauen; aber allerdings ist der Wechsel beider Formen des Namens in Ev. und Apg. so durchgehend, daß man die genannte auch kaum zu ihren Eigentümlichkeiten wird rechnen können. Zuletzt sei noch erwähnt, daß das γέγραπται γάρ V. 20, welches dem Matthäus und Paulus so geläufig ist, bei Lukas nur da sich findet, wo er von dem synoptischen Stoffe abhängig ist oder die alten Zeugen reden läßt, also eher anzeigt, er lasse seine Feder nicht walten [1]).

Endlich reihen wir eine Uebersicht der Worte an, welche bei Lukas ἅπαξ λεγόμενα sind, und zeichnen die des N. T. durch ein * aus; diejenigen aber durch gesperrte Schrift, welche als bezeichnend für die eigentümliche Art des Redners erscheinen, während andere sich theils durch den Gegenstand erklären, theils zufällig genannt werden könnten. V. 16 προεῖπεν (nur 2mal Paul.), ὁδηγός (das Verb bei Lukas einmal in synoptischer Parallele und Apg. 8, 31), V. 17 * καταριθμεῖν, V. 18 * πρηνής, * λάσκω [2]), σπλάγχνα (nur noch in alttest. Weise Ev. 1, 78), V. 21, εἰσῆλθεν κ. ἐξῆλθεν (nur noch Joh. 10, 9; man kann 9, 28 vergleichen, es würde aber nur beweisen, daß Lukas für ויצא בוא keine stehende Uebersetzung hatte), V. 24 * καρδιογνώστης nur noch 15, 8 in Petri Mund, wozu Weiß an 1 Petr. 3, 4 erinnert, V. 25 ἀποστολή, παραβαίνειν (* in diesem Sinne). Diese Aufzählung soll so wenig ohne weiteres gegen die Urheberschaft des Verfassers beweisen, als wir der vorangestellten Erweiskraft für sie zugestehen mögen. — Die Citate V. 20 sind nicht

---

1) γέγραπται γάρ hat Lukas nur Ev. 4, 10 Par. und Apg. 23, 5 im Munde des Paulus; das bloße γέγρ. nur Ev. 3mal in Par. und 24, 46 im Munde Jesu, vgl. τί γέγρ. Ev. 10, 26, περὶ οὗ γέγρ. 7, 27; vgl. Matth. 11' 10. Ohne synoptische Parallele und im Munde des Erzählers nur Ev. 3, 4 mit ὡς, 2, 23 mit καθώς; dazu hat Apg. Parallelen 7, 42. 15, 15 und 13, 33 also allemal in Reden.

2) Für das adjectivische μέσος könnte gegen Weiß auf das ganz entsprechende Ev. 23, 45 verwiesen werden.

berücksichtigt; die Einsetzung von ἔρημος für das ἠρημωμένη der LXX hat kein Gewicht, denn das Ev. hat ἔρ. ganz wie die andern Synoptiker und Apg. 8, 26 ist nicht wol erfindlich, was der Verfasser sonst hätte brauchen sollen; das wird mithin nicht ausreichen, jene Aenderung über eine zufällige Gedächtnisirrung zu erheben.

Als Gesamtergebnis wird man wol ansehen dürfen, daß der Befund weithin nicht ausreicht, den Lukas als den alleinigen Verfasser dieser Zeilen zwingend zu erweisen. Daß darum indes noch nicht an eine einfache Herübernahme einer Urkunde zu denken sei, zeigt neben dem Obigen besonders klar V. 19. Daß weder dieser ganze Vers noch die erläuternden Worte sich mechanisch herauslösen lassen, liegt ebenso auf der Hand, wie es auch neuerdings allgemein anerkannt wird. Diese deutliche Spur des „Redactors“ ist dann aber sicher bei diesem „Mimiker“ nicht als sich verrathendes Ungeschick, sondern mit Weiß aus der Unbefangenheit eines guten Erzählergewissens zu erklären, wie denn eben in diesem Einschub sich sogleich Anzeichen der Feder des Lukas häufen. Der Inhalt im übrigen erregt keine Bedenken. Bei dem von D. Strauß so überscharf dargelegten Widerspruch mit Matthäus über das Ende des Judas stellen wir uns unbedenklich auf die Seite dieser Rede, da auch uns ein völliger Ausgleich unmöglich scheint. Die Darstellung des ersten Evangelisten erklärt sich völlig aus dem durch die 30 Silberlinge nahegelegten Citat. Dagegen ist es unerklärlich, wie jemand auf die Citate V. 20 sollte gekommen sein, wenn nicht die vorher geschilderte Thatsache dazu veranlaßte, die uns freilich undeutlich bleibt [1]); aber die Kürze,

[1]) Die Widersprüche, die sich nur auf die Entstehung des Namens Hakeldama und auf Nebenumstände der letzten Tage des Verräthers beziehen, machen die Zuverläßigkeit der Geschichte nicht wankend. Die Apostel erfuhren den Ausgang desselben sicher erst durch Hörensagen, und da konnten sich leicht geringere Abwandelungen einschleichen. Zum Zurechtfinden an der h. Schrift trieb das Wort Jesu Joh. 17, 12. — Wenn Zeller (S. 80) darin ein Zeichen der Ungeschichtlichkeit findet, daß Petrus hier das Ende des Judas „als etwas ganz Neues“ erzählt, so würde er darin Recht haben, wäre die ganze Haltung nicht vielmehr die, daß an den be-

welche das mit sich bringt, zeugt eben für die Echtheit. Die Verdächtigung der ἐπισκοπή als eines Kindes späterer kirchlicher Entwickelung (Zeller, S. 474) wird um so nichtiger sein, als nicht nur 1 Petr. von einer ἐπισκοπή des ἀρχιποίμην und einem ἀλλοτριοεπισκοπον εἶναι redet (2, 25; vgl. 5, 2—5; 4, 15), worin sich der Werth des Wortes als Bezeichnung einer Thätigkeit wie hier, nicht schon als Amtsname zeigt, sondern auch der Verfasser die V. 25 so bequeme Gelegenheit verschmäht, das Apostolat von Petrus selbst so nennen zu lassen. Das Bedürfnis, sich über des Judas Geschick und Stellung zu verständigen, sowie die von Jesu bestimmte und (Matth. 19, 28) gedeutete symbolische Zwölfzahl vor der nahe erwarteten Ausrüstung für den Zeugenberuf zu ergänzen, ist nicht künstlich ersonnen, sondern aus der bisherigen Entwickelung erwachsen und daher das zweite Citat demgemäß gefunden. Die Beschaffenheit des aufzustellenden Candidaten ergibt sich einfach aus Joh. 15, 27; das ἀπ' ἀρχῆς bestimmt sich in allen evangelischen Darstellungen, also in der gesamten alten Christenheit durch das βάπτισμα Ἰωάννου, und keine Schrift des N. T. läßt einen Zweifel, daß die Aufgabe zuerst eine μαρτυρία ἀναστάσεως sein mußte. — —

Verfahren wir bei 2, 14—36 mit dem Anhange von V. 38. 39. 40 wie im vorigen Falle. Unzweifelhaft lukanisch: V. 14 die Anrede οἱ κατοικ. Ἱερ., γνωστόν und die Form ἅπας. V. 18 das in das Citat eingeschobene γέ. V. 22 die Anrede. V. 23 βουλή τ. θ., ἀναιρεῖν [1]), διὰ χειρός [2]). V. 24 καθότι. V. 29 die Anrede, πρός bei verb. dic., ἄχρι. V. 30 ὑπάρχειν (vgl. indes 2 Petr. 1, 8; 2, 19; 3, 11) [3]) V. 33 τέ;

kannten Vorfall erinnert wird, um ihn zu erläutern und zur Folgerung zu benützen. Erzählte hier Petrus das als etwas Neues, dann würden wir gewiß keine Ursache haben, über die Kürze und Undeutlichkeit seines Berichtes zu klagen; nach des Papias Märchen zu ergänzen, ist aber Willkür.

[1]) Es ist doch in der Apostelgeschichte eigentümlich; in Beziehung auf den Zweifel von Weiß.

[2]) Man mag diese Formel hebraisirend nennen (Weiß), aber sie kommt doch oft genug in der Apg. vor, um ihre Schreibart zu kennzeichnen: 5, 12; 7, 25; 11, 30; 14, 3; 19, 11. 26.

[3]) V. 31 καταλείπειν als Abweichung vom Citat (s. Meyer) könnte man

das Schwanken der Lesart ist ohne Bedeutung. V. 38 *ἐπὶ τ. ὀνόματι*. V. 39 vielleicht das dem Verfasser geläufigere *εἶναι τινί*[1]).

Genauerer Erwägung bedürfen die folgenden: V. 15 *ὑπολαμβάνειν*, in dieser Bedeutung nur noch Ev. 7, 42, was keinen stehenden Gebrauch beweist. V. 16 *τὸ εἰρημένον*; das artikulirte Particip liebt Lukas, diese Citationsformel findet sich indes nur 13, 40 in der Rede vgl. V. 34 (Röm. 4, 18) und Ev. 2, 24, also in der Vorgeschichte (sonst überhaupt nicht). In dem Citat bieten die Zusätze *ἄνω* und *κάτω* V. 19 nichts Lukanisches, auch über das kritisch unsichere *ἤ* nach *πρίν* V. 20 kann man zweifeln[2]). V. 22 *ἀποδεικνύναι* findet sich nur noch Apg. 25, 7 und bei Paulus, doch mehrere andere comp. von *δεικν*. *ἐν μέσῳ* liest man Apg. 5mal, Ev. 7mal, sonst 16mal; das etwas häufigere Vorkommen bei dem Verfasser erklärt sich wol aus seinem Gegenstande. Die Attr. vgl. z. 1, 21. Für das *εἰς* vergleicht Weiß mit Recht 1 Petr. 4, 10, etwa auch 1, 10. V. 23 *ὡρισμένος* hat seine Parallele an Ev. 22, 22 *κατὰ τ. ὡρισμένον* von Jesu Leiden; ebenso findet es sich in der Rede 10, 42 (wie im Gebet 4, 28 *προορίζειν*, das sonst nur Paulus hat), in der Rede des Paulus 17, 26. 31, und in anderer Ver-

---

dem Lukas zuschreiben, der dies Compositum häufig hat; doch ist es zu schlecht bezeugt und durch die Verbindung mit *ἡ ψυχή* verdächtig, welches sicher nach den LXX hineincorrigirt ist.

1) Durchaus gewichtlos (abgesehen von Selbstverständlichem) das im N. T. durchgehende *δυνάμεις κ. τέρατα κ. σημεῖα*, *καθώς*, auch die unsichere Lesart *καὶ αὐτοί* vgl. z. B. 1 Petr. 1, 15. 2, 5, *δυνατόν ἐστι*, *τελευτᾷν*, *θάπτειν*, *μνῆμα* (wobei Lekebusch unter Vergleichung mit *μνημεῖον* hätte bemerken sollen, daß von keinem stehenden Gebrauch die Rede sein kann; gegen Zeller), *καθίζειν*, *θρόνος*, natürlich *ἀνάστασις*, ferner *εἰς ᾅδην*, *ἡ σάρξ* — *διαφθοράν*, weil einfach aus dem Citat, ebenso V. 33 *ἐκχέειν*, *σταυροῦν*, *βαπτίζεσθαι*, *προσκαλεῖσθαι* (sehr oft in den anderen synoptischen Evangelien, überdem an dieser Stelle vermuthlich ein Anklang an die Fortsetzung der joëlischen Weißagung nach den LXX), *σώζεσθαι*, *γενεά*.

2) In dieser Construction findet es sich nur Apg. 7, 2. Ev. 22, 61 weist es *B* auf, das auch hier der wichtigste Zeuge; c. conj. od. opt. Apg. 25, 16, Ev. 2, 26 und 22, 34, wo aber die Lesart schwankt und *πρίν* leicht aus den Parallelen eingekommen sein könnte.

wendung im Text des Verfassers 11, 29; so wird es kaum als sein Eigentum gelten können. V. 24 das transitive ἀνιστάναι mit Beziehung auf Jesus steht außer in den Citaten 3, 22; 7, 37 3mal in den Reden des Petrus, 3mal in denen des Paulus; das Citat ist wol die Quelle, und als lukanisch ist es mithin nicht erwiesen. κρατεῖν ist Gemeingut der meisten neutestamentlichen Verfasser, und hier steht es überdem in ganz eigentümlicher Verbindung, wovon unten. V. 25 das eigentümliche εἰς hat seine Parallele an 1 Petr. 1, 11. V. 29 καί — καί wiederholt sich V. 33 nach Tischd.'s Lesart und V. 36, sowie 5, 32. Ebenso nur noch in der Rede des Paulus 26, 29 und im Evangelium nicht besonders häufig; vgl. dagegen das in der Apg. so häufige τέ καί und τέ — καί. μετὰ παρρησίας. Weiß hat bemerkt, daß das Wort nie im Evangelium, in der Apg. 4mal in den vier ersten Kapiteln und nur noch 28, 31 vorkommt; der concentrirte Gebrauch des nicht lukanischen Ausdruckes deute darum auf eine besondere Quelle. Das scheint doch gewagt, und da das Wort sonst oft genug, diese Formel aber nur in der Apg. vorkommt, wird man sie doch dem Verfasser zuschreiben müssen. V. 30 ὅρκῳ ὀμνύναι ganz so in der Vorgeschichte Ev. 1, 73, sonst beide Worte nicht mehr bei Lukas. V. 32 die Beziehung des Relativum auf einen Satz ist bei Lukas zu selten, um betont werden zu können. V. 33 ἐπαγγελία τ. πν. Es ist richtig, daß ἐπγ. sonst im N. T. nur bei Paulus und Ebräerbrief häufiger vorkommt; indes bei unserem Verfasser erscheint es Ev. 24, 49 in der Rede Jesu, woraus Apg. 1, 4 einfache Wiederaufnahme ist, außerdem nur 4mal in den Reden und 23, 21 nicht im solennen Sinne. Man kann sagen, daß es an unserer Stelle aus den erstgenannten stammt. Mit Schein hat Zeller S. 503 Anm. bemerkt: paulinisch vgl. Gal. 3, 11. Indes darf doch auf dies häufige oder seltene Vorkommen von Ausdrücken für die mit dem biblischen Denken so verwachsenen Anschauungen nicht zu sehr gedrückt werden. So kommt das Verb nur Apg. 7, 5 vor, dafür Jak. 2mal, warum nicht auch das Substantiv? Beides 1 Joh. einmal, es gehört also zum Anschauungskreis. Es verhält sich damit, wie z. B. mit ἄφεσις ἁμαρτιῶν. Doch wollen wir einen Einfluß des Paulus auf diesem von ihm sehr betonten

Punkte nicht durchaus leugnen. V. 34 ἀναβαίνειν ist freilich in schildernder Rede sehr oft bei Lukas, in solcher Wendung stellt es sich aber auch bei Johannes und Paulus von selbst ein und wird daher nichts Sonderliches sein. V. 36 ἀσφαλῶς kommt zwar samt den verwandten Worten etliche Male bei Lukas vor, doch ebenso verstreut auch sonst. Die Formeln mit Ἰσραήλ finden sich außer in dem officiellen Titel 5, 21 immer im Munde der Redenden und wenn auch im Evangelium, namentlich in der Vorgeschichte ähnliche vorkommen, so fällt doch auf, daß οἶκος Ἰσρ. nur noch bei Matthäus steht. V. 38 μετανοεῖν und ἄφεσις ἁμαρτιῶν sind nicht nur sachlich Gemeingut, so daß selbst ein Fehlen des Wortes nichts zu sagen hat, sondern beide kommen dazu in der Apostelgeschichte nur in den Reden vor. V. 39 οἱ εἰς μακράν ist eine alleinstehende Formel, die im Anklange an verschiedene Wendungen der LXX entstanden scheint [1]), sich also schicklich in den Mund des Petrus fügen würde, während das Adverb auch sonst sich findet. Das Ergebnis ist dies, daß man von den strittigen Stücken mit einiger Sicherheit nur μετὰ παρρησίας dem Lukas zu-, ὅρκῳ ὀμνύειν, οἶκος Ἰσρ., οἱ εἰς μακράν absprechen kann.

Nachweislich dem Lukas sonst fremd: V. 14 *ἐνωτίζεσθαι ein hellenistischer feierlicher Ausdruck. V. 15 μεθύειν. V. 17 das eingesetzte ἐν τ. ἐσχάταις ἡμέραις eine seltene Form für אחרית־הימים, vgl. 1 Petr. 1, 20, wo die Gegenwart ähnlich bezeichnet wird, 1, 5. 2 Petr. 3, 3. V. 22 das echt synoptische Ἰησ. ὁ Ναζωρ. lesen wir bei Petr. 3, 6; 4, 10, ferner überall im Munde von Zeugen aus jenen Tagen; es hat wol Anspruch, als Zeugnis der Geschichtlichkeit zu gelten, da es später im Neuen Testamente nie gebraucht wurde. V. 23 πρόγνωσις nur noch 1 Petr. 1, 2; vgl. 1, 20 (sonst in diesem Sinne

---

1) Vgl. Jes. 57, 19, Sach. 10, 9. 6, 15 vgl. mit der Zeitformel 2 Sam. 7, 19, wonach Bretschneider s. v. mit Beza diese Formel erklärt, was mit Meyers einfachem Hinweise auf die Nähe der Parusie nicht abgethan ist, da in diesem Punkt das N. T. sich immer schwankend äußert. Beza's Bemerkungen zu diesem V. verdienen überhaupt nicht die Nichtachtung der Neueren, welche sie erfahren.

nur Paulus, dagegen Lukas βουλή und ὁρίζειν) *ἔκδοτος (das Verb nur Ev. 20, 9 in Parallele), ἄνομος (Ev. 22, 37 im Citat einer Parallele), *προσπηγνύναι (auch simplex ἅπαξ Ebr.), besonders auffallend wegen des sonstigen σταυροῦν, κρεμᾶν. V. 24 die Formel *λύσας τ. ὠδῖνας τ. θανάτου, welche dem Sprachgebrauche der LXX entstammt. Mit solcher Zuversicht wie Weiß vermag ich die Einwendungen von Zeller (S. 502) und Lekebusch (S. 404) gegen die meist gebilligte Bleek'sche Fassung nicht abzuweisen. Die Verbindung von λύειν mit ὠδίν hat Meyer schon durch Job 39, 2 belegt und κρατεῖσθαι steht damit gar nicht unmittelbar in Verbindung. Doch scheint mir allerdings immer noch wahrscheinlicher, daß diese Stelle zuerst in dem ursprünglichen Gedankenkreis der oft citirten Psalmstellen gedacht und dann in Anlehnung an die LXX falsch übersetzt wurde; das κρατεῖσθαι deutet doch sehr merklich auf die Vorstellung von der fesselnden Macht des nachstellenden Jägers. Immerhin bleibt es eine sehr eigentümliche Wendung, die recht aus dem Alttestamentlichen erwachsen, in den nächsten Citaten gar keinen Anlaß hat. V. 29 ἐξόν, wofür Lukas sonst immer ἔξεστι. *πατριάρχης von David gebraucht. V. 30 *ἐκ καρποῦ τ. ὀσφύος; ähnlich Ev. 1, 42 ὁ καρπὸς τ. κοιλίας in dem Gruße der Elisabeth; die Formel ist echt hebraisirend und beide Wörter kommen in der Apostelgeschichte (ὀσφ. auch im Evangelium) nicht mehr vor; vgl. das gewöhnliche Apg. 13, 23. V. 31 προϊδών, nur noch Gal. 3, 8. V. 33. *τ. δεξιᾷ τ. θεοῦ ὑψωθείς, so nur noch in der Rede 5, 31, mithin eine Eigenheit, wie man es auch erkläre. Wie Zeller und Lekebusch a. a. OO., so folgt auch Lechler Meyers Uebersetzung „durch die Rechte"; für die grammatische Möglichkeit einer localen Fassung des Dativ steht Winer § 31, 5 (S. 192) mit umsichtiger Erörterung ein. Meyer hat auch dagegen keinen stichhaltigen Grund; denn wenn der poetische Gebrauch später, wie er zugesteht, in die Prosa eindrang, so kann der Umstand, daß der Fall sonst im Neuen Testament nicht vorkommt, auch wenn das ganz sicher wäre, nicht die Unmöglichkeit erhärten. Ein exegetischer Blick aber, der sich nicht von angeblicher grammatischer Akribie tyrannisiren läßt, wird den Sinn „durch die Rechte" unpassend, den „zur Rechten" durch die Art erfordert finden, wie V. 33 u. 34 in Beziehung stehen, und wie in dieser Rede sonst die Citate ausgenutzt werden. Dann ist freilich ein Misverständnis des לִימִינִי nicht durchaus erfordert, denn der Verfasser kann ja τῇ δεξιᾷ eben local verstanden haben; folglich ist auch der Schluß auf das Aramäische Original nicht durchaus sicher; doch könnte man sagen, daß das aramäische die Wahl des Dativ nahelegte [1]). Bemerkenswerth ist, daß Lukas ὑψοῦν von der Erhöhung Jesu nur in diesen beiden petrinischen Stellen und nur mit Johannes gemein hat, während es sonst in dem aus der synoptischen Rede geläufigen Gegensatz mit ταπεινοῦν steht, und im Anschluß daran in der Rede des Paulus 13, 17. Auch das verdient hervorgehoben zu werden, daß die Apostelgeschichte Gott außer hier nur noch 1, 4. 7 im Munde Jesu, wie so oft in dem Evangelium, πατήρ nennt; vgl. 1 Petr. 1, 2. 3. V. 38 δωρεά führt Lekebusch unter den lukanischen Worten an; Weiß erwidert richtig, daß es nur im Munde des Petrus 8, 20. 10, 45 und als Nachklang 11, 17 vorkommt; dagegen hat Evangelium δόμα oder δῶρον; δωρεῖσθαι 2 Petr. 1, 3. 4 (sonst nur einmal Matthäus). V. 40 σκόλιος nur Ev. 3, 5 im Citat, aber 1 Petr. 2, 18; vgl. Phil. 2, 15. Zum Schlusse vgl. über μάρτυς V. 32 zu 1, 22.

Ziehen wir mit Weiß in Betracht, daß nahezu die Hälfte der Rede (28 von 67 Zeilen) auf die Citate zu rechnen ist, welche auch sonst auf den Wortlaut Einfluß haben, so dürften die letzten Absätze doch genug aufgewiesen haben, um gegen die Alleinherrschaft der lukanischen Weise Einspruch zu erheben. Die Anzeichen diese Reden auszeichnender Eigentümlichkeit mehren sich. Selbst Zeller, S. 502, scheint sich der Ansicht, daß eine ältere Darstellung zu Grunde liege, nicht erwehren zu können; auch ihm ist es zu auffallend, daß der dichtende Verfasser den Apostel der unerhörten Form des Sprachenwunders gar nicht erwähnen läßt, während die Erzählung auf dasselbe den Hauptton legt [2]). Die beiden

[1]) Auch in Betreff der Spur ungeschickter Uebersetzung, die Weiß 5, 20 entdeckt hat, wird Winer § 34, 3, b (S. 212) gegen ihn Recht behalten.

[2]) Vgl., wie Paulus dieselbe vor Augen hat 1 Kor. 13, 1. 14, 20 f.

dieser Rede eignenden Citate, von denen das zweite sich nicht auf den ersten Blick empfahl, deuten auch nicht auf die Erfindung durch einen späten heidenchristlichen Pauliner. In einem Machwerke wäre auch das absonderliche τῇ δεξιᾷ neben dem Citat schwer erklärlich, zumal bei Lukas sonst immer in ähnlichen Wendungen ἐκ δεξιῶν steht, und dies im Neuen Testament nur mit ἐν δεξιᾷ wechselt. Nicht minder auffallend erscheint in dem Werke des Lukas die Christologie dieser Rede; denn dessen Vorgeschichte erhebt sich, wie uns dünkt, schon bedeutsam über die rein geschichtliche Auffassung, wie sie dem zweiten Evangelium und diesen Reden eignet. Endlich ist es doch sehr zweifelhaft, ob οἱ εἰς μακράν an dieser Stelle die Heiden bezeichnet, wie Zeller als selbstverständlich annimmt; vielmehr ist es entweder die sera posteritas (s. S. 510 Anm.) oder die ferne Diaspora (Meyer), auf welche auch die alttestamentlichen Stellen führen möchten [1]). Hätte der Verfasser hier bereits den Universalismus wollen vorspielen lassen, dann hätte er den Petrus in deutlicheren Ausdrücken reden lassen, die ihm Jesu Reden darboten, oder τοῖς ἔθνεσι μακράν vgl. 22, 21. Daß diese Aussicht trotz 1, 8 hier noch außerhalb des Gesichtskreises bleibt, ist ein bemerkenswerther Zug geschichtlicher Treue. — —

Wenden wir uns zum 3. Capitel. Sogleich in den Worten des Apostels an den Lahmen fällt die Zusammenstellung ἀργύριον κ. χρυσίον auf, da eine ähnliche nur in der Rede des Paulus 20, 33 begegnet, χρυσίον sonst bei Lukas nicht vorkommt (nur noch ebenfalls in der Rede des Paulus 17, 29 χρυσὸς ἢ ἄργυρος), dagegen vgl. 1 Petr. 1, 18 und 1, 7. 3, 3. Ueberhaupt dürfte das Wort an die Aussendung der Zwölf erinnern. Ueber das lukanische ὑπάρχειν vgl. zu 2, 30. Die Formel der Heilung hat nichts Verwandtes mit den Parallelen 9, 34 und 14, 10, lehnt sich vielmehr eher an das synoptische, Ev. 5, 23. Ueber ὁ Ναζωρ. vgl. zu 2, 22. — In der eigentlichen Rede sind unzweifelhaft lukanisch V. 12 die Anrede, ἀτενίζειν, ἴδιος. V. 13 das anakol. μέν. V. 14 χαρίζεσθαι (Lukas und

[1]) Auch Joel 3, 5 führt nicht auf Heiden, weder nach der undeutlichen Uebersetzung der LXX, noch nach dem Grundtext, s. Ewald z. St.

Paulus). V. 16 vielleicht die Fügung ἐπὶ τ. πίστει, auch wol θεωρεῖν. V. 17 καὶ νῦν, welches in der Apostelgeschichte sehr häufig ist; πράσσειν, obwol Weiß mit Recht daran erinnert, daß der Stamm durch das ganze Neue Testament häufig vorkommt. V. 18 προκαταγέλλειν sicher überhaupt nur noch 7, 52, und bei der Unsicherheit von 2 Kor. 9, 5 so wie im Blick auf das geläufige καταγγέλλειν wol hieher zu stellen (gegen Weiß). V. 19 der Plural καιροί. V. 20 προχειρίζεσθαι nach der vorzüglicheren Lesart; offenbar sind dem Verfasser diese Composita zur Hand, vgl. 22, 14. 26, 16 διαχειρίζεσθαι 5, 30. 26, 21 προχειροτονεῖν 10, 41, welche sonst nicht vorkommen und χειροτονεῖν 14, 23 (nur noch 2 Kor. 8, 19), sowie διὰ χειρός s. oben zu 2, 23. V. 21 δεῖ, ἄχρι, das doch sicher zu haltende ἀπ' αἰῶνος (nur noch 15, 18 und Ev. 1, 70 ἐλάλησεν διὰ στόματος τῶν ἁγίων ἀπ' αἰῶνος προφητῶν αὐτοῦ). V. 24 καθεξῆς, καταγγέλλειν. V. 25 διαθήκην διατίθεσθαι vgl. Ev. 22, 29, πρός bei verb. dicendi. V. 26 etwa ἐν τῷ vor dem Infinitiv. [1])

---

[1]) Unter den nichts entscheidenden Wendungen und Worten heben wir hervor, ohne die schon früher genannten zu wiederholen, wie wir auch die übergehen, welche nicht von Anderen betont sind oder zu augenfällig nichts austragen. V. 12 τοῦ vor dem Infinitiv, was freilich bei Lukas oft gelesen wird, aber auch sonst; vgl. besonders 1 Petr. 4, 17. V. 13 ἀρνεῖσθαι, auch V. 14, das überhaupt nicht selten ist, in der Apostelgeschichte besonders in den Reden sich findet, vgl. besonders 2 Petr. 2, 1; die Formel mit πρόςωπον, auch V. 19, welche hebraisirend fast nirgend im Neuen Testamente fehlen, vgl. z. B. 2 Kor. 10, 1. Gal. 2, 11. 2 Thess. 1, 9; κρίνειν, dessen häufigerer Gebrauch in unserem Buch von Weiß richtig aus dem Stoff erklärt wird; ἀπολύειν, das aus demselben Grunde auch in den anderen Evangelien reichlich geschrieben ist. Ebenso V. 14 φονεύς vgl. übrigens 1 Petr. 4, 15. V. 15 das Relativ in der Beziehung auf einen Satz vgl. zu 2, 32. V. 16 ἀπέναντι. V. 18 πληροῦν. V. 19 μετανοεῖν; ἐπιστρέφειν, welches in dieser Bedeutung bei Lukas nicht unverhältnismäßig häufig ist, vgl. 1 Petr. 2, 25; εἰς τό vgl. 1 Petr. 3, 7; 4, 2. V. 21 δέχεσθαι hier nicht in der dem Lukas eigenen Wendung δεχθ. τ. λόγον, Weiß; die Attraction hier und V. 25 s. z. 1, 21. V. 22 und 23 ist völlig gewichtlos, da die Abweichungen von dem Text der LXX nur in einer Zusammenziehung be-

Genauer zu erwägen: V. 12 εὐσέβεια vgl. 2 Petr. 1, 3. 6. 7. 3, 11; der in den Pastoralen häufig vorkommende Stamm findet sich bei Lukas nur: Verb in der Rede des Paulus 17, 23 und Adjectiv sicher 10, 2. 7 vgl. 2 Petr. 2, 9 [1]). V. 13 ὁ θεός τ. πατέρων ἡμῶν lesen wir nur noch in der Rede des Petrus 5, 30 und des Paulus 22, 14, die ähnlich lautende Formel 7, 32 ist Citat; δοξάζειν Weiß: „während es sonst bei Lukas immer von Gott steht, hier ganz eigentümlich in fast johanneischer Weise von Jesu gebraucht, wozu vgl. 1 Petr. 1, 11. 21. 4, 11. 13. 5, 11". V. 14 δίκαιος von Christus noch im Munde des Stephanus 7, 52 und des Paulus 22, 14 vgl. 1 Petr. 3, 18 (Matth. 27, 19. 24). V. 15 μάρτυς s. zu 1, 22. V. 16 στερεοῦν ist augenscheinlich durch V. 7 bedingt und wird im Blick auf das seltene Vorkommen der Familie gegenüber 1 Petr. 5, 9 nicht für lukanisch zu achten sein. V. 17 ἄγνοια vgl. 1 Petr. 1, 14, während zu 17, 30 Eph. 4, 18 zu vergleichen, wie auch das Verb 13, 27. 17, 23 in den paulinischen Gebrauch gehört und Ev. 9, 45 als synoptische Parallele nicht in Betracht kommt. V. 18 und V. 21 διὰ στόματος s. zu 1, 16. πάσχειν, welches 1 Petr. 12mal sich findet, hat sicher nichts Auszeichnendes. V. 25 οἱ υἱοὶ τ. προφ. offenbar von alttestamentlicher Färbung und auffallend genug dieser metaphorische Gebrauch nur noch 4, 36 und 13, 10; 23, 6 (?) im Munde des Paulus. Vielleicht darf auf die Einsetzung von πατριά im Vergleich von Ev. 2, 4 einiges Gewicht gelegt werden. V. 26 ἀνιστάναι vgl. zu 2, 24; εὐλογεῖν in der Apostelgeschichte sonst nicht, im Evangelium häufig wie in den anderen Evangelien und sonst, vgl. 1 Petr. 3, 9, namentlich auch das εὐλογίαν κληρο-

stehen; man nehme zu Deut. 18, 15 f. besonders Lev. 23, 29 hinzu. V. 24 καί — δέ wird nach unbefangener Ueberschau nicht bezeichnend gefunden werden. Evangelium hat es 2mal, Apostelgeschichte 4mal, und 4mal ist es mehr oder weniger unsicher, bei Johannes unter 4mal aber nur einmal, wobei an die Ausdehnung der lukanischen Schriften zu denken ist. V. 26 ἀποστρέφειν nur noch Ev. 23, 14 in anderem Sinne; πονηρία.

[1]) Es handelt sich um ein petrinisches Stück und eine stehende Bezeichnung.

νομεῖν. Diese Wendungen sind mithin entweder nicht kennzeichnend oder dem sonstigen Gebrauch des Lukas geradezu fremd.

Erweislich nicht lukanisch: V. 13 ὁ θεὸς Ἀβρ. κλ. nur noch 7, 32 im Citat, wie auch sonst im Neuen Testament, gehört zur alttestamentlichen Färbung. * παῖς τ. θεοῦ auf Jesus bezogen in des Petrus Reden V. 26: 4, 27. 30; außerdem nur Matth. 12, 18 im Citat; von David Apg. 4, 25 und Ev. 1, 69 vgl. V. 54, also in dem hebraisirenden Stücke. V. 15 ἀρχηγός, nur noch in der Rede des Petrus 5, 31, und außerdem Ebr. 12, 2; 2, 10. V. 16 πίστις c. gen. ἡ πίστις ἡ δι' αὐτοῦ, wozu Weiß 1 Petr. 1, 21 vergleicht. * ὁλοκληρία [1]. V. 19 ἐξαλείφειν. * ἀνάψυξις (* ἀναψυχεῖν 2 Tim. 1, 16 * ψύχεσθαι Matth. 24, 12) [2]). V. 21 ἀποκατάστασις (ἀποκαθιστάνω bei Lukas Apg. 1, 6 offenbar in Anlehnung an die synoptische Stelle Matth. 17, 11 nach Mal. 4, 5 — wobei zu beachten, daß Luk. 1, 17 in der Anlehnung vielmehr dem Ausdrucke Sir. 48, 10 folgt — und Ev. 6, 10 in synoptischer Parallele.)

Sachlich hat die „neuere Kritik" nichts gefunden, was an dieser Rede anstößig wäre; sie hält sich so vollkommen innerhalb des Kreises eines echten jüdischen Christentumes, sie lebt und webt so völlig in den Anschauungen eines messiasgläubigen Juden, der in der Kürze das ἀποκαθιστάναι τῷ Ἰσραὴλ τὴν βασιλείαν erwartet, daß allerdings eine meisterliche Mimik oder eine Höhe historischer Objectivität bei dem Erfinder vorausgesetzt werden müßte, wie sie ihresgleichen kaum finden möchte. — —

4, 8—12. Lukanisch: V. 10 γνωστὸν ἔστω vgl. zu 1, 19; 2, 14. ἐνώπιον, welches indes nicht als durchaus kennzeichnend gelten darf. V. 11 ἐξουθενεῖν, nach Ev. 18, 9; 23, 11 und wichtig, weil von den LXX abweichend; doch ist zu erwähnen, daß auch die LXX מאס durch ἐξουθενεῖν wiedergeben vgl. z. B. 1 Sam. 8, 7, überhaupt dies Verb nebst ἐξουδενεῖν, —οῦν nicht so selten bei ihnen ist. Das Abweichen konnte sich

[1]) Jedenfalls gar nicht lukanisch; über κλῆρος s. z. 1, 17.
[2]) Doch ἐκψυχεῖν nur 5, 5. 10; 12, 23.

jedem Hellenisten leicht bieten. V. 12 δεῖ. Vielleicht ὑπὸ τὸν οὐρ. vgl. 2, 5, außerdem nur Kol. 1, 23.[1]) Nicht dem Lukas eigen: V. 8. Die Anrede hat nicht ihresgleichen, wie denn überhaupt der Gebrauch des feierlichen Ἰσραήλ, auch V. 10, durchaus den Reden angehört und beides altgeschichtliche Farbe zeigt. V. 10 über ὁ Ναζωρ. s. zu 2, 22. V. 11. Sehr beachtenswerth ist die völlige Abweichung des Citates von der synoptischen Form Ev. 20, 17 und das Zusammentreffen, daß dies Citat Jesu nur 1 Petr. 2, 7 wiederkehrt. Ueber den Schlußsatz s. S. 493. Darin liegt auch, was wir im allgemeinen für die Geschichtlichkeit des Wortes zu sagen haben.

V. 19. 20 wird (nach Vergleichung von 3, 6; 4, 8) Petrus als redend zu denken sein. Etwas den Lukas Kennzeichnendes wird man nicht hervorheben können, es sei denn, daß man für κρίνειν hier nicht die forensische Bedeutung zugibt. Dagegen ist δίκαιόν ἐστι nicht lukanisch, vgl. 2 Petr. 1, 13; für dies ἐνώπιον τ. θ. darf man auf 1 Petr. 3, 4 hinweisen.

Das Gebet 4, 24—30 schreibt Weiß mit wahrscheinlichen Gründen dem Petrus zu und es bedarf darum der Untersuchung. Lukanisch: V. 27 τε καί. V. 28 ἡ βουλὴ τ. θ. V. 29 τὰ νῦν, μετὰ παῤῥησίας πάσης. V. 30 ἐν τῷ c. inf. s. zu 3, 26, ἴασις.[2])

---

[1]) ἀνακρίνεσθαι V. 9 ist als term. forensis erklärlich. Für das ἐν τίνι σέσωσται (vgl. V. 12) kann man vielleicht an die, wie es scheint, einzige Parallelle 11, 14 erinnern. * εὐεργεσία (1 Tim. 6, 2 ist wenigstens unsicher); vgl. * εὐεργετεῖν 10, 38 in der Rede des Petrus; * εὐεργέτης Ev. 9, 62, mithin keinenfalls für Lukas beweisend.

[2]) Nicht entscheidend: V. 27 συνάγεσθαι hier aus dem Citat; ἐπ' ἀληθείας, denn die Formel findet sich zwar noch 10, 34 in der Rede des Petrus, Ev. 4, 25 u. 22, 59, aber 20, 21 wie Mark. 12, 14. ebd. V. 32, wird mithin nicht als ausschließliches Eigentum des Verfassers gelten können. Auch ἔθνη κ. λαοὶ Ἰσρ. stammt aus der Anwendung des Citates. V. 29 ἐπιδεῖν lesen wir nur noch in der Vorgeschichte Ev. 1, 25; ἀπειλή sicher nur noch 9, 1, das Verb nur 4, 17 und 1 Petr. 2, 23. οἱ δοῦλοι σου vgl. 2, 18 Citat und 1 Petr. 2, 16; λαλεῖν τ. λόγον vgl. 1 Petr. 4, 11. V. 30 ἐκτείνειν τ. χεῖρα kann als eine in allen

Nicht lukanisch: V. 27 und 30 ὁ ἅγ. παῖς σ. Ἰησ. χρίειν von Jes. nur 10, 38 in den Reden des Petrus und Ev. 4, 18 Citat (Ebr. 1, 9). V. 28 προορίζειν nur noch Paulus 5mal; doch vgl. z. 2, 23. Dazu lassen sich noch die folgenden Erscheinungen fügen, welche überwiegend gegen die Herrschaft der Feder des Lukas sprechen: V. 24. Die Anrede δέσποτα findet sich nur in der Vorgeschichte Ev. 2, 29, vgl. Offenb. 6, 10; man darf nicht mit Weiß auf 1 Petr. 2, 18 verweisen, aber an 2 Petr. 2, 1; Jud. 4 erinnern; als Quell ist die Uebersetzung der LXX für אדון anzusehen, vgl. bes. zu Gen. 15, 2. 8; Jer. 4, 10[1]). Auch die folgende Ausführung ist durchaus alttestamentlich. Ganz entsprechend lautet 14, 15 und man kann 17, 24, Ev. 10, 21 vergleichen, doch würde man im Anhalt an die Stellen Jes. 37, 16; Jer. 32, 17 und besonders Nehem. 9, 6 höchstens in der Zusammenfassung die Hand des Bearbeiters erkennen. V. 25. Ueber διὰ στόματος und Δ. παῖς τ. ϑ. s. oben. V. 28 ἡ χείρ σου vgl. V. 30. Die in Citaten 7, 50. Ebr. 1, 10 wiederkehrende alttestamentliche Wendung mahnt an 11, 21; 13, 11. Ev. 1, 66, wobei wir an die Vorliebe für Umschreibungen mit χείρ bei Lukas denken möchten; doch lesen wir jene im Neuen Testament allein noch 1 Petr. 5, 6.

Die Altertümlichkeit dieser Zeilen kann keinem unbefangenen Leser entgehen; daß das ὁμοϑυμαδόν αἴρειν φωνήν die ganze Sache undenkbar mache, darüber mag Zeller mit den Auslegern streiten; der Zweifel würde doch nur diese Bemerkung treffen, dagegen, auch wenn ein Einzelner im Namen und Sinne Aller sprach, immer noch bestehen bleiben, daß das Gebet ebenso sehr der Sachlage entspricht, als in seinen wesentlichen Stücken sich

Evangelien stehend wiederkehrende Phrase nicht als ausschließlich lukanisch angesehen werden. εἰς s. oben zu 2, 22.

[1]) Richtig Stier, Die Reden der Apostel (2. A. 1861) Bd. I, S. 91: κύριος wird für Jesus aufbehalten. Bezieht sich 1 Petr. 2, 13 (nach Brückner gegen Weiß) διὰ τ. κύριον auf Christus, so findet sich auch im Briefe κύριος nur in alttestamentlichen Worten für Jehova. Uebrigens erklärt die geschichtliche Entwickelung, wenn wir auf 2, 21. 36 sehen, daß hier die Scheidung besonders scharf hervortritt.

leicht dem Gedächtniß einprägen mußte. Die Erwähnung des Herodes V. 27 trifft allerdings damit zusammen, daß unser Verfasser allein von der Rolle dieses Fürsten während der letzten Tage Jesu berichtet. Aber dieser Bericht müßte erst als sein Gedicht erwiesen sein, oder, daß sich ihm an diese Geschichte ein besonderes Interesse knüpfe [1]), sonst kann die Anerkennung nicht erzwungen werden, daß diese Erwähnung nicht ursprünglich sein könne. Haben wir doch sonst keine Stelle, wo alle feindlichen Mächte in dieser Art zusammengefaßt werden und in der sich so frisch und quellmäßig die Erinnerung der Zeitgenossen an die kaum verklungenen Ereignisse ausspricht. Gäben wir indes zu, daß bei dem sonstigen Zurücktreten der Erinnerung an diese Stellung des Herodes in der urchristlichen Ueberlieferung die Erwähnung auffallen darf, dann hätten wir doch nur einen leichten Federstrich des Ueberarbeiters in einem sonst unverdächtigen Gemälde. Und wenn er hier gedichtet hätte, sollte ihm nicht die Ableitung des *υἱὸς τ. θ.* aus dem geläufigen Citat von Ps. 2 laut 13, 33 näher gelegen haben, da er doch Ev. 1, 33. 35 den Messias als solchen eingeführt hat, als die Verbindung dieser Wurzelstelle von dem messianischen Königtum mit der Gestalt des עבד יהוה. Und hier liegt, worüber unten weiter zu reden sein wird, ein Zeichen nicht nur für die Echtheit, sondern auch für die Entstehung des Stückes unter dem Einfluß des Petrus. Man müßte die Gemeinde aus dem Geiste reden hören, den sie ihrem Apostelfürsten verdankte, wenn er nicht ihr Mund gewesen ist — und ob man das Eine oder Andere wähle, darauf kommt in der That wenig an, vgl. Stier z. St. Doch ist die letzte von Weiß, Baumgarten u. A. vertretene Vermuthung wohl einfacher, als die Meyers, daß hier ein bereits vorhandenes „solennes Gebet“ der Gemeinde in Anwendung gekommen sei.

Die zweite Verantwortung vor dem Sanhedrin 5, 29—32 wird durch die namentliche Hervorhebung des Petrus sicher ihm zugeeignet. Der Schreibweise des Verfassers gehören hier in der That nur V. 29 *δεῖ* und V. 30 *διαχειρίζειν* (vgl. zu 3, 20)

[1]) Dagegen s. Holtzmann, Die synoptischen Evangelien, S. 397.

an. Von erörterten Eigenheiten dieser Reden begegnen uns ὁ θεός τ. πατέρων, ἀρχηγός, *ὕψουν τῇ δεξιᾷ, μάρτυς. Besonders zu beachten sind: πειθαρχεῖν V. 29. 32, nur noch 27, 21 und Tit. 3, 1. Die genau so 10, 39 wiederkehrende Formel κρεμᾶν ἐπὶ ξύλου, welche sich an die Gal. 3, 13 citirte Gesetzesstelle anlehnt; κρεμᾶν kommt so von den Schächern Ev. 23, 39 vor, ξύλον vom Kreuze aber außer in der Rede des Paulus 13, 29 nur noch 1 Petr. 2, 24. Weiß betont, daß nur V. 32 und 10, 37 ῥῆμα in der Bedeutung Ding stehe; obwol diese Fassung sich empfiehlt, wollen wir doch nicht zu viel Gewicht darauf legen, da sie z. B. von Meyer angefochten wird, und man die Parallele Ev. 2, 15 anziehen könnte (freilich aus der Vorgeschichte). Das in den Pastoralbriefen häufige, sonst aber seltene σωτήρ V. 31 lesen wir in der Rede des Paulus 13, 23, wo es genügende Parallelen an Phil. 3, 20; Eph. 5. 23 findet, und Ev. 1, 47; 2, 11; dagegen 5mal in 2 Petr.; mithin ist es gewiß nicht unserem Verfasser eigen. ἐγείρειν, μετάνοια, ἄφεσις ἁμαρτιῶν, πνεῦμα ἅγιον sind (s. oben) als allgemein neutestamentliche termini ohne Gewicht. — Danach wird hier von einem Sachbeweis für die Abstammung von dem Verfasser nicht die Rede sein können.

Der Straf- und Weckruf an den Simon 8, 20—23. Dem lukanischen Stile entspricht: σύν s. zu 1, 22, νομίζειν seq. acc. c. inf., εἶναί τινι s. zu 2, 39, δεῖσθαι c. gen.[1]

---

[1]) Nicht kennzeichnend für denselben, ohne jedoch für das Gegentheil angeführt werden zu können, erscheint das folgende: ἀργύριον s. zu 3, 6; das hebraisirende εἶναι εἰς, welches keinenfalls irgend lukanisch ist; auch der opt. εἴη ist nicht gerade entscheidend, da er nur in Fragen dem Verfasser geläufiger erscheint; χρήματα und κτᾶσθαι (vgl. zu 1, 18) sind durch den Gegenstand erfordert; εἰ ἄρα bei Lukas nur noch 17, 27 (Rede des Paulus) und ἄρα überhaupt nicht auffallend oft. Zu μερίς läßt sich Ev. 10, 42 vergleichen, doch ist in diesem Wort sicher nicht der Verfasser gestaltend zu denken, und in der Verbindung mit κλῆρος (wozu vgl. zu 1, 17) hat es etwas in den Fluß dieser Reden Hineinpassendes. λόγος will Weiß hier als falsche Uebersetzung von דבר (statt ῥῆμα) erklären, und dann wäre es bezeichnend genug für die selbständige Quelle; doch s. dagegen Meyer z. St.; ἔναντι findet sich nur noch Ev. 1, 8.

Nicht lukanisch: ἀπώλεια (2 Petr. 5mal), δωρεά s. zu 2, 38, εὐθύς in sittlichem Sinne (in der ursprünglichen Bedeutung 9, 11 und metaphorisch mit ὁδός 13, 10 in Anlehnung an das bekannte Citat aus Jesaja, vgl. 2 Petr. 2, 15); κακία (vgl. 1 Petr. 2, 1. 16, und die Vorliebe des Lukas für das synon. πονηρός) χολή, πικρία, σύνδεσμος. Das ganze letzte Wort ist so in Ausdrücke und Bilder des Alten Testaments getaucht, daß es nicht nur schicklich in des Apostels Munde sich ausnimmt, sondern frei an die alttestamentlich getränkte Rede des 1 Petr. gemahnt. Tritt nachweislich der Ueberarbeiter mit seinem Antheil sehr zurück, so hoffen wir die letzten Zweifel von Weiß beseitigt zu haben, und mit doppeltem Nachdruck die Bemerkung erneuern zu dürfen, daß uns hier ein Wort vorliegt, das durch den auf ihm liegenden Hauch seine Echtheit kund thut (S. 493).

Die zuletzt behandelten Worte wie die 4, 8 f. werden von dem vernichtenden Strome der „neueren Kritik" einfach mitfortgeschwemmt. Allein das Urtheil möchte doch feststehen, daß sie sich in jener zersetzenden Rabulistik, nach der alle jene Zusammenstöße mit dem Sanhedrin nur Wechselbälge der Gefangensetzung des Petrus und Jakobus d. Ae. durch Herodes werden, und in der mythologischen Auflösung der Gestalt des Magier Simon in die samaritanische Gottheit überschlagen hat. Es würde uns zu einer Antikritik im Großen führen[1]), wollten wir die Geschichtlichkeit des Hintergrundes vertheidigen, auf dem diese Reden sich abheben. Dieselbe aber vorausgesetzt, wird man nicht verkennen können, daß die Antworten des Petrus an den hohen Rath in sachgemäßer Steigerung des Ausdruckes eben das und jedesmal das sagen, was am Platze war. Man wird Baumgarten vielfach der Künstelei

---

also in der Vorgeschichte, überdem schwankt die Lesart beidemal mit ἐναντίον und ἐνώπιον; das letzte wird zu verwerfen sein, das erste scheint dem Verfasser vorwiegend eigen; da es aus den LXX stammt und auch bei Markus vorkommt, hat es doch nichts Entscheidendes. Ueber die Formel mit ἀδικία vgl. zu 1, 18.

[1]) wie sie in Betreff der späteren Stücke mit anerkennenswerthem Fleiße und gesundem Urtheil geliefert ist bei Oertel, Paulus in der Apostelgeschichte, 1868.

wegen abweisen müssen; doch hat er trotzdem auch vielfach feinsinnig das Innere der Entwickelungen aufgedeckt, und nicht selten verspotten die Gegner ihn ohne genügenden Grund. — —

Die Rede an Kornelius und die Seinen 10, 34—43. Lukanisch: V. 34 etwa καταλαμβάνεσθαι: begreifen, doch steht es nur noch 4, 13 und Eph. 3, 18 so, was nicht von festem Gebrauch zeugt. V. 36 ἀποστέλλειν. V. 37 καθ' ὅλης τ. Ἰουδαίας; dieselbe und ähnliche Formeln mit κατά sind dem Verfasser besonders geläufig. V. 38 διέρχεσθαι; ἰᾶσθαι, die anderen Synoptiker haben fast ausschließlich θεραπεύειν. V. 39 τέ — καί, ἀναιρεῖν. V. 42 παραγγέλλειν; διαμαρτύρεσθαι, was Lukas jedenfalls liebt.

Nichtlukanisch: V. 34 προςωπολήπτης; diese Wortbildung ist nicht paulinisch, wie 1 Petr. 1, 17; Jak. 2, 1. 9 zeigt, sondern eine Fortbildung der schon bei den LXX vorfindlichen Uebersetzung des נשׂא פנים. V. 36 υἱοὶ Ἰσρ, s. zu 2, 36; 4, 8. V. 38 Ἰησ. τ. ἀπὸ Ναζ. ebenso nur Joh. 1, 46; übrigens vgl. zu 2, 22. χρίειν s. zu 4, 27. * εὐεργετεῖν, s. S. 517 Anm. καταδυναστεύειν, nur nach Jak. 2, 6; δυνάστης Ev. 1, 52; Apg. 8, 27; da es an der letzten Stelle wol kaum zu vermeiden war, wird man daraus keinen Gebrauch ableiten können, um das unter Erinnerung an die Neigung für compos. c. κατά für das verb. geltend zu machen. V. 39 κρεμᾶν ἐπὶ ξύλου s. oben. V. 40 ἐμφανής (überhaupt nur noch im Citat Röm. 10, 20); das verb., sonst von entsprechender Bedeutung, heißt in der Apostelgeschichte immer: anzeigen. V. 41 * προχειροτονεῖν s. zu 3, 20. * συμπίνειν, wol ebenso bedeutungslos wie συνεσθίειν. V. 42 κριτής, wobei an die Parallele 1 Petr. 4, 5 f. erinnert sei. Mit V. 43 vgl. die im Wortlaut freien Sachparallelen 2, 38; 3, 18. 19 [1]).

---

[1]) Die sonst besprochenen Worte und Formeln lassen wir so folgen, daß wir die strittigen hintanstellen. V. 34 ἐπ' ἀληθείας s. zu 4, 27. V. 35 δεκτός, nur noch Ev. 4, 24 (daß δέχεσθαι im allgemeinen nichts Bezeichnendes hat, s. zu 8, 21). Die von Weiß (Lbgrf., S. 151 Anm.) vorgeschlagene Construction, durch welche das lukanische λόγον δέχθ. hergestellt würde, scheint zu unnatürlich. V. 36 εὐαγγελίζεσθαι· die At-

Man hat es auffällig gefunden, daß Petrus in seiner Schilderung der Wirksamkeit Jesu Judäa in den Vordergrund stellt. Nun fehlt ja V. 37 die Angabe nicht, daß dieselbe in Galiläa begonnen habe; und so lange die Thatsache nicht beseitigt ist, daß Worte Jesu bei den Synoptikern und der Zusammenhang seines Geschickes eine bedeutsame Thätigkeit in Judäa nicht minder fordern, als Johannes sie bezeugt, wird man an diesen Worten keinen

traction ist zwar öfter bei Lukas ganz ähnlich angewandt, doch ist sie geläufig genug (denke nur an das Citat Ev. 20, 17 *λίθον, ὃν κ. λ.*) und der Sache nach z. B. 1 Petr. 1, 10 zu finden. V. 37. Ueber *ῥῆμα* s. zu 5, 32; über *ἄρχεσθαι* S. 496 Anm. *κηρύσσειν*, auch V. 42; die Verbindung mit *βάπτισμα* stellt sich unter Vergleichung von Ev. 3, 3. Mark. 1, 4 als synoptisches Gemeingut heraus; übrigens vgl. auch 1 Petr. 3, 19. V. 39 die Attraction s. zu 1, 22. V. 40 *ἤγειρεν τ. τρίτῃ ἡμ.* V. 41 *συνεσθίειν*. V. 42 *ὁρίζειν* s. zu 2, 23. V. 43 *μαρτυρεῖν τινί* ist fast bei allen neutestamentlichen Verfassern zerstreut zu finden. Nicht so entschieden ist das Urtheil von vornherein über: V. 35 *ὁ φοβούμενος* erscheint zwar öfter wie ein term. techn., doch paßt diese Stelle nicht ganz in jenen Gebrauch hinein, und man wird 1 Petr. 2, 17, sowie die Stellung von *φόβος* im 1. Briefe vergleichen dürfen. *ἐργάζεσθαι δικαιοσύνην* findet sich so nur noch Ebr. 11, 33. Jak. 1, 20; es ist aus dem Gebrauche der LXX z. B. Ps. 15, 2 (vgl. Delitzsch zu Ebr. a. a. O.) geflossen; unser Verfasser hat das Verb selten und die verwandten Substantive *ἐργάτης, ἐργασία* nur in technischer Bedeutung; *δικαιοσύνη* aber liest man bei Lukas überhaupt nur 5mal (wovon außer hier noch 2mal in den Reden) 1 Petr. 2mal (2 Petr. 4mal). V. 36. Ueber die genauere Bestimmung von *εἰρήνη* schwankt die Auslegung bekanntlich; die von de Wette, Stier u. A. angenommene nach Eph. 2 würde dem Lukas fremd sein; im Sinne von שלום ist's ihm sicher nicht eigentümlich. V. 37 wird man die unverkennbare Parallele 1, 22 beachten müssen. V. 38. Bei *πνεύματι ἁγ. κ. δυνάμει* wird man den Anklang an Ev. 1, 17; 4, 14; 1, 35 nicht verkennen (1 Kor. 2, 3). *ὁ θεὸς ἦν μετ' αὐτοῦ* ganz so 7, 9, wo es aber seinen Ursprung aus Gen. 39, 2. 3. 21 hat. Vgl. Ev. 1, 28; und die Formel mit *χεὶρ κυρίου* Ev. 1, 66. Apg. 11, 21; vgl. 14, 27; 15, 4. Der Ausdruck ist eben aus der alttestamentlichen Vorstellung erwachsen, vgl. Joh. 3, 2; und wenn man der Worte Jesu Joh. 8, 29; 16, 32 gedenkt, so wird man sicher nichts eigentümlich Lukanisches darin erkennen; vgl. noch Weiß, Lbgf., S. 200, Anm. 3. V. 39 *μάρτυρες* s. oben. V. 43 *πιστεύειν εἰς* ist dem Verfasser nicht fremd; aber auszeichnend für ihn ist die Verbindung mit *ἐπί*, und sie lesen wir in diesen Reden nicht.

Anstoß nehmen können. Denn wenn auch, wie de Wette bemerkt, Galiläa geographisch den Cäsareensern näher liegt, so war die Verbindung zwischen dem Sitze des Procurators und der Hauptstadt der Landschaft sicher reger und haben sich die Augen unbetheiligter Beobachter gewiß eher auf die Erscheinung des Propheten im Mittelpunkt des Volkslebens gerichtet, welche seine Katastrophe herbeiführte, als auf das geräuschlose Lehren in den entfernteren Gegenden am See Genezareth, welche von Cäsarea durch Samarien geschieden wurden, wo Jesus nur flüchtig war. Darum ist diese Gestalt der Erinnerung vor Kornelius und den Seinen ganz am Platze. Dasselbe wird von V. 39 gelten, wenn man sich scheut *χώρα τῶν Ἰουδαίων* in umfassendem Sinne zu nehmen; steht doch sonst immer *Ἰουδαία*. Und zuletzt, was könnte den Verfasser, der in seinem ersten Buche die galiläische Zeit doch nicht wie Johannes vernachläßigt hat, bewogen haben, hier sich mit sich selbst in Widerspruch zu verwickeln? — —

Vor der Gemeinde zu Jerusalem 15, 7—11 hören wir denselben Mann unverkennbar reden, obwol sein Gegenstand ein wesentlich verschiedener ist. Lukas erkennen wir nur wieder V. 7 in der Anrede, *ἐπίσταμαι*, V. 9 *τέ καί*, V. 10 *νῦν οὖν* (nur Apostelgeschichte), *μαθητής*, vielleicht auch *ἰσχύειν*, und vielleicht V. 11 diese Art von Attraction. [1]) Dagegen ist dem Lukas

[1]) Dagegen ist er nicht zu erkennen aus: V. 7 *ἐκλέγεσθαι* (das Besondere der Wendung ist bei dem Verfasser auch nicht öfter wiederzufinden). V. 8 *μαρτυρεῖν τινί* s. zu 10, 43; *καθὼς καί*. V. 9 der Accusativ *οὐδέν*; *μεταξύ*, denn ich zweifle, ob der 4malige Gebrauch das Wort lukanisch macht, wenn es auch sonst nur 4mal gelesen wird. Eben dies scheint mir V. 10 von *τράχηλος* zu gelten; gewiß von *βαστάζειν*. V. 11 *καθ' ὃν τρόπον* hat im Zusammenhalt mit dem Neuen Testamente im übrigen nichts Auffallendes. — Ebenso wenig mit Sicherheit aus: V. 9 *καθαρίζειν* im Evangelium wie sonst bei den Synoptikern von den Aussätzigen und dergleichen, ähnlich nur 10, 15 in dem Gotteswort; das Substantiv entsprechend nur 2 Petr. 1, 9. V. 10 *πειράζειν τ. θεόν* in der Apostelgeschichte ähnlich nur noch 5, 9 (Petrus zu der Sapphira), das Verbum im Evangelium 2mal in der synoptischen Weise. *ἐπιτιθέναι* im allgemeinen sehr oft bei den Synoptikern und unserem Verfasser; diese Stelle und V. 28 in ihrer Eigenartigkeit gemahnen an Matth. 23, 4.

fremd: V. 7 ἀφ' ἡμερῶν ἀρχαίων; ähnlich V. 21. Diese Formel entspricht dem ἐξ ἡμ. ἀρχ. für מימי קדם LXX z. B. Jes. 37, 26. Klagel. 1, 7; vgl. Ps. 44, 2, sie ist mithin hebraisirend [1]); διὰ στόματος s. oben; εὐαγγέλιον nur noch in der Rede des Paulus 20, 24; vgl. 1 Petr. 4, 17; V. 8 καρδιογνώστης s. zu 1, 24. V. 9 διακρίνειν activisch und in dieser Bedeutung. V. 10 ζυγός, V. 11 χάρις τ. κυρίου Ἰησ. (vgl. 2 Petr. 3, 18); πιστεύειν c. inf. alleinstehend. — —

Von bedeutsameren zerstreuten Worten ziehen zunächst die Anreden an Ananias und Sapphira unsere Aufmerksamkeit an 5, 3. 4 und 8. 9. Es läßt sich eine Entscheidung über sie schwer fällen. Als bestimmt lukanisch darf man wol das μένον ἔμενεν, ὑπάρχειν, ἰδού bezeichnen und dazu fügen: das zweimalige τί ὅτι, das sicher nur Ev. 2, 49 steht; τιθέναι ἐν τ. καρδίᾳ Ev. 1, 66; vgl. 21, 14 und Fügungen wie Ev. 2, 51; 8, 15. Anderes ist entweder durch die Lage an die Hand gegeben wie τιμή, χωρίον, πιπράσκειν, ἀποδιδόναι, θάπτειν, ἐκφέρειν, oder nicht durchschlagend, wie πληροῦν, das freilich öfter bei Lukas ähnlich steht, aber in dieser Formel gerade Joh. 16, 6 und συμφωνεῖν, das dreimal bei Lukas, dreimal bei Matthäus gelesen wird. Dagegen steht

---

1) Sollte diese Formel den Eindruck machen, als versetzte sie den Redenden in eine späte Zeit, wie etwa die des Verfassers, so vgl. den Gebrauch von ἀρχαῖος 21, 16 und Sir. 9, 10 (ἀρχ. φίλος im Gegensatz zu πρόσφατος) und 2 Makk. 6, 22 (Bretschneider s. v.). Es bezieht sich nur auf die ἀρχή, wie nahe oder ferne sie liege. Wer den Vorgang Apg. 15 mit Gal. 2 gleichsetzt, wird dafür auf die ersten fünfziger Jahre zurückgehen müssen. Andererseits kann nach 11, 26 die Ankunft des Barnabas in Antiochia frühestens in den Anfang des Jahres 43 fallen. Für seine Sendung dahin und Stellung dort bildet die Bekehrung des Kornelius jedenfalls die Voraussetzung. Den spätesten Termin angenommen, steht das Ereignis mithin gerade in der Mitte der Zeit des Gemeindebestandes bis zum s. g. Apostelconvent. Wahrscheinlich aber fällt es in die erste Hälfte derselben hinein, und überdem in die, welche die aufregenden Vorgänge bei der Bildung einer Heidenkirche und die damit verbundenen Umwälzungen in den vorherrschenden Lebensfragen als eine vergangene erscheinen lassen mußten.

ψεύδεσθαι bei Lukas nur hier und auch der Stamm fehlt seinem Sprachschatz; νοσφίζεσθαι kommt außer Tit. 2, 10 überhaupt nur an dieser Stelle vor; πειράζειν s. zu 15, 10. Das οὐκ ἀνθρώποις ἀλλὰ τῷ θεῷ erinnert an 4, 19; 5, 29.

Kap. 6, 2—4 hören wir Petrus die Wahl der Diakonen veranlassen. In diesen Zeilen lesen wir ἀρεστόν ἐστι, wie nur noch 12, 3; καταλείπειν, ἐπισκέπτεσθαι, wofür der Verfasser jedenfalls Vorliebe zeigt; μαρτυρούμενος, πλήρης τινός vgl. 6, 5. 8; 9, 36; 11, 24 u. s. w. Ev. 4, 1, προςκατερεῖν τινί vgl. besonders 1, 14; 2, 42. 46; ob man ihm das καθιστάναι sonderlich zuschreiben soll, mag zweifelhaft bleiben. Außerhalb seiner sonstigen Art läge etwa χρεία in diesem Sinne. Das Uebrige trägt überhaupt keine eigentümliche Art, ergibt sich aus der Lage.

Die Aufforderung an den Aeneas 9, 34 widerspricht nicht der Gestaltung durch den Verfasser, denn ἰᾶσθαι hat Lukas besonders oft (1 Petr. 2, 24 fließt aus Jes. 53), ἀνάστηθι schreibt er in ähnlichen Fällen wieder und wieder; στρωννύειν ist freilich bei ihm selten.

Nicht so klingt die Antwort des Apostels auf die Stimme im Gesicht 10, 14; 11, 8, denn μηδαμῶς ist überhaupt ein ἅπαξ und die Formel κοινὸν κ. (ἢ) ἀκάθαρτον für Lukas, wenn man von der Wiederholung V. 28 absieht (κοινός in diesem Sinne nur hier und ἀκάθαρτος sonst verbunden mit πνεῦμα nach synoptischem Gebrauch). Das hebraisirende οὐ — πᾶς begegnet sonst nur in der Vorgeschichte 1, 37. — Uebergehen wir den Gruß an die Boten V. 21, in welchem das dem Verfasser geläufige ἰδού, sonst nichts Bezeichnendes für oder wider steht, so begegnet uns V. 26, welches gerade die so ungleiche Parallele 14, 15 als treu überliefert zeigen mag, so wenig sich auch für uns einträgliche Bemerkungen daran knüpfen lassen [1]). In der folgenden Anrede an Kornelius V. 28. 29 sind lukanisch: ἐπίστασθαι, κολλᾶσθαι, μεταπέμπεσθαι, πυνθάνεσθαι. * ἀναντιρρήτως vgl. 19, 36. Für * ἀλλόφυλος kann man auf ἀλλογενής Ev. 17, 18 weisen, weil

1) Ueber καί — αὐτός vgl. S. 508, Anm. 1; ἀνάστηθι (s. oben) geben wir bereitwillig preis, wenn man sich daran stoßen will.

sonst solche Bildungen fehlen, doch ist das Wort den Hellenisten in diesem Sinne geläufig 1 Sam. 13, 3—5. 1 Makk. 4, 12. ἀθέμιτος steht nur noch 1 Petr. 4, 3. Das andere ist ohne Bedeutung.

Stehen wir damit an der Schwelle der größeren Rede zu Cäsarea, so hängt an deren Schluß noch ähnlich dem bisherigen V. 47, an dem nichts Kennzeichnendes zu entdecken ist, es wäre denn das dem Verfasser geläufige κωλύειν. Man könnte von einem Ineinanderklingen der Erinnerung an 2, 38 und 8, 36 reden.

Endlich in dem kurzen Selbstgespräche 12, 11, dem Ebrard Ursprünglichkeit zusprechen will [1]), erkennt man den Lukas mit Sicherheit an ἐξαποστέλλειν (das er mit Paulus gemein hat), ἐξαιρεῖν (ebenso), ἐκ χειρός, προσδοκία (mit dem verb.). Auch die Verbindung mit πᾶς ist ihm gebräuchlich. Nicht minder fällt λαὸς τ. Ἰουδαίων in einer solchen Besprechung im Inneren auf. Wer möchte überhaupt für seine Ueberlieferung die Gewähr übernehmen! Selbst in der Bestellung V. 17 treffen wir sogleich auf das lukanische ἀπαγγέλλειν.

Man wird nicht anstehen, diese kürzeren Reden auf Rechnung des Verfassers zu schreiben und nur in den körnigen Sprüchen 10, 14 u. 26, sowie der Sache nach etwa V. 28 eine zähe Erinnerung wirksam zu finden. Freilich würde das unmöglich werden, wenn sich gerade in dem ἀθέμιτον ein geschichtlicher Fehler nachweisen ließe. Zeller führt dagegen die Clementinen in's Feld, in denen Petrus immer unbefangen mit Heiden verkehre. Die „neuere Kritik" sagt uns sonst, dieser Roman weise dem Petrus die Rolle des großen Heidenmissionars zu, um den Paulus zu verdrängen und in der Figur des Simon zu verzerren; er stelle einen Judaismus dar, der sich durch das Fallen lassen der Strenge zur Katholicität fähig gemacht habe. Diese der Art gerichtete Parteischrift soll mithin Zeugniß für den geschichtlichen Stand einer von ihr verzerrten Vergangenheit ablegen, dagegen der Verfasser einer von ihr benutzten Schrift mit der Absicht, Judaisten zu

---

1) Vgl. Weiß, S. 83.

gewinnen, einen Zug aufnehmen, den eben diese als unrichtig und übertrieben ansehen mußten! Und zwar nicht nur nebenbei, denn schon das Gesicht hat doch nur Sinn, wenn dies Verhältniß der Geschiedenheit obwaltete. — Faßt man das κολλᾶσθαι der Geschichte gemäß wie Ligthfoot z. St. streng von gemeinsamer Mahlzeit und eigentlichem häuslichem Verkehr, so dürften die z. B. von Meyer z. St. beigebrachten Belege die Geschichtlichkeit genügend erweisen, zumal ja mit Recht gezweifelt wird, ob Kornelius als ein Proselyt anzusehen ist.

Machen wir nun die Probe auf unser Exempel, indem wir zuletzt die Rede untersuchen, welche der Verfasser den Apostel zu Jerusalem halten läßt, um die Gemeinde über den Vorgang zu Cäsarea zu beruhigen, 11, 5—17. Keinem aufmerksamen Leser kann es entgehen, wie sie sich zumeist wörtlich an die Schilderung der Vorgänge Kap. 10 anschließt und der Nachweis dafür ist überflüssig. Man könnte indes annehmen, jene Schilderung sei in Abhängigkeit von diesem ursprünglichen Zeugnis aus des Apostels eigenem Munde. Daß dem nicht so sei, wird sich zeigen, wenn wir nachsehen, ob sowol in den Wiederholungen als in den Aenderungen die Redeweise des Verfassers oder eine ihm fremde Art sich verräth, bestimmt die Art der bisher behandelten Reden.

V. 5 begegnet zuerst die dem Lukas besonders geläufige Umschreibung von εἶναι c. ptc., namentlich mit προςεύχεσθαι[1]), ferner ἔκστασις im technischen Sinne vgl. 10, 10; 11, 5; 22, 17 und ὅραμα (auch mit ἰδεῖν) in der Apostelgeschichte sechsmal außer in dieser Geschichte. In der Wiederholung: das bei ihm sehr häufige καταβαίνειν, das nur bei Lukas vorfindliche καθιέναι. Der neue Zusatz bringt ἄχρι. Ebenso V. 6 ἀτενίζειν und κατανοεῖν, der Zusatz τ. θηρία (im Neuen Testament außer in Citaten und der Offenbarung nur zweimal, aber Apg. 28, 4. 5). Die Einleitung V. 7 ganz entsprechend der Formel in den Berichten von dem damascenischen Gesichte (die Construction von ἀκούειν schwankt überhaupt bei dem Verfasser). In dem Gotteswort gemahnt

1) ἡμῖν, vgl. V. 11. 17, steht zwar bei Lukas ziemlich oft; ob aber bezeichnend?

ἀνάστας an geläufige Wendungen; θύειν nicht vom Opfer vorwiegend bei Lukas. Die Aenderungen V. 8 (zu welchem vgl. zu 10, 14) sind nicht gerade lukanisch; nur die Vermeidung des οὐ — πᾶς fällt auf. V. 9 ob die Auslassung des πάλιν vor ἐκ δευτέρου als bedeutsam anzusehen sei, da Lukas diesen auch sonst vorkommenden Pleonasmus nicht hat und πάλιν überhaupt verhältnißmäßig wenig braucht, bleibe dahin gestellt. V. 10 ändert der Redner und braucht das nur lukanische ἀνασπᾶν (auch ἀποσπᾶν Lukas zweimal ganz entsprechend, außerdem nur Matthäus einmal) und das bei Lukas beliebte ἅπας. V. 11 lesen wir in dem zusammenziehenden Bericht ἰδού, ἐξαυτῆς, ἐφιστάναι, ἀποστέλλειν, V. 12 συνέρχεσθαί τινι, V. 13 ἀπαγγέλλειν, τέ, σταθείς (d. ptc. nur Lukas), ἀποστέλλειν, μεταπέμπεσθαι, und das geläufige ἐπικαλεῖσθαι vor Zunamen, V. 14 πρός bei verb. dic. — lauter bekannte Wendungen des Verfassers. Ueber das ἔν τινι σώζεσθαι vgl. zu 4, 9. Der Gebrauch von οἶκος, wie er hier vorliegt, kann zwar nicht unseren Verfasser auszeichnen, doch ist bei ihm das πᾶς ὁ οἶκ in solchen Wendungen fast stehend; der Relativsatz aber ist neu. V. 15 ἐν τῷ c. inf. temporal.; ἐπιπίπτειν, besonders vom heiligen Geist, stehend in der Apostelgeschichte. V. 16 die auf 1, 5 zurückgehende Formel stimmt wie diese genau mit der Form Ev. 3, 16, während Matthäus und Markus in der Setzung des Dativ und von ἐν abweichen und ihre Texte schwanken. V. 17 πιστεύειν ἐπί s. zu 10, 43 und κωλύειν s. zu 10, 47. Nur δωρεά (s. zu 2, 38 und vgl. 10, 45) ist dem Redner eigen [1]). Dieser Anklang, sowie der V. 14 bemerkte, erklärt sich leicht genug bei dem Ueberarbeiter, der jene ausgeprägten Aussprüche aufgezeichnet hatte. Sonst finden wir nichts, was sich nicht aus den Kap. 10 berichteten Thatsachen erklärte; wo die Rede davon abweicht, tritt sie in den Zug lukanischer Sprache ein, und es steht mit dem Verzeichniß für diese 13 Verse augenscheinlich ganz anders als in den bisher behandelten größeren Reden. So

---

[1]) Weiß, S. 83, hätte nach seinen sonst angewandten Grundsätzen nicht aufzählen dürfen: σκεῦος, φωνή, μνησθῆναι. — Die verschlungene Frage V. 17 wird nach keiner Seite zu betonen sein, vgl. Winer, Grammatik, S. 553.

also verfährt der Verfasser, wenn er selbständig eine Rede aus dem vorliegenden geschichtlichen Stoffe gestaltet.

Durchmustern wir zu fernerer Bestätigung, was sich sonst von Reden in diesen Stücken des Buches findet. 2, 7 f. reden die versammelten Juden aus der Diaspora; sogleich V. 7 begegnet ἰδού, ἅπας, V. 8 wiederholt die lukanisch gestaltete Formel aus V. 6, V. 9 u. 10 κατοικεῖν c. acc., ἐπιδημεῖν nur noch 17, 21, das dreimalige τέ καί. V. 11 μεγαλεῖον nur noch Ev. 1, 49 und μεγαλειότης Apg. 19, 27; Ev. 9, 43 (außerdem nur 2 Petr. 1, 16). Beachte den 16, 6 deutlich geforderten und auch sonst nicht abweichenden Werth des Namens Asien, nämlich mit Ausschluß von Phrygien. Dagegen ist etwas von Lukas Abweichendes nicht aufzutreiben. — 4, 16 f. sprechen die Sanhedristen: V. 16 γνωστόν, κατοικεῖν c. acc. V. 17 ἐπὶ πλεῖον 2mal Apostelgeschichte, 2mal 2 Timoth., ἀπειλῇ ἀπειλεῖν (die Phrase), λαλεῖν ἐπὶ τῷ ὀνόμ. Im übrigen fällt nur das ἅπαξ: διανεμεῖν auf. — Uebergehen wir die Worte des Engels 5, 20 mit ihrem stehenden πορεύεσθε und σταθέντες [1]) und der Wächter V. 23 mit ἐν πάσῃ ἀσφαλείᾳ, so haben die Sanhedristen V. 28 mit dem zwiefach lukanischen παραγγελίᾳ παραγγέλλειν an; es folgen ἰδού, διδάσκειν ἐπὶ τ. ὀνόμ.; βούλεσθαι, welches besonders bei den anderen Evangelien fast ganz zurücktritt; ein ἅπαξ Lucanum ist ἐπάγειν, es ist in ähnlichen Wendungen bei den LXX zu lesen und die Vorstellung sicher jüdisches Gemeingut. Hierauf folgt die längere Rede des Gamaliel. V. 35. Die Anrede, προσέχειν ἑαυτῷ nur und zwar 5mal bei Lukas, das ihm überaus geläufige μέλλειν, V. 36 Die mit Vorliebe angewandte unbestimmte chronologische Formel αὗται αἱ ἡμέραι, λέγων εἶναί τινα κλ. vgl. 8, 9, ἀναιρεῖν, das geläufige πείθεσθαι, für ἐγένετο εἰς οὐδέν vgl. 19, 27. V. 37 ἀφιστάναι, freilich ἀπέστησα ist ἅπαξ; für die Wendung mit ὀπίσω vgl. 20, 30; διασκορπίζειν 3mal im Evangelium (außer im Citat nur je einmal Matthäus und Johannes). V. 38 τὰ νῦν, ἐάν, βουλή; ἅπαξ λεγομενα sind προσκλίνεσθαι, διαλύειν und θεομάχος, mit dem letzten läßt sich das andere θυμομαχεῖν

---

1) Ueber den Schluß s. S. 512, Anm. 1.

vergleichen 12, 20. Ein eigentümliches Ausbiegen von der sonstigen Schreibweise ist auch hier nicht erkennbar. — — Der Erfund kann auch dazu dienen, zu zeigen, daß für diese Einzelnheiten der Verfasser entweder keine solche Quellen vor sich hatte, wie für die Reden des Petrus, oder sich nicht so an dieselben gebunden hat. Ueberfliegt man die übergangenen einzelnen Worte, so wird man fast in jedem Spuren von der Feder des Lukas, selten eine gewichtige Abweichung von seiner Redeweise finden.

Dem gegenüber wird es uns auch nicht irre machen, wenn unsere Gegner sich anheischig machen, in jedem beliebigen Stücke einige ἅπαξ λεγόμενα aufzuweisen. Man kann auch 11, 5 f. ἐν ἀρχῇ und etwa ἴσος (Ev. 6, 34) ausheben, etwa auch noch die im Parallelismus mit Kap. 10 vorkommenden δὶς λεγόμενα wie ἐπὶ τοῖς, τετράποδον, ἑρπετόν, ὀθόνη, ἄρχαι u. s. w. (s. zu 10, 14); diese aber sind vom Gegenstande erfordert, jene sind an sich bedeutungslos. Zum Belege unserer Behauptung wird eine Vergleichung mit einem beliebig herausgegriffenen Abschnitte dienen können, bei dem nur Rücksicht darauf genommen ist, daß er keine längeren Reden enthält und nicht der eigentlich paulinischen Partie des Buches angehört: Kap. 11, 9 — 12, 25. Er umfaßt 117 Zeilen. Es finden sich in ihm 22 ἅπαξ λεγόμενα, von denen aber 9 ἅπαξ λεγόμενα des Neuen Testaments sind, bleiben also 13, welche in Betracht kommen. Dagegen bietet dieses Stück an lukanischen Eigenheiten nach der gewöhnlichen laxen Zählweise beinahe 100, nach der von mir bei den Reden befolgten 69. Zum Vergleich füge ich bei, daß die 212 Zeilen der von mir behandelten Reden, 49 ἅπαξ λεγόμενα enthalten, von denen 13 neutestamentliche sind, bleiben also 36, mithin weit mehr, als auf die 95 Zeilen mehr kommen könnten (234 Zeilen würden danach nur 26 aufweisen dürfen). An lukanischen Eigenheiten bieten sie nach laxer Zählung 96, nach strenger 75; mithin unvergleichlich weniger, als der erzählende Text. In der strengen Zählung zu Kap. 11. 12 ist darauf geachtet, solche Wendungen auszuschließen, welche der erzählenden Darstellung beizumessen sein möchten und nicht auch entsprechend in den Reden sich fänden. Dadurch wird der Einwand geschwächt, die größere Zahl erkläre sich aus der erzählenden Art jenes Abschnittes. Allerdings ist sowol die Zählung unsicher, als überhaupt auf die bloßen Zahlen wenig zu bauen; denn es kommt zuletzt doch darauf an, ob die gezählten Worte und Wendungen dazu angethan sind, als Kennzeichen eines andersartigen Gedankenschatzes und Gedankenganges zu gelten. Es würde hier zu weit führen, den zur Hand liegenden Nachweis über den besprochenen Abschnitt in derselben Behandlung wie den über die Reden hier einzufügen. Hat das Verfahren bei jenen den Eindruck sorgfältiger Sachlichkeit gemacht, so wird das den obigen Angaben auch Gewicht verleihen. Der Unterschied, der zwischen der Rede Kap. 11 und den anderen aufgezeigt ist, könnte freilich von dem Unterschiede des Gegenstandes abgeleitet werden, da sie ja wesentlich erzählend ist, nicht eine Predigt. Doch wird, wenn man sie mit den besprochenen eingestreuten Worten vergleicht, diese Erklärung nicht ausreichend erscheinen [1]).

Allerdings aber wird mit den hier angewandten Mitteln schwerlich zwingend darzuthun sein, daß der Verfasser jene Reden nicht habe erdichten können, wenn er es darauf ablegte. Aber daß er sie nicht künstlerisch mit anderer Sprachfarbe componirt hat, muß durch die Bemerkung höchst wahrscheinlich werden, daß er, wo er dieselben Personen nur der Erzählungsweise nach reden läßt, diesen Reden eben jene Sprachfarbe nicht verleiht, und daß man seine Feder in den selbständiger gehaltenen Reden nur in der „Redaction“ wiederfindet. Es verhält sich damit ebenso wie mit dem Briefe des Apostelconventes im Vergleiche mit dem des Lysias.

Um die Verwerthung der obigen Untersuchungen zu erleichtern und das Gesamtergebnis möglichst überzeugend zu belegen, folge schließlich eine Uebersicht der dem Lukas eigenen und fremden Elemente in den erörterten Reden.

Dem Wortschatz des Lukas gehören an: *ἀναιρεῖν* 2, 23; 10, 39; *ἀναδεικνύναι* 1, 24; *ἅπας* 2, 14; *ἀποστέλλειν* 10, 36;

[1]) Daß der geschichtliche Inhalt nicht ohne weiteres die Schreibweise des Verfassers herbeiruft, zeigt die Rede des Paulus Kap. 26, welche in den betreffenden Stellen sprachlich derselben gar nicht so nahe steht.

ἀτενίζειν 3, 12; ἄχρι 2, 29; 3, 21; γέ 2, 18; γνωστόν (γενέσθαι, εἶναι) 1, 19; 2, 14; 4, 10; δεῖ 1, 16. 21; 3, 21; 4, 12; 5, 29; διαμαρτύρεσθαι 10, 42; διαχειρίζειν 5, 30; διέρχεσθαι 10, 38; συνέρχεσθαι 1, 21; ἐπίσταμαι 15, 7; ἴδιος 1, 19. 25; 3, 12; ἴασις 4, 30; ἰᾶσθαι 10, 38; καθεξῆς 3, 24; καθότι 2, 24; καταγγέλλειν 3, 24; προκαταγγέλλειν 3, 18; παραγγέλλειν 10, 42; σύν 1, 22; 8, 20; χαρίζεσθαι 3, 14; προχειροτονεῖν 10, 41. Wendungen und Formeln, die er besonders liebt: δεῖσθαι c. gen. 8, 22; εἶναί τινι 2, 39; 8, 21; ἐν τῷ sq. inf. 3, 26; 4, 30; κατά c. gen. zur Ortsangabe 10, 37; κατοικεῖν c. acc. 2, 14; καιροί plur. 3, 19; μέν, μὲν οὖν anakol. 3, 13; 1, 18; καὶ νῦν 3, 17; νῦν οὖν 15, 10; τὰ νῦν 4, 29; νομίζειν sq. acc. c. inf. 8, 20; πρός bei verb. dic. 2, 29; 3, 25; τέ 2, 33; τέ καὶ 4, 27 (10, 39); 15, 9. — Die Anreden 1, 16; 2, 14. 22. 29; 3, 12; 15, 7. ἀπ᾽ αἰῶνος 3, 21. Die Citirformel ἐν βίβλῳ ψαλμ. 1, 20; βουλὴ τ. θεοῦ 2, 23; 4, 28; διαθήκην διατίθεσθαι 3, 25; ἐπὶ τῷ ὀνόματι 2, 38; μετὰ παρρησίας 2, 29; 4, 29; πάντες οἱ κατοικοῦντες 2, 14; πληρωθῆναι την γραφὴν 1, 16. Die zwei Wendungen mit τόπος 1, 25; διὰ χειρός 2, 23. Für unsicher und nicht entscheidend halte ich die wol sonst betonten folgenden Worte und Wendungen: ἀπειλή 4, 29; δεκτός 10, 35; ἐξουθενεῖν 4, 11; θεωρεῖν 3, 16; ἰσχύειν 15, 10; καταλαμβάνεσθαι begreifen 10, 34; κτᾶσθαι 1, 18; μαθητής 15, 10; πατριά 3, 25; πειθαρχεῖν 5, 29. 32; πράσσειν 3, 17; χωρίον 1, 18; ὑπάρχειν 2, 30; 3, 6; — εἶναι c. ptcp. 1, 17; ἐπὶ τῇ πίστει 3, 16; πᾶς χρόνος 1, 21; πρὶν ἤ wegen der schwankenden Lesart 2, 20; ἡ χείρ σου von Gott 4, 28. 30.

Dagegen scheinen die nachstehenden Sprachelemente die Reden von dem sonstigen Texte des Buches genügend abzuheben; bei dem Verzeichnis ist ausdrücklich auf die Anführung gleichgültiger ἅπαξ λεγόμενα verzichtet, welche die Masse zwar vermehren, aber in der That wenig beweisen würden. Dabei ist im Auge zu behalten, daß wir im Evangelium eine Parallele an dem Verhalten des Verfassers zu dem synoptischen Stoffe und zu der Ueberlieferung der Vorgeschichte haben; Verwandtschaft mit diesen Stücken wird auf eine ähnliche Abhängigkeit von weniger rein griechischen, alttestamentlich gefärbten Vorlagen hinweisen. Heben wir diese Berührungen zuerst hervor. Synoptisch: *ἄνομος* 2, 23; *ἀποκατάστασις* 3, 21; *γέγραπται γάρ* 1, 20; *ἔκδοτος* 2, 23 (durch das Verb); *ἐπιτιθέναι* (*ζυγόν*) 15, 10; *κηρύσσειν βάπτισμα* 10, 37; *μισθός* 1, 18; *οἶκος Ἰσραήλ* 2, 36; die Bezeichnung Gottes als *πατήρ* 2, 33; die Formel bei der Heilung 3, 6; vielleicht auch deren Einleitung im Vgl. mit der Aussendung der Zwölf. Mit der Vorgeschichte treffen zusammen: *δεσπότης* für Gott 4, 24; *διὰ στόματος* 1, 16; 3, 18; 4, 25; 15, 7; *τὸ εἰρημένον* 2, 16 (13, 40); *ἐπιδεῖν* 4, 29; *ἐκ καρποῦ τῆς ὀσφύος* 2, 30; *ὅρκῳ ὀμνύειν* 2, 30; *παῖς θεοῦ* von David 4, 25; *σπλάγχνα* 1, 18; *σωτήρ* 5, 31. Unter den Wendungen, welche diese Reden sonst eigentümlich von dem sonstigen Text des Lukas abheben, stehen die voran, welche wiederholt und nur in ihnen vorkommen: *ἀρχηγός* 3, 15; 5, 31; *δωρεά* 2, 38; 8, 20; 10, 45 (11, 17); *καρδιογνώστης* 1, 24; 15, 8; *κρεμᾶν ἐπὶ ξύλου* 5, 30; 10, 39; *παῖς θεοῦ* von Christus 3, 13. 26; 4, 27. 30; *ὑψοῦν τῇ δεξιᾷ* 2, 33; 5, 31; *χρίειν* von Christus 4, 27; 10, 38; dazu etwa *πειράζειν τ. θεόν* 15, 10, vgl. 5, 9. Demnächst folgen solche, welche durch den Anschluß an alttestamentliche Rede- und Anschauungsweise oder durch an sich eigentümliche Anschauung auffallend, sich sonst bei Lukas nicht finden: *ἄγνοια* 3, 17: *δίκαιος* von Christus 3, 14; *δοξάζειν* von Christus 3, 13; *εἰςέρχεσθαι κ. ἐξέρχεσθαι* 1, 21; *ἐνωτίζεσθαι* 2, 14; *ἐργάζεσθαι δικαιοσύνην* 10, 35; *εὐλογεῖν* 3, 26 (in dieser Wendung); *ἐν ταῖς ἐσχάταις ἡμέραις* 2, 17; *ἀφ' ἡμερῶν ἀρχαίων* 15, 7; *ὁ θεὸς Ἀβραάμ* 3, 13; *ὁ. θ. τ. πατέρων* 3, 13; 5, 30; (22, 14); *δέσποτα, σὺ ὁ ποιήσας τ. οὐρ. τ. γῆν κ. τ. θαλ. κ. πάντα τ. ἐν αὐτοῖς* 4, 24; *λύειν τὰς ὠδῖνας* 2, 24; *οἱ εἰς μακράν* 2, 39; *πρόγνωσις* 2, 23; *σκόλιος* 2, 40; *οἱ υἱοί* metaphorisch 3, 25. Dazu wären noch die von dem lukanischen Redactionsstil abweichende Anrede 4, 8, das von Ev. 20, 17 in der Form abweichende Citat 4, 11 und das Wort 8, 23 im ganzen Ton zu fügen; ferner die überwiegend an die Vorgeschichte resp. das Synoptische anklingenden feierlichen Bezeichnungen in Zusammensetzung mit Ἰσραήλ und für Jesus mit ὁ Ναζωραῖος oder 10, 38 ὁ ἀπὸ Ναζαρέθ [1]). Endlich folgen die Worte, deren sonstiges Fehlen bei Lukas etwas Befremdendes hat, ohne daß die obige Charakteristik auf sie paßt: ἀπώλεια (?) 8, 20; δίκαιόν ἐστι 4, 19; ἐμφανής 10, 40; ἐξόν 2, 29; καθαρίζειν 15, 9 (?) in dieser Anwendung; κακία 8, 22; κλῆρος metaphorisch 1, 17; (25?) 8, 21 (26, 18); πίστις, c. gen., vgl. π. ἡ δι' αὐτοῦ 3, 16; πιστεύειν c. inf. 15, 11; προορίζειν 4, 28; προσπηγνύναι 2, 23; προσωπολήπτης 10, 34. Selbstverständlich setzen diese Aufzählungen die obigen Erörterungen voraus.

Schließlich ist ein mögliches Misverständnis abzuschneiden. Es ist mehrfach auf das Zusammentreffen der Reden mit 1 Petr., selbst 2 Petr. hingewiesen; das ist nicht in dem Sinne geschehen, als ob der Nachweis einer petrinischen Gräcität für diese Reden unternommen werden sollte. Werden dieselben als irgendwie treue Wiedergaben geschichtlicher Urbilder angesehen, so sind sie jedenfalls aramäisch gehalten worden; nur bei der Rede zu Cäsarea wäre vielleicht eine Ausnahme zu machen. Jedenfalls liegt also unserem Texte eine Uebertragung zu Grunde, die man doch wol nicht auf den Apostel selbst wird zurückführen wollen. Aber nur in diesem Falle hätte der besprochene Nachweis irgend welche Bedeutung [2]). Demnach ist der Hauptton neben der Eigentümlichkeit dieser Stücke im Vergleich mit dem lukanischen Stile überhaupt auf die aramaisirende, mit den vom Verfasser nur überarbeiteten Stücken des Evangeliums ähnliche Farbe zu legen. Richtet man darauf das Auge, so scheint das Erbrachte Grund genug für die Annahme zu bieten, daß der Verfasser eine Quelle vor sich hatte, die er schonend überarbeitet hat, schonend, aber unbefangen und kunstlos, wie z. B. der Eingriff 1, 19 beweist. Die Parallele mit dem Evangelium, sowie der sprachliche Befund dürfte weiter

---

[1]) Den häufigeren Gebrauch des activischen ἀνιστάναι und des μάρτυς für das Apostelamt, jenes an den LXX-Text, dies an die Worte Jesu Ev. 24, 48. Apg. 1, 8 gelehnt, wollen wir nicht betonen.

[2]) Diesen Punkt scheint sich Weiß bei seinen Bemerkungen nicht ganz klar gemacht zu haben.

die Annahme empfehlen, daß ihm bereits eine Uebertragung in das Griechische vorlag und nicht er dieselbe erst vorgenommen hat [1]).

Während demnach das bloß sprachliche Zusammentreffen mit dem ersten Petribriefe für uns keine Bedeutung hat, gewinnen jene dargebotenen Parallelen unter einem anderen Gesichtspunkte Gewicht. Im Wortschatz spiegelt sich auch die Anschauungsweise, und soweit das der Fall ist, würde mit denselben die Brücke zu der anderen Hälfte des Beweises für die wesentliche Echtheit dieser Reden gewonnen, in welcher, mit Weiß in seinem „Lehrbegriff" zu reden, die Zusammenstimmung des grundlegenden mit dem aufbauenden Zeugnisse des Apostelfürsten darzuthun wäre. Davon kann freilich nur die Rede sein, wenn wir zum Vergleich noch eine andere Quelle, als das „Evangelium des Petrus nach Holsten" besitzen, jenes seltsame Gewebe kritischer Hypothese und willkürlicher Auswahl aus eben diesen Reden. Es ist nur möglich unter der Voraussetzung der Echtheit des ersten Petribriefes. Da hiefür Weiß in seinem petrinischen Lehrbegriff und in seiner biblischen Theologie so viel gethan hat, so darf diese Abhandlung sich füglich bescheiden vorläufig einer sichtenden Nachlese die bescheidene Vorarbeit geboten zu haben. In dem Streben nach strenger Sachlichkeit hoffe ich, selbst abgesehen von diesem Zwecke, in ihr einen nicht unbrauchbaren Beitrag für ein getreues lexicon Lucanum und für die sprachliche Seite der fraglichen Quellenkritik zu liefern.

Nachschrift. Es wird um gefälliges Eintragen folgender Berichtigungen gebeten: S. 496, Z. 14 v. o. für 17, 11 l. **17, 29**; — S. 497, Z. 16 v. o. l. **das Substantiv**; — S. 503, Z. 5 v. o. für 4, 2 l. **4, 21**, — Z. 4 v. u. ist *κτᾶσθαι* zu tilgen; — S. 504, Z. 6 v. o. für Ev. 1, 19 l. **1, 9**, — Z. 13 v. o. für 8, 22 l. **8, 23**, — Z. 4 v. u. für Eph. 1, 20 t. **1, 18**; — S. 508, Z. 2 v. o. l. *εἶναί τινι*, — Z. 4 v. o. für Ev. 7, 42 l. **7, 43**, — Z. 11 v. o. l. *ἀποδεικνύναι*.

[1]) Der Versuch von Weiß, eine aramäische Quelle für die ersten Kapitel nachzuweisen, scheint mißlich, namentlich gegenüber der angegebenen Parallele.

Gedanken und Bemerkungen.

Randglossen zu dem Aufsatz von Dr. W. Grimm

über

„das Problem des ersten Petrusbriefes"

(Theologische Studien und Kritiken 1872, IV)

von

Professor Dr. Weiß in Kiel.

Eben hatte ich mich in dem Vorwort zur zweiten Auflage meines „Lehrbuch der biblischen Theologie des Neuen Testaments" beklagt, daß man auf die von mir angeregten Fragen über die geschichtlichen Verhältnisse des ersten Petrusbriefes so wenig eingegangen sei, als mir das Heft dieser Blätter zur Hand kam, in welchem Dr. Grimm in ebenso eingehender, als besonnener Weise diese Verhältnisse erörtert. Umsomehr halte ich mich verpflichtet, kurz zu resumiren, wie ich hienach den Stand der betreffenden Fragen ansehe.

Es handelt sich zunächst darum, ob die Leser des Briefes im großen und ganzen Judenchristen sind oder nicht. Von den drei Hauptstellen, um welche sich nach meinen letzten Erörterungen in diesen Blättern (1865, S. 625 ff.) die Discussion concentrirte, stimmt Grimm meiner Erörterung der Stelle 3, 6 darin vollkommen bei, daß dieselbe nichts für heidenchristliche Leser beweisen kann; über die Stelle Kap. 2, V. 10 bemerkt er nur, daß meine Fassung derselben bei der nicht wegzuleugnenden Verwandtschaft unseres Briefes mit den paulinischen im Hinblick auf Röm. 9, 25 äußerst bedenklich erscheine, während doch die verschiedene Anwendung einer alttestamentlichen Stelle jedenfalls keine Verwandtschaft begründet und die von mir angenommene eben nur die dem Originalsinn entsprechendere ist. Desto bestimmter erklärt Grimm, daß die Beziehung von Kap. 4, V. 3 auf ehemalige Juden rein unmöglich sei. Allein das Einzige, was er Neues gegen meine Erklärung der Stelle beibringt, ist doch augenscheinlich unhaltbar; denn die ἐπιθυμίαι ἀνθρώπων, denen sie jetzt nicht mehr leben sollen, stehen eben V. 2 ausdrücklich dem Willen Gottes gegenüber, aber τὸ βούλημα τῶν ἐθνῶν haben sie in ihrer (vorchristlichen) Vergangenheit gethan, und da kann der Gegensatz eben nicht der λαὸς τοῦ θεοῦ im christlichen Sinne sein, zu dem sie damals noch gar nicht gehörten, sondern nur ein Volkstum, das im Gegensatz gegen das heidnische stehen sollte, also das jüdische. Daneben erwähnt Grimm freilich noch wieder 1, 14; 2, 9, worüber er aber nichts beibringt, was nicht, abgesehen von meinen früheren Erörterungen, in meinem Lehrbuch (2. Aufl., S. 149. 151. 156, Anm. 4) bereits ausreichend erledigt wäre, und meint schließlich noch eine besonders entscheidende Stelle in Kap. 1, V. 21 gefunden zu haben. Daß aber in der Hoffnung, welche die Leser in Folge ihres Gläubigwerdens auf Gott gesetzt haben, ein Indicium ihrer heidnischen Vergangenheit liegen soll, wird doch sofort dadurch widerlegt, daß der Apostel sich selbst Kap. 1, V. 3 mit den Lesern zusammenschließt unter die, welche durch die Auferstehung Christi zu einer lebendigen Hoffnung wiedergeboren sind. Vollends ein reines Postulat scheint mir die Behauptung, daß Petrus in einem Briefe an judenchristliche Leser die Frage über Gesetz und Evangelium oder über das Verhältnis von Juden- und Heidenchristen hätte besprechen müssen (S. 661). Hat doch Grimm selbst später einmal den Tübingern gegenüber mit allem Nachdruck geltend gemacht, wie willkürlich es sei, überall Tendenzen, d. h. Beziehungen, auf die Lehrcontroversen jener Zeit aufzuzuspüren, zumal in einem Schreiben von rein praktischem Zweck und, fügen wir hinzu, an einen Leserkreis, in dem eben jene Punkte noch nicht controvers geworden waren und in dem, weil er ein fast ausschließlich judenchristlicher war, jene Fragen überall gar nicht entstehen konnten, vielmehr die Gesetzbefolgung mit dem christlichen Glauben und Leben noch in unbefangener Weise geeinigt war.

So wird denn schließlich die Adresse entscheiden müssen, und hier kann ich mich nur der Bestimmtheit freuen, mit welcher Grimm die bildliche Bedeutung von παρεπίδημοι (Erdenpilger) verteidigt und die neuerdings gangbar gewordene symbolische von διασπορά verwirft. Dann aber scheint nur noch die technisch-geographische übrig zu bleiben, die ich stets verteidigt habe und die nothwendig zur Annahme jüdischer Leser führt. Statt dessen nimmt Grimm διασπορᾶς als Genitiv der Eigenschaft (?!) und erklärt es in der meines Wissens von allen neueren Auslegern verworfenen Weise Luthers von der Zerstreuung der Leser im Gegensatz zu ihrer geistigen Einheit als Haus Gottes. Das kann man aber gar keine bildliche Fassung mehr nennen, so daß alles, was Grimm zu Gunsten einer solchen sagt, nur auf παρεπίδημοι zutrifft (worauf auch allein die von ihm angeführten Analogieen gehen), und da die geistige Einheit der Christen keineswegs wie die theokratische Einheit des Judentums ihr wesentliches Correlat an einer geographisch-politischen Einheit hat, so ist der Begriff der äußern Zerstreuung für jene ebenso bedeutungslos, wie für dieses bedeutungsvoll, und kann also nicht von diesem auf jene schlechtweg übertragen werden.

Die zweite Hauptfrage ist die nach der äußeren Situation der Leser. Auch hier freue ich mich, daß Grimm das Befremdende, das die Leiden für die Leser hatten (4, 12), schärfer betont, aber freilich nur um daraus zu erweisen, daß die Verfolgungen, die sie erfuhren, ungleich heftiger und gefahrvoller gewesen sein müssen, als bisher, weshalb er an die neronische Zeit denkt. Und doch ist gerade in jenem Zusammenhange unmittelbar nur von Schmähungen um des Namens Christi willen die Rede (V. 14), die doch gerade die Nazarenersecte von Anfang an seitens ihrer ungläubigen Volksgenossen zu erdulden hatte. Denn wenn Petrus V. 15 ermahnt, daß sie sich nicht als Uebelthäter wohlverdientes Leiden zuziehen sollen, damit sie wirklich nur als Christen freudig zur Ehre Gottes diese Schmach tragen können (V. 16), so ist und bleibt doch der Rückschluß davon darauf, daß man sie als Christen schon für gemeine Verbrecher hielt, ein völlig willkürlicher. Es hängt das damit zusammen, daß Grimm die Auffassung erneuert, wonach die κακοποιοί unsers Briefes die malefici Suetons sein sollen, obwol längst nachgewiesen, wie der viel allgemeinere Gebrauch dieses Wortes und seines Gegensatzes bei Petrus diese Beziehung durchaus nicht zuläßt, und auch was unser geehrter Gegner darüber sagt, kann es uns unmöglich wahrscheinlich machen, daß Petrus durch die Antithese gegen jene Verleumdung auf diese ihm so geläufige Terminologie geführt sein sollte. Auch Grimm hat doch für die Annahme einer Ausbreitung der neronischen Verfolgung über die Provinzen nichts als vage Möglichkeiten beigebracht (S. 668), und wenn er die aus 2, 13. 17 dagegen erhobene Instanz bestreitet, so übersieht er, wie die Bestreiter seiner Annahme nicht bezweifeln, daß Petrus auch einem Nero gegenüber die Christen zum Gehorsam gegen die Obrigkeit ermahnt hätte, sondern daß er Angesichts der eben von dem Staatsoberhaupt verübten Greuel (auch wenn er, wie Grimm für möglich hält, den Kaiser über Wesen und Charakter der Christen für „übelunterrichtet" hielt), zumal wenn dieselben in den Provinzen Nachahmung fanden, sich nicht so bedingungslos über die Berufsthätigkeit der Obrigkeit ausgesprochen hätte, wie er 2, 14 thut. Völlig einverstanden bin ich dagegen mit seiner Polemik gegen die Auffassung, welche in unserm Brief Spuren der trajanischen Zeit findet, wenn ich auch nicht leugnen kann, daß die angeblichen Beziehungen auf den Brief des Plinius mir reichlich ebenso „frappant" erscheinen, wie die auf die bekannten Stellen des Sueton und Tacitus, die Grimm vertheidigt, d. h. daß beide sich gegenseitig aufheben und nur beweisen, wie willkürlich unserm Briefe solche geschichtliche Beziehungen aufgedrängt werden. Ebenso kann ich dem, was Grimm sonst gegen eine Unterschiebung des Briefes und namentlich gegen eine dogmatische Tendenz desselben sagt, wie sie von den Bestreitern und von neueren Vertheidigern desselben gefaßt wird, nur vollkommen beistimmen und halte diese Ausführungen für sehr werthvoll, wie denn auch die Entschiedenheit, mit denen er die eigentliche Bedeutung von Babylon (5, 13) gegen die immer mehr sich verbreitende symbolische Fassung für Rom festhält, mir ein Zeichen seiner gesunden und nüchternen Exegese ist.

Die größte Schwierigkeit entsteht für die gangbare Auffassung unsers Briefes, wenn es sich darum handelt, wann und unter welchen Verhältnissen sich Petrus an rein paulinische Gemeinden wenden und sich so eng an Form und Inhalt paulinischer Briefe anschließen konnte. Die erste Frage ist aber damit keineswegs erledigt, daß Grimm gewiß mit vollem Recht die Tübinger Ansicht von einem principiellen Gegensatz der beiden großen Apostel zurückweist (vgl. S. 692), und an ihr gerade glaube ich schon früher in diesen Blättern nachgewiesen zu haben, wie rathlos die herrschende Auffassung der Frage nach der Abfassungszeit des Briefes gegenüber steht. Die zweite hat Grimm sich durch die bekannte Hülfshypothese erleichtert, daß er den Brief im Namen und Auftrage des Petrus von dem Pauliner Silvanus (Silas) geschrieben sein läßt, und freilich auch dadurch, daß er auf die Art der angeblichen paulinischen Reminiscenzen nicht näher eingeht. Dennoch sagt er wenigstens S. 681: „Am wenigsten werden sich die Berührungen mit dem Briefe an die Römer, namentlich mit Kap. 12 u. 13, sowie die Verwandtschaft mit Stellen des Epheserbriefes in Abrede stellen lassen.“ Ich glaube nun allerdings, nachgewiesen zu haben, daß sich der Brief nur mit Röm. 12. 13, mit dem Epheserbrief dagegen im Ganzen und nicht bloß in einzelnen Stellen berührt, und hierin gerade liegt das Eigentümliche unsers Problems. Da nun die Echtheit des Epheserbriefes angefochten und seine Abhängigkeit von unserem Briefe von vielen Bestreitern desselben zugegeben wird, so brauchen wir nur bei ersterem Punkte stehen zu bleiben. Aber ist es denn wirklich so leicht zu erklären, wie ein paulinischer Schüler, der sich streng an seines Meisters Worte anschloß, gerade nur dessen Römerbrief und aus ihm nur die beiden Kapitel benutzte, die am wenigsten eigentümlich Paulinisches an sich haben? Oder wenn man meinen Nachweis nicht gelten lassen will, daß die ganz vereinzelten Parallelen, die man aus dem dogmatischen Theile des Römerbriefes anführt, in Wahrheit keine Parallelen sind, so bleibt es doch dabei, daß auch nicht einer der specifischen Grundgedanken des Römerbriefes reproducirt ist, während aus Kap. 12, 13 fast jeder Hauptgedanke und zahllose Wendungen wörtlich entlehnt wären. Ist dieser Sachverhalt etwa damit erklärt, daß man sagt, es schreibe ja eben ein paulinischer Schüler? Ich meine nicht; denn wenn wir einen solchen als den, der im Namen des Petrus schreibt, annehmen sollen, so könnte dies doch nur dadurch aufgewiesen werden, daß er den petrinischen Grundgedanken, die er in Worte fassen soll, überall ein charakteristisch-paulinisches Gewand leiht, wie es offenbar die frappantesten Anklänge an die rein praktischen Ermahnungen in Röm. 12, 13 seinen Worten nicht leihen können. Liegt die Sache selbst für diese Hülfshypothese so schwierig, so liegt sie selbstverständlich für den, der an der directen Echtheit des Briefes festhält, noch viel schwieriger. Dazu kommt noch eins. Es ist nicht so, wie Grimm es S. 683 darstellt, daß meine Annahme von der Benutzung des petrinischen Briefes durch Paulus mich zu der „unmöglichen“ Hypothese seiner so frühen Abfassung und seiner judenchristlichen Leser geführt hat, sondern, wie der Gang meiner Untersuchung deutlich zeigt, haben sich mir diese Data aus der Betrachtung des Briefes an sich zuerst ergeben, und damit ist ja freilich die hergebrachte Annahme einer Benutzung paulinischer Briefe unvereinbar. Da sich mir nun bei näherer Betrachtung der wirklich vorhandenen Berührungen dieselben in jener für die bisherige Annahme durchaus unerklärbaren Weise beschränken, so liegt es für mich nahe genug, es mit der umgekehrten Annahme zu versuchen. Und was hat denn Grimm gegen dieselbe beigebracht? Er findet, daß unser Brief an Reichtum, Kraft und Tiefe der Gedanken den paulinischen Schriften, daß die Person des Petrus an Charakterfestigkeit, Entschiedenheit und Consequenz der des Paulus nachsteht (S. 682). Ich kann das alles zugeben, muß aber immer auf's neue fragen: Was hat das mit der Frage zu thun, ob sich Paulus Röm. 12, 13 absichtlich oder unwillkürlich an die körnigen, umfassenden Ermahnungen des ersten Petrusbriefes angelehnt hat? Kann man sich denn gar nicht entschließen, die gar nicht hieher gehörigen Kategorieen von schriftstellerischer Originalität oder schülerhafter Gedankenarmut hier einmal bei Seite zu lassen und die Sache ohne Rücksicht darauf unbefangen anzusehen? Oder ist denn der Jakobusbrief nicht originell genug, und doch gesteht Grimm bei den unzweifelhaften Berührungen mit unserem Briefe unbedenklich diesem die Priorität zu.

Daß Paulus seinen Ermahnungen durch die Anlehnung an die Autorität des Petrusbriefes mehr Anerkennung oder Beherzigung habe verschaffen wollen (S. 683), wo hätte ich denn solchen Widersinn je behauptet? Aber gibt es denn keinen anderen Grund, weshalb man sich an das treffende Wort eines Andern anschließen kann? Und gesetzt, wir könnten die Motive, die in diesem Falle Paulus dabei leiteten, nicht mehr mit einiger Sicherheit erkennen, so folgte ja daraus noch keineswegs die Unmöglichkeit, daß es geschehen ist.

Was nun jene Hülfshypothese selbst anlangt, so gestehe ich, daß ich nach wie vor mir keine Vorstellung davon zu machen im Stande bin. Wir wollen hier nicht in die weitläufige Frage wegen der s. g. Hermeneuten des Petrus eintreten; ich halte es für überaus unwahrscheinlich, daß Petrus nicht im Stande gewesen sein sollte, einen griechischen Brief zu schreiben. Aber setzen wir einmal mit Grimm den Fall, was folgt daraus? Meines Erachtens nur dies, daß, wenn er nun doch an griechisch-redende paulinische Gemeinden schreiben wollte (ein freilich dann doppelt unwahrscheinlicher Fall!), er aramäisch schrieb und seinen Brief durch einen seiner Dollmetscher in's Griechische übertragen ließ. Statt dessen beauftragt er den Silvanus mit der Abfassung des Briefes in seinem Namen, d. h. aber doch, seine ihm mitgetheilten Gedanken und Ermahnungen griechisch niederzuschreiben. Dieser aber schreibt in dem, was auch nach Grimm den Hauptinhalt und Zweck des Briefes enthält, in seinen Ermahnungen, lediglich paulinische Gedanken in Reminiscenzen an paulinische Briefe nieder, nur im Namen des Petrus, und dieser ertheilt dem Briefe als einem von ihm geschriebenen seine Billigung. Und woraus soll diese unwahrscheinlichste aller Annahmen erschlossen werden? Aus 5, 12, wo Silvanus im Namen des Petrus schreibt: „Durch Silvanus, den treuen Bruder, habe ich (Petrus) Euch geschrieben“ und nun „vergessend, daß er in fremdem Auftrag und Namen schrieb, in eigener Person aus Bescheidenheit ὡς λογίζομαι beifügt“ (S. 690). In der That, wenn das die einzige Lösung für „das Problem des ersten Petrusbriefes“ sein soll, das allerdings bei der gangbaren Auffassung des Briefes unlösbar ist, sobald man den Knoten nicht durch einfache Unechtheitserklärung zerhauen will, so scheint es mir immer noch der Mühe werth, meinen Lösungsversuch etwas genauer darauf anzusehen, ob er nicht wirklich in einfacherer und wahrscheinlicherer Weise die vorhandenen Schwierigkeiten löst. Daß derselbe von den Voraussetzungen der Tübinger Kritik aus von vorneherein verworfen wird, verstehe ich vollkommen; wer aber von diesen Voraussetzungen nicht gebunden ist und mit der Klarheit, wie unser Verfasser, die Schwierigkeiten der gangbaren Auffassung erkennt, der wird es mir nicht verargen, daß ich dieser Hypothese gegenüber meine Auffassung mit um so größerer Zuversicht aufrecht erhalte.

Recensionen.

Geschichte Jesu von Nazara in ihrer Verkettung mit dem Gesamtleben seines Volkes frei untersucht und ausführlich erzählt von **Dr. Theodor Keim.** II. Bd.: Das galiläische Lehrjahr. III. Bd.: Das jerusalemische Todesostern. Zürich. Orell, Füßli & Comp., 1871 und 1872.

Höher als die Armut der Vorgeschichte mit ihren künstlichen Ausfüllungen aus dem Wünschhütlein scharfsinniger Gelehrsamkeit im ersten Bande, spannt „das galiläische Lehrjahr“ mit seinem Reichtum an gegebenen Realitäten das Interesse des Lesers. Diese ordnet aber Keim nicht, wie Schleiermacher und Strauß, sachlich zusammen, sondern er theilt sie chronologisch ab, weil ihm nur die Chronologie die Bloßlegung eines entwickelungsmäßigen Fortschrittes im Lehren und Wirken Jesu zu ermöglichen und so seinen „historischen Christus“ zu garantiren scheint. Ein Vortheil, den er freilich mit dem den Gewinn eines wirklich historischen Christus von vornherein annullirenden Geständnis bezahlen muß, daß die in den Evangelien herrschende Vermischung und Verwechslung der Principien der Sach- und Zeitordnung der Geschichtschreibung bei dem chronologischen Verfahren gar oft an der Stelle der Sicherheit den Griff zu der „Wahrscheinlichkeit“, d. h. Willkür, aufzwinge. Die Hauptheile seiner Chronologie bietet ihm die Dichotomie des galiläischen Erfolgs und Kampfes bei den Synoptikern. Daß er nämlich nur mit diesen und gegen Johannes gehe, sagt uns abgesehen vom ersten Bande schon die Einzahl „Lehrjahr“. Der

Erfolg wird von ihm um des Auftritts Jesu im Frühling und des Frühlingscharakters seines Auftritts willen „der galiläische Frühling“ (bei Hase biblisch schön „das angenehme Jahr des Herrn“) genannt, der Kampf folgerichtig „die galiläischen Stürme.“ Der erstere reicht von S. 9—333, die letzteren von S. 335—616.

Den galiläischen Frühling eröffnet „die erste Predigt“, mit der der Verfasser Jesus gegen den johanneischen Anfang im Privatkreis bei Schleiermacher, Ewald, Renan, Schenkel und Hausrath in medias res führt, als ob der kleine Anfang psychologisch und historisch weniger glaublich wäre, als der großartige. Welches ist nun die erste Predigt? Die sieben Worte: „Thut Buße, das Himmelreich ist nahe herbeigekommen!“ sind nach Keim's Meinung das Programm, und die Bergpredigt nach Matthäus ist die erläuternde Antrittspredigt. Freilich nicht in ihrer heutigen Gestalt, weil der überschwengliche Volksandrang mit der unmittelbar darauf folgenden engen Eingrenzung der Thätigkeit Jesu nicht stimme und ihre Zueignung an die Jünger als das Salz der Erde und Licht der Welt eine spätere Entwickelungsstufe voraussetze, ebenso die principielle Befehdung der pharisäischen Gesetzlichkeit für den Anfang des Lehramts Jesu nicht tauge, da sie seiner vorsichtigen Weisheit widersprechen und den Principienkampf den kleinen Einzeldifferenzen voranstellen würde, sondern in den Bruchstücken mit den Frühlingszeichen des strömenden Regens, der stürmenden Winde, der mehr als salomonischen Blumenpracht und des reichen Freitisches der sorglosen Vögelein und mit dem Thema der ersten Frage des württembergischen Confirmationsbüchleins: „Was soll eines Menschen vornehmste Sorge sein in diesem Leben?“ Nun es kann sein, daß Matth. 6, 19—34 und 7, 1—5. 7—12. 24—27 die ursprüngliche Antrittspredigt ausmacht, es kann aber auch nicht so sein. Zum mindesten unterliegt das Recht zu der Ausmerzung der Proclamation principieller Gegnerschaft gegen den Pharisäismus aus der Antrittspredigt einem starken Zweifel, da die Jesu hiedurch zugemuthete schlaue Zurückhaltung der Parrhesie eines Gotteshelden geradezu unwürdig wäre, der nach Keims eigener ausdrücklicher Annahme von Anfang an seines göttlichen Berufes sicher war und von Anfang an seine Farbe offen bekannte.

Nun die Antrittspredigt entdeckt ist, kehrt der Verfasser zu dem Programm oder der „Losung“ Jesu zurück, an welcher er den Leser zuerst als „zu kurz, zu dürftig, zu bekannt durch den Täufer, oder wenn neues Sinnes voll, zu dunkel“ mit ungeduldiger Eile vorübergeführt hatte. Er findet im Gegensatz zu der Schenkel'schen Protection von Mark. 1, 15 den Wortlaut derselben bei Matthäus ursprünglich und sucht ihre Wurzel im A. T., zu dessen Grundbegriffen das Reich Gottes als Königtum Gottes auf Erden gehöre. Bedeutsam erscheint ihm der Umsatz in das Reich der Himmel, der jedoch schon bei Daniel vorkomme. Der Ausdruck soll den Gegensatz, die Opposition, aber auch die Siegeszuversicht gegen die Erde stärker hervorheben. Daß Jesus den Reichsruf des Täufers zu seinem Wahlspruch gemacht habe, beweise seine Anerkennung der den letzteren leitenden Grundgedanken und seine von Anfang an hervortretende Centraltendenz. Was hat nun aber Jesus Neues hinzugethan? Die unbedingte Hingabe an Gott, seine Erkenntnis als Vater der Menschen, die Ueberwindung des Irdischen, die Erhebung zu den sittlichen Wahrheiten des Gesetzes, antwortet Keim, wobei er auf Grund dieser Kerngedanken im dritten Abschnitt „das Reich der Himmel“ Jesu beschreiben zu können glaubt.

Dasselbe, von Jesu dann und wann auch „Reich des Vaters“, „Reich Gottes“ oder einfach „mein Reich“ genannt, soll zunächst seinen Ort nicht im Gebiet der jenseitigen Welt haben, wohin es theilweise schon das vierte Evangelium, der Apostel Paulus und die moderne Frömmigkeit ausschließlich verlegen, sondern auf der Erde, wie im A. T. Die scheinbaren Beweise für ein oberes Himmelreich Jesu und der Christen: die Vollkommenheit und Herrlichkeit im Himmel, die wahren Schätze dort oben und die seligen Freuden des Schauens Gottes, der Engelgleichheit und des Tisches der Erzväter, können gegen die Reden von der Nähe, ja Ankunft des Himmelreichs gegen die Bitte um das Kommen des Reiches Gottes, um die Erfüllung seines Willens auf Erden wie im Himmel, gegen die Vergleichung des Himmelreichs mit einer Perle auf Erden und einem Schatze im Acker der W gegen Jesu Hoffnung auf seine Wiederkunft, auf die Wiedergeburt der Welt und auf die Auferstehung der Todten nicht aufkommen. Warum wird denn aber dieses „Erdreich“ Himmelreich genannt? Weil es mit himmlischen Kräften und Zeichen komme und himmlische Zustände auf Erden bringe, sagt der Vf., gegen Weizsäcker jedoch die Herabkunft himmlischer Geister ausschließend. Daß nun dieser Begriff eines irdischen Himmelreichs einen Universalismus und Kosmopolitismus Jesu involvire, anerkennt Keim selbst, aber nicht ohne die Freude derer, welche Jesu von Anfang an einen weltumspannenden Gedanken mit den jüngeren Evangelien unterlegen, durch den Wermuthstropfen zu vergällen, daß er diesen Universalismus in der Praxis Jesu der nationalen Einschränkung seiner Thätigkeit auf das Volk Gottes weichen läßt.

Wie hat sich aber Jesus mit diesem irdischen Himmelreich zum jüdischen Messiasreich gestellt? Wenn man bei dieser Frage das Johannesevangelium vergessen könne und den Rücktritt Jesu von der täuferischen Reichs- und Bundesbewegung, sowie seine das irdische Interesse ablehnenden synoptischen Reden nicht zur Urtheilsnorm erheben wolle, sagt Keim, so habe er nach der Verheißung des Erdreichs für die Trauernden, der Wiedersammlung für die verlorenen Schafe aus dem Hause Israel, der zwölf Stühle für die Jünger, des Erdenglücks in der Wiedergeburt und des Gerichts über die Heiden, der schweigenden Billigung der Throneshoffnungen der Kinder Zebedäi, dem Einzug in Jerusalem, dem Messiasbekenntnis vor Gericht und der Vertröstung der Seinen auf seine Wiederkunft zu schließen die messianischen Hoffnungen seines Volkes getheilt und „ein in irdische Sinnlichkeit gekleidetes Gottesreich nicht ausgeschlossen“. Dabei habe er jedoch das Erdreich ganz anders verstanden, als seine Zeit, wenn er für die Größe im Reich Gottes das selbstverleugnende Dienen vorschreibe, und seinen persönlichen Beruf habe er ganz und gar nur in der Pflanzung der Gesinnungen und Tugenden gesucht, welche das Reich Gottes herbeizuführen geeignet seien. Mithin sei ihm die Hauptsache das geistige Reich Gottes mit seiner „Gerechtigkeit“, d. h. mit der Erfüllung sämtlicher Forderungen Gottes an die Menschheit gewesen, wie sie vom Menschen nicht geleistet, sondern nur von Gott durch die Gabe seines Geistes im Menschen geschaffen werde, gipfeln. Mit diesem ächt jesajanischen (und ezechielischen) Gerechtigkeitsbegriff sei Jesus einerseits noch auf jüdischem Boden gestanden, wo das höchste für den Menschen erreichbare Ziel Leistung, Erfüllung der Gebote Gottes sei, andererseits habe er damit zugleich seine Religion gefunden: die der Vermittlung der Transscendenz mit der Immanenz, nämlich die der Vater- und Sohnschaft zwischen Gott und Mensch, um die Auslassungen des Vf. auf S. 53—58 auf ihren Kern zurückzuführen.

Wann erwartete Jesus das Himmelreich? Nach dem Vf. hat er es in die Schwebe zwischen Zukunft und Gegenwart gelegt, und das nicht aus Nachahmung des Täufers oder aus kluger Vorsicht, sondern aus seinem eigensten Reichsbegriff und Selbstbewußtsein heraus. Als zukünftig habe er es behandelt, weil er es nicht vom Zuthun der Menschen und auch nicht von seinem eigenen, sondern von dem Allmachtsrathe Gottes abhängig gewußt habe; als nahe, weil er die Unverträglichkeit längeren Verzuges in der Herstellung der Vater- und Kindesgemeinschaft mit der göttlichen Liebe gefühlt und sich selber von Anfang an ohne Trübung und Schwankung als deren Vermittler gewußt habe. Als letzterer habe er sich den bisher noch nicht auf den Messias angewandten Namen Menschensohn nach dem 8. Psalm und Daniel beigelegt, um sich als den erhabenen Messias wie als den sich selbst erniedrigenden Diener der Menschheit darzustellen.

Was ist der langen Rede Jesu vom Himmelreiche kurzer Sinn? Leider nur das, daß das Himmelreich Jesu mit dem jüdischen Messiasreich auf ethischer Grundlage (vgl. hierüber Oehler's Artikel: „Messias" in Herzogs Realencykl., S. 426—427) identisch sei, denn die Vorliebe Jesu für die sittlichen Bedingungen und Güter desselben bildet keinen Unterschied seines Reichsbegriffs von dem zeitgenössischen, sondern nur eine Modification innerhalb des letzteren.

Also ist die Schranke des damaligen religiösen Zeitbewußtseins zugleich auch die Schranke des Bewußtseins Jesu gewesen? Eine Principienfrage, zu der Keim das Ja, das er im Herzen hat, laut zu sagen nirgends den Muth findet. „Die Schranken des jedesmaligen Zeitbewußtseins zur Schranke des Gesichtskreises großer Männer zu machen, heißt aber“, um hier mit Tholuck (Die Bergpredigt, 4. Aufl., S. 68) weiter zu reden, „bei consequenter Anwendung auch jeden Genius und jeden Propheten auf das Niveau der Gewöhnlichkeit herabdrücken“. Also ist das Christentum ursprünglich eine Religion des Diesseits, wenn auch im guten Sinne des Worts, gewesen und unser heutiges Christentum ist kein Christentum mehr, nachdem es nach dem Vf. S. 49 „den Gedanken des Erdreichs und des zum Erdreich Wiederkommenden längst dahingegeben oder doch in ganz andere Formen umgestaltet hat“?

Die Sinnesänderung für das Reich Gottes stellt der Vf. als von Jesus anfänglich synergistisch, später aber unter dem Druck der Erfolglosigkeit seiner Arbeit prädestinatianisch gedacht dar.

„Die Oertlichkeiten der Predigt Jesu“ haben selbstverständlich nur antiquarisches Interesse, für dessen Verfolgung hier kein Raum ist.

Mit innerer Nothwendigkeit bewegt sich die Darstellung von der Predigt zu den „Thaten“ Jesu fort, sind sie doch die „mitfolgenden Zeichen“, welche von dem Volksbedürfnis, ja von der Wissenschaft selbst bis heute nicht habe entbehrt werden können und doch zugleich dem theologischen Gewissen eine verhängnisvolle Probe darüber auflegen, quid valeant humeri, quid ferre recusent. Sie füllen die zweite Abtheilung in vier Abschnitten: 1) „Kritische Sorgen“, 2) „die Grundthatsachen“, 3) „die Aufeinanderfolge und der Anfang der Heilungen“, 4) „die Heilung Besessener.

„Kritische Sorgen“ über die Wunder Jesu hat der Vf. so schwere, daß sie ihm den Humor bis zu dem Bekenntnis herunterstimmen: „hier kann man sich und andern eine Reihe niederschlagender Thatsachen nicht verbergen“. Zunächst läßt er dem Geschichtschreiber die Uneinigkeit der Evangelien in Zahl, Inhalt und Folge der Thaten Jesu, sowie in den Steigerungen des Details vom älteren Berichterstatter herab zum jüngeren in den Weg treten. Mit dem so nahe liegenden und auch von ihm selbst eingeschlagenen Recurs auf den ältesten oder einmüthigsten Bericht sei nicht viel geholfen, da im ältesten Evangelium keine ursprüngliche Quelle mehr sprudle und der Uebereinstimmungsfall der drei und vier oft nur abgezweigte Brunnenleitungen aus einer und derselben Quelle zeige. Daher sei ein sorgfältiger und mit allen Mitteln zu betreibender Filtrationsproceß unumgänglich. Keim beginnt diesen mit der Ausscheidung der unbeweisbaren Wunder. Solche sind ihm die nur im allgemeinen zur Charakteristik des Wirkens Jesu erwähnten Thaten in Matth. 4, 23 u. ö. Ihre Ungeschichtlichkeit soll „ebenso sehr aus so manchen Einleitungsberichten des Matthäus und seiner Seitengänger hervorgehen, welche eine geschichtliche Situation gar nicht zu constituiren vermögen, wie aus dem Endbericht des Matthäus über Heilungen von Blinden und Lahmen im Tempel zu Jerusalem, welcher unwahrscheinlich in sich selbst und gänzlich unvertreten in den andern Evangelien ist". Die Ungeschichtlichkeit der Umstände, unter denen ein Vorkommnis erzählt wird, beweist aber doch nicht die Ungeschichtlichkeit des Erzählten selbst! Eigentümlich ist die Bemerkung, daß im Falle buchstäblicher Geschichtlichkeit dieser allgemeinen Heilungsberichte keine Kranken mehr für die Thätigkeit Jesu übrig geblieben wären. Als ob das menschliche Elend sich nicht überall reich und schnell ergänzen würde! Schwerer wiegt das Bedenken, daß die flüchtige Allgemeinheit der Erzählung kein sicheres Urtheil erlaube. Für unbeweisbar werden weiter die Thaten erklärt, welche lediglich die nebensächlichen leichthin erwähnten Begleiter eines sonst bedeutungsvollen Auftritts im Leben Jesu seien. In der Geschichte des Hauptmanns von Kapernaum, der Cananiterin, des Streitgesprächs mit den Pharisäern über das Teufelreich ist aber die Heilung des Knechts, der Tochter und des Menschen nicht gleichgültiges Accidens, wie der Vf. will, sondern klar die bedingende Basis. Als überzählig werden ausgeschieden die Wunderdoubletten der zwei Speisungen, zwei Blinden, zwei stummen Besessenen, zwei Seestürme und zwei Fischzüge. Natürlich ist es nicht die Wiederholung als solche, sondern im Verein mit andern Verdacht erregenden Umständen, welche das Motiv des Verdammungsurtheils abgeben kann. Um ihres Ursprungs willen werden solche Wunder verworfen, welche aus Bildreden emporgewachsen sein sollen, z. B. der reiche Fischzug aus dem Wort vom Menschenfischer, der verfluchte Feigenbaum aus der Drohung gegen den unfruchtbaren Feigenbaum des jüdischen Volks, manche Gebrechenheilungen und Todtenauferweckungen aus dem Selbstzeugnis Jesu von sich als dem Arzt und aus der Antwort an den Täufer im Gefängnis, die Speisungswunder aus dem Gleichnis von dem fruchtbaren Samen des Worts und die Auferweckung des Lazarus aus dem Gleichnis vom reichen Mann und armen Lazarus. In dieselbe Kategorie gehören die den allgemeinen Eindruck des Wirkens Jesu abspiegelnden „Bildergeschichten“ wie die den künftigen Sieg über das Heidenthum anticipirende Geschichte der Besessenen und Schweine von Gadara, die die Vollmacht im Wort Jesu documentirende Heilung des schrecklichen Besessenen in der Synagoge zu Kapernaum, und die den Juden und Samaritern gemeinsamen geistigen Aussatz anklagende Begegnung mit den zehn Aussätzigen. Diesen Typus habe allermeist Lukas ausgebildet und Johannes vollendet, insofern schon Herder in den Wundern des vierten Evangeliums nur Bilder von Ideen erkannt habe. Ebenso wenig Gnade findet vor den Augen des Vf. alles, was einen alttestamentlichen Entstehungsgrund verrathe, doch schränkt er dieses Kriterium im Unterschied von Strauß und vollends Volkmar auf die Uebertragung etlicher mosaischer und prophetischer Wunder und Weißagungen auf Jesus ein, welche auf dem Gesetze der Wahlverwandtschaft beruhe. Den Schluß macht als gefährlichstes Argument gegen die Wunder die Unklarheit des Verhältnisses von Ursache und Wirkung bei dem Erfolge.

Diese fatalen Auspicien der Keim'schen Wunderkritik steigern natürlich die Spannung auf die zurückbleibenden „Grundthatsachen“ auf's höchste. Daß der Vf. nicht mit denen an Einem Joche ziehen werde, welche sich mit den Wundern dadurch am leichtesten auseinandersetzen, daß sie sie samt und sonders in das Gebiet der Sage und Dichtung verweisen, was aber selbst Volkmar nicht mehr wagt, läßt den Leser die Ueberschrift des Abschnitts erwarten. So erklärt er sich denn auch von vornherein um der Unmöglichkeit willen, „daß aus dem Nichts etwas, wahre Berge und Bollwerke des Glaubens, geschaffen worden“, gegen die unbewußte Dichtung der Gemeinde für die Thatsächlichkeit der Wunder. Ein logisches Argument, das er mit dem historischen der Berufung auf die Menge der Thaten Jesu im Gegensatz zu der gänzlichen Armut des Täufers an solchen, auf ihren großen Unterschied von dem prophetischen meist in Naturwundern bestehenden und an Zwischenmittel gebundenen durch ihre Qualität als Heilungen durch das bloße Wort ohne Zwischenmittel und auf die Anerkennung der Gegner und des Volkes verstärkt. Das Selbstzeugnis Jesu für die Göttlichkeit seiner Heilungen, die Bestellung seiner Apostel zu seinen Nachfolgern im Heilen Matth. 10, 8 und die Abweisung des Verlangens nach Zeichen vom Himmel Matth. 16, 1 ff. bestimmt ihn jedoch, die Naturwunder als ungeschichtlich zurückzuweisen und die von der Apostelgeschichte, dem apostolischen Zeitalter und selbst dem Talmud beglaubigten Heilungswunder als geschichtlich zuzulassen. Als Beweggrund für die Heilungswunder setzt der Vf. mit Weizsäcker bei Jesu keine Spontaneität, sondern eine Nöthigung durch sein eigenes Mitleid mit dem Elend um ihn her und durch die Wunderansprüche des Volkes an einen Propheten und zumal an den Messias voraus, was in Widerspruch mit dem von Anfang an fertigen Messiasbewußtsein Jesu ist, insofern ihn dieses von Anfang an mit der Ueberzeugung seines Besitzes von Wunderkräften und mit der Lust zu ihrem Gebrauche erfüllen mußte. Bei der Modalität der Heilungen findet Keim auf Seiten der Leidenden stets eine Disposition, nämlich den Glauben, in Matth. 8, 14 und 12, 10 wenigstens stillschweigend, vorausgesetzt. Wenn nun die jüngeren Evangelien hievon schweigen, so soll das schon eine Glorification des Kraftbesitzes Jesu sein, welche die menschliche Mitwirkung auf Kosten der Geschichte ausschließe. Kann aber die Nichterwähnung des Glaubens bei den angeblich jüngeren Evangelien nicht ebenso gut als in den zwei Fällen des Matthäus auf dessen stillschweigender Voraussetzung beruhen? Die Disposition der

Besessenen erkennt der Vf. in ihrer vor Jesu fliehenden und doch wieder nach ihm begehrenden Angst. Die herrschende Stimmung des Heilenden läßt er das Mitgefühl sein, bei den Besessenen den Zorn wider den Satan, hie und da auch das Amtsgefühl, welches besonders stark im vierten Evangelium hervortrete. Bei der Heilungsthat selbst constatire sich selten außer den Besessenen gegenüber, eine merkliche Aufregung Jesu. Großartig sei die Schilderung seiner Selbstaufregung am Grabe des Lazarus, wenn nur das Evangelium ihn die ärgernde Thatsache nicht selber mit mitleidsloser Ueberlegung herbeiführen ließe.

Als oberstes Heilungsmittel stellt der Vf. das Wort hin, das Jesus mit der Sicherheit der Unwiderstehlichkeit ausspreche. Freilich sei mit seinen apodiktischen Heilworten von den jüngeren Evangelisten viel gekünstelt worden, sie wickeln sie in die aramäische Sprache ein, um den Eindruck von Zauberformeln hervorzubringen, meint Keim mit Volkmar. Hiegegen ist jedoch allen Ernstes zu fragen, ob denn die aramäischen Laute dem Unbefangenen nicht vielmehr als buchstäblich echte Herrnworte imponiren, statt sich ihm als magisches Abracadabra verdächtig zu machen? Neben dem Wort kommen auch sinnliche Anfassungen vor, in einzelnen Fällen habe die Berührung sogar ganz die Stelle des Worts eingenommen, wie in Matth. 8, 15; 9, 25; vgl. 9, 29; 20, 34; 21, 14. Vermehrt sei die sinnliche Vermittelung durch Oel, Speichel und Waschungen in den jüngeren Evangelien, Angaben, die aber nicht sowol dankenswerthe Enthüllungen als vielmehr unzuverläßige Ausgeburten eines nach natürlichen Ursachen suchenden Rationalismus im Bunde mit dem mit göttlichen Kräften Jesu nicht in seinem Geiste, sondern in seinem Leibe spielenden Aberglauben seien, wie sich in der Berührung des Sarges des Jünglings zu Nain zeige. Das Wichtigste für uns sei, daß die Heilungen durch das des sinnlichen Zwischenmittels jedenfalls nicht nothwendig bedürftige Wort am meisten bezeugt seien, weil diese Heilart dem idealen geistigen Charakter des Auftretens Jesu allein entspreche, und daß nur in den wenigeren Fällen die Berührung erwähnt sei, mit der sich Jesus zu der abergläubischen Vorstellung des Volkes herabgelassen habe. Der Erfolg der Heilthat in seinem augenblicklichen und wirklichen Gelingen scheint zwar dem Vf. „in dieser Unmittelbarkeit weniger der Erfahrung, als der Poesie und Sage anzugehören“, wie er denn manche einschlägige Erzählung des Maalzeichens der Sage auf ihrer Stirne beschuldigt, allein er findet dabei die allmählichen Heilungen, von denen ohnedem nach Abzug der Beispiele eines aus ethischen oder pädagogischen Gründen hinausgezogenen Heilverfahrens nur die Blindenheilung Mark. 8, 23 ff. übrig bleibe, um nichts geschichtlich sicherer. Bei allem Mistrauen fühlt er sich aber schließlich doch zu dem Bekenntnis der geschichtlichen Wahrheit plötzlicher Heilungen Jesu gedrungen. Was ist es aber um die in den Thaten Jesu wirkende Kraft? Die Gegner leiteten sie aus teuflischen, die Freunde unter dem Volk aus göttlichen Kräften, aber in magischer Vorstellungsweise, ab. Von den Evangelisten hätten Markus und Lukas mit der Volksmeinung übereingestimmt, Matthäus aber habe mit tiefergehendem Blick die Kraft nicht in der Berührung, sondern in dem Wort und Willen Jesu und der Metaphysiker Johannes endlich in seinen göttlichen Eigenschaften gesucht; Jesus selbst dagegen habe das Geheimnis der Wirksamkeit seines Wortes in dem Zusammengehen seines subjectiven Glaubens mit der objectiven Gabe des heiligen Geistes in ihm uns aufgeschlossen, vgl. Matth. 17, 20; 21, 21 mit 12, 15 ff. und 27, 43. „Die entscheidende Kraft lag ihm sichtlich in dem combinirten Glaubenssturm des Kranken und des Heilers.“ Den Werth seiner Thaten läßt ihn der Vf. in ihre Eigenschaft als Hülfsbeweise seines messianischen Berufes setzen. Aus diesen allgemeinen Resultaten glaubt er nun den Schluß auf den Charakter der Wunder Jesu ziehen zu müssen, sie seien keine Kuren weder essäischer Heilkunst oder ägyptischer Magie, noch des thierischen Magnetismus (dem übrigens die moderne Naturforschung die Existenz abgesprochen hat) gewesen, denn er habe in der Regel ohne alle Nebensächlichkeiten durch sein bloßes Wort geheilt; ebenso wenig aber als ein „menschliches Handwerk“ seien sie „göttliche Lebensäußerungen, Manifestationen einer höheren Natur“, denn Jesus setze überall den menschlichen Charakter seiner Thaten, deren Erreichbarkeit, ja Ueberbietung durch seine Jünger voraus, und die Thatsachen selbst erweisen sich als Ausflüsse rein menschlichen Gefühls. Selbst eine vermitteltere Ansicht von dem unmittelbar göttlichen Moment in den Heilungen Jesu, wie die auf die Dynamik des Gebets gebaute, habe die Urkunden gegen sich, insofern Jesus mit Ausnahme von schwach bezeugten Geschichten bei seinen Heilungen nicht gebetet habe und auch seine Jünger nicht zum Heilen mit Beten angeleitet habe. Die Wunder Jesu sollen vielmehr lediglich die Erzeugnisse der zusammenwirkenden Mächte des Glaubens der Leidenden und der Persönlichkeit des Heilenden sein. Können aber menschliche Potenzen übermenschliche Resultate hervorbringen. Die von Keim S. 160, Anm. 2 angeführten Beispiele alten und neuen Datums, wie die „Heilung Vespasians in Alexandria", d. h. die zwei Krankenheilungen durch Vespasian in Alexandria, beweisen es nicht. Bei Pius dem Neunten und dem Lahmen haben die Mächte des Glaubens und der Persönlichkeit gewiß auch zusammengewirkt, aber ein Wunder ist doch nicht geschehen. Warum will denn Keim Jesu selbst nicht glauben, den er, wie oben angegeben, sein Kraftbewußtsein auf seinen subjectiven Glauben, das feste Vertrauen zu Gott, durch welches er nicht nur Erhörungen, sondern unmittelbar active wirksame Kräfte findet, und auf die objective Gabe des Geistes Gottes, wodurch er gleich den Propheten gewirkt, Gewalt und Vollmacht besessen habe, Geister zu vertreiben u. s. w., selbst gründen läßt? Die Wunder Jesu sind entweder Lügen, oder Thaten Gottes, tertium non datur!

Das Detail der einzelnen Wunder der Erstlingszeit kommt in der „Aufeinanderfolge und dem Anfang der Heilungen" zur Untersuchung. Die aus dem Gruppensystem der Evangelien sich ergebende Schwierigkeit der chronologischen Frage löst Keim dahin, daß er die anspruchslos eingeführten kapernaitischen Wunder der Synoptiker für die ersten Thaten Jesu erklärt. Den Anfang macht er nach Lukas und Markus gegen Matthäus mit der Heilung der Schwieger des Petrus, welche sich mit innerer Nothwendigkeit an die einen Augenblick zuvor am galiläischen Meer gemachte Bekanntschaft des Petrus anschließe, während die bei Matthäus vorangehenden Heilungen des Aussätzigen und des

Hauptmannssohns durch ihre Beleuchtung der Stellung Jesu zu dem Judentum und Heidentum ihren symbolischen Grund und durch ihre Voraussetzung eines von Jesus damals erst noch zu gewinnenden Rufes ihren anachronistischen Rang sattsam zu erkennen geben. Als älteste und echte Form der Erzählung erscheint dem Vf. die bei Matthäus. Die Modalität der Heilung hält er ganz mit Paulus für platt natürlich und in der Thatsache der Macht physischer Eindrücke auf körperliche Zustände begründet. Ihr läßt er in „einer ein wenig vorgerückteren Zeit“ die Gesundmachung des Aussätzigen, wahrscheinlich in Kapernaum, folgen. In dem Dilemma, entweder die Thatsache ohne die Möglichkeit ihrer Aufhellung hinzunehmen, oder eine Trübung des Berichtes zu statuiren, entscheidet sich der Vf. wegen der Unwahrscheinlichkeit des Rückgangs einer Blutzersetzung durch psychische Einwirkung für das Letztere, wobei er den Niederschlag der Wahrheit in eine bloße Reinerklärung des Reconvalescenten unter dem Vorbehalt des Endurtheils für den berechtigten Priester, wieder wie Paulus, setzen will. Besser sieht es für die rationalistische Erklärung bei dem nun an die Reihe kommenden Gelähmten oder Gichtbrüchigen aus, denn hysterische Lähmungen weichen erfahrungsgemäß gewaltigen Affecten oft plötzlich. Natürlich soll Matthäus die Geschichte wieder am ursprünglichsten erzählen und der 38 Jahre Gelähmte des Johannes am Teich Bethesda nur der mythische Doppelgänger des Gichtbrüchigen sein. An die Grenze des ersten Heilwirkens Jesu stellt er die Heilung des Knaben oder nach Lukas des Knechts des Hauptmanns oder Königischen in Kapernaum. Er nimmt ihr Vorkommen bei Matthäus gegen den Vorwurf späten Einschubs von Strauß, Hilgenfeld und Volkmar, welchen die Genannten mit der dem Kerncharakter des Matthäusevangeliums widersprechenden Heidenfreundlichkeit und Doublettenstellung zu der Geschichte von dem kananäischen Weibe rechtfertigen, in Schutz und erklärt dessen Bericht unter gänzlicher Verwerfung des johanneischen für den geschichtlich richtigsten, den Wundergehalt in die Schablone der Heilungskräfte des in Vater und Sohn hoch erregten Glaubens einzwängend, der die auf verläßlichen Proben ruhende Ueberzeugung Jesu, daß die

Krankheit dem doppelten Glauben des Leidenden und Heilenden weiche, nicht habe Lügen strafen können.

Am schwierigsten klärt sich natürlich „die Heilung der Besessenen". Für den Glauben an Besessene postulirt der Vf. als Basis selbstverständlich den Glauben an den Satan, den er aus dem parsischen Dualismus frühe schon, aber mit Macht und Entschiedenheit doch erst seit der babylonischen Gefangenschaft in das Judentum eindringen läßt. Den Glauben an Besessene, und nicht bloß die Accommodation an ihn, imputirt er nun auch Jesu, welcher eben hierin nicht über seiner Zeit gestanden sei, und zwar hauptsächlich auf Grund von Matth. 12, 25 ff. Seine Heilungserfolge anerkennt er wegen ihrer starken Bezeugung durch Freunde und Feinde, wegen der Besessenheitsheilung durch andere und wegen der Vorzüglichkeit des Operationsmittels, seines Wortes, als wirklich. Ein Zugeständnis, das dem Vf. nicht allzuviel kostet, da er das Substrat des Leidens in Geisteskrankheit auf physischer Grundlage sucht und Jesus der Krankheit gegenüber jenes physische und sittliche Motiv der Therapie geschaffen haben läßt, das als Psychiatrie sich bis heute verewigt habe. Ungeschichtlich soll jedoch der „Antrittsbesessene" der zwei jüngeren Evangelien Luk. 4, 33 und Mark. 1, 23 sein. Er soll sein Dasein lediglich dem Bedürfnis verdanken, der Programmpredigt in Nazareth eine Programmthat in Kapernaum beizugesellen, und wie die eine ungeschichtlich sei, sei es auch die andere. Geschehen könne die Geschichte nicht sein, weil der Besessene sich beim ersten Anblick Jesu aufgeregt und diesem keine Zeit zu einer langen Synagogenpredigt gelassen haben würde, weil die Redeweise des Kranken oder seines bösen Geistes von sich in der Mehrzahl ein gedankenloses Nachbeten anderer mehrere Menschen oder Teufel einführenden Geschichten verrathe, weil die bis nach Syrien reichende Bewegung nicht mit der Aufregung Kapernaums durch die bescheidene Fieberheilung und nicht durch die Teufelsaustreibung stimme, weil am Anfang die Nachahmung der Geschichte von Gadara und am Schluß die Nachahmung der Geschichte des Mondsüchtigen durchscheine und weil Matthäus die Erzählung nicht habe, was ihr Fehlen in der Ueberlieferung beweise, durch welches der erste Evangelist zu der unchronologischen Vorrückung der Gadarageschichte behufs der Deckung des Bedürfnisses einer Besessenengeschichte für den Lehranfang Jesu veranlaßt worden sei. Von diesen Verwerfungsgründen des „Antrittsbesessenen“ ist nur der eine objectiv und also gewichtig, welcher das Fehlen desselben im ersten Evangelium für sich in Anspruch nimmt; muß jedoch das Evangelium Matthäi eine vollständige Sammlung der historischen Tradition des Urchristentums sein? Ein zerbrochener Rohrstab ist jedenfalls die dem matthäischen argumentum a silentio untergeschobene Stütze einer anachronistischen Vorrückung der Gadarageschichte zum Ersatz, da die vielen Besessenenheilungen in Matth. 8, 16 ein die Verrückung der Gadarageschichte völlig entbehrlich machender Ersatz sind.

Ungern eilen wir, mit Rücksicht auf den kargen Kritikenraum dieser Zeitschrift, der uns im Gegensatz zu der ausführlichen Berichterstattung über den ersten Band für den zweiten und dritten nur noch die Berücksichtigung controverser Hauptfragen gestattet, an der dritten und vierten Abtheilung: „Jüngerkreis Jesu und Leben und Lehre im Jüngerkreis“, und „Erfolge und Steigerung der Erfolge durch Apostelmission“ mit der Bemerkung, daß Matthäus überall Recht und Johannes überall Unrecht hat, vorüber zu „den galiläischen Stürmen“, deren Beginn der Vf. in den Spätherbst 34 nach Christus verlegt und deren Ausgang er nicht im sadducäischen Kirchenregiment (Matth. 16, 1 ff. soll eine Anticipation der jerusalemischen Kämpfe sein), und nicht in der römischen oder herodianischen Staatsgewalt. obschon nur eine Volkmar'sche Verborgenheit und Stille des Wirkens Jesu von der Kirchen- und Staatsbehörde hätte unbemerkt bleiben können, sondern in der herrschenden Volksautorität der Schriftgelehrsamkeit und des Pharisäismus sucht. Aber auch hier dürfen wir erst bei dem Selbstzeugnis Jesu in Matth. 11, 25 ff. und Luk. 10, 21—22 — „das große Sohnesbekenntnis“ nennt es der Vf. — still halten. Er restituirt es gegen die Recepta mit Hilgenfeld, Zeller, Semisch und Meyer auf den Grund der alten Varianten bei den Vätern so: „Alles ist mir übergeben worden von meinem Vater. Und niemand erkannte den Vater, außer der Sohn, und den Sohn, außer der Vater und wem er (der Vater) es offenbart." In diesem gewaltigen Satze sollen drei gewaltige Aussagen liegen: 1) die einer von keinem Vorgänger durch sich und durch Gott erreichten Erkenntnis Gottes des Vaters, 2) die einer ausschließlichen Beziehung Jesu und Gottes als Sohn und Vater zu einander, 3) die der Offenbarung dieser ausschließlichen gegenseitigen Beziehung von Vater und Sohn durch eine freie Gottesthat des doch immer noch größeren Vaters. Wenn nun aber Keim den zweiten Punkt unter anderem mit folgenden Worten (S. 382) ausführt: „ausschließlich bezogen aufeinander, einer dem andern ein heiliges, wissenswerthes, erstrebtes, enthülltes Geheimnis, neigen sie sich einander zu mit der Liebe, einander zu entdecken und zu genießen in der Selbstgenügsamkeit des Genusses, welcher auf der Gleichheit geistiger Thätigkeit, auf der Gleichheit des Wesens, der Naturen ruht", wieviel fehlt dann ihm, dem Herold des „menschlichen" Jesus, noch zu dem „Gott von Gott, Licht von Licht, — mit dem Vater in einerlei Wesen" des Nicänum? Der Vf. scheint übrigens seine Selbstverspottung wohl gefühlt zu haben, denn S. 386 schickt er ihr den hinkenden Boten der Retractation nach: „ein erhabenes und zwar gottähnliches, aber doch kein göttliches Wesen im Sinn der vierten Quelle (des vierten Evangeliums), sondern ein echt menschliches geht uns auch aus dem Königsbekenntnis Jesu auf". So räumt er denn auch offenbar aus Furcht vor einem neuen Rückfall seines theologischen Gefühls in das Nicänum in den anderweitigen Hindeutungen auf den Sohn und Vater dem neuen Wort vom Gottessohne bloß die mäßige Tragweite der (bei Jesus allerdings specifischen) „Gottverwandtschaft menschlicher Natur" ein. Um den Eindruck, daß Jesus „ein echtes Menschenwesen" sei noch zu verstärken, führt er auch noch die bekannten kenotischen und subordinatianischen Selbstzeugnisse „für die Demut in der Erhabenheit" in das Blachfeld, um schließlich den johanneischen Gottessohn mit um so vollerem Rechte aus dem Gebiet der Geschichte in das der dogmatischen Reflexion verweisen zu können.

Nicht vertragen mit der Selbstgewißheit Jesu im Glauben an seine Person und Aufgabe bis zur Ausdehnung seines Missionsplans auf das Heidentum am galiläischen Wendepunkt will sich freilich der von Keim Jesu imputirte Wahn seiner nahen, die lebende Generation noch ereilenden Parusie, und er muß ihn als einen Tribut an die jüdische Beschränktheit anerkennen, welchen Jesus die ihm die Gerichts- und Scheidungsgedanken aufzwingenden galiläischen Kämpfe abgerungen hätten! Ist es denn aber ein so großes Unrecht, wenn man dem bösen ikarischen Sturz mit der Hypothese der formalen Accommodation in den Parusiereden zuvorkommt?

Den galiläischen Widerwärtigkeiten hieß Jesus seine gehobene und befestigte Selbstgewißheit einen verdoppelten Kraftaufwand, „die letzten galiläischen Anstrengungen“, entgegenstellen. Wir heben aus ihnen „die letzten Machtthaten“ aus, weil sie den fortgesetzten Detailcommentar zu den „kritischen Sorgen“ und den „Grundthatsachen“ der Wunder im ersten Theil des zweiten Bandes bilden. Wegen Mangels an näheren Zügen in der Erzählung von der Heilung des stummen Besessenen Matth. 9, 32 stellt der Vf. die Gadarenergeschichte obenan. Er erklärt sie zwar in ihrer dermaligen Gestalt für einen Mythus, gesteht ihr aber doch das historische Residuum der Heilung zweier Besessenen im Gadarenergebiet, aber auch der bittweisen Ausweisung des unheimlichen Wunderthäters, jedoch ohne die Staffage der Schweineherden, zu. Dem Gadarawunder reiht er die Heilung des Menschen mit der verdorrten Hand an und reducirt sie, um ihre Thatsächlichkeit gegen die Strauß'sche Ableitung von der Lähmung und Wiederherstellung der Hand Jerobeams durch den Mann Gottes in 1 Kön. 13, 46 aufrecht zu erhalten, auf die Heilung einer peripherischen Lähmung ohne Atrophie. Unter denselben Gesichtspunkt der Heilbarkeit nervöser, nicht tabetischer Störungen durch Willens- und Empfindungseindrücke, welche schon früher zur Sprache gekommen ist, bringt er die Heilung der achtzehn Jahre lang gekrümmten (ja nicht bucklichen!) und der blutflüßigen Frau, aber die Heilung des Wassersüchtigen findet er physisch unmöglich und zu spärlich bezeugt. Eine schwere Last legen dem Erklärer die Todtenerweckungen auf; allein bei der Tochter des Jairus weiß er sie durch die Diagnose einer lethargischen Ohnmacht auf Grund des

Worts Jesu: „das Mägdlein ist nicht todt, sondern es schläft", klüglich zu erleichtern, und die des Jünglings von Nain ist — eine Fiction nach den Prophetenwundern zu Sarepta und Sunem!

Mit den Todtenerweckungen macht Keim den Uebergang zu den großen Naturwundern Jesu, dem je doppelten Sturm- und Speisungswunder, der Weinverwandlung zu Kana und dem Fischzug des Petrus. Das Sturmberuhigungswunder in Matth. 8 und Par. erklärt er für die mythische Ueberspinnung eines wirklichen, aber nicht mehr erkennbaren See-Erlebnisses mit den Ideen von Ps. 106 u. 107, das Wassergangswunder in Matth. 14 und Par. aber für eine Historisirung der ungewissen nächtlichen Ankunftsstunde des Herrn in Matth. 24, 42. 43 und Mark. 13, 35 ohne jede reale Grundlage. Das erste Speisungswunder findet er unter der Resignation auf das Wort zur rechten Zeit vom beschleunigten Naturproceß oder der Potenzirung der natürlichen Kräfte dem Buchstaben nach unmöglich und nimmt es als Symbol des von Jesu gespendeten geistigen Brodes unter Einwirkung der Moses- und Elisaspeisungen mit der möglichen geschichtlichen Unterlage der einstigen Befriedigung einer Zuhörermenge in der Wüste durch die von ihm geweckte Opferwilligkeit einiger wenigen mit Vorräthen Versehenen. Das zweite Speisungswunder erklärt er lediglich für den Abklatsch des ersten. In der Weinverwandlung zu Kana sieht er das Bild des Freudenweins Jesu Christi im Gegensatz zum geringen Wein und dem Reinigungswasser des Judentums verkörpert, eine Auffassung, welche, so oder anders modificirt, bekanntlich von Vielen getheilt wird. Den Fischzug Petri hat er schon bei der Apostelwahl als eine Parabel der Weltmission der Apostel abgethan. Die untergeordneten Naturwunder des Fisches mit dem Stater, des großen Fischzugs vor dem Auferstandenen und des verfluchten Feigenbaums behält er sich für die spätere Geschichte vor, wo er das erste für eine Wucherung aus der muthmaßlichen Anweisung des Petrus von Jesus: „gehe hin an's Meer, wirf eine Angel aus und gib's (die Tempelsteuer) anstatt meiner und deiner", das zweite aus einer Verschiebung des lukanischen Fischzugs und das dritte mit allen neuen Exegeten für eine aus dem lukanischen Gleichnis vom Feigenbaum im Weinberg aufgewachsene Sage der Nachwelt erklärt. Was kann man über diese Wunderbehandlung anderes sagen, als daß sie die morganatische Ehe Paulus-Strauß sei?

Am Sonnenschein „der letzten Erfolge“ in Galiläa, aber auch am blutigen Haupte Johannes des Täufers auf Machärus eilen wir vorüber nach Cäsarea Philippi. Keim findet den Rückzug dahin viel zu weit, da Jesus schon in dem neun Stunden näheren Bethsaida vor Antipas sicher gewesen wäre, und schöpft hieraus den Muth zu dem kühnen Urtheil: „jede Stunde, jeder Schritt weiter vorwärts wird so zu einem Merkzeichen der inneren Fragen und Kämpfe, welche ungelöst fortdauern, fortwachsen und jene hohe Selbstgewißheit, mit welcher Jesus begonnen, in grübelnde Rathlosigkeiten aufzulösen und zu zersetzen drohen“. Ein solch trotziges und verzagtes Ding von einem Herzen verträgt sich nicht mit der vom Verfasser für Jesus postulirten Ueberzeugung seines specifischen reciproken Zusammenhangs mit Gott und ist auch in keinem Worte der Evangelien erkennbar, wie er denn auch keines dafür anführt. Offenbar hat hier die novellistische Darstellungsform, welche Keim seinem französischen Vorgänger abgelauscht hat, der Nüchternheit des Historikers Eintrag gethan. So ist es denn auch schwerlich wohl gethan, Jesus erst bei Cäsarea Philippi zu einem klaren Gedanken und festen Entschluß gekommen sein zu lassen, sein Messiastum nach Jerusalem und unter die Millionen (?) Ostergäste zu tragen, um mit einem Schlage durch Sieg oder Niederlage dort zu gewinnen, „was in Galiläa langsam erkämpft und schließlich verloren war“. Ob die Wendung bei Cäsarea Philippi, möchte man mit Dorner, Ullmann, Hofmann, Herzog, Graf und Geß dagegen fragen, nicht bloß darin bestand, daß er das, was ihm zuvor schon klar und unumstößlich vor der Seele stand, jetzt erst seinen Jüngern entdeckte, nachdem er sie zuvor durch die Fluchtwanderungen aller judaistischen Messiashoffnungen entwöhnt hatte, nämlich den Weg durch Leiden zur Herrlichkeit? Freilich ist die Leidensverkündigung hinter der Messiasproclamation neuestens von Holsten, Lang und Volkmar unter dem Vorgeben gestrichen worden, daß

Jesus auf dem Zug nach Jerusalem den fröhlichen Muth seiner Jünger mit dem Ausblick auf die Apostelthrone (Matth. 19, 28) getheilt und bis zum letzten Augenblick auf den Eingriff Gottes, vielleicht sogar auf die Schwerter seiner Anhänger gehofft habe. Mit Recht zieht aber Keim aus der damaligen, kühne Hoffnungen auf ein Gelingen in Jerusalem kurzweg verbietenden Nothlage Jesu mit Fritzsche und Schleiermacher den Schluß der Geschichtlichkeit der Leidensverkündigung, deren Leugnung ohnedem die durch psychologische Wahrheit geschütztesten Vorgänge, wie den Widerspruch Simons, die gereizte Antwort Jesu, das Wort vom Lebensverlust zum Lebensgewinn, von der Leidenstaufe, vom scheidenden Bräutigam, vom Vorläufer im Wirken und Leiden, vom prophetenmörderischen Jerusalem, von der Salbung zum Begräbnis und selbst das Abendmahl umstürzen würde. Seltsam ist, daß Keim unter den Einzelheiten der Voraussagung die Rückkehr aus dem Tod nach drei Tagen, nicht aber die Wiederbelebung auf dem Weg der Auferweckung aus dem Grabe Jesus in den Sinn und Mund legt, da doch die Rückkehr aus dem Tod nach dem Alten Testament für Jesus nur unter der Form der Auferstehung aus dem Grabe denkbar war, und das auch dann, wenn er sich, wie Keim behauptet, seine Wiederkunft zu der Herbeiführung der zukünftigen Weltzeit mit dem irdischen Messiasreich als die des „Wolkenmannes“ Daniels und als möglichst nahe bevorstehend sich vorgestellt hätte. Doch die Zukunftslehre Jesu ist nach dem Verfasser überhaupt ein Chaos, über das er uns mit der Bemerkung tröstet, Jesus habe nicht bloß keine Zeit gehabt, dieses dunkle Gebiet zu lüften, sondern er habe es auch nicht übersehen und keinen Trieb, keinen Spürgeist dafür gehabt. Gegen einen solchen verwirrten Kopf könnten wir trotz des Keim'schen Plaidoyers für seine Einzigkeit in der Religion nur die Frage der Brüder Josephs adoptiren: „Solltest du über uns König werden, und über uns herrschen?“

„Aus dem galiläischen Abschluß“ haben wir nur die Ansicht des Verfassers über die Verklärungsgeschichte zu notiren. Er sieht sie weder für das Resultat einer Vision noch eines Brockengespenstes, noch der Messiastrunkenheit der Jünger an, sondern für eine mythische Concession späterer Zeit an die Erwartung der messianischen Vorläufer Moses und Elias in der jüdischen und judenchristlichen Dogmatik. Den fictiven Schauplatz der Erzählung sucht er weder auf dem Tabor, noch auf dem Oelberge, noch auf einem unbekannten galiläischen Berg, sondern auf einem Vorberge des zwei bis drei Meilen nordöstlich von Cäsarea gelegenen Hermon. Ist aber das Ganze nur ein dogmatischer Mythus, so kann der fictive Schauplatz nur der Moses- und Elias-Berg Horeb oder Sinai sein.

Und nun: „siehe, wir gehen hinauf gen Jerusalem“, indem wir zu dem dritten Bande übergehen, welcher uns „das jerusalemische Todesostern“ beschreibt. Es ist das ein unglücklich gewählter Titel, denn er erweckt unwillkürlich den ungerechten Argwohn gegen den Verfasser, er habe es damit auf die Leugnung der Auferstehung abgesehen. Richtiger und einfacher wäre „Ostern in Jerusalem“ gewesen. Der Band zerfällt in zwei Theile: 1) „der jerusalemische Messiaszug“, S. 1—290; 2) „der jerusalemische Messiastod“, S. 291—667.

„Den Festzug“ vom Aufbruch am Sonntag den 3. April 35 bis zur Ankunft in Bethphage am Freitag den 8. April können wir nicht begleiten. Auf dieser Station aber müssen wir verweilen, um mit Keim „die Einmündung der 4. Quelle nach Bethanien“ zu besprechen und den Wegen des johanneischen Christus wenigstens einen Rückblick zu widmen. Dieselben gehen dreimal nach Galiläa und dreimal nach Jerusalem und Judäa, dem Hauptort der Aufgabe und Wirksamkeit Jesu nach dem vierten Evangelium, und involviren seine jedenfalls mehr als zweijährige Wirksamkeit, von welcher kaum mehr als ein Halbjahr auf die Heimat Galiläa komme. Daß Keim über das johanneische Evangelium den Stab bricht, weiß der Leser längst, und so sind denn auch alle johanneischen Zugaben zum Leben Jesu „keine Geschichte, sondern das Ende der Geschichte“. Die vielen Fahrten durch das Land sollen Jesus als einen unruhigen Abenteurer prostituiren, die Thaten sich als willkürliche Umgestaltungen der galiläischen Wunder erweisen, die Reden durch ihre Begrifflichkeit, Selbstverherrlichung und Feindseligkeit gegen alles jüdische Wesen als Fictionen sich zu erkennen geben, die über ein Jahr sich hinziehenden Mordangriffe und Rettungen zu Ungeheuerlichkeiten werden und endlich der festliche Einzug in Jerusalem nach den Todesbeschlüssen der Gegner und dem Bruch mit dem Volke in eine Unmöglichkeit verlaufen. Die Motivirung des Einzugs mit dem Lazaruswunder aber falle unter dem Druck seiner von Zeller, Baur und Strauß aufgebrachten Ausspinnung aus dem lukanischen Gleichnis dahin. Mit der Klage über die unfolgsamen Küchlein Jerusalems Matth. 23, 37 und Luk. 13, 34 darf man mit Neander, Bleek, Lücke, Schenkel, Reuß und Grimm dem Verfasser für den mehrmaligen Aufenthalt Jesu in Jerusalem nicht kommen, da er S. 186 Jerusalem im Sinn von ganz Israel nimmt, eine zwar alte, aber darum noch nicht berechtigte Exegese. Vielleicht aber, wie Grimm weiter thut, mit der Berufung Jesu auf sein tägliches Lehren im Tempel Matth. 26, 55? Keim erkennt zwar S. 317 ihre Echtheit an, schweigt aber völlig über ihre Bedeutung für die Jerusalemsfrage in der Wirksamkeit Jesu.

Der Einzug in Jerusalem soll noch am Tag des Aufbruchs von Jericho, und zwar noch vor nachmittags 3 Uhr, wegen des am Freitag um diese Stunde anbrechenden Rüsttags des Sabbats, erfolgt sein. Dem Einzug folgte schnell „der Entscheidungskampf“. Ohne uns bei den Anläufen der Pharisäer und Sadducäer aufzuhalten, werfen wir einen Blick auf die Keim'sche Auffassung der Cardinalfrage Jesu nach der Herkunft des Messias. Der Entgegnung Jesu auf ihre pharisäische Beantwortung legt der Verfasser den Sinn der moralischen Gottessohnschaft unter, indem er sich damit als „den Sohn Gottes, den geistigen Stellvertreter Gottes, den geistigen Segner der Menschen prädicire, während doch die genealogische und nimmermehr moralische Davidenfrage an die Stelle der moralischen Gottessohnschaft klar die ontologische setzt!

Nach den „letzten Enthüllungen und Weherufen über das System“ soll Jesus am Mittag den 12. April die Stadt verlassen und sich bis zum 14ten abends nach Bethanien und auf den Oelberg zurückgezogen haben, um noch Zeit und Ruhe zu seinen letzten Anordnungen und zum einzigen und letzten Ostermahl mit seinen Jüngern zu gewinnen. Wir lassen uns bei dem Ostermahle nieder. Den alten Streit über die Gegenwart oder Abwesenheit des Judas bei dem heiligen Abendmahl entscheidet Keim mit einem Ja für die erstere, indem er sie durch das schonende Schweigen Jesu über seine Person nach Matthäus und Lukas gegen Markus und Johannes möglich und durch den nur so ausführbaren Verrath nothwendig macht. Die Einsetzung selbst läßt er unter unbedingter Anerkennung der Zuverläßigkeit des paulinischen Berichts gegen Paulus, Renan, Strauß und Volkmar so geschehen sein, daß Jesus ohne Anknüpfung an eine herkömmliche Sitte auf der Neige des Passamahls einen der runden tellerartigen Brodkuchen genommen, nach der üblichen Danksagung zerbrochen und dessen Stücke seinen Jüngern angeboten habe mit dem Weihespruch: nehmet, esset, dieses ist mein Leib, der für euch gegeben wird; dieses thut zu meinem Gedächtnis. Ebenso habe er den auf das Essen folgenden dritten sogenannten Kelch der Segnung, und nicht erst den fünften, wie Friedlieb, Langen und Meyer meinen, dem Gedächtnis seines Todes gewidmet mit dem Weihespruch: trinket alle daraus, denn dieses ist mein Blut des Bundes, welches für euch vergossen wird; dieses thut, so oft ihr nur trinket, zu meinem Gedächtnis. Den Sinn der Handlung soll uns keinerlei Art von kapernaitischer Vorstellung, sondern nur Weizsäckers geflügeltes Wort aufschließen, sie sei die letzte Parabel Jesu gewesen. Den Grund aber hätten wir in dem Gedanken eines stellvertretenden Versöhnungsopfers durch sich selbst als das neue Passalamm, welcher freilich nicht sowol ein Fortschritt als ein Rückschritt Jesu in der eigenen und prophetischen Erkenntnis von der Stellung des Seelenheils einerseits auf die freie sündenvergebende Gnade Gottes und andererseits auf die eigene menschliche Gerechtigkeitsleistung sei. Aber eben die Erfahrungen Jesu im Leben von dem klaffenden Zwiespalt zwischen der göttlichen Gerechtigkeitsforderung und der menschlichen Gerechtigkeitsleistung müssen ihm, wenn wir ihn einmal schlechthin der Norm rein menschlicher Gedankenentwickelung unterstellen wollen, sein anfängliches Axiom der

Selbsterlösung als eine Utopie verdächtigt und dafür die Idee seiner Stellvertretung durch das Selbstopfer nahegelegt haben, so daß von einem Rückschritt nicht die Rede sein kann. Für die Wiederholung des Nachtmahls läßt Keim Jesus nur die Treue gegen die Handlung im allgemeinen, keineswegs aber gegen den Buchstaben der Einsetzungsworte verlangt und erwartet haben. Wenn er aber diese Resignationen des Stifters auf die Autorität seines Weihespruchs mit der Hypothese vom Fehlen des Einsetzungswortes bei dem Brodbrechen der jerusalemischen Gemeinde und von der Identität der Herrnmahle mit dem Nachtmahl bei Paulus beweisen will, so verläßt er sich hier auf erlöschende Leuchten. Die jerusalemische Gemeinde kann nämlich auch vor den paulinischen Einflüssen trotz Lechler und Holsten der Erkenntnis der Heilsbedeutung des Todes Jesu, abgesehen von Apg. 4, 10—12, und also auch des Sacramentsworts bei dem Brodbrechen, unmöglich entbehrt haben, wenn Jesus selbst in das Nachtmahl den Opfergedanken gelegt und vor den Uraposteln ausgesprochen hat, was ja Keim ausdrücklich anerkennt. Ebenso wenig kann von einer förmlichen Identität der Herrnmahle mit dem Nachtmahl bei Paulus die Rede sein, da 1 Kor. 11 vielmehr seine Unterscheidung des Herrnmahls als des Ganzen von dem Nachtmahl als dem integrirenden Theil, und zwar auch nach der Auffassung des neuesten biblischen Theologen, Bernhard Weiß, darthut.

Wir schließen die Thüre des Ostermahlsaales hinter uns zu, denn es erwartet uns „der jerusalemische Messiastod".

Hier hält zuerst der Seelenkampf in Gethsemane unsere Schritte auf. Keim findet ihn unter der Verwerfung des lukanischen Berichts mit Julian in der Version des Matthäus und Markus mit der Verwandlung ihres dreimaligen Gebetsanlaufs in einen zweimaligen gegen die Mythisirung von Strauß und Volkmar mit Weiße und Hilgenfeld geschichtlich, ohne daß er mit Steinmeyer, Neander und Ewald die Bürgschaft des Hebräerbriefs für ihn in Anspruch nähme, indem er Hebr. 5, 7 auf Matth. 27, 46 u. 50 deutet. Zum Motiv des Seelenkampfes macht er die menschliche Todesangst im Aufruhr gegen die längst und klar erkannte göttliche Bestimmung. Den weltlichen Vorwurf der Unmännlichkeit und Erniedrigung unter Sokrates von Celsus und Julian, der in den kirchlichen Kreisen von der Reformation an bis auf heute noch nachklinge, entkräftet er mit der Versicherung, daß es bei dem Sterben nicht auf die Gefühle, sondern auf die Grundsätze ankomme, und daß Jesus zwar schwer, aber doch, als es galt, ebenso ruhig und entschlossen ja noch entschlossener, als der athenische Philosoph, gestorben sei. Den theologischen Argwohn der Sünde des Abfalls in dem Gelüsten des Fleisches wider den Geist, beschwichtigt er mit der Betonung des schnellen Sieges des Geistes über das Fleisch. Das Schweigen des vierten Evangelisten erklärt er aus dessen Vindication der göttlichen Natur für seinen Christus, welche ein Trauern, Flehen und Kämpfen nicht zugelassen habe.

Bei dem „Ueberfall" zur Gefangennahme nimmt die Frage über die Ausführung ohne oder mit der johanneischen Beihülfe der römischen Besatzungscohorte das Interesse für das römisch-jüdische Hoheitsrecht lebhaft in Anspruch. Keim hat die Unmöglichkeit der Beihülfe der römischen Besatzungscohorte nicht erwiesen, denn das Hauptargument, die völlige Unbekanntschaft des Landpflegers mit den vorherigen Maßregeln nach der einstimmigen Darstellung des Processes, ist eben trotz Weiße und Bäumlein gegen de Wette und Schleiermacher noch keineswegs erhärtet, da nach Josephus (Antiqq. XX, 9, 1) die Berufung des Synedriums wenigstens in großen Fragen, wie Capitalsachen, an die Genehmigung des Landpflegers gebunden war, den der sadducäische Hohepriester in dieser Vorfrage so wenig umgangen haben wird, als später in der Hauptfrage. Daß die Römer diesen Anspruch gegen das Synedrium erst in den Jahren 59 und 63 nach Christus geltend gemacht hätten, ist eine unbewiesene Behauptung des Verfassers, vielmehr involvirt die Entziehung des Blutbanns schon unter dem ersten römischen Statthalter auch die gleichzeitige Erhebung dieses Anspruchs.

Das Ergebnis der Verhandlungen des Synedriums und vor Pilatus: „der Kreuzestod", bietet als Bemerkenswerthestes die Kritik der Kreuzesworte. Der Verfasser läßt von ihnen nur den Jammerruf über die Gottverlassenheit und den Todesruf, aber nur in der Thatsache und nicht im Wortlaut, nach Matthäus und Markus zu. Viele Mühe gibt er sich mit der Beseitigung des „Eli, Eli" u. s. w., welche jedoch geradezu unverständlich wird, wenn man die vortreffliche Harmonie dieses Jammerrufs mit dem ψιλὸς ἄνθρωπος seines geschichtlichen Christus bedenkt. Die lukanische Fürbitte verwirft er als übermenschlichen Heroismus und als Widerspruch gegen die Gerichtsdrohung vor den Frauen. Die Schächerverheißung ebenso wegen des Lästerns beider Uebelthäter bei Matthäus und Markus und wegen des jüdischen Paradieses. Das johanneische Mutter- und Sohneswort wegen der Abwesenheit der Verwandten und Freunde vom Kreuz und wegen des steten Fehlens der ungläubigen (?) Mutter im Kreise des Sohnes. Den Durstruf als eine ungeschichtliche Ausdeutung des von den Umstehenden unverstandenen Jammerrufs. Den Sieges- und Gebetsruf wegen des wortlosen Todesschreis bei Matthäus und Markus. Wie kann nun aber Keim „das königliche Stillschweigen" des Sterbenden preisen und den Celsus mit seinem Wimmernden und Verzweifelnden am Kreuz einen Verleugner der Wahrheit und des Augenscheins schelten, wenn er selbst mit seinem Censorstifte die Kreuzesworte in einen unverstandenen Jammeruf und in einen unartikulirten Todesschrei corrigirt?

Den Umständen des Kreuzestodes folgt die Erörterung der Zeit als „der Todestag". Bekanntlich sind die drei ersten Evangelisten unter sich einig mit dem vierten im Wochentag des Todes Jesu als einem Freitag, einig gegen ihn aber im Monatstag, indem sie Jesus am Schlußabend des 14. Nisan vorschriftsmäßig das Passamahl halten und am folgenden Tage, dem 15. Nisan, sterben lassen, während Johannes Proceß und Hinrichtung in den Lauf des 14. Nisan, also vor den gesetzlichen Termin des Passamahls, verlegt, so daß das δεῖπνον in Joh. 13, wenn es das Passamahl ist, ein vom Schlußabend des 14. Nisan auf dessen Anfangsabend am 13ten nach unserer Rechnung vorgerücktes ist, wie 18, 28 und 19, 14 u. 31 beweisen. Ohne Rücksicht auf die vielen bei Winer und Keim nachzusehenden Vermittelungsversuche vom Altertum bis auf die Neuzeit halten wir nur bei der Frage nach dem Recht der Synoptiker oder des Johannes an. Daß der Letztere manches für sich habe, gesteht der Verfasser nach dem Vorgang Baurs zwar zu, nämlich die bessere Verträglichkeit der Gerichtsprocedur, des Losungsworts „nicht auf das Fest“, der Heimkehr Simons vom Felde, der Begräbnisarbeit und des synoptischen Schweigens vom Festcharakter des Todestages neben der nachdrücklichen Betonung der Heiligkeit des folgenden Tages des Sabbats, mit dem Rüsttag als mit dem Festtag. Gegen den ersten Punkt möchte er aber mit den alttestamentlichen Sabbatexecutionen 4 Mos. 15, 32 ff. und 2 Kön. 11, 4 ff., den neutestamentlichen „officiellen und nichtofficiellen Mordangriffen“ gegen Jesus am Sabbat, den Hinrichtungen Jakobus', des Apostels, nach Apg. 12, 1 ff. und Jakobus', des Bruders des Herrn, nach Hegesippus in den Passatagen, sowie endlich mit der Herabsetzung der talmudischen Verbote der peinlichen Gerichte und Executionen am Sabbat in eine jüngere Zeit und zu einer nur relativen Autorität nach Hengstenberg, Tholuck, Langen, Wieseler, Bäumlein aufkommen. Allein der Holzsammler am Sabbat in 4 Mos. 15, 32 scheint nach V. 34 eben nicht am Sabbat selbst gesteinigt worden zu sein, und die aufrührerische Tödtung Athalia's kann doch nicht für ein geordnetes Verfahren maßgebend sein. Nicht weniger schrumpfen die „Mordangriffe“ gegen Jesus am Sabbat alle bis auf den einen einer von Keim selbst als ungeschichtlich angefochtenen Erzählung angehörigen in Nazareth zu bloßen Mordanschlägen in nicht-officiellen Berathungen zusammen. Ferner setzt Apg. 12 nur die Gefangennahme des Petrus in die Tage der süßen Brode, nicht aber die Hinrichtung des Jakobus, und wenn auch der Bericht des Hegesippus bei Eusebius das mit der Hinrichtung des Bruders des Herrn thut, so unterliegt dieser bekanntlich mehr als einem Bedenken. Was endlich den Talmud anbelangt, so beweist die Verfügung der Abführung der Capitalverbrecher nach Jerusalem behufs ihrer dortigen Aufbewahrung zur Hinrichtung an den Festen nur eine Neuerung Akiba's gegen das bestehende Recht. Statt M. Sanh. 10, 4 sollte nach Winer 11, 4 citirt sein. Das positive Zeugnis des Talmud von der Hinrichtung Jesu am Passaabend kann freilich auch der Recensent nicht hoch anschlagen. Mit dem zweiten Punkt, dem Losungswort: „nicht auf das Fest", beschäftigt sich Keim gar nicht. Den dritten Punkt, den Gang Simons von Cyrene, rechtfertigt er mit der Erlaubnis des Sabbatwegs. Den vierten, die Begräbnisarbeit, mit der des Nothwerks. Den fünften Punkt übergeht er wieder als irrelevant. Ein neutraler Zeuge ist leider der Apostel Paulus, denn die Folgerung Lücke's aus 1 Kor. 5, 7, daß die Parallelisirung des Opfers Christi mit dem des Passalamms die Kreuzigung am 14. Nisan beweise, wird durch das von Keim betonte gemeinsame Recht des 14. und 15. Nisan an das Passalamm hinfällig. Ebenso hinfällig aber ist die Keim'sche Folgerung zu Gunsten des 15. Nisan aus 1 Kor. 11, 23 ff., da die auffallende Zeitbestimmung: „in der Nacht, da er verrathen ward", statt der so natürlichen synoptischen in Matth. 26, 17. Luk. 22, 7 und Mark. 14, 12 nicht sowol auf ein regelmäßiges, als vielmehr auf ein unregelmäßiges Passamahl Jesu schließen läßt. Der Recurs an den Passastreit des zweiten Jahrhunderts ist endlich vor dem definitiven Actenschluß über ihn auch ein unberechtigter.

Nach dem Wochentag und Monatstag handelt es sich um das Jahr. Das patristische Consulatsjahr der beiden Gemini — 29 nicht 28 n. Chr., wie Lipsius in den „Pilatusacten" schreibt — darf es nicht sein, obgleich sich in der Werthschätzung der patristischen Chronologie neuerdings nicht bloß A. W. Zumpt, wenigstens in der Frage des Todesjahrs Jesu, sondern sogar — Keim selbst, freilich nur in der seiner johanneischen Gegnerschaft conformen Einjährigkeitsfrage der Wirksamkeit Jesu, wo er das Zeugnis der alten Kirche „wahrhaft imponirend" nennt, auf die Seite des Recensenten in seinem Aufsatz: „zum Geburtsjahr Jesu" in den „Jahrbüchern für deutsche Theologie", Jahrgang 1866, gestellt hat. Die patristische Confusion in den Consulnamen soll nämlich beweisen, daß das Consulatsjahr der Gemini nicht der Tradition, sondern nur einem Calcul mittelst der Reduction des 15. Jahrs des Tiberius auf die römischen Consularfasten entstamme. Allein ein Schwanken in der Zahl des Todesjahrs Jesu und daher auch in den Consulnamen macht sich erst von Eusebius an bemerkbar, da dieser, das bisherige Todesjahr nach Luk. 3 zum Antrittsjahr machend, unter dem Impuls der johanneischen Autorität von da an bis zum Tode Jesu drei bis vier Jahre vorwärts rechnete, während der ältere Tertullian unter dem gleichen Impuls aus Achtung vor der allgemein, und zwar auch von dem ersten Meister der christlichen Chronologie, Julius Africanus, trotz seines 16. Jahrs des Tiberius respectirten Tradition (vgl. G. Rösch a. a. O.) vom Jahr 29 bis zum Antritt rückwärts rechnete. Doch das Jahr 29 soll nicht bloß als eitles Rechnungsproduct geschichtlich verwerflich sein, ob es uns gleich von allen chronologischen Verlegenheiten mit Ausnahme einer unten zu berührenden befreit, indem es uns alle in der Leidensgeschichte engagirten Personen auf dem Platze zeigt und unter der Keim'schen Voraussetzung eines bloß einjährigen Wirkens Jesu von Ostern zu Ostern mit Luk. 3 trefflich zusammenstimmt, wenn wir das 15. Jahr des Tiberius statt geschichtlich vom 19. August 28 bis zum 18. August 29 nach der jüdischen Jahrs- und einheimischen Königsrechnung vom Nisan 28 bis wieder dahin 29 rechnen, sondern es soll überhaupt viel zu früh sein. Zum ersten führe nämlich, meint der Verfasser, die Bemerkung über die Gewohnheit des Landpflegers, auf Ostern einen Gefangenen loszugeben, aus den zwanziger Jahren in die dreißiger hinauf; allein nach Luk. 23, 17 war das keine Privatfreude des Pilatus, sondern eine gewiß schon von den früheren Landpflegern gemachte Concession an die Festsitte. Zum andern thue die merkwürdige Angst des Pilatus vor dem Volk und der Umschlag der Feindschaft zwischen ihm und Antipas in Freundschaft durch den Proceß Jesu den Vorhergang seiner Niederlage bei dem Kaiser in Sachen der Tiberiusschilde im herodianischen Königspalast dar, welche vor dem Tod des Judenfeindes Sejan im Jahr 31 nicht denkbar sei; so fein aber auch die Argumentation ist, so eröffnet sie doch nichts weiter, als eine vage Möglichkeit. Zum dritten muß die bekannte Täuferchronologie den Tod Jesu an Ostern 35 beweisen. Zum Hülfsbeweis dieses Datums erwächst dem Vf. die Möglichkeit, daß, wenn der astronomische Frühlingsneumond des Jahres 35 auf den 28. März morgens 6—7 Uhr fiel, der jüdische Neumond sich über den Wurm'schen Termin des 30. März bis zum 31. März oder gar 1. April, und also auch der 15. Nisan vom Mittwoch den 13. April bis zum Donnerstag den 14. oder Freitag den 15. April verzögert haben kann. Ein Vortheil, welcher freilich dem Consulatsjahr der Gemini nicht zu gut kommt, da der Wurm'sche 15. Nisan des Jahres 29 sich auf Montag den 18. April stellt; gleichwol aber halten ein Sanclamente und Ideler an ihm fest.

Der „Festkalender" gibt eine nachträgliche Erläuterung zu den Reisetagen Jesu nach Jerusalem und den Lehrtagen daselbst, welche auf dem johanneischen Termin des Einzugs in Bethanien, beziehungsweise in Jerusalem, und auf dem Zusammentreffen des 15. Nisan 35 mit einem Freitag ruht und so die johanneische Schwierigkeit des Reisens Jesu am Sabbat geschickter beseitigt, als dies durch die Appellation an den Sabbatweg geschieht.

Das Kreuz ruft uns zu „Grab und Auferstehen". Wir lassen das unwichtigere „Grab des Herrn" bei Seite, und wenden uns sogleich zu der „Auferstehung".

Nach kurzer Darlegung aller Verlegenheiten in den Auferstehungsberichten sucht Keim den ältesten Zeugen auf und findet ihn nicht in Matthäus und nicht in dem nur die Thatsache im allgemeinen, aber nicht die Strauß'sche Unsterblichkeit oder die Volkmar'sche Geistigkeit der Thatsache constatirenden Apokalyptiker, sondern in dem Apostel Paulus mit 1 Kor. 15. An der Hand dieses in seinen Erkundigungen und Erhebungen bis in das Jahr 39 zurückgreifenden Zeugen seien zunächst die Thatsachen festzustellen, dann sei aus den wenigen zuverläßigen Quellen, den Evangelien, das mit ihm Verträgliche auszuscheiden und als künstliche Glorie der Dichtung besonders zu stellen. Die Thatsachen bewegen sich nun bei Paulus nicht, wie in den Evangelien, zunächst um das leere Grab, sondern um die Offenbarung Jesu nach dem Grabe. Dieselbe geschah in Erscheinungen, zu deren Schauplatz der Vf. gegen die die Abwechselung zwischen Jerusalem und Galiläa verlangende Harmonistik von Tertullian bis Steinmeyer und Geß wegen ihres organischen Zusammenhangs und wegen der nicht in dem von den bestürzten Anhängern verlassenen Jerusalem, sondern nur in deren Heimat, ihrem natürlichen und nach Joh. 16, 32 und Luk. 22, 32 auch geschichtlichen Zufluchts- und Sammlungsort, mit den Pilatusacten vorauszusetzenden 500 Brüder Galiäa allein machen zu müssen glaubt. Die Bestätigung dieser Localisirung bieten dem Vf. die Evangelien außer an den beiden eben citirten Stellen durch die Verweisung der Jünger nach Galiläa in Matth. 26, 32; 28, 7 und Mark. 16, 7. und Justin der Märtyrer mit seiner dreimaligen Behauptung der anfänglichen abtrünnigen Flucht, aber nachherigen Fassung und Sammlung der Freunde Jesu durch seine Erscheinungen, die nur in Galiläa denkbar seien. Die Verlegung der Erscheinungen nach Jerusalem aber widerlegt sich ihm durch das gänzliche Verschwinden des Petrus aus dem Gesichtskreis der Leidensgeschichte von seinem Rückzug aus dem hohenpriesterlichen Palaste an, durch die Vernichtung jeder Hoffnung mit dem Vollzug der Hinrichtung und die schon von Lessing und Schneckenburger betonte Unnoth des Bescheides nach Galiläa bei der Möglichkeit oder Absicht Jesu, sich am Auferstehungsort selbst den Jüngern zu zeigen. Freilich der Engelsbefehl ist dem Vf. nur eine ungeschichtliche Apologie der durch die Flucht gefährdeten, aber durch das Warten auf den Meister wieder gerechtfertigten Jüngerehre und eine künstliche Brücke vom leeren Grab in Jerusalem zu den Erscheinungen in Galiläa. Sei es aber auch mit dem Engelsbefehl, wie es wolle, so mußte doch die von Keim selbst Bd. II, S. 556—558 (womit freilich Bd. III, S. 587 nicht stimmen will), als in ihrem Kern authentisch anerkannte Leidens- und Auferstehungsverkündigung die Jünger für einstweilen in Jerusalem festhalten, denn wo konnten sie die Erscheinung des Auferstandenen anders erwarten, als in der Nähe seines Grabes? Vollends vom Uebel ist dem Vf. die lukanisch-johanneische Concentration der Erscheinung in Jerusalem, an deren Stelle eine Halbirung mit dem Anfang in Jerusalem und dem Ende in Galiläa sich viel glaubwürdiger ausnehmen würde. Den Anfang der galiläischen Erscheinungen bei Paulus verlegt Keim in die unmittelbare Nähe des Auferstehungstages; den Ansatz der ersten auf den dritten Tag selbst nennt er, übrigens unter der Einräumung ihrer Möglichkeit, Harmonistik. Ihren Verlauf drängt er gegen Strauß' und Weiße's unbestimmbare und Renans jährige Dauer auf wenige Tage zusammen, wofür er sich auf Paulus' augenscheinliche zeitliche Trennung der ihm selbst zutheil gewordenen Erscheinung von den früheren und auf die Synoptiker und den Barnabasbrief beruft. Ihren Charakter bestimmt er nach dem in 1 Kor. 15, 5—8 gebrauchten Ausdruck des Schauens, ὤφθη, welcher bei Paulus und sonst auch von andern der Auferstehung fremden Visionen steht als den des „Gesichtes," dessen Hergang sich Paulus als „Lichtglanzentfaltung des nicht mehr auf Erden weilenden, sondern mit der Auferstehung selbst zum Himmel erhobenen und vom Himmel her in verklärter Leiblichkeit momentan den Seinigen sich darstellenden Gottessohns" gedacht habe, was sein karger Ausdruck „Schauen", seine Combination seiner eigenen Christophanie mit denen der Apostel, zumal seine, etwaige Herrnworte gegen Apg. 9, 4 ff. ausschließende Beschreibung derselben in 1 Kor. 9, 1 und 15, 4 ff. beweise. Wenn aber Paulus 2 Kor. 12, 4 u. 9 von späteren Visionen nicht bloß mit Herrngeschichten, sondern auch mit Herrnworten redet, reicht dann die Pression des Buchstabens an dem allerdings nackten ὤφθη und ἑώρακα zu der Ausschließung der Herrnworte aus den Auferstehungserscheinungen zu? Würde sie ferner durch das Schweigen des Paulus über seinen Empfang von Herrnworten, auch wenn dieses gegen 2 Kor. 12 ein unbedingtes wäre, gegen den gegnerischen Vorwurf des Mangels an Umgang mit dem Herrn wirklich gerechtfertigt, wie Keim will, da sich dieses Schweigen aus der Ueberzeugung des Apostels ableiten läßt, daß ihm die Berufung auf eine Unterweisung und Beauftragung von dem Auferstandenen in nur momentaner Erscheinung den Mangel des menschlich normalen und persönlichen Verkehrs mit Jesus in den Augen der Gegner ja doch nicht ersetzen werde? Nimmt man nun die aus der Leidens- und Auferstehungsverkündigung sich ergebende Wahrscheinlichkeit des Ausharrens der Anhänger Jesu in Jerusalem nach seinem Tode und die aus 2 Kor. 12 hervorgehende von Herrnworten bei den Herrngeschichten zusammen, so wird man über die Glaubwürdigkeit der evangelischen

Erzählung der Auferstehungserscheinungen, auf deren allerdings vernichtetes Detail hier einzugehen der Raum verbietet, weder in Absicht auf die Lokalität, noch auf den Hergang mit dem Vf. zur Tagesordnung übergehen dürfen, sondern sich eher versucht fühlen, mit Hilgenfeld, wenn auch nicht gerade auf Grund des Hebräerevangeliums, für die jerusalemische Concentration der Erscheinungen bei Lukas und Johannes sich auszusprechen, die ja Galiläa nicht ausschließt. Freilich muß man sich dann die 40 Tage der Apostelgeschichte, welche Keim kurzweg als typisch verwirft, wenigstens als runde Zahl gefallen lassen.

Von den Auferstehungserscheinungen geht der Verfasser zu dem Geheimnis der Auferstehung selbst zurück, über welches Paulus außer 1 Kor. 15, 4 nichts, die Evangelien vieles bieten. Leider kann er wegen der Leugnung (?) der Gegenwart von Menschen im ersten Korintherbrief und der Mitwirkung von Engeln im Römerbrief von diesem vielen gar nichts gelten lassen, nicht einmal das leere Grab, und doch ist dieses eine mit Recht hoch geschätzte und nach Beyschlag und H. Schmidt durch das „begraben“ in 1 Kor. 15, 4 garantirte Instanz für die Thatsächlichkeit der Wiederbelebung des Todten, da die Folgerung der Wiederbelebung aus den Erscheinungen des Auferstandenen so lange in der Luft schwebt, als ihr das Postament der Constatirung des leeren Grabes fehlt, deren Wirklichkeit mit einer Suggestion der Phantasie jedenfalls den Feinden gegenüber nicht ersetzt werden konnte. Ueber diese Suggestion in den „Auferstehungssagen“ von Matthäus bis zu den Pilatusacten schreiten wir hinweg zu der „Erklärung der Thatsachen“.

Hier wird zuerst die Leerung des Grabes durch Betrug und Täuschung bei Celsus, Reimarus, Bahrdt und Renan, aber auch der ehrliche Irrtum bei Schleiermacher, Ewald, Noack und Bunsen abgewiesen. Von der Auferstehung wird sowol die Hypothese des Scheintods bei Paulus, Herder, Ammon, Schleiermacher, Bunsen u. A., als auch die kirchliche der Leibesverklärung, welche nach Röm. 8, 11 und 1 Kor. 15, 35 ff. doch wol die paulinische Anschauung repräsentirt, und die der Vision bei Strauß, Renan, Holsten und Scholten, ja sogar in ihrer Umbiegung von einer menschlichen Einbildung zu einer göttlich gewirkten Objectivität bei Ewald, Schenkel, Holtzmann, Weizsäcker und Schweizer, ferngehalten. Die Einwendungen des Verfassers gegen die Visionshypothese, die heutzutage das Te Deum des Sieges singt, sind nicht sowol die gewöhnlichen der Objectivität der Erscheinung des Paulus, der Unmöglichkeit einer Vision von 500, der auftretenden Zweifel, zumal eines Thomas, des planvollen Stufengangs in den Reden des Auferstandenen, der Gebrochenheit der Jünger, des Fehlens jüdischer Erwartung der Auferstehung des Messias, der Nothwendigkeit des Zweifels mit dem Aufhören der Visionen, als vielmehr: die Unverträglichkeit der ekstatischen Emotion mit der Geistesruhe und Klarheit im apostolischen Wirken und Leben, ein Einwurf, der jedoch die Modification der Hypothese durch das Hereinziehen des göttlichen Wirkens nicht trifft, die paulinische Abgrenzung der fünf oder sechs Auferstehungserscheinungen von späteren ähnlichen, visionären und ekstatischen Vorgängen, das Unheimliche und Schreckhafte in den Erscheinungen im Widerspruch mit der glücklichen Freude der Schwärmerei, und endlich ihr rascher Ablauf im Gegensatz zu dem der visionären Erregung eigentümlichen andauernden Aufschwung und langsamen Niedergang, wie ihn z. B. der Montanismus zeigt. Was ist denn aber nun von der Auferstehung zu sagen, wenn Scheintod, Leibesverklärung und Vision gleichmäßig wegfallen? Vom Standpunkt der Wissenschaft aus, mit Hegel und Baur ein non liquet über das Schlußräthsel des Lebens Jesu mit ausdrücklicher Anerkennung des festen Glaubens der Apostel an ihre Thatsächlichkeit, und der ungeheuren Wirkung dieses Glaubens, der Christianisirung der Menschheit. Wo aber die Wissenschaft still steht, da „baut der Glaube weiter, dem das Gebiet der Thatsachen, der Geschichte, sich verlängert und vertieft über das Sichtbare zum Unsichtbaren. Sind die Gesichte nichts menschlich Erzeugtes, nichts Selbsterzeugtes, sind sie nicht Blüte und Frucht einer täuschungsvollen Ueberreiztheit, sind sie ein Fremdartiges, Geheimnisvolles, sind sie von staunenswerth hellen Erkenntnissen und Entschlüssen sofort begleitet, so ist ein Ursprungsort, bis jetzt ungenannt, immer noch übrig, es ist Gott und der verherrlichte Christus". Damit stellt sich der Verfasser auf den Standpunkt von Röm. 1, 4, ohne Bestimmung der Modalität der Auferstehung für die Erscheinungen des Auferstandenen die Form visionärer oder plastischer Offenbarung freilassend. Doch kaum hat das pectus den Theologen zum credo gedrungen, so erschrickt der Kritiker vor dem Gedanken an Spinoza, aber freundlich beruhigen ihn die Manen des großen Meisters der modernen Weltanschauung mit der Erinnerung an die eigene Inconsequenz, von der er sich in einem flüchtigen Traume von den Wirkungen des persönlichen Gottes in und durch die Auferstehungserscheinungen einmal hat überraschen lassen, denn eine Inconsequenz ist es wol doch, wenn man, wie Keim, die Wunder des jenseitigen Christus statuirt, nachdem man die Wunder des diesseitigen Jesus negirt hat?

Daß er die Himmelfahrt nur im Sinne der „Einkehr in eine höhere Welt", und zwar als ein Postulat des Glaubens, anerkennt, aber ihre sinnliche Beschreibung in den Evangelien für abgethan erklärt, versteht sich aus der bisherigen Auferstehungskritik von selbst. Vor allem legt ihm das Schweigen des Paulus, der sie gleich Johannes offenbar mit der Auferstehung identificire, gegen die Synoptiker Zeugnis ab. Dieses paulinische Gegenzeugnis erhält für ihn durch die Uneinigkeit der Synoptiker unter sich über Ort, Zeit und Inhalt der Schlußerscheinung Jesu seine volle Bestätigung. Zuerst beschäftigt er sich mit den Himmelfahrtsreden. Er beginnt mit dem Bericht des Matthäus von de göttlichen Allmachtsübergabe, dem Taufbefehl und der Herrngegenwart bis an's Weltende. So hält er sich denn auch allein an den Taufbefehl, dem er seine Stellung schon früher neben dem Abendmahl gegen Neander, Steinmeyer und Geß angewiesen hat, welche ihn eben am Schluß des Verkehrs mit den Jüngern am rechten Orte finden. Seine Form findet er wegen der Trinität der apostolischen Taufweise auf den Namen Jesu widersprechend und darum nicht authentisch. Seine Tendenz erklärt er als universalistisch wegen der Beschränkung der Urapostel auf Israel für eine dem Sinne Jesu fremde, ob er gleich früher die universalistische Idee bei ihm zugegeben hat. Die Reden bei Lukas werden dem Verfasser durch die Wegweisung vom Kreuz zur Herrlichkeit, die nur die Emmausgespräche wiederhole, durch den Predigtauftrag für Jerusalem und dann für alle Völker, der zwischen dem Judenchristentum und Paulinismus vermittle, durch die Geistesverheißung zum Missionsberuf, die nur von Ostern zu Pfingsten hinüberleiten wolle, und endlich durch die (scheinbare) Differenz zwischen Ev. 24, 50—51 und Apg. 1, 2—8 verdächtig. Am schlimmsten findet er die Dinge bei Johannes und Markus, deren ersterer den Apostelauftrag und die Verheißung zwar auch mit Lukas auf den Auferstehungstag verlege, aber die Geistesverheißung in die Geistesvermittlung verwandle und die Vollmacht zur Sündenvergebung in einer gegen Matth. 16, 19 und 18, 18 verjüngter Formel producire, während der letztere sich als Vermittler zwischen Matthäus und Lukas einerseits und Johannes andererseits verrathe und eine apokryphische Farbe trage. Ueber den Himmelfahrtshergang sagt Keim gegen Krabbe, Hengstenberg, Bleek und Pressensé, nur die Apostelgeschichte kenne die sichtbare Auffahrt Jesu, und die andern neutestamentlichen Schriftsteller lassen nur an ein Verschwinden denken, gibt aber zu, daß das Lukasevangelium und der Markusschluß die Auffahrt vorbereiten. Für den Himmelfahrtsort duldet er zwischen dem galiläischen Berg des Matthäus und dem Oelberg des Lukas keine Vermittelung.

Endlich am Ziele zieht der Verfasser im vierten Abschnitt: „Der Messiasthron in der Weltgeschichte“, das Resultat seiner Forschungen für die Christologie.

Erfreulich ist das Resultat durch die einseitige Akribie des Verfassers zum Schutz der schlechthinigen Menschlichkeit Jesu nicht geworden, stellt es doch zu allererst dem alten Bekenntnis gegenüber von dem neuen Glauben die Bilanz auf Bankrott! Dann wird zwar mit begeisterten Worten die unübertreffliche Herrlichkeit der Religion Jesu für Denken und Leben, für Glauben und Pflicht gepriesen, aber seine Erkenntnis in die Schranken eines grob sinnlichen, abergläubischen und engherzigen Judentums gefangen gesetzt und seine Sittlichkeit durch das eigene Geständnis der Mangelhaftigkeit und Schwachheit, das Bezeigen einer rigorosen Gleichgültigkeit gegen die natürlichen Gefühle für die Bande des Bluts und Herzens und den Abfall nach der galiläischen Geschickswandlung von den eigenen Grundsätzen zu einem zelotischen Treiben gegen Freund und Feind getrübt erfunden. Dieser „Jesus von Nazara“ nicht nur „in der Verkettung mit dem Gesamtleben seines Volkes“, sondern auch in der Verkettung mit der Gesamtsünde der Menschheit könnte nie „die Ruhe und das Triebrad der Weltgeschichte“, wie ihn Keim gleichwol nennt, geworden sein und könnte es nimmer bleiben, wenn dieselbe von einem persönlichen, heiligen Gott gelenkt wird. Mag die Wissenschaft sich ihn gefallen lassen, der Glaube begehrt eines andern Hohenpriesters, der zwar auch versucht wäre allenthalben, gleichwie wir, aber doch heilig, unschuldig, unbefleckt, von den Sündern abgesondert und höher, denn der Himmel ist. So ist denn dem Verfasser sein Versöhnungswerk zwischen Glauben und Wissenschaft, an dem er mit zur Ehrerbietung zwingender Beeiferung und Gelehrsamkeit gearbeitet hat, ohne Wissen und ohne Willen mislungen, und sein Lohn von rechts und links wird — das Loos der Gironde sein. Eine Prognose, welche auf letzterer Seite wenigstens Strauß durch das Anathema in seinem Bekenntnis: „Der alte und der neue Glaube“, über „alle Bemühungen neuester Bearbeiter des Lebens Jesu — als apologetische Künsteleien ohne jeden historischen Werth“ S. 77 bereits verwirklicht hat.

Ein die reichen Schätze des Werkes aufschließendes „Sachregister“ und „Evangelienregister“ macht den Schluß.

Langenbrand, den 6. Februar 1873.

Gustav Rösch.

2.

Grundriß der christlichen Dogmengeschichte von Friedrich Nitzsch, Dr. theol. u. ö. Prof. an der Universität Gießen (jetzt Kiel). I. Theil: Die patristische Periode. Berlin, Mittler & S., 1870. XII u. 417 SS.

Zu den vorhandenen zahlreichen Dogmengeschichten tritt in diesem begonnenen Grundriß noch eine neue, die aber darum keineswegs für überflüßig anzusehen ist. Auch wenn man die Verdienste der vorhandenen, wie namentlich des als Lernbuch trotz erheblicher Mängel noch in erster Reihe stehenden Buches von Hagenbach noch so bereitwillig anerkennt, wird man doch dem Verfasser Recht geben müssen in dem, was er selbst zur Begründung seines Unternehmens anführt. Er sagt: „Die drei hervorragenden Kirchenhistoriker, deren Arbeiten sowol nach der Seite der Forschung als nach der der Auffassung hin bis vor wenigen Jahrzehnten auf dem von ihnen angebauten Felde der Wissenschaft bis zu einem gewissen Grade durchweg maßgebend waren, Gieseler, Neander und Baur, haben auch die dogmengeschichtliche Disciplin bis vor kurzem beherrscht, und in den zusammenfassenden Lehrbüchern vernimmt man doch immer vor allem ihre Stimme oder den Wiederhall derselben. Anders verhält es sich mit den kirchen- und dogmenhistorischen Detailforschungen. Diese sind in den letzten zwanzig Jahren von einer Reihe selbständiger Gelehrten in Angriff genommen worden, welche gegenüber jenem Dreigestirn eine neue Generation repräsentiren und zwar auf den Schultern der genannten bahnbrechenden Männer stehen, aber mehr oder weniger selbständig aufgetreten sind. Ich rechne zu diesen A. Ritschl, Lepsius, Hilgenfeld, Uhlhorn, Steitz, W. Möller, Weizsäcker, Gaß, Holtzmann und manche Andere, und fürchte nicht auf Widerspruch zu stoßen, wenn ich behaupte, daß die dogmengeschichtlichen Monographieen dieser Forscher in zusammenfassender Darstellung noch nicht hinlänglich verwerthet sind, sowenig ich verkenne, daß in dem ohnehin höchst verdienstlichen Werke Hagenbachs, dem ich manches verdanke, die Resultate der neuesten Forschung berücksichtigt sind." Dies Bedürfnis ist in der That in doppelter Beziehung vorhanden, einmal wenn man an das Studium der Lernenden denkt, denn auch für sie liegt doch in den Einzelforschungen der letzten 20 Jahre genug vor, was aus den noch im Fluß befindlichen Untersuchungen als mehr oder minder gesichertes Resultat verwerthet werden muß, und zwar Derartiges, was nicht nur eine Summe aufgehellter Einzelheiten betrifft, sondern die Gewinnung einer lebendigen Anschauung von der geschichtlichen Bewegung des Dogma's in wichtigen Punkten bedingt. Sodann aber denkt der Verfasser nicht lediglich an ein Studentencompendium, sondern an eine Darstellung, welche auch tiefergehendem Studium durch Zusammenfassung der bisherigen Untersuchungen eine sehr erwünschte Handhabe bietet und zugleich dem, welcher nicht beständig in der lebendigen Mitarbeit auf diesem Gebiete steht, wesentlich zur Orientirung gereicht. Der Verfasser hat nun das sehr umfangreiche Material neuerer Forschung, welches besonders für die älteste Dogmengeschichte stark in's Gewicht fällt und dessen Zusammenfassung und durchsichtige Anordnung nicht geringe Schwierigkeiten bietet, mit großem Geschick verwerthet und mit dem selbständigen Urtheil eines Mitforschenden zu beherrschen gewußt. Wenn nun der Lehrzweck des Buches es räthlich erscheinen ließ, die Form zusammenfassender Paragraphentexte beizubehalten, so erheischte doch das Bedürfnis wirklicher Einführung in den ganzen Reichthum der dogmengeschichtlichen Bewegung und in den Stand der dogmengeschichtlichen Forschung eine weitere Ausführung der Paragraphentexte, welche hier an die Stelle der zu wirklicher Orientirung nicht ausreichenden Noten getreten ist. Der Verfasser vergleicht sein Verfahren in dieser Beziehung mit der Einrichtung von Ueberwegs Grundriß der Geschichte der Philosophie. Ueber das Maß des aufzunehmenden Stoffes ließe sich ja im einzelnen streiten, allein es ist doch nicht zu leugnen, daß selbst wenn man auch bloß das Bedürfnis von Studirenden, von Lernenden im engeren Sinne im Auge haben wollte, dürre und knappe Compendien eine lebendige Einsicht doch nicht hervorzubringen vermögen, daß auch, wer vieles, was in den Ausführungen geboten wird, nicht zu bleibendem Besitz erhebt, doch durch den Einblick in dieses Detail erst eine lebendige Vorstellung dessen erlangt, was die Paragraphen zusammenfassen. Auch daß der Verfasser die patristische Literatur, insofern sie zu den Quellen der Dogmengeschichte gehört, und die dogmenhistorische Literatur bis in die einzelnen Monographieen und Abhandlungen sorgfältig verzeichnet, vermehrt allerdings den Umfang des Buches in einer nicht für alle, für welche ein solches Buch bestimmt ist, gleich wünschenswerthen Weise, hat aber doch überwiegende Gründe für sich. Soweit Referent darauf zu achten Gelegenheit gehabt hat, erreicht das Buch darin große Vollständigkeit und es wird zugleich durch die nöthigen Verweisungen dafür gesorgt, auf jedem Punkte sich der betreffenden Literatur versichern zu können. Referenten sind hier nur sehr wenige Auslassungen von geringerer Erheblichkeit aufgestoßen. So hätte wol bei Irenäus auch die Schrift von Graul (Die christliche Kirche an der Schwelle des irenäischen Zeitalters &c., Leipzig 1860) Erwähnung finden können, desgleichen in Betreff der antiochenischen Schule: H. Kielen, Die Bedeutung der antiochenischen Schule auf dem exegetischen Gebiete nebst einer Abhandlung über die ältesten christlichen Schulen, Weißenburg 1866. Auch war an mehreren Stellen Veranlassung, hinzuweisen auf Caspari, Ungedruckte, unbeachtete und wenig beachtete Quellen zur Geschichte des Taufsymbols und der Glaubensregel (Christiania 1866 u. 1869, 2 Bde.), ein Buch von unerquicklicher Breite, aber werthvollen Stoff enthaltend zur Ergänzung und theilweisen Berichtigung von Hahns Bibliothek der Symbole. Bei Sabellius wäre nach Maßgabe des sonstigen Verfahrens des Verfassers auch auf Voigts Athanasius (S. 249 ff.) und Zahns Marcell v. Ancyra (S. 196 ff.) zu verweisen gewesen. Bei der großen Fülle der Literatur und dem sehr ungleichen Werthe derselben hätte Referent im Interesse von Anfängern wol gewünscht, daß Nitzsch sich der freilich nicht geringen Mühe unterzogen hätte, etwa durch Sternchen eine ausgewählte Literatur hervorzuheben.

Der vorliegende erste Theil des Werkes umfaßt nach der allgemeinen Einleitung und den Prolegomenen die patristische Periode, welche der Verfasser bis in die Mitte des 8. Jahrhunderts rechnet, und deren Behandlung er in die zwei Abschnitte der **Begründung** der altkatholischen Kirchenlehre und ihrer **Entwickelung** zerfallen läßt. Die Prolegomenen handeln von dem christlichen Grunddogma oder dem Ausgangspunkte der christlichen Lehrbildungen (nämlich dem Glauben an Jesus als den Messias), von der Idee des Reiches Gottes und der Messiasidee als den gemeinsamen Grundlagen des Judentums und Christentums und endlich von der specifisch christlichen Fassung und Fortbildung der Messiasidee durch Jesus und die Apostel, und von der Taufformel. Es sind dies also wesentlich die Lehnsätze aus der biblischen Theologie, welche den Ausgangspunkt der dogmengeschichtlichen Bewegung bezeichnen, deren die Dogmengeschichte als ihrer Voraussetzungen bedarf, ohne daß in ihr selbst alle hier concurrirenden Fragen zum Austrage gebracht werden können. Eben deshalb möchten wir auch auf das, was in diesen übrigens trefflich zusammengefaßten Paragraphen uns nicht ganz befriedigen will, hier nicht näher eingehen. Wir können eben hier mit dem Verfasser darüber nicht rechten, wenn er nach seinen sonstigen kritischen Voraussetzungen das messianische Bewußtsein Jesu lediglich nach den für die geschichtliche Betrachtung freilich in erster Reihe stehenden synoptischen Quellen bestimmt und deren Aussagen zu dem Resultate zusammenfaßt, daß in Jesu dem aufgehenden Gefühle vollkommener Gottesgemeinschaft das an der Schrift geweckte und gestaltete Messiasbewußtsein entgegenkommt und das Entscheidende für sein ganzes Selbstbewußtsein bildet, ja dasjenige ist, woran sich sein Selbstbewußtsein erst entwickelt. So unumgänglich es ist, alle Prädicate, die er sich beilegt und beilegen läßt, aus der Wurzel messianischer Hoffnung zu erklären, so wenig wird man doch sagen können, daß damit das Räthsel dieses Bewußtseins, dieser Person gelöst ist, wenn man sagt: „Sein Selbstbewußtsein war eine Synthese dessen, was er an und für sich war, als frommes Individuum der israelitischen Gemeinde, und dessen, was er, vom offenbarungsgeschichtlichen Standpunkte aus betrachtet, war, als verheißener Vollender des alten Bundes 2c.“, und wenn man sich über das, was auch so in den Rahmen eines geschichtlich bedingten lediglich menschlichen Bewußtseins nicht recht will fassen lassen, damit hinaushilft, daß man sagt, er fasse seine Königswürde und Gottessohnschaft nicht metaphysisch, sondern ethisch-theokratisch und mystisch, welcher letztere Ausdruck dann allerdings eine große Dehnbarkeit aber auch ebenso große Unbestimmtheit besitzt. Wie gesagt, lassen sich diese Fragen ja auf dem Gebiete der Dogmengeschichte selbst nicht wohl lösen, und nur das mag hier vom Standpunkte der Dogmengeschichte aus bemerkt werden, welch' eine Kluft für die dogmengeschichtliche Darstellung unausfüllbar bleibt zwischen einer derartigen Analyse des messianischen Selbstbewußtseins Jesu und nicht etwa erst der kirchlichen Entwickelung der Christologie, sondern auch bereits der Fortbildung der Messiasidee durch die Apostel.

Auf der Grundlage der Prolegomenen erhebt sich nun im ersten Abschnitte die Begründung der altkatholischen Kirchenlehre oder erste Herstellung einer förmlichen Bekenntnisgrundlage. Dieser erste Abschnitt hat also bis auf den Punkt hinzuführen, auf welchem im Kampfe mit den entgegengesetzten häretischen Richtungen die förmliche „Herausstellung des wirklichen oder doch vermeintlichen Kernes der apostolisch-christlichen Weltanschauung und Verkündigung, oder die Verdichtung des christlichen Glaubens zum kirchlichen Bekenntnis gelang", was erst gegen Ende des zweiten Jahrhunderts mit der Begründung der altkatholischen Kirche geschah. Dieser erste Theil hat also die Bildung der kirchlichen Basis für die eigentliche Lehrentwickelung aufzuweisen; und daß ihn der Verfasser als einen besondern Abschnitt aussondert und voranstellt, hat in der That wichtige Erwägungen für sich, wenn auch andererseits wieder Unzuträglichkeiten damit verknüpft sind, wie sie im Grunde für jede Periodeneintheilung, welche den Fluß der geschichtlichen Entwickelung in Abschnitte zerschneiden muß, auf der einen oder andern Seite entstehen. Es ist der kirchliche Gesichtspunkt, welcher hierin für den Verfasser entscheidend gewesen ist, während eine Betrachtung, welche vorwiegend die theologische Begriffsformation im Auge hätte, z. B. die griechischen Apologeten des zweiten Jahrhunderts nicht so von der griechischen Theologie der nächstfolgenden Zeit scheiden würde. Wenn nun der Verfasser in diesem ersten grundlegenden Abschnitte zuerst die herrschenden Gegensätze des Ebionitismus und Gnosticismus behandelt und darauf die Glaubensregel als Ausdruck des altkatholischen Dogmas folgen läßt, so entspricht dies ja der geschichtlichen Entwickelung, insofern die in der Hauptsache übereinstimmende Fixirung einer regula fidei erst das Resultat der im Kampfe der verschiedenen Richtungen sich behauptenden apostolisch-positiven Kirche ist. Einwendungen ließen sich nur machen gegen die im einzelnen befolgte Ordnung und ihre Motivirung. Erst auf die Aufstellung der Glaubensregel läßt nämlich der Verfasser die Darstellung der literarischen Vertreter des apostolisch-katholischen Glaubens im Zeitalter der apostolischen Väter und der griechischen Apologeten folgen, weil erst seit der Begründung eines katholisch-kirchlichen und rechtgläubigen Dogma's gegen Ende des zweiten Jahrhunderts es für die Beurtheilung des dogmatischen Charakters früherer Kirchenschriftsteller einen festen Maßstab gegeben. Er stellt also das Resultat voraus, um danach die voraufgegangene Entwickelung zu bemessen. Allein so schwankend auch vor der am Ende des zweiten Jahrhunderts erfolgenden eigentlichen Consolidirung der katholischen Kirche der dogmatische Zustand war und so sehr es noch an einer allgemein entscheidenden und bestimmten Autorität fehlte, so kann es doch für die geschichtliche Betrachtung, auch wenn sie von der später siegreich hervortretenden Glaubensregel noch ganz absieht und nur die Substanz der apostolischen Verkündigung in ihren allgemeinsten Umrissen als Norm in's Auge faßt, nicht zweifelhaft sein, daß ein zwar sehr wenig dogmatisch ausgeprägtes, aber doch im allgemeinen entschieden apostolisches Christentum in den an der lebendigen apostolischen Ueberlieferung festhaltenden Hauptgemeinden den Stamm und das Bindeglied mit dem apostolischen Christentum bildet. So dürftig und vielfach unsicher die Denkmäler der apostolischen Väter sind, so zeigt doch des Verfassers eigene, die Resultate moderner Kritik umsichtig verwerthende Darstellung, daß sich die Elemente daraus entnehmen lassen, welche einen im allgemeinen apostolischen Gemeindeglauben aufweisen, aus welchem in einer wirklich vorhandenen Succession durch die Kämpfe mit Ebionitismus und Gnosticismus hindurch der kirchliche Glaube sich rettet, indem er sich zur regula fidei zugleich entwickelt und fixirt. Der Verfasser sagt: „schon zuvor gab es zwar, wie sich von selbst versteht, eine Vertretung dieses Bekenntnisses in der Christenheit, aber mit voller Klarheit erkannte erst in diesem Momente die Christenheit im ganzen und großen in der damals aufgestellten Glaubensregel den Ausdruck ihres eigensten Bewußtseins, vorher hatte sie sich gegen ganz andere Grundauffassungen des Evangeliums, die auch christlich sein wollten (namentlich die gnostische) wenigstens nicht förmlich abgeschlossen". Er erinnert daran, daß auch die vorhandenen und anerkannten Normen der christlichen Lehre in der apostolischen Verkündigung, den Schriften des Alten Testaments und später auch des Neuen, doch nur eine sehr unsichere, vieldeutige, der ausdrücklichen Herausstellung erst noch bedürftige Lehrgrundlage darboten, was ja unwidersprechlich ist und im Zusammenhang mit dem Mangel einer entscheidenden kirchlichen Autorität auf einen Zustand hinweist, in welchem nur unfertige Anfänge kirchlich anerkannter Lehre zu finden waren und zugleich sehr verschiedene Grundanschauungen mit einander rangen und den Anspruch auf Christlichkeit einander streitig machten. Allein dies kann doch die geschichtliche Betrachtung nicht daran hindern, sich zunächst beim Uebergang vom apostolischen Zeitalter der bei aller Unsicherheit doch entschieden vorhandenen Continuität mit der apostolischen Verkündigung zu versichern. Erwägt man dazu noch, daß der eigentliche Ebionitismus doch immer nur auf einem beschränkten Gebiete der Kirche sich zu wirklicher Geltung brachte, und daß die Fluten des Gnosticismus erst dann mächtiger daherflossen, als schon eine beträchtliche Zeit nachapostolische Gemeinden existirt hatten; erwägt man ferner, daß doch auch die beginnende eigentliche Theologie der ältesten Apologeten trotz mancher mit der gnostischen Gedankenentwickelung unleugbar vorhandenen Analogieen, in einem ganz anderen positiven Verhältnis zur apostolischen Verkündigung steht, als die Gnosis, so kann der Umstand, daß gnostisches Christentum anfangs natürlich nicht als außerkirchliche Secte, sondern als innerkirchliche Partei auftritt, doch nicht davon abhalten, die Darstellung so zu ordnen, daß von vornherein dadurch an's Licht tritt, wie die Väter der sich constituirenden katholischen Kirche im wesentlichen doch Recht hatten, wenn sie sich auf eine übereinstimmende Tradition apostolischer Gemeinden beriefen. Der Verfasser wird diese keine sachliche Differenz, sondern nur eine formelle Beanstandung enthaltende Bemerkung nicht dahin verstehen wollen, als wollte Referent die große constitutive Bedeutung, welche namentlich der Gnosis für die Entwickelung der kirchlichen Lehre zukommt, irgend herabgedrückt wissen, oder im entferntesten die richtige Einsicht verdunkeln, daß sie trotz aller exotischen Elemente, welche sie in den Kirchenglauben einführen will, doch nur auf christlichem Boden das werden konnte, was sie war, ja daß trotz allem Fremdartigen, was ihr beigemischt ist, sie doch ihre eigentliche Wurzel ebenfalls in der christlichen Grundidee hat.

Noch möchten wir auf einem Punkte die Anordnung des Materials zur Sprache bringen, welche der Verfasser getroffen hat und worauf er selbst einiges Gewicht legt. Wer je sich eingehender mit der Disciplin der Dogmengeschichte beschäftigt hat, weiß ja, welche bedeutenden, immer nur annähernd zu überwindenden Schwierigkeiten sich der Aufgabe entgegenstellen, Zeit- und Sacheintheilung, Allgemeines und Einzelnes, Centrales und Peripherisches so zu behandeln und zu ordnen, daß die Anordnung ein lebendiges Bild der fortschreitenden geschichtlichen Bewegung zu geben vermag. Der Verfasser verfährt nun so, daß er nach Vorausschickung jenes ersten Abschnitts (Begründung der altkatholischen Kirchenlehre) in dem zweiten Abschnitt (Entwickelung derselben), welcher den Zeitraum bis Mitte des achten Jahrhunderts umfaßt, keine kleinern zeitlichen Abschnitte macht, sondern nur sachliche Eintheilungen. Die gewählte Anordnung der Materien aber ist nun folgende: Er unterscheidet in der Entwickelung der altkatholischen Kirchenlehre a) die subjective Seite der Entwickelung (die Factoren derselben), ein Abschnitt, in welchem unter den Titeln: Allgemeines, und die persönlichen Träger der Entwickelung oder die Kirchenlehrer, zum Theil wenigstens das untergebracht ist, was man sonst wol als allgemeinen Theil bezeichnet. b) die objective Seite der Entwickelung (die dogmatischen Ergebnisse derselben). Hier unterscheidet er nun drei Parallelen, nämlich 1) Feststellung derjenigen Dogmen, welche die allgemeinen Grundlagen des christlich-kirchlichen

Bewußtseins und der kirchlichen Glaubenslehre bildeten, nämlich „die Lehre von der Gottheit Christi“ und „die Lehre von der Kirche“; 2) Feststellung der formalen Kriterien der rechtgläubigen Kirchenlehre; 3) Feststellung derjenigen Dogmen, welche die einzelnen Momente des kirchlichen Lehrsystems darstellen (Theologie, Kosmologie, Anthropologie, Soteriologie, Eschatologie). Der Verfasser sagt zur Rechtfertigung dieser Anordnung: „Dies habe ich gethan, weil ich es für unnatürlich halte, im Widerspruch mit der thatsächlichen Richtung des christlich-dogmatischen Bewußtseins der Kirchenväter, um die es sich zunächst handelt, in einseitig synthetischer und abstracter Weise mit der Lehre von Gott den Anfang zu machen und bei den Kernpunkten des christlichen Glaubens, Christus selbst und der Kirche erst auf der Mitte des Weges oder gar noch später anzulangen.“ Referent verkennt nun das Beachtenswerthe dieser Motive keineswegs, er glaubt auch zu erkennen, wie dies Verfahren bei Nitzsch auf dem durchgängigen Bestreben ruht, im Dogma und seiner Geschichte das eigentlich religiös und kirchlich Bedeutsame hervorzuheben, dem gegenüber die theologischen Formen, welche auf den Zusammenschluß eines dogmatischen Begriffssystems hindrängen, erst in zweiter Linie stehen. Allein gegen die vom Verfasser aus solchen Gründen beliebte Anordnung erheben sich nun doch, wie mir scheint, nicht geringe Bedenken. Ist es praktisch, die Lehre von der Gottheit Christi bis zur Ueberwindung des Arianismus so voranzustellen und von der Erörterung des Gottesbegriffs überhaupt loszulösen, und dient es zur Förderung des Verständnisses der besonderen dogmatischen Gestalt, welche jene centrale Lehre angenommen, wenn die dazu concurrirenden Momente der allgemeinen Gotteslehre erst nachgebracht werden? Das Leben und die Praxis der Kirche dreht sich ja ohne Zweifel um jene vom Verfasser in der ersten Parallele vorangestellten Dogmen, und namentlich die Bedeutung der Person Christi ist ja gewiß zunächst das treibende Princip der dogmatischen Gestaltung, der Centralpunkt, um welchen das System der dogmatischen Begriffe sich krystallisirend anlegt. Allein ebenso gewiß ist doch die dogmatische Gestaltung dessen, was die Kirche in ihrem Glauben an Christus bekennt, — und mit diesen dogmatischen Formen hat es doch die

Dogmengeschichte zu thun — durchaus abhängig von den zu Grunde gelegten allgemeinen Begriffen über Gott und Welt, dem theologisch-philosophischen Materïal, das zur Verfügung steht, und das zwar mit der bestimmten Abzweckung auf den christologischen Mittelpunkt hin verarbeitet wird, aber seinerseits die dogmatische Form, in welcher der Glaube an die Gottheit Christi ausgesprochen wird, ganz und gar von sich abhängig macht. Eine Darstellung der Geschichte der Lehre von der Gottheit Christi wird daher doch die vorausgegangene Behandlung der Gotteslehre und der allgemeinen Grundbegriffe von Gott und Welt und ihrem Verhältnis zu einander fordern. Wird sich ja doch auch in ihnen zuerst das Christentum seines unterscheidenden Charakters bewußt gegenüber heidnischem Glauben und heidnischer Philosophie. Die Erhebung des christlichen Glaubens in ein System dogmatischer Begriffe ist nicht lediglich bedingt durch den inneren Gestaltungstrieb des christlichen Bewußtseins, sondern zugleich wesentlich sollicitirt durch das Bedürfnis der Auseinandersetzung mit dem heidnischen Bewußtsein und den vorhandenen wissenschaftlichen Anschauungen. Das erste Auftreten der dogmatischen Arbeit ist daher zugleich Apologetik, und man braucht die ersten Anfänger christlicher Theologie, die alten griechischen Apologeten, nur anzusehen, um wahrzunehmen, wie ja freilich der Glaube an Christus das Herz ihres Christentums ist, wie sie aber des neuen Inhalts ihres Christentums zunächst als in Christo gegebener Offenbarung Gottes des einigen Schöpfers und des in dieser Offenbarung gesetzten lebendigen religiös-sittlichen Verhältnisses zu ihm inne werden. Wir würden es daher doch passender gefunden haben, wenn der Verfasser in seinem zweiten Abschnitt nach Vorausschickung dessen, was er die subjective Seite der Entwickelung nennt, mit directem Anschluß an das hier über die verschiedenen Richtungen der patristischen Theologie Beigebrachte und mit Anknüpfung an die von ihm schon früher behandelten ältesten griechischen Apologeten, sich durch die allgemeine christliche Gotteslehre und Lehre vom offenbaren Gott den Weg zur Lehre von der Gottheit Christi gebahnt hätte. Ebenso wenig will es uns räthlich erscheinen, wenn der Verfasser nun nach demselben Gesichtspunkt gleich die Lehre von der Kirche heraushebt und bis zu ihrem wesentlichen patristischen Abschluß durch Augustin und Optatus von Mileve behandelt. Sollen freilich die allgemeinen Strebepunkte und Gesichtspunkte von der Arbeit an den einzelnen (wenngleich fundamentalen) Dogmen gesondert, und diejenigen Dogmen, welche die allgemeinen Grundlagen des christlich-kirchlichen Bewußtseins und der kirchlichen Glaubenslehre bilden, voraufgestellt werden, so ist der Verfasser im Rechte, wenn er neben die Lehre von der Gottheit Christi die von der Kirche selbst als unumgänglicher Heilsanstalt stellt. Entsprechen diese beiden doch den Grundbegriffen vom Messias und vom Reiche Gottes. Aber es dürfte auch hier gelten, daß, was factisch im Leben und Bewußtsein der Kirche nach allen Seiten bestimmend wirkt und worauf thatsächlich das Denken und Handeln der Kirche ruht, sich nicht gerade in besonderer Weise dazu eignet, theoretisch oder dogmatisch in dieser Weise von vornherein herausgestellt zu werden. Dazu kommt, daß, wenn man einmal den Gesichtspunkt des Verfassers durchführen wollte, zu seiner ersten Parallele doch wol noch ein Drittes Anspruch hätte, hinzugenommen zu werden, nämlich die Lehre von den Bedingungen des durch Christus gegebenen, durch die Kirche vermittelten Heils, oder die Gnadenlehre. Es entspricht, jenen Gesichtspunkt einmal vorausgesetzt, doch schwerlich der nicht nur für einzelne Dogmen, sondern für die gesamte christliche Weltanschauung fundamentalen Bedeutung, welche in dieser Beziehung die in Augustin gipfelnde Entwickelung der abendländischen Dogmatik hat, wenn diese dann nur in der Feststellung derjenigen Dogmen zur Darstellung kommt, welche die einzelnen Momente des christlichen Lehrsystems betreffen. Aber das vom Verfasser richtig gefühlte Bedürfnis, die Kernpunkte christlicher Lehre, an denen das christliche Glaubensbewußtsein sich in seinen Grundbestimmungen erfaßt, auch in der Darstellung hervortreten zu lassen, würde, meine ich, wol besser auf eine andere Art befriedigt werden müssen, als durch die äußerliche Heraus- und Voranstellung dieser Lehren, nämlich durch die breitere, die von allen Seiten her zusammenlaufenden Fäden zusammenfassende Darstellung an denjenigen geschichtlichen Orten, wo diese Lebenscentren des kirchlichen Bewußtseins zum dogmatischen Durchbruch, zur ausdrücklichen dogmatischen Ausgestaltung kommen. Referent ist übrigens der Ueberzeugung, daß, auch wenn er mit seinen formellen Bedenken an der Oekonomie des Buches nicht allein stehen sollte, die sachlichen Vorzüge demselben entschieden eine bleibende Stelle sichern. Im Interesse seiner Einbürgerung namentlich auch als Studentenbuch, wozu wir es, trotz unserer Desiderata, für vorzüglich geeignet halten, wäre nur zu wünschen, daß der Verfasser bald Fortsetzung und Schluß zu geben vermöchte.

D. Möller.

Im gleichen Verlage erschienen:

Brandes, Friedr., Geschichte der kirchlichen Politik des Hauses Brandenburg. I. Geschichte der evangelischen Union in Preußen. Erster Theil . . . . . . 3 —

— Dasselbe. Zweiter Theil . . . . 3 —

Braune, K., Die Reformation und die Reformatoren . 1 10

Cheirisophos des Spartiaten Reise durch Böotien. Bei Isarlik als griechisches Manuscript aufgefunden und in's Deutsche übersetzt von Dr. Schliemann jun. Dritte Auflage. . . . . — 16

Christlieb, Th., Karl Bernh. Hundeshagen Eine Lebensskizze . . . . — 10

Friedrich von Hardenberg (gen. Novalis). Eine Nachlese aus den Quellen des Familienarchivs, herausgegeben von einem Mitglied der Familie. Mit einem Titelbilde . . . . — 28

Hunnius, Frommhold, Das Leben Fénélons . . . . — 22

Zur Logik des Protestantenvereins. Bedeutung und Vorbedeutung des sechsten deutschen Protestantentages im allgemeinen und im besonderen für die Kirchengesetzgebung der Gegenwart . . . . — 8

Motto: „Es bleibt dabei: wenn der alte Glaube absurd war, so ist es der modernisirte, der des Protestantenvereins und der Jenenser Erklärer, doppelt und dreifach. Der alte Kirchenglaube widersprach doch nur der Vernunft, sich selbst widersprach er nicht; der neue widerspricht sich selbst in allen Theilen, wie könnte er da mit der Vernunft stimmen?"
David Friedrich Strauß.
(Der alte u. der neue Glaube, 3. Aufl., S. 296.)

Oehme, Franz, Göttinger Erinnerungen . . . . . — 28

Olivier, Urban, Die Tochter des Försters. Eine Dorfgeschichte aus dem Waadtland. Neue Ausgabe . . — 16

	Thlr	Sgr
Tholuck, Dr. Aug., Werke. 11 Bände	16	10
— — XI. Bd.: Uebersetzung und Auslegung der Psalmen für Geistliche und Laien der christlichen Kirche. 2. Aufl.	2	20
— Uebersetzung und Auslegung der Psalmen für Geistliche und Laien der christlichen Kirche. 2. Aufl., 2. Abdr.	4	—

Unter der Presse befinden sich:

Opitz, Herm., System des Paulus, nach seinen Briefen dargestellt.

Kreyher, J., Gotteswort und Dichterwort.

Zahn, Th., Ignatius von Antiochien.

Goltz, H. v. d., Principien der christlichen Dogmatik.

Hanneken, Hermann v., Die allgemeine Wehrpflicht.

Gildemeister, C. H., Johann Georg Hamann's Leben. VI. Bd.

Strauß, Victor v., Reinwart Löwenkind, nach mündlicher Ueberlieferung in zwölf Gesängen.

Inhalt der Theologischen Studien und Kritiken.

Jahrgang 1873. Zweites Heft.

Inhalt der Zeitschrift für die historische Theologie.

Jahrgang 1873. Zweites Heft.

Inhalt der Deutschen Blätter.

Jahrgang 1873. Februar.

März.

April.

Perthes' Buchdruckerei in Gotha.

PROSPECTUS.

Verlag von Julius Niedner in Wiesbaden.

Zu beziehen durch alle Buchhandlungen.

ncherlei Gaben und Ein Geist.

Eine homiletische Vierteljahrsschrift
ür das evangelische Deutschland.

Herausgegeben von **Emil Ohly,**

evangelischem Pfarrer in Mommenheim bei Mainz.

Unter Mitwirkung von

, Pastor in Leipzig, Dr. F. Arndt in Berlin, Dr. Ball, Consistorialrath in Coblen
ag, Prof. in Halle, K. von Gerok, Ober-Hofprediger in Stuttgart, Dr. Haffenkam
lberfeld, M. Haud, Pfr. in Landsberg bei Halle a. d. S., Helfferich, Decan in We
. Hoffmann, Ober-Hofprediger in Berlin, Ober-Consistorialrath, Hof- und Dompredig
in Berlin, Professor Dr. Lange in Bonn, Dr. Lechler, Decan in Calw, Dr. Me
n Breslau, Müller, Oberconsistorialrath in Stuttgart, Müllensiefen, Prediger
. Nesselmann, Pfarrer in Elbing, Dr. van Oosterzee, Professor in Utrecht,
, Professor in Tübingen, Dr. Romberg, Seminardirector in Wittenberg, Dr. Schapp
ent in Groß Rosenburg, Dr. Steinmeyer, Professor in Berlin, J. Sturm, Pfarrer
ritz, Ziethe, Prediger an der Parochialkirche in Berlin, und einer noch großen
Zahl namhafter Prediger.

Zwölfter Jahrgang.

in 4 Heften gr. 8°, circa 50 Bogen. Preis nur Thl. 2. 20 Sg

homiletische Vierteljahrsschrift tritt ihren zwölften Jahrgang an. Die freundliche A
lche die erschienenen 11 Jahrgänge gefunden haben, und die mit jedem Jahre gestieg
zahl verbürgen es der Redaction, daß die Zeitschrift einem wirklichen Bedürfniß e
wird sie es sich angelegen sein lassen, demselben ausreichend Rechnung zu tragen.
ieler tüchtiger Theologen setzt sie dazu in Stand.
elseitigkeit in der Textauffassung und Behandlung, welche die erschienenen 11 Jahrg
und welche auch der neue Jahrgang darstellen wird, rechtfertigt bei dem entsch
harren auf dem theologischen Standpunkt der positiven Union u
ung aller negativen Tendenzen sowie alles einseitigen Confessior
r den unbefangenen Kritiker den Titel: „Mancherlei Gaben und Ein Geist."
che tüchtige homiletische Arbeit, welche bisher weiteren Kreisen unbekannt blieb, findet v
ffentlichung; Predigten berühmter Kanzelredner werden ohne Aufwand besonderer Kos
unserer Zeitschrift zugänglich. Dieselben erhalten durch die reichlich dargebotenen E
durch gediegene Textauslegung bei den Vorbereitungen zu Predigten und Casualreden e
Hülfe, wenn sich dieser zu sammeln braucht, daß die Benutzung des dargebotenen Stof
rbeit nicht erspart. Daß Mancher auf ganz neue Gesichtspunkte aufmerksam gewor
r die Bearbeitung der Predigtstoffe ein Reichthum von Gedanken erschlossen wurde, wel
b manchem die Gemeinde, bezeugen uns Amtsbrüder, die mit Segen unsere Zeitsch
urch ihre Mitarbeit an derselben treten Solche, die sich nicht kennen, einander ge
issen sich in gemeinsamer Arbeit verbunden. Einer dient dem Andern und förder
Leistungen. Die Mannigfaltigkeit des dargebotenen Stoffes und die Vielseitigkeit
von tüchtigen Männern des geistlichen Standes in den höchsten Aemtern wie in
gemeinde, aus allen evangelischen Landestheilen Deutschlands, aus der Schweiz, aus
anden, Frankreich, England, wie aus Amerika setzt die homiletische Vierteljahrsschrift
die Predigt der Gegenwart zu repräsentiren und zu einem geeigneten For
rtbildungsmittel wird sie insbesondere noch dadurch, daß sie außer den Entwürfen u
llständigen Predigten auch Lebensbilder berühmter Kanzelredner, Skizzen aus der
Predigt und Abhandlungen über wichtige homiletische Fragen zu Anfang eines jed
mitunter als Anhang bringt.
Einrichtung, die sich als zweckmäßig bewährt hat, wird beibehalten. Darnach enthält
Hefte ausführliche, selten nur ganz kurze Dispositionen über die sonn- und festtäglich
und Episteln und freie Texte, nach dem Kirchenjahr geordnet.
s Heft wird so zeitig ausgegeben, daß es für den Abschnitt des Kirchenjahres, dess
s behandelt, benutzt werden kann. Das IV. Heft gibt Entwürfe zu Casual-Predigt
und theilt letztere, wo es zweckmäßig erscheint, ... werden

...he den Geistlichen von allen neu erschienenen theologischen Werken in Kenntniß setzt.
Der als Anhang jedem Hefte beigegebene Blüthenstrauß christlicher Dicht... Freunde erworben und erscheint seit dem neunten Jahrgange unter Redaction von ... erweiterter Form und gestaltet sich zu einem fortlaufenden Album religiöser Poesie, ... wickelung dieser erkennbar wird.

Er ist einzeln in elegantem Umschlag unter dem Titel

Jahrbuch religiöser Poesien

16 Sgr. zu beziehen.

Derselbe bleibt wie bisher eine Gratis-Beilage zu Mancherlei ...
Die 11 ersten Jahrgänge der homilet. Vierteljahrsschrift sind ... von Exemplaren vorräthig. Die Jahrgänge I. II. III. sind bereits in 2. Auflage...

Theologischer Jahresberich[t]

Unter Mitwirkung namhafter Theologen

herausgegeben

von

Wilhelm Hauck,

evangel. Pfarrer in Landsberg bei Halle a. d. Saale.

Siebenter Jahrgang.

Ueber die Schriften des Jahres 1872.

Groß 8. circa 50 Bogen. Preis Thlr. 4. 20 Sgr.

Erscheint in Monatsheften.

Ueber alle auf dem Gebiete der evangelischen Theologie alljährlich erscheinenden ... Jahresbericht möglichst sachlich gehaltene Referate so, daß die Grundgedanken der ... Resultate kurz und erschöpfend dargelegt sind und ein lebendiges Gesammtbild von ... Fortschritt der evangelisch-theologischen Wissenschaft und Literatur geschaffen wird. ... verfolgt wird, jedem Werk nach seinem Inhalte gebührend gerecht zu werden, ... mmtes orientirendes Urtheil über dasselbe zu Tage treten.

Die ersten 6 Bände, die Literatur der Jahre 186... 67, 1868, 1869, 1870 u. 1871 umfassend, sind zu erm... eise zu haben.

Altes und Neues.

Erbauungsblatt für gebildete evangelische Christe[n]

Unter Mitwirkung von

... Dr. Arndt in Berlin; Staatsminister a. D. v. Bethmann-Hollweg auf Rheine... Christlieb in Bonn; Pfarrer Conrady in Wiesbaden; Consistorialrath Dalton in ... rediger E. Frommel in Berlin; Oberhofprediger v. Gerok in Stuttgart; ... enbach in Basel; Oberhofprediger Dr. W. Hoffmann in Berlin; Oberconsistori... Domprediger Dr. Kögel in Berlin; Pastor Dr. Krummacher in Duisburg; ... essor Dr. J. P. Lange in Bonn; Consistorialrath Lohmann in Wiesbaden; ... Mühlhäußer in Wilferdingen; Pastor Müllensiefen in Berlin; Professor Dr. ... cht; Pfarrer F. Oser in Basel; Professor Dr. von Palmer in Tübingen; ... gnadenfeld; Pastor E. Quandt im Haag; Professor Dr. Schöberlein in Götting... Julius Sturm in Köstritz; Pastor Ziethe in Berlin u. A.

Herausgegeben von Pfarrer Heinrich Kessler in Fränkisch-Crumbach.

Fünfter Jahrgang. 187...

Dieses Erbauungsblatt soll dem religiösen Bedürfniß unserer ... nung tragen durch Darbietung erbaulicher Betrachtungen ... tüchtigsten Männer der Kirche unserer Zeit und aus den reichen ... gangenheit in Auszügen aus Werken der Kirchenväter, Reformatoren ... ragender Gottesmänner in zweckmäßiger Auswahl ohne engherzi... e einen confessioneller Schranken, aber mit Ausschluß unkirchlic...

klassischer erbaulicher Stellen geboten.
e Aufsätze werden in versöhnlichem Tone allgemein verständlich in ansprechender, alten sein.

e Ausgabe der Nummern wird stets 12 Tage vor jedem Sonntage erfol e rechtzeitig eintreffen.

ie bedeutenden Kräfte, die an dem Erbauungsblatt arbeit bürgen, daß die vorgesteckte Aufgabe richtig gelöst wird.

reis pro Quartal 15 Sgr. — Alle Buchhandlungen und Postän Bestellungen an.

ie Jahrgänge I bis IV. sind prachtvoll in Goldschnitt n zu haben. Preis à Thlr. 2. — Diese Bände bilden ungsbuch für das Haus.

Deutschland.

eriodische Schrift zur Beleuchtung deutschen Lebens in Staat, Ge aft, Kirche, Kunst und Wissenschaft, Weltstellung und Zukunft.

Im Verein mit Mehreren herausgegeben

von Dr. **W. Hoffmann,**

Ober-Hofprediger Sr. Majestät des Kaisers und Königs zu Berlin.

Jahrgang 1871 und 1872.

Preis pro Jahrgang von vier Heften (50 Bogen) 4 Thaler.

ese Schrift soll ein geistiges Denkmal des durch weltgeschichtliche Thaten geeinten deut in. Als solches wird sie durch Vereinigung hervorragender Männer aller Confessionen mmen und Gauen des deutschen Vaterlandes, aus allen Gebieten deutscher Wissenschaft f der Basis des christlichen Glaubens, der Grundwurzel germanischer Cultur, die Ei en Geistes darzustellen und jedem gebildeten Deutschen die sämmtlichen Factoren deu ung und die sämmtlichen Strebungen deutscher Geistesarbeit zugänglich zu machen su

---

ige aus der Seelsorge für die Seelsorge.

. C. Windel, Pastor an der Kgl. Charité in Berlin. **1. Heft. Preis 15 S**

se Mittheilungen von psychologischen Beobachtungen und persönlichen Erfahrungen auf t Seelsorge erfolgen aus dem eigenartigen Berufsfelde der Thätigkeit des Verfassers kenhause. Diese werden um so mehr für den praktischen Theologen von Nutzen wenige Werke darüber da sind. Den Mittheilungen vom Krankenbette steht eine Ab er die „Bedeutung der Temperamente bei der Seelsorge“ voran. Auch für Laien is ehr interessant.

Evangelischen Perikopen des Kirchenjahr

ssenschaftlich und erbaulich ausgelegt von Professor Dr. **Nebe.** 3 Bä s 8. geheftet. Preis 6 Thlr.

Verfasser bietet eine gründliche Abhandlung über die Geschichte des Perikopen-Sy Idee des Kirchenjahres und den Werth der Perikopen überhaupt. Er giebt zuerst s Textes, bei welcher er sich nicht begnügt, die Ansichten neuerer und neuester Ex n und zu beurtheilen, er geht bis zu den Kirchenvätern hinab, bei welchen freilich historisch-kritischer Bemerkungen zu heben ist, wohl aber ein Schatz tiefer christlicher deen. Luther und Calvin sind ebenfalls treu benutzt. Es ist so in der Behandlung Perikope vereinigt, was theologische Wissenschaft von Anfang an bis auf unsere Ta t, die da Meist zu Tage gefördert hat.

---

ptische Erklärung der drei ersten Evangel

H. Sevin, Licentiat der Theologie in Heidelberg. 24 Bogen. **Preis 2**

ter Zugrundlegung von desselben Verfassers synoptischer Zusammenstellung der drei n werden dieselben hier, nachdem jedesmal die Abweichungen der einzelnen Berich urz, aber genau dargelegt sind, Abschnitt für Abschnitt erklärt, mit Hinweglassung nicht unmittelbar dazu dient, den Sinn der synoptischen Evangelien so darzuste

seits der zur wirklichen wissenschaftlichen Erklärung der synoptischen Evangelien die
und präcis, aber doch wieder in solch reicher Fülle darin vorhanden, daß sowohl de
ls dem praktischen Geistlichen, gleichwie welcher theologischen Richtung sie angehören
Repertorium des Materials, das ihm zum Verständniß der synoptischen Evangeli
henswerth erscheinen mag, geboten ist.

Früher erschien von demselben Verfasser:

Die drei ersten Evangelien, synoptisch zusammen
15 Bogen. 8. broch. Preis 1 Thlr. 15 Sgr.

---

demecum pastorale. Hand- und Taschen-A

für evangelische Geistliche. Aus den besten älteren und neueren Age Gebetbüchern zusammengestellt von **Emil Obly,** evangelischem P Mommenheim bei Mainz. Dritte vermehrte Auflage. Elegant schnitt gebunden. Taschenformat. Preis 1 Thlr. 10 Sgr.

Die Agende gibt den evangelischen Geistlichen die nothwendigen Formulare n kirchlichen Dienst in der handlichsten Form zum Gebrauch in Noth und in solch s Mitnehmen der gewöhnlich in unbequemen großen Formaten erschienenen officielle chsten Grade lästig ist. Die Agende hat ferner einen seelsorgerlichen Theil vornehmli en- und Sterbebett, Eidesbelehrung u. s. w. Sie eignet sich auch für Lehrer an Geistlicher ist, und für jedes Christenhaus.

---

techismus für evangelische Gemeinden, in Wor

heiligen Schrift bearbeitet von **Karl Ernst,** Decan und Professor Seminar zu Herborn. Gebunden. Preis 4 Sgr.

Das Büchlein aus langjähriger Praxis entsprungen, möchte einestheils den prakti eine Handreichung für den Confirmandenunterricht, anderntheils einen Beitrag zur ismusfrage in evangelischen Kirchen bieten, und hofft, auch Gemeindegliedern, de kurzen Inbegriff der biblischen Heilslehre zu thun ist, nicht unwillkommen zu sein angelischen Heilswahrheiten in Worten der Schrift. Sein Gang ist heilsgeschichtlich Berücksichtigung der altkirchlichen Behandlung der fünf Hauptstücke. Der rein biblische chleins ermöglicht seinen Gebrauch in confessionell gesonderten, und empfiehlt ihn in n Gemeinden.

Heilsrath Gottes.

Schriftgemäße Betrachtungen über der des „Katechismus für evangelische Gemeinden in Worten der heiligen von **Karl Ernst,** Decan und Professor am theolog. Seminar zu 88 Seiten. Geheftet. Preis 10 Sgr.

Hat diese Schrift zunächst die Absicht, als Commentar zu dem evangelischen Kated sers zu dienen, dem sie in der Eintheilung und Entfaltung des Lehrstoffs folgt, ir den Gebrauch jedes Katechismus und für Katechismuspredigten kurz gefaßtes un begründetes Material, ist aber zugleich von dem Katechismus unabhängig genug rientirung in der christlichen Heilslehre zu dienen und sie zu weiterem Forschen Büchlein sei namentlich auch zur Anschaffung für Schul- und Volksbibliotheken empf

---

evangelische Bewegung in Spanien.

Reiseeind **Hermann Dalton.** Geheftet. Preis 12 Sgr.

Bei der Aufmerksamkeit, die man jetzt dieser Bewegung schenkt, ist das Schriftchen vo Verfasser sie persönlich in Spanien beobachtete.

Zur gefälligen Beachtung!

Die für die Theol. Studien und Kritiken bestimmten Einsendungen sind an Professor D. Riehm oder Consistorialrath D. Köstlin in Halle a/S. zu richten; dagegen sind die übrigen auf dem Titel genannten, aber bei dem Redactionsgeschäft nicht betheiligten Herren mit Zusendungen, Anfragen u. dgl. nicht zu bemühen. Die Redaction bittet ergebenst alle an sie zu sendenden Briefe und Packete zu frankiren. Innerhalb des Postbezirks des Deutschen Reiches, sowie aus Oesterreich und der Schweiz werden Manuscripte, falls sie nicht allzu umfangreich sind, d. h. das Gewicht von 250 Gramm nicht übersteigen, am besten als Doppelbrief versendet.

* * *

Die Jahrgänge 1834, 1836 und 1837 dieser Zeitschrift, wie auch einzelne Hefte aus denselben, bin ich gern erbötig zu einem angemessenen Preis zurückzukaufen.

Friedrich Andreas Perthes.

Inhalt.

Seite

Abhandlungen.

Gedanken und Bemerkungen.

Recensionen.

Oct. 18

Theologische Studien und Kritiken.

Eine Zeitschrift

für

das gesamte Gebiet der Theologie,

begründet von

D. C. Ullmann und D. F. W. C. Umbreit

und in Verbindung mit

D. J. Müller, D. W. Beyschlag, D. Gust. Baur

herausgegeben

von

D. E. Riehm und D. J. Köstlin.

Jahrgang 1873, viertes Heft.

Gotha,
Friedrich Andreas Perthes.
1873.

Theologische Studien und Kritiken.

Eine Zeitschrift

für

das gesamte Gebiet der Theologie,

begründet von

D. C. Ullmann und D. F. W. C. Umbreit

und in Verbindung mit

D. J. Müller, D. W. Beyschlag, D. Gust. Baur

herausgegeben
von

D. E. Riehm und D. J. Köstlin.

Jahrgang 1873, viertes Heft.

Gotha,
Friedrich Andreas Perthes.
1873.

Abhandlungen.

Ueber die Freiheit des menschlichen Willens.

Ein Beitrag zur Ethik

von

Dr. Wilh. Schmidt,
Pfarrer in Henschleben (Thüringen).

„Frei“ ein vielgebrauchtes und in hohes Alter reichendes Wort. Auch von leblosen Dingen wird es ausgesagt. Man spricht vom Freien, in dem man sich draußen befinde, vom freien Feld, von freier Luft [1]), vom freien Himmel, unter dem man stehe, von Gottes freier Natur, in der man sich erbaue; und die Mechanik kennt freifallende Körper und frei bewegliche Punkte und die Physik freie Wärme und Elektricität und Aesthetik freies Phantasiren und freie Schönheit. Wo die Beschränkung, die Begrenzung, irgend welche äußere Hemmung fehlt, da ist in diesem Sinne Freiheit. Insoweit das Handeln des Menschen auf keine äußeren Hindernisse stößt, ist es in dem Verstande frei. Das ist die ursprünglichste Bedeutung, die das Wort „frei“ sprachlich nachweisbar hat. Frei = dem lateinischen privus (prae-prus-per- = πειρω) = singulus, suus, also der, welcher seiner selbst und keines Andern eigen ist. So heißen freie Völker Frije (Franken) — suevi-sui,

---

[1]) Vgl. in der niederdeutschen Sage Fru (engl. free), die wilde, ungebundene, freie Jägerin, die Sturmgöttin, Herrin des freiesten Elements, der Luft.

(Schwaben). Frei ist dem Stande nach in unserer Sprache der, der bleiben kann, wo, und gehen, wohin er will = dem griechischen ἐλεύθερος, ἐλεύθειν, von der Wurzel ἐλθ-ἐλυθ (ἔρχομαι)[1].

Es sind in allen jenen Fällen immer nur gewisse Schranken, an deren Nichtvorhandensein man denkt, wenn man von Freiheit in diesem Sprachgebrauche redet. Man spricht von Handels-, von Gewerbs- und von Verkehrsfreiheit, wenn gewisse, erschwerende gesetzliche Bestimmungen in einem Lande nicht oder nicht mehr bestehn; von Lehrfreiheit auf den Kathedern, von Redefreiheit in den Kammern, von Preßfreiheit in den Tagesblättern, wenn der Docent um seiner Lehre, der Abgeordnete um seiner Rede, der Publicist um seines Artikels Willen nicht disciplinarisch verfolgt werden darf. Freiheit bezeichnet also in allen diesen Verbindungen die Abwesenheit einer äußeren und einer ganz bestimmten Schranke; sie ist eine äußere und eine relative; eine äußere, nach ihrem Inhalt, eine relative nach ihrem Umfang: eine Freiheit demgemäß, welche nach Inhalt und Umfang beschränkt ist. Nach Inhalt und nach Umfang unbeschränkt ist creatürliche Freiheit nie. Es liegt im Begriff der Creatur, daß es gewisse Grenzen gibt, die ihr gezogen sind und innerhalb derer sie sich mit ihren Fähigkeiten zu bewegen hat. Stillschweigend setzt man das als selbstverständlich voraus, und wenn wir für die Freiheit des menschlichen Willens zu plaidiren im Begriffe stehn, an eine absolute denken wir nicht. Die absolute Freiheit kann nur bei der Voraussetzung des Durchsichselbstgesetztsein, der aseitas, bestehen. Nur Gott als solcher, der seines Seins Grund in keinem Anderen, sondern in sich selber hat, der durch sich selbst Gesetzte, ist vollkommen frei, und wie fast alle Religionen ihren Göttern als Grundeigenschaft die Freiheit zuerkennen[2]), so liegt in den Gottesnamen fast aller Sprachen

[1]) Vgl. Grimm, Wörterbuch s. v. fro; vgl. Osterprogramm des Gymnasiums in Wittenberg: Dr. A. Hartung, „Ueber Freiheit und Nothwendigkeit“, philosophische Studie (Jahrg. 1868, S. 4, Anm. 10; Wittenberg, Rübener).

[2]) Vgl. das mhd., meistens von Gott gebrauchte Fro (davon Fron, in Fronleichnam) = dominus; das altn. göttliche Geschwisterpaar Freyr und Freyja; wie bei den R.: liber u. libera. Vgl. Hartung a. a. O., S. 4, Anm. 10.

die Vorstellung des Durchsichselbstgesetztseins [1]). In der persischen, der gothischen, ägyptischen, griechischen, äolischen, lateinischen Sprache ist dieser Begriff etymologisch erkennbar, und in der hebräischen ist er die Voraussetzung der Bezeichnung [2]). In Wahrheit wird allerdings in den polytheistischen Religionsformen, wo ein Gott

---

1) Gott etymologisch nicht = gut (bonus), da das Wort Gott älter ist als das Wort gut. Gott (pers. khuda = kha-data, scr. sva-data) = per se ipsum datus. Vgl. Graff, Alth. Sprachschatz, Bd. IV, S. 146. Ebenso θεος (goth. Thiut. Zeut-Seit; ägypt. Zeut-Theut; gr. Ζευς-Δις; äol. Δευσ; lat. Deus) von der Wurzel θε-τίθημι — setzen. Vgl. a. a. O., Anm. 11. Andere Ableitungen bekanntlich von θέειν currere, θεᾶσθαι videre — cernit deus omnia vindex —, für die sich noch neuerdings in der Verbindung „θάομαι, θαῦμα, θάμβος“ Hofmann — Der Schriftbeweis (Nördlingen 1852), Bd. I, S. 77 — zu entscheiden geneigt scheint, von δεῖ necesse est, αἴθειν urere, δέος timor, auf die schon Petronius in den Worten angespielt haben soll: „primus in orbe deos fecit timor“ und die noch Herder — Vom Geist der ebräischen Poesie (Stuttgart u. Tübingen, Cotta 1872), I. Theil, 1. Abtheilung, S. 48 — abzuweisen sich veranlaßt sieht. Gegenwärtig wol die beliebteste vom Sanscrit Deva, auch von Schopenhauer (Welt als Wille und Vorstellung, 3. Auflage, II. Theil, S. 714 ff.) vertreten, nach dem das Wort bei den gothisch-germanischen Völkern God, Gott von Odin oder Wodan, Guodan, Godan stammen soll. — Wenn bei sprachlicher Gleichberechtigung innere Gründe entscheiden dürfen, so kann der Vorzug des Etymons von θε-τίθημι nicht zweifelhaft sein. Kein Begriff liegt dem Nachdenken über den Urgrund der Dinge näher; keiner kann früher, keiner unentbehrlicher sein, in keinem muß es sicherer münden, als in dem der causa sui. Das Urdatum muß ein per se ipsum datum sein, sonst hat die Reihe der Entwickelung in ihm noch keinen Anfang und die denkende Betrachtung in ihm noch keinen Ruhepunkt gefunden. Es darf nicht wieder, wie alles Andere, auf ein Früheres und Höheres, ein prius et superius, hinweisen, d. h. es muß die causa sui sein. Daß der Begriff für die Kindheitsstufe der Menschheit zu entwickelt scheint, läßt sich nicht wohl als Gegeninstanz geltend machen, da ja auch sonst der sprachen-bildende Geist dem individuellen menschlichen Verständnis weitaus vorauszudenken pflegt.

2) יהוה. Exod. 3, 13—16: אֶהְיֶה אֲשֶׁר אֶהְיֶה. Vgl. die Fassung Hengstenberg's (Authentie des Pentat., I. Theil, S. 246) „als das absolute Sein“ und die, wenn wir sie recht interpretiren, noch analogere von Hoffmann (Der Schriftbeweis, S. 82) als den „im Werden, in der Geschichte sein selbst Seienden“.

an dem anderen und alle an dem Fatum ihre Schranke finden, weder mit dem Begriff der aseitas noch mit dem der Freiheit Ernst gemacht. Aber das in der Sprache zu Tage tretende Bewußtsein um die Zusammengehörigkeit beider Vorstellungen wird dadurch nicht in Frage gestellt; sondern, da mit der einen auch die andere verliert, eher bestätigt.

Absolute Freiheit also, wie sie nur dem Gott des Monotheismus zukommt und eignet, ist sowol Freiheit des Seins als Freiheit des Handelns. Die Freiheit der Creatur dagegen, die sich als solche, als gesetzte Existenz, als daseiende vorfindet, kann ihren Schwerpunkt nur im Handeln haben, wenn anders überhaupt ihr Actuellität in irgend einem Sinne zugeschrieben werden kann. Demnach entbehrt die niedere Creatur mit dem Handeln auch der Freiheit, und die menschliche Freiheit reducirt sich ausschließlich auf eine Freiheit des Handelns. Damit ist ihre Relativität schon ausgesprochen und ihr Umfang als ein begrenzter angegeben.

Aber auch innerhalb dieser gezogenen Grenzen, auch hinsichtlich des Handelns allein, ist der Mensch nur relativ frei. Auch auf diesem Gebiete kann er bei weitem nicht alles, was er will. Durch die Natur überhaupt, seine körperliche Organisation insbesondere und damit im Zusammenhange durch Raum und Zeit sind ihm Schranken gesetzt, und er kann sich eine noch größere Freiheit des Handelns denken, als die, welche ihm zu Gebote steht. Allerdings gelingt es seinem Erfindungsgeiste immer besser, durch künstliche Hülfsmittel die Tragweite seiner Sinne, die Wirksamkeit seiner Hand in's Unbegrenzte zu steigern, sich einen immer großartigeren Wirkungskreis zu erobern, die Stoffe und Kräfte der Natur seinen Zwecken dienstbar zu machen, die Hemmungen, welche räumliche und zeitliche Entfernungen seinen Kraftäußerungen entgegensetzen, zu besiegen und so die natürlichen Schranken seiner Freiheit zu handeln immer weiter hinauszurücken [1]; aber noch ist er fern vom Ziel und die bei weitem meisten dieser Schranken sind noch unüberwunden.

---

[1] Vgl. Drobisch, Die moralische Statistik und die menschliche Willensfreiheit (Leipzig, Voß 1867), S. 59.

Allein um diese Schranken handelt es sich vorerst nicht. Eine Freiheit von ihnen hat noch niemand behauptet. Daß ich nicht nach dem Monde, wie die Communicationsmittel zur Zeit beschaffen sind, reisen kann, bürgt mir dafür, daß ich's nicht wollen, d. h. mich nicht dazu entschließen werde, wenn anders ich gesunden Sinnes bleibe, und dieses Letztere wird die Bedingung jedes Freiheitsactes sein, da Freiheit, deren bisher gegebene Bestimmungen ausschließlich negativer Natur waren, nach ihrer positiven Seite hin gar nichts Anderes ist als durch das Selbstbewußtsein oder den Verstand bestimmter Wille oder bestimmte Selbstthätigkeit, als schlechthin selbstbewußter Wille oder schlechthin selbstbewußte Selbstthätigkeit [1]). Der vernünftige Mensch kann unter allen Umständen nur so etwas thun wollen, dessen Thunlichkeit er voraussetzt [2]), nur solche Entschlüsse fassen, deren Ausführbarkeit ihm möglich ist und insofern der Ausführung seines Entschlusses kein materielles Hindernis im Wege steht, kommt ihm „physische Freiheit“ zu.

Wenn aber von Freiheit des Willens die Rede ist, so ist gemeiniglich das Hindernis, dessen hemmende Anwesenheit durch den Ausdruck „Freiheit“ verneint wird, gar kein äußeres, sondern allein ein inneres.

Auch denkt man nicht daran, ob der Intellect, das Medium, durch welches hindurch, wie uns der positive Begriff der Freiheit ergab, die vorgehaltenen Objecte, Motive auf den Willen wirken, in normalem Zustande d. h. der Mensch bei vollem Bewußtsein ist, so daß dem Willen die Motive unverfälscht überliefert worden und von dieser Seite der freien Entscheidung des Menschen nichts im Wege stehe und ihm die sog. „intellectuelle Freiheit“, *τὸ ἑκούσιον καὶ ἀκούσιον κατὰ διάνοιαν* [3]), eigne; sondern die Frage gilt der inneren, der moralischen Freiheit. Sie ist die angefochtene von jeher und neuerdings durch die Moralstatistik. Das Heiraten, das Verbrechen, der Selbstmord, — Gebiete, auf

---

1) Vgl. Richard Rothe, Theologische Ethik, Bd. I, § 158.

2) Vgl. Liebmann, Ueber den individuellen Beweis für die Freiheit des Willens (Stuttgart 1866), S. 36.

3) Aristoteles.

die die letztere mit ihrer messenden Beobachtung sich bezieht, sind sittliche Acte; und nicht darum handelt es sich, ob und inwieweit der Mensch an dem Einen oder dem Anderen physisch oder auch intellectuell gehindert ist, also ob seine eigene oder die Natur um ihn ihm diesen oder jenen Act unmöglich machen, wie etwa die wasserlose Wüste dem in ihr lebensüberdrüßig Reisenden das Ertränken oder der Mangel an Armen dem Krüppel, ein Contingent zur Raubmordziffer zu stellen oder der schwache Verstand dem Idioten, einen schlauen Betrug auszuführen; sondern ob in den Fällen, wo eine äußere Hemmung nicht vorliegt und auch der Intellect seine Schuldigkeit thut, der Mensch die innere Freiheit besitzt, sich für die Verheiratung, für das Verbrechen, für den Selbstmord oder gegen sie zu entscheiden; ob nicht innere, im wollenden Subject liegende Bedingungen den Willensact so beeinflussen, hemmen oder lenken, daß er deshalb unfrei genannt werden müßte. In allen Fällen also ist es die moralische Freiheit, von der die Rede ist.

Ist diese Freiheit Willkür? Ist sie die Wahl des Willens zwischen verschiedenen oder gar entgegengesetzten Arten, zu wollen? oder auch zwischen Wollen und Nichtwollen?

Den Fall von Buridan's Esel, der mitten zwischen zwei Wiesen stehen und zu einer ebenso geneigt sein soll als zu der anderen, hat schon Leibnitz[1]) für eine Erdichtung erklärt, die in der Naturordnung nicht statthaben könne, während Bayle anderer Meinung ist; und wenn der Fall möglich wäre, so ist gewiß, der arme Esel würde vor Hunger sterben, sagt Leibnitz; aber die Sache ist im Grunde unmöglich, es müßte denn Gott es ausdrücklich so schaffen, denn das Weltgebäude kann nicht durch eine gerade längs durch den Esel gehende Fläche senkrecht in zwei Theile getheilt werden, daß auf beiden Seiten alles vollkommen gleich wäre. Denn weder die Theile des Weltgebäudes noch die des Thieres sind auf beiden Seiten der gedachten senkrechten Fläche einander ganz ähnlich und von gleicher Stellung. So Leibnitz.

---

[1]) Vgl. Leibnitz, Theodicee v. Gottsched (Hannover u. Leipzig, Förster u. Sohn's Erben, 1744), S. 200, § 49.

Aber ob sich die beregte Theilung des Weltgebäudes und des Esels nicht doch so denken ließe, ist gewiß nicht so ausgemacht, wie es hier ausgesprochen wird; und wenn es gegen den status aequilibrii, die indifference d'arbitre, den Fall vom vollkommenen Gleichgewicht keine anderen Instanzen gibt, als die reale Unmöglichkeit gedachter Theilung, so tragen wir Bedenken, ihn daraufhin schon von der Discussion auszuschließen. Und allen Ernstes: so gewiß der Esel nicht verhungert, auch wenn die beiden Wiesen, zwischen denen er steht — wenn einmal auf die wörtliche Fassung des Falles eingegangen werden soll —, sich gegenseitig vollkommen das Gleichgewicht halten und er zu beiden gleiche Neigung hat; so gewiß kann dieser status aequilibrii realiter vorkommen. Oder ist es nicht möglich, daß ich zwei Aepfel vor mir habe, die sich vollkommen gleichen, und von denen mich der eine nicht weniger als der andere reizt?! und sollte die Natur nicht sogleich arbeiten, die Kunst thut es. Zwei unbeschnittene Zwanzigmark-Stücke, die eben aus der Münze kommen, sind durchaus gleich. Liegen sie vor mir in gleicher Entfernung und habe ich die Wahl, eines von beiden zu nehmen, so ist der Fall des vollkommenen Gleichgewichts da. Gottsched sagt in seiner Anmerkung zu der angezogenen Stelle [1]): in diesem Falle, wo auch kein kleiner Unterschied die Wahl bedinge, gebe der Körper und nicht die Seele den Ausschlag. Die Wahl hänge von der Hand ab, die den ersten besten ergreife und damit irgend einer mechanischen Bestimmung folge. Aber bevor der Hand die Entscheidung überlassen wird, muß da nicht die Erwägung vorangegangen sein, daß beide Reichsmünzen gleich sind und es also gleichgültig ist, welche von beiden gewählt wird? Jede Wahl wägt die Vorzüge und Mängel der Wahlobjecte gegeneinander ab; diese Abwägung kann ebenso gut das vollkommene Gleichgewicht beider Wahlobjecte ergeben als zu Gunsten eines von beiden ausfallen; auch im ersteren Falle ist es also die Seele und nicht der Körper, der den Ausschlag gibt.

Auf dem sittlichen Gebiete aber gibt es allerdings den status aequilibrii, die indifférence d'arbitre nicht. Auch die sog.

1) Vgl. Leibnitz a. a. O., S. 200 u. 201.

sittlichen adiaphora repräsentiren ihn nicht. Handlungen, die man gewöhnlich darunter begreift, mögen an sich des sittlichen Werthes entrathen, aber in dem einzelnen concreten Fall entbehren sie desselben nicht. Ohne die Kenntnis der näheren persönlichen Umstände kann man nicht unterscheiden, wie sie sittlich zu würdigen sind; in diesem Sinne gibt es adiaphora, aber im wirklichen Leben kommen sie nicht vor. Der Fall ist undenkbar, daß ich mich für und gegen eine Handlung mit genau demselben sittlichen Rechte entscheiden kann. Aber auch das ist nicht möglich, daß ein der ethischen Erfüllung noch entbehrender Wille zwischen den physischen Druck der Sinne und den moralischen des Geistes hineingestellt sich gleichsam an einem Scheideweg, von denen der eine genau soviel Reiz für den Willen habe wie der andere, in einer Schwebezuständlichkeit befinde; denn einen solchen allen ethischen oder doch moralischen Gehaltes baren Willen gibt es nicht.

Aber die Willkür fragt allerdings bei ihren Entscheidungen so wenig, wie nach den Gründen für und wider, als ob das Recht dazu vorhanden oder nicht. Die Willkür thut nicht, was sie für das Rechte hält, auch nicht, was sie soll, sondern ausschließlich was sie will, was ihr beliebt; ja sie ist im Stande, das Gegentheil von dem zu thun, was ihr zweckmäßig und vernünftig scheint, das Gegentheil von dem, was sie als objectiv werthvoll erkennt und ihr subjectiv angenehm ist, nur um zu zeigen, daß ihr Wille an nichts gebunden sei. Es spottet eine solche Handlungsweise aller Berechnung und Vorherbestimmung, ja sie kann eben in der Tendenz, aller Wahrscheinlichkeit, allen muthmaßlichen Erwartungen sich zu entziehen, ihre Triebfeder haben, und der Gedanke eines naturnothwendigen Handelns kann nicht mehr persiflirt werden, als durch einen Despoten, der sein Vergnügen darin hat, anders zu wollen, als andere Menschen in seiner Lage wollen würden, in allem seinem Thun zu zeigen, daß er die Macht und Freiheit hat, zu wollen. Es ist wahr, er mag thun, was er will, so wird man sagen können, er sei von einer zulänglichen Bewegungsursache dazu veranlaßt worden, nämlich selbst von der Neigung, seine Freiheit zu bezeugen, und es würde das etwa im Sinne Schopenhauers sein, der es für einen Beweis des Determinismus erklären dürfte. Allein in Wahrheit ist „eben dieses der vollkommenste Beweis der Freiheit, wenn die bloße Neigung, solche Freiheit zu behaupten, die zulängliche und überwiegende Ursache einer That ist. Wenn eine Magnetnadel oder ein durch die Luft fliegender Stein oder andere gewaltsamerweise bewegte Körper, Empfindung und Verstand bekämen, und ihre Bewegung, aus Unwissenheit der wahren Ursache, für freiwillig hielten, so würden sie gar leichtlich können überzeugt werden, wenn man zum Beweise ihrer Freiheit und Independenz, eine andere Bewegung von ihnen erforderte. Ich glaube aber, sie würden ihre Bewegung ebenso wenig für freiwillig halten, so wenig ein Mensch, der von einer Höhe herunterfällt, und die unempfindliche Materie, die die Schwere und den Fall der schweren Körper verursachet, oder auch die anziehende Kraft der Erde nicht merket, seinen Flug deswegen für freiwillig zu halten pflegt“ [1]).

Freilich mache ich, wenn ich jetzt aufstehe oder sitzen bleibe, die Hand aufhebe oder liegen lasse, dieser Frage noch weiter nachdenke oder mich zu Bette lege, nur um meinem Freunde aus Schopenhauers Schule durch die That zu beweisen, daß ich's kann, daß ich frei bin, es zu thun oder zu lassen, ohne mich gerade der Hoffnung hinzugeben, ihn dadurch zu bekehren, meinen Willen damit immer wieder doch von eben dieser Absicht abhängig. Mit anderen Worten: der Wille bestimmt sich nicht rein aus sich selbst, nicht unabhängig und losgelöst von allen außer ihm liegenden Bedingungen. In diesem Sinne gibt es so wenig einen absolut freien Willen, als in dem anderen, wie wir sahen, wo er allen creatürlichen Schranken überhoben gedacht wurde.

Denn, gesetzt den Fall, der Wille hätte nur in sich selbst seinen Bestimmungsgrund, also daß seine Freiheit, wie Kant sich ausdrückt, mit dem Vermögen zusammenfiele, sich selbst zu bestimmen und mit absoluter Spontaneität eine Reihe von Erscheinungen (Veränderungen) anzufangen; so hat schon Locke darauf hingewiesen, daß er dann wollen können müßte, und Herbart dargethan, daß jedes Wollen ein früheres Wollen voraussetzt und der Begriff der

---

[1]) Leibnitz, § 50; Anm. von Richter, S. 202 u. 203 a. a. O.

Selbstbestimmung auf eine unendliche Reihe von Willensacten ohne einen ersten Anfang führt [1]). Hat nämlich jede Veränderung im Zustande des Willens, jeder Willensact seine Ursache immer wieder nur im Willen selbst; so muß ein jedes Wollen von einem früheren oder tiefer liegenden und dieses wieder von einem solchen und so fort bis in's Unendliche abhängig gedacht werden und auf die Frage: „Kannst du wollen?" folgte die andre: „Kannst du auch wollen, was du willst?" und auf diese die neue: „Kannst du auch wollen, was du wollen willst?" und so ohne Ende, ohne Anfang. Das also geht mit Evidenz daraus hervor: der Gedanke einer schlechthinigen Selbstbestimmung des Willens aus sich selbst ist unhaltbar. Eine absolute Freiheit des Willens in dem Sinn absoluter Unabhängigkeit von allem außer ihm Liegenden giebt es nicht. Sie würde die aseitas des also befähigten Willenssubjectes voraussetzen und demgemäß die creatürliche Beschränktheit ignoriren. In dieser letzteren also liegt der letzte Grund auch dieser relativen Abhängigkeit.

Wie die Mechanik für jede Abweichung des Bewegten von seiner ursprünglichen Richtung, für jede Ab- und Zunahme seiner Geschwindigkeit Ursachen fordert; so hat jeder Wechsel in der Richtung und Stärke unsres inneren Strebens Ursachen. Jede meiner Handlungen, meiner Willensacte hat, wie jedes Ereignis in der Welt überhaupt, eine Ursache, durch welche sie bedingt ist und ohne die sie nicht stattfinden würde, und zwar eine Ursache in mir, in meinem seiner selbst sich bewußten Ich. Denn auch das äußere Object wirkt doch erst, insofern es von mir appercipirt [2]) worden ist, so daß also viel mehr dieses Innere, nicht aber jenes Aeußere die unmittelbare Ursache meiner Handlung wird.

---

[1]) Vgl. auch Leibnitz a. a. O., § 51, S. 203.

[2]) Appercipiren im Unterschied von percipiren nach Leibnitz. Perception ist das Bewußtsein des Vorgestellten, Apperception das Bewußtsein des Vorstellens. Jene ist auch den Thieren, diese nur dem Menschen eigen. Vgl. Leibnitz, Principes de la Nat. et de la Grace: „La Perception est l'état intérieur de la Monade représentant les choses externes et l'Apperception est la conscience ou la connaissance reflexive de cet intérieur, laquelle n'est point donnée à toutes les âmes, ni toujours à la même âme."

Eine solche in mir liegende Ursache, welche meine Handlung bewirkt oder noch richtiger, durch welche ich mich zur Handlung veranlaßt sehe, heißt Motiv. Jede Handlung, d. h. jede bewußte willkürliche Bewegung, hat ein Motiv; jede Handlung, ob ihr nun eine förmliche Ueberlegung vorausgeht, d. h. ob außer der Veranlassung zu ihr auch die klare Vorstellung verschiedener möglicher Handlungsweisen mir gegenwärtig ist, nach deren Vorführung ich mich erst darüber entscheide, welche ich im vorliegenden Falle einschlagen, was ich thun will; oder ob sie bei vollkommener geistiger Klarheit durch einen äußeren oder inneren Eindruck unmittelbar, ohne dazwischenliegende Ueberlegung veranlaßt ist und ausgeführt wird. Im ersten Fall spricht man von That, im letzteren von Handlung im engeren Sinn. Indessen fehlt in Wahrheit die Ueberlegung nie bei einer Handlung, und es ist nur die sprüchwörtliche Gedankenschnelle, durch die sie täuscht. Wo sie in einem einzigen Moment geschehen ist und die Ausführung augenblicklich vor sich geht; da scheint die Handlung dem Beobachter und auch dem nicht [1]) controllirenden Bewußtsein dem äußeren oder inneren Eindruck unmittelbar zu folgen; und äußerlich und zeitlich angesehn, mag es auch sein, aber im Inneren liegt der Proceß der Ueberlegung doch dazwischen.

Jede Handlung hat also ein Motiv. Das Motiv disponirt mich zum Handeln. Aber bevor ich handle, mache ich mir eine Vorstellung des eventuellen Erfolges meines Handelns und wähle nun, überlegend, unter den mir möglichen Handlungsweisen diejenige, welche diesen vorgestellten Erfolg zu erreichen am geeignetsten erscheint; und dieser vorgestellte Erfolg wird so der Zweck meiner Handlung. Die Vorstellung des Erfolges, sofern sie Ursache der Handlung wird, heißt Zweck. Die Ursachen, deren ich mich als der natürlichen Bedingungen zur Erreichung des Zweckes bediene und die also zwischen ihr und der Vorstellung in der Mitte liegen, heißen Mittel. Dasjenige aber, wodurch der ganze Vorgang in

---

[1]) Weil selbst beschäftigt, weil, wenn die Triebfedern in Action, der Mensch sich nicht beobachtet; vgl. Kant, Anthropologie in pragm. Hinsicht, Vorrede, S. 3.

Bewegung, in Scene gesetzt und der Ueberlegung ein Ende gemacht wird, ist ein nur in der inneren Erfahrung wahrnehmbarer Act der Seele, ein geistiges Ereignis, der Entschluß. Der Entschluß ist also das geistige Decret, dessen Ausführung die äußere That ist; und der Decernent? liegt er außer uns? Aber wir fühlen uns bei unsren Handlungen auf's innigste betheiligt, durchaus activ, auf das lebhafteste als die, ohne welche dieselben nicht geschehen würden; so muß er, wenn unser Gefühl uns nicht täuscht, in uns liegen: und eben dieser unsichtbare Decernent in uns ist unser Wille. Der Entschluß ist der Act unsres Willens, der Wille ist die Function des Ichs, wodurch es sich zum Handeln bestimmt. Wird er nur angeregt, so sprechen wir von einem Wunsch. Fehlt's ihm an Energie, so haben wir Velleität. In letzterem Falle will der Mensch, aber er scheut die Mühe, die die Ausführung erfordert. Bezeichnend ist es, daß der Deutsche für diese feige und schwächliche Form des Willens keinen Ausdruck hat. Er muß ihn sich vom Römer leihen: velleitas, und auch dieser hatte ihn zur Zeit der Kraft und Blüte nicht.

Der Entschluß, dessen Ausführung erst der Zukunft angehören soll, ist Vorsatz; und der individuelle Grund der Willensart eines Menschen, der Grund, daß dieser durch dasselbe Motiv ganz anders angeregt wird, in dem nämlichen Fall ganz anders will, als jener, ist der Charakter. Je wie der Charakter, wird vorherrschend die Willensart sein. Ist er gut, so wird auch sie sich so erweisen; im umgekehrten Falle umgekehrt. Ob sie es ist oder nicht, ob die Handlungen gut oder böse sind, das Urtheil darüber ist objectiv das Wort Gottes, subjectiv ein unmittelbares, wir tragen es in uns, wir besitzen ein sittliches Bewußtsein, d. h. das Bewußtsein des Guten und Bösen. Sofern dasselbe nun nicht bloß urtheilt, sondern ermuntert und straft, uns Gesetze vorschreibt und ihre Befolgung überwacht und unser Handeln in gewissenhaftes und gewissenloses scheidet, ist es das Gewissen. Das Gewissen ist wesentlich eine religiöse Bestimmtheit. Nicht das honestum oder inhonestum, sondern das fas und nefas ist sein Object. Ohne Gottesbewußtsein würde subjectiv auch kein Gewissen sein. Es hat seine Bedeutung nur für das Praktische im Unterschied von dem

Theoretischen, es geht immer auf unser Wollen und Thun, nicht auf das Vorstellen und Begreifen, liegt also wesentlich auf der Seite der Selbstthätigkeit und nicht des Selbstbewußtseins. Es hat wesentlich einen individuellen Charakter, ist subjectiver, nicht objectiver Natur. Das Gewissen des Andern bindet mich schlechterdings nicht. Es ist die Gottesthätigkeit im Menschen in ihrer passiven Form, der Trieb als religiöser; und eben weil es Trieb gewordene und mithin sinnlich empfindbare Thätigkeit Gottes im Menschen ist, ist es mit der sinnlich-somatischen Empfindungsaffection verbunden, deren Begleitung schon nach den ältesten sprachlichen Zeugnissen bei ihm charakteristisch ist [1]).

Was es uns vorschreibt, ist unsre Pflicht. Handeln wir dagegen, so hören wir nicht nur sein richterliches Verwerfungsurtheil, seine Schuldigerklärung, sondern fühlen auch seine Execution in der peinlichen Unruhe und dem quälenden Schmerz über das Geschehene, in der Reue.

Als solche, die die That veranlaßt und sich bewußt sind, ob ihre Handlungsweise gut oder böse ist, fühlen wir uns und sind verantwortlich für unsre Handlungen. Ein Cretin ist es nicht, ein unmündiges Kind ebenso wenig. Wie sie im strengen Sinn nicht handeln, sondern nur sich bewegen, weil ihnen das Bewußtsein ihrer Bewegungen als der ihrigen fehlt, so können sie auch nicht dafür verantwortlich gemacht werden, d. h. sie sind unzurechnungsfähig. Verantwortlich ist nur der Zurechnungsfähige, zurechnungsfähig nur der selbstbewußte Mensch [2]).

Das sind die Data der inneren Erfahrung, Thatsachen, welche sie verbürgt. Sind sie gewiß und allem Zweifel überhoben, so ist es auch die Freiheit des menschlichen Willens. Ist diese dagegen unbegründet, so müssen auch jene illusorisch sein: eine Probe, die

[1]) Vgl. 1 Sam. 24, 6; 2 Sam. 24, 10; 2 Kön. 5, 26; vgl. Rothe a. a. O., II. Abschnitt, § 147. Als Thätigkeit Gottes im Menschen ist das Gewissen absolut unfehlbar, untrüglich und unbetrüglich. Es irrt und täuscht nie; wol aber können wir uns verblenden oder verblenden lassen über seinen Ausspruch, das Unfreiwillige seines Hervortretens in dem einzelnen Falle.

[2]) Vgl. zu den Definitionen: Dr. Otto Liebmann a. a. O., S. 10 ff.

also ein Jeder an sich selbst anstellen zu können scheint. Aber ist er auch sicher, daß er sich nicht täuscht, sich nur einbildet und einredet, zu haben, was er doch nicht hat, oder es sich von Anderen einreden läßt? Freilich dabei wäre es doch einigermaßen befremdlich, daß diese Thatsachen nicht von mir allein, auch nicht von einigen andren Menschen, sondern von allen denkenden und den Proceß ihres Handelns controllirenden mehr oder weniger, mutatis mutandis, bestätigt werden. Denn die literarischen Vorkämpfer der Unfreiheit mit ihrem Gefolge bilden nicht nur die verschwindende Minderheit, sondern sie leugnen diese Data nicht, nur daß sie so interpretiren, daß ihnen aller sittliche Werth abgeht und dieser ihnen beigelegte in's Reich der Illusion verwiesen wird. Und wenn man für das Dasein Gottes einen Beweis aus der Uebereinstimmung der Völker — e consensu gentium — hergeleitet hat; so könnte man mit kaum geringerem Rechte die Thatsache der menschlichen Willensfreiheit also erweisen. Aber allerdings, wenn schon Kant die drei aus speculativer Vernunft nur möglichen [1]) Beweisarten vom Dasein Gottes, die physikotheologische, die kosmologische und ontologische, als ungenügend nachgewiesen [2]) und in allen transcendentalen Beweisen vom Dasein eines nothwendigen Wesens den dialektischen Schein aufgedeckt und erklärt hat [3]); der Beweis e consensu gentium ist um nichts stichhaltiger. Man trägt Bedenken, Fragen in vorübergehenden Verhältnissen durch die numerische Majorität als ausgemacht anzusehen, und so oft man sich genöthigt sieht, aus Mangel eines anderen Mittels schwebende Fragen so zu entscheiden: so häufig ist man sich's bewußt, daß dieser Modus nur ein Nothbehelf ist und eine maßgebende Instanz für die Wahrheit in dem betreffenden Fall nicht sein kann. Und auch in unserer Frage, das wird ja von keiner Seite angezweifelt und in Anspruch genommen, daß der Mensch frei zu sein glaubt, sondern das ist es eben, was man behauptet und zu erweisen sucht, daß dieser, wenn

---

[1]) Kant, Kritik der reinen Vernunft, Ausg. v. v. Kirchmann (Berlin 1868, Heimann), S. 475.

[2]) a. a. O., S. 476—502.

[3]) a. a. O., S. 491 ff.

immer noch so allgemeine, Glaube irrtümlich, illusorisch ist; daß die Freiheit nur in der Einbildung beruht und factisch unsre Bewegungen und Handlungen naturnothwendig vor sich gehen und dafür vielmehr zwingende Gründe sprechen.

Kants Freiheitstheorie.

Aber wenn immer auch mit Kant zugestanden, daß die Freiheit des Willens, die Fähigkeit sich selbst zu bestimmen, nicht eine sichere Thatsache des Bewußtseins ist, daß sie weder die unmittelbare Gewißheit eines Axioms noch die mittelbare eines erweislichen Lehrsatzes für sich in Anspruch nehmen könne; ist sie nicht die nothwendige Voraussetzung einer Thatsache des Bewußtseins? des Moralgesetzes, das in der Form eines allgemeinen und allgemein gültigen Gebots, des „kategorischen Imperativs“ mit seinem: „Handle so, daß die Maxime deines Willens jederzeit zugleich als Princip einer allgemeinen Gesetzgebung gelten könne“ [1]), uns vorschreibt, was wir thun sollen, d. h. wie der unsren absichtlichen Handlungen zu Grunde liegende Wille beschaffen sein muß, um für gut gelten zu können? eine moralisch-nothwendige Annahme, ein Postulat der praktischen Vernunft, ein Begriff, an dessen Realität zu glauben ein moralisch-praktisches Interesse fordert? Moralisch nämlich handeln wir nur dann, wenn das Motiv unsres Wollens einzig und allein Achtung vor diesem Gesetz ist, welches vermöge seiner Allgemeingültigkeit darauf Anspruch hat. Es gibt uns nicht eine praktische Regel unter einer problematischen Bedingung des Willens, unter gewissen sonstigen Voraussetzungen, sondern es fordert, daß wir schlechthin auf die angegebene Weise verfahren; und bestimmt so den Willen schlechterdings und unmittelbar objectiv. Die Vernunft ist hier unmittelbar gesetzgebend. „Der Wille wird als unabhängig von empirischen Bedingungen, mithin als reiner Wille, durch die bloße Form des Gesetzes als bestimmt gedacht und dieser Bestimmungsgrund als die oberste Bedingung aller Maximen an-

---

[1]) Kant, Kritik der praktischen Vernunft, I. Theil, 1. Hauptstück § 7, Ausg. v. v. Kirchmann, S. 35.

gesehn. Die Sache ist befremdlich genug und hat ihres Gleichen in der ganzen übrigen praktischen Erkenntnis nicht" und doch unleugbar. Ohne von der Erfahrung oder irgend einem äußeren Willen etwas zu entlehnen, ist das Gesetz in seiner unbedingten Fassung da, so zu sagen, ein Factum der Vernunft. Aus vorhergehenden Datis der Vernunft kann man es nicht herausvernünfteln, sondern es drängt sich uns für sich selbst als synthetischer Satz a priori auf, der auf keiner, weder reinen noch empirischen Anschauung gegründet ist. Ein Factum der Vernunft, aber nicht ein empirisches, sondern das einzige Factum der reinen Vernunft, die sich dadurch als ursprünglich gesetzgebend (sic volo, sic jubeo) ankündigt [1]).

Und dieses unmittelbar und ursprünglich gegebenen Moralgesetzes, dieser unleugbaren Thatsache des Bewußtseins nothwendige Bedingung ist die Freiheit des Willens. Zwar werden wir uns ihrer erst unter der Bedingung des moralischen Gesetzes bewußt. Aber gleichwol könnte dieses nicht ohne jene sein. Es könnte sich nicht mit seinem unbedingten „du sollst" an den Willen wenden, es könnte dieser nicht kategorisch schlechthin durch dasselbe bestimmt gedacht werden, wenn er kein freier wäre. Also das moralische Gesetz ist zwar die ratio cognoscendi der Freiheit, der Grund unseres Bewußtseins um sie, aber die Freiheit ist die ratio essendi des moralisches Gesetzes, der Grund seines Seins. Wäre keine Freiheit, so würde das moralische Gesetz in uns gar nicht anzutreffen sein; es würde überhaupt kein Sollen, sondern nur ein Müssen geben, kein Sittengesetz, sondern nur ein Naturgesetz. Die Freiheit des Willens aber, welche das moralische Gesetz fordert, ist näher nichts Anderes, als die Fähigkeit desselben, sich durch das letztere bestimmen zu lassen; seinem „du sollst" zu folgen und seiner Stimme unter allen Umständen Gehör zu geben. Da nun das Moralgesetz, wie wir sahen, uns nicht von außen her auferlegt sein darf, sondern von unsrem eignen Willen ausgehen muß, so ergibt sich als die postulirte Freiheit im Sinne Kants die Fähigkeit des Willens, sich selbst, unabhängig von jeder äußeren

1) Kant a. a. O., § 7, Anm., S. 35 u. 36.

Nöthigung, von aller Naturnothwendigkeit ein Gesetz zu geben und nach diesem sich selbst zu bestimmen. Da ferner das Moralgesetz, weit entfernt, ein Conglomerat von Geboten oder eine Summe von feststehenden ein- für allemal von irgendwem gegebenen Bestimmungen zu sein, welche nun in Bezug auf ihre Materie pünktliche Beobachtung forderten, nur durch die bloße Form des Gesetzes den Willen bestimmt, durch die bloße allgemein gesetzgebende Form, deren eine Maxime fähig sein muß, so daß das die Probe einer zu befolgenden Maxime ist, ob sie als Princip einer allgemeinen Gesetzgebung gelten könne; so ist die Willensfreiheit nach Kant negativ „Unabhängigkeit von aller Materie des Gesetzes (nämlich einem begehrten Objecte")[1] von empirischen Bedingungen, positiv die eigene Gesetzgebung des reinen Willens. Der reine Wille ist aber zum Gesetzgeber nicht geeignet. „Der Wille an und für sich gedacht, verhält sich gleichgültig gegen den Gehalt des Gewollten. Das Gute und das Schlechte, das Kluge und das Thörichte kann mit gleicher Stärke gewollt werden; das Wesen des Willens an und für sich besteht einzig und allein in der Energie seines Strebens, die durch die Richtung, nach welcher sie sich bethätigt, weder vermehrt noch vermindert wird"[2]. Also kann die eigene Gesetzgebung desselben nur so vor sich gehen, daß er der bereits gefundenen, anderswoher gegebenen Maxime die Form eines Gebotes giebt: die Maxime selbst, den Inhalt des zu Befolgenden kann nur die sittliche Einsicht erkennen, finden und gewähren. Und das ist auch das Postulat des Moralgesetzes: nicht daß der Wille sich selbst bestimme und in diesem Sinne absolut frei sei, sondern daß er sich durch die sittliche Einsicht und nur durch sie bestimmen lassen könne. Freiheit in diesem Sinne ist moralisch-nothwendig. Sittliche Freiheit ist moralische Bedingung, conditio sine qua non des sittlichen Wollens. Dasselbe setzt sie logisch voraus; aber ihre Wirklichkeit ist damit noch nicht erwiesen. Die logische Nothwendigkeit schließt durchaus noch nicht die Nothwendigkeit des Daseins, die Wirklichkeit ein. Kant selbst hat auf diesen Irrtum bei Gelegenheit der

---

[1] Kant a. a. O., § 8, Lehrsatz IV, S. 38.

[2] Drobisch a. a. O., S. 68 u. 69.

Kritik der Beweise für das Dasein Gottes aufmerksam gemacht [1]). Die objective Realität eines reinen Vernunftbegriffs einer bloßen Idee ist dadurch noch lange nicht bewiesen, daß die Vernunft ihrer bedarf, sagt er im Eingange des Abschnitts, der von der Unmöglichkeit eines ontologischen Beweises vom Dasein Gottes handelt. Es geht einem Begriffe nicht eine einzige seiner Eigenschaften ab, wenn ihm das Dasein fehlt; und wenn ihm alle Eigenschaften zukommen, so kommt ihm doch noch keineswegs die Existenz zu. 100 wirkliche Thaler enthalten nichts mehr als 100 mögliche; nur für meinen Vermögenszustand macht es einen Unterschied. Ein Kaufmann würde dadurch nicht reicher werden, daß er seinem Cassenbestande einige Nullen anhängte [2]).

Aber Kant behauptet allerdings nichts weniger, als mit diesen Ausführungen die Nothwendigkeit der Existenz, des Daseins, die Wirklichkeit der Willensfreiheit erwiesen zu haben. Vielmehr trat er ja diesen ganzen Weg der Deduction aus dem moralischen Gesetz erst an, nachdem es sich ergeben hatte, daß die Freiheit weder das Recht eines Axioms noch das eines erweislichen Lehrsatzes für sich in Anspruch nehmen könne. Und auch die in der erörterten Weise deducirte Freiheit ist nach seiner eigenen Bezeichnung nur eine transcendentale Idee. In der Welt der Erscheinungen und für den Menschen als Phänomenon, sofern er in Erscheinung tritt und Sinneswesen ist, gibt es nach seinen unmisverständlichen Aeußerungen keine Freiheit, sondern nur Naturbestimmtheit, Naturnothwendigkeit. Der Mensch ist aber nicht nur Sinneswesen, Erscheinung, Phänomenon, sondern nicht weniger Vernunftwesen, Noumenon und gehört als solches der intelligiblen Welt an. Als Vernunftwesen schreibt ihm Kant die vom Moralgesetz geforderte Freiheit zu, als Sinneswesen spricht er ihm auch die leiseste Spur davon ab. Er unterscheidet an einem Gegenstande der Sinne dasjenige, was Erscheinung ist und in der Sinnenwelt als Erscheinung angesehen werden muß, und dasjenige, was selbst nicht Erscheinung ist: und nennt jenes sensibel und dieses intelligibel. „Wenn dem-

[1]) Kant, Kritik der reinen Vernunft, Ausg. v. v. Kirchmann (Berlin 1868), S. 476 ff.

[2]) Kant a. a. O., S. 483.

nach dasjenige, was in der Sinnenwelt als Erscheinung wahrgenommen wird, an sich selbst auch ein Vermögen hat, welches kein Gegenstand der sinnlichen Anschauung ist, wodurch es aber doch die Ursache von Erscheinungen sein kann, so kann man die Causalität dieses Wesens auf zwei Seiten betrachten, als intelligibel nach ihrer Handlung als eines Dinges an sich selbst und als sensibel nach den Wirkungen als einer Erscheinung in der Sinnenwelt [1]).

Der Mensch hat einen empirischen Charakter, wodurch seine Handlungen als Erscheinungen durch und durch mit andren Erscheinungen nach beständigen Naturgesetzen im Zusammenhange ständen und von ihnen als ihren Bedingungen abgeleitet werden könnten und also mit diesen in Verbindung Glieder einer einzigen Reihe der Naturordnung ausmachten, d. h. naturnothwendig wären. Er hat aber zugleich einen intelligiblen Charakter, dadurch er zwar die Ursache jener Handlungen als Erscheinungen ist, der aber selbst unter keinen Bedingungen der Sinnlichkeit steht und selbst nicht Erscheinung ist. Dieser intelligible Charakter könnte zwar niemals unmittelbar gekannt werden, weil wir nichts wahrnehmen können, als sofern es erscheint, aber er würde doch dem empirischen Charakter gemäß gedacht werden müssen, so wie wir überhaupt einen transcendentalen Gegenstand den Erscheinungen in Gedanken zu Grunde legen müssen, ob wir zwar von ihm, was er an sich selbst sei, nicht wissen. Nach diesem intelligiblen Charakter würde der Mensch, allen Erscheinungen entrückt, von allem Einflusse der Sinnlichkeit und Bestimmung durch Erscheinungen, von aller Naturnothwendigkeit, als die lediglich in der Sinnlichkeit angetroffen wird, unabhängig sein. Eben dieselben Handlungen würden demnach als solche, die ihre Ursache in der intelligiblen Welt haben, frei und als solche, die sie in der sensiblen Welt, wo es nur Natururſachen und Naturnothwendigkeit gibt, haben, nothwendig sein und Freiheit und Natur, Freiheit und Naturnothwendigkeit, jedes in seiner vollständigen Bedeutung, bei eben denselben Handlungen, zugleich und ohne allen Widerstreit angetroffen werden.

---

[1]) Kant a. a. O., S. 439. Möglichkeit der Causalität durch Freiheit in Vereinigung mit dem allgemeinen Gesetze der Naturnothwendigkeit.

Nicht bloß eine Rettung der Freiheit, sondern zugleich gleichsam eine physiologische Erklärung des immer wieder und überall auftretenden Problems: Freiheit und Nothwendigkeit und eine Versöhnung desselben zugleich. Die doppelte Natur des Menschen, die intelligible und sensible, macht es begreiflich, daß Freiheit und Nothwendigkeit sich stets das Feld streitig zu machen scheinen, daß bald das Nothwendige frei und wiederum das Freie nothwendig erscheint, daß es auch nicht an Solchen fehlt, die alle Freiheit leugnen und nur ein Reich der Nothwendigkeit kennen. Wer nur sieht, was vor Augen ist, nur die Erscheinung, nur den sensiblen Charakter, und einer andren Welt den Blick verschließt: der kann nach und mit Kant zu keinem anderen Ergebnis kommen.

Aber so groß auch der Gewinn uns dünken mag, so sehr wir uns der Rettung und Versöhnung freuen möchten; es ist nichts als ein dialektisches Manöver, was uns beruhigen will und doch nur täuscht: die Rettung und Versöhnung nur eine vermuthete, gedachte, die in der Wirklichkeit so wenig sich hält, als die Gesetze der intelligiblen Welt in der sensiblen; der ganze Unterbau eine völlig unbewiesene und, wie sich jeglicher Erfahrung entziehende, auch unerweisliche Hypothese, die wie ein deus ex machina eintreten muß, herbeigezaubert wird, zu helfen und eben das, was man nicht hat und deß man doch bedarf, zur größten Ueberraschung darzureichen. Gewonnen ist nichts. Die transcendentale Freiheit, die sich in der Erscheinungswelt als Nothwendigkeit äußert, genügt weder unsrem Bedürfnis noch der sogenannten praktischen Vernunft und ihrem moralischen Gesetz. Ohne die freie Aeußerung ist sie ein Idol, ein Phantom. Das kann unmöglich heißen, eine Frage lösen, sie als gelöst ansehen in einer andren unbekannten Welt; und damit ist die Freiheit nicht gerettet, daß man ihr einen Platz zuweist in einer Welt, von der wir schlechthin keine Erfahrung haben.

Dort ließe sich vielleicht noch manches Andre sammeln oder mit der Freiheit gesammelt denken, was sich hier nicht verwenden und verwerthen und nach seiner Möglichkeit einsehen läßt: aber es wäre eben damit nur zurückgestellt und gleichsam außer Cours gesetzt und damit, wenn auch nur vorläufig, zugegeben, daß es in der wirklichen Welt nicht postirt werden könne. Zwar kein Zerhauen des Knotens, aber noch weniger ein Entwirren, sondern ein einfacher unter einer Hypothese schlecht versteckter Verzicht auf seine Lösung.

Nach Kant heißt das Problem nicht, ob eine jede Wirkung in der Welt entweder aus Natur oder aus Freiheit entspringen müsse, sondern ob, da die Richtigkeit des Grundsatzes von dem durchgängigen Zusammenhange aller Begebenheiten der Sinnenwelt nach unwandelbaren Naturgesetzen schon als ein Grundsatz der transcendentalen Analytik feststeht und keinen Abbruch leidet, beides: aus Naturnothwendigkeit und Freiheit entsprungen sein, in verschiedener Beziehung bei einer und derselben Begebenheit zugleich stattfinden könne [1]; „ob, wenn man in der ganzen Reihe aller Begebenheiten lauter Naturnothwendigkeit anerkennt, es doch möglich sei, eben dieselbe, die einerseits bloße Naturwirkung ist, doch andrerseits als Wirkung aus Freiheit anzusehen" [2]; „ob, da der durchgängige Zusammenhang aller Erscheinungen in einem Context der Natur ein unnachläßiges Gesetz ist, dieses alle Freiheit nothwendig umstürzen müsse" [3]; „ob Freiheit der Naturnothwendigkeit in einer und derselben Handlung widerstreite" [4]?

Also die Naturnothwendigkeit aller Begebenheiten steht ihm unantastbar fest und außer allem Zweifel; und nun handelt es sich für ihn darum, mit ihr dennoch die Freiheit zu vereinbaren. Alle Handlungen des Menschen in der Erscheinung sind nach ihm aus seinem empirischen Charakter und den mitwirkenden andren Ursachen nach der Ordnung der Dinge bestimmt, und „wenn wir alle Erscheinungen seiner Willkür bis auf den Grund erforschen könnten, so würde es keine einzige menschliche Handlung geben, die wir nicht mit Gewißheit vorhersagen und aus ihren vorhergehenden Bedingungen als nothwendig erkennen könnten. In Ansehung dieses empirischen Charakters gibt es also keine Freiheit, und nach

---

[1]) Kant a. a. O., S. 438. Von dem empirischen Gebrauche des regulativ. Princips u. s. w. III.

[2]) a. a. O., Erläuterung der kosmologischen Idee einer Freiheit in Verbindung mit der allgemeinen Naturnothwendigkeit, S. 443.

[3]) a. a. O., S. 439. Auflösung der kosmologischen Ideen von der Totalität der Ableitung der Weltbegebenheiten aus ihren Ursachen.

[4]) a. a. O., Erläuterung der kosmologischen Idee einer Freiheit u. s. w., S. 452.

diesem können wir doch allein den Menschen betrachten, wenn wir lediglich beobachten, und wie es in der Anthropologie geschieht, von seinen Handlungen die bewegenden Ursachen physiologisch erforschen wollen" [1]).

Aber in unsrer Vernunft liegt das Sollen; was für die Natur keine Wirkung hat. Es ist unmöglich, daß darin etwas anders sein soll, als es in allen diesen Zeitverhältnissen in der That ist. Wir können gar nicht fragen, was in der Natur geschehen soll? ebenso wenig als: was für Eigenschaften ein Zirkel haben soll? sondern was darin geschieht oder welche Eigenschaften der letztere hat? „dieses Sollen drückt eine mögliche Handlung aus, davon der Grund nichts Anderes ist als ein bloßer Begriff" [2]); die also nicht wieder bedingt ist durch eine und ihre Ursache hat in einer Erscheinung, sondern eine Reihe schlechthin und von selbst anfängt. Das Sollen drückt die Möglichkeit einer ursprünglichen Handlung aus; und eben das Vermögen einer ursprünglichen Handlung, das Vermögen, einen Zustand von selbst anzufangen, versteht Kant unter Freiheit im kosmologischen Sinne, so daß ihre Causalität also nicht wieder unter einer andern Ursache steht, welche sie der Zeit nach bestimmte [3]); wie es bei allen Handlungen als Erscheinungen ist. Da ist alles, was geschieht, nur eine Fortsetzung der Reihe und kein Anfang, der sich von selbst zutrüge, in derselben möglich [4]). Da sind alle Handlungen der Naturursachen in der Zeitfolge selbst wiederum Wirkungen, die ihre Ursachen ebensowohl in der Zeitreihe voraussetzen [5]). Eine ursprüngliche Handlung gibt es da nicht.

Nun muß allerdings auch die ursprüngliche Handlung unter Naturbedingungen möglich sein, wenn auf sie das Sollen gerichtet ist; aber diese Naturbedingungen betreffen nicht die Bestimmung der Willkür selbst, sondern nur die Wirkung und den Erfolg derselben in der Erscheinung [6]). Die Wirkung und der Erfolg in der Erscheinung mögen naturnothwendig sein oder sie sind's viel-

---

1) Kant a. a. O., S. 447.
2) S. 446.
3) S. 435.
4) S. 443.
5) Ebendas.
6) S. 446.

mehr in allen Fällen nach dem Naturgesetz, das ein Verstandesgesetz ist, von welchem es unter keinem Vorwande erlaubt ist, abzugehen oder irgend eine Erscheinung auszunehmen; die Bestimmung der Willkür ist es nicht. Die Vernunft macht sich mit völliger Spontaneität eine eigne Ordnung nach Ideen, in die sie die empirischen Bedingungen hineinpaßt und nach denen sie sogar Handlungen für nothwendig erklärt, die doch nicht geschehen sind und vielleicht nicht geschehen werden, von allen aber gleichwol voraussetzt, daß sie in Beziehung auf sie Causalität haben könne; denn ohne das würde sie nicht von ihren Ideen Wirkungen in der Erfahrung erwarten können [1]). Aber sie erwartet sie eben auch nur. Das Sollen setzt ihre Möglichkeit voraus; es fordert sie; aber soweit unsere Erfahrung reicht, in der sensiblen Welt ohne Erfolg. Was nach dem Naturlaufe geschehen ist und nach seinen empirischen Gründen unausbleiblich geschehen mußte, hätte vielleicht alles nach der Vernunft nicht geschehen sollen [2]).

Fragt man da nicht billig nach dem Gewinn solch transcendentaler wirkungsloser Freiheit? Oder: die Vernunft ist die beharrliche Bedingung aller willkürlichen Handlungen, unter denen der Mensch erscheint. Jede derselben ist im empirischen Charakter des Menschen vorherbestimmt, ehe noch als sie geschieht. Der empirische Charakter ist nur das sinnliche Schema des intelligibeln. In Ansehung dieses sind die Handlungen und zwar eben dieselben frei, in Ansehung jenes nothwendig. Mit anderen Worten: Unangesehn des Zeitverhältnisses, darin jede Handlung mit anderen Erscheinungen steht, ist sie die unmittelbare Wirkung des intelligiblen Charakters der reinen Vernunft, mithin frei; mit Rücksicht dagegen auf dieses Verhältnis vorherbestimmt und nothwendig.

Ein Beispiel: Ein Mensch bringt durch eine boshafte Lüge eine gewisse Verwirrung in die Gesellschaft. Erschrocken fragt man sich nach den Bewegursachen und geht seinen empirischen Charakter bis zu seinen Quellen durch. Da findet sich, daß der Mensch von Haus aus schlecht erzogen, sich in übler Gesellschaft

---

1) Kant a. a. O., S. 446.

2) S. 447 u. 448.

bewegt, ein bösartiges Naturell hat und dazu leichtsinnig und unbesonnen ist: mehr als genug zu der Erklärung seiner That, aber die Gelegenheit war überdem noch sehr verführerisch und günstig. Nun mehr kann nicht zusammenkommen. Da ist's begreiflich, daß er fiel. So ist der Mensch unschuldig oder doch unverantwortlich für sein Thun?? Nichts weniger! Erst verfährt man, wie in der Untersuchung der Reihe bestimmender Ursachen zu einer gegebenen Naturwirkung und dann, wenn dieselbe fast über den Bedarf gefunden, tadelt man gleichwohl den Uebelthäter und zwar nicht wegen seines unglücklichen Naturells, nicht wegen der auf ihn einfließenden Umstände, ja sogar nicht wegen seines vorher geführten Lebenswandels, sondern ausschließlich seines vorliegenden Bubenstücks halber. Man sieht dasselbe also ganz ohne Rücksicht auf alles, was ihm vorausgegangen im Leben dessen, der es verübte, so an, als ob damit der Thäter eine Reihe von Folgen ganz von selbst anhebe! Die Handlung wird seinem intelligiblen Charakter beigemessen, er hat jetzt in dem Augenblicke, da er lügt, gänzlich Schuld; mithin war die Vernunft unerachtet aller empirischen Bedingungen der That völlig frei und ihrer Unterlassung ist diese gänzlich beigemessen [1]).

Aber warum dann hat die Vernunft, unabhängig, wie sie war von allen Zuständen und Neigungen, von allen empirischen Bedingungen und vermögend, eine Reihe von Begebenheiten von selbst anzufangen, die Erscheinungen durch ihre Causalität nicht anders bestimmt? nicht eine andere Handlung in der sensiblen Welt bedingt? Darauf, sagt Kant, ist keine Antwort möglich. Denn ein anderer intelligibler Charakter würde einen anderen empirischen gegeben haben, und wenn wir sagen, daß ungeachtet seines ganzen bis dahin geführten Lebenswandels der Thäter die Lüge doch hätte unterlassen können, so bedeutet dies nur, daß sie nur unmittelbar unter der Macht der Vernunft stehe und die Vernunft in ihrer Causalität keinen Bedingungen der Erscheinung und des Zeitlaufs unterworfen ist [2]).

---

[1]) a. a. O., S. 450 u. 451.

[2]) S. 451 u. 452.

Wir können also mit der Beurtheilung freier Handlungen in Ansehung ihrer Causalität nur bis an die intelligible Ursache kommen, aber nicht über dieselbe hinaus; wir können erkennen, daß sie frei d. i. von der Sinnlichkeit unabhängig bestimmt und auf solche Art die sinnlich unbedingte Bedingung der Erscheinungen sein könne.

Warum sie's aber nicht ist; warum der intelligible Charakter gerade diese Erscheinungen und diesen empirischen Charakter unter vorliegenden Umständen gebe; das zu beantworten oder nur zu fragen, überschreitet so sehr alles Vermögen und alle Befugnis unserer Vernunft, daß man mit demselben Rechte fragen könnte: Woher der transcendentale Gegenstand unserer äußeren sinnlichen Anschauung gerade nur Anschauung im Raume und nicht irgend eine andere gebe? [1])

Allerdings gibt es nur eine alle Discussion beendende Antwort auf die letztgenannte Frage: weil es Gott so geordnet hat; aber das würde auch die abschließende Antwort auf jene sein, warum der jeweilige intelligible Charakter gerade solche Aeußerungen bedinge, weil Gott es so geordnet, weil Gott ihn so gebildet hat; und damit wäre die Verantwortung vom Menschen abgenommen und auf Gott verlegt; er trüge die Schuld und nicht der Uebelthäter; denn aus seiner Hand ist gerade dieser sein intelligibler Charakter hervorgegangen; und um die Freiheit wär's erst recht geschehen.

Versagt man sich aber diese abschließende Antwort, begnügt man sich mit Kant, gezeigt zu haben, daß Freiheit der Naturnothwendigkeit in einer und derselben Handlurg nicht widerstreite, da bei jener eine Beziehung auf eine ganz andere Art von Bedingungen möglich ist als bei dieser, das Gesetz der letzteren die erstere nicht afficire, mithin beide von einander unabhängig und durch einander ungestört stattfinden können; so beruhigt man sich bei einem Resultate von ausschließlich dialektischem Interesse, wobei die Wirklichkeit so unerklärt bleibt als die Thatsachen des sittlichen Bewußtseins; bei einem Ergebnis, welches Kant selber in die

---

[1]) Kant a. a. O., S. 452.

Worte faßt: „die eigentliche Moralität der Handlungen (Verdienst und Schuld) bleibt uns daher, selbst die unseres eigenen Verhaltens, gänzlich verborgen. Unsere Zurechnungen können nur auf den empirischen Charakter bezogen werden. Wie viel aber davon reine Wirkung der Freiheit, wie viel der bloßen Natur und dem unverschuldeten Fehler des Temperaments, oder dessen glücklicher Beschaffenheit (merito fortunae) zuzuschreiben sei, kann Niemand ergründen und daher auch nicht nach völliger Gerechtigkeit richten" [1]).

Kant hat damit freilich, wie gesagt, weder die Wirklichkeit, noch auch nur die Möglichkeit der Freiheit darthun und beweisen wollen; aber was er gezeigt hat und woran es ihm allein gelegen war, hat unserer Frage keine wesentliche Förderung eingetragen.

Determinismus, wie in den Mond- und Sonnenfinsternissen, so in den Handlungen der Menschen ist ihm Thatsache und Freiheit Postulat; darüber kommt er nicht hinaus und alle seine Ausführungen über den Gegenstand führen darüber nicht hinaus. Das kann uns nicht genügen und damit ist uns nicht gedient. Wir haben das Bedürfnis, sie nicht bloß gefordert, sondern in ihrem wirklichen Vorhandensein dargethan und zwar in der Welt, die wir kennen, und nicht in einer, die uns schlechthin unzugänglich ist, zu sehen; und dahin kommen wir auf dem von ihm gewiesenen Wege nicht [2]).

Also einen anderen Pfad! aber wer zeigt uns ihn? wo werden wir ihn finden?

Schellings Freiheitstheorie.

Schelling nimmt den Faden der Untersuchung auf [3]), wo ihn Kant fallen läßt. Zwei gleich ewige Principien, das ideale

---

1) Kant a. a. O., S. 448 Anm.

2) Vgl. J. Müller, Die christliche Lehre von der Sünde, II. Band, (Breslau, Max u. Comp., 1849), S. 108 Anm.: „Doch muß man gestehen, daß die Art, wie Kant selbst den intelligiblen Freiheitsbegriff zur Auflösung dieses Problems anwendet, völlig ungenügend ist, ja den eigentlichen Kernpunkt der Schwierigkeit gar nicht berührt."

3) in den „Philosophischen Untersuchungen über das Wesen der menschlichen Freiheit und die damit zusammenhängenden Gegenstände"; vgl. Philosophische Schriften, Bd. I, S. 399—454.

und das reale, sind in ihrer Vereiniguug die Bedingung alles Lebens und müssen auch in Gott unterschieden werden. Gott als existirender und der Grund seiner Existenz, den er als causa sui eben in sich selbst hat, aber doch als ein von ihm, dem Existirenden, unterschiednes Wesen, die Natur in Gott sind in ihm zu einer absoluten Existenz vereinigt, und insofern ist er persönlich.

Freiheit ist das Vermögen des Guten und des Bösen. Das Vermögen des Letzteren kann sie nur sein, wenn sie eine von Gott unabhängige Wurzel hat. Sie hat aber eine solche; ihre Wurzel ist in dem, was in Gott selbst nicht er selbst ist, sondern Grund seiner Existenz. Indem der Mensch aus diesem unabhängigen Grunde entspringt, kann ihm auch das Vermögen des Bösen eignen. Er ist Ur- und Grundwollen, das sich selbst zu Etwas macht. Als geistiges Wesen hat er kein Sein vor und unabhängig von seinem Willen. Das Wesen des Menschen ist wesentlich seine eigne That, eine transcendentale, eine That der intelligiblen Freiheit, eine Urthat, die aber dem Leben nicht sowol der Zeit nach vorangeht, sondern durch die Zeit, unergriffen von ihr, hindurch als eine der Natur nach ewige, das Leben des Menschen in der Zeit schlechthin bestimmende That der Selbstentscheidung. Seine einzelnen Handlungen in der Zeit folgen mit unverbrüchlicher Nothwendigkeit aus seinem durch diese intelligible That der Freiheit bestimmten Wesen; aber diese innere Nothwendigkeit ist eben selber Freiheit, denn sie hat eine freie, näher intelligible, transcendentale, ewige [1]) That zu ihrem Grunde. Das gesamte sittliche Sein des Menschen ist nichts als der zeitliche Reflex seiner intelligiblen freien Urentscheidung. Der offenbare Widerspruch, in dem die Realität der Erscheinungen mit der transcendentalen Freiheit im Sinne Kants verharrte, wird dadurch aufgelöst, daß dieses ganze Gebiet der Sinnenwelt in die Region der Freiheit mit erhoben wird. Die transcendentale Urthat des Menschen wird zum schöpferischen Princip seiner ganzen Existenzweise; selbst die Art und Beschaffenheit seiner Corporisation wird als durch die außerzeitliche That bestimmt gedacht [2]), so sehr die Wirklichkeit auch dieser äußersten Consequenz

[1]) Schelling a. a. O., S. 468.

[2]) ebendas., S. 470.

Hohn spricht und ihr mit bittrer Ironie begegnet. Oder muß nicht schon Sokrates selbst seinen Grundsatz: in einem schönen Körper müsse auch eine schöne Seele wohnen, sobald man ihn an seiner Kehrseite zu prüfen unternahm, durch die That widerlegen?

Aber wir können auch diese Idee der transcendentalen Freiheit als die endgültige Antwort auf unsre Frage nicht anerkennen. Es ist bei allem Streben der Schelling'schen Philosophie, dem Idealismus einen lebendigen Realismus zur Basis zu geben, auf dem Gebiete unserer Discussion doch wieder nur ein dialektisches Interesse, dem gedient wird, eine Speculation, wie sie durch ihre Tiefe und Geschlossenheit, durch den Reichtum ihrer Gedanken und den Adel ihrer Darstellung unsere gerechteste Anerkennung und Bewunderung verdienen mag, aber durch die Lösung des Problems durchaus nicht giebt. Weder die empirische Entwickelung noch das sittliche Urtheil kommen zu ihrem Recht. Denn thatsächlich ist doch die erstere nothwendig, wenn sie auch einen sogenannten freien Ursprung hat, und das letztere ist völlig unbegreiflich. Denn wenn wir auch erfahren, weshalb diese freie Urthat in dem Bewußtsein nicht vorkomme, vorkommen könne, weil nämlich sie ihm, wie dem Wesen, nicht bloß vorangehe, sondern es selbst erst mache [1]); so ist damit doch die Möglichkeit einer Freiheit, die nicht in's Bewußtsein fällt, noch lange nicht bewiesen. Und eine unbewußte Freiheit ist eine contradictio in adjecto. Ohne Bewußtsein gibt es keine Freiheit, die ja, wie wir gesehen, schlechthin selbstbewußter Wille war, so wenig wie es einen unbewußten guten oder bösen Willen gibt.

Beide Philosophen also, Kant und Schelling, ernstlich bemüht, die Freiheit dem Menschen gleichsam zu retten, unmittelbar ihrer Wahrheit und ihres Besitzes gewiß, bestrebt, sie zu begreifen, sehen keinen andren Ausweg, als sie in eine von der sensiblen verschiedene Welt zu verlegen und sie zu suchen anderswo, als in dem empirischen Dasein der Menschen. Sie sind also überzeugt, daß sie in diesem auf alle Fälle keine Stelle hat. Ist diese Ueber-

[1]) Schelling a. a. O., S. 469.

zeugung unantastbar, so können wir die Waffen hier schon strecken. Denn dann bleibt uns nur die soeben abgewiesene Ausflucht übrig oder der einfache Verzicht auf Freiheit. Also wie steht's mit dieser Ueberzeugung?

Die transcendentale Freiheit Kants war eine vorzeitliche, die intelligible Urthat Schellings eine außerzeitliche, ihrer Natur nach ewige. So scheint die Zeit dasjenige zu sein, was der Freiheit in der Erscheinungswelt im Wege steht. Und allerdings mit der Abhängigkeit der letzteren von der Zeit ist das Gesetz des Causalzusammenhanges gegeben, welches mit unverbrüchlicher Gewalt als unerläßliche Bedingung der Möglichkeit irgend einer Erfahrung in allem sinnlichen Dasein herrscht und uns nöthigt, für jedes Geschehen die vollständige Causalität in Andrem, der Zeit nach Vorangehendem zu suchen. Mag dieses Andre immerhin ein bestimmter Zustand des handelnden Subjectes selbst sein, so ergiebt sich doch, so scheint es, daß Letzteres im Augenblick des Handelns selbst die Entscheidung nicht mehr in seiner Gewalt hat, also nicht frei ist.

Es ist eines der ersten Grundgesetze der Erkenntnis und des Erkannten, der Satz vom zureichenden Grunde: mit seiner Aufhebung würde alle Wahrheit und Gewißheit, alles Erfahren, Erkennen, Denken und Wissen zerstört werden; an seiner eisernen Gewißheit läßt sich daher nicht rütteln und nicht zweifeln und von seiner Allgemeinheit auch der menschliche Wille nicht emancipiren: ein Denk- und Natur-Gesetz so nothwendig wie ausnahmslos.

Soviel ergab sich uns bereits: selbst in dem Falle, der als der vollkommenste Beweis von dem Erläuterer der Theodicee Leibnitz' für die Freiheit ausgegeben wurde, wo der Wille aus keinem andren Grunde sich entschied, als um seine Freiheit durch die That zu documentiren; selbst in dem Falle sahen wir ihn abhängig von eben dieser Absicht. Und in der That: wie unsere Entscheidung immer in jedem einzelnen Fall auch ausfallen mag, einen Grund muß es immer für sie geben. Wollen wir irgend etwas nicht thun, obgleich es uns freisteht, es zu thun, so muß dafür eine besondere Ursache existiren, eine Ursache, die nicht außer uns, denn sonst würde es uns gar nicht frei stehen, es zu thun oder nicht zu thun, sondern in uns liegt — ein Motiv und unter Umständen ein Zweck. Jede Handlung hat ein Motiv. Ohne Motiv entsteht kein Willensact: es ist die unerläßliche, die nothwendige Bedingung desselben, ohne das er undenkbar und als solcher unmöglich ist. Ist dieses Motiv nun der zureichende Grund (ratio sufficiens) für das Entstehen gerade dieser Willensregung, dieses Willensactes? Die tägliche Erfahrung antwortet: Nein! Si duo faciunt idem, non est idem. Dasselbe Motiv wirkt auf verschiedene Menschen verschieden. Also kann das Motiv nicht der zureichende Grund der That sein, sondern etwas Anderes, Etwas, was jedem Menschen in verschiedener Weise eignet, was ihm eigentümlich ist: sein Charakter. Sind demgemäß Charakter und Motiv die beiden Factoren, die den betreffenden Willensact als Product nothwendig ergeben? Anders ausgedrückt: Kann derselbe Mensch mit diesem Charakter auf die Einwirkung gerade dieses Motivs unter ganz bestimmten Umständen ebenso gut dies wollen als nicht wollen? Oder aber ist er, wenn alles jenes bestimmt gegeben ist, gezwungen, gerade so zu wollen, wie er will? Folgt, wenn Mensch und Motiv gegeben sind, aus ihnen nothwendig die That?

Die Metaphysik sagt: Ja! Mit der Bedingung ist auch das Bedingte unabänderlich gesetzt: posita conditione ponitur conditionatum. Das sittliche Bewußtsein, das Gewissen sagt: Nein! Mit jenem „Ja" begründet sich der Determinismus, mit diesem „Nein" der Indeterminismus. Der letztere behauptet, Motiv und individueller Charakter sind nicht ausschließliche Bedingungen der That, der Mensch kommt als der Hauptfactor hinzu. Der erstere hält an der Allgemeinheit und Nothwendigkeit des Denk- und Naturgesetzes fest, von dem der menschliche Wille nicht emancipirt werden könne.

Das ist die Voraussetzung der Freiheitstheorie von Kant und Schelling. Am rückhaltslosesten zieht und spricht diese Consequenz Spinoza aus: „In der Seele gibt es keinen unbedingten oder freien Willen, sondern die Seele wird zu diesem oder jenem Wollen durch eine Ursache bestimmt, welche ebenfalls von einer anderen bestimmt ist, und diese wieder von einer anderen und sofort ohne Ende [1])." Denn „jedes Einzelne oder jeder Gegenstand von begrenzter und endlicher Existenz kann zum Existiren und zum Handeln nur durch eine andere Ursache bestimmt werden, welche wiederum endlich ist und eine beschränkte Existenz hat. Auch diese Sache kann nur existiren und zum Handeln durch eine andere bestimmt werden, die wieder endlich ist und eine begrenzte Existenz hat und so fort ohne Ende" [2]).

Darauf antwortet Leibnitz: a) Es ist uneigentlich geredet, wenn man sagt: das Wollen selbst sei ein Gegenstand des freien Willens. Wir wollen wirken, aber wollen nicht wollen, sonst würden wir noch weiter sagen können, wir wollten den Willen haben zu wollen und das würde ohne Ende immer so fort gehen; und bei diesem regressus in indefinitum vor lauter einander bedingenden Willensacten der Entschluß und die That gar nicht zustande kommen [3]). b) Die Ursache, durch die die Seele bestimmt wird, liegt nicht außer ihr, sondern in ihr. Die menschliche Seele ist ihre selbsteigene natürliche Quelle in Ansehung ihrer Handlungen. Sie hängt bloß von sich selbst, von allen andren Creaturen aber gar nicht ab [4]). Die freie Substanz lenkt sich von selbst, nach den Bewegungsgründen des Guten, das von dem Verstande begriffen worden, welches sie neiget, ohne sie zu nöthigen [5]).

Schopenhauers Freiheitstheorie.

Schopenhauer [6]) dagegen erklärt dies incliner sans necessiter für eine Halbheit und macht wieder Ernst mit dem Causalitätsgesetz. Aus dem Zusammentreffen eines bestimmten Motivs mit

---

1) Benedict von Spinoza's Ethik, II. Theil, Lehrs. 48, Ausg. v. v. Kirchmann, S. 92 (Berlin 1868, Heimann).

2) a. a. O., I. Theil, Lehrs. 28, S. 33.

3) Leibnitz' Theodicee, I. Theil, § 51, S. 203.

4) a. a. O., § 50, Schluß S. 203.

5) ebendas., III. Theil, § 287, S. 497.

6) „Die beiden Grundprobleme der Ethik u. s. w." v. A. Schopenhauer (Frankfurt a. M. 1841, 2. Aufl., Leipzig 1860), Die Welt als Wille und Vorstellung, Bd. I, 4. Buch.

einem bestimmten Charakter geht nothwendig auch eine ganz bestimmte und gerade nur diese Handlung als Wirkung hervor. Der Charakter ist der subjective, das Motiv der objective Factor, die Handlung das nothwendige und einzig mögliche Product; und es ist nur ein Misverständnis, wenn der Mensch sich für den Thäter seiner Thaten und für sie für verantwortlich hält. Das Misverständnis oder die Confusion, die an dem ganzen scheinbaren Dilemma schuld ist, besteht darin: Zu dieser Handlung als Product gehören nothwendig die beiden Factoren, der bestimmte Charakter und das bestimmte Motiv. Insofern der Mensch nun seinen Charakter als den mitbestimmenden Factor in's Auge faßt, weiß er sich, den Träger eben dieses Charakters, als Thäter seiner That. Insofern er das Motiv nur berücksichtigt, muß er sich sagen, daß dasselbe auf irgend einen Charakter einwirkend eine ganz andere Handlung hätte bedingen können als die geschehene, und schließt daraus, daß er unter denselben Umständen d. h. unter Einwirkung desselben Motivs ganz anders, als er's gethan, oder überhaupt nicht hätte handeln können. Der Fehlschluß liegt also in der Confusion seines ganz bestimmten Charakters mit irgend einem Charakter überhaupt. Er hätte unter der Einwirkung desselben Motivs nur anders sich entscheiden können, wenn er einen anderen Charakter gehabt hätte, als er thatsächlich hat, wenn er also selbst ein Anderer gewesen wäre, als er ist. Das ist aber eben nicht der Fall, folglich konnte er, wie er eben ist, mit diesem bestimmten Charakter unter der Einwirkung dieses Motivs nur so handeln, wie er gehandelt hat d. h. sein Thun war nothwendig, sein Wille unfrei; er mußte wollen, was er wollte. Er kann also auch nicht für sein Thun, für den einzelnen Willensact, für jede Handlung verantwortlich sein, sondern, wenn anders, nur dafür, daß er der ist, welcher er ist, für seinen so seienden Charakter. Denn aus ihm und dem Motiv entspringt die gute oder böse That so nothwendig, wie aus dem Feuerstein, wenn ihn der Stahl berührt, der Funke. „Und er hätte ein Anderer sein können, und in dem, was er ist, liegt Schuld und Verdienst. Denn alles, was er thut, ergibt sich daraus als bloßes Corollarium; daß er, wie es sich aus der Handlung ergibt, ein Solcher und kein Anderer ist — das ist es, wofür er sich verantwortlich fühlt." [1]) Die ethische Willensfreiheit liegt im Sein, nicht aber im Handeln; aus dem freien Sein folgt mit Nothwendigkeit das unfreie Handeln. Operari sequitur esse.

Man könnte versucht sein, hier einen Augenblick Rast haltend, sich dieser scharfsinnigen Lösung aufrichtig zu freuen und sich für ihre Wahrheit nicht bloß auf Plato's: „*ἀνάγκη ἄρα κακῇ ψυχῇ κακῶς ἄρχειν καὶ ἐπιμελεῖσθαι, τῇ δὲ ἀγαθῇ πάντα ταῦτα εὖ πράττειν*" [2]) sondern nicht weniger auf ein Wort des Herrn zu berufen: *οὕτω πᾶν δένδρον ἀγαθὸν καρποὺς καλοὺς ποιεῖ· τὸ δὲ σαπρὸν δένδρον καρποὺς πονηροὺς ποιεῖ. Οὐ δύναται δένδρον ἀγαθὸν καρποὺς πονηροὺς ποιεῖν οὐδὲ δένδρον σαπρὸν καρποὺς καλοὺς ποιεῖν* [3]), weit entfernt, die Willensfreiheit dadurch irgend wie gefährdet zu sehen. Denn so nothwendig aus diesem so gearteten Charakter unter der Einwirkung dieses Motivs diese That erwächst, so sehr ist eben dieser Charakter des Menschen freie Schöpfung. Das ist der Punkt, wo mit der Verantwortung auch die Freiheit zu ihrem Recht zu kommen und gerettet scheint.

Aber in dem System Schopenhauers ist das nicht der Fall. Wie nämlich der Charakter ist, erkennt nicht bloß die Mitwelt, sondern der Träger selbst erst a posteriori, erst aus seinen eigenen Handlungen, erst aus der Art, wie die Motive auf ihn wirken; und so würde er selbst dem Banne der Nothwendigkeit verfallen, da ja auf dieser Stufe seines Gegebenseins als abgeschlossener und vollendeter Charakter kein freier Willensact, welcher von änderndem Einfluß auf ihn werden könnte, mehr möglich ist; wenn ihm auch nicht, was noch dazu kommt, die angeborene, beharrliche, unveränderliche Beschaffenheit des individuellen Willens zu Grunde läge. Das Werden des Charakters fällt aber überhaupt nicht in die Zeit. In ihr findet sich der Boshafte mit seiner Bosheit vor, die ihm so angeboren ist, „wie der Schlange ihre Giftzähne und Giftblase; und so wenig wie sie, kann er es ändern" [4]).

---

1) Vgl. „Die beiden Grundprobleme der Ethik", 2. Auflage, S. 182.
2) Respubl. I, p. 353.
3) Matth. 7, 17 u. 18.
4) Schopenhauer, Die beiden Grundprobleme, S. 253.

Frei ist nur das „Sein“ d. i. der transcendente Wille, der außerzeitliche Willensact, der intelligible Charakter, der jenseits aller Erfahrung liegt und den empirischen bedingt: eine transcendentale Freiheit, über deren Werth für Andere, als für die, in deren System sie eine leere Stelle, eine sonst klaffende Lücke ausfüllen soll, wir bei Gelegenheit der Kritik der Kant'schen Freiheitstheorie bereits gesprochen haben. Die Freiheit in der intelligiblen Welt hat für uns kein Interesse. Wir fragen nach derselben in der inneren und äußeren Erfahrungswelt, in der wir stehen und die wir kennen. Durch diesen Zauberstab, dem andere unbekannte Welten zu Gebote stehen und seines Winks nur harren, um zu erscheinen und das schwierige Räthsel gelöst der überraschten Welt zu zeigen, wird nicht allein, wie Schopenhauer sagt, die Freiheit zwar nicht aufgehoben, sondern hinausgerückt, sondern die ganze Frage, das Problem selbst in eine höhere, aber unserer Erkenntnis nicht sowol, wie er angibt, nicht so leicht als schlechthin unzugängliche Region versetzt.

Von einer Verantwortung für mein Sosein kann doch im Ernste nicht geredet werden, wenn der Grund desselben ein s. g. außerzeitlicher Willensact, mein intelligibler Charakter jenseits meiner und aller möglichen Erfahrung und Bewußtseins liegt. Verantwortung ohne Bewußtsein: eine contradictio in adjecto. Die Thatsachen des sittlichen Bewußtseins sind also gleichfalls nicht erklärt. Denn welchen Beruf und welchen Sinn hat das Gewissen, wenn es uns nicht zur Verantwortung für unser Thun und Lassen ziehen kann? Mag man es sprachlich erklären als „das Wissen des Menschen um das, was er gethan hat“ [1]), mag man es „die aus der eigenen Handlungsweise entstehende und immer intimer werdende Bekanntschaft mit dem eigenen Selbst“ [2]) oder „das immer mehr sich füllende Protokoll der Thaten“ [3]) nennen, der unbestechliche Richter eben dieser Thaten ist es nicht und kann's nicht sein, denn ohne Schuld, ohne Verantwortlichkeit der Clienten

---

[1]) a. a. O., S. 173.
[2]) S. 182.
[3]) S. 260.

hat auch der Richter nicht zu richten; er ist als solcher müßig, überflüßig. Mag man also mit jenen Nominaldefinitionen den Namen retten, die Sache fällt mit der Verantwortung; und was man von ihr beibehält, es steht in Widerspruch mit jenen negativen Sätzen von der Unfreiheit bei allem unseren Thun.

Mit dem Gewissen müssen nothwendig auch die sittlichen Werthbegriffe „gut und böse" ihres wahren Sinnes entkleidet werden und in der That geschieht das, wenn gut alles das, was den Bestrebungen irgend eines individuellen Willens gemäß ist [1]) und gut der Mensch von Anderen genannt wird, welcher ihren Bestrebungen förderlich ist [2]). Ob er mir förderlich ist, ob nicht, kommt dabei gar nicht in Betracht, sondern ausschließlich, ob er in seinem Handeln sich im Einklange mit dem Gewissen findet.

Ebenso wird uns, unter dem Namen „Reue" etwas ganz Anderes offerirt, als sie in Wahrheit ist. Denn sie auf eine Einsicht zu reduciren, daß man sich geirrt, heißt doch die Sache geradezu umkehren, da vielmehr in diesem Falle, wo man aus Unwissenheit gesündigt, die Reue im eigentlichen Sinne gar nicht möglich ist.

Und zu dem Allen: ist denn das Philosophem so wohl begründet, daß man zu solchen Discrepanzen mit dem sittlichen Bewußtsein schweigen müßte, daß diese Thatsachen desselben mit in den Kauf und Preis gegeben werden dürften? Ist denn in Wahrheit der Charakter unveränderlich? constant derselbe das ganze Leben hindurch? ändert sich der Mensch nie, so daß Tugend und Laster, die im Lauf der Zeit an ihm bemerkbar werden, ihm angeboren [3]) sind? so daß zu erwarten, daß ein Mensch bei gleichem Anlaß ein Mal so, ein ander Mal aber ganz anders handeln werde, wäre, wie wenn man erwarten wollte, daß derselbe Baum, der diesen Sommer Kirschen trug, im nächsten Birnen tragen werde? [4]) Mit anderen Worten: gibt's eine angeborene, beharrliche, unveränderliche Willensrichtung? wie uns Schopenhauer auf Grund des außerzeitlichen Willensactes sagt? Nun kann aber nach Schopen-

---

1) S. 267.
2) Ebendas.
3) S. 54.
4) S. 59

hauers anderweitig [1]) vorgetragenen Lehre der Fall doch eintreten, wo eine „katholische, transcendentale Veränderung, ja gänzliche Aufhebung des Charakters“ erfolgt; entweder nämlich wenn er die Nichtigkeit seiner Einzelexistenz in Raum und Zeit theoretisch durchschaut oder sein Wille zum Leben durch Leiden praktisch gebrochen ist. Da kann's geschehen, daß er auf die Befriedigung seiner (also angeborenen) Neigungen verzichtet, resignirt und somit nicht mehr thut, was ihm charakteristisch ist, ein Zustand, der als der vollständiger Heiligkeit illustrirt wird. In diesem Falle also wäre der Charakter verändert worden, und um seine schlechthinige Constanz ist es auch in dem Schopenhauer'schen System geschehen und in der That: wer unbefangen die Erfahrung fragt; die Unveränderlichkeit des menschlichen Charakters wird sie ihn schwerlich lehren. Selbst Nero, nach Schopenhauer ein Exemplar eines unverbesserlichen, schlechthin bösen Charakters, soll doch auch eine bessere Zeit in seiner Jugend gehabt haben, und Rousseau stahl in seiner Jugend und wälzte seine Schuld auf Marion, die unschuldige Magd. Wenn sein Charakter angeboren gewesen und unverändert das ganze Leben hindurch geblieben wäre, so würde er, wenn anders er das Stehlen und Verleumden sich nicht zum Lebensberuf erwählt hätte, doch öfter noch auch in den reiferen Jahren gestohlen und verleumdet haben. Statt dessen bereut er immer wieder diesen seinen jugendlichen Fall. Daraus folgt freilich die bewußte Identität seines Ichs im Act des Diebstahls und im Act der Reue, in seiner Jugend und in seinem späteren Leben, und diese wird ja wohl auch Niemand leugnen; aber die Unveränderlichkeit seines Charakters, die Schopenhauer daraus schließt, so wenig, daß ihr gerades Gegentheil damit begründet werden kann; denn Reue ist die freie Negation der That, die bereut wird; und also immer ein Beweis, daß jene Willensrichtung, aus welcher sie geboren wurde, nicht mehr da ist. Ein unveränderlicher Charakter könnte die Thaten seines früheren Lebens nur bestätigen, niemals negiren [2]).

[1]) „Die Welt als Wille und Verstand“, Bd. I, § 68, S. 70.

[2]) Vgl. die Kritik der Schopenhauer'schen Freiheitslehre bei Liebmann a. a. O., S. 65ff.

Der Charakter ist vielmehr seiner Form und seinem Inhalt nach das Werk der schöpferischen Persönlichkeit selber, das Werk bewußt schaffender, bildender Freiheit. Allerdings ist er, vollendet gedacht, und je mehr er Charakter ist, um so mehr habituell gewordene Freiheit, und als solche nennt man ihn für die betreffende Persönlichkeit ein relativ Nothwendiges. Wir stehen im Interesse einer reinlichen Begriffssonderung an, diese Benennung zu übernehmen, so vielgebraucht sie auch im Lager eines gemäßigten Indeterminismus ist. Es kann verwirren, sie in diesem uneigentlichen Sinne wenn immer auch in einem der Freiheit wohlmeinenden Verstande anzuwenden. Der Charakter ist ein Nothwendiges weder im physischen noch im metaphysischen Sinne, sondern ein von der Persönlichkeit selbstgewolltes, selbstgesetztes. Ein selbgesetztes Nothwendiges ist aber eine contradictio in adjecto. Denn hinsichtlich seines Wirkens heißt nur derjenige Gegenstand nothwendig oder vielmehr gezwungen, „der von einem Anderen zum Wirken bestimmt wird in fester und bestimmter Weise" [1]). Der Charakter ist also für das Subject, welches sich ihn gebildet hat und bildet, das ihm entsprechende Handeln, so entschieden es die eingeschlagene Richtung beibehält und selbst wenn es jeden Gedanken an die Möglichkeit des Gegentheils ausschlösse, immer ein Freies [2]). In dem Begriffe desselben als habituell gewordener Freiheit liegt nicht sowol der der, wenn auch nur psychologischen Nothwendigkeit, als, sagen wir lieber, der einer gewissen Constanz, und je vollkommener er ist, um so vollkommener ist sie. Aber nicht bloß daß mit seiner bei der concreten Persönlichkeit immer und im besten Falle nur relativen Vollkommenheit auch die Constanz nur eine relativ vollkommene bleibt, sondern es ist diese, eine sowol von ihr durch bewußtes Wollen geschaffene als auch eine in jedem Moment ihres Daseins bewußt und selbst-

---

1) Spinoza's Ethik, Bd. I, Definition S. 7; a. a. O., S. 10.

2) Wir sind aber damit nicht etwa nur auf Augustin zurückgegangen, der die Heiligkeit des Vollendeten voluntaria nennt und doch von ihm sagt, daß er in allen seinen Lebensäußerungen nicht anders als heilig sein kann. Er kann, sonst wäre sie nicht voluntaria. Aber er will es nicht, und nur in sofern kann er nicht. Cf. de gratia et lib. arb.. c. 1 sqq.

thätig bestätigte. Angeboren, wenn man will, ist nur die Individualität. Sie ist durch die Naturbasis gesetzt. „Individuationis principium est materia“ [1]). Die Individualität hat ihren Sitz sowol in der Naturseite und in ihr primitiv, als in der Persönlichkeit des Einzelwesens. Die Persönlichkeiten der menschlichen Einzelwesen sind formell alle einander gleich, denn sie sind alle Centralitäten einer lebendigen materiellen Naturbasis, materiell alle von einander verschieden, denn sie sind Centralitäten von einander verschiedener Naturbasen. Die Individualität causaliter auf der materiellen Naturseite des menschlichen Einzelwesens beruhend gründet sich näher auf das eigentümliche Mischungsverhältnis der Elemente in dem materiellen Naturorganismus desselben d. i. auf das Temperament d. i. ein Plus oder Minus eines einzelnen Elementes der materiellen oder sinnlichen Natur des menschlichen Einzelwesens und in Folge dessen eine unverhältnißmäßige Schwäche (depression) oder Stärke (Irritabilität, Agitation, Exaltation) eines der für die Persönlichkeit constitutiven Elemente, des Selbstbewußtseins oder der Selbstthätigkeit [2]).

Aber der Charakter ist die selbstgesetzte, die zum Geist erhobene Individuatität. Als individueller steht der Mensch unter der Herrschaft der Natur, die zum Charakter erhobene Natur dagegen unter der Herrschaft des Menschen [3]). Daher ist's eine sittliche Forderung,

---

[1]) Thom. Aq.

[2]) Daraus ergeben sich die vier Temperamente: auf der Seite des Selbstbewußtseins: das melancholische und sanguinische; auf der der Selbstthätigkeit: das phlegmatische und cholerische; auf der der Depression: das melancholische und phlegmatische; auf der der Irritabilität: das sanguinische und cholerische. Vgl. Rothe, Theol. Ethik, II. Abschnitt, § 118. 126—128.

[3]) Sui cuique mores fingunt fortunam hominibus: Cornel. Nep. Attic. XI, 6; vgl. Hartung 1868, a. a. O., S. 9; vgl. Schleiermacher, Monologen, I. Betrachtung, Ausg. v. v. Kirchmann (Berlin, 1868, Heimann), S. 31: „Mir stellt der Geist die Innenwelt, sich kühn der Außenwelt, dem Reich des Stoffs, der Dinge gegenüber.“ II Prüfungen: der Gedanke der Eigentümlichkeit „mich hat er ergriffen“ und mir ist klar geworden, „daß jeder Mensch auf eigene Art die Menschheit darstellen soll, in eigener Mischung ihrer Elemente“; und

daß sich Jeder möglichst zu einem wahrhaften Charakter herausbilde, zu einer freien geistigen Individualität [1]). Also der Charakter wird, er wird nicht bloß mit der, sondern durch die Persönlichkeit; er wird mit jeder neuen That, diese rein innerlich gefaßt als freie Hinwendung oder Abwendung; mit jedem neuen Entschlusse, indem derselbe ihn bestätigt und bestärkt oder regiert. Allerdings ist jeder Willensact bedingt durch die Summe aller früheren Willensacte und Thaten und den durch sie gewordenen jedesmaligen sittlichen Zustand, aber nur relativ, denn er kann auch ihn stets anders bestimmen und umbilden; zwar nicht absolut selbstständig ihm gegenüber, oder sagen wir lieber, nicht so, als ob er gar nicht wäre, daß er ignorirt werden könnte, aber noch weniger absolut abhängig von ihm. Dem Zustande kommt aber nur insofern Name und Dignität eines sittlichen zu, als er zu seiner Wurzel die That, die innere Entscheidung hat, als er das geschaffene Kunstwerk der Freiheit ist. Der Mensch hat diesen Charakter, weil er denselben haben will; und er muß ihn nur insofern haben, weil er sonst sich selbst, seinem An- und Fürsichsein untreu werden würde. Aber er kann es werden und mag's auch werden. Die ovidische Medea ist's. Sie handelt wider besseres Wissen; sie handelt mit sich selbst im Widerspruch.

„Sed trahit invitum nova vis aliudque cupido
Mens aliud suadet video meliora proboque
Deteriora sequor.“

„Doch eine neue Macht sie zieht mich wider Willen,
Der Lüste Trieb ist nicht so wie des Geistes Rath,
Ich seh', was besser ist; ich preis' es in der That,
Allein ich folge das, was schlimmer, zu erfüllen.“ [2])

„die freie That, zu der dieser Gedanke gehört, hat versammelt und innig verbunden zu einem eigentümlichen Dasein die Elemente der menschlichen Natur“, S. 41 u. 42.

[1]) Schleiermacher, Monologen, I. II. III. Betrachtung. Prüfungen und Weltansicht a. a. O., S. 26—68.

[2]) Die gereimte Uebersetzung findet sich bei Leibnitz a. a. O., Bd. III, S. 514 und ist deshalb hier aufgenommen worden.

Paulus bekennt es unumwunden, daß es für ihn eine Zeit gegeben, in der er mit sich selbst uneins gehandelt: Röm. 7, 15: *οὐ γὰρ ὃ θέλω, τοῦτο πράσσω· ἀλλ' ὃ μισῶ, τοῦτο ποιῶ* und spricht damit die immer wiederkehrende Erfahrung Vieler, wenn nicht mehr oder weniger Aller aus. Und wenn es sich in diesen Fällen um einzelne Actionen handelt, durch solche innere Entscheidungen wird ein besonderer Zustand, ein Hang wiederum begründet, von welchem ganze Reihen von einzelnen Handlungen absolgen, aber nicht als bloße Ergebnisse des so gewordenen Zustandes, sondern theils vermag eine neue Grundentscheidung sich zwischen jene Reihen zu drängen und sie zu modificiren, theils kommt das innere Leben in seiner fortschreitenden Entwicklung mit immer neuen relativ noch für das Subject unbestimmten Gebieten in Beziehung und wird dadurch zu neuen Lebensentscheidungen aufgefordert [1]).

Auch bei dem schon entwickelten Charakter ist es niemals mit vollkommener Gewißheit vorauszusagen, wie er in einem bestimmten Falle sich entscheiden wird und zwar nicht bloß aus dem subjectiven Grunde, weil unsere Kenntnis derselben sowie der mannigfaltigen Bestimmtheit des gegebenen Falls immer eine unvollständige bleibt, sondern auch aus dem objectiven Grunde, weil der Charakter innerhalb des irdischen Werdens niemals ein so festes abgeschlossenes Sein ist, daß er nicht von dem unerschöpflichen Urquell der Willensfreiheit aus noch neue, auch abändernde Bestimmungen empfangen könnte. Fallen denn etwa nur im Drama der Kunst, nicht auch im Drama des Lebens die Personen gelegentlich aus ihrem Charakter? [2])

Nach alle dem kann es nicht als bewiesen angesehen werden, daß der Charakter angeboren, unveränderlich, beharrlich sei, und als solcher mit derselben Nothwendigkeit auf Motive hin reagire, wie der anorganische Körper auf physikalische Ursachen und die Pflanze auf Reize. Der apriorische Beweis hat für uns keine

---

1) Rothe a. a. O., Bd. I, § 75, S. 172; vgl. auch J. Müller a. a. O., S. 80.

2) J. Müller a. a. O., S. 85ff.; vgl. auch daher die Warnung 1 Kor. 10, 12 und Phil. 2, 12.

Kraft, da wir die metaphysischen Voraussetzungen nicht theilen. Der aposteriorische dagegen beruht auf einer Interpretation der Erfahrungsthatsachen, die wir nicht anerkennen können. Aus der Erfahrung geht hervor, nicht, daß der Charakter unveränderlich, sondern im Gegentheil, daß er modificabel ist.

Ist aber der Charakter nicht constant derselbe das ganze Leben hindurch, so kann er auch nicht auf den Reiz, die Einwirkung eines und desselben Motivs immer in einer und derselben Weise nothwendig reagiren, zu allen Zeiten eine und dieselbe That nothwendig hervorbringen. Denn wenn zwar dieselben Factoren immer dasselbe Product nothwendig geben, also in unsrem Fall derselbe Charakter und dasselbe Motiv immer nothwendig denselben Entschluß, so muß sich ebenso nothwendig mit der Veränderung des einen der Factoren auch das Product, also mit dem Charakter auch der Entschluß ändern. Folglich kann derselbe Mensch unter genau denselben Umständen sehr wohl Verschiedenes wollen. Er kann's, weil sein Charakter modificabel ist, weil er ihn selber ändern kann; ändern durch eine neue Grundentscheidung, durch eine innerliche That. Vernunft und bessere Einsicht, Erfolge und Genugthuung, Reue und Gewissensqual, innere Unruhe (uneasiness), die Unzufriedenheit mit seinem gegenwärtigen Gemüthszustand: sie alle können dazu, ein Jegliches an seinem Theile, helfen und ihn dazu bewegen. Genug, er kann.

Der Satz vom zureichenden Grunde, obgleich der Einwand Rothe's[1]), daß dieses „rein logische" Gesetz nichts zu thun habe mit einem nöthigenden Causalzusammenhange, sich vielmehr auf alles Seiende, auch auf das Zufällige erstrecke, nicht ohne Wahrheit ist, nur freilich bei den Verteidigern desselben weder als „rein logisches" Gesetz zugegeben noch auch insofern auf Anerkennung rechnen können wird, als eben bei seiner Allgemeinheit ihm gegenüber das Zufällige als existirend nicht zugestanden wird; der Satz vom zureichenden Grunde mag also unangetastet bleiben und seine allgemeine Geltung als Natur- und Denkgesetz keinem Zweifel unterzogen werden: der psychologische Determinismus Schopen-

---

[1]) a. a. O., § 75, S. 172—182.

hauers ist die Folge nicht. Die Willensfreiheit kann recht gut mit ihm bestehn. Denn mit ihm eingeräumt, daß dieser Charakter und dieses Motiv unter allen Umständen dieselbe That als Product ergeben; so bleibt das Sosein des Charakters immer meine Sache; es hat in meinem bewußten Wollen seinen Grund und kann durch dasselbe geändert werden. Also die Anwendung des Satzes: operari sequitur esse auf das Gebiet der sittlichen Action mag unanfechtbar sein oder doch unangefochten bleiben; das operari ist gleichwol mein verantwortliches Thun, da das esse, mein Charakter, meine Willensrichtung mir nicht angeboren, sondern durch mich geworden ist und wird; und wenn das esse ein anderes wäre, auch ein anderes operari aus ihm folgen würde. Ich bin verantwortlich für meinen so gearteten Charakter und folglich auch dafür, was aus ihm folgt. Der Satz von der ratio sufficiens kann meine Schuld nicht mildern oder auf sich nehmen, denn ungeachtet er besteht, hätte ich anders handeln können, wenn nämlich mein Charakter, das Werk meiner Freiheit, ein anderer gewesen wäre.

Auf diesem Standort scheint es uns kein Widerspruch zu sein, wenn Plato einerseits die Tugend herrenlos nennt [1]), so daß Jeder in ihren Besitz gelangen könne, und andrerseits es als nothwendig bezeichnet, daß man mit schlechter Seele übel, mit guter gut handle [2]). Denn eben die *κακὴ ψυχή* ist eine, die um die herrenlose Tugend nicht geworben, obwohl sie's konnte, sie ist *κακή* mit und durch ihren Willen. Was daraus folgt, fällt folgerecht auf ihre Schultern. So wenig, wie wenn das Neue Testament bei der nachdrücklichsten Betonung der Freiheit und Verantwortlichkeit dennoch wie es von einem faulen Baum nur fauler Früchte sich versieht, von einem sittlich corrumpirten Menschen nur Böses erwartet [3]). Und von Plutarch bis zu dem Neusten unter denen, die sich auf ihn berufen, alle die Männer, welche den Menschen in seiner sittlichen Grundrichtung mit einem Baum und seine Handlungen mit Früchten

---

1) Respubl., T. X, p. 617: *ἀδέσποτον, ἣν τιμῶν καὶ ἀτιμάζων πλέον καὶ ἔλαττον αὐτῆς ἕκαστος ἕξει.*

2) Respubl., T. I, p. 353; vgl. weiter unten.

3) Matth. 7, 17. 18.

vergleichen, haben die Freiheit damit schon nicht angetastet. Ja, es ist folgerecht, daß man Erziehung oder Aufrichtung eines Volks damit beginnt, daß man die Grundrichtung in ihm zu ändern, den sittlichen Baum vor allem zu veredeln sucht. In diesem Sinne citirte der Präfect im französischen Generalrathe, Des Calvados, in diesen Tagen den Plutarch, der da sage: „Will ein Volk sein Heer- und Finanzwesen, seine Verwaltung und Politik bessern, so fange es damit an, daß es in allen Classen die Bildung und Moral habe, denn die Früchte eines Baums sind stets so, wie der Baum selbst beschaffen ist“ [1]).

Wir wissen uns mit diesen Ausführungen durchaus auf dem Boden biblisch-christlicher Anschauung. Nichts Anderes steht Matth. 12, 33 geschrieben. Genau beide Momente, daß einerseits die sittliche Grundrichtung, der Charakter der Baum das freie Werk des Menschen sei und andrerseits diese ihn für die aus ihr je nach ihrem Sosein sich ergebenden Handlungen, für ihre Früchte verantwortlich mache, spricht in präcisester Form der Herr dort aus: *Ἢ ποιήσατε τὸ δένδρον καλὸν καὶ τὸν καρπὸν αὐτοῦ καλὸν, ἢ ποιήσατε τὸ δένδρον σαπρὸν, καὶ τὸν καρπὸν αὐτοῦ σαπρόν· ἐκ γὰρ τοῦ καρποῦ τὸ δένδρον γινώσκεται·* *ποιεῖν* ist in seiner eigentlichen Bedeutung zu fassen und die Stelle zu übersetzen: „Entweder machet den Baum gut und so (und damit) seine Frucht gut oder machet den Baum faul und so seine Frucht faul. Denn aus der Frucht wird der Baum erkannt.“

Die Luther'sche Uebersetzung „setzet“ im Sinne von: nehmet an entweder, daß der Baum gut ist, so werdet ihr auch annehmen müssen, daß die Frucht gut sei ꝛc., so daß der Spruch nichts Andres enthielte als Matth. 7, 18, hat außer anderem besonders die Begründung: „denn aus der Frucht wird der Baum erkannt“ gegen sich [2]), die dazu schlechterdings nicht paßt [3]).

---

1) Vgl. die Zeitungen v. 4. November 1871.

2) Vgl. J. Müller a. a. O., S. 80 Anm.

3) Statt der gegebenen, nächstliegenden, einfachsten, wörtlichen Uebersetzung, welche den tiefen Sinn des Wortes bewahrt, hat man *ποιεῖν* im Sinne von setzen in der Vorstellung, Darstellung nach Analogie des *ποιεῖν* der Poeten genommen und an die monströse Vorstellung Christi als eines

Aber ist das Dilemma damit wirklich schon gelöst? oder nicht vielmehr nur zurückgeschoben? Wenn der Charakter auch das Werk des Menschen, wenn er geworden ist durch sein bewußtes Wollen; verfällt nicht dieses, verfallen nicht die Willensacte, durch die er wurde, dann doch dem Satz vom zureichenden Grunde? Wenn keine Wirkung ohne Ursache und diese für jene zureichend ist, folgt nicht dann auch mein Willensact, welcher Art und in welchem Stadium meines Lebens er auch sei, aus einer Ursache, also nothwendig?

Unzweifelhaft, wenn die Ursache, aus der er nothwendig folgt, ein von mir nicht Gewolltes ist: dann bin ich in jedem Fall gezwungen, so zu wollen, wie ich will. Dagegen ist die Ursache, aus der es nothwendig folgt, daß ich so will, ein von mir selbst Gewolltes, so bin ich nicht gezwungen, so zu wollen, ich muß nicht wider meinen Willen so wollen, sondern es ist vielmehr mein Wille, so zu wollen, ich bin in Beziehung auf diesen Willensact mein eigner Herr, bin frei.

Somit kann das Gesetz vom zureichenden Grunde unsere Freiheit nicht in Frage stellen.

Aber es droht ihr noch von einer anderen Seite her Gefahr. Es ist nämlich richtig: ich kann in jedem einzelnen Falle unter mehreren Möglichen nur ein Bestimmtes thun und folglich auch nur ein Bestimmtes wollen. Schopenhauer schließt daraus die Unfreiheit des Willens. Ist er damit im Recht?

Allerdings kann zu ein und demselben Zeitpunkte von zwei entgegengesetzten Willensacten nur der eine stattfinden, weil ich zu gleicher Zeit nicht zweierlei Entgegengesetztes thun und ich nur wirklich wollen kann, was ich auch thun kann, wovon ich die Ausführbarkeit voraussetze. Thun kann ich aber zugleich Entgegen-

---

Giftbaums (vom Satan begeistert) in den Herzen der Pharisäer gedacht mit lauter Heilfrüchten (Dämonenaustreibungen). Vgl. Lange, Bibelwerk (Bielefeld 1861, Velhagen u. Klasing), Ev. Matth. S. 177, 11, und gegen die Bedeutung „pflanzen" als Instanz angeführt, daß hier mit der Art des Baumes auch seine Frucht gesetzt sei, während dies eben der Gedanke ist, der ausgesprochen werden soll und wird, daß diese mit der Art des Baumes gesetzt werde.

gesetztes einfach deshalb nicht, weil nach einem physikalischen Grundgesetze derselbe Körper zu derselben Zeit sich nicht an zwei verschiedenen Raumstellen befinden, nicht rechts und links hin zugleich gehen kann. Der Leib ist aber der Vollzieher meiner Befehle, mein Wille ist an ihn geknüpft; folglich ist es nach dem physikalischen Gesetz nothwendig, daß ich von zwei Möglichen in jedem Zeitmoment nur Eines will. Aber folgt denn daraus der Determinismus? Weil ich nur Eines wollen kann und also Eines wollen muß, muß dieses Eine denn nun ein Bestimmtes von den beiden oder den mehreren Möglichkeiten sein? Das physikalische Gesetz fordert das nicht. Nur eine unter allen kann geschehen und also auch nur gewollt werden. Aber welche von allen das nun ist, bleibt meiner Freiheit allein vorbehalten, und eben das ignorirt Schopenhauer. Das Eine unter allen, welches es auch sei, macht er, aber nur er und nicht das physikalische Gesetz, zu dem bestimmten Einen, und so ist freilich dann Determinismus da.

Der Determinismus Schopenhauers hat sich demnach als unhaltbar erwiesen und sein Angriff, so beengend und verhängnisschwer er heraufzog, hat die Freiheit und mit ihr die Verantwortung nicht aus der Menschenwelt vernichten und ihren Namen löschen und ihre Wahrheit tilgen können. Die Möglichkeit sittlicher Freiheit hat sich ihm gegenüber unverrückt behauptet. Freilich nicht eine Freiheit, wie die ist, gegen die er kämpft. Aber es ist auch ein Verwirren des Standes [1]) und eben dadurch hüllt er sich in den Schein der Unwiderleglichkeit, daß er kämpft, als werde von den Gegnern eine absolute Macht der Selbstbestimmung für den Menschen in Anspruch genommen. Die reine Wahlfreiheit, das liberum arbitrium indifferentiae oder aequilibrii ist allerdings eine leere Fiction [2]). Das Vermögen, zu demselben Zeitpunkte Entgegengesetztes zu wollen, hat der creatürliche Wille nicht; denn dann müßte er entweder eine Causalreihe von selbst anfangen können, ohne durch eine weitere Ursache bedingt zu sein, und das würde, abgesehn davon daß es dem Gesetze der Causalität wider-

---

1) Rothe a. a. O.

2) wie wir gesehen haben.

spricht, nothwendig als letzte Consequenz eine Aseität nicht bloß im formalen, wie sie der Mensch hat, wie wir sehen werden, sondern im materialen Sinne, wie sie nur Gott eignet, bei dem Subject dieser Freiheit voraussetzen. Oder es müßte unter Umständen die Wirkung aus der Ursache nicht nothwendig folgen, was ebenfalls nicht zuzugeben ist.

Die Möglichkeit der menschlichen Freiheit innerhalb der Welt der Erscheinungen gegenüber den Bedenken der besprochenen Philosopheme eines Kant, Schelling und Schopenhauer wäre damit bewiesen. Die Logik der Thatsachen fügt den Beweis der Wirklichkeit hinzu. Die Geschichte der mehr und mehr zunehmenden Hegemonie des Menschen über die Natur und ihre Kräfte wird sich nicht hinwegdisputiren lassen, und jede einzelne Station dieser in rapidem Wachsen begriffenen Geistesherrschaft ist ein Beleg dafür, daß der Mensch in diesem betreffenden Punkte nicht von der Natur bestimmt wird, sondern sie bestimmt nach seinem Willen, daß er sie sich zum Dienste zwingt. Wäre die Behauptung Kants und seiner Nachfolger von der Naturbestimmtheit des Menschen in der empirischen Welt richtig; so wäre dieser Fall in keinem Punkte möglich. Der Mensch erscheint also in diesem Sinne um so weniger frei, je mehr er in der Form und Sphäre seiner natürlich gesetzten Existenzweise verharrt und je weniger er sich noch nicht in seiner Eigentümlichkeit selbst zu setzen vermag. Völker und Einzelwesen erscheinen auf der Kindheitsstufe mehr dem Banne der Nothwendigkeit unterworfen als in dem Mannesalter; und je mehr das der Fall ist, umsomehr sind sie Naturvölker, Naturmenschen; zugleich Kinder der Unschuld und Genossen des gepriesenen goldenen Zeitalters d. i. des Naturzustandes. Das goldene Zeitalter ist nichts Anderes als jene Anfänge geschichtlicher Entwickelung, in denen der Mensch ohne Reaction und Opposition unter dem schlechthinigen Einflusse der Natur steht, in denen seine Persönlichkeit immer nur einfach durch die materielle Natur bestimmt wird, sich nie durch sie bestimmen läßt, nie ihr selbst nachgibt, und ihr Bestimmtwerden durch sie immer nur ein naturnothwendiges, nie ein sittlichgesetztes ist. Das ist das Zeitalter der kindlichen Unschuld [1]), und so besingen es die Lieder als das Zeitalter des Friedens des Menschen mit der Natur. Von den Hindus an am h. Ganges bis hinauf zu den Skandinaven am wildbewegten Meere: immer wieder klingt die Weise von der goldnen Zeit, aber immer als der Zeit der Harmonie zwischen Mensch und Natur.

Mit der Reflexionslosigkeit schwindet das goldene Alter; wie die aufgehende Sonne langsam die Nebel zertheilt, schwindet die „heitere Unschuld", die gepriesene Seligkeit, der vielbesungene Friede; hat das trauliche Spiel der Kinder ein Ende. Mit dem erwachenden Geist erwacht auch der Kampf des Lebens, der Kampf zwischen den bisher friedlichen Mächten. Mit dem Selbstbewußtsein ist das Bewußtsein um die Natur als ein Anderes, als ein Nichtich, als Eines, das, soweit es hemmt, zum Widerstande reizt, zur Fehde bis zur Niederlage eines von beiden Theilen provocirt, unmittelbar verbunden. „Ich denke" damit zerreißt der Schleier, womit die goldene Zeit den Menschengeist umhüllt, und damit ist der Krieg aller Natur, aller Gewordenseinsweise erklärt: und alle Siege, die in ihm bisher errungen sind und fort und fort errungen werden bis an das Ende der Tage, hätten nie davongetragen werden können ohne den ersten und größten, welchen der Mensch jemals gewonnen hat, daß er zu dem „Ich denke" kam, daß er sich seiner selbstbewußt geworden [2]).

Wie weit der mit der Natur unaufhörlich ringende Menschengeist, ringend, wenn er demselben Boden durch Umsicht und Fleiß immer neue Ernten, wenn er der unfruchtbaren gebirgigen Scholle sein kärgliches Brod abwirbt und sterile Dünen zu freundlichen Gärten mit edlen Hölzern und Strauchwerk in erfinderischem,

---

1) Vgl. Rothe a. a. O., § 191 und Hartung a. a. O., S. 7.

2) Allerdings setzt auch die Sünde das „Ich denke" voraus, aber nicht weniger die Heiligkeit, und wenn der Mensch der göttlichen Bestimmung gemäß sich aus der kindlichen Unschuld zu ihr, anstatt zur Sünde, wie er es gethan, entschieden hätte: das „Ich denke" müßte immer erst vorausgegangen sein; wie allem sittlichen Leben überhaupt, was eben damit anhebt.

rastlosem Eifer umwandelt; ringend, wenn er die Kräfte der Natur in unermüdlicher Forschung erschöpft und ihre Gesetze entdeckt, um sie sich unterthänig zu machen; „daß nicht der Raum die Wirkung des Geistes auf die Körper zu gewaltsam lähmt und schnell des Willens Wink an jedem Ort die Thätigkeit erzeugt, die er fordert; daß Alles sich bewährt als unter den Befehlen des Gedankens stehend, und überall des Geistes Gegenwart sich offenbart; daß jeder rohe Stoff beseelt erscheint und im Gefühle solcher Herrschaft über ihren Körper die Menschheit sich einer sonst nicht gekannten Kraft und Fülle freut" [1]): wie weit er auf dieser Bahn der immer mehr und in unserem Jahrhundert in riesigen Dimensionen an Umfang zunehmenden Hegemonie über die äußere materielle Natur gelangen wird und kann: wer wagt's zu bestimmen? Aber daß er zum Herrn über sie geboren und diese Herrschaft seine Bestimmung ist, besagen die ersten Blätter der Offenbarungs-Urkunde, und in Wirklichkeit wird sein grübelnder Geist nicht rasten und sein Eifer nicht nachlassen, so lange er dieses Ziel als ein noch nicht im ganzen Umfange erreichtes, sondern noch zu erstrebendes erkennt [2]). Es ist die alte und doch immer neue Aufgabe, die ein Jahrhundert von dem anderen überkommt; die gemeinsame Arbeit aller Geschlechter und Völker, aller Berufe und Stände, aller Farben und Zungen, die Arbeit der Menschheit; der Beruf, den Alle üben und treiben.

So weit das Auge des Einzelnen diese Riesenarbeit überschauen kann, sind kaum die ersten, wenn immer mächtigen Anfänge geschehen. Mit ihrer Vollendung ist der Vergeistigungsproceß der den Menschen umgebenden Natur erfolgt: sie ist der menschlichen Persönlichkeit zugeeignet und vollständig als äußere für sie aufgehoben. Dann ist alle Naturbestimmtheit, sofern sie von dem Menschen als Schranke und Hemmnis empfunden wird, überwunden, seine Herrschaft gesichert und in ganzem Umfang entschieden. Der Mensch ist Herr der Natur, wozu er geboren und berufen, und ein neues

---

1) Vgl. Schleiermachers Monologen III, a. a. O., S. 56.

2) Vgl. den Grundgedanken Fichte's: „Die Welt muß mir werden, was mir mein Leib, in welchem bloß geschieht, was ich will; so gelange ich zur Selbständigkeit, unsrem letzten Ziele."

in Wahrheit goldenes Zeitalter beginnt, wieder ein Alter des goldenen Friedens zwischen Mensch und Natur, aber nicht mehr bewußtloser Bestimmtheit jenes durch diese, sondern bewußter Hegemonie dieses über jene, die seinem Willen sich nur in allen ihren Theilen fügt und unterworfen ist: ein Friede nach dem Kampf auf Tod und Leben, ein Friede, der die Bürgschaft ungestörter Dauer in sich trägt, weil er die Möglichkeit des neuen Kampfes selbst ausschließt. —

Auch der Natur gegenüber, die er an sich trägt, erscheint der Mensch, sobald er selbstbewußt geworden, nicht macht- und willenlos. Unfrei ist er auch ihr nicht unterworfen. Die Askese aller Zeiten liefert den praktischen Beweis davon. Als Asket kämpft der Mensch gegen die Herrschaft seines Leibes, seiner materiellen Außenseite; und es ist kein geringer Grad von Unabhängigkeit, zu dem er es auf diesem Wege unter Umständen gebracht hat, ja er kann sie zur absoluten steigern. Er hat die Macht, und leider übt er sie nur zu oft aus, seine leibliche Außenseite nicht bloß zu unterdrücken, sondern sie völlig aufzuheben, sie schlechthin zu negiren, wie es im Selbstmorde geschieht. Ein überzeugenderes und praktischeres Document für seine Freiheit der mit ihm verbundenen materiellen Natur gegenüber als den Selbstmord kann es nicht geben. Was er im Einzelfalle für Motive haben mag, ist hier nicht von Belang. Nur auf die Möglichkeit und Wirklichkeit des Selbstmords unter Menschen kommt es an. „Absolute Askese ist Selbstmord": die Askese in ihrer höchsten Potenz, in ihrer letzten Consequenz. In der Thierwelt, in der niederen Creatur überhaupt wird Selbstmord nirgends gefunden. Die wenigen Beispiele, die man dagegen aufzuführen pflegt, gehören in das Reich der Täuschung oder der Fabel [1]).

Es genügen diese beiden Thatsachen: die Anfänge der Hegemonie des Menschen über die äußere materielle Natur und die erfolgreiche bis zur absoluten Negation sich steigernde Reaction gegen seine leibliche Außenseite, um außer Frage zu stellen, daß der menschliche Wille eine Rolle in der Erscheinungs-, der sensiblen Welt spielt

---

[1]) Vgl. Hartung a. a. O., S. 15.

und einen unleugbar wirksamen Factor ihrer Entwickelung bildet und also Kants und seiner Jünger Behauptung sich als unrichtig erweist, daß innerhalb derselben nur die Nothwendigkeit, nur der Naturmechanismus herrsche.

Aber noch mehr. Es sind diese Thatsachen durchaus nicht etwa nur Beweise einer im Unterschied zu sittlichen so zu nennenden äußeren Freiheit, in dem im Eingange beregten Sinne einer Unabhängigkeit von äußeren Schranken, wie sie etwa dem Menschen auf den Gebieten eignet, auf denen frühere Generationen die Unterwerfung und Zueignung der Natur bereits vollzogen haben; sondern es ist recht eigentlich die Freiheit nach ihrer positiven Seite hin, die sittliche Freiheit, von welcher diese Thatsachen zeugen. Auch die äußere materielle Natur ist für die Persönlichkeit Object der auf sie zu richtenden sittlichen Function. Denn von Natur steht das menschliche Einzelwesen auch ihr gegenüber in einem Abhängigkeitsverhältnis, welches dem Begriff der Persönlichkeit widerspricht und daher sittlich aufgehoben, derselben zugeeignet und an ihr vergeistigt werden muß. Die Bedingungen der Möglichkeit sind gegeben auf Seiten der materiellen Natur vermöge ihres Organisirtseins durch das persönliche schöpferische Princip (die göttliche Persönlichkeit). Dadurch ist sie prädisponirt zur Empfänglichkeit für die Einwirkung der Persönlichkeit. Auf Seiten des menschlichen Einzelwesens vermöge seines eigenen materiellen Naturorganismus, an dem es ein geeignetes Organ für die Function der Persönlichkeit auch auf die äußere materielle Natur hat [1]).

Seiner materiellen Natur aber ist bei dem Inslebentreten des menschlichen Individuums seine Persönlichkeit zugehörig und von ihr abhängig, demzufolge auch von der äußeren materiellen Natur und seiner Außenwelt überhaupt, d. h. es ist von vorneherein entschieden unselbständig. Dieser primitive Zustand widerspricht aber dem Begriff der menschlichen Creatur direct und es ist daher unbedingte sittliche Forderung, daß derselbe geradezu umgekehrt werde [2]).

---

1) Rothe a. a. O., § 171 ff.

2) ebendas. § 187 ff.

Ferner die sittliche Function des Menschen ist gar nichts Anderes als die Wirksamkeit seiner Persönlichkeit auf die irdische materielle Natur, seine eigene und die äußere, um sie zu bestimmen und dadurch sich anzueignen. Der eigene materielle Naturorganismus ist das schlechthin unentbehrliche Organ der Persönlichkeit dabei: deshalb ist die sittliche Function wesentlich das Handeln [1]), d. h. die wesentlich durch ihren materiellen Naturorganismus vermittelte Function der Persönlichkeit auf die materielle Natur. Jede sittliche Function ist ein Handeln und alles Handeln ist sittlich. Eine jede Function der menschlichen Persönlichkeit, also des Selbstbewußtseins und der Selbstthätigkeit ist wesentlich ein Handeln, denn nicht bloß ist jede unmittelbar auf die materielle Natur gerichtet, um sie anzueignen [2]), sondern auch jede durch ihren materiellen Naturorganismus, den Leib, vermittelt [3]). Auch unser Wollen und Denken sind ein Handeln d. h. wesentlich durch unseren materiellen Naturorganismus vermittelt, daher auch mit physischer Anstrengung und Erschöpfung verbunden [4]). In jedem wirklichen Handeln müssen Selbstbewußtsein und Selbstthätigkeit zugleich wirksam sein; ein bloß äußeres Handeln gibt es daher nicht, denn das dazu erforderliche Selbstbewußtsein ist wesentlich ein Inneres und nach Innen hin Wirkendes. Ein bloß inneres kann es insofern geben, sofern die Function der Selbstthätigkeit nicht über die eigene materielle Natur hinaus zu gehen braucht. Sonst aber bilden erst beide Seiten, die innere und äußere, die wirkliche Handlung. Das Handeln des Selbstbewußtseins auf die

---

[1]) Handeln a potiori von Hand, dem besonders bei sittlichen Functionen dienenden Gliede des Naturorganismus. Bloß der Mensch hat Hände. Handeln daher nur die Sache des sinnlichen Personwesens. Gott handelt nicht, daher auch ihm keine Sittlichkeit zukommt: Er thut und wirkt.

[2]) Auch die Einwirkung der Persönlichkeit auf Persönlichkeit ist eine Einwirkung unmittelbar auf die materielle Natur, denn sie ist immer vermittelt durch die Einwirkung auf die mit der Persönlichkeit geeinigte materielle Natur.

[3]) Vgl. Fichte: „Wir können Nichts thun, ohne ein Object in der Sinnenwelt zu haben."

[4]) Vgl. Rothe a. a. O., § 193 ff.

materielle Natur ist ein sich in sie hinein Abbilden vermittelst seines in sie Eingehens d. h. erkennendes Handeln, erkennen. Das Handeln der Selbstthätigkeit auf die materielle Natur ist ein sich die materielle Natur als Organ Anbilden, d. h. bildendes Handeln, bilden. Das Erkennen ist ein Aufnehmen des Daseins in das Bewußtsein, das Bilden ein Hinaussetzen des Bewußtseins in das Dasein, das Erkennen ein Denken des Gesetzten, das Bilden ein Setzen des Gedachten, alles Erkennen Erinnerung eines Aeußeren, alles Bilden Veräußerung eines Inneren [1]). Erkennen und Bilden sind immer irgendwie in einander; und jedes Erkennen schließt zugleich ein Bilden ein und umgekehrt. Das Erkennen ist zugleich ein Bilden nämlich der eigenen materiellen Natur des erkennenden Subjects zum Organ des Selbstbewußtseins, und ebenso das Bilden zugleich ein Erkennen nämlich der einzubildenden Idee und des zu bildenden Stoffs. Jedes Erkennen ist zugleich ein Wollen und zwar näher ein Sichentschließen und ein Thun; und jedes Bilden zugleich ein Denken und zwar ein Urtheilen und ein Begreifen. Die Vollkommenheit beider, des Erkennens und des Bildens, besteht darin, daß in ihnen Selbstbewußtsein und Selbstthätigkeit schlechthin in einander sind, dann sind sie schlechthin vernünftig und frei. Das ist erst am Schluß der sittlichen Entwickelung erreichbar [2]). Aber die großartigen Errungenschaften auf dem Gebiete der äußeren materiellen Natur, diese gewaltigen Ergebnisse eines mehr oder weniger vollkommenen Ineinander von Erkennen und Bilden sind lebendige Zeugen der Macht der Freiheit schon in dem Aeon der Entwickelung, schon in der in dieser Hinsicht großen Gegenwart, in der concreten Welt.

Aber sie sind die einzigen Zeugen nicht. Es ist schon angedeutet, daß diese praktischen, im eminenten Sinne praktischen Reactionen gegen die Gewordenseinsweise um ihn und an ihm zu ihrer Voraussetzung das „Ich denke“, das Selbstbewußtsein als erste und als größte That des Menschen haben, und eben dieses ist schon ein Act der Freiheit. Die Frage, ob der Mensch von seiner materiellen

---

[1]) a. a. O., § 198 ff.

[2]) Vgl. Rothe § 201 und § 202.

Seite in seinem Handeln nicht bloß in dem eben erörterten, sondern in jedem Sinne abhängig sei, ob seine Freiheit nicht im Banne seiner Naturcausalität liege, ist damit schon gewissermaßen entschieden. Indem er sich in gewissem Sinne aller Natur gegenüber, sowol der außer als der an ihm seienden als Ich gegenüberzusetzen im Stande ist, weiß er sich in dieser Beziehung unabhängig von der Basis seiner Naturpersönlichkeit, des Leibes.

Indem er sich als Individuum an und für sich der ganzen Welt, die Nichtich ist, entgegenstellen und wenigstens den Entschluß fassen kann, auch gegen dieselbe zu reagiren, sie um- oder sich an- oder einzubilden, hat er als diese Einzelpersönlichkeit in einem gewissen Sinne formell sogar Aseität; er ist formell causa sui ipsius und zwar in geistiger und, wenn der Physiognomik nicht alle Wahrheit fehlt, selbst annähernd in leiblicher Beziehung; er ist personbildend, Ebenbild Gottes, d. h. dessen, der die Aseitas in formaler und materialer Hinsicht hat, der seinem Namen nach der ist, der sich durch sich selbst gesetzt hat. Indem der Mensch über sich reflectirt, über sich als Natur, über sich als Geist, beweist er seine Freiheit. Cogito ergo sum — liber [1]).

Indem er reflectirt über die Möglichkeiten in dem concreten einzelnen Fall, wo er zum Handeln schreitet, die ihn zum Ziele führen können, indem er die Chancen der einen gegen die der anderen abwägt, indem er ein selbstgestecktes, ein unter vielen oder doch mehreren Möglichen erwähltes Ziel in Aussicht nimmt, indem er vor allem Handeln überlegt, erwägt, beurtheilt, ob das, wozu er den Impuls von innen oder außen her erhalten, was er vorhat, zweckmäßig oder unzweckmäßig, erlaubt oder unerlaubt, recht oder unrecht und also werth ist, gethan zu werden oder besser unterlassen wird, beweist er in gewissem Sinne seine Freiheit: Cogito, ergo sum liber.

Man hat diese die Freiheit der Intelligenz [2]) genannt, aber da zu einer Erwägung, ob sie in stillerer oder heftigerer Reflexion

---

[1]) Vgl. Hartung a. a. O., S. 14 u. 15.

[2]) Drobisch a. a. O., S. 73. Nicht im Sinne der im Eingange nach Schopenhauer so genannten „intellectuellen Freiheit“.

die Gründe für und wider gegeneinander hält, stets eine mehr oder weniger intensive Sammlung, eine Concentration des Ichs erforderlich ist, wodurch die Begierden, Leidenschaften und selbstsüchtigen Wünsche wenigstens zeitweilig zurückgehalten werden; da die Intelligenz und der Wille nicht „zwei distinkte reelle Wesen" in der Seele sind [1]), von denen das eine unabhängig von dem anderen wäre; da das Object der Sittlichkeit nicht der Wille im Gegensatz zum Denken, vielmehr auch das Denken wesentlich Handeln und daher ein sittlicher Act ist und dieser Gegensatz überhaupt gar nicht existirt [2]); da demzufolge die sittliche Freiheit nicht auf den Willen als solchen zu beschränken ist, sondern mit gleicher Entschiedenheit das Denken angeht und der sittliche Denkact nicht weniger als der Willensact verantwortlich macht [3]): so tragen wir Bedenken, den terminus zu übernehmen und die Beschränkung, die er der so zu Tage getretenen Freiheit auferlegt, anzuerkennen. Es ist die Freiheit des Ichs, die sich so in gewissem Sinn documentirt. Dasselbe wägt und sinnt, bevor es handelt, und gibt sich nachher Rechenschaft, warum es handelte. Es weiß sich vor und nach als das, ohne welches die That nimmer geschehen wäre, als das, welches die That vollzog, nicht weil es mußte, sondern weil es konnte und wollte.

Daher das Schuldbewußtsein und die Reue mit ihrem Stachel nach der bösen That. Beide sind nicht nur Erweise dafür, daß diese eine aus der Freiheit entspringende gewesen, daß der durch sie verfolgte Zweck und demnach die Qualität der Handlung allein Sache des Subjects waren, sondern sie sind selbst die freiesten Thaten und haben nur als solche Sinn und Werth. Die Reue ist nämlich nichts Anderes als die freie Negation oder Aufhebung der bösen Handlung, wenigstens für das Subject, so daß dasselbe dadurch dieselbe als nicht mehr zu sich gehörig betrachtet und betrachtet wissen will. Das Schuldbewußtsein, welches dasselbe ist

---

1) Locke, essay II, ch. 21, § 6; vgl. auch Hartung a. a. O., S. 10, Anm. 25 im Osterprogramm 1871.

2) Rothe a. a. O., § 1, S. 1—5.

3) Vgl. Matth. 12. 37: „ἐκ γὰρ τῶν λόγων σου δικαιωθήσῃ καὶ ἐκ τῶν λόγων σου καταδικασθήσῃ."

als Zustand, was die Reue als That, ist insofern der Zustand der tiefsten Nichtbefriedigung, als das Subject, indem es mit seiner That nicht zufrieden dieselbe verdammt, zugleich sich selbst verurtheilt, wodurch also die That zum selbständigen Eigentum des Subjects gestempelt wird, d. h. zur freien [1]). Die Thatsache der Reue und des Schuldbewußtseins ist entscheidend denen gegenüber, welche alle Handlungen des Menschen als nothwendige d. h. unfreie Producte der soseienden Persönlichkeit und der umgebenden Verhältnisse betrachten; entscheidend für die relative Freiheit nicht etwa nur der Intelligenz, sondern im ganzen Umfange des Ichs: Die Reue ist im vollen Sinne That, und wenn sie keine in Erscheinung tretende Folge hätte, recht eigentlich That des Intellects und Willens, That des Ichs.

Andererseits ist die Thatsache der Reue und des Schuldbewußtseins von der Macht des Gewissens, einer Macht, die dem Menschen nicht entgegentritt, sofern er Natur, sondern sofern er Geist ist und der er widerstreben, aber die er doch nie aufheben kann. Die Schranken, die ihm bei der Uebung der Willensthätigkeit, bei dem Sichübersetzen in die Außenwelt entgegentreten, sofern er Natur ist, sei es nun von seiner eigenen Naturbasis, sei es von der ihn umgebenden Natur, kann er, wir sahen es, sofern er zugleich ein Ich ist, durchbrechen, indem er sein eigenes Natursein aufhebt und dadurch nicht nur von seiner Natur und ihren Bedürfnissen, sondern auch von der Natur überhaupt, indem er jedes Band, das ihn an sie knüpft, zerreißt, frei wird. Den ewigen, näher sittlichen Gesetzen gegenüber, die stets nur ein Sollen, nie ein Müssen, eine physische Nothwendigkeit zum Ausdruck bringen, dagegen steht er anders.

Er mag sie wieder und immer wieder thatsächlich, d. h. durch Uebertretung, Unterlassung, negiren, er mag sie möglichst ignoriren, sie bleiben doch für ihn vorhanden, sein böses Handeln behält beständig den Charakter der Reaction gegen sie. So wenig sie

---

1) Vgl. Programm des Gymnasiums zu Wittenberg, Ostern 1871; Freiheit und Nothwendigkeit von Dr. Alb. Hartung (Wittenberg 1871, Woldemar Fiedler), S. 2, Anm 4.

ihn mit physischem Zwange an sich fesseln, so wenig sie ihn zwingen können oder nur zwingen wollen, das oder jenes nicht zu thun oder zu thun, so wenig können sie gestrichen werden von der Geistbasis des Menschen, gerissen werden aus der Menschenbrust. Dieses dem Menschenherzen eingeimpfte angeborene Gesetz auslöschen, würde nichts Anderes heißen, als ihn, sofern er Geist d. h. ewig ist, selbst vernichten; wozu weder er noch ein Anderer die Fähigkeit besitzt. Es kann nur dadurch für ihn als Schranke, als Aeußeres aufgehoben werden, daß ers will [1]), daß sein Inhalt der Inhalt seines freien Willens wird, daß das objectiv Gute in ihm subjectiv wird, daß er in schlechthin selbstbewußter Selbstthätigkeit constant dasselbe thut und sein Wille eins mit dem Gotteswillen wird: deo servire vera libertas. Es ist das letzte Ziel der sittlichen Entwickelung und erst an ihrem Ende erreichbar. Es ist die höchste Freiheit, die sich denken läßt. Die menschliche Persönlichkeit als religiös bestimmte handelt ihrem innersten gottentsprossenen Wesen, das die Sünde dem Blick verhüllen und entziehen, aber nicht vernichten kann, gemäß, wenn sie constant das Gute will. Noch früher als das cogito des Menschen ist das cogitor sc. a deo, und wenn das cogito ergo sum als Grundprincip der Speculation aufgestellt worden und dieses Princip, wie man gesagt hat [2]), in speculativer Beziehung eine gleiche Bedeutung hat, wie in politischer das von Mirabeau ausgesprochene Wort: „la revolution française fera le tour du monde“ und in allen verschiedenen Ausläufen der speculativen Strömung der neueren Zeit das Grundferment geblieben war, so haben mit nicht geringerem Rechte von Jacob Böhme bis Franz von Baader die Theosophen den umgekehrten Weg eingeschlagen mit dem Princip: cogito quia cogitor oder cogitor ergo sum. Mein von Gott Gedachtwerden ist nicht bloß früher als mein Denken, sondern dieses ist nur möglich durch jenes. Nur sofern Gottes Denken

---

[1]) Vgl. Schellings Werke II, 3. S. 206: „Gott selbst kann den Willen nichts anders als durch ihn selbst besiegen.“

[2]) Vgl. Baron Friedrich von Osten-Sacken, Franz von Baader und Louis Claude de St. Martin (Leipzig, Verlag des literarischen Instituts, 1860), S. 5.

des Menschen Denken durchdringt, denkt dieser. Weil Gott, mich denkend, mein Denken durchdringt, und ich mich durch ihn gedacht finde, ist Gottes Gedanke mein Gedanke, und ich könnte gar nicht sein, wenn ich von ihm nicht gedacht würde.

Wir könnten vom Absoluten gar Nichts wissen, wenn Gottes Denken des Menschen Denken nicht durchdränge. Nichts ist also primärer, Nichts ursprünglicher in uns als der Gedanke Gottes und erst durch ihn ist unser Denken möglich und ohne ihn ist unser Sein nicht möglich. Es ist daher eine Bestimmtheit unseres eigensten innersten Wesens, von der allein wir uns zum Handeln bestimmen lassen, wenn wir constant das Gute wollen und thun; d. h. wir sind in dieser Hinsicht frei, und unser freie Wille hat sich mit seinem wahrhaften Inhalt vollkommen erfüllt.

Man spricht in diesem Falle von realer im Unterschied von formaler Freiheit, aber da jene, die volle Entschiedenheit des Menschen für den Gotteswillen, überhaupt nicht denkbar und am wenigsten als Freiheit, als höchstes Selbstsein des Menschen zu begreifen wäre, wenn sie nicht aus dieser hervorginge und zu ihrer wesentlichen Voraussetzung und Bedingung hätte; da aber auch die formale Freiheit auf dem sittlichen Gebiete gar keine andere Bestimmung hat als in die reale überzugehen; so ist es nicht angemessen, von zwei Freiheitsbegriffen zu reden, sondern beide sind nur Momente eines Begriffes und zwar das erste ein solches, „welches bestimmt ist, in der Verwirklichung der Freiheit vorüberzugehen" [1]). Das Auchanderskönnen ist auf dieser Stufe ausgeschlossen, doch bloß, weil und wenn es der freie Wille selbst ausschließt, so daß der Ausdruck Nothwendigkeit [2]) uns auch in diesem Stadium der Freiheit nicht geeignet erscheint. Auf Erden finden wir sie nicht; sie bleibt das Ziel, nach dem die Besten ringen.

Auf sie als letztes Ziel weist die uneasiness, von welcher Locke spricht, und die auch Leibnitz anerkennt, am meisten aber Herbart geltend macht, die innere Unruhe in allem Wollen und

---

1) Vgl. J. Müller a. a. O., S. 36.

2) Vgl. Augustins „felix necessitas boni".

Streben, die Unzufriedenheit mit unsrem gegenwärtigen Gemüthszustand, die innere Spannung, die nicht eher gelöst und ausgeglichen wird, als unsere Freiheit eine reale geworden ist und sich mit ihrem wahrhaften Inhalte erfüllt hat. Sie macht's nicht sowol begreiflich, „wie die an sich willenlose, darum aber auch machtlose bloße Einsicht eine Herrschaft über den allein Machtgebenden Willen ausüben" [1]) könne, denn eine willenlose Einsicht auf dem sittlichen Gebiete gibt es nicht, da, wie wir sahen, Selbstbewußtsein und Selbstthätigkeit, Denken und Wollen, Erkennen und Bilden in der sittlichen Function des Menschen, im Handeln immer mehr oder weniger in einander sind; als ist vielmehr selbst der gefühlsmäßige Ausdruck der besseren Einsicht und des besseren Wollens; oder sagen wir lieber: der mehr oder weniger bewußte gefühlsmäßige Ausdruck des Gewissens. Sie drängt uns immer wieder zu dem Guten hin als dem, was unserer innersten Anlage das allein Angemessene ist, und heftet sich an jedes Bösen Ferse und folgt als Stachel jeder Sünde. Unfreiwillig und ungerufen, wie sie kommt, läßt sie sich wohl sophistisch deuteln, überhören, ignoriren; aber ertödtet werden kann sie nicht. Ihr unzerstörbares Leben verbürgt die Möglichkeit der Umkehr, und jede Umkehr muß bei ihr beginnen oder doch durch sie vermittelt werden. Diese uneasiness, welche dem Menschen so viel zu schaffen macht, ist nächst der göttlichen Erbarmung für ihn als Sünder das unschätzbarste Gut und sogar diese kann ihm nur unter der Voraussetzung jener werden. In ihr ist mit der Möglichkeit der Umkehr die Unverlierbarkeit der Freiheit gleichzeitig gesichert. Allerdings mag sie im beharrlichen Dienste der Sünde nur potentiell, wie Anselm von Canterbury [2]) lehrt, vorhanden sein, aber genug sie ist da, und „seine Freiheit kann dem Menschen weder ein Anderer noch er selbst sich nehmen; denn sie haftet ihm mit seinem Wesen (naturaliter) an" [3]). Die Unverlierbarkeit der Freiheit als potestas meinen wir freilich noch in einem anderen Sinn, als sie Anselm, wenn

1) Vgl. Drobisch a. a. O., S. 87.

2) Cf. dial. de libero arbitrio. Opp., T. I, p. 174—182.

3) Cf. c. X: „et a libertate sua nec per se, nec per alium potest privari. Semper enim naturaliter liber est" etc.

immer im Gegensatz von Augustin, festhält: wol eine Kraft, die, auch wenn sie gebunden ist, Kraft bleibt [1]), wol ein Vermögen, das, auch wenn es sich nicht bethätigt, Vermögen zu sein nicht aufhört, aber doch ein solches, das unter Umständen sich wieder bethätigen kann, eine potestas, welche eben als solche die Möglichkeit der Actualisirung in sich trägt. Also nicht in dem Sinne: „der Wille bleibt frei, wenn er auch unfrei ist" [2]), sondern: der Wille behält die Freiheit potentiell, wenn er sie actuell auch zeitweilig verloren hat, d. h. wenn er aus freier Entscheidung sich in den Dienst, ja in die Knechtschaft der Sünde begeben hat und nun sich ihrem Gesetz beugt. Die virtuell unverlorene Freiheit ist unerläßlich für die Möglichkeit der Umkehr, sie eben hält den Rückweg offen, während sie nach Anselm von Canterbury's Lehre diesen Beruf nicht hat.

Ihr Genus, der Gattungsbegriff der Freiheit ist der des Vermögens (potestas); alle übrigen Bestimmungen sind differentiae d. h. solche, welche dieses Vermögen, die Freiheit, von allen anderen Vermögen unterscheiden sollen. Das Vermögen ist in seiner Aeußerung gehemmet im Dienst der Sünde, und diese Hemmung wird mehr oder weniger empfunden, sie tritt bald deutlicher bald weniger deutlich in's Gefühl als freiwillige Knechtschaft. Es ist nicht lediglich das Gefühl der Ohnmacht, welches dem sündigen Herzen eigentümlich ist, sondern durchaus das der selbstgewollten Ohnmacht, und eben darin liegt der Stachel, der auch der Ausdruck der unverlierbaren Freiheit; nicht das Gefühl des Schlechterdings-Nicht-Anders-Könnens, sondern des Schlechterdings-Nicht-

[1]) Vgl. Hasse, Anselm von Canterbury, 2. Theil (Leipzig, Engelmann, 1852), S. 389.

[2]) C. XI dial. de libero arbitrio: „quando non habet praefatam rectitudinem, sine repugnantia et servus et liber est (homo). Quia redire non potest a peccato, servus est; quia abstrahi non potest a rectitudine, liber est." Cf. c. XII: „non ob aliud est homo servus peccati, nisi quoniam per hoc, quia nequit (per se) redire ad rectitudinem aut recuperare aut habere illem, non potest non peccare." Allerdings will das (per se) nicht übersehen sein; per alium potest reverti c. X, aber die potentielle Freiheit spielt und erhält dabei keine Rolle.

Anders-Wollens, welches der Verhärtung und Verstockung des Gemüths charakteristisch ist. Mit dem lebendigen Gefühl der Ohnmacht fällt schon der erste Lichtstrahl einer neuen, sittlich besseren Zeit in das Herz; und es beginnt der Bann gelöst zu werden. In der verkehrten Willensrichtung liegt nicht bloß der Erklärungsgrund der Trübung der Erkenntnis, welche die Verhärtung psychologisch ermöglicht, sondern diese Trübung ist selbst eine thelematisch irgendwie bestimmte, näher causirte, sie ist selbst ein sittlicher Act von verantwortlichem Charakter. Je abnormer die sittliche Entwickelung ist, um so mehr allerdings schwindet die [formale] Freiheit, doch aufgehoben wird sie nicht, so lange es noch ein Minimum von Entwickelung gibt [1]), und dieses Minimum werden wir nie absprechen dürfen. Die heilige Schrift spricht es nur in dem Fall der τοῦ πνεύματος βλασφημία [2]) ab, und dieser kann kein Mensch den anderen zeihen, weil ihm die Einsicht dazu fehlt.

So hat der Mensch die formale, die Wahl-Freiheit unverlierbar. Er hat beständig das Vermögen, zu wollen, mit dem ausdrücklichen Bewußtsein anderer vorliegenden Möglichkeiten. Wenn der Künstler, der Dichter nicht schwankt und nicht wählt bei der ursprünglichen Conception seiner Schöpfungen, sondern sich getragen und durchdrungen fühlt von dem Genius, der in ihm wirkt; so ist doch keine Frage, daß er als [freie] Persönlichkeit sich seinem Wirken auch entziehen und nicht nachgeben könnte. Wenn, je vollkommener ihm sein Entwurf gelingt, ihm desto weniger dabei einfällt, daß er ihn auch anders machen könnte; so steht doch fest, daß er es thun könnte. Also der Mensch, wie er aus Gottes Hand hervorgegangen. Wenn er sich getragen und durchdrungen fühlt von der Thätigkeit Gottes in ihm und sein innerstes Wesen bejaht, wenn er sie zum Inhalt seines Willens macht, so kann er gleichwohl auch ihr widerstreben.

Aber wie der Genius nicht stirbt, so auch das Gewissen nicht; und die im Widerstreben nur gehemmte Freiheit ermöglicht die Rückkehr: der Widerstrebende kann nachgeben, der Verneinende be-

---

1) Vgl. Rothe a. a. O., § 75, S. 180 ff.
2) Vgl. Matth. XII, 31.

jahen. Eine Freiheit der Wahl und doch als letztes Ziel eine Freiheit, die unsrem innersten Wesen entspricht und mit einem ewigen Inhalt sich wahrhaft erfüllt.

2.

Neue Auslegung der Stelle Matth. 11, 12: *ἀπο δε των ἡμερων Ἰωαννου του βαπτιστου ἑως ἀρτι ἡ βασιλεια των οὐρανων βιαζεται, και βιασται ἁρπαζουσιν αὐτην.*

Von

Ferd. Fr. Zyro in Bern.

Bereits einmal, im Jahre 1860, haben die Theologischen Studien und Kritiken einen Versuch von mir, diese schwierige Schriftstelle zu beleuchten, gebracht. Und ich erkenne nicht Weniges, das ich damals geschrieben, noch jetzt für wahr und richtig an. Aber seit dieser Arbeit sind 12 Jahre verflossen, und, wenn auch nicht jeder neue Tag, wie ein französischer Publicist in nationalem Hyperbolismus gemeint hat, uns zu neuen und richtigern An- und Einsichten bringt, so liegt es doch in der Natur des lebendigen Menschengeistes, stets im Forschen vorwärtszuschreiten, und nicht müde zu werden, Alles zu prüfen, nicht die Meinungen Anderer allein, sondern vorab seine eigenen (Matth. 7, 8), denn mit Recht sagt Cicero (Orat. 1): „par est omnes omnia experiri, qui res magnas et magno opere expetendas concupiverunt“. Und was Größeres, der fortgehenden Untersuchung Würdigeres und Bedürftigeres könnten wir evangelische Theologen haben als die heilige Schrift, zumal des Neuen Testamentes. Oder könnte wol einer so verblendet sein, sich einzubilden, die „Wissenschaft“ habe bereits alles fertig gebracht, es sei in der Bibel nichts mehr zu ergründen übrig, oder wenigstens er für sich finde sich mit allem im Klaren? Gewiß gilt noch heute, was der alte hochgelehrte Johannes Coccejus in einer Zuschrift an eine deutsche Frau, an die Pfalzgräfin Maria Eleonora von Brandenburg (wohl zu merken!), Herzogin von Bayern, unterm 12. Juni 1663 geäußert hat: „Es muß in Auslegung der Schrift fortgegangen werden, und wird nimmer eine Uebersetzung so viel gelten als Gottes Wort selbst.“

So bin auch ich allerjüngst, da ich eben mit einer Auslegung des ganzen Matthäusevangeliums beschäftigt bin, trotz meiner 70 Lebensjahre zu erneuerter Untersuchung obgenannter Stelle, einer wahren crux interpretum [1]), gekommen. Das Ergebnis dieser Untersuchung ist, daß ich nicht nur (und zwar nicht durch den hochverdienten Meyer) zur Einsicht gekommen bin, meine 1860 aufgestellte Ansicht sei in dem Hauptpunkte unhaltbar, gleich den zahllosen Anderer, auch Meyers, sondern daß der Knoten ganz anders zu lösen sei und wirklich gelöst werden könne und zwar im Sinne des von mir am Schlusse meines Aufsatzes von 1860 (S. 409) gemachten Vorschlags, den ich nun jetzt entwickeln und begründen will. Dieses Samenkorn schoß jetzt erst in Halm. Indem ich also alle bisherigen Erklärungsversuche — und es sind ihrer nicht wenige, und manche, die ich sogar bewundern kann — verwerfen muß, gedenke ich der kühnen Worte des sonst so staatsmännisch klugen Erasmus in seinem Commentar zu unserer Stelle: „Etiamsi me non fugit, Hieronymum, Augustinum, cumque his plerosque secus hunc locum interpretari; Verum liceat et a probatissimis autoribus alicubi dissentire, quandoquidem illi non solum fuerunt homines, verum permisere sibi in tropologia nonnunquam abuti Scripturae testimoniis.“ [2]) Und wenn ich sogar die Vermuthung, ja Ueberzeugung nicht verhehle, das Richtige endlich entdeckt zu haben, so wird meine ganze Darlegung ausweisen, ob es bloße Einbildung und Selbsttäuschung,

---

[1]) Voller Unmuth ruft Stier, die „querköpfigen“ Exegeten geißelnd, aus: „Was käme nicht alles in der Exegese vor!“ In der That! den wackern Mann trifft aber seine eigene Faust (Matth. 7, 3).

[2]) Wie viele papistische Theologen wagten es heute, in solcher Weise sich im Widerspruch mit der römischen Curie auszusprechen, welche mit unerhörter Hartnäckigkeit die Forderung stellt: daß nur diejenige Lehre echtkatholisch sei, welche mit den „Vätern“ übereinstimmt. Die heilige Tradition!

oder ob es Wahrheit sei. Ich bin himmelweit entfernt von eitler Neuerungssucht und von Haschen nach Effektmacherei u. dgl. — mein Alter wie mein ganzer Charakter schützen mich vor solcher Verirrung — aber eben so frei weiß ich mich von aller Starrheit und Verknöcherung wie von der vis inertiae, oder von Eigensinn, so sehr ich an dem festhalte, was ich bei fortwährender Prüfung für richtig ansehen muß, wie z. B. an meiner Auffassung der Parabel vom „klugen Verwalter" (Luk. 16) und der „seufzenden Creatur" in Röm. 8.

Frägt man mich nun, was ich denn an allen bisherigen Deutungen auszusetzen habe, so ist es einerseits die Gewaltthätigkeit, die man sich an der Sprache und an den Gedanken erlaubt, anderseits der Mangel an Beachtung und tieferem Verständnis des Zusammenhangs, ohne und außer dem man unsere Stelle nicht verstehen kann. Es herrscht noch vielfach eine ganz unbegreifliche Willkür, ein Mangel an strenger Wissenschaft, wie er unsern Tagen fremd sein sollte, eine wahrhafte *ἀνομια*! *Βιαζεται ἡ γνωσις* und *βιαζεται ἡ βασιλεια*! Mein hermeneutischer Grundsatz ist [1]: jedes Wort und jede Ausdrucksweise (Phrase) zu fassen so, wie der Sprachgebrauch überhaupt und der Verfasser insbesondere, und speciell das betreffende Schriftstück, und der ganze Zusammenhang es grammatisch und logisch mit sich bringt, also daß alle subjective Deutelei, sei sie welcher Art irgend, wegfallen muß. Ein Anderes ist dann, den herausgefundenen Sinn und Inhalt zu verwerthen für die Theologie, Dogmatik, Praxis u. s. w. Das gehört vor den Richterstul des Gewissens im engern Sinn, namentlich des homiletischen [2])!

---

[1]) den schon der treffliche Basler Werenfels in seiner Inauguralrede (Opusc. 1782, T. I, p. 399) ausgesprochen hat, vor allen *παρερμενειαις* warnend.

[2]) Ein Witzkopf könnte geneigt sein zu sagen: unsere Stelle habe ihre beste Exemplification und Illustration in der neuesten Geschichte des Untergangs der weltlichen Papstherrschaft erhalten, da ja die römische Curie ihr imperium oder regnum für die *βασιλεια τ. οὐρανων* hält und die *βιασται ἁρπασαντες* von Florenz gekommen sind! sie gilt aber nicht minder und anders, der Kirche überhaupt, die protestantische nicht ausgenommen.

Was nun in unserer Stelle vor allem in's Klare gebracht werden muß, ist der Begriff der *βασιλεια τ. οὐρανων*, darach der Zusammenhang rückwärts und vorwärts, und zuletzt das, was den wesentlichen Streitpunkt oder das corpus delicti bildet.

I. Die Idee des „Himmelreichs" ist unzweifelbar die Grund- und Hauptidee unsers Herrn, das wesentlich Neue im Gegensatz der alten Glaubensvorstellung und Lebensordnung, der jüdischen Theokratie, die auf dem Gesetze, den Propheten und den spätern Satzungen beruht. Irrig hat man den Begriff des Himmelreichs für gleichbedeutend mit dem des „Gottesreichs" gehalten — wie z. B. noch Kling (in Herzogs Encyklopädie, Bd. XII) und Baur (Neutest. Theol., S. 69), Hartmann (Verbindung, S. 814) und auch Lutz (Bibl. Dogmatik, 1847, S. 195), welcher zwar, indem er „das ewige Leben als Gemeinschaft" darstellt, „des himmlischen Jerusalems" als bildlicher Verherrlichung der Idee vom Reiche Gottes erwähnt, das „Himmelreich" selbst aber mit keinem Worte nennt. Diese Vereinerleiung beider Begriffe ist uralt, schon Isidor von Pelusium schreibt an Bischof Arabianus, einige hielten das Gottesreich für höher als das Himmelreich, andere dagegen erklärten beide als unum et idem; welche von beiden das Richtige getroffen haben mögen, überlasse ich deiner Weisheit zu beurtheilen!" Ebenso in einem Briefe an Presbyter Daniel. So sehr verwandt freilich beide Begriffe unleugbar sind, so dürfte der Unterschied beider doch zunächst dahin bestimmt werden können, daß wir uns als das Centrum des Gottesreichs Gott zu denken haben, als das Centrum des Himmelreichs dagegen den Himmel, und das heißt Christus[1]), wie denn (Joh. 18, 36) Jesus zu Pilatus spricht: *εἰ ἐκ του κοσμου τουτου ἦν ἡ βασιλεια ἡ ἐμη κ. τ. λ.* Und so gewiß Gott „alles in allen" ist, so gewiß muß auch das „Gottesreich" alles umfassen, was im Himmel und auf Erden ist. Wie aber Gott ferner zu denken ist einerseits als der unsichtbare Geist, anderseits als das schlechthin erhabene Wesen, so bezeichnet das Gottesreich ferner einerseits den Gegensatz aller sicht-

---

[1]) Vgl. Hebr. 5, 1; Matth. 3, 16; 2 Joh. 51; Hebr. 9, 11. 24.

baren Reiche und Wesen, anderseits den Gegensatz alles Niedern, Irdischen, Stofflichen — wie denn auch Jesus in Matth. 6, 33 ermahnt, zu suchen vorab das Gottesreich, und nicht die irdischen Güter des Leibes. Ferner wird Gott als der absolut Gute und Heilige im Neuen Testament als Gegensatz des „Bösen" (des persönlichen und des sachlichen, oder des concreten und des abstracten, des Teufels und der Sünde) bezeichnet, wie wiederum Jesus selbst in Matth. 12, 28 sagt: εἰ δὲ ἐν πνευματι θεου ἐγω ἐκβαλλω τα δαιμονια, ἄρα ἐφθασεν ἐφ᾽ ὑμας ἡ βασιλεια του θεου (nicht ἡ ἐμη). Und so ist denn das Reich Gottes der Gegensatz des Reichs aller bösen und gottlosen Menschen, „die im Argen sind", sowie der „bösen Geister" (δαιμονια). Endlich, wie Gott im Sinn und Glauben der Juden der besondere, particulare Gott und König Israels war, so galt das ganze Land und Volk der Juden als das sichtbare Gottesreich, dessen Verfassung (Constitution) das mosaische Gesetz enthielt, und dem auch alle „Völker" sich anzuschließen hätten, unter dem Scepter eines Davididen.

Ganz anders verhält es sich mit dem „Himmelreich" [1]). Zwar könnte man geneigt sein zu sagen: wo der Himmel, da ist Gott, und wo Gott, da ist auch der Himmel, wie ja Gott der „himmlische Vater" heißt; somit schienen doch beide identisch zu sein und ebenso, wie der „Himmel" die Erde und alle Weltkörper umspannt, so umfasse der Begriff des Himmelreichs gleicherweise alles [2]). Auf der andern Seite aber erscheint der Himmel als der über

---

[1]) Vgl. Jost, Geschichte des Judentums (1857), Th. I, S. 397: „Was die Weisen in Israel erstrebten, war lediglich die äußerste Frömmigkeit des Wandels, die Vereinigung in der Gesinnung und Handlungsweise, welche man Himmelreich nannte — der Begriff des Himmelreichs, in welches die bisher fast nur äußerlich geübte Religion sich aus der Erniedrigung des Tempeldienstes durch unwürdige Hohepriester, aus der Knechtschaft, worin das Volk schmachtete, zur Erlangung innern Heils und Trostes sich flüchtete, arbeitete dem Christentum vor — die Rabbiner zur Zeit der Herodäer sprechen gar nicht von משיח, sondern nur von מלכות שמים."

[2]) Diese Idee ist (vgl. Matth. 8, 1; Luk. 13, 29; Joh. 10, 16) besonders von Planck als das wesentlich Neue hervorgehoben (S. 98 f.).

der Erde hoch erhabene, der in unendliche Fernen weist, und zu dem wir Erdenbürger nur emporschauen können, und ob dessen Anschauen und Durchdenken wir die Erde und alles Irdische (wenigstens auf Augenblicke) aus dem Auge verlieren. So bezeichnet nun das Himmelreich ein über der Erde erhabenes unsichtbares Sein und Leben — während das Gottesreich ein wesentlich sichtbares Sein und Leben Gottes darstellt —, die Gesamtheit aller „ewigen" Güter und Mächte, zu denen sich alle irdischen wie die zeitlichen, vergänglichen, schlechthin untergeordneten, daher minder wesentlichen oder auch ganz unwesentlichen verhalten. Das ist auch der Sinn des Wortes Christi: „mein Reich ist nicht von dieser Welt". Und so konnte denn der Herr auch sagen: wer an mich glaubt, der hat das ewige Leben, der ist mein.

Und wie in der alten Ordnung der Dinge einerseits das mosaische Gesetz mit seinen Werkforderungen, anderseits das äußerliche, kastenähnliche Priestertum alles Thun und Lassen der Einzelnen und der Gesamtheit mit Strenge beherrschte, also daß das Volk schlechthin ein „Knecht Gottes" hieß und jeder Einzelne in willenloser Abhängigkeit und steter Furcht gehalten war, indem die Persönlichkeit des Menschen in Gott auf- oder unterging [1]) — daher auch der Unsterblichkeitsgedanke ganz in den Hintergrund gedrängt und beinahe völlig verwischt erscheint —, so dagegen anerkennt die neue Ordnung der Dinge oder das Himmelreich keinerlei äußerliche Gesetzesgerechtigkeit [2]) und Werkheiligkeit, keinerlei gesondertes Priestertum, keinerlei Nationalherrschaft, aber auch keinerlei Knechtschaft und Furcht mehr und keinerlei Symbolik [3]), sondern allein die

---

[1]) So sagte auch Dr. Lazarus in seiner Schlußrede zu Augsburg den 18. Juli 1871: „Heute gilt das Individuum mehr, damals der Stamm."

[2]) Wie sehr anders der platonische Sokrates, welcher Cult und Frömmigkeit für unzertrennlich hielt.

[3]) Er taufte nicht, wie Johannes taufte. Und darum schreibt auch Paulus 1 Kor. 1, 17: *οὐ γαρ ἀπεστειλεν με ὁ Χριστος βαπτιζειν, ἀλλ' εὐαγγελιζεσθαι.* Vgl. Baur (Neutest. Theol. 1870): „in der Lehre Jesu läßt sich nichts vom allem dem nachweisen, was zum Charakteristischen der jüdischen Vorstellung gehört". — Gegen die Annahme verwandter Beziehungen Jesu zum Pharisäismus, von Holzmann, Vollmar, Keim.

wahrhaft geistliche Innerlichkeit, die Selbstheit des Gläubigen jedes Volkes und jedes Standes, die Gotteskindschaft, Liebe zu Gott und dem Nächsten, die höchste Seelenfreiheit, die reinste Seligkeit, eine unendliche Hoffnung im gewissen Gnadenbesitze. Darum auch hat Jesus die jüdische Erwartung eines Davididen offen bekämpft (Hausrath, S. 426). Kein Wunder nun, daß dieses hoch erhobene ideale Reich, da es, zumal in jenen Anfangszeiten, nirgends so in der Sichtbarkeit verwirklicht erschien, wie es in Jesu Christo eine Realität war, zuerst (nach Daniel; vgl. Hausrath, S. 432) aus der Gegenwart in die Zukunft, dann von der Erde des *αιων ούτος* entweder in den „Himmel“ oder in den „*αιων μελλων*“ [1]) versetzt wurde, und die Lehre von der Wiederkunft Christi in den allgemeinen Glauben übergieng. Damit kam auch der Dualismus auf, der sich genau an den psychisch anthropologischen Gegensatz von Geist und Fleisch anschloß, zur Verachtung aller sinnlichen Dinge und weltlichen Güter führte. Ob und wie weit die Jünger den Herrn in allen diesen so hoch geistigen Dingen richtig gefaßt und gedeutet haben, wer vermag das zu ermitteln? [2]) Wer aber, der etwelchen Sinn und Verstand besitzt, wird behaupten dürfen, daß sich da keinerlei Irrtum [3]) eingemischt habe, sofern man nicht

---

1) Vgl. Jak. 5, 8: *ἡ παρουσια του κυριου ἠγγικεν*; vgl. Matth. 4, 17 a. a. O. Und, wenn man an 1 Kor. 15, 28 festhält, so kann man mit A. E. Biedermann (Chr. Dogmatik, S. 811) sagen „die Gemeinde des Herrn auf dem Boden dieser Welt ist nur die Vorbereitung für das Reich Gottes“.

2) Daß der Herr das Himmelreich zunächst als ein gegenwärtiges, im *αιων ούτος* zu realisirendes dachte, läßt sich nicht bezweifeln, denn „wer an mich glaubt, der hat das Leben“; vgl. Baur (Neutest. Theol. 1871) und Keim S. 43 ff. und S. 46: „auf diesem Gebiet lagert ein Dunkel, welches die Forschung nie ganz zerstreut“.

3) Es ist undenkbar, daß der Herr, dieser Born aller Weisheit, das Irdische unbedingt negirt hätte, da er ja auch gegen die weltliche Obrigkeit seine Pflicht erfüllte. Daß er z. B. nicht in die Ehe trat, rührte keineswegs aus Verwerfung derselben her — wie er es klar genug bezeugt hat —, sondern hatte in seinem Heilandsberufe seinen Grund, wie denn auch Andere aus sittlichen Motiven sich der Ehe enthalten haben; vgl. die interessante Charakteristik des jüngst verstorbenen Componisten Auber in Allg. Augsb. Ztg., Juli 1871.

der alten und antiquirten Kirchenlehre von der buchstäblichen und mechanischen Inspiration huldigt? Genug! die Idee des Himmelreichs ist eine andere als die des Gottesreichs, sie ist das „Reich Christi“, in welches niemand eingeht als, wer wiedergeboren wird durch den heiligen Geist und eine andere, zunächst innerliche und verborgene Gestalt annimmt, als die der „natürliche“ Mensch hat, wie sehr ein solcher auch als ein *δικαιος* erscheinen mag, da er das Gesetz nicht in's Herz geschrieben hat Jerem. 31, 33. Röm. 2, 15; 10, 8. 2 Kor. 1, 22; 3, 3. Gal. 4, 6. 1 Tim. 1, 5. Daß die Masse der Juden für eine so tiefe und hohe Lehre (die ich hier nur grosso modo zeichnen konnte), weniger empfänglich als die Heiden sich erwies, erklärt sich aus dem Gesagten, das ich mit hundert und hundert Sprüchen des Neuen Testamentes belegen könnte, unschwer. Die Hauptursache dieser Unempfänglichkeit lag einerseits in der dem Juden eigenen Zähigkeit, anderseits in dem das Volk Israel beherrschenden Offenbarungsglauben oder in seiner traditionellen sclavischen Frömmigkeit [1]). Was bedürfen Gesättigte neuer Speise? Was die Gesunden eines Arztes? das gilt noch heute.

Dieser Wesensunterschied des Neuen von dem Alten [2]), den der Herr selbst, bei aller seiner Hochachtung des „Gesetzes“, mehrfach andeutete, und den unter seinen Aposteln keiner so tief erfaßte als Paulus, und etwa auch noch Johannes, muß man bei der Betrachtung unserer Stelle stets und fest im Auge behalten.

Dann wird man begreifen, wie Jesus sagen konnte und mußte, daß der Kleinste im Himmelreiche größer als der Täufer wäre, und auch begreifen, daß und warum der Herr auf so viel Widerspruch und Feindschaft stieß.

II. Das Zweite nun, was wir zu erörtern haben, ist der

---

[1]) Denselben Gedanken drückt Biedermann in seiner Glaubenslehre (1869), § 310 in Form göttlicher Teleologie aus: „Die Erfüllung der Verheißungen Gottes sollten sich ganz als Gnade und als ganze Gnade erweisen.“ Für Gnade hat eben der Jude keinen Sinn, nur für Recht und Gerechtigkeit.

[2]) Contra Geiger, Das Judentum. Anders aber Dr. Isaak da Costa (1854), S. 50.

Zusammenhang, und zwar nicht bloß der mit den unmittelbar vorhergehenden und unmittelbar nachfolgenden Versen, sondern mit dem ganzen Kapitel, wie theilweise schon Alexander Schweizer erkannt hat.

Im Anfang unseres Kapitels berichtet der Verfasser Folgendes: Johannes, der Täufer, in Haft (zu Machärus), erhält Kunde von den „Thaten des Messias" (του Χρ.) — es klingt fast so, wie wenn ihm das eine Neuigkeit wäre [1])! Die Nachricht veranlaßt ihn, den Mann der strengen Gottherrschaft und der großen Volkshoffnung, zwei oder einige [2]) seiner Adepten und Freunde, die sich also bei ihm auf der Veste befanden [3]) — die Haft scheint eine der sokratischen ähnliche gewesen zu sein, eine sehr menschenfreundliche — zum „Messias" hinzusenden mit der Erforschung und Anfrage, wie es sich mit seiner Person und Mission denn eigentlich verhalte, ob er der erwartete Messias wirklich sei, wie man behauptete, oder nicht [4]). Nach empfangener Antwort kehren die Gesandten wieder um. Hierauf wendet sich Jesus an die um ihn

---

1) Die Meinung des trefflichen Lutz (Bibl. Dogmatik, S. 303), daß sich Johannes gerade an diesen ἔργα gestoßen habe, finde ich durch nichts begründet.

2) Die recepta δυο wird verworfen (von Tischendorf, Keim ꝛc.) und durch δια ersetzt. Wesentliche Aenderung aber gibt es nicht.

3) Anders meint Schleiermacher, Ueber Lukas, S. 109: „Es ist nicht zu glauben, daß seine Schüler freien Zutritt zu ihm gehabt haben, und daß also die beiden im strengsten Sinne von ihm gesendet gewesen, weil ja, wie Josephus berichtet, Furcht vor Unruhen die wahre Ursache der Verhaftung des Täufers war". Gewiß ist, daß beide Berichte, der josephische und der evangelistische, nicht zusammenstimmen; aber dennoch scheint es nicht undenkbar, daß die Haft keine sehr enge, wenn auch strenge war.

4) Schweitzer meint (wie Schleiermacher, Ueber Lukas, S. 109), Jesus habe den Johannes nicht für einen Zweifler (cf. Tertull. c. Marc. IV, 18), sondern bloß für einen Ungeduldigen gehalten! Aber selbst mit dieser Ansicht würde sich Joh. 1, 31—34 nicht reimen lassen, diese Stelle verkündet ein ganz zweifelloses Erkennen, und zwar ein solches, das nicht von Anfang bei ihm gewesen, sondern erst später eingetreten sei — wie auch Heß (Lebensgeschichte Jesu) bemerkt — im Gegensatz von Plank u. A. Wer vermag diesen Knoten zu lösen? ohne Gewaltthat! Vgl. Neander, Leben Jesu (1852), S. 69.

versammelten Schaaren (ὄχλοι), und eröffnet ihnen seine Gedanken über den seltsamen Mann, da es wol manchem der Anwesenden, Zeugen dieser Abordnung, auffällig werden mochte, daß dieser „Prophet“ und Bußprediger der Wüste sich nicht an Jesum anschloß, da er ja dieselben Zwecke zu verfolgen schien, so sehr daß nur in Frage kommen konnte, welcher von beiden der Höhere sei.

Die Bildzeichnung, welche Jesus von dem Täufer macht, ist kurz und treffend, dem Charakter beider gemäß: „Dieser Johannes ist keiner jener charakterlosen Menschen, welche den Mantel nach dem Winde hängen, auch nicht jenen sinnlichen, schwächlichen Höflingen ähnlich; er ist ein Mann aus Granit, ein echter Prophet, und steht in gewisser Hinsicht sogar über den Sehern der alten Zeit [1]), ja, er ist der größte aller Menschenkinder (unserer Volksgenossen), die wir kennen!“

Wir wollen dieses Lob nicht näher prüfen [2]). Daß es nicht in absolutem Sinn gemeint war (und gemeint sein konnte), erhellet sonnenklar aus dem sogleich nachfolgenden Zusatz „ὁ μικροτερος [3]) ἐν τη βασ. τ. οὐρανων μειζων αὐτου ἐστιν“. Der Gegensatz zwischen einem bloßen γεννητος γυναικος (einem „natürlichen“ Menschen) und einem Gliede der βασ. τ. οὐρ. springt in die Augen. Jeder Jude als solcher, auch der δικαιος, gehörte, nicht

---

1) Origenes will es nicht wagen, zu entscheiden, ob er wirklich größer als Isaak und Moses oder diesen beiden, oder welchem gleich gewesen (Opp. ed. de la Rue, T. III, p. 588).

2) Neander, S. 336, faßt es wie Viele, aber ich kann nicht beipflichten. Sollte nicht vielleicht hier ein Gedankenzusammenhang mit dem το ἐν ἀνθρωποις ὑψηλον in Luk. 16, 18, als Gegensatz anzunehmen sein. Bedeutungsvoll erscheint die Bemerkung Joh. 10, 25 σημειον ἐποιησεν οὐδεν. Also nicht wie Elias! Das erscheint um so auffallender, wenn man Benders Behauptung (Der Wunderbegriff des N. T., Frankf. 1871) beipflichtet, daß das N. T. für alle Wunder einen gemeinsamen Lebensboden kennt, dem sie entwachsen, den in seiner Fülle ausgegossenen Gottesgeist. Ermangelte Johannes dessen? Etwa gar, weil er kleiner als der kleinste im Himmelreiche heißt?

3) Vgl. 5, 19: ὁς ἐαν λυσῃ μιαν των ἐντολων τουτων — — — ὁς δ᾽ ἀν ποιησῃ κ. διδαξῃ, οὑτος μεγας κληθησεται ἐν τῃ βασιλειᾳ. So sehr verwirft Jesus den Anomismus!

weniger als der Heide, in die erstere Classe [1]). Jesus bezeichnet den Johannes ganz unzweideutig und offenbar als einen solchen, der noch nicht zur βασιλεια τ. οὐρ. zu rechnen sei, sondern auf dem Boden des Alten stehe, von welchem St. Paulus schreibt, daß es ein „vergangenes“, somit nicht mehr berechtigtes sei. Wäre dem nicht so und der Täufer nicht noch ein gebundener gewesen [2]), so hätte derselbe wol nichts Eiligeres zu thun gehabt und wirklich gethan, als in die Glaubensgenossenschaft Christi einzutreten, wie er ja bezeugt haben soll, daß er nicht werth sei, dem Messias als Sandalträger zu dienen. Es gibt eigentümliche räthselhafte Zustände seelischen Gebundenseins oder aber Getriebenseins, so daß man sich oft verwundert fragt: warum hat der und der nicht so und so gehandelt? Niemand vermag's zu erklären, selbst die Philosophie des „Unbewußten“ nicht.

Daß die wahrhaft ebenso hochpoetische als sittliche Idee des „Himmelreichs“ dem Johannes, wie den meisten seiner Zeit- und Volksgenossen, zu hoch stehen mußte, läßt sich schon allein aus den Worten des Herrn, die uns der Evangelist Johannes (Kap. 4, 22—24) aufbewahrt hat, mit Sicherheit entnehmen (vgl. 2 Kor. 3, 15, 16: die Decke Mosis). Wie schwer hält es, die Fesseln und Formen der Ueberlieferung von Glauben und Sitten, in denen man aufgewachsen ist, zu sprengen! Johannes gieng zunächst nur darin mit Jesus einig, daß er wie dieser dem Sittenverderben überhaupt und dem Pharisäismus insbesondere schroff und scharf entgegentrat, nicht ohne einen Stral von Hoffnung besserer Zukunft; zum Kern des Wesens in der Lehre Jesu aber verhielt er sich passiv oder neutral, da ihm, obgleich er ein strenger νομικος war,

---

1) Fälschlich spricht man daher von einer jüdischen „Kirche“, denn dieser Begriff in seiner Idee schließt das Himmelreich in sich, wenn er auch nicht einerlei mit demselben ist.

2) „Das persönlich gewordene Judentum in seiner höchsten Erscheinung“ (Hase, Lebensgeschichte Jesu); vgl. Neander, S. 335.

Unnachweislich und unnatürlich ist die Annahme eines Planes, den Johannes und Jesus mit einander verabredet hätten. Das gliche einer Komödie! Ebenso wenig ist mit Renan anzunehmen, Jesus habe, wenn auch nur einige Wochen, dem Johannes nachgeahmt!

die Einsicht nicht verliehen war, daß das Gesetz Mosis [1]) ein „Zuchtmeister auf Christum" sei, mehr nicht und weniger nicht. — So haben wir denn in Johannes die erste und edelste Art von Gegensatz gegen das neue Himmelreich zu erkennen. Das Wesen dieses Gegensatzes ist: daß dem Täufer das Gesetz mit allen seinen alten Ordnungen, zunächst den sittlichen, für unbedingt heilig, daher unveränderlich und unantastbar galt [2]).

Man sage nicht, Jesus habe desselben Glaubens gelebt, und somit könne das nicht den Gegensatz des Täufers begründen. Hier gilt: duo cum faciunt idem, non est idem. Der bekannte, denkwürdige Ausspruch Jesu Matth. 5, 17 steht allerdings fest [3]), aber neben diesem nicht minder die nachfolgenden Aussprüche V. 22. 28. 32 34. 39. 44, welche deutlich genug anzeigen, wie der Herr das *πληρωσαι νομον* verstanden wissen wollte [4]), sowie denn auch Paulus 1 Kor. 7, 19 geradezu schreibt: *ἡ περιτομη οὐδεν ἐστιν, ἀλλα τηρησις ἐντολων θεου*, vgl. Röm. 2, 14. 15. Joh. 15, 12.

1) Der moralische Theil wol mehr als der rituale mit seinen *σκιαις*, die man als Typen deutete. Beide freilich konnten in tiefern Seelen Sehnsucht wecken.

2) Matth. 21, 32: *ἠλθε προς ὑμας Ἰωαννης ἐν ὁδῳ δικαιοσυνης, και οὐκ ἐπιστευσατε αὐτῳ.*

3) Wenn aus V. 20 (vgl. 6, 1) und aus dem ganzen Kap. 6 u. 7, 15 f. geschlossen werden darf, daß die Bergrede wesentlich den Gegensatz gegen den Pharisäismus darstellte (vgl. auch Plank), so kann mit Sicherheit gefolgert werden, daß V. 17 u. 18 das Ritualgesetz nicht gemeint ist.

4) Nicht weit vom Ziele trifft Weizsäcker: Jesus habe das Gesetz anfänglich duldend belassen, im Blick auf das nahe Eintreten des Alles ändernden Messiasreiches. — Aber das Reich war bereits da; vgl. Joh. 4, 23 *ἐρχεται ὡρα, και νυν ἐστιν, ὁτε οἱ ἀληθινοι κ. τ. λ.* Und wenn man Matth. 5, 18 in's Auge faßt, so kann von „dulden" kaum die Rede sein, so wenig als vom Gegensatz gegen die Heiden. Jesus stand auf einem über beide, Juden und Heiden, erhabenen Standpunkte, ganz wie Gal. 3, 28. Sein noch zu Tage tretender Judaismus erklärt sich, ohne „Accomodation", natürlich. Keim (S. 53 f.) kommt der Wahrheit vielleicht am nächsten; vgl. Ritschl (Altkath. Kirche [1857], S. 35 ff.) und Hausrath, S. 424: „Es ist unbestreitbar, daß für Jesum selbst die Thatsachen seines Bewußtseins in denjenigen Anschauungsformen gegeben waren, in denen das jüdische Denken überhaupt verlief."

Kol. 2, 17. Hebr. 8, 5; 10, 1. Hievon scheint der Täufer nichts begriffen zu haben. Darum auch war seine Taufe nur eine Wassertaufe. Wasser reinigt nur von der äußeren Unsauberkeit, rein negativ.

Hierauf zeichnet der Herr eine andere Art von Leuten als Johannes war, nämlich solche, welche sich zur βασ. τ. οὐρανων allerdings in ein positives Verhältnis der Zuneigung und des Anschlusses setzten, und Jesum wirklich als den Messias ehrten, indem sie in Johannes den Elias erblicken mochten, die er aber für βιασται erklärt, wie die „Jünger" selbst nicht waren, vgl. 17, 3 (Verklärung Jesu — Moses und Elias). Daß das eine andere Gattung Leute war, ist auch durch δε V. 12 angedeutet, das nicht bloß einen Fortschritt, sondern einen Gegensatz zum Vorigen bezeichnet, freilich nicht einen contradictorischen, sondern einen conträren. Der Gedankengang scheint der: wenn Johannes mir um seines Nomismus willen ferne bleibt, obwol ich ihn hoch schätzen muß, so gibt es dagegen jetzt Andere, welche sich zwar an mich anschließen, aber die ich, um ihres Anomismus willen, nicht billigen kann. Ohne jetzt schon in die nähere Beleuchtung dieser βιασται einzutreten, was erst im 3. Abschnitt geschehen kann — möchte ich sagen, die neue Gattung sehe so ziemlich den Paulinern ähnlich, mit welcher die Petriner, und noch mehr die Jakobusleute in mehr oder minder schroffen Gegensatz standen — nicht daß diese letzteren etwa genau den Standpunkt Christi vertreten hätten, was eher den Christinern zukommen durfte 1 Kor. 1, 12. Daß der Herr etwas sehr Bedeutungsvolles sagen wollte, ergibt sich zweifellos aus dem Spruche V. 15: ὁ ἐχων ὠτα ἀκουειν ἀκουετω! was schwerlich bloß durch den Elias motivirt erscheint, als ob er seinen Zuhörern hätte bedeuten wollen, er, der Sprechende, sei wirklich der Messias, was allerdings auch darin liegt, aber nicht den Hauptgedanken bilden kann, weil er ja diese Anschauung ganz in die subjective Beliebigkeit der Zuhörer stellt, indem er nicht umsonst bemerkt: „εἰ θελετε δεξασθαι", was nicht ein praktisches Annehmen des Täufers an und für sich bedeuten kann, sondern nur die theoretische Vergleichung desselben mit dem Elias betrifft, von dem man (Maleachi 4, 5. 6) sagte, daß er wieder erscheinen werde, wenn der Messias im Anzuge sei, so daß also Elias mit zu den Propheten gehört, und vielleicht noch eine größere Bedeutung [1]) als Johannes hatte, wenn auch in V. 11 *οὐκ ἐγηγερται κ. τ. λ.* festzuhalten ist.

Auf dieses nun folgt V. 16 eine dritte Gattung von Leuten, die sich zu Christus in Gegensatz stellen — daher wiederum *δε*. Und welcher Art sind diese? Ein leichtsinnig, wunderlich Geschlecht, verzogenen, launischen, neckischen Kindern (Buben) ähnlich, die nicht annehmen wollen, was man ihnen bietet, sondern „wenn der Wirth Fische hat, verlangt der Gast Vögel, und wenn jener Vögel bietet, will dieser Fische haben". Es sind Leute bezeichnet, welche sich grundsatzlos und wetterwendisch in Kritik und Spötterei ergießen, den Alt- und Neu-Athenern nicht unähnlich! Sie, wol selber wirkliche Epikuräer und Libertiner, schelten Jesum einen *φαγος κ. οἰνοποτης*, pair et camerade mit den „Zöllnern und Sündern", die von diesen vornehmen Sadducäern von oben angesehen und verachtet sind. — Ein gewisser Kastengeist [2]) ist unter den Juden nicht zu verkennen, vgl. Joh. 7, 46—48. Doch auch der Täufer that ihnen nicht recht mit seinem Enkratismus. Waren sie etwa Justemilianer? Kaum! sondern Materialisten, Sensualisten, die an nichts Idealem aufrichtig theilnehmen, daher höchstens Kritikaster und Spötter, die an Jedem etwas auszusetzen haben, der nicht zu ihrer Fahne hält und lustig mitmacht. Es sind wol auch jene *σοφοι*, die Paulus kennt (1 Kor. 1), und an den Früchten erkennt man den Baum; welcher Art die Weisheit ist, verräth sich in den Werken ihrer Bekenner, vgl.: Dis moi qui tu hantes, et je te dirai qui tu es.

Nicht genug. Es folgt V. 20 noch eine neue Art von Gegensatz, welcher zwar nicht mit *δε* eingeführt wird, aber mit dem *τοτε ἠρξατο* hinreichend als etwas Neues und sehr Ernstes bezeichnet

---

1) Treffend hebt Kurz (in Herzogs Encyklopädie, Bd. III, S. 756) die Stelle Sirach 48, 7 hervor: „Elias trat auf, ein Prophet wie Feuer, und sein Wort brannte wie eine Fackel"; vgl. Matth. 3, 11 und Hausrath, S. 425.

2) Ueberall und zu allen Zeiten gab und gibt es Standesunterschiede, aus ganz natürlichen Gründen, die nicht eo ipso den Gegensatz des Sittlichen bilden.

ist. Der Herr bricht in ein entschiedenes ὀνειδιζειν aus, mit dem er jene Städte trifft, welche Ohren- und Augen-Zeugen seiner meisten Reden und Thaten in Galiläa waren, unter ihnen besonders Chorazin, Bethsaida und Kapernaum. Es sind die Leute, an denen er so eifrig ernst und liebreich gearbeitet, sich aber vergeblich abgemüht hatte. Diese Leute trifft sein heiliger „Fluch", auch nach jüdischer Weise (vgl. Joh. 7, 49).

Wer sähe in der Zeichnung dieser vier Parteien nicht den Klimax? Von Johannes bis zu Kapernaum — welche Entfernung! Alle vier lassen sich in zwei Gruppen scheiden, von denen die erstere bei allem Gegensatze doch eine freundliche Stellung zu Christus annimmt, während die letztere schlechthin adversativ erscheint. Und in der ersten Gruppe scheint die zweite Partei fast mehr nur ἐν παρόδῳ, um des νομος willen, angezogen, da sie ja in That und Wahrheit auf der Seite Christi standen, was dann auch dem Ausdruck βιαζεται allerdings ein etwas zwielichtiges Ansehen gibt und die Hauptschuld an allen den Misdeutungen ist.

Auf die Negationen folgt nun in wahrhaft rhetorischer Progression die Affirmation mit einer Epänese, wenn die Worte auch nicht zeitlich unmittelbar mit den vorigen zusammenhangen, da Vf. schreibt: ἐν ἐκεινῳ τῳ καιρῳ.. Jesus, stets überwiegend in affirmativer Seelenstimmung — was eines seiner wesentlichen und großen, wahrhaft göttlichen Charakterzeichen ist — dankt „dem Herrn des Himmels und der Erde", daß er die Einsicht in das Wesen der βασιλεια του οὐρ. den σοφοις κ. συνετοις (vgl. 1 Kor. 1, 19) verborgen (vgl. 1 Kor. 1, 25. 2 Kor. 2, 6 ff.), den νηπιοις erschlossen habe. Er führt also jene Gegensätze auf ein decretum divinum zurück, worin er und Jeder von uns seine Beruhigung, seinen Frieden findet, wie ja nur der zu ihm kommen kann, der von oben ihm zugeführt und gezogen wird. Daß der Dank als solcher sich nur auf die νηπιοι bezieht, versteht sich von selbst (vgl. Röm. 9, 1 ff.).

III. Was will denn nun V. 12 besagen? Wenn meine Darstellung richtig ist — und ich denke [1]), sie wird kaum bestritten

---

1) Hoffentlich mit besserem Grunde, als der selige Stier in Betreff seiner Auslegung des βασιλεια βιαζεται (Bd. I, S. 474).

werden können. — so leuchtet nun von selbst ein, daß die Ausdrücke *βιαζεσθαι* und *ἁρπαζειν* nur in schlimmem und nicht in gutem Sinne gefaßt werden können. Aber wie? *Βια* hat überall zunächst die Bedeutung von „Gewalt" — die sich natürlich auf Kraft und Stärke (*ῥωμη*, robur) gründet; weiter die von Anstrengung (*πονος*, labor), sofern die Kraftanwendung auf Widerstand stößt. — Dieser Widerstand kann zweierlei Grund haben, entweder einen rein materiellen (wie z. B. beim Wälzen oder Herausreißen eines schweren Felsstücks), oder einen moralischen, der ebenfalls im Objecte liegt, aber einem mit Kraft und Willen begabten, wie z. B. wenn ein Thier seinem Führer, oder wenn ein Kind seinem Vater nicht folgen will, so daß der Führer oder Vater genöthigt ist, besondere Kraft (Gewalt) anzuwenden, um seinen Willen durchzusetzen; oder die Kraftanwendung kann eine solche sein, zu welcher das Subject nicht berechtigt oder befähigt ist, so daß dasselbe hiemit ein Gesetz übertritt, sei es das eigene (z. B. der Gesundheit), sei es ein fremdes oder ein allgemeines, und dann heißt *βια* Gewaltthat.

So läßt Thukydides (I, 43) die Korinther sagen: *μητε ξυμμαχους δεχησθε βιᾳ ἡμων, μητε ἀμυνητε ἀυτοις ἀδικουσι*, was Hermann (Viger) kurz und treffend übersetzt: nobis invitis. indem die Korinther nicht wollten und die Kerkyräer nicht sollten. Ganz gleich Plut. Caes. *την μεν Ἰουλιαν βιᾳ των δημαρχων ἀραμενον το πληθος εἰς το Ἀρειον ἠνεγκε πεδιον* = invitis tribunis; vgl. Phavorin: *βια δηλευει την ἐκ της δυναστειας ἀδικιαν*.

Nicht anders verhält es sich mit dem von *βια* abgeleiteten *βιαζω*. Es heißt: Gewalt anwenden, um seinen Willen durchzusetzen, somit zwingen, erzwingen, und weiter unterdrücken. Der *βιασθεις* ist also Einer, der seinen Willen zum Thun nicht gibt, sondern widerstrebend der Gewalt weicht. Klar, daß in solchem Falle leicht eine Verletzung, sei es des Objectes, sei es des Subjectes, oder auch beider, stattfindet, und die Verletzung kann entweder eine physische oder eine moralische sein [1]).

[1]) Schwerlich wird gegen diese „Wolke von Zeugen" der einzige Pollux aufkommen, von welchem der alte Rosenmüller rühmt, daß er *βιασασθαι*

Die Medialform βιαζεσθαι ist entweder intransitiv überhaupt, oder speciell reflexiv. So sagt Xenophon Cyrop. III, 3. 69: βιαζεσθαι εἰς ἀρχην = sich [mit Gewalt] in die Herrschaft, in das imperium eindrängen, sich die Macht und das Amt mit Gewalt aneignen, nicht auf dem gesetzlichen Wege es erlangen. Und Exod. 19, 24 LXX: ἀναβηθι συ κ. Ἀαρων μετα σου, οἱ δε ἱερεις κ. ὁ λαος μη βιαζεσθωσαν ἀναβηναι προς τον θεον (auf Sinai) μηποτε ἀπολεσῃ ἀπ' αὐτων Κυριος = die Priester und das Volk aber sollen es nicht versuchen den Berg zu besteigen, sonst wehe ihnen! also, sich den Zugang nicht mit Gewalt erzwingen, folglich hier wider Recht und Ordnung. Man sieht, die Medialform kommt von Personen vor, und hat die Bedeutung, welche auch bei Demosthenes sich findet, auf etwas beharren, seinen Willen durchsetzen.

Wie steht's nun in unserer Stelle mit dem Subjecte? ἡ βασιλεια βιαζεται. Um ihren Zweck zu erreichen, sagen die Einen, das abstractum βασιλεια sei hier als concretum zu fassen, es sei somit an den βασιλευς zu denken, welcher Christus ist. Dann würde das Wort besagen: es wird Christo Gewalt angethan. Da aber würde nun erst noch die Frage entstehen: in welchem Sinn dies gemeint sei, ob leiblich oder geistlich.

Daß jedoch diese Auslegung nicht passen kann, erhellet einerseits daraus, daß Jesus dann doch wol gesagt haben würde „ἐγω βιαζομαι", was er aber weder sagen wollte noch konnte, da hiezu kein Grund vorliegt, anderseits daraus, daß man dann nicht absähe, was mit dem folgenden βιασται ἁρπαζουσι, anzufangen wäre, indem wol kaum jemand an die Gefangennahme Jesu denken wird.

Und daß die Annahme einer Metonymie nicht angeht, zeigt der constante Sprachgebrauch von βασιλεια των οὐρανων, der es immer als abstractum, als Idee vorführt. Sobald nun dies zugegeben werden muß, so folgt, daß βιαζεται hier nicht wohl als Medialform genommen werden kann, sondern nur als passivum. Nur

---

in die Wörterclasse ordne, welche die Redekraft bezeichne, synonym mit σφοδρυνασθαι, ἰσχυσαι, πεισαι — ähnlich ἀναγκαζειν. Indeß, die Redekunst der alten Rhetoren nahm es mit Moral und Gewissen nicht zu genau, so wenig als die wälschen Journalisten oder die Diplomaten.

wir Moderne sagen: „die Idee bricht sich Bahn" — nicht die Alten, die Orientalen. Und um ein Bahnbrechen handelt es sich nicht. Denjenigen, welche auch in dieser Form an der Auffassung des Ausdrucks in bonam partem festhalten möchten, ist besonders das *ἁρπαζουσι*, vor die Augen und vor das exegetische Gewissen zu halten, indem *ἁρπαζειν* gar nirgends anders als im schlimmen [1]) Sinn vorkommt, und zwar weit entschiedener noch als *βιαζειν* und *βιαζεσθαι* — was alle die besonders gefühlt zu haben scheinen, welche sich bemühen, in dem Ausdruck *βιασται ἁρπαζουσι* den Grundbegriff festzuhalten und doch ihre vorgefaßte Meinung von *βασιλεια βιαζεται* nicht fahren zu lassen, indem sie unter den *βιασται* entweder die Zöllner und Sünder und Huren und Heiden verstehen, die eo ipso vom Himmelreich ausgeschlossen schienen (Eph. 5, 5), und nun, durch Buße und Bekehrung, sich des Reiches, das von Rechtswegen den Priestern u. dgl. gehörte, bemächtigten, wie wenn diese durch den Eintritt der ersten abgehalten würden, sich um dasselbe zu bewerben, das sie doch nicht von Geburtswegen besaßen, und da Christus dasselbe erst eben gründete, so daß sie sich auch nicht auf Abram berufen konnten, dessen Kinder sie seien (Matth. 3, 9. Joh. 8, 33); oder aber, wie Hilgenfeld mit mehr Schein [2]) umgekehrt die Schriftgelehrten und Pharisäer, als die „kein Recht an das Himmelreich hätten [ja und nein!] und es doch für sich in Anspruch nehmen", für welche Deutung H. sich geistreich, nur nicht zutreffend, auf Kap. 23, 14 beruft, wo Jesus das Wehe über sie ausruft, weil sie den Leuten das Himmelreich verschlössen, und sie am Eintritt

---

1) Vgl. Joh. 10, 12 *ὁ λυκος ἁρπαζει κ. σκορπιζει τα προβατα*; vgl. Matth. 7, 15 *λυκοι ἁρπαγες*, u. 10, 16 *ἐγω ἀποστελλω ὑμας ὡς προβατα ἐν μεσῳ λυκων.* Vgl. Herodian II, 2. 9 *τους στρατιωτας ἁρπαγαις κ. βιαις ἐγγεγυμνασμενους.* Und so erscheinen als Synonyme bei Hermotimos 22 (siehe Wettstein) neben einander: *ἁρπαζοντων κ. βιαζομενων κ. πλεονεκτουντων.* Es bezeichnet nicht nur eine gewalthätige, sondern auch unrechtmäßige Aneignung.

2) Auch wegen der Stellung dieser zweiten Partei, die eine gewisse Verwandtschaft mit dem Täufer, aber eine noch größere Verschiedenheit zeigt, daher den Uebergang zur dritten bilden könnte, wenn nicht Anderes, Gewichtiges gegen diese Deutung spräche.

hinderten, dabei aber selber auch nicht einträten, — so daß sie also den Räubern glichen, welche die Beute andern abnehmen und niemandem zum Genusse gönnen, sogar sich selbst nicht, sondern sie verbergen [1]), wofür sich vielleicht noch die Stelle Phil. 2, 6 herbeiziehen ließe: *οὐχ ἁρπαγμον ἡγήσατο το εἶναι ἰσα θεῳ.*

Aber, abgesehen, daß sich die so erklärte Stelle schwerlich in den Zusammenhang einfügen ließe, so ist wol klar genug, daß das *βιαζεται ἡ βασιλεια* auf diese Weise nicht zu seinem Rechte käme, und ebenso wenig das *ἁρπαζουσι* auf diese Leute paßte, da das Himmelreich trotz allem diesem *κλειειν* doch an seinem Fortschritt nicht gehindert werden kann und in Wahrheit durch die Schriftgelehrten nicht „Gewalt litt", sondern höchstens nur der, welcher etwa durch sie abgewehrt wurde. Das Gewaltleiden deutet auf etwas ganz Anderes hin als auf solche vereinzelte Hinderungen, es deutet auf Alteration [2]) und Verfälschung der Sache, der Idee des Himmelreichs, somit auf einen sehr bedenklichen Gegensatz innerhalb des Reiches selbst. Es sind ja Leute, von denen gesagt ist: *ἁρπαζουσιν αὐτην*, und zwar als *βιασται*, so daß das *βιαζειν* als Mittel zum Zweck erscheint, das *ἁρπαζειν* aber den Erfolg bezeichnet. Und das muß buchstäblich verstanden sein, und ein wahrhaft widerrechtliches und feindseliges Vorgehen bezeichnen, feindselig nämlich gegen das Himmelreich, dessen *βιασται* sie sind — somit Leute, welche das Himmelreich sich anzueignen scheinen, aber an seiner hohen und reinen Idee sich vergreifen, sich versündigen, allerdings also eine Art von *ζηλωται*, nur nicht in dem von A. Schweizer beredt entwickelten Sinne [3]). Ganz entschieden in diesem Sinne findet sich *ἁρπαζειν* im Evangelium Joh. 6, 15 (*ἁρπ. αὐτον, ἱνα ποιησωσιν αὐτον βασιλεα* = invitum ac nolentem ipsum creare regem), Joh. 10, 28 (*οὐχ ἁρπασει τις αὐτα ἐκ της χειρος μου*), Matth. 13, 29 (*ὁ πονηρος ἁρπαζει το ἐσπαρμενον ἐν τῃ καρδιᾳ αὐτων*). Bloße

---

1) Freilich nicht im Sinn von Matth. 13, 44.

2) Diese Leute schließen sich wol an mich und meine Lehre u. s. w. an, aber machen sie zu einer andern, als ich sie meine und will, verderben sie, gleich Feinden, Räubern, denen das Gut nicht gehört.

3) Sie sind nicht *νομιμως εἰσερχομενοι*.

Gewaltanwendung mit gänzlicher Unterdrückung der Willensthätigkeit des Objectes bedeutet das Wort im Brief Judä V. 23 (οὓς σωζετε ἐκ πυρος ἁρπαζοντες — vgl. 1 Kor. 3, 15), Act. 8, 39 (πνευμα κυριου ἥρπασε τον Φιλιππον), 2 Kor. 12, 2 (ἁρπαγεντα ἕως τριτου οὐρανου) und 2 Theſſ. 4, 12 (ἁρπαγησομεθα συν αὐτοις ἐν νεφελαις εἰς ἀπαντησιν κυριου = Schnelligkeit der Bewegung). Aber dieſe Bedeutung kann in unſerer Stelle keinen Platz haben, weil der βασ. τ. οὐρ. keinerlei Wille zukommt, da ſie keine Perſon, ſondern eine Idee iſt, daher auch in keiner Weiſe gleich einer Perſon oder Sache behandelt werden darf, wie es namentlich von den ältern Auslegern geſchah, indem ſie das Himmelreich einer Feſtung verglichen, die man im Sturm zu nehmen habe, z. B. von Wolzogen (Biblioth. Fratrum, T. VI, Irenopolis 1656). Was heißt denn aber nun des Nähern ἡ βασιλεια βιαζεται κ. τ. λ.? Was beſtimmt ſeinen Inhalt? Der Schlüſſel zur richtigen Erklärung liegt theils in dem unmittelbar vorangehenden V. 11, theils vorzüglich in dem unmittelbar folgenden V. 13.

In V. 11 iſt geſagt, daß zwiſchen dem alten Stande des Moſaismus und dem neuen des Himmelreichs ein ſo weſentlicher Unterſchied beſtehe, daß, wer noch den erſtern feſthalte, dem letztern nicht angehören könne, und wer den letztern ergriffen, den erſtern eo ipso aufgegeben habe, aufgeben müſſe, ſo berechtigt derſelbe auch für ſeine Zeit (tempi passati!) geweſen ſei. Johannes in ſeinem Conſervatismus hält noch den erſtern feſt, einen unhaltbaren. Dieſer Gedanke wird ergänzt und beſtätigt durch V. 13: „die Propheten und das Geſetz bis und mit Johannes haben vorhergeſagt“, d. h. auf ein Künftiges hingewieſen. Dieſes iſt erſchienen, hat das Vorherſagen erfüllt und damit, wie auch Schleiermacher (nicht ſo Keim, S. 48) dafür hält, die ganze alte Periode abgeſchloſſen. Anders wäre γαρ unbegreiflich [1]).

Wie Saturn ſeine eigenen Kinder verſchlingt, ſo hat das Geſchäft des παιδαγωγος ein Ende, ſobald das Ziel der erzieheriſchen

---

[1]) Es lautet faſt, wie wenn die βιασται für ihre Art der Erfaſſung des Himmelreiches entſchuldigt werden ſollten.

Thätigkeit erreicht ist und der Zögling das Alter der Mündigkeit erreicht hat (Gal. 4, 1—7); der νομος als solcher, in seiner alten Bedeutung und Form, hat nun kein Recht und keinen Ort mehr, und die alte Prophetie ist gegenstandslos geworden [1]). Das ist auch in jenen Gleichnissen vom alten Gewande mit dem neuen Lappen und von den alten Schläuchen mit dem neuen Wein angedeutet. Das Alte ist vergangen, es muß alles neu werden; und Paulus ruft siegesfroh: es ist geworden. Und in unserer Stelle heißt es nicht „ἤγγικεν ἡ βασιλεια“, wie Kap. 3, 2 und 4, 17, sondern βιαζεται (praes.), ein gegenwärtiges wie V. 3 αὐτων ἐστιν ἡ βασιλεια. Das war wirklich der Sinn und Grundsatz Jesu, welcher ja auch nicht umsonst vor dem „Sauerteig der Pharisäer“ warnte. Ist es sich also zu verwundern, wenn unter den Jüngern des Herrn (nicht den „Aposteln“ selbst) manche es angezeigt glaubten, daß es nun Zeit sei mit dem Alten gründlich aufzuräumen und schlechtweg mit der Tradition zu brechen [2])? Aehnlich jenen Bilderstürmern zur Zeit der Reformation. Aber, so radical Jesus gesinnt war, so meinte er die Sache doch nicht so, denn „οὐκ ἐρχεται ἡ βασιλεια τ. θεου μετα παρατηρησεως [3])“, sagt Christus zu den Pharisäern (Luc. 17, 20). Das Göttliche liegt nicht in äußerlichen Formen, sondern im heiligen Geiste, der den Mensch beseelt und erleuchtet, innerlich erneuert, umgestaltet, befreit. Vgl. „die Wahrheit wird euch frei machen! meine Worte sind Geist und Leben“. Das Himmelreich ist etwas wesentlich rein innerliches, geistiges, verborgenes, persönliches, daher wahrhaft himmlisches. Wer das besitzt, bedarf unmittelbar weiter nichts mehr, er hat die „Quelle des ewigen Lebens“, das „Brod des ewigen Lebens“ (Matth. 4, 4); ihn kann nicht mehr hungern, nicht mehr dürsten. Er steht über allen Formen und

---

1) Vgl. die interessante Darstellung des „Verhältnisses Jesu zum mosaischen Gesetz“ in Strauß, Leben Jesu (1835), Bd. I, S. 495 ff.

2) Was konnte und sollte länger die Last der 248 Gebote und 365 Verbote des Jehova auf den Schultern des Menschen liegen? (S. Hausrath, Neutestamentliche Zeitgeschichte, S. 417 ff. und Hartmann, Verbindung des A. T. mit dem N. T., S. 363.)

3) „Mit äußerlichen Geberden“ d. h. mit Formenwesen, Symbolik u. dgl.

Fesseln wie über allen Gütern der Erde. (Vgl. Matth. 4, 8.) Er ist ein wahrhaft Freier, und sein πολιτευμα ist „im Himmel", denn er trägt den Himmel in sich, er lebt in Gott, durch Gott, für Gott, ohne deshalb die Erde zu verwerfen, zu vergessen — wie freilich von „Himmelnden" oft geschehen ist. Der Geist kann zwar auf Erden nicht ohne Formen bestehen, er schafft sich Formen, aber freie Formen [1]), die nicht mehr Fesseln und Lasten sind, vgl. „mein Joch ist sanft, meine Last ist leicht; kommet her zu mir, ihr Beladenen alle, ich will euch erquicken".

So stand der Herr, als ein wahrhafter Herr, mit seinem Himmelreiche in einer wunderbaren Höhe der Idealität da, die in ihm eine Realität war [2]), unbegriffen von der Menge, nur geahnet von Wenigen, die aber nicht vermochten, sich in die reine lichte Himmelshöhe emporzuschwingen [3]), nicht erkannten, daß der neue Geist kein revolutionärer, stürmischer, ikonoklastischer sei, sondern nur allmählich alles erneuere, wie der Sauerteig die Teigmasse durchdringt. Sie waren Ungeduldige, ähnlich dem Judas und gleich dem Täufer, nur in anderer Weise, von anderm Standpunkte aus, nicht vom Standpunkte des Gesetzes und für dasselbe, sondern wider dasselbe, vom Standpunkte Christi und des Himmelreichs aus, welches sie aber nicht concret und affirmativ, sondern nur abstract und negativ zu fassen vermochten, als Negation, nicht als reine Position, als eine neue Form [4]), nicht

---

[1]) Anders der Staat, obgleich auch er unter dem Gesetze des „Himmelreichs" steht, so gewiß er das Gottesreich darstellen will und soll.

[2]) „Man kann anerkennen, daß das sittliche Leben Jesu, mit Strauß zu reden, von einem heitern, ungebrochenen, in gewissem Sinne hellenischen Handeln aus der Lust und Freudigkeit eines schönen Gemüthes ausgieng" (Keim und der geschichtliche Christus [1866], S. 28).

[3]) Vgl. G. J. Planck, Geschichte des Christentums in der Periode seiner ersten Einführung in die Welt (Gött. 1818), Bd. I, S. 40 — ein noch heute lesenswerthes Buch, wenn es auch nicht auf der Höhe unsrer Zeit steht.

[4]) Omnis definitio est negatio. Formen sind Schranken. Vom Geiste aber gilt Joh. 3, 8. Wie wenig der Herr mit seinem „Himmelreich" einen abstracten Spiritualismus oder falschen, rein contemplativen Mysticismus bezweckte, erhellt eben daraus, daß er das Festhalten des Gesetzes (in seiner Wesenheit) so stark betonte.

als den neuen Geist, den unsichtbaren, ewig bejahenden, wahrhaft geistlichen.

Und so geriethen sie denn, wider Wissen und Willen, in einen Gegensatz mit dem Herrn und thaten dem Himmelreiche Gewalt an, verletzten und verderbten die Idee, welche keine rauhe und rohe Hand verträgt, sondern mit heiliger Scheu, Keuschheit und Zartheit behandelt sein will gleich einer Jungfrau. Denn das Erste und Wesentlichste in der Idee des Himmelreichs ist die absolute Würde der Persönlichkeit des Menschen, alles Andere ist untergeordnet vgl. 1 Kor. 7, 21. Sie wurden *βιασται* und *ἁρπαζοντες*, rissen gleichsam die Früchte vom Baume, statt sie naturgemäß reifen und von selber „reisen" [1]) (fallen) zu lassen.

Βιασται hat mit Recht keinen Artikel, weil es nicht hervorzuheben ist, sondern in dem *βιαζειν* von selbst liegt: Leute dieser Art, *βιαζοντες*. Also Subject bleibt es, und wird nicht, wie Rosenmüller meint, Prädicat = rapiunt vi summa. Aber es ist prädicatives Subject. Es wird nicht auf diese und jene hingedeutet, es ist unpersönlich. Das *ἁρπαζειν* bezeichnet also, ganz dem Sprachgebrauche gemäß, ein widerrechtliches, ungehöriges, unziemliches, daher verderbliches, zerstörendes Aneignen. Die hohe heilige Idee wurde in ihren Händen verdorben, entweiht; vgl. *κορη βιασθεισα*.

Solches Vergehen konnte der Herr nur rügen und strafen, es war ja auch ein Eifern mit Unverstand, freilich nicht im Sinne von Röm. 10, 2 (*ζηλον θεου ἐχουσιν, ἀλλ' οὐ κατ' ἐπιγνωσιν*). Man kann das Himmelreich nicht *ἁρπαζειν*, man kann es nur als eine Gnadengabe empfangen oder finden, nur *εἰσερχεσθαι*, also daß das Subject nicht zum Herrn des Objectes wird, obwol es in gewissem Sinne durch das Object zur Herrschaft erhoben wird (2 Tim. 2, 12 vgl. 1 Kor. 4, 8). Alle falsche Subjectivität, wie sie im *βιασται ἁρπαζουσι* liegt, fällt weg, nämlich im „Himmelreich" — mag man es diesseitig, mag man es jenseitig fassen. Und wann tauchte dieser gewaltthätige Geist auf,

---

1) Das berndeutsche „rysen" wird vom Fallen des reifen Obstes gebraucht = abgehen, seinen Ort verlassen.

der sich zum Geiste Christi fast ähnlich verhält wie der jener Wiedertäufer zu den Reformatoren, oder der des Pariser Communalismus zum besonnenen Republikanismus? Nun erst empfangen die sonst unverständlichen Worte ihr rechtes Licht: ἀπο δε των ἡμερων Ἰωαννου ἑως ἀρτι.

Zunächst bezeichnen sie eben einen Gegensatz zu Johannes, und weiter besagen sie, daß dieser Gegensatz begonnen habe oder aufgetreten sei von den Tagen des Johannes an, also weder vor Johannes noch zur Zeit des Johannes, sondern nach ihm [1]) „ἀπο" als ein ganz anderer Geist, der sich zu dem des Johannes verhielt wie derjenige der radicalen Progressisten zu dem des naiv gläubigen und unbefangenen Conservatismus. Les extrêmes se touchent! d. h. auf ein Extrem folgt gern ein anderes. Da steht, nach Aristoteles, die Wahrheit in einer gewissen Mitte. Die richtige Mitte stellt uns Jesus dar, der rechte μεσιτης, aber nicht nach Menschenart „vermittelnd", sondern als Herold des echten Spiritualismus, welchen die „Kirche", die fälschlich oft mit dem Begriff des Himmelreichs identificirt wurde, nicht begriff und deshalb in das altjüdische Satzungswesen oder dogmatische (scholastische) Unwesen verfiel.

Nun ἑως ἀρτι: bezeichnet einfach [2]) den Zeitpunkt des Sprechenden, sofern man annimmt, daß alle diese Worte wirklich von Jesu so gesprochen seien. Welches aber ist dieser Zeitpunkt gewesen? das läßt sich nicht genau nach Monat und Tag, kaum nach dem Jahre bestimmen. Nehmen wir an, die ganze Wirkenszeit Jesu habe, wie die Meisten glauben, bei zwei oder drei Jahre gedauert, so dürfte dieser Vorgang etwa in die Mitte dieser Zeit zu setzen

---

[1]) Auch Schweizer hat richtig erkannt, daß Johannes nicht beizuzählen sei — freilich im Interesse seiner Auffassung der βιασται als Zeloten, welche Eigenschaft dem Täufer, laut Zeugnis des Josephus (Altert. 18, 7), nicht beiwohnte. Vgl. Neander (S. 337): „die Epoche des Johannes war vorbei".

[2]) Ohne jene Emphase oder Mystik, welche Stier darein legt. Vgl. Matth. 26, 29 ἀπαρτι — ἑως, daß das „jetzt" nicht einen eigentlichen Endpunkt bezeichnet, über den hinaus kein βιαζειν mehr stattfinde, versteht sich von selbst. Anders Jak. 5, 7.

sein — worüber ich jedoch nicht rechten will. — So käme denn heraus, daß das Hervortreten der βιασται in dem Zeitraum schon des ersten Jahres geschehen sei, was an sich keine Unmöglichkeit wäre. Ob auch wahrscheinlich? ist eine andere Frage [1]). Gewiß aber ist, daß diese Geistesrichtung erst später und allmählich sich entfaltete, so daß ich vermuthen möchte, dem Berichterstatter habe in Wahrheit seine Zeit vor der Seele geschwebt, und er habe den zeitlichen Standpunkt Jesu mit dem seinigen verwechselt — was sehr wohl denkbar erscheint. Wann nun unser Verfasser geschrieben habe, läßt sich nicht genau bestimmen, jedenfalls schwerlich sofort nach dem Heimgange des Herrn, noch weniger unmittelbar nach den geschehenen Reden und Thaten. Und, wenn auch nicht bezweifelt werden kann, daß ein βιαζειν anderer (täuferischer) Art schon früher eintrat, wie das Beispiel des Judas (der meistens irrig, weil in dogmatischer Befangenheit, beurtheilt wird) lehrt — so ist doch klar, daß, je größer wir den Zeitraum setzen, einige Jahrzehnte nach Christus, desto mehr gewinnen wir Raum für die Entfaltung jenes Geistes, da nun erst „Parteien" sich bildeten, wie St. Paulus zur Genüge beweist.

Ob nun auch gerade dieser Apostel zu den βιασται zu rechnen sei, da er in der That ja, wie kein anderer, mit dem Judentum brach und die alte Schale zerschlug, ist eine Frage, die man bejahend beantworten muß, wenn man sich auf den Standpunkt eines Jakobus stellt. Die Reibungen und Kämpfe, welche die judaistische Partei der ersten Christen dem Apostel Paulus bereitet haben, lassen sich durch keine Harmonistik wegräsonniren. Sie sind eine Thatsache und psychologisch klar.

Stellt man sich aber auf den wahrhaft geschichtlichen, objectiven Standpunkt unserer in das Verständnis jener alten Zeiten so tief eingedrungenen Zeit, so werden wir sagen müssen: was St. Paulus gelehrt hat, war der wahre Ausdruck des Geistes Christi, und für seine Zeit jedenfalls bereits nicht mehr ein βιασμος, sondern die natürliche Entfaltung der Grundwahrheit, die nun folgerichtig zur

---

[1]) Sollte Jesus vielleicht in Joh. 10, 1 diese βιασται im Auge gehabt haben? ich vermuthe eher die Pharisäer, die λυκοι ἁρπαγες Matth. 7, 15.

vollen Realisirung gelangte, mit und nach der Zerstörung Jerusalems, nämlich in dem, was den Judaismus betrifft. Und, wie auch Paulus, so gut als Jesus selbst, den Zusammenhang der neuen „Oekonomie“ mit dem Geist der alten nicht schlechtweg verleugnete — Vgl. Röm. 9, 3—5; 11, 1. 2 — so haben auch die bedeutendsten Kirchenlehrer der ersten Jahrhunderte überall an das Alte Testament angeknüpft, und zwar in einer (pädeutischen)[1] Weise, wie es für uns heute keine absolute und dogmatische Nothwendigkeit mehr hat, sondern nur zum geschichtlichen Begreifen gehört, denn nicht mehr, wie der sel. Senator v. Meyer (Bibeldeutungen, S. 148) gemeint hat, die Weißagung ist der Grund unsers Glaubens, sondern die Erfüllung. Unser Evangelist aber scheint wirklich mit seinem „ὁ ἐχων ὠτα ἀκουειν ἀκουετω“ V. 15, da er nicht selten eine Hinneigung zu judaisirender Auffassung verräth, dem Apostel Paulus oder seiner Partei eins versetzt zu haben, wiewol ich diese Vermuthung nicht πυξ και λαξ festhalten möchte, sondern vielmehr geneigt bin zu bekennen: adhuc sub judice lis est.

IV. Um nun meine Auslegung unserer Matthäusstelle noch fester zu stützen, will ich's versuchen, die Genesis der Verirrungen aufzudecken, wenigstens den Hauptpunkten nach, da alles und jedes einzelne Darlegenwollen zu weit führen würde — une mer à boire! Und eine so ganz nagelneue Auffassung, wie die meinige, die schlechthin allen bisherigen gegenübertritt, thut gut, sich nach allen Seiten zu rechtfertigen, indem ich nicht nur nachweise, daß man geirrt hat, sondern auch, wie man zum Irrtum gekommen ist.

Das πρωτον ψευδος der Meisten, oder die Lösung des Räthsels dieser constanten Abirrung scheint mir zunächst in zwei Punkten zu liegen: ein Mal darin, daß man sich von der traditionellen Annahme wie von einem Zaubergarn nicht loslösen konnte, als habe Johannes von vornherein um die Messianität Jesu gewußt — gemäß

---

1) Genau so Diestel (Geschichte des A. T. in der christlichen Kirche, S. 53): „der Unterschied (beider Testamente) lag weniger in der Idee als in der Erscheinung, weniger in dem ewigen als in dem pädagogischen Willen Gottes, überhaupt weniger in Gott selbst als im Bewußtsein des Volks“ (der Menschen).

den Berichten des „Kindheitsevangeliums“ — als gebühre dem Johannes das Hauptverdienst, den [angeblichen] Eifer für das Reich Gottes geweckt zu haben (eine Art „Erweckung“, die besonders Luthern gefallen hat), und als habe die Absendung der zwei Jünger nichts weniger als etwelchen Zweifel in sich geschlossen, sondern lediglich beabsichtigt, Jesum als Messias zu veranlassen, endlich „loszuschlagen“, d. h. das neue Messiasreich, das man mit Sehnsucht erwartete (s. Matth. 20, 20 f. und Apg. 1, 6), zu proclamiren, ähnlich wie etwa die Spanier ihre pronunciamentos machen, oder wie der Schweizerbund gestiftet worden sein soll — was somit weiter nichts als Ungeduld oder Neigung zu *βιασμος* überhaupt [1]) verriethe; und weiter darin, daß man überwiegend oder gar ausschließlich das Lob in's Auge faßt, welches Jesus über Johannes ausspricht, den Tadel übersehend, der sogleich folgt und das Lob allermindestens neutralisirt.

Man erblickte somit in dem ganzen Vorgang eine freundliche, sympathische Bewegung zum „Himmelreiche“ hin, als habe der Täufer, weil Prophet, dasselbe bereits im Geiste geschaut [2]), ähnlich den alten Propheten (vgl. 1 Petr. 1, 10), und glaubte darum auch in V. 12 (eine *μεταβασις εἰς ἀλλο γενος* sei ja unmöglich!) eine ebensolche Zuneigung und Sympathie erblicken zu müssen, und zwar eine um so stärkere, als ja von dem Täufer ausgegangen werde, wie auch V. 13 wieder auf ihn zurückweise, und daher die Bewegung unmöglich als eine abweichende, sondern als eine zunehmende zu denken sei. Manche ältere Ausleger gingen sogar so weit, zu sagen, daß gerade Johannes, theils durch sein Taufen (wie wenn das magisch gewirkt hätte!), theils durch sein Predigen, die Bewegung zum Himmelreich hin hervorgerufen hätte, so daß Jesus selbst ganz in Schatten kam! [3])

---

1) Siehe Schweizers Auffassung.

2) Neander geht noch weiter: durch Johannes sei das sehnsüchtige Verlangen nach dem Himmelreiche angeregt und unter die Menschen verbreitet worden! — das vermag ich mit der Geschichte nicht in Uebereinstimmung zu bringen.

3) Einer meinte: „ex Johannis praedicatione didicerunt auditores, jam esse tempus, ut vaticinia de adventu Christi impleantur“ (Matth.

So auf die abschüßige Bahn gerathen, stürzte man, in unbegreiflicher Blindheit, von Fall zu Falle.

1. Man übersah, daß Jesus in V. 11 den Johannes ganz und gar außerhalb des Himmelreichs stellt, somit ein verwerfendes Urtheil spricht, und ihn nicht zu den „Seinen" rechnet. Man that daher Unrecht, ἀπο των ἡμερων so zu fassen, daß die ganze Wirkenszeit des Täufers darin begriffen und er selbst mit zu den βιασται zu rechnen wäre. Das verstößt gegen alle Sprachwissenschaft, Psychologie und Geschichte.

2. Man übersah das δε in V. 12, oder deutete es irrig als particula continuationis, etwa wie umgekehrt das hebräische ו auch adversativ vorkommt.

3. Man verkannte den Sinn der ganzen Zeitbestimmung ἀπο τῶν ἡμερων ἑως ἀρτι, und schloß den Johannes mit ein, während er den Grenzstein bildet, somit der Abschluß seiner Wirksamkeit gemeint ist, wie in V. 13.

Wie hier ἑως den Johannes mit einschließt, so ist in ἑως ἀρτι der Sprechende (oder der Schreibende) mitbegriffen.

4. So sah man sich denn genöthigt, den Ausdrücken βιαζεται, βιασται, ἁρπαζουσιν, die einen so, die andern anders, ganz eigentlich Gewalt anzuthun, indem man zwar wol erkannte, daß diese Ausdrücke eine irgendwelche, und zwar eine „gewaltige", Anstrengung bezeichnen, aber nicht erkannte, daß diese Ausdrücke ihre unwandelbare Bedeutung haben und daß das eigentliche Object der Anstrengung einzig und allein die βασιλεια ist, statt dessen man

---

Poli, Londinensis, Synopsis Criticorum (Frcf. ad Moenum 1678), T. IV, p. 290), so daß also diese Zuhörer als die βιασται zu erkennen wären, und zugleich aus diesem Unterricht sich ergäbe, warum Johannes der größeste hieße! Aehnlich selbst Schweizer. Daß ein Stolberg, der das ganze A. T. mit zur „Religion Jesu Christi" rechnete (!), annahm, Johannes habe wohl gewußt, wer Jesus war, er habe gar nicht an ihm zweifeln können, da er ihn ja so kräftig angekündigt, und ihn getauft hatte, ja, bei dessen Nähe er, als jeder von ihnen noch im Mutterleibe war, vom h. Geist erfüllt wurde (!), kann nicht in Verwunderung setzen. Sancta simplicitas! möchte man ausrufen, wenn man seine „Jamben" (1785) und unter diesen die „Schafspelze" nicht kennte!

zum logischen Objecte das Subject selbst (*βιασται*) oder die *βασιλεια* zum entferntern Objecte machte [1]).

So geschah es denn auch, daß der geistvolle Olshausen, um seine Auffassung zu stützen, den Misgriff begieng und Luk. 16, 16 herbeizog „*απο τοις ή βασιλεια του θεου εὐαγγελιζεται κ. πας εἰς αὐτην βιαζεται*“, als ob dieses ein Herzudrängen und Hineindringen bezeichne — wie in Xenof. Cyrop. III, 3, 69 (*εἰς ἀρχην* mit medialer Bedeutung) — weil *εὐαγγελιζεται* vorhergeht. Diese Stelle hat freilich etwelche Dunkelheit, denn es hat schier den Anschein, als wolle *ἑως Ἰωαννου* so verstanden sein, daß dieser terminus ad quem ausgeschlossen wäre. Da aber *ἀπο τοτε* folgt, so kann sich dieses *τοτε* nicht auf die *προφηται* beziehen, sondern nur auf Johannes, und es muß somit Johannes mit zu *νομος κ. προφηται* gerechnet werden, also daß der Sinn ist: von dieser Zeit an hat die Verkündigung des Evangeliums begonnen, durch Jesus und seine Apostel, und zwar des Evangeliums als *πληρωσις του νομου κ. των προφητων*, und mit der Verkündigung zugleich das räthselhafte „*πας εἰς αὐτην βιαζεται*“. Was besagt das? Nichts schiene natürlicher, als die Worte so zu fassen: jeder drängt sich in dasselbe hinein. Das deutete man so, als wolle es besagen: es finde ein allgemeiner Zudrang statt — wie wenn Predigt und Bekehrung sich überall gefolgt hätten gleich Donner und Blitz! — indem man dem Ausdruck *βιαζεται* die Spitze abbrach, oder den bittern Beigeschmack hinwegphantasirte, zugleich auch unbekümmert, ob die Sache historisch richtig sei, ob nicht. Umsonst! *βιαζεται* kann nicht aus einem Wolf in ein Lamm verwandelt werden, so wenig als ein Neger sich weiß waschen läßt. Somit

---

1) Noch willkürlicher ist z. B. Rosenmüllers Erklärung: „Johannes multorum animos excitavit ad doctrinae coelestis studia (!?); Jesus autam ipsam hanc salutarem doctrinam luculenter et efficaciter tradidit“!! So weit führen dogmatisch-historische Vorurtheile! — Friedrich Leopold Graf zu Stolberg (Geschichte der Religion Jesu Christi [Hamburg 1809], Bd. V, S. 223) will beide Bedeutungen verbinden: *βιαζ.* gilt zunächst von der Verbreitung des Evangeliums, aber auch vom Himmel, den man nicht ohne Kampf erringt u. s. w. [vgl. *ἀγωνιζεσθαι*].

hat Lukas sagen wollen: entweder jeder drängt sich herbei, um sich das Reich anzueignen, oder aber um es zu verderben. Das Erstere würde eine allgemein vorhandene Befähigung und Neigung zur rechten Aufnahme der Predigt und des Reiches bedeuten; das Letztere dagegen das Gegentheil, eine allgemeine Unfähigkeit, wenn nicht gar Ungeneigtheit. Wie und womit nun entscheiden wir, welches das Richtigere sei? Einerseits mit der Geschichte, andererseits mit der Grammatik.

Die evangelische Geschichte nämlich berichtet wol von ὀχλοι, welche dem Herrn nachgefolgt seien; sind das aber alle „Jünger" gewesen oder geworden im Sinne Christi? [1]) sagt nicht Jesus selbst: es sind Viele berufen, Wenige auserwählt? gibt es im „Himmelreich" etwa zwei Classen, Berufene und Erwählte? Nennt nicht Jesus selbst die Seinen ein „kleines Häuflein"? „fürchte dich nicht, du kleine Herde"! Und wenn die Zahl seiner Anhänger, d. h. Reichsgenossen, so groß gewesen wäre, wie das πας ja besagen würde, hätten die Feinde es wol gewagt, die Hand an Ihn zu legen? — sie hätten vor den „Legionen Engel" gewiß die Fahne gesenkt oder die Parole geändert. Ebenso wird schwerlich ein Besonnener sich auf Apg. 2, 41; 5, 4 berufen wollen. Dawider zeugen die Klagen Pauli in Röm. 9 ff. Doch selbst der sonst so nüchtern bedächtige Bleek hat das βιαζεσθαι (in einer exegetischen Vorlesung) auf den Eifer gedeutet, mit dem die Leute das Reich Gottes zu erlangen suchten! Ebenso Neander.

Und was sagt uns die Grammatik und der Zusammenhang in Luk. 16, 17? εὐκοπωτερον δε ἐστιν τον οὐρανον κ. την γην παρελθειν ἢ του νομου μιαν κεραιαν πεσειν — was an Matth. 5, 18 erinnert, und somit die Unantastbarkeit des Gesetzes ausspricht. Was bedeutet das? Daß Gesetz und Evangelium mit einander in relativem Gegensatze stehen, ist bekannt. Wie aber hier? da käme der Sinn heraus: das Evangelium vom Reiche Gottes wird verkündet, seit Johannes, dem letzten der Propheten, und alle Welt „reißt sich um dasselbe" (!), aber (das fatale Aber!) das Gesetz

---

[1]) Das ἀγωνιζεσθε εἰσελθειν (Luc. 13, 24) bezeichnet nicht eine Thatsache, sondern eine Aufforderung.

muß ewig bleiben. Wie reimt sich das? Zuerst werden Gesetz und Propheten nebst Johannes als etwas bezeichnet, das der Evangeliumspredigt vorausgegangen sei — und es hat ganz den Anschein, daß gesagt sein wolle, sie seien auch abgethan. Wäre dem nicht so, so müßten Gesetz und Propheten mit in die Evangeliumspredigt aufgenommen sein. Dann aber — abgesehen von der Unwahrheit der Sache — so begriffe man nicht, wie nun noch als Gegensatz die Aussage folgen könnte, daß das Gesetz ewig bleiben müsse. Hieraus ergibt sich sonnenklar, daß dieser Gegensatz, der nicht ausradirt werden kann, und der sich auch nicht auf die Evangeliumspredigt als solche beziehen darf — da Jesus sein Reich mit dem *νομος θειος* nicht in realen Widerspruch gesetzt wissen will — sich auf das zweite Glied und zwar auf *βιαζεται* beziehen muß, welches hier in Medialform steht.

Und wenn wir nun fragen, worin dieser Gegensatz bestanden habe [1]), so kann das *βιαζεσθαι* auf zweierlei Weise gedeutet werden: entweder so, daß die *βιαζομενοι* eindringen wollten, ohne durch das Gesetz hindurchgegangen zu sein, d. h. ohne Buße gethan und sich bekehrt zu haben — wie häufig kam und kommt das vor! — oder so, daß sie theoretisch und dogmatisch erklärten, wer ein Christ sein wolle, habe mit Moses gar nichts mehr zu schaffen. Es waren also theoretische Anomisten, wenn nicht gar Antinomisten, genau dieselben, die in der Matthäusstelle bezeichnet sind.

So begreift sich nun sowol das *δε* in V. 17 als das *πας* [2]) in V. 16. Sinn: das Evangelium vom Reiche Gottes wird verkündet, nicht mehr Gesetz und Propheten, aber das Gesetz muß seine wahre Geltung behalten, und darum begehen ein Unrecht alle die, welche meinen, man könne und müsse sich dem Evangelium anschließen, ohne mehr an das Gesetz gebunden zu sein 1 Petr. 2, 16, oder man müsse vorab das Gesetz beseitigen, bevor man ein Christ werden kann, und das Verwerfen des Gesetzes gehöre wesentlich

---

[1]) Daß *εὐαγγελιζεσθαι* und *βιαζεσθαι* nicht mit Rosenmüller als Wechselbegriffe angesehen werden können, versteht sich von selbst.

[2]) Willkührlich Schleiermacher: „der erste Beste". Aber richtig erkennt auch er in *βιαζ.* ein gesetzwidriges Handeln in Bezug auf das Gottesreich.

zum neuen Glauben; der neue Glaube könne gar nicht ohne die Gesetzesverwerfung bestehn. Wie nahe lag so was, wenn man an die furchtbare Last denkt, welche die Unzahl von Gesetzen auf das Herz und Gewissen eines Juden warf! Wie froh mußte jeder sein, von solchem Druck befreit zu werden! Und Jesus hatte ja verkündet: „meine Last ist leicht, mein Joch ist sanft" [1]). Und dennoch trat er diesen Anomisten entgegen und mußte es aus theoretischen und praktischen Gründen. Aus theoretischen Gründen? weil das Gesetz durch das Evangelium nicht schlechthin aufgehoben, sondern nur anders zum Menschen gestellt wird. Aus praktischen? weil Abrogation des Gesetzes das Himmelreich nicht macht, noch fördert, wol aber gefährdet — so wie die deutschen Bauern die Freiheitspredigt Luthers misverstanden und misbraucht haben. Und zu solchem Misverstand war damals fast jeder (πας) geneigt, mehr oder minder craß. Denn ὀλιγοι ἐκλεκτοι! Und welchen Unverstand bewiesen die Jünger öfter selbst!

5. So auch verkannte man sowol das erklärende γαρ in V. 13 als den Sinn und Zweck von προεφητευσαν in unserer Stelle, wo der Hauptton nicht auf das Hinweisen, sondern auf das Abschließen zu legen ist.

6. Ebenso wußte man nicht zurechtzukommen mit allem weiter Folgenden. Welche Logik ergäbe sich da, wenn die zwei ersten Parteien als Freunde, die zwei letzten als Widersacher gefaßt würden? Mit welchem Unrecht aber Johannes als mit Jesu sympathisch angesehen wurde, habe ich nachgewiesen. Und eine planlose Zusammenwürfelung verschiedenartiger Sätze kann Kap. 11 unmöglich sein.

V. Es dürfte noch von Interesse sein zu sehen, wie sehr will-

---

1) Darum auch kann in seinem Begriff vom Himmelreiche nichts enthalten sein, was etwa einen radicalen Republikaner stoßen konnte, wie zu Cromwells Zeiten, wo man, wie Pufendorf berichtet, an der Bitte „Dein Reich komme" Gewissensanstoß nahm und in die Liturgie setzte „deine Republik komme!! Treffend bemerkt Werenfels (Opuscula III, p. 86): Carl V. habe von seinen Belgiern gesagt, es gebe kein Volk, das den Namen der Knechtschaft ärger hasse, und doch die Knechtschaft selber geduldig ertrage! — Auch heute noch!

kürlich oft mit der Schriftauslegung nicht nur in den alten Zeiten [1]) der „Unwissenheit“, die „übersehen werden muß“, sondern auch noch in unsern Tagen zu Werk gegangen worden ist.

Für die alten Zeiten will ich nicht etwa Origenes, sondern den Lyoner Bischof Eucherius (erste Hälfte des fünften Jahrhunderts) als Beispiel aufstellen. Von diesem besitzen wir „quaestiones Novi Testamenti“, in denen er u. A. zu Matth. 5, 4 sagt: Wie ist das zu verstehen, daß die „Gerechten“ (*πραεις*) die Erde besitzen werden? Antwort: weil den Gerechten eine neue Erde und ein neuer Himmel verheißen ist, wo sie, gleich den Engeln, mit Gott herrschen werden!“ (über wen?) Und zu Matth. 26, 19 *οὐ μη πιω ἀπαρτι ἐκ τουτου του γεννηματος της ἀμπελου κ. τ. λ.* bemerkt er: „regnum Dei, ut docti interpretantur (sic!), Ecclesia est, in qua quotidie bibit sanguinem suum Christus per sanctos suos, tanquam caput in membris suis.“

Daß aber noch in unsern Tagen der Schriftbuchstabe oft so wenig geachtet und mit dem Schriftsinn häufig genug ein frevles Phantasiespiel getrieben und dem Volke etwas als „Wort Gottes“ vorgetragen wird, was die eigene Erfindung des Predigers oder des Gelehrten ist, so muß das in hohem Grade betrüben und kann nur dienen das Ansehen der heiligen Schrift herunterzusetzen, wankend zu machen, zu vernichten.

So schreibt Joh. Georg Schultheß (weiland Diakon zu St. Peter in Zürich) in seiner „Schriftmäßigen und klaren Aus-

---

1) Ihr Grundzug ist die Subjectivität mit ihrer spielenden Phantasieherrschaft und idealistischen Willkür. Daher die Allegoristik. So z. B. behandelt der jüngere Arnobius, auch Afrikaner, die Hochzeitserzählung von Kana ganz als Allegorie, trotz der Versicherung, daß alles dieses wahr sei. In spiritualistischem Sinne wahr!? die Hochzeit ist ihm die Verbindung Christi und der Kirche, d. i. novae legis traditionis! Die Krüge — er zählt deren sieben (um seinem Zweck zu entsprechen!) — sie sind die sieben Gemeinden, auf Fels gegründet (*λιθιναι*!). Das Wasser bedeutet die Taufgnade! Die Krüge, welche 2 *μετρητας* fassen, bedeuten die Verehlichten, die von drei dagegen die spirituales et continentes, qui trinitatis virtutibus implentur, der *ἀρχιτρικλινος* ist Moses, der Bräutigam Christus, das verwandelte Wasser ist „passionis cruor“!

legung des Evangeliums Jesu Christi nach Matthäus" (Winterthur 1804), Bd. I, S. 289: „Das Reich der Himmel muß erkämpft, errungen werden; nur wer sich anstrengt und sich dafür reißt[1]), kann es erobern — und das bezieht sich nicht nur auf die damalige Nachfolge Christi[2]), welche Muth und beharrlichen Widerstand gegen alle Hindernisse erforderte, sondern ebenso sehr noch heute gilt[3]), denn, wer kein Herz faßt, sich von dem Weltsinn loszureißen und jenes edlern himmlischen Sinnes sich zu bemächtigen [echt pelagianischer Voluntarismus![4])], wer nicht streiten mag gegen die tausend Versuchungen, welche ihm den Weg zur Wahrheit versperren (!) u. s. w., der bleibt ferne, wird immer schlaffer, muthloser" u. s. f. Das sind geistliche Rhetorisationen, die manches Wahre enthalten und manchen guten Gedanken und Entschluß wecken mögen, aber nicht den Text auslegen.

Was soll man nun aber vollends zu gelehrten Handbüchern oder wissenschaftlich sein wollenden Auslegungen sagen, die nicht minder gesetzlos zu Werke gehen?

So wenn Dr. Glöckler in Marburg (Die Evangelien des Matthäus, Markus und Lukas [Frankf. 1834], Thl. II, S. 342f.) zu dem Satze ἀπο δε των ἡμερων κ. τ. λ. bemerkt: „wir können zu jeder Zeit sagen, von den Tagen des Johannes bis jetzt", und zu ἡ βασ. τ. οὐρ. βιαζεται: „Jesus stellt hier das Himmelreich unter dem Bilde eines irdischen Königreichs (?) dar, welches bisher frei und getrennt von allen andern Völkern dastand, in welches überhaupt bisher niemand einzudringen vermochte (sic!), welches aber von jetzt an Gelegenheit gibt, daß man es überwältigen und daß man in dasselbe eindringen kann. So lange die Zeiten der Verfolgung bestanden, konnte niemand in das Himmelreich eindringen, wenn er auch alle seine Kräfte anstrengte (sehr

---

1) So sage man ja auch: eine Waare geht reißend ab.

2) Jesus sagt aber: wer mir nachfolgen will, muß sein Kreuz auf sich nehmen — er ist also nicht ein βιαστης, sondern ein βιασθεις. Der βιαστης macht sich freilich auch ein Kreuz!

3) So auch Brandt in seiner Schullehrerbibel.

4) Anders lautet Phil. 3, 12 und Hebr. 12, 9. Röm. 9, 16.

richtig! weil es gar nicht vorhanden war). Anders ist das Verhältnis von den Zeiten des Johannes an, und von jetzt an können diejenigen, welche Gewalt anwenden, es erobern". (Sonderbares Reich! wie wenn es vorher mit einem Vorhang verhüllt gewesen wäre, den nun Johannes weggehoben hätte!). Und mit dem ἁρπαζουσιν macht er sich's leicht: „Es versteht sich von selbst, daß dieses alles nur bildlich gesprochen ist, und daß unter diesem ‚Rauben' [1]) nur das Empfangen der vorher nicht besessenen Güter des Himmelreichs, auf welche der Mensch gar keine Rechtsansprüche zu machen hatte [sie gehörten ihm also nicht? waren etwas ihm Fremdes? dagegen vgl. Luk. 16, 11, 12]. Das Gewaltanthun und Rauben ist hier gerade das gottgefällige Streben (!?)."

Sehen wir uns noch die ausführliche Erörterung von Dr. Stier an! Er denkt und schreibt überschwenglich, aber geistreich, witzig, etwas an Luther gemahnend, den er vielleicht nachzuahmen suchte. Nachdem er ganz richtig bemerkt hat: „Nicht eine Lehre nur bringt und bietet der Herr, sondern eine neue, längst verheißene, Anstalt: ein neuer Stand der Dinge beginnt mit Ihm." Das ist das große Jetzt, welches er ausruft. Doch rechnet er freundlich und demütig erweiternd die Tage des Täufers mit dazu (?), und zwar die ganze Zeit desselben. Sie ist die Eröffnung des Aufthuns (!?), der wirkliche Anfang des sogleich nachkommenden Jetzt." Richtig erkennt er: der Herr kann unmöglich sagen: „Jedermann drängt sich, will mit Gewalt hinein in's Himmelreich", was ja mit der Klage über den vorherrschenden, allgemeinen Unglauben bei Matthäus übel stimmt (sic)", fährt aber fort: „Wollten wir nun jedoch zufahren, folglich müsse desgleichen hier βιαζεται im übeln Sinne heißen: „das Himmelreich wird gewaltsam angefeindet, abgewehrt" [3]), so wäre das schon überhaupt eine

[1]) Aber das Bild hat seine bestimmte Bedeutung, nicht zwei oder mehr, wie Stier gemeint hat.

[2]) Die göttliche Persönlichkeit des Menschen und menschlicher Gemeinschaft, ein bisher Unbekanntes tritt ans Licht, und ebenso die wahre Persönlichkeit Gottes (Joh. 4, 23), in uns mit Christo.

[3]) Aber tertium datur, wie ich nachgewiesen habe.

falsche Voraussetzung, als ob die beiden Stellen (in Matth. 11 und Luk. 16) als derselbe Ausspruch nur einerlei Sinn haben könnten (!). Wenn der Herr früher Gesagtes in anderem Zusammenhang wiederholt, wendet er oftmals den Sinn anders, nimmt bei vielumfassenden (!), vollsinnigen (!) Sprüchen eine andere Seite heraus. Und ein solches vollsinniges [1]) Wort haben wir hier in βιαζεσθαι" [eine neue Lehre! nach eigener Hermeneutik!]. „In V. 13—15 redet der Herr weiter für das gläubige Annehmen des offenkundig vorhandenen Zeugnisses vom vorhandenen Himmelreich. Hiezu wäre das einseitige (!) ‚man widerstrebt ihm mit feindseliger Gewalt' nicht ein hinführender, sondern ein ableitender (sic) Seitengedanke (?), also doch (!) hier mit Luther und der vorhergehenden, in der Gemeinde [der Theologen!] verbreiteten Auffassung ‚man ringt nach dem Himmelreiche hineinzukommen' (Luk. 13, 24 ἀγωνιζεσθε), und die ihm so Gewalt anthun, erlangen's auch. Das paßt fast (!) eher in den Zusammenhang, doch auch nicht ganz!" Es ist fast komisch zuzusehen, wie sich der Unglückliche herumtappend abquält, wo und wie er den Ausgang aus dem Labyrinthe finde, von zwei entgegengesetzten Polen angezogen, daher neutralisirt. Nachdem er ganz richtig bemerkt, der Herr spreche von der gewissen Thatsache, daß das Himmelreich vorhanden ist und sich ankündigt, und das setze er dem Weißagen u. s. w. entgegen, verfällt er auf den unglücklichen Gedanken, das εὐαγγελιζεται bei Luk. 16 sei die eigentliche Parallele zum ersten (!) βιαζεσθαι des Matthäus, und thut nun mit diesem Faden in der Hand den salto mortale: βιαζεται heißt hier nicht mehr und nicht weniger, als wie es im Activum und daraus hervorgehenden Medium bedeutet: „Das Himmelreich bricht laut und öffentlich [εὐαγγελιζεται] mit Gewalt herein", die Armen werden genöthigt (Luk. 14, 22 ἀναγκασον εἰσελθειν [2])) hereinzukommen, die Zweifler werden zum Fragen getrieben (!).

---

[1]) Man spricht etwa von „vollsinnigen" Menschen, d. h. Menschen, welchen keiner der sogenannten Sinne fehlt.

[2]) Wie wenn ἀναγκαζειν und βιαζειν identisch wären! abgesehen, daß bei Lukas nur von einem Auftrage die Rede ist, nicht von einem Erfolge.

die Widerstrebenden (sic!) müssen sich wenigstens ärgern (!), kurz, es geht gewaltig damit zu (fast wie auf einem Reichstage bei gewissen Fragen!), es ist in gewaltiger Bewegung — wie Dräseke davon predigt (!) — wirkt mächtig nach beiden und allen Seiten hin [1]). „Βιαζεσθαι umfaßt sowol das Anziehen als das Abstoßen der Gemüther — beides ist zusammen die eine gewaltige Wirkung“ (sehr bequem).

Haben die Sophisten es besser verstanden, aus allem alles zu machen und die Worte als eine wächserne Nase zu behandeln, wie etwa die Rechtsgelehrten oft die Gesetze? Und doch meint unser gelehrter Prediger: „So wäre denn der erste Satz hoffentlich (?) einfach klar nach Lexikon, Parallele und Zusammenhang.“ Wie ist solche Selbstverblendung möglich? Mit βιαζεσθαι sollte in Einem Zuge „Lob und Tadel“ ausgesprochen sein? Das gemahnt an Jak. 3, 11. Und dieser selbige Ausleger [3]) schilt nun „querköpfige Exegeten“ die, welche in dem βιασται ἁρπαζουσιν „Räuber“ erkennen! Denn βιαστης bedeute nur Einen, der seine Stärke zeigt und Gewalt anwendet in irgendwas [aber da, wo und wie er nicht soll!] Nachdem er zur Gewißheit und Ruhe gekommen scheint, geräth er sofort wieder in die Brandung zurück. Er trägt doch Bedenken, mit Luther βιασται in gutem Sinne zu nehmen, da das ἁρπαζειν billig als ein Stein im Wege liegt, über den nicht so leicht hinwegzuhüpfen ist. Doch nicht lange, so erinnert er sich an die Blutsverwandtschaft beider Ausdrücke βιαζεται und βιασται; somit muß das letztere ebenso voll und **doppelsinnig** (!) sein wie das erstere! Zugleich nimmt er Anlaß davon zu einer hermeneutischen Sentenz: „Wo sich die Exegese fortdauernd um zwei mögliche [hier?] Fassungen eines zweideutigen Spruchs zankt, sind gewöhnlich (also nicht immer!) beide in einem ‚tieferen‘ [4]) dritten eins, so daß

[1]) Vgl. ein Stein zum Falle dem Einen, zum Aufstehen dem Andern.

[2]) Aehnlich Neander (S. 337): „Diese Auffassung ist die einzige natürliche, der Bedeutung der Worte, dem Zusammenhang und Zweck der Rede angemessen.“

[3]) Ich bedaure, daß er meine Kritik nicht mehr lesen kann, seine Person habe ich hoch geachtet.

[4]) Der Hegelianer würde sagen höhern.

die Streiter auf beiden Seiten Recht oder Unrecht haben [1]). Darum entsteht doch keine Tautologie der Sätze, sondern der erste redet von der gewaltigen Anregung, welche das hereinbrechende (gleich einem Gewitter!) Himmelreich seinerseits verursacht, der zweite weist dies nun hinzeigend nach — was ja des ganzen Redestückes Tendenz (!) — in dem wirklich zu erkennenden Erfolg dieser Ursache, welcher so zum Zeichen der Zeit wird. Wo das Himmelreich einem Orte sich nahet, macht es zuerst Rumor! es will Allen Gewalt anthun, regt aber Manchen zu gewaltigem Widerstand auf! So thut und leidet das Himmelreich Gewalt. Man fängt an, sich darum zu reißen! Das Himmelreich braucht Gewalt, und. Gewaltbrauchende reißen daran." (!) Stier schließt damit, daß er theilweise dem (nun auch abgeschiedenen) trefflichen Nitzsch beistimmt, welcher (System der chr. Lehre [1851], Aufl. VI, § 142) sagte: „Dieses Gewaltleiden und dieses Ansichreißen desselben [auch zweierlei?] auf Seiten der Gewaltthuenden ist der Gegensatz der Zeit, wo es nur geweißagt, ersehnt, gehofft wurde [mehr nicht?]. Zunächst ist also nur von einem Vorzug der neuen Zeit die Rede (also ein Lob!) die Erscheinung des Gewaltthuns und Eroberns ist aber eine nothwendige, vgl. Luk. 9, 62 (wer die Hand an den Pflug legt); der katachrestische (!) Ausdruck erklärt und rechtfertigt sich (?) hinlänglich durch andere Darstellungen des Heiligen und Weltlichen, z. B. Luk. 16, 8 (!?)."

So gewaltig wirkt die Macht der Tradition! Was schließlich noch den gelehrten und gewandten Erklärungsversuch meines verehrten Freundes Al. Schweizer betrifft, so widerlegt sich derselbe wesentlich einerseits dadurch, daß es den „Zeloten", die er beschreibt, ja gar nicht um das „Himmelreich", wie es Jesus in seiner heiligen Seele trug, zu thun war, sondern um die jüdische Theokratie, andererseits dadurch, daß dann statt ἀπο των ἡμερων Ἰωαννου richtiger gesagt sein müßte „des Theudas und des Gauloniten Judas" (was freilich auch nicht angieng), da ja Johannes

---

[1]) Ein salomonisches Urtheil! Aehnlich haben die Mystiker dgl. das Brod in Matth. 6, 11 nicht nur von den leiblichen, sondern zugleich auch von dem geistlichen verstanden. Sie lieben die Prägnanz!

selbst nicht zu den Zeloten gehört, den Zelotismus aber veranlaßt und möglich gemacht haben (!) soll, wenn also sein „Anbahnen" des Himmelreichs und somit sein Größersein als die Propheten, die nur geweißagt, bestanden haben sollte, so daß man nicht klar sieht, ob Johannes zu den Gelobten oder zu den Getadelten und Tadelnswerthen gehört! Schon, wie er das Himmelreich anbahnen konnte, ist mir ein Räthsel, mehr noch aber, wie er zu gleicher Zeit den Zelotismus — der ja das Gegentheil der Anbahnung des Himmelreichs that — veranlaßt und sogar möglich gemacht habe. Ὦ βιαστης συ, φιλε κρατιστε! Weit eher könnte Einer mit dem geistvollen Carneri (Sittlichkeit und Darwinismus, 1871) an den „Kampf um's Dasein" denken, wie er „im Innern des Menschen" verfolgt wird!

VI. Schließlich halte ich es nicht für ein opus supererogatorium oder gar für unangemessen, auf die in der Schlußsitzung der israelitischen Synode unterm 18. Juli 1871 zu Augsburg einstimmig angenommenen, von Dr. Auerbach abgefaßten, sieben Artikel (Resolutionen), welche den Standpunkt des heutigen freisinnigen und doch gläubigen Judentums darlegen, sowie auf die geistvolle Präsidenten-Schlußrede des Dr. Lazarus (in Berlin) aufmerksam zu machen. Dieser sagte unter anderm treffend und wahr, was auch für uns Christen gilt: „Das, was den Juden [1]) bis auf die neueste Zeit am allermeisten gefehlt hat in Bezug auf die Entwickelung, ist der historische Sinn. Er hat dem ganzen Mittelalter noch gänzlich gefehlt. Erst 100 Jahre etwa kann man zählen, daß der Sinn für die Erfassung der Culturangelegenheiten auf dem Wege der Geschichte den Völkern, und den Deutschen ganz besonders, aufgegangen ist. Die Juden sind viel später gekommen. Es hat sehr gelehrte Leute gegeben in der vorausgegangenen Generation, bei der wir noch in die Schule gegangen sind, die oft ein unsäg-

---

[1]) Aber nicht nur den Juden! Was soll man z. B. sagen, wenn man in Stolbergs Religionsgeschichte Jesu Christi die Worte liest: „Daß der geringste Christ (Matth. 11, 11) mehr sei als Noah, Abraham, Moses, Elias, Jesaias, Daniel, Johannes — wer kann diese Vorstellung hegen?" Was doch Phantasie und Imagination im Bunde des Glaubens (und zwar des katholischen) vermögen.

liches historisches Material (des Talmud!) in sich hatten, und doch keine historische Anschauung. Es liegt freilich etwas in jener Weise, wie diese Männer die Welt ansahen, was auch ein bedeutsames Princip ist. Spinoza hat es mit einem Worte bezeichnet: sie betrachteten alles ‚sub specie aeterni‘, unter dem Gesichtspunkte der Ewigkeit; die Zeit war für sie nicht vorhanden (Beifall, sic); sie sahen alles nur in Bezug auf seinen Inhalt, auf seine Bedeutung an, ohne Rücksicht auf die Zeit. Verwerfen oder verachten wir diesen Standpunkt nicht ohne weiteres. Es ist eine Art metaphysischer Heiligkeit in der Art, wie sie die Dinge ansahen. Aber dem Verständnis, der Erkenntnis und darum der wirklichen Einsicht in die natürliche, historische und psychologische Organisation der Dinge blieben sie deshalb entrückt. — Und nun, welches ist das Ziel, dem wir entgegenstreben? Ueber alles, was ein Mensch thut und treibt, hebt ihn das Höhere hinaus, das er noch nicht erreicht hat. Jedem Guten schwebt das Beste vor, jeder Strebsame hat bei wahrhafter Arbeit ein Ideal. Wenn man in die Geschichte der Religionsbewegungen bei allen Völkern und Zeiten hineinblickt, so läßt sich leicht erkennen, daß jede große religiöse Bewegung, jede Reformation darauf hinausgeht, nicht sowohl ein Neues zu schaffen, als ein Altes in der eigenen Religion wieder zu beleben. Selbst bei Neuschöpfungen von Religionen ist es meist die Hinweisung auf alte Weißagungen, die sich erfüllen sollen; es soll nicht zerstört, sondern bestätigt, nur anders, tiefer, inniger soll das Alte erfüllt werden. — Auch wir erkennen einen Zug der Entwickelung innerhalb des Judentums, wir erkennen den historischen Gang desselben als einen Leitfaden, der uns auch in der Zukunft führen soll. Nicht zu allen Zeiten war das Judentum gleich. Es gab eine Zeit, welche wir als die Glanzepoche desselben betrachten dürfen, die aber nur in ihren Ansätzen, nur bei ihren Verkündern wirklich und verwirklicht erschien. Noch war die Zeit für das Volk nicht erfüllt. Jenes ist die Zeit der großen Propheten. Und dieses prophetische Judentum ist das Ziel, dem wir zusteuern allezeit [1]). (Beifall.) Unsere Synode ist nichts An-

---

1) Sie bedürfen des Messias nicht, oder eines andern als Jesus, vgl.

deres als Vorberathung und Vorbereitung, Mithülfe zur Wiederbelebung [eines Todten, Lazarus!], zur wirklichen Einführung des prophetischen Judentums. (Bravo.) Der edle Michah, der feste Maleachi, der gewaltige hohe Jesaias, der tief-ernste Jeremias, in Einem sind sie alle gleich: sie betonen im Gegensatz zu aller Aeußerlichkeit des religiösen Lebens das Innere, die Gesinnung, die Sittlichkeit des Wollens und des Handelns, gegenüber dem Opfer und dem Lippendienst, der Aeußerlichkeit und Werkheiligkeit. Welch gewaltiges Wort, unerfüllt [1]) in dritthalbtausend Jahren, immer und immer der Erfüllung harrend, ist jenes Wort des Jeremias (31, 31): ‚Siehe, die Tage kommen, und ich schließe mit dem Hause Israel und mit dem Hause Juda einen neuen Bund, nicht wie jenen, den ich mit ihren Vätern geschlossen, als ich sie bei der Hand ergriff und herausführte aus dem Lande Mizraim — einen Bund, den sie zerrissen haben, sondern das ist der neue Bund: meine Lehre lege ich in ihr Inneres und schreibe sie in ihre Herzen.' Nur klein freilich ist noch heute die Zahl der Männer, welche diese Gesinnung beseelt; aber alle Ströme idealen Lebens, idealer Gesinnung und Bestrebung, alle gehen in's Meer religiös-sittlichen Geistes der Menschheit [2]). (Anhaltender Beifall)." So berichtet die Augsburger Zeitung vom 24. Juli 1871.

Wer sähe da nicht die nahen Beziehungen auf unsere Schriftstelle und auf das Christentum überhaupt? Zu den *βιασται* gehören die Männer dieser Synode so wenig als zu den Jüngern des Johannes, und noch weniger zu den *παιδια ἐν ἀγοραις*. Ob sie sich aber, wenn Jesus heute wieder erschiene, an die *βασιλεια τ. οὐρανων* anschlössen, ist sehr zu bezweifeln. Und doch, wo ein Jeremias so hoch gefeiert wird, muß man sagen, weht etwas

---

Bibeldeutungen von J. Fr. v. Meyer (Frankf. 1812), S. 146. Es sind Philonianer vgl. de Wette, Lehrbuch der christlichen Dogmatik, Bd. I, S. 164.

1) Gewiß im Judentum. Das Christentum wird ignorirt! Darum auch, klug, mit keiner Silbe genannt!

2) Klingt fast etwas pantheistisch. Spinoza ist der Prophet!

von dem Geist des Herrn durch die Seelen dieser Männer von Augsburg, mittelbar auch ein Geist des Protestes gegen Menschensatzung, ähnlich wie am 25. Juni 1530! Unverkennbar ist die verborgene Einwirkung des Evangeliums auf diese Gebildeten Israels, wie wenig auch sie es bekennen. Das wäre ja gefährlich!

Gedanken und Bemerkungen.

Ueber ἔργων νόμου im Römer- und Galaterbrief.

Von

Professor F. Märcker in Meiningen.

Man hat bekanntlich unserem Reformator D. Martin Luther zum Vorwurf gemacht, daß er in seiner Uebersetzung von Röm. 3, 28: „So halten wir es nun, daß der Mensch gerecht werde ohne des Gesetzes Werke, allein durch den Glauben", das Wörtchen „allein", wovon im Urtext nichts stehe, eingeschoben habe. Die griechischen Worte lauten: *λογιζόμεθα οὖν δικαιοῦσθαι πίστει ἄνθρωπον, χωρὶς ἔργων νόμου.* Was nun jene Einschiebung betrifft, so ist Luther in vollem Rechte. Denn Paulus läßt sehr oft das Wörtchen „allein", wenn es soviel bedeutet wie „nur", aus, um es durch die Betonung ersetzen zu lassen, während wir in der deutschen Uebersetzung, um des genauen Verständnisses willen, wohl thun, dies „nur" hineinzusetzen. Aus dem Römerbrief lassen sich für den genannten Sprachgebrauch folgende Beispiele, die leicht noch vermehrt werden können, anführen, worin also das dem deutschen „nur" entsprechende Wort im Griechischen fehlt. Röm. 2, 13: „nur die Thäter des Gesetzes werden gerechtfertigt werden"; Kap. 2, 28: „denn nicht der ist ein [wahrer] Jude, der es nur äußerlich ist, und nicht ist die äußerliche, nur am Fleische geschehende Beschneidung eine [wahre] Beschneidung; Kap. 3, 20:

„durch das Gesetz kommt nur Erkenntnis der Sünde"; Kap. 4, 15: „das Gesetz richtet nur Zorn an, denn nur wo kein Gesetz ist, da ist auch keine Uebertretung"; Kap. 6, 7: „denn nur der [der Sünde] Abgestorbene (V. 2) ist gerechtfertigt von der Sünde; Kap. 7, 1: „das Gesetz herrscht über den Menschen nur so lange er lebt"; Kap. 14, 2: „Mancher glaubt alles essen zu dürfen, aber der Schwache ißt nur Gemüse". Also kann auch in Röm. 3, 28 mit vollem Recht übersetzt werden: „wir urtheilen nämlich (γάρ ist besser beglaubigt als οὖν), daß der Mensch nur durch den Glauben gerecht werde"[1]).

Dennoch müssen wir gegen die oben angeführte Uebersetzung Luthers von Röm. 3, 28 Einspruch erheben. Er übersetzt nämlich χωρὶς ἔργων νόμου durch „ohne des Gesetzes Werke". Es läßt sich aber beweisen — und mit diesem Beweise soll unsere Ab-

[1]) Es mag nicht überflüßig sein, an Luthers bekannte Worte im „Sendbrief vom Dolmetschen" zu erinnern: „Ich habe fast wol gewußt, daß im lateinischen und griechischen Text das Wort nicht steht, und hätten mich solches die Papisten nicht dürfen lehren. Wahr ist's, diese vier Buchstaben sola stehen nicht darinnen, welche Buchstaben die Eselsköpfe ansehen, wie die Kühe ein neu Thor, sehen aber nicht, daß es gleichwol die Meinung des Textes in sich hat; und wo man's will klar und gewaltiglich verdeutschen, so gehöret's hinein. Denn ich habe deutsch, nicht lateinisch noch griechisch reden wollen, da ich deutsch zu reden im Dolmetschen vorgenommen hatte. Das ist aber die Art unserer deutschen Sprache, wenn sich eine Rede begibt von zweien Dingen, deren man eines bekennet und das andre verneinet, so brauchet man des Wortes solum neben dem Wort nicht oder kein. Als wenn man sagt: der Bauer bringet allein Korn, und kein Geld. Item: ich habe wahrlich jetzt nicht Geld, sondern allein Korn. Ich habe allein gessen, und noch nicht getrunken. Hast du allein geschrieben, und nicht überlesen? Und dergleichen unzählige Weise im täglichen Brauch. In diesen Reden allen, ob es gleich die lateinische oder griechische Sprache nicht thut, so thut's doch die deutsche, und ist ihre Art, daß sie das Wort allein hinzusetzet, auf daß das Wort nicht oder kein desto völliger und deutlicher sei. Denn wiewol ich auch sage: der Bauer bringet Korn, und kein Geld, — so lautet doch das Wort kein Geld nicht so völlig und deutlich, als wenn ich sage: der Bauer bringet allein Korn und kein Geld, und hilft hier das Wort allein dem kein so viel, daß es eine völlige deutsche klare Rede wird."

E. Riehm.

handlung sich beschäftigen —, daß nicht nur in jener Stelle, sondern überall, wo ἔργων νόμου vorkommt, nämlich in Röm. 3, 20; 3, 28; 9, 32. Gal. 2, 16 (hierin steht es dreimal); 3, 2; 3, 5; 3, 10, dieses der Genitiv von ἔργων νόμος (sowie auch z. B. in Röm. 11, 13 ἐθνῶν ἀπόστολος und in Gal. 2, 17 ἁμαρτίας διάκονος mit vorausgestelltem Genitiv steht), nicht aber von ἔργα νόμου ist, also in allen jenen Stellen statt der lutherischen Uebersetzung „des Gesetzes Werke" stehen muß „Gesetz der Werke" oder kurz „Werkgesetz". Nur im Römer- und Galaterbrief, und nur in den angeführten Stellen, kommt ἔργων νόμου vor, und nirgends in einem anderen Casus als in dieser Form des Genitivs, so daß also die Entscheidung zwischen den anzunehmenden Nominativformen ἔργων νόμος und ἔργα νόμου nicht ganz leicht getroffen werden kann.

Zuerst muß, um zu zeigen, daß ἔργων νόμος der richtige Nominativ ist, nachgewiesen werden, daß der Begriff eines Gesetzes der Werke, also eines νόμος τῶν ἔργων oder, mit Voraussstellung des Genitivs, eines ἔργων νόμος, wirklich bei Paulus existirt. Hierfür ist die entscheidende und durchaus keinem Zweifel Raum gebende Beweisstelle Röm. 3, 27. Denn Paulus fragt hier: διὰ ποίου νόμου; τῶν ἔργων; „durch was für ein Gesetz? der Werke?" so daß also ein νόμος τῶν ἔργων unzweifelhaft für ihn vorhanden ist. Er versteht darunter das mosaische Gesetz, insofern dabei die ἔργα, z. B. Opfer, Reinigungen und andere das Aeußere betreffende Vorschriften als Hauptsache angesehen wurden, bedient sich aber zur Bezeichnung desselben da, wo er nicht bloß νόμος sagt, immer der umgestellten Form ἔργων νόμος, wovon, wahrscheinlich zufällig, nur der Genitiv ἔργων νόμου, wie bereits gesagt wurde, vorkommt. Noch ist zu erwähnen, daß der Ausdruck τὸ ἔργον τοῦ νόμου in Röm. 2, 15 gar nicht in das Bereich unserer Untersuchung gehört. Er bedeutet „die That des Gesetzes", welche die Edleren unter den Heiden, als in ihre Herzen eingeschrieben, an sich kundgeben, im Gegensatz gegen die Gesetzesübung der Juden, welche ihr Herz nicht dabei betheiligen, ja sogar oft (V. 13) mit dem Anhören der Gesetzesvorlesung genug gethan zu haben meinen.

Nach dem leichten Nachweise, daß bei Paulus wirklich von

einem νόμος τῶν ἔργων, wofür auch ἔργων νόμος gesagt werden kann, die Rede ist, sollen die vorher genannten Stellen, in denen ἔργων νόμου vorkommt, nach einander erklärt, und dabei nachgewiesen werden, daß der Nominativ davon nur ἔργων νόμος und nicht ἔργα νόμου lauten kann.

In Röm. 3, 20 heißt es als Angabe des Grundes von der hauptsächlich aus Psalmstellen bewiesenen großen Entsittlichung der Juden: διότι ἐξ ἔργων νόμου οὐ δικαιωθήσεται πᾶσα σὰρξ ἐνώπιον αὐτοῦ, was zu übersetzen ist: „weil durch das Werkgesetz kein Fleisch vor ihm gerecht werden kann". Das Wort δικαιοῦσθαι bedeutet ebensowol „gerecht gemacht werden", also „gerecht werden", wie „[von Gott] für gerecht erklärt" oder „gerechtfertigt werden", d. h. „von der Sündenstrafe losgesprochen werden", und es sind beide Begriffe bei Paulus meist unzertrennlich verbunden. Diese Rechtfertigung und die Heilung von der vorher (V. 10—19) beschriebenen Entsittlichung herbeizuführen, ist dem mosaischen Werkgesetze unmöglich. Denn dies Gesetz ist, wie später in Kap. 7 ausführlich bewiesen wird, nicht im Stande, dem Menschen die Kraft zu verleihen, sich von der Sündenherrschaft loszumachen und vor Gott gerecht zu werden, was, wie bestimmt nachgewiesen wird, nur der Glaube zu bewirken vermag. „Denn durch das Gesetz kommt nur Erkenntnis der Sünde", nicht aber die genannte Kraft. Dieser erklärende Zusatz: διὰ γὰρ νόμου ἐπίγνωσις ἁμαρτίας beweist, daß im unmittelbar Vorhergehenden der νόμος für unfähig erklärt wird, den Menschen vor Gott gerecht zu machen, nicht aber die ἔργα. In der Parallelstelle Gal. 3, 11: ὅτι δὲ ἐν νόμῳ οὐδεὶς δικαιοῦται παρὰ τῷ θεῷ, δῆλον, welche ganz dasselbe besagt wie die unsrige, nimmt ἐν νόμῳ den Platz von ἐξ ἔργων νόμου ein, woraus auf's bestimmteste hervorgeht, daß nur dem νόμος, nämlich dem ἔργων νόμος, die Fähigkeit abgesprochen wird, den Menschen vor Gott gerecht zu machen.

So trefflich bei dieser Erklärung alles zusammenstimmt, ebenso sehr den Zusammenhang unterbrechend und den Sinn des Ganzen verwirrend ist diejenige, welche in unserer Stelle die Behauptung finden will, „die Werke des Gesetzes" seien unfähig, dem Menschen die Gerechtigkeit vor Gott zu verschaffen. Diese Werke müßten doch im Vorhergehenden, weil durch διότι der Grund für das dort Gesagte angegeben werden soll, als versuchtes Mittel zur Erlangung der Gerechtigkeit erwähnt oder wenigstens angedeutet sein, was aber mit keiner Silbe geschehen ist. Im Gegentheil sieht man aus der ganzen Schilderung (V. 10—19), daß das Handeln nach dem Gesetze bei jenen Geschilderten ganz fehlte, ja daß das Gesetz von ihnen ganz und gar mit Füßen getreten wurde (vgl. Kap. 2, 21—24). Also weiß man nicht, was jene Werke des Gesetzes besagen sollen. Wird aber die Unfähigkeit des Werkgesetzes, die Menschen gerecht zu machen, als Grund der geschilderten Entsittlichung angegeben, so ist alles ganz klar. Es kann demnach die Erklärung, nach welcher ἔργων νόμου zum Nominativ ἔργα νόμου gehören soll, nicht richtig sein, und nur diejenige kann und muß es sein, die ἔργων νόμος als Nominativ für die genannte Genitivform ansieht, indem, wie wir gezeigt haben, nach derselben alles auf's beste harmonirt. Selbst die Stelle Röm. 2, 13 „nur die Thäter des Gesetzes werden gerechtfertigt werden", welche der unsrigen (Kap. 3, 20) zu widersprechen scheint, steht mit ihr nach unserer Erklärung in Einklang, und es wird durch dieselbe die Schwierigkeit gelöst, welche jener scheinbare Widerspruch den Auslegern bereitet. Denn Kap. 2, 13 stellt als Norm für das Gerechtsein vor Gott das Thun des göttlichen Gesetzes auf, welche Norm in V. 14—16 als auch für Heiden gültig, und somit als eine völlig allgemeine nachgewiesen wird, unsere Stelle aber will besagen, daß das mosaische Werkgesetz die Gerechtigkeit vor Gott unmöglich gewähren könne, weil es bloß Erkenntnis der Sünde, nicht aber die Kraft gewähre, das göttliche Gesetz vollständig zu halten, wozu, wie dann in den folgenden Kapiteln (bis Kap. 8 incl.) ausgeführt wird, nur der Glaube befähigt. Dieser allein nämlich, vorzugsweise in der völligen Hingabe an Gott und den Heiland bestehend, bewirkt eine solche Geistes- und Lebensgemeinschaft mit Christus, daß die völlige Erlösung von der Sklaverei der Sünde (Kap. 6) und somit das nach Kap. 2, 13 zum Gerechtsein vor Gott nothwendige vollständige Halten des göttlichen Gesetzes, womit der Urtheilsspruch des Gesetzes, daß der Mensch wirklich vor Gott gerecht sei (τὸ δικαίωμα τοῦ νόμου, Kap. 8, 4 mit Beziehung auf

Kap. 2, 13), verbunden ist, herbeigeführt wird. Dadurch, daß das göttliche Gesetz vollständig gehalten wird, gelangt es erst zu wahrem Ansehn, und weil diese Wirkung dem Glauben zuzuschreiben ist, so sagt Paulus, nachdem er gezeigt hat, daß Gott nur durch den Glauben Juden wie Heiden gerecht mache, in Kap. 3, 31: „Wie? heben wir denn das Gesetz auf durch den Glauben? das sei ferne! sondern wir richten das Gesetz auf." Das Genauere über diesen ganzen Hergang findet man in meiner Schrift: „Die Lehre von der Erlösung durch Christus nach dem Römerbrief dargestellt" (in Commission bei C. Bertelsmann in Gütersloh) [1]).

Es folgt nun in der Reihe der zu erklärenden Stellen Röm. 3, 28, mit welcher Stelle unsere Betrachtung eingeleitet wurde. Daß auch hier ἔργων νόμου zum Nominativ ἔργων νόμος, nicht zu ἔργα νόμου, gehören müsse, daß also χωρὶς ἔργων νόμου zu übersetzen sei „ohne das Werkgesetz", läßt sich aus dem Widerspruch beweisen, in welchen Paulus wegen Kap. 2, 13 („nur die Thäter des Gesetzes werden gerechtfertigt werden") mit sich selbst treten würde, wenn er hier in Kap. 3, 28 behaupten wollte, daß der Mensch ohne Werke des Gesetzes Gerechtigkeit vor Gott erlangen könne, welcher Widerspruch auch durch das dabei stehende πίστει „nur durch den Glauben" nicht aufgehoben werden würde. Erklärt man aber: „wir urtheilen nämlich, daß der Mensch nur durch den Glauben gerecht werde, ohne das Werkgesetz", so fällt der Widerspruch mit Kap. 2, 13 ganz und gar weg (sowie auch der scheinbare Widerspruch der letzteren Stelle mit Kap. 3, 20 durch dieselbe Erklärung von ἔργων νόμου bereits beseitigt wurde). Denn in Kap. 8, 2—4 wird gezeigt, daß die durch Christus von Sünde und Tod Erlösten, welche nicht mehr nach dem Fleische, sondern nur nach dem Geiste wandeln, durch den Ausspruch des göttlichen Gesetzes für gerecht erklärt werden (ἵνα τὸ δικαίωμα τοῦ

---

[1]) Ebendaselbst sind auch noch folgende Schriften des Verfassers zu beziehen: 1) Die Stellung der drei Pastoralbriefe in dem Leben des Apostels Paulus; 2) Titus Silvanus und sein Wirken für das Christentum; 3) Paulus und Petrus in Antiochien; 4) Uebereinstimmung der Evangelien des Matthäus und Johannes; 5) einige dunkele Umstände in dem Leben des Apostels Paulus.

νόμου πληρωθῇ ἐν ἡμῖν), indem sie (Kap. 2, 13) auch Thäter des göttlichen Gesetzes sind, aber ohne das mosaische Werkgesetz (χωρὶς ἔργων νόμου), weil sie nach Kap. 6, 14 und 7, 4 nicht mehr unter demselben stehen. An unserer Stelle weisen, wie das sogleich Folgende (V. 29) zeigt, die Worte χωρὶς ἔργων νόμου darauf hin, daß das mosaische Werkgesetz, also der Umstand, dem Judentum anzugehören, keineswegs zum Gerechtwerden vor Gott erforderlich sei, da ja Gott nicht bloß ein Gott der Juden, sondern auch ein Gott der Heiden sei, indem es (V. 30) nur einen Gott gebe, welcher Juden wie Heiden durch den Glauben gerecht machen werde. Dieser innige und durchaus nothwendige Zusammenhang zwischen V. 28 und dem Folgenden wird durch die andere Erklärung, nach welcher χωρὶς ἔργων νόμου bedeuten soll „ohne Werke des Gesetzes", zerrissen, und die Frage in V. 29 „oder ist Gott nur ein Gott der Juden, nicht auch der Heiden?" deren genauer Anschluß an das Vorhergehende durch „oder" angezeigt ist, steht ohne die nöthige Motivirung da. Denn bei der Erklärung „ohne Werke des Gesetzes" fehlt jede Hinweisung auf das Judentum, indem nach Kap. 2, 14—15 auch Heiden nach dem Gesetze Gottes handeln können. Diese Störung des Zusammenhangs gibt ebenfalls einen, wenn auch weniger schlagenden Beweis dafür ab, daß ἔργων νόμου der Genitiv von ἔργων νόμος sei.

Eine große Beweiskraft hat dagegen das folgende Argument für unsere Behauptung. Dem δικαιοῦσθαι πίστει in unserer Stelle entspricht die δικαιοσύνη τῆς πίστεως oder ἐκ πίστεως oder διὰ πίστεως (Kap. 4, 11 u. 13; Kap. 10, 6; Phil. 3, 9). Dieser von Paulus für allein statthaft und möglich erklärten δικαιοσύνη muß, wenn ἔργα νόμου der Nominativ zu ἔργων νόμου, also ἔργα der Hauptbegriff ist, eine von Paulus verworfene δικαιοσύνη τῶν ἔργων oder ἐξ ἔργων gegenüberstehen; ist aber ἔργων νόμος der Nominativ zu ἔργων νόμου, also νόμος der Hauptbegriff, so steht ihr eine δικαιοσύνη ἐκ νόμου, die natürlich auch als eine unstatthafte erscheint, gegenüber. Im ersteren Falle muß der Ausdruck δικαιοῦσθαι ἐξ ἔργων νόμου, welcher in der bereits erklärten Stelle Kap. 3, 20 und dann auch wieder in Gal. 2, 16 vorkommt, so aufgefaßt werden, daß δικαιοῦσθαι ἐξ ἔργων zusammengehört, also ἔργα νόμου der Nominativ zu ἔργων νόμου ist, im zweiten Falle aber so, daß δικαιοῦσθαι ἐκ νόμου zusammengehört, und ἔργων νόμος als Nominativ von ἔργων νόμου zu betrachten ist. Es muß demnach, um die Streitfrage zu entscheiden, untersucht werden, ob die Werkgerechtigkeit oder die Gesetzesgerechtigkeit als eine von Paulus verworfene der Glaubensgerechtigkeit gegenübergestellt wird. Nur letzteres ist der Fall, nämlich in Röm. 10, 5—6, wo er in V. 5 die Gesetzesgerechtigkeit (τὴν δικαιοσύνην τὴν ἐκ νόμου, wie nach dem Cod. Sinait. gelesen werden muß) der in V. 6 erwähnten Glaubensgerechtigkeit (sie heißt hier ἡ ἐκ πίστεως δικαιοσύνη) entgegenstellt, natürlich, wie der ganze Zusammenhang zeigt, die erstere verwerfend, die letztere allein zulassend. Ferner ist es der Fall in Phil. 3, 9, indem dort Paulus sein Heil einzig nur darein setzt, als ein Solcher erfunden zu werden, der nicht seine Gerechtigkeit, die aus dem Gesetze, sondern die durch den Glauben an Christus (ihm zutheil werdende) besitzt (μὴ ἔχων ἐμὴν δικαιοσύνην τὴν ἐκ νόμου, ἀλλὰ τὴν διὰ πίστεως Χριστοῦ). Eine Werkgerechtigkeit (δικαιοσύνη τῶν ἔργων oder ἐξ ἔργων) wird von Paulus nirgends erwähnt. Er sagt zwar in Röm. 4, 2: „wenn Abraham durch die Werke gerechtfertigt wurde, so hat er Ruhm, aber nicht bei Gott"; jedoch ist dies keine der Glaubensgerechtigkeit gegenüber ausgesprochene Verwerfung der Werkgerechtigkeit (welcher Ausdruck auch hier nicht gebraucht wird), da Paulus nach der Form des hypothetischen Satzes (εἰ γὰρ Ἀβραὰμ ἐξ ἔργων ἐδικαιώθη, ἔχει καύχημα) ein Gerechtfertigtwerden Abrahams aus den Werken, wenn auch nur ein bei Menschen geltendes, zugibt. Auch ist „die Seligpreisung des Menschen, welchem Gott Gerechtigkeit zurechnet ohne Werke" (Kap. 4, 6) keine Verwerfung der Werkgerechtigkeit, weil die hier gemeinten Werke keine guten sind, sondern in V. 7 als Gesetzwidrigkeiten (ἀνομίαι) und Sünden (ἁμαρτίαι) bezeichnet, folglich gar nicht als eine Werkgerechtigkeit begründend dargestellt werden. Die aufgeworfene Streitfrage ist demnach durch Paulus selbst zu Gunsten der von uns aufgestellten Meinung entschieden.

Um unsere so außerordentlich wichtige Stelle (Röm. 3, 28) von allen Seiten zu beleuchten, wollen wir sie auch in ihrem Zusammenhange mit den vorhergehenden Worten des Apostels betrachten, woraus auch noch ein starker Beweis für unsere Meinung sich ergeben wird. Es ist in V. 21—26 vorzugsweise davon die Rede, daß Gott seine Gerechtigkeit, welche, wie in der bereits genannten Abhandlung „Die Lehre von der Erlösung" u. s. w., S. 5—6 nachgewiesen ist, darin besteht, daß er (V. 26) nicht bloß selbst gerecht ist, sondern auch den Gläubigen durch den Glauben gerecht macht, geoffenbart habe ohne Zuthun des Gesetzes, durch den Glauben an Christus, an Alle und über Alle, die da glauben, indem kein Unterschied zwischen Juden und Heiden sei, die (V. 23) Alle gesündigt hatten und des Ruhmes bei Gott ermangelten. In Beziehung hierauf, besonders mit Rücksicht auf die letzten Worte von V. 26, worin es heißt, daß Gott den Gläubigen (τὸν ἐκ πίστεως) gerecht mache, heißt es nun in V. 27: Ποῦ οὖν ἡ καύχησις; ἐξεκλείσθη. Dieser bereits aus dem Vorhergehenden vollkommen klare und gerechtfertigte Gedanke, daß die Juden hinsichtlich ihrer Gerechtigkeit sich durchaus keines Vorzugs vor den Heiden zu rühmen hätten, wird nicht im sogleich Folgenden, sondern erst von V. 29 an, so wie es bereits besprochen wurde, weiter verfolgt; und Paulus, um den Hauptgedanken, daß Gott die Gerechtigkeit nur durch den Glauben herbeiführe, vollends zu Ende zu bringen, fragt im Anschluß an das δικαιοῦντα (V. 26): „durch was für ein Gesetz?" wobei hinzugedacht werden muß: „macht Gott gerecht?" „geschieht es durch durch das Gesetz der Werke? nein, sondern durch das Gesetz des Glaubens". Wollte man nach der gewöhnlichen Erklärung die Frage διὰ ποίου νόμου; auf ἐξεκλείσθη beziehen, so daß es hieße: „durch was für ein Gesetz ist das Rühmen ausgeschlossen? durch das der Werke? nein", so würde man den ganz ungehörigen Gedanken erhalten, daß es keineswegs das mosaische Gesetz der Werke sei, welches das Rühmen ausschließe. Also würde dieses Gesetz das Rühmen zulassen, während doch Paulus gerade das Gegentheil im Sinne hat. Die allein richtige Erklärung ist demnach die, daß die Worte ποῦ οὖν ἡ καύχησις; ἐξεκλείσθη in der Lebhaftigkeit der Rede parenthetisch dazwischen geworfen sind und, bei fortwährendem Festhalten des Hauptgedankens, gefragt wird: „durch was für ein Gesetz macht Gott gerecht?

durch das der Werke?" worauf die Antwort gegeben wird: „nein, sondern durch das Gesetz des Glaubens". Nun muß aber auch nothwendig das Folgende lauten: „wir urtheilen nämlich, daß der Mensch nur durch den Glauben gerecht werde, ohne das Werkgesetz" (*χωρὶς ἔργων νόμου*). Denn V. 28 wiederholt nur, was durch die doppelte Frage: *διὰ ποίου νόμου; τῶν ἔργων;* und die darauf gegebene Antwort: *οὐχί, ἀλλὰ διὰ νόμου πίστεως* bereits festgestellt wurde, welche Wiederholung bei der großen Wichtigkeit der Sache vollkommen am Platze ist. Also muß für die auf den Zusammenhang sorgsam Achtenden auch der letzte Zweifel daran daß *ἔργων νόμου* als Genitiv von *ἔργων νόμος* anzusehen sei, schwinden.

Es ist jetzt die Stelle Röm. 9, 32 zu untersuchen. Wir sahen bereits, daß in Kap. 3, 27 Paulus den Satz aufstellt, Gott mache den Menschen gerecht nicht durch das Gesetz der Werke, sondern durch das Gesetz des Glaubens. Dieses Gesetz des Glaubens ist eben hierdurch, weil es den Menschen gerecht macht, ein Gesetz der Gerechtigkeit (*νόμος δικαιοσύνης*). Nach Kap. 9, 30 haben Heiden, denen vorzugsweise Paulus das göttliche Geschenk des Christentums brachte, durch den Glauben Gerechtigkeit erlangt, indem sie das Gesetz der Gerechtigkeit, welches eben darin besteht, daß man durch den Glauben sich leiten läßt, sich zu eigen machten: „Israel aber, trotzdem daß es einem Gesetz der Gerechtigkeit eifrig nachstrebte (*διώκων νόμον δικαιοσύνης*), hat sich nicht ein [solches] Gesetz zu eigen machen können" (*εἰς νόμον οὐκ ἔφθασεν* ist die Lesart der besten Handschriften), nämlich ein Gesetz, d. h. ein sicheres Verfahren, vor Gott gerecht zu werden. „Warum?" fragt Paulus in V. 32, und antwortet nach dem gewöhnlichen Text: *ὅτι οὐκ ἐκ πίστεως ἀλλ' ὡς ἐξ ἔργων νόμου.* Hier stößt aber unsere Erklärung von *ἔργων νόμου* auf eine Schwierigkeit. Wenn nämlich die Antwort auf die Frage, warum die Juden ein Gesetz der Gerechtigkeit nicht erlangen konnten? lautet: „weil sie nicht vom Glauben aus, sondern wie vom Werkgesetze aus darnach strebten", wobei „wie vom Werkgesetze aus" bedeutet: „so erfolglos wie ein vom Werkgesetze ausgehendes Streben nothwendig sein muß", dann sind die Worte kein logisch correcter Ausdruck dessen, was Paulus sagen will. Denn die Frage lautet nicht: „warum gelangten die Juden nicht zur Gerechtigkeit?“ (in diesem Fall wäre jene Antwort, nach Kap. 3, 28, vollkommen passend), sondern: „warum gelangten sie nicht zu einem Gesetze der Gerechtigkeit?“ Hierauf darf nicht die angeführte Antwort gegeben werden, weil das starre, unverbrüchliches Festhalten beanspruchende Werkgesetz das Streben nach einem anderen Gesetze von vornherein ausschließt. Jede Abweichung vom mosaischen Gesetze war ja mit dem Fluch belegt (Gal. 3, 10). Also konnte es keinem Israeliten einfallen, von jenem Gesetze ausgehend nach einem anderen Gesetze zu streben. Wol aber glaubten Viele, von Werken jenes Gesetzes, die sie für unerläßlich hielten, z. B. von den Opfern und anderen nothwendig scheinenden Werken ausgehend ein Gesetz auffinden zu können, welches sie zur Gerechtigkeit vor Gott zu erheben im Stande wäre, wobei sie jedoch keineswegs das mosaische Gesetz aufzugeben gedachten, wie ja auch dann viele Judenchristen vom mosaischen Gesetze nicht lassen wollten. Die richtige Antwort auf jene Frage: „warum gelangte Israel nicht zu einem Gesetze der Gerechtigkeit?“ kann nur lauten: „weil sie nicht vom Glauben aus, sondern von Werken aus danach strebten“, wobei keineswegs „von Werken aus“ mit „vom Werkgesetze aus“ vertauscht werden darf, ohne die Correctheit des Ausdrucks zu beeinträchtigen. Dieser Umstand würde ein starkes Argument gegen unsere Erklärung von ἔργων νόμου als Genitiv von ἔργων νόμος abgeben, würde uns nöthigen zuzugestehen, daß hier die Erklärung, welche als Nominativ ἔργα νόμου annimmt, einen weit passenderen Sinn als die unsere ergebe, wenn nicht die besten Handschriften (A. B. F. G. Sin.) statt ἐξ ἔργων νόμου bloß ἐξ ἔργων darböten. Durch die demgemäß vorgenommene Emendation wird die Stelle Röm. 9, 32 aus der Reihe derer, in welchen ἔργων νόμου vorkommt, gestrichen und der in jeder Beziehung passende Sinn gewonnen, daß die Juden darum nicht zu einem Gesetze der Gerechtigkeit, d. h. zu einer ihnen die Gerechtigkeit vor Gott verschaffenden Lebensnorm hätten gelangen können, weil sie dieselbe nicht vom Glauben aus, nicht durch innig vertrauende Hingabe an Gott und Christus, sondern wie von Werken aus (ὡς ἐξ ἔργων), d. h. so erfolglos wie das Bemühen, durch die Werke des mosaischen

Gesetzes vor Gott gerecht zu werden, nothwendig sein muß (vgl. Kap. 7, 7—25), sich anzueignen gesucht hätten. Daß hier nur die soeben genannten Werke des mosaischen Gesetzes gemeint sein können, lehrt der ganze Zusammenhang. Es würde demnach der Zusatz νόμου zu ἐξ ἔργων vollkommen dem, was Paulus ausdrücken will, entsprechen, woraus sich auch die Einschiebung dieses Wortes, welches viele Handschriften haben, vollständig erklärt. Daß Paulus dasselbe, den besten Handschriften zufolge, dennoch nicht hineingesetzt hat, wird nur daraus vollkommen erklärlich, daß, wenn er es gethan, ἔργων νόμου jetzt in einem ganz anderen Sinne aufgefaßt werden müßte, als in Kap. 3, 20 und 3, 28, nämlich als Genitiv von ἔργα νόμου, während, wie wir bestimmt genug bewiesen zu haben glauben, in den beiden Stellen von Kap. 3 ἔργων νόμου der Genitiv von ἔργων νόμος ist. Für die Wahrheit unserer Behauptung gibt demnach die Stelle Röm. 9, 32, obgleich nach der richtigen Lesart ἔργων νόμου darin nicht vorkommt, gerade dadurch, daß Paulus das Wort νόμου wegließ, ebenfalls ein Zeugnis ab, wenn auch nur eins von untergeordneter Bedeutung.

Es folgen die hierher gehörigen Stellen des Galaterbriefs, und zwar zuerst Gal. 2, 16, worin der Ausdruck ἔργων νόμου dreimal gebraucht ist. Da es undenkbar ist, daß dies in verschiedenem Sinne geschehen sei, so wird, wenn die Bedeutung für das eine Mal unzweifelhaft festgestellt ist, die nämliche Bedeutung auch für die beiden anderen Male mit Gewißheit anzunehmen sein. Beim dritten Mal steht: διότι ἐξ ἔργων νόμου οὐ δικαιωθήσεται πᾶσα σάρξ, also buchstäblich dieselben Worte wie in Röm. 3, 20, wo nur noch ἐνώπιον αὐτοῦ nachfolgt. Da nun für jene Stelle des Römerbriefs ἔργων νόμου als Genitiv von ἔργων νόμος „Werkgesetz", wie wir bewiesen haben, unbestreitbar feststeht, so hat auch in Gal. 2, 16 alle drei Mal der Ausdruck diese Bedeutung. In V. 15 heißt es: „wir (d. h. ich und du, Petrus) sind von Geburt Juden und nicht Sünder aus dem Heidentum"; „über uns also", meint Paulus, „hat die Sünde weniger Gewalt als über die das Gesetz entbehrenden Heiden"; „aber dennoch", so fährt er in V. 16 fort, „wissen wir (εἰδότες δέ), daß ein Mensch nicht gerecht wird aus dem Werkgesetz, wenn er es nicht wird aus dem

Glauben an Christus. Auch wir sind gläubig geworden an Christus Jesus, damit wir durch den Glauben an Christus gerecht würden, und nicht aus dem Werkgesetz, weil aus dem Werkgesetz kein Fleisch gerecht werden kann." Die genauere Erklärung der Stelle kann nachgesehen werden in meiner Abhandlung „Paulus und Petrus in Antiochien", S. 11—14. Das hier Gesagte reicht aber vollkommen hin, um jeden Zweifel darüber zu beseitigen, daß auch in dieser Stelle ἔργων νόμου als Genitiv von ἔργων νόμος angesehen werden muß.

Die beiden nun folgenden Stellen Gal. 3, 2 und 3, 5 müssen zusammen betrachtet werden. In der ersten heißt es: „Dies nur will ich von euch erfahren, habt ihr durch das Werkgesetz den Geist empfangen oder durch den Glauben der Heilsbotschaft?" (ἐξ ἔργων νόμου ἢ ἐξ ἀκοῆς πίστεως;) und in der zweiten: „der euch den Geist gibt und große Thaten unter euch wirkt, thut er es durch das Werkgesetz oder durch den Glauben der Heilsbotschaft?" Beidemal handelt sich's hier nicht bloß um die Erklärung von ἔργων νόμου, sondern auch um die von ἀκοῆς πίστεως. Wir müssen bei letzterem Ausdruck ganz wie bei ἔργων νόμου fragen: lautet der Nominativ ἀκοὴ πίστεως oder ἀκοῆς πίστις. Für letzteres ganz entscheidend (auch v. Hofmann in seinem Commentar zum Galaterbrief entscheidet sich dafür) ist die Stelle Röm. 10, 17, worin es heißt, daß der Glaube aus der Heilsbotschaft entspringe: ἄρα ἡ πίστις ἐξ ἀκοῆς. Das griechische ἀκοή entspricht nämlich ganz dem hebräischen שְׁמֻעָתֵנוּ in der von Paulus citirten Stelle Jes. 53, 1, welches Wort hier die von Gott ausgehende, durch des Propheten Mund verkündete Botschaft bezeichnet. Paulus würde εὐαγγέλιον statt ἀκοή gesetzt haben, wenn er nicht den Ausdruck des Citats, welches er nach den LXX gibt, hätte beibehalten wollen. Beweis für die hier stattfindende synonyme Bedeutung beider Ausdrücke ist, daß die Worte in Röm. 10, 16: ἀλλ' οὐ πάντες ὑπήκουσαν τῷ εὐαγγελίῳ durch die als Weißagung darauf bezogenen Worte des Jesaias: τίς ἐπίστευσε τῇ ἀκοῇ ἡμῶν; erläutert werden. Auch ist in 1 Thess. 2, 13 λόγος ἀκοῆς und in Hebr. 4, 2 λόγος τῆς ἀκοῆς, wie besonders in der letzteren Stelle durch die Worte καὶ γάρ ἐσμεν εὐηγγελισμένοι ganz klar bewiesen wird, für λόγος τοῦ εὐαγγελίου gesetzt. Durch Röm. 10, 17 also wird der Begriff des Glaubens der Heilsbotschaft, d. h. des aus der Heilsbotschaft entspringenden Glaubens, der πίστις τῆς ἀκοῆς oder der ἀκοῆς πίστις festgestellt. Für die Vorausstellung von ἀκοῆς in Gal. 3, 2 u. 5, die in hohem Maße auffallend ist, läßt sich aber durchaus kein anderer Grund auffinden, als daß ἀκοῆς πίστεως mit dem ebenso umgestellten ἔργων νόμου, hauptsächlich νόμου mit πίστεως, correspondiren soll („aus der Werke Gesetz oder aus der Heilsbotschaft Glauben"); und weil ἀκοῆς πίστεως, wie gezeigt wurde, nur Genitiv von ἀκοῆς πίστις sein kann, so folgt, daß auch ἔργων νόμου Genitiv von ἔργων νόμος sein muß.

Letzteres ist nun bloß noch an der Stelle Gal. 3, 10 nachzuweisen. Hier heißt es: ὅσοι γὰρ ἐξ ἔργων νόμου εἰσίν, ὑπὸ κατάραν εἰσίν „denn welche aus dem Werkgesetze sind, die sind unter dem Fluch". Daß so übersetzt werden muß und nicht: „welche aus den Werken des Gesetzes sind", folgt schon daraus, daß nirgends bei Paulus der Ausdruck ἐξ ἔργων εἶναι, wol aber ἐκ νόμου εἶναι vorkommt. Z. B. Röm. 4, 14 steht οἱ ἐκ νόμου (nämlich ὄντες). Bestimmter jedoch geht das zu Beweisende aus der folgenden Betrachtung hervor. Denen, welche durch ὅσοι ἐξ ἔργων νόμου εἰσίν bezeichnet werden, bringen nach unserer Stelle (Gal. 3, 10) keineswegs die ἔργα den Fluch, sondern der νόμος (vgl. κατάρα τοῦ νόμου in V. 13), indem durch denselben nach Deut. 27, 26 die, welche nicht alles im Gesetzbuche Geschriebene halten, verflucht werden. Weil, wie schon bei Röm. 3, 20 erörtert wurde, das Gesetz keineswegs die Kraft gewährt, alle jene Vorschriften zu halten, so kann auch niemand durch das Gesetz vor Gott gerecht werden, und es heißt daher in V. 11: ὅτι δὲ ἐν νόμῳ οὐδεὶς δικαιοῦται παρὰ τῷ θεῷ, δῆλον. Statt ἐν νόμῳ steht, wie bereits früher besprochen wurde, in der genannten Stelle des Römerbriefs ἐξ ἔργων νόμου. Die, welche hierdurch bei Gott gerecht zu werden versuchen wollten, würden ganz die Nämlichen sein wie die, von denen es in unserer Stelle heißt: ὅσοι ἐξ ἔργων νόμου εἰσίν, was man schon daraus erkennt, daß ganz die nämliche Sentenz: „durch das mosaische Gesetz kann niemand vor Gott gerecht werden", auf Diese wie auf Jene angewendet wird.

Daß dies nämlich für Röm. 3, 20 gilt, wurde bei der Betrachtung dieser Stelle bewiesen; daß es für die in Gal. 3, 10 Genannten gilt, folgt aus V. 11: ὅτι δὲ ἐν νόμῳ u. s. w. Daher ist es bei der innigen Verwandtschaft der beiden Stellen ganz unmöglich, daß ἔργων νόμου beidemal in verschiedenem Sinne genommen sein sollte. Was es in Röm. 3, 20, gemäß der gegebenen Beweisführung, bedeutet, muß es auch in Gal. 3, 10 bedeuten, und es ist somit auch für diese Stelle erwiesen, daß ἔργων νόμου als Genitiv von ἔργων νόμος anzusehen sei.

Der in dieser Abhandlung hinsichtlich des Ausdrucks ἔργων νόμου nachgewiesene Sprachgebrauch des Apostels Paulus ist für das richtige Verständnis seiner Lehre, welche mit der reinen Lehre Jesu durchaus übereinstimmt, keineswegs ohne Bedeutung. Doch liegt das weitere Eingehen hierauf, da die Untersuchung nur eine exegetische und keine dogmatische sein sollte, außerhalb der ihr gesteckten Grenzen.

2.

Ein Brief Maximilians II. an Melanthon.

Mitgetheilt und erläutert

von

Prof. Dr. Theodor Brieger in Halle.

Aus dem allerdings nur gelegentlich geführten Briefwechsel Melanthons mit dem König von Böhmen und nachmaligen Kaiser Maximilian II. ist bisher nur Ein Brief des Ersteren an das Licht getreten (Melanthon an Maximilian, 1. December 1557, Corp. Ref. IX, 381 sq.), wenn wir absehen von der Beantwortung der Fragen, welche des Königs [protestantischer] Hofprediger Johann Sebastian Pfauser auf Befehl seines Herrn dem Wittenberger Gelehrten 1556 vorgelegt hatte (s. Corp. Ref. VIII, 699—723).

Vor Kurzem fand ich in unserer trefflichen v. Ponickau'schen

Bibliothek ein weiteres Stück dieses Briefwechsels. Es ist ein Antwortschreiben Maximilians (vom 14. Mai 1559) auf Melanthons Uebersendung seiner Schrift über die bayerischen Inquisitionsartikel [1]) und verdient mitgetheilt zu werden. Es findet sich in einem Fascikel von Originalacten des Wittenberger Professors der Rechte und churfürstlich sächsischen Abgesandten auf dem Augsburger Reichstag des Jahres 1559 Georg Cracau [2]), und zwar in einer amtlich angefertigten Copie, welche der chursächsische Kanzler Dr. Ulrich Mordeisen dem Gesandten nach Augsburg überschickte. Es ist derselbe Brief, welchen Melanthon an eben diesen Mordeisen unter dem 11. Juni 1559 sandte [3]), und von dessen Dasein auch Raupach (Evangel. Oesterreich, Forts. I, 123) aus dem angeführten Schreiben Melanthons Kunde geschöpft hatte. Ich gebe den Brief Maximilians mit diplomatischer Genauigkeit wieder.

Maximiliann vonn gots gnadenn Kunig zu Behem Ertzhertzog zu Osterreich ꝛc.

Ersamer lieber besonnder, Wir habenn euer schreibenn so Jr vns bey Georgenn Purkhircher [4]) gethann sambt vnd neben des

---

1) Dieser Brief Melanthons ist bisher nicht bekannt geworden.

2) „Sammlung der Originalinstruction, Vollmacht und Rescriptorum Churfürst Augusti zu Sachsen an den von ihm als Gesandten bei dem Reichstage zu Augsburg 1559 abgeordneten D. Georg Cracovium nebst dessen eigenhändigen Concepten seiner Berichte an den Churfürsten und D. Ulrich Mordeisens eigenhändigen Schreiben an denselben während solches Reichstags." Manuscripta Juridica 77 F., p. 183—186. (Die eigenhändige Aufschrift Cracau's lautet: „Originalia Des Churf. zu Sachsenn ꝛc. Instruction vff den Reichstag tzu Augspurg Anno ꝛc. 52 Eruolgter S. Churf. gn. vnd hinwider an S. Churf. gn. schrifften, vnnd hern Doctor Vlrichen Mordeisens briue an mich, 1559"). — Uebrigens muß die v. Ponickau'sche Bibliothek früher noch eine besondere Abschrift dieses Briefes Maximilians besessen haben, da S. 459 des Manuscriptenkatalogs eingetragen ist: „König Maximilians zu Böhmen, nachherigen Kaisers Schreiben an Philipp Melanchthon. 1559. 2 Blätter in Quart."

3) S. Corp. Ref. IX, 832: „Regis Maxaemyliani literas vobis mitto, qui me ad moderationem hortatur. Qua de re splendidissime respondere possem, nisi et temporum et Patris et ipsius rationem haberem. Respondebo tamen aliquid."

4) Einer anderweitigen Erwähnung dieses Purkhircher bin ich nirgends begegnet.

zugeschicktenn Drucks, auff die jungst gehaltene Beierische Inquisition [1]) ꝛc. empfangenn, vnd gnediglich vorstandenn, Vnnd gereicht vns solchs vonn euch zu gantz gnedigem gefallen, Da wir auch ietzt gedachtem Purkhircher, vonn euernn wegen, vnd auff euer Recomandationn gnedigste befurderung ertzeigen kontenn, Wolltenn wir zum selbenn nicht vngeneigt sein. Welchs wir euch also zur antwordt gnediger vnd geneigter meinung nicht wollenn bergenn, Vnnd nach dem wir erinnert vnd berichtet werdenn, Das man dieser Zeit inn kegenwertigenn Reichstage zu Augspurg wiederumb die Religionn sachenn vnder die handt zunemenn vnd darinnen zu Tractirenn vorhabens ist [2]), Wir auch wol wissenn das Ir fur euer personn bei

---

[1]) Die Responsiones ad impios articulos Bavaricae Inquisitionis (bekanntlich eine der wichtigsten Schriften Melanthons, weshalb sie auch in das Corpus Philippicum aufgenommen wurden) erschienen in ihrer vollständigen Gestalt erst im August 1559 (nach der gewöhnlichen Annahme sogar erst im September; es läßt sich aber nachweisen, daß in diesem Monat schon eine zweite Ausgabe gedruckt werden mußte; schon am 3. September war die erste Auflage ausverkauft). Doch hatte Melanthon bereits im October 1558 die bayerischen Inquisitionsartikel deutsch und nur mit einer kurzen „Erinnerung" versehen drucken lassen. Eine ausführliche lateinische Widerlegung wurde Ende 1558 und in den ersten Monaten des Jahres 1559 gedruckt, wahrscheinlich (obwol diese erste Ausgabe in Quart noch die Jahreszahl 1558 auf dem Titel trägt) im März 1559 ausgegeben. Doch umfaßt diese Schrift nur die Antwort auf die ersten 24 der 31 Inquisitionsartikel. (Ein reiches noch nirgends verarbeitetes Material für die Entstehungsgeschichte der Responsiones bieten die Briefe Melanthons im Corp. Ref. IX. Außerdem ist zu vergleichen Strobel, Neue Beyträge III, 165—190). Welche von diesen beiden früheren Schriften über die bayerische Inquisition, ob die deutsche oder die unvollständige lateinische, Melanthon an Maximilian überschickt hat, geht aus dem vorliegenden Briefe nicht hervor.

[2]) Man wollte auf dem Augsburger Reichstag von 1559 die Acten des letzten Wormser Religionsgespräches (von 1557) nochmals vornehmen zum Zweck der Beilegung der bisherigen Religionsstreitigkeiten. Doch traten an Stelle dieser Verhandlungen andere über die Reformation der katholischen Kirche, um schließlich — wie gewöhnlich — mit der Vorbringung gegenseitiger Gravamina im Sande zu verlaufen. — Zu vergleichen ist hierüber die ausführliche Darlegung von Bucholz, Geschichte der Regierung Ferdinands I., Bd. VII, S. 418—457.

allenn loblichenn Churfurstenn Furstenn vnd Stendenn der Christlichenn Augspurgischenn Confession ein sonders ansehenn vnd volge habt, So ist vnser gantz gnediges vnd wolmeinendts ersuchenn vnd vormanenn an euch, Ir wollet euch obenangeregte streitige Religionn vnd die Gotselige geliebte vorgleichung derselbenn treulichen ob vnd angelegenn sein lassen, sonderlich dohinn bedacht sein, vnd befurdern helfenn, Auff das bei wolgedachtenn der Christlichenn Augspurgischenn Confessionn Vorwanten teil, souiel muglich alle geburliche lindigkeit vnd glimpf gebraucht, vnd die scherffe vormiedenn werde, One welche wir dann sorge trugenn, bei dem gegenpart langsam, Was fruchtbars ausgericht, Vnd einige vorgleichung schwerlich stadt habenn wurdet mogen, Wie ir dan als der erfarne vnd geubt selbst zubedenckenn Wir auch nicht zweiffeltenn Ir zu solchenn gotseligenn lang gewunschten voreinigung ein sonders hertzlichs vorlangenn vnd begirde habt, Vnnd da wir donebenn fur vnser personn dartzu helffenn, ratenn, vnd befurdernn kontenn, Inn denn wolten wir auch an vns nichts erwindenn lassenn, Inmassenn wir vns dann, als ein Christlicher Konig, vnd liebhaber der Warheit schuldig erkennenn vnd wissenn, Des wir euch also bei dieser gelegenheit (Weil wir euch one das schreibenn sollenn) mit vormeldenn habenn wollenn, Gebenn zu Wien denn Viertzehendenn tag May Anno 2c. im Neunundtfunftzigisten Vnsers Bohemischenn Reichs im Eilfftenn,

Maximiliann.

Copey
Konig Maximilians schreibenn
ann Phillippum Melanthonn.

In Betreff der neuerdings mehrfach behandelten Frage nach der Stellung Maximilians zu dem evangelischen Bekenntnis — ich erinnere an die grundlegende Erörterung Ranke's [1]) und an die trefflichen Aufsätze von Maurenbrecher [2]) und Reimann [3]) —

[1]) Ranke, Ueber die Zeiten Ferdinands I. und Maximilians II., jetzt in den Werken Bd. VII; vgl. S. 47 ff.

[2]) Maurenbrecher: „Kaiser Maximilian II. und die deutsche Reformation", in Sybels histor. Zeitschr. VII (1862), S. 351—380.

[3]) Eduard Reimann: „Die religiöse Entwickelung Maximilians II. in

gewährt der vorliegende Brief freilich keine Ausbeute, und er kann sich an Wichtigkeit nicht entfernt vergleichen mit den neueren Veröffentlichungen von Bucholz [1]), Gindely [2]), Theiner [3]), Koch [4]) und namentlich Karl v. Weber [5]), ja selbst nicht mit den beiläufigen Mittheilungen Heppe's [6]) und Kluck-

---

den Jahren 1554—64", in Sybels historischer Zeitschrift XV (1866), S. 1—64; „Der böhmische Landtag des Jahres 1575", in den Forschungen zur Deutschen Geschichte III (1863), S. 259—280. — Die neueste Behandlung dieser Gegenstandes von Reitzes (Zur Geschichte der religiösen Wandlung Maximilians II., Leipzig 1870) habe ich im Text absichtlich nicht genannt. Nicht nur daß diese Schrift keineswegs leistet, was der Titel verheißt, sie ist auch ohne genügende Sachkenntnis geschrieben: die Arbeiten Reimanns und die Mittheilungen von Webers (um von Anderem zu schweigen) sind dem Verfasser unbekannt geblieben, und wiederholt schöpft er aus abgeleiteten Quellen, wo er ohne Mühe die Hauptquellen hätte einsehen können. Dazu kommen einige sehr bedenklich schiefe Urtheile und nicht minder bedenkliche Unklarheiten, endlich hin und wieder ein orakelnder Ton; kurz, es ist eine unreife Arbeit, welche keine Erwähnung verdiente, enthielte sie nicht im Anhang (S. 29—79) einige aus dem Wiener Stadtarchiv mitgetheilte Actenstücke des Jahres 1570, welche in einem einzelnen Falle die Haltung des Kaisers in Religionsfragen in helles Licht setzen. — Darin, einiges neue Quellenmaterial beigebracht zu haben, besteht auch das ganze Verdienst der Schrift von Oberleitner, Die Evangelischen Stände im Lande ob der Enns unter Maximilian II. und Rudolph II, Wien 1862.

1) S. Bucholz im angeführten Werke, Bd. VII—IX.

2) Gindely, Quellen zur Geschichte der böhmischen Brüder, Wien 1859, S. 125—184. — Derselbe, Böhmen und Mähren im Zeitalter der Reformation, Bd. I u. II, Prag 1857—58, an vielen Stellen, besonders Bd. II, S. 225—228.

3) August. Theiner, Vetera Monumenta Poloniae et Lithuaniae gentiumque finitimarum historiam illustrantia. T. II (1410—1572) (Romae 1861), p. 596 sqq.

4) M. Koch, Quellen zur Geschichte Maximilians II., Bd. I u. II, Leipz. 1857—61. Vgl. besonders Bd. II, S. 92—108.

5) K. v. Weber: „Des Churfürsten August zu Sachsen Verhandlungen mit dem König, später Kaiser, Maximilian II. über dessen Glaubensbekenntnis", im Archiv für sächsische Geschichte III (1865), S. 309—339.

6) Heppe, Geschichte des deutschen Protestantismus, Bd. II (Marburg 1853), S. 3 f. der Beilagen.

hohns [1]), welche jüngst in höchst erfreulicher Weise durch Sickel [2]) vermehrt worden sind. Immerhin aber liefern uns die Eingangs erwähnten Acten wenigstens Eine Notiz von Belang. Mordeisen (dessen Brief sich hier im Original findet) begleitet seine Uebersendung des königlichen Schreibens an Cracau mit folgenden Worten: „Was auch Konig Maximilian an den hern Philippum schreibt Dauon schigk ich euch hier bei Vorwart copei Vnd ist mir seltzam Das man den hern Philippum itzundt ad moderationem adhortirt Do doch eben Maximilianus zuuor Illiricum houirt vnd ime allerlei gescheugk vnd gelt zugeschickt Der Philippum propter moderationem zum heftigsten beschwert Bit ir wollet dem hertzogen zu Wirtenberg solch des Maximiliani schreiben zeigen wan s. f. g. wider hinkommen vnd mich berichten was s. f. g. dortzu sage." [3])

Ich meine hier die Stelle von der Begünstigung des Flacius durch König Maximilian. Diese Mittheilung ist geradezu überraschend. Nicht nur hat Maximilian später durchweg die Mittel- und Friedenspartei begünstigt [4]), sondern schon damals, als auf dem Wormser Colloquium des Jahres 1557 der innere Zwiespalt der Protestanten zum offenen Ausbruch gekommen war, rieth er stets zum Frieden und zur Eintracht [5]). Um so auffallender ist es zu sehen, daß er in eben jenen Jahren einen Flacius, über dessen Stellung seit 1549/50 niemand in Zweifel sein konnte, begünstigt. Dennoch dürfte diese Thatsache unanfechtbar sein; auch

[1]) A. Kluckhohn, Briefe Friedrich des Frommen von der Pfalz, Bd. II (Braunschweig 1872), S. 1032 ff. Vgl. Bd. I, S. 63 f. der Einleitung und dazu Kugler, Christoph, Herzog zu Wirtemberg, Bd. II (Stuttg. 1872), S. 686 ff.

[2]) Th. Sickel, Zur Geschichte des Concils von Trient (1559—1563). Actenstücke aus österreichischen Archiven, Wien 1872.

[3]) Mordeisen an Cracau nach Augsburg, „Datum Dresden Sontags den 18. Junii A. rc. 59". S. 179 des Manuscriptes. Empfangen hat Cracau diesen Brief zu Augsburg den 22. Juni (laut seiner Bemerkung, S. 180).

[4]) Vgl. Maurenbrecher, S. 370.

[5]) Vgl. Ranke, Bd. VII, S. 71. Reimann bei Sybel, Bd. XV, S. 23 f. 52 f. Bucholz, Bd. VII, S. 491.

Melanthon bestätigt sie in einem bisher nicht beachteten und bislang auch kaum verständlichen Satze seines Briefes an Mordeisen (Corp. Ref. IX, 832): „Nunc me ad moderationem hortantur isti, qui aluerunt Flacicos errores." Sollte etwa die nachmalige Verbreitung des Flacianismus gerade in Oesterreich [1]) mit der Haltung Maximilians in Verbindung stehen [2])? Der Punkt bedarf einer weitern Aufklärung, welche aber wol nur aus dem Wiener Hof- und Staatsarchiv gewonnen werden kann.

---

[1]) Wie sehr der Melanthonismus dort schon wenige Jahre nach Melanthons Tod anrüchig war, ersieht man z. B. aus folgendem Vorgang. Als es sich 1568 um die Entwerfung einer österreichischen Kirchenordnung handelte, hatte der Kaiser auch den Wittenberger Theologen Eber, mit welchem er früher in Briefwechsel gestanden (s. Raupach, S. 52 und Bucholz, Bd. VII, S. 487), als Rathgeber vorgeschlagen; die Stände der Augsburgischen Confession in Oesterreich lehnten ihn ab, weil er wie die meisten Wittenberger „mit dem Calvinischen Irrtum befleckt" sei, wodurch Kurfürst August nicht wenig erzürnt wurde (s. v. Langenn, Christoph von Carlowitz, S. 319 f.). Dagegen wünschte man den bekannten Flacianer Wigand als Prediger nach Oesterreich zu ziehen (s. Ursinus bei Gillet, Crato von Crafftheim, Bd. II, S. 34, Anm. 52).

[2]) Daß Maximilian nachmals, durch Kurfürst August und Jacob Andreä dazu veranlaßt, scharfe Edicte gegen die Flacianische Rotte erließ (s. Heppe, Bd. II, S. 292. Preger, Flac. Illyr., Bd. II, S. 342), würde nicht dagegen sprechen.

Recensionen.

Prophetae Chaldaice. **Paulus de Lagarde** e fide codicis reuchliniani edidit. Lipsiae in aedibus B. G. Teubneri 1872, pp. LI & 493. 8°.

Es ist noch nicht lange her, daß Kamphausen (s. Jahrg. 1869, S. 721 ff.) dem Herrn Dr. de Lagarde in dieser Zeitschrift im Namen der theologischen Wissenschaft Dank gesagt hat für seine Bemühungen um die Herstellung eines correcten Textes der griechischen Genesis; und heute schon bin ich in der Lage, ein Gleiches thun zu müssen für ein seitdem rasch vollendetes Werk, das derselbe Mann, den man füglich in Bezug auf Literaturen und Sprachen ebenso charakterisiren kann, wie Homer den Odysseus (Od. I, 1—3), seine mühsamste Arbeit nennt, und das nach meiner Meinung eine noch weit empfindlichere Lücke in unserer theologischen Literatur ausfüllt, als jenes erst erwähnte, nämlich für eine neue Ausgabe des Jonathantargums zu den Propheten. Die besseren der bisherigen Ausgaben, überhaupt schwer zu erlangen, für moderne Körperverfassung kaum zu handhaben, machten durch die Differenzen ihrer Texte und die Unkenntlichkeit ihres Verhältnisses zu den Handschriften die philologische und literär-kritische Erforschung der chaldäischen Bibel zu einer schwer zu lösenden und gern umgangenen Arbeit. Den nothwendigsten und glücklichsten Schritt zur Beseitigung dieses unerfreulichen Zustandes gethan zu haben, ist das Verdienst des Verfassers des obengenannten Buches, in welchem nach den Grundsätzen und mit den Mitteln echter Philologie die älteste, früher in Reuchlins Besitze befindliche, den hebräischen Text der Propheten mit zwischenstehender chaldäischer Paraphrase enthaltende Handschrift nach ihrem chaldäischen Theile gedruckt vor uns liegt. Sie ist nach ihrer eigenen Unterschrift vollendet im Jahre der Welt 4866, der Zerstörung des zweiten Tempels 1038, also 1105 n. Chr. von der Hand „Zerachs, des Sohnes Judas des Jüngeren, des Schreibers". Kennicott hatte sie schon durch den Holsteiner Bruns für den hebräischen Text vergleichen lassen und berichtet in seiner Generaldissertation über die Zahl der gefundenen Varianten mit dem allgemeinen Bemerken, daß die chaldäische Paraphrase bedeutende Abweichungen von dem sonst bekannten Texte zeige. Bei der Unwesentlichkeit jener hebräischen Lesarten liegt der unterscheidende Werth der Handschrift in dem chaldäischen Theile und kann man daher sagen, daß Lagarde erst den hier verborgenen Schatz gehoben und jedermann zugänglich gemacht hat. Von dem ursprünglichen Bestande des Codex, 390 Blättern und den drei kleiner formirten 239, 278, 290, sind im Ganzen 385 erhalten; ein Blatt fehlt im Buche Josua hinter dem 11. Blatte und sechs in den Büchern Samuels hinter dem 66. Blatte, Lücken, die der Herausgeber aus der Bombergischen Bibel ergänzt hat. Sonst ist vom prophetischen Texte nichts verloren gegangen, S. 490—493 folgen hinter Maleachi sogar noch mit besonderer Einleitung für gereimte Prologe für die Haftarenleser und drei ungereimte kürzere, deren letzte beiden sich auch als Schlußdoxologien eigneten; und wenn die Unterschrift (p. V) unmittelbar auf jene folgte, was ich nicht weiß, so ist auch von diesen Anhängen nichts verloren.

Nach der Einleitung (p. I—V) gibt der Herausgeber eine Menge textkritischer hie und da mit dankenswerthen exegetischen oder etymologischen Andeutungen vermehrter Noten, welche theils den aufgenommenen Text rechtfertigen, theils über die absonderlichen Details der Schreibweise in der Handschrift unterrichten, theils endlich wiedergeben, was dort zum Texte an den Rand geschrieben war (p. VI bis XLII); den nach Abschluß der Vorbemerkungen bis zum Texte selbst bleibenden Raum finden wir mit Emendationen, fast nur zum hebräischen Texte des Alten Testaments, namentlich Psalmen, Jesaja, Hiob ausgefüllt (bis p. VI), die einzeln zu besprechen nicht hieher gehört. Zum Theil sind sie einleuchtend, wie Ps. 73, 18 statt

לְמוֹר vielmehr רגלמו, oder Jes. 51, 29 ינחמך, was nach Delitzsch wenigstens dem Sinne nach schon Böttcher dort gefunden hat; zum Theil sind sie entbehrlich, wie Ps. 68, 15 בהר השלג, indem nach richtiger Deutung des ganzen Bildes בה תשלג als Wiederaufnahme von בפרש „davon schneit es auf dem Zalmon“ geradezu nothwendig ist; zum Theil sind sie nicht radical genug, wie Jes. 44, 20, wo die Anstöße nicht gehoben werden, wenn man bloß הטעהו für הטהו setzt, sondern erst, wenn man liest להבה oder לַבָּה תְלַהֲטֵהוּ „mag gar Feuerflamme ihn, den Götzen, in Brand setzen“. Alle aber sind anregend und weisen auf anzuerkennende Fehler oder noch der richtigen Lösung wartende Schwierigkeiten im Texte hin.

Der übrige Theil des Buches (p. 1—493) bringt den Text selbst mit den oben beschriebenen Anhängen. Bei der Wiedergabe desselben nach dem Codex ist der Herausgeber so verfahren, daß er erstens die Punctation nicht mit abdruckte. Das ist sehr zu bedauern; geht für das Verständnis des mit Lesemüttern besonders reich ausgestatteten Textes auch nichts Wesentliches verloren, so würde die Kenntnis der Vokale doch erhebliche Ausbeute für die Geschichte der Sprache gewährt und der Umstand, daß die Vokale nicht immer nach derselben Methode gesetzt sind (p. IV), der hierauf bezüglichen Forschung nur manigfaltigere Zielpunkte gesetzt haben. Jetzt hören wir fast nur da von der Vocalisation, wo sie in sichtbarem Widerspruche gegen den Sinn der Consonanten steht und als nachträglicher Regulator für deren richtige Lesung auftritt. Hat der Abschreiber nämlich irrigerweise, wie es namentlich der ersten Hand (a) häufig begegnet ist, ein Wort oder eine Phrase zweimal geschrieben, so war das Weglassen der Vocale unter dem ersten das einfachste Mittel, die Ungültigkeit des Ueberflüßigen zu bezeichnen, wie z. B. p. 57, Z. 20 von zwei ואסיקו oder p. 63, Z. 20 von zwei בר, Z. 26 von zwei דחדא u. s. w. oder p. 64, Z. 12 von zwei דתיתי ליה je das erste ohne Vocale geblieben ist. Auch ein größeres Versehen, wie p. 60, Z. 21 טורא דבית אפרים ונסיב ליה טורא אפרים ונסיב ליה איתתא, wo also der Schreiber auf das hebräische הר אפרים blickend vergessen hatte, daß von טורא bis ליה schon geschrieben war, und nun jenes mechanisch wiedergebend noch einmal bis ליה fortfuhr, konnte dadurch unschädlich gemacht werden, daß die Worte

ונסיב ליה מורא אפרים unpunctirt blieben. Man darf aus diesen Beispielen nicht auf verschiedene Hände für Consonantentext und Vocale schließen, sondern nur, daß die Vocalisation vom Schreiber erst nach Vollendung eines Wortes oder einer Wörtergruppe vorgenommen wurde, wobei naturgemäß der Bann mechanischer Nachahmung geringer und bewußte Reflexion über das Geschriebene und Zuschreibende leichter sein mußte. Da aber oft von erster Hand herrührende Doppelungen voll vocalisirt erscheinen, z. B. p. 320, Z. 31 ברישי ברישי, p. 432, Z. 31 וחמשה וחמשה, oder gar p. 388, Z. 9, wo der Schreiber mit דהוה in den vorhergehenden Satz zurückfiel und davon so viel wiederholte, bis er wieder an ein דהוה kam, nämlich die Worte ותקיפא ותקיפית מלכות דהוה, so erhellt, daß nicht immer erst eine ganze Wörtergruppe in den Consonanten fertig geschrieben, vielmehr schon den einzelnen Wörtern oft sofort die Vocale hinzugefügt wurden.

Unter diesen Umständen ist es nur zu billigen, daß der Herausgeber den punctirten Text als Anzeiger für den zu druckenden definitiv gültigen unpunctirten hat gelten lassen. Denn so gut einzelne Wörter irrig wiederholt oder ausgelassen werden konnten, mindestens so leicht konnten auch bloße Buchstaben verdoppelt, übersehen oder verschoben werden. Wenn also p. 6, Z. 4 דסהדותא steht, so mußte aus dem eigenen Sinne des Schreibers דסהדותא gedruckt werden; denn unter dem zweiten ד steht ֻ und 2 Kön. 11, 12 und p. XXIV, Z. 6 in einer Randglosse lautet die Silbe דו; und wenn p. 24, Z. 12 unter Einfluß der hebräischen Schreibung die Edomiter ארמים heißen, so mußte אדומים gedruckt werden, weil ד mit ֻ versehen ist. Daß es der Schreiber wirklich so meint, erhellt hier deutlich daraus, daß er selbst nachträglich ein ו über das Wort geschrieben hat. So beweist p. 77, Z. 33 ותיפין für ותופין, weil die Pauken überall so heißen und מיתוהי p. 76, Z. 26 für מיתודהי, weil „sein Kommen“ an allen sechs übrigen Stellen, die ich verglich, so geschrieben ist; desgleichen wollte לשיבטֶהון p. 17, Z. 6. אפֵהון p. 303, Z. 11 wiedergegeben werden לשיבטיהון, אפיהון u. s. w. Anderswo sind zu viel Buchstaben, wie Jos. 17, 1 עֻידבא, wofür sonst immer, z. B. Jos. 16, 1, das zu den Vocalen gehörige עדבא; freilich wird daneben, nach עֻידבא p. 20, Z. 8 zu urtheilen, auch die corrumpirte

Aussprache existirt haben, auf welche die Consonanten dort hinweisen. Oder p. 176, Z. 6 וְאִיתְמְרִית; hier zeigen die Vocale das im Zusammenhange nothwendige Afel, die Consonanten auf eine Verwechslung desselben mit dem Reflexivstamme; desgleichen ist, „sobald es kochte" p. 68, Z. 23 כִּמְבַשְּׁיל den Consonanten nach ein Part., den Vocalen nach als Infinitiv כמבשל oder besser כמיבשל zu schreiben, אְסִיגִיתָא p. 233, Z. 23 als אסגיתא wie Z. 22 auch steht, דבִישְׁין p. 324, Z. 17 als דבישן, wie gleich folgt, und in der Formel „Söhne und Töchter" בנין ובְנָין p. 382, Z. 28, wo niemand zweifeln konnte, בניב ובנן wiederzugeben. In p. 346, Z. 21 מְלִילִיתָ ist die erste Person, eine falsche Nachahmung aus der vorhergehenden Zeile, mit der zweiten von den Vocalen bezeichneten gemischt; zu schreiben ist nach den letzteren מלילת.

Die Ursachen solcher Irrungen sind sehr verschieden: Bald hat der Blick auf das Hebräische eingewirkt, wie p. 58, Z. 20, wo לְכַהִין auf das hebräische לְכֹהֵן zurückzuführen ist, es muß לכהין geschrieben werden. Bald die vulgäre Aussprache, welche z. B. ב und ו verwechselte, wie p. 279, Z. 32 וּבְבַוְוָת; da gehören die Vocale zu dem vom Schreiber auch selbst noch an den Rand geschriebenen ובטבורת, welches gleich p. 280, Z. 20 und p. 286, Z. 15 sich wiederfindet. Bald die Undeutlichkeit der Schrift in der Vorlage; denn es werden nicht viel Abschreiber die Schärfe Lagardischer Augen besessen und so genau wie diese zwischen ז und ן oder ר, ד und ך, כ und ב unterschieden haben. Manche Versehen, namentlich in den Suffixen und ihrem Genus reduciren sich auf die Aehnlichkeit von ו und י wie p. 333, Z. 5 (nicht p. 332, Z. 5, wie der Herausgeber druckt) in וּמְשִׁיזְהִדִּין statt משיזהון. Bald hat mechanisches Nachzeichnen eine Lesemutter an die falsche Stelle gebracht, wie p. 53, Z. 3 דמלְלִיתָא statt דמלילתא, Richt. 4, 11 מְשִׁילמאי statt מישלמאי (wol nicht משלמאי wie der Herausgeber), p. 55, Z. 4 מְתִיקִיפָא wol מיתקיפא, wie p. 440, Z. 19 der Herausgeber selber מִיקִינֵיה „aus seinem Neste" anerkennt. So wird p. 190, Z. 14 ואובלידהי nicht אובלדהי, sondern אובילדהי, p. 461, Z. 22 מילכי nicht מלכי, sondern מליכי sein wollen. Selbst anerkannt hat solche Versetzung der Herausgeber, wenn er p. 62, Z. 27 und p. 461, Z. 21 sich durch רְשִׁיעָא bestimmen läßt, רישעא (nicht רשעא) zu schreiben, wie es p. 79, Z. 1 und p. 182, Z. 2 schon von späterer Hand corrigirt ist. Bei der Häufigkeit der Verschiebung des י gerade in diesem Worte liegt es nahe, eine vulgäre Form rshia = Frevel anzuerkennen, zumal p. 465, Z. 7 von Anschlägen דרשיע „des Frevels" die Rede ist. Aber hier ist wirklich nicht das abstracte Nomen gemeint, welches der Herausgeber voraussetzt, wenn er דרשיע edirt, sondern das concrete „Anschläge wie sie Frevler machen".

Indessen alle Discrepanzen zwischen Vocalen und Consonantentext lassen sich auf diese Weise, nämlich durch Annahme eines Widerspruchs des Schreibers selbst, als des Achtsamen gegen sich, den Nachläßigen, nicht erklären. Eine Reihe von Thatsachen nöthigt uns, die Differenz noch weiter zurückzuverlegen und ähnlich anzusehen wie im hebräischen Alten Testamente zwischen Ktib und Qri; sie ist oft der Widerschein des Gegensatzes zweier Zeiten in Bezug auf Sprachgebrauch und Gedanken. Da können die Consonanten einen älteren Text zuverläßig wiedergeben, der durch einen jüngeren kritisch oder unkritisch emendirten verdrängt werden soll, indem ihm die Vocale dieses anderen geliehen werden. So finden wir p. 399, Z. 19 אֵבִילִים geschrieben, weil der Schreiber das von „Trauer" verstanden wissen will, obwol der überlieferte Consonantentext das Particip von אביל trauern statuirt, und der Herausgeber behält dieses bei; p. 258, Z. 33 in לארעֲהוֹן will der Schreiber das feminine Suffix, weil der feminine Plural גלוות vorhergeht; der Herausgeber hat das masculinische der Consonanten beibehalten. In דִּבְרְעוּת p. 321, Z. 16 sind sogar zweierlei Vocalisationen gemischt, דְּבִרְעוּת, solches, was dem Gelüsten deiner Seele entspricht es zu thun, die einzig mögliche Fassung des Consonantentextes, und דְּבִרְעֵית „solches wie es deine Seele geliebt zu thun". Obwol noch den Versuch erster Hand erkennend, das ו in ein י zu verwandeln, hat der Herausgeber auch hier mit Recht die erste Gestalt des Textes der zweiten künstlicher gedachten vorgezogen. Gab er aber, wie diese Fälle zeigen, einmal im Princip zu, daß die Consonanten einen ursprünglicheren Text gegenüber dem der Vocale repräsentiren können, so fehlt mir in vielen Fällen die genügende Erklärung dafür, weshalb er den von den Vocalen intendirten Text und nicht den der Consonanten aufnahm. Weshalb ist p. 361, Z. 20 wegen des –

unter א nicht איבולהא, eine doch sonst beglaubigte Form des Wortes, sondern אבולהא edirt? Weshalb p. 346, Z. 6 מִיפַּק wegen des Pathach מיפק? Wenn ich an כהנדפ תנדפ Ps. 68, 3 denke, so scheint mir מיפוק תיפוק der Consonanten wohl überlegt zu sein. Warum ist p. 237, Z. 23 שְׁלָוָא um der Vocale willen in שליוא verwandelt, da doch die Form שלווא p. 321, Z. 22 zögernd und p. 476, Z. 2 ohne jede Note anerkannt ist, abgesehen davon, daß in derselben Phrase p. 256, Z. 1 u. 2 שלוה und daselbst Z. 13 u. 14 שלווה gefunden wird? Es war gewiß für Ohr und Auge wünschenswerth, die Infinitive von תוב und יתב, da sie bisweilen dicht bei einander stehen, wie p. 352, Z. 28, zu unterscheiden und den einen למתב, den anderen למיתב zu schreiben; aber wenn ich bedenke, daß bisweilen תוב passend scheinen konnte, wo יתב das Richtige war, wie vielleicht auch p. 193, Z. 11 in למתב, wahrscheinlich aber p. 35, 7 der Fall war, wo ich zweifle, ob לימתב in למיתב zu ändern und ob nicht לי nur ebenso ל mit seinem kurzen Hülfsvocal ist, wie in לימקם p. 319, Z. 17 (wo der Herausgeber freilich auch das י tilgt), und ferner, daß falsche Analogie der Infinitive von Wurzeln primae Jod, Alef, Nun und Ajin Ajin, nämlich מיסר, מיבז, מידע, מיצק, מילד, מינס für die Wurzeln Ajin Waw denselben Silbenfall begünstigte und von גוה z. B. מיגה (Hos. 7, 4) bilden ließ, so erscheint es mir nicht sicher, Aussprachen wie l'mithab von תוב, wie sie sich p. 52, Z. 5 und p. 350, Z. 15 finden, der Correctur zu unterwerfen, obwol an erster Stelle schon die Vocale eine solche enthalten (לְמֵיתַב).

Häufiger ist durch den Consonanten widerstrebende Vocale der ursprünglich gewählte Numerus oder das Genus namentlich der Genitiv- oder Accusativ-Suffixe umgewandelt worden. Wenn Jos. 24, 7 עֵינֵכוֹ, wie die Vocale zeigen in עיניכון, verbessert werden soll, wie der Herausgeber auch that, so rechtfertigt sich das nicht sowol durch den hebräischen Text, als durch die Pluralform des zugehörigen Verbs (חזאה); wenn dagegen p. 32, Z. 7 in בידיכון die Punctation den Singular herstellt und in p. 37, Z. 26 bei demselben Worte außerdem auch das zweite Jod mit dem ד in eins zusammengeleitet worden ist, so erklärt sich dieses durch den Singular des hebräischen Textes und hätte sollen vom Herausgeber umsoweniger aufgenommen werden, als er selbst p. 56, Z. 7 trotz des Hebräischen und trotz der Vocale des Codex יְדֵיהוֹן den Consonanten folgend den Plural belassen oder p. 57, Z. 20 sich durch das Çere in בידֵהון nicht hat bewegen lassen, בידיהון zu schreiben. Es ist freilich sehr schwer, die Grenzen sicher zu bestimmen zwischen dem Gebiete, wo die eine von zwei möglichen Lesarten durch die genaue Uebereinstimmung mit dem hebräischen Originale empfohlen, und dem, wo sie dadurch verdächtigt wird, und gewiß kann man in den historischen Büchern, wo die Absicht der Uebersetzung mehr auf treue Wiedergabe des Originales ging, das erstere Gebiet weiter stecken, als in den eigentlich prophetischen Schriften. Ich maße mir es deshalb nicht an, einem so vollkommenen Kritiker gegenüber, wie es der Herausgeber ist, zu bestimmen, was in den beregten Stellen das Richtige war; aber bekennen darf ich doch, daß die Motive seiner Entscheidung für mein blödes Auge unsichtbar waren.

Noch schwieriger ist es zu sagen, wo die grammatische Correctheit in der Genuswahl maßgebend sein darf für Annahme oder Verwerfung einer dargebotenen Lesart. Uebersieht man die ganze Masse der Genusverwechslungen in den Suffixen, so läßt sich zwar ein guter Theil daher erklären, daß ביתך im Hebräischen das Haus eines Weibes, im Chaldäischen das Haus eines Mannes ist; wenn also p. 4, Z. 6 ביתך, so ist das hebräisch und unbedenklich die Correctur ביתיך zu gestatten; ein anderer Theil daher, daß schon im Hebräischen das Masculinum als das allgemeinere Genus statt des Femininums als des speciell gegensätzlichen eingetreten war, wie p. 22, Z. 23, wo להון einem ebenso incorrectem hebräischen להם entspricht, oder p. 36, Z. 13, wo dem בהון ein hebräisches auf ursprüngliches דכיר׳ statt wie jetzt verschrieben steht דדרי׳ zurückweisendes להם zu Grunde liegt — in solchem Falle will ich es nicht anfechten, wenn der Herausgeber wie an ersterer Stelle אבוהון änderte, aber להון hätte er belassen müssen —; ein dritter Theil aus einer constructio ad sensum, wie p. 31, Z. 5, wo wie schon in dem vorhergehenden תיפלחינון statt des sächlichen טעוותא sich der persönliche Begriff der אלהים, von denen der hebräische Text spricht, untergeschoben hatte, oder indem die eigentliche Rede in die bildliche eindrang, welche eine Vielheit als Weib personificirt hatte, wie p. 356, Z. 31 Dibon

חותר, תיבו und p. 321, Z. 25 u. 26 Jerusalem mit תיבהתון, תעבדון angeredet wird: auch hier überall bestreite ich dem Herausgeber das Recht, das nach der bloßen Grammatik oder der abstracten Logik Richtige einzusetzen. Aber diese Erklärungsgründe reichen nicht aus; auch wenn wir mit Annahme reiner Verschreibungen von י in ו sehr freigebig sein wollen, die Verwechslungen der Suffixe sowol in der 3. sing. als der 2. und 3. plur. sind so zahlreich, daß wir zugestehen müssen, das Chaldäische des Jonathan ist viel gleichgültiger gegen die richtige Genuswahl, als das Hebräische des Alten Testaments. Ja, wenn Masculinum und Femininum durcheinander geht nicht bloß bei ideellen Weibern, wie etwa Jos. 21, 2. 3. 26, sondern wo von wirklichen die Rede ist, wie p. 102, Z. 26 „sie wurden beide seine Weiber" lautet והואה תרויהון, so zeigt sich das Chaldäische im Begriff, auf die Stufe geschlechtloser Sprachen herabzusinken, wie in anderer Weise etwa das Dänische. Da nun gerade die erste Hand solche Fehler besonders häufig hat, wie z. B. auf der einen Seite 401 dreimal in Zeile 17. 29. 33, so erklären sich Schreibungen, wie יְתִיה p. 233, Z. 33 natürlicher als Emendation des überlieferten Textes durch den gelehrten Abschreiber, denn als Verbesserung eines Schreibfehlers durch seinen Urheber, und vollends, wenn wir p. 135, Z. 5 u. 6 von Davids Kebsweibern lesen: ומיכנון־ומסובר להין ולותהון לא על והואה עד יום מותהון ארמלן דבעלהון קיים, so kann ich wol verstehen, wie den Schreiber das richtige להין ermuthigte, zu dem gleich folgenden לותהון die Vocale des richtigen. Suffixes הֵין zu setzen (לותְהֵון); aber die Consonanten tastete er nicht an und dreimal ließ er gebunden durch die Macht der Ueberlieferung das masculinische Suffix stehen. Sein Protest in dem einen Falle hat also keinen kritischen Werth und ich kann damit nicht rechtfertigen, daß der Herausgeber nun hier überall das Femininum herstellt. Aehnlich wie mit dem יְתִיה oben verhält es sich mit לותִיה p. 38, Z. 32, wo der Herausgeber noch deutlich sehen konnte, daß unter ת ursprünglich ֶ und nicht ִ gestanden hatte. Weniger begegnet uns solche Incongruenz zwischen Nomen und Verb: entschuldigt werden konnte ידלק p. 234, Z. 17, יתעבדון p. 236, Z. 5, weil das Nomen folgt, wie der Herausgeber auch p. 70, Z. 11 selbst gethan hat, dagegen ist יתכנשון p. 258, Z. 22 unbedenklich zu corrigiren. Desgleichen, wo feminine Adjective zu masculinischen Nomen treten, wie p. 229, Z. 9 רברבן וטבן, oder feminine Verbalformen, wie p. 246, Z. 31 איתאחדא, ähnlich p. 256, Z. 21 und p. 272, Z. 10, wenn dieses nicht Reste einer anderen Orthographie sind, als die jetzt herrschende, in welchem Falle auch der Imperativ אצירא p. 276, Z. 30 und vielleicht חזא p. 175, Z. 16 hieherzuziehen wäre.

Eine höchst eigentümliche Erscheinung bietet die Formel, welche dem hebräischen בָּעֵת הַהִיא entspricht. Die Häufigkeit des letzteren hat unwillkürlich verführt, das gleichklingende und gleichwiegende עידן nach עת als Femininum zu behandeln. Dabei findet aber der merkwürdige Unterschied statt, daß in den eigentlichen prophetischen Büchern in der Regel ההִוא, dagegen in den historischen ההִיא gesetzt wird. Wenn wir also dort etwa einmal ההִיא finden, wie p. 332, Z. 15 vor ההִוא in Z. 16, oder p. 333, Z. 11 und p. 455, Z. 8, so muß die Abweichung als unabsichtliches Nachgeben gegen das Hebräische erklärt werden. Wenn wir dagegen hier neben dem gewöhnlichen (z. B. p. 6, Z. 20 und p. 16, Z. 14) ההִיא ausnahmsweise ההִוא finden, wie p. 37, Z. 28; 65, 13; 75, 27, so ist das eine unwillkürliche Anerkennung des grammatisch Richtigen. Daneben gibt es aber drittens noch Fälle, wo die Consonanten ההִוא lauten, und als Vocal Chireq unten steht, nämlich p. 228, Z. 3; 249, 33. Das erklärt sich aus dem Versuche absichtlicher Gleichmachung des Sprachgebrauches der einen Schriftengruppe mit dem der anderen. Es ist schwierig vorzuschreiben, was der Herausgeber dieser Erscheinung gegenüber zu thun hatte. Aber consequent kann ich es nicht finden, wenn er in den historischen Büchern die oben aufgezählten Fälle mit הִוא in הִיא verwandelt, die in den prophetischen Büchern mit הִיא unangefochten stehen läßt und in den Fällen der dritten Classe wieder trotz des Femininvocales das Masculinum der Consonanten vorzieht.

Es sei mir gestattet, an zwei Suffixzusammensetzungen, bei denen Consonanten und Vocale einander widersprechen, eine umfassendere Bemerkung zu knüpfen. Die erste ist p. 367, Z. 9 וקְטִילִיכון, wo der Herausgeber dem Schwa zu liebe וקטליכון schreibt; ich halte es für möglich, diese Form des Textes zu rechtfertigen und mit אבידיכון

p. 261, Z. 16, wo der Herausgeber אבידנון edirt, mit דיהיבינון p. 383, Z. 15, wo er דיהיבין wiedergibt, und mit ויהבינון p. 384, Z. 11, wofür er ויהבתינון setzt, zu combiniren und als eine Verbindung des passiven Particips mit accusativem Pronomen zu erklären. Die Participialstructur ist p. 261, Z. 16 schon durch מוקדין angeschlagen und die Verbindung des Passivs und des Intransitivs mit dem Accusativ hat nach Beispielen wie p. 214, Z. 8 שמיעין ית und גלא ית יקרהון p. 440, Z. 19, oder gar ית ברה ימות „ihr Sohn wird sterben" p. 175, Z. 12, was der Herausgeber mit Recht festhält, kein Bedenken in der Sprache unseres Codex. Die andere ist p. 234, Z. 33 „ich entsende ihn" אישלחניה; hier hat der Herausgeber mit Recht ו in י verwandelt, dem Vocale gemäß, wie umgekehrt irriges י in ו p. 243, Z. 32 אחדינון und p. 245, Z. 14 יקפינך, wo überall plur. Subj. vorangeht, während p. 248, Z. 13 ידושינה und besonders p. 426, Z. 11 יתקבל sich aus der Nachfolge des Subjects rechtfertigen lassen, wie der Herausgeber p. 13, Z. 2 in קטילינון anerkannt hat. Man darf sich nicht verleiten lassen, in jener zuerst angeführten Form eine werthvolle Reliquie des alten Vocalauslautes der Imperfecta zu finden; sie steht ganz isolirt. Wol aber finden sich Formen mit u vor dem Suffix, die einer, der sie nicht mit dem Herausgeber schlechtweg vertilgt, so könnte deuten wollen, wenn er nicht ihr Vorkommen auch im Perfect beachtete. In der Regel lauten die Suffixformen so: קטלינון, מטתינון (3. fem.), כטלתינון (1. Pe); טלטילינון, שיציתינון, אוחרתינון, אטעיתינון (3. fem. Af.) oder אסיקתינון und im Imperfect: ירדופינון, איקיימינון, אתיבינון, תיטולינון (3. fem.); מחונון (plur. perf.) תדבקונון (plur. imperf.). Hier sehen wir überall (א)ינון als Accusativ angehängt, außer demselben auch נון an der 3. fem. perf. und den Pluralformen; denn die Gleichheit zwischen dem Suffix im Perfect und Imperfect erlaubt es nicht, die Form im Imperfect durch das energische anna = inna + hun, im Perfect aber als Anhängung von אינון zu erklären. Daneben finden sich nun aber p. 18, Z. 18: מחונון, תריכונון von Mose als Subject gesagt, desgleichen p. 213, Z. 29 אגליאונון „er hat sie fortgeführt" neben טלטילינון, ebenso p. 214, Z. 24; 261, 6; ferner אתיכונון „er goß sie" p. 156, Z. 30 und in erster Person von erster Hand שיציתונון neben קטילתינון p. 443, Z. 22. Im Imperfectum p. 409, Z. 3 u. 4 zweimal in 3. fem. Singular (denn auch פרסה wird Singular sein, wie bei LXX) תיטרנון. Daß im Plural sich solches (א)ינון auch an die Endung ין- in den Venediger Ausgaben angehängt finde, war schon bekannt. Die von Merx (Gr. syr., p. 367) angeführten Beispiele sind sämtlich in unserem Texte nicht zu finden, wol aber finden wir neben ישבונון p. 319, Z. 6 auch ויבזרונון und ebenso p. 439, Z. 22. Endlich steht gar p. 435, Z. 1 als 3. fem. imperf. תיכלינונון „sie wird sie fressen", was entweder eine Vermischung der beiden möglichen Gestalten dieser Form, oder als falsche Nachahmung der 2. fem. zu begreifen ist. Die Fälle sind zu zahlreich, als daß man es dem Herausgeber hingehen lassen könnte, sie zu corrigiren, zumal da er selbst p. 439, Z. 22 ohne jede Note die fragliche Form hat stehen lassen. Ist sie aber einmal constatirt, so muß man anerkennen, daß in diesem Chaldäisch neben (א)ינון und נון- das Pronomen der 3. Person plur. im Accusativ am Verb auch durch (א)ינון ausgedrückt wurde; und die Gleichheit der Erscheinung am Perfect und Imperfect verbietet auch hier, die Imperfectformen der 3. Person plur. zu isoliren und für sie auf jaqtulunna + innun zu recurriren, wobei ohnehin das mittlere u sich gar nicht erklären würde. Vielmehr ist (א)ינון jetzt wie (א)ינון ganz als Anhang anzusehen und in הין + הון aufzulösen.

Ein ganz singulärer Fall ist, daß p. 309, Z. 7 von den vom Herausgeber mit Recht aufgenommenen beiden Wörtern שלן שליוא das erste ohne Vocale geblieben ist. Wahrscheinlich sah der Schreiber im zweiten die tert. perf., welche dem Hebräischen entsprechen sollte, und hielt er infolge dessen שלן für unerlaubten Ueberfluß.

Den überlieferten Consonantentext zweitens anlangend, so darf man nicht erwarten, ihn nur roh und unverändert aus dem Codex wiedergegeben zu finden. Der Herausgeber hat mit Recht nicht bloß alle Abkürzungen entfernt, welche im bekannten Eigennamen wie Edom, Benjamin oder in häufigen Wörtern, wie קד statt קדם (p. 46, Z. 22) oder למי statt למימר (p. 377, Z. 8) stehen geblieben waren, nicht bloß alle nur des zu engen Raumes wegen gewählten defectiven Schreibungen zu vollen ergänzt, sondern auch alle absichtlich unübersetzt gelassenen Stellen eingetragen. Denn nicht, daß der Targum sie nicht enthalten hätte, sondern weil sie im hebräischen Paralleltexte ebenso zu finden waren und von dort füglich bei der Lesung entnommen werden konnten, darum finden wir in dem Verzeichnisse des Buches Josua ganze aus Ortsnamen, oder 2 Sam. 23 aus Personennamen bestehende Stücke im Codex ausgelassen. Oder der Schreiber begnügte sich, in einer Reihe identisch lautender Formeln bloß den Anfang als Muster für die Bildung der übrigen wiederzugeben, wie wenn er Ezech. 48 hinter V. 1 u. 2 die Fortsetzung V. 3—7 wegließ.

Von diesen Lücken sind die unabsichtlichen zu unterscheiden, welche meistens durch Verirrung des Blickes von einem früheren zu einem späteren gleichlautenden Worte entstanden sind, wie z. B. p. 428, Z. 25 u. 26 der Schreiber vom ersten שירוא auf das zweite übersprang. Zum guten Theile sind solche Auslassungen von späterer Hand schon ergänzt; wo es der Herausgeber noch zu thun hatte, benützte er umsichtig das Hebräische des Codex selbst und die Bombergische Bibel. Streitig muß es bleiben, wie da zu verfahren ist, wo im Chaldäischen ein Wort fehlte, dessen Fortbleiben den Sinn nicht änderte, das aber in den gewöhnlichen Ausgaben entweder im Einklang oder im Widerspruch mit dem hebräischen Texte enthalten war. Freilich wenn p. 449, Z. 30 לא fehlt, so sollte die Blasphemie vermieden werden, welche der Satz enthielt, wenn man nicht gleich die folgende Restriction hinzunahm, לא ist wieder herzustellen; in p. 388, Z. 24 wieder blieb לא aus ähnlicher Reflexion, welche den Zusammenhang mit dem Früheren nicht beachtete, fort. Rücksicht auf den hebräischen Text erzeugte die Auslassung des auf Elia bezüglichen Vordersatzes in p. 288, Z. 20 und in p. 380, Z. 18 meinte der Schreiber durch Aufnahme des in die Structur gar nicht passenden ישראל hinter שקרא das Hebräische treuer wiedergeben zu müssen. Was aber die anderen Fälle anlangt, so wird die Entscheidung verschieden ausfallen. So mag p. 264, Z. 13 ואתיב als dem Charakter einer Paraphrase entsprechend gern ursprünglich sein und p. 274, Z. 4 ist die Aufnahme von דבית der Ausdrucksweise gerade unseres Codex sehr entsprechend; dagegen zweifle ich, ob man mit dem Herausgeber dem Hebräischen zu liebe p. 411, Z. 25

statt יתה: das volle ית ארעא herstellen, oder ob man p. 331, Z. 14 aus demselben Grunde das Waw vor למרמי tilgen darf: und wenn p. 289, Z. 32 צדיקיא fehlt, so darf man den Parallelismus nicht dagegen zeugen lassen, weil in Z. 33 hinter אהרן auch רשיעיא fehlt. In den historischen Büchern habe ich noch mehr Bedenken, wenn der Herausgeber dort gegen das Hebräische p. 165, Z. 21 למימר, p. 166, Z. 29 ממנא, p. 190, Z. 2 אתר, p. 201, Z. 14 ארעא ד, p. 218, Z. 13 וכל, p. 224, Z. 5 עליהון, das auch LXX nicht haben, einsetzt. Ganz unverständlich ist mir, weshalb er p. 294, Z. 27 לנהורת עממיא geschrieben, dagegen p. 435, Z. 10 in derselben Phrase das bloße לנהורא belassen hat, wo doch die von Buxtorf abhängigen Ausgaben jenes bieten, oder weshalb p. 259, Z. 28 vor מימרא ein מ eingesetzt ist, dagegen an der Parallelstelle p. 213, Z. 11 nicht, obwol es nur durch denselben Fehler fortblieb, wie p. 253, Z. 8; p. 276, Z. 22.

Abgesehen von solchen Ergänzungen hat der Herausgeber aber auch sonst sich nicht sclavisch an den Text des Codex gebunden. Es galt offenbare Schreibfehler zu verbessern, wie p. 319, Z. 24 איתותבתא statt איתיתבא, oder p. 189, Z. 25 תיתמלי statt איתמלי, oder p. 288, Z. 19, wo wegen eines vorhergehenden א יתקרי statt איתקרי, und p. 418, Z. 25, wo umgekehrt wegen eines vorhergehenden א statt יתאמר vielmehr איתאמר geschrieben; oder wenn p. 438, Z. 9 איניש statt אינש stand, so war das als gegen die sonst beobachtete Form zu verurtheilen. Dasselbe hätte sollen auch dem פתגם Hos. 1, 1 widerfahren, da ich überall sonst, bei Hosea allein sechs Mal, פיתגם finde. Man kann hierbei freilich auch zu weit gehen, und ich möchte glauben, daß der Herausgeber, der einerseits so ängstlich ist, daß er z. B. die gleiche Form in zwei Zeilen p. 435, Z. 14 u. 15 einmal איקימינך, das zweite Mal איקמינך, das dritte אקימינך wiedergibt, weil sie so im Codex steht (es ist aber nur die erste die volle, welche die richtige Aussprache sichert, und nach welcher dem Schreiber die bequemere Kürze zulässig erschien), oder neben dem richtigen סוסוותהון Jos. 11, 6 sofort in p. 11, Z. 9 das falsche סווסותהון, auf der anderen Seite in der Annahme von Verschreibungen zu kühn gewesen sei. So weiß ich nicht, ob die nicht selten vorkommende isolirende Schreibung der

Fragepartikel durch הא überall zu verwerfen ist. Der Herausgeber corrigirt p. 175, Z. 30 הא את „bist Du?“ in האת, dagegen p. 53, Z. 13 האת „siehe Du“ oder האינון p. 167, Z. 16; 195, 25 in הא א', während er הא אנא und האנא „siehe ich“ beides passiren läßt, wie z. B. dicht neben einander p. 337, Z. 8. 9. Desgleichen duldet er nicht הא חזית „hast du gesehen“ p. 179, Z. 28, הא יהי „wird es geschehen“ p. 196, Z. 3 und p. 294, Z. 1 הא כעבדא „ist etwa wie ein Knecht?“ wird nach dem Muster von הכבר „ist wie ein Sohn?“ p. 334, Z. 18 umgeschrieben. Die Stelle p. 454, Z. 4 האצל darf nicht verglichen werden, weil die erste Hand den negativen Fragsatz durch Weglassung der Negation in einen Zeigesatz verwandelt und הא natürlich als „siehe“ gemeint hatte.

Ich weiß ferner nicht, ob im Leben jedenfalls vorkommende Contractionen und Assimilirungen aus der Schrift des Codex sämtlich ferngehalten werden mußten, wie folgende בהיתון statt בהיתתון p. 286, Z. 15, בהית statt בחיתת p. 295, Z. 16, אציתא statt אציתתא p. 274, Z. 15 und אצית statt אציתית p. 304, Z. 4, oder איתעתדון statt איתעתדתון p. 411, Z. 19, דמדן statt דמתדן p. 283, Z. 33, מדדנין statt מתדנין p. 291, Z. 30, ידדנון statt יתדנון p. 276, Z. 32 und ידדשון statt יתדשון p. 284, Z. 4. Und noch zuläßiger erscheint mir die sonderbare Vertauschung des reflexiven Präfixes ת mit ט als zweitem Radical solcher Wurzeln, die mit ש beginnen. Als ob שט ein einziger Laut wäre, ist das ת in üblicher Weise nicht nur hinter ש, sondern bis hinter das ט gerückt. Es sind der Fälle zu viele, um eine Emendation mit dem Herausgeber vorzunehmen, nämlich von שטי finden wir p. 69, Z. 24 ישטתון, p. 96, Z. 26 לאשטתאה, p. 176, Z. 31 משטתן; wenn also p. 322, Z. 21 in משטתי der Herausgeber noch sehen konnte, daß an Stelle des ת zuerst ein anderer Buchstabe gestanden habe, so behaupte ich dreist, daß dieses ein ט gewesen, und daß der Schreiber erst im Schreiben sich besann, daß die Folge טת nicht die von der Grammatik gebotene richtige sei. Ferner von שטח finden wir p. 378, Z. 20 und p. 425, Z. 2 אישטתחית und p. 464, Z. 7 ישטתחון. Ja diese Eigenthümlichkeit, ט vor ת zu sprechen, erstreckt sich sogar auf Wörter mit ט als

3. Radic. in dem einen Falle p. 369, Z. 33, wo מיטשרא als part. Ittaf von ושט geschrieben steht: im Sinne des Schreibers mußte dieses nicht mit dem Herausgeber מיתושטא, sondern מיטושרא wiedergegeben werden.

Wenn ich ferner bloß frage, weshalb der Herausgeber p. 249, Z. 12 נסב in נציב verwandelt hat, p. 440, Z. 31 aber in derselben Phrase, trotzdem in anderen Ausgaben und am Rande unter סא (andere Bücher) צ statt ס steht; so glaube ich in folgendem Falle ihm entschieden Unrecht geben zu müssen. Das hebräische סריס wird im Chaldäischen theils unmittelbar auch gebraucht, theils durch Ausdrücke für den Begriff „Großer“ umschrieben, theils endlich, und zwar an sieben Stellen durch גרואה wiedergegeben. Da sonst גרואה den Verschnittenen bezeichnet, da in unserem Codex ר und ז öfters z. B. p. 242, Z. 24 יחרון statt יחזון verwechselt sind, so liegt es nahe, einmal einen Schreibfehler auch in jenem Falle anzunehmen. Aber da an allen Stellen im Texte und p. XXIII, Z. 31 (hier ohne ein sic des Herausgebers) גרואה geschrieben steht, so ist das nicht gestattet; und wenn der Herausgeber im Texte einmal ohne jede Note גרואה wiedergab p. 367, Z. 4, so mußte er es auch an der Parallelstelle p. 223, Z. 29 unbedingt, und auch an den übrigen p. 183, Z. 15; p. 199, Z. 16; p. 196, Z. 16; p. 220, Z. 12. Ist das Wort aber so constatirt, so ergibt sich eine ungezwungene Ableitung von selbst, wenn man an ביתא גרואה in 1 Kön. 6, 27; 7, 50 denkt: גורי ist was zum Innern des Palastes, zum Harem gehört, und es vergleicht sich das Assyrische rabbi lub und nisi lub bei Schrader, Die Keilinschriften und das Alte Testament, S. 183, Z. 30 u. ö.

Ich schließe hieran die andere Erscheinung, daß von dem häufig gebrauchten Afel des Wortes אתא neben dem regelrechten איתי sich auch viele durch Untergang des י corrumpirte Formen finden. So p. 10, Z. 6 אתיאונון „sie brachten sie“; p. 23, Z. 31 אתיוהי „sie brachten ihn“; p. 90, Z. 29 אתי־ה „er brachte ihn“; p. 240, Z. 25 אתיתי „ich brachte“ (desgleichen p. 284, Z. 8; p. 294, Z. 8; p. 352, Z. 2 von erster Hand); p. 96, Z. 25 אתיתון „ihr brachtet“ und dasselbe von erster Hand p. 96, Z. 26; p. 253, Z. 19: אתי „ich werde bringen“. Alle diese Formen hat der Herausgeber verbessert, aber p. 308, Z. 8 ist ohne jede Note אתיתי stehen geblieben und indem er p. 421, Z. 17 nicht אעלני schreibt, sondern das אבלני des Codex beibehält, was ganz gleich איבלני p. 424, Z. 21 (vgl. היביל Esr. 5, 14 statt des üblichen אוביל), hat er ja in einem anderen Falle den Untergang des י anerkannt. Also mußte er אייתי p. 441, Z. 17 nicht in אייתיתי, sondern in אתיתי verbessern.

Nicht bloß wie hier in Bezug auf die Wahl einzelner Laute, sondern auch in der Wort- und Formenwahl hat der Herausgeber das Recht in Anspruch genommen, den Bombergischen Text dem Reuchlin'schen vorzuziehen, und niemand kann ihm widersprechen, wenn er p. 336, Z. 2 statt בידא דכסדאי mit Bomberg ביד מלכא דבבל, oder p. 356, Z. 2 statt des unerklärlichen פריעה vielmehr פלשתאי, oder p. 304, Z. 5 statt des nur zum hebräischen כחם passenden על, das zum chaldäischen חוב gehörige מִן oder p. 168, Z. 1 statt ליה vielmehr לותיה, oder p. 244, Z. 30 statt des hebräischen ויהי das chaldäische והוה schreibt, auch nicht, wenn er p. 75, Z. 22 das singulare רתיכה in das plurale רתיכוהי verwandelt und p. 281, Z. 11 statt des Tautologie ergebenden בארעא מקדשי vielmehr בבית מ׳. Dieser Freiheit hält die peinliche Gewissenhaftigkeit die Wage, mit welcher er Lesarten des Codex aufnimmt, bei denen die Annahme einer Verschreibung nahe liegt, wie p. 226, Z. 10, wo ich דמיתר wirklich nur verschrieben für דמתיר halte, oder p. 229, Z. 13, wo die Bombergische Bibel mit ihrem מדליק im Rechte ist gegen den Reuchlin'schen Codex, welcher nach der Note מחליק, nach dem Texte מהליק, beides mir unfindbare Wörter, haben soll. Die seltsame Form kann doch existirt haben, wie p. 348, Z. 5 מניזבן Geschenke statt des bekannten נביזבן, oder wie p. 238, Z. 11 von רעי das Particip מתרייען durch vereinzelte Analogieen (s. bei Levy unter dem Worte und das hebräische אֲרַיָּוֶךְ Jes. 16, 9) erklärt werden, oder wie das als Uebersetzung unmögliche כגובר p. 274, Z. 21 sich auf eine Umdeutung des Gedankens zurückführen lassen. Es ist die Bescheidenheit eines echt kritischen Herausgebers, wenn er der Ueberlieferung den Vortritt läßt vor seiner eigenen etymologischen Theorie, wie wenn er p. 47, Z. 9 מישר druckt, obwol er מיש als das Richtigere erkannt zu haben glaubt; aber übermäßige Treue, wenn er p. 163, Z. 24 das im Zusammenhange unmögliche מתסנקין statt des von ihm gebilligten מִתפקין, oder p. 263, Z. 6 מנחל trotz der Randbemerkung und der gewöhnlichen richtigen Lesart beibehält. Angesichts dieser Treue möchte ich mit größerem Rechte für die Beibehaltung von שרבא statt des Bombergischen שרדנא in p. 289, Z. 24 plaidiren; letzteres ist unzweifelhaft ursprünglich, aber jenes verdankt gewiß nicht einem bloßen Schreibfehler, sondern einer alten Deutung seine Entstehung.

Wie der Herausgeber bei der Constituirung des Textes so öfters vor die Wahl gestellt war, ob er dem Codex oder der Bombergischen Bibel folgen wollte, so stand es ihm bisweilen auch frei, innerhalb des Codex selbst zwischen den Lesarten der verschiedenen Hände, falls sich solche ergaben, und zwischen denen des Textes und denen der Randglossen zu wählen. Drei Hände konnte er unterscheiden und mit a, b, c bezeichnen. Der Unterschied zwischen a und den anderen ist sehr bedeutend, die anderen finde ich nur p. 174, Z. 32 unterschieden, wo a עיבי, b עיבדי, c das definitiv geltende עיבידי (mache, o Weib) hergestellt hat, ferner p. 426, Z. 27, wo a dem Hebräischen folgend den Singular בר, b dem Numerus des Verbi folgend בני gesetzt hat (wie umgekehrt der Herausgeber p. 281, Z. 6 statt בני im Codex nach Bomberg בר) und p. 118, Z. 23, wo a irrig מעמון hat, das schon einmal da war, b מעמלק entsprechend dem Hebr. und der Herausgeber (ob nach c?) מעמלקאי, wie es dem dicht vorhergehenden Worte gemäß ist. Sonst hat der Herausgeber durchweg die letzte Gestaltung des Textes wiedergegeben und nur in den Noten die abweichenden Lesarten erster Hand aufbewahrt. Und mit Recht, denn sie beruhen fast überall auf Fehlern, seien es irrige Auslassungen, irrige Wiederholungen, Verwechslungen von Buchstaben, wovon ich oben Beispiele genug verzeichnet habe, oder auch Hebraismen. Der letzteren finden sich bei a verhältnismäßig viele, z. B. p. 151, Z. 16 und p. 391, Z. 24 ימי statt יומי; p. 452, Z. 11; 455, 1 שמו (sein Name) statt שמיה; p. 454, Z. 22 בחרב (durch das Schwert); p. 288, Z. 30 כולנו (wir alle) statt כולנא; p. 45, Z. 4 איש statt אינש und bei Eigennamen p. 179, Z. 20 בנהדד statt בר und p. 128, Z. 22 טור זיתים „der Oelberg".

Andere Formen bei a, die später verbessert sind, beruhen auf der vulgären Aussprache, mochte sie nun schon schriftlich überliefert sein oder erst unwillkürlich in den Text dringen. Beispiele habe ich oben verzeichnet; die Lesarten bei a sind in diesen Fällen nicht ohne weiteres den correcteren der späteren Hand nachzustellen. Vielleicht gehört hieher auch, wenn „um ihn“ p. 103, Z. 2 u. 7 bei a סחרונוהי statt סחרנוהי geschrieben ist. In folgenden Fällen möchte a sogar einen ursprünglicheren Text darstellen, als die Verbesserungen. In 1 Kön. 2, 27 sind die hebräischen Worte למלא את דבר יהוה אשר דבר in letzter Gestalt übersetzt לקיימא ית פיתגמא דיהוה דמליל, dagegen bei a ית פיתגמא דמליל יהוה; offenbar ist a nach dem hebräischen Texte gemodelt worden, möglicherweise auch p. 397, Z. 13, wo nach erster Hand קרעאי vor שרעאי stand gegen den hebräischen Text. Indessen kann dieses unabsichtliche Verschiebung sein, wie p. 488, Z. 23 u. 24 דעביד אלהא statt אלהא דעביד. Ferner erscheint p. 142, Z. 23 der dem Parallelismus entsprechende Zusatz דבית vor ישראל ursprünglicher und derselbe nur unter Einwirkung des hebräischen Textes getilgt zu sein. Desgleichen wird p. 105, Z. 20 שאול erst nach dem Hebräischen gestrichen sein und p. 97, Z. 21 ליה hinter ואמר. Etwas Wesentliches geht aber verloren, wenn man p. 64, Z. 1 hinter אלפין das bei a hinzugefügte אלף mit dem späteren Texte tilgt. Die bekannten Schwierigkeiten in den so genau scheinenden Zahlenangaben Richt. 20, 15 u. 35—47 haben die Alten so gut bemerkt, wie wir. Betrug die Zahl der Benjaminiten im Ganzen 26700 und es fielen im Ganzen nach V. 35 nicht 25000 u. 100, sondern 25000 u. 1100, so blieben 600 am Leben, eben die Zahl, welche V. 27 angegeben ist. Eine solche Theorie entspricht dem Charakter der Paraphrase; und wenn spätere Hand jenes zusätzliche Tausend gestrichen, so kann ich darin nur das Erzeugnis einer den hebräischen Text als strengen Maßstab handhabenden Kritik sehen.

Was ferner die Lesarten in den Randbemerkungen anlangt, so hat der Herausgeber die des Textes ihnen gegenüber principiell als die allein aufzunehmenden anerkannt, und insofern mit vollem Rechte, als derjenige, welcher sie schrieb, dadurch daß er sie an den Rand setzte und nicht in den Text, für seine Person die

Textesleſart mindeſtens als eine wirkliche, als eine in der Ueberlieferung exiſtirende conſtatirte. Natürlich gilt dies nicht von den ſeltenen Fällen, wo ohne jede einführende Bemerkung ein im Texte undeutlich geſchriebenes Wort deutlich wiederholt, wie p. 220, Z. 1 מבית, oder ein unabſichtlich unvollſtändig gebliebenes vollſtändig beigeſchrieben iſt, wie טבוות p. 279, Z. 32. Zum weitaus größten Theile ſind die Leſarten am Rande durch beſondere Zeichen eingeführt, ſei es durch א(ח) ס(פ) „andere Bücher, Handſchriften", ſei es durch א(ח) ל(יש) „anderer Ausdruck", oder durch ור allein oder mit darauffolgendem א (וא דא) oder Abkürzungszeichen, die der Herausgeber nicht identificiren oder wiedergeben konnte — wahrſcheinlich alles Compendien für ואית דאמרין, oder auch Combination von zwei oder von allen drei genannten Zeichen. Daneben wird auch סליג nachgeſetzt und את תר(ג) oder יר(וש) vorgeſetzt. Die Zuſätze hinter der letzteren Bezeichnung beweiſen durch Inhalt und größeren Umfang, daß ſie nicht im textkritiſchen Intereſſe beigeſchrieben ſind; nur ſelten erſtrecken ſie ſich auf ein einzelnes Wort, wie p. 18, Z. 2, wo zu מן שיחור am Rande bemerkt iſt ירוש מן נילוס, oder p. 26, Z. 3, wo zu ללשם bemerkt iſt ירוש לפמיאס; auf Grund der modernen Namen, welche der jeruſalemiſche Targum gebrauchte, wird alſo der bei Jonathan herübergenommene alte Name für den Nil oder für die Stadt Paneas dem Leſer und Hörer verſtändlich gemacht. Dieſelbe Abſicht, das Verſtändnis zu erleichtern, tritt aber auch bei den übrigen Zuſätzen deutlich zu Tage. Wenn p. 476, Z. 10 zu dem aus dem Hebräiſchen genommenen חרשין unter לא am Rande bemerkt wird אומנין, ſo iſt ſtatt des fremden das übliche chaldäiſche Wort ſubſtituirt. Wenn p. 298, Z. 16 zu ויקבלון geſagt wird פי כ-חשוך קבל, man ſolle danach deuten, daß קבל den Begriff der Finſternis ausdrücke, ſo ſollte der Verwechslung dieſes קבל mit dem bekannteren anderen vorgebeugt werden. Faſt gleichlautend wird zu dem Worte ארבעא p. 289, Z. 25 u. p. 232, Z. 11, damit man nicht an die Zahl 4 denke, angemerkt, רביע ſei לשון מרבע, d. i. ein Ausdruck für den Begriff des Lagerns und, damit man nicht an „er wird ſagen" denke, zu יימר p. 246, Z. 30, dieſes ſei לש מרירות ein Ausdruck für den Begriff des Bitteren, lauter Bemerkungen für ſolche, die des

Hebräischen kundiger waren, als des Chaldäischen. Einmal wird sogar in einem ausgeführten hebräischen Satze ein Textwort durch Citirung einer Stelle aus Onq'los Deut. 28, 23 erklärt und dann umschrieben; zu p. 295, Z. 28 דמתחסנין heißt es: „ganz wie חסינא כנחשא; der Sinn, daß sie ihr Herz dagegen verhärten, sich zu mir zu bekehren".

Nach diesem Allen sehe ich es als Exegese an, wenn p. 31, Z. 5 statt תקיימון am Rande das nicht miszudeutende Wort für „schwören" תימון, p. 48, Z. 14 statt ברז vielmehr בניכלא, p. 113, Z. 11 statt רשיעין das griechische גבר הדיום, zu p. 228, Z. 6 statt des semitischen das römische Wort für Spiegel, zu p. 224, Z. 33 statt des hebraisirenden דריי das chaldäisch entsprechendere חליש zu lesen ist. Haben andere Codices wirklich andere Ausdrücke gebraucht, wie p. 223, Z. 29 statt אמרכליא vielmehr דממנן על בית מקדשא, so haben sie einen term. techn. durch allgemeine Umschreibung verdeutlicht, oder wie p. 127, Z. 13 mit den Worten ואיזכיניה בדיניה statt ואדיניניה den Sinn durch volleren Ausdruck unvermeidlich gemacht. Verschiedene Deutung des anstößigen פסילים Richt. 3, 19. 26 ist es, wenn p. 37, Z. 11. 23 im Texte מחצביא (Steinbrüche), am Rande גשריא (Brücken) steht. Verschiedene Deutung des im hebräischen wie im chaldäischen Texte unerklärlichen בן שאול 2 Sam. 4, 2, wenn p. 113, Z. 23 am Rande steht, erstens: מגניסת ש' „aus dem Geschlechte Sauls" und zweitens: עם בר ש' „bei dem Sohne Sauls". Und ist schon im Hebräischen 1 Sam. 2, 16 לו zu lesen, לא zu verstehen, so haben wir zu ליה p. 68, Z. 29 am Rande die Bemerkung לא סליג. Faßt man nun noch die Fälle in's Auge, wo der Schreiber, wie wenn er die Fülle seines lexikalischen Wissens zeigen wollte, zu dem Textworte nicht bloß ein Synonym setzt, sondern zwei, wie p. 42, Z. 20 zu קדירא 1) בורמא, 2) אילפיסא, oder gar drei, wie in p. 122, Z. 20 neben dem Textworte in anderer Aussprache noch dreimal ein anderes Wort für „Schooß" steht, ferner, daß die Randlesarten bisweilen allegorische Ausdeutung des Textwortes sind, wie p. 475, Z. 24, wo aus den „Myrtenbäumen in Babel" „die Gerechten unter den Exulanten" gemacht werden, oder daß sie statt Jahve's sein Wort nennen, wie p. 341, Z. 27, oder den dogmatisch anstößigen Ausdruck, daß Jona vor Jahve geflohen sei, dahin definiren, daß er vor der Aufgabe, in seinem Namen zu weißagen, sich geflüchtet habe p. 457, Z. 6, so wird man in der Anerkennung dieser Lesarten als wirklicher Varianten sehr vorsichtig sein müssen.

Aber es gibt doch auch Fälle, wo der Text und die Randlesart sich verhalten, wie zwei Gestalten desselben Wortes; wie p. 277. Z. 28 Text מריק, Randlesart מזרק die correcte Form; p. 459, Z. 7 Text ידקקון, Randlesart ידקדקון, was man nach den parallelen Stellen Jes. 21, 9. Nah. 3, 10 erwarten konnte; p. 365, Z. 11 Text איתאחדיאר, wo das in der Aussprache übergangene א gleichsam an dritter Stelle neu wiederaufgelebt ist, Randlesart איתאחדר; p. 374, Z. 33 Text שישלן, Randlesart שילשלן. Daß man darum die Randlesart einsetzen solle, wäre eine voreilige Forderung, da z. B. auch p. 389, Z. 30 und p. 390, Z. 2 דשלן im Text wiederkehrt mit der Randlesart שירין, und gegen das Princip, das ich vertrat, als ich oben meine Bedenken gegen die vom Herausgeber vorgenommenen Verbesserungen vulgärer Corruptionen des Lautbestandes der Wörter äußerte. Indessen hat der Herausgeber selbst den Muth gehabt, hier und da die Randlesart aufzunehmen, wie p. 3, Z. 16 statt אטמרתון das richtige אטמרתון: p. 463, Z. 11 statt דנתרתון das durch die Randglosse מ׳ ק angedeutete דנטרתון, oder doch für richtiger zu erklären, wie p. 354. Z. 20 statt des Textwortes איתקטילו die Randlesart איתקילו (sie strauchelten). Da kann ich dann nicht verstehen, weshalb nicht auch in folgenden Stellen die Marginallesart vorgezogen ist: p. 271, Z. 3 Text דמחש, Randlesart דחשוך, jenes ist aus Z. 2 gekommen; p. 449, Z. 17 Text דשריקא, Randlesart דעריקא, letzteres durch Grundtext und Zusammenhang gefordert; bloße Verwechslung von ש und ע; p. 13, Z. 15 Text ונעביד, Randlesart ועבדנא, jenes ist so gut, wie das vom Herausgeber nach Bomberg corrigirte ויהי p. 244, Z. 30 unwillkürlicher Nachklang des Hebräischen; p. 193, Z. 10 Text שדי (Balken), vom Herausgeber selbst mit einem sic versehen, Randlesart שרי, Verwechslung von ד und ר, wie p. 364, Z. 11 auch der Herausgeber nicht ד oder ר als Schluß von אבדר unterscheiden konnte; p. 477, Z. 2 Text לחמא,

Randlesart לידחטא. Letzteres steht in Z. 1; in derselben Rede kann der Satan nicht sofort חטא heißen, ohne Verwirrung zu erzeugen, wol aber in der Engelsprache gleich darauf und nach diesem dritten Falle ist der zweite corrigirt. P. 283, Z. 32 Text ממלין, Randlesart ממללין, letzteres durch das Hebräische und den Ton der Rede empfohlen; irrige Auslassung von ל wie מ in מימרי p. 253, Z. 8 u. ö. — p. 284, Z. 7 Text במהכין Randlesart באורחתהון. Hier ist die Randlesart bloß Deutung, enthält aber doch einen Fingerzeig dafür, daß im Text במהכיהון gelesen werden muß.

Die vorstehenden Bemerkungen verfolgen den Zweck, den Freunden der biblischen Wissenschaft durch die That zu zeigen, welchen Schatz der Herausgeber uns zugänglich gemacht und zugleich welche Fülle von Anregung zu weiterem Forschen und Fragen derselbe durch sein stillschweigendes Verfahren mit dem Texte des Codex gegeben hat. Ich bewundere die unermüdliche Genauigkeit und Scharfsichtigkeit, die selbstverleugnende Treue und Geduld, die es ihm ermöglicht hat, jede Abweichung des Codex von dem edirten Texte und jede Eigentümlichkeit desselben, bestehe sie in der Farbe der Dinte, in der Radierung einer Stelle, im Misverhältnis der Buchstaben zu dem für sie offenen Raume, oder in besonderer Größe oder Feinheit der Buchstaben, oder so kleinen Dingen, wie die Abwesenheit eines Silluq am Ende des Verses (p. 186, Z. 21), ja auch jeden Fall zu verzeichnen, wo er zweifeln mußte, welcher von zwei ähnlichen Buchstaben geschrieben sei, selbst wenn der Sprachgebrauch keinen Zweifel ließ, und endlich selbst den falschen von zwei Buchstaben in dem Texte der Noten abzudrucken, der nur einer Beschädigung des Schreibmaterials und damit gegebener Verstümmelung der richtigen Zeichen seine Entstehung verdankte. So gibt er zu p. 80, Z. 5 in einer Stelle aus dem jerusalemischen Targum ונפלת בר־ wieder, während der Zusammenhang und das entsprechende Citat aus demselben Targum zu p. 150, Z. 16 zeigen, daß נפלת בר dagestanden und man dieses mit samt der Lücke zu ברת קלא „eine Bath Qol" zu ergänzen hat; oder p. 80, Z. 15 zu dem Namen בדן in einer Note, welche ihn etymologisch zerlegt und den Daniten Simson darin findet, ישיבט דן — שמשון, wo das י doch nur ein Rest von ד oder besser דמ sein kann. Durch solche Umsicht und Gewissenhaftigkeit hat der Herausgeber, wenn wir von der Vocalisation absehen, den Lesern seines Buches einen vollständigen Ersatz für die eigne Einsicht in den Codex geschaffen nnd jeden Schein einer textkritischen Dictatur erfolgreich vermieden. Sollte es dennoch scheinen, als hätte ich in meinen bisherigen Bemerkungen auf Grund eigner Bemühungen sein Verfahren bekrittelt, so will ich dem mit dem offenen Bekenntnis entgegentreten, daß ich mit geringen Ausnahmen dieselben Erscheinungen nur auswahlsweise zusammengeordnet habe, die des Herausgebers Fleiß in bunter Fülle in den Noten gesammelt, und daß ich nur laut reflectirte über das, was der Herausgeber stillschweigend vorgenommen hat. Wenn ich weiter bemerke, daß ich an vielen Stellen, wo ich auf den ersten Blick sein Verfahren beanstandete, hinterher dieselbe Ueberlegung entdeckte, wie sonst, so wird man mir glauben, wenn ich den wenigen Zweifeln an der Consequenz des Herausgebers gegen seine eignen Principien, die ich nicht unterdrückt habe, keine andere Bedeutung beilege, als die von Fragen des lernbegierigen Jüngers an den allzuschweigsamen Meister. —

Ich wende mich nunmehr zu der Frage, welchen unterscheidenden Werth der hier zum ersten Male gedruckte Jonathantext, abgesehen von seiner bereits constatirten urkundlichen Genauigkeit verglichen mit der Handschrift, gegenüber den bisher bekannten Texten habe. Um dieselbe erschöpfend zu beantworten, müßte mindestens die Bombergische und die weiter verbreitete Buxtorf'sche Bibel einer beständigen Vergleichung unterzogen werden. Da aber jene in Kiel gar nicht, diese nur schwer zu erreichen war, mußte ich mir für den Zweck meiner ohnehin nur vorläufigen Prüfung an einer genauen Vergleichung zweier Ausgaben des Buxtorf'schen Textes von dem Jonathanischen Hosea genügen lassen, deren erste, in Leiden 1621 erschienen, außer den Commentaren von Raschi, Abenesra, Dav. Qimchi auch eine lateinische Uebersetzung und außerdem kritische und exegetische Noten von Guil. Coddaeus enthält, deren zweite die bekannte von Herm. von der Hardt ist, erschienen Göttingen 1775. In der ersten fällt sofort die Abweichung der lateinischen Version von dem aus der Buxtorf'schen Ausgabe stammenden chaldäischen Texte auf, eine Abweichung, in der sie fast regelmäßig mit dem Lagardischen übereinkommt. Und wirklich ist sie nach der Vorrede auch nicht zu dem Buxtorf'schen Texte gemacht, sondern aus der Antwerpner Polyglotte genommen. Auch diese war hier nicht aufzutreiben und ich kann deshalb bloß Andere dringend auffordern, eine ausdrückliche Vergleichung zwischen dem Antwerpner Jonathan und dem Lagardischen anzustellen. Was nun die Resultate meiner so unfreiwillig eng begrenzten Vergleichungen anlangt, so kann ich dieselben hier nicht ausführlich vorlegen. Abgesehen von der verschiedenen Schreibweise, habe ich im Hosea allein — die Zahlen sollen nicht definitiv sein, sondern nur graphisch veranschaulichen — 52 Stellen verzeichnet, wo der neue Text als der kürzere dem Buxtorf'schen gegenübersteht. Zum Theil ist die Kürzung fehlerhaft, wie wenn Hos. 6, 10 hinter חזיתי das nothwendige auch durch Raschi (שינוי) bezeugte und vom Herausgeber aufgenommene שנו fehlt, zum Theil beruht sie auf größerer Altertümlichkeit der Sprache, wie das häufige Ausbleiben des א des stat. emphat. z. B. Kap. 8, 2; 13, 4 לית אלה statt des Buxtorf'schen אלהא, zum Theil ist sie für den Sinn gleichgültig, wie Kap. 2, 18 das Fehlen von עממיא, wo auch die Antwerpner Uebersetzung bloß idolis hat, zum Theil scheint sie auf anderer Deutung zu beruhen, wie Kap. 11, 4 בלחותא statt בלחיאתהון wahrscheinlich = „beim Kauen"; zum Theil endlich hat wol das Hebräische bestimmend eingewirkt, wie Kap. 7, 11 wo es einfach כיונה heißt statt דמן כיונה Buxt. oder ד' ליונה bei Dav. Qimchi.

Ferner habe ich etwa 55 Stellen verzeichnet, wo der neue Text als der längere erscheint. Theils hat dieses seinen Grund in größerer grammatischer Correctheit, wie Kap. 1, 4 vor dem determinirten Object ית, Kap. 7, 14 hinter dem part. אינון hinzugefügt ist, theils entsprach die Länge dem hebräischen Originale, wie wenn Kap. 9, 12 zwischen ארי und ווי ein אף eingefügt ist; das auch die antwerpische Uebersetzung hat, oder Kap. 12, 12 hinter ברם folgt הוו ללמא; theils wird der Text dadurch runder wie Kap. 1, 9, wenn hinter ואמר folgt יְהוָה ליה; Kap. 5, 8 hinter ישראל ein עליהון, welches auch Raschi und die Antwerpner Uebersetzung haben, hinter שמואל statt דמרמתא vielmehr נביא דמרמה, was zwar nicht Raschi, aber die Antwerpner Uebersetzung bestätigt, Kap. 6, 9 hinter מסבר der Inf. למיבז, Kap. 10, 4 vor dem Bilde כריש חוין

der unbildliche allgemeine Objectsbegriff עקא; Kap. 11, 9 statt „Werke des Fleisches“ vielmehr „der Kinder des Fleisches“, wie auch die Antwerpner Uebersetzung ausdrückt. Ganz singulär ist es endlich, wenn Kap. 13, 4 in dem Satze: „einen Gotte außer mir wirst du nicht kennen lernen und keinen Erlöser gibt es אלא אנא; statt dessen steht אלא לתאיבין אנא = „außer für die sich Bekehrenden (gew. תיבין oder תייבין), oder für die Verlangenden ich“, ein inhaltsschwerer Zusatz. Indessen da in der folgenden Zeile ebenfalls die Israeliten in der Wüste תאיבין genannt werden, so mag jener Zusatz durch eine Abirrung des Schreibers aus einer Zeile in die andere entstanden sein.

Anderweitige Abweichungen in Wortwahl und Ausdrucksweise habe ich 113 notirt. Meist entspricht hier der Text dem Hebräischen besser, wie Kap. 9, 3 dem יֵשְׁבוּ nicht יתובון, sondern יתבון gegenübersteht, oder Kap. 2, 11 die hebräischen Ausdrücke für Zeit עֵת und מוֹעֵד nicht durch עידן, sondern unterschieden durch עידן und זמן wiedergegeben werden; oft ist der neue Text grammatisch correcter, wie Kap. 4, 18 nicht דתיתי, sondern דייתי steht, was auch Dav. Qimchi bezeugt, oder Kap. 6, 9 באורח חדא statt באורחא ח'; bisweilen bietet er einen charaktervolleren und passenderen Gedanken, wie Kap. 6, 5 mit אוחרתינון, was allerdings dem üblichen אזהרתינון verzweifelt ähnlich sieht; Kap. 9, 16 nicht דיקלא oder wie Dav. Qimchi schreibt דיקלא, sondern דילקא „welcher geschlagen ist“; Kap. 13, 1 statt מתרברבין vielmehr מדרברבין „deswegen weil Große“, was auch die Antwerpner Uebersetzung bietet. Oder das allein richtige wie Kap. 3, 1, wo das einem Druckfehler gleichsehende בחבריה und in virum suum der Antwerpner Uebersetzung durch בחמריה in vino suo ersetzt ist. Auch Kap. 11, 8 ist אבדינך besser als אבדרינך, dagegen ist Kap. 11, 11 כיוכה דיתבא hier so falsch wie bei Buxtorf, es muß wie in der Randlesart und in der Antwerpner Uebersetzung דחיבא heißen. Auch שחירתא Kap. 7, 11, scheint mir nicht besser und schlechter als שרידתא bei Buxtorf und Dav. Qimchi, vielleicht ist שריגתא zu emendiren, was dem *θελγομένη* des Aquila entsprechen würde.

Nach diesem Allen glaube ich sagen zu dürfen, daß unser Text mindestens in seiner Grundlage ursprünglicher und zuverläßiger ist, als der Buxtorf'sche, zumal seine Abweichungen von diesem durch andere Textgestalten wie die in der Antwerpner Bibel oft unterstützt werden; andererseits mag die oft genauere Uebereinstimmung mit dem hebräischen Originale hier und da auf gelehrter Emendation aus späterer Zeit beruhen.

Am meisten entfernt er sich schließlich in der Schreibweise von dem Buxtorf'schen Texte, um in demselbem Maße mehr mit der Orthographie der Jonathancitate bei Raschi und Dav. Qimchi übereinzukommen; und gewiß ist die von ihm beobachtete Setzung der Lesemütter ein zwar nicht ausreichender, aber sicherer Wegweiser für die richtige Aussprache, als die Buxtorf'schen Vocale. Abschreckend ist freilich auf den ersten Blick das Schwanken im Gebrauche der Lesemütter bei denselben Wörtern, aber eine genaue statistische Untersuchung desselben zunächst im Hosea hat mich überzeugt, daß man meistens zu festen Resultaten gelangen kann und daß man getrost nach der überwiegenden Mehrzahl der Fälle die abweichende Schreibung der Minderzahl verbessern darf. So darf man Hos. 1, 1 פיתגם schreiben, weil das Wort sonst so geschrieben wird: „mit" heißt עים, da עם nur sehr selten begegnet, „von" heißt מן, mit Suffix aber מיני, מינהון u. s. w., das reflex. Präfix ist איח, das Pron. אינון, die Imperative von פא lauten אימר, איזיל, von פע: עילם, עיבד, das Imperfectum יעיבד, יעירוק, die Infinitive Qal der starken Verben מיקטל u. s. w. Und um auf zwei öfters besprochene Formen zu kommen, so gestattet die Art und Weise wie יי und וו im Anlaute gebraucht wird, z. B. וולד Knabe, die früher als Mischform oder gar als 3. fem. plur. fut. angesehene Bildung יימן (s. Winer, Grammatik, S. 69), wie es der Zusammenhang fordert, z. B. Hos. 2, 4 jâman auszusprechen und als pt. Peal von ימי anzuerkennen. Und in Betreff des bald צבחר, bald ציבחר, bald צבהר geschriebenen Wortes für „ein Wenig" ergibt sich erstens, daß im Auslaute ein Daleth stehen muß, wie Raschi und Dav. Qimchi auch schreiben, nur an einer Stelle p. 364, Z. 11 könnte das Zeichen zur Noth auch als Resch gelesen werden; zweitens daß צבחד geschrieben werden muß, indem ich nur einmal ein Jod nach צ, sonst nirgends gesehen zu haben mich erinnere. Hierauf gestützt kann ich der von Nöldeke aufgestellten und von Fleischer (bei

Levy II, p. 574 u. ℌ) gebilligten Deutung dieses Wortes nur zugestehen, daß sie die Etymologie trifft, welche die Juden mit dem Fremdworte verbanden צ׳ב חד, und theilweise die Schreibung mit י, als sei çîfḥad gemeint, erzeugte; aber wenn die Westfalen und Kalemberger das Wort „Honoratioren“ als „die hohe Nation“ sprechen und schreiben, so beweist das deutsche hoch weder für die deutsche Natur von „Nation“, noch für die Entstehung jenes Wortes aus Zusammensetzung zweier deutscher Begriffe. Wer beachtet, wie wir die alltäglichsten, nie importirten Sachen und Begriffe durch Fremdwörter ausdrücken, oder wer wie ich in langjährigem Verkehre in einem weitentlegenen, abgeschlossenen niedersächsischen Orte für solche internationale Dinge wie einen Kranken z. B. fast immer entweder pauvre oder malade oder auch maraude, selten „krank“ gehört hat, wird unbedenklich anerkennen, daß für den Begriff „ein Krümchen, Bischen“ das griechische *ψακαδ* in *ψακύς*, *ψακάδιον*, *ψιχίδιον*. *ψεκάδιον*, gesprochen vielleicht mit Umsetzung von *ψ* in *σκ* (vgl. italienisch spicchio), jedenfalls von jüdischen Ohren als צבחד aufgefaßt und von jüdischem Munde bald çăfḥad, bald çıfḥad gesprochen, eventuell auch çîf ḥad verdeutscht werden konnte. —

Außer dem Gewinne, welchen die Textkritik und die philologische Erforschung der Targumidiome aus dieser neuen Ausgabe ziehen werden, muß ich zum Schlusse auf die Bereicherung hinweisen, die der Geschichte der Schriftauslegung durch die zahlreichen Citate aus anderen Büchern, vor allen aus dem Jerus. Targum, welche am Rande des Codex verzeichnet und vom Herausgeber soweit sie nicht absolut unleserlich, in den Noten vollständig abgedruckt sind, erwachsen. Zum Theil mögen sie nicht neu sein, da sich in den Targumen zu den Hagiographen, namentlich an den Parallelstellen in den historischen Büchern, oder im Talmud bei Citaten Manches wieder finden wird, was wir hier lesen; zum größeren Theil scheinen sie noch ungedruckt zu sein und werde ich nichts Ueberflüßiges thun, wenn ich dieselben durch Beispiele kurz charakterisire. Sie sind meist Erweiterungen der keuschen und knappen Darstellungsweise der Schrift durch Eintragung phantastischer Vorstellungen über die himmlischen Mächte und deren Beziehung zur Welt, oder durch crasse Ausführungen wirklich poetischer Gedanken des Textes oder solcher, welche schon

Jonathan in maßvollerer Weise ausdrückt; oder es werden durch Zusätze Anstöße beseitigt, die das populäre religiös-sittliche Bewußtsein an den nackten Worten und Thatsachen der Bibel nehmen konnte. Wo diese Unbestimmtheiten geduldet, isolirte Punkte unverbunden gelassen, da werden hier mit vorwitziger Neugier und geschäftigem Scharfsinn Verbindungslinien gezogen, Lücken überbrückt, und oft sind etymologische Deutungen von Namen der Keim, aus dem die ganze Neubildung erwachsen ist, seltner wirkliche Sagen. Manche Bemerkungen sind rein exegetisch und Deutungen des räthselhaften Wortes oder der räthselhaften Fortbewegung der biblischen Rede; andere wollen mit den rabbinischen Künsten des Buchstabenwechsels und der Gmatria das Schriftwort erst recht lebendig und werthvoll machen.

Um mit dem Letzten anzufangen, so lesen wir zu Jes. 8, 6 über das Leisefließen der Wasser Siloa's p. XXVII, Z. 27 f.: לאט (30 + 1 + 9) sei in der Gmatria 40 und es sei an die Thatsache gedacht, daß jene Quelle nur 40 Maß, das (nach rabbinischer Vorschrift) zum Baden des Körpers nöthige Quantum Wasser enthalte. Zu Jes. 7, 6 erfährt man, daß Pekah der Sohn Tabels sei, indem טבאל nach Buchstabenwechsel = רמלא, wie der Herausgeber richtig gegen a schreibt. Die betreffende Bemerkung, die der Herausgeber nur unsicher lesen konnte (p. XXVII, Z. 21), lautet gewiß so: „Buchstabenvertauschung מלבא גזדס ערכת. Es konnte מלבא (nicht מלבם) gesagt werden für אלבם, da es sich um ein Wort handelte, dessen erste beide Buchstaben (רם) aus der zweiten Hälfte des Alphabets in die erste (טב) übertragen waren und dabei umgekehrte Ordnung hatten, als im Alphabete. Das folgende גזדס ist am dritten und vierten Orte der Alphabethälften dasselbe wie אלבם am ersten und zweiten, und scheint zu sagen, daß danach in dem Namen eine Versetzung aus der ersten Hälfte des Alphabets in die zweite (א = ל) stattgefunden habe. Statt עבות endlich wird ערכת da stehen „bis zur Gleichung כ = ת", bei welchem Zeichen man etwa an כָּבוֹד = תִּפְאֶרֶת dachte.

Eine exegetische Bemerkung finden wir, wenn p. XLII, Z. 16 die drei Hirten Pekachja, Pekah, Hosea genannt werden, welche 2 + 20 + 8 Jahre regierten, und deren Jahre als Tage gerechnet seien. Bisweilen wird freilich Dunkles durch Dunkleres erklärt, wie wenn zu Jes. 33, 7 (p. XXX, Z. 16) erzählt ist, daß die Engel des Bebens und Zitterns draußen und die Engel des Friedens in der Nähe der Schechina geweint haben über die harte endlich auch aufgegebene Forderuug Jahve's an Abraham, den Isaak zu opfern. Das Textwort מלאכים ließ an Engel denken, und da den מלאכי שלום die אראלם gegenüberstanden, so mußte dieses Wort von רעל beben abgeleitet, die den Friedensengeln entgegengesetzte Classe in der Engelwelt bezeichnen wollen. Eine Deutung des Sprunges von der Wiedererbauung Jericho's 1 Kön. 16, 34 zu dem die Dürre androhenden Elia 1 Kön. 17, 1 finde ich in dem Zusatze zu p. 174, Z. 12 (p. XXI, Z. 28 ff.): danach verliert Hiel alle seine Söhne und meldet dies dem Ahab mit dem Bekenntnis, das sei die Bestrafung für seinen Ungehorsam gegen Josua's Verbot. Ahab aber verhöhnt ihn wegen solcher Pedanterie; Mose, der größere Meister Josua's, habe auf die Uebertretung des wichtigeren Verbotes des Götzendienstes die Strafe des Regenmangels gesetzt (Deut. 11, 17); und doch obwol heute so Viele den Götzen dienen, fehle es an Regen nicht. Diese Worte sind es, welche den Zorn Elia's entflammen, und so tritt er auf, wie 1 Kön. 17, 1 erzählt wird. Die kurzen Angstrufe Jes. 21, 5 werden so umschrieben p. XXIX, Z. 17: „bereitet den Tisch von Beltschazzar, dem König von Babel, zündet die Leuchte an, esset und trinket, steht auf, Michael und Gabriel, ihr zwei Großen, nehmet Rache an dem Königtum Babels und gebt das Königtum dem Koresch und Darius den Königen der Perser und Meder", lauter Anschauungen und Ausdrücke aus dem Buche Daniel. — Mesa's That wird p. XXIII, Z. 5 ff. durch eine ihm geliehene Reflexion über das Opfer Abrahams motivirt. — Der Sohn des Ahas 2 Kön. 16, 3 ist nach p. XXIV, Z. 23 ff. Hiskia der Gerechte; Jahve rettete ihn, weil er sah, daß er der Vater der drei Freunde Daniels sein würde. Die Combination der Todesgefahr durch Feuer hier und dort, beide Male durch Haß gegen Jahve angestiftet, erzeugte solche Zusammenstellung auch der Opfer, die zugleich erklärte, daß an jener Stelle nur von einem Sohne geredet wurde, als welchen man allein Hiskia kannte, und daß dieser nachher doch als noch lebend succedirte. — Auch der Uebergang von Simei's Hinrichtung zu Salomo's Verheiratung, also zwischen

1 Kön. 2, 46 u. Kap. 3, 1 mußte erklärt werden; es heißt p. XX, Z. 25: „nach dem Tode Simei's des Lehrers Salomo's, vor dem er sich gebeugt hatte, gieng er hin und verschwägerte er sich u. s. w.“ Und der Verwandtschaft wegen mit dem vorletzten Beispiele stehe hier gleich, wie der dunkle Auftrag Davids an Salomo in Betreff Simei's präcisirt wird p. XX, Z. 13 ff. u. 21 ff.: Simei soll nicht eher fallen, als bis er aufgehört hat zu zeugen, weil David durch den Geist der Weißagung erkennt, daß von einem Sohne Simei's für die Zeit der medischen Herrschaft zwei Erretter Israels zu erwarten seien; dieses alles wegen Esth. 2, 5. Endlich mag hier hingewiesen werden auf die Beziehung des beklagten Durchbohrten Sach. 12, 10 auf den Messias aus Ephraim, der im Kampf gegen Gog vor dem Thore Jerusalems fallen werde; sehnsüchtig blicke dann das Volk zu Jahve empor und frage, weshalb die Völker jenen Messias durchbohrt haben, p. XLII, Z. 17 ff.

Ich übergehe die Frage, ob im Kerne diese Phantasterei nicht eine alte Ueberlieferung des richtigen Verständnisses jener dunklen Stelle biete, und wende mich zu charakteristischen Beispielen für die Legenden und sagenhaften Zusätze und die Verbindungslinien zwischen isolirten Punkten, von denen ich oben sagte. p. XXXIII, Z. 6—27 finden wir die Legende von der Zersägung Jesaja's in einem Baume auf Befehl Manasse's in pragmatische Verbindung gebracht mit der Rede Jes. 66, 1. Dieselbe sei gehalten am 17. Thammuz (jüdischer Festtag wegen der Einnahme Jerusalems), als eben der König eine Bildsäule im Tempel aufstellte; da habe Jesaja den Tempel für entweiht erklärt, als welcher nun nicht mehr gegen die Zerstörung durch Nebukadnezar geschützt sei. Zu der Inthronisation des Joas 2 Kön. 11, 12 wird p. XXIV, Z. 3 ff. bemerkt: die Krone sei die den Ammonitern geraubte Davids, darin habe ein Stein gesessen mit dem Jahvenamen, werth einen Centner Goldes. Sie selber sei auch das im Texte daneben erwähnte „Zeugnis“, sofern kein nicht davidischer König sie habe tragen können und das Tragen derselben durch Joas das Volk von seiner Legitimität überführt habe. — Die Verbindungslinien anlangend, so erstrecken sie sich sowol auf Ortschaften, wie auf Personen. So wird die „heilige Stätte“ Jos. 5, 14 p. VI,

Z. 12 als die bezeichnet, wo der בית מדרש des Elisa später erbaut werden sollte; das Gosen Jos. 10, 14 in p. VII, Z. 5 ff. auf Gerar bezogen, welches Abimelech der Sara schenkte, und auf das Land, wo Israel in den Tagen Pharao's wohnte; ja das unschuldige אלף Jos. 18, 28 wird p. VIII, Z. 30 mit Jerusalem in Zusammenhang gesetzt, indem es „Stätte des Hauses der Lehre" (אולפנא) umschrieben wird. Was die Personen anlangt, so war jener flüchtige Benjaminit 1 Sam. 4, 12 Saul, den ein Engel entrinnen ließ (p. XV, Z. 8 ff.), wie wiederum kein anderer als Goliath die Israeliten bei Aphek schlug und ihnen die Bundeslade abnahm (p. XVI, 18 ff.). Der Prophet des Jonathan-Targums zu Richt. 2, 1 wird mit dem Engel des hebräischen Textes so combinirt, daß es nunmehr Pinehas ist, „der Prophet, der dem Engel Jahves glich" (p. X, Z. 6). Die Mutter des Micha (Richt. 17, 1) ist niemand anders, als Delila, und ihr gestohlenes Geld das durch den Verrath Simsons an die Philister verdiente (p. XIII, Z. 23). Nebukadnezar ist der Schwiegersohn Sanheribs (p. XXV, Z. 20 u. p. XXVIII, Z. 17). Der Lügengeist in den Propheten Ahabs 1 Kön. 22, 22 ist der Geist Naboths (gewiß eine echt poetische Erfindung), welcher aus dem Orte der abgeschiedenen Gerechten hervortritt, und dessen Ausgang von Jahve so gedeutet wird, daß Jahve ihm die Rache gestattet, aber die Rückkehr an den Ort der Gerechten als durch sein Lügenreden verwirkt untersagt (p. XXII, Z. 25. 26 ff.). Ja selbst der Eselskinnbacken Simsons stammt von dem Esel Abrahams her und war zu dem Zwecke aufbewahrt, um für Simson Wunder zu thun (p. XIII, Z. 14 f.).

Wie sehr diese Auswüchse durch unzeitige Etymologien hervorgetrieben wurden, zeigt p. VII, Z. 31 ff., wo die Aehnlichkeit von ארבע und אברם mit daran schuld zu sein scheint, daß erzählt wird: Abraham ein Großer unter den Riesen habe Arba den Hethitern abgenommen; dort seien in dem „Acker der Doppelheit" die Väter begraben; danach sei sie dem Kaleb zugefallen und wegen der Gerechtigkeit jener habe das Land Frieden erhalten (Jos. 14, 15). Das Mahlen Simsons Richt. 16, 21 schien zu gering; vielleicht die Erinnerung an die alte Deutung der Mühle Hiob 31, 10, jedenfalls aber die etymologische Beziehung von שמשון auf die Redensart שמש עירסן erzeugte die Nachricht, daß Simson den philistäischen Weibern als Beischläfer gedient habe (p. XIII, Z. 23). Von Simson stammt Goliath her, der als אִישׁ הַבֵּנַיִם ein Mischling sein mußte, nämlich von dem Daniten Simson und der Moabitin Orpa (p. XVI, Z. 15 ff.). Die Erzählung über das Ende Sanheribs 2 Kön. 19, 35—37 gab durch die Namen Ararat, als der Landungsstätte Noa's, und Nisroch als des Specialgottes Sanheribs zu folgendem Roman Anlaß. Auf der Flucht nach der Katastrophe seines Heeres kommt Sanherib in die Nähe von קרדוניא und findet dort die Ueberbleibsel vom Holze der noachischen Arche; da denkt er, das sei der Gott, der den Noah mit samt den übrigen Wesen aus der Flut errettet habe, während keiner der Götter, denen er bisher gedient, im Stande gewesen sei, ihn zu retten (statt לשובודי doch wol לשיזבותי zu lesen). Von nun an wolle er besserer Hoffnung wegen jenem dienen, und so habe er jene Ueberbleibsel mit sich genommen, sie in einem eigends dazu erbauten Tempel niedergesetzt und Nisroch genannt. Seine Söhne Adrammelech und Scharezer, empört über diesen unverbesserlichen Götzendiener, bei dem die Selbstbeweisung des wahrhaftigen Gottes, der durch einen seiner Engel (eigentlich von seiner familia) seine Heeresmassen erschlagen ließ, ihn selbst aber und seine Söhne verschonte, gar nichts gefruchtet hat, halten es für eine Pflicht des Dankes, ihn zu erschlagen. Nach der That eilen sie nach קרדו, wo die Gefangnen Israels sitzen, lassen diese frei und schließen sich ihnen als Proselyten an, um als Schema'ja und Abtaljon in der Erinnerung Israels glänzend fortzuleben (p. XXV, Z. 22 ff.). Hier ist alles im Texte erklärt und pragmatisch verbunden; den Mördern konnte der Vatermord als verdienstlich angerechnet, ihr Eilen nach Armenien, ihre Uebergehung bei der Thronfolge als unanstößig erklärt werden; aber den Hauptstoff gab außer den isolirten Größen der biblischen Erzählung die Zusammenstellung von נְסוֹךְ mit ניסרא Brett und נשורים Ueberbleibsel. — So bin ich auch überzeugt, daß neben der gemeinsamen Heimat Bethlehem auch die etymologische Gleichung באצ, בעצ und אבצ, עבצ, an die die Namen erinnern, zur Identificirung der Richter Ibzan und Boas Anlaß gegeben hat (p. XII, Z. 25); die Familiennachrichten über beide werden so combinirt: Ibzan hat

30 Söhne, welche alle bei Lebzeiten des Vaters sterben, „weil der Gerechte nicht bestimmt war, Ruhe für seinen Dienst zu finden vor seinen Kindern"; und die 30 Töchter, welche nur als Weiber seiner Söhne so genannt werden, entläßt er dann jede mit ihrem Entlassungsdocumente versehen. Danach geht er dann zur Ruth, die ihm den Obed, den Stammvater Davids, gebiert. Den Rechtsschutz der Weiber läßt sich jener Targum überhaupt besonders angelegen sein, nach ihm (p. XVI, 26) geht David zu den ins Feld gezogenen Brüdern nicht bloß, um ihnen Victualien zu bringen, sondern auch um von ihnen die Entlassungsscheine für ihre Weiber dem Vater zu verschaffen.

Ich komme zu den Erweiterungen, welche anstößige Dinge dem gemeinen religiös-sittlichen Bewußtsein näher bringen oder einleuchtend machen sollen, und weise zuerst auf eine solche hin, bei welcher der etymologische Witz das Denkbare geleistet hat. Die Ermordung der Ephraimiten Richt. 12, 6 um eines bloßen Lautes willen war für das gemeine Gefühl zu anstößig, hörte aber auf dieses zu sein, wenn man die richtige und die falsche Aussprache des Wortes שבלת als Bethätigung des für oder wider Jahve eingenommenen Sinnes verstehen konnte. Deutete man jenes Wort also שְׁבָלֶת und zwar die עֲבוֹדָה der Götzen, so verlangte man von den Ephraimiten nichts Geringeres, als zu bekennen, daß die heidnische Religion vorüber, veraltet, verbraucht sei. Dieses Bekenntnis wollten jene nicht leisten, sie brachten es nur zu einem סבלת, das sich als ein dem verlangten Worte und Bekenntniß möglichst angenähertes כיבת deuten ließ. Dann bekannten sie also nur, daß die heidnische Religion eine alte sei, gewiß kein für sie compromittirendes Zugeständnis, indem es eigentlich das Gegentheil von dem einschloß, was die Fragenden meinten. So sind nämlich jene Worte p. XII, Z. 18 zu dem Textsatze אמר כא שבלת gemeint: „sage jetzt: veraltet (בליאת) ist der fremde Götterdienst! So sagte er: darum daß er alt geworden, ist er nicht auch veraltet", אף על גב דסיבת לא בליאת. Weshalb der Herausgeber in dem Worte des Codex רסיבת zweifelt, den zweiten Buchstaben richtig mit ס wiedergegeben zu haben, ist mir unerklärlich. Er muß richtig gelesen sein, der erste ist der falsche, ר statt ד. — Dieselben Beweggründe lassen p. VI, Z. 28f. den

Josua dem Achan die Verheißung geben, jetzt hingerichtet, werde er doch am Tage des großen Gerichtes errettet und gerechtfertigt werden: das zeitliche Gericht sollte von dem Scheine befreit werden, daß es das ewige für den Sünder, auch den reuigen, einschließe. — Jephtha dagegen wird dafür, daß er seine Tochter geopfert und — was auch Jonathan zu Richt. 11, 39 ausdrücklich für das Richtige erklärt — sich durch Pinehas von seinem Gelübde nicht hat befreien lassen, mit einem schrecklichen Ende bedacht; zu Richt. 12, 7 lesen wir die Bemerkung (p. XII, Z. 23), er sei an bösen Krankheiten gestorben, infolge deren ihm die Glieder abgefallen seien. — Dogmatisch anstößig konnte es scheinen, wenn Jahve in Jes. 45, 7 „Schöpfer des Guten und des Bösen" genannt war; jener Satz erhält daher folgende dogmatisch correcte Gestalt (p. XXXI, Z. 22 f.): „der bereitet hat das Licht des ewigen Lebens für die Gerechten im Garten Eden, und geschaffen die Finsternis der Hölle für die sein Wort Uebertretenden". Ja geradezu umgedreht wird mit rücksichtsloser Keckheit das Schriftwort, wenn (p. XXIII, Z. 15) Elisa wie ein orthodoxer Jude aus der pharisäischen Zeit zu Naeman spricht: „Gehe in Frieden, denn es ist kein Altar in fremdem Lande vor Jahve recht, sondern nur im Lande Israel. Indessen wenn du etwa Opfergaben, vor Jahve zu opfern, alljährlich schicken möchtest, an den Ort, wo seine Schechina zu wohnen beliebt hat, so wollen wir sie gern von dir annehmen." Wir sehen da moderne Verhältnisse und Grundsätze auf alte ganz anders geartete Zeiten zurückgetragen, ganz so wie in der Nachricht, die Forderung des Ammoniters an die Israeliten 1 Sam. 11, 2 sei darauf hinausgegangen, aus dem mosaischen Gesetzbuche das Verbot der Aufnahme von Moabitern und Ammonitern in die Gemeinde Jahve's zu streichen (p. XV, Z. 32 ff.).

Poetische Gedanken finde ich versteinert und craß realistisch gedeutet, wenn es zu Richt. 5, 4 p. X, Z. 21 heißt: im Begriff sein Gesetz zu offenbaren, habe sich Jahve den Bewohnern Seirs, dann den Edomitern und den Ismaeliten zuerst, aber vergebens gezeigt, und nur weil sie ihn abwiesen, habe er Israel das Gesetz auf dem Sinai verliehen. Es ist noch echt poetisch, wenn Jonathan angeregt durch die entsprechende Stelle des 68. Psalms die Unruhe der Berge, von der Debora a. a. O. dichtet, als ein Streiten derselben um die größte Würdigkeit, der Schauplatz der Offenbarung zu werden, auslegt, wobei Jahve dem Kleinsten und bescheiden Zurückstehenden, dem Sinaj, den Vorzug gegeben habe. Aber realistisch und roh empirisch hingenommen verdarb dieser Gedanke zu solchen Auswüchsen, wie man sie p. X u. XI nachlesen mag. So sind auch die ungeheuerlichen Beschreibungen von Sanheribs Heere (p. XVIII, Z. 5 ff.) und dessen Untergange (p. XXV, Z. 16 ff.) aus poetischen Wendungen und kühnen Bildern der assyrischen Reden Jesaja's erwachsen. Denn Jes. 33, 11 und die ähnlichen Stellen erkenne ich in der Angabe wieder, daß Michael die 185000 Assyrier so eigentümlich geschlagen habe, daß ihr Lebensodem, ihre Seele verbrannte (p. XXV, Z. 19 יקידת statt יקודת zu lesen), während der Leib noch fortbestand: und das Wort Jes. 37, 25 in dem, was an ersterer Stelle über das Ausschöpfen alles Jordanwassers durch die assyrischen Armeen gesagt wird, gleichwie auch die Datirung der Katastrophe auf die Passanacht (p. XXV, Z. 17) auf Jes. 30, 29; 29, 1 beruhen wird.

Der Fälle, wo himmlische Mächte als causae secundae eingeführt werden, habe ich schon einige nebenher beigebracht; neben den dort zu Hülfe gerufenen Engeln finden wir bisweilen auch die Bath Qol z. B. bei Salomo's Richterspruche über die beiden Weiber p. XX, Z. 28 und am Schlusse der Abdankungsrede Samuels p. XVI, Z. 9. Diese Beispiele werden genügen, um auch nach dieser Seite hin den Reichtum dessen zu veranschaulichen, was der Herausgeber uns in seinen Noten geschenkt hat.

Möge denn das Buch, das so schön gedruckt, so bequem eingerichtet ist, wie, abgesehen von der Trennung der Noten von dem Texte, zu dem sie gehören, man es nur wünschen kann, und das endlich für den ungewöhnlich niedrigen Preis von vier Thalern bei directer Entnahme vom Herausgeber zu haben ist, viel gekauft und fleißig studirt werden! Es ist eine Ehrenschuld aller Jünger der biblischen Wissenschaft, dem Verfasser seine selbstverleugnenden und opfervollen Handlangerarbeiten, ohne die wir nicht weiter kommen, und die sonst niemand so zu thun begabt und gewillt ist, durch thätige Theilnahme leichter und erfreulicher zu machen. Ihn selber bitte ich, uns nicht vorzuenthalten, was er über die Sprache und Aussprache seines Jonathantextes zu veröffentlichen versprochen hat, noch mehr aber, seine so erfolgreichen und neuschöpferischen Bemühungen auch den übrigen Targumen zuzuwenden, damit der Zugang zum Studium des Chaldäischen leichter und die sichere Basis für die wissenschaftliche Erkenntnis dieser Sprache und Literatur immer breiter werde.

Als Druckfehler ist mir Folgendes gegenwärtig: p. 388, Z. 4 zu lesen כארדא nicht בא', in den Noten p. XVI, Z. 18 דעבדית nicht דעבדיה, p. XXII, Z. 7 חלותא, nicht חלתא, denn Elia kann mit seiner Priesterwürde nur den priesterlichen Anspruch, die חלא zu erhalten, begründen; p. XXVI, Z. 4 wahrscheinlich — ein Ištheal ist nicht unmöglich — איתבונן, nicht איבתונן; p. XXVIII, Z. 20 קרותא statt קרתא; p. XXXII, Z. 9 muß vor 24 stehen 277; p. XXXV, Z. 21 muß es heißen p. 333, Z. 5; p. XXXVII, Z. 3: 15 statt 16; p. XXXVIII steht unter p. 398, Z. 7 durch einen Druckfehler dasselbe als Variante, was auch im Texte wiedergegeben ist, desgl. p. XLI unter p. 463, Z. 32 יתבטלן; p. XXXIX, Z. 8 muß es 14 statt 15 und p. XL, Z. 24 בכריס statt כב' heißen. Was ich außerdem oben als fehlerhaft bezeichnete, habe ich entweder dem Codex oder dem Herausgeber als Versehen angerechnet. Sollte ich die Unschuld beschuldigt haben, so bitte ich im Voraus um Verzeihung.

Kiel, im September 1872.

Dr. Klostermann.

Adam und Christus (Röm. 5, 12—21). Eine exegetische Monographie von **Dr. August Dietzsch**, ordentl. Prof. der Theologie in Bonn. — Bonn bei Adolph Marcus. 1871. IV u. 214 S.

Nur mit wehmüthigem Gefühl kann der Unterzeichnete sich anschicken, einer Aufforderung der verehrlichen Redaction entsprechend, die vorliegende Schrift zur Anzeige zu bringen. Als der Verfasser um Ostern vorigen Jahres [1]) eben die Ausarbeitung derselben eifrig begonnen hatte, lernte Referent ihn kennen in der Blüte der Jahre, in rüstiger Manneskraft, voll von Liebe zu seinem akademischen Beruf, mit dem er kürzlich sein früheres Seelsorgeramt vertauscht hatte. Und je mehr Referent ihm nahe trat, ihn achten und lieben lernte, mit desto lebhafterem Interesse konnte er den allmählichen Fortschritt in der Ausarbeitung, dann auch im Drucke der Schrift verfolgen, bis er im Herbste vorigen Jahres ein fertiges Exemplar aus des Verfassers Händen erhielt. Wer hätte es damals glauben sollen, daß heute bereits eine Anzeige des Buches zugleich die Bestimmung haben muß, ein Denkmal der Pietät gegen den frühvollendeten Autor zu sein? — Am 4. März d. J., ein Jahr nach seiner Anstellung als ordentlicher Professor der Theologie in Bonn, ist Dr. August Dietzsch im Glauben heimgegangen. Wie sehr seine Familie, seine Collegen und Freunde diesen schnellen Tod zu beklagen haben, gehört nicht hierher. Daß aber die theologische Wissenschaft in ihm einen talentvollen und vielversprechenden Jünger verloren hat, dafür gibt die vorliegende Arbeit einen hinreichenden Beweis.

Daß eine Monographie über die ebenso schwierige als bedeutsame Stelle des Römerbriefes Kap. 5, V. 12—21 nicht zur Unzeit kommt, wird Jeder anerkennen, der mit dem Stande der neutestamentlichen Exegese vertraut ist. Denn seitdem die letzte der Erklärung jener Stelle gewidmete deutsche Monographie erschienen ist, die seine

---

[1]) Dies ist geschrieben um Pfingsten 1872.

und gründliche Arbeit Rothe's (1836), wie viele fleißige Hände haben sich da nicht gerührt, um die Briefe des großen Heidenapostels nach ihrem Ausdruck und Lehrgehalt zu untersuchen, wie vieles ist da nicht, auch abgesehen von den unmittelbar einschlagenden Commentaren, durch exegetische, biblisch-theologische, kritische Arbeiten zu Tage gefördert, was auch der Erklärung von Röm. 5, 12 ff. zu gute kommt. Eine kritische Sichtung des angehäuften Materials ist also schon an sich ein Bedürfnis. Und der Verfasser hat es verstanden, demselben zu genügen. Mit Fleiß und Sachkenntnis hat er die einschlagende Literatur verglichen und zu jeder exegetischen Frage von größerer Bedeutung die Ansichten der Commentatoren alter und namentlich neuer Zeit sehr vollständig und übersichtlich zusammengestellt. Durch deren oft starkes Gewirre aber bahnt er sich dann mit sicherer Hand seinen Weg. Indem er bei wenigen Stellen der Schrift so sehr wie bei Röm. 5, 12 ff. von den vorgefaßten dogmatischen Ueberzeugungen der Exegeten die Erklärung störend beeinflußt sieht, betont er sein Streben, eine lediglich objective Auffassung der paulinischen Gedanken zu gewinnen. Und die Arbeit läßt den Ernst dieses Strebens in Wahrheit erkennen. Immer geht er daher von sprachlichen Erörterungen aus und zeigt darin eine Gründlichkeit und Geschicklichkeit, welche seine tüchtige philologische Vorbildung erkennen lassen. Immer aber auch verbindet er damit das Bestreben, den organischen Zusammenhang der apostolischen Worte unter sich und mit der Gliederung des Briefes, sowie mit der gesamten paulinischen Lehrweise zu erkennen und von da aus in den vollen Sinn des Einzelnen einzudringen, letzteres in einer Art und Weise, die oft an die unbestreitbaren Lichtseiten der Exegese v. Hofmanns erinnert.

Daß gleichwol auch durch diese fleißige und objective Arbeit nicht alle aus der Erklärung sich ergebenden Fragen eine für jedermann überzeugende Antwort erhalten, versteht sich von vornherein für Jeden von selbst, der die großen Schwierigkeiten der hier erörterten Stelle kennt. Und Referent würde durch volle Verschweigung seiner abweichenden Anschauungen, mithin durch Vernachläßigung seiner Recensentenpflicht, nicht im Sinne des verewigten Verfassers zu handeln glauben, der mit seiner Arbeit nicht sich, sondern der

Wahrheit dienen wollte. Gerade aus einer so tüchtigen Arbeit lernt man auch da, wo man widersprechen muß.

Der Verfasser beginnt seine Untersuchungen sachgemäß mit der Beantwortung der Frage, welche Stellung Röm. 5, 12—21 in dem Organismus des Römerbriefes einnehme, und widmet ihr eine sehr eingehende Erörterung (S. 1—17). Nur schränkt er sofort die Stellung im Römerbriefe auf die Stellung in dem theoretischen Theile desselben ein. Und das ist ein Uebelstand. Denn hätte der Verfasser auch bei jener Frage die zum Theil so augenscheinlich auf besonderen localen Bedürfnissen der römischen Gemeinde beruhenden praktischen Abschnitte des Briefes und die Verbindung des theoretischen Theiles mit jenen in's Auge gefaßt, so würde er den Versuch nicht haben umgehen können, Röm. 5, 12 ff. auch mit dem ursprünglichen für die Bedürfnisse der römischen Gemeinde berechneten Zwecke des ganzen Briefes in Verbindung zu setzen, während wir jetzt diesen Versuch vermissen. Freilich scheint es fast, als habe der Verfasser dem theoretischen Theil überhaupt gar keinen anderen Zweck zuschreiben wollen, als eben nur den der systematischen Darstellung der darin vorgetragenen Lehren. Denn nachdem er die Stellung von Röm. 5, 12 ff. in der Lehrentwickelung des ersten Theils dargestellt hat, glaubt er damit auch schon die Ansichten von Baur, Mangold, Schott zurückgewiesen zu haben, welche in verschiedener Weise auch die Stelle Röm. 5, 12 ff. mittelbar mit besonderen localen Veranlassungen des gesamten Briefes in Zusammenhang bringen (S. 10), und er macht dann auch gar nicht etwa den Versuch, dies in anderer Weise zu thun. Wie viel Unrichtiges aber auch in Baur's Anschauung von dem Römerbriefe und mehr oder weniger auch in den Ansichten Schotts und Mangolds enthalten sein mag: das scheint uns denn doch Baur ein- für allemal festgestellt zu haben, daß für eine rein dogmatische Abhandlung im apostolischen Zeitalter kein Raum sein kann, und demnach auch für die scheinbar allgemein lehrhaften Abschnitte des Römerbriefes nach einer geschichtlichen Veranlassung zu suchen ist. Und uns will es gar nicht so schwer erscheinen, den ursprünglichen Zweck des Briefes auf bestimmte römische Bedürfnisse zu beziehen, wenn man beachtet, daß derselbe in Kapp. 14 u. 15 augenscheinlich in die Differenzen zwischen den gesetzlich ängstlichen, den anderen Theil richtenden Judenchristen und die freier gesinnten, jene verachtenden Heidenchristen, und wieder Kap. 9—11 in den Gegensatz der über Vernachlässigung der jüdischen Vorrechte murrenden Judenchristen und der sich überhebenden Heidenchristen vermittelnd eintritt, die theoretische Lehrausführung des Briefes aber von vornherein offenbar die Glaubensgerechtigkeit in ihrer unter Juden und Heiden allen Selbstruhm vernichtenden Bedeutung darstellen soll.

Hätte der Verfasser so den allgemeinen Zweck des gesamten Briefes in seiner Beziehung auf die ursprüngliche Veranlassung berücksichtigt, so würde damit auch auf die Stellung von Röm. 5, 12 ff. in der theoretischen Lehrentwickelung ein neues Licht gefallen sein. Sehr dankenswerth sind aber die Ausführungen des Verfassers, in denen er im Gegensatz zu der Auffassung der erläuterten Stelle als einer bloßen Episode, eines Rückblicks oder eines zusammenfassenden Abschlusses (S. 9) mit seiner Beobachtung den tiefen inneren Zusammenhang nachweist, der bei unserer Stelle nach rückwärts und vorwärts obwaltet (S. 2 ff.). Daß Röm. 5, 12 ff. „einen integrirenden Bestandtheil der ganzen theoretischen Entwickelung des Römerbriefes" bildet (S. 8), läßt sich wirklich beweisen. Darüber hinaus führt nun noch nicht die Behauptung, „daß in Röm. 5, 12—21 die vorhergehende Entwickelung ihre Spitze erreicht und zugleich die folgenden Erörterungen des Apostels ihre Wurzel haben" (S. 2). Dasselbe muß sich in einer dialektisch fortschreitenden Ausführung von jedem einzelnen Abschnitte sagen lassen. Aber der Verfasser will unsere Stelle als den eigentlichen Höhepunkt des ganzen theoretischen Brieftheils betrachten. „Von den Gebieten des Völkerlebens und der Macht der Sünde, die auf ihnen sich entfaltete (Röm. 1, 18 bis 3, 20) steigt der Apostel durch die Schilderung des Wesens der Gnade in der Rechtfertigung (Röm. 3, 21 bis 4) und den herrlichen Segnungen, welche sich an letzterer innerhalb des persönlichen Lebens der Gläubigen finden (Röm. 5, 1—11) hinauf zur Schilderung des Sünden- und Gnadenprincips selbst. Und wiederum steigt er von dieser Höhe durch die Schilderung persönlicher Erfahrung von der Macht der Gnade, ihrer Gerechtigkeit, wie ihres Lebens hinab in das Gebiet des Völkerlebens und zeigt, wie auch hier der

Universalismus der Gnade noch zur Darstellung kommen wird." Hier ist der Verfasser doch wol in dem Streben, die Bedeutung der Stelle hervorzuheben, etwas zu weit gegangen. Schon was er von dem Gedankenfortschritt zu Röm. 5, 12 hier sagt, bedarf einiger Einschränkung: denn daß der Apostel hier von den Erscheinungen auf die Principien zurückgehe, läßt sich höchstens in Bezug auf die Sünde insofern sagen, als die schon Röm. 3, 23 ausgesagte Allgemeinheit ihrer Herrschaft hier erst auf die Wirkung des Sündenfalles Adams zurückgeführt wird. Was aber die Gnade betrifft, so ist ja bereits Röm. 3, 23 nicht nur die Allgemeinheit ihrer Wirkung, sondern auch ihr alleiniger Ausgang von Christus aus genannt, und Röm. 5, 1—11 Leben und Seligkeit als ihre Wirkung geschildert. Und nur durch Vergleichung mit der Sünde fällt auch auf die Gnade hier ein neues Licht, namentlich insofern dadurch ihre Uebermacht über die Sünde und deren Folgen dargestellt wird. Auch läßt sich das *διὰ τοῦτο*, das der Verfasser gegen die Auffassung der Stelle als einer Episode angeführt hat (S. 10), vielleicht noch mehr gegen die Annahme geltend machen, daß hier von den Erscheinungen auf die Principien zurückgegangen werde, in welchem Falle man vielmehr *γάρ* erwarten müßte. Andererseits kann man wol nicht gut sagen, daß Kap. 6 der Apostel wieder von dem Principiellen zur empirischen Beobachtung herabsteige: denn gerade hier wird die Betrachtung von Sünde und Gnade damit viel principieller, daß Fleisch und Geist als die immanenten, Gottes ewige Rathschlüsse als die transcendenten Principien ihrer Wirkung dargestellt werden. So wenig also Röm. 5, 12 ff. eine Episode ist, so wenig ist es doch auch der wirkliche Höhepunkt der ganzen theoretischen Entwickelung. Sondern in gerader Linie scheint uns die Gedankenentwickelung durch Röm. 5, 12 ff. hindurchzuführen.

Uebrigens schränkt der Verfasser die Bedeutung, welche er unserem Abschnitt vindicirt, selbst wieder ein, indem er S. 17 dazu übergeht, den Zusammenhang der Erörterung zu untersuchen. „Soll keine Wiederholung entstehen"; heißt es S. 19, „so haben wir diese principielle Erörterung nicht dahin zu verstehen, daß die innere Qualität beider genannten Principien Gegenstand der Darstellung ist." Denn Charakter und Inhalt derselben sei im Vorigen schon genug beschrieben. „Der Gesichtspunkt, unter welchem die beiden Principien hier parallelisirt werden, ist ein rein formaler.“ So sehr dies nun auch die Behauptung zweifelhaft macht, daß hier zu den Principien zurückgegangen werde, so richtig ist diese Anschauung an sich. Und auch die hier gewählte ausschließende Form der Behauptung eines rein formalen Charakters scheint uns so richtig, daß wir es gar nicht billigen können, wenn der Verfasser (S. 19) doch wieder auch die Qualität der Wirkungen beider Principien verglichen sein läßt. Dazu wäre er wol auch nicht gekommen, wenn er den formalen Gesichtspunkt an sich richtiger bestimmt hätte. Er faßt ihn nämlich sofort als die formale Differenz und glaubt, daß die Gleichheit, nach welcher die Folgen des Thuns Adams und Christi bei aller materialen Verschiedenheit sich darstellen, nur vorausgesetzt sei. Das aber können wir gar nicht zugeben. Denn aus dem *διὰ τοῦτο ὥσπερ* (V. 12) ergibt sich, daß gerade die Gleichheit aus dem Vorigen bewiesen werden soll, und wie die Parallele von derselben ausgeht, so kehrt sie nach Darstellung der formalen Differenz (V. 18) zu ihr zurück. Der beherrschende Gesichtspunkt der ganzen Parallele ist also die Gleichheit, und da diese zwischen Sünde und Gnade nur eine formale sein kann, so ist die materiale Differenz zwischen beiden von vornherein als bekannt vorausgesetzt und kann bei der Vergleichung gar nicht weiter in Betracht kommen. Die analoge Entwickelung der Sünde und der Gnade von Einem zu Allen ist der Grundgedanke, der die Parallele durchdringt. Die Differenzen, welche in die Vergleichung eintraten, können demnach nur die formale Gleichheit einschränken, also selbst einzig und allein formaler Natur sein. Die formalen Differenzen nun sieht der Verfasser zunächst in der Quantität oder der Stärke der von beiden Principien ausgehenden Wirkungen, genauer in der überwiegendeu Kraft, welche der Gnade eignet, gegenüber der Sünde, und zweitens in der Verschiedenheit der Art und Weise, wie die Ausdehnung der Wirkungen vermittelt wird, insofern hier das göttliche *κρίμα*, dort die göttliche *χάρις* das eigentliche Agens bilde. Das Erstere ist gewiß richtig; ob aber auch der zweite Punkt dem ersteren anzureihen ist, möchten wir bezweifeln. Denn was in dem Unterschied zwischen *κρίμα* und *χάρις* von einer formalen

Differenz enthalten ist, kommt auf die erstere, das Uebergewicht der Gnade über die Sünde, zurück. Im Uebrigen ist aber der Unterschied doch nur sachlich und kann also einen beherrschenden Gesichtspunkt der Parallele nach unseren obigen Bemerkungen nicht bilden.

Halten wir aber die Verbreitung von Einem zu Allen für den beherrschenden Gesichtspunkt der Parallele, dann können wir auch nicht der Antwort zustimmen, welche der Verfasser auf die Frage gibt, auf welche Momente es in der Vergleichung besonders ankommt, auf die Verbreitung der Wirkungen beider Principien zu den einzelnen Menschen, oder den Zusammenhang zwischen Sünde und Tod, zwischen Gerechtigkeit und Leben, oder die Sünde und die Gerechtigkeit an sich, oder endlich den Tod und das Leben. Der Verfasser entscheidet sich für das Letztere. Uns scheint aber der ganze Proceß in Betracht zu kommen, nur begreiflicherweise am meisten sein Anfangs- und Endpunkt, also einerseits die Sünde und die Gerechtigkeit des Einen, andererseits der Tod und das Leben Aller.

Daß aber die Art und Weise, wie die Principien an die einzelnen Menschen gelangen, nicht weiter in Betracht kommt, hat doch wol nicht darin seinen Grund, wie der Verfasser meint (S. 23), daß diese sich gar nicht vergleichen läßt, da das eine Mal der Geschlechtszusammenhang, das andere Mal die ethische Aneignung im Glauben die Vermittelung bietet — denn wie sollte sich Geburt und Wiedergeburt nicht vergleichen lassen? — sondern darin, daß erst Kap. 6—8 auf die Principien der Sünden- und Gnadenwirkung, σάρξ und πνεῦμα, eingegangen werden soll.

Zur Gliederung des ganzen Abschnitts übergehend (S. 23) unterscheidet der Verfasser sehr gut vier kleinere Partieen in demselben, indem er je in den ersten Worten der Verse 15. 18 u. 20 deutlich erkennbare Anfänge unterschiedener Theile sieht. Im ersten Theile (V. 12—14) findet der Verfasser eine rein objective Gegenüberstellung der beiden Principien in ihrer Entwickelung und Verzweigung; im zweiten Theil (V. 15—17) die Schilderung ihrer Wirkungen innerhalb des persönlichen Lebens mit Hervorhebung der hier sich erweisenden Differenzen; im dritten Theil (V. 18—19) den Schluß aus diesen Differenzen auf das dabei obwaltende gleichartige Verhältnis beider Principien in Bezug auf Ausgangspunkt,

Umfang und Ziel der Wirkung; und endlich in V. 20 u. 21 die Angabe der Stellung, welche das Gesetz zu den bedeutungsvollen Anfängen in Adam und Christus hat. Dieser Auffassung des Gedankenfortschritts können wir uns im wesentlichen vollkommen anschließen; nur scheint uns der Uebergang vom ersten zum zweiten Theil doch mehr von der Gleichheit zur Differenz als von dem objectiven zum persönlichen Standpunkt zu führen. Denn sieht man auch davon ab, ob der Verfasser Recht hat, unter *κόσμος* V. 12 u. 13 das gesamte Universum und nicht die Menschenwelt zu verstehen: jedenfalls ist auch schon im ersten Theil die letztere und zwar auch die einzelnen Personen in ihr berücksichtigt; vgl. *εἰς πάντας ἀνθρώπους, πάντες ἥμαρτον* V. 12' *ἐπὶ τοὺς μὴ ἁμαρτήσαντας* V. 14. Was aber schon hier über die Bedeutung des ersten Theils außer dem Angeführten sonst noch gesagt wird, kann sich erst aus der Erklärung des Einzelnen beurtheilen lassen. Und das Gleiche gilt auch von vielem, was der Verfasser gegen die von ihm hier verglichene (S. 26—33) Rothe'sche Anschauung von dem Gedankengange unserer Stelle sagt, während man sich mit der Zurückweisung der häufigen Parenthesirungen Rothe's gewiß von vornherein einverstanden erklären kann. Damit schließt der Verfasser seine einleitenden allgemeineren Untersuchungen, um nun (S. 33) zur Erklärung des Einzelnen überzugehen.

Obschon aber diese den bei weitem größten Theil des Buches einnimmt (S. 33—214), werden wir selbstverständlich gerade hier auf eine ausführliche Besprechung verzichten und uns mit der Hervorhebung einzelner interessanter Punkte begnügen müssen.

Zu diesen gehört ohne Frage die Erklärung des besonders schwierigen und wichtigen 12. Verses, den daher auch der Verfasser mit besonderer Gründlichkeit und Ausführlichkeit behandelt hat (S. 33—88). Seine Uebersetzung dieses Verses lautet folgendermaßen: „Deshalb [ist durch den einen Christus das Leben], wie durch den einen Menschen die Sünde in die Welt kam und durch die Sünde der Tod und auf diese Weise zu allen Menschen der Tod hindurchdrang, bei dessen Vorhandensein alle gesündigt haben." — Indem der Verfasser *διὰ τοῦτο* auf den Abschnitt Röm. 5, 1—11 bezieht, glaubt er damit auch die Schwierigkeit gelöst zu haben, welche den Mangel eines zweiten Vergleichungsgliedes verursacht, das dem durch ὥσπερ eingeleiteten entspräche. Eben aus dem vorangegangenen Abschnitt (V. 1—11) sei dies Gegenstück unmittelbar vor ὥσπερ in der Form eines Hauptsatzes zu ergänzen, so daß durch ὥσπερ der zweite Theil der Vergleichung nachgebracht werde. Das οὕτως aber, dessen Erklärung der Verfasser als den Schlüssel der ganzen Stelle betrachtet, bezieht er auf δι' ἑνὸς ἀνθρώπου, so daß also wie vorher der Eintritt des Todes in die Welt so hiermit auch dessen Verbreitung zu den Einzelnen lediglich auf den einen Adam zurückgeführt werden solle. Sei nun damit eine Wirkung der individuellen Sünde auf den Tod des Einzelnen ausgeschlossen, so könne der Satz ἐφ' ᾧ πάντες ἥμαρτον nur ein Verhältnis der Thatsünden zu der davon unabhängigen, schon von Anderen herstammenden Todesherrschaft aussagen; ἐφ' ᾧ sei daher mit Hofmann relativisch auf θάνατος zu beziehen und in der Bedeutung „bei dessen Vorhandensein" zu fassen.

Diese Erklärung ist der von Rothe vorgetragenen direct entgegengesetzt. Denn während nach Rothe (V. 12) der Hauptnachdruck darauf liegen soll, daß das Hindurchgedrungensein des Todes zu allen Menschen mittelst Adams wesentlich zugleich ein actuelles Gesündigthaben, ein wirkliches Sündergewordensein Aller gewesen sei (Rothe a. a. O., S. 52 u. 152 f.), hat nach dem Verfasser dem Apostel gerade alles daran gelegen, jede Vermittelung individueller Sünde aus der Wirkung der Sünde Adams auf den Tod aller auszuschließen und letzteren, abgesehen von ethischer Aneignung, durch die Einzelnen als in Adam gegeben darzustellen. Gerade im Gegensatz gegen jene Auffassung Rothe's und andere ähnliche scheint uns nun des Verfassers Darstellung ihr relatives Recht zu haben. Aber wir glauben, daß er, vielleicht durch diese Opposition veranlaßt, nach der entgegengesetzten Seite zu weit gegangen ist, und wir vermögen uns daher auch seiner Erklärung in mehreren wesentlichen Punkten nicht anzuschließen. Schon seine Auffassung der Construction des Verses halten wir für nicht richtig. Denn aus der richtigen Beobachtung, daß διὰ τοῦτο auf V. 1—11 zurückgeht, folgt doch nicht, daß daraus direct ein dem ὥσπερ vorangehendes erstes Glied der Vergleichung zu entnehmen und zwischen διὰ τοῦτο und ὥσπερ einzuschalten sei. Und es ist doch schwer denkbar, wie nach der Conjunction vor dem relativischen Vergleichungssatze ein Hauptsatz ausgefallen sein könnte. Zwar will sich der Verfasser hiefür auf die Beispiele von Matth. 25, 14 (Mark. 1, 34) u. Gal. 3, 6 berufen. Allein mit diesen Stellen verhält es sich thatsächlich doch anders. Denn Matth. 25, 14 ist nicht ein dem ὥσπερ vorangehender Hauptsatz, sondern ein Nachsatz zu ergänzen. Und Gal. 3, 6 ist in dem zweiten Theil der rhetorischen Doppelfrage an und für sich schon die Antwort mitenthalten, an welche sich das καθώς, durch keine Conjunction getrennt, direct anschließen kann. Während aber in unserer Stelle ein vorangehender Hauptsatz nicht gut ausgefallen sein kann, liegt es durchaus in dem Charakter der paulinischen Darstellungsweise, eine angefangene Construction abzubrechen und den Nachsatz nach dem sehr umfangreich gewordenen Vordersatz ausfallen zu lassen. Daß aber der Verfasser das οὕτως lediglich auf δι᾽ ἑνὸς ἀνθρώπου beziehen will, ist um so auffallender, da er selbst (S. 47) bemerkt, mit οὕτως wolle gesagt sein, das διέρχεσθαι des Todes sei auf die gleiche Weise vor sich gegangen wie das εἰσέρχεσθαι. Denn von dem εἰσέρχεσθαι des Todes, das doch nur mit dem διέρχεσθαι des Todes verglichen werden kann, ist gerade gar nichts Anderes ausgesagt, als daß es durch die Vermittelung der in die Welt eingetretenen Sünde sich vollzogen hat und so wird denn auch das οὕτως sich eben darauf beziehen, also auch von dem διέρχεσθαι des Todes diese Vermittelung durch die Sünde aussagen. Ist demnach durch das οὕτως die Wirkung der Sünde der Einzelnen auf den Tod der Einzelnen nicht ausgeschlossen, sondern eingeschlossen, so wird es auch bei der gewöhnlichen Erklärung von ἐφ᾽ ᾧ πάντες ἥμαρτον „weil sie alle gesündigt haben" sein Bewenden haben können, ohne daß man, wogegen sich der Verfasser mit vollem Recht erklärt, auf die eine oder die andere Art dabei „in Adam" hineininterpretirt. Freilich hat der Verfasser den von dem erfahrungsmäßigen Sterben kleiner Kinder hergenommenen Einwand gegen jene Erklärung erneuert und er hat auch ohne Frage Recht, wenn er diese Schwierigkeit durch die gewöhnlichen Ausflüchte nicht gelöst findet. Wenn aber der Verfasser fragt: „Sollte ein so scharfer Denker wie Paulus gar nicht erwogen haben, daß die em=

pirische Wirklichkeit einer solchen Behauptung der individuellen Sünde Aller ihre Berechtigung nimmt?" so ist darauf zunächst zu antworten, daß diese Behauptung einer individuellen und jene einer actuellen Sünde in πάντες ἥμαρτον in jedem Falle bleibt, man mag ἐφ' ᾧ fassen wie man will, da die kleinen Kinder doch immer unter die Kategorie der πάντες, d. h. aller Menschen, fallen. Es wird sich also nur dies fragen, ob gerade durch diese Ungenauigkeit der Gedanke seine Berechtigung verliert, daß in der Sünde Aller der Tod Aller begründet sei. Und dies wäre in der That der Fall, wenn wir mit den meisten Auslegern das in dem ἥμαρτον enthaltene Moment einer bewußten und freien Actualität der Sünde betonen und eben hierin die, sei es primäre oder sei es secundäre, immer aber doch nothwendige Ursache für das Sterben der Einzelnen im Sinne des Apostels finden würden. Dann ist das Sterben der ohne actuelle Sünde sterbenden Kinder als Instanz gegen die Richtigkeit der paulinischen Darstellung nicht wegzuräumen. Aber jene Verwendung des Wortes ἥμαρτον entspricht dem Contexte nicht. Zwar hat sich der Verfasser mit Recht gegen diejenigen Ausleger ausgesprochen, welche in ἥμαρτον geradezu einen sündhaften Zustand oder eine Strafverhaftung sehen wollen, da ἁμαρτάνειν nur von Thatsünden stehe. Aber aus dem Verhältnis zum Vorangehenden διὰ τῆς ἁμαρτίας ὁ θάνατος und zum Folgenden ἁμαρτία ἦν ἐν κόσμῳ geht hervor, daß es dem Apostel nur darauf ankam, zu behaupten, es sei zu Allen der Tod gekommen, weil zu Allen die Sünde gekommen war, oder in Allen Sünde war, was sich dann auch auf die Kinder erstreckt; und er wählte den anderen Ausdruck nur, weil er im Allgemeinen die Thatsünden als sichtbaren Erweis der von Adam zu Allen gekommenen Sünde bezeichnen wollte. Also die in πάντες ἥμαρτον in jedem Falle enthaltene Ungenauigkeit wird man nicht sowol in πάντες, dessen Beschränkung die Sicherheit der ganzen Deduction zerstören würde, als vielmehr in ἥμαρτον zu suchen haben. Und dieser Erklärung steht dann auch nicht entgegen, daß der Apostel die Herrschaft des Todes durch ἐβασίλευσεν als eine absolute bezeichnet und zwar (V. 15 u. 17) deutlich an die Sünde des Einen knüpft, auch 1 Kor. 15, 22 ausdrücklich sagt, daß Alle in Adam sterben. Auf alles dies wiederholt und nachdrücklich aufmerksam zu machen (S. 49f. 56. 67 u. a.), hat der Verfasser vollkommen Recht gegenüber allen Jenen, welche irgendwie die individuelle **Freiheit** des Einzelnen in den Entwickelungsgang von Adams Sünde bis zum Tode Aller einfügen wollen. Denn jene von dem Verfasser angeführten Momente beweisen in der That, daß Paulus sich jenen Entwickelungsgang als einen streng geschlossenen und in sich zusammenhängenden gedacht habe. Dabei aber kann sehr wohl der Tod der Einzelnen in der Sünde der Einzelnen seinen nächsten Grund haben, wenn die letztere, als die von Adam zu Allen hindurchgedrungene Sündenpotenz gedacht, nur das Mittelglied einer lediglich an Adams Sünde geknüpften Kette ist. Und erscheint nicht auch Röm. 6, 23 der Tod der Einzelnen als der Sold, welchen die in ihm zu Felde liegende Sündenpotenz für treuen Söldnerdienst zahlt?

So sind wir denn nicht genöthigt, zu der künstlichen Erklärung **Hofmanns** von *ἐφ' ᾧ πάντες ἥμαρτον* unsere Zuflucht zu nehmen, welche der Verfasser acceptirt und gegen die bereits dagegen erhobenen Einwürfe, wie wir meinen, vergeblich verteidigt hat. Daß sie sich sprachlich rechtfertigen lasse, wie der Verfasser aus der Analogie der neutestamentlichen Stellen 2 Kor. 9, 6. 1 Theſſ. 3, 7 und aus Euripid. Jon. 235 beweisen will, mag sein. Aber dem Gedanken nach ist sie schlechthin unmöglich. Man muß das besonders deutlich sofort erkennen, wenn man sich nur die beiden Möglichkeiten auseinanderlegt, in denen man sich ein Sündigen Aller unter dem Vorhandensein des zu Allen hindurchdringenden Todes denken kann. Dies kann nämlich bedeuten, daß alle Einzelnen sündigten, entweder, nachdem schon zu **Anderen** oder, nachdem **zu ihnen selbst** der Tod gedrungen war. Davon ist aber das Erstere völlig nichtssagend und das Zweite unsinnig, da, wie man auch den *θάνατος* fassen mag, jedenfalls derselbe immer den physischen Tod einschließen muß, an den gerade der Verfasser sogar allein denkt (S. 84—88).

Eine neue Bestätigung für seine Erklärung des 12. Verses glaubt der Verfasser aber in V. 13 u. 14 zu finden. Denn was sich dem Verfasser als Aussage von V. 12 ergeben hat, nämlich daß der Tod in der Sünde des Einen schlechthin begründet sei, daß somit alles individuelle Sündigen den Tod nicht caussirt, vielmehr bei schön vorhandenem Tode stattfinde, eben dies sei V. 14 u. 15 bewiesen. Der Apostel nehme nämlich zunächst die Behauptung der allgemeinen Sünde mit dem Satze wieder auf: „bis zum Gesetze war Sünde in der Welt", und beweise dann, daß nicht das sündliche Verhalten des Einzelnen den Tod bewirkt habe, folgendermaßen: sündiges Verhalten aber wird, wenn kein Gesetz vorhanden ist, nicht zugerechnet (nämlich von Gott); dennoch hat mit königlicher Gewalt der Tod geherrscht von Adam bis Moses auch über Solche, die nicht in der Weise Adams ein positives Gesetz übertraten; also (dies geht dann aus dem V. 12 absolut statuirten Zusammenhang zwischen Sünde und Tod mit voller Evidenz hervor) war der Grund ihres Sterbens in Adam gegeben, in seiner Sünde gelegen und das Sündigen der Einzelnen erfolgte wie οὕτως — ἥμαρτον besagt, bei schon bestehender Todesherrschaft. — Gegen diese in ähnlicher Weise auch von Meyer vorgetragene Fassung hat nun schon Hofmann mit Recht den Einwand erhoben, daß, wenn die Sätze in diesem Verhältnis zu einander stehen sollten, es heißen müßte ἁμαρτία ἦν μὲν ἐν κόσμῳ mit folgendem οὐκ ἐλλογεῖται δὲ ohne ἁμαρτία, während die jetzige Form der beiden Sätze gegen jene enge Verbindung derselben spreche. Darauf erwidert nun der Verfasser, es sei in der That auch gar keine Wechselbeziehung zwischen beiden Sätzen anzunehmen, sondern sie ständen dem Gedanken nach ganz selbständig neben einander, da der Apostel zunächst eben nur sagen wollte, das sündliche Verhalten sei in der Welt gewesen, und dann im nachdrücklichen Gegensatz zu einer Aeußerung über die Zurechnung sündlichen Verhaltens übergehe, um deren Begriff es sich V. 13 u. 14 wesentlich handle. Dieser sei dann auch hier wie überall in solchen Fällen auch in der classischen Gräcität die Verbindung mit δὲ ohne vorausgehendes μὲν gebraucht und der Begriff der ἁμαρτία bei dem Uebergang zur Zurechnung sündlichen Verhaltens wiederholt.

Allein so richtig dies an sich ist, so wenig verträgt es sich mit der Behauptung des Verfassers, in V. 13 u. 14 sei die durch γὰρ eingeführte Begründung dafür enthalten, daß der Tod lediglich auf Adams Sünde und gar nicht auf der Sünde der Einzelnen beruhe. Denn was soll dann hier überhaupt die Behauptung, bis zum Gesetz sei Sünde in der Welt gewesen, und wie kann diese durch γάρ angeknüpft werden, wenn die durch γάρ eingeführte Begründung doch erst in den folgenden Worten liegt, und diese mit dem ersten Satz gar nicht einmal in Wechselwirkung stehen? Von solchen Voraussetzungen aus wird man dann nothwendig auch zu dem Versuche Hofmanns gedrängt, gleich aus jenem ersten Sätzchen: „bis zum Gesetz war Sünde in der Welt", den Beweis herauszubringen, daß die Sünde der Einzelnen bei schon vorhandenem Tode erfolgt sei, was aber der Verfasser mit vollem Recht entschieden abweist (S. 106 f.). Nein, jener erste Satz kann mit seinem γάρ nur die im Vorigen ausgesprochene Behauptung, daß vermittelst der von Adam zu Allen gedrungenen Sünde auch der Tod zu Allen gedrungen sei, zunächst dadurch begründen, daß auch für die vormosaischen Zeiten die allgemeine Sündhaftigkeit in Anspruch genommen wird. Dagegen sind nun des Verfassers Ausführungen denjenigen Erklärungen gegenüber in vollem Recht, welche auch in den folgenden Worten einen Beweis für die Allgemeinheit der Sünde und damit für die Behauptung sehen, es sei der Tod der Einzelnen Folge ihrer individuellen Sünde. In der That können die Worte: ἁμαρτία δὲ οὐκ ἐλλογεῖται — — τῆς παραβάσεως Ἀδάμ, wie der Verfasser nachweist, nichts anderes sagen wollen, als daß der Tod nicht Folge einer individuellen Verschuldung, also auch nicht erst einer freien und bewußten Thatsünde, sei. Und damit wird ja im Verhältnis zu dem ersten Satze von V. 13 nur die andere Seite des Gedankens ausgedrückt, die wir in V. 12 gefunden haben.

Daß wir es nicht billigen können, wenn der Verfasser das Verhältnis des zweiten Abschnittes (V. 15—17) zum ersten vorwiegend durch den Unterschied des subjectiven und objectiven Standpunktes statt durch den Uebergang von der Vergleichung zur Differenz bestimmt sein läßt, haben wir schon bemerkt. Freilich glaubt der Verfasser gerade daraus erklären zu können, warum jetzt auf beiden Seiten nicht mehr wie V. 12 von Allen, sondern von οἱ πολλοί geredet wird (S. 118—122). Von dem Standpunkte des persönlichen Lebens aus sehe man nun die Menschheit durch das Hineinragen der Gnade sich in zwei Classen spalten, von welchen die eine im adamitischen Verderben beharrt, somit im adamitischen Tode bleibt, die andere aber in ihrem Haupte Christo über Sünde und Tod hinausgehoben ist“ (S. 121). Gegen diese Auffassung aber bleibt nicht nur der Einwand, daß auch die Christen den Tod erleiden, auch gegenüber der Erwiderung, daß bei diesen wenigstens keinerlei *κατάκριμα* sich findet, in Geltung, sondern dagegen spricht noch vielmehr der Umstand, daß dann die übergreifende Wirkung der Gnade im Verhältnis zur Sünde nicht dargestellt wäre, auf welche es doch in diesen Versen gerade ankommt. Dies und die Worte V. 16: *ἐκ πολλῶν παραπτωμάτων εἰς δικαίωμα* lehren, daß die Vielheit der Begnadigten nicht der Vielheit der Sünder nebengeordnet, sondern als aus dieser hervorgehend, gedacht ist, die *πολλοί* also hier dieselben wie im Vorangehenden die *πάντες* sind. Es wird daher dabei bleiben müssen, daß der in *πάντες* an und für sich nicht liegende Begriff der Vielheit durch *πολλοί* nur zum bestimmten Ausdruck gekommen ist.

Was aber das *περισσεύειν* betrifft, welches der Gnade im Verhältnis zur Sünde zugeschrieben wird, so hat der Verfasser wol mit Unrecht jeden Versuch abgewiesen, im 15. Verse selbst nicht nur die Behauptung des quantitativen Uebergewichts, sondern auch zugleich eine Begründung derselben zu finden, und nur aus dem weitern Gedankengang sich abnehmen wollen, daß Paulus der Gnade eine übermächtige Fülle insofern zuschreibe, als sie nicht bloß einfach die Wirkung des Sündenprincips aufhebe, sondern den Menschen in eine volle Gerechtigkeit und seligen Lebensstand hineinversetze. Gerade der von dem Verfasser mit Recht so entschieden geltend gemachte Umstand, daß V. 16 nicht eine Ergänzung, Erläuterung oder Begründung des 15. Verses, sondern eine neue Differenz enthalte (S. 131 f.), nöthigt uns, schon innerhalb des 15. Verses eine Angabe darüber zu suchen, worin denn eigentlich das Uebergewicht der Gnade enthalten sei. Und sollte es denn bedeutungslos sein, daß dem *ἓν παράπτωμα* die zwiefältige Gnade als *ἡ χάρις τοῦ θεοῦ καὶ ἡ δωρεὰ ἐν χάριτι τῇ τοῦ ἑνὸς ἀνθρώπου Ἰησοῦ Χριστοῦ εἰς τοὺς πολλοὺς* gegenübergestellt wird? Auch das zweite Princip, sagt der Verfasser, sei doch ebenso ein einheitliches wie das erste (S. 122 f.). Aber es liegt in der That ein wesentlicher, für das Uebergewicht der Gnade bedeutungsvoller Unterschied der beiden

Parallelglieder darin, daß Adams Sünde nicht etwa im göttlichen Willen, sondern einzig und allein in ihm selbst beruht, während Christi Gnadenwirksamkeit (wie der Verfasser richtig χάρις Χριστοῦ erklärt S. 124) auf Gottes Gnade zurückweist.

Wenn nun der Verfasser die V. 16 hervorgehobene Differenz zwischen den beiden Gliedern der Parallele vorwiegend in dem Unterschiede von κρίμα und χάρις findet, so haben wir dagegen schon oben allgemeine sachliche Bedenken geäußert. Die ersten Worte des 16. Verses sagen es ja aber auch ausdrücklich, daß die Differenz der Gnade von der Sünde in Rücksicht auf deren Ausgangspunkt gesucht sein will. Und so treten denn auch in den folgenden Parallelsätzen die beiden Ausdrücke ἐξ ἑνός und ἐκ πολλῶν παραπτωμάτων als Bezeichnungen einer formalen Differenz zu allernächst in die Augen. Ein Uebergewicht der Gnade ist damit in diesem Verse freilich ebenso ausgesprochen wie im vorigen. Aber darum findet doch noch nicht, wie der Verfasser fürchtet (S. 132), eine Wiederholung statt. Denn während V. 15 das quantitative Verhältnis der Ursachen Gegenstand der Vergleichung war, wird hier dasjenige Verhältnis verglichen, welches zwischen den Anfangspunkten der Wirkungen besteht. Auf der einen Seite ist es beidemal Adam, nur dort seine That, hier seine Person (denn ἑνός V. 16 ist nicht, wie der Verfasser will, neutrisch, sondern nur masculinisch zu fassen); auf der anderen Seite stehen das eine Mal Gott und Christus, das andere Mal die Sünden Vieler, nämlich der Vielen, die aus der ersten Vielheit in die zweite treten.

Liegt demnach auch nicht der Schwerpunkt des 16. Verses auf τὸ δὲ χάρισμα εἰς δικαίωμα, wie es S. 151 heißt, so ist es doch gewiß richtig, daß hierin die Begründung des 17. Verses anknüpft, wie der Verfasser den manigfachen anderen Fassungen des Zusammenhangs zwischen V. 16 u. 17 gegenüber überzeugend nachweist (S. 148—153).

Ebenso zustimmend verhalten wir uns zu der Art und Weise, wie der Verfasser den Zusammenhang zwischen dem dritten Abschnitt (V. 18 u. 19) und dem vorangehenden darstellt, indem er in V. 18 nicht eine Wiederaufnahme von V. 12 oder eine Folgerung aus V. 12—17, sondern eine Folgerung aus V. 15—17 sieht und als

Zweck der Verse u. die Hervorhebung der Aehnlichkeiten betrachtet, welche den im Vorigen dargestellten Differenzen zu Grunde lagen (S. 165—169). Dagegen bezweifeln wir, ob der Verfasser Recht hat δικαίωμα (V. und ὑπακοή (V. auf das ganze heilige Leben Christi zu beziehen (S. f.). Es ist den Ausdrücken augenscheinlich angemessener und der Gegensatz des παράπτωμα und der παρακοή Adams nöthigt dazu, auch unter jenen Ausdrücken eine bestimmte That zu verstehen. Und daß dies der Tod sei, geht daraus hervor, daß nicht nur, wie der Verfasser zugibt, in Verbindung mit der Auferstehung der Tod Christi als heilsbegründende Thatsache gewöhnlich erscheint, wie Kor. ; Gal. sondern gerade auch im Römerbrief der Beginn des neuen Verhältnisses und Verhaltens zu Gott für die gesamte Menschheit und den Einzelnen an Christi Tod geknüpft ist: Röm. f.; 24; Was der Verfasser aber sonst über δικαίωμα sagt, ist ebenso richtig wie seine besonnene Erörterung der Frage, ob Paulus eine Apokatastasis lehre (S. ff.), seine Untersuchung über das Verhältnis von V. 18 u. und die außerordentlich sorgfältige Erklärung von ἁμαρτωλοὶ κατεστάθησαν (S. 187—193).

Auch in der Auffassung des letzten Absatzes V. u. stimmen wir in allem Wesentlichen mit den Resultaten des Verfassers überein, weshalb wir nur auf die gründlichen und klaren Erörterungen über die Lehre des Apostels von dem Gesetze im allgemeinen (S. — über das παρεισῆλθε V. (S. — und das ἐν τῷ θανάτῳ aufmerksam machen wollen.

Aber auch der Widerspruch, den wir oben gegen mehrere Punkte der Erklärung erhoben haben, konnte und wollte nicht die Absicht haben, unser anfangs geäußertes anerkennendes Urtheil über die vorliegende Schrift aufzuheben oder auch nur zu beschränken. Mit so gründlichen und objectiven Untersuchungen sich auseinanderzusetzen, ist eine Freude, und selbst wer noch mehr als Referent in den schließlichen Resultaten von dem Verfasser abweichen sollte, wird doch bereitwillig eingestehen, durch die vorliegende Schrift über eine der schwierigsten und bedeutsamsten Stellen des Neuen Testaments größere Klarheit und Orientirung gewonnen zu haben. Und so sei denn die angezeigte Schrift, welcher die Verlagsbuchhandlung, ihrer Gewohnheit treu, ein überaus hübsches Gewand gegeben hat, der allgemeinen Beachtung bestens empfohlen.

Bonn. Lic. **Friedrich Sieffert.**

Die christliche Ethik dargestellt von **Dr. H. Martensen,** Bischof von Seeland. Allgemeiner Theil. Deutsche vom Verfasser veranstaltete Ausgabe. Gotha, Verlag von Rudolf Besser. 1871. gr. 8°. VIII u. 651 S. [1])

Man wird dem Verfasser wol nicht Unrecht geben können, wenn er behauptet, daß die Behandlung der christlichen Ethik mit noch viel größeren Schwierigkeiten verbunden sei, als die der Dogmatik. Theils kann man sich bei der Dogmatik auf eine große Tradition stützen, deren man bei der Ethik, die im Grunde doch erst seit dem 17. Jahrhundert zu einer eigenen Disciplin gediehen ist, entbehrt; theils sind auch die uns geoffenbarten Glaubenswahrheiten weit einfacher und die Ordnung und der Zusammenhang derselben viel leichter zu erkennen, als die an uns ergehenden sittlichen Anforderungen, die sich bei der so vielverzweigten und verwickelten, labyrinthischen Manigfaltigkeit des Lebens nur sehr schwer enthüllen und auch nur sehr schwer unter ein allgemeines Schema bringen lassen.

Ist man ja noch nicht einmal eins geworden über den Gang, den die Ethik in ihrer Entwickelung zu nehmen habe; es machen sich in dieser Beziehung einander gerade entgegengesetzte Ansichten geltend. Die berühmtesten Ethiker unserer Zeit, Schleiermacher in seiner philosophischen und Rothe in seiner theologischen Ethik, haben es für angemessen erachtet, mit der Darstellung des höchsten Gutes, als der erhabensten und gehaltvollsten Idee, zu beginnen und dann erst

---

[1]) Eine zweite Ausgabe wird soeben ausgegeben.

die Tugend- und Pflichtenlehre zu entwickeln. Andere Ethiker, wie Chr. Schmid und Palmer, halten es dagegen für bedenklich, das Gesetz von seiner Stelle, von dem in Gottes Offenbarung ihm angewiesenen Primate fortzurücken und solchergestalt auch auf die unserer evangelischen Kirche eigentümliche Auffassung des Gesetzes und Evangeliums zu verzichten. Martensen pflichtet nun hierin den Letzteren durchaus bei; doch erscheint ihm zugleich auch die Forderung durchaus wohlbegründet, daß der Tugend- und Pflichtenlehre die Exposition des höchsten Gutes vorausgehe, wie denn im entgegengesetzten Falle die Ethik, selbst bei noch so sorgfältiger Behandlung, zu einer befriedigenden Ausgestaltung nicht gelangen könne.

Der einen, wie der anderen Anforderung zu genügen, unternimmt er es denn, die Ethik zwar auch, wie bisher, in zwei Haupttheile, einen allgemeinen und einen besondern Theil, zu zerfällen, so jedoch, daß letzterer nicht als eine bloße Fortsetzung oder Verlängerung des ersteren erscheint, sondern jeder derselben seine selbständige Architektonik unter einem besonderen, eigentümlichen Hauptgesichtspunkt findet, jeder auch in einer, der des anderen gerade entgegengesetzten Richtung sich fortbewegt.

Der erste allgemeine Haupttheil, der uns bereits ausgeführt vorliegt, ist vorherrschend theoretisch, trägt mehr den contemplativen Charakter an sich; es handelt sich eben zunächst um eine ethische Weltanschauung, um die ethischen Weltprincipien und Normen, die uns dazu dienen sollen, die wirklichen Weltzustände zu verstehen, den Werth oder Unwerth der menschlichen Dinge richtig zu bestimmen. Diese Entwickelung beginnt sonach mit dem absolut Werthvollen, mit Gottes Reich, als dem höchsten Gute; sofern jedoch dieses Reich ein Reich der Persönlichkeiten ist, gestaltet sich jene Weltanschauung, unter dem Gesichtspunkt des Individuums angesehen, zu einer Lebensanschauung. Wenn aber demgemäß die Ethik in diesem ihrem ersten Haupttheil, vom Universellen anhebend, dem Speciellen und Individuellen sich zuwendet, wird sie in ihrem anderen, praktischen Haupttheil, den wir erst noch zu erwarten haben, ihren Ausgangspunkt vielmehr von der einzelnen Persönlichkeit zu nehmen haben, um von da zum Universellen, zum sittlichen Gemeinschaftsleben und dem Reich Gottes zurückzukommen, wie es ja Aufgabe dieser speciellen Ethik sein muß, das sittliche Leben in seiner individualisirten Entwickelung, in seinem Werden und Wachstum, in seinen Arbeiten und Kämpfen, in den Stadien, die es zu durchlaufen hat, um zur Vollendung zu gelangen, unter Bezeichnung der eben hiezu dienlichen Mittel, zur Darstellung zu bringen.

Schon in der Einleitung, welche den Begriff der christlichen Ethik zum Gegenstande hat, treten alle die bedeutenden Eigenschaften zu Tage, durch welche unser Verfasser überhaupt sich auszeichnet und die, wie sie seinen sonstigen wissenschaftlichen Arbeiten einen so vorzüglichen Werth verleihen, so auch gerade im Gebiete der Ethik zu besonders großen Leistungen ihn befähigen müssen. Martensen ist nicht vorherrschend Stubengelehrter, er kennt das Leben, steht mitten im Leben, und was er uns bieten mag, ist nirgends einfach nur den Büchern entnommen, sondern, was er aus diesen etwa schöpfen mochte, hat er erst am Leben selbst erprobt. Ebendarum ist ihm auch eine vorzügliche Milde eigen, in deren Folge man gerne seine Belehrungen in sich aufnimmt und wirksam in sich werden läßt, um so gewisser, als er ja auch auf die edelsten Erzeugnisse der schönen Literatur mit Liebe eingegangen ist und auf diese Weise eine sehr feine Geschmacksbildung sich zu erwerben wußte, die seiner Darstellung eine ausnehmende Anmuth verleihet. Wenn er aber hienach in allen den manigfaltigen höheren und niedern Kreisen des Lebens wohl orientirt ist, so findet er doch seine eigentliche Heimat beim Urquell aller Liebe und alles Lebens. Martensen ist Mystiker, doch nicht im abstracten Sinn, sondern nur insofern, als er für unerläßlich erachtet, daß alle unsere Liebe zu den Geschöpfen von der Liebe zu Gott ausgehe oder doch in die Liebe zu Gott aufgenommen werde. Auf diesen Standpunkt weiß er uns nun aber in sanfter, fast unmerklicher Weise zu erheben, indem er zunächst eine niedrigere ethische Stufe bezeichnet und dann zeigt, daß man hier nicht verweilen könne, sondern eine höhere und höhere, bis hinauf zu jener höchsten, die eben die eigentlich christliche ist, zu erklimmen habe.

Der erste, allgemeine Theil der christlichen Ethik selbst wird mit Darlegung der Voraussetzungen eröffnet, unter denen dieselbe allein möglich ist und in denen sie ihr Fundament und ihre Wurzeln findet. Da läßt uns denn unser Verfasser gleich in der ersten, der theologischen Erörterung sehr tiefe Blicke in das Wesen Gottes thun, den er, auf Grund der heiligen Schrift, nicht lediglich als Geist und nicht bloß mit einer Fülle idealen Lebens ausgestattet, sondern zugleich einen unendlichen Reichtum physischer, doch übermaterieller Kräfte in sich tragend auffaßt. Eben diese beiden Seiten, die ideale wie die reale Seite des göttlichen Lebens werden nun aber, wie wir weiter vernehmen, durch den göttlichen Willen immer und ewig zur vollkommensten Einheit zusammengeführt, so daß sie einander ganz und gar durchdringen und also zu einem wunderbaren Organismus, zu einer leiblichen Abspiegelung der geistigen Herrlichkeit Gottes sich gestalten. In und mit diesem ewigen Acte gliedert sich aber auch die ewige Persönlichkeit in eine Dreiheit göttlicher Personen, die in unendlicher Liebe einander begegnen, so daß denn Gott in Wahrheit die Liebe schon in sich selber ist, und eben hiemit als ein ethisches Wesen schon in sich selber sich darstellt.

Diese erste, theologische Voraussetzung der christlichen Ethik wirft ihr Licht auch auf die zweite, die anthropologische Voraussetzung, indem ja der Mensch zum Bild Gottes als geist=leibliches Wesen erschaffen ist. Der Geist ist das Uebersinnliche im Menschen, das zur Welt der Ideen und zu Gott selbst in einem Verhältnis der Verwandtschaft steht; der Leib aber, der nach dem Ausdruck der Schrift von der Erde genommen ist, bildet den Gegensatz des Geistes und ist zum dienenden Werkzeug desselben bestimmt; mittelst der Seele endlich, in deren Wesen der Wille als unser eigenstes Selbst wurzelt, correspondirt der Geist mit dem Leibe und wiederum auch der Leib mit dem Geiste. Es kann der Mensch nicht schon als sittliche Persönlichkeit im eigentlichen Sinn des Wortes in's Dasein treten, er soll sich vielmehr, unter göttlicher Mitwirkung, erst selber zu derselben machen, und insofern muß er eine relative Selbständigkeit besitzen; er muß in gewissem Sinn Gott gegenüber Herr sein, um Gottes Diener werden zu können. Auf der einen Seite ist ihm ein egoistischer, weltlicher Trieb eigen, vermöge dessen er dem Materiellen selbst oder, wie dies namentlich beim Geizigen der Fall ist, bloß dem Gedanken des Materiellen hörig werden, wiederum aber auch in geistigem Hochmuth eine falsche

Richtung aufwärts nehmen kann. Auf der andern Seite ist dagegen dem Menschen ein Liebestrieb eingepflanzt, ein Trieb zum Leben in Gott und seinem Reiche, als dem höchsten Gute, welches jedoch nicht zum eigenen Genusse, sondern vielmehr um der Ehre Gottes willen erstrebt werden soll. Sofern der Mensch diesem letzteren Triebe sich entschlägt und dafür dem andern egoistischen Triebe Raum in sich gibt, verfällt er der Sünde und zerstört in sich das Bild Gottes, auf das sein Wesen angelegt ist, und je stärker der geistige Hochmuth, die Selbsterhebung sich bei ihm entwickelt, desto ähnlicher wird er dem Teufel, je stärker die Sinnlichkeit bei ihm hervortritt, umsomehr verähnlicht er sich dem Thiere.

Als die dritte begegnet uns dann die kosmologische und soteriologische Voraussetzung der christlichen Ethik. Hier wird denn darauf hingewiesen, daß eine sittliche Weltordnung bestehe, die ihren Grund in dem — wie über dem All der Dinge, so auch über jedem einzelnen Wesen liebevoll waltenden persönlichen Gott habe, und die in Bezug auf den, dem Gesetz der Sünde anheimgefallenen Menschen als Erlösung und Neuschöpfung desselben sich darstellt. Die vierte endlich, die eschatologische Voraussetzung ist die Vollendung des Gottesreiches, von welcher denjenigen gegenüber, die einen sittlichen Fortschritt in's Unendliche annehmen, allerdings zu behaupten sein wird, daß sie dereinst wirklich werde erreicht werden, die aber natürlich nicht in den Verlauf der geschichtlichen Entwickelung, nicht also in die Zeit fallen, sondern nur der Ewigkeit angehören kann.

Auf diese Darlegung der Voraussetzungen der christlichen Ethik folgt nun die Exposition der ethischen Grundbegriffe und der ethischen Welt- und Lebensanschauung, die Darstellung — des höchsten Gutes — der Tugend — des Gesetzes. Als das höchste Gut ist das Reich Gottes anzusehen, theils insofern, als dasselbe allen andern Gütern vorgezogen werden muß, weil schließlich nur in ihm der Mensch seinen Frieden und seine Ruhe finden kann, theils aber auch als dasjenige Gut, welches alle Vollkommenheit, die himmlische Herrlichkeit, das selige Leben in sich schließt. Die Glückseligkeit bildet einen Gegensatz zu diesem höchsten Gute, indem sie doch nur im Bezirke des diesseitigen, irdischen Lebens stattfinden kann; doch läßt sie sich auch mit der Religion in Verbindung bringen, sofern sie als ein göttlicher Segen anzusehen ist, dessen man beim Streben nach dem Reich Gottes theilhaftig werden kann. Es fehlt auch in den heiligen Büchern nicht an der Hinweisung auf eine Periode höchster Glückseligkeit, die gegen den Schluß der Weltgeschichte, wo das Christentum in der That zur Herrschaft hienieden gelangt sein wird, noch eintreten soll. Während aber das Reich Gottes als die Einheit der heiligen Liebe und der Seligkeit aufzufassen ist, so das Reich der Sünde als die Einheit des Egoismus und der Unseligkeit. Auch dieses letztere Reich, wenn es gleich erst im Jenseits völlig sich ausgestaltet, tritt annähernd doch schon hier auf Erden zu Tage. Vorherrschend aber wird man die Zeit dieser Welt als diejenige Periode zu bezeichnen haben, da Gutes und Böses in bunter Mischung einander begegnen, so daß weder dem sogenannten Optimismus noch auch dem Pessimismus an und für sich eine wirkliche Berechtigung zugestanden werden kann. Ueber die Verkehrtheit der einen wie der andern dieser Weltanschauungen werden wir im Christentum hinausgeführt, welches einerseits zwar pessimistisch ist, indem es lehrt, daß die ganze Welt im Argen liegt und das höchste Gut vom Erdboden verschwunden ist, das aber andererseits auch den Optimismus vertritt, indem in ihm die Möglichkeit sich darbietet, daß wir erlöst und die Pforte des Paradieses uns wieder eröffnet werde.

Wie dem Reich Gottes das Reich der Sünde geradezu gegenübersteht, iu das Reich der Welt aber, in und mit dem Christentum, das Reich Gottes, als ein Keim gleichsam, eingesenkt ist, so ist eben hiemit zunächst die Grundlage geboten zu einem selbständigen Menschheitsreiche. Durch das Christentum ist nämlich, wie das Bewußtsein, nicht bloß einem einzelnen Volke, sondern der einen Menschheit anzugehören, so auch das Bewußtsein der Freiheit des Individuums erweckt worden. In dieser Emancipation liegt nun zwar noch keineswegs die Erlösung, wohl aber ist in ihr die Erhebung zu höherer Menschenwürde gegeben, die nun freilich auch zur Errichtung eines besondern Menschheitsreiches, ohne Gott, misbraucht werden kann, während das echte Reich der Humanität mit dem Reich Gottes in eins zusammenfällt. Auch der Socialismus und Individualismus kann im Gegensatz zum Gottesreich und wiederum auch im Einklang mit demselben stehen. Der Socialismus, der das Individuum nur zum Mittel und Werkzeug der Gemeinschaft machen will, leidet an der nämlichen Einseitigkeit, wie derjenige Individualismus, welchem zufolge der Einzelne nur Selbstzweck und nicht zugleich dienendes Glied sein soll. Das Christentum dagegen zielt auf das Gottesreich, als auf einen Totalorganismus geheiligter Individuen, und so ist es denn einerseits die absolut socialisirende Macht, welche alle individuellen Differenzen in einer großen Liebesgemeinschaft aufheben will; andererseits aber auch eine absolut individualisirende Macht, sofern es die individuellen Differenzen in der Einheit der Liebe erst recht entwickeln und verklären will.

Als den zweiten ethischen Grundbegriff führt uns unser Verfasser die Tugend vor, als die persönliche Tüchtigkeit, für die Förderung des Reiches Gottes mitzuwirken. Diese Tüchtigkeit hat aber, bemerkt er, nicht bloß die Emancipation, sondern auch die Erlösung durch Christum zur Voraussetzung. Der sogenannte Fortschritt ist eine unbestimmte Vorstellung, ein höchst nebelhaftes Ideal, und die bloß emancipirte Persönlichkeit ist zu immerwährender Unruhe verurtheilt und trägt mit allen ihren Schätzen des Wissens und der Einsicht ein ungeheures Vacuum in ihrem Innern, welches eben durch nichts auszufüllen ist, als allein durch den Glauben an Gott in Christo. Christus ist in der That unser Vorbild; wäre er aber nur dieses und nicht zugleich unser Erlöser, so würde uns seine Erscheinung nur zum Gericht dienen, nur wider, nicht für uns sein. Indem wir dagegen in ihm, wie unser Vorbild, so auch unsern Erlöser erkennen, so dürfen wir ihn zugleich als das höchste Gut bezeichnen, sofern ja die ganze Fülle des Reiches Gottes, die ganze selige Zukunft in seiner Person beschlossen ist. Dieser Gedanke wird nun näher ausgeführt durch den Nachweis der Einzigkeit Christi, vor welchem alle die großen Männer der Geschichte in den Schatten treten, über die er schlechthin erhaben ist. Wir besitzen von C. Ullmann eine treffliche Schrift über die Sündlosigkeit Jesu, doch wird die in derselben gegebene Charakterzeichnung des

Herrn von derjenigen, welche wir Martensen zu verdanken haben, noch übertroffen. Indem er uns Jesum als das Vorbild der sittlichen Freiheit, als das Vorbild der Liebe und des Gehorsams, als die schauende und betende, als die wirkende und duldende Liebe in Knechtsgestalt vorführt, wird uns allenthalben in der Menschheit des Herrn zugleich auch seine Gottheit so klar ersichtlich, daß sich diese Schilderung zu einer Art von ontologischem, die höchste Ueberzeugung gewährenden Beweise für die Wahrheit des Christentums ausgestaltet. Es unterläßt aber unser Verfasser auch nicht, den Herrn als Vorbild der Herrlichkeit zu bezeichnen, von der er schon während seines Wandels hienieden durchstralt gewesen, in deren Fülle er aber doch erst nach Vollendung seines Werkes eingehen sollte, und an der er eben auch die Seinigen Antheil gewinnen lassen will.

Die Jüngerschaft bezeichnet der Herr selbst als ein von dem Verhältnis, in welchem die menschlichen Lehrer zu ihren Schülern stehen, durchaus verschiedenes, indem er es nicht nur als ein bleibendes, immer fortbestehendes, sondern auch als eine eigentliche Lebensgemeinschaft, ähnlich derjenigen, die zwischen dem Weinstock und den Reben stattfindet, darstellt. Die Einweihung zu dieser Jüngerschaft geschieht durch die Taufe, und die Aneignung der in letzterer dargebotenen Gnadengabe erfolgt mittelst des Glaubens. Die eben hieraus sich ergebende Wiedergeburt aber ermöglicht die Nachfolge Christi, das Leben nach seinem Vorbilde, welches jedoch nicht in einem directen Nachahmen und Copiren bestehen, das vielmehr auf der Kraft des Herrn beruhen und darin sich zeigen soll, daß jeder die im Gottesreich an ihn gestellte Aufgabe, seiner Individualität und Naturbegabung gemäß, zu lösen bemüht sei. Das Mönchsleben entspricht nicht durchaus dem Sinn Christi: Christus will keineswegs nur Weltverleugnung und Entsagung, sondern auch Weltveredlung und Weltverklärung. Wie Christus seinen himmlischen Vater in heiliger Liebe und heiligem Gehorsam ergeben war, so muß auch die christliche Cardinaltugend als Liebe zu Gott in Christo bestimmt werden, und in dieser sind wieder die vier Cardinaltugenden der heidnischen Moral, doch neugeboren und geheiligt, enthalten: die Weisheit nämlich in der contemplativen, die Gerechtigkeit in der praktischen Liebe, die Besonnenheit und die Mannhaftigkeit in der christlichen Treue, welche letztere im beharrlichen Streben nach Heiligung, durch Ausstoßen des Argen und fortwährendes Wachsen im neuen, vom Herrn zu gewinnenden Leben besteht. So ist denn das tiefste Motiv der sittlichen Handlungen nichts Anderes als die dankbare Liebe zu dem Gott des Heils, wie solches auch, was wir im Gegensatz zu unserm Verfasser behaupten müssen, von den echten Mystikern des Mittelalters, namentlich vom Meister Eckhart anerkannt worden. Wiederum liegt aber auch in der Gnade Gottes in Christo das tiefste Quietiv, während die ästhetische Beruhigung der schönen Künste bloß einen Scheinfrieden gewährt, wie denn die Kunst ihre Bedeutung doch nur in dem ethischen Zusammenhang des Lebens, nur dadurch erhält, daß sie „ein Schatten ist der zukünftigen Güter."

Durch die fortschreitende Heiligung bildet sich aber der christliche Charakter aus, die Persönlichkeit, welche immer mehr das Gepräge eines Dieners in der Nachfolge Christi gewinnt. Nur der reine Wille kann der in Wahrheit energische sein, indem sich die wahre Energie gerade darin beweiset, daß sie die Forderungen des Reichs Gottes unter Hintansetzung alles Andern, mithin nicht bloß kämpfend, sondern auch leidend durchsetzt. Ein vollendeter Charakter begegnet uns jedoch, außer in unserm Herrn und Meister, nirgends. Kein menschlicher Charakter als solcher ist ohne Dissonanzen, weil keiner ohne Sünde ist; aber auch kein christlicher Charakter ist ohne Dissonanzen, ja in ihm offenbaren sich diese erst recht, wenngleich die Kraft der Erlösung zu ihrer Auflösung und Ueberwindung hilft, und der Charakter unter fortwährendem Reifen immer harmonischer wird.

Der dritte ethische Grundbegriff ist unserm Verfasser das Gesetz. Was die Tugend, sagt er, als Erfüllung, das ist die Pflicht als Forderung betrachtet; die Pflicht aber weiset auf das Gesetz zurück, und dieses kündigt sich so gewiß als eine Gebieterin, als eine Autorität an, als es seine Wurzel in Gottes Persönlichkeit hat, in seiner Liebe und seiner Allmacht. Es trägt dasselbe den Charakter der Allgemeinheit an sich, wie es sich uns ja nicht bloß in unserm Innersten als Gewissen fühlbar macht, sondern auch von außen her, in den Ordnungen der Gesellschaft, in Staat und Familie und in allen socialen Verbindungen, als eine objective, geschichtliche Macht uns entgegentritt. Das Gewissen ist ganz eigentlich das Mitwissen des Menschen mit seinem Ich und mit Gott, das unmittelbare Bewußtsein unserer Abhängigkeit nicht bloß vom Gesetz selbst, sondern auch von der verpflichtenden und richtenden Autorität, welche mittelst desselben zu uns redet. Wäre die Sünde nicht in die Welt gekommen, so würde vom Gewissen als solchen gerade so wenig die Rede sein, wie bei einem ununterbrochenen und völlig Gesunden vom Wohlbefinden.

Die Hauptbestimmung des zum Bilde Gottes geschaffenen Menschen kann nur die freie Gemeinschaft, die freie Vereinigung mit Gott, und die ihm auferlegte, alles umfassende Pflicht keine andere, als die Liebe zu Gott sein. In jeder Lebensstellung aber verlangt Gott von uns, auf Grund dieser allgemeinen Pflicht, irgend etwas Specielles, und dieses specielle oder individuelle Moment hat der Apostel im Auge, wenn er den Christen an's Herz legt, wohl zu prüfen, welches da sei der gute, wohlgefällige, vollkommene Wille Gottes. Zu dieser Prüfung bedürfen wir jedoch, um der Sünde willen, eines geoffenbarten Gesetzes, wie es den Kindern Israel durch Moses im Dekalog und auch sonst noch zutheil geworden; und dieses geoffenbarte Gesetz ist von Christo keineswegs abgeschafft, sondern vielmehr vollendet worden, indem er es von den zeitlichen Formen löste, in welche sein ewiger Gehalt eingeschlossen war, und eben hiemit seine verborgene Herrlichkeit uns eröffnete. Indem er es aber auch in seiner eigenen Persönlichkeit, in seinem Leben, und zwar an unserer Statt und uns zu gute, erfüllt hat, so ruhet denn jetzt die göttliche Gesetzgebung oder Heiligkeitsforderung auf der Voraussetzung der Gnade. Demgemäß muß sowohl der Antinomismus, der in falscher Freiheit das Gesetz ablehnt, als auch der Nomismus, der die evangelische Freiheit verleugnet, als mit dem Sinn und Geist des Christentums nicht übereinkommend zurückgewiesen werden. Im Jesuitismus findet unser Verfasser einen falschen Nomismus mit Antinomismus verbunden, bemerkt aber dabei, daß der Jesuitismus keine neue, sondern vielmehr eine sehr alte Erfindung sei, die sich wiederhole von Geschlecht zu Geschlecht, wie solches auch die Sprichwörter in so manchen ihrer Klugheitslehren beweisen.

Von Erlaubtem in dem Sinn, daß es gar nicht in das Gebiet des Sittlichen fiele, kann nicht die Rede sein, sondern als erlaubt hat man nur dasjenige zu bezeichnen, dessen Sittlichkeit bloß individuell bestimmbar ist, wie Paulus sagt: „Ich habe es alles Macht; es frommt aber nicht alles.“ Eben hieher gehört auch das Anständige, das sich in den Formen des gesellschaftlichen Lebens zeigt und ebenso die ethische Anbequemung oder Accommodation an die Schwachen in positiver wie auch in negativer Beziehung. So wenig als ein schlechthin Erlaubtes, gibt es auch keine überflüßigen guten Werke: Jedem liegt vielmehr geradezu ob, wozu er von Gott berufen ist. Der Pflicht allenthalben nachzukommen, ist es aber erforderlich, die Zeit zu ethisiren, d. h. unter allen Wandlungen der Zeit seine persönliche Lebensaufgabe unwandelbar festzuhalten und den Augenblick in den Dienst der Zeit zu nehmen. Auf diesem Wege wird man auch am ehesten der sog. Collision der Pflichten vorzubeugen im Stande sein; wofern sich aber doch Collisionen ergeben, da wird die Casuistik mit ihren Regeln die gewünschte Auflösung nicht wohl bringen können, indem ja der einzelne Fall niemals geradezu wiederkehrt. Es muß hier vielmehr der Genius oder die nach allen Seiten durchgeführte Reflexion helfen; die getroffene Entscheidung muß aber jedenfalls das Zeugnis des Gewissens für sich haben.

Das wirkliche Gute bei den Wiedergeborenen ist ein Werk der göttlichen Gnade; zudem findet sich auch in den besten Werken noch gar viel Fehlerhaftes. Eigentliches Verdienst vermag sich kein Mensch zu erwerben; so kann ihm denn auch ein eigentlicher Lohn nicht zukommen, sondern nur etwa ein Gnadenlohn. In Folge unserer sittlichen Unvollkommenheit bedürfen wir noch fort und fort der Predigt des Gesetzes, und in einem gewissen Sinn ist Christus selbst Gesetzgeber und auch Erzieher, wie der Einzelnen und der Familie, so der Völker. Doch hat er zu diesem Ende nicht eine theokratische Verfassung mit neuen bürgerlichen Zwangsgesetzen und Cerimonialgeboten gestiftet, wie solches seiner Zeit durch Moses und nachmals in der Hierarchie des Mittelalters geschehen. Das gött=

liche Wort, Gesetz und Evangelium bleibt durch alle Zeiten hindurch dasselbe, und die Auslegung dieses göttlichen Wortes, seine Anwendung und Einführung in die Wirklichkeit des Lebens ist der Kirche anvertraut; dieser aber kommt Unfehlbarkeit im Sinn der römischen Kirche nicht zu. Die Autorität der Kirche, sowohl hinsichtlich der Lehre, als der gottesdienstlichen Einrichtungen und Verfassungsbestimmungen, ist nur eine relative, besitzt ihre Gültigkeit allein in der Uebereinstimmung mit der absoluten Autorität, d. i. mit dem göttlichen Worte, und bedarf von Zeit zu Zeit einer Reform; und so hat denn einerseits der Conservatismus, andererseits aber auch der Fortschritt seine gute Berechtigung.

Dies der Gang, welchen Martensen in dem uns bereits vorliegenden, in regressiver Richtung sich bewegenden, theoretischen oder idealen Theil seiner christlichen Ethik einhält, und von dem man wol wird zugeben müssen, daß er den Anforderungen strenger Wissenschaftlichkeit durchaus entspricht. Doch ist es freilich nur ein ganz dürftiger Abriß, den wir von dem Werke hier zu geben vermochten, während dieses selbst den größten Reichtum der interessantesten Entwickelungen in sich faßt, und, bei dem tiefen ethischen Ernst, welchen es athmet, wie durch gewinnende Anmuth, so auch durch Feuer und eindringliche Kraft, und zudem noch durch besondere Klarheit und Faßlichkeit der Darstellung sich auszeichnet. So wird denn diese Ethik ohne Zweifel auch bei gebildeten nichttheologischen Lesern, welche zu tieferem Nachdenken über die höchsten praktischen Lebensfragen aufgelegt sind, Eingang finden. In Dänemark war gleich nach dem Erscheinen des Buches die erste Auflage vergriffen, und so wird sich wohl auch in Deutschland die vom Pfarrer Al. Michelsen in Berlin bearbeitete Uebersetzung, die sich völlig wie ein Original lesen läßt, Bahn machen. Möge Martensen diesem ersten, theoretischen, idealen den zweiten, praktischen, realen Theil, der die Ethik in progressiver Richtung behandeln, zunächst also das Gesetz und die Sünde, dann die Nachfolge Christi, endlich das Gemeinschaftsleben und das Reich Gottes zum Gegenstande haben wird, nach nicht allzu langer Zeit folgen lassen!

Dr. Julius Hamberger.

Inhalt des Jahrganges 1873.

Erstes Heft.

Abhandlungen.

Gedanken und Bemerkungen.

Recensionen.

Zweites Heft.

Abhandlungen.

Viertes Heft.

Abhandlungen.

Gedanken und Bemerkungen.

Recensionen.

Perthes' Buchdruckerei in Gotha.

Im gleichen Verlage erschien:

Beste, W.: Goethe's und Schiller's Religion. Zwei Vorträge. 8°. broch. 10 Sgr.

Brandes, Friedr.: Geschichte der kirchlichen Politik des Hauses Brandenburg. 8°. I. Band, 1. und 2. Theil. 6 Thlr.

Braune, K.: Die Reformation und die drei Reformatoren. 8°. broch. 1 Thlr. 10 Sgr.

Cremer, Herm.: Biblisch-theologisches Wörterbuch der neutestamentlichen Gräcität. Mit alphabetischem Wörterverzeichniß und Verzeichniß der verglichenen Synonyma. 8°. broch. 2. Aufl. 4 Thlr.

Christlieb, Th.: Karl Bernhard Hundeshagen, geheimer Kirchenrath, Professor und Doctor der Theologie in Bern, Heidelberg und Bonn. Eine Lebensskizze. 8°. broch. 10 Sgr.

Fabri, Friedr.: Staat und Kirche. Betrachtungen zur Lage Deutschlands in der Gegenwart. 3. Aufl. 8°. broch. 20 Sgr.

——— Kirchenpolitisches Credo. In einem Worte der Abwehr an den Verfasser der Schrift: „Moderne Kirchenbauplane". 8°. broch. 10 Sgr.

Frommann, Th.: Geschichte und Kritik des Vaticanischen Concils von 1869 und 1870. 8°. broch. 3 Thlr. 14 Sgr.

Funk, M.: Johann Aegidius Funk, weil. Dr. theol. und Pastor an St. Marien zu Lübeck. Mittheilungen aus seinem Leben. 8°. broch. I. Theil: 1792—1829. 2 Thlr.

Hunnius, Frommh.: Das Leben Fénélon's. 8°. broch. 22 Sgr.

Hupfeld, H.: Die Psalmen. Herausgegeben von Dr. Ed. Riehm. 8°. broch. 2. Aufl. 4 Bde. 8 Thlr.

Zur Logik des Protestantenvereins. Bedeutung und Vorbedeutung des sechsten deutschen Protestantentages im Allgemeinen und im Besonderen für die Kirchengesetzgebung der Gegenwart. 8°. broch. 8 Sgr.

Neander, Aug.: Allgemeine Geschichte der christlichen Religion und Kirche. 9 Bde. 8°. 15 Thlr.

de le Roi, J.: Stephan Schultz. Ein Beitrag zum Verständniß der Juden und ihrer Bedeutung für das Leben der Völker. 8°. broch. 1 Thlr. 10 Sgr.

Tholuck, A.: Stunden christlicher Andacht. 8. Aufl. 8°. broch. 2 Thlr.

Venator, B.: Konrad und Anna. Eine Schwarzwälder Geschichte aus dem Kriegsjahre. Lex.-8°. broch. 20 Sgr.

Inhalt der Theologischen Studien und Kritiken.

Jahrgang 1873. Drittes Heft.

Abhandlungen.

1. Mücke, Luthers Abendmahlslehre bis 1522.
2. Köhler, Die Reden des Petrus in der Apostelgeschichte.

Gedanken und Bemerkungen.

1. Weiß, Randglossen zu dem Aufsatz von Dr. W. Grimm über „das Problem des ersten Petrusbriefes".

Recensionen.

1. Keim, Geschichte von Nazara in ihrer Verkettung mit dem Gesamtleben seines Volkes frei untersucht und ausführlich erzählt. II. Bd.: Das galiläische Lehrjahr; III. Bd.: Das jerusalemische Todesostern. Rec. von Rönsch.
2. Nitzsch, Grundriß der christlichen Dogmengeschichte. I. Theil: Die patristische Periode. Rec. von Möller.

Inhalt der Zeitschrift für die historische Theologie.

Jahrgang 1873. Drittes Heft.

VII. Duplessis-Mornay. Von D. Friedrich Brandes, Pastor in Göttingen. Erster Artikel.

VIII. Aus welchem Grunde disputirte Johann Eck gegen Martin Luther in Leipzig 1519? Von R. Albert, Cand. theol., Mitglied des Prediger-Collegiums zu St. Pauli in Leipzig.

IX. Bio-Bibliographisches über M. Sebastian Fröschel. Von Dr. Georg Laubmann, Secretär der k. bayr. Hof- und Staatsbibliothek in München.

Inhalt der Deutschen Blätter.

Jahrgang 1873. Mai.

Juni.

Juli.

August.

September.

Elisabeth, Kurfürstin von Brandenburg, die Bekennerin. Ein Vortrag zum Besten des Kirchbauvereins in Berlin am 11. November 1872. Gehalten von **Wilhelm Baur.**

Walther von der Vogelweide als politischer Dichter. Von Gymnasiallehrer Dr. **Friedrich Heußner** in Cassel.

Die Fortbildungsschule, ihre Nothwendigkeit, Dotation und Einrichtung in kurzen Zügen. Von W. **Rentrop**, Rector in Fehrbellin.

Verlag von Rudolf Besser in Gotha.

Jahrbücher für deutsche Theologie

herausgegeben von

Dr. **Dorner** in Berlin, Dr. **Ehrenfeuchter**, Dr. **Wagenmann** in Göttingen, Dr. **Landerer**, Dr. **Palmer**, Dr. **Weizsäcker** in Tübingen.

1873. **Band XVIII, Heft 2.**

Inhalt: **Weizsäcker**, Das Apostolische Concil. — **Gaß**, Der sittliche Werth des Asketischen. Ein Kapitel aus der Ethik. — **Sack**, Ueber die Geburt des Herrn. Luk. 1, 35. — **Anzeige 18 neuer Schriften.**

Liebich'sche Bibel nach der Uebersetzung Dr. Martin Luthers mit Summarien, Parallelstellen und Anmerkungen. 3. Auflage. Lex.-8°. (Hirschberg.) Preis 3 Thlr. 5 Ngr.

Diese rühmlichst bekannte, für das Studium der heiligen Schrift, wie für den Kirchengebrauch hochwichtige Bibelausgabe ist fortwährend durch jede Buchhandlung zu beziehen.

Leipzig, Juli 1873. **Ernst Fleischer.**

Im Verlage von **Ernst Homann** in **Kiel** erschien soeben:

Schleswig-Holsteinische Kirchengeschichte nach hinterlassenen Handschriften von Pastor Dr. **H. N. A. Jensen** überarbeitet und herausgegeben von Dr. **A. L. J. Michelsen.** Erster Band. Gr.-8°. XXIV u. 334 S. Geh. Preis 2 Thlr.

Verlag von **F. C. W. Vogel** in **Leipzig.**

Soeben erschien:

Ewald, H.: Die Lehre der Bibel von Gott oder Theologie des Alten und Neuen Bundes. **Zweiter Band:** Die Glaubenslehre. 22½ Bogen. gr. 8°. geh. 2 Thlr. 10 Sgr.

(Band I: Die Lehre vom Worte Gottes erschien 1871.)

Perthes' Buchdruckerei in Gotha.

niger als eine blosse Compilation oder aggregatmässige Zusammenstellung; vielmehr war es des Verfassers höchstes Bemühen, die oft so zerstreuten und weit aus einander liegenden Gedanken der alten Väter zu sammeln, zu ordnen und in ihren wahren Zusammenhang zu bringen. Nichts lag aber dem Verfasser ferner, als sie in ein ihnen fremdes System zu zwängen; sie sollten in ihrem eigensten Zusammenhang aufgezeigt werden. Dies war wohl das schwerste Stück Arbeit in Anbetracht der so losen und unsystematischen Darstellung der meisten Väter, die man sich nicht als Schriftsteller im modernen Sinne des Wortes denken darf, und wohl nur möglich bei einer rechten Vertiefung in das gesammte Material einerseits und doch völlig freien Beherrschung des Gedankenstoffs anderseits und einer Zusammenschau auch seiner entlegensten Punkte. Und hierin liegt wohl nicht der letzte Vorzug des Böhringer'schen Werkes. Mit gleicher Gewissenhaftigkeit wie die Quellen hat der Verfasser aber auch die neuesten Forschungen studirt und ihre Resultate, wo sie ihm probehaltig erschienen, für sein Werk verwerthet.

Mit seinem eigenen Urtheil und seiner Kritik, um auch dies noch zu berühren, hat er nie und nirgends zurückgehalten, aber immer und überall erst die Persönlichkeiten und Thatsachen, die zur Darstellung kamen, sprechen lassen, und dann erst, nachdem er so den Leser in den Stand gesetzt, sich sein selbstständiges Urtheil zu bilden, das seinige gegeben, das somit nicht den Anspruch macht, auf Treue und Glauben angenommen zu werden, sondern in seiner Richtigkeit oder Unrichtigkeit auf Grund des voraufgegangenen Zeugenverhörs sich leicht und sicher prüfen lässt.

Wollte man nach alledem noch fragen, in welchem Geist der Verfasser geschrieben, so kann es nur die eine Antwort geben: in dem des Historikers, der keine höhere Aufgabe kennt, als seinem Gegenstand gerecht zu werden. Und dieser unbefangene, objective, historische Geist wird wohl auch jedem Leser bald spürbar werden. Styl und Sprache des Werkes ist bestimmt und klar, lebendig und frisch, rein und keusch, wenn wir so sagen dürfen, und frei von jeder Phrasenmacherei.

Und so glaubt denn die Verlagshandlung dieses Werk, das übrigens bereits seinen Weg gemacht, und nicht blos in Deutschland, sondern auch über Deutschlands Grenzen hinaus, bis über das Weltmeer, aufs neue und wärmste dem Publikum empfehlen zu dürfen. Est ist ein Werk für Jedermann, der sich für Kirche und Kirchengeschichte interessirt, welcher Konfession und welchem Glaubensstandpunkt er auch angehören mag, er sei Protestant oder Katholik, Alt- oder Neugläubiger. Es ist ein Werk ganz besonders auch noch für unsere religiös-kirchlich so bewegte Gegenwart; und darf auch schon darum sein neues Ercheinen in mehr als einer Beziehung als wahrhaft zeitgemäss begrüsst werden.

Um nun aber seine Anschaffung zu erleichtern, um es in seinem Ganzen nicht blos, sondern auch in seinen einzelnen Theilen den Freunden der Kirchengeschichte und im Speziellen den Theologie Studirenden, auch den weniger Bemittelten, zugänglicher zu machen, hat sich die Verlagshandlung entschlossen, es neu und in neuer Form erscheinen zu lassen. Die Publikation wird nämlich in Bänden von geringerem Umfang, als die bisherigen waren, und in Zwischenräumen von 3 zu 3 Monaten erfolgen, und ist so eingerichtet, dass jeder Band ein Ganzes für sich bildet und immer eine oder mehrere Biographieen abgeschlossen enthält, und auch einzeln für sich zu kaufen ist.

Zu diesem Behufe werden die in zweiter Auflage bereits erschienenen Bände in kleinere Stücke oder Bände zerlegt in neuer Ausgabe erscheinen, und an sie in gleichem Modus die bisher noch nicht in zweiter Auflage bearbeiteten und erschienenen Biographieen der alten Kirche nun ebenfalls in neuer Auflage in ununterbrochener Reihenfolge sich anschliessen. Die Fortsetzung dieser zweiten Auflage hatte sich bis jetzt allerdings aus verschiedenen Gründen verzögert; nun aber sind die Vorarbeiten so weit gediehen, dass eine Unterbrechung kaum mehr zu befürchten steht. Der alten Kirche wird dann das Mittelalter, vor der Hand nur in neuer Ausgabe auf dem Fusse folgen, und damit dieses grossartige Werk wieder vollständig in der Hand der Abnehmer sein.

Die Verlagshandlung schliesst diesen Prospect mit der Andeutung, dass auch für die Bearbeitung der Neuzeit bereits Vorsorge getroffen ist durch Herbeiziehung neuer Kräfte, die dem bisherigen Verfasser zur Seite stehend die Vollendung des Ganzen desto eher ermöglichen.

Auszug aus einigen Recensionen:

„Wir wünschen diesem wie nach Inhalt so nach Form ausgezeichneten Werke, das wir als eine der anziehendsten Erscheinungen im Gebiete der neuesten kirchenhist. Literatur betrachten, allenthalben freundliche Theilnahme.“

Katholisch-theologisches Literaturblatt.

„Mit herzlichem Dank für die Geist und Herz stärkende Lectüre, die uns der Verfasser bereitet, scheiden wir von ihm in immer wachsender Hochachtung vor seinen immer trefflicheren Leistungen, und wünschen von Herzen, dass er uns nicht wieder so lange als diessmal auf die Fortsetzung seines Werkes möge warten lassen.“

Theologisches Literaturblatt.

„Der Werth dieses Buches besteht in seiner vollendeten Formenschönheit. Die Darstellung ist vortrefflich, objektiv gehalten. In ihr vereinigt sich eine edle, poetisch gefärbte Sprache mit tiefem Blick in die Herzen der Menschen, mit grossem dramatischem Talent. So ist die Kirchengeschichte selten geschrieben worden.“

Literarisches Centralblatt.

„Die grossen Vorzüge, welche die früheren Abtheilungen dieses energisch fortgeführten Werkes auszeichnen, treten auch bei der vorliegenden in sehr erfreulicher Weise hervor: Gründlichkeit der Forschung, Unbefangenheit der Auffassung, Wärme und Anschaulichkeit der Darstellung. Wir gewinnen also auch hier wieder scharf und wahr gezeichnete, in individueller Bestimmtheit ausgeprägte Bilder aus dem Leben der Kirche, Bilder von wahrhaft grossartigen Repräsentanten einer unvergleichlichen Zeit, der Blüthezeit des Mittelalters.“ Reuters Repertorium.

„Nach allem Gesagten können wir einfach damit schliessen, dass wir dieses Werk angelegentlich besonders Geistlichen, Kandidaten und Studirenden der Theologie empfehlen; auch von gebildeten Laien kann und sollte es gelesen werden. Sein grosser Umfang mag Manchen zurückschrecken; aber einmal hat man denn doch auch in ihm diese ganze Reihe christlicher Erscheinungen von Anfang bis zu Ende; sodann hat man sie in einer in's Detail eingehenden Darstellung, die doch vorzugsweise fruchtbar für Belehrung und Erbauung ist.“ Berliner protestantische Kirchenzeitung.

Der I. Band der neuen Ausgabe ist bereits erschienen und durch alle Buchhandlungen zu beziehen.

Zu geneigten Bestellungen beliebe man sich des angedruckten Zettels zu bedienen.

Stuttgart, im April 1873.

Meyer & Zeller's Verlag.
(Friedrich Vogel.)

Von der Buchhandlung ....

....

erbitte

1 Böhringer Kirchengeschichte Neue Ausgabe Band I.

Name: Wohnung:

....

Zur gefälligen Beachtung!

Die für die Theol. Studien und Kritiken bestimmten Einsendungen sind an Professor D. Riehm oder Consistorialrath D. Köstlin in Halle a/S. zu richten; dagegen sind die übrigen auf dem Titel genannten, aber bei dem Redactionsgeschäft nicht betheiligten Herren mit Zusendungen, Anfragen u. dgl. nicht zu bemühen. Die Redaction bittet ergebenst alle an sie zu sendenden Briefe und Packete zu frankiren. Innerhalb des Postbezirks des Deutschen Reiches, sowie aus Oesterreich und der Schweiz werden Manuscripte, falls sie nicht allzu umfangreich sind, d. h. das Gewicht von 250 Gramm nicht übersteigen, am besten als Doppelbrief versendet.

* * *

Die Jahrgänge 1834, 1836 und 1837 dieser Zeitschrift, wie auch einzelne Hefte aus denselben, bin ich gern erbötig zu einem angemessenen Preis zurückzukaufen.

Friedrich Andreas Perthes.

Inhalt.

Abhandlungen.

Gedanken und Bemerkungen.

Recensionen.

Lightning Source UK Ltd.
Milton Keynes UK
UKHW021334170119
335636UK00009B/894/P

9 780364 634226